Ley General Tributaria y normas complementarias

(Actualizada, anotada y concordada)

Biblioteca de Textos Legales

Ley General Tributaria y normas complementarias

(Delito fiscal y contrabando)

Edición preparada por
JUAN MARTÍN QUERALT
Catedrático de Derecho Financiero y Tributario.
Abogado

VIGÉSIMA EDICIÓN

tecnos

1.ª edición, 1994
20.ª edición, 2022

Diseño de cubierta: J. M. Domínguez y J. Sánchez Cuenca

Juan Ignacio Luca de Tena, 15 - 28027 Madrid

PAPEL DE FIBRA CERTIFICADO

ISBN: 978-84-309-8584-5
Depósito Legal: M. 21.265-2022

Printed in Spain

ÍNDICE SISTEMÁTICO

PRÓLOGO A LA DECIMONOVENA EDICIÓN

La edición anterior de esta obra ya daba cuenta de las modificaciones que, al hilo de la Ley General Tributaria reformada en 2015, habían ido acogiendo nuestros Tribunales de Justicia y económico-administrativos. No ha sido fácil su labor, como nunca es fácil la labor de juzgar. Y, sin embargo, hay que reconocer, porque es de justicia, que nuestros Tribunales han trabajado y lo han hecho bien. A este respecto es digno de encomio, al menos para quien firma estas líneas, el trabajo que viene realizando la Sección 2.ª de la Sala de lo Contencioso-Administrativo de nuestro Tribunal Supremo que, al hilo de la reforma operada en el ámbito del recurso de casación, está fijando con precisión y rigor el alcance de no pocos preceptos del ordenamiento tributario huérfanos de un criterio que reforzara la seguridad jurídica. Se está dando cumplimiento así a las exigencias que llevaron al legislador a establecer las nuevas pautas del recurso de casación. Naturalmente, ni todo lo que está pendiente puede solucionarse en unos meses, ni dejarán de suscitarse nuevos problemas a los que el Tribunal tendrá que ir dando respuesta. Pero todo ello, no obsta al merecido y debido reconocimiento que debe hacerse a quienes están trabajando con denuedo para cumplir con las exigencias que al nuevo recurso de casación le planteó la reforma llevada a cabo por la Ley Orgánica 7/2015, de 21 de julio, que entró en vigor el 22 de julio de 2016. Por encima de todo, latía en la reforma una idea fundamental: la existencia de un interés casacional objetivo relevante para la formación de la jurisprudencia que se erigía como estrella polar de la reforma procesal. Se superaba así la idea del recurso de casación como instrumento sustancialmente dirigido a la satisfacción de intereses y derechos subjetivos concretos, concepción que dejaba al margen del camino la relevancia que el objeto de la Litis pudiera tener para la sociedad en general. Así configurado, el recurso adquiría un carácter estrictamente jurídico, al que permanecían ajenos tanto las cuestiones de hecho como las valoraciones de prueba.

Ha pasado el tiempo. Ha ido nutriéndose generosamente el número de Autos de admisión de los recursos de casación y han ido adquiriendo carta de ciudadanía las Sentencias de la Sección 2.ª que han arrojado luz sobre no pocos problemas que el tiempo había ido anquilosando. No es lugar para dejar constancia de ello. Dejemos como simple botón de muestra lo acontecido en el IRPF con la tributación como rentas irregulares de los rendimientos obtenidos por profesionales, punto en el que las Sentencias del Tribunal Supremo de 19 de marzo de 2018 (Rec. 2070/2017; ponente: F. J. Navarro Sanchís) y de 20 de marzo de 2018 (Rec. 2522/2017; ponente: J. Huelin) han dado un importante vuelco al criterio que de manera automática y sin mayores precisiones venía aplicando la Administración, reiterando así el criterio ya mantenido —y nunca observado en la práctica— por el Tribunal Supremo en Sentencias de 2004 y 2008. O lo relativo a la valoración de los inmuebles urbanos, problema en que mecánicamente venía admitiéndose su cuantificación con arreglo a la valoración catastral multiplicada por un determinado coeficiente [Sentencia del Tribunal Supremo de 23 de mayo de 2018 (Rec. 4202/2017; ponente: F. J. Navarro Sanchís)]. O lo que ha pasado con la exigencia como preceptiva de un recurso de reposición cuando lo que se está pidiendo es la declaración de inconstitucionalidad de una norma, punto en el que el referido recurso y su no interposición determina el rechazo *ad limine* del posterior recurso contencioso-administrativo, conclusión que resulta desproporcionada y claramente vulneradora del derecho a obtener la tutela judicial efectiva del artículo 24.1 CE, al tiempo que desconoce el mandato del artículo 106.1 CE, incompatible con demoras impuestas por la interposición de recursos en vía administrativa manifiestamente ineficaces e inútiles para dar cumplimiento al fin que los justifica, tal y como muy atinadamente ha puesto de relieve la Sentencia del Tribunal Supremo de 21 de mayo de 2018 (Rec. 113/2017; ponente: J. Huelin).

Son sólo tres ejemplos de respuestas a problemas cuya acrítica aceptación había entronizado la rutina y la burocracia como solución a problemas en los que la capacidad económica —en los dos primeros casos— único punto de referencia obligado había hecho mutis por el foro; al igual que lo había hecho el derecho a la tutela judicial efectiva en el tercero de los supuestos. Con la complacencia, por una parte, de una Administración apegada cada día más a las exigencias burocráticas y, de otra, la obligada y renuente aquiescencia del contribuyente. Que las cosas han cambiado es evidente. Que seguirán haciéndolo no lo es menos. El tiempo será testigo silente de ello.

Esta nueva edición de la Ley General Tributaria se suma al testimonio de este variado acontecer. Como nos propusimos cuando se publicó la primera edición —allá por el año 1994— hemos tratado de ofrecer al lector un testimonio vívido y claro del parecer que nuestros Tribunales tienen de ese viejo corpus normativo. Han pasado los años y cada nueva edición ha incorporado los cambios habidos tanto en la doctrina jurisprudencial como en la doctrina mantenida por los órganos económico-administrativos. Basta cotejar lo que en algunos preceptos figuraba en nota a pie de página con lo que hoy aparece reflejado en esa misma nota a pie de página. Preceptos hay que, manteniendo el texto originario, se han transformado al punto que su partida de bautismo poco o nada tiene que ver con el ropaje con que hoy camina por la vida.

En el ámbito de esa sustancial mutación que está produciéndose en nuestro ordenamiento, hay que incluir un nuevo factor, el que proviene de los aires del Derecho comunitario. Su invocación fue durante muchos años una especie de alarde de erudición huera de todo contenido material. Salvo muy honrosas excepciones, Abogados y Tribunales fluían por los mismos cauces. Hasta que llegó un punto en que el Tribunal de Justicia de la Unión Europea puso las cosas en su sitio. De forma que, a la fuerza ahorcan, todos reparamos en que aquello del Derecho comunitario no era un mero adorno *ad pompam vel ostentationem* sino que, como muy claramente ordena nuestro texto constitucional, estábamos ante preceptos vinculantes que por lo general, además, formaban parte de nuestro ordenamiento interno, una parte esencial, toda vez que no sólo forman parte del ordenamiento jurídico interno (art. 96.1 CE), sino que, además, actúan como criterio hermenéutico relevante (art. 10.2 CE). Habernos olvidado de ello explica por qué el Reino de España ostenta una posición de cuasi liderazgo entre los Estados miembros de la Unión que habían recibido un mayor número de condenas, como consecuencia de las violaciones de los principios comunitarios. La doctrina jurisprudencial sobre la responsabilidad patrimonial del Estado debió evolucionar, y lo hizo, para equiparar las consecuencias de las vulneraciones del texto constitucional con aquellas otras en las que lo violentado había sido el Derecho comunitario.

Ello no obstante, no hemos acabado de aprender la lección. En sentencia del Tribunal de Justicia de la Unión Europea, de 16 de julio de 2015 (Asunto C-255/14) el Tribunal concluyó en la vulneración, por parte de Hungría, del principio comunitario que exige la proporcionalidad de las sanciones, entendiendo que una multa del 60% por dejar de declarar las cantidades a la entrada o salida del país es una sanción que no guarda la debida proporcionalidad con el comportamiento infractor: Nuestro ordenamiento —Ley 10/2010, de 28 de abril, de prevención del blanqueo de capitales y de la financiación del terrorismo— contempla sanciones mucho más elevadas que aquellas que , acogidas por el ordenamiento húngaro, fueron claramente rechazadas por el Tribunal comunitario. La sentencia era perfectamente conocida por nuestros responsables políticos. Tuvieron tiempo para acomodar nuestro ordenamiento a las exigencias que claramente puso de relieve el Tribunal comunitario al pronunciarse sobre la ley húngara. No se hizo nada. Don Tancredo se enseñorcó de nuestras Cortes Generales y el resultado ha sido el que era de prever: en Sentencia de 31 de mayo de 2018 (Asunto C-190), el Tribunal de Justicia europeo, resolviendo una cuestión prejudicial planteada por el TSJ de Madrid, ha concluido que la Ley española no respeta el referido principio comunitario, del que se hacen eco la Directiva 91/308/CEE del Consejo, de 10 de junio de 1991, relativa a la prevención de la utilización del sistema financiero para el blanqueo de capitales, y el Reglamento 1889/2005, que articuló un control de las transacciones efectuadas a través de entidades de crédito e instituciones financieras, así como de determinados tipos de profesiones.

Hemos hecho un pan como unas tortas. Y seguimos en el horno. El 15 de febrero de 2017, mediante nota de prensa, la Comisión Europea hizo público que había enviado a España un Dictamen motivado, instando la modificación de las normas que regulan en España la información sobre titularidad de activos en el extranjero (el famoso modelo 720). En ese Dictamen parece cuestionarse la falta de proporcionalidad de las sanciones impuestas a quienes han contravenido los deberes de información, la consideración como imprescriptibles de las ganancias patrimoniales asociadas a los bienes no declarados y la sanción del 150% aneja a la cuota devengada por esa ganancia patrimonial. La razón de ser de la modificación instada por la autoridad comunitaria a España es clara: la vulneración de los principios comunitarios de libre circulación de capitales se erige en motor determinante de ello.

También en este punto tenemos ya precedentes sobre lo que el Tribunal comunitario ha dicho. Y lo que previsiblemente dirá acerca de la imprescriptibilidad de por vida, de las sanciones del 150% —muy ajustadas al parecer con el principio de proporcionalidad—. Materia ésta en la que, por cierto, se han formulado reiteradas peticiones de información acerca del contenido tanto del Dictamen motivado como de las alegaciones formuladas por el Gobierno de España al requerimiento comunitario. El resultado hasta ahora ha sido siempre el mismo: no hay información. Debe ser cosa de los principios de transparencia y publicidad tan exigibles al ciudadano y que, al parecer, no reza con las autoridades. Cosas veredes amigo Sancho.

También la Comisión Europea abrió un procedimiento de infracción contra España por no haber trasladado íntegramente a la legislación nacional la cuarta directiva europea sobre blanqueo de capitales (Dir. 849/2015), plazo que finalizó el 26 de junio de 2017. Quedaban por completar nimiedades tales como la regulación del régimen regulador de la potestad sancionadora, así como elementos esenciales del procedimiento administrativo de su aplicación.

Si se observa el panorama con calma, algunas conclusiones pueden ir extrayéndose. Hay una que prima por encima de todas: la relación de vecindad entre el ordenamiento penal y el ordenamiento tributario va estrechándose con el paso del tiempo. Lo dijimos cuando se aprobó la reforma de la Ley General Tributaria en 2015, reforma que era causahabiente de las reformas del Código Penal de 2010 y 2012. No hacía falta ser muy perspicaz para llegar a tal conclusión. La consecuencia de esa estrecha relación de vecindad es la que naturalmente se produce en tales casos: los Tribunales del orden penal van adentrándose cada vez más en problemas tan propios de ese orden como son determinación de bases imponibles, aceptación o no de deducciones practicadas por los contribuyentes… en tanto los Tribunales del orden contencioso-administrativo se ven privados de competencias para juzgar acerca de la legalidad o no de actos administrativos de liquidación tributaria en los que la Administración aprecia indicios de un posible delito fiscal. Habrá que reescribir alguna historia. Por ejemplo, la de la prejudicialidad. O aquello de lo del Juez natural. Como se ve y comprende muy bien el lector… puras nimiedades.

Juan Martín Queralt

San Vicente do Mar, agosto de 2018

PRÓLOGO A LA DECIMOCTAVA EDICIÓN

Parece que fue ayer y ya ha pasado año y medio desde que entró en vigor la reforma de la Ley General Tributaria aprobada por la Ley 34/2015, de 21 de septiembre. Como es habitual, no ha sido la última reforma de la que hay que dar cuenta al lector. Los Decretos-leyes se han enseñoreado del panorama normativo. Doce en 2015, siete en 2016 y cinco en lo que llevamos de año. La mayoría para sanear las Finanzas Públicas. Todo sea por lo que ahora han dado en llamar *Finanzas Públicas*, con lenguaje tan cursi como desarraigado, confinando en el rincón del olvido la hermosa y tan nuestra expresión *Hacienda Pública.*

> Debe ser cosa de esa modernidad avasalladora que, en la carretera que une Valencia con Alicante, llevó a otro moderno a emplazar un indicativo que señala la dirección a seguir para llegar al *establecimiento penitenciario* de Picassent. O sea, la cárcel. Cosas veredes...

Si de muestra vale un botón, un Decreto-ley —RD-ley 3/2016, de 2 de diciembre, por el que se adoptan medidas en el ámbito tributario dirigidas a la consolidación de las *finanzas públicas*— ha venido a modificar, con efectos de 1 de enero de 2017, el régimen de los aplazamientos y fraccionamientos de pago, modificación cuya claridad ha hecho necesaria la publicación de dos nuevas Instrucciones —1/2017, de 17 de enero, de la Dirección General de la AEAT, y 1/2017, de 18 de enero, de la Directora del Departamento de Recaudación de la AEAT, sobre gestión de aplazamientos y fraccionamientos de pago—.

El Gobierno, eso sí, explicó las *razones de la reforma*:

> [...] se procede a la eliminación de la posibilidad de aplazamiento o fraccionamiento de determinadas obligaciones tributarias. En este sentido, se suprime la excepción normativa que abría la posibilidad de aplazamiento o fraccionamiento de las retenciones e ingresos a cuenta. Por otra parte, se elimina la posibilidad de aplazamiento o fraccionamiento de las obligaciones tributarias que deba cumplir el obligado a realizar pagos fraccionados del Impuesto sobre Sociedades. Asimismo, tampoco podrán ser objeto de aplazamiento o fraccionamiento las liquidaciones tributarias confirmadas total o parcialmente en virtud de resolución firme cuando previamente hayan sido suspendidas durante la tramitación del correspondiente recurso o reclamación en sede administrativa o judicial. Además, se elimina la po-

sibilidad de aplazamiento o fraccionamiento de los tributos repercutidos, dado que el efectivo pago de dichos tributos por el obligado a soportarlos implica la entrada de liquidez en el sujeto que repercute.

Al igual que tuvo a bien —siempre es de agradecer, aunque seguramente el destinatario de la motivación es el Tribunal Constitucional, a quien no sabemos si llegará a convencer el requiebro— explicar las razones por las que enviaba al *BOE* el Decreto-ley:

> [...] Como en el supuesto del aludido Real Decreto-ley 2/2016, la adopción con carácter inmediato de nuevas medidas de índole económica y tributaria, que coadyuven al cumplimiento sostenido de los objetivos de déficit público para los períodos 2017 y siguientes, justifica la utilización de la figura normativa del real decreto-ley, *al concurrir la circunstancia de extraordinaria y urgente necesidad que exige el artículo 86 de la Constitución Española, requisito imprescindible como ha recordado la jurisprudencia constitucional.*

Andaba quien esto firma dándole vueltas a la redacción de este prólogo cuando, en un acto celebrado en la UNED en homenaje al profesor José Manuel Tejerizo, con motivo de su jubilación —meramente formal, pues nos seguirá iluminando por muchos años—, Miguel Cruz Amorós, en una lúcida exposición —«El abuso del poder tributario: seguridad jurídica, decretos-leyes y retroactividades»—, nos daba cuenta de unas reflexiones con las que no podía estar más de acuerdo:

> [...] creo que puede decirse que el período más próximo a lo que llamaríamos «*ejercicio normalizado del poder tributario*» sería, por ponerle hitos cronológicos, el comprendido entre la entrada en vigor de la Ley 1/1998, de 26 de febrero, de Derechos y Garantías de los Contribuyentes, y su derogación con la entrada en vigor de la Ley General Tributaria (vigente Ley 58/2003, de 17 de diciembre).
>
> El carácter programático de aquella Ley [...] reforzó sustancialmente el principio de seguridad jurídica del contribuyente [...].
>
> Tampoco parece discutible que las dos últimas reformas de la Ley General Tributaria, la total de la Ley 58/2003, de 17 de diciembre, y la parcial de la Ley 34/2015, de 21 de septiembre, no sólo no han profundizado en la dirección de la Ley 1/1998, sino que, por el contrario, se han orientado al reforzamiento o extensión —recuperación podría ser mejor término— de prerrogativas y potestades administrativas necesarias para superar las dificultades de imposición de los criterios administrativos de aplicación de las normas tributarias, con apoyo, en ocasiones, de una jurisprudencia conservadora y dubitativa.
>
> [...] la «*crisis*» (fiscal, financiera, económica, institucional, internacional, nacional...) se ha convertido en «*fundamento evidente*» del «*cambio normativo tributario*», que haría innecesaria cualquier otra especial justificación de interés general para legitimar una medida tributaria.

> Al final, la gran perdedora en esta subordinación del poder tributario a las urgencias económicas acaba siendo la seguridad jurídica, porque la inseguridad jurídica en materia tributaria ha venido para quedarse mucho tiempo como consecuencia de la crisis económica y de las necesidades presupuestarias de los Estados, que han liberado una agresividad creciente en sus técnicas recaudatorias, a nivel normativo y de gestión.
>
> [...] empiezan a configurarse dos Derechos Tributarios: el que se sustancia en vía penal y el que se aplica en la vía contencioso-administrativa.
>
> Adicionalmente, frente a lo previsto en el artículo 106.1 de la propia Constitución, la LGT no sólo posibilita la ejecución de actos administrativos de liquidación sin el debido control jurisdiccional de la legalidad de la actuación administrativa, sino que directamente se legitiman los defectos procedimentales producidos [...].

Retroactividad, medidas gubernativas —no legislativas— que afectan sustancialmente a los elementos básicos de cuantificación de los tributos: limitación adicional a la compensación de bases imponibles negativas para grandes empresas, limitación a la aplicación de deducciones para evitar la doble imposición, reversión de los deterioros de valor de determinadas participaciones...

Todo ello aderezado con justificaciones hueras, carentes en no pocos casos de auténtico significado: decretos-leyes cuya urgencia es tal, que tardan meses en entrar en vigor o que vienen a remediar una situación que hace años que se prolonga.

En el caso de la reforma de la LGT en materia de aplazamientos concurre una significativa circunstancia. Por lo demás, habitual en la historia de nuestra Hacienda Pública: en el momento en que nuestro Tribunal Supremo califica como derecho del contribuyente el haber lugar a un aplazamiento, el pseudo-legislador acalla por las bravas la doctrina jurisprudencial de nuestro más alto Tribunal:

> **Sentencia del Tribunal Supremo de 13 de diciembre de 2015** (Rec. 3393/2013; Ponente: Joaquín Huelin). *El aplazamiento (en su caso, el fraccionamiento) es un derecho del contribuyente siempre que se den las circunstancias y se cumplan los requisitos a los que el legislador condiciona su concesión. Por lo tanto, la potestad que se atribuye a la Administración para resolver las solicitudes de aplazamiento no es técnicamente discrecional, como parecen entender el TEAC y la Sala de instancia; si lo fuera, la Administración podría optar entre indiferentes jurídicos y resolver mediante criterios de mera oportunidad.* No otra cosa deriva del artículo 6.º de la LGT de 2003: «El ejercicio de la potestad reglamentaria y los actos de aplicación de los tributos [...] tienen carácter reglado [...]». Se trata pues de una potestad reglada, que la Administración Tributaria ha de ejercer aplicando al caso concreto los conceptos jurídicos indeterminados contenidos en la norma («situación económico-financiera que impida de forma transitoria efectuar el pago», «suficiencia e idoneidad de las garantías», «concurrencia de las condiciones precisas para obtener la dispensa de presentarlas»). Así se obtiene además del *Reglamento General de Recaudación de 2005*, cuando, en su *artículo 51.1* precisa que el órgano

administrativo «examinará y evaluará la falta de liquidez y la capacidad para generar recursos y valorará la insuficiencia e idoneidad de las garantías, o, en caso de solicitud de dispensa de garantía, verificará las condiciones precisas para obtenerla». No hay en esta redacción ningún margen de maniobra para la Administración si concurren los requisitos señalados por el legislador, si bien le incumbe examinar, valorar y decidir si realmente concurren en cada caso, pero cuando están presentes no le cabe denegar el aplazamiento [FD 3.º].

Con el Real Decreto-ley 3/2016 se ciega el camino que había desbrozado el Tribunal Supremo. Muerto el perro se acabó la rabia. Pues eso... Justificaciones que recuerdan los consejos que le dio Cervantes a su buen vasallo Sancho Panza cuando se aprestaba a gobernar la Isla de Barataria:

Al que has de castigar con obras no trates mal con palabras, pues le basta al desdichado la pena del suplicio, sin la añadidura de las malas razones.

Seguimos, pues, como siempre en lo que toca a nuestro ordenamiento tributario. Un ordenamiento que, como la Santa de Ávila, vive sin vivir en sí... quizás porque sólo piensa en la alta vida que le espera. No parece que nuestros gobernantes sigan esas admoniciones que le dio el manco de Lepanto a su buen Sancho:

No hagas muchas pragmáticas y si las hicieres procura que sean buenas, y sobre todo que se guarden y cumplan; que las pragmáticas que no se guarden, lo mismo es que si no lo fuesen, antes dan a entender que el príncipe que tuvo discreción y autoridad para hacerlas no tuvo valor para hacer que se guardasen y las leyes que atemorizan y no se ejecutan vienen a ser como la viga, rey de las ranas que al principio las espantó y, con el tiempo, la menospreciaron y se subieron sobre ella.

En definitiva, la crisis financiera está haciendo rebrotar un fruto —los arbitristas— que floreció cuando la crisis de nuestra Hacienda Pública en los siglos XVI y XVII —con suspensiones de pagos a los acreedores de la Corona en 1557, 1596, 1607, 1627 y 1647— dio lugar al nacimiento de variopintos personajes cuya única misión era el procurar arbitrios y toda clase de recursos —la mayoría descabellados— a la Hacienda Pública, con el fin de allegar fondos con los que procurar su amejoramiento. Amejoramiento que, dicho sea de paso, nunca se consiguió, como bien nos explicó don Ramón Carande.

La edición que el lector tiene en sus manos ha incorporado ya en las correspondientes notas las referencias a la Ley del Procedimiento Administrativo Común de las Administraciones Públicas —Ley 39/2015, de 2 de octubre— y a la Ley de Régimen Jurídico del Sector Público —Ley 40/2015, de 1 de octubre—, leyes que entraron en vigor el 2 de octubre de 2016.

También en este punto se ha singularizado nuestro ordenamiento tributario. Mientras en el ámbito del procedimiento administrativo común las previsiones relativas a los registros electrónicos entrarán en vigor el 2 de octubre de 2018

—Disposición Final 7.ª de la Ley 39/2015—, en el ámbito tributario ya han entrado en vigor. Entrada en vigor que, dicho sea de paso y sin ánimo alguno de zaherir a quienes han sido sus valedores, está creando no pocos problemas como consecuencia de la impericia o del desvalimiento de los registros electrónicos de los propios órganos del Ministerio. Hacer llegar un escrito interponiendo una reclamación económico-administrativa puede convertirse en un trabajo prometeico, cuya gestación puede superar la de la elaboración del propio escrito. Situación que ya previó el Legislador que redactó la Ley 39/2015 y por eso mismo estableció tan dilatada y justificada *vacatio legis*. Por qué no lo hizo así el redactor de nuestra Ley General Tributaria es algo que se me escapa. Quizás sea, una vez más, la necesidad del acogimiento a sagrado, el robustecimiento del fuero o... yo que sé qué. Debe ser también cosa del *saneamiento de las finanzas públicas.*

JUAN MARTÍN QUERALT

Valencia, mayo de 2017

PRÓLOGO A LA DECIMOSÉPTIMA EDICIÓN

Bien. Ya tenemos en marcha una nueva reforma de la LGT. Reforma que, según se declara en la propia Exposición de Motivos, es «la de mayor calado» de las que hasta ahora ha *sufrido* —nunca mejor dicho— la Ley que echó a andar el 1 de julio de 2004.

Esa misma Exposición declara que «esta norma sigue el principio de adaptación continua de la norma tributaria a la evolución de la sociedad [...], adaptación que, sin embargo, *trata de respetar en todo momento un principio de estabilidad de la normativa que fortalezca la seguridad jurídica* [...]», al tiempo que señala como uno de sus objetivos esenciales «el *reforzamiento de la seguridad jurídica* [...] y *reducir la litigiosidad* [...]». Las mismas palabras de siempre.

Lo cierto es que la reforma debía haber llegado hace tiempo, como la propia Exposición de Motivos reconoce:

> Como consecuencia de la reforma de la regulación del delito contra la Hacienda Pública llevada a cabo por la Ley Orgánica 7/2012, de 27 de diciembre, se hacen precisas determinadas modificaciones en la Ley 58/2003, de 17 de diciembre, General Tributaria, para establecer un procedimiento administrativo que permita practicar liquidaciones tributarias y efectuar el cobro de las mismas aún en los supuestos en los que se inicie la tramitación de un procedimiento penal, al ser este uno de los cambios más significativos operados en la Ley Orgánica 10/1995, de 23 de noviembre, del Código Penal.
>
> La trascendencia de la modificación orgánica referida justifica por sí sola la incorporación en la Ley 58/2003, de 17 de diciembre, General Tributaria, de un nuevo Título VI específicamente dedicado a las actuaciones a desarrollar en estos supuestos [...].

Muy precisa era la reforma, pero se han tomado su tiempo. Y es que legislar a golpe de Decreto-ley agota las energías.

El *BOE* de 28 de diciembre de 2012, día de los Santos Inocentes, publicaba la *Ley Orgánica 7/2012, de 27 de diciembre, por la que se modificaba el Código Penal en materia de transparencia y lucha contra el fraude fiscal y en la Seguridad Social.* De las modificaciones contenidas en la nueva Ley sobresalía, por encima de todo, la posibilidad de que, aun existiendo un procedimiento penal por delito contra la Hacienda Pública, la Administración Tributaria practique dos liquidaciones:

una, por conceptos y cuantías que no se encuentren vinculados con el posible delito contra la Hacienda Pública, y otra, por conceptos y cuantías que sí se encuentren vinculados con el posible delito contra la Hacienda Pública, del que está conociendo ya el correspondiente Juzgado. Liquidaciones que irán seguidas del procedimiento correspondiente para hacerlas efectivas.

En el propio *Código Penal (art. 305.5)* se establece que la liquidación cuyos conceptos y cuantías no guarde relación con el presunto delito seguirá la tramitación ordinaria y se sujetará al régimen de recursos propios de toda liquidación tributaria. Y

> la liquidación que en su caso derive de aquellos conceptos y cuantías que se encuentren vinculados con el posible delito contra la hacienda Pública seguirá la tramitación que al efecto establezca la normativa tributaria, sin perjuicio de que finalmente se ajuste a lo que se decida en el proceso penal.

Tal previsión contrasta radicalmente con lo que establece el *artículo 180.1 de la —a la sazón— vigente Ley General Tributaria*, de acuerdo con el cual:

> Si la Administración Tributaria estimase que la infracción pudiera ser constitutiva de delito contra la Hacienda Pública, pasará el tanto de culpa a la jurisdicción competente, o remitirá el expediente al Ministerio Fiscal y *se abstendrá de seguir el procedimiento administrativo, que quedará suspendido mientras la autoridad judicial no dicte sentencia firme, tenga lugar el sobreseimiento o el archivo de las actuaciones o se produzca la devolución del expediente por el Ministerio Fiscal.*

El cambio, pues, es radical. Se establece la coexistencia de dos procedimientos —uno penal y otro administrativo—, nacidos de unos mismos hechos y asociados a unos mismos sujetos. Y en los que puede llegarse a resultados contradictorios. Que al final prime el contenido del fallo judicial no aminora las graves consecuencias a que puede dar lugar este doble resultado, especialmente en aquellos casos en que la actividad de la Administración haya llegado a resultados tangibles... que *a posteriori*, cuando tenga lugar el fallo judicial firme, se demuestran no ajustados a Derecho.

Los problemas que ello plantea son evidentes. A la Administración se le conceden unos poderes que tradicionalmente habían sido titularidad del Poder Judicial, poniendo en cuestión la configuración del orden penal como *ultima ratio*. No se trata sólo de la posibilidad de liquidar y recaudar. A ello hay que añadirle la posibilidad de adoptar medidas cautelares por parte de la propia Administración, incoado ya el proceso penal, lo que viene a poner en entredicho el contenido del artículo 117 de la Constitución.

Como señalaron Boix Reig y Grima Lizandra al hilo de la reforma del Código Penal realizada en diciembre de 2012:

> la reforma aprobada parece consecuencia de una absoluta desconfianza en la Administración de Justicia, en materia de proceso por posible delito fiscal, y por añadidura con los que se siguen en relación con la Seguridad Social. Los fines que cumple el derecho penal quedan en entredicho. La validez del proceso penal en la materia se cuestiona. Siendo esto así se emprende una vía ciertamente peligrosa si de derechos del ciudadano hablamos. No es que la reforma que se comenta contenga insuficiencias, cuando no contradicciones, desde la perspectiva estrictamente técnico-jurídica. Si sólo fuera esto, de suyo preocupante, bastaría someterlo a la debida crítica doctrinal y proponer la debida interpretación, que limara en fase judicial tales «asperezas». Sin embargo, el problema es de mayor calado, de transcendencia constitucional, pues en nuestra opinión la reforma atenta contra el principio de seguridad jurídica (art. 9.º3 CE) y contra el derecho a la tutela judicial efectiva (art. 24.1 CE).

Lo que se pone de manifiesto con la reforma del Código Penal de 2012 no surge de la nada. Nace hace tiempo. Y es un paso más en la aproximación entre los ordenamientos penal y tributario. Y, más en concreto, supone la culminación, de momento, de un proceso imparable de atribución a la Administración de poderes en el seno de lo que tradicionalmente se ha configurado como procedimiento penal.

Dos preceptos de la LGT de 2003 fueron abriendo el camino que años más tarde se convertirá en espléndida alameda.

De una parte, la *Disposición Adicional 10.ª*: en los procedimientos por delito contra la Hacienda Pública, *la responsabilidad civil* —que comprende la totalidad de la deuda tributaria no ingresada, incluidos sus intereses de demora— *se exigirá por el procedimiento administrativo de apremio.* Iniciado y amojonado el camino, sólo había que proseguirlo: es lo que hizo la Ley Orgánica 5/2010, de 22 de junio, que atribuyó a la Administración Tributaria no sólo la *ejecución* de la responsabilidad civil, sino también la de la *multa.*

De otra parte, el *artículo 81.7: la Administración Tributaria podrá acordar la retención del pago de devoluciones tributarias o de otros pagos que deba realizar a personas contra las que se haya presentado denuncia o querella por delito contra la Hacienda Pública o se dirija un proceso judicial por dicho delito, en la cuantía que se estime necesaria para cubrir la responsabilidad civil que pudiera derivarse.* Esta retención deberá ser notificada al interesado, al Ministerio Fiscal y al órgano judicial competente, y se mantendrá hasta que este último adopte la decisión procedente.

Tres años más tarde, en una nueva Ley de medidas contra el fraude, la *Ley 36/2006 suprime el trámite de audiencia* en los casos en que la Administración Tributaria pase el tanto de culpa a la jurisdicción competente o remita el expediente al Ministerio Fiscal, por entender que la infracción tributaria de la que esté conociendo pudiera ser constitutiva de delito contra la Hacienda Pública. Ley que *mantiene la suspensión del procedimiento administrativo* mientras la autoridad judicial no dicte sentencia firme, tenga lugar el sobreseimiento o el archivo de las actuaciones o se produzca la devolución del expediente por el Ministerio Fiscal.

Como vemos, lo que se inició en 2003 se ha ido acentuando con el paso del tiempo. Lo que parecía ser un aria ha ido convirtiéndose en una voz coral. Y es que en ese coro han ido haciéndose oír, cada vez con más intensidad, nuevas voces.

Es el caso que la reforma del Código Penal recababa la necesaria acomodación de la Ley General Tributaria a lo ordenado por el legislador penal. Un legislador que emplazó claramente a que esa respuesta se diera. Repárese en que el artículo 305.5, párrafo segundo, del CP dispone textualmente que:

> la liquidación que en su caso derive de aquellos conceptos y cuantías que se encuentren vinculados con el posible delito contra la Hacienda Pública seguirá la tramitación que al efecto establezca la normativa tributaria, sin perjuicio de que finalmente se ajuste a lo que se decida en el proceso penal.

El Legislador tributario ha tardado casi tres años en dar respuesta a esa necesidad. El Anteproyecto de Ley General Tributaria, nacido al tiempo que otros proyectos de reforma de distintos tributos, se ha ido descolgando de sus hermanos y ha tardado en convertirse en Proyecto y finalmente en Ley. La tardanza tiene una clara explicación: *la reforma del Código Penal no es fácil de incorporar a una Ley que, como la Ley General Tributaria, tiene rango de Ley ordinaria.* Y porque aunque tuviera el carácter de Ley Orgánica se ponen en juego, como ya lo están en la propia reforma del CP, valores constitucionales que obviamente también deben ser respetados por una Ley Orgánica. Si cabe, con mayor razón.

Como han señalado Boix y Grima:

> se niega a la jurisdicción penal su prevalencia sobre la Administración, al permitir que los conceptos y cuantías de la cuota tributaria vinculada con el posible delito fiscal sean determinados (liquidados) por la Administración de manera independiente y paralela al proceso penal. Se vulnera así el principio *non bis in idem* en su vertiente procesal que, según las SSTC 77/1983 y 2/2003 «se concreta en la regla de preferencia o precedencia de la autoridad judicial penal sobre la Administración».

Ello explica que, como los mismos autores indican:

> [esta] *tramitación que al efecto establezca la normativa tributaria* [...] habrá de establecerse mediante reserva de ley orgánica por la afección señalada del principio *non bis in idem*, que como es sabido, está jurisprudencialmente constitucionalizado por su implícita inclusión en el artículo 25.1 de la Constitución.

Muchos frentes que guardar. Y muchas puertas abiertas. Y muy difíciles de cerrar.

El *Informe del Pleno del Consejo General del Poder Judicial de 30 de septiembre de 2014* avala la dificultad de la reforma y las contradicciones de la misma.

La reflexión inicial del Informe nos pone en la pista:

> Como cuestión previa y general a todo el Anteproyecto, *es necesario advertir de la necesidad de que se incremente la seguridad jurídica del contribuyente en la norma proyectada.*

Con relación a la proyectada regulación del denominado *conflicto en la aplicación de la norma tributaria*, se afirma:

> Es la muestra que permite visualizar en su conjunto el verdadero significado y alcance de la reforma: la insólita ampliación de las potestades administrativas de control y represión de las infracciones tributarias y la correlativa minoración de los derechos y garantías del contribuyente.

Y concluye en este punto:

> Así pues, *la reforma del artículo 15.3 LGT viene a dar la espalda a los límites constitucionales* y de prosperar, en las situaciones de conflicto en la aplicación de la norma, bastará con que la Comisión consultiva —órgano de composición y naturaleza íntegramente administrativo— emita informe estimando que un determinado acto o negocio constituyen supuestos de «conflicto de normas tributarias», para que se dé lugar a la imposición de sanciones.
>
> Se construye así una especie de norma sancionadora en blanco, cuyo destino es integrarse no ya por otra disposición con rango de ley o aun reglamentaria, sino por la decisión de un órgano de la Administración, en base a una suerte de identidad fáctica. *Lo que significa una infracción del principio de taxatividad o lex certa y del principio de tipicidad, que rigen también en el derecho administrativo sancionatorio.*

Una de las reformas más trascendentes gira en torno al instituto de la *prescripción*. Si tantos desvelos procura el reforzamiento de la seguridad jurídica, tendría que explicarnos la Exposición de Motivos cuáles son las razones para que un instituto jurídico esencial para la defensa de la seguridad jurídica —la prescripción— haya sido hecho literalmente añicos. Los delitos de lesa humanidad fueron hasta octubre de 2012 la única excepción, absolutamente fundada, a la prescripción... hasta que el artículo 3.2 de la *Ley 7/2012, de 29 de octubre*, añadió un nuevo supuesto de imprescriptibilidad, considerando como ganancias de patrimonio no justificadas la tenencia, declaración o adquisición de bienes o derechos respecto de los que no se hubiera cumplido en el plazo establecido al efecto la obligación de información a que se refiere la Disposición Adicional 18.ª de la Ley General Tributaria. Ganancias de patrimonio que tienen la consideración de imprescriptibles.

En esa misma línea de *vaciamiento del actual marco de la prescripción* se dan significativos pasos en la nueva Ley.

Así, el derecho a compensar o deducir créditos fiscales más allá del plazo de prescripción se ve acompañado ahora de la facultad de la Administración para comprobar la procedencia de la compensación o deducción originada en ejercicios prescritos.

Quizás no esté de más alguna referencia jurisprudencial sobre el particular. En *Sentencia de 4 de julio de 2014* (Sala 3.ª, Sección 2.ª; Rec. n.º 581/2013; ponente: Sr. Martínez Micó) señala el Tribunal, recordando una Sentencia anterior (*STS de 20 septiembre de 2012*):

> [...] la Ley no permite la comprobación de autoliquidaciones correspondientes a ejercicios prescritos y, en consecuencia, la alteración de las bases imponibles declaradas. Sólo requiere que se justifique la procedencia y cuantía de las bases imponibles negativas a efectos de su compensación con bases imponibles positivas.

Con posterioridad, el propio Tribunal Supremo —*STS de 5 de febrero de 2015* (Rec. 4075/2013; ponente: J. G. Martínez Micó)— se ha mostrado más comprensivo con el alcance de las potestades administrativas, al señalar que:

> La comprobación e investigación de la situación tributaria, aunque necesaria para liquidar la deuda tributaria, no estaba sometida a plazo de prescripción o caducidad alguno y ello porque se trata de un poder de la Administración distinto del de liquidar, que siempre ha estado regulado en un precepto propio (art. 115 de la LGT/2003 y 109 de la LGT/1963) y respecto del cual la legislación nunca ha establecido expresamente que su ejercicio esté sometido a plazo. El artículo 115 de la LGT/2003 califica a dicho poder de potestad. Estamos por tanto ante una potestad administrativa puesta al servicio de la Administración para poder liquidar un tributo pero que, salvo que la Ley diga otra cosa, es imprescriptible como todas las potestades administrativas. El artículo 115 de la LGT/2003 (art. 109 LGT/1963) no somete a plazo el ejercicio de las potestades de comprobación e investigación y el artículo 66 de la misma Ley tampoco las incluye dentro de los derechos de la Administración llamados a prescribir [FD 4.º].

Lo que, a su vez, ha dado pie a un duro voto particular, formulado por J. Huelin, en el que se señala que:

> Parece razonable concluir que la Inspección de los Tributos pueda asomarse al «pasado prescrito» para, sin operar sobre él y como mero espectador, tomar buena cuenta y obtener las oportunas consecuencias en orden a liquidar tributos respecto de los que, por no haber transcurrido el plazo fijado en la ley, conserva vivo aún su derecho a hacerlo e intactas sus facultades al respecto. Pero, si la seguridad jurídica es suma equilibrada de certeza y legalidad, jerarquía y publicidad, irretroactividad de lo no favorable e interdicción de la arbitrariedad (vid. SSTC 27/1981, 227/1988

y 235/2000, entre otras muchas), *creo que atenta contra los cimientos de este principio basilar de nuestro ordenamiento jurídico permitir a una organización servicial, sometida radicalmente a la ley y al derecho, operar sobre ese pasado para recalificarlo jurídicamente, con el fin de justificar una liquidación que no habría tenido lugar sin esa previa manipulación. En mi opinión, constituye un auténtico fraude, una burla a nuestro sistema constitucional, atribuyendo a la Administración un poder que nunca estuvo en la voluntad de nuestros constituyentes ni, por supuesto, en la del legislador ordinario*.

Pero es en el *cómputo de los plazos de prescripción* donde se producen las novedades más importantes, que culminan, en definitiva, con la introducción de un nuevo precepto —art. 66 bis— que extiende el manto de la imprescriptibilidad. Especialmente significativo en el ámbito de las denominadas *obligaciones tributarias conexas de titularidad del mismo obligado*, en el que introduce un *novedoso régimen de interrupción de la prescripción.*

Con relación a la *prescripción* —elemento esencial en el ámbito del ordenamiento jurídico— el Informe al que nos referimos es también tajante:

> *Las modificaciones que se proponen en la LGT reconfiguran el instituto de la prescripción*
>
> Las reglas que se introducen no tienden a definir de forma clara la operatividad y funcionalidad de la misma, sino que *parece que el prelegislador se ocupa de establecer mecanismos para impedir «a toda costa» que la prescripción llegue efectivamente a producirse, bien otorgando poderes exorbitantes a la Administración Tributaria, bien incrementando las causas interruptivas.»*

Saliendo al paso de uno de los supuestos de *imprescriptibilidad* previstos en el Anteproyecto —y referidos al derecho a comprobar e investigar— señala el Informe que:

> Resulta ciertamente sorprendente esta declaración de imprescriptibilidad, que carece de parangón en nuestro ordenamiento jurídico, más allá de la referida a delitos de especial gravedad previstos en el Código Penal como crímenes contra la humanidad.

Con relación a la posibilidad de incoar un doble proceso, en vía penal y en vía administrativa, pese a la suavidad de las recomendaciones contenidas en el Informe del Consejo, debe destacarse una admonición de carácter general:

> [...] conviene advertir que *no se regula la situación jurídica del obligado tributario, sobre el que existe una posible incriminación por delito, en la denominada fase preprocesal*, a quien, caso de que no proceda la liquidación de los elementos vinculados al presunto delito, por concurrir alguno de los supuestos del artículo 251.2 LGT, *ni siquiera se prevé se le notifique que se encuentra en dicha fase.*

Como señala algún autor, *cuando el procedimiento administrativo se halla íntimamente unido al proceso penal, deben reconocerse al interesado los mismos derechos que si el proceso penal se hubiere ya iniciado*. Por tanto, *deben ser observados los principios y garantías del artículo 24 CE, por lo que debería declararse la obligación de informar al obligado tributario de la situación del procedimiento, en todo caso y tan pronto se tengan sospechas de la posible existencia de un delito, evitando el acopio de material probatorio para enervar el principio de presunción de inocencia, al margen y sin conocimiento del sujeto.*

Más allá de ello, el Informe del Consejo se limita a hacer algunas observaciones obvias, como la relativa a la imposibilidad de que la Administración, en las liquidaciones vinculadas al presunto delito, establezca quiénes son los responsables solidarios, señalando al respecto que:

No resulta procedente el establecimiento de responsables solidarios por parte de la Administración y conforme a este artículo 258 LGT cuando existe un pronunciamiento penal condenatorio, que necesariamente declarará la persona o personas responsables, su participación en los hechos y la cuota por la que debe de responder civilmente (art. 116 CP), debiendo de estarse a la sentencia penal. Por ello, debería suprimirse el inciso referido a los condenados como consecuencia del citado proceso del artículo 258.1 CP.

Tampoco parece adecuado que la Administración Tributaria, una vez que las actuaciones tributarias han quedado paralizadas al haber pasado el tanto de culpa al Juez penal, proceda a la determinación de responsables distintos al obligado tributario, a los que no se les ha dado traslado de la previa liquidación y que, por tanto, no han podido conocer y discutir la calificación jurídico-penal que la Administración realizó indiciariamente de los hechos, así como la liquidación de los elementos tributarios que practicó y que, ha de recordarse, no es recurrible.

Aun cuando se pretenda calificar la fijación de responsables tributarios como un acto de recaudación —que no queda paralizada por la existencia del procedimiento penal—, se está ante un proceso declarativo, que debe quedar suspendido por la existencia del procedimiento penal, cuyo objeto no es sólo determinar si existe o no el delito contra la Hacienda Pública, sino también la persona o personas criminal —y civilmente— responsables del mismo. Por lo que *la continuación del procedimiento en orden a la determinación de responsables tributarios no resulta compatible con el principio de no concurrencia de sanciones administrativas proclamado en el artículo 180 LGT y con la necesaria prevalencia de la jurisdicción penal.*

Debería añadirse que *el artículo 258 hace un pronunciamiento sobre responsabilidad civil derivada del delito que no le corresponde y que interfiere de forma relevante en la regulación del Código Penal sobre las consecuencias civiles derivadas de la infracción penal.*

En efecto, por una parte, el artículo 116 CP señala que es una facultad del órgano sentenciador penal determinar la extensión de la responsabilidad civil entre los diversos partícipes y, de otra parte, debe observarse que la regulación que se propone puede interferir sobre los efectos exonerantes o atenuantes de la regularización tributaria en la que no están contemplados sujetos distintos a los obligados tributarias o autores del delito (art. 305.6 CP).

También señala el Informe la discordancia existente —y perjudicial para el contribuyente— con relación a los supuestos en que procede la regularización, más limitados en la LGT que los previstos en el propio CP. Como es obvio que la LGT limite y condicione lo que establece el CP, carece de relevancia jurídica y es sólo una prueba más —muy relevante por los valores que hay en juego— del actuar *pro domo sua* de quien ha elaborado el texto del Anteproyecto de LGT.

Mucho más duro es el Informe contenido en el Voto particular que formula la vocal *María Concepción Sáez Rodríguez*. Señalemos alguna de sus observaciones:

— En primer lugar, pone de relieve la quiebra de principios esenciales del ordenamiento:

> En aras de una pretendida eficacia recaudatoria, se fuerza el armazón, bien entramado con el resto del ordenamiento jurídico, de la redacción de la LGT. Así ocurre, por ejemplo, con el *conflicto en la aplicación de la norma*, que, en total contraposición con la redacción anterior, viene a establecer una suerte de responsabilidad objetiva; o con el instituto de la *prescripción*, que se desconfigura de tal modo que compromete gravemente el principio de seguridad jurídica.

— Radical —e ilustrativa— es también la *oposición al sistema diseñado en el artículo 305 CP.*

> *Ya este Consejo en sus informes al Anteproyecto del 2008 para la reforma del Código Penal* [...] *y al Anteproyecto de Ley por la que se modifica la Ley Orgánica 10/1995* [...] *rebatió enérgicamente el sistema diseñado en el actual artículo 305 CP. Este rechazo debiera haber sido la postura a sostener también en el presente informe*, por mantener la coherencia argumental y porque este sistema, que carece de antecedentes en el Derecho comparado, presenta graves problemas que generan serias restricciones del derecho a la tutela judicial efectiva, en perjuicio del contribuyente.
>
> [...] para hacer factible la coexistencia simultánea de actuaciones administrativas y judiciales, se determina por la Administración Tributaria, previamente, la culpabilidad y la cuota defraudada —que constituye la responsabilidad civil y es, además, no lo olvidemos, un elemento típico del delito— y la ejecutan antes de que se dicte sentencia penal mediante un procedimiento de apremio administrativo que no se articula como una potestad del órgano judicial penal —como así se establece en el artículo 305.5 y 7 CP—, sino que se impone al órgano penal, con olvido de que es a él —y no a la Administración— al que la CE atribuye la potestad de juzgar y hacer ejecutar lo juzgado (art. 117 CE).

— Con relación a la *inadmisión de pruebas* una vez realizado el trámite de audiencia o, en su caso, el de alegaciones (art. 106.6 del Anteproyecto), se concluye que:

> [...] *puede conculcar el derecho de defensa del obligado tributario* [...].

— En el ámbito de las *medidas cautelares*, afirma:

> [...] se sigue manteniendo la posibilidad de que la Administración Tributaria, que va a ser denunciante o querellante y parte en el procedimiento penal, pueda acordar medidas cautelares para asegurar las responsabilidades pecuniarias que pudieran derivarse del delito, lo que resulta insólito en nuestro ordenamiento jurídico, en el que el Juez de Instrucción es el verdadero director de la investigación penal y a quien corresponde el juicio de proporcionalidad y necesidad de la medida cautelar. Con este sistema se relega al Juez al mero papel revisor de la medida adoptada por el denunciante y perjudicado. Potestad que ni siquiera posee en el procedimiento penal el Ministerio Fiscal.
>
> La reforma, además, no subsana el vacío legal sobre el procedimiento para adoptar por la Administración Tributaria la medida cautelar, ni el de su ratificación o revocación por el Juez penal, no contemplándose la necesaria audiencia al interesado, ni la posibilidad de su impugnación mediante el régimen de recursos.

— Finalmente, se critica la conversión de la responsabilidad patrimonial del Estado legislador en materia tributaria en un simple medio de revisión, desvinculando el instituto del régimen previsto por la Ley 30/1992, en claro perjuicio para los ciudadanos.

Reforma difícil... Jurídicamente imposible, porque *el problema no está en la reforma de la LGT. El problema nació con la reforma del Código Penal en diciembre de 2012.* Aquellos polvos traen estos lodos.

JUAN MARTÍN QUERALT

Valencia, octubre de 2015

P.S.: El *Boletín Oficial del Estado* del pasado 2 de octubre de 2015 publica el texto de la Ley 39/2015, de 1 de octubre, del Procedimiento Administrativo Común de las Administraciones Públicas, que entrará en vigor el 2 de octubre de 2016. Ese mismo día entró en vigor, con carácter general, la Ley 40/2015, de 1 de octubre, de Régimen Jurídico del Sector Público, también publicada en el *BOE* de 2 de octubre de 2015. A partir pues del 2 de octubre de 2016, de conformidad con las Disposiciones Adicionales 4.ª de la Ley 39/2015, del Procedimiento Administrativo Común de las Administraciones Públicas, y 17.ª de la Ley 40/2015, de 1 de octubre, de Régimen Jurídico del Sector Público (*BOE* de 2 de octubre de 2016), las referencias hechas a la Ley 30/1992 deberán entenderse hechas a las Leyes 39 y 40/2015, según corresponda. Es importante señalar que a la Ley 40/2015 se incorporan —Título Preliminar— los principios relativos al ejercicio de la potestad sancionadora y los que rigen la responsabilidad patrimonial de las Administraciones Públicas. Entre las novedades más destacables en este ámbito, merecen especial mención los cambios introducidos en la regulación de la denominada «responsabilidad patrimonial del Estado Legislador» por las lesiones que sufran los particulares en sus bienes y derechos derivadas de leyes declaradas inconstitucionales o contrarias al Derecho de la Unión Europea, concretándose las condiciones que deben darse para que se pueda proceder, en su caso, a la indemnización que corresponda. Las previsiones relativas al registro electrónico de apoderamientos, registro electrónico, registro de empleados públicos habilitados, punto de acceso general electrónico de la Administración y archivo único electrónico producirán efectos a los dos años de la entrada en vigor de la Ley, es decir, el 2 de octubre de 2018. Previsores que son.

La nueva Ley 39/2015 mantiene, por supuesto, en su Disposición Adicional 1.ª, apartado 2.*a*), que se regirán por su normativa específica las actuaciones y procedimientos de aplicación de los tributos en materia tributaria y aduanera, así como su revisión en vía administrativa. La misma Disposición Adicional 1.ª, apartado 2.*c*), mantiene la singularidad de las actuaciones y procedimientos sancionadores en materia tributaria y aduanera. Sólo supletoriamente será aplicable lo dispuesto con carácter general por la nueva Ley.

ABREVIATURAS

AEAT	Agencia Estatal de Administración Tributaria.
apdo.	apartado.
art(s).	artículo(s).
ATC	Auto del Tribunal Constitucional.
BOE	*Boletín Oficial del Estado.*
BOMEH	*Boletín Oficial del Ministerio de Economía y Hacienda.*
CCAA	Comunidades Autónomas.
CE	Constitución Española.
CEDH	Convenio Europeo para la Protección de los Derechos Humanos.
CP	Código Penal.
CVDGT	Consulta Vinculante de la Dirección General de Tributos.
DGT	Dirección General de Tributos.
Disp.	Disposición.
Disp. Adic.	Disposición Adicional.
Disp. Derog.	Disposición Derogatoria.
Disp. Trans.	Disposición Transitoria.
IAE	Impuesto sobre Actividades Económicas.
IBI	Impuesto sobre Bienes Inmuebles.
IIVTNU	Impuesto sobre Incremento del Valor de los Terrenos de Naturaleza Urbana.
IRNR	Impuesto sobre la Renta de No Residentes.
IRPF	Impuesto sobre la Renta de las Personas Físicas.
IS	Impuesto sobre Sociedades.
ISD	Impuesto sobre Sucesiones y Donaciones.
ITP-AJD	Impuesto sobre Transmisiones Patrimoniales y Actos Jurídicos Documentados.
IVA	Impuesto sobre el Valor Añadido.
JCA	Juzgados de lo Contencioso-Administrativo.
JCCA	Juzgado Central de lo Contencioso-Administrativo.
LC	Ley Concursal.
LDGC	Ley de Derechos y Garantías de los Contribuyentes.
LECiv.	Ley de Enjuiciamiento Civil.
LECrim.	Ley de Enjuiciamiento Criminal.
LGP	Ley General Presupuestaria.
LGT	Ley General Tributaria.
LGT/1963	Ley General Tributaria.
LHL	Ley Reguladora de las Haciendas Locales.
LIRNR	Ley del Impuesto sobre la Renta de No Residentes.
LIRPF	Ley del Impuesto sobre la Renta de las Personas Físicas.

LISdades	Ley del Impuesto sobre Sociedades.
LJCA	Ley Reguladora de la Jurisdicción Contencioso-Administrativa.
LMFAOS	Ley de Medidas Fiscales, Administrativas y del Orden Social.
LO	Ley Orgánica.
LOFCA	Ley Orgánica de Financiación de las Comunidades Autónomas.
LOPJ	Ley Orgánica del Poder Judicial.
LOTC	Ley Orgánica del Tribunal Constitucional.
LPACAP	Ley del Procedimiento Administrativo Común de las Administraciones Públicas.
LPGE	Ley de Presupuestos Generales del Estado.
LRBRL	Ley Reguladora de las Bases del Régimen Local.
LRJPAC	Ley de Régimen Jurídico de las Administraciones Públicas y del Procedimiento Administrativo Común.
LRJSP	Ley de Régimen Jurídico del Sector Público.
LTPP	Ley de Tasas y Precios Públicos.
OM	Orden Ministerial.
Orden APU	Orden del Ministerio de Administraciones Públicas.
Orden EHA	Orden del Ministerio de Economía y Hacienda.
Orden HAC	Orden del Ministerio de Hacienda.
p.	página.
párr.	párrafo.
Rec.	Recurso.
Res.	Resolución.
RD	Real Decreto.
RD Leg.	Real Decreto Legislativo.
RGIT	Reglamento General de los procedimientos de gestión, inspección y aplicación de los tributos.
RGR	Reglamento General de Recaudación.
RIRNR	Reglamento del Impuesto sobre la Renta de No Residentes.
RIRPF	Reglamento del Impuesto sobre la Renta de las Personas Físicas.
RIS	Reglamento del Impuesto sobre Sociedades.
RR	Reglamento General de desarrollo de la LGT en materia de de Revisión en vía administrativa.
RST	Reglamento General del Régimen Sancionador Tributario.
SAN	Sentencia de la Audiencia Nacional.
ss.	[y] siguientes.
STC	Sentencia del Tribunal Constitucional.
STEDH	Sentencia del Tribunal Europeo de Derechos Humanos.
STJCE	Sentencia del Tribunal de Justicia de las Comunidades Europeas.
STS	Sentencia del Tribunal Supremo.
SVA	Servicio de Vigilancia Aduanera.
TC	Tribunal Constitucional.
TEAC	Tribunal Económico-Administrativo Central.
TR	Texto Refundido.
TRLCI	Texto Refundido de la Ley del Catastro Inmobiliario.
TRLGP	Texto Refundido de la Ley General Presupuestaria.
TRLHL	Texto Refundido de la Ley de Haciendas Locales.

TRLIRNR	Texto Refundido de la Ley del Impuesto sobre la Renta de No Residentes.
TRLIT-AJD	Texto Refundido de la Ley del Impuesto sobre Transmisiones Patrimoniales y Actos Jurídicos Documentados.
TS	Tribunal Supremo.
vid.	véase.

§ I. LEY 58/2003, DE 17 DE DICIEMBRE, GENERAL TRIBUTARIA

(*BOE* n.º 302, de 18 de diciembre de 2003)

EXPOSICIÓN DE MOTIVOS

I

La Ley General Tributaria es el eje central del ordenamiento tributario donde se recogen sus principios esenciales y se regulan las relaciones entre la Administración tributaria y los contribuyentes.

Desde su aprobación, la Ley 230/1963, de 28 de diciembre, General Tributaria, ha sido objeto de diversas modificaciones que han intentado adaptar esta disposición legal a los cambios experimentados en la evolución del sistema tributario.

La primera reforma importante de la Ley General Tributaria se realizó en 1985 a pesar de la modificación sustancial que experimentó en esos años el sistema fiscal. La reforma operada por la Ley 10/ 1985, de 26 de abril, de modificación parcial de la Ley General Tributaria tuvo por objeto precisamente adecuar el contenido de la Ley 230/1963, de 28 de diciembre, General Tributaria a los cambios experimentados al margen de la misma, y recuperar ésta su carácter sistematizador e integrador de las modificaciones que afectaban con carácter general al sistema tributario. Desde ese momento, la Ley 230/1963, de 28 de diciembre, General Tributaria, fue objeto de numerosas reformas por medio de leyes de presupuestos generales del Estado y algunas leyes sustantivas, si bien, desde 1992, la doctrina del Tribunal Constitucional fue contraria a la reforma de la Ley General Tributaria por medio de leyes de presupuestos generales del Estado.

En 1995, la necesidad de incorporar la jurisprudencia constitucional a la citada ley y la conveniencia de actualizarla en materia de procedimientos tributarios, así como otras finalidades como la de impulsar el cumplimiento espontáneo de las obligaciones tributarias, la de contemplar las facultades de los órganos de gestión para efectuar liquidaciones provisionales de oficio, la de incorporar nuevos instrumentos de lucha contra el fraude fiscal o la de revisar el régimen de infracciones y sanciones, determinó que se abordara una importante reforma mediante la Ley 25/1995, de 20 de julio, de Modificación Parcial de la Ley General Tributaria.

Al margen de las reformas introducidas desde esa fecha en preceptos concretos de la Ley General Tributaria, se aprobó en 1998 una disposición legal esencial para la regulación de las relaciones entre los contribuyentes y la Administración que afectó a materias íntimamente relacionadas con el contenido propio de la Ley General Tributaria. La Ley 1/1998, de 26 de febrero, de Derechos y Garantías de los Contribuyentes, tuvo por objeto reforzar los derechos sustantivos de los contribuyentes y mejorar sus garantías en el seno de los distintos procedimientos tributarios, reforzando las correlativas obligaciones de la Administración tributaria. Como se señalaba en su exposición de motivos, la Ley 1/1998, de 26 de febrero, de Derechos y Garantías de los Contribuyentes, planteó desde su aprobación la necesidad de su integración en la Ley General Tributaria, donde sus preceptos debían encontrar su natural acomodo.

A pesar de las modificaciones efectuadas hasta la fecha en la Ley General Tributaria, puede afirmarse que su adaptación al actual sistema tributario y al conjunto del ordenamiento español desarrollado a partir de la Constitución Española de 27 de diciembre de 1978 resultaba insuficiente. Desde la promulgación de la Constitución estaba pendiente una revisión en profundidad de la citada ley para adecuarla a los principios constitucionales, y eliminar definitivamente algunas referencias preconstitucionales sin encaje en nuestro ordenamiento actual.

Por otro lado, a pesar de los esfuerzos revisores del legislador, el sistema tributario ha evolucionado en los últimos años en el seno de los distintos impuestos sin el correlativo desarrollo de los preceptos de la Ley General Tributaria y, además, se han promulgado otras disposiciones en nuestro ordenamiento, como la Ley 30/1992, de 26 de noviembre, de Régimen Jurídico de las Administraciones Públicas y del Procedimiento Administrativo Común, que han modernizado los procedimientos administrativos y las relaciones entre los ciudadanos y la Administración, sin el correspondiente reflejo en la Ley General Tributaria. En este sentido, la nueva ley supone una importante aproximación a las normas generales del derecho administrativo, con el consiguiente incremento de la seguridad jurídica en la regulación de los procedimientos tributarios.

En definitiva, el carácter preconstitucional de la Ley 230/ 1963, de 28 de diciembre, General Tributaria, la necesidad de regular los procedimientos de gestión tributaria actualmente utilizados, la excesiva dispersión de la normativa tributaria, la conveniencia de adecuar el funcionamiento de la Administración a las nuevas tecnologías y la necesidad de reducir la conflictividad en materia tributaria aconsejaban abordar definitivamente la promulgación de una nueva Ley General Tributaria.

En este contexto, la Resolución de la Secretaría de Estado de Hacienda de 15 de junio de 2000 destacó la necesidad de una revisión en profundidad de la ley y procedió a la constitución de una Comisión para el estudio y propuesta de medidas para la reforma de la Ley General Tributaria que, integrada por destacados expertos en derecho financiero y tributario, ha dado lugar, con carácter previo a la redacción del proyecto de la nueva Ley General Tributaria, a un informe sobre las líneas maestras de la reforma y el modo en que debían concretarse en un futuro texto legal.

El borrador del anteproyecto preparado sobre la base de dicho informe fue estudiado por un grupo de expertos en derecho financiero y tributario en el seno de la Comisión para el estudio del borrador del anteproyecto de la nueva Ley General Tributaria creada por Resolución de la Secretaría de Estado de Hacienda de 1 de octubre de 2002. El trabajo del grupo de expertos concluyó en enero de 2003 con la redacción de un informe donde se analizó y comentó el texto, a la vez que se formularon propuestas y sugerencias relacionadas con la materia objeto del estudio.

De acuerdo con lo señalado, los principales objetivos que pretende conseguir la Ley General Tributaria son los siguientes: reforzar las garantías de los contribuyentes y la seguridad jurídica, impulsar la unificación de criterios en la actuación administrativa, posibilitar la utilización de las nuevas tecnologías y modernizar los procedimientos tributarios, establecer mecanismos que refuercen la lucha contra el fraude, el control tributario y el cobro de las deudas tributarias y disminuir los niveles actuales de litigiosidad en materia tributaria.

Además de las modificaciones necesarias para la comentada adecuación de la norma al contexto actual de nuestro sistema tributario, la nueva ley supone también una notable mejora técnica en la sistematización del derecho tributario general, así como un importante esfuerzo codificador.

Manifestación de ello es la nueva estructura de la ley, más detallada y didáctica que la de la Ley 230/1963, de 28 de diciembre, General Tributaria, con cinco títulos. Los dos primeros vienen a coincidir esencialmente con los títulos preliminar, I y II de la Ley 230/1963, de 28 de diciembre, General Tributaria. Sin embargo, los títulos III, IV y V de la nueva ley suponen una estructuración más correcta y sistemática que la del título III de la Ley 230/1963, de 28 de diciembre, General Tributaria, relativo a la gestión tributaria en sentido amplio. El título III de la nueva ley regula los procedimientos de aplicación de los tributos, el título IV regula de modo autónomo la potestad sancionadora y el título V regula la revisión de actos administrativos en materia tributaria.

El ánimo codificador de la nueva Ley General Tributaria se manifiesta fundamentalmente en la incorporación de preceptos contenidos en otras normas de nuestro ordenamiento, algunas de las cuales ponen fin a su vigencia. Así, se incorpora el contenido de la Ley 1/1998, de Derechos y Garantías de los Contribuyentes, del Real Decreto Legislativo 2.795/1980, de 12 de diciembre, por el que se articula la Ley 39/1980, de 5 de julio, de Bases sobre Procedimiento Económico-administrativo, así como los preceptos reglamentarios de mayor calado en materia de procedimiento de inspección, recaudación, procedimiento sancionador, recurso de reposición, etc.

II

El título I, «Disposiciones generales del ordenamiento tributario», contiene principios generales y preceptos relativos a las fuentes normativas y a la aplicación e interpretación de las normas tributarias.

El artículo 1 de la ley delimita el ámbito de aplicación de la misma, como ley que recoge y establece los principios y las normas jurídicas generales del sistema tributario español. La nueva Ley General Tributaria debe adecuarse a las reglas de distribución de competencias que derivan de la Constitución Española. Respecto a esta cuestión, el Tribunal Constitucional ha manifestado que «el sistema tributario debe estar presidido por un conjunto de principios generales comunes capaz de garantizar la homogeneidad básica que permita configurar el régimen jurídico de la ordenación de los tributos como un verdadero sistema y asegure la unidad del mismo, que es exigencia indeclinable de la igualdad de los españoles» (STC 116/1994, de 18 de abril), y también que «la indudable conexión existente entre los artículos 133.1, 149.1.14.ª y 157.3 de la Constitución determina que el Estado sea competente para regular no sólo sus propios tributos, sino también el marco general de todo el sistema tributario y la delimitación de las competencias financieras de las Comunidades Autónomas respecto de las del propio Estado» (STC 192/2000, de 13 de julio).

En definitiva, de los títulos competenciales previstos en el apartado 1 del artículo 149 de la Constitución, esta ley se dicta al amparo de lo dispuesto para las siguientes materias: 1.ª, en cuanto regula las condiciones básicas que garantizan la igualdad en el cumplimiento del deber constitucional de contribuir; 8.ª, en cuanto se refiere a la aplicación y eficacia de las normas jurídicas y a la determinación de las fuentes del derecho tributario; 14.ª, en cuanto establece los conceptos, principios y normas básicas del sistema tributario en el marco de la Hacienda general; y 18.ª, en cuanto adapta a las especialidades del ámbito tributario la regulación del procedimiento administrativo común, garantizando a los contribuyentes un tratamiento similar ante todas las Administraciones tributarias.

Se eliminan en este título I las referencias preconstitucionales que existían en la Ley 230/1963, de 28 de diciembre, General Tributaria, y se incorpora el contenido de diversos preceptos constitucionales de fundamental aplicación en el ordenamiento tributario. Asimismo, se delimita el concepto de Administración tributaria y se actualiza el sistema de fuentes con referencia a los tratados internacionales y a las normas de derecho comunitario.

En la sección 3.ª, relativa a la «interpretación, calificación e integración de las normas tributarias», se incorpora el precepto que regula la calificación de las obligaciones tributarias y se revisa en profundidad la regulación del fraude de ley que se sustituye por la nueva figura del «conflicto en la aplicación de la norma tributaria», que pretende configurarse como un instrumento efectivo de lucha contra el fraude sofisticado, con superación de los tradicionales problemas de aplicación que ha presentado el fraude de ley en materia tributaria.

III

El título II, «Los tributos», contiene disposiciones generales sobre la relación jurídico-tributaria y las diferentes obligaciones tributarias, así como normas relativas a los obligados tributarios, a sus derechos y garantías, y a las obligaciones y deberes de los entes públicos. Se regulan también los elementos de cuantificación de las obligaciones tributarias, dedicándose un capítulo a la deuda tributaria.

De modo didáctico, se definen y clasifican las obligaciones, materiales y formales, que pueden surgir de la relación jurídico-tributaria. Las obligaciones materiales se clasifican en: obligación tributaria principal, obligaciones tributarias de realizar pagos a cuenta, obligaciones entre particulares resultantes del tributo y obligaciones tributarias accesorias. En las obligaciones tributarias de realizar pagos a cuenta se asumen las denominaciones de la normativa del Impuesto sobre la Renta de las Personas Físicas, y entre las obligaciones accesorias se incluyen las de satisfacer el interés de demora, los recargos por declaración extemporánea y los recargos del período ejecutivo.

En cuanto al interés de demora, se procede a establecer una completa regulación, destacando como principal novedad la no exigencia de interés de demora desde que la Administración incumpla alguno de los plazos establecidos en la propia ley para dictar resolución por causa imputable a la misma, salvo que se trate de expedientes de aplazamiento o de recursos o reclamaciones en los que no se haya acordado la suspensión. También se modifica la regulación de los recargos del período ejecutivo, de modo que se exigirá un recargo del 5 por 100, sin intereses de demora, si se ingresa la totalidad de la deuda tributaria antes de la notificación de la providencia de apremio; un recargo del 10 por 100, sin intereses de demora, si se ingresa la totalidad de la deuda tributaria y el propio recargo antes de la finalización del plazo de ingreso de las deudas apremiadas; y un recargo del 20 por 100 más intereses de demora si no se cumplen las condiciones anteriores.

Se dedica una sección 3.ª en el capítulo I a las obligaciones de la Administración tributaria, donde se traslada lo dispuesto en los artículos 10, 11 y 12 de la Ley 1/1998, de 26 de febrero, de Derechos y Garantías de los Contribuyentes, con regulación de la obligación de realizar devoluciones derivadas de la normativa de cada tributo, la de devolución de ingresos indebidos y la de reembolso de los costes de las garantías. En esta última se introduce como novedad la obligación de la Administración de abonar también el interés legal generado por el coste de las garantías.

La sección 4.ª reproduce la lista de derechos y garantías de los obligados tributarios contenida en el artículo 3 de la Ley 1/1998, de 26 de febrero, de Derechos y Garantías de los Contribuyentes, e incorpora al mismo nuevos derechos como el derecho a utilizar las lenguas oficiales en el territorio de la Comunidad Autónoma, el derecho a formular quejas y sugerencias, el derecho a que consten en diligencia las manifestaciones del interesado o el derecho a presentar cualquier documento que se estime conveniente.

En la regulación de sucesores y responsables se introducen importantes medidas para asegurar el cobro de las deudas tributarias. Así, se establece como novedad que en las sociedades personalistas los socios responden de la totalidad de las deudas tributarias de la sociedad y se prevé expresamente la sucesión en las sanciones que proceda imponer a las entidades cuando éstas se extingan, con el límite de la cuota de liquidación o valor de los bienes transmitidos. También se gradúa la responsabilidad de los administradores en función de su participación, con expresa mención a los administradores de hecho, y se establece un nuevo supuesto de responsabilidad subsidiaria de contratistas y subcontratistas en relación con retenciones y con tributos que deban repercutirse como consecuencia de las obras o servicios contratados o subcontratados.

En materia de capacidad y representación, la ley se adapta a lo dispuesto en la Ley 30/1992, de 26 de noviembre, de Régimen Jurídico de las Administraciones Públicas y del Procedimiento Administrativo Común, y se establece expresamente la validez de los documentos normalizados que apruebe la Administración tributaria como medio de representación para determinados procedimientos y previéndose la actuación de los obligados mediante un asesor fiscal.

En el capítulo IV del título II se regula la deuda tributaria, que no comprende el concepto de sanciones, las cuales se regulan de forma específica en el título IV de la ley. En esta materia se dan entrada en la ley diversos preceptos del vigente Reglamento General de Recaudación, aprobado por el Real Decreto 1.684/1990, de 20 de diciembre, como los relativos a plazos de pago, medios de pago o aplazamiento y fraccionamiento de la deuda tributaria. En materia de plazos de pago se amplía una quincena el plazo de pago en período voluntario de las deudas liquidadas por la Administración y en materia de prescripción, se mantiene el plazo de cuatro años establecido por la Ley 1/1998, de 26 de febrero, de Derechos y Garantías de los Contribuyentes, y se establece una regulación más completa, con sistematización de las reglas de cómputo e interrupción del plazo de forma separada para cada derecho susceptible de prescripción, al objeto de evitar dudas interpretativas. También se añade una regla especial para el plazo de prescripción del derecho a exigir la obligación de pago a los responsables.

En lo que se refiere a la compensación, se formula expresamente el carácter meramente declarativo del acuerdo de compensación y se prevé la compensación de oficio de las cantidades a ingresar y a devolver que resulten de un mismo procedimiento de comprobación limitada o inspección durante el plazo de ingreso en período voluntario.

Por último, en materia de garantías, se incorpora a este capítulo la regulación de las medidas cautelares, con ampliación de los supuestos en que procede su adopción siempre que exista propuesta de liquidación, salvo en el supuesto de retenciones y tributos repercutidos que pueden adoptarse en cualquier momento del procedimiento de comprobación o inspección.

IV

En el título III se regula la aplicación de los tributos y es uno de los ámbitos donde se concentra una parte importante de las novedades que presenta la nueva ley, tanto en su estructura como en su contenido. El título III se compone de cinco capítulos: el capítulo I, que consagra principios generales que deben informar la aplicación de los tributos; el capítulo II, que establece normas comunes aplicables a las actuaciones y procedimientos tributarios; el capítulo III, que bajo la rúbrica de «actuaciones y procedimientos de gestión tributaria» configura los procedimientos de gestión más comunes; el capítulo IV, que regula el procedimiento de inspección; y el capítulo V, relativo al procedimiento de recaudación.

Dentro del capítulo I, «Principios generales», se potencia el deber de información y asistencia a los obligados tributarios. Destaca como principal novedad el carácter vinculante de todas las contestaciones a las consultas tributarias escritas y no sólo para el consultante, sino también para otros obligados tributarios siempre que exista identidad entre su situación y el supuesto de hecho planteado en la consulta. Se otorga también carácter vinculante durante un plazo de tres meses a la información de la Administración sobre valoraciones de bienes inmuebles que vayan a ser objeto de adquisición o transmisión.

En materia de colaboración social se establece el intercambio de información relevante con el Servicio Ejecutivo de la Comisión de Prevención del Blanqueo de Capitales e Infracciones Monetarias y la Comisión de Vigilancia de Actividades de Financiación del Terrorismo, y se consagra expresamente el deber de sigilo de retenedores y obligados a realizar ingresos a cuenta en relación con los datos que reciban de otros obligados tributarios.

También destaca en este capítulo la importancia otorgada al empleo y aplicación de técnicas y medios electrónicos, informáticos y telemáticos por la Administración tributaria para el desarrollo de su actividad y sus relaciones con los contribuyentes, con fijación de los principales supuestos en que cabe su utilización, con una amplia habilitación reglamentaria.

Especial mención merece, en este título, las normas integrantes del capítulo II que, bajo la rúbrica de «Normas comunes sobre actuaciones y procedimientos tributarios», van a tener una particular trascendencia y es donde se aprecia de forma más evidente el grado de aproximación de la normativa tributaria a las normas del procedimiento administrativo común.

En este capítulo, la Ley General Tributaria recoge exclusivamente las especialidades que presentan los procedimientos tributarios respecto a las normas administrativas generales, que serán de aplicación salvo lo expresamente previsto en las normas tributarias. Así, las normas de este capítulo II del título III tienen una gran relevancia, ya que, por un lado, resultan aplicables a todos los procedimientos regulados en este título salvo que se establezcan normas especiales en los respectivos procedimientos, y, por otro, constituyen, junto con las normas administrativas generales, la regulación básica de aquellos procedimientos, especialmente de gestión tributaria, que no están expresamente regulados en esta ley.

De acuerdo con este esquema, se regulan las especialidades de las actuaciones y procedimientos tributarios relativas a las formas de inicio de los mismos, los derechos que deben observarse necesariamente en su desarrollo y las formas de terminación, así como cuestiones conexas a dicha terminación tales como las liquidaciones tributarias o el deber de resolver. En cuanto a los plazos de resolución y efectos de su incumplimiento, se incrementa notablemente la seguridad jurídica con una regulación similar a la de la Ley 30/1992, de 26 de noviembre, de Régimen Jurídico de las Administraciones Públicas y del Procedimiento Administrativo Común, salvo en el cómputo de los plazos donde se tiene en cuenta la especificidad de la materia tributaria.

También se establecen como normas comunes de todas las actuaciones y procedimientos tributarios las relativas a la prueba, las notificaciones, la entrada en el domicilio de los obligados tributarios, la denuncia pública y las facultades de comprobación e investigación de la Administración tributaria.

En materia de prueba, se incorpora la posibilidad de fijar requisitos formales de deducibilidad y se acoge la norma general de que los gastos deducibles y las deducciones practicadas se justifiquen prioritariamente mediante factura o documento sustitutivo. También se regula expresamente la presunción de certeza de los datos declarados por los contribuyentes.

En cuanto a las notificaciones, se prevén las especialidades que presentan las notificaciones tributarias respecto al régimen general del derecho administrativo y se recogen determinadas medidas encaminadas a reforzar la efectividad de las mismas como la ampliación de las personas legitimadas para recibirlas o la previsión de que, en caso de notificación por comparecencia, se tendrá por notificado al obligado en las sucesivas actuaciones del procedimiento salvo la liquidación, que deberá ser notificada en todo caso. Se potencia asimismo la publicación de notificaciones en Internet, que podrá sustituir la efectuada tradicionalmente en los tablones de edictos.

La regulación en el capítulo III de las actuaciones y procedimientos de gestión tributaria es una de las principales novedades de la ley, dado el escaso número de preceptos que sobre esta materia contenía la Ley 230/1963, de 28 de diciembre, General Tributaria. Una regulación sistemática y suficiente de la gestión tributaria constituía una tradicional demanda que el legislador debía atender de forma imperiosa principalmente por dos motivos: porque, a pesar de las últimas modificaciones de la Ley 230/1963, de 28 de diciembre, General Tributaria, la regulación que establecía esta ley continuaba tomando como referencia el sistema clásico de declaración y posterior liquidación administrativa, aun habiéndose generalizado en la práctica el régimen de autoliquidaciones; y porque el objetivo de seguridad jurídica que persigue esta ley exige dotar de un adecuado respaldo normativo a las actuaciones de comprobación que se realizan en el marco de la gestión tributaria.

No obstante, la regulación de los procedimientos de gestión tributaria se aborda de una forma flexible, al objeto de permitir que la gestión pueda evolucionar hacia nuevos sistemas sin que la Ley General Tributaria lo impida o quede rápidamente obsoleta. Así, se regulan de forma abierta las formas de iniciación de la gestión tributaria, y se procede por vez primera en el ordenamiento tributario a la definición de conceptos como el de autoliquidación o el de comunicación de datos, así como el de declaración o autoliquidación complementaria y sustitutiva. Del mismo modo, se regulan únicamente los procedimientos de gestión tributaria más comunes, al tiempo que se permite el desarrollo reglamentario de otros procedimientos de menor entidad para los que se acuña un elemental sistema de fuentes.

Como procedimientos de gestión más comunes se regulan en la propia ley los siguientes: el procedimiento para la práctica de devoluciones derivadas de la normativa de cada tributo, dentro del cual se incluyen las devoluciones derivadas de la presentación de autoliquidaciones y las derivadas de la presentación de solicitudes o comunicaciones de datos; el procedimiento iniciado mediante declaración, en la que se ponga de manifiesto la realización del hecho imponible al objeto de que la Administración cuantifique la obligación tributaria mediante liquidación provisional; el procedimiento de verificación de datos, para supuestos de errores o discrepancias entre los datos declarados por el obligado y los que obren en poder de la Administración, así como para comprobaciones de escasa entidad que, en ningún caso, pueden referirse a actividades económicas; el procedimiento de comprobación de valores, donde se regula esencialmente la tasación pericial contradictoria; y el procedimiento de comprobación limitada, que constituye una de las principales novedades de la ley, habida cuenta de la escasa regulación que contemplaba el artículo 123 de la Ley 230/1963, de 28 de diciembre, General Tributaria, y que supone un importante instrumento para reforzar el control tributario.

El procedimiento de comprobación limitada se caracteriza por la limitación de las actuaciones que se pueden realizar, con exclusión de la comprobación de documentos contables, los requerimientos a terceros para captación de nueva información y la realización de actuaciones de investigación fuera de las oficinas del órgano actuante, salvo lo dispuesto en la normativa aduanera o en supuestos de comprobaciones censales o relativas a la aplicación de métodos objetivos de tributación. En este procedimiento tiene especial importancia dejar constancia de los extremos comprobados y las actuaciones realizadas a efectos de un posterior procedimiento inspector.

El capítulo IV del título III, dedicado a las actuaciones y procedimiento de inspección, presenta una regulación más completa y estructurada que la Ley 230/1963, de 28 de diciembre, General Tributaria, con incorporación de los preceptos reglamentarios de mayor calado y novedades importantes en la terminación del procedimiento. El capítulo está dividido en dos secciones, una relativa a las disposiciones generales y otra relativa al procedimiento inspector.

Dentro de la sección 2.ª, destaca la detallada regulación del plazo de duración del procedimiento inspector y los efectos de su incumplimiento y, especialmente, la nueva modalidad de actas con acuerdo que constituye una de las principales modificaciones que introduce la nueva ley, como instrumento al servicio del objetivo ya señalado de reducir la conflictividad en el ámbito tributario.

Las actas con acuerdo están previstas para supuestos de especial dificultad en la aplicación de la norma al caso concreto o para la estimación o valoración de elementos de la obligación tributaria de incierta cuantificación. El acuerdo se perfecciona con la suscripción del acta, para lo que será necesario autorización del órgano competente para liquidar y la constitución de un depósito, un aval o un seguro de caución. En caso de imposición de sanciones, se aplicará una reducción del 50 por 100 sobre el importe de la sanción siempre que no se interponga recurso contencioso-administrativo. La liquidación y la sanción no podrán ser objeto de recurso en vía administrativa.

El capítulo V relativo a las actuaciones y el procedimiento de recaudación supone una mejor sistematización de las normas reguladoras de la recaudación, con incorporación de algunos preceptos especialmente relevantes del vigente Reglamento General de Recaudación, aprobado por Real Decreto 1.684/1990, de 20 de diciembre. Destaca en este capítulo la delimitación de las facultades de los órganos de recaudación, la revisión de los motivos de impugnación contra la providencia de apremio y las diligencias de embargo, la flexibilización del orden de embargo y la regulación del procedimiento contra responsables y sucesores.

V

El título IV regula, a diferencia de la Ley 230/1963, de 28 de diciembre, General Tributaria, la potestad sancionadora en materia tributaria de forma autónoma y separada de la deuda tributaria, tanto los aspectos materiales de tipificación de infracciones y sanciones como los procedimentales, estos últimos ausentes en dicha ley.

Se enumeran en el capítulo I los principios de la potestad sancionadora en materia administrativa con las especialidades que presentan en materia tributaria. Dentro del capítulo II se relacionan los sujetos infractores y se regulan las figuras de los responsables y los sucesores en las sanciones. También, como consecuencia de la separación conceptual de la deuda tributaria, se regula de modo específico para las sanciones las causas de extinción de la responsabilidad, especialmente la prescripción.

Por lo que respecta a la tipificación de las infracciones y al cálculo de las sanciones, es uno de los aspectos de la nueva ley que presenta importantes modificaciones, al revisarse en profundidad el régimen sancionador de la Ley 230/1963, de 28 de diciembre, General Tributaria con el objeto de incrementar la seguridad jurídica en su aplicación y potenciar el aspecto subjetivo de la conducta de los obligados en la propia tipificación de las infracciones, de modo que las sanciones más elevadas queden reservadas a los supuestos de mayor culpabilidad.

En primer lugar, se adopta la clasificación tripartita de infracciones leves, graves y muy graves de la Ley 30/1992, de 26 de noviembre, de Régimen Jurídico de las Administraciones Públicas y del Procedimiento Administrativo Común, lo que supone superar la distinción clásica entre el concepto de infracción grave, como generadora de perjuicio económico para la Hacienda Pública que es sancionada con multa porcentual, y el de infracción simple, como aquella que no genera perjuicio económico y es sancionada con multa fija. En el nuevo sistema, las infracciones que generan perjuicio económico se clasifican en leves, graves o muy graves según el grado de culpabilidad que concurra en la conducta del presunto infractor, de modo que la infracción será grave si ha existido ocultación, se han utilizado facturas falsas o existen anomalías contables que no superen una determinada proporción, y muy grave si se han utilizado medios fraudulentos. En ausencia de ambas circunstancias, la infracción será siempre leve, así como en los casos en que, por razón de la cuantía de la deuda descubierta, la propia ley le otorga esa calificación.

Por su parte, las infracciones que no generen perjuicio económico se incluyen en una de las tres categorías en función de la gravedad del comportamiento y se establece en algunos casos su sanción de forma porcentual tomando como base otras magnitudes distintas de la deuda dejada de ingresar. Se refuerzan especialmente las sanciones por incumplimiento del deber de suministrar información a la Administración tributaria y por resistencia, obstrucción, excusa o negativa a la actuación de la misma.

Por otro lado, destaca la tipificación de nuevas infracciones, como la solicitud indebida de devoluciones omitiendo datos relevantes o falseando datos sin que se hayan llegado a obtener, o el incumplimiento del deber de sigilo por parte de retenedores y obligados a realizar ingresos a cuenta, así como la inclusión de sanciones reguladas hasta ahora en leyes especiales como la comunicación incorrecta o la no comunicación de datos al pagador de rentas sometidas a retención o ingreso a cuenta. Desaparece, en cambio, la tipificación genérica como infracción de cualquier incumplimiento de obligaciones o deberes exigidos por la normativa tributaria, por exigencias del principio de tipicidad en materia sancionadora.

En segundo lugar, por lo que se refiere a la cuantificación de las sanciones, y al objeto de incrementar la seguridad jurídica, se establecen en cada caso los criterios de graduación aplicables y el porcentaje fijo que representan, de modo que la suma de todos los concurrentes coincide con la sanción máxima que se puede imponer.

En tercer lugar, se revisa el sistema de reducción de las sanciones por conformidad o acuerdo del contribuyente. Además de la reducción del 30 por 100 para el caso de conformidad con la propuesta de regularización, que se mantiene, se incluye una reducción del 50 por 100 para la nueva modalidad de actas con acuerdo, siempre que no se impugne la liquidación ni la sanción en vía contencioso-administrativa y se ingrese antes de la finalización del período voluntario si se ha aportado aval o certificado de seguro de caución. También se incluye, con el objeto de reducir el número de recursos contra sanciones, una reducción del 25 por 100 para todos los casos, salvo las actas con acuerdo, en que el importe de la sanción se ingrese en plazo voluntario y no se interponga recurso contra la sanción, ni contra la liquidación.

Por último, a diferencia de la Ley 230/1963, de 28 de diciembre, General Tributaria, la nueva ley contiene las normas fundamentales del procedimiento sancionador en materia tributaria; destacando en este sentido, al igual que en otras partes de la ley, las especialidades tributarias respecto a las normas generales del procedimiento sancionador en materia administrativa, que serán de aplicación en lo no previsto en la norma tributaria.

Se establece la regla general del procedimiento separado aunque, en aras de la economía procesal, se excepciona en los supuestos de actas con acuerdo y en los casos de renuncia del obligado tributario, con el fin de mejorar la seguridad jurídica. También se mantiene en la ley el plazo máximo de tres meses desde la liquidación para iniciar el procedimiento sancionador que resulte de un procedimiento de verificación de datos, comprobación o inspección y se amplía a los procedimientos sancionadores que resulten de un procedimiento iniciado mediante declaración. En materia de recursos contra sanciones, se mantiene que la ejecución de las mismas quedará automáticamente suspendida sin necesidad de aportar garantía por la presentación de un recurso o reclamación y, de acuerdo con la más reciente doctrina jurisprudencial, se establece que no se exigirán intereses de demora hasta que la sanción sea firme en vía administrativa. Igualmente, la impugnación de las sanciones no determina la pérdida de la reducción por conformidad excepto en el mencionado caso de las actas con acuerdo.

VI

El título V, relativo a la revisión en vía administrativa, contiene también importantes modificaciones respecto a la regulación que sobre esta materia contemplaba la Ley 230/1963, de 28 de diciembre, General Tributaria bajo la rúbrica de «gestión tributaria» en su acepción más amplia, ya superada en la nueva ley. El título V regula todas las modalidades de revisión de actos en materia tributaria, establece una regulación más detallada de los procedimientos especiales de revisión y del recurso de reposición, incluye preceptos hasta este momento reglamentarios, e incorpora las principales normas de las reclamaciones económico-administrativas hasta ahora contenidas en el Real Decreto Legislativo 2.795/ 1980, de 12 de diciembre, por el que se articula la Ley 39/1980, de 5 de julio, de Bases sobre Procedimiento Económico-administrativo, que por este motivo pone fin a su vigencia.

Respecto a los procedimientos especiales de revisión, destaca la aproximación a la Ley 30/1992, de 26 de noviembre, de Régimen Jurídico de las Administraciones Públicas y del Procedimiento Administrativo Común, tanto en la enumeración de las causas de nulidad de pleno derecho como en la desaparición del procedimiento de revisión de actos anulables, exigiéndose para obtener su revisión la previa declaración de lesividad y la posterior impugnación en vía contencioso-administrativa. También destaca la regulación en el ámbito tributario del procedimiento de revocación para revisar actos en beneficio de los interesados.

Por lo que atañe al recurso de reposición, se amplían a un mes los plazos para interponer y para notificar la resolución de este recurso, y se recogen las principales normas de tramitación y suspensión hasta ahora contenidas en el Real Decreto 2.244/1979, de 7 de septiembre.

En la regulación de las reclamaciones económico-administrativas se amplía también a un mes el plazo de interposición y se introducen igualmente importantes novedades con la finalidad de agilizar la resolución de las reclamaciones y disminuir el número de asuntos pendientes en los tribunales económico-administrativos. En este sentido, destaca la creación de órganos unipersonales que podrán resolver reclamaciones, en única instancia y en plazos más cortos, en relación con determinadas materias y cuantías, además de intervenir, dentro del procedimiento general, en la resolución de inadmisibilidades o cuestiones incidentales o en el archivo de actuaciones en caso de caducidad, renuncia, desistimiento o satisfacción extraprocesal.

En materia de recursos extraordinarios, se establece un nuevo recurso de alzada para la unificación de doctrina contra las resoluciones del Tribunal Económico-administrativo Central, del que conocerá una Sala especial de nueva creación en la que participan, además de miembros del propio Tribunal, el Director General de Tributos, el Director General de la Agencia Estatal de Administración Tributaria, el Director General o de Departamento del que dependa funcionalmente el órgano que dictó el acto y el Presidente del Consejo para la Defensa del Contribuyente. Esta medida complementa la del carácter vinculante de las consultas tributarias para hacer efectiva la unificación de criterios en la actuación de toda la Administración tributaria.

Por lo demás, se mantiene el recurso extraordinario de revisión contra los actos en materia tributaria y las resoluciones económico-administrativas firmes, tanto de las pruebas que fueran de difícil o imposible aportación al tiempo de dictarse la resolución como las de nueva obtención, por lo que se adapta así a lo dispuesto en la Ley 30/1992, de 26 de noviembre, de Régimen Jurídico de las Administraciones Públicas y del Procedimiento Administrativo Común.

Finalmente, esta ley contiene dieciséis disposiciones adicionales, cinco transitorias, una derogatoria y once finales. Entre ellas, destaca la disposición adicional undécima, que regula las reclamaciones económico-administrativas en materia no tributaria y la disposición adicional decimotercera que regula la participación de las Comunidades Autónomas en los Tribunales Económico-administrativos. Las disposiciones transitorias por su parte determinan el régimen aplicable, en materia de procedimientos y normas sustantivas, que facilite el tránsito de una norma a otra. Además, cabe mencionar que las disposiciones finales primera a décima modifican la Ley 8/1989, de 13 de abril, de Tasas y Precios Públicos, y el Real Decreto Legislativo 1.091/1988, de 23 de septiembre, por el que se aprueba el texto refundido de la Ley General Presupuestaria, para adecuar la definición de tasa al concepto recogido en la Ley General Tributaria y para modificar las referencias a esta ley contenidas en la Ley General Presupuestaria, y, con el objeto de adecuar las referencias relativas a las infracciones y sanciones contenidas en otras leyes tributarias, se modifican diferentes artículos de la Ley 19/1991, de 6 de junio, del Impuesto sobre el Patrimonio, la Ley 29/1987, de 18 de diciembre, del Impuesto sobre Sucesiones y Donaciones, la Ley 37/1992, de 28 de diciembre, del Impuesto sobre el Valor Añadido, la Ley 38/1992, de 28 de diciembre, de Impuestos Especiales, y la Ley 20/1990, de 19 de diciembre, sobre Régimen Fiscal de las Cooperativas y la Ley 20/1991, de 7 de junio, de modificación de los aspectos fiscales del Régimen Económico Fiscal de Canarias.

A efectos de asegurar la adecuada implantación de los procedimientos, medios de gestión y el necesario desarrollo reglamentario, se establece la entrada en vigor de la Ley el 1 de julio de 2004.

VII

Toda norma integrante del ordenamiento jurídico debe ser concebida para que su comprensión por parte de los destinatarios sea lo más sencilla posible, de forma que se facilite el cumplimiento de los derechos, deberes y obligaciones contenidos en la misma. Dada la extensión y complejidad que necesariamente acompaña a una Ley General Tributaria con vocación codificadora, se entiende oportuno la inclusión de un índice de artículos que permita la rápida localización y ubicación sistemática de los preceptos de la ley.

ÍNDICE

TÍTULO PRIMERO
Disposiciones generales del ordenamiento tributario

CAPÍTULO PRIMERO
PRINCIPIOS GENERALES

CAPÍTULO II
NORMAS TRIBUTARIAS

SECCIÓN 1.ª
Fuentes normativas

SECCIÓN 2.ª
Aplicación de las normas tributarias

SECCIÓN 3.ª
Interpretación, calificación e integración

TÍTULO II
Los tributos

CAPÍTULO PRIMERO
DISPOSICIONES GENERALES

SECCIÓN 1.ª
La relación jurídico-tributaria

SECCIÓN 2.ª
Las obligaciones tributarias

Subsección 1.ª
La obligación tributaria principal

Capítulo II
Disposiciones generales sobre infracciones y sanciones tributarias

Sección 1.ª
Sujetos responsables de las infracciones y sanciones tributarias

Sección 2.ª
Concepto y clases de infracciones y sanciones tributarias

Sección 3.ª
Cuantificación de las sanciones tributarias pecuniarias

Sección 4.ª
Extinción de la responsabilidad derivada de las infracciones y de las sanciones tributarias

Capítulo III
Clasificación de las infracciones y sanciones tributarias

TÍTULO PRIMERO

Disposiciones generales del ordenamiento tributario

CAPÍTULO PRIMERO

PRINCIPIOS GENERALES

Artículo 1.º *Objeto y ámbito de aplicación.*—1. Esta ley establece los principios y las normas jurídicas generales del sistema tributario español y será de aplicación a todas las Administraciones tributarias en virtud y con el alcance que se deriva del artículo 149.1.1.ª, 8.ª, 14.ª y 18.ª de la Constitución.

Lo establecido en esta ley se entenderá sin perjuicio de lo dispuesto en las leyes que aprueban el Convenio y el Concierto Económico en vigor, respectivamente, en la Comunidad Foral de Navarra y en los Territorios Históricos del País Vasco.

2. Esta ley establece, asimismo, los principios y las normas jurídicas gene-

---

Art. 1.º: Nueva redacción, con efectos desde el 1 de enero de 2012, por la Disp. Final 1.ªuno.1 del RD-ley 20/2011, de 30 de diciembre (*BOE* n.º 315, de 31 de diciembre de 2011. **La Ley 22/2009, de 18 de diciembre** (*BOE* de 19 de diciembre), por la que se regulan las medidas fiscales y administrativas del **nuevo sistema de financiación de las Comunidades Autónomas**, dispone, en su **art. 27.1**, que:

«Los tributos cuyo rendimiento se cede a las Comunidades Autónomas se regirán por la Ley General Tributaria […].

»La terminología y conceptos de las normas que dicten las Comunidades Autónomas se adecuarán a la Ley General Tributaria.»

Vid., además, arts. 1.º3 RST y 1.º RGIT.

STS de 26 de enero de 2012 (Rec. 4318/2008; ponente: A. Aguallo): **Carácter básico de la LGT en el sistema de recursos.—Nulidad de norma foral que permite que la vía económico-administrativa sea opcional, dejando en manos del interesado la posibilidad de acudir directamente a la jurisdicción contencioso-administrativa**. Según el TS, dicha norma vulnera de forma directa las competencias estatales exclusivas para regular materias como el procedimiento administrativo común y la normativa procesal. Su análisis a la luz de la **doctrina constitucional (SSTC 116/1994 y 192/2000) y del propio TS (Sentencia de 9 de diciembre de 2004 (rec. cas. n.º 7893/1999)** lleva a concluir que: «La consecuencia lógica y coherente con el sistema constitucional y con la normativa autonómica es que la LGT sea una norma de procedimiento administrativo tributario común, aplicable a todas las Administraciones tributarias, de manera que las especialidades del Concierto Económico y la potestad normativa tributaria que se reconoce en dicha Ley y en el Estatuto de Autonomía no permiten afirmar, como pretende la recurrente, que las Juntas Generales puedan regular un distinto sistema de revisión de los actos en vía administrativa. Así pues, tanto la Constitución como las normas legales antedichas configuran un marco común tributario, asignando a la Ley General Tributaria una función reguladora de todas las Administraciones tributarias, estableciendo los principios y las normas jurídicas generales del sistema tributario español, constituyendo una normativa procedimental común en materia tributaria.» **En la misma línea, vid. SSTS de 3 de abril de 2018 (Rec. 3694/2015; ponente: N. A. Maurandi) y de 27 de abril de 2018 (Rec. 2684/2016; ponente: J. Díaz Delgado)**. En el *BOE* de 18 de junio de 2020 se publicó la **STC 65/2020, por la que el *Pleno del Tribunal Constitucional declaró la inconstitucionalidad y nulidad de diversos preceptos del Código tributario de Cataluña —aprobado por Ley 17/2017—*** *por vulnerar el «marco general de todo el sistema tributario» cuya competencia corresponde al Estado*

Art. 1.º1, párr. 2.º: El **Concierto Económico con la Comunidad Autónoma del País Vasco** se aprobó por Ley 12/2002, de 23 de mayo, modificada por Ley 28/2007, de 25 de octubre (*BOE* de 26 de octubre), Ley 7/2014, de 21 de abril (*BOE* de 22 de abril) y Ley 10/2017, de 28 de diciembre (*BOE* de 29 de diciembre). El **Convenio Económico entre el Estado y la Comunidad Foral de Navarra** se aprobó por Ley 28/1990, de 26 de diciembre, modificada por Ley 48/2007, de 19 de diciembre (*BOE* de 20 de diciembre de 2007), y Ley 14/2015, de 24 de junio (*BOE* de 25 de junio). En ambos casos se contempla expresamente una cláusula de obligación de colaboración e intercambio de información entre el Estado y las Instituciones Forales de dichas Comunidades, para el cumplimiento de Acuerdos internacionales y, especialmente, de los Convenios sobre Doble Imposición y normativa sobre asistencia mutua en el ámbito de la Unión Europea. Vid. Disp. Adic. 11.ª de la Ley 2/2011, de 4 de marzo, de Economía Sostenible (*BOE* de 5 de marzo).

Art. 1.º2: Vid. RD 1.558/2012, de 15 de noviembre, por el que se adaptan las normas de desarrollo de la LGT, a la normativa comunitaria e internacional en materia de asistencia mutua, se establecieron obli-

rales que regulan las actuaciones de la Administración tributaria por aplicación en España de la normativa sobre asistencia mutua entre los Estados miembros de la Unión Europea o en el marco de los convenios para evitar la doble imposición o de otros convenios internacionales.

A los efectos de esta ley, se entenderá por asistencia mutua el conjunto de acciones de asistencia, colaboración, cooperación y otras de naturaleza análoga que el Estado español preste, reciba o desarrolle con la Unión Europea y otras entidades internacionales o supranacionales, y con otros Estados en virtud de la normativa sobre asistencia mutua entre los Estados miembros de la Unión Europea o en el marco de los convenios para evitar la doble imposición o de otros convenios internacionales. La asistencia mutua podrá comprender la realización de actuaciones ante obligados tributarios.

La asistencia mutua a la que se refiere este apartado participa de la naturaleza jurídica de las relaciones internacionales a las que se refiere el artículo 149.1.3.ª de la Constitución.

Art. 2.º *Concepto, fines y clases de los tributos.*—1. Los tributos son los ingresos públicos que consisten en prestaciones pecuniarias exigidas por una Administración pública como consecuencia de la realización del supuesto de hecho al que la ley vincula el deber de contribuir, con el fin primordial de obtener los ingresos necesarios para el sostenimiento de los gastos públicos.

Los tributos, además de ser medios para obtener los recursos necesarios para el sostenimiento de los gastos públi-

---

gaciones de información sobre bienes y derechos situados en el extranjero, y se modifica el reglamento de procedimientos amistosos en materia de imposición directa, aprobado por RD 1.794/2008, de 3 de noviembre (*BOE* de 24 de noviembre).

Vid. arts. 177 bis a 177 quaterdieces y Disp. Adic. 17.ª LGT (§ I).

Vid. **RD 1.021/2015, de 13 de noviembre, que obliga a identificar la residencia fiscal de las personas que ostenten la titularidad o el control de determinadas cuentas financieras y a informar acerca de las mismas en el ámbito de la asistencia mutua** (*BOE* de 17 de noviembre); Orden HAP/2.835/2015, de 28 de diciembre, de residencia cuando se produzca el traslado a otro Estado miembro de la Unión Europea o del Espacio Económico Europeo con efectivo intercambio de información tributaria y se establece la forma y plazo para su presentación (*BOE* de 30 de diciembre); Acuerdo Multilateral entre Autoridades Competentes sobre intercambio automático de información de cuentas financieras, hecho en Berlín el 29 de octubre de 2014; Declaración de España sobre la fecha de efecto sobre los intercambios de información en virtud de dicho Acuerdo (*BOE* de 9 de noviembre de 2016 y 2 de enero de 2018); Orden HAP/1.695/2016, de 25 de octubre, que aprueba el Modelo 289, de declaración informativa anual de cuentas financieras en el ámbito de la asistencia mutua (*BOE* de 27 de octubre de 2016).

Art. 2.º: Vid. Disp. Adic. 1.ª y Disp. Final 1.ª LGT (§ I).

Art. 2.º1, párr. 2.º: ***Doctrina constitucional***: La **STC 37/1987, de 26 de marzo**, declara que «es constitucionalmente admisible que el Estado, y las CCAA en el ámbito de sus competencias, establezcan impuestos que, sin desconocer o contradecir el principio de capacidad económica o de pago, respondan principalmente a criterios económicos o sociales». En esta línea, vid. la **STC 210/2012, de 14 de noviembre**, que condensa la doctrina del TC sobre las diversas figuras de tributos autonómicos que se han ido sucediendo, como el de depósitos bancarios que era objeto de este recurso, o los que gravan las grandes superficies comerciales de venta **(Sentencias 122/2012, de 5 de julio; 197/2012, de 6 de noviembre; 200/2013, de 5 de diciembre, y 53/2014, de 10 de abril)**. Es especialmente aleccionadora la historia de las Sentencias del Tribunal Constitucional sobre el **Impuesto sobre depósitos bancarios**, en la que se produce una abierta contradicción entre la Administración Central y las Comunidades Autónomas. Vid. especialmente las siguientes **Sentencias del Tribunal Constitucional de 2015: SSTC 26 y 30, de 19 de febrero; 59, de 18 de marzo; 73, de 14 de abril; 102, de 26 de mayo, 107, 108, 111, de 28 de mayo, 211/2015, de 8 de octubre, y 74/2016, de 14 de abril**. Vid. nota al art. 4.º2 LGT (§ I).

Sobre ***prestaciones patrimoniales públicas no tributarias***, vid. SSTC 167/2016, de 6 de junio, y 196, 197 y 198/2016, de 28 de noviembre. Vid. Ley 9/2017, de 8 de noviembre, de Contratos del Sector Público (Disp. Adic. 43.ª, Disps. Finales 9.ª, 11.ª y 12.ª).

cos, podrán servir como instrumentos de la política económica general y atender a la realización de los principios y fines contenidos en la Constitución.

2. Los tributos, cualquiera que sea su denominación, se clasifican en tasas, contribuciones especiales e impuestos:

a) Tasas son los tributos cuyo hecho imponible consiste en la utilización privativa o el aprovechamiento especial del dominio público, la prestación de servicios o la realización de actividades en régimen de derecho público que se refieran, afecten o beneficien de modo

---

Art. 2.º2.a): Nueva redacción por la Disp. Final 58.ª de la Ley 2/2011, de 4 de marzo, de Economía Sostenible (*BOE* de 5 de mayo; entrada en vigor el 6 de mayo). El art. 42 de la Ley 2/2011 modificó también, en el mismo sentido, el concepto de tasa en el ámbito local: art. 20.4.*i*) TRLHL, precepto que también fue parcialmente modificado por la Disp. Final 1.ª del RD-L 19/2012, de 25 de mayo (*BOE* de 26 de mayo). Tras la modificación introducida por la Ley 2/2011, el **Tribunal Supremo,** en **Sentencia de 23 de noviembre de 2015** (Rec. 4091/2013; ponente: E. Frías Ponce) concluye que: «*El parecer mayoritario de la Sala confirma la doctrina que se viene manteniendo: la calificación como tasa no se altera por el hecho de que el servicio público se preste mediante concesión. Y no se altera tampoco como consecuencia de la redacción actualmente vigente, introducida por la Ley 2/2011, de Economía Sostenible.*»

En la propia ***STS de 23 noviembre de 2015***, frente al parecer mayoritario, el **voto particular** —R. Fernández Montalvo y J. Huelin— entiende que se debió estimar el recurso o plantear cuestión de inconstitucionalidad sobre la nueva redacción del precepto legal, dado que «como señalamos en la mencionada sentencia de 28 de septiembre de 2015, *sostener que la forma de gestión de derecho privado no altera la naturaleza pública de la exacción equivaldría a eliminar las tarifas como medio de remuneración del gestor privado*, y a establecer el régimen de subvención como único y obligatorio medio de retribución. Y resulta que la tarifa y la subvención son fórmulas de retribución de los gestores del servicio que, separada o conjuntamente, son de elección discrecional por parte de la Administración titular del servicio. *Es posible entender que si, conforme a la Ley de Tasas y Precios Públicos [arts. 6.º y 24.*c*)], tanto las tasas como los precios públicos son ingresos de derecho público, solo pueden corresponder a Administraciones y otras entidades de derecho público, y no pueden tener este carácter unos recursos que, por fuerza, tienen que ser de derecho privado cuando ingresan en el patrimonio de entidades dotadas de personalidad jurídico-privada, tanto si su capital es íntegra o mayoritariamente público como si es totalmente privado*» (FD 5.º). Un factor fundamental en este debate lo introduce la **Ley 9/2017, de 8 de noviembre, de Contratos del Sector Público**, con las modificaciones incluidas en la misma, especialmente en la Disp. Adic. 43.ª, Disp. Finales 9.ª, 11.ª y 12.ª, que otorga el carácter de ***prestaciones patrimoniales públicas «no tributarias»*** a las tarifas que abonan los usuarios por la utilización de los servicios públicos coactivos. **El Tribunal Constitucional confirma el carácter no tributario de las tarifas abonadas por los servicios públicos prestados por concesionario o entes con personificación privada, en STC Pleno, S 63/2019, 9 de mayo de 2019** (Rec. 739/2018). Vid *también **STS, Sala Tercera, de lo Contencioso-administrativo, Sección 2.ª, S, 23 de noviembre de 2015 (Rec. 4091/2013).***

Vid. STS de 8 julio 2020. Rec. 306/2018. Ponente: N.A. Maurandi: **Tasas locales. Principio de legalidad tributaria. Ordenanza fiscal del Ayuntamiento de Barcelona que regula la tasa sobre actuaciones de inspección y control de viviendas declaradas vacías o permanentemente desocupadas.**

STS de 14 de marzo 2020 (Rec. 721/2020. Ponente: I. Merino Jara): De acuerdo con el TRLRHL las entidades locales no podrán exigir tasas por la «vigilancia publica en general», ya que no pueden establecerse tasas por la prestación de servicios generales que constituyen competencias o servicios específicos del municipio. Por el contrario, sí cabe establecer tasas por servicios especiales de vigilancia diferentes de los generales, como es el caso de la guardería rural.

En la STS de 8 de marzo de 2022 (Rec. 2744/2020. Ponente: F. J. Navarro Sanchis), reiterando el contenido de las **SSTS de 23 de junio de 2021 (Rec. 2435/2020) y de 20 de julio de 2021 (Rec. 1182/2020)**, concluye que **la Administración, en ejecución de una resolución económico-administrativa tras anular la liquidación por falta de motivación de las valoraciones —ordenándose además la retroacción de actuaciones— no puede**, antes de la reanudación del procedimiento para reparar el vicio formal, **dictar una liquidación provisional a cuenta de la que finalmente resulte**. Cuando practica esa liquidación incumple el principio de que nadie se puede beneficiar de sus propias torpezas (***allegans turpitudinem propriam non auditur***), pues la liquidación provisional surge directamente del incumplimiento, toda vez que lo que en el fondo propicia esa liquidación provisional «a cuenta» es un patente **incumplimiento del deber de motivar. Motivación cuya ausencia no es un mero defecto formal**, ya que esa falta de motivación, como reiteradamente ha señalado el Tribunal Supremo, denota la ausencia de razones que puedan ser dadas a conocer al destinatario y al órgano judicial llamado a su control, dejando así una puerta abierta a la arbitrariedad. Además, operaría esta liquidación provisional, por la vía de la compensación, como una especie de medida cautelar informalmente establecida y sin audiencia al interesado.

particular al obligado tributario, cuando los servicios o actividades no sean de solicitud o recepción voluntaria para los obligados tributarios o no se presten o realicen por el sector privado.

b) Contribuciones especiales son los tributos cuyo hecho imponible consiste en la obtención por el obligado tributario de un beneficio o de un aumento de valor de sus bienes como consecuencia de la realización de obras públicas o del establecimiento o ampliación de servicios públicos.

c) Impuestos son los tributos exigidos sin contraprestación cuyo hecho imponible está constituido por negocios, actos o hechos que ponen de manifiesto la capacidad económica del contribuyente.

Art. 3.º *Principios de la ordenación y aplicación del sistema tributario.*—1. La ordenación del sistema tributario se basa en la capacidad económica de las personas obligadas a satisfacer los tributos y en los principios de justicia, generalidad, igualdad, progresividad, equitativa distribución de la carga tributaria y no confiscatoriedad.

A estos efectos, se prohíbe el establecimiento de cualquier instrumento extraordinario de regularización fiscal que pueda suponer una minoración de la deuda tributaria devengada de acuerdo con la normativa vigente.»

2. La aplicación del sistema tributario se basará en los principios de proporcionalidad, eficacia y limitación de costes indirectos derivados del cumplimiento de obligaciones formales y asegurará el respeto de los derechos y garantías de los obligados tributarios.

Art. 4.º *Potestad tributaria.*—1. La potestad originaria para establecer tributos corresponde exclusivamente al Estado, mediante ley.

2. Las Comunidades Autónomas y las entidades locales podrán establecer y

---

Art. 3.º1: Apartado redactado por Ley 11/2021, art. 13.1.º Vid. art. 31 CE y **STC 182/1997, de 28 de octubre**, sobre el fundamento constitucional del deber de contribuir.

Señala el Tribunal Constitucional (**STC 69/2002, de 21 de marzo**, y antes **STC 239/2001**) que **el *principio de igualdad* no es trasladable a las personas jurídicas**, pues el art. 14 de la Constitución se refiere a los ciudadanos y no es de aplicación a las personas jurídico-públicas en cuanto tales.

Principio de seguridad jurídica.—Vid. nota al art. 10.2, párr. último, LGT (§ I).

Art. 3.º2: La ***STS 5402/2013, de 4 de noviembre*** (Rec. 3262/2012) se refiere a la jurisprudencia sobre la *doctrina de los actos propios* y su fundamento constitucional en el ***principio de seguridad jurídica***.

Vid. **STS de 11 de octubre de 2017** (Rec. 1714/2016; ponente: J. A. Montero), transcrita en nota al art. 7.2 de la LGT (§ I).

Art. 4.º: Vid. arts. 133 CE y 66 bis y 115 LGT (§ I).

Art. 4.º2: *Comunidades Autónomas*: Vid. Ley Orgánica 8/1980, de 22 de septiembre, de Financiación de las Comunidades Autónomas, LOFCA, modificada, con efectos desde 1 de enero de 2009, por la *LO 3/2009, de 18 de diciembre* (*BOE* de 19 de diciembre). También con efectos desde 1 de enero de 2009, rige el sistema de financiación previsto por la *Ley 22/2009, de 18 de diciembre* (*BOE* de 19 de diciembre). Con efectos desde el 1 de enero de 2013, la Disp. Final 12.ª LPGE para 2012 —Ley 2/2012, de 29 de junio (*BOE* de 30 de junio)— modifica parcialmente la Ley 22/2009.

Vid. **Auto 183/2016, de 15 de noviembre, del Pleno del TC** (*BOE* de 26 de diciembre), que recoge la ***doctrina consolidada acerca del establecimiento de tributos propios por las Comunidades Autónomas y el alcance de los límites derivados de la LOFCA***: «Con carácter general, y como recuerda la STC 210/2012, de 14 de noviembre [...]. El poder tributario de las Comunidades Autónomas puede así ser delimitado por el Estado, salvaguardando en todo caso su propia existencia de manera que no se produzca un vaciamiento de la competencia, pues como afirmamos tempranamente "ninguno de los límites constitucionales que condicionan dicho poder tributario puede ser interpretado de tal manera que haga inviable el ejercicio de aquella potestad tributaria" (SSTC 150/1990, de 4 de octubre, FJ 3.º, y 289/2000, de 30 de noviembre, FJ 3.º)» (FJ 4.º). En definitiva, como recuerda la STC 74/2016, FJ 2.º, respecto al art. 6.º2 LOFCA, pero con unos criterios que son trasladables al art. 6.º3 «para apreciar la coincidencia o no entre hechos imponibles, que es lo prohibido en el art. 6.º LOFCA, se hace preciso atender a los elementos esenciales de los tributos que se confrontan, al objeto de determinar no sólo la riqueza gravada

exigir tributos, de acuerdo con la Constitución y las leyes.

3. Las demás entidades de derecho público podrán exigir tributos cuando una ley así lo determine.

Art. 5.º *La Administración Tributaria.*—1. A los efectos de esta ley, la Administración Tributaria estará integrada por los órganos y entidades de derecho público que desarrollen las

---

o materia imponible, que es el punto de partida de toda norma tributaria, sino la manera en que dicha riqueza o fuente de capacidad económica es sometida a gravamen en la estructura del tributo [SSTC 210/2012, FJ 4.º, y 53/2014, de 10 de abril, FJ 3.º*a*)]. [...] Y ello porque, como tantas veces hemos reiterado, "habida cuenta de que la realidad económica en sus diferentes manifestaciones está toda ella virtualmente cubierta por tributos estatales, ello conduciría [...] a negar en la práctica la posibilidad de que se creen, al menos, por el momento, nuevos impuestos autonómicos" (STC 37/1987, de 26 de marzo, FJ 14). En razón de esta premisa, la interpretación de los límites contenidos en el art. 6.º LOFCA deberá respetar la existencia de un espacio fiscal propio de las Comunidades Autónomas y, en particular, tener en cuenta las competencias en materia tributaria asumidas por las Comunidades Autónomas. Ahora bien, todo ello teniendo en cuenta que las prohibiciones de equivalencia lo que pretenden evitar es, en suma, que se produzcan dobles imposiciones no coordinadas, garantizando de esta manera que el ejercicio de poder tributario por los distintos niveles territoriales sea compatible con la existencia de "un sistema" tributario en los términos exigidos por el art. 31.1 CE [entre otras, SSTC 19/1987, de 17 de febrero, FJ 4.º; 19/2012, de 15 de febrero, FJ 3.º*b*); 210/2012, FJ 4.º, y 53/2014, FJ 3.º*a*)]».

Haciendas Locales: Vid. RD Leg. 2/2004, de 5 de marzo, por el que se aprueba el Texto Refundido de la Ley de Haciendas Locales. Además, la LRBRL, modificada por la Ley 57/2003, de 16 de diciembre, de Medidas para la Modernización del Gobierno Local. Ambas se han visto afectadas por la Ley 2/2011, de 4 de marzo, de Economía Sostenible (*BOE* de 5 de marzo). Madrid: Ley 22/2006, de 4 de julio, de Capitalidad y de Régimen especial de Madrid (*BOE* de 5 de julio); Barcelona: art. 161 TRLHL y Ley 1/2006, de 13 de marzo, por la que se regula el Régimen Especial del municipio de Barcelona (*BOE* de 14 de marzo).

Vid. **art. 133 CE.** ***Doctrina constitucional*: SSTC de 19 de diciembre de 1985 y 17 de febrero de 1987. Vid., también, la STC 233/1999, de 16 de diciembre, y nota al art. 8.º LGT (§ I).**

Art. 5.º: Redactado, con efectos desde 1 de enero de 2010, por la Disp. Final 3.ª, apartado uno, de la Ley 22/2009, de 18 de diciembre.

El **art. 103 de la Ley 31/1990, de 27 de diciembre, creó la Agencia Estatal de Administración Tributaria**, con competencias que viene desarrollando desde el 1 de enero de 1992. Ha sido objeto de una generosa y variopinta —a comenzar por su partida bautismal en una Ley de Presupuestos— refundación normativa, en las anuales Leyes de Presupuestos y de Acompañamiento.

Vid. arts. 65 a 68 y 91 y Disp. Trans. 5.ª LPACAP y arts. 32 a 37 LRJSP.

A la polémica que acompaña a la AEAT desde su creación, se suma la doctrina sentada por la **STS de 23 de mayo de 2006 (n.º de recurso 8.201/2000)**.

***Doctrina constitucional*: *STC 76/1990, de 26 de abril*:** el TC ha rechazado los «intentos apresurados de trasladar mecánicamente garantías y procedimientos administrativos distintos y alejados del mismo», como son todos los procedimientos de gestión tributaria no sancionadora y, entre ellos, los de liquidación e inspección.

Coordinación con las Comunidades Autónomas: Vid. Título IV de la Ley 22/2009, de 18 de diciembre, por la que se regula el sistema de financiación de las Comunidades Autónomas (*BOE* de 19 de diciembre).

La Orden HAP/1.429/2016, de 1 de septiembre (*BOE* de 7 de septiembre), modifica la Orden de 2 de junio de 1994, aclarando el contenido de las normas atributivas de competencias aplicables a los actos de disposición de la acción procesal en el seno de la AEAT: informar o autorizar el ejercicio de acciones en los diversos órdenes jurisdiccionales, resolución de reclamaciones previas, presentación de denuncias o querellas, planteamiento de recursos y reclamaciones.

- **Real Decreto 2/2020, de 12 de enero, por el que se reestructuran los departamentos ministeriales** (*BOE* 13 de enero de 2020), **modificado por Real Decreto 507/2021**, de 10 de julio (*BOE* 12 de julio de 2021)
- **Real Decreto 139/2020, de 28 de enero, por el que se establece la estructura orgánica básica de los departamentos ministeriales** (*BOE* de 29 de enero de 2020).
- **Orden HAC/1324/2020, de 30 de octubre**, que modifica la Orden de 2 de junio de 1994, por la que se desarrolla la **estructura de la AEAT** (*BOE* de 13 de enero de 2020).
- **Orden PCM/3/2021, de 11 de enero**, que modifica la Orden PRE/3581/2007, de 10 de diciembre, por la que se establecen los **departamentos de la AEAT y se les atribuyen funciones y competencias** (*BOE* de 13 de enero).
- **Resolución de 13 de enero de 2021** (*BOE* de 14 de enero y en vigor el 15), de la Presidencia de la Agencia Estatal de Administración Tributaria, establece la **estructura y organización territorial de la AEAT**, derogando para ello su regulación actual contenida en la Resolución de 21 de septiembre de 2004.

funciones reguladas en sus títulos III, IV, V, VI y VII.

2. En el ámbito de competencias del Estado, la aplicación de los tributos, el ejercicio de la potestad sancionadora y la función revisora en vía administrativa corresponde al Ministerio de Economía y Hacienda, en tanto no haya sido expresamente encomendada por Ley a otro órgano o entidad de derecho público.

En los términos previstos en su Ley de creación, dichas competencias corresponden a la Agencia Estatal de Administración Tributaria, salvo la declaración de nulidad de pleno derecho regulada en el artículo 217 y las reclamaciones económico-administrativas reguladas en el capítulo IV del título V de la presente Ley.

3. Las Comunidades Autónomas y las entidades locales ejercerán las competencias relativas a la aplicación de los tributos y el ejercicio de la potestad sancionadora derivada de dicha aplicación, así como la función revisora en vía administrativa de los actos dictados en el ejercicio de aquéllas, con el alcance y en los términos previstos en la norma-

---

En esta Resolución se crean las denominadas **«Administraciones de asistencia Digital Integral»** (ADIs), como plataformas dirigidas a prestar servicios de información y asistencia por medios electrónicos, mediante la utilización de canales de comunicación no presenciales. Estas Administraciones de nueva creación se convierten en una nueva categoría de Administraciones que dependerán orgánicamente de la Delegación Especial en la que se hayan creado y desempeñarán las funciones de información y asistencia tributaria y aduanera que tengan atribuidas en la normativa reguladora de la organización y funciones de cada área funcional de la Agencia Tributaria, bajo la coordinación de los respectivos Departamentos. Estas Administraciones de nueva creación se convierten en una nueva categoría de Administraciones, dado que realizarán sus actuaciones respecto de contribuyentes de todo el ámbito nacional sin que, por tanto, proceda asignarles un ámbito geográfico específico.

• **Resolución de 13 de enero de 2021** (*BOE* de 15 de enero), de la Presidencia de la AEAT, que modifica la de 22 de enero de 2013, sobre **organización y atribución de competencias en el Área de Recaudación**.

• **Resolución de 13 de enero de 2021** (*BOE* de 15 de enero), de la Presidencia de la AEAT, que modifica la de 24 de marzo de 1992, sobre **organización y atribución de funciones** a la Inspección de los Tributos **en el ámbito** de la competencia del Departamento de **Inspección Financiera y Tributaria. Resolución de 4 de abril de 2019, de la Presidencia de la AEAT,** por la que se modifica la de 24 de marzo de 1992, **sobre organización y atribución de funciones a la inspección de los tributos** en el ámbito de la competencia del Departamento de Inspección Financiera y Tributaria (5 de abril de 2019) (Corrección erratas en *BOE* de 14 de junio de 2019).

• **Resolución de 13 de enero de 2021** (*BOE* de 15 de enero), de la Presidencia de la AEAT, sobre **organización y atribución de funciones en el ámbito** de competencias del Departamento de **Gestión Tributaria**.

• **Resolución de 13 de enero de 2021** (*BOE* de 15 de enero), de la Presidencia de la AEAT, sobre **organización y atribuciones de funciones** en el Área de **Aduanas e Impuestos Especiales**.

• **Resolución de 13 de enero de 2021** (*BOE* de 16 de enero), de la Presidencia de la AEAT, por la que se establece la **estructura** orgánica de la **Delegación Central de Grandes Contribuyentes**.

• **Resolución de 13 de enero de 2021** (*BOE* de 18 de enero), de la Presidencia de la AEAT, sobre **organización y funciones** del Área de **Informática Tributaria**.

Art. 5.º1: Nueva redacción, con efectos desde el 12 de octubre de 2015, por el art. único.1 de la Ley 34/2015, de 21 de septiembre, de modificación parcial de la LGT (*BOE* n.º 227, de 22 de septiembre). Su redacción anterior era la siguiente:

> 1. A los efectos de esta Ley, la Administración tributaria estará integrada por los órganos y entidades de derecho público que desarrollen las funciones reguladas en sus títulos III, IV y V.

Art. 5.º2: Vid. arts. 20 y 31 RST.

Vid. **Disp. Adic. 2.ª de la Ley 34/2015, de 21 de septiembre** (*BOE* de 22 de septiembre). La **Disp. Adic. 17.ª de la Ley 40/2015, de 1 de octubre (LRJSP)**, que entró en vigor, con carácter general, el 2 de octubre de 2016, dispone que: «La AEAT se regirá por su legislación específica y únicamente de forma supletoria y en tanto resulte compatible con su legislación específica por lo previsto en esta Ley. El acceso, la cesión o la comunicación de información de naturaleza tributaria se regirán en todo caso por su legislación específica.»

Art. 5.º3: Nueva redacción, con efectos desde el 1 de enero de 2012, por la Disp. Final 1.ª uno.2 del RD-Ley 20/2011, de 30 de diciembre, de medidas urgentes (*BOE* n.º 315, de 31 de diciembre de 2011; corrección de errores en *BOE* n.º 8, de 10 de enero de 2012). Véanse nota al art. 4.º 2 y Disp. Adic. 4.ª LGT (§ I).

tiva que resulte aplicable y su sistema de fuentes.

Corresponden a la Agencia Estatal de Administración Tributaria las competencias en materia de aplicación de los tributos derivadas o atribuidas por la normativa sobre asistencia mutua.

4. El Estado y las Comunidades Autónomas y las Ciudades con Estatuto de Autonomía podrán suscribir acuerdos de colaboración para la aplicación de los tributos y para el ejercicio de las funciones de revisión en vía administrativa.

5. Asimismo, podrán establecerse fórmulas de colaboración para la aplicación de los tributos entre las entidades locales, así como entre éstas y el Estado o las Comunidades Autónomas.

Art. 6.º *Impugnabilidad de los actos de aplicación de los tributos y de imposición de sanciones.*—El ejercicio de la potestad reglamentaria y los actos de aplicación de los tributos y de imposición de sanciones tienen carácter reglado y son impugnables en vía administrativa y jurisdiccional en los términos establecidos en las leyes.

CAPÍTULO II

NORMAS TRIBUTARIAS

SECCIÓN 1.ª

Fuentes normativas

Art. 7.º *Fuentes del ordenamiento tributario.*—1. Los tributos se regirán:

a) Por la Constitución.

b) Por los tratados o convenios internacionales que contengan cláusulas de naturaleza tributaria y, en particular, por los convenios para evitar la doble imposición, en los términos previstos en el artículo 96 de la Constitución.

c) Por las normas que dicte la Unión Europea y otros organismos internacionales o supranacionales a los que se atribuya el ejercicio de competencias en materia tributaria de conformidad con el artículo 93 de la Constitución.

d) Por esta ley, por las leyes reguladoras de cada tributo y por las demás leyes que contengan disposiciones en materia tributaria.

e) Por las disposiciones reglamentarias dictadas en desarrollo de las nor-

---

Art. 5.º4 y 5: Vid. art. 92 LGT (§ I).

Art. 6.º: Vid. Título V LGT (§ I) y Ley 29/1998, de 13 de julio, LJCA.
Véanse arts. 103.1 y 106.1 CE.

Art. 7.º1.b): Vid. art. 71 de la **Ley 2/2011, de 4 de marzo, de Economía Sostenible** (*BOE* de 5 de marzo): *Impulso de la red española de convenios para evitar la doble imposición.*

Art. 7.º1.c): El RD 1.558/2012, de 15 de noviembre, por el que se adaptan las normas de desarrollo de la LGT a la normativa comunitaria e internacional en materia de asistencia mutua, establece obligaciones de información sobre bienes y derechos situados en el extranjero, y se modifica el reglamento de procedimientos amistosos en materia de imposición directa, aprobado por RD 1.794/2008, de 3 de noviembre (*BOE* de 24 de noviembre). ***Principio de primacía del Derecho de la Unión Europea***: véase FJ 5.º de la STC 145/2012, de 2 de julio (*BOE* n.º 181, de 30 de julio).

Art. 7.º1.e): Vid. art. 97 CE, Disp. Adic. 20.ª y Disp. Final 9.ª LGT y Disp. Adic. 2.ª de la Ley 34/2015, de 21 de septiembre, de reforma de la LGT (*BOE* de 22 de septiembre) (§ VII).

Potestad reglamentaria de los Ministros: STC 185/1995, de 14 de diciembre; art. 4.º1.*b*) de la Ley 50/1997, de 20 de noviembre, del Gobierno; Ley 40/2015, de 1 de octubre, del Régimen Jurídico del Sector Público y art. 12.2 LGT (§ I); Disp. Final 10.ª LGT (§ I).

Sobre el valor jurídico de las **Circulares** y su posible impugnación, vid. Sentencias del Tribunal Supremo de 16 de noviembre y 4 de diciembre de 1999. **STS de 28 de febrero de 2918, Rec. 3250/2016. Ponente: J. Díaz Delgado:** «Es cierto que **la *consulta vinculante* no es fuente de Derecho** —y, desde luego el criterio expresado en ella no vincula a los tribunales—. Pero ello no supone que los mencionados órganos administrativos, por disposición expresa de la Ley, puedan apartarse de la respuesta dada por la propia Administración siempre que concurran los requisitos subjetivos, objetivos, formales y de procedimientos establecidos legal (arts. 88 y 89 LGT) y reglamentariamente (arts. 65 a 68 del Reglamento General de las Actuaciones y Procedimientos de Gestión e Inspección Tributaria, Real Decreto 1065/2007)».

mas anteriores y, específicamente en el ámbito tributario local, por las correspondientes ordenanzas fiscales.

En el ámbito de competencias del Estado, corresponde al Ministro de Hacienda dictar disposiciones de desarrollo en materia tributaria, que revestirán la forma de orden ministerial, cuando así lo disponga expresamente la ley o reglamento objeto de desarrollo. Dicha orden ministerial podrá desarrollar directamente una norma con rango de ley cuando así lo establezca expresamente la propia ley.

2. Tendrán carácter supletorio las disposiciones generales del derecho

---

***Ordenanzas Fiscales*:** Vid. art. 47 LRBRL sobre adopción de acuerdos, así como los arts. 123, 127, 134 y 137 respecto de los Municipios de Gran Población.

***STS de 14 de octubre de 2010* (Rec. 7307/2005**; ponente: Martínez Micó): «En materia de aprobación de Ordenanzas municipales, como disposiciones generales que son, el quebrantamiento del cauce formal de su elaboración, es decir, la vulneración de una norma de superior jerarquía reguladora del procedimiento a seguir en la creación de la disposición reglamentaria produce, como regla general, la nulidad de pleno derecho de aquéllas, citándose en apoyo de este criterio los arts. 9.2 y 105.*a*) de la Constitución y el art. 17 de la Ley de Haciendas Locales».

En esa línea ***el no cumplimiento del trámite de audiencia previsto para las Ordenanzas municipales* en el art. 17 LHL *obliga a los Jueces y Tribunales a declarar la nulidad de pleno derecho***. Así lo reconoció esa Sala en sus Sentencias de 11 de junio de 2001 y 2 de marzo de 2002 (casaciones 2810 y 8765/1996).

Véase, además, **STS de 19 de diciembre de 2011** (Rec. 2884/2010; FJ 1.º).

Art. 7.º2: Vid. Disp. Adic. 1.ª de la Ley 39/2015 (LPACAP).

STS de 23 de junio de 2010 (Rec. de cas. unif. doctrina n.º 320/2005; ponente: O. González) (FJ 3.º): «en lo que se ha denominado como un ***prurito de la especialidad financiera*** —Sentencia de esta Sala de 25 de enero de 2005—, la Ley 230/1963, de 28 de diciembre, General Tributaria, en su art. 9, señalará un *peculiar orden de prelación de fuentes en el terreno fiscal*. Así dispuso que los tributos se regirán por dicha Ley General, por las Leyes propias de cada uno de ellos y por los Reglamentos, en especial, de gestión, recaudación, inspección y de las reclamaciones económico-administrativas, relegando a la categoría de Derecho supletorio "las disposiciones generales del Derecho administrativo" (art. 9.2.º). Y el criterio se mantuvo en la Disp. Adic. 5.ª de la Ley 30/1992 y actualmente en la Disp. Adic. 1.ª, apdo. 2.*a*) y *e*), de la LPACAP. STS de 11 de octubre de 2017 (Rec. 1714/2016; ponente: J. A. Montero): «[…] la doctrina de los actos propios y la aplicación del principio de confianza legítima en relación con el de seguridad jurídica y el de buena fe, ha sido acogida abiertamente en la jurisprudencia emanada en el ámbito tributario.

Valga de ejemplo lo dicho en la **Sentencia del Tribunal Supremo de 8 de junio de 2015**: "La **doctrina de los actos propios y el principio de seguridad jurídica** al que sirve, proclamado al más alto nivel por el artículo 9.3 de nuestra Constitución e invocado repetidamente en la Ley General Tributaria de 2003, *en la tensión entre legalidad y seguridad, nuestra jurisprudencia se ha inclinado por esta última cuando, mediante actos inequívocos anteriores, manifestados de forma expresa, tácita o implícita, la Administración adopta una determinada decisión de la que, después, de una manera u otra se desdice en el acto impugnado.* Pueden consultarse en este sentido las sentencias de 30 de noviembre de 2009 (casación 3582/03, FJ 3.º), 26 de abril de 2010 (casación 7592/05, FJ 7.º), 4 de noviembre de 2013 (casación 3262/12, FJ 2.º), 9 de diciembre de 2013 (casación 5712/11, FFJJ 4.º y 5.º), 6 de marzo de 2014 (casación 2171/12, FJ 5.º), 26 de noviembre de 2014 (casación 2878/12, FJ 4.º) y 15 de enero de 2015 (casación 1370/13, FJ 4.º)».

Ahora bien, si con carácter general en el ámbito de las relaciones de Derecho público prevalece el interés público salvaguardado por el principio de legalidad, [...] en el ámbito tributario, por su propia naturaleza y la proyección aflictiva que su aplicación genera, alcanza especial intensidad este principio, único en el que cabe desenvolverse el **principio de confianza legítima…** ***la confianza debe ser legítima, esto es, dentro de la legalidad***.

[…] Lo cual conduce al ***conflicto por el enfrentamiento entre el principio de confianza legítima con el del interés público, debiéndose decantar el mismo a favor del interés público, al poseer este prevalencia y primacía sobre la confianza legítima*** (FD 5.º). STS de 25 de octubre de 2017 (Rec. 2723/2016; ponente: J. A. Montero): «Cierto es que tanto el Estatuto del Contribuyente como la Ley 58/2003, hacen referencia en varias ocasiones al principio de seguridad jurídica, sin embargo, ninguna mención se hace en las leyes tributarias a la confianza legítima.

No obstante, ningún inconveniente existe para reconocer su aplicación en este ámbito, no ya por su carácter de principio general y manifestación del principio de seguridad jurídica reconocido en el art. 9 de la CE, pues la tutela de la confianza legítima es un principio inherente a todas las relaciones de derecho público, como expresión de los principios generales de rango constitucional, sino también, y especialmente, porque como se ha indicado se reconoce expresamente en el art. 3.1 de la Ley 30/1992,

administrativo y los preceptos del derecho común.

Art. 8.º *Reserva de ley tributaria.*— Se regularán en todo caso por ley:

---

remitiéndose el art. 7.2 de la LGT, al regular las fuentes normativas del Derecho tributario declara el carácter supletorio de las Disposiciones Generales de Derecho Administrativo» (FD 5.º). También sobre el ***respeto a los actos propios y el principio de confianza legítima***, vid. STS de 27 de abril de 2018 (Rec. 2684/2016; Pon. J. Díaz Delgado).

Art. 8.º: Vid. arts. 31.3, 86, 133.3 y 134.7 CE. *Doctrina constitucional*: Sintetizada en *Auto del Pleno del TC n.º 123/2009, de 28 de abril* (*BOE* de 23 de mayo): «[...] como tantas veces hemos dicho, la reserva de ley establecida en materia tributaria es *relativa*, o lo que es lo mismo, limitada a la *creación ex novo del tributo y a la configuración de los elementos esenciales* o configuradores del mismo (entre muchas, SSTC 37/1981, de 16 de noviembre, FJ 4.º, y 150/2003, de 15 de junio, FJ 3.º). Dicha reserva de ley *admite* [...] *la colaboración del reglamento, siempre que sea indispensable por motivos técnicos o para optimizar el cumplimiento de las finalidades propuestas por la Constitución o por la propia Ley y siempre que la colaboración se produzca en términos de subordinación, desarrollo y complementariedad* [entre otras, SSTC 19/1987, de 17 de febrero, FJ 6.º*c*), y 102/2005, de 20 de abril, FJ 7.º].

»El ***alcance de esa colaboración reglamentaria en materia tributaria depende de dos factores***: De un lado, está "***en función de la diversa naturaleza de las figuras jurídico-tributarias***" (SSTC 37/1981, de 16 de noviembre, FJ 4.º, y 150/2003, de 15 de julio, FJ 3.º). En efecto, el alcance de la reserva legal varía "según se está ante la creación y ordenación de impuestos o de otras figuras tributarias" (STC 19/1987, de 17 de febrero, FJ 4.º), *existiendo una mayor flexibilidad cuando se trata de las tasas* (STC 37/1981, de 16 de noviembre, FJ 4.º) al tratarse de contraprestaciones estrechamente unidas a los costes derivados de la prestación de un servicio o de la realización de una actividad administrativa (STC 185/1995, de 5 de diciembre, FJ 5.º), esto es, de tributos "en los que se evidencia, de modo directo e inmediato, un *carácter sinalagmático que no se aprecia en otras figuras impositivas*" (SSTC 233/1999, de 16 de diciembre, FJ 9.º, o 63/2003, de 27 de marzo, FJ 4.º).

»De otro lado, ***depende del elemento del tributo de que se trate (hecho imponible, sujeto pasivo, base imponible o tipo de gravamen)***, siendo máximo el grado de concreción exigible a la ley "cuando regula el hecho imponible" y menor "cuando se trata de regular otros elementos, como el tipo de gravamen y la base imponible" (STC 221/1992, de 11 de diciembre, FJ 7.º, entre otras) [...].

»A lo anterior hay que añadir que *cuando se trata de tributos locales concurre una peculiaridad adicional* que no puede dejar de tenerse en cuenta, pues en relación con estos tributos la exigencia de la reserva de ley de los arts. 31.3 y 133 CE hay que analizarla en conexión con los arts. 133.2 y 142 CE, donde el Pleno municipal alcanza la categoría de protagonista (o, lo que es lo mismo, cumple con la garantía de la autoimposición de la comunidad sobre sí misma).

»Por tanto, *"el ámbito de colaboración normativa de los municipios, en relación con los tributos locales, [es] mayor que el que podría relegarse a la normativa reglamentaria estatal", por dos razones: porque "las ordenanzas municipales se aprueban por un órgano —el Pleno del Ayuntamiento— de carácter representativo [art. 22.2.*d*) de la Ley reguladora de las bases del régimen local de 1985, en adelante LBRL]", y porque "la garantía local de la autonomía local (arts. 137 y 140 CE) impide que la ley contenga una regulación agotadora de una materia —como los tributos locales— donde está claramente presente el interés local"* (STC 132/2001, de 8 de junio, FJ 5.º).»

Decreto-ley:

a) Tradicionalmente el TC entendía que el D-L no podía regular materias cubiertas por el principio de reserva de ley (SSTC 6/1983, de 4 de febrero; 41/1983, de 18 de mayo, y 51/1983, de 14 de junio). La STC 182/1997, de 28 de octubre, marcó un nuevo rumbo: no pueden regularse por D-L materias cuyo contenido afecte al *deber de contribuir*, entendido éste como una manifestación del principio de capacidad económica, concretado en el sistema tributario globalmente considerado. De acuerdo con ello, la STC 73/2017, de 8 de junio, declara la inconstitucionalidad de la denominada amnistía fiscal de 2012, por entender que *«ha incidido directa y sustancialmente en la determinación de la carga tributaria que afecta a toda clase de personas y entidades» por lo que «ha afectado a la esencia misma del deber de contribuir al sostenimiento de los gastos públicos que enuncia el art. 31.1 CE, al haberse alterado el modo de reparto de la carga tributaria que debe levantar la generalidad de los contribuyentes, en unos términos que resultan prohibidos por el art. 86.1 CE».*

b) La **STC 93/2015** aplica, por vez primera, a los Decretos-Leyes autonómicos los límites exigidos por el art. 86.1 CE, con independencia de lo que al respecto establezcan los Estatutos de Autonomía. Por el contrario, los límites establecidos por el art. 134.7 CE a las Leyes de Presupuestos se entiende por el TC que sólo son aplicables, en principio, a la Ley de Presupuestos del Estado y no son aplicables analógicamente a las Leyes de Presupuestos autonómicas. En relación con la aplicación del art. 134 CE a las Comunidades Autónomas, vid. STC 108/2015, de 5 de marzo.

a) La delimitación del hecho imponible, del devengo, de la base imponible y liquidable, la fijación del tipo de gravamen y de los demás elementos directamente determinantes de la cuantía de la deuda tributaria, así como el establecimiento de presunciones que no admitan prueba en contrario.

b) Los supuestos que dan lugar al nacimiento de las obligaciones tributarias de realizar pagos a cuenta y su importe máximo.

c) La determinación de los obligados tributarios previstos en el apartado 2 del artículo 35 de esta ley y de los responsables.

d) El establecimiento, modificación, supresión y prórroga de las exenciones, reducciones, bonificaciones, deducciones y demás beneficios o incentivos fiscales.

e) El establecimiento y modificación de los recargos y de la obligación de abonar intereses de demora.

f) El establecimiento y modificación de los plazos de prescripción y caducidad, así como de las causas de interrupción del cómputo de los plazos de prescripción.

g) El establecimiento y modificación de las infracciones y sanciones tributarias.

h) La obligación de presentar declaraciones y autoliquidaciones referidas al

---

STC **de 1 de julio de 2020** (Rec. 1021/2019): el artículo único del Real Decreto-Ley 2/2016, que regulaba **el pago fraccionado mínimo a cuenta del Impuesto sobre Sociedades es inconstitucional y nulo**, toda vez que el Decreto Ley, de acuerdo con lo dispuesto en el artículo 86.1 CE, solamente puede utilizarse en determinados supuestos excepcionales, sin que pueda afectar al ***deber de contribuir*** al sostenimiento de los gastos públicos de acuerdo con lo dispuesto en el artículo 31.1 CE.

Leyes de Presupuestos: En cuanto a los ***límites materiales***, el TC los fija distinguiendo entre un contenido necesario o indisponible de la Ley de Presupuestos y otro eventual, tal y como recoge la STC 74/2011, de 19 de mayo (*BOE* de 11 de junio) (FJ 3.º): «[...] En síntesis, puede afirmarse que el ***contenido mínimo***, necesario e indisponible de las leyes de presupuestos generales del Estado es el explícitamente proclamado en el art. 134.2 CE, es decir, la previsión anual de la totalidad de los gastos e ingresos del sector público estatal y la consignación del importe de los beneficios fiscales que afecten a los tributos del Estado. Por su parte, el ***contenido eventual*** resulta limitado estrictamente a aquellas materias o cuestiones que guarden directa relación con las previsiones de ingreso y las habilitaciones de gasto de los presupuestos o con los criterios de política económica general en que aquéllas se sustenten o que sean complemento necesario para la mayor inteligencia y para la mejor y más eficaz ejecución del presupuesto, excluyendo, en principio, normas típicas del Derecho codificado o disposiciones de carácter general por la inseguridad jurídica que implica su modificación a través de esta vía, salvo que guarden relación directa con las previsiones de ingresos y las habilitaciones de gastos de los presupuestos o con los criterios de política económica general en que se sustentan.»

En el mismo sentido, SSTC 108/215, de 5 de marzo (FJ 3.º), y 44/2015, de 5 de marzo [FJ 3.º*b*)].

Sobre los **límites de la LPGE a las prestaciones patrimoniales coactivamente impuestas, vid. SSTC 44/2015, de 5 de marzo, y 62/2015, de 13 de abril** [FJ 3.º*e*)], que reiteran que la Ley de Presupuestos no puede crear tributos, pero sí prestaciones patrimoniales coactivas que carezcan de naturaleza tributaria.

Art. 8.ºa): Vid. nota al art. 108 LGT (§ I).

Art. 8.ºd): Los arts. 136 y 137 RGIT regulan el procedimiento para el reconocimiento de los beneficios fiscales de carácter rogado, así como sus efectos.

Art. 8.ºh): ***STS 25 de febrero de 2013*** (Sala 3.ª, Sección 2.ª; Rec. 5235/2010; ponente: J. Huelin Martínez de Velasco):

«Dicho art. 8.º (LGT) precisa el contenido normativo de la ***reserva de ley tributaria*** que proclaman los artículos 31.3 y 133.1 de la Constitución Española de 1978, pero también de la *preferencia de ley*, esto es, de aquellas materias que constitucionalmente podrían ser reguladas por reglamento, para las que el legislador prefiere la ley [...].

»Ha querido el legislador, en virtud de aquella disposición, ser él quien establezca la obligación de presentar declaraciones y autoliquidaciones referidas al cumplimiento de la obligación tributaria principal y de los pagos a cuenta. En otras palabras, aun cuando dicha obligación no se considerase un elemento esencial o configurador del tributo y, por lo tanto, no operase respecto de ella la reserva de ley *ex* arts. 31.3 y 133.1 de la Constitución, su establecimiento estaría vedado a la potestad reglamentaria, sin perjuicio de su necesaria colaboración, porque el legislador ha decidido atraer para sí la competencia para hacerlo. Es verdad que esta preferencia de ley no impediría, en principio, mediante una norma posterior de igual rango, deslegalizar la materia concernida, habilitando su regulación mediante un reglamento, pero tal decisión del legislador ha de ser expresa, precisa e inequívoca.

cumplimiento de la obligación tributaria principal y la de pagos a cuenta.

i) Las consecuencias del incumplimiento de las obligaciones tributarias respecto de la eficacia de los actos o negocios jurídicos.

j) Las obligaciones entre particulares resultantes de los tributos.

k) La condonación de deudas y sanciones tributarias y la concesión de moratorias y quitas.

l) La determinación de los actos susceptibles de reclamación en vía económico-administrativa.

m) Los supuestos en que proceda el establecimiento de las intervenciones tributarias de carácter permanente.

Art. 9.º *Identificación y derogación expresa de las normas tributarias.*— 1. Las leyes y los reglamentos que contengan normas tributarias deberán mencionarlo expresamente en su título y en la rúbrica de los artículos correspondientes.

2. Las leyes y los reglamentos que modifiquen normas tributarias contendrán una relación completa de las normas derogadas y la nueva redacción de las que resulten modificadas.

SECCIÓN 2.ª

Aplicación de las normas tributarias

Art. 10. *Ámbito temporal de las normas tributarias.*—1. Las normas tributarias entrarán en vigor a los veinte días naturales de su completa publicación en el boletín oficial que corresponda, si en ellas no se dispone otra cosa, y se aplicarán por plazo indefinido, salvo que se fije un plazo determinado.

2. Salvo que se disponga lo contrario, las normas tributarias no tendrán

»[…] Así pues, debemos concluir que el art. 24.3 del Real Decreto citado infringe, como se sostiene en el primer motivo de casación, el art. 8.º*h*) de la Ley General Tributaria de 2003, con arreglo al que corresponde al legislador regular en todo caso la obligación de presentar declaraciones y autoliquidaciones referidas al cumplimiento de la obligación tributaria principal y la de pagos a cuenta […]. (FD 2.º). En la misma línea, la **STS de 13 de octubre de 2010** (Sala 3.ª, Sección 2.ª; ponente: Martínez Micó) consideró que el art. 8.º*h*) LGT establece una *preferencia de ley*.

Art. 9.º: Reproduce literalmente el art. 4.º1 y 2 de la derogada LDGC.

Art. 10.2: Vid. **art. 178 y Disp. Trans. 4.ª LGT** (§ I), así como la **Disp. Trans. 1.ª del RD 2.063/2004, de 15 de octubre** (*BOE* de 28 de octubre), **por el que se aprueba el RST**.

El antecedente del párrafo segundo de este precepto es el **art. 4.º3 de la derogada LDGC**, pudiendo observarse entre ambos una importante diferencia, dado que en la actualidad la norma se limita a los actos que no sean firmes. El art. 4.º3 LDGC establecía: «Las normas que regulen el régimen de infracciones y sanciones tributarias, así como el de los recargos, tendrán efectos retroactivos cuando su aplicación resulte más favorable para el afectado.»

Doctrina constitucional: El Tribunal Constitucional ha admitido la **retroactividad de las normas tributarias**, cuando expresamente la establezcan y siempre que dicha retroactividad no choque con otros principios constitucionalmente establecidos. Vid. SSTC 6/1983, de 4 de febrero; 126/1987, de 16 de julio; 150/1990, de 4 de octubre; 197/1992, de 19 de noviembre; 205/1992, de 26 de noviembre, y 182/1997, de 28 de octubre. Sobre **supresión de exenciones, con efecto retroactivo**, vid. STC 234/2001, de 13 de diciembre.

Doctrina del TS: El Tribunal Supremo asume completamente la doctrina del TC sobre esta cuestión. En aplicación de ella, Vid. *STS de 20 de septiembre de 2012* (Rec. 6330/2010; ponente: Sr. Martín Timón) (FJ 3.º).

Vid. art. 70.3 LGT (§ I).

Aplicación retroactiva de Ordenanzas Fiscales: La **STS de 19 de diciembre de 2011** (Rec. 2884/2010; ponente: Fernández Montalvo) rechaza la posibilidad de aplicar la doctrina de la STC 187/1992, de 28 de octubre, vertida en relación con el IRPF, en el caso de una modificación en el IBI llevada a cabo en Ordenanza Fiscal. La razón es que en este último, al venir fijado legalmente el devengo el primer día del período impositivo, la aplicación de dicho criterio en relación con una modificación, cuya entrada en vigor se produce después del devengo, daría lugar un supuesto de retroactividad absoluta. Con carácter previo a esta conclusión la Sentencia se hace eco de las dos posturas jurisprudenciales, puestas de relieve por la STS de 22 de enero de 2009 (Rec. cas. 6612/2004), en torno a la cuestión de si las ordenanzas fiscales pueden establecer su propia retroactividad.

efecto retroactivo y se aplicarán a los tributos sin período impositivo devengados a partir de su entrada en vigor y a los demás tributos cuyo período impositivo se inicie desde ese momento.

No obstante, las normas que regulen el régimen de infracciones y sanciones tributarias y el de los recargos tendrán efectos retroactivos respecto de los actos que no sean firmes cuando su aplicación resulte más favorable para el interesado.

Art. 11. *Criterios de sujeción a las normas tributarias.*—Los tributos se aplicarán conforme a los criterios de residencia o territorialidad que establezca la ley en cada caso. En su defecto, los tributos de carácter personal se exigirán conforme al criterio de residencia y los demás tributos conforme al criterio de territorialidad que resulte más adecuado a la naturaleza del objeto gravado.

SECCIÓN 3.ª

Interpretación, calificación e integración

Art. 12. *Interpretación de las normas tributarias.*—1. Las normas tributarias se interpretarán con arreglo a lo dispuesto en el apartado 1 del artículo 3 del Código Civil.

2. En tanto no se definan por la normativa tributaria, los términos empleados en sus normas se entenderán conforme a su sentido jurídico, técnico o usual, según proceda.

3. En el ámbito de las competencias del Estado, la facultad de dictar disposi-

---

Art. 10.2, párr. último: Cuando la norma sancionadora constituye un tipo penal en blanco, la modificación de la norma a la que se remite la norma sancionadora debe tenerse en cuenta y, si tal modificación resulta favorable para el sujeto infractor, opera también la retroactividad *in bonum*, al tener efectos favorables para el infractor. Vid. STC 38/1997, posteriormente reiterada.

Vid. la Disp. Trans. 4.ª LGT (§ I).

STS de 11 de noviembre de 2010 (Rec. 4663/2007; ponente: Aguallo Avilés): Aunque el art. 9.º3 CE prohíbe la irretroactividad de las disposiciones sancionadoras no favorables o restrictivas de derechos individuales, según doctrina del Tribunal Constitucional, "garantiza también, interpretado *a contrario sensu*, la ***retroactividad de la Ley penal o sancionadora más favorable"***».

Art. 11: Vid. RD 1.021/2015, de 13 de noviembre, que establece la obligación de identificar la residencia fiscal de las personas que ostenten la titularidad o el control de determinadas cuentas financieras y de informar acerca de las mismas en el ámbito de la asistencia mutua (*BOE* de 17 de noviembre); **Orden HAP/2.835/2015, de 28 de diciembre**, por la que se aprueba el **Modelo 113 de comunicación de datos relativos a las ganancias patrimoniales por cambio de residencia cuando se produzca a otro Estado miembro de la Unión Europea o del Espacio Económico Europeo con efectivo intercambio de información tributaria**, se establece la forma y plazo para su presentación y se modifica otra normativa tributaria (*BOE* de 30 de diciembre).

Art. 12: Vid. arts. 13 a 16 LGT (§ I).

Art. 12.3: Nueva redacción, con efectos desde el 12 de octubre de 2015, por el art. único.2 de la Ley 34/2015, de 21 de septiembre, de modificación parcial de la LGT (*BOE* n.º 227, de 22 de septiembre). Su **redacción anterior** era la siguiente:

> 3. En el ámbito de las competencias del Estado, la facultad de dictar disposiciones interpretativas o aclaratorias de las leyes y demás normas en materia tributaria corresponde de forma exclusiva al Ministro de Hacienda.
>
> Las disposiciones interpretativas o aclaratorias serán de obligado cumplimiento para todos los órganos de la Administración tributaria y se publicarán en el boletín oficial que corresponda.

Vid. art. 88.5 LGT (§ I). La **STS de 23 de mayo de 2006** (Rec. 8.201/2000) concluye (FJ 6.º): «[...] al ser las Órdenes ministeriales del artículo 18 LGT/1963 una simple manifestación de la potestad jerárquica, desde el momento en que esa línea jerárquica desaparece por la aparición de un ente funcionalmente descentralizado, cual es el caso de la creación de la AEAT, deja de tener sentido la emanación de instrucciones por el ente matriz al cual ha quedado adscrito el ente institucional, pues de lo contrario se estaría vulnerando la distribución legal de competencias establecida por la Ley 31/1990. La consecuencia es, en definitiva, la derogación implícita del artículo 18 LGT y la consiguiente asunción por el Presidente y los

ciones interpretativas o aclaratorias de las leyes y demás normas en materia tributaria corresponde al Ministro de Hacienda y Administraciones Públicas y a los órganos de la Administración tributaria a los que se refiere el artículo 88.5 de esta ley.

Las disposiciones interpretativas o aclaratorias dictadas por el Ministro serán de obligado cumplimiento para todos los órganos de la Administración tributaria.

Las disposiciones interpretativas o aclaratorias dictadas por los órganos de la Administración tributaria a los que se refiere el artículo 88.5 de esta ley tendrán efectos vinculantes para los órganos y entidades de la Administración tributaria encargados de la aplicación de los tributos.

Las disposiciones interpretativas o aclaratorias previstas en este apartado se publicarán en el boletín oficial que corresponda.

Con carácter previo al dictado de las resoluciones a las que se refiere este apartado, y una vez elaborado su texto, cuando la naturaleza de las mismas lo aconseje, podrán ser sometidas a información pública.

Art. 13. *Calificación.*—Las obligaciones tributarias se exigirán con arreglo a la naturaleza jurídica del hecho, acto o negocio realizado, cualquiera que sea la forma o denominación que los interesados le hubieran dado, y prescindiendo de los defectos que pudieran afectar a su validez.

Art. 14. *Prohibición de la analogía.*—No se admitirá la analogía para extender más allá de sus términos estrictos el ámbito del hecho imponible, de las exenciones y demás beneficios o incentivos fiscales.

Art. 15. *Conflicto en la aplicación de la norma tributaria.*—1. Se entenderá que existe conflicto en la aplicación de la norma tributaria cuando se evite total o parcialmente la realización del hecho imponible o se minore la base o la deuda tributaria

---

órganos directivos de la AEAT —singularmente, el Director General y los diferentes Directores de Departamento— de la facultad para emitir disposiciones interpretativas a través de circulares o instrucciones vinculantes para los órganos de gestión de la AEAT, como expresión del poder de dirección inherente a los órganos directivos de cualquier organización administrativa». Frente a ello, el **Voto Particular** formulado por el Magistrado Garzón Herrero afirma la total contradicción con «los principios políticos y jurídicos que conforman la potestad reglamentaria, que, irremisiblemente, ha de ostentarse por un ente de naturaleza incuestionablemente pública y política, lo que de ningún modo puede predicarse de la AEAT».

Sobre el ***valor normativo de las Circulares y su posible impugnación*: SSTS de 16 de noviembre y 4 de diciembre de 1999**.

Art. 13: Vid. arts. 13 a 16 LGT (§ I). **STS de 2 de julio 2020. Rec. 1429/2018. Ponente: J. Cudero. Impuesto sobre Sociedades e Impuesto sobre el Valor Añadido. Delimitación de las *potestades de calificación (art. 13 de la Ley General Tributaria) y de los procedimientos de conflicto en la aplicación de la norma (art. 15 de la Ley General Tributaria) y simulación (art. 16 de la Ley General Tributaria)*. La calificación es una operación que realiza la Administración en ejercicio de sus potestades de aplicación, gestión y control del tributo, que tiene por objeto determinar la naturaleza jurídica del hecho con trascendencia tributaria realmente realizado, al margen de la forma dada por las partes. En el mismo sentido STS de la misma fecha y Ponente. Rec. 1433/2018.**

Acerca de la facultad de calificación por la Administración Tributaria de los actos y contratos sometidos a Inspección, vid. **STS de 27 de abril de 2018 (Rec. 2684/2016**; ponente: J. Díaz Delgado).

Art. 14: Vid. arts. 12, 13, 15 y 16 LGT (§ I).

Art. 15: Vid. arts. 12, 13, 14, 16, 150.3, 159, 179.2.*d*), 150.3, 206 bis y 251 LGT (§ I) y 194 RGIT.

En torno a los difusos perfiles que presenta esta figura resulta sumamente esclarecedora la argumentación de las **SSTS 1.053/2014, de 10 de marzo** (Rec. 1265/2011) *y* **1.060/2014, de 17 de marzo** (Rec. 1340/2011). Dice el TS: «[...] debe tenerse en cuenta que, a pesar de la **diferencia teórica** que existe, en el plano conceptual, entre **fraude de ley y simulación**, se ha producido en su vertiente práctica, en su aplicación por la jurisprudencia, una superposición y compatibilidad entre ambas figuras. ***En puridad de principios el fraude de ley parte de la existencia de actos o negocios jurídicos válidos, que reúnen todos los elementos exigidos por el ordenamiento jurídico para desplegar sus efectos jurídicos.***

»Pero se trata de actos o de negocios jurídicos realizados al amparo de una determinada normativa (norma de cobertura) que no les protege, al no perseguir sus resultados habituales, por lo que debe aplicarse la norma tributaria (norma defraudada) que resulta de aplicación a los actos **o negocios jurídicos que debieran haberse utilizado con normalidad a la vista de los efectos producidos y circunstancias concurrentes.**

»**La simulación, por el contrario, supone la creación de una realidad jurídica aparente (simulada) que oculta una realidad jurídica distinta (subyacente) o que oculta la inexistencia de acto o de negocio jurídico**. Esta simulación puede alcanzar a cualquiera de los elementos del negocio o del contrato; en nuestro ordenamiento, por tanto, tratándose del contrato, puede afectar a los sujetos, al objeto y a la causa (art. 1.261 CC). Ahora bien, el problema surge especialmente en la simulación de la causa por su estrecha vinculación con la finalidad o propósito que las partes persiguen al celebrar un contrato. Así se considera que un contrato realizado no con el fin habitual o normal, sino para el logro de un resultado singular adolece de vicio en la causa, y al apartarse de la "causa típica" o carecer de ella merece la calificación de simulado, con simulación relativa o absoluta. Y es entonces cuando se produce la confluencia y posible superposición entre fraude de ley y simulación, que dificulta extraordinariamente su distinción, haciendo depender la consideración de una u otra figura, en cada caso concreto, de la labor de interpretación y de calificación que corresponde, primero, a la Administración tributaria y, luego, a los Tribunales.

»Las dificultades del deslinde y el riesgo de confusión tenían que enfrentarse con las diferentes consecuencias prácticas de una y otra figura. En el caso del fraude de ley, la consecuencia prevista por el ordenamiento jurídico era la exigencia de la carga tributaria que correspondía al hecho imponible soslayado, mientras que en la simulación procedía, además, la imposición de la correspondiente sanción. Por otra parte, la simulación era más fácil de declarar puesto que correspondía al órgano administrativo efectuar la oportuna regularización sin necesidad a acudir al expediente específico y declaración singular contemplada, en la literalidad de la ley, para el fraude.

»La utilización indistinta por la Administración tributaria y por jurisprudencia de las figuras o categorías antielusivas llevó a que, ante las dificultades de la prueba de la simulación, se acudiera a la categoría genérica del "negocio jurídico indirecto" y a que se aplicara la precisión legal sobre calificación establecida en el art. 25 o 28.2 LGT/1963.

»Con esos precedentes no puede extrañar que la figura del fraude de ley fuera objeto de intensos debates en la elaboración de la LGT/2003. Y que, en la redacción final, el artículo 15 sustituyera la figura del fraude de ley por una cláusula general antielusión denominada "conflicto en la aplicación de la norma tributaria".

»Esta cláusula genérica "antiabuso" o antielusión comprende los supuestos tradicionalmente considerados como fraude de ley y los denominados negocios indirectos, quedando, por el contrario, separada la previsión legal de la simulación en el art. 16 LGT/2003.

»***En definitiva, conforme a este tratamiento unitario, la aplicación del art. 15 LGT/2003 exige en la actualidad la utilización de dos parámetros avanzados por la jurisprudencia anterior al tratar de las facultades de la Administración para calificar los negocios y aplicar, en su caso, el fraude de Ley: el de la normalidad o anormalidad del resultado obtenido con el negocio jurídico o contrato celebrado, y el de la existencia o no de efectos jurídicos o económicos específicos que sean relevantes al margen del elemento fiscal*** **[...].**

»En definitiva, el fraude de ley es una actuación en la que se busca crear la apariencia de su conformidad con una norma (de cobertura), que oculta la colisión de la misma con otra u otras normas defraudadas que, por su carácter imperativo, tendrían que haber sido observadas. Así lo señala la STC 120/2005, de 10 de mayo [...].» Vid. en la misma línea las SSTS de 26 de enero de 2015 (Rec. 2945/2013, FJ 5.º; ponente: J. Huelin), 9 de febrero de 2015 (Rec. 188/2014; ponente: E. Frías Ponce), 12 de febrero de 2015 (Rec. 184/2014; ponente: J. G. Martínez Micó), 12 de febrero de 2015 (Rec. 2452/2013; ponente: M. Martín Timón), 18 de febrero de 2015 (Rec. 1203/2013; ponente: M. V. Garzón), 26 de febrero de 2015 (Rec. 407/2013; ponente: J. A. Montero Fernández) y 23 de marzo de 2015 (ponente: E. Trías). En STS de 30 de mayo de 2014 (Rec. 1061/2007; ponente: M. Martín Timón) se precisan los conceptos de *elusión fiscal, evasión fiscal y economía de opción.*

Acerca de la **distinción entre economía de opción y fraude de ley**, el *TS*, en **Sentencia de 26 de enero de 2015** (Rec. 2945/2013; ponente: J. Huelin), reiteró que «"economía de opción" y "fraude de ley" tienen en común que evitan, total o parcialmente, el pago de un tributo, cuyo hecho imponible no llega a realizarse o tiene lugar en una manifestación menos gravosa, mediante la elección de caminos diversos a los ordinarios o de los esperables. Pero mientras en la economía de opción se elige lícitamente entre diversas alternativas jurídicas, uno de cuyos efectos es la obtención de una ventaja fiscal, en el fraude de ley en realidad, y pese a la apariencia exterior, la elección no es materialmente lícita, pues se realiza mediante la utilización de medios impropios con el exclusivo designio de alcanzar esa ventaja» (FD 5.º).

Vid. **STS de 5 de febrero 2015** (Rec. 4075/2013; ponente: J. G. Martínez Micó): «El artículo 115 de la LGT/2003 (art. 109 LGT/1963) no somete a plazo el ejercicio de las potestades de comprobación e investigación y el artículo 66 de la misma Ley tampoco las incluye dentro de los derechos de la Administración llamados a prescribir» y añade: «[...] *el derecho a comprobar e investigar no prescribe y que*

mediante actos o negocios en los que concurran las siguientes circunstancias:

a) Que, individualmente considerados o en su conjunto, sean notoriamente artificiosos o impropios para la consecución del resultado obtenido.

b) Que de su utilización no resulten efectos jurídicos o económicos relevantes, distintos del ahorro fiscal y de los efectos que se hubieran obtenido con los actos o negocios usuales o propios.

2. Para que la Administración tributaria pueda declarar el conflicto en la aplicación de la norma tributaria será necesario el previo informe favorable de la Comisión consultiva a que se refiere el artículo 159 de esta ley.

3. En las liquidaciones que se realicen como resultado de lo dispuesto en este artículo se exigirá el tributo aplicando la norma que hubiera correspondido a los actos o negocios usuales o propios o eliminando las ventajas fiscales obtenidas, y se liquidarán intereses de demora.

Art. 16. *Simulación.*—1. En los actos o negocios en los que exista simulación, el hecho imponible gravado

---

la Administración puede usar dichas facultades para liquidar períodos no prescritos, pudiendo para ello comprobar e investigar operaciones realizadas en períodos que sí lo están, pero que sigan produciendo efectos. Consecuentemente, con superación del criterio mantenido en la sentencia de 4 de julio de 2014 (Rec. cas. 581/2013), puede declararse en fraude de ley una operación realizada en ejercicio prescrito si fruto de dicha operación se producen efectos tributarios en ejercicios no prescritos». Vid. también **STS de 16 de marzo de 2016** (Rec. 3162/2014; ponente: M. Martín Timón). Sobre la prescripción, vid. notas a los arts. 66 a 70 LGT (§ I).

Art. 15.3: Nueva redacción, con efectos desde el 12 de octubre de 2015, por el art. único.3 de la Ley 34/2015, de 21 de septiembre, de modificación parcial de la LGT (*BOE* n.º 227, de 22 de septiembre), cuya Disp. Trans. única.1 establece que será aplicable a los períodos impositivos cuyo período de liquidación finalice después de la fecha de entrada en vigor de dicha ley. Su redacción anterior era la siguiente:

> 3. En las liquidaciones que se realicen como resultado de lo dispuesto en este artículo se exigirá el tributo aplicando la norma que hubiera correspondido a los actos o negocios usuales o propios o eliminando las ventajas fiscales obtenidas, y se liquidarán intereses de demora, sin que proceda la imposición de sanciones.

Vid. arts. 12, 13, 14, 16 y 206 bis LGT (§ I) y 194 RGIT. Como consecuencia de la reforma de la LGT realizada en 2015, cabe considerar la existencia de una infracción tributaria —art. 206 bis LGT (§ I)— sancionable. Pese a que el ***Tribunal Constitucional, en Sentencia 120/2005, de 10 de mayo,*** señaló —y es doctrina reiterada— que «***el concepto de fraude de ley (tributaria o de otra naturaleza) nada tiene que ver con los conceptos de fraude o de defraudación propios del Derecho penal ni, en consecuencia, con los de simulación o engaño que les son característicos***. La utilización del término "fraude" como acompañante a la expresión "de Ley" acaso pueda inducir al error de confundirlos, pero en puridad de términos se trata de nociones esencialmente diversas. *En el* ***fraude de Ley*** *(tributaria o no) no hay ocultación fáctica sino aprovechamiento de la existencia de un medio jurídico más favorable (norma de cobertura) previsto para el logro de un fin diverso, al efecto de evitar la aplicación de otro menos favorable (norma principal).* Por lo que se refiere en concreto al fraude de Ley tributaria, semejante "rodeo" o "contorneo" legal se traduce en la realización de un comportamiento que persigue alcanzar el objetivo de disminuir la carga fiscal del contribuyente aprovechando las vías ofrecidas por las propias normas tributarias, si bien utilizadas de una forma que no se corresponde con su espíritu. De manera que no existe simulación o falseamiento alguno de la base imponible, sino que, muy al contrario, la actuación llevada a cabo es transparente, por más que pueda calificarse de estratagema tendente a la reducción de la carga fiscal; y *tampoco puede hablarse de una actuación que suponga una violación directa del ordenamiento jurídico que, por ello mismo, hubiera que calificar* per se *de infracción tributaria o de delito fiscal.* Por ello mismo, la consecuencia que el art. 6.º4 del Código Civil contempla para el supuesto de actos realizados en fraude de Ley es, simplemente, la aplicación a los mismos de la norma indebidamente relegada por medio de la creación artificiosa de una situación que encaja en la llamada "norma de cobertura"; o, dicho de otra manera, la vuelta a la normalidad jurídica, *sin las ulteriores consecuencias sancionadoras que generalmente habrían de derivarse de una actuación ilegal*» (FD 4.º).

Vid. **STS de 13 de diciembre de 2016** (Rec. 2589/2016; ponente: E. Frías Ponce), con **votos particulares de F. J. Navarro Sanchís y J. Díaz Delgado**.

Art. 16: Vid. art. 9.º3 CE.

STS de 27 de noviembre de 2015 (Rec. 3346/2014; ponente: R. Fernández Montalvo): «**La esencia de la simulación** radica en la divergencia entre la causa real y la declarada. Y puede ser absoluta o relativa.

será el efectivamente realizado por las partes.

2. La existencia de simulación será declarada por la Administración tributaria en el correspondiente acto de liquidación, sin que dicha calificación produzca otros efectos que los exclusivamente tributarios.

3. En la regularización que proceda como consecuencia de la existencia de simulación se exigirán los intereses de demora y, en su caso, la sanción pertinente.

TÍTULO II

Los tributos

CAPÍTULO PRIMERO

DISPOSICIONES GENERALES

SECCIÓN 1.ª

La relación jurídico-tributaria

Art. 17. *La relación jurídico-tributaria.*—1. Se entiende por relación jurídico-tributaria el conjunto de obligaciones y deberes, derechos y potestades originados por la aplicación de los tributos.

2. De la relación jurídico-tributaria pueden derivarse obligaciones materiales y formales para el obligado tributario y para la Administración, así como la imposición de sanciones tributarias en caso de su incumplimiento.

3. Son obligaciones tributarias materiales las de carácter principal, las de realizar pagos a cuenta, las establecidas entre particulares resultantes del tributo y las accesorias. Son obligaciones tributarias formales las definidas en el apartado 1 del artículo 29 de esta ley.

En la primera, tras la apariencia creada no existe causa alguna; en la segunda, tras la voluntad declarada existe una causa real de contenido o carácter diverso. Tras el negocio simulado existe otro, que es el que se corresponde con la verdadera intención de las partes. Éste es el sentido de la fórmula del art. 1.276 CC. [...] Para apreciar la existencia de un negocio simulado debe probarse suficientemente la simulación, esto es, los elementos integrantes de su concepto: declaración deliberadamente disconforme con la auténtica voluntad de las partes y finalidad de ocultación a terceros, en este caso a la Administración Tributaria [...].» Acerca de la **distinción entre** ***fraude de ley y simulación***, precisa en la misma Sentencia: «*Las dificultades del deslinde y el riesgo de confusión tenían que enfrentarse con las diferentes consecuencias prácticas de una y otra figura. En el caso del fraude de ley, la consecuencia prevista por el ordenamiento jurídico era la exigencia de la carga tributaria que correspondía al hecho imponible soslayado, mientras que en la simulación procedía, además, la imposición de la correspondiente sanción* (circunstancia que cambia con la LGT vigente, tras la reforma de la Ley 34/2015, dado que el antiguo fraude, ahora conflicto en la aplicación de la norma tributaria —art. 15 LGT—, sí permite imponer sanción) [...]. Los negocios en fraude de ley son una categoría autónoma separada y distinta de los negocios simulados, pero la primera cuestión a resolver es la de si existe o no simulación. Contestada negativamente esta pregunta, procede examinar si se produce o no el negocio en fraude de ley [...]» (FD 6.º).

Vid. también ***STS de 24 de febrero de 2016*** **(Sala 3.ª; Rec. 3908/2013**; ponente: E. Frías), que describe los elementos esenciales que deben concurrir para la calificación como simulación de un negocio jurídico. **STS de 24 de febrero de 2016** (Sala 3.ª, Rec. 948/2014; ponente: J. Huelin), en la que, tanto en los razonamientos que conducen al fallo como en los votos particulares, se analizan tres importantes problemas asociados a la simulación: *a*) necesidad de que se tenga en cuenta el *conjunto negocial* y no sólo uno de los negocios jurídicos; *b*) necesidad de que concurra *ocultación*, y *c*) imposibilidad de que un elemento del tipo cualificado pueda servir, al mismo tiempo, como circunstancia agravante de la sanción. Vid. también **STS, Sala de lo Penal, de 9 de junio de 2016** (Rec. 1753/2015; ponente: M. Colmenero): circunstancias apreciables en el ámbito administrativo tributario pueden ser radicalmente incompatibles con las exigencias del proceso penal.

Vid. **STS de 13 de diciembre de 2016** (Rec. 2589/2016; ponente: E. Frías Ponce), con **votos particulares de F. J. Navarro Sanchís y J. Díaz Delgado**.

Art. 17: Vid. art. 8.º LGT (§ I).

4. En el marco de la asistencia mutua podrán establecerse obligaciones tributarias a los obligados tributarios, cualquiera que sea su objeto, de acuerdo con lo establecido en el artículo 29 bis de esta ley.

5. Los elementos de la obligación tributaria no podrán ser alterados por actos o convenios de los particulares, que no producirán efectos ante la Administración, sin perjuicio de sus consecuencias jurídico-privadas.

Art. 18. *Indisponibilidad del crédito tributario.*—El crédito tributario es indisponible salvo que la ley establezca otra cosa.

SECCIÓN 2.ª

Las obligaciones tributarias

Subsección 1.ª

La obligación tributaria principal

Art. 19. *Obligación tributaria principal.*—La obligación tributaria principal tiene por objeto el pago de la cuota tributaria.

Art. 20. *Hecho imponible.*—1. El hecho imponible es el presupuesto fijado por la ley para configurar cada tributo y cuya realización origina el nacimiento de la obligación tributaria principal.

2. La ley podrá completar la delimitación del hecho imponible mediante la mención de supuestos de no sujeción.

Art. 21. *Devengo y exigibilidad.*—1. El devengo es el momento en el que se entiende realizado el hecho imponible y en el que se produce el nacimiento de la obligación tributaria principal.

La fecha del devengo determina las circunstancias relevantes para la configuración de la obligación tributaria, salvo que la ley de cada tributo disponga otra cosa.

2. La ley propia de cada tributo podrá establecer la exigibilidad de la cuota o cantidad a ingresar, o de parte de la misma, en un momento distinto al del devengo del tributo.

Art. 17.4: Nueva redacción, con efectos desde el 1 de enero de 2012, por la Disp. Final 1.ªuno.3 del RD-ley 20/2011, de 30 de diciembre (*BOE* n.º 315, de 31 de diciembre de 2011; corrección de errores en *BOE* n.º 8, de 10 de enero de 2012).

Art. 17.5: Vid. art. 36 LGT/1963. De la trascendencia que en el orden civil pueden tener los **pactos sobre impuestos** da cuenta la STS de 21 de noviembre de 2011 (Sala de lo Civil; Rec. 438/2009), que afronta un caso de IIVTNU que asumían forzosamente los clientes de una promotora.

Según el parecer mayoritario de la **STS de 2 de junio de 2014** (Rec. 3251/2012; ponente: J. Huelin), no es posible, a la luz de este precepto, que el obligado tributario ceda a terceros los créditos que ostenta frente a la Administración tributaria como consecuencia del cumplimiento de sus obligaciones tributarias, en concreto en relación con las devoluciones derivadas del IVA.

El **Voto Particular** formulado a la misma sostiene la postura contraria porque considera que se trata de la cesión respecto de una obligación de contenido económico de la Administración, de las referidas en el art. 30 LGT, esto es, se trata, simplemente, de un derecho que forma parte de la relación jurídica tributaria, pero que no es ni forma parte de una obligación tributaria, y por esta razón no se ve afectado por la limitación del art. 36 LGT/1963, actual art. 17.5 LGT/2003. El voto particular formulado por J. G. Martínez Micó y E. Frías reitera el voto particular que ambos formularon a la STS de 11 de julio de 2011 (Rec. 3539/2007).

Art. 18: Vid., desde el 1 de enero de 2005, art. 7.º LGT. Un ejemplo de la aplicación de este principio puede verse en la STS de 11 de julio de 2011 (Rec. 3539/2007).

Art. 19: Vid. art. 58.1 LGT (§ I).

Art. 21: Vid. art. 8.º*a*) LGT (§ I). La **STS de 19 de diciembre de 2011** (Rec. 2884/2010) recuerda que la construcción legal sobre la posibilidad de que las normas tributarias sean retroactivas gira en torno al concepto de devengo y a la distinción entre tributos instantáneos y periódicos (FJ 4.º).

Art. 22. *Exenciones.*—Son supuestos de exención aquellos en que, a pesar de realizarse el hecho imponible, la ley exime del cumplimiento de la obligación tributaria principal.

Subsección 2.ª

La obligación tributaria de realizar pagos a cuenta

Art. 23. *Obligación tributaria de realizar pagos a cuenta.*—1. La obligación tributaria de realizar pagos a cuenta de la obligación tributaria principal consiste en satisfacer un importe a la Administración tributaria por el obligado a realizar pagos fraccionados, por el retenedor o por el obligado a realizar ingresos a cuenta.

Esta obligación tributaria tiene carácter autónomo respecto de la obligación tributaria principal.

2. El contribuyente podrá deducir de la obligación tributaria principal el importe de los pagos a cuenta soportados, salvo que la ley propia de cada tributo establezca la posibilidad de deducir una cantidad distinta a dicho importe.

Subsección 3.ª

Las obligaciones entre particulares resultantes del tributo

Art. 24. *Obligaciones entre particulares resultantes del tributo.*—1. Son obligaciones entre particulares resultantes del tributo las que tienen por objeto una prestación de naturaleza tributaria exigible entre obligados tributarios.

2. Entre otras, son obligaciones de este tipo las que se generan como consecuencia de actos de repercusión, de retención o de ingreso a cuenta previstos legalmente.

Subsección 4.ª

Las obligaciones tributarias accesorias

Art. 25. *Obligaciones tributarias accesorias.*—1. Son obligaciones tributarias accesorias aquellas distintas de las demás comprendidas en esta sección que consisten en prestaciones pecuniarias que se deben satisfacer a la Administración tributaria y cuya exigencia se impone en relación con otra obligación tributaria.

STS de 20 de marzo de 2012 (Rec. 6208/ 2008): **El devengo no es un mero requisito formal sino componente consustancial al propio tributo**. Sin devengo, no sólo no resulta viable la factura, que a la postre no es más que la documentación del impuesto, sino el propio hecho imponible que se pretende acreditar. En definitiva, estamos hablando de un elemento de la obligación tributaria que no puede ser alterado o dejado en manos de los particulares, por interdicción del art. 17.4 LGT.

Art. 23: Vid. art. 37 LGT (§ I).

Art. 23.2: Vid. art. 58.1 LGT (§ I).

Art. 24: Vid. art. 38 LGT (§ I). **STS de 31 de octubre de 2011** (Rec. 3630/2009): «La circunstancia de que la ley les anude determinadas consecuencias tributarias no convierte la repercusión o la retención tributarias realizadas por un particular en un acto o actividad administrativa, del mismo modo que las autoliquidaciones, máxima expresión de la obligación material y formal que tiene el obligado tributario de colaborar con la Administración, tampoco reúnen tal condición. En definitiva, **las actuaciones de los sujetos pasivos carecen de la naturaleza de actos administrativos, según recordamos en la Sentencia de 28 de marzo de 2003 (casación 3692/98, FJ 3.º)**. Por lo tanto, a juicio de esta Sala no resulta ajustado a derecho decretar la suspensión del acto de retención tributaria realizado por un sujeto pasivo en el mecanismo interno del impuesto sobre el valor añadido. Tal repercusión nunca tuvo carácter ejecutivo, puesto que no se trataba de un acto o de una actividad administrativa».

Art. 25: Vid. art. 58 LGT (§ I).

Tienen la naturaleza de obligaciones tributarias accesorias las obligaciones de satisfacer el interés de demora, los recargos por declaración extemporánea y los recargos del período ejecutivo, así como aquellas otras que imponga la ley.

2. Las sanciones tributarias no tienen la consideración de obligaciones accesorias.

Art. 26. *Interés de demora.*—1. El interés de demora es una prestación accesoria que se exigirá a los obligados tributarios y a los sujetos infractores como consecuencia de la realización de un pago fuera de plazo o de la presentación de una autoliquidación o declaración de la que resulte una cantidad a ingresar una vez finalizado el plazo establecido al efecto en la normativa tributaria, del cobro de una devolución improcedente o en el resto de casos previstos en la normativa tributaria.

La exigencia del interés de demora tributario no requiere la previa intimación de la Administración ni la concurrencia de un retraso culpable en el obligado.

2. El interés de demora se exigirá, entre otros, en los siguientes supuestos:

a) Cuando finalice el plazo establecido para el pago en período voluntario de una deuda resultante de una liquidación practicada por la Administración o del importe de una sanción, sin que el ingreso se hubiera efectuado.

b) Cuando finalice el plazo establecido para la presentación de una autoliquidación o declaración sin que hubiera sido presentada o hubiera sido presentada incorrectamente, salvo lo dispuesto en el apartado 2 del artículo 27 de esta ley relativo a la presentación de declaraciones extemporáneas sin requerimiento previo.

c) Cuando se suspenda la ejecución del acto, salvo en el supuesto de recursos y reclamaciones contra sanciones durante el tiempo que transcurra hasta la finalización del plazo de pago en período voluntario abierto por la noti-

---

Art. 25.2: Vid. art. 58.3 LGT (§ I).

Art. 26: Interés legal del dinero: 2014, 4 por 100; 2015, 3,50 por 100; 2016, 3 por 100. Se mantiene así hasta 2022.

Interés de demora para 2014: 5 por 100. Para 2015: 4,3750 por 100. 2016: 3,75 por 100. Se mantienen los mismos tipos para 2017, 2018, 2019, 2020, 2021 y 2022.

La **STS de 9 de diciembre de 2013 (Sala 3.ª, Sección 2.ª; Rec. 4492/2012)** estableció las pautas para la interpretación del art. 26 LGT y para la consiguiente fijación del tiempo por el que se devengan los intereses de demora cuando se dicta una nueva liquidación como consecuencia de haber sido anulada la anterior. Vid. también **SSTS de 9 de marzo de 2015 (Rec. 3818/2013**; ponente: J. Huelin) y **21 de septiembre de 2016 (Rec. 2826/2015**; ponente: J. A. Montero).

La **Disp. Adic. 10.ª LGT (§ I) prevé la exigencia de intereses de demora en la exacción de la responsabilidad civil por delito contra la Hacienda Pública**. Por el contrario, la **STS 539/2003**, de 30 de abril, con base en el plus que el interés de demora representa respecto del interés legal del dinero, circunstancia que le confiere carácter sancionador, entiende que **ello vulnera el principio constitucional non bis in idem, en tanto implicaría la superposición de una sanción administrativa a una sanción penal por el mismo hecho**. Véase nuevo apartado 5 del art. 305 CP (§ II).

Art. 26.2: Sobre la diferencia entre los ***intereses de demora*** y los llamados ***intereses «suspensivos»***, véanse SSTS de 28 de noviembre de 1997 y 25 de junio y 18 de noviembre de 2005, así como la Resolución del TEAC de 17 de enero de 2006 (Vocalía 11.ª).

STS de 15 de octubre 2020 (Rec. 1445/2019. Pon. J. Díaz Delgado). No procede el devengo de los intereses de demora liquidados por la Administración Tributaria cuando, antes de vencer el plazo de pago voluntario concedido con la resolución denegatoria de la suspensión solicitada, se insta una nueva solicitud de suspensión de la misma deuda liquidada, tras haber sido denegada la primera. No procede una liquidación autónoma de intereses de demora devengados por haberse denegado la suspensión cautelar solicitada dentro del período voluntario, aunque se conceda luego la suspensión como consecuencia de una nueva solicitud formulada antes del vencimiento del nuevo plazo de pago otorgado al efecto.

ficación de la resolución que ponga fin a la vía administrativa.

d) Cuando se inicie el período ejecutivo, salvo lo dispuesto en el apartado 5 del artículo 28 de esta ley respecto a los intereses de demora cuando sea exigible el recargo ejecutivo o el recargo de apremio reducido.

e) Cuando se reciba una petición de cobro de deudas de titularidad de otros Estados o de entidades internacionales o supranacionales conforme a la normativa sobre asistencia mutua, salvo que dicha normativa establezca otra cosa.

f) Cuando el obligado tributario haya obtenido una devolución improcedente, salvo que voluntariamente regularice su situación tributaria sin perjuicio de lo dispuesto en el apartado 2 del artículo 27 de esta Ley relativo a la presentación de declaraciones extemporáneas sin requerimiento previo.

3. El interés de demora se calculará sobre el importe no ingresado en plazo o sobre la cuantía de la devolución cobrada improcedentemente, y resultará exigible durante el tiempo al que se extienda el retraso del obligado, salvo lo dispuesto en el apartado siguiente.

4. No se exigirán intereses de demora desde el momento en que la Administración tributaria incumpla por causa imputable a la misma alguno de los plazos fijados en esta ley para resolver hasta que se dicte dicha resolución o se interponga recurso contra la resolución presunta. Entre otros supuestos, no se exigirán intereses de demora a partir del momento en que se incumplan los plazos máximos para notificar la resolución de las solicitudes de compensación, el acto de liquidación o la resolución de los recursos administrativos, siempre que, en este último caso, se haya acordado la suspensión del acto recurrido.

Lo dispuesto en este apartado no se aplicará al incumplimiento del plazo para resolver las solicitudes de aplazamiento o fraccionamiento del pago.

5. En los casos en que resulte necesaria la práctica de una nueva liquidación como consecuencia de haber

---

Art. 26.2.e): Nueva letra introducida, con efectos desde el 1 de enero de 2012, por la Disp. Final 1.ªuno.4 del RD-ley 20/2011, de 30 de diciembre, de medidas urgentes en materia presupuestaria, tributaria y financiera para la corrección del déficit público (*BOE* n.º 315, de 31 de diciembre de 2011; corrección de errores en *BOE* n.º 8, de 10 de enero de 2012). La anterior letra *e*) pasa a ser la letra *f*) actualmente. Vid. arts. 68.7 y 9, 150.1, 250.2, 253.1 y 257 LGT (§ I).

Art. 26.2.f): Apartado redactado por Ley 11/2021, art. 13.2.

Art. 26.4: Vid. arts. 65, 104 y 240.2 y Disp. Trans. 5.ª3 LGT (§ I). El art. 65.4 LGT prevé determinados supuestos en que el interés de demora que se exigirá será el interés legal que corresponda hasta la fecha del ingreso. Sanciones: arts. 180.3 y 212.3 LGT (§ I). Vid. arts. 240 y 247 y Disp. Trans. 5.ª LGT (§ I).

Art. 26.5: Vid. arts. 68.9, 73.1, 225.3 y 239.7 LGT (§ I) y 58.2.*b*) RGR.

El origen de este precepto se halla en el criterio legal fijado por la **STS de 28 de noviembre de 1997 (Rec. cas. en interés de ley n.º 9163/1996), cuya doctrina ha sido superada como consecuencia de una importante evolución jurisprudencial que sintetiza perfectamente la STS de 9 de marzo de 2015 (Rec. 3818/2013)**, que afirma:

«La **STS de 9 de diciembre de 2013** (Rec. cas. 4494/12; ponente: I. Huelin) [...] fijó los criterios para entender cabalmente el apartado 5 del precepto [art. 26].

»Para ello, discriminó entre las causas que motivan la anulación. Dijimos entonces (FJ 5.º):

»"**Una liquidación tributaria puede ser anulada por razones de (a) forma o de (b) fondo y, en este segundo caso, (i) total o (ii) parcialmente**.

»(*a*) ***La anulación por motivos formales*** *afecta a la liquidación en su conjunto y la expulsa en cuanto tal del universo jurídico*. [...] Por ello, y teniendo a la vista la doctrina sentada en las mencionadas cuatro Sentencias de 14 junio de 2012 [se refiere a las sentencias pronunciadas en los recursos de casación 2413/10, 6386/09, 6219/09 y 5043/09, FJ 8.º, en los cuatro casos], *en dichos supuestos no cabe hablar de demora imputable al obligado tributario*, salvo la que, en su caso, medie por el transcurso del tiempo entre la autoliquidación y la liquidación practicada por la Administración en el ejercicio de sus facultades de comprobación e inspección, después anulada por causas formales.

»Tal vez por ello, el artículo 150.5 de la Ley General Tributaria de 2003, al regular el tiempo en el que debe dictarse nueva resolución en el caso de retroacción de actuaciones, nada dice sobre los intereses de demora y, ciertamente por ello, el apartado 3 del mismo precepto impide exigirlos al contribuyente por el tiempo en que la Administración se exceda de los plazos de que dispone para desarrollar las actuaciones inspectoras. Si el legislador impide reclamar intereses por el tiempo de ese exceso con mayor razón no cabe exigirlos cuando se manifiesta un 'exceso' *a posteriori* como consecuencia de la anulación de la decisión administrativa por motivos formales.

»Las anteriores pautas traslucen en el artículo 66 del Reglamento General de Desarrollo de la Ley 58/2003 en materia de revisión en vía administrativa, que al tratar de la ejecución de las resoluciones administrativas prevé la exigencia de intereses de demora cuando se anulen liquidaciones por razones de fondo (apartado 3), guardando el más absoluto silencio cuando la estimación lo sea por vicio de forma (apartado 4).

»(*b*.1) **Si la anulación tiene lugar por razones de fondo *pero es total, el criterio debe ser el mismo***, pues tampoco hay en tal caso una deuda legítimamente liquidada. [...]

»(*b*.2) **Distinto es el escenario si la anulación por razones sustantivas es parcial**, porque en tales tesituras sí que existe una deuda del contribuyente legítimamente liquidada desde la decisión inicial, en la parte no anulada, a la que lógicamente se contrae la exigencia de intereses de demora. ***A este supuesto es, por tanto, al que se refiere el artículo 26.5 de la vigente Ley General Tributaria*** cuando dice que, en tales casos y siendo necesaria una nueva liquidación, los intereses se exigirán sobre el nuevo importe, desde el día que resulte conforme a las reglas previstas en el apartado 2 y hasta que sea dictada la nueva, sin que este *dies ad quem* pueda situarse más allá del plazo de que dispone la Administración para ejecutar la resolución anulatoria parcial por razones sustantivas.

»Claro está que, para no hacer de peor condición al contribuyente que se ve obligado a litigar en la vía administrativa y, en su caso, en la jurisdiccional para obtener la razón que a aquel que simplemente recibe tardíamente una liquidación que no necesita discutir, ***se ha de aplicar también en este caso las previsiones del apartado 4 del artículo 26. En el cálculo de los intereses, realizados con arreglo al apartado 5, no se tendrán en cuenta los retrasos imputables a la Administración Tributaria en los términos previstos en ese apartado 4.***

»Estos criterios interpretativos complementan los ya sentados por esta Sala en las cuatro Sentencias de 14 de junio de 2012, pronunciamientos seguidos en la resolución que el Pleno del Tribunal Económico-Administrativo Central ha dictado el 28 de octubre de 2013, en el recurso extraordinario de alzada para unificación de criterio (registro 4659/12). Por lo demás, este Tribunal Supremo es consciente de que alguna de las conclusiones de esta sentencia no son coincidentes con el criterio sostenido en pronunciamientos previos, pero se ha de reparar, como ya se ha apuntado, en que tales pronunciamientos fueron dictados en aplicación de la Ley General Tributaria de 1963»

»La doctrina sentada en la sentencia que acabamos de reproducir en alguno de sus pasajes ha sido reiterada más tarde en otros pronunciamientos. Así, en las **Sentencias de 3 de abril de 2014 (Rec. cas. 2445/13, FJ 3.º) y 16 de octubre de 2014 (Rec. cas. 4078/13, FJ 3.º)"** (FD 2.º).

»[...]

»Y llegados a este punto, hemos de precisar que para los intereses devengados a partir de la entrada en vigor de la Ley General Tributaria de 2003 el tipo aplicable ha de ser el legal del dinero, en virtud de los dispuesto en el artículo 26.6 de la mencionada Ley, al haber estado suspendida la ejecución de la liquidación por haberse garantizado su pago con aval bancario solidario. En este punto se ha de tener en cuenta que, como dijimos en la sentencia de 31 de marzo de 2014 (Rec. cas. 2083/13, FJ 4.º), a supuestos como el analizado resulta aplicable el mencionado precepto porque el procedimiento administrativo de ejecución de la sentencia judicial se inició después del 1 de julio de 2004, que es cuando entró en vigor esta Ley 58/2003, como demanda su disposición transitoria primera, apartado 2, al establecer que lo dispuesto en el apartado 6 del artículo 26, en materia de interés de demora e interés legal, será de aplicación a los procedimientos que se inicien a partir de su entrada en vigor. Luego, según hemos indicado en la sentencia de 9 de diciembre de 2013 (Rec. cas. 4494/12, FJ 6.º), el tipo de los intereses de demora debe ser el legal del dinero, incrementado en un 25 por 100, salvo que la Ley General Presupuestaria haya establecido otro diferente, a lo largo de todo el período de liquidación (primer párrafo del art. 26.6), excepto por el tiempo en el que la ejecución de la deuda haya estado suspendida y garantizada con aval solidario de una entidad de crédito o de una sociedad de garantía recíproca o mediante un certificado de seguro de caución, en cuyo caso el interés será el legal del dinero (segundo párrafo del mismo precepto). Nada autoriza a interpretar aquí que esa disminución del tipo de interés, que alienta la utilización por el obligado tributario de una de aquellas garantías para obtener la suspensión de la ejecución de la deuda, no opera cuando lo haga el artículo 26.5 de la Ley General Tributaria de 2003. En definitiva, para calcular los intereses en la nueva liquidación tributaria debe aplicarse el tipo del interés legal del dinero desde el 1 de julio de 2004, que fue cuando entró en vigor el artículo 26.6 de la Ley General Tributaria de 2003, dado que la deuda tributaria suspendida estuvo garantizada en su totalidad con aval solidario de una entidad de crédito» (FD 7.º).

sido anulada otra liquidación por una resolución administrativa o judicial, se conservarán íntegramente los actos y trámites no afectados por la causa de anulación, con mantenimiento íntegro de su contenido, y exigencia del interés de demora sobre el importe de la nueva liquidación. En estos casos, la fecha de inicio del cómputo del interés de demora será la misma que, de acuerdo con lo establecido en el apartado 2 de este artículo, hubiera correspondido a la liquidación anulada y el interés se devengará hasta el momento en que se haya dictado la nueva liquidación, sin que el final del cómputo pueda ser posterior al plazo máximo para ejecutar la resolución.

6. El interés de demora será el interés legal del dinero vigente a lo largo del período en el que aquél resulte exigible, incrementado en un 25 por 100, salvo que la Ley de Presupuestos Generales del Estado establezca otro diferente.

No obstante, en los supuestos de aplazamiento, fraccionamiento o suspensión de deudas garantizadas en su totalidad mediante aval solidario de entidad de crédito o sociedad de garantía recíproca o mediante certificado de seguro de caución, el interés de demora exigible será el interés legal.

Art. 27. *Recargos por declaración extemporánea sin requerimiento previo.*—1. Los recargos por declaración extemporánea son prestaciones accesorias que deben satisfacer los obligados tributarios como consecuencia de

---

Vid. **SSTS de 21 de septiembre de 2016 (Rec. 2826/2015**; ponente: J. A. Montero) **y 2 de noviembre de 2016 (Rec. 2946/2015**; ponente: J. A. Montero).

STS 1115/2019, de 18 de julio 2019 (Rec. 4872/2017. Ponente: I. Merino Jara): Cálculo de los intereses de demora en caso de estimación parcial de una reclamación. Cuando se ha ingresado inicialmente la cantidad girada, la **estimación parcial** posibilita que la administración tributaria pueda compensar los **intereses de demora** resultantes de la liquidación inicial con los intereses de demora resultantes de la liquidación girada tras la estimación parcial, devolviendo al obligado tributario la diferencia a su favor de esa compensación, más los correspondientes intereses de demora correspondientes a dicho exceso.

Art. 26.6: Cuantía: vid. nota al art. 26 LGT (§ I). En 2014: interés legal, 4 por 100, e interés de demora, 5 por 100. Para 2015: interés legal, 3,50 por 100, e interés de demora, 4,3750 por 100. 2016: interés legal, 3,00 por 100, e interés de demora, 3,75 por 100. Se mantienen los mismos tipos para 2017, **2018, 2019, 2020, 2021** y 2022.

Vid. SSTS de 9 de marzo de 2015 (Rec. 3818/2013; ponente: J. Huelin) **(FD 7.º) y 26 de enero de 2017 (Rec. 2090/2015**; ponente: N. A. Maurandi).

Art. 27: Vid. arts. 122, 150 y 179.3 LGT (§ I) y 2.º RST. Disp. Adic. 15.ª LGT (§ I): no se aplican a las declaraciones catastrales. De acuerdo con el art. 10.2 LGT (§ I), la normativa sobre recargos se aplica retroactivamente respecto de los actos no firmes cuando su aplicación resulte más favorable para el interesado. **STS de 23 de noviembre 2020. Rec. 491/2019. Ponente: I, Merino Jara**: «… el ***concepto de requerimiento previo*** ha de entenderse en sentido amplio. Es posible excluir el recargo por presentación extemporánea previsto en el artículo 27 LGT cuando, a pesar de no mediar requerimiento previo en sentido estricto, la presentación extemporánea de la autoliquidación puede haber sido inducida por el conocimiento de hechos relevantes reflejados en un Acta de conformidad relativa a un determinado ejercicio de un Impuesto, suscrita con anterioridad a la presentación de dichas autoliquidaciones correspondientes a determinados periodos de un ejercicio anterior de mismo impuesto. En esas condiciones se puede considerar que se han realizado actuaciones administrativas conducentes a la regularización o aseguramiento de la liquidación de la deuda tributaria En cambio, no se excluye dicho recargo cuando las autoliquidaciones extemporáneas se presentaron antes de la suscripción del Acta de conformidad en la que se documentan las actuaciones inspectoras referidas a un ejercicio anterior» (FD 3.º).

Naturaleza de los recargos: STS de 27 de septiembre de 2010 (recurso de casación para unificación de doctrina n.º 308/2008). De la **doctrina del Tribunal Constitucional** (SSTC 164/1995, de 13 de noviembre; 276/2000, de 16 de noviembre, y 93/2001, de 2 de abril): no tienen naturaleza sancionadora, salvo que cuantitativamente alcancen el valor de las sanciones. Facilitan la aplicación de los tributos, sirviendo de estímulo al cumplimiento espontáneo de las obligaciones tributarias. Vid., además, **STS 39/2011, de 31 de marzo, del Pleno del TC** (*BOE* de 28 de abril), sobre los efectos derivados de la declaración de inconstitucionalidad de los recargos en virtud de su naturaleza sancionadora.

la presentación de autoliquidaciones o declaraciones fuera de plazo sin requerimiento previo de la Administración tributaria.

A los efectos de este artículo, se considera requerimiento previo cualquier actuación administrativa realizada con conocimiento formal del obligado tributario conducente al reconocimiento, regularización, comprobación, inspección, aseguramiento o liquidación de la deuda tributaria.

2. El recargo será un porcentaje igual al 1 por 100 más otro 1 por 100 adicional por cada mes completo de retraso con que se presente la autoliquidación o declaración respecto al término del plazo establecido para la presentación e ingreso.

Dicho recargo se calculará sobre el importe a ingresar resultante de las autoliquidaciones o sobre el importe de la liquidación derivado de las declaraciones extemporáneas y excluirá las sanciones que hubieran podido exigirse y los intereses de demora devengados hasta la presentación de la autoliquidación o declaración.

Si la presentación de la autoliquidación o declaración se efectúa una vez transcurridos 12 meses desde el término del plazo establecido para la presentación, el recargo será del 15 por 100 y excluirá las sanciones que hubieran podido exigirse. En estos casos, se exigirán los intereses de demora por el período transcurrido desde el día siguiente al término de los 12 meses posteriores a la finalización del plazo establecido para la presentación hasta el momento en que la autoliquidación o declaración se haya presentado.

En las liquidaciones derivadas de declaraciones presentadas fuera de plazo sin requerimiento previo no se exigirán intereses de demora por el tiempo transcurrido desde la presentación de la declaración hasta la finalización del plazo de pago en período voluntario correspondiente a la liquidación que se practique, sin perjuicio de los recargos e intereses que corresponda exigir por la presentación extemporánea.

No obstante lo anterior, no se exigirán los recargos de este apartado si el obligado tributario regulariza, mediante la presentación de una declaración o autoliquidación correspondiente a otros períodos del mismo concepto impositivo, unos hechos o circunstancias idénticos a los regularizados por la Administración, y concurren las siguientes circunstancias:

a) Que la declaración o autoliquidación se presente en el plazo de seis meses a contar desde el día siguiente a aquél en que la liquidación se notifique o se entienda notificada.

b) Que se produzca el completo reconocimiento y pago de las cantidades resultantes de la declaración o autoliquidación en los términos previstos en el apartado 5 de este artículo.

c) Que no se presente solicitud de rectificación de la declaración o autoliquidación, ni se interponga recurso o reclamación contra la liquidación dictada por la Administración.

d) Que de la regularización efectuada por la Administración no derive la imposición de una sanción.

Art. 27.2: Apartado redactado por Ley 11/2021, art. 13.3. Los recargos por declaración extemporánea, sin requerimiento previo, excluyen la exigencia de intereses de demora devengados hasta la presentación de la declaración o autoliquidación, siempre que no hayan transcurrido doce meses.

Régimen transitorio. De conformidad con el **ap. 1 de la Disp. Trans. 1.ª de la Ley 11/2021**: «La nueva redacción del apartado 2 del art. 27 será de aplicación a los recargos exigidos con anterioridad a su entrada en vigor, siempre que su aplicación resulte más favorable para el obligado tributario y el recargo no haya adquirido firmeza.

La revisión de los recargos no firmes y la aplicación de la nueva normativa se realizarán por los órganos administrativos y jurisdiccionales que estén conociendo de las reclamaciones y recursos».

El incumplimiento de cualquiera de estas circunstancias determinará la exigencia del recargo correspondiente sin más requisito que la notificación al interesado.

Lo dispuesto en los párrafos anteriores no impedirá el inicio de un procedimiento de comprobación o investigación en relación con las obligaciones tributarias regularizadas mediante las declaraciones o autoliquidaciones a que los mismos se refieren.

3. Cuando los obligados tributarios no efectúen el ingreso ni presenten solicitud de aplazamiento, fraccionamiento o compensación al tiempo de la presentación de la autoliquidación extemporánea, la liquidación administrativa que proceda por recargos e intereses de demora derivada de la presentación extemporánea según lo dispuesto en el apartado anterior no impedirá la exigencia de los recargos e intereses del período ejecutivo que correspondan sobre el importe de la autoliquidación.

4. Para que pueda ser aplicable lo dispuesto en este artículo, las autoliquidaciones extemporáneas deberán identificar expresamente el período impositivo de liquidación al que se refieren y deberán contener únicamente los datos relativos a dicho período.

5. El importe de los recargos a que se refiere el apartado 2 anterior se reducirá en el 25 por 100 siempre que se realice el ingreso total del importe restante del recargo en el plazo del apartado 2 del artículo 62 de esta ley abierto con la notificación de la liquidación de dicho recargo y siempre que se realice el ingreso total del importe de la deuda resultante de la autoliquidación extemporánea o de la liquidación practicada por la Administración derivada de la declaración extemporánea, al tiempo de su presentación o en el plazo del apartado 2 del artículo 62 de esta ley, respectivamente, o siempre que se realice el ingreso en el plazo o plazos fijados en el acuerdo de aplazamiento o fraccionamiento de dicha deuda que la Administración tributaria hubiera concedido con garantía de aval o certificado de seguro de caución y que el obligado al pago hubiera solicitado al tiempo de presentar la autoli-

---

Art. 27.3: Vid. nota al art. 179.3 LGT (§ I).

Art. 27.4: Vid. arts. 191.6 LGT (§ I) y 3.º1 RST. De la trascendencia de este requisito da cuenta la doctrina sentada en la **STS de 27 de septiembre de 2010 (recurso de casación para unificación de doctrina n.º 308/2008**, ponente: Fernández Montalvo), que zanja la polémica surgida al abrigo del anterior art. 61.3 LGT, que era objeto de diversas interpretaciones, tal y como recoge la propia Sentencia. El TS se decanta, finalmente, por acoger el criterio administrativo que se refleja, por ejemplo, en la Resolución TEAC de 9 de octubre de 2007. Éste supone, en definitiva, considerar vigente en el régimen anterior la exigencia expresada actualmente en el art. 27.4 LGT (§ I) y, en su ausencia, aplicar retroactivamente la previsión del art. 191.6 LGT (§ I).

Concluye el TS: «Así pues, en aras de la seguridad jurídica que la jurisprudencia debe preservar, cumpliendo la principal función que corresponda a este Tribunal, ha de precisarse que la interpretación adecuada y procedente tanto al art. 61.3 LGT/1963 como al art. 4.º del RD 1.930/1998, de 11 de septiembre, es aquella que considera que no basta con ingresar, sino que la regularización de la situación tributaria provocada por una anterior declaración-liquidación o autoliquidación o la ausencia de la misma, requiere cumplir con unos requisitos que resultan lógicos y, por tanto, implícitos en dichas normas que permitan, en definitiva, la comparación entre ambas declaraciones-liquidaciones o autoliquidaciones relacionándolas, o, si no hubo una anterior, la identificación del período al que corresponde la declaración extemporánea.»

En el mismo sentido, véase la **STS de 11 de noviembre de 2010** (Rec. 4663/2007).

Como pone de manifiesto la **STS de 4 de octubre de 2012** (Rec. 4462/2010), esta doctrina ha sido reiterada en numerosas ocasiones.

Art. 27.5: Apartado añadido por la Ley 36/2006, de 29 de noviembre, de medidas para la prevención del fraude fiscal. El régimen de recargos previsto en este precepto tiene su precedente en el art. 61.3 LGT/1963, establecido por la Ley 25/1995, de 20 de julio, inspirado en el llamado «principio de cumplimiento espontáneo» de los obligados tributarios. Parece evidente que esta nueva previsión viene a ahondar en dicha senda. Vid. STC 39/2011, de 31 de marzo (Pleno) (*BOE* de 28 de abril).

quidación extemporánea o con anterioridad a la finalización del plazo del apartado 2 del artículo 62 de esta ley abierto con la notificación de la liquidación resultante de la declaración extemporánea.

El importe de la reducción practicada de acuerdo con lo dispuesto en este apartado se exigirá sin más requisito que la notificación al interesado, cuando no se hayan realizado los ingresos a que se refiere el párrafo anterior en los plazos previstos incluidos los correspondientes al acuerdo de aplazamiento o fraccionamiento.

Art. 28. *Recargos del período ejecutivo.*—1. Los recargos del período ejecutivo se devengan con el inicio de dicho período, de acuerdo con lo establecido en el artículo 161 de esta ley.

Los recargos del período ejecutivo son de tres tipos: recargo ejecutivo, recargo de apremio reducido y recargo de apremio ordinario.

Dichos recargos son incompatibles entre sí y se calculan sobre la totalidad de la deuda no ingresada en período voluntario.

2. El recargo ejecutivo será del 5 por 100 y se aplicará cuando se satisfaga la totalidad de la deuda no ingresada en período voluntario antes de la notificación de la providencia de apremio.

3. El recargo de apremio reducido será del 10 por 100 y se aplicará cuando se satisfaga la totalidad de la deuda no ingresada en período voluntario y el propio recargo antes de la finalización del plazo previsto en el apartado 5 del artículo 62 de esta ley para las deudas apremiadas.

4. El recargo de apremio ordinario será del 20 por 100 y será aplicable cuando no concurran las circunstancias a las que se refieren los apartados 2 y 3 de este artículo.

5. El recargo de apremio ordinario es compatible con los intereses de demora. Cuando resulte exigible el recargo ejecutivo o el recargo de apremio reducido no se exigirán los intereses de demora devengados desde el inicio del período ejecutivo.

6. No se devengarán los recargos del período ejecutivo en el caso de deudas de titularidad de otros Estados o de entidades internacionales o supranacionales cuya actuación recaudatoria se realice en el marco de la asistencia mutua, salvo que la normativa sobre dicha asistencia establezca otra cosa.

Subsección 5.ª

Las obligaciones tributarias formales

Art. 29. *Obligaciones tributarias formales.*—1. Son obligaciones tributarias formales las que, sin tener carácter pecuniario, son impuestas por la normativa tributaria o aduanera a los obligados tributarios, deudores o no del tributo, y cuyo cumplimiento está relacionado con el desarrollo de actuaciones o procedimientos tributarios o aduaneros.

Art. 28: Vid. arts. 161 y 180.3 y Disp. Trans. 1.ª1 LGT (§ I).

Art. 28.2 y 3: STS 416/2019, de 27 de marzo de 2019. Rec. 1418/2017. Ponente: I. Merino Jara. La aplicación de los recargos del 5 y del 10 por 100 está condicionada al pago de la totalidad de la deuda tributaria, no bastando su aplazamiento o fraccionamiento.

Art. 28.5: Vid. art. 26.2.*d)* LGT (§ I).

Art. 28.6: Nuevo apartado introducido, con efectos desde el 1 de enero de 2012, por la Disp. Final 1.ªuno.5 del RD-ley 20/2011, de 30 de diciembre, de medidas urgentes (*BOE* n.º 315, de 31 de diciembre de 2011; corrección de errores en *BOE* n.º 8, de 10 de enero de 2012).

Art. 29: Vid. arts. 191 ss. y Disps. Adics. 5.ª y 6.ª LGT (§ I). Reserva de ley: Vid. nota al art. 8.º LGT (§ I).

Vid. arts. 42 bis, 42 ter y 54 bis RGIT.

Vid. Disp. Adic. 1.ª del **RD-ley 12/2002, de 30 de marzo** (*BOE* de 31 de marzo), que aprobó la denominada **«amnistía fiscal»**, modificada por la Disp. Final 3.ª del RD-ley 19/2012, de 25 de mayo (*BOE* de 26 de mayo), y desarrollado por Órdenes HAP/1.182/2012, de 31 de mayo (*BOE* de 4 de junio), y HAP/72/2013, de 30 de enero (*BOE* de 31 de enero). Vid. también Informe de la DGT, de 27 de junio de 2012, sobre diversas cuestiones relativas al procedimiento de regularización derivado de la presentación de la declaración tributaria especial. La **STC 73/2017, de 8 de junio, declara la inconstitucionalidad de la denominada amnistía fiscal de 2012, por entender que «ha incidido directa y sustancialmente en la determinación de la carga tributaria que afecta a toda clase de personas y entidades» por lo que «ha afectado a la esencia misma del deber de contribuir al sostenimiento de los gastos públicos que enuncia el art. 31.1 CE, al haberse alterado el modo de reparto de la carga tributaria que debe levantar la generalidad de los contribuyentes, en unos términos que resultan prohibidos por el art. 86.1 CE».**

Asociado a la amnistía se estableció el deber de declarar los bienes y derechos en el extranjero, de conformidad con el conocido Modelo 720. El incumplimiento del deber de informar sobre la existencia de tales bienes determinaba su imprescriptibilidad a efectos tributarios y su sujeción a muy fuertes sanciones en caso de incumplimiento o cumplimiento defectuoso del deber de declarar —ex-Disp. Adicional 18.ª2) LGT—, impidiendo además —incomprensiblemente— la posibilidad de efectuar declaraciones complementarias. De otra parte, el **régimen sancionador** previsto en los casos del art. 39.2 —ex-**Disp. Adicional 1.ª de la Ley 7/2012, de 29 de octubre**— era de una severidad extrema: su aplicación determinará la consideración de una infracción como muy grave y se sancionará con una multa pecuniaria proporcional del 150 por 100 del importe de la base de la sanción. La base de la sanción era la cuantía de la cuota íntegra resultante de la aplicación del precepto, sin que a efectos de determinación de la base de la sanción se tuvieran en cuenta las cantidades pendientes de compensación, deducción o aplicación procedentes de ejercicios anteriores o correspondientes al ejercicio objeto de comprobación, que pudieran minorar la base imponible o liquidable o la cuota íntegra.

Los bienes y derechos no declarados, en virtud del art. 39.2 de la Ley del IRPF tenían la consideración de ganancias de patrimonio no justificadas.

Disponía dicho precepto que:

«***En todo caso*** tendrán la consideración de **ganancias de patrimonio no justificadas** y se integrarán en la base liquidable general del periodo impositivo más antiguo entre los no prescritos susceptible de regularización, la tenencia, declaración o adquisición de bienes o derechos respecto de los que no se hubiera cumplido en el plazo establecido al efecto la obligación de información a que se refiere la *disposición adicional 18.ª* de la Ley 58/2003, de 17 de diciembre, General Tributaria.

No obstante, no resultará de aplicación lo previsto en este apartado cuando el contribuyente acredite que la titularidad de los bienes o derechos corresponde con rentas declaradas, o bien con rentas obtenidas en periodos impositivos respecto de los cuales no tuviese la condición de contribuyente por este Impuesto.»

Atendiendo a una **denuncia formulada ante la Unión Europea**, la Comisión Europea emplazó al Gobierno español a fin de que explicara y motivara, entre otros extremos, el porqué de este régimen, haciendo especial hincapié en la imprescriptibilidad, en la vulneración del principio de proporcionalidad en las sanciones aplicables, en la no toma en consideración del principio de igualdad —en relación con los mismos bienes no declarados radicados en España—, etc. Finalmente, la **Comisión Europea** denunció al Reino de España ante el **Tribunal de Justicia de la Unión Europea**, que se ha pronunciado, en **Sentencia de 27 de enero de 2022, Sala 1.ª, declarando,** en relación con la normativa del Modelo 720, que:

- España ha vulnerado el **principio de libre circulación de capitales** al disponer que **el incumplimiento o el cumplimiento imperfecto o extemporáneo de la obligación informativa** relativa a los bienes y derechos situados en el extranjero tiene como **consecuencia la imposición de las rentas no declaradas correspondientes al valor de esos activos como «ganancias patrimoniales no justificadas», sin posibilidad de ampararse en la prescripción.**
- España también ha incumplido las obligaciones que le incumben en virtud de la **libre circulación de capitales al sancionar el incumplimiento o el cumplimiento imperfecto o extemporáneo** de la obligación informativa con una **multa proporcional del 150 por 100 del impuesto calculado sobre las cantidades correspondientes al valor de los bienes o derechos poseídos en el extranjero. Sanción acumulable con multas de cuantía fija que se aplican a cada dato o conjunto de datos omitidos, incompletos, inexactos o falsos que deban incluirse en el «Modelo 720».** El **deber de presentar el «Modelo 720» y las sanciones** derivadas del incumplimiento o del cumplimiento imperfecto o extemporáneo de dicha obligación, que no tienen equivalente en lo que respecta a los bienes o derechos situados en España, **establecen una diferencia de trato entre los residentes en España en función del lugar de localización de sus activos**.
- El legislador español incumplió también las obligaciones exigibles en virtud de la libre circulación de capitales **al sancionar el incumplimiento o el cumplimiento imperfecto o extemporáneo** de la obligación informativa relativa a los bienes y derechos situados en el extranjero **con multas de cuantía fija cuyo importe no guarda proporción alguna con las sanciones previstas para infracciones similares** en un contexto puramente nacional y cuyo importe total no está limitado.

Como consecuencia de esta Sentencia del TJUE, se ha promulgado la **Ley 5/2022, de 9 de marzo (*BOE* de 10 de marzo) que ha dado nueva redacción al art. 39.2 de la LIRPF**, modificando el régimen jurídico asociado a la obligación de declarar bienes y derechos situados en el extranjero (Modelo 720), con el fin de adecuarlo al Derecho Comunitario. La modificación ha consistido fundamentalmente en:

a) eliminar la imputación como ganancia patrimonial no justificada de aquellos bienes y derechos que, aflorados en el extranjero, deban considerarse ya prescritos;

2. Además de las restantes que puedan legalmente establecerse, los obligados tributarios deberán cumplir las siguientes obligaciones:

a) La obligación de presentar declaraciones censales por las personas o entidades que desarrollen o vayan a desarrollar en territorio español actividades u operaciones empresariales y profesionales o satisfagan rendimientos sujetos a retención.

b) La obligación de solicitar y utilizar el número de identificación fiscal en sus relaciones de naturaleza o con trascendencia tributaria.

c) La obligación de presentar declaraciones, autoliquidaciones y comunicaciones.

d) La obligación de llevar y conservar libros de contabilidad y registros, así como los programas, ficheros y archivos informáticos que les sirvan de soporte y los sistemas de codificación utilizados que permitan la interpretación de los datos cuando la obligación se cumpla con utilización de sistemas informáticos. Se deberá facilitar la conversión de dichos datos a formato legible cuando la lectura o interpretación de los mismos no fuera posible por estar encriptados o codificados.

---

b) altera sustancialmente el régimen sancionador aplicable a estas que se consideraban como ganancias patrimoniales no justificadas, régimen establecido en las Disps. Adicionales 1.ª y 2.ª de la Ley 7/2012 y en la Disp. Adicional 18.ª LGT. En consecuencia se suprime la multa del 150 por 100 y las multas fijas por incumplimiento o cumplimiento defectuoso de la obligación de declarar bienes y derechos en el extranjero, sujetando el incumplimiento de ese deber de declarar al régimen sancionador general.

En **Sentencias de 4 y 6 de julio de 2022** (Rec. 6202/2019 y 6410/2019, respectivamente, de las que fue Ponente, en ambas, el **Magistrado R. Toledano Cantero) el Tribunal Supremo fijó la siguiente doctrina casacional:** «... debemos declarar como doctrina de interés casacional, ***de conformidad con lo resuelto por la STJU de 27 de enero de 2022 (Asunto C-788/19), que el régimen sancionador establecido en la DA 18.ª2, LGT, en su redacción por Ley 7/2012, de 29 de octubre, de una sanción consistente en una multa pecuniaria fija por cumplimiento tardío –sin requerimiento previo de la Administración– de la obligación de declarar bienes y derechos en el extranjero, vulnera las obligaciones que le incumben al Reino de España, en virtud de los arts. 63 TFUE y 40 del Acuerdo sobre el Espacio Económico Europeo, sobre libre circulación de capitales, dado que tales sanciones resultan desproporcionadas respecto a las sanciones previstas en un contexto puramente nacional***».

Debe destacarse que el TS reconoce el **efecto retroactivo** del pronunciamiento, concluyendo que: «Además de la naturaleza ejecutiva de las Sentencias dictadas en un procedimiento por incumplimiento, ***la jurisprudencia del Tribunal de Justicia de la Unión Europea ha confirmado el efecto ex tunc de dichas resoluciones***, sin perjuicio de la facultad del Tribunal de limitar temporalmente los efectos de sus sentencias ex art. 231 del Tratado constitutivo de la Comunidad Europea (hoy art. 264 del Tratado de funcionamiento de la Unión Europea). ***Los derechos que corresponden a los particulares no derivan de la sentencia que declara el incumplimiento sino de las disposiciones mismas del Derecho comunitario que tienen efecto directo en el ordenamiento jurídico interno*** (Sentencias de 14 de diciembre de 1982, asunto Waterkeyn, antes citada, apartado 16, y de 5 de marzo de 1996, asuntos Brasserie du Pêcheur y Factortame, C-46/93 y C-48/93, Rec. pp. 1-1029, apartado 95)».

Art. 29.2.a): Vid. art. 35 LGT y notas al mismo y Disp. Adic. 5.ª LGT (§ I). Los arts. 2.° a 16 RGIT regulan los ***Censos de la Administración Tributaria***.

Vid. **nota al art. 35.4 LGT (§ I)**.

Art. 29.2.b): Vid. Disp. Adic. 6.ª LGT (§ I). La regulación del ***NIF de personas físicas y jurídicas*** se contiene, respectivamente, en los arts. 19 a 28 RGIT. El art. 147 del mismo RGIT prevé el procedimiento para la revocación del NIF.

Art. 29.2.c): Vid. arts. 98.3 y 4 LGT (§ I), 30.2 y 117.1 RGIT y 12.*g*) RGR. El **RD 1.021/2015, de 13 de noviembre, establece la obligación de identificar la residencia fiscal de las personas que ostenten la titularidad o el control de determinadas cuentas financieras y de informar acerca de las mismas en el ámbito de la asistencia mutua** (*BOE* de 17 de noviembre). La **Orden HAP/2.194/2013, de 22 de noviembre**, regula los procedimientos y las condiciones generales para la presentación de determinadas autoliquidaciones y declaraciones informativas de naturaleza tributaria, **modificada por Orden HAP/2.762/2015, de 15 de diciembre** (*BOE* de 21 de diciembre), **y por Orden HAP/2.835/2015, de 28 de diciembre, que aprueba el Modelo 113** de comunicación de datos relativos a las ganancias patrimoniales por cambio de residencia cuando se produzca a otro Estado miembro de la Unión Europea o del Espacio Económico Europeo con efectivo intercambio de información tributaria y se establece la forma y plazo para su presentación (*BOE* de 30 de diciembre).

Art. 29.2.d): Sobre obligaciones relativas a los libros registros fiscales, vid. art. 29 RGIT.

En todo caso, los obligados tributarios que deban presentar autoliquidaciones o declaraciones por medios telemáticos deberán conservar copia de los programas, ficheros y archivos generados que contengan los datos originarios de los que deriven los estados contables y las autoliquidaciones o declaraciones presentadas.

e) La obligación de expedir y entregar facturas o documentos sustitutivos y conservar las facturas, documentos y justificantes que tengan relación con sus obligaciones tributarias.

f) La obligación de aportar a la Administración tributaria libros, registros, documentos o información que el obligado tributario deba conservar en relación con el cumplimiento de las obligaciones tributarias propias o de terceros, así como cualquier dato, informe, antecedente y justificante con trascendencia tributaria, a requerimiento de la Administración o en declaraciones periódicas. Cuando la información exigida se conserve en soporte informático deberá suministrarse en dicho soporte cuando así fuese requerido.

g) La obligación de facilitar la práctica de inspecciones y comprobaciones administrativas.

h) La obligación de entregar un certificado de las retenciones o ingresos a cuenta practicados a los obligados tributarios perceptores de las rentas sujetas a retención o ingreso a cuenta.

i) Las obligaciones de esta naturaleza que establezca la normativa aduanera.

j) La obligación, por parte de los productores, comercializadores y usuarios, de que los sistemas y programas informáticos o electrónicos que soporten los procesos contables, de facturación o de gestión de quienes desarrollen actividades económicas, garanticen la integridad, conservación, accesibilidad, legibilidad, trazabilidad e inalterabilidad de los registros, sin interpolaciones, omisiones o alteraciones de las que no quede la debida anotación en los sistemas mismos. Reglamentariamente se podrán establecer especificaciones técnicas que deban reunir dichos sistemas y programas, así como la obligación de que los mismos estén debidamente certificados y utilicen formatos estándar para su legibilidad.

3. En desarrollo de lo dispuesto en este artículo, las disposiciones reglamentarias podrán regular las circunstancias relativas al cumplimiento de las obligaciones tributarias formales.

En particular, se determinarán los casos en los que la aportación o llevanza de los libros registro se deba efectuar de forma periódica y por medios telemáticos.

Art. 29.2.e): Vid. **RD 1.619/2012, de 30 de noviembre, por el que se aprueba el Reglamento por el que se regulan las obligaciones de facturación (BOE n.º 289, de 1 de diciembre) —modificado por RD 596/2016, de 2 de diciembre (BOE de 6 de diciembre) y RD 1.075/2017, de 29 de diciembre (art. 5.º)—, que entró en vigor el 1 de enero de 2013 y deroga el Reglamento aprobado por RD 1.496/2003, de 28 de noviembre. La STC 146/2015, de 25 de junio**, reiterada por otra del mismo Tribunal (**STC 169/2015, de 20 de julio**, Sala 2.ª), concluye que puede aplicarse una sanción tributaria prevista sólo para empresarios a quien, no siendo empresario, simula tal condición, admitiendo que el incumplimiento de las obligaciones de facturación afecta no sólo a quien realiza efectivamente una transacción económica, sino también a quien, no realizando actividad económica alguna y no siendo empresario, factura simulando la realización de transacciones inexistentes. El problema afecta de lleno al principio de legalidad penal y sancionadora (art. 25.1 CE) y deja sin aplicar el tipo penal previsto en el art. 390, apartados 1 y 2, del Código Penal (falsedad en documento mercantil) optando por la subsunción en el art. 201.1, 3 y 5 LGT. Vid. nota al art. 201.1 de la LGT (§ I).

Art. 29.2.f): Vid. art. 36 y Disp. Trans. 3.ª RGIT.

Art. 29.2.i): Vid. SSTS de 24 de noviembre de 2015 (Rec. 442 y 443), por las que se desestiman los recursos interpuestos contra el RD 285/2014, de 25 de abril, que modifica el RD 335/2010, de 19 de marzo, que regula el derecho a efectuar declaraciones en aduana y la figura del representante aduanero.

Art. 29.2.j): Apartado introducido por art. 13.4 de la Ley 11/2021, de 9 de julio.

Art. 29.3: Nueva redacción, con efectos desde el 1 de enero de 2017, por el art. único.4 de la Ley 34/2015, de 21 de septiembre, de modificación parcial de la LGT (BOE n.º 227, de 22 de septiembre). Su redacción anterior era la siguiente:

Subsección 6.ª*

Obligaciones tributarias en el marco de la asistencia mutua

Art. 29 bis. *Obligaciones tributarias en el marco de la asistencia mutua.*—Son obligaciones tributarias aquellas que deriven de la normativa sobre asistencia mutua. En el caso de su incumplimiento por los obligados tributarios, podrán imponerse las sanciones tributarias establecidas en la ley.

---

3. En desarrollo de lo dispuesto en este artículo, las disposiciones reglamentarias podrán regular las circunstancias relativas al cumplimiento de las obligaciones tributarias formales.

En particular, se determinarán los casos en los que la aportación de los libros registro se deba efectuar de forma periódica y por medios telemáticos.

Vid. arts. 181.1.*c*) LGT (§ I) y 3.º2 RST. Vid. **STS de 13 de octubre de 2010** (Rec. 14/2009; ponente: Martínez Micó), citada en nota al art. 8.º LGT (§ I).

Declaraciones censales: con arreglo a la Disp. Derog. única.1.*i*) LGT (§ I), actualmente rige la Disp. Adic. 5.ª LGT (§ I).

* **Introducida, con efectos desde el 1 de enero de 2012, por la Disp. Final 1.ª.uno.6 del RD-ley 20/2011, de 30 de diciembre, de medidas urgentes** (*BOE* de 31 de diciembre de 2011; corrección de errores en *BOE* de 10 de enero de 2012).

Vid. art. 37 bis RGIT, que prevé la obligación de informar acerca de cuentas financieras en el ámbito de la asistencia mutua, introducido por RD 410/2014, de 6 de junio (*BOE* de 7 de junio). Vid. también arts. 45 a 49 y 76 RGIT, así como el RD 1.021/2015, de 13 de noviembre (*BOE* de 17 de noviembre), que establece la obligación de las instituciones financieras de identificar la residencia fiscal de las personas que ostenten la titularidad o el control de determinadas cuentas financieras y de informar acerca de las mismas en el **ámbito de la asistencia mutua. Mediante esta norma se incorpora al ordenamiento interno el contenido de la Directiva 2011/16/UE en la redacción dada por la Directiva 2014/107/UE. La declaración tiene carácter anual**. La primera información a suministrar fue la relativa al año 2016. Vid. Orden HFP/816/2017, por la que se aprueba el modelo de declaración informativa de operaciones vinculadas y de operaciones y situaciones relacionadas con países o territorios calificados como paraísos fiscales —Modelo 232— (*BOE* de 30 de agosto). El RD 1.080/1991, de 15 de julio, aprobó la relación de los países y territorios a los que cabe atribuir el carácter de paraísos fiscales, relación modificada por el RD 116/2003, de 31 de enero. El Consejo de Asuntos Económicos y Financieros de la UE publicó una relación el 5 de diciembre de 2017, lista que debe revisarse anualmente. En dicha lista hay dos anexos: el I, donde se incluyen los paraísos fiscales, y el II, en que se incluyen los Estados que han suscrito compromisos para atender a las recomendaciones de la UE.

Téngase en cuenta que, de acuerdo con el **art. 16.º de la Ley 11/2021, de 9 de julio, se ha modificado la Ley 36/2006, de 29 de noviembre, de medidas para la prevención del fraude fiscal. Modificaciones que, en síntesis, consisten en:**

a) Las referencias efectuadas en la normativa a ***paraísos fiscales***, a ***países o territorios con los que no exista efectivo intercambio de información***, o de ***nula o baja tributación*** se entenderán efectuadas a la definición de ***jurisdicción no cooperativa***.

b) Las referencias normativas efectuadas a **Estados con los que exista un efectivo intercambio de información tributaria o en materia tributaria,** se entenderán efectuadas a **Estados con los que exista normativa sobre asistencia mutua en materia de intercambio de información tributaria en los términos previstos en la LGT que sea de aplicación.**

c) Tendrán la consideración de ***jurisdicciones no cooperativas*** los países y territorios, así como los regímenes fiscales perjudiciales, ***que se determinen por la Ministra de Hacienda mediante Orden Ministerial***, de acuerdo con una serie de **criterios**, entre los que figura la ***existencia o no de normativa sobre asistencia mutua***, **el** cumplimiento de un ***efectivo intercambio de información tributaria con España***, el ***resultado de las evaluaciones "inter pares" realizadas por el Foro Global de Transparencia e Intercambio de Información con Fines Fiscales*** y el efectivo ***intercambio de información relativa al titular real***, definido en los términos de la normativa española en materia de prevención de blanqueo de capitales y financiación del terrorismo.

d) **La existencia de baja o nula tributación.**

Existe **baja tributación** cuando en el país o territorio de que se trate se aplique un nivel impositivo efectivo considerablemente inferior, incluido el tipo cero, al exigido en España en un impuesto idéntico o análogo al IRPF, al Impuesto sobre Sociedades o al Impuesto sobre la Renta de no Residentes.

Existe **nula tributación** cuando en el país o territorio de que se trate no se aplique un impuesto idéntico o análogo al IRPF, al Impuesto sobre Sociedades o al Impuesto sobre la Renta de no Residentes, según corresponda.

SECCIÓN 3.ª

Las obligaciones y deberes de la Administración tributaria

Art. 30. *Obligaciones y deberes de la Administración tributaria.*—1. La Administración tributaria está sujeta al cumplimiento de las obligaciones de contenido económico establecidas en esta ley. Tienen esta naturaleza la obligación de realizar las devoluciones derivadas de la normativa de cada tributo, la de devolución de ingresos indebidos, la de reembolso de los costes de las garantías y la de satisfacer intereses de demora.

2. La Administración tributaria está sujeta, además, a los deberes establecidos en esta ley en relación con el desarrollo de los procedimientos tributarios y en el resto del ordenamiento jurídico.

Art. 31. *Devoluciones derivadas de la normativa de cada tributo.*—1. La Administración tributaria devolverá

Tendrán la consideración de **impuesto idéntico o análogo** los tributos que tengan como finalidad la imposición de la renta, siquiera parcialmente, con independencia de que el objeto del mismo lo constituya la propia renta, los ingresos o cualquier otro elemento indiciario de esta.

e) La relación de regímenes fiscales perjudiciales que tienen la consideración de **jurisdicciones no cooperativas** se podrá **actualizar** atendiendo a los criterios del Código de Conducta en materia de Fiscalidad Empresarial de la Unión Europea o del Foro de Regímenes Fiscales Perjudiciales de la OCDE.

f) Respecto de aquellos ***países o territorios que tengan la consideración de jurisdicciones no cooperativas***, de conformidad con lo establecido en esta disposición, ***con los que el Reino de España tenga suscrito un convenio para evitar la doble imposición que se encuentre vigente***, la normativa tributaria relacionada con las jurisdicciones no cooperativas resultará también de aplicación, en la medida en que no sea contraria a las disposiciones del citado convenio.

g) ***En tanto no se determinen por Orden Ministerial los países o territorios que tienen la consideración de jurisdicción no cooperativa, tendrán dicha consideración los países o territorios previstos en el Real Decreto 1080/1991, de 5 de julio,*** por el que se determinan los países o territorios a que se refieren los artículos 2, apartado 3, número 4, de la Ley 17/1991, de 27 de mayo, de Medidas Fiscales Urgentes, y 62 de la Ley 31/1990, de 27 de diciembre, de Presupuestos Generales del Estado para 1991.

Art. 30.1: Vid.

STC 209/2009, de 26 de noviembre: Intereses a cargo de la Hacienda Pública (FJ 2.º): «Las apreciaciones sentadas en la STC 69/1996, FJ 6.º (cuya doctrina se reitera, como ya dijimos, en las SSTC 110/1996, FJ 3.º; 113/1996, FJ 3.º; 81/2003, FJ 5.º, y 157/2005, FJ 3.º) sobre la *interpretación del art. 45 LGP/1988 conforme al art. 14 CE, deben entenderse aplicables al art. 31 LGP/2003*, que reproduce el tenor de aquel precepto, pues se trata de una Sentencia interpretativa que, al desplegar sus efectos vinculantes frente a todos los poderes públicos, señala la interpretación de la norma sobre devengo de intereses de demora a cargo de la Hacienda Pública que es conforme con la Constitución y excluye al propio tiempo para el futuro la interpretación de esa misma norma que resultaría inconstitucional».

Art. 31: Antecedente inmediato de este precepto es el art. 11 de la derogada LDGC. Vid. arts. 30, 32, 33, 124 a 127 y 221 LGT (§ I).

STEDH de 3 de julio de 2003: mientras la imposición fiscal es una injerencia en el derecho de propiedad justificada en el apartado 2.º del art. 1.º del Protocolo CEDH y escapa al control del TEDH, la obligación económica nacida de la deducción de impuestos o de contribuciones sí puede perjudicar a dicha garantía si impone a una persona o entidad una carga excesiva o atenta fundamentalmente contra su situación económica, tal y como sucedía en el caso de autos, en el que se enjuiciaba el retraso de la Administración tributaria italiana, de más de diez años, en la devolución de impuestos pagados a cuenta por la recurrente, lo que le había provocado graves perjuicios en su situación económica. En un supuesto deducido al amparo del art. 11 LDGC, concluye la **STS de 2 de marzo de 2011** (Rec. 3658/2006; ponente: Garzón Herrero) que el devengo de los intereses de demora en relación con la devolución derivada de una regularización no debe computarse desde el acta, sino desde el momento en que éstos eran exigibles. «En primer lugar, no se ve razón para que en un supuesto como el descrito los intereses de la Administración y los del obligado tributario sigan cauces distintos. Es decir, la regularización favorable a la Administración opera desde que vence el período voluntario de pago del impuesto; la favorable al administrado, por contraposición, se demora

las cantidades que procedan de acuerdo con lo previsto en la normativa de cada tributo.

Son devoluciones derivadas de la normativa de cada tributo las correspondientes a cantidades ingresadas o soportadas debidamente como consecuencia de la aplicación del tributo.

2. Transcurrido el plazo fijado en las normas reguladoras de cada tributo y, en todo caso, el plazo de seis meses, sin que se hubiera ordenado el pago de la devolución por causa imputable a la Administración Tributaria, ésta abonará el interés de demora regulado en el artículo 26 de esta Ley, sin necesidad de que el obligado lo solicite. A estos efectos, el interés de demora se devengará desde la finalización de dicho plazo hasta la fecha en que se ordene el pago de la devolución.

A efectos del cálculo de los intereses a que se refiere el párrafo anterior, no se computarán las dilaciones en el procedimiento por causa no imputable a la Administración. En el caso en que se acuerde la devolución en un procedimiento de inspección, a efectos del cálculo de intereses no se computarán los días a los que se refiere el apartado 4 del artículo 150 de esta Ley, ni los periodos de extensión a los que se refiere el apartado 5 de dicho artículo.

Art. 32. *Devolución de ingresos indebidos.*—1. La Administración

---

a un momento muy posterior, que ni siquiera es el fijado con carácter general para las leyes de cada tributo para las devoluciones.

»En segundo término, ya el propio TEAC entendió aplicable el art. 11 de la Ley de Derechos y Garantías del Contribuyente al supuesto litigioso [...].

»Finalmente, la naturaleza indemnizatoria de los intereses hace procedente, aunque no exista precepto que así lo establezca, que la cantidad a devolver devengue intereses desde el momento en que éstos eran exigibles y no desde el acta.»

Art. 31.2: Se modifica el apartado 2 por el art. 13.5 de la Ley 11/2021, de 9 de julio.

Vid. art. 125.2 y 4 RGIT.

STS 1.274/2014, de 31 de marzo (ponente: J. Huelin): «Si, desde la perspectiva del principio comunitario de neutralidad, ya plantea serias dudas la compatibilidad del plazo legal de carencia de seis meses para la fijación del *dies a quo* en el cálculo de los intereses de demora a satisfacer en la devolución de las cuotas de IVA soportadas en exceso sobre las devengadas, con mayor razón resulta inaceptable que tal fecha se sitúe en un momento posterior, haciendo recaer en el obligado el tiempo que ha transcurrido por el debate en torno a la Administración (estatal o foral) competente para la devolución.»

La *Resolución TEAC de 7 de noviembre de 2013* (RG 03417/2011) modifica su criterio anterior, conforme a la jurisprudencia del Tribunal Supremo (Sentencias de 3 de noviembre de 2011, Rec. cas. en unificación de doctrina 4098/2009; 18 de septiembre de 2012, rec. cas. 357/2010; 20 de junio de 2013, rec. cas. 5900/2011), esta última con base en la Sentencia del TJCE de 18 de abril de 2013 (Asunto C-565/11) y sostiene que las devoluciones derivadas de procedimientos de rectificación de autoliquidaciones, cuando la causa de la rectificación es haber aplicado una norma interna que ha sido declarada contraria a una Directiva comunitaria (Sexta Directiva IVA), deben calificarse como de ingresos indebidos aunque de las autoliquidaciones inicialmente presentadas no resultara cantidad alguna a ingresar. El período de devengo de intereses de demora se inicia al día siguiente del vencimiento del plazo para presentar la primera autoliquidación en la que se pudo solicitar la mayor devolución.

Art. 32: Véanse notas al art. 221 LGT (§ I). Con anterioridad a su entrada en vigor, art. 10 LDGC. Vid. arts. 122 a 125 RGIT sobre procedimiento de devolución iniciado mediante autoliquidación, solicitud o comunicación de datos. El procedimiento para la ejecución de devoluciones tributarias está regulado en los arts. 131 y 132 del mismo RGIT.

STS 1.052/2014, de 10 de marzo (FJ 5.º): La nueva regulación tributaria representada por el art. 32.2 de la LGT de 2003 excluye de los intereses moratorios favorables al interesado las dilaciones en el procedimiento por causa imputable al mismo, sin realizar excepciones como las pretendidas por causa de los períodos vacacionales de la empresa.

Las **SSTS de 18 de junio de 2009 (Rec. 4124/2003) y 30 de junio de 2014 (Rec. 2164/2013)** reconocen que procede abonar intereses de demora al contribuyente sobre intereses devengados y no pagados por el retraso en la devolución de pagos indebidos. **El TEAC, en Resolución de 12 de enero de 2017 (Rec. 5040/2013), en línea con la doctrina del TS, cambia su criterio.**

tributaria devolverá a los obligados tributarios, a los sujetos infractores o a los sucesores de unos y otros, los ingresos que indebidamente se hubieran realizado en el Tesoro Público con ocasión del cumplimiento de sus obligaciones tributarias o del pago de sanciones, conforme a lo establecido en el artículo 221 de esta ley.

2. Con la devolución de ingresos indebidos la Administración Tributaria abonará el interés de demora regulado en el artículo 26 de esta Ley, sin necesidad de que el obligado tributario lo solicite. A estos efectos, el interés de demora se devengará desde la fecha en que se hubiese realizado el ingreso indebido hasta la fecha en que se ordene el pago de la devolución.

A efectos del cálculo de los intereses a que se refiere el párrafo anterior, no se computarán las dilaciones en el procedimiento por causa no imputable a la Administración. En el caso en que se acuerde la devolución en un procedimiento de inspección, a efectos del cálculo de los intereses, no se computarán los días a los que se refiere el apartado 4 del artículo 150 de esta Ley, ni los periodos de extensión a los que se refiere el apartado 5 de dicho artículo.

3. Cuando se proceda a la devolución de un ingreso indebido derivado de una autoliquidación ingresada en varios plazos, se entenderá que la cantidad devuelta se ingresó en el último plazo y, de no resultar cantidad suficiente, la diferencia se considerará satisfecha en los plazos inmediatamente anteriores.

Art. 33. *Reembolso de los costes de las garantías.*—1. La Administración tributaria reembolsará, previa acreditación de su importe, el coste de las garantías aportadas para suspender la ejecución de un acto o para aplazar o fraccionar el pago de una deuda si dicho acto o deuda es declarado improcedente por sentencia o resolución administrativa firme. Cuando el acto o la deuda se declare parcialmente improcedente, el reembolso alcanzará a la parte correspondiente del coste de las garantías.

STS 145/2021, de 4 de febrero de 2021, Rec. 3816/2019. Ponente: F. J. Navarro Sanchis. **El Supremo determina que el obligado tributario puede, una vez desestimada en vía administrativa su solicitud de rectificación de autoliquidación y devolución de ingresos indebidos, y siempre dentro del plazo de prescripción, instar una segunda solicitud fundada en hechos sobrevenidos o en motivos diferentes de los invocados en la primera solicitud.**

Art. 32.2. Redactado por art. 13.6 de la Ley 11/2021, de 9 de julio.

Art. 33: Vid. arts. 72 79 RR.

Art. 33.1: SAN de 22 de diciembre de 2000: en los supuestos de estimación parcial de la pretensión de la que deriva la anulación parcial del acto impugnado, si es el interesado el que recurre pero no la Administración, procede el reembolso parcial, ya que, aunque la sentencia no es firme, la *reformatio in peius* impide que la sentencia que resuelva el recurso pueda restablecer la parte anulada. ***Resolución del TEAC de 19 de diciembre de 2002 (recurso de alzada para la unificación de criterio)***: en los supuestos de reembolso parcial no se requiere que la resolución o sentencia sean firmes, sino que la declaración de improcedencia haya adquirido firmeza, lo que sucede en los supuestos en que la Administración no recurra, ya que en estos casos la declaración de improcedencia deviene firme, sin perjuicio de que el contribuyente decida recurrir la parte de la liquidación confirmada.

La **STS de 31 de enero de 2003** observa la ausencia de previsión normativa, hasta la entrada en vigor de la LGT (§ I), del supuesto, «muy frecuente», de varias y sucesivas declaraciones de improcedencia parcial hasta llegar a la definitiva sentencia de casación, casos para los que concluye afirmando que «los sujetos pasivos pueden esperar, conservando los avales originarios, hasta la firmeza formal del recurso de casación, en cuyo caso tendrán derecho al reembolso del coste de los avales, originario por todo el período, en su totalidad o en la parte proporcional correspondiente, o bien ejercitar también su derecho a pedir la sustitución del aval, cada vez que se produzca una disminución irreversible de la deuda tributaria» —que por aplicación de la *reformatio in peius* no requiere de la firmeza formal de la resolución o sentencia—, «con reembolso de la parte proporcional del coste de los respectivos avales, por sus períodos de vigencia».

Reglamentariamente se regulará el procedimiento de reembolso y la forma de determinar el coste de las garantías.

2. Con el reembolso de los costes de las garantías, la Administración tributaria abonará el interés legal vigente a lo largo del período en el que se devengue sin necesidad de que el obligado tributario lo solicite. A estos efectos, el interés legal se devengará desde la fecha debidamente acreditada en que se hubiese incurrido en dichos costes hasta la fecha en que se ordene el pago.

3. Lo dispuesto en el presente artículo no será de aplicación respecto de las garantías establecidas por la normativa propia de cada tributo para responder del cumplimiento de las obligaciones tributarias.

SECCIÓN 4.ª

Los derechos y garantías de los obligados tributarios

Art. 34. *Derechos y garantías de los obligados tributarios.*—1. Constituyen derechos de los obligados tributarios, entre otros, los siguientes:

a) Derecho a ser informado y asistido por la Administración tributaria sobre el ejercicio de sus derechos y el cumplimiento de sus obligaciones tributarias.

b) Derecho a obtener, en los términos previstos en esta ley, las devoluciones derivadas de la normativa de cada tributo y las devoluciones de ingresos indebidos que procedan, con abono del interés de demora previsto en el artículo 26 de esta ley, sin necesidad de efectuar requerimiento al efecto.

c) Derecho a ser reembolsado, en la forma fijada en esta ley, del coste de los avales y otras garantías aportados para suspender la ejecución de un acto o para aplazar o fraccionar el pago de una deuda, si dicho acto o deuda es declarado total o parcialmente improcedente por sentencia o resolución administrativa firme, con abono del interés legal sin necesidad de efectuar requerimiento al efecto, así como a la reducción proporcional de la garantía aportada en los supuestos de estimación parcial del recurso o de la reclamación interpuesta.

d) Derecho a utilizar las lenguas oficiales en el territorio de su Comunidad Autónoma, de acuerdo con lo previsto en el ordenamiento jurídico.

e) Derecho a conocer el estado de tramitación de los procedimientos en los que sea parte.

f) Derecho a conocer la identidad de las autoridades y personal al servicio de la Administración tributaria bajo cuya responsabilidad se tramitan las actuaciones y procedimientos tributarios en los que tenga la condición de interesado.

g) Derecho a solicitar certificación y copia de las declaraciones por él presentadas, así como derecho a obtener copia sellada de los documentos presentados ante la Administración, siempre que la aporten junto a los originales para su cotejo, y derecho a la devolución de los originales de dichos documentos, en el caso de que no deban obrar en el expediente.

h) Derecho a no aportar aquellos documentos ya presentados por ellos mismos y que se encuentren en poder de la Administración actuante, siempre

---

Art. 33.3: La **Resolución del TEAC de 12 de enero de 2017, acogiendo las SSTS de 30 de junio de 2014** (Rec. 2164/2013; ponente: J. Huelin) y 18 de junio de 2009 (Rec. 4124/2003; ponente: M. Martín Timón), concluye que **procede abonar al contribuyente intereses de demora sobre los intereses devengados y no pagados al retrasarse la Administración Tributaria en la ejecución de una Resolución del TEAC que ordenaba la devolución de ingresos indebidos.**

Art. 34: Vid. arts. 13 a 28 LPACAP.

Art. 34.1.g): La regulación de los ***certificados tributarios*** se contiene en los arts. 70 a 76 RGIT.

Art. 34.1.h): Vid. art. 171.2 RGIT.

que el obligado tributario indique el día y procedimiento en el que los presentó.

i) Derecho, en los términos legalmente previstos, al carácter reservado de los datos, informes o antecedentes obtenidos por la Administración tributaria, que sólo podrán ser utilizados para la aplicación de los tributos o recursos cuya gestión tenga encomendada y para la imposición de sanciones, sin que puedan ser cedidos o comunicados a terceros, salvo en los supuestos previstos en las leyes.

j) Derecho a ser tratado con el debido respeto y consideración por el personal al servicio de la Administración tributaria.

k) Derecho a que las actuaciones de la Administración tributaria que requieran su intervención se lleven a cabo en la forma que le resulte menos gravosa, siempre que ello no perjudique el cumplimiento de sus obligaciones tributarias.

l) Derecho a formular alegaciones y a aportar documentos que serán tenidos en cuenta por los órganos competentes al redactar la correspondiente propuesta de resolución.

m) Derecho a ser oído en el trámite de audiencia, en los términos previstos en esta ley.

n) Derecho a ser informado de los valores de los bienes inmuebles que vayan a ser objeto de adquisición o transmisión.

ñ) Derecho a ser informado, al inicio de las actuaciones de comprobación o inspección sobre la naturaleza y alcance de las mismas, así como de sus derechos y obligaciones en el curso de tales actuaciones y a que las mismas se desarrollen en los plazos previstos en esta ley.

o) Derecho al reconocimiento de los beneficios o regímenes fiscales que resulten aplicables.

p) Derecho a formular quejas y sugerencias en relación con el funcionamiento de la Administración tributaria.

q) Derecho a que las manifestaciones con relevancia tributaria de los obligados se recojan en las diligencias extendidas en los procedimientos tributarios.

r) Derecho de los obligados a presentar ante la Administración tributaria la documentación que estimen conve-

---

Art. 34.1.k): Auto del Tribunal Supremo 3305/2022, de 2 de marzo de 2022, recurso n.º 2281/2021. Ponente: E. Córdoba Castroverde. Esclarecer si vulnera el Derecho a la tutela judicial efectiva, —en su vertiente de **derecho a un proceso sin dilaciones indebidas**—, la decisión de un órgano judicial de no suspender el proceso hasta que el Tribunal de Justicia de la Unión Europea resuelva un recurso, ya admitido, en el que se cuestiona la legalidad de la norma aplicable para resolver la controversia suscitada en el propio proceso. Está concernida la interpretación del ***derecho a la tutela efectiva* —en su vertiente de *derecho a un proceso sin dilaciones indebidas***— desde el prisma del ***derecho fundamental europeo a la buena administración***, consagrado en el **artículo 41 de la Carta de los Derechos Fundamentales de la Unión Europea**.

Art. 34.1.m): Vid. art. 99.8 LGT (§ I). Sobre el trámite de audiencia previo a las actas de inspección, vid. art. 183 RGIT.

Art. 34.1.n): STS 509/2022, de 3 de mayo 2022 (Rec. 5101/2020. Ponente: F. J. Navarro Sanchis: En garantía de los derechos del contribuyente reconocidos en los artículos 34.1.*ñ*) y 137 LGT, y al margen de toda otra consideración, la Administración Tributaria solo podría ampliar el alcance de sus actuaciones de comprobación limitada, con motivación singularizada al caso, en el caso de que lo comunicara con carácter previo —no simultáneo, ni posterior— a la apertura del plazo de alegaciones, siendo nulo, por lo tanto, el acto final del procedimiento de gestión de tal clase en que se haya acordado esa ampliación en momento simultáneo, o posterior, a la comunicación al comprobado de la concesión del plazo para puesta de manifiesto y para efectuar alegaciones a la propuesta de liquidación.

Art. 34.1.q): Vid. art. 107 LGT (§ I).

Art. 34.1.r): **STS de 27 de julio 2021. Rec. 6012/2019. Ponente: R. Fernández Valverde:** «... la doctrina del Tribunal Supremo en esta materia es clara: ***sí cabe en sede de revisión admitir documentación no aportada en sede de gestión.*** El **art. 34.1.*r*) de la LGT 58/2003** establece que constituye uno de los derechos de los obligados tributarios el *"presentar ante la Administración tributaria la documentación que estimen conveniente y que pueda ser relevante para la resolución del procedimiento tributario que se esté desarrollando»*. Por lo tanto, en línea de principio, ha de reconocerse que el contribuyente, en particular, y el obligado tributario, en general, pueden hacer aportaciones de documentos al expediente tributario en que se halle interesado. (...) Corolario de todo lo expuesto es que ***resulta procedente la aportación de elementos de prueba en vía contenciosa cuando previamente no se había aportado documentación en sede del procedimiento administrativo de gestión***».

niente y que pueda ser relevante para la resolución del procedimiento tributario que se esté desarrollando.

s) Derecho a obtener copia a su costa de los documentos que integren el expediente administrativo en el trámite de puesta de manifiesto del mismo en los términos previstos en esta ley.

Este derecho podrá ejercitarse en cualquier momento en el procedimiento de apremio.

2. Integrado en el Ministerio de Hacienda, el Consejo para la Defensa del Contribuyente velará por la efectividad de los derechos de los obligados tributarios, atenderá las quejas que se produzcan por la aplicación del sistema tributario que realizan los órganos del Estado y efectuará las sugerencias y propuestas pertinentes, en la forma y con los efectos que reglamentariamente se determinen.

CAPÍTULO II

OBLIGADOS TRIBUTARIOS

SECCIÓN 1.ª

Clases de obligados tributarios

Art. 35. *Obligados tributarios.*— 1. Son obligados tributarios las personas físicas o jurídicas y las entidades a las que la normativa tributaria impone el cumplimiento de obligaciones tributarias.

2. Entre otros, son obligados tributarios:

a) Los contribuyentes.

b) Los sustitutos del contribuyente.

c) Los obligados a realizar pagos fraccionados.

d) Los retenedores.

e) Los obligados a practicar ingresos a cuenta.

f) Los obligados a repercutir.

g) Los obligados a soportar la repercusión.

h) Los obligados a soportar la retención.

i) Los obligados a soportar los ingresos a cuenta.

j) Los sucesores.

k) Los beneficiarios de supuestos de exención, devolución o bonificaciones tributarias, cuando no tengan la condición de sujetos pasivos.

3. También tendrán el carácter de obligados tributarios aquellos a quienes la normativa tributaria impone el cumplimiento de obligaciones tributarias formales.

4. Tendrán la consideración de obligados tributarios, en las leyes en que así

Art. 34.2: Vid. RD 1.676/2009, de 13 de noviembre (*BOE* de 4 de diciembre), que regula el Consejo para la Defensa del Contribuyente, modificado por el RD 1.070/2017, de 29 de diciembre (*BOE* de 30 de diciembre), y desarrollado por Resolución de 22 de julio de 2010, de la Secretaría de Estado de Hacienda y Presupuestos (*BOE* de 2 de agosto).

Art. 35: La expresión ***«obligados tributarios»*** ya aparecía en los precedentes arts. 24 RGIT de 1986 y 10 RGR/1990. A todos ellos los englobó el art. 1.º3 LDGC bajo el término «contribuyentes», prescindiendo del entonces vigente art. 31 LGT/1963. Vid. nota al arts. 29.2.*a*) LGT (§ I) y 2.º a 15 RGIT. Las actuaciones y procedimientos de comprobación censal se encuentran regulados en los arts. 144 a 147 del referido Reglamento.

STS de 25 de marzo 2021, Rec. 3172/2019. Ponente: F.J. Navarro Sanchis: No cabe exigir la responsabilidad solidaria prevista en el artículo 131.5.a) de la LGT de 1963 —en la redacción aplicable al caso debatido—, ni tampoco la del artículo 42.2.a) LGT vigente, a un menor de edad, en ningún caso, toda vez que en ambos supuestos, tipificados en tales normas, la actuación que se le imputa y por la que se le responsabiliza es la de ser causante o colaborador en la ocultación o transmisión de bienes o derechos del obligado al pago con la finalidad de impedir la actuación de la Administración tributaria, como presupuesto determinante de su responsabilidad solidaria, ya que el precepto comprende actividades, conductas e intenciones dolosas de las que un menor es, siempre, inimputable por ministerio de la ley, condición de la que deriva su inmunidad a las sanciones. Esto es, ***no cabe trasladar o extender la responsabilidad fiscal a un menor cuando el negocio jurídico en virtud del cual se pretende la ocultación o transmisión —aquí, la donación de la nuda propiedad de un bien inmueblese ha concluido por su representante legal, por cuenta de aquél, aunque adquiera éste en su patrimonio—***» (FD 5.º).

Art. 35.4: Vid. arts. 45.3, 93 y 181 LGT (§ I). Del RGIT, vid. arts. 7.º*d*) —sobre información censal referida a estas entidades—, 18.1 —sobre su NIF—, 31.1 —sobre obligaciones de información—, 105, 110.2,

se establezca, las herencias yacentes, comunidades de bienes y demás entidades que, carentes de personalidad jurídica, constituyan una unidad económica o un patrimonio separado susceptibles de imposición.

5. Tendrán asimismo el carácter de obligados tributarios los responsables a los que se refiere el artículo 41 de esta ley.

6. También tendrán la consideración de obligados tributarios aquellos a los que se pueda imponer obligaciones tributarias conforme a la normativa sobre asistencia mutua.

7. La concurrencia de varios obligados tributarios en un mismo presupuesto de una obligación determinará que queden solidariamente obligados frente a la Administración tributaria al cumplimiento de todas las prestaciones, salvo que por ley se disponga expresamente otra cosa.

Las leyes podrán establecer otros supuestos de solidaridad distintos del previsto en el párrafo anterior.

Cuando la Administración sólo conozca la identidad de un titular practicará y notificará las liquidaciones tributarias a nombre del mismo, quien vendrá obligado a satisfacerlas si no solicita su división. A tal efecto, para que proceda la división será indispensable que el solicitante facilite los datos personales y el domicilio de los restantes obligados al pago, así como la proporción en que cada uno de ellos participe en el dominio o derecho trasmitido.

Art. 36. *Sujetos pasivos: contribuyente y sustituto del contribuyente.*— 1. Es sujeto pasivo el obligado tributario que, según la ley, debe cumplir la obligación tributaria principal, así como las obligaciones formales inherentes a la misma, sea como contribuyente o como sustituto del mismo. No perderá la condición de sujeto pasivo quien deba repercutir la cuota tributaria a otros obligados, salvo que la ley de cada tributo disponga otra cosa.

En el ámbito aduanero, tendrá además la consideración de sujeto pasivo el obligado al pago del importe de la deuda aduanera, conforme a lo que en cada caso establezca la normativa aduanera.

2. Es contribuyente el sujeto pasivo que realiza el hecho imponible.

---

111 y 112 —sobre su actuación y representación en procedimientos tributarios—. Vid. también notas a los arts. 44 y 45 LGT (§ I). Víd. **Resolución de la Dirección General de Tributos de 6 de febrero de 2020 sobre la consideración como entidades en régimen de atribución de rentas a determinadas entidades constituidas en el extranjero.**

Art. 35.6: Introducido, con efectos desde el 1 de enero de 2012, por la Disp. Final 1.ªuno.7 del RD-ley 20/2011, de 30 de diciembre, de medidas urgentes (*BOE* n.º 315, de 31 de diciembre de 2011; corrección de errores en *BOE* n.º 8, de 10 de enero de 2012). El anterior apartado 6 pasa a ser el 7 actualmente.

Art. 35.7: Vid. arts. 43 y 46 LGT (§ I) y 106 RGIT. A diferencia de lo dispuesto por el art. 1.117 del Código Civil, nos encontramos ante una declaración legal de solidaridad. Hay que distinguir, no obstante, entre la existencia de esa responsabilidad solidaria y las consecuencias derivadas de la ausencia de representación imputable a quien ha actuado en nombre de todos los solidariamente obligados. En el caso de la declaración conjunta de los cónyuges en la unidad familiar el propio TEAC venía reconociendo que los defectos de representación obligaban a devolver el expediente a la Inspección, que debía emplazar al cónyuge que no había conferido apoderamiento al otro cónyuge. Dos Sentencias del TS —de 29 y 30 de abril de 1998— obligaron a cambiar el criterio, de forma que en los casos de declaración conjunta la actuación de uno solo de los cónyuges —de la que el otro puede estar perfectamente ayuno— tenía también consecuencias para el otro. El art. 46.6 de la vigente LGT (§ I) ha tratado de salir al paso de los posibles efectos asociados a los defectos en la representación. El **TC consideró —en sentencias 2 y 3/2000, de 17 de enero, siguiendo la estela de la STC 117/1997, de 23 de junio— que se trata de un problema de legalidad ordinaria**, sin llegar hasta el fondo: consecuencias asociadas a quien no ha comparecido en un determinado procedimiento administrativo —ni ha otorgado representación expresa, ni ha sido informado de la existencia del procedimiento— y, pese a ello, se ve obligado a soportar, solidariamente, las consecuencias derivadas del mismo.

Art. 36: Vid. arts. 30 a 34 y 37 a 43 LGT (§ I). En el **ámbito aduanero**, vid. nota al art. 29.2.*i*).

3. Es sustituto el sujeto pasivo que, por imposición de la ley y en lugar del contribuyente, está obligado a cumplir la obligación tributaria principal, así como las obligaciones formales inherentes a la misma.

El sustituto podrá exigir del contribuyente el importe de las obligaciones tributarias satisfechas, salvo que la ley señale otra cosa.

Art. 37. *Obligados a realizar pagos a cuenta.*—1. Es obligado a realizar pagos fraccionados el contribuyente a quien la ley de cada tributo impone la obligación de ingresar cantidades a cuenta de la obligación tributaria principal con anterioridad a que ésta resulte exigible.

2. Es retenedor la persona o entidad a quien la ley de cada tributo impone la obligación de detraer e ingresar en la Administración tributaria, con ocasión de los pagos que deba realizar a otros obligados tributarios, una parte de su importe a cuenta del tributo que corresponda a éstos.

3. Es obligado a practicar ingresos a cuenta la persona o entidad que satisface rentas en especie o dinerarias y a quien la ley impone la obligación de realizar ingresos a cuenta de cualquier tributo.

Art. 38. *Obligados en las obligaciones entre particulares resultantes del tributo.*—1. Es obligado a repercutir la persona o entidad que, conforme a la ley, debe repercutir la cuota tributaria a otras personas o entidades y que, salvo que la ley disponga otra cosa, coincidirá con aquel que realiza las operaciones gravadas.

2. Es obligado a soportar la repercusión la persona o entidad a quien, según la ley, se deba repercutir la cuota tributaria, y que, salvo que la ley disponga otra cosa, coincidirá con el destinatario de las operaciones gravadas. El repercutido no está obligado al pago frente a la Administración tributaria pero debe satisfacer al sujeto pasivo el importe de la cuota repercutida.

3. Es obligado a soportar la retención, la persona o entidad perceptora de las cantidades sobre las que, según la ley, el retenedor deba practicar retenciones tributarias.

Art. 37: Vid. arts. 23, 205 y 206 LGT (§ I).

Art. 37.2: STS de 27 de febrero de 2007 (Rec. 2400/2002): Pese a la ausencia de unanimidad sobre la **naturaleza jurídica de la retención**, es evidente que resulta imposible su pervivencia cuando ha sido cumplida la obligación principal, la obligación de la que depende o la obligación que garantiza. Sin que ello impida a la Administración que pueda exigir del retenedor los efectos perjudiciales que para ella pudieran derivar por el hecho de no haberse practicado la retención o haberse hecho mal (exigencia de intereses o sanciones). Pero ni pueden ni deben confundirse los planos en que cada responsabilidad opera, los tiempos en que son exigibles, ni los parámetros que para la exigencia de cada una de ellas han de tomarse en consideración. En aplicación de ello, la **STS de 5 de marzo de 2008** (RJ 2008/2024) afirma: «[...] la actuación de la Administración exigiendo la retención al retenedor cuando ya ha sido pagada por los sujetos pasivos la cuota correspondiente a su deuda tributaria implica una clara, rotunda y abusiva doble imposición, como decía nuestra Sentencia de 13 de noviembre de 1999 [Rec. casación n.º 166/1995 (RJ 1999, 9601)]» y provoca enriquecimiento injusto. [En la misma línea, SSTS 15 de septiembre y 7 de diciembre de 2009 (Rec. 3766/2003 y 186/2004).] En relación con dicha doctrina, vid. la **Resolución TEAC de 1 de junio de 2010** (recurso extraordinario de alzada para unificación de criterio n.º 590/2010).

***No se puede suscitar una pretensión sobre la correcta o incorrecta aplicación de las retenciones sobre los rendimientos del trabajo ante la jurisdicción laboral* (STS de 4 de mayo de 2000).**

Art. 38: Vid. art. 24 LGT (§ I).

Art. 38.2: La **STS de 9 de enero de 2008** (Rec. 210/2004; ponente: M. Martín Timón) concluye que, también con arreglo a la normativa anterior (RD 1.163/1990), ***quien soporta la repercusión tiene legitimación para iniciar el procedimiento de devolución de ingresos indebidos, por ostentar la condición de interesado***, tal y como actualmente refrendan el art. 35.2.*g*) LGT (§ I) y el art. 14 del RD 520/2005, de 13 de mayo, sobre revisión en materia administrativa.

4. La ley podrá imponer a las personas o entidades la obligación de soportar los ingresos a cuenta de cualquier tributo practicados con ocasión de las rentas en especie o dinerarias que perciban y, en su caso, la repercusión de su importe por el pagador de dichas rentas.

SECCIÓN 2.ª

Sucesores

Art. 39. *Sucesores de personas físicas.*—1. A la muerte de los obligados tributarios, las obligaciones tributarias pendientes se transmitirán a los herederos, sin perjuicio de lo que establece la legislación civil en cuanto a la adquisición de la herencia.

Las referidas obligaciones tributarias se transmitirán a los legatarios en las mismas condiciones que las establecidas para los herederos cuando la herencia se distribuya a través de legados y en los supuestos en que se instituyan legados de parte alícuota.

En ningún caso se transmitirán las sanciones. Tampoco se transmitirá la obligación del responsable salvo que se hubiera notificado el acuerdo de derivación de responsabilidad antes del fallecimiento.

2. No impedirá la transmisión a los sucesores de las obligaciones tributarias devengadas el hecho de que a la fecha de la muerte del causante la deuda tributaria no estuviera liquidada, en cuyo caso las actuaciones se entenderán con cualquiera de ellos, debiéndose notificar la liquidación que resulte de dichas actuaciones a todos los interesados que consten en el expediente.

3. Mientras la herencia se encuentre yacente, el cumplimiento de las obligaciones tributarias del causante corres-

---

Art. 39: Vid. arts. 177.1 y 182.3 LGT (§ I), 127 RGR y 107 RGIT.

Art. 39.3: STS de 21 de junio de 2012 (Rec. 1134/2010; ponente:. A. Aguallo; FJ 3.º): Sucesores en el caso de ***herencia aceptada a beneficio de inventario*** en la que, sin embargo, no se había realizado el inventario: «la legislación tributaria, en cuanto a la institución y constitución de los herederos, se remite a la legislación civil al respecto. [...] El Código Civil distingue claramente el régimen atribuible a los herederos que aceptan la herencia pura y simplemente de aquellos que la aceptan a beneficio de inventario, lo que [...] ha de llevar necesariamente a un tratamiento diferenciado, de modo que no puede afirmarse que la aceptación de la herencia a beneficio de inventario o pura y simplemente sea estéril a la hora de concretar el obligado tributario. Así el artículo 998 del Código Civil dispone que "[l]a herencia podrá ser aceptada pura y simplemente, o a beneficio de inventario". Lo contrario llevaría a dejar, simple y llanamente, sin efecto en el ámbito tributario la institución civil de la aceptación a beneficio de inventario y su régimen jurídico, vaciando de contenido, a tales efectos, no solamente los preceptos civiles reguladores de la institución, sino también la remisión que el precitado precepto de la LGT hace a tales normas civiles. [...] La principal diferencia entre la aceptación plena de la herencia o su aceptación a beneficio de inventario, se encuentra precisamente, en la sucesión de los herederos en los derechos y obligaciones de su causante, según los artículos 1.003 y 1.023 del Código Civil, respectivamente [...]

»"La legislación actual en cuanto a la sucesión tributaria sigue la misma línea de remisión en cuanto a la herencia a los términos de la legislación civil (art. 39.1 de la Ley 58/2003, de 17 de diciembre, General Tributaria) y confirma que la Administración Tributaria, mientras la herencia esté yacente, debe dirigirse a la misma a través de sus representantes", en referencia expresa al artículo 39.3 LGT (§ I). Dicho lo anterior, se ha de precisar que la adquisición de la condición de heredero, en el caso de aceptación de la herencia a beneficio de inventario, se encuentra vinculada y dependiente de la propia existencia del inventario que puede realizarse con anterioridad o con posterioridad al acto formal de la aceptación, hasta tal punto que la aceptación de la herencia a beneficio de inventario no producirá efecto alguno hasta que estén inventariados los derechos que conforman el caudal hereditario y las deudas y cargas a que a tal caudal resultan imputables. Lo cual guarda total coherencia con la propia institución configurada para posibilitar a los herederos el aceptar la herencia únicamente si resulta de ella un saldo positivo, quedando los herederos obligados a pagar las deudas del causante únicamente hasta "*donde alcancen los bienes*" (art. 1.003.1.º Cc) del caudal relicto.

»Y ello a salvo el caso de que la falta de elaboración del inventario pueda imputarse, al menos por negligencia, a los mismos aceptantes. Esto es lo que se desprende de lo establecido en los artículos 1.013 y 1.018 del Código Civil, que disponen: "La declaración a que se refieren los artículos anteriores no pro-

ponderá al representante de la herencia yacente.

Las actuaciones administrativas que tengan por objeto la cuantificación, determinación y liquidación de las obligaciones tributarias del causante deberán realizarse o continuarse con el representante de la herencia yacente. Si al término del procedimiento no se conocieran los herederos, las liquidaciones se realizarán a nombre de la herencia yacente.

Las obligaciones tributarias a que se refiere el párrafo anterior y las que fueran transmisibles por causa de muerte podrán satisfacerse con cargo a los bienes de la herencia yacente.

Art. 40. *Sucesores de personas jurídicas y de entidades sin personalidad.—*

---

ducirá efecto alguno si no va precedida o seguida de un inventario fiel y exacto de todos los bienes de la herencia, hecho con las formalidades y dentro de los plazos que se expresarán en los artículos siguientes." Y que "*[s]i por culpa o negligencia del heredero no se principiare o no se concluyere el inventario en los plazos y con las solemnidades prescritas en los artículos anteriores, se entenderá que acepta la herencia pura y simplemente*".

»En definitiva, mientras no exista inventario, *a salvo el anterior caso*, los que hayan aceptado la herencia a beneficio de inventario no adquirirán la condición de herederos, ni, por ende, la de sucesores del causante.

»De este modo, y hasta que ello ocurra, los acreedores, incluida la Hacienda Pública, deberán dirigirse a la herencia yacente a través de sus correspondientes representantes. Así el artículo 1.026 del Código Civil dispone que "[h]asta que resulten pagados todos los acreedores conocidos y los legatarios, se entenderá que se halla la herencia en administración. El administrador, ya lo sea el mismo heredero, ya cualquiera otra persona, tendrá, en ese concepto, la representación de la herencia para ejercitar las acciones que a ésta competan y contestar a las demandas que se interpongan contra la misma"».

Art. 40: Vid. arts. 177.2 LGT (§ I), 127.4 RGR y 107 y 108.1 RGIT.

Alcance de la responsabilidad: **STS de 15 de noviembre de 2010** (Rec. 4064/2007; ponente: J. Huelin) (FJ 2.º): «La cuestión a dilucidar [...] no consiste en saber si, *per se*, el *recargo de apremio* debe estar o no incluido en la deuda tributaria girada al socio de la sociedad disuelta y liquidada, sino si una compañía en tal tesitura puede generar un recargo de apremio que posteriormente se traslade al socio.

»Centrado el debate en estos términos hemos de señalar que *esta Sala no ha tenido ocasión de pronunciarse con anterioridad sobre esta concreta cuestión*.

»Para despejar la incógnita se ha de dejar constancia de que *el art. 89.4 LGT/1963 no contempla en puridad un caso de responsabilidad en el pago de los tributos sino un supuesto de sucesión de deuda*. La responsabilidad tributaria presupone la existencia de un deudor principal, que ha de encarar la deuda con sus bienes presentes o futuros, sin perjuicio de que, en determinadas circunstancias, deban hacer frente también, solidaria o subsidiariamente, ciertas personas relacionadas con él (arts. 38 ss. LGT/1963).

»En cambio, una sociedad disuelta y liquidada ya no existe, resultando evidente que, para que se pueda imponer el recargo de apremio, tiene que haberse abierto esta vía por no pagar el obligado en el período voluntario [arts. 97 y 98.*a*) del Reglamento General de Recaudación]. Con tales premisas, parece imposible hablar de incumplimiento en relación con una personalidad jurídica inexistente si cuando se le exigió la obligación ya estaba extinguida. Dicho de otra forma, la Administración no puede dirigirse a fin de que cumpla sus deberes para con el Fisco contra una sociedad liquidada, sino que, en tal tesitura, debe actuar frente a sus socios o a los partícipes en el capital, en virtud del art. 89.4 LGT/1963.

»Siendo así, la *conclusión* fluye con toda naturalidad: ***no cabe transmitir una obligación (el recargo de apremio) que nunca pudo nacer para la sociedad***. Así lo entiende, implícitamente, el propio Reglamento General de Recaudación en el art. 15.1 cuando habilita a la Administración para dirigirse a los socios o partícipes al objeto de que efectúen el pago en los plazos previstos en los arts. 20 y 108 del propio Reglamento, según que la deuda se encuentre en período voluntario o ejecutivo en el momento de la disolución de la sociedad. Esto es, si esta última desapareció antes de finalizar el período voluntario, habrá que dirigirse a los sucesores a fin de que cumplan en los plazos previstos en ese período voluntario (art. 20). Si, por el contrario, cuando se liquidó la compañía la deuda se encontraba ya apremiada, los sucesores asumen, en esa vía de apremio y en los plazos previstos, el pago del principal, de los intereses de demora y, en su caso, de las costas (arts. 98 y 108 del repetido Reglamento).»

STS de 23 de febrero de 2015 (Rec. 3855/2013; ponente: J. Huelin): «[...] cuando se trata de la **comprobación e investigación de las obligaciones tributarias de una sociedad disuelta y liquidada años después de haberse producido tales circunstancias**, si dichas obligaciones se devengaron con anterioridad, aunque el concurso de los liquidadores en las actuaciones resulta imprescindible, a la vista de lo dispuesto en la LGT/2003 (art. 40) y en el Reglamento de actuaciones y procedimientos de 2007 (arts. 107 y 108.1), no es

1. Las obligaciones tributarias pendientes de las sociedades y entidades con personalidad jurídica disueltas y liquidadas en las que la ley limita la responsabilidad patrimonial de los socios, partícipes o cotitulares se transmitirán a éstos, que quedarán obligados solidariamente hasta el límite del valor de la cuota de liquidación que les corresponda y demás percepciones patrimoniales recibidas por los mismos en los dos años anteriores a la fecha de disolución que minoren el patrimonio social que debiera responder de tales obligaciones, sin perjuicio de lo previsto en el artículo 42.2.*a*) de esta ley.

Las obligaciones tributarias pendientes de las sociedades y entidades con personalidad jurídica disueltas y liquidadas en las que la Ley no limita la responsabilidad patrimonial de los socios, partícipes o cotitulares se transmitirán íntegramente a éstos, que quedarán obligados solidariamente a su cumplimiento.

2. El hecho de que la deuda tributaria no estuviera liquidada en el momento de producirse la extinción de la personalidad jurídica de la sociedad o entidad no impedirá la transmisión de las obligaciones tributarias devengadas a los sucesores, pudiéndose entender las actuaciones con cualquiera de ellos.

3. En los supuestos de extinción o disolución sin liquidación de sociedades y entidades con personalidad jurídica, las obligaciones tributarias pendientes de las mismas se transmitirán a las personas o entidades que sucedan o que sean beneficiarias de la correspondiente operación. Esta norma también será aplicable a cualquier supuesto de cesión global del activo y pasivo de una sociedad y entidad con personalidad jurídica.

4. En caso de disolución de fundaciones o entidades a las que se refiere el apartado 4 del artículo 35 de esta ley, las obligaciones tributarias pendientes de las mismas se transmitirán a los destinatarios de los bienes y derechos de las fundaciones o a los partícipes o cotitulares de dichas entidades.

5. Las sanciones que pudieran proceder por las infracciones cometidas por las sociedades y entidades a las que se refiere este artículo serán exigibles a los sucesores de las mismas, en los términos establecidos en los apartados anteriores y, en su caso, hasta el límite del valor determinado conforme a lo dispuesto en el apartado 1 de este artículo.

SECCIÓN 3.ª

Responsables tributarios

Art. 41. *Responsabilidad tributaria.*—1. La ley podrá configurar como

---

suficiente, porque **ha de comunicarse la existencia de estas actuaciones a los socios sucesores tributarios para que las conozcan y puedan comparecer en ellas si lo desean** [...]» (FD 2.º). En la misma línea, y en relación con la legislación anterior a la vigente LGT, se manifestó el TS, en **Sentencias de 13 de marzo de 2012 (Rec. cas. 4966/08**, FJ 2.º) y **19 de abril de 2012 (Rec. cas. 68/08**, FJ 5.º). Un completo repertorio de esta jurisprudencia puede encontrarse en la **STS de 18 de noviembre de 2015** (Rec. 3641/2014; ponente: M. Martín Timón) (FD 4.º).

Art. 40.1, 3 y 5: Apartados redactados por la Ley 7/2012, de 29 de octubre (*BOE* n.º 261, de 30 de octubre; corrección de errores en *BOE* n.º 31, de 5 de febrero de 2013), con **vigencia desde el 31 de octubre de 2012**.

Art. 40.2: Sobre las garantías procedimentales exigibles con arreglo a la normativa anterior, véase **STS de 15 de octubre de 2012 (Rec. 4070/2010**; ponente: Sr. Huelin), que aplica la doctrina de las anteriores Sentencias de 13 de marzo de 2012 (Rec. 4966/2008) y 19 de abril de 2012 (Rec. 68/2008).

Art. 40.5: Vid. arts. 182.3 LGT (§ I) y 127.6 RGR. Frente a ello, la **STS de 1 de diciembre de 2010 (Rec. 270/2006**; ponente: Garzón Herrero; FJ 5.º), en relación con el régimen legal anterior, afirma: «En lo referente a la extensión de la responsabilidad es evidente que la misma no puede alcanzar a las sanciones, cuando de sucesión en la empresa se trata.»

Art. 41: Vid. arts. 174 a 176 LGT (§ I). Sobre la declaración de responsabilidad en el curso de un procedimiento inspector, vid. art. 196 RGIT.

responsables solidarios o subsidiarios de la deuda tributaria, junto a los deudores principales, a otras personas o entidades. A estos efectos, se considerarán deudores principales los obligados tributarios del apartado 2 del artículo 35 de esta ley.

2. Salvo precepto legal expreso en contrario, la responsabilidad será siempre subsidiaria.

3. Salvo lo dispuesto en el apartado 2 del artículo 42 de esta ley, la responsabilidad alcanzará a la totalidad de la deuda tributaria exigida en período voluntario.

Cuando haya transcurrido el plazo voluntario de pago que se conceda al responsable sin realizar el ingreso, se iniciará el período ejecutivo y se exigirán los recargos e intereses que procedan.

4. La responsabilidad no alcanzará a las sanciones, salvo las excepciones que en esta u otra ley se establezcan.

Art. 41.3: Redactado por la Ley 36/2006, de 29 de noviembre, de medidas para la prevención del fraude fiscal.

Art. 41.4: Redactado por la Ley 7/2012, de 29 de octubre (BOE n.º 261, de 30 de octubre), con vigencia desde el 31 de octubre de 2012. Vid. art. 124 del RGR, redactado por el RD 1.071/2017, de 29 diciembre (*BOE* de 30 de diciembre), y art. 7.3 del RST, redactado por el RD 1.072/2017, de 29 diciembre (*BOE* de 30 de diciembre), ambos con entrada en vigor el 1 de enero de 2018, que exigen la conformidad expresa del declarado responsable, en el trámite de audiencia, a efectos de reducción de la sanción que se le deriva.

Res. TEAC de 6 de junio de 2013 (Vocalía 11.ª; RG 1704/2011) sobre ***Aplicación retroactiva de las normas reguladoras del régimen de las infracciones y sanciones tributarias, según lo dispuesto en el art. 10.2 de la Ley 58/2003, General Tributaria, tras la inclusión del apartado 4 del art. 41 LGT por la Ley 7/2012, de 29 de octubre, en vigor desde el 31 de octubre de 2012***. Criterio del TEAC: «A los acuerdos de declaración de responsabilidad, en cuyo alcance se incluyan las sanciones impuestas al deudor principal, que han sido impugnados y por tanto carecen de firmeza, se les ha de aplicar con carácter retroactivo la norma más favorable (art. 10.2 LGT), de manera que, al contemplarse en el art. 41.4 LGT la posibilidad de obtener por el presunto responsable las reducciones de los arts. 188.1.*b*) y 188.3 LGT, normas que son más favorables para el interesado, es preciso adoptar las medidas oportunas para que su aplicación retroactiva se haga efectiva. Si bien, para la consecución de lo anterior debe distinguirse dos posibles situaciones: *a*) En el supuesto de que pudiera ser más favorable para el responsable la aplicación de la reducción del 30 por 100 prevista en el artículo 188.1.*b*) LGT (supuesto en el que el deudor principal no hubiera prestado su conformidad con la liquidación y siempre que se trate de sanciones susceptibles de reducción, esto es, en esencia, las tipificadas en los arts. 191 a 197 LGT), se ordenará la retroacción de las actuaciones hasta el momento de la propuesta de declaración de responsabilidad, al objeto de que el interesado tenga la posibilidad de prestar conformidad a la misma. En tal caso, podría serle además aplicable de manera acumulada la reducción del art. 188.3 LGT (del 25 por 100), si efectúa su pago en período voluntario y no interpone reclamación o recurso contra el acuerdo de declaración de responsabilidad. En aquellos supuestos en los que el responsable no hubiera prestado su conformidad, podría serle de aplicación la reducción del art. 188.3 LGT, si se cumplen los requisitos establecidos por la norma; *b*) En aquellos supuestos en los que el régimen previsto en el art. 41.4 LGT no resultara más favorable para el responsable (supuesto en el que el deudor principal ya prestó su conformidad, en el que el alcance de la declaración incluiría las sanciones ya reducidas; o aquellos casos de sanciones no susceptibles de la reducción por conformidad del 30 por 100, esto es, en esencia, las tipificadas en los arts. 198 a 206 LGT), no sería necesario anular el acuerdo de declaración de responsabilidad. En este supuesto, manteniendo el acuerdo de declaración, se ordenará la retroacción al momento del requerimiento de pago, a efectos de que al responsable le pueda ser aplicada la reducción del art. 188.3 LGT, si se cumplen los requisitos establecidos por la norma.

»La aplicación de las reducciones en los casos expuestos no implicará la modificación del alcance de responsabilidad declarado sino únicamente la minoración del importe exigible para el pago en las cuantías que corresponda.»

Doctrina del TS respecto de la redacción anterior a la Ley 7/2012: Según la **STS de 21 de diciembre de 2007 (Rec. 121/2003**; Sala 3.ª; ponente: Sr. Martínez Micó): «En la nueva LGT 58/2003 [...], el artículo 41.4 excluye, con carácter general, la posibilidad de que se reclame al responsable el pago de las sanciones impuestas al deudor principal. La cuestión resulta clara en aquellos supuestos en que la responsabilidad no deriva de la comisión de una infracción tributaria: en ningún caso podrán exigirse al responsable las sanciones, no sólo por ser ello contrario a lo dispuesto en el artículo 41.1 de la Ley, sino por suponer una vulneración del principio de personalidad de la pena.

»Sin embargo, puede pensarse [...] que el establecimiento de una responsabilidad subsidiaria respecto de las sanciones no lesiona aquel principio en los casos en que el presupuesto de hecho de la responsabilidad está constituido por la participación en un acto ilícito. Si ello es así, cabe que un precepto legal contradiga lo dispuesto en el artículo 41.4 LGT/2003, estableciendo la exigencia de sanciones al responsable. Pues

En los supuestos en que la responsabilidad alcance a las sanciones, cuando el deudor principal hubiera tenido derecho a la reducción prevista en el artículo 188.1.*b*) de esta ley, la deuda derivada será el importe que proceda sin aplicar la reducción correspondiente, en su caso, al deudor principal y se dará trámite de conformidad al responsable en la propuesta de declaración de responsabilidad.

La reducción por conformidad será la prevista en el artículo 188.1.*b*) de esta ley. La reducción obtenida por el responsable se le exigirá sin más trámite en

---

bien, la LGT/2003 ha optado por acoger esta posición de manera muy explícita. Así su artículo 182 señala que se exigirán las sanciones, entre otros supuestos, cuando la responsabilidad derive de la colaboración activa en un ilícito —art. 42.1.*a*)— y en el caso de los administradores de personas jurídicas que participen en la infracción cometida por la entidad —art. 43.1.*a*)—.

»El único supuesto, pues, donde no se produce la extensión de la responsabilidad a las sanciones es el de los administradores de las personas jurídicas que cesan en sus actividades dejando deudas tributarias pendientes —art. 43.1.*b*)—. La exclusión de las sanciones en este último supuesto es ineludible, toda vez que la conducta del administrador, aunque negligente, no alcanza la gravedad necesaria para ser constitutiva de integrar una infracción tributaria.

»En los casos de colaboración en alguna infracción, la LGT/2003 entiende que en estos casos puede exigirse porque no se produce ninguna vulneración del principio de personalidad de la pena, toda vez que el responsable ha colaborado en el ilícito.

»Esta posición parece haber sido refrendada por el *Tribunal Constitucional*, que, en su *Sentencia 76/1990, de 26 de abril*, afirma —refiriéndose a la constitucionalidad de la redacción dada al artículo 38.1 de la LGT/1963 por la Ley 10/1985— que "**no es trasladable al ámbito de las infracciones administrativas la interdicción constitucional de responsabilidad solidaria en el ámbito del Derecho Penal**, puesto que no es lo mismo responder solidariamente cuando lo que está en juego es la libertad personal —en la medida en que la pena consista en la privación de dicha libertad— que hacerlo a través del pago de una cierta suma de dinero en la que se concreta la sanción tributaria, siempre prorrateable *a posteriori* entre los distintos responsables individuales".

»El TC ha admitido la constitucionalidad del artículo 38.1 LGT/1963, aun en el caso de que el responsable haya de hacer frente a las sanciones del deudor principal. Por ello mismo, también debe reputarse constitucional la regulación contenida en la LGT/2003, que opta por extender la responsabilidad a las sanciones en todos los supuestos en que ésta deriva de la colaboración del responsable en un ilícito» (FD 3.º).

Además, según las *SSTS de 9 de diciembre de 2010* (Rec. 43/2006, FJ 1.º, y Rec. 322/2006, FJ 3.º): «[...] cabe recordar la Sentencia de 21 de diciembre de 2007, recurso de casación en unificación de doctrina n.º 121/2003, que justifica la sanción en un supuesto de responsabilidad subsidiaria de las deudas contemplado en el art. 40.1, párr. 1.º, de la LGT, por la intervención activa u omisiva de los administradores en la comisión de las infracciones tributarias por las personas jurídicas que administran, doctrina que es reiterada en la sentencia de 29 de enero de 2008, recurso de casación para la unificación de doctrina 150/2003, en la que se declara que las previsiones contenidas en el art. 40.1 exigen que los administradores observen la conducta que el precepto describe y que consiste en la no realización de los actos necesarios que fuesen de su incumbencia para el cumplimiento de las obligaciones tributarias infringidas, consintieren el incumplimiento por quienes de ellos dependan o adoptaren acuerdos que hicieran posible tales infracciones», agregando que «al no existir identidad de conductas en las previsiones de ambos preceptos, los mismos son compatibles. La responsabilidad que el artículo 40.1 consagra no se genera por la conducta de la entidad, sino por la específica que el precepto describe, directamente imputable al administrador, y que es distinta de la que generó la sanción. Es la imputación de esa conducta que el precepto del art. 40.1 describe la que genera la responsabilidad, no la existencia de infracción imputable a la persona jurídica y provocadora de una sanción». En la misma línea, vid. **SSTS de 17 de marzo de 2008 (Rec. 6738/2003**, FJ 8.º), **30 de junio de 2011 (Rec. 2294/2009**, FJ 4.º), **22 de noviembre de 2011 (Rec. 5650/2009**, FJ 5.º) y **18 de noviembre de 2013 (Rec. 4486/2012**, FJ 7.º).

STS de 18 de julio de 2017 *(Rec. 2748/2016; ponente: J. A. Montero)*, al analizar el ***régimen transitorio***, respecto de la declaración de responsabilidad tributaria que alcanza a las sanciones, realizada antes de la entrada en vigor de la Ley 7/2012, que modifica el art. 41.4 de la LGT, una vez vigente la misma, cuando la declaración aún no ha alcanzado firmeza por estar pendiente de reclamación económico administrativa o impugnación judicial, subraya el Tribunal que el alcance de la conformidad regulada en los supuestos de sanciones tributarias difiere del que se contempla para los responsables tributarios, concluyendo que la eficacia retroactiva del artículo 41.4 sólo cobra valor si el interesado presta su conformidad a las sanciones y antes de la declaración de responsabilidad. En caso de duda sobre la voluntad de impugnar o no el acuerdo de declaración de responsabilidad debe atenderse a lo dispuesto en el art. 237.2 de la LGT, dando trámite de audiencia previo, de forma que el interesado pueda mostrar su conformidad, siendo nulas las actuaciones administrativas y judiciales previas cuando se ha omitido dicho trámite.

el caso de que presente cualquier recurso o reclamación frente al acuerdo de declaración de responsabilidad, fundado en la procedencia de la derivación o en las liquidaciones derivadas.

A los responsables de la deuda tributaria les será de aplicación la reducción prevista en el artículo 188.3 de esta ley.

Las reducciones previstas en este apartado no serán aplicables a los supuestos de responsabilidad por el pago de deudas del artículo 42.2 de esta ley.

5. Salvo que una norma con rango de ley disponga otra cosa, la derivación de la acción administrativa para exigir el pago de la deuda tributaria a los responsables requerirá un acto administrativo en el que, previa audiencia al interesado, se declare la responsabilidad y se determine su alcance y extensión, de conformidad con lo previsto en los artículos 174 a 176 de esta ley. Con anterioridad a esta declaración, la Administración competente podrá adoptar medidas cautelares del artículo 81 de esta ley y realizar actuaciones de investigación con las facultades previstas en los artículos 142 y 162 de esta ley.

La derivación de la acción administrativa a los responsables subsidiarios requerirá la previa declaración de fallido del deudor principal y de los responsables solidarios.

6. Los responsables tienen derecho de reembolso frente al deudor principal en los términos previstos en la legislación civil.

Art. 42. *Responsables solidarios.*— 1. Serán responsables solidarios de la deuda tributaria las siguientes personas o entidades:

a) Las que sean causantes o colaboren activamente en la realización de una

---

Art. 41.5: Vid. el derogado art. 32 LDGC y arts. 124 RGR y 196.3 RGIT.

Art. 41.5, párr. 2.º: Vid. arts. 61 a 63 RGR.

Resolución TEAC de 9 de junio de 2010 (RG 00/1065/2010) (recurso extraordinario de alzada para unificación de criterio): «la procedencia y conformidad a derecho de la *declaración de fallido* no depende de que se hayan cumplido todos los actos del procedimiento ejecutivo de apremio respecto de todas las deudas derivadas del sujeto pasivo, sino de que responda a la ausencia real de bienes o derechos realizables del deudor conocidos por la Administración tributaria».

Art. 42.1: Vid. arts. 174, 175 y 182.1 y Disp. Adic. 7.ª LGT (§ I).

Art. 42.1.a): Véase la doctrina constitucional sobre el **art. 38 LGT/1963. La jurisprudencia es unánime al subrayar el carácter de norma sancionadora de este precepto**. Vid., por todas, Sentencia Tribunal Supremo de 6 de julio de 2015 (Rec. 3418/2013; ponente: J. Huelin). **STS 21 de febrero 2019. Rec. 3780/2017.** Ponente: D. Berberoff: "Teniendo en consideración que la cuestión suscitada en el auto de admisión, consiste en determinar "si es procedente acudir al procedimiento de derivación de responsabilidad tributaria solidaria del artículo 42.1.*a*) LGT (responsabilidad de quienes sean causantes o colaboradores activos en la realización de una infracción tributaria) en aquellos casos en los que, en relación con los mismos elementos fácticos pero respecto a un concepto impositivo distinto, la determinación de la conducta como punible se está desarrollando en el ámbito penal" procede, en función de todo lo razonado declarar los siguiente: ***"La interpretación conjunta de los artículos 42.1.*a*), 174.5 y 180.1 LGT, determina que la prejudicialidad penal derivada de las actuaciones penales seguidas contra el obligado principal por el concepto IVA produce todos sus efectos con relación a la derivación de responsabilidad solidaria al recurrente por el concepto tributario del Impuesto sobre Sociedades».***

STS de 17 septiembre 2020. Rec. 325/2019. Ponente: F.J. Navarro Sanchís: «[1]… ***cuando un contribuyente es sancionado por solicitar indebidamente devoluciones, beneficios o incentivos fiscales o por determinar o acreditar improcedentemente partidas positivas o negativas o créditos tributarios aparentes (arts. 194.1 y 195.1 de la LGT), puede ser declarado responsable solidario, ex artículo 42.1.a) LGT, respecto de la sanción impuesta a otro contribuyente como autor de una infracción muy grave por incumplimiento de sus obligaciones de facturación o documentación agravada por la expedición de facturas o documentos sustitutivos con datos falsos o falseados (apdos. 1 y 3 del art. 201 LGT), cuando el tipo de la infracción cometida por el primer contribuyente implica el uso de las facturas o documentos sustitutivos con datos falseados emitidas por el segundo de los contribuyentes citados, cuya responsabilidad solidaria se deriva.***

2. Según ha quedado expuesto, ***en tanto que los ilícitos tributarios de los arts. 194.1/195.1 LGT y 201.3 LGT responden a un distinto fundamento y no se absorben o consumen, pues son diversos los intereses directos e inmediatos que cada precepto aspira a proteger, y, en consecuencia, puede afirmarse que existe entre ellos***

infracción tributaria. Su responsabilidad también se extenderá a la sanción.

b) Sin perjuicio de lo dispuesto en el párrafo *a*) anterior, los partícipes o cotitulares de las entidades a que se refiere el apartado 4 del artículo 35 de esta ley, en proporción a sus respectivas participaciones respecto a las obligaciones tributarias materiales de dichas entidades.

c) Las que sucedan por cualquier concepto en la titularidad o ejercicio de explotaciones o actividades económicas, por las obligaciones tributarias contraídas del anterior titular y derivadas de su ejercicio. La responsabilidad también se extenderá a las obligaciones derivadas de la falta de ingreso de las retenciones e ingresos a cuenta practicadas o que se hubieran debido practicar. Cuando resulte de aplicación lo previsto en el apartado 2 del artículo 175 de esta ley, la responsabilidad establecida en este párrafo se limitará de acuerdo con lo dispuesto en dicho artículo. Cuando no se haya solicitado dicho certificado, la responsabilidad alcanzará también a las sanciones impuestas o que puedan imponerse.

Lo dispuesto en el párrafo anterior no será aplicable a los adquirentes de elementos aislados, salvo que dichas adquisiciones, realizadas por una o varias personas o entidades, permitan la continuación de la explotación o actividad.

La responsabilidad a que se refiere el primer párrafo de esta letra no será aplicable a los supuestos de sucesión por causa de muerte, que se regirán por lo establecido en el artículo 39 de esta ley.

Lo dispuesto en el primer párrafo de esta letra no será aplicable a los adquirentes de explotaciones o actividades económicas pertenecientes a un deudor concursado cuando la adquisición tenga lugar en un procedimiento concursal.

2. También serán responsables solidarios del pago de la deuda tributaria pendiente y, en su caso, del de las san-

un concurso ideal medial de infracciones —y no un concurso aparente de normas—, no concurre la triple identidad que presupone la infracción del principio non bis in idem tutelado por el art. 25.1 CE.

3. Y, en fin, ***la doble represión por la que se nos pregunta tampoco contraviene la manifestación concreta del non bis in idem —el denominado principio de inherencia— reconocida en el art. 180.2 LGT [en la redacción vigente*** **ratione temporis,** ***hoy contenida en el art. 180.1) LGT], en tanto que el comportamiento tipificado en el art. 201.3 LGT no opera —ni expresa ni implícitamente— como criterio de calificación de las infracciones de los arts. 194.1 y/o 195.1 LGT (a diferencia de lo que sucede con los tipos de los arts. 191, 192 y 193 de la LGT) o de graduación de las sanciones establecidas en esos preceptos***." (FD 12.º). Vid. el **Voto particular** que formula el propio Ponente, al que se adhieren los magistrados J.A. Montero Fernández y E. Córdoba Castroverde. En el mismo sentido **STS 2878/2020, de 17 de septiembre de 2020. Rec. 193/2019**. Ponente: J. Cudero, y **STS de 17 de septiembre de 2020. Rec. 7714/2018**. Ponente: J. Cudero.

Art. 42.1.c): En la LGT/1963 la responsabilidad del sucesor se configuraba como una garantía del crédito tributario y la Administración, al amparo del art. 13.3 del Reglamento General de Recaudación de 1990, entendió que se trataba de un supuesto de responsabilidad solidaria, criterio que encontró el patrocinio del TEAC. El **Tribunal Supremo, en Sentencia de 15 de julio de 2000,** declaró la ilegalidad del referido precepto reglamentario, que ahora ha encontrado cobertura legal en el art. 42.1.*c*) de la vigente LGT, que declara la responsabilidad solidaria del sucesor y su extensión a las sanciones. En relación con la inclusión de las deudas no devengadas en el momento de la sucesión, al socaire del anterior régimen previsto en el art. 72 LGT/1963, vid. **STS de 29 de marzo de 2012** (Rec. 5963/2008; ponente: Sr. Aguallo).

Art. 42.2: Redactado por la Ley 36/2006, de 29 de noviembre, de medidas para la prevención del fraude fiscal, con efectos desde el 1 de diciembre de 2006 (Disp. Trans. 4.ª de la Ley 36/2006). El RD 1.073/2017, de 29 de diciembre (*BOE* de 30 de diciembre) ha dado nueva redacción al art. 25 del Reglamento de Revisión, estableciendo que «no se suspenderán con arreglo a esta letra las responsabilidades por el pago de sanciones tributarias previstas en el artículo 42.2 de la Ley 58/2003, de 17 de diciembre, General Tributaria. La suspensión no afectará a las actuaciones de recaudación que se hubieran producido hasta ese momento.»

Vid. arts. 174.5, 182.1 y 212.3 LGT (§ I) y 96.3 RGR. **Posibilidad de instar la tasación pericial contradictoria cuando hay derivación de responsabilidad solidaria, con anterioridad al recurso contra la derivación de responsabilidad. STS de 22 de mayo de 2018, en el recurso 38/2017**. Ponente: N. A. Maurandi Guillén, declara la necesidad «*de informar en la notificación del acto declarativo de la responsabilidad solidaria (o de la liquidación) que haya estado precedido de una comprobación de valores de la posibilidad impugnatoria que comporta* *la TPC, con carácter previo al recurso o reclamación económico administrativa*» aunque no considera el defecto como una nulidad radical sino como una notificación irregular, que le abre la posibilidad de solicitar, ahora, la TPC.

STS 327/2022, de 15 de marzo 2022. Rec. 3723/2020. Ponente: F. J. Navarro Sanchis. La suspensión **automática de la ejecutividad de las sanciones, establecida en el artículo 212.1 LGT** no es aplicable a las sanciones objeto de una **derivación de responsabilidad ex art. 42.2 LGT**, conforme a la excepción que prevé el apartado 3.*b*) del precepto. Para estos supuestos en los que se veta la posibilidad de suspensión, el Supremo señala que existe otra vía y es la de solicitar la suspensión frente al acuerdo de declaración de responsabilidad solidaria, en el caso del artículo 42.2 LGT, conforme a las reglas generales que disciplinan tal suspensión.

Víd. también **STS 1740/2019, de 3 de junio. Rec. 84/2018**.

SSTS 1700/2020, de 10 diciembre (Rec. 2189/2018) y 1736/2020, de 17 diciembre (Rec. 6732): «… resulta ajustado al ordenamiento jurídico exigir al responsable solidario un recargo de apremio sobre la deuda que se le deriva por la vía del **art. 42.2 LGT**, si no la abona en el periodo que le confiere el artículo 62.2.LGT, pues el recargo de apremio impuesto al deudor principal conforma, junto a la deuda tributaria pendiente, sanciones e intereses, el alcance global de la responsabilidad a la que se extiende la responsabilidad solidaria del art. 42.2.de la LGT». Ahora bien, ***la Administración no puede exigir a cada uno de los responsables solidarios el recargo de apremio ordinario si ha sido satisfecho por uno de ellos, pues ello lo convertiría en una figura cuasi sancionadora***.

STS de 27 de septiembre de 2012 (Rec. 3103/2009; ponente: J. A. Montero Fernández): «[...] hemos dicho en numerosas ocasiones que la impugnación del declarado responsable al amparo del artículo 131.5 LGT/1963, responsabilidad directamente relacionada con la actividad de embargo contra el deudor principal, no respecto de la deuda original liquidada, debe quedar circunscrita al denominado "presupuesto habilitante", es decir, a si fue o no causante o colaborador en la ocultación maliciosa de bienes y "al alcance global de la responsabilidad", por lo que las actuaciones inspectoras, actas y liquidación e incluso actividad recaudatoria contra el deudor principal no afecta al responsable solidario, y ello sin perjuicio de que pudo solicitar en el momento procesal oportuno y al amparo de lo previsto en el artículo 55 LJ la ampliación del expediente.» STS de 25 de octubre de 2017 (Rec. 2723/2016; ponente: J. A. Montero): «[…] como se ha indicado por este Tribunal Supremo, valga por todas las *sentencias de 15 de junio de 2016, Rec. de cas. 1916/2015, son requisitos de la derivación de responsabilidad solidaria*: (*i*) la existencia de una deuda tributaria del obligado principal que se encuentre liquidada o autoliquidada en el momento de declaración de responsabilidad; y (*ii*) ser el responsable causante o colaborador en la ocultación de bienes y derechos con la finalidad de impedir la actuación de la Administración tributaria [sentencias del Tribunal Supremo de 20 de junio de 2014 (casación 2866/2012, FJ 5.º) y 18 de noviembre de 2015 (casación 860/2014, FJ 4.º) […]». Y añade: «[…] en los supuestos previstos en el apartado 2 del artículo 42 de esta Ley no podrán impugnarse las liquidaciones a las que alcanza dicho presupuesto, sino el alcance global de la responsabilidad. Asimismo, en los supuestos previstos en el citado apartado no resultará de aplicación lo dispuesto en el artículo 212.3 de esta Ley, tanto si el origen del importe derivado procede de deudas como de sanciones tributarias». Artículo que ha sido interpretado por este Tribunal Supremo en el sentido de que el acto administrativo de derivación de responsabilidad constituye un requisito de procedibilidad a partir del cual se adquieren los derechos del sujeto pasivo y puede impugnarse, por tanto la liquidación o la propia declaración de responsabilidad en los términos que resultan del art. 174.5 de la LGT y del derecho a la tutela judicial efectiva; pero se impone ciertas limitaciones, y en concreto una, que no puede revisarse las liquidaciones que hubieran adquirido firmeza para otros obligados tributarios, sino únicamente el importe de la obligación del responsable que haya interpuesto el recurso o la reclamación, y otra que la excepción que supone el art. 42.2 de la LGT respecto a la responsabilidad derivada de ciertas conductas obstativas de la acción recaudatoria. Por tanto, resulta claro que en el caso que nos ocupa «no podrán impugnarse las liquidaciones a las que alcanza dicho presupuesto [presupuesto de hecho habilitante], sino el alcance global de la responsabilidad (Cfr. SSTS de 4 de junio de 2014, rec. de cas. 560/2012; de 29 de septiembre de 2014, rec. de cas. unificación de doctrina 2485/2012; de 28 de abril de 2014, rec. de cas. para la unificación de doctrina 1994/2012; de 25 de febrero de 2012, rec. de cas. 4915/2007; y de 25 de octubre de 2013, rec. de cas. 4180/2011) […]». **STS 1033/2019, de 10 de julio de 2019. Rec. 4540/2017**. Ponente: R. Toledano Cantero. Tras una primera derivación de responsabilidad sobre los administradores sociales en concepto de responsables tributarios subsidiarios [ex art. 43.1.*a*) LGT], meses después la Administración Tributaria declara a los ahora recurrentes, padres de aquellos, como responsables tributarios solidarios de la deuda tributaria [ex art. 42.2.*a*) LGT], con fundamento en diversos contratos de compraventa y donación realizados entre éstos en favor de sus hijos. Estas dos derivaciones de responsabilidad, la primera a título de responsabilidad subsidiaria, por ser los padres de sus mandantes administradores de la entidad contribuyente; y la segunda frente a sus representados a título solidario, es posible por los desplazamientos patrimoniales operados por los padres a favor de sus mandantes, sobre patrimonio propio de aquéllos y no de la mercantil inicialmente deudora.

No se trata de una derivación de responsabilidad en cadena derivada del mismo supuesto aplicado a los administradores —que se quiere seguir ampliando a sus hijos— sino de un procedimiento de declaración de responsabilidad tributaria subsidiaria, ex art. 43.1.*a*) LGT firme y consentido, que posteriormente, debido a otro supuesto de hecho —unas transmisiones de bienes y derechos del haber ganancial de los padres a

favor de sus hijos—, deriva en un procedimiento de declaración de responsabilidad solidaria tributaria ex art. 42.2.*a*) LGT, como reacción sancionadora frente a conductas ilícitas.

El alcance de este tipo de responsabilidad no queda determinado por la extensión de la deuda dejada de pagar por el «deudor principal» sino por el valor de los bienes embargados o susceptibles de serlo, que actúa como límite a la responsabilidad en los supuestos del art. 42.2 LGT.

STS 204/2022, de 17 de febrero. Rec. 6944/2019. Ponente: I. Merino Jara: a) cabe casación ante el Tribunal Supremo cuando la sentencia impugnada ha tenido en cuenta, como determinante del fallo, un precepto de derecho tributario foral, cuya redacción es coincidente con la de la norma correspondiente en la LGT, que regula el plazo de prescripción para exigir la obligación de pago a los responsables solidarios; **b)** el momento en que se inicia el plazo de prescripción de la acción para derivar la responsabilidad solidaria de la que responde el responsable subsidiario es desde que finaliza para este último el periodo de pago voluntario que sigue a la declaración de tal responsabilidad subsidiaria (FD 3.º).

STS de 8 de abril de 2021. Rec. 1107/2020. Ponente: E. Córdoba Castroverde: «… en los supuestos de declaración de responsabilidad solidaria realizados al amparo del **artículo 42.2.*a*) de la LGT**, ***no existe obstáculo legal alguno para derivar al declarado responsable solidario una sanción que no ha adquirido firmeza en vía administrativa por haber sido impugnada y, por ende, automáticamente suspendida en período voluntario, sin perjuicio de que la sanción no pueda ser exigida y deba continuar suspendida hasta que sea firme en vía administrativa***… en los supuestos en los que, contra el acuerdo de imposición de sanción, se interponga recurso de reposición o cualquier otro procedente en derecho. La respuesta a dicha cuestión nos la da, con carácter general y entre otros preceptos, el artículo 174.2 de la LGT… Ahora bien***, en el caso que se examina, al haberse derivado la responsabilidad solidaria por el pago de unas deudas procedentes de un expediente sancionador, debe acudirse a la regla especial del artículo 212.3 de la LGT que, en la redacción que resulta aplicable, dispone que la interposición en tiempo y forma de un recurso o reclamación administrativa contra una sanción determina que la ejecución de la sanción quede automáticamente suspendida en periodo voluntario hasta que sea firme en vía administrativa. El tenor del precepto comporta que, tratándose de sanciones, el periodo ejecutivo se inicia con la firmeza en vía administrativa***.

5. En virtud de lo expuesto, ***en los supuestos en los que contra el acuerdo de imposición de sanción se interponga recurso de reposición o cualquier otro procedente en derecho, el periodo ejecutivo se iniciará con la firmeza de la sanción en vía administrativa, lo que determinará el órgano competente para dictar el acuerdo de derivación de responsabilidad***» (FD 3.º).

Vid. **STS de 18 de noviembre de 2015 (Rec. 860/2014**; ponente: M. Martín Timón), que reitera lo dicho en la **STS de 20 de junio de 2014 (Rec. cas. 2866/2012)**. Los requisitos para la aplicabilidad del precepto son: «1. La existencia de una deuda tributaria del obligado principal que se encuentre liquidada en el momento de declaración de responsabilidad —sin que sea necesario que la conducta obstaculizadora llevada a cabo por el segundo lo sea en relación con el procedimiento ejecutivo—. 2. Ser causante o colaborar en la ocultación de bienes y derechos con la finalidad de impedir la traba por la Administración Tributaria, entendiéndose por ocultación "cualquier actividad que distraiga bienes o derechos ya sea por desprendimiento material o jurídico de estos, para evitar responder con ellos"», añadiendo que «es esencial para el nacimiento tanto de la responsabilidad subsidiaria como de la solidaria que la causación o colaboración en el vaciamiento patrimonial se produzca con posterioridad al nacimiento de la deuda para el deudor principal, en el primer caso, o para el responsable subsidiario, en el segundo, y no que se haya producido con posterioridad al momento en que dicha deuda haya sido reclamada formalmente o exigida mediante el procedimiento administrativo correspondiente, al deudor de primero y segundo grado, respectivamente» (FD 4.º). En la misma línea, con posterioridad: la **STS de 14 de diciembre de 2017 (Rec. 1847/2016**. Ponente: J. A. Montero).

STS 6149/2013, de 25 de noviembre (ponente: Huelin): La decisión del TEAR de no admitir a trámite la suspensión del acuerdo de derivación de responsabilidad, dictado al amparo del art. 42.2.*a*) LGT, interesada en la vía económico-administrativa, «pretensión que tiene su propia disciplina jurídica [según venimos recordando desde la Sentencia del Pleno de esta Sala de 7 de marzo de 2005 (cas. 715/1999); por última vez, en la reciente Sentencia de 25 de octubre de 2013 (cas. 3969/12, FJ 4)] y que, por lo tanto, no se rige por las normas contenidas en los arts. 129 ss. de la Ley 29/1998», el TS concluye, en contra del criterio de la Sala de instancia, que hay dos razones que se oponen a su procedencia. La primera, que se trata de un acto de contenido negativo. Y «la adopción de la medida cautelar respecto de actos de esa naturaleza vale tanto como otorgarles un alcance positivo durante la sustanciación del litigio. Por ello, en el ámbito tributario esta Sala ha venido rechazando la suspensión de actos de contenido negativo, como, por ejemplo, las denegaciones de solicitudes de aplazamiento en el pago de deudas tributarias [Sentencias de 25 de mayo de 2007 (cas. 1916/04, FJ 4.º), 13 de marzo de 2008 (cas. 8143/04, FJ 3.º) y 10 de febrero de 2011 (cas. 3941/09, FJ 3.º)], porque concederla equivale a dar la razón interinamente al demandante durante la sustanciación del proceso contencioso-administrativo, otorgándole lo pedido con ese carácter no definitivo y claudicante, efecto que no es el perseguido con la regulación de las medidas cautelares en esta jurisdicción». La segunda, porque en este caso no resulta aplicable la doctrina contenida en la sentencia de esta Sala de 10 de diciembre de 2008 (cas. 3941/06), en la que, resolviendo un recurso contra una sentencia que confirmó una decisión del TEAC de inadmitir a trámite una solicitud de sus-

ciones tributarias, incluidos el recargo y el interés de demora del período ejecutivo, cuando procedan, hasta el importe del valor de los bienes o derechos que se hubieran podido embargar o enajenar por la Administración tributaria, las siguientes personas o entidades:

a) Las que sean causantes o colaboren en la ocultación o transmisión de bienes o derechos del obligado al pago con la finalidad de impedir la actuación de la Administración tributaria.

b) Las que, por culpa o negligencia, incumplan las órdenes de embargo.

---

pensión sin caución de un acto de derivación de responsabilidad solidaria del art. 38.1 de la Ley 230/1963, de 28 de diciembre, General Tributaria, precedente del art. 42.1.*a*) LGT actualmente vigente, concluye en el fundamento jurídico tercero que esa derivación de responsabilidad tiene naturaleza sancionadora, quedando sometida al régimen de suspensión propio de los actos de ese carácter y procediendo, por tanto, su automática suspensión sin caución [arts. 212.3.*a*) y 233.1.2.º LGT de 2003]. Porque en el examen desde la perspectiva de la apariencia de buen derecho, como criterio para decretar la medida cautelar de suspensión en sede jurisdiccional [...], no aparece indiscutible que a los actos de derivación de responsabilidad *ex* art. 42.2.*a*) LGT de 2003 les sea trasladable, sin más, la doctrina sentada respecto a lo adoptado con arreglo al art. 42.1.*a*) (art. 38.1 de la Ley homónima de 1963). Vid., no obstante, el matiz que supone a esta línea argumental la STS de 27 de junio de 2012 (Rec. 2161/2011) y la Resolución TEAC de 27 de febrero de 2014 (Rec. 05501/2012) que la sigue, citados ambos en nota al art. 65 LGT (§ I).

El **TEAC**, en ***recurso extraordinario de alzada para la unificación de criterio*** **(Resolución de 30 de septiembre de 2015)**, concluye que **las actuaciones dirigidas contra el obligado tributario interrumpen la prescripción de la acción de declaración de la responsabilidad solidaria dictada al amparo de lo dispuesto en el art. 42.2.*a*) LGT**.

Cuando en ***materia concursal*** se plantea conflicto de jurisdicción entre la AEAT y los correspondientes Juzgados de lo Mercantil, en relación con la responsabilidad a los administradores concursales por la vía del art. 42.2.*a*) LGT, el Tribunal de Conflictos de Jurisdicción ha distinguido según el procedimiento concursal esté o no concluido. En el primer caso se reconoce la competencia de la AEAT (**STS de 9 de abril de 2013**). En el segundo la competencia es del Juzgado de lo Mercantil [*STS de 27 de abril de 2016* (Conflicto de Jurisdicción 1/2016; ponente: J. A. Montero)].

STS 58/2022, de 25 de enero (Rec. 8315/2019. Ponente: I. Merino Jara): «En supuestos de **responsabilidad tributaria "en cadena"**, la derivación de la responsabilidad subsidiaria constituye un "presupuesto de hecho habilitante" de la subsiguiente derivación de responsabilidad solidaria a los efectos de que el declarado responsable por alguna de las circunstancias previstas en **apartado 2 del artículo 42 LGT** pueda impugnar el acto de derivación de su responsabilidad con fundamento en la improcedencia de la previa derivación de responsabilidad subsidiaria respecto de un tercero por inexistencia de declaración de fallido del deudor principal. En cambio tal impugnación no procede cuando, aun existiendo tal declaración de fallido, y no siendo una declaración meramente formal, sino que se ha seguido el procedimiento legalmente previsto, se pretende impugnar el acto de derivación de responsabilidad por considerar que no está justificada la declaración de fallido del deudor principal dada la existencia de bienes y derechos de titularidad de dicho deudor principal no trabados o ejecutados y sí ejecutables, dado que tal declaración ya ha adquirido firmeza».

Art. 42.2.a): STS de 15 de marzo 2022 (Rec. 3723/2020. Ponente: F. J. Navarro Sanchis): El **art. 174.5 LGT** excluye la suspensión automática de las sanciones tributarias que se deriven en los supuestos de responsabilidad solidaria del **art. 42.2 LGT**. Por tanto, **la suspensión automática de la ejecutividad de las sanciones, establecida en el art. 212.3 LGT no es aplicable a las sanciones objeto de una derivación de responsabilidad ex art. 42.2) LGT.**

SAN de 28 de septiembre de 2021. Rec. 2128/2019. Ponente: L. H. Moya Meyer): Anula una derivación de responsabilidad ex art. 42.2.a) LGT porque **«no hay una prueba plena de la existencia de un ánimo de participar en la ocultación de un bien para perjudicar el crédito tributario, por lo que no se da un requisito esencial para declarar la responsabilidad solidaria»** (FD 3.º).

STS de 11 de marzo de 2021. Rec. 7004/2021. Ponente: J. Díaz Delgado. En interpretación del art. 42.2.a) de la Ley 58/2003, de 17 de diciembre, General Tributaria, la derivación de responsabilidad puede alcanzar a las deudas que se devenguen con posterioridad a la ocultación o transmisión de los bienes o derechos del obligado al pago, cuando resulta acreditado por la Administración tributaria que se ha actuado de forma intencionada con la finalidad de impedir su actuación.

STS de 12 de mayo de 2021. Rec. 62/2020. Ponente: J. A. Montero. Procede la declaración solidaria por las donaciones realizadas entre padre e hijos con anterioridad al devengo de la deuda tributaria cuando resulta acreditado que las mismas tuvieron como finalidad sustraer los bienes y derechos a la actuación de la Hacienda Pública para el pago de las deudas tributarias.

Art. 42.2.b): STS de 20 de abril de 2012 (Rec. 3775/2008; ponente: Sr. Trillo): la falta de respuesta de la Administración respecto a la alegación de la entidad bancaria sobre la imposibilidad de practicar el embargo

c) Las que, con conocimiento del embargo, la medida cautelar o la constitución de la garantía, colaboren o consientan en el levantamiento de los bienes o derechos embargados, o de aquellos bienes o derechos sobre los que se hubiera constituido la medida cautelar o la garantía.

d) Las personas o entidades depositarias de los bienes del deudor que, una vez recibida la notificación del embargo, colaboren o consientan en el levantamiento de aquéllos.

3. Las leyes podrán establecer otros supuestos de responsabilidad solidaria distintos de los previstos en los apartados anteriores.

4. El procedimiento para declarar y exigir la responsabilidad solidaria será el previsto en el artículo 175 de esta ley.

Art. 43. *Responsables subsidiarios.*—1. Serán responsables subsidiarios de la deuda tributaria las siguientes personas o entidades:

a) Sin perjuicio de lo dispuesto en el párrafo *a*) del apartado 1 del artículo 42 de esta ley, los administradores de hecho o de derecho de las personas jurídicas

---

conlleva la improcedencia de la declaración de responsabilidad de dicha entidad establecida por el anterior **art. 131.5.b) LGT/1963**. En **STS de 24 de octubre de 2017 (Rec. 2601/2016**; ponente: F. J. Navarro Sanchís), acota con precisión el contenido del precepto: «De su disciplina legal cabe extraer las notas distintivas de esta modalidad específica de la responsabilidad solidaria, que tiene su ámbito procedimental propio en la fase de recaudación y, dentro de ella, en el periodo ejecutivo (art. 160.1 y 2 de la LGT):

»*a*) Se trata de una medida de aseguramiento o refuerzo de los derechos recaudatorios de la Administración, que incorpora, junto al deudor principal, a otras personas o entidades en régimen de responsabilidad solidaria.

»*b*) La responsabilidad deriva del hecho de incumplir una orden de embargo.

»*c*) Sólo puede incurrir en ella un tercero ajeno a la relación jurídica trabada entre la Administración tributaria, en el ejercicio de su potestad ejecutiva, y el deudor principal, por imperativo de la naturaleza solidaria de la responsabilidad.

»*d*) El embargo ha de ser ejecutivo o de apremio, ya que si se acuerda como medida cautelar o precautoria prevalece el supuesto de la letra *c*) del propio artículo.

»*e*) La orden de embargo incumplida debe tener su título jurídico en una relación previa de este tercero con los bienes o derechos embargados, de la que surja un estricto deber jurídico cuya inobservancia abre paso a la declaración de responsabilidad.

»*f*) El incumplimiento debe serlo por culpa o negligencia, extraña fórmula legal que parece haber olvidado el dolo o intención como forma más grave de la culpabilidad (o, al menos, confunde el precepto los términos empleados, pues culpa o negligencia son sinónimos y aluden a la comisión culposa, no a la dolosa).

»*g*) Tal culpa o negligencia debe quedar rigurosamente probada por la Administración, así como motivada en relación con la acción del responsable.

»*h*) No es posible el incumplimiento de la orden de embargo por mera omisión, sino que se requiere un hacer activo.

»*i*) Sólo puede incumplir la orden de embargo, en sentido propio, aquél al que le ha sido notificada previamente.

Aun no previsto tal requisito de modo expreso, su exigencia deriva de la dicción legal de los apartados *c*) y *d*), que inexorablemente lo imponen (letra *d*) o parten de su conocimiento (letra *c*), para hipótesis semejantes a la debatida, así como de la propia naturaleza de las cosas, pues sólo quien conoce de forma fehaciente el deber que le incumbe puede obrar con culpa o negligencia al incumplirlo.

»*j*) La ley no requiere estrictamente la producción de un resultado de fracaso total o parcial del embargo, siendo bastante para generar la responsabilidad el incumplimiento de la orden, aun cuando tal cuestión —no suscitada en esta casación— pueda ser dudosa, porque el enunciado del artículo 42.2.*b*) limita cuantitativamente la responsabilidad "hasta el importe del valor de los bienes o derechos que se hubieran podido embargar o enajenar por la Administración", fórmula que permite la interpretación contraria.

Se trata, en definitiva, de asegurar o reforzar el derecho al cobro de las deudas tributarias por parte de la Administración, incorporando al elenco de obligados, junto al deudor principal, a quien propicia con su conducta que el embargo pueda malograrse». (FD 4.º).

Art. 43: Vid. arts. 174, 176 y 182.2 LGT (§ I).

Art. 43.1.a): STS de 27 de junio de 2011 (Rec. 4133/2008; ponente: Huelin): «Bajo ambos regímenes jurídicos —en referencia a la vigente LGT/2003 (§ I) y a la derogada LGT/1963— la responsabilidad se extiende a ***los administradores "de hecho o de derecho"***. El legislador pretende extender la responsabilidad a quienes de manera efectiva y real han tenido las riendas, la gestión y la dirección de la sociedad.

que, habiendo éstas cometido infracciones tributarias, no hubiesen realizado los actos necesarios que sean de su incumbencia para el cumplimiento de las obligaciones y deberes tributarios, hubiesen consentido el incumplimiento por quienes de ellos dependan o hubiesen adoptado acuerdos que posibilitasen las infracciones. Su responsabilidad también se extenderá a las sanciones.

b) Los administradores de hecho o de derecho de aquellas personas jurídi-

---

Se trata de un presupuesto de carácter fáctico, no jurídico [...].

»Si el fundamento de la responsabilidad subsidiaria de los administradores del art. 40.1, párr. 1.º, de la Ley de 1963 [actual 43.1.*a*) de la vigente] descansa en criterios de culpabilidad, debido a la negligencia o la falta de diligencia en el desempeño de sus funciones, como se desprende de la sentencia del Tribunal Constitucional 85/2006, resulta menester cerciorarse de cuáles fueran la función, la competencia y las potestades atribuidas al administrador y no simplemente al *nomen iuris* con el que se conociera el desempeño del cargo. Sólo tras esa indagación puede valorarse si ese "administrador" propició o no evitó que la entidad que estaba bajo su dirección y decisión incumpliera con sus obligaciones tributarias».

El hecho de que exista un Consejero Delegado no excluye la responsabilidad de los administradores que no velaron por el cumplimiento de las obligaciones tributarias en el momento en que se cometieron las infracciones (*STS de 31 de mayo de 2007*). Abundando en ello, vid. **STS de 22 de noviembre de 2010 (Rec. 1150/2007).**

STS 5.621/2013, de 18 de noviembre: La caducidad de su nombramiento no exime al administrador de seguir desempeñando sus funciones hasta la designación de quien vaya a sucederle, según se desprende del art. 127 del texto refundido de la Ley de Sociedades Anónimas y del art. 1.737 del Código Civil.

Art. 43.1.b): En **STS de 14 de junio de 2007 (Rec. 145/2002)** y la posterior **STS de 22 de noviembre de 2010 (Rec 1150/2007)**, el TS recuerda que su **Sala Primera** mantiene de forma reiterada que las inscripciones registrales de los acuerdos de cese de un **administrador societario** no tienen carácter constitutivo, al no imponerlo así precepto alguno, correspondiendo el deber de inscribir a los nuevos administradores, sin que quepa exigir responsabilidad alguna por falta de inscripción a los cesados. Al propio tiempo, la misma Sala Primera TS, en **Sentencia del Pleno de 28 de abril de 2006**, reconoció que la oponibilidad frente a terceros de actos sujetos a inscripción y no inscritos, como ocurre con el cese de los administradores, constituye un problema que debe ser resuelto mediante las pruebas de todo tipo que acrediten la efectividad del cese. En consecuencia, aunque no se haya inscrito el cese en el Registro Mercantil, si por otros medios se acredita que la efectividad del cese se produjo con anterioridad al momento en que cesó la actividad de la sociedad, el administrador que cesó debe quedar excluido de responsabilidad subsidiaria. La Sentencia, recaída sobre el art. 40.1 LGT/1963, ha encontrado refrendo expreso en el art. 43.1.*b*) de la vigente LGT.

La **STS de 17 de octubre de 2007 (Rec. 4747/ 2002)** desestima el recurso de casación con base en dos argumentos decisivos. Por un lado, advierte que «[...] la responsabilidad subsidiaria no se mueve en el ámbito del procedimiento sancionador sino de la responsabilidad tributaria, razón por la que en este campo de la responsabilidad (que es el de los actos impugnados) no es aplicable ni la presunción de inocencia ni las consecuencias jurídicas que de la vigencia de ese principio se deriva». Por otro, añade que «[...] no es dudosa la obligación que según los textos legales reguladores de la quiebra pesa sobre los administradores al instar el procedimiento universal pertinente».

La responsabilidad del administrador en estos casos no puede entenderse de forma objetiva, es decir, derivada de la mera existencia de deudas tributarias, sino que tiene su fundamento, cuando menos, en la conducta negligente del administrador, omitiendo la diligencia precisa para poner a la sociedad en condición de cumplir las obligaciones tributarias pendientes y, en su caso, llevar a efecto la disolución y liquidación de la sociedad **(STS de 22 de septiembre de 2008)**.

En relación con el art. 40.1, párr. 2.º, LGT/ 1963, precedente de este precepto, concluye la **STS de 14 de abril de 2011 (Rec. 3860/2008)** —con base en las SSTS de 25 de febrero de 2010 (recurso de casación n.º 5120/2004) 25 de junio de 2010 (recurso de casación n.º 1597/2005)— que «el cese en la actividad de la persona jurídica, la existencia de deudas tributarias pendientes y no prescritas, la condición de administrador al tiempo del cese y la declaración de fallido de la sociedad, se erigen en requisitos necesarios para la derivación de responsabilidad por el art. 40.1, párr. 2.º, de la LGT [Sentencia de esta Sala y Sección de 7 de febrero de 2005 (recurso de casación en interés de ley n.º 76/2003)]».

Art. 43.1.c): Vid. **STS de 27 de junio de 2011 (Rec. 4133/2008**; ponente: Huelin), citada en nota al art. 43.1.*a*) LGT (§ I).

STS 301/2014, de 10 de enero*:* Este precepto atribuye al liquidador de una sociedad la responsabilidad por las obligaciones tributarias posteriores al inicio de la situación de liquidación, fundada en el ámbito de gestión encomendado a dichos liquidadores por el art. 272 de la Ley de Sociedades Anónimas y, por lo tanto, en la inobservancia personal de los actos de administración que le corresponden.

En estos casos se trata de una responsabilidad fundada en la falta de atención personal de las obligaciones tributarias por parte del liquidador, ya durante el procedimiento liquidatorio, lo que hace ilógica

cas que hayan cesado en sus actividades, por las obligaciones tributarias devengadas de éstas que se encuentren pendientes en el momento del cese, siempre que no hubieran hecho lo necesario para su pago o hubieren adoptado acuerdos o tomado medidas causantes del impago.

c) Los integrantes de la administración concursal y los liquidadores de sociedades y entidades en general que no hubiesen realizado las gestiones necesarias para el íntegro cumplimiento de las obligaciones tributarias devengadas con anterioridad a dichas situaciones e imputables a los respectivos obligados tributarios. De las obligaciones tributarias y sanciones posteriores a dichas situaciones responderán como administradores cuando tengan atribuidas funciones de administración.

d) Los adquirentes de bienes afectos por ley al pago de la deuda tributaria, en los términos del artículo 79 de esta ley.

e) Los representantes aduaneros cuando actúen en nombre y por cuenta de sus comitentes. No obstante, esta responsabilidad subsidiaria no alcanzará a la deuda aduanera.

f) Las personas o entidades que contraten o subcontraten la ejecución de obras o la prestación de servicios correspondientes a su actividad económica principal, por las obligaciones tributarias relativas a tributos que deban repercutirse o cantidades que deban retenerse a trabajadores, profesionales u otros empresarios, en la parte que corresponda a las obras o servicios objeto de la contratación o subcontratación.

La responsabilidad prevista en el párrafo anterior no será exigible cuando el contratista o subcontratista haya aportado al pagador un certificado específico de encontrarse al corriente de sus obligaciones tributarias emitido a estos efectos por la Administración tributaria durante los doce meses anteriores al pago de cada factura correspondiente a la contratación o subcontratación.

La responsabilidad quedará limitada al importe de los pagos que se realicen sin haber aportado el contratista o subcontratista al pagador el certificado de encontrarse al corriente de sus obligaciones tributarias, o habiendo transcurrido el período de doce meses desde el anterior certificado sin haber sido renovado.

La Administración tributaria emitirá el certificado a que se refiere este párrafo *f*), o lo denegará, en el plazo de tres días desde su solicitud por el contratista o subcontratista, debiendo facilitar las copias del certificado que le sean solicitadas.

La solicitud del certificado podrá realizarse por el contratista o subcontratista con ocasión de la presentación de la declaración del Impuesto sobre la Renta de las Personas Físicas o del Impuesto sobre Sociedades a que esté obligado. En este caso, la Administración tributaria emitirá el certificado o lo denegará con arreglo al procedimiento y en los plazos que se determinen reglamentariamente.

g) Las personas o entidades que tengan el control efectivo, total o parcial, directo o indirecto, de las personas jurídicas o en las que concurra una voluntad rec-

---

su subordinación a un previo fallido de los accionistas, cuando respecto de estas deudas ni siquiera son responsables solidarios.

Art. 43.1.e): Nueva redacción, con efectos desde el 12 de octubre de 2015, por el art. único.5 de la Ley 34/2015, de 21 de septiembre, de modificación parcial de la LGT (*BOE* n.º 227, de 22 de septiembre). Su **redacción anterior** era la siguiente:

> *e*) Los agentes y comisionistas de aduanas, cuando actúen en nombre y por cuenta de sus comitentes. No obstante, esta responsabilidad subsidiaria no alcanzará a la deuda aduanera.

Art. 43.1.f): Vid. Disp. Trans. 1.ª3 LGT (§ I) y art. 126 RGR. Este supuesto fue desarrollado por la **Resolución 2/2004, de 16 de julio, de la Dirección General de Tributos** (*BOE* n.º 173, de 19 de julio).

Art. 43.1.g) y h): Párrafos añadidos por la Ley 36/2006, de 29 de noviembre, de medidas para la prevención del fraude fiscal. Véase la redacción del art. 182.2 LGT (§ I) dada por la Ley 36/2006.

tora común con éstas, cuando resulte acreditado que las personas jurídicas han sido creadas o utilizadas de forma abusiva o fraudulenta para eludir la responsabilidad patrimonial universal frente a la Hacienda Pública y exista unicidad de personas o esferas económicas, o confusión o desviación patrimonial. La responsabilidad se extenderá a las obligaciones tributarias y a las sanciones de dichas personas jurídicas.

h) Las personas o entidades de las que los obligados tributarios tengan el control efectivo, total o parcial, o en las que concurra una voluntad rectora común con dichos obligados tributarios, por las obligaciones tributarias de éstos, cuando resulte acreditado que tales personas o entidades han sido creadas o utilizadas de forma abusiva o fraudulenta como medio de elusión de la responsabilidad patrimonial universal frente a la Hacienda Pública, siempre que concurran, ya sea una unicidad de personas o esferas económicas, ya una confusión o desviación patrimonial.

En estos casos la responsabilidad se extenderá también a las sanciones.

2. Serán responsables subsidiarios de las deudas tributarias derivadas de tributos que deban repercutirse o de cantidades que deban retenerse a trabajadores, profesionales u otros empresarios, los administradores de hecho o de derecho de las personas jurídicas obligadas a efectuar la declaración e ingreso de tales deudas cuando, existiendo continuidad en el ejercicio de la actividad, la presentación de autoliquidaciones sin ingreso por tales conceptos tributarios sea reiterativa y pueda acreditarse que dicha presentación no obedece a una intención real de cumplir la obligación tributaria objeto de autoliquidación.

Se entenderá que existe reiteración en la presentación de autoliquidaciones cuando en un mismo año natural, de forma sucesiva o discontinua, se hayan presentado sin ingreso la mitad o más de las que corresponderían, con independencia de que se hubiese presentado solicitud de aplazamiento o fraccionamiento y de que la presentación haya sido realizada en plazo o de forma extemporánea.

A estos efectos no se computarán aquellas autoliquidaciones en las que, habiendo existido solicitud de aplazamiento o fraccionamiento, se hubiese dictado resolución de concesión, salvo incumplimiento posterior de los mismos y con independencia del momento de dicho incumplimiento, no computándose, en ningún caso, aquellos que hubiesen sido concedidos con garantía debidamente formalizada.

Se considerará, a efectos de esta responsabilidad, que la presentación de las autoliquidaciones se ha realizado sin ingreso cuando, aun existiendo ingresos parciales en relación con todas o algunas de las autoliquidaciones presentadas, el importe total resultante de tales ingresos durante el año natural señalado en el segundo párrafo no supere el 25 por 100 del sumatorio de las cuotas a ingresar autoliquidadas.

Se presumirá que no existe intención real de cumplimiento de las obligaciones mencionadas en el párrafo primero, cuando se hubiesen satisfecho créditos de titularidad de terceros de vencimiento posterior a la fecha en que las obligaciones tributarias a las que se extiende la responsabilidad establecida en esta disposición se devengaron o resultaron exigibles y no preferentes a los créditos tributarios derivados de estas últimas.

3. Las leyes podrán establecer otros supuestos de responsabilidad subsidiaria

---

Art. 43.2: Añadido por la Ley 7/2012, de 29 de octubre (*BOE* n.º 261, de 30 de octubre), con efectos desde el 31 de octubre de 2012.

Art. 43.3: Antes apartado 2, ha sido renumerado y redactado de nuevo por la Ley 7/2012, de 29 de octubre (BOE n.º 261, de 30 de octubre), con vigencia desde el 31 de octubre de 2012.

distintos de los previstos en los apartados anteriores.

4. El procedimiento para declarar y exigir la responsabilidad subsidiaria se regirá por lo dispuesto en el artículo 176 de esta ley.

SECCIÓN 4.ª

La capacidad de obrar en el orden tributario

Art. 44. *Capacidad de obrar.*— Tendrán capacidad de obrar en el orden tributario, además de las personas que la tengan conforme a derecho, los menores de edad y los incapacitados en las relaciones tributarias derivadas de las actividades cuyo ejercicio les esté permitido por el ordenamiento jurídico sin asistencia de la persona que ejerza la patria potestad, tutela, curatela o defensa judicial. Se exceptúa el supuesto de los menores incapacitados cuando la extensión de la incapacitación afecte al ejercicio y defensa de los derechos e intereses de que se trate.

Art. 45. *Representación legal.*— 1. Por las personas que carezcan de capacidad de obrar actuarán sus representantes legales.

2. Por las personas jurídicas actuarán las personas que ostenten, en el momento en que se produzcan las actuaciones tributarias correspondientes, la titularidad de los órganos a quienes corresponda su representación, por disposición de la ley o por acuerdo válidamente adoptado.

3. Por los entes a los que se refiere el apartado 4 del artículo 35 de esta ley actuará en su representación el que la ostente, siempre que resulte acreditada en forma fehaciente y, de no haberse designado representante, se considerará como tal el que aparentemente ejerza la gestión o dirección y, en su defecto, cualquiera de sus miembros o partícipes.

Art. 46. *Representación voluntaria.*—1. Los obligados tributarios con capacidad de obrar podrán actuar por medio de representante, que podrá ser un asesor fiscal, con el que se entenderán

---

Art. 43.4: Antes apartado 3, ha sido renumerado por la Ley 7/2012, de 29 de octubre (BOE n.º 261, de 30 de octubre).

Art. 44: Vid. art. 45 LGT (§ I), así como **Resolución de 18 de mayo de 2010, de la Dirección General de la AEAT**, en relación con el registro y gestión de apoderamientos y el registro y gestión de las sucesiones y de las representaciones legales de menores e incapacitados para la realización de trámites y actuaciones por Internet ante la AEAT (*BOE* de 21 de mayo). Modificada por **Resoluciones de la DG de la AEAT de 24 de enero de 2012 (*BOE* de 2 de febrero), 22 de octubre de 2014 (*BOE* de 30 de octubre), 8 de junio de 2016 (*BOE* de 13 de junio) y 9 de marzo de 2018 (*BOE* de 19 de marzo). Vid. art. 3.º LPACAP**.

Art. 45: Vid. arts. 110 y 112 RGIT.

Art. 45.1: Vid. art. 181 LGT (§ I).

Art. 45.3: Vid. art. 35.4 LGT (§ I) y notas al mismo.

Art. 46: La **Resolución del Director General de la AEAT de 16 de febrero de 2004 creó el Registro de apoderamientos para la realización de determinados trámites y actuaciones por Internet ante la AEAT, modificada por las Resoluciones** siguientes: de 18 de enero de 2005, que regula el registro y gestión de apoderamientos y el registro y gestión de las sucesiones y de las representaciones legales de incapacitados, para la realización de trámites y actuaciones en materia tributaria por Internet; de 20 de junio de 2007, sobre representación por Internet; de 18 de mayo de 2010, sobre sucesiones y representaciones legales de menores e incapacitados; de 24 de enero de 2012; de 22 de octubre de 2014; de 8 de junio, de 19 de septiembre de 2016 y 9 de marzo de 2018.

En materia aduanera, vid. **SSTS de 24 de noviembre de 2015** (Rec. 442 y 443), por las que se desestiman los recursos interpuestos contra el RD 285/2014, de 25 de abril, que modificó el RD 335/2010, de 19 de marzo, que regula el derecho a efectuar declaraciones en aduana y la figura del representante aduanero.

Vid. arts. 111 y 112 RGIT, así como la **STS de 14 de febrero de 2000**, que analiza la ***distinción entre «actos de mero trámite» y «resolutorios»***, precisando los efectos jurídicos que derivan de la calificación

las sucesivas actuaciones administrativas, salvo que se haga manifestación expresa en contrario.

2. Para interponer recursos o reclamaciones, desistir de ellos, renunciar a derechos, asumir o reconocer obligacio-

---

correspondiente, así como la virtualidad interruptiva o no de la prescripción por los actos realizados por el representante.

Las **SSTC 111/2006 y 113/2006, de 5 de abril** (*BOE* de 9 de mayo), declaran la **inconstitucionalidad y nulidad de los preceptos reguladores de la figura del** ***presentador de documentos en el ISD*** (art. 36.2 de la Ley 29/1987, de 28 de diciembre) y el ITP (art. 59.2 TRLITPAJD, aprobado por RD Legislativo 3.050/1980, en su redacción por Ley 29/1991, que se hace extensiva al art. 56.4 del TRLITPAJD aprobado por RD Legislativo 1/1993, en su redacción por Ley 21/2001), respectivamente. Y lo hacen distinguiéndolo claramente de la figura del representante regulado por la LGT (§ I), en tanto a aquél se le define como mandatario, en virtud de un «mandato impuesto por la Ley por el solo hecho de la presentación» (del documento que acredita el hecho imponible), evidenciando el TC las diferencias de régimen jurídico entre ellos. La declaración de inconstitucionalidad se basa en que, pese a la finalidad constitucionalmente legítima que se persigue —facilitar la gestión de los impuestos—, las consecuencias anudadas a la figura del presentador inciden en el derecho a la tutela judicial efectiva (art. 24.1 CE). En concreto, constituye un obstáculo desproporcionado al acceso a la jurisdicción el que legalmente se prevea que las notificaciones de los actos de gestión se efectúen directamente a personas distintas del sujeto pasivo o su representante, que se admita que dichas personas sean terceros que no guardan la debida relación de proximidad geográfica con el interesado y, por último, que no se le ofrezca a éste la posibilidad de probar que no se le trasladó el contenido de dichos actos con la antelación suficiente para poder reaccionar en defensa de sus derechos e intereses. Uno de los argumentos más destacables de las sentencias reside en que efectúan la traslación de la doctrina constitucional sobre las exigencias que deben cumplir las citaciones y emplazamientos procesales, en aras del cumplimiento del principio de tutela judicial efectiva, del ámbito de las notificaciones tributarias, sirviéndose para ello de la STC 221/2000, de 30 de noviembre. Precisamente, el Voto Particular formulado a ambas, y suscrito por cinco magistrados, lo rechaza en tanto lo considera una extensión indebida. Sin embargo, el núcleo de la discordancia se centra en rechazar el enfoque de las sentencias, cifrado en las notificaciones y su incidencia en el principio de tutela judicial efectiva, por entender que debiera considerarse la cuestión desde el presupuesto de hecho que configura el mandato por la simple presentación y su eventual incidencia en la interdicción de la arbitrariedad del art. 9.º3 CE, que, entienden, hubiera conllevado el rechazo de la inconstitucionalidad.

Art. 46.2: Nueva redacción, con efectos desde el 12 de octubre de 2015, por el art. único.6 de la Ley 34/2015, de 21 de septiembre, de modificación parcial de la LGT (*BOE* n.º 227, de 22 de septiembre). Su **redacción anterior** era la siguiente:

> 2. Para interponer recursos o reclamaciones, desistir de ellos, renunciar a derechos, asumir o reconocer obligaciones en nombre del obligado tributario, solicitar devoluciones de ingresos indebidos o reembolsos y en los restantes supuestos en que sea necesaria la firma del obligado tributario en los procedimientos regulados en los títulos III, IV y V de esta ley, la representación deberá acreditarse por cualquier medio válido en Derecho que deje constancia fidedigna o mediante declaración en comparecencia personal del interesado ante el órgano administrativo competente.
>
> A estos efectos, serán válidos los documentos normalizados de representación que apruebe la Administración tributaria para determinados procedimientos.

Vid. arts. 111 y 112 RGIT. La **STS de 10 de junio de 2005**, resolviendo un recurso de casación para la **unificación de doctrina**, destaca la «especial relevancia de las actas de conformidad, en cuanto determinantes de los hechos», lo que supone «un acto de renuncia de derechos o expectativas», circunstancia de la que extrae la necesidad de un poder de representación explícito, que es más acorde con lo establecido en el art. 1.713 del Código Civil, en el que se exige, para transigir, mandato expreso.

La **STS de 7 de febrero de 2011 (recurso de casación para unificación de doctrina n.º 22/2007**; ponente: Fernández Montalvo) ha precisado el significado que cabe atribuir a la doctrina contenida en ella, afirmando que, de la Sentencia de esta Sala de 10 de junio de 2005, no puede en absoluto inferirse que un otorgamiento de representación efectuado expresamente en el que se haga constar de manera expresa la autorización para firmar actas de conformidad resulte insuficiente y derive en la nulidad del acta suscrita. Y añade: «Lo que en puridad dijo nuestra Sentencia de 10 de junio de 2005 al resolver sobre la necesidad de firma legitimada notarialmente o comparecencia ante el órgano administrativo competente, para suscribir actas de conformidad dada la naturaleza de renuncia de derechos que éstas implican, fue que resultaba lógica la exigencia de un poder de representación explícito para dicho acto, garantizador del conocimiento de la situación por el interesado y las posibilidades de defensa del mismo, sin que esa exigencia, habiendo documento expreso, deba extenderse a que el mismo se articule en documento público o se advere notarialmente».

nes en nombre del obligado tributario, solicitar devoluciones de ingresos indebidos o reembolsos y en los restantes supuestos en que sea necesaria la firma del obligado tributario en los procedimientos regulados en los títulos III, IV, V, VI y VII de esta ley, la representación deberá acreditarse por cualquier medio válido en Derecho que deje constancia fidedigna o mediante declaración en comparecencia personal del interesado ante el órgano administrativo competente.

A estos efectos, serán válidos los documentos normalizados de representación que apruebe la Administración tributaria para determinados procedimientos.

3. Para los actos de mero trámite se presumirá concedida la representación.

4. Cuando en el marco de la colaboración social en la gestión tributaria, o en los supuestos que se prevean reglamentariamente, se presente por medios telemáticos cualquier documento ante la Administración tributaria, el presentador actuará con la representación que sea necesaria en cada caso. La Administración tributaria podrá requerir, en cualquier momento, la acreditación de dicha representación, que podrá efectuarse de acuerdo con lo establecido en el apartado 2 de este artículo.

5. Para la realización de actuaciones distintas de las mencionadas en los apartados 2, 3 y 4 anteriores, la representación podrá acreditarse debidamente en la forma que reglamentariamente se establezca.

6. Cuando, de acuerdo con lo previsto en el *apartado 6* del artículo 35 de esta ley, concurran varios titulares en una misma obligación tributaria, se presumirá otorgada la representación a cualquiera de ellos, salvo que se produzca manifestación expresa en contrario. La liquidación que resulte de dichas actuaciones deberá ser notificada a todos los titulares de la obligación.

7. La falta o insuficiencia del poder no impedirá que se tenga por realizado el acto de que se trate, siempre que se acompañe aquél o se subsane el defecto dentro del plazo de diez días, que deberá conceder al efecto el órgano administrativo competente.

Art. 47. *Representación de personas o entidades no residentes.*—A los efectos de sus relaciones con la Administración Tributaria, los obligados tributarios que

---

»Ahora bien, una cosa es la afirmación anterior sobre que sea necesaria una representación expresa para la firma de las actas de inspección y otra bien distinta es que tal representación deba necesariamente contenerse en documento público o bien en documento privado con firma legitimada notarialmente. Esta exigencia no fue establecida por la Sala, por lo que ha de partirse de la validez de la representación otorgada mediante documento privado a que se refería el art. 27.3.*c*) del Reglamento General de Inspección en el que el designado acepta la representación y además responde de la autenticidad de la firma otorgada.

(En el mismo sentido, **SSTS de 1 y 15 de octubre de 2012**; recurso de casación para unificación de doctrina n.ºs 299/2010 y 6127/2011, respectivamente; Ponente en ambas: Sr. Fernández Montalvo.)

La **STS de 29 de diciembre de 2003** reitera el **criterio tradicional** según el cual, reconocida la representación en vía de gestión, los Tribunales económico-administrativos están vinculados a la misma, siempre que sea suficiente para deducir recursos.

Sobre **responsabilidad civil del asesor fiscal**, pueden verse las **Sentencias del TS, Sala de lo Civil, de 9 de mayo de 2005, 19 de mayo de 2010 (Rec. 892/2006) y 11 de marzo de 2016 (Rec. 2209/2013), y de la Sala de lo Penal, de 12 de diciembre de 2007 (Sentencia 1065/2007)**.

Art. 46.3: Las actas no son actos de mero trámite, por lo que, concluye el TEAC, no cabe presumir concedida la representación para su firma. (Resolución del TEAC de 27 de octubre de 2004).

Art. 46.4: Vid. nota al art. 44 LGT (§ I).

Art. 46.6: Vid. nota al art. 35.6 LGT (§ I).

Art. 47: Se modificó por el art. decimotercero, ap. siete de la Ley 11/2021, de 9 de julio.

Vid. Disp. Final 3.ª LGT (§ I).

no residan en España deberán designar un representante cuando lo establezca expresamente la normativa tributaria.

La designación anterior deberá comunicarse a la Administración Tributaria en los términos que la normativa señale.

Se modifica por el art. 13.7 de la Ley 11/2021, de 9 de julio. Ref. *BOE*-A-2021-11473

SECCIÓN 5.ª

El domicilio fiscal

Art. 48. *Domicilio fiscal.*—1. El domicilio fiscal es el lugar de localización del obligado tributario en sus relaciones con la Administración tributaria.

2. El domicilio fiscal será:

a) Para las personas físicas, el lugar donde tengan su residencia habitual. No obstante, para las personas físicas que desarrollen principalmente actividades económicas, en los términos que reglamentariamente se determinen, la Administración tributaria podrá considerar como domicilio fiscal el lugar donde esté efectivamente centralizada la gestión administrativa y la dirección de las actividades desarrolladas. Si no pudiera establecerse dicho lugar, prevalecerá aquel donde radique el mayor valor del inmovilizado en el que se realicen las actividades económicas.

b) Para las personas jurídicas, su domicilio social, siempre que en él esté efectivamente centralizada su gestión administrativa y la dirección de sus negocios. En otro caso, se atenderá al lugar en el que se lleve a cabo dicha gestión o dirección.

Cuando no pueda determinarse el lugar del domicilio fiscal de acuerdo con los criterios anteriores prevalecerá aquel donde radique el mayor valor del inmovilizado.

c) Para las entidades a las que se refiere el apartado 4 del artículo 35 de esta ley, el que resulte de aplicar las reglas establecidas en el párrafo *b*) anterior.

d) Para las personas o entidades no residentes en España, el domicilio fiscal se determinará según lo establecido en la normativa reguladora de cada tributo.

En defecto de regulación, el domicilio será el del representante al que se refiere el artículo 47 de esta ley. No obstante, cuando la persona o entidad no residente en España opere mediante establecimiento permanente, el domicilio será el que resulte de aplicar a dicho establecimiento permanente las reglas establecidas en los párrafos *a*) y *b*) de este apartado.

3. Los obligados tributarios deberán comunicar su domicilio fiscal y el cambio del mismo a la Administración tributaria que corresponda, en la forma y en los términos que se establezcan reglamentariamente. El cambio de domicilio fiscal no producirá efectos frente a la Administra-

---

Art. 48: Vid. arts. 110 LGT (§ I) y 2.°3, 17 y 113 RGIT. Sobre actuaciones de comprobación del domicilio fiscal, vid. arts. 148 a 152 del mismo Reglamento.

Vid. **RD 1.021/2015, de 13 de noviembre**, que establece la obligación de identificar la residencia fiscal de las personas que ostenten la titularidad o el control de determinadas cuentas financieras y de informar acerca de las mismas en el ámbito de la **asistencia mutua** (*BOE* de 17 de noviembre).

A efectos de determinar la competencia de las distintas Comunidades Autónomas en relación con los tributos cedidos, vid. la **Ley 22/2009, de 18 de diciembre**, por la que se regula el sistema de financiación de las Comunidades Autónomas (*BOE* de 19 de diciembre). Especialmente los arts. 28 y 29, que regulan la residencia habitual de las personas físicas y jurídicas, respectivamente.

Art. 48.3: Vid. arts. 10.2.*a*), 17, 113 y 148 a 152 RGIT. Según **STS de 9 de octubre de 2001**, dictada en recurso de casación en interés de ley y que fija la doctrina legal: **el cambio de domicilio en el Padrón municipal no sustituye a la declaración tributaria en que expresamente se notifica a la Administración tributaria el cambio de domicilio fiscal**.

ción tributaria hasta que se cumpla con dicho deber de comunicación, pero ello no impedirá que, conforme a lo establecido reglamentariamente, los procedimientos que se hayan iniciado de oficio antes de la comunicación de dicho cambio, puedan continuar tramitándose por el órgano correspondiente al domicilio inicial, siempre que las notificaciones derivadas de dichos procedimientos se realicen de acuerdo con lo previsto en el artículo 110 de esta ley.

4. Cada Administración podrá comprobar y rectificar el domicilio fiscal declarado por los obligados tributarios en relación con los tributos cuya gestión le competa con arreglo al procedimiento que se fije reglamentariamente.

CAPÍTULO III

ELEMENTOS DE CUANTIFICACIÓN DE LA OBLIGACIÓN TRIBUTARIA PRINCIPAL Y DE LA OBLIGACIÓN DE REALIZAR PAGOS A CUENTA

Art. 49. *Cuantificación de la obligación tributaria principal y de la obligación de realizar pagos a cuenta.*—La obligación tributaria principal y la obligación de realizar pagos a cuenta se determinarán a partir de las bases tributarias, los tipos de gravamen y los demás elementos previstos en este capítulo, según disponga la ley de cada tributo.

Art. 50. *Base imponible: concepto y métodos de determinación.*—1. La base imponible es la magnitud dineraria o de otra naturaleza que resulta de la medición o valoración del hecho imponible.

2. La base imponible podrá determinarse por los siguientes métodos:

a) Estimación directa.

b) Estimación objetiva.

c) Estimación indirecta.

3. Las bases imponibles se determinarán con carácter general a través del método de estimación directa. No obstante, la ley podrá establecer los supuestos en que sea de aplicación el método de estimación objetiva, que tendrá, en todo caso, carácter voluntario para los obligados tributarios.

4. La estimación indirecta tendrá carácter subsidiario respecto de los demás métodos de determinación y se aplicará cuando se produzca alguna de las circunstancias previstas en el artículo 53 de esta ley.

Art. 51. *Método de estimación directa.*—El método de estimación directa podrá utilizarse por el contribuyente y por la Administración tributaria de acuerdo con lo dispuesto en la normativa de cada tributo. A estos efectos, la Administración tributaria utilizará las declaraciones o documentos presentados, los datos consignados en libros y registros comprobados administrativamente y los demás documentos, justificantes y datos que tengan relación con los elementos de la obligación tributaria.

Art. 52. *Método de estimación objetiva.*—El método de estimación objetiva podrá utilizarse para la determinación

---

Art. 48.4: Vid. SSTS de 8 y 21 de marzo de 2005.

Art. 49: Vid. art. 58.1 LGT (§ I).

Art. 51: Vid. art. 115 LGT (§ I).

Art. 52: Renuncia tácita al régimen de estimación objetiva: STS de 20 de octubre de 2010 (Rec. 138/2006): Reitera la doctrina contenida en las anteriores Sentencias de 6 de julio de 2007 (recurso de casación para la unificación de doctrina n.° 314/02), 24 de enero de 2008 y 9 de febrero de 2009 (también en los recursos para unificación de doctrina n.os 391/03 y 257/07):

«Hay que concluir, por lo tanto, que la renuncia al régimen de estimación objetiva por signos, índices o módulos en el IRPF, aunque sea de un modo tácito, no es inválida, [...] sino que, por el contrario, produce plenos efectos jurídicos en la elección del régimen de determinación directa de la base imponible aplicable.

de la base imponible mediante la aplicación de las magnitudes, índices, módulos o datos previstos en la normativa propia de cada tributo.

Art. 53. *Método de estimación indirecta.*—1. El método de estimación indirecta se aplicará cuando la Administración tributaria no pueda disponer de los datos necesarios para la determinación completa de la base imponible como consecuencia de alguna de las siguientes circunstancias:

a) Falta de presentación de declaraciones o presentación de declaraciones incompletas o inexactas.

b) Resistencia, obstrucción, excusa o negativa a la actuación inspectora.

c) Incumplimiento sustancial de las obligaciones contables o registrales.

d) Desaparición o destrucción, aun por causa de fuerza mayor, de los libros y registros contables o de los justificantes de las operaciones anotadas en los mismos.

2. Las bases o rendimientos se determinarán mediante la aplicación de cualquiera de los siguientes medios o de varios de ellos conjuntamente:

a) Aplicación de los datos y antecedentes disponibles que sean relevantes al efecto.

b) Utilización de aquellos elementos que indirectamente acrediten la existencia de los bienes y de las rentas, así como de los ingresos, ventas, costes y rendimientos que sean normales en el respectivo sector económico, atendidas las dimensiones de las unidades productivas o familiares que deban compararse en términos tributarios.

Apoya esta tesis la regulación posterior dada por el Reglamento regulador del Impuesto aprobado por RD 214/1999. [...] En idénticos términos se manifiesta el art. 3.1.*a*) del Reglamento del IRPF, aprobado por RD 1.775/2004, de 30 de julio.»

Art. 53: Véanse nota al art. 184.3 LGT (§ I) y art. 193 RGIT.

Doctrina del Tribunal Supremo:

STS de 16 de marzo de 2009 (Rec. 138/2004):

»En conclusión, y como expresa la Sentencia de 22 de enero de 1999 del Tribunal Supremo, "*únicamente la insuficiencia de los datos contables aportados por el contribuyente justifican la aplicación del régimen de estimación indirecta, pero sin que sea admisible 'la insuficiencia de la actividad investigadora de la Administración Fiscal'*".

El carácter subsidiario de este método se manifiesta en la **STS de 9 de mayo de 2011 (Rec. 799/2008)**. En ella se estima el recurso al considerar que el **principio de seguridad jurídica obligaba a la Administración a justificar la razón por la que recurrió a este método —estimación indirecta— en relación con el Impuesto sobre Sociedades, cuando, respecto de los mismos ejercicios, pero en el ámbito del IVA, había aplicado el método de estimación directa. Contraviniéndose así el principio de vinculación de los propios actos.**

STS de 12 de diciembre de 2009 (Rec. 1274/2004): «Se trata éste de un ***método de estimación contrapuesto al de estimación directa, cuya elección inadecuada por la Administración determinará un supuesto de anulabilidad pero no de nulidad absoluta***. Y es que no debe confundirse [...] el procedimiento de liquidación, entendido [...] como conjunto de trámites dirigidos a la liquidación, cuya ausencia total o de algún trámite esencial produce el supuesto contemplado en el art. 153.1.*c*) LGT, y que está regulado con carácter general para todos los tributos, con el método de estimación de las bases, que aparece regulado en las leyes propias de cada uno de ellos, y cuya infracción o inadecuada utilización producirá una infracción del ordenamiento jurídico determinante de anulabilidad.»

Una buena **síntesis** de todo lo anterior se contiene en la **STS 1989/2014, de 16 de mayo (Rec. 2649/2011**; ponente: J. A. Montero Fernández): «El criterio mantenido por este Tribunal Supremo, siguiendo al respecto una normativa que resulta clara en este aspecto, es que la estimación indirecta es un *método subsidiario, sólo utilizable con carácter excepcional* y en los casos en los que la determinación de la base imponible no es posible efectuarla ni directamente ni acudiendo a la estimación objetiva singular. Por su carácter subsidiario, debe quedar *suficientemente justificado por parte de la Administración* que no ha sido posible determinar las bases imponibles por el método de estimación directa dada[s] las graves deficiencias en la llevanza de la contabilidad y la imposibilidad o dificultad graves de conocer la situación. Desde luego, los supuestos en los que se autoriza a emplear el método excepcional de la estimación indirecta se caracterizan por su *extremado casuismo*, encontrándonos pronunciamientos judiciales que tras valorar las circunstancias de cada caso llegan a distintas soluciones, pero **en todos ellos existe un denominador común, el incumplimiento de las obligaciones contables y la consiguiente imposibilidad o grave dificultad de conocer la realidad contable del sujeto pasivo»**.

c) Valoración de las magnitudes, índices, módulos o datos que concurran en los respectivos obligados tributarios, según los datos o antecedentes que se posean de supuestos similares o equivalentes.

3. Cuando resulte aplicable el método de estimación indirecta, se seguirá el procedimiento previsto en el artículo 158 de esta ley.

Art. 54. *Base liquidable.*—La base liquidable es la magnitud resultante de practicar, en su caso, en la base imponible las reducciones establecidas en la ley.

Art. 55. *Tipo de gravamen.*—1. El tipo de gravamen es la cifra, coeficiente o porcentaje que se aplica a la base liquidable para obtener como resultado la cuota íntegra.

2. Los tipos de gravamen pueden ser específicos o porcentuales, y deberán aplicarse según disponga la ley propia de cada tributo a cada unidad, conjunto de unidades o tramo de la base liquidable.

El conjunto de tipos de gravamen aplicables a las distintas unidades o tramos de base liquidable en un tributo se denominará tarifa.

3. La ley podrá prever la aplicación de un tipo cero, así como de tipos reducidos o bonificados.

Art. 56. *Cuota tributaria.*—1. La cuota íntegra se determinará:

a) Aplicando el tipo de gravamen a la base liquidable.

b) Según cantidad fija señalada al efecto.

2. Para el cálculo de la cuota íntegra podrán utilizarse los métodos de determinación previstos en el apartado 2 del artículo 50 de esta ley.

3. La cuota íntegra deberá reducirse de oficio cuando de la aplicación de los tipos de gravamen resulte que a un incremento de la base corresponde una porción de cuota superior a dicho incremento. La reducción deberá comprender al menos dicho exceso.

Se exceptúan de esta regla los casos en que la deuda tributaria deba pagarse por medio de efectos timbrados.

4. El importe de la cuota íntegra podrá modificarse mediante la aplicación de las reducciones o límites que la ley de cada tributo establezca en cada caso.

5. La cuota líquida será el resultado de aplicar sobre la cuota íntegra las deducciones, bonificaciones, adiciones o coeficientes previstos, en su caso, en la ley de cada tributo.

6. La cuota diferencial será el resultado de minorar la cuota líquida en el importe de las deducciones, pagos fraccionados, retenciones, ingresos a cuenta y cuotas, conforme a la normativa de cada tributo.

Art. 57. *Comprobación de valores.*—1. El valor de las rentas, productos, bienes y demás elementos determinantes de la obligación tributaria podrá ser comprobado por la Administración tributaria mediante los siguientes medios:

a) Capitalización o imputación de rendimientos al porcentaje que la ley de cada tributo señale.

Art. 57: Vid. arts. 141.*d*) LGT (§ I) y 157 a 160 RGIT.

Art. 57.1: Redactado por la Ley 36/2006, de 29 de noviembre, de medidas para la prevención del fraude fiscal, con efectos desde el 1 de diciembre de 2006 (Disp. Trans. 5.ª de la Ley 36/2006).

Sobre los medios y procedimientos para la comprobación de valores, vid. arts. 157 a 160 RGIT, aprobado por RD 1.065/2007, de 27 de julio. Sobre el régimen jurídico aplicable a la *tasación pericial contradictoria*, vid. arts. 161 y 162 del mismo Reglamento.

Art. 57.1.a): STC (Pleno) 33/2016, de 18 de febrero: «Admitir que el enunciado "ley de cada tributo" recogido en el art. 57.1.*a*) LGT abarca las leyes autonómicas supondría que éstas podrían respecto de un

b) Estimación por referencia a los valores que figuren en los registros oficiales de carácter fiscal.

Dicha estimación por referencia podrá consistir en la aplicación de los coeficientes multiplicadores que se

---

determinado tributo, en este caso en relación al ISD y al ITPyAJD, prever la posibilidad de usar como método de comprobación de valores el de imputación de rendimientos, así como establecer el porcentaje conforme al que dicha imputación se realizaría, con lo que se generarían sustanciales diferencias entre Comunidades Autónomas en el cálculo de los elementos determinantes de la obligación tributaria, lo que, en particular tratándose de impuestos estatales como el ISD y el ITPyAJD, sería contradictorio con las indicadas finalidades —asegurar un mínimo de uniformidad en los aspectos básicos del régimen tributario y garantizar a los administrados un tratamiento común ante las Administraciones públicas— que la doctrina constitucional viene atribuyendo a esta norma jurídica [...]», concluyendo que «la norma autonómica impugnada [Ley de Galicia 12/2014, de 22 de diciembre] resulta contraria al mandato contenido en el art. 55.1 de la Ley 22/2009, a tenor del cual los órganos de gestión tributaria de la Comunidad Autónoma tan sólo podrán incoar expedientes de comprobación de valores utilizando los mismos criterios que el Estado, y en consecuencia significa una extralimitación en el ámbito de cesión de tributos que supone la inconstitucionalidad de la norma autonómica por invadir la competencia estatal sobre estos tributos (art. 149.1.14.ª CE en relación con los arts. 133.1 y 157.3 CE)» (FD 5.º).

Vid. también **STC 25/2016, de 15 de febrero, y STS de 5 de marzo de 2015 (Rec. 131/2014; ponente: E. Frías).**

Art. 57.1.b): La STS de 23 de mayo de 2018 (Rec. 4202/2017; ponente: F. J. Navarro Sanchís) ha variado sustancialmente el contenido **de dos Sentencias de la misma Sala y Sección del TS de 6 de abril de 2017 (Rec. 888/2016 y 1183/2016**; ponente: E. Frías, a las que formuló un relevante **voto particular F. J. Navarro Sanchís**, al que se adhirió **J. Díaz Delgado**). De acuerdo con esta **STS de 23 de mayo de 2018 se da respuesta a tres importantes cuestiones**:

a) «1) El método de comprobación consistente en **la estimación por referencia a valores catastrales, multiplicados por índices o coeficientes [art. 57.1.*b*) LGT)] no es idóneo, por su generalidad y falta de relación con el bien concreto de cuya estimación se trata, para la valoración de bienes inmuebles en aquellos impuestos en que la base imponible viene determinada legalmente por su valor real, salvo que tal método se complemente con la realización de una actividad estrictamente comprobadora directamente relacionada con el inmueble singular que se someta a avalúo**. 2) La aplicación del método de comprobación establecido en el artículo 57.1.*b*) LGT no dota a la Administración de una presunción reforzada de veracidad y acierto de los valores incluidos en los coeficientes, figuren en disposiciones generales o no. 3) La aplicación de tal método para rectificar el valor declarado por el contribuyente exige que la Administración exprese motivadamente las razones por las que, a su juicio, tal valor declarado no se corresponde con el valor real, sin que baste para justificar el inicio de la comprobación la mera discordancia con los valores o coeficientes generales publicados por los que se multiplica el valor catastral. 4) El interesado no está legalmente obligado a acreditar que el valor que figura en la declaración o autoliquidación del impuesto coincide con el valor real, siendo la Administración la que debe probar esa falta de coincidencia.»

b) Este era el criterio que mantenía el Tribunal Supremo y del que participaban plenamente **todos los Tribunales**: los valores de los bienes inmuebles, que formaban parte de las bases imponibles de muchos tributos, no podían fijarse atendiendo a valores objetivos, a módulos previos fijados con carácter general, sino que era preciso una valoración individualizada que precisa· en muchos casos de la visita del perito al inmueble para fijar su valor (vid., por ejemplo, **STS de 21 de enero de 2021**).

La **Ley 11/2021, de 9 de julio**, ha variado sustancialmente este criterio, de forma que el valor de los inmuebles que se incorpora a las bases imponibles de los Impuestos sobre Sucesiones y Donaciones y sobre Transmisiones Patrimoniales y Actos Jurídicos Documentados será el denominado **valor de referencia, valor fijado por la Dirección General del Catastro.** Fijado ese valor no procede ya la comprobación del mismo atendiendo a su singularidad. Nos encontramos, en suma, ante la asunción por Ley de un valor fijado administrativamente y que hace innecesaria su comprobación y limita sustancialmente el ejercicio del derecho de defensa del titular del inmueble que desee combatir la valoración administrativa.

En este punto, la Ley 11/2021 se ha limitado a seguir una tradición que, lamentablemente, está adquiriendo una inusitada fortaleza en los últimos años y en virtud de la cual, la Administración Tributaria consigue que el Poder Legislativo salga al paso de lo que vienen diciendo los Tribunales de Justicia, aprobando Leyes que vacían de contenido el esfuerzo que los Tribunales de Justicia han venido realizando durante muchos años. Es lo que ha pasado, por ejemplo, con la **entrada de la Inspección de los Tributos en los domicilios constitucionalmente protegidos** o con el régimen aplicable a la **publicación de la lista de deudores a la Hacienda Pública.**

Recurso indirecto contra la Ponencia de Valores. El Tribunal Supremo ha abandonado la doctrina que venía manteniendo —vid. por todas **STS de 21 de octubre de 2013**—, según la cual no cabía interponer recurso indirecto contra la Ponencia de valores catastrales por considerar que no tenía la consideración de norma general contra la que pudiera recurrirse cuando se dictaba un acto de liquidación del IBI. A

determinen y publiquen por la Administración tributaria competente, en los términos que se establezcan reglamentariamente, a los valores que figuren en el registro oficial de carácter fiscal que se tome como referencia a efectos de la valoración de cada tipo de bienes. Tratándose de bienes inmuebles, el registro oficial de carácter fiscal que se tomará como referencia a efectos de determinar los coeficientes multiplicadores para la valoración de dichos bienes será el Catastro Inmobiliario.

c) Precios medios en el mercado.

d) Cotizaciones en mercados nacionales y extranjeros.

e) Dictamen de peritos de la Administración.

---

partir de la **Sentencia de 25 abril de 2016** entendió que cabía la impugnación indirecta de la Ponencia de Valores, aun limitando dicha posibilidad al bien que en concreto es objeto de valoración individualizada —y contra cuya liquidación en concepto de IBI se ha recurrido—, no a todos los bienes valorados en la Ponencia (vid. **en esa línea, hoy dominante: SSTS 5, 7 y 20 de octubre de 2015 (Rec. 3469/2013, 1887/2013 y 1352/2013**). La **doctrina jurisprudencial hoy aplicable** se condensa en los siguientes términos:

1.º) Conforme a la Ley del Catastro Inmobiliario, la determinación del valor catastral de cada bien inmueble se inicia con la aprobación de la Ponencia de Valores. Aprobación de Ponencia de Valores y asignación individualizada del valor catastral a cada inmueble, son actos que, estrechamente relacionados, poseen sustantividad propia, por lo que lo procedente es, en principio, que los reparos que se tengan contra la Ponencia de Valores se hagan respecto de dicho acto.

2.º) Sin embargo, cuando se individualiza cada valor catastral, y se notifica este, es cuando el interesado puede valorar los posibles defectos o vicios de la Ponencia de Valores que no se manifiestan más que cuando la misma se proyecta sobre el bien inmueble particular, por lo que no existe inconveniente jurídico alguno que al hilo de la fijación y notificación del valor catastral se extienda la impugnación a aquellos aspectos de la Ponencia de Valores defectuosos en cuanto tienen incidencia en la determinación individualizada del valor catastral.

3.º) La Ponencia de Valores goza de presunción de certeza, por lo que corresponde a la parte recurrente desvirtuar la misma asumiendo la carga de la prueba para llevar al convencimiento del órgano jurisdiccional que se ha producido una incorrecta determinación del valor de mercado.» (FD 2.º). STS de 7 de octubre de 2015 (Rec. 1887/2013; ponente: J. A. Montero). Cambio de doctrina reflejado en la doctrina de la Audiencia Nacional (SAN de 17 de abril de 2017, Rec. 390/2015) y TEAC (Res. de 14 de septiembre de 2017).

Art. 57.1.e): Sobre los requisitos que, según la jurisprudencia del TS, debe reunir el **dictamen de peritos** para que la comprobación de valores se considere suficientemente motivada, vid. la recopilación que se contiene en **la STS 1.246/2014, de 24 de marzo, reproducida por la STS 1.333/2014, de 31 de marzo. Vid. STS (Pleno) 161/2012, de 20 de septiembre.**

STS de 19 de julio de 2017 (Rec. 2584/2016, ponente: E. Frías): El Dictamen amparado en los precios de mercado debe estar suficientemente motivado y referido a elementos comparables. «Este Tribunal Supremo ha exigido la inspección personal del objeto de la comprobación. En la *sentencia de 29 de marzo de 2012* (Rec. de cas. 34/2010) […] se afirma categóricamente que "[…] el principio general ha de ser la inspección personal del bien como garantía de acierto en la singularización de la valoración y con ello de la suficiente motivación de la resolución. Sólo en casos muy concretos, y que deberán ser razonados y fundamentados, con constancia en el expediente de esa fundamentación, cabrá admitir la falta de inspección personal"».

En este mismo sentido se ha pronunciado esta Sala en las *sentencias de 22 de noviembre de 2002* (Rec. de cas. 3754/1997) y de *20 de septiembre de 2012* (Rec. de cas. 659/2010) y en la de *26 de marzo de 2014* (Rec. de cas. 3791/2011). Hemos destacado la necesidad de que la comprobación de valores sea, como se ha señalado, «individualizada», esto es, la necesidad de que los elementos que determinan la valoración se refieran singularmente al bien concreto valorado. A estos efectos resulta exigible el reconocimiento directo y personal del inmueble por el perito.

Esta doctrina jurisprudencial sobre la necesidad de proceder a un reconocimiento personal del bien valorado ha sido incorporada a nuestra normativa sobre el procedimiento de comprobación de valores […] (art. 160.2 del Reglamento General de las actuaciones y los procedimientos de gestión e inspección tributaria y de desarrollo de las normas comunes de los procedimientos de aplicación de los tributos, aprobado por el RD 1.065/2007, de 27 de julio) establece en su primer inciso que «en el dictamen de peritos, será necesario el reconocimiento personal del bien valorado por el perito cuando se trate de bienes singulares o de aquellos de los que no puedan obtenerse todas sus circunstancias relevantes en fuentes documentales contrastadas».

STC 161/2012: Dictamen de peritos. La competencia que se reconoce a las Comunidades Autónomas para regular «los aspectos de gestión y liquidación» (arts. 48.2 y 49.2 de la Ley 22/2009) no puede suponer

f) Valor asignado a los bienes en las pólizas de contratos de seguros.

g) Valor asignado para la tasación de las fincas hipotecadas en cumplimiento de lo previsto en la legislación hipotecaria.

h) Precio o valor declarado correspondiente a otras transmisiones del mismo bien, teniendo en cuenta las circunstancias de éstas, realizadas dentro del plazo que reglamentariamente se establezca.

i) Cualquier otro medio que se determine en la ley propia de cada tributo.

2. La tasación pericial contradictoria podrá utilizarse para confirmar o corregir en cada caso las valoraciones resultantes de la aplicación de los medios del apartado 1 de este artículo.

3. Las normas de cada tributo regularán la aplicación de los medios de com-

---

una modificación de los medios de comprobación de valores previstos en la normativa estatal, ya que la propia Ley de cesión obliga a las Comunidades Autónomas a sujetarse a los criterios del Estado [art. 55.1.*a*) de la Ley 22/2009].

Art. 57.1.g): Sentencia de 7 de diciembre de 2011, de la Sala Tercera del Tribunal Supremo, que fija la siguiente **doctrina legal: «La utilización por la Administración Tributaria del medio de comprobación de valores previsto** en el apartado *g*) del art. 57.1 de la Ley 58/2003, de 17 de diciembre, General Tributaria ("Valor asignado para la tasación de las fincas hipotecadas en cumplimiento de lo previsto en la legislación hipotecaria), en la redacción dada por la Ley 36/2006, de 29 de noviembre, no requiere ninguna carga adicional para aquélla respecto a los demás medios de comprobación de valores, por lo que no viene obligada a justificar previamente que el valor asignado para la tasación de las fincas hipotecadas coincide con el valor ajustado a la base imponible del impuesto, ni la existencia de algún elemento de defraudación que deba corregirse» (*BOE* n.º 58, de 8 de marzo de 2012).

***STC 25/2016, de 15 de febrero*: Límites a la potestad tributaria de las Comunidades Autónomas: nulidad del precepto legal autonómico que introduce un medio a aplicar en los procedimientos de comprobación de valores no contemplado en la normativa estatal (STC 161/2012).**

No cabe aplicar este medio de valoración en la **declaración de obra nueva**, porque la base imponible no puede ser otra que el [importe] de la ejecución material de la obra [STS de 10 abril de 2014 (Rec. 3001/2012; ponente: M. Martín Timón)].

Art. 57.2): En **STS de 22 de mayo de 2018** (Rec. 38/2017; ponente: N. A. Maurandi) se concluye que: *a*) «ha de considerarse procedente (la práctica de **tasación pericial contradictoria**) para combatir tanto la comprobación de valores que haya servido de base a una liquidación tributaria, como aquella otra que haya dado sustento y contenido a un acto de declaración de responsabilidad tributaria por los cauces procedimentales que regulan los arts. 174 a 176 LGT de 2003», y *b*) «es necesario informar en la notificación del acto declarativo de la responsabilidad solidaria (o de la liquidación) que haya estado precedido de una comprobación de valores de la posibilidad impugnatoria que comporta la TPC, con carácter previo al recurso o reclamación económico administrativa». Vid. **STS de 23 de mayo de 2018 (Rec. 4202/2017**; ponente: F. J. Navarro Sanchís), transcrita en nota al art. 57.1.*b*) LGT (§ I).

Art. 57.3: STC (Pleno) 33/2016, de 18 de febrero: «[...] la STC 161/2012, FJ 6.º, después de afirmar que el art. 57.3 LGT se remite a su vez a la "legislación de cada tributo" para la regulación concreta de los medios de valoración, examina exclusivamente las leyes estatales que disciplinan el ISD y el ITPyAJD, respectivamente el art. 18.1 de la Ley 29/1987 y el art. 46.2 del RD Legislativo 1/1993. Si la STC 161/2012 entendió que cuando el art. 57.3 LGT utiliza la mención "normas de cada tributo" se refiere sólo a las estatales, con mayor motivo hay que entender que, por ser más restrictiva, la locución "ley de cada tributo" *ex* art 57.1.*a*) LGT comprende de igual modo las leyes estatales únicamente [...]» (FD 5.º). Declara en este punto la inconstitucionalidad de la Ley de Galicia 12/2014, de 22 de diciembre. Vid. también **STC 25/2016, de 15 de febrero**.

La **STS de 18 de junio de 2012 (Rec. 224/2009**; ponente: Sr. Huelin; FJ 4.º) aborda el problema relativo al ***principio de estanqueidad***, en contraste con la unicidad de la Administración tributaria, en un caso de operaciones vinculadas en el que confluyen normas de valoración del IRPF y del ITP. Dice el TS: «Reiterando, en esencia, lo que ya dijimos en la Sentencia de 25 de junio de 1998 (apelación 3027/92, FJ 4.º), seguimos sin ver inconveniente jurídico serio para admitir que la valoración practicada por la Administración tributaria de una Comunidad Autónoma en un impuesto estatal cedido pueda trascender a efectos de otro impuesto estatal, incluso cuando fuera o sea gestionado exclusivamente por el Estado, dado que la Comunidad Autónoma actúa como delegada para la gestión, inspección, valoración, etc., del tributo cedido, de modo que el criterio de personalidad jurídica

probación señalados en el apartado 1 de este artículo.

4. La comprobación de valores deberá ser realizada por la Administración tributaria a través del procedimiento previsto en los artículos 134 y 135 de esta ley, cuando dicha comprobación sea el único objeto del procedimiento, o cuando se sustancie en el curso de otro procedimiento de los regulados en el título III, como una actuación concreta del mismo, y en todo caso será aplicable

---

única, utilizado frecuentemente para defender el principio de unicidad, puede ser sustituido por el de delegación legal de funciones, con todas sus consecuencias, sin perjuicio de que cada caso concreto se deba analizar teniendo presentes las similitudes y las diferencias existentes entre los tributos en liza».

Art. 57.4: Aunque un **acto de comprobación de valores** es un acto de trámite necesario para cuantificar la base imponible y liquidar el tributo, puede ser considerado también como un acto separable, objeto de notificación independiente, que puede ser objeto de impugnación autónoma. Habrá que estar a su configuración en la normativa propia de cada tributo (STS de 28 de febrero de 2002).

***Reiteración de comprobación de valores*: STS de 21 de junio de 2010 (recurso de casación para unificación de doctrina n.º 7/2005)**, en la que se confirma la doctrina de la anterior *Sentencia de 29 de diciembre de 1998* (recurso de casación n.º 4678/1993), cuando señaló: «La Sala no comparte en absoluto esta peregrina doctrina. Nos hallamos ante un acto administrativo de valoración de un inmueble llevada a cabo por un perito de la Administración que de conformidad con lo dispuesto en el art. 121, apartado 2, LGT, y de acuerdo con una doctrina jurisprudencial reiterada hasta la saciedad, debe ser motivada, expresando el modelo o criterios valorativos utilizados, y los datos precisos para que el interesado pueda discrepar si lo considera pertinente, de manera que si no se cumplen estos requisitos el interesado se halla indefenso, porque ante el vacío total de justificación no puede plantear una valoración contradictoria; de ahí que, al amparo del art. 48.2 de la Ley de Procedimiento Administrativo de 17 de julio de 1958, tal acto administrativo es anulable por indefensión, que es exactamente lo que ha mantenido la sentencia recurrida en casación.

»*Ahora bien,* ***la anulación de un acto administrativo no significa en absoluto que decaiga o se extinga el derecho de la Administración Tributaria a retrotraer actuaciones, y volver a actuar, pero ahora respetando las formas y garantías de los interesados.***

»La Administración no sólo está facultada para dictar uno nuevo en sustitución del anulado, debidamente motivado, sino que *está obligada a ello, en defensa del interés público y de los derechos de su Hacienda.»*

Como recuerda la **STS de 3 de mayo de 2011 (Rec. 6393/2009**; ponente: Huelin) (FJ 3.º), la doctrina de la Sentencia de 29 de diciembre de 1998 fue matizada en la *Sentencia de 7 de octubre de 2000* (casación 3090/94, FJ 2.º), *agregando a lo anterior que el derecho de la Administración a corregir las actuaciones producidas con infracción de alguna garantía o formalidad o mediando insuficiencia de motivación en las comprobaciones de valores no tiene carácter ilimitado*, pues está sometido, en primer lugar, al plazo de prescripción, es decir, puede volver a practicarse siempre que no haya expirado el mismo produciendo los efectos inherentes a esa institución jurídica y, en segundo término, a la *santidad de la cosa juzgada*, de modo que, si se repite la valoración con la misma o similar ausencia o deficiencia de motivación, comportaría la pérdida —entonces sí— del derecho a comprobar los valores y en ambos casos (prescripción o reincidencia) la Administración había de pasar por la valoración formulada en su día por el contribuyente.

En aplicación de la citada **STS de 7 de octubre de 2000** (y las posteriores SSTS de 26 de enero de 2002 y 9 de mayo de 2003).

STS de 12 de noviembre de 2015 (Rec. 149/2014; ponente: J. G. Martínez Micó): «no puede, ciertamente, sostenerse la posibilidad de que la Administración pueda reproducir una valoración después de haber sido anulada dos veces ya por causa a ella sólo imputable. Tanto en los casos en que esa anulación se haya acordado en la vía económico-administrativa como en la vía jurisdiccional, la retroacción de actuaciones que pueda haberse pronunciado por el órgano revisor correspondiente no puede reiterarse poco menos que hasta que la Administración acierte o actúe correctamente» (FD 4.º).

STS de 16 de noviembre de 2015 (Rec. 434/2014; ponente: J. A. Montero): según la doctrina jurisprudencial de la Sala 3.ª, el principio de seguridad jurídica impide admitir que la Administración cometa la misma infracción formal, y en concreto de falta de motivación, en un procedimiento de comprobación de valores, mediante el cual se llega a la determinación de la base del Impuesto (FD 3.º). Vid. nota al art. 57.4 LGT (§ I).

Vid. nota al art. 239.3 LGT (§ I).

lo dispuesto en dichos artículos salvo el apartado 1 del artículo 134 de esta ley.

CAPÍTULO IV

LA DEUDA TRIBUTARIA

SECCIÓN 1.ª

Disposiciones generales

Art. 58. *Deuda tributaria.*—1. La deuda tributaria estará constituida por la cuota o cantidad a ingresar que resulte de la obligación tributaria principal o de las obligaciones de realizar pagos a cuenta.

2. Además, la deuda tributaria estará integrada, en su caso, por:

a) El interés de demora.

b) Los recargos por declaración extemporánea.

c) Los recargos del período ejecutivo.

d) Los recargos exigibles legalmente sobre las bases o las cuotas, a favor del Tesoro o de otros entes públicos.

3. Las sanciones tributarias que puedan imponerse de acuerdo con lo dispuesto en el título IV de esta ley no formarán parte de la deuda tributaria, pero en su recaudación se aplicarán las normas incluidas en el capítulo V del título III de esta ley.

Art. 59. *Extinción de la deuda tributaria.*—1. Las deudas tributarias podrán extinguirse por pago, prescripción, compensación o condonación, por los medios previstos en la normativa aduanera y por los demás medios previstos en las leyes.

2. El pago, la compensación, la deducción sobre transferencias o la condonación de la deuda tributaria tiene efectos liberatorios exclusivamente por el importe pagado, compensado, deducido o condonado.

SECCIÓN 2.ª

El pago

Art. 60. *Formas de pago.*—1. El pago de la deuda tributaria se efectuará en efectivo. Podrá efectuarse mediante efectos timbrados cuando así se disponga reglamentariamente.

El pago de las deudas en efectivo podrá efectuarse por los medios y en la forma que se determinen reglamentariamente.

La normativa tributaria regulará los requisitos y condiciones para que el

---

Art. 58: Pese a que el Tribunal Constitucional rechazó la inconstitucionalidad de la inclusión de las sanciones en la deuda tributaria que albergaba el art. 58.2.*e*) LGT/1963, sí afirmó la distinción entre tributo y sanción, entre otras, en la **STC 276/2000, de 16 de noviembre**. Sobre esta distinción, vid. **STS 1.332/2010, de 10 de febrero (Rec. 2437/2004)**, que distingue con precisión entre tributo y sanción.

Art. 58.2: Vid. arts. 25 a 28 LGT (§ I).

Art. 58.3: Vid. arts. 25.2, 178 y 212 LGT (§ I) y RST. El art. 208.1 LGT (§ I), en lógica consecuencia, establece el principio general de tramitación separada que se excepciona por renuncia del obligado. Procedimiento para su exacción: arts. 190.3 y 212.3 LGT (§ I) y 29 RST.

Art. 60: Vid. arts. 34 a 41 RGR.

RGIT: Los arts. 38 a 143 regulan la denominada «cuenta corriente tributaria», modificados por el art. 2.º3 del RD 1.073/2014, de 19 diciembre (*BOE* de 20 de diciembre). Vid. **STS de 9 de febrero de 2016 (Rec. 67/2015**; ponente: M. V. Garzón) (*BOE* de 19 de mayo de 2016).

Con carácter general, de acuerdo con el art. 68 de la Ley 66/1997, de 30 de diciembre (*BOE* de 31 de diciembre), **las referencias efectuadas en la legislación vigente al tipo de interés básico del Banco de España se entenderán realizadas al tipo de interés legal del dinero determinado en la Ley de Presupuestos Generales del Estado.**

Salvo pacto en contrario, la sustitución del tipo de interés básico del Banco de España por el tipo de interés legal del dinero no eximirá del cumplimiento de lo establecido en aquellos contratos que contengan referencias al citado tipo de interés, ni otorgará a las partes la facultad de alterar su contenido o resolverlo unilateralmente.

pago pueda efectuarse utilizando técnicas y medios electrónicos, informáticos o telemáticos.

2. Podrá admitirse el pago en especie de la deuda tributaria en período voluntario o ejecutivo cuando una ley lo disponga expresamente y en los términos y condiciones que se prevean reglamentariamente.

No podrá admitirse el pago en especie en aquellos supuestos en los que, de acuerdo con el artículo 65.2 de esta Ley, las deudas tributarias tengan la condición de inaplazables. Las solicitudes de pago en especie a que se refiere este apartado serán objeto de inadmisión.

Art. 61. *Momento del pago.*— 1. Se entiende pagada en efectivo una deuda tributaria cuando se haya realizado el ingreso de su importe en las cajas de los órganos competentes, oficinas recaudadoras o entidades autorizadas para su admisión.

2. En caso de empleo de efectos timbrados se entenderá pagada la deuda tributaria cuando aquéllos se utilicen en la forma que reglamentariamente se determine.

3. El pago en especie extinguirá la deuda tributaria en el momento señalado en las normas que lo regulen.

Art. 62. *Plazos para el pago.*— 1. Las deudas tributarias resultantes de una autoliquidación deberán pagarse en los plazos que establezca la normativa de cada tributo.

2. En el caso de deudas tributarias resultantes de liquidaciones practicadas por la Administración, el pago en período voluntario deberá hacerse en los siguientes plazos:

a) Si la notificación de la liquidación se realiza entre los días 1 y 15 de cada mes, desde la fecha de recepción de la notificación hasta el día 20 del mes posterior o, si éste no fuera hábil, hasta el inmediato hábil siguiente.

b) Si la notificación de la liquidación se realiza entre los días 16 y último de cada mes, desde la fecha de recepción de la notificación hasta el día 5 del segundo mes posterior o, si éste no fuera hábil, hasta el inmediato hábil siguiente.

Art. 60.2: Redactado por el art. 6.ºuno del RD-ley 3/2016, de 2 de diciembre. Entró en vigor el 1 de enero de 2017. La **redacción anterior** era la siguiente:

> 2. Podrá admitirse el pago en especie de la deuda tributaria en período voluntario o ejecutivo cuando una ley lo disponga expresamente y en los términos y condiciones que se prevean reglamentariamente.

Vid. art. 40 RGR y 73 de la Ley 16/1985, de 25 de junio, del Patrimonio Histórico Español. Vid. **STS de 7 de marzo de 2017 (Rec. 461/2016**; ponente: F. J. Navarro Sanchís).

Art. 61: Vid. art. 34 RGR. Sobre las entidades de depósito que prestan el servicio de colaboración en la gestión recaudatoria, véanse los arts. 9.º y 14 a 19 RGR.

Vid. **Orden PRE/1.064/2016, de 29 de junio**, por la que se desarrolla parcialmente el Reglamento General de Recaudación, aprobado por RD 939/2005, de 29 de julio, en lo relativo al **procedimiento de recaudación de recursos no tributarios ni aduaneros de titularidad de la Administración General del Estado a través de entidades colaboradoras.**

Art. 61.2: STC 133/2004, de 22 de julio (*BOE* de 18 de agosto): **es constitucionalmente legítima la medida del art. 37.1 TRLITP-AJD que priva de fuerza ejecutiva a las letras de cambio defectuosamente timbradas, ya que no impide completamente el acceso a la jurisdicción, sino únicamente a una modalidad del procedimiento, el ejecutivo.** Vid. art. 39 RGR.

Art. 62: Vid. art. 68 RGR.

Art. 62.1: STS de 8 de julio de 2020. Rec. 3181/2017. Ponente: J. Díaz Delgado. En aquellos casos en los que se haya impugnado la liquidación y el acuerdo sancionador de un concreto tributo, con posterior anulación y emisión de nueva liquidación de la sanción, debe concederse al contribuyente el plazo mencionado en el artículo 62.1 LGT al objeto de obtener la reducción por pago de la sanción prevista en el artículo 188.3 LGT.

Art. 62.2: Vid. arts. 26.5 y 73.1 LGT (§ I) y 58.2.*b*) RGR. Vid. art. 66.6 del RR. Vid. sobre ello la **STS de 27 de septiembre de 2006** (Sala 3.ª).

3. El pago en período voluntario de las deudas de notificación colectiva y periódica que no tengan establecido otro plazo en sus normas reguladoras deberá efectuarse en el período comprendido entre el día 1 de septiembre y el 20 de noviembre o, si éste no fuera hábil, hasta el inmediato hábil siguiente.

La Administración tributaria competente podrá modificar el plazo señalado en el párrafo anterior siempre que dicho plazo no sea inferior a dos meses.

4. Las deudas que deban abonarse mediante efectos timbrados se pagarán en el momento de la realización del hecho imponible, si no se dispone otro plazo en su normativa específica.

5. Una vez iniciado el período ejecutivo y notificada la providencia de apremio, el pago de la deuda tributaria deberá efectuarse en los siguientes plazos:

a) Si la notificación de la providencia se realiza entre los días 1 y 15 de cada mes, desde la fecha de recepción de la notificación hasta el día 20 de dicho mes o, si éste no fuera hábil, hasta el inmediato hábil siguiente.

b) Si la notificación de la providencia se realiza entre los días 16 y último de cada mes, desde la fecha de recepción de la notificación hasta el día cinco del mes

---

Art. 62.3: Vid. arts. 9.º1 TRLHL y 23 a 25 RGR.

Art. 62.5: Vid. arts. 69 y 71 RGR. En la **STS de 28 abril de 2014 (Rec. 4900/2011**; ponente: J. Huelin) ya señaló el Tribunal que «[…] según ya hemos indicado y como razona la Audiencia Nacional, a la luz de los artículos 167.1 y 62.5 de la Ley General Tributaria de 2003, ***la vía de apremio no se entiende abierta hasta que no se notifique al obligado tributario la providencia que la inicia*** […] adoptando la providencia en cuestión antes de notificarse la decisión de inadmisión a trámite de la suspensión interesada se está ejercitando una potestad de la que en ese momento se carece, dejando vacío de contenido el derecho a la tutela cautelar y dando lugar a un acto administrativo aquejado de un vicio que determina su nulidad, conforme a lo dispuesto en los artículos 62.1, letras *a*) y *e*), de la Ley 30/1992 y 217.1, letras *a*) y *e*), de la Ley General Tributaria de 2003. De ahí que el citado artículo 46.4, párrafo tercero, del Reglamento General de revisión en vía administrativa prevea la obligación de comunicar al órgano de recaudación competente la resolución de inadmisión a trámite de la suspensión, con indicación de la fecha de notificación al interesado.» (FD 2.º).

Vid. **STS de 27 de febrero de 2018 (Rec. 170/2016; ponente: F. J. Navarro Sanchís):** ***interesada por el obligado tributario la suspensión de la ejecución de la deuda que se le reclama, ya en la vía administrativa o económico-administrativa, ya en la jurisdiccional, no puede la Administración emitir una providencia de apremio, sin que antes se haya adoptado una resolución, debidamente notificada, sobre la solicitud de suspensión.*** La jurisprudencia del Tribunal Supremo ha reiterado hasta la saciedad que no es posible.

«La ya citada *sentencia del Tribunal Supremo de 28 de abril de 2014* (Rec. de cas. 4900/2011), con cita de otras anteriores, teniendo a la vista los artículos 167 de la LGT y 40 y 46 del RRVA, y a la luz de los artículos 9, 24.1 y 106.1 CE, afirma que «la Administración no puede iniciar la vía ejecutiva en tanto la decisión sobre la suspensión penda de los órganos económico-administrativos. Lo mismo cabe decir en los supuestos en que la solicitud de suspensión se produzca en vía judicial» (FJ 2.º, párrafo 1.º). *Doctrina también aplicable, lógicamente, cuando se ha instado un recurso de reposición*: «Cuando en vía de reposición se pretende una medida cautelar, como la suspensión, ajustada o no al elenco de garantías previstas en el artículo 224 LGT, su archivo —que ha de ser inmediato y debidamente notificado—, es el que permite abrir la vía de apremio, esto es, el que sustenta el efecto de que la solicitud se tenga por no presentada, pero tal consecuencia carece de razón de ser si se confunde el momento de resolver el recurso de reposición con el de proveer acerca de la solicitud cautelar, que es instrumental de la anterior, sobre el que ya no tendría sentido pronunciarse.» (FD 3.º) […] lo razonado nos conduce a la necesaria conclusión de que tal doctrina jurisprudencial debe ser ratificada y mantenida, extendiendo sus declaraciones al ámbito del recurso de reposición, necesitado por tanto de notificación al interesado para que pueda quedar, en su caso, franqueada la posibilidad de iniciar el apremio. Además, debe entenderse que la formulación en la vía económico-administrativa de una nueva petición de suspensión de la deuda, aun cuando se formule después de haberse dictado una providencia de apremio, impide el progreso y eficacia de ésta, condicionado a su notificación, hasta que tal solicitud se resuelva por el órgano revisor. (FD 4.º). ***La providencia de apremio es nula de pleno derecho: «adoptada sin haber esperado a la resolución del recurso de reposición interpuesto y, además, haber sido notificada aun conociendo que estaba pendiente de decisión una solicitud de suspensión cautelar ante el TEAC***. Tal nulidad debe ser de pleno derecho, en armonía con lo declarado, para un supuesto idéntico, por esta Sala, en la ya reiterada sentencia de 28 de abril de 2014, pronunciada en el recurso de casación n.º 4900/2011, a tenor de lo establecido en el artículo 62.1, letras *a*) y *e*), de la Ley 30/1992 y 217.1, letras *a*) y *e*), de la Ley General Tributaria de 2003». (FD 5.º**). Víd. notas al art. 167.**

siguiente o, si éste no fuera hábil, hasta el inmediato hábil siguiente.

6. El pago de las deudas de titularidad de otros Estados o entidades internacionales o supranacionales cuya actuación recaudatoria se realice en el marco de la asistencia mutua será requerido al obligado tributario, que deberá efectuarlo en los siguientes plazos:

a) Si la notificación del instrumento de ejecución se realiza entre los días uno y 15 de cada mes, desde la fecha de recepción de la notificación hasta el día 20 de dicho mes o, si éste no fuera hábil, hasta el inmediato hábil siguiente.

b) Si la notificación del instrumento de ejecución se realiza entre los días 16 y último de cada mes, desde la fecha de recepción de la notificación hasta el día cinco del mes siguiente o, si éste no fuera hábil, hasta el inmediato hábil siguiente.

No obstante lo anterior, cuando la norma reguladora de la asistencia mutua lo permita, la Administración tributaria podrá desarrollar actuaciones recaudatorias desde la recepción de la solicitud de cobro del Estado o entidad internacional o supranacional requirente, sin necesidad de que haya concluido el plazo al que se refiere este apartado.

7. Las deudas tributarias aduaneras y fiscales derivadas de operaciones de comercio exterior deberán pagarse en el plazo establecido por su propia normativa.

8. En los supuestos en los que la ley de cada tributo lo establezca, el ingreso de la deuda de un obligado tributario podrá suspenderse total o parcialmente, sin aportación de garantía y a solicitud de éste, si otro obligado presenta una declaración o autoliquidación de la que resulte una cantidad a devolver o una comunicación de datos, con indicación de que el importe de la devolución que pueda ser reconocido se destine a la cancelación de la deuda cuya suspensión se pretende.

El importe de la deuda suspendida no podrá ser superior a la devolución solicitada.

La deuda suspendida quedará total o parcialmente extinguida en el importe que proceda de la devolución reconocida, sin que sean exigibles intereses de demora sobre la deuda cancelada con cargo a la devolución.

9. El ingreso de la deuda de un obligado tributario se suspenderá total o parcialmente, sin aportación de garantías, cuando se compruebe que por la misma operación se ha satisfecho a la misma u otra Administración una deuda tributaria o se ha soportado la repercusión de otro impuesto, siempre que el pago realizado o la repercusión soportada fuera incompatible con la deuda exigida y, además, en este último caso, el sujeto pasivo no tenga derecho a la completa deducción del importe soportado indebidamente.

Reglamentariamente se regulará el procedimiento para la extinción de las deudas tributarias a las que se refiere el párrafo anterior y, en los casos en que se hallen implicadas dos Administraciones tributarias, los mecanismos de compensación entre éstas.

Art. 63. *Imputación de pagos.*— 1. Las deudas tributarias son autónomas. El obligado al pago de varias deudas podrá imputar cada pago a la deuda que libremente determine.

2. El cobro de un débito de vencimiento posterior no extingue el derecho de la Administración tributaria a percibir los anteriores en descubierto.

Art. 62.6: Introducido, con efectos desde el 1 de enero de 2012, por la Disp. Final 1.ªuno.8 del RD-ley 20/2011, de 30 de diciembre (*BOE* n.º 315, de 31 de diciembre de 2011; corrección de errores en *BOE* n.º 8, de 10 de enero de 2012). Los apartados siguientes se renumeran.

Art. 62.7: Vid. art. 20 RGR.

Art. 62.8: Vid. art. 97.6 LIRPF, Ley 35/2006, de 28 de noviembre (*BOE* de 29 de noviembre).

Art. 62.9: Vid. art. 42 RGR.

3. En los casos de ejecución forzosa en que se hubieran acumulado varias deudas tributarias del mismo obligado tributario y no pudieran extinguirse totalmente, la Administración tributaria, salvo lo dispuesto en el apartado siguiente, aplicará el pago a la deuda más antigua. Su antigüedad se determinará de acuerdo con la fecha en que cada una fue exigible.

4. Cuando se hubieran acumulado varias deudas tributarias a favor de una Administración y de otras entidades de derecho público dependientes de la misma, tendrán preferencia para su cobro las primeras, teniendo en consideración lo dispuesto en la sección 5.ª de este capítulo.

Art. 64. *Consignación del pago.*—Los obligados tributarios podrán consignar el importe de la deuda tributaria y, en su caso, de las costas reglamentariamente devengadas en la Caja General de Depósitos u órgano equivalente de las restantes Administraciones públicas, o en alguna de sus sucursales, con los efectos liberatorios o suspensivos que las disposiciones reglamentarias determinen.

Art. 65. *Aplazamiento y fraccionamiento del pago.*—1. Las deudas tributarias que se encuentren en período voluntario o ejecutivo podrán aplazarse o fraccionarse en los términos que se

Art. 63.3: Vid. art. 116 RGR.

Art. 64: Vid. art. 43 RGR y RD 161/1997, de 7 de febrero (*BOE* de 25 de febrero), por el que se aprueba el Reglamento de la Caja General de Depósitos, norma derogada, con efectos de 2 de enero de 2021, por la disposición derogatoria única.*a*) del Real Decreto 937/2020, de 27 de octubre.

Art. 65: Vid. **Instrucción 8/2015 del Departamento de Recaudación de la AEAT, sobre bienes que, con carácter general, no pueden admitirse como garantía de aplazamientos o fraccionamientos de pago o suspensiones.** De acuerdo con la Disp. Trans. única del RD-ley 3/2006: «Los aplazamientos o fraccionamientos cuyos procedimientos se hayan iniciado antes del 1 de enero de 2017 se regirán por la normativa anterior a dicha fecha hasta su conclusión.» Vid. **Instrucción 1/2017, de 17 de enero, de la Dirección General de la AEAT. Instrucción 1/2017, de 18 de enero, de la Directora del Departamento de Recaudación de la AEAT, sobre gestión de aplazamientos y fraccionamientos de pago**. Vid. nota al art. 82.2.*b*) LGT (§ I).

Vid. arts. 26.4 y 6, 161.2 y 172 LGT (§ I), 13 LGP y 44 a 54 y Disp. Trans. 3.ª3 RGR.

STS de 15 de octubre de 2012 (Rec. 3396/2010; ponente: J. Huelin): Es el solicitante quien debe acreditar las dificultades que motivan la petición de aplazamiento, sin que la Administración esté obligada a requerirle más documentación que la preceptivamente establecida por el RGR para acompañar la solicitud a Administración.

Art. 65.1: STS de 12 de junio de 2019. Rec. 87/2018: anula el art. 46.8 del Reglamento General de Recaudación, tal como fue modificado por el R.D. 1071/2017, concluyendo que cabe solicitar al mismo tiempo suspensión y aplazamiento/ fraccionamiento de deuda litigiosa. STS de 13 de octubre de 2015 (Rec. 3393/2013; ponente: J. Huelin): «***El aplazamiento (en su caso, el fraccionamiento) es un derecho del contribuyente siempre que se den las circunstancias y se cumplan los requisitos a los que el legislador condiciona su concesión.*** *Por lo tanto,* ***la potestad que se atribuye a la Administración para resolver las solicitudes de aplazamiento no es técnicamente discrecional,*** *como parecen entender el TEAC y la Sala de instancia; si lo fuera, la Administración podría optar entre indiferentes jurídicos y resolver mediante criterios de mera oportunidad.* No otra cosa deriva del art. 6.º LGT/2003: Se trata pues de una **potestad reglada**, que la Administración tributaria ha de ejercer aplicando al caso concreto los conceptos jurídicos indeterminados contenidos en la norma ("situación económico-financiera que impida de forma transitoria efectuar el pago", "suficiencia e idoneidad de las garantías", "concurrencia de las condiciones precisas para obtener la dispensa de presentarlas"). Así se obtiene además del *Reglamento General de Recaudación de 2005*, cuando en su *art. 51.1* precisa que el órgano administrativo "examinará y evaluará la falta de liquidez y la capacidad para generar recursos y valorará la insuficiencia e idoneidad de las garantías, o, en caso de solicitud de dispensa de garantía, verificará las condiciones precisas para obtenerla". No hay en esta redacción ningún margen de maniobra para la Administración si concurren los requisitos señalados por el legislador, si bien le incumbe examinar, valorar y decidir si realmente concurren en cada caso, pero cuando están presentes no le cabe denegar el aplazamiento» (FD 3.º).

La ***STS de 27 de junio de 2012*** **(Rec. 2161/2011**; ponente: M. Garzón Herrero) sostiene que «la tesis sobre la imposibilidad de suspensión de los actos negativos aliñada con la idea de la naturaleza discrecional de peticiones de aplazamiento genera por sí sola esa ***zona de inmunidad del poder*** a que antes aludíamos y ***que es preciso erradicar***.

fijen reglamentariamente y previa solicitud del obligado tributario, cuando su situación económico-financiera le impida, de forma transitoria, efectuar el pago en los plazos establecidos.

2. No podrán ser objeto de aplazamiento o fraccionamiento las siguientes deudas tributarias:

a) Aquellas cuya exacción se realice por medio de efectos timbrados.

b) Las correspondientes a obligaciones tributarias que deban cumplir el retenedor o el obligado a realizar ingresos a cuenta.

c) En caso de concurso del obligado tributario, las que, de acuerdo con la legislación concursal, tengan la consideración de créditos contra la masa.

d) Las resultantes de la ejecución de decisiones de recuperación de ayudas de Estado reguladas en el título VII de esta Ley.

e) Las resultantes de la ejecución de resoluciones firmes total o parcialmente desestimatorias dictadas en un recurso o reclamación económico-administrativa o en un recurso contencioso-administrativo que previamente hayan sido objeto

---

»No ha de olvidarse, además, que la *denegación de aplazamiento solicitada* (contenido del acto impugnado) *genera una obligación positiva de dar* (entrega de una cantidad de dinero determinada).

»Pues bien, desde esta perspectiva, se derrumba la tesis central del acto impugnado, pues *el acto originario no sólo tiene un contenido negativo (denegar el aplazamiento) sino que a él se anuda, indisolublemente, un mandato de dar. Mandato de dar una cantidad de dinero cuya suspensión no reúne los aspectos del acto negativo en que el TEAR funda su resolución.»*

En definitiva, respalda la tesis de la instancia que se funda en «la amplitud con que la Ley Jurisdiccional en su Exposición de Motivos configura las medidas cautelares, que no excluyen la adopción de medidas cautelares en los actos de contenido negativo, y, además, en la necesidad de erradicar los espacios de inmunidades de poder, y también de la prerrogativa de ejecutividad de actos administrativos.»

Siguiendo el criterio de esta última Sentencia, y de la posterior ***STS de 18 de diciembre de 2012*** **(Rec. 2392/2012)**, que afirma el carácter eminentemente casuístico de la cuestión que desaconseja sentar un único criterio, se pronuncia la **Resolución TEAC de 27 de febrero de 2014 (Rec. 5501/2012)**.

STS, Sala 3.ª, de 17 de febrero de 2016 (Rec. 858/2014; ponente: J. G. Martínez Micó): «[...] **la declaración en concurso del deudor** no lleva automáticamente como consecuencia que su insolvencia sea estructural. Todo lo contrario, un concurso voluntario con convenio aprobado revela una situación transitoria llamada a ser superada. Por ello **no cabe hacer el silogismo que se contiene en el acto administrativo impugnado, presumiendo iuris et de iure que un deudor declarado en concurso queda impedido de forma definitiva para hacer frente a sus obligaciones económicas; este simple silogismo evidencia la insuficiente motivación de la decisión** [...]» (FD 6.º). En la misma línea, **STS de 13 de octubre de 2015 (Rec. 3393/2013**; ponente: J. Huelin). En la misma Sentencia se precisa, en relación con la denegación del aplazamiento por ausencia de motivación, que «[...] ***esa carencia de motivación no podía ser subsanada después en la vía económico-administrativa ni en la jurisdiccional*** **[...]» (FD 4.º)**.

Art. 65.2: Redactado por art. 6.º dos del RD-ley 3/2016, de 2 de diciembre, por el que se adoptan medidas en el ámbito tributario dirigidas a la consolidación de las finanzas públicas (*BOE* de 3 de diciembre). **Entró en vigor el 1 de enero de 2017. El precepto ya había sido modificado por la Ley 34/2015, con efectos desde el 12 de octubre de 2015**, cuya redacción era la siguiente:

> 2. No podrán ser objeto de aplazamiento o fraccionamiento las siguientes deudas tributarias:
>
> *a*) Aquellas cuya exacción se realice por medio de efectos timbrados.
>
> *b*) Las correspondientes a obligaciones tributarias que deban cumplir el retenedor o el obligado a realizar ingresos a cuenta, salvo en los casos y condiciones previstos en la normativa tributaria.
>
> *c*) En caso de concurso del obligado tributario, las que, de acuerdo con la legislación concursal, tengan la consideración de créditos contra la masa.
>
> *d*) Las resultantes de la ejecución de decisiones de recuperación de ayudas de Estado reguladas en el título VII de esta ley.
>
> Las solicitudes de aplazamiento o fraccionamiento a que se refieren los distintos párrafos de este apartado serán objeto de inadmisión.

De acuerdo con la **Disp. Trans. única del RD-ley 3/2016**: «Los aplazamientos o fraccionamientos cuyos procedimientos se hayan iniciado antes del 1 de enero de 2017 se regirán por la normativa anterior a dicha fecha hasta su conclusión.» Vid. ***Instrucción 1/2017, de 17 de enero***, **de la Dirección General de la AEAT. También, Instrucción 1/2017, de 18 de enero, de la Directora del Departamento de Recaudación de la AEAT, sobre gestión de aplazamientos y fraccionamientos de pago**.

de suspensión durante la tramitación de dichos recursos o reclamaciones.

f) Las derivadas de tributos que deban ser legalmente repercutidos salvo que se justifique debidamente que las cuotas repercutidas no han sido efectivamente pagadas.

g) Las correspondientes a obligaciones tributarias que deba cumplir el obligado a realizar pagos fraccionados del Impuesto sobre Sociedades.

Las solicitudes de aplazamiento o fraccionamiento a que se refieren los distintos párrafos de este apartado serán objeto de inadmisión.

3. Las deudas aplazadas o fraccionadas deberán garantizarse en los términos previstos en el artículo 82 de esta ley y en la normativa recaudatoria.

4. Cuando la totalidad de la deuda aplazada o fraccionada se garantice con aval solidario de entidad de crédito o sociedad de garantía recíproca o mediante certificado de seguro de caución, el interés de demora exigible será el interés legal que corresponda hasta la fecha de su ingreso.

5. La presentación de una solicitud de aplazamiento o fraccionamiento en período voluntario impedirá el inicio del período ejecutivo, pero no el devengo del interés de demora.

Las solicitudes en período ejecutivo podrán presentarse hasta el momento en que se notifique al obligado el acuerdo de enajenación de los bienes embargados. La Administración tributaria podrá iniciar o, en su caso, continuar el procedimiento de apremio durante la tramitación del aplazamiento o fraccionamiento. No obstante, deberán suspenderse las actuaciones de enajenación de los bienes embargados hasta la notificación de la resolución denegatoria del aplazamiento o fraccionamiento.

6. Lo establecido en los apartados anteriores será también de aplicación a los créditos de titularidad de otros

---

Art. 65.3: Vid. **Disp. Final 4.ª del RD 1.804/2008, de 3 de noviembre**, por el que se desarrolla la Ley 36/2006, de 29 de noviembre, de medidas para la prevención del fraude fiscal (*BOE* de 18 de noviembre), sobre la aceptación de garantías distintas del aval o certificado de seguro de caución.

Art. 65.5: El art. 26.4 LGT (§ I) prevé la exigencia de interés de demora pese al exceso en el plazo de resolución de la solicitud, al que, sin embargo, no alude expresamente el art. 65, por lo que será de aplicación el art. 104 LGT (§ I). Ya durante la vigencia de la LGT de 1963 señaló el Tribunal Supremo que el vencimiento del período voluntario de ingreso de la deuda tributaria no implica automáticamente el inicio del período ejecutivo, en tanto se encuentre pendiente de resolución el expediente de solicitud de aplazamiento de pago instado en período voluntario. Vid. **SSTS de 26 de octubre de 2004 y 2 se marzo de 2005**.

El **TEAC**, por **Resolución de 30 de septiembre de 2015, en recurso extraordinario de alzada para la unificación de criterio**, concluye que *la mera interposición del recurso administrativo contra la denegación del aplazamiento no suspende la eficacia del acto, que sigue produciendo sus efectos aunque no reúna el requisito de firmeza, salvo que medie suspensión*, sin que sobre la base exclusivamente de esa falta de firmeza puedan ser anulados los actos subsiguientes del procedimiento ejecutivo.

El **TEAC**, por **Resolución también de 30 de septiembre de 2015, en recurso extraordinario de alzada para la unificación de criterio**, establece que, en los procedimientos relativos a las solicitudes de aplazamiento/fraccionamiento y en cumplimiento del art. 46.6 del RD 939/ 2005 (RGR), es exigible que la Administración tributaria formule un solo requerimiento de subsanación de defectos o aportación de datos. Si, formulado un requerimiento y atendido por el obligado requerido, todavía se juzga insuficiente la documentación aportada o no subsanados aún los defectos ya advertidos, la Administración dictará resolución desestimatoria del aplazamiento/fraccionamiento solicitado.

STS 3279/2020, de 15 de octubre de 2020. Rec. 1652/2019. Ponente J. Cudero. Criterio de la Sala: **«el principio de buena administración impide que la Administración tributaria dicte providencia de apremio respecto de deudas tributarias sin contestar previamente las solicitudes de aplazamiento o accionamiento de dichas deudas formuladas por el contribuyente, incluso cuando tales solicitudes han sido efectuadas en período ejecutivo de cobro»** (FD 3.º).

Art. 65.6: Introducido, con efectos desde el 1 de enero de 2012, por la Disp. Final 1.ªuno.9 del RD-ley 20/2011, de 30 de diciembre (*BOE* n.º 315, de 31 de diciembre de 2011; corrección de errores en *BOE* n.º 8, de 10 de enero de 2012).

• **El TS** declara que ***el aplazamiento o fraccionamiento de deudas por reintegro de subvenciones es potestativo para la Administración (Sala de lo Contencioso-Administrativo, Sentencia 267/2019, 28 de febrero.***

Estados o entidades internacionales o supranacionales respecto de los cuales se haya recibido una petición de cobro, salvo que la normativa sobre asistencia mutua establezca otra cosa.

SECCIÓN 3.ª

La prescripción

Art. 66. *Plazos de prescripción.*— Prescribirán a los cuatro años los siguientes derechos:

a) El derecho de la Administración para determinar la deuda tributaria mediante la oportuna liquidación.

b) El derecho de la Administración para exigir el pago de las deudas tributarias liquidadas y autoliquidadas.

c) El derecho a solicitar las devoluciones derivadas de la normativa de cada tributo, las devoluciones de ingresos indebidos y el reembolso del coste de las garantías.

d) El derecho a obtener las devoluciones derivadas de la normativa de cada tributo, las devoluciones de ingre-

---

Rec. 4403/2017: «… no cabe duda de que cualquier deuda de naturaleza pública, carácter que no puede negarse a una deuda subvencional, es susceptible de aplazamiento o fraccionamiento.

… **el aplazamiento o fraccionamiento de deudas derivadas de un procedimiento de reintegro de subvención no se configura, en caso de cumplirse los requisitos establecidos por la normativa correspondiente, como un derecho del deudor (y correlativo ejercicio de una potestad reglada por parte de la Administración), sin que sea trasladable a este ámbito la jurisprudencia dictada al respecto en el ámbito de la deuda tributaria.** Por el contrario, y ante la ausencia de previsión concreta en la normativa sectorial, **el otorgamiento de dicho aplazamiento o fraccionamiento de la deuda es una facultad potestativa de la Administración, si bien en todo caso la respuesta a una solicitud en tal sentido del obligado al pago ha de ser motivada y razonable».**

Art. 66: Vid. arts. 66 bis, 67 a 70, 115 y 252 LGT (§ I). STC 65/2020: «… el régimen de la **prescripción tributaria** establecido en los arts. 66 a 70 LGT (y ubicado en la sección tercera del capítulo IV sobre la deuda tributaria del título II dedicado a los aspectos materiales de los tributos), contiene «principios y normas jurídicas generales sustantivas del sistema tributario español» o normas sustantivas de hacienda general directamente aplicables a las Comunidades Autónomas de acuerdo con el **art. 149.1.14 CE». (FJ 31.º).**

Art. 66.a): STS de 12 de diciembre de 2009 (Rec. 1274/2004): «*La **prescripción** es un elemento obstativo del derecho material de la Administración a liquidar la deuda tributaria, pero en ningún caso forma parte del procedimiento.* ***Su falta de apreciación por la Administración podrá constituir una infracción del ordenamiento jurídico determinante de anulabilidad conforme al art. 63 de la Ley de Procedimiento Administrativo Común, pero en ningún caso es encuadrable en ninguno de los supuestos de nulidad de pleno derecho del art. 62.»***

STS de 5 de febrero de 2015 (Rec. 4075/2013; ponente. J. G. Martínez Micó.): «[…] creemos que el derecho a comprobar e investigar no prescribe y que la Administración puede usar dichas facultades para liquidar períodos no prescritos, pudiendo para ello comprobar e investigar operaciones realizadas en períodos que sí lo están, pero que sigan produciendo efectos. Consecuentemente, *con superación del criterio mantenido en la Sentencia de 4 de julio de 2014* (Rec. cas. 581/2013), *puede declararse en fraude de ley una operación realizada en ejercicio prescrito si fruto de dicha operación se producen efectos tributarios en ejercicios no prescritos.*

»Lo que se pretende es evitar que no se pueda actuar frente a la ilegalidad porque en un ejercicio prescrito la Administración no actuó frente a ella, pues ello equivaldría a consagrar en el ordenamiento tributario una suerte de principio de "igualdad fuera de la ley", "igualdad en la ilegalidad" o "igualdad contra la ley", proscrito por el Tribunal Constitucional en, entre otras, las siguientes Sentencias 88/2003, de 19 de mayo, y 181/2006, de 19 de junio» (FD 4.º). Voto particular, radicalmente discrepante, formulado por J. Huelin. STS de 28 de febrero de 2017 (Rec. 413/2016; ponente: J. A. Montero Fernández). Remitido el expediente al Ministerio Fiscal y transcurridos más de cinco años sin actuación judicial, se produce la prescripción del delito, por no haberse dirigido formalmente la acción penal contra el presunto autor del delito (arts. 130.1.6.º y 131.l CP), lo que lleva aparejada la prescripción de la deuda tributaria y de la correspondiente sanción conforme al art. 66.1.*a*) LGT.

Art. 66.c): STS de 11 de junio de 2020 Rec. 3887/2017. Ponente: J. Cudero: El *dies a quo* para el cómputo del plazo de prescripción del derecho a solicitar la devolución de ingresos indebidos cuando éstos tienen su origen en la regularización practicada a un obligado tributario distinto del titular del derecho a obtener tal devolución es la fecha en la que se constata que el ingreso en cuestión ostenta ese carácter (indebido), que no es otra —en el caso de autos— que aquella en la que la Administración —al regularizar el gasto de otro contribuyente— efectúa una calificación incompatible con la condición del ingreso afectado como debido.

STS de 9 de diciembre de 2010 (recurso de casación para unificación de doctrina n.º 60/2009; ponente: Sr. Fernández Montalvo) «Esta Sección Segunda de la Sala de lo Contencioso-Administrativo del Tribunal Supremo consideró, en la antedicha sentencia, que el ingreso por el **"gravamen complementario" declarado inconstitucional** era indebido, desde que se produjo, porque entendió que los efectos de la mencionada declaración de inconstitucionalidad no eran constitutivos del derecho a la devolución de lo indebidamente ingresado sino meramente declarativos del mismo, pues ***no se trata de un supuesto de devolución de ingresos indebidos "ordinario", ocasionado por una revisión en vía administrativa o judicial, sino de un supuesto de devolución de ingresos indebidos fruto de una declaración de inconstitucionalidad con eficacia ex tunc, que aboca a considerar inexistente en el ordenamiento jurídico el precepto legal declarado inconstitucional desde su entrada en vigor, tamquam non esset, como si no hubiese existido nunca.»*** En la misma línea, la **STS de 8 de octubre de 2007** (Sala 3.ª; ponente: Sr. Fernández Montalvo) entiende que la declaración de nulidad de un precepto por parte del TS produce los mismos efectos: «los actos que hayan prescrito por aplicación de las normas que rigen la prescripción, seguirán estándolo sin que pueda volverse sobre ellos como consecuencia de una posterior declaración de nulidad de un determinado precepto que les haya sido de aplicación». No obstante, alerta el TS, «la Sentencia del TS eventualmente podrá posibilitar el ejercicio de otro tipo de acciones, pero es patente que ni abre ni interrumpe el plazo para el ejercicio de la acción de devolución de ingresos indebidos». También, **STS (Sala 3.ª) de 27 de marzo de 2007.**

Art. 66.d): Res. TEAC de 1 de junio de 2010 (RG 83/2007) reiterando el criterio de la Resolución de 20 de noviembre de 2008 (RG 3032/07), afirma: «en estos casos en los que el obligado tributario efectúa un **ingreso** con ocasión de la presentación de una autoliquidación **deviniendo éste, "posteriormente" indebido** como consecuencia de un acto administrativo de fecha posterior y que condiciona el importe autoliquidado; o con otras palabras, en aquellos casos en los que la Administración tributaria regularice un ejercicio, de forma tal que dicha regularización incida en otro posterior no sometido a inspección (en el presente, la regularización del IS de 1996, 1997, 1998 y 1999, que incide en los ejercicios 2000 y 2001), generando que, en dicho ejercicio posterior, el contribuyente haya pagado de más, es criterio de este Tribunal (entre otras las Resoluciones de 8 de noviembre de 2006, RG 3754/04, [...]), que la Administración deba iniciar de oficio respecto de dicho ejercicio posterior un **procedimiento de devolución de ingresos indebidos**, o en su caso, ampliar actuaciones respecto a dicho ejercicio posterior afectado. De tal manera que nos encontraríamos con un ingreso indebido de acuerdo con lo previsto en el art. 221.1.*b*) LGT, "Cuando la cantidad pagada haya sido superior al importe a ingresar resultante de un acto administrativo o de una autoliquidación".

»La Administración tributaria, la Inspección de los Tributos, está obligada a regularizar la situación tributaria de los contribuyentes aplicando la normativa aplicable a cualquier supuesto de hecho de obligaciones tributarias; es más, está obligada a comprobar el cumplimiento de los requisitos exigidos para la obtención de las devoluciones tributarias, así como a practicar las correspondientes liquidaciones resultantes de sus actuaciones de comprobación e investigación (art. 141 LGT). En el presente, la Inspección de los tributos no actuó de acuerdo con las funciones que tiene atribuidas y realizó una regularización "parcial" de las operaciones comprobadas, dando lugar a una situación, cuando menos irregular o anómala, pues, en el caso de que XXX, S.A., hubiera ingresado la deuda tributaria liquidada por la Inspección, *se la estaría privando de la posibilidad de obtener la devolución de los ingresos indebidos, al trasladarle la carga de "solicitar" la devolución, situando el cómputo del plazo de prescripción para "solicitarla", en una fecha anterior a aquella en la que el ingreso resultó indebido, lo cual resulta contrario a la propia concepción jurídica de la prescripción*». Por esta razón, en este caso debe acudirse al plazo de prescripción previsto en los arts. 66.*d*) y 67.1, párr. último, LGT (§ I). Continúa el TEAC: "Luego, si la prescripción es una institución jurídica en la que el tiempo juega un papel esencial, puesto que lleva a la consolidación de ciertos derechos (o como se analiza en el presente, a la pérdida de los mismos), *no resulta jurídicamente admisible situar el cómputo del plazo para ejercer un derecho en una fecha anterior a su nacimiento*. Recuérdese el principio general del art. 1.960 del Código Civil que establece que: "El tiempo para la prescripción de toda clase de acciones, cuando no haya disposición especial que otra cosa determine, se contará desde el día en que pudieron ejercitarse."

»**En definitiva, en estos casos la Administración tributaria, tras efectuar las comprobaciones que estime oportunas,** ***debiera reconocer de oficio el derecho a la devolución del ingreso indebido sin que haya de "solicitarse dicha devolución" por el obligado tributario, puesto que lo contrario puede llevar a situaciones jurídicamente injustificables***, como se acaba de exponer. Todo ello sin perjuicio de que, en estos casos en los que las liquidaciones que condicionan las autoliquidaciones presentadas por ejercicios posteriores por el sujeto pasivo, se encuentren impugnadas y pendientes de resolución (lo que puede suponer la existencia de dos liquidaciones/autoliquidaciones incompatibles en relación con una misma operación), la Administración tributaria no pueda resolver la solicitud de devolución hasta que finalice la vía contencioso-administrativa y según loque en ella se resuelva, al estar suspendida la ejecución del acto.». Posteriormente señala la **STS de 11 de junio de 2020. Rec. 3887/2017. Ponente: J. Cudero:** Cuando el ingreso resulta **indebido sobrevenidamente**, a consecuencia de una actuación de la Administración, el plazo de 4 años para solicitar la devo-

sos indebidos y el reembolso del coste de las garantías.

Art. 66 bis. *Derecho a comprobar e investigar.*—1. La prescripción de derechos establecida en el artículo 66 de esta ley no afectará al derecho de la Administración para realizar comprobaciones e investigaciones conforme al artículo 115 de esta ley, salvo lo dispuesto en el apartado siguiente.

2. El derecho de la Administración para iniciar el procedimiento de comprobación de las bases o cuotas compensadas o pendientes de compensación o de deducciones aplicadas o pendientes de aplicación, prescribirá a los diez años a contar desde el día siguiente a aquel en que finalice el plazo reglamentario establecido para presentar la declaración o autoliquidación correspondiente al ejercicio o período impositivo en que se generó el derecho a compensar dichas bases o cuotas o a aplicar dichas deducciones.

En los procedimientos de inspección de alcance general a que se refiere el artículo 148 de esta ley, respecto de obligaciones tributarias y períodos cuyo derecho a liquidar no se encuentre prescrito, se entenderá incluida, en todo caso, la comprobación de la totalidad de las bases o cuotas pendientes de compensación o de las deducciones pendientes de aplicación, cuyo derecho a comprobar no haya prescrito de acuerdo con lo dispuesto en el párrafo anterior. En otro caso, deberá hacerse expresa mención a la inclusión, en el objeto del procedimiento, de la comprobación a que se refiere este apartado, con indicación de los ejercicios o períodos impositivos en que se generó el derecho a compensar las bases o cuotas o a aplicar las deducciones que van a ser objeto de comprobación.

La comprobación a que se refiere este apartado y, en su caso, la corrección o regularización de bases o cuotas compensadas o pendientes de compensación o deducciones aplicadas o pendientes de aplicación respecto de las que no se hubiese producido la prescripción establecida en el párrafo primero, sólo podrá realizarse en el curso de procedimientos de comprobación relativos a obligaciones tributarias y períodos cuyo derecho a liquidar no se encuentre prescrito.

3. Salvo que la normativa propia de cada tributo establezca otra cosa, la limitación del derecho a comprobar a que se refiere el apartado anterior no afectará a la obligación de aportación de las liquidaciones o autoliquidaciones en que se incluyeron las bases, cuotas o deducciones y la contabilidad con ocasión de procedimientos de comprobación e investigación de ejercicios no prescritos en los que se produjeron las compensaciones o aplicaciones señaladas en dicho apartado.

Art. 67. *Cómputo de los plazos de prescripción.*—1. El plazo de pres-

---

lución no comienza a computarse desde la fecha del ingreso, sino desde la fecha en que se constata que el ingreso tiene la consideración de indebido.

Sobre la necesidad de proceder a la **regularización íntegra** de la situación del contribuyente, vid. dos **SSTS de 5 de noviembre de 2012 (Rec. 4611 y 6618/2010)**.

Art. 66 bis: Introducido, con efectos desde el 12 de octubre de 2015, por el art. único.8 de la Ley 34/2015, de 21 de septiembre, de modificación parcial de la LGT (BOE n.º 227, de 22 de septiembre), cuya Disp. Trans. única.2 establece que resultará de aplicación en los procedimientos de comprobación e investigación ya iniciados a la entrada en vigor de la misma en los que, a dicha fecha, no se hubiese formalizado propuesta de liquidación.

Se reconoce un cambio conceptual importante, al distinguir entre la prescripción del ***derecho a liquidar*** y de **la *potestad de la Administración para comprobar e investigar***. Vid. arts. 70, 106.4, 115 y 148 LGT (§ I) y 26.5 y 120.2 LISdades. También sobre ello, vid. **STS de 27 de abril de 2018 (Rec. 2684/2016**; ponente: J. Díaz Delgado).

Art. 67: *Plazo de prescripción:* Vid. notas al art. 305 CP (§ II).

STS de 16 de noviembre de 2016 (Rec. 1590/2015; ponente: J. A. Montero Fernández): ***en el caso de deudas tributarias declaradas contrarias al Derecho comunitario el plazo para exigir la devolución se inicia***

cripción comenzará a contarse en los distintos casos a los que se refiere el artículo 66 de esta ley conforme a las siguientes reglas:

***al final del plazo de declaración, no a partir de la firmeza de la sentencia que declara la vulneración del Derecho comunitario.* Vid. el voto particular.**

Vid. Resolución de 24 de noviembre de 2021, de la Secretaría de Estado de Función Pública, por la que se establece, a efectos de cómputos de plazos, **el calendario de días inhábiles en el ámbito de la Administración General del Estado para el año 2022** (*BOE* de 1 de diciembre).

Art. 67.1: Nueva redacción, con efectos desde el 12 de octubre de 2015, por el art. único.9 de la Ley 34/2015, de 21 de septiembre, de modificación parcial de la LGT (*BOE* n.º 227, de 22 de septiembre). Su **redacción anterior** era la siguiente:

1. El plazo de prescripción comenzará a contarse en los distintos casos a los que se refiere el artículo anterior conforme a las siguientes reglas:

En el caso *a*), desde el día siguiente a aquel en que finalice el plazo reglamentario para presentar la correspondiente declaración o autoliquidación.

En el caso *b*), desde el día siguiente a aquel en que finalice el plazo de pago en período voluntario, sin perjuicio de lo dispuesto en el apartado 2 de este artículo.

En el caso *c*), desde el día siguiente a aquel en que finalice el plazo para solicitar la correspondiente devolución derivada de la normativa de cada tributo o, en defecto de plazo, desde el día siguiente a aquel en que dicha devolución pudo solicitarse; desde el día siguiente a aquel en que se realizó el ingreso indebido o desde el día siguiente a la finalización del plazo para presentar la autoliquidación si el ingreso indebido se realizó dentro de dicho plazo; o desde el día siguiente a aquel en que adquiera firmeza la sentencia o resolución administrativa que declare total o parcialmente improcedente el acto impugnado.

En el supuesto de tributos que graven una misma operación y que sean incompatibles entre sí, el plazo de prescripción para solicitar la devolución del ingreso indebido del tributo improcedente comenzará a contarse desde la resolución del órgano específicamente previsto para dirimir cuál es el tributo procedente.

En el caso *d*), desde el día siguiente a aquel en que finalicen los plazos establecidos para efectuar las devoluciones derivadas de la normativa de cada tributo o desde el día siguiente a la fecha de notificación del acuerdo donde se reconozca el derecho a percibir la devolución o el reembolso del coste de las garantías.

STS 1625/2020, de 30 de noviembre de 2020. Rec. 4467/2018. El inicio del plazo de prescripción para determinar la deuda tributaria derivada de donaciones acreditadas únicamente por transferencia bancaria tiene lugar el día siguiente al transcurso de los 30 días hábiles posteriores a la fecha en que se refleja mediante apunte bancario que fueron efectuadas las referidas transferencias.

En **Sentencia de 8 de febrero de 2005 (seguida por la STS de 7 de marzo de 2006)**, el Tribunal Supremo entendió que, en todos aquellos casos en los que la actuación administrativa para hacer efectivo el crédito tributario se encuentra impedida por una circunstancia ajena a la Administración —porque existe, por ejemplo, una exención condicionada al cumplimiento de un determinado requisito en un plazo de tiempo prefijado—, el *dies a quo* para el cómputo del plazo de prescripción se inicia en el momento en que la Administración ya puede ejercer la acción de cobro, una vez superada la circunstancia concreta que la impedía.

En el caso de las retenciones, el plazo de prescripción del derecho de la Administración para determinar la deuda tributaria mediante la oportuna liquidación, el *dies a quo*, viene constituido, en cada caso, por el vencimiento de la obligación mensual o trimestral de efectuar la retención e ingresarla en el Tesoro (SAN de 30 de marzo de 2006).

STS 3.803/2013, de 1 de julio (Rec. 180/2002): «Hemos reiterado en no pocas ocasiones que ***resulta inviable iniciar el cobro de una deuda tributaria cuando ha sido suspendida su ejecutividad*** [valgan por todas las Sentencias de 23 de mayo de 2011 (cas. 250/08 y 257/08, FJ 3.º en ambos casos), en las que se reitera el criterio sentado en las Sentencias de 3 de diciembre del 2009 (cas. 6278/07, FJ 3.º), 19 de junio de 2008 [cas. 265/04, FJ 3.º —puede verse en nota al art. 167 LGT (§ I)—] y 23 de mayo de 1997 (apelación 12338/91, FJ 3.º). De tal manera que la suspensión de la ejecutividad del ingreso o del cumplimiento de la obligación tributaria impide que corra la prescripción. Resulta inviable iniciar el cobro de una deuda tributaria cuando ha sido suspendida su ejecutividad y, por lo tanto, tampoco puede ponerse en marcha el cómputo del plazo de prescripción. Por el contrario, si tal medida cautelar no ha sido adoptada, la Administración debe iniciar el procedimiento para hacer efectivo su cobro, puesto que la inactividad prolongada por tiempo superior al establecido en el art. 66 de la Ley 58/2003 determina inexorablemente la prescripción de su derecho al cobro.»

En términos similares, previamente la STS de 10 de diciembre de 2012 (Rec. 2381/2011).

En el caso *a*), desde el día siguiente a aquel en que finalice el plazo reglamentario para presentar la correspondiente declaración o autoliquidación.

En los tributos de cobro periódico por recibo, cuando para determinar la deuda tributaria mediante la oportuna liquidación no sea necesaria la presentación de declaración o autoliquidación, el plazo de prescripción comenzará el día de devengo del tributo.

En el caso *b*), desde el día siguiente a aquel en que finalice el plazo de pago en período voluntario, sin perjuicio de lo dispuesto en el apartado 2 de este artículo.

En el caso *c*), desde el día siguiente a aquel en que finalice el plazo para solicitar la correspondiente devolución derivada de la normativa de cada tributo o, en defecto de plazo, desde el día siguiente a aquel en que dicha devolución pudo solicitarse; desde el día siguiente a aquel en que se realizó el ingreso indebido o desde el día siguiente a la finalización del plazo para presentar la autoliquidación si el ingreso indebido se realizó dentro de dicho plazo; o desde el día siguiente a aquel en que adquiera firmeza la sentencia o resolución administrativa que declare total o parcialmente improcedente el acto impugnado.

En el supuesto de tributos que graven una misma operación y que sean incompatibles entre sí, el plazo de prescripción para solicitar la devolución del ingreso indebido del tributo improcedente comenzará a contarse desde la resolución del órgano específicamente previsto para dirimir cuál es el tributo procedente.

En el caso *d*), desde el día siguiente a aquel en que finalicen los plazos establecidos para efectuar las devoluciones derivadas de la normativa de cada tributo o desde el día siguiente a la fecha de notificación del acuerdo donde se reconozca el derecho a percibir la devolución o el reembolso del coste de las garantías.

2. El plazo de prescripción para exigir la obligación de pago a los responsables solidarios comenzará a contarse desde el día siguiente a la finalización del plazo de pago en período voluntario del deudor principal.

STS de 11 de junio de 2020. Rec. 3887/2017. Ponente: J. Cudero: El *dies a quo* para el cómputo del plazo de prescripción del derecho a solicitar la devolución de ingresos indebidos cuando éstos tienen su origen en la regularización practicada a un obligado tributario distinto del titular del derecho a obtener tal devolución es la fecha en la que se constata que el ingreso en cuestión ostenta ese carácter (indebido), que no es otra —en el caso de autos— que aquella en la que la Administración —al regularizar el gasto de otro contribuyente— efectúa una calificación incompatible con la condición del ingreso afectado como debido

Art. 67.2: Redactado por la Ley 7/2012, de 29 de octubre (*BOE* n.º 261, de 30 de octubre), con vigencia desde el 31 de octubre de 2012.

STS de 9 de diciembre de 2010 (recurso de casación para unificación de doctrina n.º 322/2006; ponente: E. Frías): «Como ha señalado la Sentencia de esta Sala de 17 de octubre de 2007 (recurso de casación 4803/2002), el plazo de prescripción respecto de la obligación del responsable ha de empezarse a contar desde que se pueda ejercitar la acción contra él, en aplicación del principio de la *actio nata*».

STS 147/2022, de 7 de febrero (Rec. 8207/2019. Ponente: D. T. Berberoff Ayuda): «La condición de fallido del deudor principal, declarada por una determinada Administración Pública, habilita a otra Administración Pública distinta para derivar la responsabilidad tributaria contra los responsables subsidiarios sin necesidad de proceder a una nueva declaración de fallido contra el mismo obligado tributario. En ese supuesto, acaecidos los presupuestos fácticos y jurídicos determinantes de la responsabilidad, en virtud de la doctrina de la *actio nata*, la declaración de fallido del deudor principal comporta el *dies a quo* del plazo de prescripción para exigir el pago al responsable subsidiario, por ser a partir de ese momento cuando puede derivarse contra él la responsabilidad tributaria. Efectuada la declaración de fallido del obligado tributario, las actuaciones recaudatorias posteriores contra ese obligado fallido, llevadas a cabo por la misma Administración Pública que procedió a dicha declaración o por otra diferente, resultan innecesarias en tanto no se haya acreditado la revisión de la declaración de fallido y la rehabilitación de los créditos incobrables. En consecuencia, tales actuaciones recaudatorias posteriores contra ese obligado fallido (en el caso, unas providencias de apremio) carecen de virtualidad para interrumpir el plazo de prescripción para exigir el pago al responsable subsidiario».

No obstante, en el caso de que los hechos que constituyan el presupuesto de la responsabilidad se produzcan con posterioridad al plazo fijado en el párrafo anterior, dicho plazo de prescripción se iniciará a partir del momento en que tales hechos hubieran tenido lugar.

Tratándose de responsables subsidiarios, el plazo de prescripción comenzará a computarse desde la notificación de la última actuación recaudatoria practicada al deudor principal o a cualquiera de los responsables solidarios.

Art. 68. *Interrupción de los plazos de prescripción.*—1. El plazo de prescripción del derecho a que se refiere el párrafo *a*) del artículo 66 de esta ley se interrumpe:

a) Por cualquier acción de la Administración tributaria, realizada con cono-

---

Art. 68.1: Redactado por la Ley 7/2012, de 29 de octubre (*BOE* n.º 261, de 30 de octubre), con vigencia desde el 31 de octubre de 2012.

Art. 68.1.a): ***Doctrina constitucional*: *STC 14/1986, de 31 de enero*: Basta el conocimiento formal del sujeto pasivo, aunque la correspondiente notificación fuese defectuosa, a efectos interruptivos de la prescripción.**

La **STS de 25 de junio de 2003** ***niega eficacia interruptiva a las actuaciones administrativas notificadas en un domicilio incorrecto***: se incumple el requisito de que tales actuaciones se practiquen con el conocimiento formal del sujeto pasivo.

La **reiterada doctrina del TS en torno a las características que han de reunir los actos de la Administración para que puedan tener eficacia interruptora** se recoge en la **STS de 24 de mayo de 2012 (Rec. 2324/2009**; ponente: Sr. Aguallo) —con cita de la precedente Sentencia de esta Sala y Sección de 13 de enero de 2011 (rec. cas. n.º 164/2007)—: «[...] sólo interrumpe el plazo de prescripción la actividad administrativa en la que concurran las siguientes notas: 1.ª) actividad real dirigida a la finalidad de la liquidación o recaudación de la deuda tributaria; 2.ª) que sea jurídicamente válida; 3.ª) notificada al sujeto pasivo; 4.ª) y precisa en relación con el concepto impositivo de que se trata» [entre otras, Sentencias de 22 de diciembre de 2008 (rec. cas. n.º 4080/2006), FD 3.º; 6 de abril de 2009 (rec. cas. n.º 5678/2003), FD 4.º, y 19 de julio de 2010 (rec. cas. n.º 3433/2006), FD 5.º].

»[...] Planteada la cuestión en torno al requisito enumerado en el cuarto lugar concluye: "en un procedimiento inspector de comprobación general no pueden deslindarse las actuaciones referidas a cada tributo o ejercicio, ya que el procedimiento es único y todas las diligencias, salvo excepción comprobada, al referirse a tributos, conceptos y ejercicios incluidos en el acuerdo de inicio del procedimiento inspector, tienen efectos interruptivos de la prescripción".

»Este criterio ha sido acogido en el artículo 184.1, *in fine*, del RGIT, aprobado por Real Decreto 1.065/2007, de 27 de julio [...].»

Véase, además, la ***jurisprudencia citada en nota al art. 150.2.a) LGT (§ I). STS de 2 de marzo de 2011 (Rec. n.º 5261/2006) (FJ 2.º): «[...] el verdadero dies ad quem no es el de la fecha en que se fija la comparecencia, sino el del momento en que se ordena esa comparecencia [...], ya que ese acto es interruptivo de la prescripción, conforme a lo dispuesto en el art. 66.b) LGT***, que se refiere, como elemento de interrupción, a "cualquier acción administrativa, realizada con conocimiento formal del sujeto pasivo, conducente al reconocimiento, regulación, inspección, aseguramiento, comprobación, liquidación y recaudación del impuesto devengado por cada hecho imponible". Nótese que no se habla de acto, sino de actuación, concepto más genérico, en el que cabe perfectamente el requerimiento de comparecencia personal o por representante [...].»

La **STS de 11 de febrero de 2008 (Rec. 5360/ 2002**; ponente: Sr. Fernández Montalvo) aplica la doctrina sentada anteriormente en **SSTS de 12 de abril de 2007** (Rec. casación 3467/2002) *y 16 de abril de 2007*, dos (Rec. 4131/2002 y 3897/2002), según la cual, ***firmadas dos actas —una de conformidad y otra de disconformidad— respecto a un mismo período e Impuesto, a partir de la firma de las actas el cómputo de la prescripción es distinto con relación a cada una de las actas. Vid. Sentencia de 16 de abril de 2007.***

STS de 4 de enero de 2011 (rec. cas. para **unificación de doctrina n.º 168/2007**; ponente: E. Frías): Esta doctrina no se ve alterada por la que afirma que una liquidación provisional de alcance parcial interrumpe la prescripción en relación con la totalidad del hecho imponible, de manera que respecto de aquellos elementos del mismo que no fueron objeto de comprobación pueda iniciarse nuevamente el cómputo de la prescripción. Y ello porque, según ya estableció la *Sentencia de 6 de noviembre de 2008* (recurso de casación n.º 1012/2006), «en el ámbito que nos ocupa, la prescripción no es más que la consecuencia del transcurso del plazo establecido en la Ley sin que la Administración realice las actuaciones de comprobación dirigidas a la liquidación de la deuda tributaria, inactividad de la Administración, connatural a la prescripción [Sentencia de esta Sala y Sección de 23 de mayo de 2006 (recurso de casación n.º 18/2001), FD 5.º], que

cimiento formal del obligado tributario, conducente al reconocimiento, regularización, comprobación, inspección, aseguramiento y liquidación de todos o parte de los elementos de la obligación tributaria que proceda, aunque la acción se dirija inicialmente a una obligación tributaria distinta como consecuencia de la incorrecta declaración del obligado tributario.

b) Por la interposición de reclamaciones o recursos de cualquier clase, por

---

equivale materialmente a una verdadera renuncia del poder público a investigar y regularizar la obligación tributaria de que se trate. Pues bien, en la medida en que el ordenamiento jurídico permitía la posibilidad, en determinados supuestos, de realizar comprobaciones parciales (art. 11 RGIT) e incoar actas previas (art. 50 RGIT) —dando lugar a liquidaciones de carácter provisional, a cuenta de las definitivas que posteriormente se pudieran practicar—, siempre que tales actuaciones parciales cumplieran con los requisitos establecidos en la norma, ante la inexistencia de previsión en contra en el citado art. 66 LGT o en cualquier otro precepto, tales actuaciones debían entenderse como la expresión de la voluntad inequívoca de la Administración tributaria de comprobar la totalidad de la deuda tributaria —o, si se prefiere, de no renunciar a la determinación de todos los elementos de la obligación tributaria—, y, por consiguiente, producían el efecto de interrumpir la prescripción, en relación con el mismo impuesto y ejercicio, respecto de los aspectos comprobados y los no comprobados».

Atendido ello, la aportación de la **STS de 4 de enero de 2011 (recurso de casación para unificación de doctrina n.º 168/2007)** es que: «*Esta doctrina resulta aplicable también tratándose de actuaciones de comprobación e investigación desarrollada(s) por un órgano gestor.*» Vid. STS de 19 de noviembre de 2012 (Rec. 1215/2011; ponente: E. Frías Ponce).

STS de 27 de enero de 2016 (Rec. 3625/201; ponente: M. Martín Timón**): Una actuación errónea de la Administración, no basada en una incorrecta declaración del obligado tributario, no interrumpe la prescripción.**

STS de 21 de marzo 2022. Rec. 2221/2020. Ponente: D. T. Berberoff.: «Los actos de una Administración tributaria, incompetente a tenor del domicilio fiscal declarado, que hayan sido anulados en una resolución económico-administrativa firme y considerados por dicha resolución como meramente anulables, interrumpen la prescripción del derecho a liquidar, cuando con posterioridad a esas actuaciones tributarias el domicilio fiscal se rectificó con efectos retroactivos» (FD 5.º).

Acerca del **planteamiento sobre la prescripción en casación, por primera vez**, vid. **STS de 23 de julio de 2002.**

STS 355/2022, de 21 de marzo de 2022 (Rec. 2221/2020. Ponente: D. T. Berberoff Ayuda): «Los actos de una Administración tributaria, incompetente a tenor del domicilio fiscal declarado, que hayan sido anulados en una resolución económico-administrativa firme y considerados por dicha resolución como meramente anulables, interrumpen la prescripción del derecho a liquidar, cuando con posterioridad a esas actuaciones tributarias el domicilio fiscal se rectificó con efectos retroactivos.»

Art. 68.1.b): STS de 19 de abril de 2006 (rec. cas. en interés de ley n.º 58/2004; ponente: M. Garzón), que fija la siguiente doctrina legal: ***«La anulación de una liquidación tributaria por causa de anulabilidad no deja sin efecto la interrupción del plazo de prescripción producida anteriormente como consecuencia de las actuaciones realizadas ante los Tribunales Económico-Administrativos, manteniéndose dicha interrupción con plenitud de efectos.»*** Reiterada en la **Sentencia de 22 de octubre de 2009 (recurso de casación n.º 6766/2003)**. [Véase el Voto Particular formulado por el Magistrado Sr. Frías Ponce a la STS de 19 de noviembre de 2012 (recurso de casación en interés de ley n.º 1215/2011) —en nota al art. 239.3 LGT (§ I)— en pro de la modificación de dicha doctrina.] De ella se extraen dos importantes conclusiones, que recoge la **STS de 20 de enero de 2011 (rec. cas. para unificación de doctrina n.º 120/2005**; ponente: A. Aguallo) [vid., también, **STS de 11 de febrero de 2010 (rec. cas. n.º 1198/2010]**: 1) la anulación de una comprobación de valores (como la de una liquidación) no deja sin efecto la interrupción del plazo de prescripción producida anteriormente por consecuencia de las actuaciones realizadas ante los Tribunales Económico-Administrativos, manteniéndose dicha interrupción con plenitud de efectos (cfr. STS de 19 de abril de 2006); 2) los recursos o reclamaciones instados contra actos declarados nulos de pleno derecho carecen de eficacia interruptiva de la prescripción, aun cuando se refieran a la vía de apremio. **La paralización de una reclamación económico-administrativa por período de tiempo superior a cuatro años, por causa no imputable al recurrente, determina la prescripción. Doctrina reiteradamente sustentada por el Tribunal Supremo a partir de la Sentencia de 25 de junio de 1987** y refrendada en las Sentencias de 6 y 21 de noviembre de 1998, 14 de febrero y 20 de marzo de 1999, 19 de febrero de 2001 y 8 y 26 de febrero de 2002. Sentencias que **extienden también el efecto prescriptivo aunque se trate de tributos locales**, ajenos a la Administración estatal en que se insertan los Tribunales Económico-Administrativos. La *STS de 7 de julio de 2008* (Rec. 7639/2005; ponente: Sr. Fernández Montalvo) analiza si se ha podido producir la prescripción alegada por haber transcurrido el plazo de cuatro años aplicable *ratione temporis*, desde que el pleito quedó concluso para sentencia hasta la fecha de notificación de la sentencia recaída en el recurso de casación. Afirma el TS: «[…] a este respecto, la Sala ha de seguir su constante jurisprudencia contraria al criterio de la parte promoviente del incidente, negando la posibilidad de una prescripción producida en sede jurisdiccional en los términos en que se nos propone en el recurso.

»[...] La referida doctrina puede sintetizarse en los siguientes términos: «mientras el debate en torno a una deuda tributaria no sale del ámbito de la propia Administración, ya sea ante el órgano de gestión, en el curso de las actuaciones inspectoras, en la tramitación de los recursos de reposición y de las reclamaciones económico-administrativas, transcurre el plazo de prescripción y se aplican los supuestos de interrupción del artículo 66 LGT que, evidentemente, están previstos para esa clase de actuaciones, en las que, aunque a los órganos administrativos encargados de su tramitación y de dictar las resoluciones de recursos y reclamaciones, es exigible la objetividad propia de las funciones públicas, es lo cierto que el acreedor tributario actúa usando de unas potestades que sitúan al deudor en una cierta posición de desigualdad y por ello la prescripción conserva su plena virtualidad en garantía de la seguridad jurídica y como penalización por la falta de diligencia de la Administración acreedora, que ha de ocuparse de mantener vivo su crédito y cobrarle sin mora, habida cuenta de que la apreciación de la extinción de aquél es observable de oficio.

»Ahora bien, cuando la cuestión discutida entra en el área jurisdiccional, por el ejercicio de las acciones contencioso-administrativas, por un lado, las partes se sitúan en el plano de igualdad propio de todo proceso ante un órgano independiente e imparcial y, por otro lado, la interrupción que produce la interposición de la acción judicial no es momentánea —como en otros casos—, con inmediata reanudación del plazo prescriptivo —como parece sostener la recurrente—, sino que permanece durante la normal tramitación del proceso, salvo que mediara una suspensión del procedimiento adoptada en forma y se completara el plazo prescriptivo durante la situación de suspensión, pues en los demás casos el impulso del procedimiento y la adopción de las resoluciones pertinentes, así como la realización de los actos de comunicación y notificaciones sin perjuicio de los supuestos de caducidad de la instancia, es responsabilidad del órgano jurisdiccional, conforme establece el *artículo 237 de la Ley Orgánica del Poder Judicial* y, por consiguiente, queda enervada la posibilidad de prescripción, como ya dijimos en *Sentencias de 6* (RJ 1998, 10424) *y 21 de noviembre de 1998* (RJ 1998, 8798) *y 19 de febrero de 2000* (RJ 2000, 1644).»

La **STS de 25 de octubre de 2011** (Rec. 3544/2007) recoge la consolidada doctrina que declara que, pese a la ausencia de referencia expresa en el art. 66 de la anterior LGT, **no sólo la interposición de una reclamación económico-administrativa interrumpía la prescripción, sino también el escrito de alegaciones formulado en vía económico administrativa**, porque puede ser considerado como una prolongación o concreción en su momento esencial de la reclamación interpuesta, en cuanto en el mismo el reclamante manifiesta su pretensión y expone su fundamentación jurídica (Sentencias, entre otras, de 14 de diciembre de 1996; 23 de octubre de 1997; 24 de enero y 7 y 13 de noviembre de 1998; 22 de julio de 1999; 16 de octubre de 2000; 28 de abril de 2001; 23 de julio y 18 de noviembre de 2002; 6 de junio de 2005; 4 de junio de 2006; 9 de marzo de 2009 y 15 de marzo de 2011). ***El escrito de alegaciones complementarias, no previsto legalmente, no tiene efectos interruptivos de la prescripción (STS de 26 de marzo de 2015*****;** ponente: Sr. Montero Fernández).

STS de 13 de diciembre de 2010 (recurso de casación para unificación de doctrina n.º 100/2006; ponente: M. Garzón Herrero): «El Tribunal Supremo ha reiterado en numerosas de sus resoluciones —por lo que cabe considerar que en esta materia existe una doctrina completamente consolidada— que si bien en vía de reclamación económico-administrativa la presentación del escrito de alegaciones sí interrumpe la prescripción, en cambio, cuando estamos en presencia de actuaciones en vía de gestión tributaria, y más concretamente en la resolución de expedientes contradictorios iniciados por actas de la Inspección de Tributos, dado que en estos casos quien interrumpe inicialmente la prescripción tributaria es la Inspección de Hacienda como representante orgánico de la Administración Tributaria, de conformidad con lo previsto en la LGT, **el escrito de alegaciones presentado por el contribuyente inspeccionado no puede interrumpir la prescripción,** pues el referido escrito de alegaciones interpuesto en un expediente contradictorio es un trámite propio de un expediente iniciado por la Administración, supuesto completamente distinto y con efectos diferentes al de los recursos y reclamaciones que hayan podido interponer los propios contribuyentes en sede económico-administrativa.

STS 2.293/2013, de 10 de mayo (Rec. 2708/2011; ponente: O. González): «El art. 66 de la LGT de 1963 y el 68 de la de 2003 señalan que la prescripción se interrumpe "por la interposición de reclamaciones o recursos de cualquier clase", y, aunque es cierto que la paralización de estas reclamaciones o recursos por más tiempo del plazo de prescripción, abocan indefectiblemente a ésta, [...] sin embargo, con carácter general debe señalarse que cualquier acto de impulso procesal dictado con el fin de poner en movimiento el proceso detenido tiene que producir por su propia naturaleza la interrupción de la prescripción, y entre estos actos no pueden ser excluidos los declinatorios de la propia competencia del órgano encargado de la resolución, pues a dicho órgano no le queda otra opción que tal declinatoria, ya que cualquier otro acto que dictase sería nulo por ser acordado por órgano incompetente, a no ser que se entendiese que era de mejor condición a los efectos interruptivos dictar ese acto nulo de impulso procesal para que la prescripción no fuese ganada».

las actuaciones realizadas con conocimiento formal del obligado tributario en el curso de dichas reclamaciones o recursos, por la remisión del tanto de culpa a la jurisdicción penal o por la presentación de denuncia ante el Ministerio Fiscal, así como por la recepción de la comunicación de un órgano jurisdiccional en la que se ordene la paralización del procedimiento administrativo en curso.

c) Por cualquier actuación fehaciente del obligado tributario conducente a la liquidación o autoliquidación de la deuda tributaria.

2. El plazo de prescripción del derecho a que se refiere el párrafo *b*) del artículo 66 de esta ley se interrumpe:

a) Por cualquier acción de la Administración tributaria, realizada con conocimiento formal del obligado tributario, dirigida de forma efectiva a la recaudación de la deuda tributaria.

b) Por la interposición de reclamaciones o recursos de cualquier clase, por las actuaciones realizadas con conocimiento formal del obligado en el curso de dichas reclamaciones o recursos, por la declaración del concurso del deudor o por el ejercicio de acciones civiles o penales dirigidas al cobro de la deuda tributaria, así como por la recepción de la comunicación de un órgano jurisdiccional en la que se ordene la paralización del procedimiento administrativo en curso.

c) Por cualquier actuación fehaciente del obligado tributario conducente al pago o extinción de la deuda tributaria.

3. El plazo de prescripción del derecho al que se refiere el párrafo *c*) del artículo 66 de esta ley se interrumpe:

a) Por cualquier actuación fehaciente del obligado tributario que pre-

---

Art. 68.1.c): **Interrupción de la prescripción por actos de terceros en el ámbito del Impuesto municipal sobre Plusvalía**: tanto si se considera presentada la declaración por el Registrador de la Propiedad como por otra persona en nombre del mismo, ***no debe considerarse interrumpida la prescripción***, pues, en el primer caso, no existe conocimiento formal del contribuyente del acto interruptivo y, en el segundo, se incumple la exigencia de que el acto tendente a la liquidación o pago proceda del propio sujeto pasivo, que no ha apoderado al tercero para ello (STS de 24 de mayo de 2002).

STS de 18 de marzo de 2003: ***no interrumpe la prescripción la comparecencia ante la Inspección aportando un poder de representación voluntaria***.

STS de 2 de noviembre de 2016 (Rec. 1315/2014; ponente: M. Martín Timón): la ***ineficacia del acta suscrita por persona sin poderes bastantes para ello debe predicarse de todas las actuaciones, diligencias o trámites del procedimiento inspector, determinando la existencia de nulidad de pleno Derecho y no produciendo el efecto interruptivo de la prescripción***.

Art. 68.2.b): De acuerdo con el art. 66 LGT (§ I), la Administración tiene un plazo para determinar la deuda tributaria mediante la oportuna liquidación [art. 66.*a*)] y otro plazo para exigir el pago de la deuda tributaria ya liquidada o autoliquidada [art. 66.*b*)]. El **Tribunal Supremo** entiende que el transcurso de este último plazo sin que se haya realizado actuación administrativa alguna para cobrar la deuda, cuando no se había acordado su suspensión, determina la prescripción de la acción de cobro, señalando que la interposición de reclamación económico-administrativa contra el acto de liquidación no interrumpe la acción de cobro. Así, ***la interrupción de la prescripción del plazo para determinar la deuda tributaria con motivo de la interposición de reclamaciones o recursos no supone la de la acción para exigir el pago,*** sin perjuicio del respeto y ejecución de las sentencias judiciales. Vid. STS de 18 de junio de 2004 (Rec. 6809/1999) y STS de 19 de junio de 2008 (Rec. 265/2004). En aplicación de ello puede verse la SAN de 21 de junio de 2012.

Art. 68.2.c): Resolución del TEAC de 7 de abril de 2005 (recurso extraordinario para la unificación de criterio): «en los supuestos de fraccionamiento o aplazamiento en el pago de una deuda, la deuda se considera única a los efectos de la prescripción de la misma, para la que se aplicarán las normas generales que regulan dicha institución; iniciándose el plazo desde la fecha en que finaliza el plazo de pago en voluntaria de la deuda única/aplazada y considerando como actos interruptivos los pagos aplazados».

Art. 68.3: STS de 11 de junio de 2020. Rec. 3887/2017. Ponente: J. Cudero: El *dies a quo* para el cómputo del plazo de prescripción del derecho a solicitar la devolución de ingresos indebidos cuando éstos tienen su origen en la regularización practicada a un obligado tributario distinto del titular del derecho a obtener tal devolución es la fecha en la que se constata que el ingreso en cuestión ostenta ese carácter (indebido), que no es otra —en el caso de autos— que aquella en la que la Administración —al regularizar el gasto

tenda la devolución, el reembolso o la rectificación de su autoliquidación.

b) Por la interposición, tramitación o resolución de reclamaciones o recursos de cualquier clase.

4. El plazo de prescripción del derecho al que se refiere el párrafo *d*) del artículo 66 de esta ley se interrumpe:

a) Por cualquier acción de la Administración tributaria dirigida a efectuar la devolución o el reembolso.

b) Por cualquier actuación fehaciente del obligado tributario por la que exija el pago de la devolución o el reembolso.

c) Por la interposición, tramitación o resolución de reclamaciones o recursos de cualquier clase.

5. Las actuaciones a las que se refieren los apartados anteriores y las de naturaleza análoga producirán los efectos interruptivos de la prescripción cuando se realicen en otro Estado en el marco de la asistencia mutua, aun cuando dichos actos no produzcan efectos interruptivos semejantes en el Estado en el que materialmente se realicen.

6. Producida la interrupción, se iniciará de nuevo el cómputo del plazo de prescripción, salvo lo establecido en el apartado siguiente.

7. Cuando el plazo de prescripción se hubiera interrumpido por la interposición del recurso ante la jurisdicción contencioso-administrativa, por el ejercicio de acciones civiles o penales, por la remisión del tanto de culpa a la jurisdicción competente o la presentación de denuncia ante el Ministerio Fiscal o por la recepción de una comunicación judicial de paralización del procedimiento, el cómputo del plazo de prescripción se iniciará de nuevo cuando la Administración tributaria reciba la notificación de la resolución firme que ponga fin al proceso judicial o que levante la paralización, o cuando se reciba la notificación del Ministerio Fiscal devolviendo el expediente.

Cuando el plazo de prescripción se hubiera interrumpido por la declaración de concurso del deudor, el cómputo se iniciará de nuevo cuando adquiera firmeza la resolución judicial de conclusión del concurso. Si se hubiere aprobado un convenio, el plazo de prescripción se iniciará de nuevo en el momento de su aprobación para las deudas tributarias no sometidas al mismo. Respecto de las deudas tributarias sometidas al convenio concursal, el cómputo del plazo de prescripción se iniciará de nuevo cuando aquéllas resulten exigibles al deudor.

Lo dispuesto en este apartado no será aplicable al plazo de prescripción del derecho de la Administración tributaria para exigir el pago cuando no se hubiera acordado la suspensión en vía contencioso-administrativa.

8. Interrumpido el plazo de prescripción para un obligado tributario, dicho efecto se extiende a todos los

---

de otro contribuyente— efectúa una calificación incompatible con la condición del ingreso afectado como debido.

Art. 68.5: Introducido, con efectos desde el 1 de enero de 2012, por la Disp. Final 1.ªuno.10 del RD-ley 20/2011, de 30 de diciembre (*BOE* n.º 315, de 31 de diciembre de 2011; corrección de errores en *BOE* n.º 8, de 10 de enero de 2012). Los apartados siguientes se renumeran.

Art. 68.7 y 8: Apartados redactados por la Ley 7/2012, de 29 de octubre (BOE n.º 261, de 30 de octubre), con vigencia desde el 31 de octubre de 2012.

Vid. arts. 81.6.*e*), 250.2 y 258 LGT (§ I). La **STS de 16 de enero 2014** (rec. cas. 3527/2011; ponente: J. A. Montero Fernández) subraya que ***la reanudación del cómputo del plazo de prescripción se produce cuando la Administración Tributaria recibe la notificación del auto de archivo de las actuaciones penales***, sin que adquiera relevancia, a estos efectos, el acto administrativo expreso de reanudación de actuaciones. Si la reanudación del cómputo se condicionara a la emisión de dicho acto se estaría permitiendo que la duración del procedimiento inspector se extendiese en el tiempo *sine die*, lo que supondría una quiebra del principio de seguridad jurídica.

demás obligados, incluidos los responsables. No obstante, si la obligación es mancomunada y sólo se reclama a uno de los obligados tributarios la parte que le corresponde, el plazo no se interrumpe para los demás.

Si existieran varias deudas liquidadas a cargo de un mismo obligado al pago, la interrupción de la prescripción sólo afectará a la deuda a la que se refiera.

La suspensión del plazo de prescripción contenido en la letra *b*) del artículo 66 de esta ley, por litigio, concurso u otras causas legales, respecto del deudor principal o de alguno de los responsables, causa el mismo efecto en relación con el resto de los sujetos solidariamente obligados al pago, ya sean otros responsables o el propio deudor principal, sin perjuicio de que puedan continuar frente a ellos las acciones de cobro que procedan.

9. La interrupción del plazo de prescripción del derecho a que se refiere la letra *a*) del artículo 66 de esta ley relativa a una obligación tributaria determinará, asimismo, la interrupción del plazo de prescripción de los derechos a que se refieren las letras *a*) y *c*) del citado artículo relativas a las obligaciones tributarias conexas del propio obligado tributario cuando en éstas se produzca o haya de producirse una tributación distinta como consecuencia de la aplicación, ya sea por la Administración tributaria o por los obligados tributarios, de los criterios o elementos en los que se fundamente la regularización de la obligación con la que estén relacionadas las obligaciones tributarias conexas.

A efectos de lo dispuesto en este apartado, se entenderá por obligaciones tributarias conexas aquellas en las que alguno de sus elementos resulten afectados o se determinen en función de los correspondientes a otra obligación o período distinto.

Art. 69. *Extensión y efectos de la prescripción.*—1. La prescripción ganada aprovecha por igual a todos los obligados al pago de la deuda tributaria salvo lo dispuesto en el apartado 8 del artículo anterior.

2. La prescripción se aplicará de oficio, incluso en los casos en que se haya

---

Art. 68.9: Apartado introducido, con efectos desde el 12 de octubre de 2015, por el art. único.10 de la Ley 34/2015, de 21 de septiembre, de modificación parcial de la LGT (*BOE* n.º 227, de 22 de septiembre), cuya Disp. Trans. única 3 establece que será aplicable a aquellos casos en los que la interrupción del plazo de prescripción del derecho al que se refiere el art. 66.*a*) LGT (§ I) se produzca a partir de la fecha de entrada en vigor de la ley modificadora.

Vid. arts. 26.5, 224.5, 225.3, 233.7 y 239.7 LGT (§ I).

Art. 69: A diferencia de cuanto acontece en Derecho Civil, en que la concurrencia de la prescripción debe invocarse y es admisible su renuncia, expresa o tácita (art. 1.935 del Código Civil), en Derecho Tributario la prescripción se aplica de oficio, teniendo en cuenta tanto el art. 67 LGT como el art. 9.º LOPJ. Cualquier Tribunal puede declarar su concurrencia y en el orden contencioso no tiene nunca la consideración de cuestión nueva, aunque no haya sido alegada en vía económico-administrativa, ni ante los Tribunales de instancia. Doctrina que es hoy pacíficamente admisible en la jurisprudencia del Tribunal Supremo, que viene manteniéndola de forma reiterada, atendido el tenor del art. 67 LGT.

Art. 69.1: Nueva redacción, con efectos desde el 12 de octubre de 2015, por el art. único.11 de la Ley 34/2015, de 21 de septiembre, de modificación parcial de la LGT (*BOE* n.º 227, de 22 de septiembre). Su **redacción anterior** era la siguiente:

> 1. La prescripción ganada aprovecha por igual a todos los obligados al pago de la deuda tributaria salvo lo dispuesto en el apartado 7 del artículo anterior.

Art. 69.2: STS de 24 de octubre de 2016 (Rec. 3580/2015; ponente: J. A. Montero): «[...] la prescripción, de concurrir, ha de acogerse incluso de oficio, puesto que como ha dicho una constante y unánime jurisprudencia —por todas, Sentencia de 16 de mayo de 2013 (rec. cas. 5114/2010)—, conforme a reiterada doctrina de este Tribunal, extensible sin artificio al actual art. 69.2 de la Ley 58/2003, el art. 67 LGT "impone la **aplicación de la prescripción de oficio**, sin necesidad de que la invoque o excepcione el sujeto pasivo, lo

pagado la deuda tributaria, sin necesidad de que la invoque o excepcione el obligado tributario.

3. La prescripción ganada extingue la deuda tributaria.

Art. 70. *Efectos de la prescripción en relación con las obligaciones formales.*—1. Salvo lo dispuesto en los apartados siguientes, las obligaciones formales vinculadas a otras obligaciones tributarias del propio obligado sólo podrán exigirse mientras no haya expirado el plazo de prescripción del derecho para determinar estas últimas.

2. A efectos del cumplimiento de las obligaciones tributarias de otras personas o entidades, las obligaciones de conservación y suministro de información previstas en los párrafos *d*), *e*) y *f*) del apartado 2 del artículo 29 de esta ley deberán cumplirse en el plazo previsto en la normativa mercantil o en el plazo de exigencia de sus propias obligaciones formales al que se refiere el apartado anterior, si este último fuese superior.

---

que supone que tanto en la vía administrativa (de inspección, de gestión o de reclamación), como en la jurisdiccional de instancia, los órganos que conocen de un asunto deben, caso de concurrir, aplicarla aun cuando no hubiera sido propuesta por la parte».

»Doctrina ésta que, siendo incuestionable, requiere cierta precisión [...], lo que no dice esta doctrina es que la misma sea aplicable, aun cuando para determinar si efectivamente se produjo o no la prescripción sea necesario valorar hechos que no fueron objeto de disputa o aplicar previamente al análisis de la prescripción normas, figuras jurídicas o institutos que nunca fueron cuestionados respecto de su correcta aplicación. Valga como ejemplo, por las numerosas veces con que en la práctica nos lo encontramos, que se invoque por vez primera en demanda o, incluso, en el recurso de casación, la prescripción sobre la posible calificación de diligencias argucias, evitando que se trate como cuestión nueva bajo la protección de que la prescripción es aplicable incluso de oficio, y pretendiendo que se proceda al análisis de las diligencias cuestionadas para *a posteriori*, entrar a analizar el cómputo de los plazos a los efectos de atender a la alegación de prescripción; o como sucede en este caso, que la prescripción se alega sobre un presupuesto anterior, ajeno a la misma, cual es si el acuerdo de ampliación del plazo de las actuaciones inspectoras a veinticuatro meses era o no válido por estar suficientemente motivado» (FD 3.º). Vid. las notables precisiones que recoge la **STS de 18 octubre de 2017** (Rec. 3249/2016; ponente: A. Aguallo), haciéndose eco de una doctrina jurisprudencial que va perfilando el **alcance de la apreciación de oficio de la prescripción**: «[…] frente a la jurisprudencia que cita la actora para mantener que la prescripción debe ser declarada de oficio en todo caso, al tratarse de una cuestión de orden público, debemos recordar, con nuestra reciente *sentencia de 13 de julio de 2017* (Rec. de cas. para la unificación de doctrina n.º 2350/2016, FD 6.º), *que este Tribunal pone límites a esa exigencia de apreciar la prescripción de oficio*, razón por la cual la *sentencia de esta Sala de 5 de noviembre de 2012* (Rec. 2347/2010), […] desestima el motivo al apreciar que "oculta cuestiones jurídicas nuevas con sustantividad propia y diferenciada bajo el argumento de que la prescripción debe ser apreciada de oficio, lo que no resulta admisible […] A este respecto, debe recordarse que "**este Tribunal Supremo ha matizado y precisado el alcance y extensión de la obligación de apreciar de oficio la prescripción,** puesto **que *una extensión excesiva […], además de un abuso prohibido, pudiera incidir en el derecho de defensa, que también le asiste a la* Administración**". Lo que no dice nuestra doctrina sobre la aplicación de oficio de la prescripción "es que la misma sea aplicable, aun cuando para determinar si efectivamente se produjo o no la prescripción sea necesario valorar hechos que no fueron objeto de disputa o aplicar previamente al análisis de la prescripción normas, figuras jurídicas o institutos que nunca fueron cuestionados respecto de su correcta aplicación" [*sentencia de esta Sala de 16 de mayo de 2013* (Rec. de cas. 5114/2010), FD 2.º]» (FD 5.º). **STS 1197/2020, de 23 de septiembre. Rec. 2839/2019. Ponente: F.J.Navarro:** Liquidación que, pese a estar prescrita, ganó firmeza al no recurrirse frente a la misma. Posteriormente se aplicó una sanción. Concluye el TS: «frente a un acuerdo sancionador pueden oponerse, administrativa y judicialmente, cualesquiera motivos jurídicos determinantes de su nulidad, no sólo los directamente imputables a tal acto, sino incluidos aquellos que forman parte del presupuesto de hecho de otros actos anteriores, como el de liquidación, que han quedado firmes por no haber sido recurridos por el interesado. Ese derecho del impugnante, con directo amparo en el artículo 24.1 de la CE —tutela judicial efectiva sin indefensión— comporta el correlativo deber de los tribunales de examinar tales motivos para verificar si concurren o no, sin que puedan abstenerse de hacerlo bajo el pretexto, que hemos desacreditado, de que el acto originario o determinante ha ganado firmeza, pues ya hemos dejado sentado los limitados efectos de ésta».

3. La obligación de justificar la procedencia de los datos que tengan su origen en operaciones realizadas en períodos impositivos prescritos se mantendrá durante el plazo de prescripción del derecho para determinar las deudas tributarias afectadas por la operación correspondiente y, en todo caso, en los supuestos a que se refiere el artículo 66 bis.2 y 3 de esta ley.

SECCIÓN 4.ª

Otras formas de extinción de la deuda tributaria

Art. 71. *Compensación.*—1. Las deudas tributarias de un obligado tributario podrán extinguirse total o parcialmente por compensación con créditos reconocidos por acto administrativo a favor del mismo obligado, en las condi-

---

Art. 70.3: Nueva redacción, con efectos desde el 12 de octubre de 2015, por el art. único.12 de la Ley 34/2015, de 21 de septiembre, de modificación parcial de la LGT (*BOE* n.º 227, de 22 de septiembre), cuya Disp. Trans. única.2 establece que resultará de aplicación en los procedimientos de comprobación e investigación ya iniciados a la entrada en vigor de la misma en los que, a dicha fecha, no se hubiese formalizado propuesta de liquidación. Su **redacción anterior** era la siguiente:

> 3. La obligación de justificar la procedencia de los datos que tengan su origen en operaciones realizadas en períodos impositivos prescritos se mantendrá durante el plazo de prescripción del derecho para determinar las deudas tributarias afectadas por la operación correspondiente.

STS de 17 de marzo de 2008 (RJ 2008/2331): determinación de las **consecuencias de la declaración de prescripción de un determinado ejercicio de IRPF, cuando en él había bases imponibles negativas que eran compensadas en ejercicios posteriores.** Con base en su anterior *STS de 30 de enero de 2004* (RJ 2004, 2523), considera el TS que la cantidad consignada ha quedado firme en virtud de la prescripción, sin que pueda modificarse por la Administración. Y es procedente, en consecuencia, la compensación efectuada posteriormente por el contribuyente, en el plazo legal del que aún disponía, en dicha cuantía. En el mismo sentido, Sentencias de esta Sala y Sección de 25 de enero de 2010 (rec. cas. n.º 995/2005), 8 de julio de 2010 (rec. cas. n.º 4427/2005) y 2 de febrero de 2012 (rec. n.º 441/2008).

A ello añade **la STS de 29 de marzo de 2012 (Rec. 16/2009**; ponente: Sr. Frías): «Esta misma doctrina debe aplicarse aunque los ejercicios anteriores no estuvieran prescritos, en aquellos casos en que la entidad, habiendo presentado las correspondientes autoliquidaciones con bases imponibles negativas pendientes de compensar, no hayan sido objeto de comprobación, ante la presunción de certeza de las declaraciones tributarias que establecía el artículo 116 de la Ley General Tributaria, lo que obligaba a la Administración para modificar el resultado de las mismas a realizar la oportuna comprobación de acuerdo con lo dispuesto en el artículo 120 y siguientes de la misma Ley.» Véase también la **STS de 20 de septiembre de 2012 (Rec. 6330/2010)**, recogida en nota al art. 10.2 LGT (§ I).

Es importante recordar, sin embargo, que el contexto normativo en el que se desenvuelven estas sentencias es anterior a la propia LGT/2003, de ahí que la **STS de 4 de julio de 2014 (Rec. 581/2013)** haya **matizado la doctrina anterior. Matización que ha durado bien poco**, puesto que la **STS de 5 de febrero de 2015 (Rec. 4075/2013**; ponente: J. G. Martínez Micó) ha afirmado que: «[...] *el derecho a comprobar e investigar no prescribe y* que la Administración puede usar dichas facultades para liquidar períodos no prescritos, pudiendo para ello comprobar e investigar operaciones realizadas en períodos que sí lo están, pero que sigan produciendo efectos. Consecuentemente, con superación del criterio mantenido en la sentencia de 4 de julio de 2014 (cas. 581/2013), puede declararse en fraude de ley una operación realizada en ejercicio prescrito si fruto de dicha operación se producen efectos tributarios en ejercicios no prescritos.

»Lo que se pretende es evitar que no se pueda actuar frente a la ilegalidad porque en un ejercicio prescrito la Administración no actuó frente a ella, pues ello equivaldría a consagrar en el ordenamiento tributario una suerte de principio de "igualdad fuera de la ley", "igualdad en la ilegalidad" o "igualdad contra la ley", proscrito por el Tribunal Constitucional en, entre otras, la siguientes sentencias 88/2003, de 19 de mayo, y 181/2006, de 19 de junio» (FD 4.º). Voto particular, radicalmente discrepante, formulado por J. Huelin.

Tras la reforma realizada por la Ley 34/2015, de 21 de septiembre, la situación ha cambiado radicalmente, como consecuencia de la entrada en vigor del nuevo art. 66 bis. Vid. arts. 66 bis.1 y 2, 106.4, 115.1 y 2 y 148 LGT y 26.5 y 120.2 LISdades.

Art. 71: Véanse arts. 55 a 60 y Disp. Trans. 3.ª3 RGR.

Es **doctrina reiterada del Tribunal Supremo** que ***no procede exigir intereses de demora*** —cuyo fundamento es indemnizatorio y compensatorio por el perjuicio causado por el retraso en el pago de la deuda tributaria— ***cuando la compensación, como modo extintivo de la deuda tributaria, sustituye tempestiva-***

ciones que reglamentariamente se establezcan.

2. La compensación se acordará de oficio o a instancia del obligado tributario.

3. Los obligados tributarios podrán solicitar la compensación de los créditos y las deudas tributarias de las que sean titulares mediante un sistema de cuenta corriente, en los términos que reglamentariamente se determinen.

Art. 72. *Compensación a instancia del obligado tributario.*—1. El obligado tributario podrá solicitar la compensación de las deudas tributarias que se encuentren tanto en período voluntario de pago como en período ejecutivo.

2. La presentación de una solicitud de compensación en período voluntario impedirá el inicio del período ejecutivo de la deuda concurrente con el crédito ofrecido, pero no el devengo del interés de demora que pueda proceder, en su caso, hasta la fecha de reconocimiento del crédito.

3. La extinción de la deuda tributaria se producirá en el momento de la presentación de la solicitud o cuando se cumplan los requisitos exigidos para las deudas y los créditos, si este momento fuera posterior a dicha presentación. El acuerdo de compensación declarará dicha extinción.

Art. 73. *Compensación de oficio.*—1. La Administración tributaria compensará de oficio las deudas tributarias que se encuentren en período ejecutivo.

Se compensarán de oficio durante el plazo de ingreso en período voluntario las cantidades a ingresar y a devolver que resulten de un mismo procedimiento de comprobación limitada o inspección o de la práctica de una nueva liquidación por haber sido anulada otra anterior de acuerdo con lo dispuesto en el apartado 5 del artículo 26 de esta ley.

---

mente al pago [Sentencias de 8 de febrero, 16 de abril, 28 de junio, 19 y 22 de diciembre de 2003; 27 de febrero, 8 de marzo, 27 de abril y 6 de julio de 2004; 10 de febrero de 2005, 2 de octubre de 2006, 10 de mayo de 2007 y 30 de enero de 2008 (Rec. 68/2003)]. La falta de norma expresa con anterioridad a la entrada en vigor de lo dispuesto por el art. 72.2 LGT fue resuelta por el TS afirmando que sí son exigibles intereses de demora cuando en el momento de solicitarse la compensación ya ha terminado el período de ingreso voluntario de la deuda tributaria (*STS de 18 de abril de 2007* (Rec. 1887/02; ponente: M. Martín Timón)].

Art. 72: Vid. art. 56 RGR.

La **STS de 30 de diciembre de 2005 establece que** ***cabe la compensación de deudas tributarias con créditos derivados de declaraciones a devolver que no hayan sido objeto de liquidación provisional en plazo, puesto que se consideran reconocidos*** **ex lege**. Y es que no puede justificarse la no compensación por la falta de acto expreso de reconocimiento del crédito a favor del interesado, cuando el plazo legalmente establecido para practicar la devolución ha sido superado, pues otra cosa sería confundir la falta de reconocimiento formal del crédito con la existencia jurídica de una obligación, que deviene firme por el transcurso del plazo establecido en la norma. Reconocimiento *ex lege* del crédito que, recuerda el Tribunal, fue expresamente recogido por el art. 11 de la Ley 1/1998, LDGC —actual art. 31 LGT (§ I)—, y el art. 9.º del RD 1.108/1999, de 25 de junio, por el que se regula el sistema de cuenta corriente tributaria —actualmente derogado por el RGIT, que regula esta cuestión en sus arts. 138 a 143—, y a la que también se refiere el art. 71.3 de la vigente LGT. Con base en la doctrina contenida en aquella Sentencia, y con respaldo legal de lo dispuesto tanto por el art. 26.4 LGT como por su art. 71 en su apartado 1, que elimina la necesidad de firmeza respecto del acto de reconocimiento del crédito, así como por el apartado 3 del mismo precepto, y los arts. 138 ss. RGIT, la **STS de 30 de abril de 2008 (Rec. 3553/2003**; ponente: M. Martín Timón) concluye que es improcedente la exigencia de intereses de demora por el exceso temporal del reconocimiento del crédito respecto a los plazos para efectuar la devolución de oficio.

La **STS de 1 de marzo de 2006** concluye que la fecha de compensación de débitos tributarios con créditos que el sujeto pasivo tenía frente a la Hacienda es la fecha del reconocimiento del derecho a la indemnización.

Art. 73.1: Nueva redacción, con efectos desde el 12 de octubre de 2015, por el art. único.13 de la Ley 34/2015, de 21 de septiembre, de modificación parcial de la LGT (*BOE* n.º 227, de 22 de septiembre). Su **redacción anterior** era la siguiente:

Asimismo, se compensarán de oficio durante el plazo de ingreso en período voluntario las cantidades a ingresar y a devolver que resulten de la ejecución de la resolución a la que se refieren los artículos 225.3 y 239.7 de esta ley.

2. Serán compensables de oficio, una vez transcurrido el plazo de ingreso en período voluntario, las deudas tributarias vencidas, líquidas y exigibles que las Comunidades Autónomas, entidades locales y demás entidades de derecho público tengan con el Estado.

3. La extinción de la deuda tributaria se producirá en el momento de inicio del período ejecutivo o cuando se cumplan los requisitos exigidos para las deudas y los créditos, si este momento fuera posterior. El acuerdo de compensación declarará dicha extinción.

En el supuesto previsto en el párrafo segundo del apartado 1 de este artículo, la extinción se producirá en el momento de concurrencia de las deudas y los créditos, en los términos establecidos reglamentariamente.

Art. 74. *Extinción de deudas de las entidades de derecho público mediante deducciones sobre transferencias.*— 1. Las deudas tributarias vencidas, líquidas y exigibles que las Comunidades Autónomas, entidades locales y demás entidades de derecho público tengan con el Estado podrán extinguirse con las deducciones sobre las cantidades que la Administración del Estado deba transferir a las referidas entidades.

La aplicación de este régimen a las Comunidades Autónomas y entidades

---

1. La Administración tributaria compensará de oficio las deudas tributarias que se encuentren en período ejecutivo.

Asimismo, se compensarán de oficio durante el plazo de ingreso en período voluntario las cantidades a ingresar y a devolver que resulten de un mismo procedimiento de comprobación limitada o inspección o de la práctica de una nueva liquidación por haber sido anulada otra anterior de acuerdo con lo dispuesto en el apartado 5 del artículo 26 de esta ley.

Vid. arts. 26.5, 62.2, 225.3 y 239.7 LGT (§ I) y 58.2.*b*) RGR. **STS de 19 de junio 2020. Rec. 3412/2017.** Ponente: E. Córdoba Castroiverde: «***para la compensación de oficio de las deudas tributarias no se exige la firmeza en vía judicial de la nueva liquidación girada en ejecución de una resolución judicial que anula otra anterior***, de tal forma que acordada la devolución de una liquidación tributaria por anulación judicial a favor de un contribuyente, y girada una nueva liquidación por la Administración actuante — en ejecución de la resolución judicial anulatoria y en sustitución de la liquidación anulada— puede la Administración decretar la compensación de oficio de las liquidaciones, declarando la obligación de pago por devolución de ingresos indebidos sólo del saldo a favor del sujeto pasivo, todo ello durante el plazo de ingreso en periodo voluntario de las nuevas cantidades a ingresar» (FD 4.º).

Art. 74: Vid. arts. 57 y 60 RGR y Disp. Adic. 26.ª y Disp. Trans. 15.ª de la Ley 50/1998, de 30 de diciembre. **STS de 5 de diciembre de 2007 (Rec. 3664/2002):** ***La compensación ha de ser declarada por quienes son recíprocamente acreedor y deudor. En ningún caso puede hacerlo un tercero, por mucho que el crédito a compensar esté todavía en poder de ese tercero***. En este caso se pretendía que fuera la AEAT la que declarara la procedencia de la compensación entre una Diputación Provincial y la Seguridad Social, con base en el hecho de que se hallaban pendientes las transferencias que por vía presupuestaria debían ser abonadas por la Administración Central del Estado a la Diputación Provincial.

Art. 74.1: SSTS de 22 y 29 de abril de 2010 (Rec. 6320/2008 y 238/2007): «***Esta Sala no ha afirmado nunca que para que puedan extinguirse total o parcialmente por compensación las deudas tributarias éstas deban ser firmes en vía judicial, sino que nos hemos limitado a reclamar que se trate de deudas vencidas, líquidas y exigibles***. Y, como señalamos en la citada Sentencia de 28 de mayo de 2004, de las normas antes citadas se deduce que son exigibles y, por ende, "pueden compensarse las deudas tributarias de las Entidades públicas no regidas por el Derecho privado, una vez finalizado el período voluntario de ingreso" (FD 3.º), sin que sea óbice alguno que la liquidación tributaria haya sido recurrida. Naturalmente, cuando el sujeto pasivo del tributo ha impugnado la liquidación tributaria de que se trate en vía administrativa o judicial y ha solicitado y obtenido la suspensión de la ejecución del acto impugnado, mientras se prolongue esta situación la deuda no será susceptible de compensación con los créditos a favor de aquél, pero no por la ausencia de firmeza, sino porque habrá perdido la condición de exigible.»

de derecho público dependientes de éstas y a las entidades locales se realizará en los supuestos y conforme al procedimiento establecido en la legislación específica.

2. El inicio del procedimiento determinará la suspensión del cobro de las deudas a las que el mismo se refiera.

3. La extinción de las deudas objeto del procedimiento tendrá lugar cuando se produzca la deducción y por la cantidad concurrente.

Art. 75. *Condonación.*—Las deudas tributarias sólo podrán condonarse en virtud de ley, en la cuantía y con los requisitos que en la misma se determinen.

Art. 76. *Baja provisional por insolvencia.*—1. Las deudas tributarias que no hayan podido hacerse efectivas en los respectivos procedimientos de recaudación por insolvencia probada, total o parcial, de los obligados tributarios se darán de baja en cuentas en la cuantía procedente, mediante la declaración del crédito como incobrable, total o parcial, en tanto no se rehabiliten dentro del plazo de prescripción de acuerdo con lo dispuesto en el apartado 2 del artículo 173 de esta ley.

2. La deuda tributaria se extinguirá si, vencido el plazo de prescripción, no se hubiera rehabilitado.

SECCIÓN 5.ª

*Garantías de la deuda tributaria**

Art. 77. *Derecho de prelación.*—1. La Hacienda Pública tendrá prelación para el cobro de los créditos tributarios vencidos y no satisfechos en cuanto concurra con otros acreedores, excepto que se trate de acreedores de dominio, prenda, hipoteca u otro derecho real debidamente inscrito en el registro correspondiente con anterioridad a la fecha en que se haga constar en el mismo el derecho de la Hacienda Pública, sin perjuicio de lo dispuesto en los artículos 78 y 79 de esta ley.

2. En el proceso concursal, los créditos tributarios quedarán sometidos a lo establecido en la Ley 22/2003, de 9 de julio, Concursal.

Art. 78. *Hipoteca legal tácita.*—En los tributos que graven periódicamente los bienes o derechos inscribibles en un registro público o sus productos directos, ciertos o presuntos, el Estado, las Comunidades Autónomas y las entidades locales tendrán preferencia sobre cualquier otro acreedor o adquirente, aunque éstos hayan inscrito sus derechos, para el cobro de las deudas devengadas y no satisfechas correspondientes al año natural en que se exija el pago y al inmediato anterior.

Art. 76: Vid. arts. 61 a 63 y 116 RGR.

* Vid. Disp. Final 2.ª LGT (§ I).

Art. 77: Vid. art. 71 LGT/1963, redactado por la Ley 22/2003, de 9 de julio, Concursal. Vid. art. 64 RGR. **STS de 12 de julio de 2006 (Rec. 3.433/2001)**: la **prenda** es un derecho real de garantía que, al recaer sobre bienes muebles (art. 1.864 del Código Civil), no puede ser inscrito en el Registro de la Propiedad. No pudiendo exigirse así su inscripción, sí es necesario, para su eficacia frente a la Hacienda Pública, que conste por instrumento público la certeza de su fecha (art. 1.865 del Código Civil). Pese a todo lo anterior, si la Administración había iniciado la vía de apremio, el recurrente debía haber acudido a la tercería de mejor derecho para hacer valer la preferencia de su derecho.

Art. 77.2: La redacción de este apartado se debe a la modificación operada en la Disp. Final 11.ª de la Ley Concursal (Ley 22/2003, de 9 de julio) por el art. único, apdo. 117, de la Ley 38/2011, de reforma de dicha Ley Concursal. Entró en vigor el 1 de enero de 2012. Actualmente Texto Refundido de la Ley Concursal, aprobado por Real Decreto Legislativo 1/2020, de 5 de mayo (*BOE* 7 de mayo de 2020). Vid. notas a la Disp. Adic. 8.ª LGT (§ I).

Art. 78: Vid. art. 65 RGR.

Art. 79. *Afección de bienes.*— 1. Los adquirentes de bienes afectos por ley al pago de la deuda tributaria responderán subsidiariamente con ellos, por derivación de la acción tributaria, si la deuda no se paga.

2. Los bienes y derechos transmitidos quedarán afectos a la responsabilidad del pago de las cantidades, liquidadas o no, correspondientes a los tributos que graven tales transmisiones, adquisiciones o importaciones, cualquiera que sea su poseedor, salvo que éste resulte ser un tercero protegido por la fe pública registral o se justifique la adquisición de los bienes con buena fe y justo título, en establecimiento mercantil o industrial, en el caso de bienes muebles no inscribibles.

3. Siempre que la ley conceda un beneficio fiscal cuya definitiva efectividad dependa del ulterior cumplimiento por el obligado tributario de cualquier requisito por aquélla exigido, la Administración tributaria hará figurar el importe total de la liquidación que hubiera debido girarse de no mediar el beneficio fiscal, lo que los titulares de los registros públicos correspondientes harán constar por nota marginal de afección.

En el caso de que con posterioridad y como consecuencia de las actuaciones de comprobación administrativa resulte un importe superior de la eventual liquidación a que se refiere el párrafo anterior, el órgano competente procederá a comunicarlo al registrador competente a los efectos de que se haga constar dicho mayor importe en la nota marginal de afección.

Art. 80. *Derecho de retención.*—La Administración tributaria tendrá derecho de retención frente a todos sobre las mercancías declaradas en las aduanas para el pago de la pertinente deuda aduanera y fiscal, por el importe de los respectivos derechos e impuestos liquidados, de no garantizarse de forma suficiente el pago de la misma.

Art. 80 bis. *Prelación y garantías de créditos de titularidad de otros Estados.*— Los créditos de titularidad de otros Estados o entidades internacionales o supranacionales no gozarán de prelación alguna cuando concurran con otros créditos de derecho público, ni del resto de las garantías establecidas en los artículos anteriores de esta sección, salvo que la normativa sobre asistencia mutua establezca otra cosa.

Art. 81. *Medidas cautelares.*— 1. Para asegurar el cobro de las deudas para cuya recaudación sea competente, la Administración tributaria podrá adoptar medidas cautelares de carácter provisional cuando existan

---

Art. 79: Vid. art. 75 TRLHL. Respecto a su antecedente, el art. 76 LHL, y con mención expresa en su razonamiento jurídico al art. 79 LGT (§ I), la STS de 24 de enero de 2004 (recurso de casación en interés de Ley) sienta la siguiente doctrina legal: «en el supuesto de cambio, por cualquier causa, en la titularidad de los derechos objeto del Impuesto sobre Bienes Inmuebles, no es precisa la declaración de fallido del adquirente o los adquirentes intermedios para que, declarada la del deudor originario transmitente de los bienes afectos al pago de la deuda tributaria, pueda derivarse la acción contra dichos bienes tras la notificación reglamentaria al adquirente y titular actual de los mismos, del acto administrativo de derivación». Vid. arts. 174 y 176 LGT (§ I) y 67.1 RGR.

Vid. también art. 43.1.*d*) LGT (§ I) y STS de 13 de mayo de 2010 (Rec. 3251/2005).

Art. 80: Vid. art. 67.2 RGR.

Art. 80 bis: Introducido, con efectos desde el 1 de enero de 2012, por la Disp. Final 1.ªuno.11 del RD-ley 20/2011, de 30 de diciembre (*BOE* n.º 315, de 31 de diciembre de 2011; corrección de errores en *BOE* n.º 8, de 10 de enero de 2012). Véase Disp. Adic. 17.ª LGT (§ I).

Art. 81: Vid. art. 67.2 RGR.

Véanse, además, arts. 49 RGR y 30 LJCA sobre la vía de hecho. Haciendas locales: vid. SSTS de 29 de enero de 1999 y 9 y 18 de febrero de 2005.

Art. 81.1 y 2: Apartados introducidos, con efectos desde el 1 de enero de 2012, por la Disp. Final 1.ªuno.12 del RD-ley 20/2011, de 30 de diciembre, de medidas urgentes (*BOE* n.º 315, de 31 de diciembre de 2011; corrección de errores en *BOE* n.º 8, de 10 de enero de 2012). Los apartados siguientes no varían pero se renumeran.

indicios racionales de que, en otro caso, dicho cobro se vería frustrado o gravemente dificultado.

La medida cautelar deberá ser notificada al afectado con expresa mención de los motivos que justifican su aplicación.

2. Cuando se solicite a la Administración tributaria la adopción de medidas cautelares en el marco de la asistencia mutua, el documento procedente del Estado o entidad internacional o supranacional que las solicite que permita la adopción de medidas cautelares no estará sujeto a acto alguno de reconocimiento, adición o sustitución por parte de la Administración tributaria española.

3. Las medidas habrán de ser proporcionadas al daño que se pretenda evitar y en la cuantía estrictamente necesaria para asegurar el cobro de la deuda. En ningún caso se adoptarán aquellas que puedan producir un perjuicio de difícil o imposible reparación.

4. Las medidas cautelares podrán consistir en:

a) La retención del pago de devoluciones tributarias o de otros pagos que deba realizar la Administración tributaria. La retención cautelar total o parcial de una devolución tributaria deberá ser notificada al interesado junto con el acuerdo de devolución.

b) El embargo preventivo de bienes y derechos, del que se practicará, en su caso, anotación preventiva.

c) La prohibición de enajenar, gravar o disponer de bienes o derechos.

d) La retención de un porcentaje de los pagos que las empresas que contraten o subcontraten la ejecución de obras o prestación de servicios correspondientes a su actividad principal realicen a los contratistas o subcontratistas, en garantía de las obligaciones tributarias relativas a tributos que deban repercutirse o cantidades que deban retenerse a trabajadores, profesionales u otros empresarios, en la parte que corresponda a las obras o servicios objeto de la contratación o subcontratación.

e) Cualquier otra legalmente prevista.

5. Las medidas cautelares reguladas en este artículo podrán adoptarse durante la tramitación de los procedimientos de aplicación de los tributos desde el momento en que la Administración tributaria actuante pueda acreditar de forma motivada y suficiente la concurrencia de los presupuestos establecidos en el apartado 1 y el cumplimiento de los límites señalados en el apartado 3.

6. Cuando en la tramitación de una solicitud de suspensión con otras garantías distintas de las necesarias para obtener la suspensión automá-

---

Art. 81.4.a): Vid. art. 125.1 RGIT.

Art. 81.5: Redactado por la Ley 7/2012, de 29 de octubre (*BOE* n.º 261, de 30 de octubre), con vigencia desde el 31 de octubre de 2012.

STS de 27 de septiembre de 2012 (Rec. 3103/2009; ponente: Sr. Montero Fernández): aborda un supuesto en que la medida cautelar consistente en un embargo cautelar se adopta, al abrigo del art. 128 de la LGT derogada, con anterioridad a la declaración de la responsabilidad solidaria. Posibilidad que se rechaza por el TS.

»[...] Por ello, como esta Sala ha declarado en ocasiones precedentes, ha de entenderse que la adopción de medidas cautelares respecto de los responsables tributarios vienen referidas al período que abarca desde la iniciación del procedimiento contra los mismos hasta su conclusión y consiguiente declaración de responsabilidad.»

Art. 81.6: Nueva redacción por art. 13.8 de la Ley 11/2021, de 9 de julio. Con anterioridad estaba redactado con efectos desde el 12 de octubre de 2015, por el art. único.14 de la Ley 34/2015, de 21 de septiembre, de modificación parcial de la LGT (*BOE* n.º 227, de 22 de septiembre).

Vid. arts. 68.8, 81.8, 250.2 y 258 y Disp. Adic. 19.ª LGT (§ I); art. 305 CP; arts. 614 bis y 621 ter LECrim. (§ V) y Disp. Adic. 10.ª LJCA (§ VI).

En relación con la ***suspensión de medidas cautelares***, debe tenerse en cuenta la jurisprudencia recaída sobre la ***suspensión de actos de contenido negativo*** **(aplazamientos, suspensiones...)**. Al efecto, señala el TS —**STS de 5 de marzo de 2015** (Rec. 93/2014; ponente: E. Frías)— que «[...] en

tica, o con dispensa total o parcial de garantías, o basada en la existencia de error aritmético, material o de hecho, se observe que existen indicios racionales de que el cobro de las deudas cuya ejecutividad pretende suspenderse pueda verse frustrado o gravemente dificultado, se podrán adoptar medidas cautelares que aseguren el cobro de las mismas.

Dichas medidas serán levantadas de acuerdo con lo dispuesto en el apartado siguiente, o cuando así lo acuerde el órgano competente para la resolución de la solicitud de suspensión.

7. Los efectos de las medidas cautelares cesarán en el plazo de seis meses desde su adopción, salvo en los siguientes supuestos:

a) Que se conviertan en embargos en el procedimiento de apremio o en medidas del apartado 8 de este artículo o en medidas cautelares judiciales, que tendrán efectos desde la fecha de adopción de la medida cautelar.

b) Que desaparezcan las circunstancias que motivaron su adopción.

c) Que, a solicitud del interesado, se acordase su sustitución por otra garantía que se estime suficiente.

En todo caso, las medidas cautelares deberán ser levantadas si el obligado tributario presenta aval solidario de entidad de crédito o sociedad de garantía recíproca o certificado de seguro de caución que garantice el cobro de la cuantía de la medida cautelar. Si el obligado procede al pago en período voluntario de la obligación tributaria cuyo cumplimiento aseguraba la medida cautelar, sin mediar suspensión del ingreso, la Administración Tributaria deberá abonar los gastos de la garantía aportada.

d) Que se amplíe dicho plazo mediante acuerdo motivado, sin que la ampliación pueda exceder de seis meses.

e) Que se adopten durante la tramitación del procedimiento descrito en el artículo 253 de esta Ley o tras su conclusión. En estos casos sus efectos cesarán en el plazo de veinticuatro meses desde su adopción.

Si se hubieran adoptado antes del inicio de la tramitación descrita en el artículo 253 de esta Ley, una vez dictada la liquidación a que se refiere el artículo 250.2 de esta Ley, podrá ampliarse el plazo mediante acuerdo motivado, sin que la ampliación total de las medidas adoptadas pueda exceder de 18 meses.

Las medidas a que se refiere este párrafo *e*) podrán convertirse en embar-

---

el ámbito tributario esta Sala ha venido rechazando la suspensión de actos de contenido negativo [...] porque concederla equivale a dar razón interinamente al demandante durante la sustanciación del proceso contencioso-administrativo, otorgándole lo pedido con ese carácter no definitivo y claudicante, efecto que no es el perseguido con la regulación de las medidas cautelares en esta jurisdicción (Sentencia de 25 de noviembre de 2013, cas. 1101/2013)». Posteriormente —**STS de 24 de febrero de 2016** (Rec. 1301/2014; Ponente: J. A. Montero)— precisa que «no cabe desconocer que los más recientes pronunciamientos jurisprudenciales matizan la anterior doctrina cuando el carácter de un acto negativo admite la adopción de medidas cautelares o cuando es factible diferenciar un aspecto positivo de aquellos actos, entre otras la Sentencia de 27 de junio de 2012 [...]». En efecto, ya en esa Sentencia (27 de junio de 2012; Rec. 2161/2011; ponente: M. Garzón) se precisaba con acierto que «la tesis sobre la imposibilidad de suspensión de los actos negativos aliñada con la idea de la naturaleza discrecional de peticiones de aplazamiento genera por sí sola esa zona de inmunidad del poder a que antes aludíamos y que es preciso erradicar. No ha de olvidarse, además, que la denegación de aplazamiento solicitada (contenido del acto impugnado) genera una obligación positiva de dar (entrega de una cantidad de dinero determinada). Pues bien, desde esta perspectiva, se derrumba la tesis central del acto impugnado, pues ***el acto originario no sólo tiene un contenido negativo (denegar el aplazamiento) sino que a él se anuda, indisolublemente, un mandato de dar. Mandato de dar una cantidad de dinero cuya suspensión no reúne los aspectos del acto negativo en que el TEAR funda su resolución.***»

Art. 81.7: Vid. art. 180.1 y Disp. Adic. 10.ª LGT (§ I).

gos del procedimiento de apremio iniciado para el cobro de la liquidación practicada.

Si con posterioridad a su adopción, se solicitara al órgano judicial penal competente la suspensión contemplada en el artículo 305.5 del Código Penal, las medidas adoptadas se notificarán al Ministerio Fiscal y al citado órgano judicial y se mantendrán hasta que este último adopte la decisión procedente sobre su conservación o levantamiento.

8. Se podrá acordar el embargo preventivo de dinero y mercancías en

---

Art. 81.8: Nueva redacción, con efectos desde el 12 de octubre de 2015, por el art. único.14 de la Ley 34/2015, de 21 de septiembre, de modificación parcial de la LGT (*BOE* n.º 227, de 22 de septiembre). Vid. arts. 614 bis y 621 ter LECrim. Disp. Adic. 10.ª LJCA y Disp. Adic. 19.ª LGT (§ I). El art. 126 CP precisa el orden en que se imputan los pagos por el penado o por el responsable civil subsidiario, no el alcance de la responsabilidad civil del delito. El **TEAC, en Resolución de 17 de diciembre de 2015**, inadmite el recurso contra el acuerdo de Delegación Central de Grandes Contribuyentes de adopción de medidas cautelares consistente en la retención del pago de las devoluciones tributarias reconocidas a la contribuyente, con el fin de asegurar la responsabilidad civil respecto a unas cuotas defraudadas. Entiende el TEAC que, estando incoado ya un proceso penal por delito fiscal y emplazado el contribuyente como parte acusada en el mismo, «la medida cautelar podrá mantenerse hasta que el juez adopte su propia decisión sobre la adopción de medidas cautelares en el procedimiento penal, de conformidad con lo previsto en esta materia por la LECrim. y será dicho juez el que decida si existe *periculum in mora* o si la medida resulta desproporcionada, sin que este Tribunal deba pronunciarse respecto a dicha cuestión. ***Será, pues, el órgano judicial el competente para adoptar la decisión acerca de la procedencia o no de la medida cautelar, careciendo este Tribunal de competencia para su revisión***». El **art. 614 bis LECrim.** dispone que: «***Una vez iniciado el proceso penal por delito contra la Hacienda Pública, el Juez de lo Penal decidirá acerca de las pretensiones referidas a las medidas cautelares adoptadas al amparo del artículo 81 de la Ley General Tributaria***».

En Sentencia de 19 de octubre de 2020 el Tribunal Constitucional **se pronunció sobre un problema sobre el que el TC no había tenido ocasión de pronunciarse y que afecta al derecho fundamental a la tutela judicial efectiva (art. 24. 1 CE):** ***el Juez Penal debe pronunciarse de manera inmediata sobre las medidas cautelares adoptadas por la AEAT al amparo del art. 81.8 LGT, una vez incoado el proceso por delito fiscal. Caso de no hacerlo se vulnera el derecho a la tutela judicial efectiva de quienes se han visto afectados por las medidas cautelares.***

El TC resolvía así un recurso de amparo planteado directamente contra decisiones judiciales que se habían negado a ejercer el control sobre una medida cautelar adoptada por la AEAT, al amparo de los arts. 81.8 LGT y 614 bis LECrim., con el fin de garantizar las eventuales responsabilidades pecuniarias que pudieran derivarse de un proceso penal en curso por delito contra la Hacienda Pública.

En el recurso de amparo se instaba también por la entidad recurrente la declaración de que se había vulnerado el ***derecho a la presunción de inocencia (art. 24.2 CE)*****, ya que el importe del embargo —y de lo posteriormente consignado para evitar el embargo— era excesivo y desproporcionado, al incluir el importe de la eventual multa a aplicar, multa que sólo puede ser impuesta por el Juez penal tras el correspondiente enjuiciamiento y hacerse efectiva en el momento en que, en su caso, adquiera firmeza.** El TC acota el recurso de amparo, de forma que, al fallar que efectivamente se ha producido la vulneración del derecho a la tutela judicial efectiva, no entra en el análisis de la posible vulneración del derecho a la presunción de inocencia.

La **redacción anterior** de este art. 81.8 era la siguiente:

> 8. Cuando con motivo de un procedimiento de comprobación e investigación inspectora se haya formalizado denuncia o querella por delito contra la Hacienda Pública o se haya dirigido proceso judicial por dicho delito, podrán adoptarse, por el órgano competente de la Administración tributaria, las medidas cautelares reguladas en este artículo, sin perjuicio de lo dispuesto en la disposición adicional decimonovena.
>
> Si la investigación del presunto delito no tuviese origen en un procedimiento de comprobación e investigación inspectora, las medidas cautelares podrán adoptarse por el órgano competente de la Administración tributaria con posterioridad a la incoación de las correspondientes diligencias de investigación desarrolladas por el Ministerio Fiscal o, en su caso, con posterioridad a la incoación de las correspondientes diligencias penales. En los supuestos a que se refieren los párrafos anteriores, las medidas cautelares podrán dirigirse contra cualquiera de los sujetos identificados en la denuncia o querella como posibles responsables, directos o subsidiarios, del pago de las cuantías a las que se refiere el artículo 126 del Código Penal.
>
> Adoptada, en su caso, la medida cautelar por el órgano competente de la Administración tributaria, se notificará al interesado, al Ministerio Fiscal y al órgano judicial competente y se mantendrá hasta que este último adopte la decisión procedente sobre su conversión en medida jurisdiccional o levantamiento.

cuantía suficiente para asegurar el pago de la deuda tributaria que proceda exigir por actividades lucrativas ejercidas sin establecimiento y que no hubieran sido declaradas. Asimismo, podrá acordarse el embargo preventivo de los ingresos de los espectáculos públicos que no hayan sido previamente declarados a la Administración tributaria.

9. Cuando con motivo de un procedimiento de comprobación e investigación inspectora se haya formalizado denuncia o querella por delito contra la Hacienda Pública o se haya dirigido proceso judicial por dicho delito sin que se haya dictado la liquidación a que se refiere el artículo 250.2 de esta Ley, podrán adoptarse, por el órgano competente de la Administración Tributaria, las medidas cautelares reguladas en este artículo, sin perjuicio de lo dispuesto en la disposición adicional decimonovena.

Si la investigación del presunto delito no tuviese origen en un procedimiento de comprobación e investigación inspectora, las medidas cautelares podrán adoptarse por el órgano competente de la Administración Tributaria con posterioridad a la incoación de las correspondientes diligencias de investigación desarrolladas por el Ministerio Fiscal o, en su caso, con posterioridad a la incoación de las correspondientes diligencias penales.

En los supuestos a que se refieren los párrafos anteriores, las medidas cautelares podrán dirigirse contra cualquiera de los sujetos identificados en la denuncia o querella como posibles responsables, directos o subsidiarios, del pago de las cuantías a las que se refiere el artículo 126 del Código Penal.

Adoptada, en su caso, la medida cautelar por el órgano competente de la Administración Tributaria, se notificará al interesado, al Ministerio Fiscal y al órgano judicial competente y se mantendrá hasta que este último adopte la decisión procedente sobre su conversión en medida jurisdiccional o levantamiento.

Art. 82. *Garantías para el aplazamiento y fraccionamiento del pago de la deuda tributaria.*—1. Para garantizar

---

Art. 82: Vid. arts. 26 y 65 LGT (§ I), 48 RGR.

STS de 16 de julio de 2015 (Rec. 1543/2014; ponente: M. Martín Timón): El Estado es sujeto pasivo de la cuota variable de Actos Jurídicos Documentados, en el caso de que el deudor (empresario que actúa en el ejercicio de su actividad) constituya hipoteca unilateral a favor del Estado, en garantía de fraccionamiento o aplazamiento de deuda tributarias. Sin perjuicio de la declaración de exención en virtud de lo dispuesto en el art. 45.I.A) del Texto Refundido del Impuesto.

Art. 82.1: Nueva redacción, con efectos desde el 12 de octubre de 2015, por el art. único.15 de la Ley 34/2015, de 21 de septiembre, de modificación parcial de la LGT (*BOE* n.º 227, de 22 de septiembre). Su **redacción anterior** era la siguiente:

> 1. Para garantizar los aplazamientos o fraccionamientos de la deuda tributaria, la Administración tributaria podrá exigir que se constituya a su favor aval solidario de entidad de crédito o sociedad de garantía recíproca o certificado de seguro de caución.
>
> Cuando se justifique que no es posible obtener dicho aval o certificado o que su aportación compromete gravemente la viabilidad de la actividad económica, la Administración podrá admitir garantías que consistan en hipoteca, prenda, fianza personal y solidaria u otra que se estime suficiente, en la forma que se determine reglamentariamente.
>
> En los términos que se establezcan reglamentariamente, el obligado tributario podrá solicitar de la Administración que adopte medidas cautelares en sustitución de las garantías previstas en los párrafos anteriores. En estos supuestos no será de aplicación lo dispuesto en el apartado 5 del artículo anterior de esta ley.

Vid. **Instrucción 8/2015, del Departamento de Recaudación de la AEAT**, que especifica los **bienes que, con carácter general, no pueden admitirse como garantía de aplazamientos o fraccionamientos de pago o suspensiones.**

los aplazamientos o fraccionamientos de la deuda tributaria, la Administración tributaria podrá exigir que se constituya a su favor aval solidario de entidad de crédito o sociedad de garantía recíproca o certificado de seguro de caución.

Cuando se justifique que no es posible obtener dicho aval o certificado o que su aportación compromete gravemente la viabilidad de la actividad económica, la Administración podrá admitir garantías que consistan en hipoteca, prenda, fianza personal y solidaria u otra que se estime suficiente, en la forma que se determine reglamentariamente.

En los términos que se establezcan reglamentariamente, el obligado tributario podrá solicitar de la Administración que adopte medidas cautelares en sustitución de las garantías previstas en los párrafos anteriores. En estos supuestos no será de aplicación lo dispuesto en el apartado 6 del artículo anterior de esta ley.

2. Podrá dispensarse total o parcialmente al obligado tributario de la constitución de las garantías a las que se refiere el apartado anterior en los casos siguientes:

a) Cuando las deudas tributarias sean de cuantía inferior a la que se fije en la normativa tributaria. Esta excepción podrá limitarse a solicitudes formuladas en determinadas fases del procedimiento de recaudación.

b) Cuando el obligado al pago carezca de bienes suficientes para garantizar la deuda y la ejecución de su patrimonio pudiera afectar sustancialmente al mantenimiento de la capacidad productiva y del nivel de empleo de la actividad económica respectiva, o pudiera producir graves quebrantos para los intereses de la Hacienda Pública, en la forma prevista reglamentariamente.

c) En los demás casos que establezca la normativa tributaria.

Art. 82.2.a): Orden HAP/2.178/2015, de 9 de octubre, por la que se eleva el límite exento de la obligación de aportar garantía en las solicitudes de aplazamiento o fraccionamiento a 30.000 euros (*BOE* de 20 de octubre). Con efectos desde el 18 de marzo de 2016, la Orden HAP/347/2016, de 11 de marzo, elevó a 30.000 euros el límite exento de la obligación de aportar garantía en las solicitudes de aplazamiento o fraccionamiento de deudas derivadas de tributos cedidos cuya gestión recaudatoria corresponda a las Comunidades Autónomas.

Contrástese con las normas de suspensión por la interposición de recursos y reclamaciones que prevén igualmente la dispensa de garantías en determinados supuestos: arts. 224.3 y 233.3, 4 y 5 LGT (§ I) y 25.1.*b*), 40.2.*c*) y *d*) y 50 RR.

Art. 82.2.b): Vid. art. 50 RGR. Vid. notas al art. 65 LGT (§ I). Con efectos a partir del 1 de enero de 2017, no pueden ser objeto de aplazamiento o fraccionamiento las deudas tributarias correspondientes a obligaciones tributarias que deban cumplir el retenedor o el obligado a realizar ingresos a cuenta. Con anterioridad a dicha fecha, debe tenerse en cuenta el criterio mantenido por el **TEAC —en Resolución de 23 de febrero de 2017**, resolviendo un **recurso extraordinario de alzada para la unificación de criterio—**, que concluye que en **las solicitudes de aplazamiento y fraccionamiento de pago de retenciones e ingresos a cuenta procede la inadmisión en el caso de que el interesado no motive su solicitud, aportando la documentación** que justifique la existencia de motivos para la concesión del aplazamiento o fraccionamiento —que la falta de concesión pudiera afectar sustancialmente al mantenimiento de la capacidad productiva y del nivel de empleo de la actividad económica respectiva o pudiera producir graves quebrantos para los intereses de la Hacienda Pública—. Sólo en el caso en que se cumplimenten los dos requisitos —alegar las circunstancias a que se refiere la LGT art. 82.2.*b*) y, además, aportar documentación tendente a acreditar que se dan o que presumiblemente pueden darse en el caso concreto las circunstancias legalmente previstas—, pero esta documentación se considere insuficiente, procede el requerimiento de subsanación por parte de la Administración para que se complete. Si formulado requerimiento de subsanación éste no se atiende por los interesados, procederá la inadmisión conforme a lo previsto en el RGR (art. 47). Si el requerimiento ha sido objeto de contestación en plazo por el interesado pero no se entienden subsanados los defectos observados, procederá la denegación de la solicitud de aplazamiento/fraccionamiento. Vid. **Instrucción del Departamento de Recaudación 1/2017.**

TÍTULO III

La aplicación de los tributos

CAPÍTULO PRIMERO

PRINCIPIOS GENERALES

SECCIÓN 1.ª

*Procedimientos tributarios**

Art. 83. *Ámbito de la aplicación de los tributos.*—1. La aplicación de los tributos comprende todas las actividades administrativas dirigidas a la información y asistencia a los obligados tributarios y a la gestión, inspección y recaudación, así como las actuaciones de los obligados en el ejercicio de sus derechos o en cumplimiento de sus obligaciones tributarias.

También se considera aplicación de los tributos el ejercicio de las actividades administrativas y de las actuaciones de los obligados a las que se refiere el párrafo anterior, que se realicen en el marco de la asistencia mutua.

2. Las funciones de aplicación de los tributos se ejercerán de forma separada a la de resolución de las reclamaciones económico-administrativas que se interpongan contra los actos dictados por la Administración tributaria.

3. La aplicación de los tributos se desarrollará a través de los procedimientos administrativos de gestión, inspección, recaudación y los demás previstos en este título.

4. Corresponde a cada Administración tributaria determinar su estructura administrativa para el ejercicio de la aplicación de los tributos.

Art. 84. *Competencia territorial en la aplicación de los tributos.*—La competencia en el orden territorial se atribuirá al órgano que se determine por la Administración tributaria, en desarrollo de sus facultades de organización, mediante disposición que deberá ser objeto de publicación en el boletín oficial correspondiente.

En defecto de disposición expresa, la competencia se atribuirá al órgano funcional inferior en cuyo ámbito territorial radique el domicilio fiscal del obligado tributario.

SECCIÓN 2.ª

Información y asistencia a los obligados tributarios

Art. 85. *Deber de información y asistencia a los obligados tributarios.*—

---

* Vid. Disp. Trans. 3.ª LGT (§ I). El RD 1.065/2007, de 27 de julio, por el que se aprueba el RGIT (*BOE* de 5 de septiembre), en su **Disp. Adic. 1.ª** detalla los **efectos de la falta de resolución en plazo de determinados procedimientos tributarios: a) procedimientos que pueden entenderse desestimados por haber vencido el plazo máximo establecido sin que se haya notificado resolución expresa (apartado uno), y b) aquellos que pueden entenderse estimados por haber vencido dicho plazo máximo sin resolución expresa (apartado dos).**

Art. 83.1: Modificado, con efectos desde el 1 de enero de 2012, por la Disp. Final 1.ªuno.13 del RD-ley 20/2011, de 30 de diciembre, de medidas urgentes (*BOE* n.º 315, de 31 de diciembre de 2011; corrección de errores en *BOE* n.º 8, de 10 de enero de 2012).

Art. 83.2: Vid. notas al art. 5.º LGT (§ I).

Art. 84: Sobre la **estructura orgánica del Ministerio de Hacienda y los distintos Departamentos en que se estructura la AEAT, vid. nota al art. 5.º LGT** (§ I).

1. La Administración deberá prestar a los obligados tributarios la necesaria información y asistencia acerca de sus derechos y obligaciones.

2. La actividad a la que se refiere el apartado anterior se instrumentará, entre otras, a través de las siguientes actuaciones:

a) Publicación de textos actualizados de las normas tributarias, así como de la doctrina administrativa de mayor trascendencia.

b) Comunicaciones y actuaciones de información efectuadas por los servicios destinados a tal efecto en los órganos de la Administración tributaria.

c) Contestaciones a consultas escritas.

d) Actuaciones previas de valoración.

e) Asistencia a los obligados en la realización de declaraciones, autoliquidaciones y comunicaciones tributarias.

Art. 86. *Publicaciones.*—1. El Ministerio de Hacienda difundirá por cualquier medio, durante el primer trimestre del año, los textos actualizados de las normas estatales con rango de ley y real decreto en materia tributaria en los que se hayan producido variaciones respecto de los textos vigentes en el año precedente, así como una relación de todas las disposiciones tributarias que se hayan aprobado en dicho año.

2. El Ministerio de Hacienda difundirá periódicamente las contestaciones a consultas y las resoluciones económico-administrativas que considere de mayor trascendencia y repercusión.

3. La Administración tributaria del Estado y de las Comunidades Autónomas podrán convenir que las publicaciones a las que se refiere el apartado 1 se realicen en las lenguas oficiales de las Comunidades Autónomas.

4. El acceso a través de internet a las publicaciones a las que se refiere el presente artículo y, en su caso, a la información prevista en el artículo 87 de esta ley será, en todo caso, gratuito.

Art. 87. *Comunicaciones y actuaciones de información.*—1. La Administración tributaria informará a los contribuyentes de los criterios administrativos existentes para la aplicación de la normativa tributaria, facilitará la consulta a las bases informatizadas donde se contienen dichos criterios y podrá remitir comunicaciones destinadas a informar sobre la tributación de deter-

---

Art. 85.1: Vid. art. 34.1.*a*) LGT (§ I). Si se compara con el derogado art. 5.º1, párr. 1.º, LDGC («La Administración tributaria deberá prestar a los contribuyentes la necesaria asistencia e información acerca de sus derechos»), se observa que la obligación no incumbe ya únicamente a la Administración tributaria y se extiende a las obligaciones, además de los derechos, de los obligados tributarios. Vid. arts. 117.1.*m*) y 141.*f*) LGT (§ I), y RGIT: arts. 62 y 70 a 76 (*certificados tributarios*), 77 y 78 (*actuaciones de asistencia tributaria*).

Art. 85.2: Su precedente es el derogado art. 5.º1, párr. 2.º, LDGC. Respecto de éste, la principal diferencia es la novedad que representa la letra *e*) del art. 85.2 LGT (§ I), que únicamente ve como correlato la eximente de responsabilidad del art. 179.2.*e*) LGT (§ I). Véase el art. 179.2.*d*) LGT (§ I) respecto a la desaparición de la norma que contenía el art. 5.º2 LDGC, que disponía: «En los términos establecidos por las leyes, quedarán exentos de responsabilidad por infracción tributaria los contribuyentes que adecuen su actuación a los criterios manifestados por la Administración tributaria competente en las publicaciones, comunicaciones y contestaciones a consultas a las que se refiere el párrafo anterior».

Art. 86: Su precedente inmediato son los apartados 1, 2 y 3 del art. 6.º de la derogada LDGC. Debe destacarse la novedad que supone el apartado 4 del art. 86 LGT (§ I) y que, nuevamente, dicha obligación vuelve a pesar sobre el Ministerio de Hacienda. Véase además la exención de responsabilidad del art. 179.2.*d*) LGT (§ I).

Art. 87: Vid. arts. 62 a 64 RGIT. Sus precedentes inmediatos son los arts. 6.º4 y 7.º de la derogada LDGC.

La principal novedad frente a ellos radica en el apartado 3 del art. 87; véase sobre ello el art. 96 LGT (§ I). Vid. art. 179.2.*d*) LGT (§ I) sobre la exención de responsabilidad.

minados sectores, actividades o fuentes de renta.

2. La Administración tributaria deberá suministrar, a petición de los interesados, el texto íntegro de consultas o resoluciones concretas, suprimiendo toda referencia a los datos que permitan la identificación de las personas a las que afecten.

3. Las actuaciones de información previstas en este artículo se podrán efectuar mediante el empleo y aplicación de técnicas y medios electrónicos, informáticos y telemáticos.

Art. 88. *Consultas tributarias escritas.*—1. Los obligados podrán formular a la Administración tributaria consultas respecto al régimen, la clasificación o la calificación tributaria que en cada caso les corresponda.

2. Las consultas tributarias escritas se formularán antes de la finalización del plazo establecido para el ejercicio de los derechos, la presentación de declaraciones o autoliquidaciones o el cumplimiento de otras obligaciones tributarias.

La consulta se formulará mediante escrito dirigido al órgano competente para su contestación, con el contenido que se establezca reglamentariamente.

3. Asimismo, podrán formular consultas tributarias los colegios profesionales, cámaras oficiales, organizaciones patronales, sindicatos, asociaciones de consumidores, asociaciones o fundaciones que representen intereses de personas con discapacidad, asociaciones empresariales y organizaciones profesionales, así como a las federaciones que agrupen a los organismos o entidades antes mencionados, cuando se refieran a cuestiones que afecten a la generalidad de sus miembros o asociados.

4. La Administración tributaria archivará, con notificación al interesado, las consultas que no reúnan los requisitos establecidos en virtud del apartado 2 de este artículo y no sean subsanadas a requerimiento de la Administración.

5. La competencia para contestar las consultas corresponderá a los órganos de la Administración tributaria que tengan atribuida la iniciativa para la elaboración de disposiciones en el orden tributario, su propuesta o interpretación.

6. La Administración tributaria competente deberá contestar por escrito las consultas que reúnan los requisitos establecidos en virtud del apartado 2 de este artículo en el plazo de seis meses desde su presentación. La falta de contestación en dicho plazo no implicará la aceptación de los criterios expresados en el escrito de la consulta.

7. El procedimiento de tramitación y contestación de las consultas se desarrollará reglamentariamente.

8. La competencia, el procedimiento y los efectos de las contestaciones a las consultas relativas a la aplicación de la normativa aduanera comunitaria se

---

Art. 88: Vid. art. 89 y Disp. Trans. 2.ª1 LGT (§ I). Sobre ***consultas tributarias escritas***, vid. arts. 65 a 68 RGIT, aprobado por RD 1.065/2007, de 27 de julio, que entró en vigor el 1 de enero de 2008, modificado por el RD 1.070/2017, de 29 de diciembre (*BOE* de 30 de diciembre). Sobre la **posible exención de responsabilidad por adecuación de la conducta del obligado al criterio sentado en consultas «ajenas», vid. art. 179.2.*d*) LGT** (§ I), que deberá, por lógica, aplicarse al propio solicitante. Vid. el derogado art. 8.º LDGC.

De acuerdo con el **art. 55.2 de la Ley 22/2009**, de 18 de diciembre, por la que se regula el sistema de financiación de las **Comunidades Autónomas** (*BOE* de 19 de diciembre): ***«No son objeto de delegación las siguientes competencias: a) La contestación de las consultas reguladas en los arts. 88 y 89 de la Ley 58/2003, de 17 de diciembre, General Tributaria, salvo en lo que se refiera a la aplicación de las disposiciones dictadas por la Comunidad Autónoma en el ejercicio de sus competencias».***

Art. 88.3: Vid. arts. 66.1.*b*) y 7 y 68.2 RGIT.

Vid. art. 12.3 LGT (§ I).

Art. 88.6: Vid. arts. 103.1 y 104 LGT (§ I).

regulará por lo dispuesto en el Código Aduanero Comunitario.

Art. 89. *Efectos de las contestaciones a consultas tributarias escritas.*— 1. La contestación a las consultas tributarias escritas tendrá efectos vinculantes, en los términos previstos en este artículo, para los órganos y entidades de la Administración tributaria encargados de la aplicación de los tributos en su relación con el consultante.

En tanto no se modifique la legislación o la jurisprudencia aplicable al caso, se aplicarán al consultante los criterios expresados en la contestación, siempre y cuando la consulta se hubiese formulado en el plazo al que se refiere el apartado 2 del artículo anterior y no se hubieran alterado las circunstancias, antecedentes y demás datos recogidos en el escrito de consulta.

Los órganos de la Administración tributaria encargados de la aplicación de los tributos deberán aplicar los criterios contenidos en las consultas tributarias escritas a cualquier obligado, siempre que exista identidad entre los hechos y circunstancias de dicho obligado y los que se incluyan en la contestación a la consulta.

2. No tendrán efectos vinculantes para la Administración tributaria las contestaciones a las consultas formuladas en el plazo al que se refiere el apartado 2 del artículo anterior que planteen cuestiones relacionadas con el objeto o tramitación de un procedimiento, recurso o reclamación iniciado con anterioridad.

3. La presentación y contestación de las consultas no interrumpirá los plazos establecidos en las normas tributarias para el cumplimiento de las obligaciones tributarias.

4. La contestación a las consultas tributarias escritas tendrá carácter informativo y el obligado tributario no podrá entablar recurso alguno contra dicha contestación. Podrá hacerlo contra el acto o actos administrativos que se dicten posteriormente en aplicación de los criterios manifestados en la contestación.

Art. 90. *Información con carácter previo a la adquisición o transmisión de*

Art. 89: Acerca de los efectos jurídicos de las **contestaciones a consultas tributarias vinculantes** formuladas al amparo del art. 107.4 LGT/1963, en la redacción que le dio la Ley 10/1985, el **Tribunal Supremo**, en **Sentencia de 27 de enero de 2001**, entendió que la consulta vinculante obliga al órgano de gestión del tributo, aunque se trate de tributos cedidos a Comunidades Autónomas. **En la misma línea, el TEAC, en Resolución de 24 de noviembre de 2016**. Las contestaciones a las consultas emitidas por la Dirección General de Tributos no son vinculantes para los Tribunales Económico-Administrativos (Res. TEAC de 5 de julio de 2016). **STS de 17 de noviembre de 2010 (Rec. 1316/2009):** reconoce la responsabilidad patrimonial de la Administración en relación con el perjuicio económico sufrido por el recurrente que éste no tenía el deber jurídico de soportar, puesto que su actuación se debió a haberse aquietado al criterio de la Administración manifestado en una consulta, de cuyo cambio tuvo conocimiento con posterioridad, como reconoció la propia Administración. Vid. **STS de 2 de octubre de 2017 (Rec. 2761/2016;** ponente: J. Díaz Delgado).

STS de 28 de febrero de 2918, rec. 3250/2016. Ponente: J. Díaz Delgado: «Es cierto que **la consulta vinculante no es fuente de Derecho** —y, desde luego el criterio expresado en ella no vincula a los tribunales—. ***Pero ello no supone que los mencionados órganos administrativos, por disposición expresa de la Ley, puedan apartarse de la respuesta dada por la propia Administración siempre que concurran los requisitos subjetivos, objetivos, formales y de procedimientos establecidos legal (arts. 88 y 89 LGT) y reglamentariamente (arts. 65 a 68 del Reglamento General de las Actuaciones y Procedimientos de Gestión e Inspección Tributaria, Real Decreto 1065/2007)»***.

Art. 89.2: Vid. art. 68.2 RGIT.

Art. 89.4: STS de 10 de febrero de 2001: ***el carácter vinculante que para la Administración tiene la contestación dada a determinadas consultas no las convierte en actos o disposiciones administrativas susceptibles de impugnación en vía contencioso-administrativa.***

Art. 90: Vid. Disp. Trans. 2.ª2 LGT (§ I). Su antecedente inmediato es el art. 25 LDGC, si bien se observa una sustancial diferencia entre ambos respecto a los efectos que despliegan estas informaciones, así como a la expresa imposibilidad de impugnación. Vid. art. 69 RGIT.

bienes inmuebles.—1. Cada Administración tributaria informará, a solicitud del interesado y en relación con los tributos cuya gestión le corresponda, sobre el valor a efectos fiscales de los bienes inmuebles que, situados en el territorio de su competencia, vayan a ser objeto de adquisición o transmisión.

2. Esta información tendrá efectos vinculantes durante un plazo de tres meses, contados desde la notificación al interesado, siempre que la solicitud se haya formulado con carácter previo a la finalización del plazo para presentar la correspondiente autoliquidación o declaración y se hayan proporcionado datos verdaderos y suficientes a la Administración tributaria.

Dicha información no impedirá la posterior comprobación administrativa de los elementos de hecho y circunstancias manifestados por el obligado tributario.

3. El interesado no podrá entablar recurso alguno contra la información comunicada. Podrá hacerlo contra el acto o actos administrativos que se dicten posteriormente en relación con dicha información.

La falta de contestación no implicará la aceptación del valor que, en su caso, se hubiera incluido en la solicitud del interesado.

Art. 91. *Acuerdos previos de valoración.*—1. Los obligados tributarios podrán solicitar a la Administración tributaria, cuando las leyes o los reglamentos propios de cada tributo así lo prevean, que determine con carácter previo y vinculante la valoración a efectos fiscales de rentas, productos, bienes, gastos y demás elementos determinantes de la deuda tributaria.

2. La solicitud deberá presentarse por escrito, antes de la realización del hecho imponible o, en su caso, en los plazos que establezca la normativa de cada tributo. A dicha solicitud se acompañará la propuesta de valoración formulada por el obligado tributario.

3. La Administración tributaria podrá comprobar los elementos de hecho y las circunstancias declaradas por el obligado tributario.

4. El acuerdo de la Administración tributaria se emitirá por escrito, con indicación de la valoración, del supuesto de hecho al que se refiere, del impuesto al que se aplica y de su carácter vinculante, de acuerdo con el procedimiento y en los plazos fijados en la normativa de cada tributo. La falta de contestación de la Administración tributaria en plazo implicará la aceptación de los valores propuestos por el obligado tributario.

5. En tanto no se modifique la legislación o varíen significativamente las circunstancias económicas que fundamentaron la valoración, la Administración tributaria que hubiera dictado el acuerdo estará obligada a aplicar los valores expresados en el mismo. Dicho acuerdo tendrá un plazo máximo de vigencia de tres años excepto que la normativa que lo establezca prevea otro distinto.

6. Los obligados tributarios no podrán interponer recurso alguno contra los acuerdos regulados en este precepto. Podrán hacerlo contra el acto o actos administrativos que se dicten posteriormente en aplicación de las valoraciones incluidas en el acuerdo.

Art. 91: Sobre **acuerdos previos de valoración**, vid. las **Leyes reguladoras de los distintos tributos**. Especialmente LISdades [Ley 27/2014, de 27 de noviembre (*BOE* de 28 de noviembre)]; Ley 35/2006, de 28 de noviembre, modificada por Ley 26/2014, de 27 de noviembre (*BOE* de 28 de noviembre), y Texto Refundido del Impuesto sobre la Renta de no Residentes, aprobado por RD Legislativo 5/2004, de 5 de marzo, modificado también por Ley 26/2014.

SECCIÓN 3.ª

Colaboración social en la aplicación de los tributos

Art. 92. *Colaboración social.*— 1. Los interesados podrán colaborar en la aplicación de los tributos en los términos y condiciones que reglamentariamente se determinen.

2. En particular, dicha colaboración podrá instrumentarse a través de acuerdos de la Administración tributaria con otras Administraciones públicas, con entidades privadas o con instituciones u organizaciones representativas de sectores o intereses sociales, laborales, empresariales o profesionales, y, específicamente, con el objeto de facilitar el desarrollo de su labor en aras de potenciar el cumplimiento cooperativo de las obligaciones tributarias, con los colegios y asociaciones de profesionales de la asesoría fiscal.

3. La colaboración social en la aplicación de los tributos podrá referirse, entre otros, a los siguientes aspectos:

a) Realización de estudios o informes relacionados con la elaboración y aplicación de disposiciones generales y con la aplicación de los medios a que se refieren los párrafos *b*) y *c*) del apartado 1 del artículo 57 de esta ley.

b) Campañas de información y difusión.

c) Simplificación del cumplimiento de las obligaciones tributarias.

d) Asistencia en la realización de autoliquidaciones, declaraciones y comunicaciones y en su correcta cumplimentación.

e) Presentación y remisión a la Administración tributaria de autoliquidaciones, declaraciones, comunicaciones o cualquier otro documento con trascendencia tributaria, previa autorización de los obligados tributarios.

f) Subsanación de defectos, previa autorización de los obligados tributarios.

g) Información del estado de tramitación de las devoluciones y reembolsos, previa autorización de los obligados tributarios.

Art. 92: Vid. arts. 79 a 81 RGIT.

Art. 92.2: Nueva redacción, con efectos desde el 12 de octubre de 2015, por el art. único.16 de la Ley 34/2015, de 21 de septiembre, de modificación parcial de la LGT (*BOE* n.º 227, de 22 de septiembre). Su **redacción anterior** era la siguiente:

> 2. En particular, dicha colaboración podrá instrumentarse a través de acuerdos de la Administración tributaria con otras Administraciones públicas, con entidades privadas o con instituciones u organizaciones representativas de sectores o intereses sociales, laborales, empresariales o profesionales.

Vid. Orden HFP/534/2022, de 6 de junio (*BOE* de 11 de junio de 2022), por la que se modifica la Orden HAC /1398/2003, de 27 de mayo, ampliándose el carácter de sujeto de colaboración social a las Administraciones autonómicas y locales; los supuestos, ampliándose a la presentación telemática de determinados modelos de declaración y otros documentos tributarios y a los servicios de información y asistencia que presta la AEAT; así como las condiciones, exigiéndose un previo acuerdo de colaboración entre la AEAT y las Administraciones autonómicas y locales.

Resolución de 12 de enero de 2018, de la Dirección General de la AEAT, por la que se modifica la de 29 de mayo de 2006, por la que se establecen los supuestos y condiciones en que podrá hacerse efectiva la **colaboración social en la aplicación de los tributos, para la solicitud de certificados tributarios** (*BOE* de 23 de enero de 2018). Orden HFP/816/2017, por la que se aprueba el modelo de declaración informativa de operaciones vinculadas y de operaciones y situaciones relacionadas con países o territorios calificados como paraísos fiscales —Modelo 232— (*BOE* de 30 de agosto). El RD 1.080/1991, de 15 de julio, aprobó la relación de los países y territorios a los que cabe atribuir el carácter de paraísos fiscales, relación modificada por el RD 116/2003, de 31 de enero. El Consejo de Asuntos Económicos y Financieros de la UE publicó una relación el 5 de diciembre de 2017, lista que debe revisarse anualmente. En dicha lista hay dos anexos: el I, donde se incluyen los paraísos fiscales, y el II, en que se incluyen los Estados que han suscrito compromisos para atender a las recomendaciones de la UE.

Vid. nota al art. 93 (§ 1).

h) Solicitud y obtención de certificados tributarios, previa autorización de los obligados tributarios.

4. La Administración tributaria podrá señalar los requisitos y condiciones para que la colaboración social se realice mediante la utilización de técnicas y medios electrónicos, informáticos y telemáticos.

Art. 93. *Obligaciones de información.*—1. Las personas físicas o jurídicas, públicas o privadas, así como las entidades mencionadas en el apartado 4 del artículo 35 de esta ley, estarán obligadas a proporcionar a la Administración tributaria toda clase de datos, informes, antecedentes y justificantes con trascendencia tributaria

---

Art. 92.4: Vid. arts. 79 a 86 RGIT.

Art. 93: Vid. notas al art. 29 y arts. 141.*c*), 199 y 203 LGT (§ I) y 30 a 58 RGIT. Repárese en las obligaciones de información previstas en la Disp. Adic. 18.ª LGT (§ I). Vid. Disp. Adic. 1.ª del RD-ley 12/2002, de 30 de marzo (*BOE* de 31 de marzo), que estableció la denominada amnistía fiscal, modificado por la Disp. Final 3.ª del RD-ley 19/2012, de 25 de mayo (*BOE* de 26 de mayo), y desarrollado por Órdenes HAP/1.182/2012, de 31 de mayo (*BOE* de 4 de junio), y HAP/72/2013, de 30 de enero (*BOE* de 31 de enero). La *STC 73/2017, de 8 de junio*, declara la inconstitucionalidad de la **amnistía fiscal de 2012**, por entender que «ha incidido directa y sustancialmente en la determinación de la carga tributaria que afecta a toda clase de personas y entidades» por lo que «ha afectado a la esencia misma del deber de contribuir al sostenimiento de los gastos públicos que enuncia el art. 31.1 CE, al haberse alterado el modo de reparto de la carga tributarique debe levantar la generalidad de los contribuyentes, en unos términos que resultan prohibidos por el art. 86.1 CE».

Asociado a la amnistía se estableció el deber de declarar los bienes y derechos en el extranjero, de conformidad con el conocido Modelo 720. El incumplimiento del deber de informar sobre la existencia de tales bienes determinaba su imprescriptibilidad a efectos tributarios y su sujeción a muy fuertes sanciones en caso de incumplimiento o cumplimiento defectuoso del deber de declarar —ex Disp. Adicional 18.2) LGT—, impidiendo además —incomprensiblemente— la posibilidad de efectuar declaraciones complementarias. De otra parte, el **régimen sancionador** previsto en los casos del art. 39.2) —ex **Disp. Adicional 1.ª de la Ley 7/2012, de 29 de octubre**— era de una severidad extrema: su aplicación determinará la consideración de una infracción como muy grave y se sancionará con una multa pecuniaria proporcional del 150 por 100 del importe de la base de la sanción. La base de la sanción era la cuantía de la cuota íntegra resultante de la aplicación del precepto, sin que a efectos de determinación de la base de la sanción se tuvieran en cuenta las cantidades pendientes de compensación, deducción o aplicación procedentes de ejercicios anteriores o correspondientes al ejercicio objeto de comprobación, que pudieran minorar la base imponible o liquidable o la cuota íntegra.

Los bienes y derechos no declarados, en virtud del art. 39.2) de la Ley del IRPF tenían la consideración de ganancias de patrimonio no justificadas.

Disponía dicho precepto que:

«En todo caso tendrán la consideración de **ganancias de patrimonio no justificadas** y se integrarán en la base liquidable general del periodo impositivo más antiguo entre los no prescritos susceptible de regularización, la tenencia, declaración o adquisición de bienes o derechos respecto de los que no se hubiera cumplido en el plazo establecido al efecto la obligación de información a que se refiere la *Disposición Adicional 18.ª* de la Ley 58/2003, de 17 de diciembre, General Tributaria.

No obstante, no resultará de aplicación lo previsto en este apartado cuando el contribuyente acredite que la titularidad de los bienes o derechos corresponde con rentas declaradas, o bien con rentas obtenidas en periodos impositivos respecto de los cuales no tuviese la condición de contribuyente por este Impuesto».

Atendiendo a una **denuncia formulada ante la Unión Europea**, la Comisión Europea emplazó al Gobierno español a fin de que explicara y motivara, entre otros extremos, el porqué de este régimen, haciendo especial hincapié en la imprescriptibilidad, en la vulneración del principio de proporcionalidad en las sanciones aplicables, en la no toma en consideración del principio de igualdad —en relación con los mismos bienes no declarados radicados en España—, etc. Finalmente la **Comisión Europea** denunció al Reino de España ante el **Tribunal de Justicia de la Unión Europea**, que se ha pronunciado, en **Sentencia de 27 de enero de 2022, Sala 1.ª, declarando,** en relación con la normativa del Modelo 720, que:

- España ha vulnerado el **principio de libre circulación de capitales** al disponer que **el incumplimiento o el cumplimiento imperfecto o extemporáneo de la obligación informativa** relativa a los bienes y derechos situados en el extranjero tiene como **consecuencia la imposición de las rentas no declaradas correspondientes al valor de esos activos como «ganancias patrimoniales no justificadas», sin posibilidad de ampararse en la prescripción.**
- España también ha incumplido las obligaciones que le incumben en virtud de la **libre circulación de capitales al sancionar el incumplimiento o el cumplimiento imperfecto o extemporáneo** de la obligación informativa con una **multa proporcional del 150 por 100 del impuesto calculado sobre las cantidades correspondientes**

al valor de los bienes o derechos poseídos en el extranjero. Sanción acumulable con multas de cuantía fija que se aplican a cada dato o conjunto de datos omitidos, incompletos, inexactos o falsos que deban incluirse en el «Modelo 720». El **deber de presentar el «Modelo 720» y las sanciones** derivadas del incumplimiento o del cumplimiento imperfecto o extemporáneo de dicha obligación, que no tienen equivalente en lo que respecta a los bienes o derechos situados en España, **establecen una diferencia de trato entre los residentes en España en función del lugar de localización de sus activos**.

- El legislador español incumplió también las obligaciones exigibles en virtud de la libre circulación de capitales **al sancionar el incumplimiento o el cumplimiento imperfecto o extemporáneo** de la obligación informativa relativa a los bienes y derechos situados en el extranjero **con multas de cuantía fija cuyo importe no guarda proporción alguna con las sanciones previstas para infracciones similares** en un contexto puramente nacional y cuyo importe total no está limitado.

Como consecuencia de esta Sentencia del TJUE, se ha promulgado la **Ley 5/2022, de 9 de marzo (*BOE* de 10 de marzo) que ha dado nueva redacción al art. 39 de la LIRPF**, modificando el régimen jurídico asociado a la obligación de declarar bienes y derechos situados en el extranjero (Modelo 720), con el fin de adecuarlo al Derecho Comunitario. La modificación ha consistido fundamentalmente en:

c) eliminar la imputación como ganancia patrimonial no justificada de aquellos bienes y derechos que, aflorados en el extranjero, deban considerarse ya prescritos;

d) altera sustancialmente el régimen sancionador aplicable a estas que se consideraban como ganancias patrimoniales no justificadas, régimen establecido en las Disps. Adicionales 1.ª y 2.ª Ley 7/2012 y en la Disp. Adicional Decimoctava LGT. En consecuencia se suprime la multa del 150 % y las multas fijas por incumplimiento o cumplimiento defectuoso de la obligación de declarar bienes y derechos en el extranjero, sujetando el incumplimiento de ese deber de declarar al régimen sancionador general. En una Sentencia de 20 de junio de 2022, la Sala de lo Contencioso del TS estima el recurso presentado por dos contribuyentes contra una sentencia del Tribunal Superior de Justicia de Extremadura, que les condenaba por declarar, fuera de plazo, bienes inmuebles en el extranjero, obligando a la AEAT a devolver el importe de las multas impuestas por no declarar bienes en el extranjero.

Doctrina constitucional: **SSTC 110/1984, de 26 de noviembre, y 76/1990, de 26 de abril;** también **ATC 642/1986: La legitimidad del deber de información tributaria se sustenta en el art. 31.1 CE, y se refuerza con la definición del Estado social y democrático de Derecho contenida en el art. 1.º CE** y la garantía real de la igualdad del art. 9.º2 de la misma.

La *STC 110/1984* declara que la petición y aportación de datos y antecedentes se realizará en los límites legales establecidos, entre los que hay que contar, naturalmente, los que impone la Constitución. Solicitado aplazamiento de pago y requerida por la Administración la presentación del balance de situación y la cuenta de resultados del ejercicio, tal requerimiento es ajustado a Derecho, de conformidad con el art. 111 LGT/1963 (art. 93 de la vigente LGT/2003), como ha señalado la *Sala 3.ª del TS* en *Sentencia de 14 de marzo de 2007*, reiterando el criterio mantenido por el TC (*STC 143/1994, de 9 de mayo*) sobre la inexistencia de un derecho absoluto e incondicionado a la reserva de los datos económicos del contribuyente con relevancia fiscal frente a la Administración, al tiempo que señala el TS que «las sociedades anónimas, o las personas jurídicas en general, no pueden como tales alegar intimidad alguna frente a la Administración Tributaria, en cuanto a sus libros y sus cuentas, que han de estar a disposición de la Hacienda Pública».

STS de 2 de junio de 2003: «… la Administración Tributaria únicamente puede investigar aquellos hechos o circunstancias respecto de los que, o bien ha nacido ya un hecho imponible, o bien es seguro que va a nacer, pues en caso contrario unicamente existe una posibilidad o simple expectativa, y los datos no tendrán trascendencia tributaria». La información debe solicitarse previamente al propio obligado tributario.

STS de 27 de febrero de 2019, Rec. 1411/2017. Ponente: D. T. Berberoff: Fijar como criterios interpretativos de los **artículos 93, apartados 1 y 2 LGT** y el **artículo 30, apartados 3 y 4, del RGGIT** con relación a los plazos máximos de resolución y a los efectos de la falta de resolución expresa (art. 104) en el ámbito de los procedimientos de comprobación limitada (arts. 123 y 136 a 140 LGT) los siguientes: Las actuaciones de obtención de información tributaria pueden servir para recabar del obligado tributario la necesaria para que permita a los órganos de gestión iniciar después un procedimiento de comprobación limitada de sus obligaciones tributarias, y están sujetas al plazo máximo de duración legalmente previsto para ese procedimiento. La utilización de los documentos y medios de prueba obtenidos en las actuaciones de comprobación censal que hayan caducado por el transcurso del plazo máximo previsto legalmente, de seis meses, tan solo conservarán su validez y eficacia en otros procedimientos iniciados o que puedan iniciarse posteriormente, cuando previamente se haya declarado por la Administración la caducidad de aquel procedimiento de comprobación censal y el archivo de las actuaciones.

STS 1106/2020 de 23 julio de 2020, Rec. 80/2018. Ponente: J. Díaz Delgado. **El Supremo declara nula la reforma del Reglamento de Gestión e InspecciónTributaria —llevada a cabo por RD 1070/2017— que obligaba a informar a las plataformas colaborativas sobre los alquileres turísticos. Aplicación de la doctrina STJUE 19 de diciembre de 2019 obligación de notificar bajo la Directiva 1535/2015. Nulidad por defectos**

de forma. Tratándose de disposiciones generales que establecen una serie de obligaciones a las entidades colaborativas prestadoras de servicio de la información, que aun siendo legítimas desde el punto de vista del ordenamiento jurídico interno, exigen un reglamento técnico de desarrollo de la Ley de trasposición de la directiva de información aludida, por lo que tal desarrollo debería haber sido previamente notificado por España a la Comisión Europea. La falta de notificación anterior a su aprobación supone la declaración de nulidad del Reglamento impugnado.

Tribunal Supremo, Sentencia 333/2022, 16 de marzo. Rec. 4727/2020: El Supremo examina el Modelo 232 **sobre información relacionada con operaciones vinculadas y con paraísos fiscales y lo declara conforme con el ordenamiento jurídico**. Entiende el TS que respeta los principios de legalidad y reserva de ley, dado que las obligaciones de la Orden HFP/816/2017, por la que se aprobó el modelo, tienen como base normativa los arts. 29.2.*f)* y 93 de la LGT, en relación con los arts. 30.2 del RD 1065/2007, y los arts. 18 y 19 de la LIS y 13.4 y 37 del RIS; respetando igualmente el principio de proporcionalidad en función de la transcendencia tributaria de la información que debe obtenerse por la obligación formal impuesta. Entiende el TS que, dado que no tiene naturaleza sancionadora, no cabe entrar a analizar el principio de tipicidad propia del ámbito sancionador.

STS 974/2011, de 2 de marzo (Rec. 5261/2006. Ponente: O. González) (FJ 3.º): «La jurisprudencia de esta Sala en relación con el art. 111 LGT se contiene en Sentencias de 1 de julio de 2003, 18 de junio de 2004, 16 de septiembre de 2005, 13 de junio de 2006 y 14 de enero de 2010. Según esta jurisprudencia deben distinguirse *dos clases de información tributaria*, contempladas respectivamente en los apartados 1 y 3.

»"La primera (art. 111.1) es una información *a priori*, de carácter general y previa a la actuación inspectora [...]. La segunda es una obligación de información a posteriori, una vez iniciada la actuación inspectora, cuando existe la necesidad de conocer los movimientos de las cuentas activas y pasivas que el sujeto pasivo objeto de la inspección tiene en los Bancos o Entidades de Crédito, y que, por la incidencia en la intimidad personal, debe seguir el procedimiento y las garantías que establecía el apartado 3 de dicho art. 111 LGT/1963.

»"Es para esta última información para la que se exigía la individualización del requerimiento.

»"Esta Sala, en Sentencias, entre otras, de 29 de marzo de 1999 y 10 de octubre de 2001, ha establecido los criterios interpretativos de los apartados 1 y 3 del art. 111 LGT/1963, analizándoles dentro del contexto normativo sobre información en materia de operaciones bancarias, y desde la perspectiva funcional de la Inspección de Hacienda"».

***Requisitos que deben concurrir en los requerimientos de información*: STS de 14 de noviembre de 2011 (Rec. 5782/2009**; ponente: Sr. J. Huelin): según la Sentencia de 12 de marzo de 2009 (rec. cas. n.º 4549/04, FJ 3.º), el requerimiento de información debe estar motivado; aún más, ha de cumplir con la previsión de individualización que el tipo de información demandada exige, debiendo concurrir una justificación específica y suficiente que fundamente el requerimiento, según la Sentencia de 12 de noviembre de 2003 (rec. cas. n.º 4783/98, FJ 4.º). Pero, además de motivado y estar suficientemente individualizado, el requerimiento ha de ser ajustado a derecho, esto es, ha de practicarse cumpliendo todos los requisitos legales. Entre ellos se encuentra el de la competencia del órgano del que emana. En este caso concreto, la cuestión se refiere a la de los órganos de recaudación y puede verse en nota al art. 162 LGT (§ I).

Se han producido divergencias en el seno de la Sección 2.ª, Sala 3.ª del TS, al analizar la posibilidad de que el destinatario de un requerimiento de información pueda negarse a cumplimentarlo aduciendo que, pese a disponer de la información que se le pide y que tiene *contenido económico*, no está obligado a facilitarla por no tener una *relación económica, profesional o financiera con la persona cuyos datos se le piden* o la información carece de *trascendencia tributaria*. En unos casos se entendía que bastaba que el contenido de los datos fuera *económico* para que debiera cumplimentarse el requerimiento de información. En otros, por el contrario, se exigía que la Inspección justificara la *trascendencia tributaria de los datos requeridos*. En otros, en fin, se exigía la *existencia de una relación económica, profesional o financiera con la persona cuyos datos se requieren*.

En **Sentencia de 22 de enero de 2015** (Rec. 1889/2012; ponente: J. A. Montero) **el Tribunal ha salido al paso de la laxa interpretación que venía realizando, al identificar el carácter económico de los datos con su trascendencia tributaria**. El Tribunal ha concluido en **la necesidad de que los datos requeridos tengan *trascendencia tributaria*, para lo que no basta con su contenido económico**. Reitera el TS la doctrina mantenida en anteriores Sentencias y precisa que:

«La ***noción de "trascendencia tributaria"*** constituye, como subraya la sentencia impugnada, un concepto jurídico indeterminado, no definido agotadoramente en el texto de la norma, pero que, al ser aplicado, sólo puede reconducirse a una única solución jurídicamente admisible. En otras palabras, la calificación de unos datos como de "trascendencia tributaria" no entraña la atribución a la Administración de una potestad discrecional, en cuyo ejercicio disponga de un mayor o menor margen de maniobra que le permita optar entre indiferentes jurídicos, quedando, por lo tanto, su elección exenta de control jurisdiccional. Se trata, por el contrario, de una potestad esencialmente reglada, que obliga a la Administración a encontrar la correcta y única aplicación justa de la norma en atención a la naturaleza de los datos que quiere recopilar y de los sujetos a quienes se los reclama, pues no en vano el artículo 93.1 se refiere a datos relacionados con el cumplimiento de sus propias obligaciones tributarias o deducidos de sus relaciones económicas, profesionales o financieras con otras personas.

En particular:

a) Los retenedores y los obligados a realizar ingresos a cuenta deberán presentar relaciones de los pagos dinerarios o en especie realizados a otras personas o entidades.

b) Las sociedades, asociaciones, colegios profesionales u otras entidades

---

"con trascendencia tributaria relacionados con el cumplimiento de sus propias obligaciones tributarias o deducidos de sus relaciones económicas, profesionales o financieras con otras personas". Siendo así, la Inspección, cuando efectúa un requerimiento individualizado de información, debe precisar los datos que pide, para conocimiento del requerido, pero también para facilitar el eventual control jurisdiccional *ex* artículo 106.1 de la Constitución Española.

»Se trata, en fin, de eliminar todo atisbo de arbitrariedad en el ejercicio de esta intensa potestad por parte de la Administración. Sólo con aquella precisión se podrá concluir cabalmente si los datos recabados alcanzan trascendencia tributaria, noción que, como hemos apuntado en la repetida sentencia de 12 de noviembre de 2003 [FJ 4.ºA)], debe entenderse como la cualidad de aquellos hechos o actos que pueden ser útiles para averiguar si ciertas personas cumplen o no con la obligación establecida en el artículo 31.1 de la Norma Suprema, cualidad que puede ser "directa" (cuando la información solicitada se refiere a hechos imponibles, es decir, a actividades, titularidades, actos o hechos a los que la ley anuda el gravamen) o "indirecta" (cuando la información se refiere a datos colaterales, que pueden servir de indicio para rastrear hechos imponibles presuntamente no declarados o, sencillamente, para guiar después la labor inspectora hacia determinadas personas). Pueden consultarse en este mismo sentido las sentencias de 14 de marzo de 2007 (rec. cas. 1320/02, FJ 3.º2), 3 de noviembre de 2011 (rec. cas. 2117/09, FJ 4.º) y 28 de noviembre de 2013 (rec. cas. 5692/11, FJ 3.º)».

Sin embargo, en pronunciamientos posteriores —STS de 18 de febrero de 2015 (rec. cas. 3479/2012)— el Tribunal ha vuelto a planteamientos más laxos —se trataba de precisar la legalidad **de requerimientos de información respecto de titulares de tarjetas de El Corte Inglés** que hubieran efectuado pagos anuales superiores a 30.000 euros—, requerimiento cuya legalidad declara el Tribunal. Lo que motiva los **votos particulares** —formulados por J. Huelin y J. A. Montero – en los que se pone de relieve la necesidad de que «ese deber [de información] sólo incumbe a las personas que disponen de datos fiscalmente relevantes de otras como consecuencia de las relaciones económicas, profesionales o financieras que han mantenido con ellas. Reconocemos que la fórmula empleada en el precepto no es la más afortunada, pero una lectura literal y sistemática de la norma no puede, en nuestra opinión, conducir a otro desenlace».

Esta Sentencia sigue los pasos de la STS de 15 de diciembre de 2014 (Rec. 3565/2012; ponente: R. Fernández Montalvo), en la que el TS señaló que «[...] la obligación de suministrar a la Administración tributaria datos ajenos con trascendencia tributaria *alcanza a cualquier persona*, a quienes los tengan por sus relaciones económicas, profesionales o financieras con otras personas; así se desprende de la fórmula general del primer párrafo del artículo 93.1 de la Ley General Tributaria de 2003 y del listado meramente enunciativo que realiza el segundo párrafo».

STS de 13 de julio de 2016 (Rec. 1670/2015; ponente: P. M. Lucas): Requerir a un colegio privado las facturas emitidas al padre por los gastos de enseñanza, manutención y actividades extraescolares y la remisión de dichas facturas a la Administración Tributaria no supone vulneración de los derechos fundamentales a la intimidad y a la protección de datos de carácter personal. En dichas facturas solamente se expresaba el concepto genérico y el importe que se ha de satisfacer. Son datos de relevancia tributaria.

Suspensión de requerimiento de información: **Vid. STS 1718/2011, de 24 de marzo (Rec. 3266/2010)**, en nota al art. 233.10 LGT (§ I).

Art. 93.1.b): Vid. art. 31.3 RGIT.

Vid. **RD 1.021/2015, de 13 de noviembre, establece la obligación de identificar la residencia fiscal de las personas que ostenten la titularidad o el control de determinadas cuentas financieras y de informar acerca de las mismas en el ámbito de la asistencia mutua** (*BOE* de 17 de noviembre). La Orden HAP/2.194/2013, de 22 de noviembre, regula los procedimientos y las condiciones generales para la presentación de determinadas autoliquidaciones y declaraciones informativas de naturaleza tributaria, modificada por Orden HAP/2.762/2015, de 15 de diciembre (*BOE* de 21 de diciembre), por Orden HAP/2.835/2015, de 28 de diciembre, que aprueba el Modelo 113 de comunicación de datos relativos a las ganancias patrimoniales por cambio de residencia cuando se produzca a otro Estado miembro de la Unión Europea o del Espacio Económico Europeo con efectivo intercambio de información tributaria y se establece la forma y plazo para su presentación (*BOE* de 30 de diciembre) y por Disp. Final 1.ª de la Orden HFP/816/2017, por la que se aprueba el modelo de declaración informativa de operaciones vinculadas y de operaciones y situaciones relacionadas con países o territorios calificados como paraísos fiscales —Modelo 232— (*BOE* de 30 de agosto). El RD 1.080/1991, de 15 de julio, aprobó la relación de los países y territorios a los que cabe atribuir el carácter de paraísos fiscales, relación modificada por el RD 116/2003, de 31 de enero. El Consejo de Asuntos Económicos y

que, entre sus funciones, realicen la de cobro de honorarios profesionales o de derechos derivados de la propiedad intelectual, industrial, de autor u otros por cuenta de sus socios, asociados o colegiados, deberán comunicar estos datos a la Administración tributaria.

A la misma obligación quedarán sujetas aquellas personas o entidades, incluidas las bancarias, crediticias o de mediación financiera en general que, legal, estatutaria o habitualmente, realicen la gestión o intervención en el cobro de honorarios profesionales o en el de comisiones, por las actividades de captación, colocación, cesión o mediación en el mercado de capitales.

c) Las personas o entidades depositarias de dinero en efectivo o en cuentas, valores u otros bienes de deudores a la Administración tributaria en período ejecutivo estarán obligadas a informar a los órganos de recaudación y a cumplir los requerimientos efectuados por los mismos en el ejercicio de sus funciones.

Financieros de la UE publicó una relación el 5 de diciembre de 2017, lista que debe revisarse anualmente. En dicha lista hay dos anexos: el I, donde se incluyen los paraísos fiscales, y el II, en que se incluyen los Estados que han suscrito compromisos para atender a las recomendaciones de la UE. Téngase en cuenta que, de acuerdo con el **art. decimosexto de la Ley 11/2021, de 9 de julio, se ha modificado la Ley 36/2006, de 29 de noviembre, de medidas para la prevención del fraude fiscal. Modificaciones que, en síntesis, consisten en:**

a) Las referencias efectuadas en la normativa a ***paraísos fiscales***, a ***países o territorios con los que no exista efectivo intercambio de información***, o de ***nula o baja tributación*** se entenderán efectuadas a la definición de ***jurisdicción no cooperativa***

b) Las referencias normativas efectuadas a **Estados con los que exista un efectivo intercambio de información tributaria o en materia tributaria**, se entenderán efectuadas a **Estados con los que exista normativa sobre asistencia mutua en materia de intercambio de información tributaria en los términos previstos en la LGT que sea de aplicación.**

c) Tendrán la consideración de ***jurisdicciones no cooperativas*** los países y territorios, así como los regímenes fiscales perjudiciales, ***que se determinen por la Ministra de Hacienda mediante Orden Ministerial***, de acuerdo con una serie de **criterios**, entre los que figura la ***existencia o no de normativa sobre asistencia mutua***, **el** cumplimiento de un ***efectivo intercambio de información tributaria con España***, el ***resultado de las evaluaciones «inter pares» realizadas por el Foro Global de Transparencia e Intercambio de Información con Fines Fiscales*** y el efectivo ***intercambio de información relativa al titular real***, definido en los términos de la normativa española en materia de prevención de blanqueo de capitales y financiación del terrorismo.

d) **La existencia de baja o nula tributación.**

Existe **baja tributación** cuando en el país o territorio de que se trate se aplique un nivel impositivo efectivo considerablemente inferior, incluido el tipo cero, al exigido en España en un impuesto idéntico o análogo al IRPF, al Impuesto sobre Sociedades o al Impuesto sobre la Renta de no Residentes.

Existe **nula tributación** cuando en el país o territorio de que se trate no se aplique un impuesto idéntico o análogo al IRPF, al Impuesto sobre Sociedades o al Impuesto sobre la Renta de no Residentes, según corresponda.

Tendrán la consideración de **impuesto idéntico o análogo** los tributos que tengan como finalidad la imposición de la renta, siquiera parcialmente, con independencia de que el objeto del mismo lo constituya la propia renta, los ingresos o cualquier otro elemento indiciario de esta.

e) La relación de regímenes fiscales perjudiciales que tienen la consideración de **jurisdicciones no cooperativas** se podrá **actualizar** atendiendo a los criterios del Código de Conducta en materia de Fiscalidad Empresarial de la Unión Europea o del Foro de Regímenes Fiscales Perjudiciales de la OCDE.

f) Respecto de aquellos ***países o territorios que tengan la consideración de jurisdicciones no cooperativas***, de conformidad con lo establecido en esta disposición, ***con los que el Reino de España tenga suscrito un convenio para evitar la doble imposición que se encuentre vigente,*** la normativa tributaria relacionada con las jurisdicciones no cooperativas resultará también de aplicación, en la medida en que no sea contraria a las disposiciones del citado convenio.

g) ***En tanto no se determinen por Orden Ministerial los países o territorios que tienen la consideración de jurisdicción no cooperativa, tendrán dicha consideración los países o territorios previstos en el Real Decreto 1080/1991, de 5 de julio,*** por el que se determinan los países o territorios a que se refieren los artículos 2, apartado 3, número 4, de la Ley 17/1991, de 27 de mayo, de Medidas Fiscales Urgentes, y 62 de la Ley 31/1990, de 27 de diciembre, de Presupuestos Generales del Estado para 1991.»

Art. 93.1.c): STS de 13 de noviembre de 2014 (Rec. 266/2012; ponente: J. G. Martínez Micó): Los requerimientos de información no pueden ser genéricos, sino que han de estar vinculados al cobro de créditos concretos.

d) Las personas y entidades que, por aplicación de la normativa vigente, conocieran o estuvieran en disposición de conocer la identificación de los beneficiarios últimos de las acciones deberán cumplir ante la Administración tributaria con los requerimientos u obligaciones de información que reglamentariamente se establezcan respecto a dicha identificación.

2. Las obligaciones a las que se refiere el apartado anterior deberán cumplirse con carácter general en la forma y plazos que reglamentariamente se determinen, o mediante requerimiento individualizado de la Administración tributaria que podrá efectuarse en cualquier momento posterior a la realización de las operaciones relacionadas con los datos o antecedentes requeridos.

3. El incumplimiento de las obligaciones establecidas en este artículo no podrá ampararse en el secreto bancario.

Los requerimientos individualizados relativos a los movimientos de cuentas corrientes, depósitos de ahorro y a plazo, cuentas de préstamos y créditos y demás operaciones activas y pasivas, incluidas las que se reflejen en cuentas transitorias o se materialicen en la emisión de cheques u otras órdenes de pago, de los bancos, cajas de ahorro, cooperativas de crédito y cuantas entidades se dediquen al tráfico bancario o crediticio, podrán efectuarse en el ejercicio de las funciones de inspección o recaudación, previa autorización del órgano de la Administración tributaria que reglamentariamente se determine.

Los requerimientos individualizados deberán precisar los datos identificativos del cheque u orden de pago de que se trate, o bien las operaciones objeto de investigación, los obligados tributarios afectados, titulares o autorizados, y el período de tiempo al que se refieren.

La investigación realizada según lo dispuesto en este apartado podrá afectar al origen y destino de los movimientos o de los cheques u otras órdenes de pago, si bien en estos casos no podrá exceder de la identificación de las personas y de las cuentas en las que se encuentre dicho origen y destino.

4. Los funcionarios públicos, incluidos los profesionales oficiales, estarán obligados a colaborar con la Administración tributaria suministrando toda

Art. 93.1.d): Apartado introducido por la Disposición Final 1.ª de la Ley 5/2021, de 12 de abril, por la que se modifica el Texto Refundido de la Ley de Sociedades de Capital.

Art. 93.3: El precedente inmediato es el art. 111.3 LGT/1963, que, modificado por la LPGE para 1992, fue declarado parcialmente inconstitucional por la **STC 195/1994, de 28 de junio** (*BOE* de 26 de julio). Sobre los efectos de esa declaración de inconstitucionalidad, vid. SSTS, Sala 3.ª, Sección 2.ª, de 24 de junio de 2004, 12 de abril de 2005 y 20 de diciembre de 2007. Vid. arts. 37 a 44 RGIT y, sobre requerimientos individualizados de información, arts. 55 a 57 del mismo RGIT.

Art. 93.4: ***Prevención del blanqueo de capitales.*** **Vid. nota al art. 94.4 LGT (§ I).**

• El art. 32 de la Ley 29/1987, de 18 de diciembre, del Impuesto sobre Sucesiones y Donaciones, establece la obligación de información de los notarios respecto de todos los actos en que intervengan en el ejercicio de sus funciones. **Resolución de 5 de febrero de 2020, de la Dirección del Servicio de Planificación y Relaciones Institucionales de la Agencia Estatal de Administración Tributaria, por la que se publica el Convenio con el Consejo General del Notariado en materia de suministro de información. La Agencia Estatal de Administración Tributaria y el Consejo General del Notariado han suscrito con fecha 3 de febrero de 2020 un Convenio en materia de suministro de información** (*BOE* de 15 de febrero de 2020). El art. 51 RGIT regula la obligación de informar sobre personas o entidades que no han comunicado su NIF o que no han identificado los medios de pago empleados al otorgar escrituras o documentos donde consten los actos o contratos intervenidos por los notarios. El art. 54 regula la obligación de informar sobre operaciones financieras relacionadas con bienes inmuebles. La Disp. Final 47.ª de la Ley 2/2011, de 4 de marzo, de Economía Sostenible (*BOE* de 5 de marzo), introdujo un nuevo precepto, el art. 17, en la Ley 3/1993, de 22 de marzo, Básica de las Cámaras Oficiales de Comercio, Industria y Navegación, en el que establece un deber de información.

clase de información con trascendencia tributaria de la que dispongan, salvo que sea aplicable:

a) El secreto del contenido de la correspondencia.

b) El secreto de los datos que se hayan suministrado a la Administración para una finalidad exclusivamente estadística.

c) El secreto del protocolo notarial, que abarcará los instrumentos públicos a los que se refieren los artículos 34 y 35 de la Ley de 28 de mayo de 1862, del Notariado, y los relativos a cuestiones matrimoniales, con excepción de los referentes al régimen económico de la sociedad conyugal.

5. La obligación de los demás profesionales de facilitar información con trascendencia tributaria a la Administración tributaria no alcanzará a los datos privados no patrimoniales que conozcan por razón del ejercicio de su actividad cuya revelación atente contra el honor o la intimidad personal y familiar. Tampoco alcanzará a aquellos datos confidenciales de sus clientes de los que tengan conocimiento como consecuencia de la prestación de servicios profesionales de asesoramiento o defensa.

Los profesionales no podrán invocar el secreto profesional para impedir la comprobación de su propia situación tributaria.

Art. 94. *Autoridades sometidas al deber de informar y colaborar.*—1. Las autoridades, cualquiera que sea su naturaleza, los titulares de los órganos del Estado, de las comunidades autónomas y de las entidades locales; los organis-

---

Art. 93.5: Doctrina constitucional: Las **SSTC 110/1984, de 26 de noviembre, y 111/ 1984** se pronuncian sobre **la legitimidad del deber de información tributaria,** sustentado en el art. 31.1 CE, y se refuerza con la definición de Estado social y democrático de Derecho contenido en el art. 1.º CE, y la garantía real de la igualdad del art. 9.º2 de la misma.

La **STC de 17 de octubre de 1991** declara que el ***derecho a la intimidad personal*** está directamente vinculado a la dignidad de la persona e «implica la exitencia de un ámbito propio y reservado frente a la acción y conocimiento de los demás, necesario para mantener una calidad mínima de la vida humana; incluyendo como uno de los ámbitos protegidos de la intimidad personal [...], la protección frente a nuestros datos personales [...], sobre todo si tenemos en cuenta el vertiginoso avance de las tecnologías de la información». Cfr. STC 143/1994, de 9 de mayo, y Sentencias del Tribunal Supremo de 31 de octubre y 12 de diciembre de 1999, 7 de febrero y 29 de julio de 2000, *STS de 7 de junio de 2003*: no cabe oponer el deber de secreto profesional frente a los requerimientos a auditores de cuentas en relación con los estados financieros de una entidad mercantil.

La **STC 110/1994,** *de 26 de noviembre*, respecto al ***secreto profesional,*** sostiene que no lo vulnera el simple conocimiento del nombre del cliente y de las cantidades pagadas por él en concepto de honorarios, ya que éstos deben figurar en el libro de ingresos profesionales, de obligada llevanza y exhibición a la inspección

Suspensión de requerimiento de información: **Vid. STS 1.718/2011, de 24 de marzo (Rec. 3266/2010), en nota al art. 233.10 LGT (§ I).**

Art. 94: Vid. arts. 199 y 203 LGT (§ I), 30 RGIT y 14, 36 y 37 TRLCI; arts. 8.º, 27 y 110 TRLHL; arts. 90, 100 y 105 y Disp. Adic. 13.ª LIRPF, Ley 35/2006, de 28 de noviembre (*BOE* de 29 de noviembre); art. 53 TRLIRNR; Disp. Adic. única RIRNR, introducida por el RD 1.309/2005, de 4 de noviembre (*BOE* de 8 de noviembre) y art. 20.4.*c*) de la Ley 38/2003, de 17 de noviembre, General de Subvenciones (*BOE* de 18 de noviembre), sobre la cesión de datos sobre la gestión de subvenciones por la Intervención General a la Administración Tributaria de la Administración del Estado.

Vid. RD 1.558/2012, de 15 de noviembre, por el que se adaptan las normas de desarrollo de la LGT a la normativa comunitaria e internacional en materia de **asistencia mutua**, se **establecen obligaciones de información sobre bienes y derechos situados en el extranjero,** y se **modifica el reglamento de procedimientos amistosos en materia de imposición directa**, aprobado por RD 1.794/2008, de 3 de noviembre (*BOE* de 24 de noviembre). Lleva a cabo la transposición de la Directiva 2011/16/UE del Consejo, de 15 de febrero de 2011, relativa a la cooperación administrativa en el ámbito de la fiscalidad.

Art. 94.1: Vid. arts. 31.2 y 59 a 61 RGIT. **La AEAT ha suscrito varios Convenios con determinadas Comunidades Autónomas, así como con distintas Ciudades, en materia de suministro de información para finalidades no tributarias,** en cumplimiento del art. 48.8 de la Ley 40/2015, de 1 de octubre, de Régimen Jurídico del Sector Público. Víd Convenio con Andalucía (*BOE* 26 de febrero de 2020) ; Castilla-La Mancha (*BOE* 26 de febrero de 2020); Extremadura (*BOE* 26 de febrero de 2020) ; Madrid (*BOE* 4 de marzo de 2020); Comunidad Valenciana (*BOE* 10 de marzo de 2020); Toldedo (*BOE* 6 de marzo de 2020).

mos autónomos y las entidades públicas empresariales; las cámaras y corporaciones, colegios y asociaciones profesionales; las mutualidades de previsión social; las demás entidades públicas, incluidas las gestoras de la Seguridad Social y quienes, en general, ejerzan funciones públicas, estarán obligados a suministrar a la Administración tributaria cuantos datos, informes y antecedentes con trascendencia tributaria recabe ésta mediante disposiciones de carácter general o a través de requerimientos concretos, y a prestarle, a ella y a sus agentes, apoyo, concurso, auxilio y protección para el ejercicio de sus funciones.

Asimismo, participarán en la gestión o exacción de los tributos mediante las advertencias, repercusiones y retenciones, documentales o pecuniarias, de acuerdo con lo previsto en las leyes o disposiciones reglamentarias vigentes.

2. A las mismas obligaciones quedarán sujetos los partidos políticos, sindicatos y asociaciones empresariales.

3. Los juzgados y tribunales deberán facilitar a la Administración tributaria, de oficio o a requerimiento de la misma, cuantos datos con trascendencia tributaria se desprendan de las actuaciones judiciales de las que conozcan, respetando, en su caso, el secreto de las diligencias sumariales.

4. El Servicio Ejecutivo de la Comisión de Prevención del Blanqueo de Capitales e Infracciones Monetarias y

---

Art. 94.2: Vid. arts. 31.2 y 59 a 61 RGIT.

Art. 94.3: Vid. arts. 164.3 LGT (§ I) y 56 RGIT.

En **Resolución del TEAC de 18 de septiembre de 2018 (vocalía 2.ª Rec. 7111/2015)** se autoriza a la AEAT para requerir información a los Colegios de Abogados relativa a las minutas de los Abogados giradas como consecuencia de procedimientos de jura de cuentas. La **STS 13 de noviembre de 2018 (rec. 620/2017. Ponente: N. A. Maurandi)** anula Acuerdo de la Comisión Permanente del Consejo General del Poder Judicial de 20 de julio de 2017 por el que se autorizaba a la AEAT a solicitar información relativa a la participación de abogados y procuradores en todos los procedimientos judiciales habidos en los años 2014,2015 y 2016.

STC 67/2020, de 29 de junio. Rec. 4755/2017: **la Administración Tributaria sí puede utilizar una prueba obtenida a través de una medida de investigación judicial penal porque cuenta con la habilitación legal reconocida en el art. 94.3 LGT**, que establece la obligación para el órgano judicial de comunicar a la Administración «cuantos datos con trascendencia tributaria se desprendan de las actuaciones judiciales. **Lo relevante es que se ejerza un control jurisdiccional sobre los datos o sobre las pruebas trasladadas a un procedimiento administrativo y que el órgano judicial compruebe que —conforme al principio general del respeto al derecho de defensa— el sujeto pasivo tuvo la posibilidad de tener acceso a esas pruebas y de ser oído en relación con las mismas»**.

Art. 94.4: Ley 10/2010, de 28 de abril, de prevención del blanqueo de capitales y de la financiación del terrorismo (*BOE* de 29 de abril; entrada en vigor el 30 de abril).

El **art. 49.2** establece:

«Sin perjuicio de lo dispuesto en la Ley 58/2003, de 17 de diciembre, General Tributaria, el intercambio de información entre el Servicio Ejecutivo de la Comisión y la Administración tributaria se realizará preferentemente en la forma que se determine mediante convenio suscrito entre la Comisión de Prevención del Blanqueo de Capitales e Infracciones Monetarias y la AEAT.

»La Secretaria de la Comisión podrá facilitar a la Administración tributaria y a las Fuerzas y Cuerpos de Seguridad la información con relevancia tributaria o policial.»

Finalmente, en el **art. 2.º se relacionan los sujetos obligados. Precepto modificado por la Disp. Final 8.ª de la Ley 21/2011, de 26 de julio (*BOE* de 27 de julio), y por la Disp. Final 6.ª1 de la Ley 19/2013, de 9 de diciembre (*BOE* de 10 de diciembre)**. Vid. Orden ECC/2.402/2015, de 11 de noviembre, que crea el Órgano Centralizado de Prevención del blanqueo de capitales y de la financiación del terrorismo del Colegio de Registradores de la Propiedad, Mercantiles y de Bienes Muebles (*BOE* de 16 de noviembre).

Vid. RD 304/2014, de 5 de mayo, por el que se aprueba el Reglamento de la Ley 10/2010, de 28 de abril, de prevención del blanqueo de capitales y de la financiación del terrorismo (*BOE* de 6 de mayo de 2014). Vid. Orden ECC/2.314/2015, de 20 de octubre (*BOE* de 4 de noviembre), que fijó el 6 de mayo de 2016 como fecha de entrada en funcionamiento del Fichero de Titularidades Financieras. También, Instrucción de 19 de diciembre de 2014, de la Secretaría de Estado de Economía y Apoyo a la Empresa, que fija los datos de identificación adicionales que deben ser declarados por las entidades de crédito al Fichero de Titularidades Financieras, a fin de identificar intervinientes, cuentas y depósitos (*BOE* de 27 de enero de 2015).

la Comisión de Vigilancia de Actividades de Financiación del Terrorismo, así como la Secretaría de ambas comisiones, facilitarán a la Administración tributaria cuantos datos con trascendencia tributaria obtengan en el ejercicio de sus funciones, de oficio, con carácter general o mediante requerimiento individualizado en los términos que reglamentariamente se establezcan.

Los órganos de la Administración tributaria podrán utilizar la información suministrada para la regularización de la situación tributaria de los obligados en el curso del procedimiento de comprobación o de inspección, sin que sea necesario efectuar el requerimiento al que se refiere el apartado 3 del artículo anterior.

5. La cesión de datos de carácter personal que se deba efectuar a la Administración tributaria conforme a lo dispuesto en el artículo anterior, en los apartados anteriores de este artículo o en otra norma de rango legal, no requerirá el consentimiento del afectado. En este ámbito no será de aplicación lo dispuesto en el apartado 1 del artículo 21 de la Ley Orgánica 15/1999, de 13 de diciembre, de Protección de Datos de Carácter Personal.

Art. 95. *Carácter reservado de los datos con trascendencia tributaria.*—1. Los datos, informes o antecedentes obtenidos por la Administración tributaria en el desempeño de sus

---

Art. 94.5: Esta Ley se aplica al tratamiento de datos personales, sea automatizado o no.

STS, Sala 2.ª, de 11 de marzo de 2016 (Rec. 1189/2015; ponente: M. Colmenero): Los ***agentes del SVA*** pueden acceder a las bases de datos de la AEAT. «[...] Ha de precisarse que tal acceso no es lícito con cualquier finalidad, sino para la investigación relacionada con sus competencias. En este sentido, en la Sentencia 811/2012 [...] se reconocía su condición de policía judicial en el ámbito específico de sus competencias y se añadía que aunque no pueden extender sus actuaciones a ámbitos absolutamente ajenos a las investigaciones de índole fiscal, que competen a otros cuerpos más específicamente policiales, es claro que el blanqueo de capitales, que implica la ocultación a Hacienda de grandes cantidades de dinero, se incluye en este ámbito fiscal. Por lo tanto, para esta Sala, en el precedente citado, la investigación sobre la comisión de un posible delito de blanqueo de capitales no es ajena a las competencias del SVA, en tanto integrado en la AEAT [...]» (FD 1.º3).

«[...] En el caso, los agentes del SVA no sólo accedieron a los datos que constaban en la AEAT, sino que además requirieron a otras Administraciones públicas y a entidades privadas datos relativos a los sospechosos [...].

»En realidad, como se desprende de lo que se afirma en la última sentencia citada, los datos relativos a los movimientos de dinero o bienes en general y a la identidad de las personas que aparecen como titulares de los mismos, tienen indudable trascendencia tributaria, en la medida en que permiten identificar el hecho imponible y la identidad del obligado tributario, así como, en su caso, facilitar la reacción del Estado contra el fraude fiscal. En este sentido, la antes citada Sentencia 811/2012 incluye el blanqueo de capitales en el ámbito fiscal. Por esa razón, los agentes del SVA no infringieron los límites impuestos a su función cuando recabaron datos relevantes relativos a bienes, dinero y movimientos de unos u otros en relación con los sospechosos, y se ampararon para ello en la obligación de colaborar con la AEAT que imponen a entidades públicas o privadas los arts. 93 y 94 LGT [...]» (FD 1.º3 y 4).**Art. 95:** Vid. arts. 34.1.*i*) y 35 LGT (§ I), 18 LDGC y 2.º5 RGIT. Y, en general, sobre obligaciones censales, arts. 2.º a 16 del mismo RGIT. **TJUE, Sala Gran Sala, Sentencia de 16 de julio de 2020, C-311/2018: La transferencia de datos personales a terceros países no debe menoscabar el nivel de protección garantizado en la UE.**

STJUE de 16 de mayo de 2017 (As. C-682/15. Berlioz Investment Funds, S. A.): el requerimiento de información efectuado entre autoridades fiscales de diferentes Estados debe poder sujetarse a control judicial. **En Sentencia del TJUE de 6 de octubre de 2020 (Asuntos acumulados C-245/19 y C-246/19) concluye el TJUE que: a)** el art. 47 de la Carta (derecho a la tutela judicial efectiva), amén de los arts 7 y 8 (derecho al respeto de la vida privada y derecho a la protección de datos de carácter personal) se oponen a que la legislación de un Estado miembro, en un procedimiento de intercambio de información, impida recurrir ante un Tribunal a ***quien dispone de información de un tercero***, información que se le requiere; **b)** no es contrario al Derecho europeo que en ese mismo caso no se permita recurrir al ***contribuyente*** cuyos datos se piden, toda vez que podrá recurrir cuando se le practique liquidación; **c)** tampoco es contrario al ordenamiento comunitario que se impida recurrir contra el requerimiento a un ***tercero que puede verse afectado por la información*** objeto del requerimiento, quien podrá disponer, en su caso, de otras vías de recurso.

funciones tienen carácter reservado y sólo podrán ser utilizados para la efectiva aplicación de los tributos o recursos cuya gestión tenga encomendada y para la imposición de las sanciones que procedan, sin que puedan ser cedidos o comunicados a terceros, salvo que la cesión tenga por objeto:

a) La colaboración con los órganos jurisdiccionales y el Ministerio Fiscal en la investigación o persecución de delitos que no sean perseguibles únicamente a instancia de persona agraviada.

b) La colaboración con otras Administraciones tributarias a efectos del cumplimiento de obligaciones fiscales en el ámbito de sus competencias.

c) La colaboración con la Inspección de Trabajo y Seguridad Social y con las entidades gestoras y servicios comunes de la Seguridad Social en la lucha contra el fraude en la cotización y recaudación de las cuotas del sistema de Seguridad Social y contra el fraude en la obtención y disfrute de las prestaciones a cargo del sistema; así como para la determinación del nivel de aportación de cada usuario en las prestaciones del Sistema Nacional de Salud.

d) La colaboración con las Administraciones públicas para la lucha contra el delito fiscal y contra el fraude en la obtención o percepción de ayudas o subvenciones a cargo de fondos públicos o de la Unión Europea.

e) La colaboración con las comisiones parlamentarias de investigación en el marco legalmente establecido.

f) La protección de los derechos e intereses de los menores e incapacitados por los órganos jurisdiccionales o el Ministerio Fiscal.

g) La colaboración con el Tribunal de Cuentas en el ejercicio de sus funciones de fiscalización de la Agencia Estatal de Administración Tributaria.

h) La colaboración con los jueces y tribunales para la ejecución de resoluciones

---

Art. 95.1.b): Vid. art. 60.5 RGIT. TJUE, Sala Gran Sala, Sentencia de 16 de julio de 2020, C-311/2018. En reiteradas Sentencias de la Sección 4.ª de la Sala 3.ª del TS —**SSTS de 11 de marzo, 15 de marzo, 13 de mayo, 10 de junio y 24 de junio de 2021, 6 de julio de 2022 (STS 930/2022. Rec. 1577/2020. Ponente: C. Picó Lorenzo)**—, se estima el recurso de casación se fija doctrina casacional en los siguientes términos:

«… a los efectos de la interpretación del art. 95.1 de la Ley General Tributaria es secundario discernir la naturaleza jurídica del acto dictado gracias a los datos cedidos: si la medida accesoria acordada ex art. 109.1 de la Ley canaria 13/2007 es una sanción accesoria respecto de la principal —la multa— ambas impuestas por cometerse un ilícito tipificado como infracción, o si es la consecuencia de haberse consumado una condición resolutoria del título habilitante para la actividad objeto de licencia.

Sea cual sea su naturaleza, **lo relevante es que para la revocación de la licencia de la que era titular la ahora recurrente, el Ayuntamiento empleó los datos obtenidos de la Agencia Estatal de Administración Tributaria al amparo del art. 95.1 de la Ley General Tributaria en los términos expuestos. Y otro tanto cabe decir si, aun cuando no fuese esa revocación un acto sancionador en sentido estricto o material, se plantease si para dictarlo son aplicables las garantías del procedimiento sancionador.**

En consecuencia, la pretensión casacional de la recurrente se estima en el sentido de que no cabe emplear los datos tributarios cedidos por la Agencia Estatal de Administración Tributaria al amparo del art. 95.1 de la Ley General Tributaria concurriendo las circunstancias a las que se ha hecho referencia en el Fundamento de Derecho 4.º antes transcrito…»

Art. 95.1.c): Nueva redacción por la Disp. Final 4.ª del RD-ley 16/2012, de 20 de abril (*BOE* de 24 de abril), cuya Disp. Adic. 3.ª establece: «La Administración Tributaria facilitará, dentro de cada ejercicio, al órgano de la Administración Pública responsable del reconocimiento y control de la condición de asegurado o de beneficiario del mismo, los datos relativos a sus niveles de renta en cuanto sean necesarios para determinar el porcentaje de participación en el pago de las prestaciones de la cartera común de servicios sujetos a aportación. En el tratamiento de estos datos la Administración cesionaria deberá respetar la normativa sobre protección de datos de carácter personal».

La Ley 23/2015, de 21 de julio, Ordenadora del Sistema de Inspección de Trabajo y Seguridad Social (*BOE* de 22 de julio), prevé la cesión por parte de la Administración Tributaria de sus datos y antecedentes a la Inspección de Trabajo y Seguridad Social.

Art. 95.1.h): La Resolución de la Secretaría de Estado de Hacienda y Presidencia de la AEAT, de 30 de diciembre de 2002, creó las **oficinas de relación con los Tribunales** y les atribuye competencias (*BOE*

judiciales firmes. La solicitud judicial de información exigirá resolución expresa en la que, previa ponderación de los intereses públicos y privados afectados en el asunto de que se trate y por haberse agotado los demás medios o fuentes de conocimiento sobre la existencia de bienes y derechos del deudor, se motive la necesidad de recabar datos de la Administración tributaria.

i) La colaboración con el Servicio Ejecutivo de la Comisión de Prevención del Blanqueo de Capitales e Infracciones Monetarias, con la Comisión de Vigilancia de Actividades de Financiación del Terrorismo y con la Secretaría de ambas comisiones, en el ejercicio de sus funciones respectivas.

j) La colaboración con órganos o entidades de derecho público encargados de la recaudación de recursos públicos no tributarios para la correcta identificación de los obligados al pago.

k) La colaboración con las Administraciones públicas para el desarrollo de sus funciones, previa autorización de los obligados tributarios a que se refieran los datos suministrados.

l) La colaboración con la Intervención General de la Administración del Estado en el ejercicio de sus funciones de control de la gestión económico-financiera, el seguimiento del déficit público, el control de subvenciones y ayudas públicas y la lucha contra la morosidad en las operaciones comerciales de las entidades del Sector Público.

m) La colaboración con la Oficina de Recuperación y Gestión de Activos

---

de 7 de enero de 2003). Ha sido **modificada por la Disp. Final 6.ª de la Resolución de 26 de diciembre de 2005, de la Presidencia de la AEAT**, por la que se establece la estructura orgánica de la Delegación de Grandes Contribuyentes (*BOE* de 31 de diciembre), **modificada, a su vez, por Resolución de 12 de diciembre de 2007 (*BOE* de 26 de diciembre) y Resolución de 17 de noviembre de 2015, de la Presidencia de la AEAT (*BOE* de 27 de noviembre de 2015). Vid. nota al art. 5.º LGT** (§ I).

Art. 95.1.i): El art. 49.3 de la Ley 10/2010, de 28 de abril, de prevención del blanqueo de capitales y de la financiación del terrorismo (*BOE* de 29 de abril), dispone: «Las autoridades, personas o entidades públicas que reciban información de carácter reservado procedente de la Comisión de Prevención del Blanqueo de Capitales e Infracciones Monetarias o de sus órganos de apoyo quedarán, asimismo, sujetas al deber de secreto regulado en el presente artículo, debiendo adoptar las medidas pertinentes que garanticen la reserva, y no podrán utilizarla sino en el marco del cumplimiento de las funciones que tengan legalmente atribuidas».

Art. 95.1.k): El RD 996/2003, de 25 de julio, que modifica el Reglamento de Asistencia Jurídica Gratuita, añade una nueva Disp. Adic. única al citado RD 996/2003, que lleva por título «Autorización de cesión de datos de naturaleza tributaria a las Comisiones de Asistencia Gratuita»: «La presentación de la solicitud de asistencia jurídica gratuita supondrá la autorización del solicitante para que la Comisión de Asistencia Jurídica Gratuita obtenga de forma directa de la Administración Tributaria la acreditación, en su caso, de que no está obligado a presentar declaración por el IRPF, en cuyo caso el solicitante no deberá aportar la correspondiente certificación [...]. No obstante, el solicitante podrá denegar expresamente el consentimiento, en cuyo caso deberá aportar la mencionada certificación.» El art. 46 de la Ley Orgánica 4/2015, de 30 de marzo, de protección de la seguridad ciudadana (*BOE* de 31 de marzo), prevé:

«1. Las autoridades y órganos de las distintas administraciones públicas competentes para imponer sanciones de acuerdo con esta Ley podrán acceder a los datos relativos a los sujetos infractores que estén directamente relacionados con la investigación de los hechos constitutivos de infracción, sin necesidad de consentimiento previo del titular de los datos, con las garantías de seguridad, integridad y disponibilidad, de conformidad con lo establecido en la Ley Orgánica 15/1999, de 13 de diciembre.

»2. A los exclusivos efectos de cumplimentar las actuaciones que los órganos de la Administración General del Estado competentes en los procedimientos regulados en esta Ley y sus normas de desarrollo tienen encomendadas, la Agencia Estatal de Administración Tributaria y la Tesorería General de la Seguridad Social, en los términos establecidos en la normativa tributaria o de la seguridad social, así como el Instituto Nacional de Estadística, en lo relativo al Padrón Municipal de Habitantes, facilitarán a aquéllos el acceso a los ficheros en los que obren datos que hayan de constar en dichos procedimientos, sin que sea preciso el consentimiento de los interesados.»

Art. 95.1.l): Letra añadida por la Disp. Final 9.ª de la Ley 8/2013, de 26 de junio (*BOE* de 27 de junio), con efectos desde 28 de junio de 2013.

Art. 95.1.m): Letra introducida, con efectos desde el 12 de octubre de 2015, por el art. único.17 de la Ley 34/2015, de 21 de septiembre, de modificación parcial de la LGT (*BOE* n.º 227, de 22 de septiembre).

mediante la cesión de los datos, informes o antecedentes necesarios para la localización de los bienes embargados o decomisados en un proceso penal, previa acreditación de esta circunstancia.

2. En los casos de cesión previstos en el apartado anterior, la información de carácter tributario deberá ser suministrada preferentemente mediante la utilización de medios informáticos o telemáticos. Cuando las Administraciones públicas puedan disponer de la información por dichos medios, no podrán exigir a los interesados la aportación de certificados de la Administración tributaria en relación con dicha información.

3. La Administración tributaria adoptará las medidas necesarias para garantizar la confidencialidad de la información tributaria y su uso adecuado.

Cuantas autoridades o funcionarios tengan conocimiento de estos datos, informes o antecedentes estarán obligados al más estricto y completo sigilo respecto de ellos, salvo en los casos citados. Con independencia de las responsa-

---

Art. 95.2: La **Disp. Adic. 3.ª de la Ley 24/2005, de 15 de noviembre** (*BOE* de 19 de noviembre), establece: «***Cesión de información de carácter tributario por medios informáticos o telemáticos.***—Siempre que en la tramitación de un procedimiento administrativo sea necesaria la obtención de información de la Agencia Estatal de Administración Tributaria, se procederá de la siguiente forma:

»*a*) En aquellos casos en los que exista una norma con rango de ley que ampare la cesión de información tributaria sin necesidad de consentimiento del interesado, la Agencia Estatal de Administración Tributaria procederá a facilitarla, a instancia de la Administración Pública que tramita el procedimiento, mediante certificado telemático o transmisión de datos, de conformidad con la normativa reglamentaria reguladora de los certificados telemáticos y transmisiones de datos.

»*b*) Cuando la cesión de información exija el consentimiento del interesado, la Administración Pública que tramita el procedimiento recabará el consentimiento de éste para que se proceda a la cesión de la información correspondiente a través de una transmisión de datos o de un certificado telemático a instancia del órgano requirente, de conformidad con la normativa reglamentaria reguladora de los certificados telemáticos y transmisiones de datos. En el caso de que el interesado no preste el consentimiento, la Administración Pública que tramita el procedimiento le exigirá la aportación del correspondiente certificado de la Agencia Estatal de Administración Tributaria».

Art. 95.3: La Ley 13/1996, de 30 de diciembre (*BOE* de 31 de diciembre), en su ***Disp. Adic. 8.ª tipifica como falta disciplinaria grave el acceso a los datos, informes o antecedentes obtenidos por las Administraciones Tributarias y por parte de un funcionario público para fines distintos de las funciones que le son propias.***

De acuerdo con el art. 62 de la **Ley 22/2009**, de 18 de diciembre (*BOE* de 19 de diciembre), en los delitos contra la Hacienda Pública que afecten a tributos cedidos —excepto en el IRPF— será la autoridad competente de la **Comunidad Autónoma cesionaria del tributo la que deberá poner en conocimiento del Ministerio Fiscal los hechos que estime constitutivos de delitos contra la Hacienda Pública.**

La Administración del Estado y las de las Comunidades Autónomas se comunicarán a los efectos oportunos los hechos con trascendencia para su tipificación como posible delito contra la Hacienda Pública y de los que tengan conocimiento como consecuencia del ejercicio de sus respectivas competencias en materia tributaria.

Mediante **Auto del Tribunal Supremo de 30 de septiembre de 2021 (rec. 7918/2020. Ponente: E. Córdoba Castroverde)**, se ha admitido un recurso de casación en que deberá resolverse la siguiente cuestión dotada de interés casacional: 1. Discernir la adecuación al derecho al honor, a la intimidad y a la protección de datos de carácter personal, que ampara el artículo 18 de la Constitución Española, de la publicidad que contempla el **artículo 95 bis LGT**. 2. Determinar si las deudas derivadas de liquidaciones vinculadas a delito cumplen o no los requisitos del artículo 95 bis.3 LGT para que proceda la inclusión del deudor en el correspondiente listado de morosos, al limitar el citado precepto la referida publicidad exclusivamente a los tributos de titularidad estatal para los que la aplicación de los tributos, el ejercicio de la potestad sancionadora y las facultades de revisión estén atribuidas en exclusiva a los órganos de la Administración Tributaria del Estado.).

STS, Sala 2.ª, de 11 de marzo de 2016 **(Rec. 1189/2015;** ponente: M. Colmenero): De acuerdo con los arts. 95.3 LGT (§ I) y 262 LECrim., tal como ha reiterado la jurisprudencia, «**los agentes del Servicio de Vigilancia Aduanera, cuando en el curso de sus investigaciones tengan conocimiento de la posible comisión de un delito, tienen la obligación de comunicarlo al Ministerio Fiscal o al Juez de instrucción competente. [...] En caso contrario, como dice la STS 586/2006, de 29 de mayo, se estaría cometiendo por los agentes del Servicio mencionado un posible delito del art. 408 CP, que castiga a los funcionarios públicos que faltando a las obligaciones de su cargo dejaren de promover la persecución de los delitos de que tengan noticia. En el mismo sentido, las SSTS 506/2006, 516/2006 y 970/2006» (FD 1.º5).**

bilidades penales o civiles que pudieran derivarse, la infracción de este particular deber de sigilo se considerará siempre falta disciplinaria muy grave.

Cuando se aprecie la posible existencia de un delito no perseguible únicamente a instancia de persona agraviada, la Administración tributaria deducirá el tanto de culpa o remitirá al Ministerio Fiscal relación circunstanciada de los hechos que se estimen constitutivos de delito. También podrá iniciarse directamente el oportuno procedimiento mediante querella a través del Servicio Jurídico competente.

4. El carácter reservado de los datos establecido en este artículo no impedirá la publicidad de los mismos cuando ésta se derive de la normativa de la Unión Europea.

5. Los retenedores y obligados a realizar ingresos a cuenta sólo podrán utilizar los datos, informes o antecedentes relativos a otros obligados tributarios para el correcto cumplimiento y efectiva aplicación de la obligación de realizar pagos a cuenta. Dichos datos deberán ser comunicados a la Administración tributaria en los casos previstos en la normativa propia de cada tributo.

Salvo lo dispuesto en el párrafo anterior, los referidos datos, informes o antecedentes tienen carácter reservado. Los retenedores y obligados a realizar ingresos a cuenta quedan sujetos al más estricto y completo sigilo respecto de ellos.

6. La cesión de información en el ámbito de la asistencia mutua se regirá por lo dispuesto en el artículo 177 ter de esta ley.

Art. 95.4: Apartado introducido, con efectos desde el 12 de octubre de 2015, por el art. único.17 de la Ley 34/2015, de 21 de septiembre, de modificación parcial de la LGT (*BOE* n.º 227, de 22 de septiembre), que renumera como apartados 5 y 6 los anteriores 4 y 5.

Art. 95.6: Introducido como apartado 5, con efectos desde el 1 de enero de 2012, por la Disp. Final 1.ªuno.14 del RD-ley 20/2011, de 30 de diciembre, de medidas urgentes (*BOE* n.º 315, de 31 de diciembre de 2011; corrección de errores en *BOE* n.º 8, de 10 de enero de 2012), y renumerado como apartado 6, con efectos desde el 12 de octubre de 2015, por el art. único.17 de la Ley 34/2015, de 21 de septiembre, de modificación parcial de la LGT (*BOE* n.º 227, de 22 de septiembre). Vid. art. 177 ter LGT (§ I).

Art. 95 bis: Introducido, con efectos desde el 12 de octubre de 2015, por el art. único.18 de la Ley 34/2015, de 21 de septiembre, de modificación parcial de la LGT (*BOE* n.º 227, de 22 de septiembre), cuya Disp. Trans. única.4 (§ IV) estableció que la determinación de la concurrencia de los requisitos necesarios para la inclusión en el primer listado elaborado en aplicación de este art. 95 bis tomara como fecha de referencia el 31 de julio de 2015.

Mediante **Auto del Tribunal Supremo de 30 de septiembre de 2021 (rec. 7918/2020**, Ponente: E. Córdoba Castroverde), se ha admitido un recurso de casación en que deberá resolverse la siguiente cuestión dotada de interés casacional: 1. Discernir la adecuación al derecho al honor, a la intimidad y a la protección de datos de carácter personal, que ampara el artículo 18 de la Constitución española, de la publicidad que contempla el **artículo 95 bis LGT**. 2. Determinar si las deudas derivadas de liquidaciones vinculadas a delito cumplen o no los requisitos del **artículo 95 bis.3 LGT** para que proceda la inclusión del deudor en el correspondiente listado de morosos, al limitar el citado precepto la referida publicidad exclusivamente a los tributos de titularidad estatal para los que la aplicación de los tributos, el ejercicio de la potestad sancionadora y las facultades de revisión estén atribuidas en exclusiva a los órganos de la Administración Tributaria del Estado).

ATS de 19 de enero de 2022 (rec. n.º 1467/2021) ha admitido un recurso de casación en el que admite como cuestiones que presentan interés casacional las dos siguientes:

a) «Determinar si procede la inclusión en la lista comprensiva de deudores a la Hacienda Pública por incumplimiento relevante de las obligaciones tributarias, en el supuesto de que las **deudas o sanciones tributarias** que originen tal inclusión **no sean firmes**, al encontrarse impugnadas en sede judicial».

b) «También deberá esclarecerse **qué procedimiento ha de seguir el interesado que pretenda impugnar su inclusión en la relación definitiva de deudores a la Hacienda Pública** por incumplimiento relevante de las obligaciones tributarias, y **si la impugnación abarca únicamente errores materiales o, por el contrario, alcanza igualmente a cuestiones de índole jurídica»**.

La Orden HAP/2.216/2015, de 23 de octubre (*BOE* de 24 de octubre), estableció que la publicación de ese primer listado se realizara a partir del 1 de diciembre de 2015 en la sede electrónica de la AEAT. En cumplimiento de lo establecido en el art. 95 bis LGT y la Orden HAP/2.216/2015, el 23 de diciembre se publicó en la sede electrónica de la AEAT el listado comprensivo de los deudores a la Hacienda Pública por deudas y sanciones pendientes

Art. 95 bis. *Publicidad de situaciones de incumplimiento relevante de las obligaciones tributarias.*—1. La Administración Tributaria acordará la publicación periódica de listados comprensivos de deudores a la Hacienda Pública, incluidos los que tengan la condición de deudores al haber sido declarados responsables solidarios, por deudas o sanciones tributarias cuando concurran las siguientes circunstancias:

a) Que el importe total de las deudas y sanciones tributarias pendientes de ingreso, incluidas en su caso las que se hubieran exigido tras la declaración de responsabilidad solidaria, supere el importe de 600.000 euros.

b) Que dichas deudas o sanciones tributarias no hubiesen sido pagadas transcurrido el plazo original de ingreso en periodo voluntario.

En el supuesto de deudas incluidas en acuerdos de declaración de responsabilidad será necesario que haya transcurrido el plazo de pago del artículo 62.2 de esta Ley tras la notificación del acuerdo de declaración de responsabilidad y, en su caso, del acuerdo de exigencia de pago.

A efectos de lo dispuesto en este artículo no se incluirán aquellas deudas y sanciones tributarias que se encuentren aplazadas o suspendidas.

2. En dichos listados se incluirá la siguiente información:

a) La identificación de los deudores conforme al siguiente detalle:

— Personas físicas: nombre apellidos y NIF.

— Personas jurídicas y entidades del artículo 35.4 de esta ley: razón o denominación social completa y NIF.

b) El importe conjunto de las deudas y sanciones pendientes de pago tenidas en cuenta a efectos de la publicación.

3. En el ámbito del Estado, la publicidad regulada en este artículo se referirá exclusivamente a los tributos de titularidad estatal para los que la aplicación de los tributos, el ejercicio de la potestad sancionadora y las facultades de revisión estén atribuidas en exclusiva a los órganos de la Administración tributaria del Estado no habiendo existido delegación alguna de competencias en estos ámbitos a favor de las Comunidades Autónomas o Entes Locales.

La publicidad regulada en este artículo resultará de aplicación respecto a los tributos que integran la deuda aduanera.

4. La determinación de la concurrencia de los requisitos exigidos para la inclusión en el listado tomará como fecha de referencia el 31 de diciembre del año anterior al del acuerdo de publicación, cualquiera que sea la cantidad pendiente de ingreso a la fecha de dicho acuerdo.

La propuesta de inclusión en el listado será comunicada al deudor afectado, que podrá formular alegaciones en el plazo de 10 días contados a partir del siguiente al de recepción de la comunicación. A estos efectos será suficiente para

---

de pago, que superaran el importe de 1.000.000 de euros y no se encontraran suspendidas ni aplazadas, obrantes en el Sistema de Información de la AEAT a fecha de referencia 31 de julio de 2015.

La Orden HAP/364/2016, de 11 de marzo (*BOE* de 21 de marzo), determinó para el año 2016 y siguientes la fecha de publicación y los correspondientes ficheros y registros del listado comprensivo de los deudores a la Hacienda Pública. Se realizará anualmente a partir del 1 de mayo del año siguiente.

La Orden de 27 de julio de 1994 reguló los ficheros de datos personales de la AEAT. Se modificó por Órdenes de 4 de agosto de 1995, 21 de diciembre de 1999 y Orden HAC/2.632/2003, de 16 de octubre. La Resolución de 18 de noviembre de 2015, de la DG de la AEAT, modificó los ficheros.

El art. 325.2 del Tratado de Funcionamiento de la Unión Europea establece: «Los Estados miembros adoptarán, para combatir el fraude que afecte a los intereses financieros de la Unión, las mismas medidas que para combatir el fraude que afecte a sus propios intereses financieros».

Vid. **Ley Orgánica 10/2015, de 10 de septiembre, que regula el acceso y publicidad de determinada información contenida en las sentencias dictadas en materia de fraude fiscal** (*BOE* de 11 de septiembre).

Art. 95 bis.: Redactado por art. 13.9 de la Ley 11/ 2021, de 9 de julio. Vid. nota al art. 95 bis.

Art. 95 bis.1: Redactado por art. 13.9 de la Ley 11/ 2021, de 9 de julio.

entender realizada dicha comunicación la acreditación por parte de la Administración Tributaria de haber realizado un intento de notificación de la misma que contenga el texto íntegro de su contenido en el domicilio fiscal del interesado.

En el caso de que los deudores paguen la totalidad de la cantidad adeudada a la fecha de referencia antes de la finalización del plazo para formular alegaciones, no se incluirán en los listados comprensivos de deudores a la Hacienda Pública por deudas o sanciones tributarias.

Las alegaciones habrán de referirse exclusivamente a la existencia de errores materiales, de hecho o aritméticos en relación con los requisitos señalados en el apartado 1 o a los pagos efectuados por el deudor a que se refiere el párrafo anterior, debiéndose aportar en este caso justificación fehaciente de dichos pagos.

Como consecuencia del trámite de alegaciones, la Administración podrá acordar la rectificación del listado cuando se acredite fehacientemente que no concurren los requisitos legales determinados en el apartado 1 o cuando a la conclusión del plazo para formular alegaciones se hubiera satisfecho la totalidad de las deudas o sanciones tributarias.

Dicha rectificación también podrá ser acordada de oficio.

Practicadas las rectificaciones oportunas, se dictará el acuerdo de publicación.

La notificación del acuerdo se entenderá producida con su publicación y la del listado.

Mediante Orden Ministerial se establecerán la fecha de publicación, que deberá producirse en todo caso durante el primer semestre de cada año, y los correspondientes ficheros y registros.

La publicación se efectuará en todo caso por medios electrónicos, debiendo adoptarse las medidas necesarias para impedir la indexación de su contenido a través de motores de búsqueda en Internet y los listados dejarán de ser accesibles una vez transcurridos tres meses desde la fecha de publicación.

El tratamiento de datos necesarios para la publicación se sujetará a lo dispuesto en el Reglamento (UE) 2016/679 del Parlamento Europeo y del Consejo, de 27 de abril de 2016, relativo a la protección de las personas físicas en lo que respecta al tratamiento de datos personales y a la libre circulación de estos datos y por el que se deroga la Directiva 95/46/CE (Reglamento general de protección de datos), y la Ley Orgánica 3/2018, de 5 de diciembre, de Protección de Datos Personales y garantía de los derechos digitales, así como por su normativa de desarrollo.

5. En el ámbito de competencias del Estado, será competente para dictar los acuerdos de publicación regulados en este artículo el Director General de la Agencia Estatal de Administración tributaria.

6. En la publicación del listado se especificará que la situación en el mismo reflejada es la existente a la fecha de referencia señalada en el apartado 4, sin que la publicación del listado resulte afectada por las actuaciones realizadas por el deudor con posterioridad a dicha fecha de referencia, salvo que se verifi-

---

Art. 95 bis.6: Redactado por art. 13.9 de la Ley 11/ 2021, de 9 de julio.

La Disp. Transit. 2.ª de la **Ley 11/2021, de 9 de julio** dispone:

«Publicidad de situaciones de incumplimiento relevante de las obligaciones tributarias en el año 2021.

En relación con la publicidad de situaciones de incumplimiento relevante de las obligaciones tributarias regulada en el artículo 95.bis de la Ley 58/2003, de 17 de diciembre, General Tributaria, a efectos del listado que se publicará en el año 2021 se tomará, como la fecha de referencia establecida en su apartado 4, no la de 31 de diciembre de 2020, sino el último día del mes inmediato posterior a aquel en el que se produzca la entrada en vigor de esta Ley conforme a lo señalado en su disposición final cuarta, resultando de aplicación a efectos de dicha publicidad las modificaciones contenidas en el apartado Nueve de su artículo decimotercero.

La publicación del listado resultante se producirá en el plazo de seis meses desde dicha fecha de referencia».

que el pago en los casos y con los requisitos señalados en dicho apartado.

Lo dispuesto en este artículo no afectará en modo alguno al régimen de impugnación establecido en esta Ley en relación con las actuaciones y procedimientos de los que se deriven las deudas y sanciones tributarias ni tampoco a las actuaciones y procedimientos de aplicación de los tributos iniciados o que se pudieran iniciar con posterioridad en relación con las mismas.

Las actuaciones desarrolladas en el procedimiento establecido en este artículo en orden a la publicación de la información en el mismo regulada no constituyen causa de interrupción a los efectos previstos en el artículo 68 de esta Ley.

7. El acuerdo de publicación del listado pondrá fin a la vía administrativa.

SECCIÓN 4.ª

Tecnologías informáticas y telemáticas

Art. 96. *Utilización de tecnologías informáticas y telemáticas.*—1. La Administración tributaria promoverá la utilización de las técnicas y medios electrónicos, informáticos y telemáticos necesarios para el desarrollo de su actividad y el ejercicio de sus competencias, con las limitaciones que la Constitución y las leyes establezcan.

2. Cuando sea compatible con los medios técnicos de que disponga la Administración tributaria, los ciudadanos podrán relacionarse con ella para ejercer sus derechos y cumplir con sus obligaciones a través de técnicas y medios electrónicos, informáticos o telemáticos con las garantías y requisitos previstos en cada procedimiento.

3. Los procedimientos y actuaciones en los que se utilicen técnicas y medios electrónicos, informáticos y telemáticos garantizarán la identificación de la Administración tributaria actuante y el ejercicio de su competencia. Además, cuando la Administración tributaria actúe de forma automatizada se garantizará la identificación de los órganos competentes para la programación y supervisión del sistema de información y de los órganos competentes para resolver los recursos que puedan interponerse.

4. Los programas y aplicaciones electrónicos, informáticos y telemáticos que vayan a ser utilizados por la Administración tributaria para el ejercicio de sus potestades habrán de ser previamente aprobados por ésta en la forma que se determine reglamentariamente.

5. Los documentos emitidos, cualquiera que sea su soporte, por medios electrónicos, informáticos o telemáticos por la Administración tributaria, o los que ésta emita como copias de originales almacenados por estos mismos medios, así como las imágenes electrónicas de los documentos originales o sus copias, tendrán la misma validez

---

Art. 96: Vid. art. 29.2.*a*), Disp. Adic. 16.ª y Disp. Final 10.ª y nota a los arts. 60.1, párr. 3.º y 92.2 LGT (§ I). Los arts. 82 a 86 RGIT regulan la utilización de medios electrónicos, informáticos y telemáticos en las actuaciones y procedimientos tributarios. Vid. RD 1.363/2010, de 29 de octubre, por el que se regulan supuestos de notificaciones y comunicaciones administrativas obligatorias por medios electrónicos en el ámbito de la AEAT (*BOE* de 16 de noviembre), modificado por RD 285/2014, de 25 de abril (*BOE* de 14 de mayo). La Asociación Española de Asesores Fiscales y Gestores Tributarios interpuso recurso contra el RD 1.363/2010, que fue desestimado por el TS [STS de 23 de febrero de 2012 (Rec. 7/2011)], con voto particular del Magistrado Garzón Herrero cuya discrepancia se basa también en los importantes reparos formulados a la norma por el Consejo de Estado.

Art. 96.5: Una **Resolución de la Dirección General de los Registros y del Notariado, de 31 de enero de 2008,** reconoce **que el Notario tiene competencia para determinar que ha quedado acreditada la existencia de una autoliquidación tributaria, dando así cumplimiento al art. 86.1 del Reglamento del Registro Mercantil**. Entiende la Dirección General que esta acreditación notarial vía telemática debe tener los mismos efectos que una copia auténtica en soporte papel, pudiendo «servir de acreditación al hecho de haberse presentado el título a liquidación fiscal, algo que deriva, sin más, de la propia dinámica de la fe pública notarial y de las presunciones de veracidad».

y eficacia que los documentos originales, siempre que quede garantizada su autenticidad, integridad y conservación y, en su caso, la recepción por el interesado, así como el cumplimiento de las garantías y requisitos exigidos por la normativa aplicable.

CAPÍTULO II

NORMAS COMUNES SOBRE ACTUACIONES Y PROCEDIMIENTOS TRIBUTARIOS

Art. 97. *Regulación de las actuaciones y procedimientos tributarios.*—Las actuaciones y procedimientos de aplicación de los tributos se regularán:

a) Por las normas especiales establecidas en este título y la normativa reglamentaria dictada en su desarrollo, así como por las normas procedimentales recogidas en otras leyes tributarias y en su normativa reglamentaria de desarrollo.

b) Supletoriamente, por las disposiciones generales sobre los procedimientos administrativos.

SECCIÓN 1.ª

Especialidades de los procedimientos administrativos en materia tributaria

Subsección 1.ª

Fases de los procedimientos tributarios

Art. 98. *Iniciación de los procedimientos tributarios.*—1. Las actuaciones y procedimientos tributarios podrán iniciarse de oficio o a instancia del obligado tributario, mediante autoliquidación, declaración, comunicación, solicitud o cualquier otro medio previsto en la normativa tributaria.

2. Los documentos de iniciación de las actuaciones y procedimientos tributarios deberán incluir, en todo caso, el nombre y apellidos o razón social y el número de identificación fiscal del obligado tributario y, en su caso, de la persona que lo represente.

3. La Administración tributaria podrá aprobar modelos y sistemas normalizados de autoliquidaciones, decla-

---

Art. 97: La **Ley 57/2003, de 16 de diciembre, de Medidas para la Modernización del Gobierno Local,** introduce en la LRBRL un nuevo Título X, que prevé un régimen especial para los Municipios de Gran Población, una de cuyas particularidades radica en el ***Órgano de Gestión Tributaria del art. 135 LRBRL.***

Art. 97.b): Vid. art. 7.°2 LGT (§ I) y Disp. Adic. 1.ª LPACAP.

Art. 98: Vid. arts. 118 LGT (§ I) y 87 a 100 RGIT. En los procedimientos iniciados a instancia de parte debe entenderse supletoriamente aplicable el art. 71 LRJPAC (actual art. 68 LPACAP), de forma que, cuando la solicitud del interesado no reúna los requisitos exigibles, se le requerirá para que, en el plazo de diez días, subsane las deficiencias, indicándole que, si así no lo hiciera, se le tendrá por desistido de su petición.

Art. 98.1: *Lugar de presentación:* Véase la modificación del art. 38.4.*b*), por obra del RD-ley 8/2011, de 1 de julio (*BOE* de 7 de julio).

Art. 98.3: Vid. arts. 30.2 y 117.1 RGIT y 12.*g*) RGR. Vid. Orden HAP/2.194/2013, de 22 de noviembre, que regula los procedimientos y las condiciones generales para la presentación de determinadas autoliquidaciones y declaraciones informativas de naturaleza tributaria, modificada por Orden HAP/2.762/ 2015, de 15 de diciembre (*BOE* de 21 de diciembre), por Orden HAP/2.835/2015, de 28 de diciembre, que aprueba el Modelo 113 de comunicación de datos relativos a las ganancias patrimoniales por cambio de residencia cuando se produzca a otro Estado miembro de la Unión Europea o del Espacio Económico Europeo con efectivo intercambio de información tributaria y se establece la forma y plazo para su presentación (*BOE* de 30 de diciembre) y por Disp. Final primera de la Orden HFP/816/2017, por la que se aprueba el modelo de declaración informativa de operaciones vinculadas y de operaciones y situaciones relacionadas con países o territorios calificados como paraísos fiscales —Modelo 232— (*BOE* de 30 de agosto). El RD 1.080/1991, de 15 de julio, aprobó la relación de los países y territorios a los que cabe atribuir el carácter de paraísos fiscales, relación modificada por el RD 116/2003, de 31 de enero. El Consejo de Asuntos Económicos y Financieros de la UE publicó una relación el 5 de diciembre de 2017, lista que debe revisarse anualmente. En dicha lista hay dos anexos: el I, donde se incluyen los paraísos fiscales, y el II, en que se incluyen los Estados que han suscrito compromisos para atender a las recomendaciones de la UE. Téngase en cuenta

raciones, comunicaciones, solicitudes o cualquier otro medio previsto en la normativa tributaria para los casos en que se produzca la tramitación masiva de las actuaciones y procedimientos tributarios. La Administración tributaria pondrá a disposición de los obligados tributarios los modelos mencionados en las condiciones que señale la normativa tributaria.

4. En el ámbito de competencias del Estado, el Ministro de Hacienda podrá determinar los supuestos y condiciones en los que los obligados tributarios deberán presentar por medios telemáticos sus declaraciones, autoliquidaciones, comunicaciones, solicitudes y cualquier otro documento con trascendencia tributaria.

Art. 99. *Desarrollo de las actuaciones y procedimientos tributarios.*— 1. En el desarrollo de las actuaciones y procedimientos tributarios, la Administración facilitará en todo momento a los obligados tributarios el ejercicio de los derechos y el cumplimiento de sus obligaciones, en los términos previstos en los apartados siguientes.

---

que, de acuerdo con el **art. 16 de la Ley 11/2021, de 9 de julio, se ha modificado la Ley 36/2006, de 29 de noviembre, de medidas para la prevención del fraude fiscal. Modificaciones que, en síntesis, consisten en:**

a) Las referencias efectuadas en la normativa a ***paraísos fiscales,*** a ***países o territorios con los que no exista efectivo intercambio de información***, o de ***nula o baja tributación*** se entenderán efectuadas a la definición de ***jurisdicción no cooperativa.***

b) Las referencias normativas efectuadas a **Estados con los que exista un efectivo intercambio de información tributaria o en materia tributaria,** se entenderán efectuadas a **Estados con los que exista normativa sobre asistencia mutua en materia de intercambio de información tributaria en los términos previstos en la LGT que sea de aplicación.**

c) Tendrán la consideración de ***jurisdicciones no cooperativas*** los países y territorios, así como los regímenes fiscales perjudiciales, ***que se determinen por la Ministra de Hacienda mediante Orden Ministerial***, de acuerdo con una serie de **criterios**, entre los que figura la ***existencia o no de normativa sobre asistencia mutua***, **el** cumplimiento de un ***efectivo intercambio de información tributaria con España***, el ***resultado de las evaluaciones "inter pares" realizadas por el Foro Global de Transparencia e Intercambio de Información con Fines Fiscales*** y el efectivo ***intercambio de información relativa al titular real***, definido en los términos de la normativa española en materia de prevención de blanqueo de capitales y financiación del terrorismo.

d) **La existencia de baja o nula tributación.**

Existe **baja tributación** cuando en el país o territorio de que se trate se aplique un nivel impositivo efectivo considerablemente inferior, incluido el tipo cero, al exigido en España en un impuesto idéntico o análogo al IRPF, al Impuesto sobre Sociedades o al Impuesto sobre la Renta de no Residentes.

Existe **nula tributación** cuando en el país o territorio de que se trate no se aplique un impuesto idéntico o análogo al IRPF, al Impuesto sobre Sociedades o al Impuesto sobre la Renta de no Residentes, según corresponda.

Tendrán la consideración de **impuesto idéntico o análogo** los tributos que tengan como finalidad la imposición de la renta, siquiera parcialmente, con independencia de que el objeto del mismo lo constituya la propia renta, los ingresos o cualquier otro elemento indiciario de esta.

e) La relación de regímenes fiscales perjudiciales que tienen la consideración de **jurisdicciones no cooperativas** se podrá **actualizar** atendiendo a los criterios del Código de Conducta en materia de Fiscalidad Empresarial de la Unión Europea o del Foro de Regímenes Fiscales Perjudiciales de la OCDE.

f) Respecto de aquellos ***países o territorios que tengan la consideración de jurisdicciones no cooperativas***, de conformidad con lo establecido en esta disposición, ***con los que el Reino de España tenga suscrito un convenio para evitar la doble imposición que se encuentre vigente,*** la normativa tributaria relacionada con las jurisdicciones no cooperativas resultará también de aplicación, en la medida en que no sea contraria a las disposiciones del citado convenio.

g) ***En tanto no se determinen por Orden Ministerial los países o territorios que tienen la consideración de jurisdicción no cooperativa, tendrán dicha consideración los países o territorios previstos en el Real Decreto 1080/1991, de 5 de julio,*** por el que se determinan los países o territorios a que se refieren los artículos 2, apartado 3, número 4, de la Ley 17/1991, de 27 de mayo, de Medidas Fiscales Urgentes, y 62 de la Ley 31/1990, de 27 de diciembre, de Presupuestos Generales del Estado para 1991».

Art. 98.4: Vid. arts. 29.2.*d*) LGT (§ I), 30.2 y 117.1 RGIT y 12.*g*) RGR.

Art. 99: Vid. los derechos y garantías de que son titulares los obligados tributarios de acuerdo con el art. 34 LGT (§ I).

Art. 99.1: Vid. art. 34.1.*k*) (§ I).

2. Los obligados tributarios pueden rehusar la presentación de los documentos que no resulten exigibles por la normativa tributaria y de aquellos que hayan sido previamente presentados por ellos mismos y que se encuentren en poder de la Administración tributaria actuante. Se podrá, en todo caso, requerir al interesado la ratificación de datos específicos propios o de terceros, previamente aportados.

3. Los obligados tributarios tienen derecho a que se les expida certificación de las autoliquidaciones, declaraciones y comunicaciones que hayan presentado o de extremos concretos contenidos en las mismas.

4. El obligado que sea parte en una actuación o procedimiento tributario podrá obtener a su costa copia de los documentos que figuren en el expediente, salvo que afecten a intereses de terceros o a la intimidad de otras personas o que así lo disponga la normativa vigente. Las copias se facilitarán en el trámite de audiencia o, en defecto de éste, en el de alegaciones posterior a la propuesta de resolución.

5. El acceso a los registros y documentos que formen parte de un expediente concluido a la fecha de la solicitud y que obren en los archivos administrativos únicamente podrá ser solicitado por el obligado tributario que haya sido parte en el procedimiento tributario, sin perjuicio de lo dispuesto en el artículo 95 de esta ley.

6. Para la práctica de la prueba en los procedimientos tributarios no será necesaria la apertura de un período específico ni la comunicación previa de las actuaciones a los interesados.

7. Las actuaciones de la Administración tributaria en los procedimientos de aplicación de los tributos se documentarán en comunicaciones, diligencias, informes y otros documentos previstos en la normativa específica de cada procedimiento.

Las comunicaciones son los documentos a través de los cuales la Administración notifica al obligado tributario el inicio del procedimiento u otros hechos o circunstancias relativos al mismo o efectúa los requerimientos que sean necesarios a cualquier persona o entidad. Las comunicaciones podrán incorporarse al contenido de las diligencias que se extiendan.

Las diligencias son los documentos públicos que se extienden para hacer constar hechos, así como las manifestaciones del obligado tributario o persona con la que se entiendan las actuaciones. Las diligencias no podrán contener propuestas de liquidaciones tributarias.

Los órganos de la Administración tributaria emitirán, de oficio o a petición de terceros, los informes que sean preceptivos conforme al ordenamiento jurí dico, los que soliciten otros órganos y servicios de las Administraciones públicas o los poderes legislativo y judicial, en los términos previstos por las leyes, y los que resulten necesarios para la aplicación de los tributos.

8. En los procedimientos tributarios se podrá prescindirdel trámite de audiencia previo a la propuesta de resolución cuando se suscriban actas con acuerdo o cuando en las normas reguladoras del procedimiento esté previsto un trámite de alegaciones posterior a dicha propuesta. En este último caso, el expediente se pondrá de manifiesto en el trámite de alegaciones.

El trámite de alegaciones no podrá tener una duración inferior a diez días ni superior a quince.

Art. 99.2: Vid. art. 34.1.*h*) (§ I).
Art. 99.3: Vid. art. 34.1.*g*) (§ I).
Art. 99.4: Vid. art. 34.1.*e*) (§ I).
Art. 99.5: Véase nota al art. 95 LGT (§ I).
Art. 99.7: Vid. arts. 97 a 100 RGIT.
Art. 99.8: Vid. art. 34.1.*m*) LGT (§ I). Sobre el ***trámite de audiencia previo a las actas de inspección***, vid. art. 183 RGIT.

9. Las actuaciones de la Administración y de los obligados tributarios en los procedimientos de aplicación de los tributos podrán realizarse a través de sistemas digitales que, mediante la videoconferencia u otro sistema similar, permitan la comunicación bidireccional y simultánea de imagen y sonido, la interacción visual, auditiva y verbal entre los obligados tributarios y el órgano actuante, y garanticen la transmisión y recepción seguras de los documentos que, en su caso, recojan el resultado de las actuaciones realizadas, asegurando su autoría, autenticidad e integridad.

La utilización de estos sistemas se producirá cuando lo determine la Administración Tributaria y requerirá la conformidad del obligado tributario en relación con su uso y con la fecha y hora de su desarrollo.

Art. 100. *Terminación de los procedimientos tributarios.*—1. Pondrá fin a los procedimientos tributarios la resolución, el desistimiento, la renuncia al derecho en que se fundamente la solicitud, la imposibilidad material de continuarlos por causas sobrevenidas, la caducidad, el cumplimiento de la obligación que hubiera sido objeto de requerimiento o cualquier otra causa prevista en el ordenamiento tributario.

2. Tendrá la consideración de resolución la contestación efectuada de forma automatizada por la Administración tributaria en aquellos procedimientos en que esté prevista esta forma de terminación.

Subsección 2.ª

Liquidaciones tributarias

Art. 101. *Las liquidaciones tributarias: concepto y clases.*—1. La liquidación tributaria es el acto resolutorio mediante el cual el órgano competente de la Administración realiza las operaciones de cuantificación necesarias y determina el importe de la deuda tribu-

---

Art. 99.9:. Añadido por la disposición final 1.1 del Real Decreto-ley 22/2020, de 16 de junio.En vigor desde el 17 de junio de 2020.

Art. 100: Vid. notas a los arts. 103 y 104 LGT (§ I) y arts. 101 a 104 RGIT.

Art. 100.2: Excepto en los casos del art. 103.2 LGT (§ I). Vid. STS de 28 de junio de 1993.

Art. 101: Vid. art. 190 RGIT.

Art. 101.1: La **STS de 8 de marzo de 2022** (rec. n.º 2744/2020. Ponente: F. J. Navarro Sanchis), reiterando el contenido de las **SSTS de 23 de junio de 2021 (rec. 2435/2020) y de 20 de julio de 2021 (rec. 1182/2020)**, concluye que **la Administración, en ejecución de una resolución económico-administrativa tras anular la liquidación por falta de motivación de las valoraciones —ordenándose además la retroacción de actuaciones— no puede**, antes de la reanudación del procedimiento para reparar el vicio formal, **dictar una liquidación provisional a cuenta de la que finalmente resulte**. Cuando practica esa liquidación incumple el principio de que nadie se puede beneficiar de sus propias torpezas (*allegans turpitudinem propriam non auditur*), pues la liquidación provisional surge directamente del incumplimiento, toda vez que lo que en el fondo propicia esa liquidación provisional «a cuenta» es un patente incumplimiento del deber de motivar. Motivación cuya ausencia no es un mero defecto formal, ya que esa falta de motivación, como reiteradamente ha señalado el Tribunal Supremo, denota la ausencia de razones que puedan ser dadas a conocer al destinatario y al órgano judicial llamado a su control, dejando así una puerta abierta a la arbitrariedad. Además, operaría esta liquidación provisional, por la vía de la compensación, como una especie de medida cautelar informalmente establecida y sin audiencia al interesado.

En el mismo sentido, **STS de 1 de julio de 2021 (rec. 2006/2020**. Ponente: F. J. Navarro Sanchis): «1) La Administración tributaria no puede, en ejecución del deber de motivar el valor de determinados bienes —o de otros deberes formales— una vez ordenada la retroacción de las actuaciones a tal efecto, dictar una liquidación provisional —a cuenta de la que finalmente resulte—, ni antes ni después de realizar la valoración motivada o de cumplir lo ordenado en la retroacción. 2) Sólo puede girarse liquidación provisional cuando concurra alguna de las circunstancias que la hacen posible en el art. 101 LGT, siempre que tal liquidación provisional se adopte en el seno de un procedimiento de inspección propiamente dicho, sin que puedan considerarse como tales las actuaciones limitadas a ejecutar una resolución económico-administrativa. 3) La Administración tributaria incurre en exceso ilícito, determinante de la nulidad de sus actos, cuando adopta por su cuenta medidas distintas o ajenas a las directamente encaminadas a dar

taria o de la cantidad que, en su caso, resulte a devolver o a compensar de acuerdo con la normativa tributaria.

La Administración tributaria no estará obligada a ajustar las liquidaciones a los datos consignados por los obligados tributarios en las autoliquidaciones, declaraciones, comunicaciones, solicitudes o cualquier otro documento.

2. Las liquidaciones tributarias serán provisionales o definitivas.

3. Tendrán la consideración de definitivas:

a) Las practicadas en el procedimiento inspector previa comprobación e investigación de la totalidad de los elementos de la obligación tributaria, salvo lo dispuesto en el apartado 4 de este artículo.

b) Las demás a las que la normativa tributaria otorgue tal carácter.

4. En los demás casos, las liquidaciones tributarias tendrán el carácter de provisionales.

Podrán dictarse liquidaciones provisionales en el procedimiento de inspección en los siguientes supuestos:

a) Cuando alguno de los elementos de la obligación tributaria se determine en función de los correspondientes a otras obligaciones que no hubieran sido

---

cumplimiento a lo ordenado en sede económico-administrativa, en este caso motivar sus propios actos, sin que la liquidación provisional guarde relación alguna, ni con la retroacción, ni con la actividad que debe realizarse al efecto» (FD 5.º).

Art. 101.3.a): *STS de 24 de mayo de 2012* (Rec. 2324/2009; ponente: A. Aguallo): «La **distinción entre la liquidación provisional y la definitiva** consiste en que aquélla no produce una vinculación definitiva, ni para el sujeto pasivo ni para la Administración, que podrá rectificar sin limitación alguna la provisional anteriormente practicada, incluidos los errores de derecho. La liquidación definitiva será, pues, la practicada en el procedimiento inspector previa comprobación e investigación de todos los elementos de la obligación tributaria, produciendo una vinculación definitiva para las partes por resultar inmodificable. La liquidación definitiva supone la completa comprobación administrativa del hecho imponible y de su valoración, permitiendo con ello la oportuna cuantificación de la deuda tributaria, quedando la liquidación provisional siempre a resultas de una posible ulterior comprobación y liquidación definitiva, por lo que sólo produce efectos transitorios. Constituye un acto administrativo anticipado pero perfecto, sometido por el ordenamiento jurídico al vasallaje de la liquidación definitiva.» (FD 5.º).

Cfr. art. 148.3 LGT (§ I).

Art. 101.4.a): Uno de los supuestos que ha resultado más conflictivo es el del ***régimen de transparencia fiscal***, en el que subyace la diferencia conceptual entre liquidación definitiva o provisional y liquidación firme o no. Vid. ***STS de 26 de noviembre de 2010*** **(Rec. 2213/2007;** ponente: Martínez Micó) FJ 5.º: «[...] ***los actos administrativos de determinación de la base imponible, de las retenciones y de las deducciones de las sociedades transparentes, imputables a los socios, son ejecutivos, y, por tanto, la imputación se produce, salvo que se haya otorgado la suspensión en vía económico-administrativa o jurisdiccional.***

»Distinto por completo es que dichos actos (provisionales o definitivos) de determinación de la base imponible, retenciones y deducciones en sede de las sociedades transparentes, sean firmes o no. Si las sociedades transparentes no los han impugnado, devienen en firmes y consentidos y la correspondiente imputación a los socios ya no puede ser discutida al practicar a éstos la correspondiente liquidación provisional o definitiva del Impuesto sobre Sociedades, si el socio de la transparente es una sociedad, o del Impuesto sobre la Renta de las Personas Físicas, si es persona física.

»Si las sociedades transparentes los han impugnado, tales actos no son firmes, pero son ejecutivos, por lo que procede practicar las correspondientes imputaciones a los socios de los aumentos de la base imponible y de las posibles rectificaciones de las retenciones y deducciones, y la carencia de firmeza no debería doctrinalmente alterar en absoluto el carácter provisional o definitivo de las liquidaciones practicadas a los socios de la sociedad transparente, pero lo cierto es que el **art. 122 LGT** dispone: "Cuando en una liquidación de un tributo la base se determine en función de las establecidas por otros, aquélla no será definitiva hasta tanto estas últimas no adquieran firmeza", lo que obligaría a la Sala, si se hubiera acreditado en este caso la liquidación girada a la sociedad transparente, a declarar que la liquidación practicada al socio recurrente no sería definitiva hasta que adquirieran firmeza los actos de determinación de la base imponible de la sociedad transparente sin que ello impidiera en absoluto la correspondiente imputación; ahora bien, por razón de la conexión expuesta (imputación de resultados y de otros elementos tributarios) las liquidaciones de los socios no serían firmes respecto de tales imputaciones y de sus específicos efectos tributarios, pues ***si se estimase el recurso presentado por la sociedad transparente, habría que rectificar las liquidaciones practicadas a los socios***. Nos hallamos en esta hipótesis ante la prolongación de la no firmeza a las liquidaciones de los socios, las cuales se hallarían en una situación de pendencia,

comprobadas, que hubieran sido regularizadas mediante liquidación provisional o mediante liquidación definitiva que no fuera firme, o cuando existan elementos de la obligación tributaria cuya comprobación con carácter definitivo no hubiera sido posible durante el procedimiento, en los términos que se establezcan reglamentariamente.

b) Cuando proceda formular distintas propuestas de liquidación en relación con una misma obligación tributaria. Se entenderá que concurre esta circunstancia cuando el acuerdo al que se refiere el artículo 155 de esta ley no incluya todos los elementos de la obligación tributaria, cuando la conformidad del obligado no se refiera a toda la propuesta de regularización, cuando se realice una comprobación de valor y no sea el objeto único de la regularización y en el resto de supuestos que estén previstos reglamentariamente.

c) En todo caso tendrán el carácter de provisionales las liquidaciones dictadas al amparo de lo dispuesto en el artículo 250.2 de esta ley.

Art. 102. *Notificación de las liquidaciones tributarias.*—1. Las liquidaciones deberán ser notificadas a los obligados tributarios en los términos previstos en la sección 3.ª del capítulo II del título III de esta ley.

2. Las liquidaciones se notificarán con expresión de:

a) La identificación del obligado tributario.

b) Los elementos determinantes de la cuantía de la deuda tributaria.

c) La motivación de las mismas cuando no se ajusten a los datos consignados por el obligado tributario o a la aplicación o interpretación de la normativa realizada por el mismo, con expresión de los hechos y elementos esenciales que las originen, así como de los fundamentos de Derecho.

d) Los medios de impugnación que puedan ser ejercidos, órgano ante el que hayan de presentarse y plazo para su interposición.

e) El lugar, plazo y forma en que debe ser satisfecha la deuda tributaria.

f) Su carácter de provisional o definitiva.

3. En los tributos de cobro periódico por recibo, una vez notificada la liquidación correspondiente al alta en el

---

derivada de la propia imputación de resultados controvertidos.» Ejemplo de esta última hipótesis es la **STS de 27 de mayo de 2011 (Rec. 562/2007).**

Art. 101.4.c): Letra introducida, con efectos desde el 12 de octubre de 2015, por el art. único.19 de la Ley 34/2015, de 21 de septiembre, de modificación parcial de la LGT (*BOE* n.º 227, de 22 de septiembre).

Art. 102: Es reiterada la jurisprudencia del Tribunal Supremo acerca de la necesidad de que la notificación contenga los elementos esenciales de la liquidación y esté suficientemente motivada. Vid., por todas, **STS de 24 de junio de 2002. STS de 15 de julio de 2004:** En el caso de liquidaciones provisionales «paralelas», la simple confrontación a través de columnas paralelas de los datos consignados por el interesado y los calculados por la Administración no es suficiente a los eventuales efectos impugnatorios, porque no proporciona al interesado un preciso y suficiente conocimiento; razón por la que debe especificarse concretamente la naturaleza de los errores, el porqué de su comisión y consumación y las vulneraciones normativas que se hubieran producido, todo ello con la adecuada conformación técnico-jurídica. **STC 164/2005, de 20 de junio** *(F. 8.º)*: admite el recurso de amparo frente a una Sentencia del TSJ de Madrid en tanto se aparta de la línea jurisprudencial vertida en torno a la ***motivación de las liquidaciones paralelas***. Véase, además, la jurisprudencia citada en nota al art. 102.2.*c*) LGT (§ I). **STS de 4 de junio de 2012: La ausencia de diligencia y buena fe por parte de la Administración** en las actuaciones seguidas para notificar una liquidación tributaria **determinan que la notificación no pueda entenderse válidamente hecha y la consiguiente nulidad de la providencia de apremio.**

Art. 102.2.c): La polémica en torno a la ***naturaleza formal o material del vicio de falta o deficiente motivación*** determina, a su vez, la más importante relativa a la posibilidad de reiteración de actuaciones administrativas tras la anulación, en vía económico-administrativa o judicial, de una liquidación tributaria. Vid. sobre ello nota al art. 239.3 LGT (§ I).

Art. 102.3: Vid. arts. 24 y 25 RGR. La STS de 11 de marzo de 2004 interpreta, para el ámbito local, que en el art. 14.2.*c*) LHL [actual art. 14.2.*c*) TRLHL] se abren dos vías: «*a*) un mes desde la finalización del período de exposición pública de los correspondientes Padrones o matrículas de contribuyentes

respectivo registro, padrón o matrícula, podrán notificarse colectivamente las sucesivas liquidaciones mediante edictos que así lo adviertan.

El aumento de base imponible sobre la resultante de las declaraciones deberá notificarse al contribuyente con expresión concreta de los hechos y elementos adicionales que lo motiven, excepto cuando la modificación provenga de revalorizaciones de carácter general autorizadas por las leyes.

4. Reglamentariamente podrán establecerse los supuestos en los que no será preceptiva la notificación expresa, siempre que la Administración así lo advierta por escrito al obligado tributario o a su representante.

Subsección 3.ª

Obligación de resolver y plazos de resolución

Art. 103. *Obligación de resolver.*—1. La Administración tributaria está obligada a resolver expresamente todas las cuestiones que se planteen en los procedimientos de aplicación de los tributos, así como a notificar dicha resolución expresa.

---

u obligados al pago; *b*) un mes contado desde el día siguiente al de la notificación expresa del *acto-recibo* cuya revisión se solicita», calificativo que atribuye al recibo del impuesto local, que entraña así un modo de notificación individual de la liquidación. Sobre la adecuación constitucional de esta previsión legal, con base en la **STC 173/1996**, el Tribunal Supremo, en la sentencia citada, se pronuncia afirmando que radica en la eficiencia de la gestión tributaria.

Doctrina constitucional: STC 73/1996, de 30 de abril.

Cfr. Disp. Adic. 14.ª TRLHL, añadida por Ley 16/2012, de 27 de diciembre, que establece: «***Notificaciones en los tributos periódicos***.—Cuando se produzcan modificaciones de carácter general de los elementos integrantes de los tributos de cobro periódico por recibo, a través de las correspondientes ordenanzas fiscales, no será necesaria la notificación individual de las liquidaciones resultantes, salvo en los supuestos establecidos en el apartado 3 del artículo 102 de la Ley 58/2003, de 17 de diciembre, General Tributaria.»

Notificaciones defectuosas. Hasta la entrada en vigor de esta Ley, véase el art. 125 LGT/1963. La STS de 17 de noviembre de 2003 fija la doctrina legal sobre la forma de entender practicada la notificación de un acto administrativo.

Art. 103: Vid. art. 21 de la Ley 39/2015 (LPACAP). **STC 65/2020:** En cuanto a los plazos de caducidad de los procedimientos tributarios y su posible unificación, resulta del todo aplicable a los **arts. 103 y 104 LGT** (relativos a la obligación de resolver y a los plazos de resolución y los efectos de la falta de resolución expresa de los procedimientos tributarios, respectivamente) la doctrina constitucional vertida en la STC 166/2014, FJ 6.º, sobre los arts. 42 y 44 de la antigua Ley 30/1992, puesto que lo dispuesto con carácter general en estos preceptos fue reproducido, con alguna especialidad, en los preceptos correspondientes de la Ley general tributaria para su aplicación a los procedimientos tributarios.

a) Este Tribunal considera **procedimiento administrativo común** y, por tanto, **competencia exclusiva estatal ex art. 149.1.18** CE, lo prescrito en los siguientes artículos de la antigua Ley 30/1992: (i) el establecimiento de la obligación de dictar resolución expresa en un plazo determinado (art. 42.1); (ii) la regulación de las consecuencias que genera el incumplimiento de esa obligación, como es la caducidad del expediente si se trata de un procedimiento iniciado de oficio susceptible de causar efectos desfavorables al interesado (art. 44); (iii) la determinación del *dies a quo* del cómputo del plazo de resolución del procedimiento (art. 42.3 *in fine*); y (iv) el establecimiento de un plazo máximo para resolver (art. 42.2 y 3). En este último caso, el legislador estatal no invade la competencia autonómica para regular las especialidades procedimentales ratione materiae de su competencia, «pues el margen (legal) indicado es suficiente para que las comunidades autónomas puedan ponderar todas las circunstancias que, por razón de la materia y de su propia organización administrativa, pueden influir en la duración del procedimiento» (STC 166/2014, FJ 6).

En consecuencia, serán asimismo normas establecidas en el legítimo ejercicio de la competencia exclusiva estatal sobre procedimiento administrativo común (art. 149.1.18 CE): (i) el art. 103.1 LGT, por el que «[l]a administración tributaria está obligada a resolver expresamente todas las cuestiones que se planteen en los procedimientos de aplicación de los tributos, así como a notificar dicha resolución expresa»; (ii) los apartados tercero a quinto del art. 104 LGT, reguladores del incumplimiento de la obligación de resolver en plazo (régimen del silencio y la caducidad); y (iii) el art. 104.1 LGT, en el que se establece un plazo máximo para resolver dejando margen de ponderación suficiente a las comunidades autónomas, y su cómputo.

2. No existirá obligación de resolver expresamente en los procedimientos relativos al ejercicio de derechos que sólo deban ser objeto de comunicación por el obligado tributario y en los que se produzca la caducidad, la pérdida sobrevenida del objeto del procedimiento, la renuncia o el desistimiento de los interesados.

No obstante, cuando el interesado solicite expresamente que la Administración tributaria declare que se ha producido alguna de las referidas circunstancias, ésta quedará obligada a contestar a su petición.

3. Los actos de liquidación, los de comprobación de valor, los que impongan una obligación, los que denieguen un beneficio fiscal o la suspensión de la ejecución de actos de aplicación de los tributos, así como cuantos otros se dispongan en la normativa vigente, serán motivados con referencia sucinta a los hechos y fundamentos de derecho.

Art. 104. *Plazos de resolución y efectos de la falta de resolución expresa.*— 1. El plazo máximo en que debe notificarse la resolución será el fijado por

---

Art. 103.3: ***Defecto o falta de motivación:*** Véanse notas a los arts. 57.4, 102.2.*c*) y 239.3 LGT (§ I). Vid. art. 54 LRJPAC, redactado por Ley 4/1999, de 13 de enero.

Art. 104: El RD 1.065/2007, de 27 de julio, por el que se aprueba el RGIT (*BOE* de 5 de septiembre), en su Disp. Adic. 1.ª detalla los efectos de la falta de resolución en plazo de determinados procedimientos tributarios.

El **art. 30.7 LPACAP** dispone que: «La Administración General del Estado y las Administraciones de las Comunidades Autónomas, con sujeción al calendario laboral oficial, fijarán, en su respectivo ámbito, el calendario de días inhábiles a efectos de cómputos de plazos. El calendario aprobado por las Comunidades Autónomas comprenderá los días inhábiles de las Entidades Locales correspondientes a su ámbito territorial, a las que será de aplicación. Dicho calendario deberá publicarse antes del comienzo de cada año en el diario oficial que corresponda, así como en otros medios de difusión que garanticen su conocimiento generalizado.» Vid. Resolución de 24 de noviembre de 2021, de la Secretaría de Estado de Función Pública, por la que se establece, a efectos de cómputos de plazos, el calendario de días inhábiles en el ámbito de la Administración General del Estado para el año 2022 (*BOE* de 1 de diciembre).

Art. 104.1: STS 231/2019, de 17 de enero de 2019. Rec.: 212/2017. Ponente: A. Aguallo: No hay silencio positivo a favor del obligado tributario por incumplir el plazo máximo de duración en el procedimiento de **tasación pericial contradictoria**. «… en el procedimiento de TPC es de aplicación el plazo de resolución de 6 meses del artículo 104.1 LGT, no incluyéndose en su cómputo las dilaciones en el procedimiento por causa no imputable a la Administración (art. 104.2, párrafo 3.º, LGT), como puede ser… el retraso de la obligada tributaria en la aportación del depósito de los honorarios del perito tercero, o la demora de este último en la entrega de su valoración… El incumplimiento del plazo del artículo 104.1 LGT no determina, sin embargo, el silencio positivo a que se refiere el artículo 104.3 LGT, ni, en cualquier caso, que se acepte la valoración propuesta por el perito del obligado tributario, porque el cometido de la solicitud de TPC no es el de que prevalezca o se confirme la valoración del perito del obligado tributario, por más que pueda ser el resultado de la misma, sino, como se deduce del artículo 135.1 LGT».

STS 3755/2019, de 25 de noviembre de 2019. Rec. 6270/2017. Pte: J. Díaz: *«... declarada la caducidad de un expediente iniciado por declaración, los actos del mismo, incluyendo la declaración, no interrumpen el plazo de prescripción, por lo que sólo puede reiniciarse el procedimiento si no ha transcurrido el plazo legalmente establecido» (FD 3.º).*

STS 1340/2020, de 16 de octubre. Rec. 6772/2018. Ponente: E. Córdoba Castroverde: **Valoración del tiempo transcurrido entre pedir y obtener informes:** *a*) «… no puede tener la consideración de período de interrupción justificada, a efectos del cómputo del plazo de duración de las actuaciones, la solicitud de **un informe de valoración** cuando el único objeto de dicho procedimiento es la valoración de rentas, productos, bienes y demás elementos determinantes de la obligación tributaria»; *b*) «… resulta aplicable al procedimiento de inspección la doctrina jurisprudencial referente a los procedimientos de gestión tributaria, conforme a la cual no puede tener la consideración de periodo de interrupción justificada el tiempo consumido para pedir y obtener los informes de valoración requeridos cuando los mismos se solicitan a una **dependencia integrada dentro del mismo órgano administrativo**…» y *c*) «…si aun siendo una interrupción justificada, durante el tiempo en el que hubo de esperarse a la recepción de la información **pudieron practicarse otras diligencias**, dicho tiempo no debe descontarse necesariamente y en todo caso para computar el plazo máximo de duración, sino que habrá de estarse a las circunstancias concurrentes en cada caso concreto» (FD 5.º).

STS de 15 de marzo de 2021. Rec. 526/2020. Ponente: E. Córdoba Castroverde: Es necesario **que las dilaciones del procedimiento por causa no imputable a la Administración tributaria consten expresamente motiva-**

das en el acuerdo de derivación de responsabilidad. «... En último término, hay que señalar ***que la exigencia de motivación no se satisface cuando las dilaciones se justifican en vía revisora por el TEAR, pues le corresponde hacerla al órgano que dicta la resolución que finaliza el procedimiento e impone el gravamen al obligado tributario***, dado que, como expone la parte recurrente, "es el único que puede ofrecer una justificación coherente que obedezca a la realidad, por ser quien ha seguido la tramitación del procedimiento y, por tanto, constatado la existencia de las dilaciones y su influencia en el discurrir del mismo". En efecto, la constatación de la existencia de dilaciones en el procedimiento y la justificación de cómo han determinado que la Administración no haya resuelto y notificado en plazo, solo cabe apreciarla y razonarla al órgano que ha conocido del procedimiento, por ser el que se ha visto directamente afectado en su actuación por estas dilaciones. En este sentido, ha declarado esta Sala en la ***citada Sentencia núm. 1928/2017, de 11 de diciembre...»*** (FD 3.º).

STS de 31 de octubre de 2017 (Rec. 572/2017; ponente: J. Huelin): *a*) ***Tratándose de procedimientos tributarios de gestión, el tiempo en el que debe ser dictada la nueva resolución, después de retrotraídas las actuaciones, se rige por el artículo 104.1 LGT y no por el artículo 150.5 LGT (actual art. 150.7).*** *b*) El artículo 104 de la LGT debe ser interpretado en el sentido de que, en una situación como la del presente litigio, «la Administración tributaria debe tramitar el procedimiento retrotraído y notificar una resolución al interesado en el plazo que reste desde que se realizó la actuación procedimental causante de la indefensión del interesado, que determinó la anulación del acto administrativo que puso fin al procedimiento (en un caso como el litigioso el tiempo gastado desde la valoración inmotivada). Dicho plazo empieza a contarse desde el día siguiente a aquel en que se comunica la resolución anulatoria con retroacción de actuaciones al órgano competente para llevarla a puro y debido efecto». En el mismo sentido **SSTS de 22 de mayo 2018 (rec. 315/2017) y 17 de diciembre de 2020 (rec. 2222/2018).**

La STS 23 de mayo de 2018 (Rec. 666/2017; ponente: A. Aguallo) fija los **criterios interpretativos sobre los artículos 104.1 de la Ley General Tributaria y 66.4 de su Reglamento general de desarrollo en materia de revisión en vía administrativa.**

«Conforme a lo hasta aquí expuesto, y según ordena el artículo 93.1 LJCA, procede fijar la siguiente interpretación de los preceptos legales y reglamentarios concernidos en este litigio:

»1.º) El artículo 66.4 RGRVA, en relación con los apartados 2, 3 y 5 del mismo precepto, debe interpretarse en el sentido de que, anulada en la vía económico-administrativa una comprobación de valores por falta de motivación y, por ende, la liquidación derivada de la misma, ordenando retrotraer las actuaciones para que se practique nueva comprobación y se apruebe otra liquidación, las nuevas actuaciones realizadas en el procedimiento retrotraído y la resolución que se dicte no quedan sometidas a la disciplina del artículo 66 RGRVA, en particular al plazo de un mes previsto en su apartado 2.

»2.º) Tratándose de procedimientos tributarios de gestión, el tiempo en el que debe ser dictada la nueva resolución, después de retrotraídas las actuaciones, se rige por el artículo 104.1 LGT y no por el artículo 150.5 LGT (actual art. 150.7).

»3.º) El artículo 104 LGT debe ser interpretado en el sentido de que, en una situación como la del presente litigio, la Administración Tributaria debe tramitar el procedimiento retrotraído y notificar una resolución al interesado en el plazo que reste desde que se realizó la actuación procedimental causante de la indefensión del interesado, que determinó la anulación del acto administrativo que puso fin al procedimiento (en un caso como el litigioso el tiempo gastado desde la valoración inmotivada). Dicho plazo empieza a contarse desde el día siguiente a aquel en que se comunica la resolución anulatoria con retroacción de actuaciones al órgano competente para llevarla a puro y debido efecto» (FD 5.º). Vid. en el mismo sentido **STS de 13 de noviembre de 2020. Rec. 2186/2018.** Ponente: I. Merino Jara.

La **STS de 23 de junio de 2010** (rec. cas. para unificación de doctrina 320/2005) **recoge la evolución legislativa** habida en esta cuestión que, en la práctica, y según la doctrina reiterada del TS (Sentencia de 15 de octubre de 2009), supuso la ***inaplicación del instituto de la caducidad hasta la entrada en vigor de la LGT/2003.***

En particular, véanse los siguientes artículos de la LGT (§ I): 127 (procedimiento de devolución), 130 (procedimiento de gestión mediante declaración), 133 (procedimiento de verificación de datos), 134.1 (comprobación de valores), 139 (procedimiento de comprobación limitada) y 150 (plazo de las actuaciones inspectoras); en relación con el procedimiento sancionador, además del art. 211 LGT (§ I), vid. arts. 24.4, 27.1 y 28.4 RST, aprobado por RD 2.063/2004, de 15 de octubre (*BOE* de 28 de octubre). En materia de recursos, véase el Título V de la LGT (§ I); arts. 47 a 49 LRJPAC.

Incumplimiento de los plazos de resolución y vulneración del derecho a un proceso sin dilaciones indebidas del art. 6 CEDH: La STS de 29 de marzo de 2010 (Rec. 11318/2004; ponente: J. Huelin) (FJ 7.º) rechaza esta conexión afirmando que basta «con recordar que los arts. 6 del citado Convenio y 24.2 de la Constitución proclaman un derecho fundamental de naturaleza prestacional que corresponde satisfacer a los órganos judiciales [en] el seno de procedimientos jurisdiccionales, por lo que no puede considerarse vulnerado por la duración de un expediente administrativo [Sentencias de 18 de noviembre de 2002 (rec. cas. 2898/99, FJ 8.º), 25 de noviembre de 2002 (rec. cas. 4163/99, FJ 81), 18

la normativa reguladora del correspondiente procedimiento, sin que pueda exceder de seis meses, salvo que esté establecido por una norma con rango de ley o venga previsto en la normativa comunitaria europea. Cuando las normas reguladoras de los procedimientos no fijen plazo máximo, éste será de seis meses.

El plazo se contará:

a) En los procedimientos iniciados de oficio, desde la fecha de notificación del acuerdo de inicio.

b) En los procedimientos iniciados a instancia del interesado, desde la fecha en que el documento haya tenido entrada en el registro del órgano competente para su tramitación.

Queda excluido de lo dispuesto en este apartado el procedimiento de apremio, cuyas actuaciones podrán extenderse hasta el plazo de prescripción del derecho de cobro.

2. A los solos efectos de entender cumplida la obligación de notificar dentro del

---

de diciembre de 2002 (rec. cas. 4980/99, FJ 7.º) y 6 de octubre de 2009 (rec. cas. 6610/03, FJ 4.º)]. Es verdad que el **Tribunal Europeo de Derechos Humanos**, en algunas ocasiones, ha considerado vulnerado el art. 6.1 del Convenio de Roma por la duración excesiva de actuaciones de investigación fiscal seguidas de un procedimiento jurisdiccional que se demoró durante años, pero *no ha acogido una infracción de esa naturaleza por la sola tardanza en sede administrativa*. Así, en la **Sentencia de 26 de septiembre de 2000 (*J.B. contra Francia*, n.º 33634/96)**, acogió una denuncia de esa índole porque la Administración fiscal, en la vía previa a la judicial, consumió casi un año y cuatro meses y el Tribunal Administrativo de Orleans tardó en dictar sentencia alrededor de cuatro años y medio (apartado 19). Con el mismo alcance se expresó en la **Sentencia de 25 de noviembre de 2003 (*Abribat y otro contra Francia*, n.º 60392/00)**, en el que el dato decisivo para concluir en la vulneración del derecho a un proceso sin dilaciones indebidas se sitúa en el retraso en sede jurisdiccional (dos años), sin perjuicio de producirse también demoras en la vía administrativa ante las autoridades tributarias (seis meses) [apartado 28]. En suma, en la jurisprudencia del Tribunal con sede en Estrasburgo no existen pronunciamientos por demoras autónomas y exclusivas de la Administración, como la que pretenden aquí los recurrentes. El Tribunal Europeo de Derechos Humanos se ha limitado a afirmar que cuando, para impetrar la tutela jurisdiccional, hay que ejercer, como requisito preliminar, una reclamación en vía administrativa, al objeto de determinar si se han producido dilaciones indebidas debe tomarse en consideración también el tiempo consumido en esa vía administrativa previa **(Sentencia de 29 de julio de 2003, Poilly contra Francia, n.º 68155/01, apartado 12)**. Nada más y nada menos».

STS de 9 de marzo de 2016 (Rec. 2307/2014; ponente: J. A. Montero): La **notificación del inicio de un procedimiento sancionador** se rige por lo dispuesto en los **arts. 207 a 212 LGT** (§ I) —vid. art. 209.2—, no por lo dispuesto en el **art. 104**, que sólo es aplicable para la notificación de la **resolución del procedimiento sancionador**.

Art. 104.1.b): Vid. art. 102 RGIT.

Art. 104.2: Nueva redacción, con efectos desde el 12 de octubre de 2015, por el art. único.20 de la Ley 34/2015, de 21 de septiembre, de modificación parcial de la LGT (*BOE* n.º 227, de 22 de septiembre). Su **redacción anterior** era la siguiente:

> 2. A los solos efectos de entender cumplida la obligación de notificar dentro del plazo máximo de duración de los procedimientos, será suficiente acreditar que se ha realizado un intento de notificación que contenga el texto íntegro de la resolución.
>
> Los períodos de interrupción justificada que se especifiquen reglamentariamente y las dilaciones en el procedimiento por causa no imputable a la Administración tributaria no se incluirán en el cómputo del plazo de resolución.

Vid. arts. 150.5 y 211.3 LGT (§ I) y 103 y 104 RGIT. El art. 103.*a*) RGIT fue modificado por RD 1/2010, de 8 de enero (*BOE* de 19 de enero). Además, el art. 2.ºseis del RD 1.558/2012, de 15 de noviembre (*BOE* de 24 de noviembre), introduce un nuevo supuesto en la letra *b*) del citado precepto. Tras la modificación introducida por el RD 1.072/2017, de 29 de diciembre (*BOE* de 30 de diciembre) en el RST, el art. 27.1 de dicho Reglamento queda redactado así: «1. Cuando el interesado haya manifestado que renuncia a la tramitación separada del procedimiento sancionador, su inicio deberá notificarse y, a partir de ese momento, su tramitación se desarrollará de forma conjunta con el procedimiento de aplicación de los tributos, y será de aplicación para ambos procedimientos la regulación establecida en la Ley 58/2003, de 17 de diciembre, General Tributaria, y en su normativa de desarrollo para el correspondiente procedimiento de aplicación de los tributos, incluida la relativa a los plazos y a los efectos de su incumplimiento.

plazo máximo de duración de los procedimientos, será suficiente acreditar que se ha realizado un intento de notificación que contenga el texto íntegro de la resolución.

En el caso de sujetos obligados o acogidos voluntariamente a recibir notificaciones practicadas a través de medios electrónicos, la obligación de notificar dentro del plazo máximo de duración de los procedimientos se entenderá cumplida con la puesta a disposición de la notificación en la sede electrónica de la Administración tributaria o en la dirección electrónica habilitada.

Los períodos de interrupción justificada que se especifiquen reglamentariamente, las dilaciones en el procedimiento por causa no imputable a la Administración tributaria, y los períodos de suspensión del plazo que se produzcan conforme a lo previsto en esta ley no se incluirán en el cómputo del plazo de resolución.

3. En los procedimientos iniciados a instancia de parte, el vencimiento del plazo máximo sin haberse notificado resolución expresa producirá los efectos que establezca su normativa reguladora. A estos efectos, en todo procedimiento de aplicación de los tributos se deberá regular expresamente el régimen de actos presuntos que le corresponda.

En defecto de dicha regulación, los interesados podrán entender estimadas sus solicitudes por silencio administrativo, salvo las formuladas en los procedimientos de ejercicio del derecho de petición a que se refiere el artículo 29 de la Constitución y en los de impugnación de actos y disposiciones, en los que el silencio tendrá efecto desestimatorio.

Cuando se produzca la paralización del procedimiento por causa imputable al obligado tributario, la Administración le advertirá que, transcurridos tres meses, podrá declarar la caducidad del mismo.

4. En los procedimientos iniciados de oficio, el vencimiento del plazo máximo establecido sin que se haya notificado resolución expresa producirá los efectos previstos en la normativa reguladora de cada procedimiento de aplicación de los tributos.

A efectos de lo dispuesto en el artículo 104.2 de la Ley 58/2003, de 17 de diciembre, General Tributaria, no se tendrá en cuenta en el cómputo del plazo del procedimiento de aplicación de los tributos, el tiempo transcurrido desde la fecha del primer intento de notificación del inicio del procedimiento sancionador debidamente acreditado hasta la fecha en que dicha notificación se entienda producida.

Una vez notificado el inicio, las cuestiones relativas al procedimiento sancionador se analizarán conjuntamente con las del procedimiento de aplicación de los tributos, y la documentación y elementos de prueba obtenidos durante la tramitación conjunta se considerarán integrantes de ambos expedientes, debiéndose incorporar formalmente a éstos, con vistas a los recursos que pudieran interponerse contra la resolución dictada en cada procedimiento.»

STS de 16 de marzo de 2016 (Rec. 2243/2014; ponente: J. G. Martínez Micó): ***No es dilación imputable al contribuyente la no aportación de aquello de lo que no dispone.***

STS de 22 de diciembre 2020. Rec. 2931/2018. Ponente: I. Merino Jara: *a*) Los actos dictados por la Administración tributaria en ejecución de una resolución judicial que se limita a anular una liquidación tributaria por falta de motivación, sin abordar el fondo del asunto, suponen una retroacción de actuaciones —al margen de que se ordene ésta formalmente en el fallo—, formando parte del mismo procedimiento de gestión en el que tuvo su origen el acto administrativo anulado por aquélla.

b) La ejecución de las sentencias judiciales se rige por mandado por el artículo 117.3 CE, en relación con los artículos 103 y siguientes LJCA. La regulación administrativa que complementa el régimen procesal de la ejecución resulta aplicable en la medida en que no se oponga a la LJCA.

c) En función del alcance del fallo y el contenido de la sentencia anulatoria, pueden producirse diversas situaciones en la ejecución. En particular, habida cuenta de que la anulación por motivos formales produce la retroacción de actuaciones, lo que procede es que se vuelva al procedimiento para que se subsane el vicio formal, momento en el que debe continuar el procedimiento dirigido a dictar la liquidación dentro del plazo que resta.

STS de 5 de mayo 2021. Rec. 470/2020. Ponente: I. Merino Jara: El plazo para ejecutar las resoluciones de los tribunales económico-administrativas, de conformidad con lo previsto en el artículo 66.2 del Reglamento general en materia de revisión en vía administrativa, es un mes; y que la consecuencia jurídica derivada del incumplimiento de dicho plazo, al tratarse de una irregularidad no invalidante sin efectos prescriptivos, es la no exigencia de intereses de demora desde que la Administración incumpla el referido plazo (FD 4.º).

En ausencia de regulación expresa, se producirán los siguientes efectos:

a) Si se trata de procedimientos de los que pudiera derivarse el reconocimiento o, en su caso, la constitución de derechos u otras situaciones jurídicas individualizadas, los obligados tributarios podrán entender desestimados por silencio administrativo los posibles efectos favorables derivados del procedimiento.

b) En los procedimientos susceptibles de producir efectos desfavorables o de gravamen se producirá la caducidad del procedimiento.

5. Producida la caducidad, ésta será declarada, de oficio o a instancia del interesado, ordenándose el archivo de las actuaciones.

Dicha caducidad no producirá, por sí sola, la prescripción de los derechos de la Administración tributaria, pero las actuaciones realizadas en los procedimientos caducados no interrumpirán el plazo de prescripción ni se considerarán requerimientos administrativos a los efectos previstos en el apartado 1 del artículo 27 de esta ley.

Las actuaciones realizadas en el curso de un procedimiento caducado, así como los documentos y otros elementos de prueba obtenidos en dicho procedimiento, conservarán su validez y eficacia a efectos probatorios en otros procedimientos iniciados o que puedan iniciarse con posterioridad en relación con el mismo u otro obligado tributario.

SECCIÓN 2.ª

Prueba

Art. 105. *Carga de la prueba.*—1. En los procedimientos de aplicación de los tributos quien haga valer su derecho deberá probar los hechos constitutivos del mismo.

2. Los obligados tributarios cumplirán su deber de probar si designan de modo concreto los elementos de prueba en poder de la Administración tributaria.

Art. 106. *Normas sobre medios y valoración de la prueba.*—1. En los

---

Art. 104.5: STS 3755/2019, de 25 de noviembre de 2019. Rec. 6270/2017. Ponente: J. Díaz Delgado. ***«declarada la caducidad de un expediente iniciado por declaración, los actos del mismo, incluyendo la declaración, no interrumpen el plazo de prescripción, por lo que sólo puede reiniciarse el procedimiento si no ha transcurrido el plazo legalmente establecido»*** **(FD 3.º).**

Art. 105: Vid. arts. 236 LGT (§ I), 60 y 61 LJCA y 281 a 298 LECiv.

STS de 6 de julio de 2001: «[...] referente a la **carga de la prueba** [...] ha de recordarse que las acreditaciones de los datos que normalmente constan en documentos y actuaciones que se encuentran en los archivos y dependencias de los órganos de la Administración, como es el caso de los padrones y censos, o que deben figurar en los expedientes administrativos, como sucede con los acuerdos y resoluciones dictados en su tramitación, no pueden constituir carga probatoria para los administrados, frente a la facilidad con que dichas acreditaciones pueden realizarse por la Administración» (FD 3.º).

STS de 20 de junio de 2012 (Rec. 3421/2010; ponente: Sr. Frías; FJ 5.º):

«[...] Por otra parte, ***la posibilidad de incorporar al proceso nueva documentación acreditativa de los hechos ha sido expresamente reconocida por esta Sala en la Sentencia de 11 de febrero de 2010*** (rec. cas. n.º 9779/2004), al resolver un supuesto similar.

»Por tanto, debe concluirse que no existe inconveniente alguno en que el obligado tributario, que no presentó en el procedimiento inspector determinadas pruebas que fundaban su pretensión, las presente posteriormente en vía judicial [...]».

En la misma línea, vid. SSTS de 5 de noviembre de 2014 (Rec. 3119/2013; ponente: M. Garzón), 10 de noviembre de 2014 (Rec. 13/2015; ponente: J. Huelin) y 20 de abril de 2017 (Rec. 615/2016; ponente: J. G. Martínez Micó). En conclusión: sí cabe en sede de revisión —recurso de reposición, reclamación económico-administrativa o recurso contencioso-administrativo— aportar documentación no aportada en sede de gestión. En contra, vid. los votos particulares de R. Fernández Montalvo y J. A. Montero a las SSTS de 20 de junio de 2012 y 17 de octubre de 2014 (Rec. 1596/2012; ponente: J. G. Martínez Micó).

Art. 106.1: STS de 17 de febrero de 2022 (rec. 5631/2019. Ponente: L. M. Díez-Picazo Giménez): ***«Si la Administración es parte, los informes o dictámenes elaborados por los peritos de la Administración, no***

procedimientos tributarios serán de aplicación las normas que sobre medios y valoración de prueba se contienen en el Código Civil y en la Ley 1/2000, de 7 de enero, de Enjuiciamiento Civil, salvo que la ley establezca otra cosa.

2. Las pruebas o informaciones suministradas por otros Estados o entidades internacionales o supranacionales en el marco de la asistencia mutua podrán incorporarse, con el valor probatorio que proceda conforme al apartado anterior, al procedimiento que corresponda.

3. La ley propia de cada tributo podrá exigir requisitos formales de deducibilidad para determinadas operaciones que tengan relevancia para la cuantificación de la obligación tributaria.

4. Los gastos deducibles y las deducciones que se practiquen, cuando estén originados por operaciones realizadas por empresarios o profesionales, deberán justificarse, de forma prioritaria, mediante la factura entregada por el empresario o profesional que haya realizado la correspondiente operación que cumpla los requisitos señalados en la normativa tributaria.

Sin perjuicio de lo anterior, la factura no constituye un medio de prueba privilegiado respecto de la existencia de las operaciones, por lo que una vez que la Administración cuestiona fundadamente su efectividad, corresponde al obligado tributario aportar pruebas sobre la realidad de las operaciones.

5. [...]

---

gozan de imparcialidad y no pueden considerarse prueba pericial y no tendrán más valor que el de documentos administrativos.

Aplicando cuanto se ha expuesto, ***el presente recurso de casación debe ser acogido, pues la sentencia impugnada no ha observado la exigencia establecida en el art. 348 de la Ley de Enjuiciamiento Civil de valorar los dictámenes periciales según las reglas de la sana crítica…*** Sin cuestionar la capacitación técnica de sus autores, ***basa su decisión fundamentalmente en una pretendida "mayor objetividad e imparcialidad" de los expertos al servicio de la Administración. Y esto… no es lo que la ley requiere.*** La sentencia impugnada habría debido examinar la mayor o menor solidez de cada uno de los dictámenes periciales, teniendo en cuenta sus fuentes, su desarrollo expositivo, e incluso el prestigio profesional su autor. ***Limitándose a decir que cuando concurren un experto privado y uno de la Administración debe darse mayor credibilidad a éste último, la sentencia impugnada no sólo no aporta una motivación suficiente del modo en que se ha formado su convicción sobre los hechos, sino —lo que es peor— termina por otorgar implícitamente el carácter de prueba tasada o legal a los dictámenes e informes provenientes de la Administración.***

… si bien los dictámenes periciales no son prueba legal y pueden ser contrarrestados o neutralizados por otras pruebas, es necesario examinarlos críticamente, sin otorgar automáticamente mayor fuerza a algunos de ellos por el solo hecho de provenir de la Administración» (FD 8.º).

Art. 106.2: Introducido, con efectos desde el 1 de enero de 2012, por la Disp. Final 1.ªuno.15 del RD-ley 20/2011, de 30 de diciembre, de medidas urgentes (*BOE* n.º 315, de 31 de diciembre de 2011; corrección de errores en *BOE* n.º 8, de 10 de enero de 2012). Los apartados siguientes se renumeran.

Vid. arts. 236 LGT (§ I), 60 y 61 LJCA y 281 a 298 LECiv.

Art. 106.4: Nueva redacción, con efectos desde el 12 de octubre de 2015, por el art. único.21 de la Ley 34/2015, de 21 de septiembre, de modificación parcial de la LGT (*BOE* n.º 227, de 22 de septiembre). Su **redacción anterior** era la siguiente:

> 4. Los gastos deducibles y las deducciones que se practiquen, cuando estén originados por operaciones realizadas por empresarios o profesionales, deberán justificarse, de forma prioritaria, mediante la factura entregada por el empresario o profesional que haya realizado la correspondiente operación o mediante el documento sustitutivo emitido con ocasión de su realización que cumplan en ambos supuestos los requisitos señalados en la normativa tributaria.

Vid. arts. 66 bis, 70, 115 y 148 LGT (§ I) y 26.5 y 120.2 LISdades. Vid. **STS de 17 de octubre de 2016 (Rec. 2875/2015;** ponente: R. Fernández Montalvo).

Art. 106.5: Apartado suprimido, con efectos desde el 12 de octubre de 2015, por el art. único.21 de la Ley 34/2015, de 21 de septiembre, de modificación parcial de la Ley 58/2003, de 17 de diciembre, General Tributaria (*BOE* n.º 227, de 22 de septiembre). Su **redacción anterior** era la siguiente:

Art. 107. *Valor probatorio de las diligencias.*—1. Las diligencias extendidas en el curso de las actuaciones y los procedimientos tributarios tienen naturaleza de documentos públicos y hacen prueba de los hechos que motiven su formalización, salvo que se acredite lo contrario.

2. Los hechos contenidos en las diligencias y aceptados por el obligado tributario objeto del procedimiento, así como sus manifestaciones, se presumen ciertos y sólo podrán rectificarse por éstos mediante prueba de que incurrieron en error de hecho.

Art. 108. *Presunciones en materia tributaria.*—1. Las presunciones establecidas por las normas tributarias pueden destruirse mediante prueba en contrario, excepto en los casos en que una norma con rango de ley expresamente lo prohíba.

2. Para que las presunciones no establecidas por las normas sean admisibles como medio de prueba, es indispensable que entre el hecho demostrado y aquel que se trate de deducir haya un enlace preciso y directo según las reglas del criterio humano.

3. La Administración tributaria podrá considerar como titular de cualquier bien, derecho, empresa, servicio, actividad, explotación o función a quien figure como tal en un registro fiscal o en otros de carácter público, salvo prueba en contrario.

4. Los datos y elementos de hecho consignados en las autoliquidaciones, declaraciones, comunicaciones y demás documentos presentados por los obliga-

---

5. En aquellos supuestos en que las bases o cuotas compensadas o pendientes de compensación o las deducciones aplicadas o pendientes de aplicación tuviesen su origen en ejercicios prescritos, la procedencia y cuantía de las mismas deberá acreditarse mediante la exhibición de las liquidaciones o autoliquidaciones en que se incluyeron la contabilidad y los oportunos soportes documentales.

La **STS de 19 de febrero de 2015** (Sala 3.ª, Sección 2.ª; Rec. 3180/2013; ponente: E. Frías) **aplica a las deducciones originadas en períodos prescritos el mismo criterio que viene aplicando a las bases imponibles negativas pendientes de compensación**, de conformidad con lo dispuesto en el art. 23.5 del TR de la Ley del Impuesto sobre Sociedades (SSTS de 17 de marzo de 2008, Rec. 4447/2003; 25 de enero de 2010, Rec. 955/2005, y 8 de julio de 2010, Rec. 4427/2005). La **conclusión del TS** es clara: ***a)*** las deducciones imputables a períodos anteriores al 1 de enero de 2004 son firmes, por lo que no serán comprobables por la Administración si se aplican en períodos pendientes de prescripción. ***b)*** las deducciones imputables a períodos iniciados a partir de 1 de enero de 2004 carecen de firmeza y, por tanto, podrán ser objeto de comprobación, dado que corresponden a períodos devengados el 31 de diciembre de 2004, cuando ya estaba en vigor el art. 106 LGT.

Tras la reforma realizada por la Ley 34/2015, vid. arts. 66 bis, 70, 115 y 148 LGT (§I) y 26.5 y 120.2 LISdades. Vid. *STS de 24 de febrero de 2016* (Rec. 4044/2014; ponente: M. Martín Timón).

Art. 107: Vid. art. 143.1 LGT (§ I).

Art. 108.1: Vid. art. 8.º*a)* LGT (§ I). La **STC 194/2000**, de 19 de julio, declaró la **inconstitucionalidad de la presunción *iuris et de iure* contenida en la Disp. Adic. 4.ª LTPP y la extendió al art. 14.7 TRLITP-AJD, que la reproducía.**

El TC entendió que dicha presunción vulneraba los principios de justicia tributaria y de capacidad económica, al calificar como donación, en una transmisión onerosa, la diferencia entre el valor declarado por las partes y el comprobado por la Administración, siempre que este último fuese superior en más de un 20 por 100 al consignado por las partes y tal exceso superase los 2.000.000 de pesetas.

Art. 108.4: Vid. art. 146 RGIT.

STS de 8 de octubre de 2012 (Rec. 5434/2010; ponente: Sr. J. Huelin): **Consecuencias de la presunción de certeza de las autoliquidaciones:** «Conviene precisar el verdadero alcance de la presunción de certeza de las "declaraciones tributarias" que establecía el artículo 116 LGT de 1963, y que ahora declara el artículo 108, apartado 4, párrafo primero, de la Ley 58/2003, de 17 de diciembre, General Tributaria (*BOE* de 18 de diciembre), respecto de "los datos y elementos de hecho consignados en las autoliquidaciones, declaraciones, comunicaciones y demás documentos presentados por los obligados tributarios".

»Como hemos señalado, entre las últimas, en las *Sentencias de 18 de junio de 2009* (rec. cas. n.º 7807/03, FJ 3.º) y *7 de octubre de 2010* (rec. cas. n.º 4948/2005, FJ 3.º), de la lectura del propio artículo 116 se desprende que la norma se está refiriendo a la naturaleza de confesión extrajudicial que tienen las

dos tributarios se presumen ciertos para ellos y sólo podrán rectificarse por los mismos mediante prueba en contrario.

Los datos incluidos en declaraciones o contestaciones a requerimientos en cumplimiento de la obligación de suministro de información recogida en los artículos 93 y 94 de esta ley que vayan a ser utilizados en la regularización de la situación tributaria de otros obligados se presumen ciertos, pero deberán ser contrastados de acuerdo con lo dispuesto en esta sección cuando el obligado tributario alegue la inexactitud o falsedad de los mismos. Para ello podrá exigirse al declarante que ratifique y aporte prueba de los datos relativos a terceros incluidos en las declaraciones presentadas.

5. En el caso de obligaciones tributarias con períodos de liquidación inferior al año, se podrá realizar una distribución lineal de la cuota anual que resulte entre los períodos de liquidación correspondientes cuando la Administración tributaria no pueda, en base a la información obrante en su poder, atribuirla a un período de liquidación concreto conforme a la normativa reguladora del tributo, y el obligado tributario, requerido expresamente a tal efecto, no justifique que procede un reparto temporal diferente.

SECCIÓN 3.ª

Notificaciones

Art. 109. *Notificaciones en materia tributaria.*—El régimen de notificaciones

---

declaraciones tributarias, lo que supone que, en aplicación del artículo 1.232 del Código Civil, "hace[n] prueba contra su actor"; es decir, la mera declaración de datos, si puede ser favorable al contribuyente, no debe aceptarse sin más, permitiendo que se sometan a tributación hechos de existencia no probada, pues ello daría lugar a imposiciones ilegales, si bien no le cabe a la Administración eliminarlos sin más, debiendo realizar los actos de comprobación o investigación necesarios en aquellos casos en que no estime ciertas las declaraciones. Estas reflexiones vienen avaladas por el artículo 121.1 de la Ley General Tributaria de 1963, con arreglo al que "la Administración no está obligada a ajustar las liquidaciones a los datos consignados en sus declaraciones por los sujetos pasivos", y el artículo 35.2 del mismo texto legal, donde se indica que esos sujetos pasivos "están igualmente obligados [...] a proporcionar a la Administración los datos, informes, antecedentes y justificantes que tengan relación con el hecho imponible". Pueden consultarse también una Sentencia de 5 de marzo de 2008 (rec. cas. n.º 4606/02 FJ 3.º) y dos de 18 de octubre de 2002 (rec. cas. n.os 8785/97 y 8760/97, FFJJ 4.º y 6.º, respectivamente).

»Cuando el sujeto pasivo considere, como ocurrió en el supuesto de autos, que ha incurrido en un error en alguna de las declaraciones o autoliquidaciones presentadas, debe acudir, a merced de esa presunción, al procedimiento establecido en la disposición adicional tercera del Real Decreto 1.163/1990 [...]. Fuera de este procedimiento de aplicación de los tributos, iniciado a instancias del obligado tributario, prima el contenido de la liquidación o de la autoliquidación presentada y no rectificada. No tiene el mismo alcance la contestación a un requerimiento practicado por la Administración, cuya finalidad no era la rectificación de una autoliquidación, sino, precisamente, poner de manifiesto la contradicción detectada entre dos o más autoliquidaciones presentadas por el mismo sujeto pasivo».

Art. 108.5: Apartado introducido, con efectos desde el 12 de octubre de 2015, por el art. único.22 de la Ley 34/2015, de 21 de septiembre, de modificación parcial de la LGT (*BOE* n.º 227, de 22 de septiembre).

Art. 109: Vid. arts. 23 y 40 a 46 LPACAP, 10 LRJSP y 114 y 115RGIT. Véase también la **exhaustiva sistematización de la jurisprudencia n torno a esta cuestión de la STS de 26 de mayo de 2011** (Rec. 308/2008; ponente: Sr. Aguallo) **y las posteriores SSTS de 1 de octubre de 2012 (cas. 3997/10, FJ 2.º) y 2.059/2014, de 26 de mayo.**

Notificaciones telemáticas: Vid. arts. 96 y 102 LGT (§ I). Art. 115 bis. Práctica de las notificaciones a través de medios electrónicos. El art. 115 bis del RGIT, redactado por RD 1.070/2017, de 29 de diciembre (*BOE* de 30 de diciembre), con efectos de 1 de enero de 2018, dispone que: 1) el régimen para la práctica de las notificaciones a través de medios electrónicos será el previsto en las normas administrativas generales con las especialidades que se establezcan legal y reglamentariamente y 2) en el ámbito de competencias del Estado, mediante Orden del Ministro de Hacienda se podrán regular las especialidades en la práctica de las notificaciones a través de medios electrónicos.

El Tribunal Constitucional — STC de 16 de noviembre de 2020 — considera que otorgar validez a la notificación defectuosa y basar en ello interrumpida la prescripción vulnera el derecho a la tutela judicial efectiva

será el previsto en las normas administrativas generales con las especialidades establecidas en esta sección.

Art. 110. *Lugar de práctica de las notificaciones.*—1. En los procedimientos iniciados a solicitud del interesado,

---

Vid. **STC 59/2014**, de 5 de mayo, Sala Segunda (*BOE* de 3 de junio):

«El ejercicio de los **derechos de defensa** y a ser informado de la acusación en el seno de un procedimiento administrativo sancionador presupone, obviamente, que el implicado sea emplazado o le sea notificada debidamente la incoación del procedimiento, pues sólo así podrá disfrutar de una efectiva posibilidad de defensa frente a la infracción que se le imputa previa a la toma de decisión y, por ende, que la Administración siga un procedimiento en el que el denunciado tenga oportunidad de aportar y proponer las pruebas que estime pertinentes y de alegar lo que a su derecho convenga. En este sentido, el Pleno de este Tribunal en la STC 291/2000, de 30 de abril, ha declarado, con base en la referida doctrina constitucional sobre la extensión de las garantías del art. 24 CE al procedimiento administrativo sancionador, que ***los posibles defectos en la notificación o emplazamiento administrativo, cuando se trate, como en este supuesto acontece, de un acto administrativo sancionador, revisten relevancia constitucional desde la perspectiva del art. 24 CE*** *(FJ 4.º)*» (FJ 3.º).

«[...] Y aunque dicho domicilio personal del recurrente no hubiera sido inicialmente conocido por la Administración sancionadora y que hubiera sido hallado por la ejecutiva, como aduce la Junta de Andalucía, *aquélla había de haber obrado con la diligencia suficiente para buscar y obtener en los registros públicos correspondientes un domicilio donde poder realizar una notificación personal positiva como efectivamente se hizo en la vía ejecutiva*, como recuerdan nuestras sentencias 32/2008, de 25 de febrero, FJ 2.º, y 128/2008, de 27 de octubre, FJ 2.º» (FJ 4.º).

«En definitiva, la ausencia de notificación personal al demandante de amparo de las resoluciones administrativas indicadas en el recurso, en el procedimiento administrativo sancionador, le han causado la lesión constitucionalmente relevante de los derechos invocados, por lo que procede conceder el amparo, con la correspondiente declaración de nulidad de las resoluciones administrativas impugnadas, así como de las resoluciones judiciales impugnadas que no sanaron la lesión denunciada» (FJ 5.º).

En consecuencia, el TC estima la demanda de amparo y declara vulnerados los derechos del recurrente en amparo a la defensa y a ser informado de la acusación (art. 24.2 CE), restableciéndolo en sus derechos. **En la misma línea, *SSTC 151/2016, de 19 de septiembre,* 200/2016, de 28 de noviembre, *y 39/2018, de 25 de abril.*** **STS de 26 de mayo de 2011** (Rec. 308/2008; ponente: A. Aguallo): «aunque el grueso de la doctrina constitucional sobre la incidencia que tienen las notificaciones defectuosamente practicadas sobre el derecho a la tutela judicial efectiva se ha forjado en el ámbito del proceso judicial, el propio máximo intérprete de la Constitución ha puesto de relieve que existen determinados supuestos en los que este derecho puede verse afectado en el ámbito del procedimiento administrativo, supuestos en los que la doctrina sentada en relación con los actos de comunicación procesal practicados por los órganos judiciales resultará aplicable *mutatis mutandis* a las notificaciones de los actos y resoluciones efectuadas por la Administración. Así sucede, en particular: *a*) cuando el vicio en la notificación haya dificultado gravemente o impedido al interesado el acceso al proceso; *b*) cuando falte la notificación personal del inicio de la vía de apremio, aunque se haya podido impugnar la liquidación tributaria; y *c*) cuando en el ámbito de un procedimiento sancionador no se haya emplazado al interesado, causándole indefensión, pese a que podía ser localizado a partir de los datos que obraban en el expediente (SSTC 291/2000, de 30 de noviembre, FFJJ 3.º, 4.º y 5.º; 54/2003, de 24 de marzo, FJ 3.º; 113/ 2006, de 5 de abril, FFJJ 5.º y 6.º, y 111/2006, de 5 de abril, FFJJ 4.º y 5.º)».

STS de 26 de noviembre de 2010 (Rec. 2213/2007; ponente: Martínez Micó) (FJ 4.º, *in fine*), reproduciendo la anterior Sentencia de 7 de mayo de 2009 (recurso de casación 7637 /2005), formula **tres precisiones esenciales en torno a las notificaciones: «Primero**, que la notificación comporta una garantía del administrado a fin de asegurar que éste tenga conocimiento de la resolución dictada por la Administración y que afecta a sus intereses. **Segundo**, la perspectiva, por tanto, de los derechos del administrado es esencial a la hora de examinar las normas reguladoras de la notificación y los hechos que concurren en los actos objeto de análisis. **Tercero**, lo relevante, pues, no es tanto que se cumplan las previsiones legales sobre cómo se llevan a efecto las notificaciones, sino el hecho de que los administrados lleguen a tener conocimiento de ellas. Por eso, cuando se discute acerca del cumplimiento de las formalidades legales, sobre el cómo han de hacerse las notificaciones, lo decisivo no es que se cumplan esas previsiones legales, sino que efectivamente el sujeto pasivo tenga o haya podido tener conocimiento efectivo del acto notificado».

Resolución del TEAC de 19 de febrero de 2014, en unificación de criterio: ***no puede notificarse en un mismo documento la caducidad del procedimiento de verificación de datos y el inicio de un nuevo procedimiento.***

Art. 110: Vid. art. 48 LGT (§ I). Contrástese con los arts. 41 y 42 LPACAP. Vid. STS de 28 de octubre de 2004 (*BOE* de 27 de diciembre).

Art. 110.1: STS 513/2019, de 11 de abril de 2019. Rec. 2112/2017. Ponente: N.A. Maurandi: «el criterio interpretativo que aquí debe establecerse, para ***las notificaciones practicadas a una tercera persona***

la notificación se practicará en el lugar señalado a tal efecto por el obligado tributario o su representante o, en su defecto, en el domicilio fiscal de uno u otro.

2. En los procedimientos iniciados de oficio, la notificación podrá practicarse en el domicilio fiscal del obligado tributario o su representante, en el centro de trabajo, en el lugar donde se desarrolle la actividad económica o en cualquier otro adecuado a tal fin.

Art. 111. *Personas legitimadas para recibir las notificaciones.*—1. Cuando la notificación se practique en el lugar señalado al efecto por el obligado tributario o por su representante, o en el domicilio fiscal de uno u otro, de no hallarse presentes en el momento de la entrega, podrá hacerse cargo de la misma cualquier persona que se encuentre en dicho lugar o domicilio y haga constar su identidad, así como los empleados de la comunidad de vecinos o de propietarios donde radique el lugar señalado a efectos de notificaciones o el domicilio fiscal del obligado o su representante.

2. El rechazo de la notificación realizado por el interesado o su representante implicará que se tenga por efectuada la misma.

Art. 112. *Notificación por comparecencia.*—1. Cuando no sea posible

en un lugar distinto al señalado por el obligado tributario o por su representante, y que tampoco sea el domicilio fiscal de uno u otro, está constituido por todo lo siguiente: que ha de presumirse que el acto no llegó a conocimiento tempestivo del interesado y le causó indefensión; que esta presunción admite prueba en contrario cuya carga recae sobre la Administración; y que la prueba habrá de considerarse cumplida cuando se acredite suficientemente que el acto llegó a conocimiento del interesado» (FD 6.º).

Art. 110.2: STS de 26 de octubre de 2015 (Rec. 2477/2014). **Voto particular de J. Huelin, E. Frías y J. A. Montero**: Intentada sin éxito la notificación del inicio de las actuaciones inspectoras en el domicilio del administrador único de una Sociedad, pese a que la Administración conocía que ese domicilio era el real, acudió, sin solución de continuidad, al subsidiario y último remedio que constituye la notificación por comparecencia mediante citación por edictos. Ello, en opinión de los firmantes del voto particular, «infringe el art. 110.2 LGT/2003 y desconoce la importancia que para el ejercicio de los derechos de defensa tienen los actos de comunicación de la Administración con los ciudadanos». Se concluye en el voto particular que «la mayor o menor diligencia del administrador se debe valorar cuando la Administración ha cumplido cabalmente con las previsiones del legislador sobre la notificación de los actos tributarios y existan dudas de si, pese a ello, el destinatario no ha alcanzado conocimiento del acto por causas que no le son imputables o son independientes de su voluntad, pero no puede servir para excusar o legitimar una actuación administrativa que materialmente infringe la ley, a la que la Administración tributaria, como todas las Administraciones públicas, está radicalmente sometida, *ex* art. 103.1 CE».

Art. 111.1: Vid. **art. 42.2 LPACAP.**

Un supuesto concreto de falta de acreditación de la condición del receptor de la notificación que la invalida puede verse en la ***STS de 28 de junio de 2012*** **(Rec. 2540/2010;** ponente: Sr. Trillo).

Art. 111.2: Vid. art. 59.4 LRJPAC.

Art. 112: Redactado por el art. 26 de la Ley 15/2014, de 16 de septiembre, de racionalización del Sector Público (*BOE* de 17 de septiembre). Vid. arts. 40 a 46 LPACAP. Ahora bien, según la Disp. Final 11.ª de dicha Ley, su entrada en vigor se pospuso hasta el día 1 de junio de 2015, y, según la Disp. Trans. 5.ª, se aplicará a todas las notificaciones que hayan de practicarse por las Administraciones tributarias a partir de la entrada en vigor, aunque los procedimientos tributarios se hubieren iniciado con anterioridad. Hasta entonces, la redacción del precepto que permaneció vigente es la que le dio el art. 45 de la Ley 2/2011, de 4 de marzo, de Economía Sostenible (*BOE* de 5 de marzo).

STS de 28 de junio de 2010 (Rec. 3341/2007): «esta Sala ha considerado [...] que la disposición adicional quinta de dicha ley [Ley 30/1992] no impide someter supletoriamente la notificación de los actos administrativos tributarios a las normas previstas para la de los actos administrativos en general [Sentencias de 10 de enero de 2008 (cas. 3466/2002, FJ 4.º) y 14 de enero de 2008 (cas. 3253/2002, FJ 5.º)].

»Es más, tratándose de la *notificación por edictos de las resoluciones económico-administrativas*, esta Sala ya ha aplicado en otros casos, de forma subsidiaria, lo dispuesto en el art. 59 de la Ley 30/1992 [art. 41 LPACAP] [Sentencias de 11 de noviembre de 2009 (cas. 4370/03) y 21 de enero de 2010 (cas. 2598/04)].

»[...] El **Tribunal Constitucional** se ha situado en la misma línea. Ha considerado que la notificación por edictos tiene un carácter supletorio y excepcional, debiendo ser reputada como el último remedio, por lo que únicamente es compatible con el art. 24 de la Constitución Española si existe la certeza o, al menos, la convicción razonable de la imposibilidad de localizar al demandado (Sentencias 152/1999, FJ 4.º; 20/2000, FJ 2.º, y 53/2003, FJ 3.º).»

STS de 10 de octubre de 2010 (Rec. 36/2006): ***La falta de constancia en el expediente administrativo de ejemplar alguno del edicto ni del Boletín Oficial en el que se dice que ha sido publicado determina que sea imposible constatar y dar por comprobado que hayan sido observados y tenidos en cuenta, efectivamente, los diferentes requisitos normativamente exigidos y, en concreto, la puntualización de los elementos esenciales —completos— de la liquidación, de las condiciones y circunstancias para llevar a cabo el pago voluntario de la deuda tributaria y de los recursos procedentes contra la exacción. Debe, en consecuencia, calificarse como notificación defectuosa, de modo que es improcedente la declaración de extemporaneidad del recurso de reposición contando como fecha de notificación la del edicto.***

STS de 16 de noviembre de 2016 (ponente: J. A. Montero): Notificación electrónica incompleta. Anulación de la providencia de apremio.

Art. 113: Redactado por art. 13.10, de la Ley 11/2021, de 9 de julio. Esta misma Ley, en absoluta sintonía con las pretensiones reiteradamente manifestadas por la Administración Tributaria y en clara contradicción con la doctrina jurisprudencial, ha modificado el apartado 6 del artículo 8 de la Ley 29/1998, de 13 de julio, reguladora de la Jurisdicción Contencioso-administrativa, que queda redactado de la siguiente forma:

«6. Conocerán también los Juzgados de lo Contencioso-administrativo de las autorizaciones para la entrada en domicilios y restantes lugares cuyo acceso requiera el consentimiento de su titular, siempre que ello proceda para la ejecución forzosa de actos de la administración pública, salvo que se trate de la ejecución de medidas de protección de menores acordadas por la Entidad Pública competente en la materia.

Asimismo, corresponderá a los Juzgados de lo Contencioso-administrativo la autorización o ratificación judicial de las medidas adoptadas con arreglo a la legislación sanitaria …

Además, los Juzgados de lo Contencioso-administrativo conocerán de las autorizaciones para la entrada e inspección de domicilios, locales, terrenos y medios de transporte que haya sido acordada por la Comisión Nacional de los Mercados y la Competencia….

Los Juzgados de lo Contencioso-administrativo conocerán también de las autorizaciones para la entrada en domicilios y otros lugares constitucionalmente protegidos, que haya sido acordada por la Administración Tributaria en el marco de una actuación o procedimiento de aplicación de los tributos *aún con carácter previo a su inicio formal* cuando, requiriendo dicho acceso el consentimiento de su titular, este se oponga a ello o exista riesgo de tal oposición.»

STS 1343/2019 , de 10 de octubre 2019. Recurso: **2818/2017** Ponente: J. Cudero.

Solicitud de entrada y registro cuando obtener los datos pretendidos podía alcanzarse de otro modo menos invasivo. La solicitud de entrada y registro en domicilio acordada en un procedimiento de comprobación e inspección debe atender a criterios de necesidad y proporcionalidad.

Es doctrina reiterada del TS que *"no se puede acceder al domicilio definido en el* artículo 18.2 de la Constitución española con un propósito meramente prospectivo o indeterminado, por si acaso, ya que la naturaleza fundamental del derecho que la Constitución ampara y permite excepcionalmente sacrificar o excluir, lo debe ser en presencia de un bien constitucionalmente protegido –y el deber de contribuir del artículo 31.1 de la Constitución) es uno de ellos, expresado en términos generales". **(STS de 1 de octubre de 2020. Rec. 2966/2019. Ponente: F.J. Navarro Sanchis). En STS 1163/2021, de 23 de septiembre. Rec. 2672/2020. Ponente: F.J. Navarro Sanchis se insiste en la necesidad de que el titular del domicilio disponga de todos los medios y documentos necesarios para su defensa. Se insiste en la necesidad de que haya un procedimiento ya abierto y que la inspección se haga previo aviso.** Víd. también **STS de 7 de julio de 2020. Rec.641/2018. Ponente: J.A. Montero.**

STS de 25 de septiembre de 2013 (Rec. 2461/2012; ponente: N. A. Maurandi): «la entrada y el registro en el domicilio constitucionalmente protegido por el personal de la Administración Tributaria, conforme al art. 18.2 CE, sólo cabe con el consentimiento del obligado tributario o con la oportuna autorización judicial».

Doctrina constitucional. El **TC, en *Sentencia 137/1985, de 17 de octubre***, declaró que el derecho a la inviolabilidad del domicilio es extensible o predicable igualmente de las personas jurídicas.

Atendida ésta y la ulterior matización que supuso la **STC 69/1999, de 26 de abril**, la ***STS de 24 de abril de 2010*** **(Rec. 704/2004) —seguida por las posteriores SSTS de 30 de septiembre de 2010 (recursos n.º 1392/2007, 169/2007 y 369/2007)—** sostiene en su FJ 7.º: «[...] en el caso de las personas jurídicas, dada su peculiar naturaleza y finalidad, ***tienen la consideración de domicilio a efectos de la protección constitucional otorgada por el art. 18.2 de la Constitución los espacios que requieren de reserva y no intromisión de terceros en razón a la actividad que en los mismos se lleva a cabo, esto es, los lugares utilizados por representantes de la persona jurídica para desarrollar sus actividades internas, bien porque en ellos se ejerza la habitual dirección y administración de la sociedad, bien porque sirvan de custodia de documentos u otros soportes de la vida diaria de la sociedad o de su establecimiento, y todo ello con independencia de que sea el domicilio fiscal, la sede principal o la sede secundaria, exigiéndose en estos casos la autorización judicial o el consentimiento del interesado.***

efectuar la notificación al interesado o a su representante por causas no imputables a la Administración tributaria e intentada al menos dos veces en el domicilio fiscal, o en el designado por el interesado si se trata de un procedimiento iniciado a solicitud del mismo, se harán constar en el expediente las circunstancias de los intentos de notificación. Será suficiente un solo intento cuando el destinatario conste como desconocido en dicho domicilio o lugar.

En este supuesto se citará al interesado o a su representante para ser notificados por comparecencia por medio de anuncios que se publicarán, por una sola vez para cada interesado, en el *Boletín Oficial del Estado.*

La publicación en el *Boletín Oficial del Estado* se efectuará los lunes, miércoles y viernes de cada semana. Estos anuncios podrán exponerse asimismo en la oficina de la Administración tributaria correspondiente al último domicilio fiscal conocido. En el caso de que el último domicilio conocido radicara en el extranjero, el anuncio se podrá exponer en el consulado o sección consular de la embajada correspondiente.

2. En la publicación constará la relación de notificaciones pendientes con indicación del obligado tributario o

---

»En cambio, no son objeto de protección los establecimientos abiertos al público o en que se lleve a cabo una actividad laboral o comercial por cuenta de la sociedad mercantil que no está vinculada con la dirección de la sociedad ni sirve a la custodia de su documentación. Tampoco, las oficinas donde únicamente se exhiben productos comerciales o los almacenes, tiendas, depósitos o similares.

»[...] *En la actualidad esta doctrina aparece claramente establecida en la nueva LGT, arts. 113 y 142.2.*»

El alcance de **la inviolabilidad del domicilio** es perfilado por las ***SSTC 22/1984; 137/1985 y 144/1987***, que declaran que la legalidad tributaria no impone «una suerte de trámite de audiencia y contradicción [...], sino un requerimiento para que el consentimiento pueda entenderse otorgado y para que, en consecuencia, sea necesaria o no una autorización judicial». Vid. también SSTC 50/1995, de 23 de febrero, y 69/1999, de 26 de abril.

El **TC —Sentencia 54/2015, de 16 de marzo** (*BOE* de 24 de abril)— ha matizado el alcance del ***consentimiento implícito***, al señalar que «*la entrada en las dependencias de la empresa se hizo sin advertencia de derechos al interesado*, por lo que, en el contexto de esa normativa, *los funcionarios actuantes no podían considerar que la falta de oposición del obligado tributario fuera suficiente*, pues su Reglamento de actuación les obligaba a despejar toda duda mediante la instrucción de derechos al interesado, advirtiéndole de la posibilidad de oponerse a la entrada en el domicilio para llevar a cabo la actuación inspectora.

»Junto a ello, también ha de tenerse en cuenta que los actuarios portaban una autorización administrativa para la entrada que no fue necesario exhibir al ser facilitado el acceso por los socios administradores. Este dato es relevante en este caso pues ***la advertencia de derechos lógicamente debía incluir este dato, esto es, que portaban una autorización administrativa para el caso de negativa u oposición del obligado tributario, lo cual nos sitúa en una hipótesis de información manifiestamente insuficiente para recabar el consentimiento, pues la autorización administrativa en modo alguno habilita la entrada en los espacios físicos que constituyen el domicilio de la persona jurídica objeto de protección constitucional»*** (FD 6.º).

También es relevante el pronunciamiento del TC al señalar que la Administración ha desconocido el *derecho a no autoincriminarse del obligado tributario.* El obligado tributario, en cuyo domicilio societario entra la Inspección, había prestado su conformidad a unas actas, con el fin de evitar que, por razón de la cuantía, pudieran llegar a tener trascendencia penal. El Tribunal de instancia entendió que la vulneración del derecho fundamental que se había producido al entrar en su domicilio sin autorización judicial se había sanado con la conformidad prestada a los hechos reflejados en el Acta. El TC concluye que se ha producido la vulneración del derecho a no autoincriminarse, puesto que se ha otorgado «valor de confesión a un reconocimiento de hechos que fue realizado en otro expediente [...]. De ello se deriva que la conclusión alcanzada por el órgano judicial sobre la ruptura del nexo causal entre la prueba ilícita y el reconocimiento de los hechos se asienta en una extensión de la conformidad prestada en otro expediente con la finalidad de evitar la tramitación de un proceso penal. Entendemos que ***ello vulnera la garantía del expedientado a no declarar contra sí mismo [...] con vulneración del art. 18.2 CE. Esta conformidad prestada para evitar un proceso penal, no se puede extender al consentimiento prestado en un procedimiento distinto de carácter administrativo sancionador, lo que suponía rebasar los límites de la declaración de voluntad en los concretos términos y a los fines que fue formulada»*** (FD 8.º).

Vid. art. 142 LGT (§ I).

su representante, el procedimiento que las motiva, el órgano competente de su tramitación, y el lugar y plazo en que el destinatario de las mismas deberá comparecer para ser notificado.

En todo caso, la comparecencia deberá producirse en el plazo de quince días naturales, contados desde el siguiente al de la publicación del anuncio en el *Boletín Oficial del Estado*. Transcurrido dicho plazo sin comparecer, la notificación se entenderá producida a todos los efectos legales el día siguiente al del vencimiento del plazo señalado.

3. Cuando el inicio de un procedimiento o cualquiera de sus trámites se entiendan notificados por no haber comparecido el obligado tributario o su representante, se le tendrá por notificado de las sucesivas actuaciones y diligencias de dicho procedimiento, y se mantendrá el derecho que le asiste a comparecer en cualquier momento del mismo. No obstante, las liquidaciones que se dicten en el procedimiento y los acuerdos de enajenación de los bienes embargados deberán ser notificados con arreglo a lo establecido en esta sección.

SECCIÓN 4.ª

Entrada en el domicilio de los obligados tributarios

Art. 113. *Autorización judicial para la entrada en el domicilio de los obligados tributarios.*—Cuando en las actuaciones y en los procedimientos de aplicación de los tributos sea necesario entrar en el domicilio constitucionalmente protegido de un obligado tributario o efectuar registros en el mismo, la Administración Tributaria deberá obtener el consentimiento de aquél o la oportuna autorización judicial.

La solicitud de autorización judicial para la ejecución del acuerdo de entrada en el mencionado domicilio deberá estar debidamente justificada y motivar la finalidad, necesidad y proporcionalidad de dicha entrada.

Tanto la solicitud como la concesión de la autorización judicial podrán practicarse, aun con carácter previo al inicio formal del correspondiente procedimiento, siempre que el acuerdo de entrada contenga la identificación del obligado tributario, los conceptos y períodos que van a ser objeto de comprobación y se aporten al órgano judicial.

SECCIÓN 5.ª

Denuncia pública

Art. 114. *Denuncia pública.*—1. Mediante la denuncia pública se podrán poner en conocimiento de la Administración tributaria hechos o situaciones que puedan ser constitutivos de infracciones tributarias o tener trascendencia para la aplicación de los tributos. La denuncia pública es independiente del deber de colaborar con la Administración tributaria regulado en los artículos 93 y 94 de esta ley.

2. Recibida una denuncia, se remitirá al órgano competente para realizar las actuaciones que pudieran proceder. Este órgano podrá acordar el archivo de la denuncia cuando se considere infundada o cuando no se concreten o identifiquen suficientemente los hechos o las personas denunciadas.

Se podrán iniciar las actuaciones que procedan si existen indicios suficientes de veracidad en los hechos imputados y éstos son desconocidos para la Administración tributaria. En este caso, la denuncia no formará parte del expediente administrativo.

Art. 114: Vid. **art. 62 LPACAP**, que establece un **régimen sustancialmente distinto para la denuncia pública. Vid. SSTS de 16 de diciembre de 1992 y 28 de diciembre de 2004.**

3. No se considerará al denunciante interesado en las actuaciones administrativas que se inicien como consecuencia de la denuncia ni se le informará del resultado de las mismas. Tampoco estará legitimado para la interposición de recursos o reclamaciones en relación con los resultados de dichas actuaciones.

SECCIÓN 6.ª

Potestades y funciones de comprobación e investigación

Art. 115. *Potestades y funciones de comprobación e investigación.*—1. La

---

Art. 115: Vid. arts. 66 a 70, 106.4 y 148 LGT (§ I) y 166 a 169 RGIT. Especialmente, art. 66 bis LGT (§ I), que distingue entre la prescripción del *derecho a liquidar* y de la *potestad de la Administración para comprobar e investigar*, en la línea ya apuntada por la jurisprudencia.

STS de 22 de octubre de 2020. Rec. 5820/2018. Ponente: J. Cudero: Doctrina jurisprudencial ya establecida por esta Sala que da respuesta a la cuestión debatida. Necesaria remisión a la **Sentencia núm. 1280/2019, de 30 de septiembre**, dictada en el **recurso de casación núm. 6276/2017**. La cuestión relativa al ejercicio por la Administración de sus potestades de comprobación cuando ya había entrado en vigor la reforma de la Ley General Tributaria de 2003 (aunque con anterioridad a la reforma operada por la Ley 34/2015) y aplicación —en esa misma comprobación— de las consecuencias derivadas de una declaración en fraude de ley que realiza respecto de un ejercicio prescrito —en este caso 2003— y anterior a la entrada en vigor de la Ley General Tributaria de 2003, ya ha sido, como hemos adelantado, resuelta por esta Sala en la sentencia núm. 1280/2019, de 30 de septiembre (recurso de casación núm. 6276/2017) que aborda un supuesto idéntico al aquí analizado. Esta sentencia resuelve el problema jurídico y fija la doctrina de que ***la fecha de referencia para determinar el régimen jurídico aplicable a la potestad de comprobación de la Administración sobre ejercicios prescritos no es la de las actuaciones de comprobación o inspección sino la fecha en que tuvieron lugar los actos, operaciones y circunstancias que se comprueban***. De este modo, ***al resultar aplicable la Ley General Tributaria de 1963, la Administración no puede comprobar los actos, operaciones y circunstancias que tuvieron lugar en ejercicios tributarios prescritos, anteriores a la entrada en vigor de la LGT de 2003, con la finalidad de extender sus efectos a ejercicios no prescritos***. Dijimos entonces y reiteramos ahora lo siguiente: «Teniendo en cuenta la temática y la dimensión temporal del asunto, debemos remitirnos a nuestras sentencias de 26 de mayo de 2016 (recurso 569/2015) y de 17 de octubre de 2016 (rec. 2875/2015) y concluir que la Administración no puede realizar una nueva comprobación sobre operaciones de reestructuración iniciadas en 2002, por tanto, antes de la entrada en vigor de la LGT de 2003 — operaciones cuya dimensión económica se reflejó en ejercicios ya prescritos (2002, 2003 y 2004)— con la finalidad de extraer una serie de consecuencias respecto de la cuantificación del fondo de comercio para proyectar esas consecuencias sobre ejercicios no prescritos (2005, 2006, 2007 y 2008). Pues bien, al igual que ocurría en el asunto resuelto por nuestra sentencia de 17 de octubre de 2016 (rec. 2875/2015), en el presente caso no estamos ante un problema de acreditación de bases imponibles negativas declaradas, sino ante la corrección o no de la amortización practicada con respecto del fondo de comercio cuantificado y determinado en un ejercicio anterior prescrito, por lo que, la cuestión consiste en delimitar la aplicación "ratione temporis", de las previsiones de la LGT que resulten aplicables, a los efectos de advertir la procedencia o no de las facultades de comprobación de la Administración respecto de partidas procedentes de ejercicios prescritos, en este caso, fondo de comercio. Obviamente, la solución debe ser la misma que la adoptada en aquella sentencia, y entender que la fecha de referencia para aplicar las facultades de comprobación de la Administración sobre ejercicios prescritos no es la que se corresponde con las actuaciones de comprobación o inspección (en este caso, 2010) sino la fecha del ejercicio en que aflora y se declara el fondo de comercio de cuya amortización se trata, y respecto del que se discute la forma o los criterios para la determinación de su cuantía; esto es, 2002 y 2003, fechas en la que se llevaron a cabo las operaciones de reestructuración, es decir, antes de la entrada en vigor de la LGT de 2003. Por tanto, no resulta de aplicación al caso el artículo 115 LGT de 2003 sino el precedente normativo de dicho precepto, el art. 109.1 LGT de 1963, en cuya virtud "la Administración comprobará e investigará los hechos, actos, situaciones, actividades, explotaciones y demás circunstancias que integren o condicionen el hecho imponible." En consecuencia, el articulo 109 LGT de 1963 —aplicable en este caso— no permite extender la posibilidad de comprobar en ejercicios prescritos la cuantificación del fondo de comercio generado con anterioridad a la entrada en vigor de la LGT de 2003 con la finalidad de extender sus efectos a ejercicios no prescritos». Y fija como doctrina del recurso la que a continuación exponemos, que resulta de plena aplicación al caso: ***«La fecha de referencia para determinar el régimen jurídico aplicable a la potestad de comprobación de la Administración sobre ejercicios prescritos no es la de las actuaciones de comprobación o inspección sino la fecha en que tuvieron lugar los actos, operaciones y circunstancias que se comprueban***. De este modo, al resultar aplicable la LGT de 1963, la Administración no puede comprobar los actos, operaciones y circunstancias que tuvieron lugar en ejercicios tributarios prescritos, anteriores a la entrada en vigor de la LGT de 2003, con la finalidad de extender sus efectos a ejercicios no prescritos». (FD 2.º).

STS 586/2020, de 5 de noviembre de 2020. Sala de lo Penal. Rec. 4535/2019. Ponente: A. Martínez Arrieta: «***la Administración tributaria puede indagar actos y periodos prescritos para la investigación sobre impuestos no prescritos***, como el de sociedades. Ahora bien, ***no basta con la mera expresión de la justificación del hecho que habilita la investigación, sino que esta debe ser relevante en la indagación del impuesto que se investiga para el que existe una expresa autorización legal.*** Además, conforme al art. 66 bis de la Ley General Tributaria, la previsión establecida en el artículo 66, cuatro años, no afectará al derecho de la Administración para realizar comprobaciones e investigaciones conforme al artículo 115 de esta Ley, de acuerdo al que el derecho de la Administración posibilita la comprobación de las bases o cuotas compensadas o pendientes de compensación o de deducciones aplicadas o pendientes de aplicación, que prescribirá a los diez años a contar desde el día siguiente a aquel en que finalice el plazo reglamentario establecido para presentar la declaración o autoliquidación correspondiente al ejercicio o periodo impositivo en que se generó el derecho a compensar dichas bases o cuotas o a aplicar dichas deducciones. **En el caso** de la presente casación, la actuación investigadora que se inicia fuera de plazo, no tenía por objeto las bases o cuotas compensadas o pendientes de compensación o de deducciones aplicadas, autorizadas por el art. 66 bis, y ***la mención a la indagación de un impuesto de sociedades no era sino el señuelo que se dispuso para reabrir la investigación sobre un hecho tributario prescrito*** de acuerdo al art. 66 de la Ley General Tributaria, pues el IVA es neutro en la determinación de los gastos e ingresos que fundan la base tributaria del impuesto de sociedades. Consecuentemente, la actuación de inspección sobre impuestos prescritos fue una actividad realizada sin el amparo legal preciso que autorizara la actuación administrativa de indagación tributaria. Consecuentemente, el motivo se estima. ***La actuación investigadora realizada por la administración tributaria excedió en sus facultades legalmente previstas y no puede surtir efectos en el orden penal de la jurisdicción de acuerdo al art. 11.1 de la Ley Orgánica del Poder Judicial.*** Procede dictar segunda sentencia absolutoria respecto a los recurrentes que se extenderá a los condenados no recurrentes en aplicación del art. 903 de la ley procesal penal» (FD 3.º).

Doctrina constitucional. STC 110/1984, de 26 de noviembre: «la inspección va dirigida a verificar la conducta fiscal del contribuyente y en particular a constatar la veracidad de sus declaraciones a la Hacienda Pública; esta actividad investigadora conducirá a obtener las pruebas, en su caso, de que el contribuyente ha defraudado al Fisco, pero es evidente que no se le exige al contribuyente la difícil prueba de su inocencia.

»No se le exige al contribuyente que declare contra sí mismo, sino que se le faculta para entregar unos documentos que en todo caso tendrá que facilitar un tercero.»

STS 1280/2019, de 30 de septiembre. Rec. 6276/2017. Ponente: D. Berberoff: Cuando la norma establece un plazo mínimo y máximo para el trámite de alegaciones, la Administración goza de discrecionalidad para concretar dicho plazo. Sin embargo, la concesión del plazo mínimo sin justificación alguna con relación a las circunstancias del caso y la ausencia de respuesta de la Administración a la petición del contribuyente de una ampliación del plazo, determinan, en las circunstancias específicas de este caso, que la ampliación del plazo así obtenida no puede ser entendida como dilación imputable al contribuyente. — La fecha de referencia para determinar el régimen jurídico aplicable a la potestad de comprobación de la Administración sobre ejercicios prescritos no es la de las actuaciones de comprobación o inspección sino la fecha en que tuvieron lugar los actos, operaciones y circunstancias que se comprueban. De este modo, cuando resulte aplicable la LGT de 1963, la Administración no puede comprobar los actos, operaciones y circunstancias que tuvieron lugar en ejercicios tributarios prescritos, anteriores a la entrada en vigor de la LGT de 2003, con la finalidad de extender sus efectos a ejercicios no prescritos.

Véase la síntesis que contiene la **STS de 7 de febrero de 2011** (recurso de casación para unificación de doctrina n.º 384/2007) sobre la progresiva redistribución de funciones de comprobación y liquidación entre los órganos de gestión e inspección.

STS de 5 de febrero de 2015 (Rec. 4075/2013; ponente: J. G. Martínez Micó): «La comprobación e investigación de la situación tributaria, aunque necesaria para liquidar la deuda tributaria, no estaba sometida a plazo de prescripción o caducidad alguno y ello porque se trata de un poder de la Administración distinto del de liquidar, que siempre ha estado regulado en un precepto propio (art. 115 LGT/2003 y 109 LGT/ 1963) y respecto del cual la legislación nunca ha establecido expresamente que su ejercicio esté sometido a plazo. El art. 115 LGT/2003 califica a dicho poder de potestad. Estamos por tanto ante una potestad administrativa puesta al servicio de la Administración para poder liquidar un tributo pero que, salvo que la Ley diga otra cosa, es imprescriptible como todas las potestades administrativas. El art. 115 LGT/2003 (art. 109 LGT/1963) no somete a plazo el ejercicio de las potestades de comprobación e investigación y el art. 66 de la misma Ley tampoco las incluye dentro de los derechos de la Administración llamados a prescribir» (FD 4.º). En el voto particular formulado por J. Huelin se señala: «Parece razonable concluir que la Inspección de los Tributos pueda asomarse al "pasado prescrito" para, sin operar sobre él y como mero espectador, tomar buena cuenta y obtener las oportunas consecuencias

Administración tributaria podrá comprobar e investigar los hechos, actos, elementos, actividades, explotaciones, negocios, valores y demás circunstancias determinantes de la obligación tributaria para verificar el correcto cumplimiento de las normas aplicables.

Dichas comprobación e investigación se podrán realizar aún en el caso de que las mismas afecten a ejercicios o períodos y conceptos tributarios respecto de los que se hubiese producido la prescripción regulada en el artículo 66.*a*) de esta ley, siempre que tal comprobación o investigación resulte precisa en relación con la de alguno de los derechos a los que se refiere el artículo 66 de esta ley que no hubiesen prescrito, salvo en los supuestos a los que se refiere el artículo 66 bis.2 de esta ley, en los que resultará de aplicación el límite en el mismo establecido.

En particular, dichas comprobaciones e investigaciones podrán extenderse a hechos, actos, actividades, explotaciones y negocios que, acontecidos, realizados, desarrollados o formalizados en ejercicios o períodos tributarios respecto de los que se hubiese producido la prescripción regulada en el artículo 66.*a*) citado en el párrafo anterior, hubieran de surtir efectos fiscales en ejercicios o períodos en los que dicha prescripción no se hubiese producido.

2. En el desarrollo de las funciones de comprobación e investigación a que se refiere este artículo, la Administración tributaria podrá calificar los hechos, actos, actividades, explotaciones y negocios realizados por el obligado tributario con independencia de la previa calificación que este último hubiera dado a los mismos y del ejercicio o período en el que la realizó, resultando de aplicación, en su caso, lo dispuesto en los artículos 13, 15 y 16 de esta ley.

La calificación realizada por la Administración tributaria en los procedimientos de comprobación e investigación en aplicación de lo dispuesto en este apartado extenderá sus efectos respecto de la obligación tributaria objeto de aquéllos y, en su caso, respecto de aquellas otras respecto de las que no se hubiese producido la prescripción regulada en el artículo 66.*a*) de esta ley.

---

en orden a liquidar tributos respecto de los que, por no haber transcurrido el plazo fijado en la ley, conserva vivo aún su derecho a hacerlo e intactas sus facultades al respecto. Pero, si la seguridad jurídica es suma equilibrada de certeza y legalidad, jerarquía y publicidad, irretroactividad de lo no favorable e interdicción de la arbitrariedad (vid. SSTC 27/1981, 227/1988 y 235/2000, entre otras muchas), ***creo que atenta contra los cimientos de este principio basilar de nuestro ordenamiento jurídico permitir a una organización servicial, sometida radicalmente a la ley y al derecho, operar sobre ese pasado para recalificarlo jurídicamente, con el fin de justificar una liquidación que no habría tenido lugar sin esa previa manipulación. En mi opinión, constituye un auténtico fraude, una burla a nuestro sistema constitucional, atribuyendo a la Administración un poder que nunca estuvo en la voluntad de nuestros constituyentes ni, por supuesto, en la del legislador ordinario».***

Vid. **STS de 17 de octubre de 2016** (Rec. 2875/2015; ponente: R. Fernández Montalvo), donde se recoge una precisa descripción de la **evolución jurisprudencial habida en esta materia**. Vid. también sobre ello **STS de 27 de abril de 2018** (Rec. 2684/2016; ponente: J. Díaz Delgado).

Art. 115.1 y 2: Nueva redacción, con efectos desde el 12 de octubre de 2015, por el art. único.23 de la Ley 34/2015, de 21 de septiembre, de modificación parcial de la LGT (*BOE* n.º 227, de 22 de septiembre). Su **redacción anterior** era la siguiente:

1. La Administración tributaria podrá comprobar e investigar los hechos, actos, elementos, actividades, explotaciones, valores y demás circunstancias determinantes de la obligación tributaria para verificar el correcto cumplimiento de las normas aplicables al efecto.

2. En el desarrollo de las funciones de comprobación o investigación, la Administración tributaria calificará los hechos, actos o negocios realizados por el obligado tributario con independencia de la previa calificación que éste hubiera dado a los mismos.

3. Los actos de concesión o reconocimiento de beneficios fiscales que estén condicionados al cumplimiento de ciertas condiciones futuras o a la efectiva concurrencia de determinados requisitos no comprobados en el procedimiento en que se dictaron tendrán carácter provisional. La Administración tributaria podrá comprobar en un posterior procedimiento de aplicación de los tributos la concurrencia de tales condiciones o requisitos y, en su caso, regularizar la situación tributaria del obligado sin necesidad de proceder a la previa revisión de dichos actos provisionales conforme a lo dispuesto en el título V de esta ley.

Art. 116. *Plan de control tributario.*—La Administración tributaria elaborará anualmente un Plan de control tributario que tendrá carácter reservado, aunque ello no impedirá que se hagan públicos los criterios generales que lo informen.

CAPÍTULO III

ACTUACIONES Y PROCEDIMIENTO DE GESTIÓN TRIBUTARIA*

SECCIÓN 1.ª

Disposiciones generales

Art. 117. *La gestión tributaria.*—1. La gestión tributaria consiste en el ejercicio de las funciones administrativas dirigidas a:

a) La recepción y tramitación de declaraciones, autoliquidaciones, comunicaciones de datos y demás documentos con trascendencia tributaria.

b) La comprobación y realización de las devoluciones previstas en la normativa tributaria.

c) El reconocimiento y comprobación de la procedencia de los beneficios fiscales de acuerdo con la normativa reguladora del correspondiente procedimiento**.

Art. 115.3: Vid. art. 137.4 RGIT. **STS de 23 de julio de 2020 (Rec. 158/2018.** Ponente: I. Merino Jara): ***no cabe revisar en fase de inspección tributaria una liquidación provisional si no se prueba que hayan aparecido nuevos hechos o circunstancias distintas de las ya comprobadas por el órgano de gestión.***

Art. 116: Vid. art. 170 RGIT; Resolución de 26 de enero de 2022, de la Dirección General de la AEAT, por la que se aprueban las directrices generales del **Plan Anual de Control Tributario y Aduanero de 2022**. (*BOE* de 31 de enero).

La ***doctrina del Tribunal Supremo*** *en torno a la* ***naturaleza jurídica de los Planes de Inspección*** **—SSTS de 29 de octubre de 2009** (Rec. 7790 /2003) y **13 de enero de 2011** (Rec. 1973/2006)— los califica como *un instrumento organizativo interno* de la actuación de comprobación e investigación, pero es igualmente una *exigencia del principio de igualdad ante la ley y de la interdicción de la arbitrariedad en la actuación administrativa*, enlazando así con el principio de seguridad jurídica.

Anteriormente, la doctrina acerca de la planificación de las actuaciones desde su perspectiva de actos de trámite, se recoge en las **Sentencias de 20 de octubre de 2001 y 4 de octubre de 2004**, en las que se analiza su evolución normativa, distinguiendo dos etapas, antes y después de la LDGC. De ello se colige que la exigencia de publicidad que contenía el art. 26 LDGC se adecuaba mejor con la naturaleza de los planes de inspección en cuanto disposiciones que distribuyen y concretan las competencias inspectoras —STS de 19 de junio de 2008 (Rec. 265/2004)—. Para la citada *STS de 19 de junio de 2008* (Rec. 265/2004**),** ***la inclusión de un contribuyente en un Plan de Inspección es un acto de trámite, reservado y confidencial, que*** **per se** ***no afecta a los derechos subjetivos del contribuyente y que no es recurrible en vía económico-administrativa (ni tampoco es susceptible de ser impugnado previamente en reposición),*** no sólo por razón de su especial carácter de reservado y confidencial sino porque sólo son recurribles los actos de trámite que deciden directa o indirectamente el fondo del asunto o pongan término a la vía de gestión. En pro de dicho argumento, el TS trae a colación lo dispuesto actualmente por el art. 170 RGIT en sus apartados 7 y 8.

Véase **STS de 15 de octubre de 2012** (Rec. 4806/2011; ponente: Sr. Fernández Montalvo), citada en nota al art. 147.1 LGT (§ I).

* Vid. Título IV del RGIT, arts. 116 a 165.

** De conformidad con la **Disp. Final 2.ª1 del Real Decreto-ley 13/2022, de 26 de julio,** por el que se establece un nuevo sistema de cotización para los trabajadores por cuenta propia o autónomos y se mejora

d) El control y los acuerdos de simplificación relativos a la obligación de facturar, en cuanto tengan trascendencia tributaria.

e) La realización de actuaciones de control del cumplimiento de la obligación de presentar declaraciones tributarias y de otras obligaciones formales.

f) La realización de actuaciones de verificación de datos.

g) La realización de actuaciones de comprobación de valores.

h) La realización de actuaciones de comprobación limitada.

i) La práctica de liquidaciones tributarias derivadas de las actuaciones de verificación y comprobación realizadas.

j) La emisión de certificados tributarios.

k) La expedición y, en su caso, revocación del número de identificación fiscal, en los términos establecidos en la normativa específica.

l) La elaboración y mantenimiento de los censos tributarios.

m) La información y asistencia tributaria.

n) La realización de las demás actuaciones de aplicación de los tributos no integradas en las funciones de inspección y recaudación.

2. Las actuaciones y el ejercicio de las funciones a las que se refiere el apartado anterior se realizarán de acuerdo con lo establecido en esta ley y en su normativa de desarrollo.

Art. 118. *Formas de iniciación de la gestión tributaria.*—De acuerdo con lo previsto en la normativa tributaria, la gestión tributaria se iniciará:

a) Por una autoliquidación, por una comunicación de datos o por cualquier otra clase de declaración.

b) Por una solicitud del obligado tributario, de acuerdo con lo previsto en el artículo 98 de esta ley.

c) De oficio por la Administración tributaria.

Art. 119. *Declaración tributaria.*—1. Se considerará declaración tributaria todo documento presentado ante la Administración tributaria donde se reconozca o manifieste la realización de cualquier hecho relevante para la aplicación de los tributos.

La presentación de una declaración no implica aceptación o reconocimiento

---

la protección por cese de actividad (*BOE* de 27 de julio de 2022), se modifica la letra *c*) del art. 117.1, que queda redactada de la siguiente forma:

«*c*) El reconocimiento y comprobación de la procedencia de los beneficios e incentivos fiscales, así como de los regímenes tributarios especiales, mediante la tramitación del correspondiente procedimiento de gestión tributaria.»

De acuerdo con la Disp. Final 5.ª del RDL 13/2022, la entrada en vigor se producirá el 1 de enero de 2023.

Art. 117.1.k): Vid. Disp. Adic. 6.ª y nota al art. 29 LGT (§ I).

Art. 117.1.l): Vid. Disp. Adic. 5.ª y nota al art. 29.1 LGT (§ I).

Art. 117.1.m): Vid. arts. 85 a 91 LGT (§ I).

Art. 117.1.n): Vid. art. 141 LGT (§ I).

Art. 118: Véase nota al art. 98 LGT (§ I).

Art. 119: Vid. arts. 128 a 130 LGT (§ I).

STS de 14 de noviembre de 2011 (Rec. 2921/2009) (FJ 3.º): «[...] al amparo de una solicitud de rectificación de autoliquidaciones no se pueden revocar opciones de tributación permitidas por las normas reguladoras del tributo que fueron ejercitadas en tiempo y forma por el sujeto pasivo, como hemos dejado dicho en la reciente sentencia de 5 de julio de 2011 (rec. cas. 3217/07, FJ 6.º). ***El respeto de la seguridad jurídica, la vinculación a los propios actos y la preservación de la legítima confianza no sólo son exigibles en la actuación de la Administración tributaria, también han de demandarse a los administrados.»***

En el mismo sentido, Sentencias de 28 de noviembre de 2011 (rec. cas. n.º 6369/08, FJ 5.º) y 26 de diciembre de 2011 (rec. cas. n.º 4086/07, FJ 5.º), recogidas en la STS de 24 de mayo de 2012 (Rec. 2324/2009; ponente: Sr. Aguallo).

por el obligado tributario de la procedencia de la obligación tributaria.

2. Reglamentariamente podrán determinarse los supuestos en que sea admisible la declaración verbal o la realizada mediante cualquier otro acto de manifestación de conocimiento.

3. Las opciones que según la normativa tributaria se deban ejercitar, solicitar o renunciar con la presentación de una declaración no podrán rectificarse con posterioridad a ese momento, salvo que la rectificación se presente en el período reglamentario de declaración.

4. En la liquidación resultante de un procedimiento de aplicación de los tributos podrán aplicarse las cantidades que el obligado tributario tuviera pendientes de compensación o deducción, sin que a estos efectos sea posible modificar tales cantidades pendientes mediante la presentación de declaraciones complementarias o solicitudes de rectificación después del inicio del procedimiento de aplicación de los tributos.

Art. 120. *Autoliquidaciones.*— 1. Las autoliquidaciones son declaraciones en las que los obligados tri-

---

Art. 119.3: STS 439/2021, de 24 de marzo (rec. 327/2019. Ponente: I. Merino Jara). **Regularización tributaria**. *«En el marco de una regularización de la situación tributaria de un contribuyente realizada en un procedimiento de inspección, provocando un cambio en el régimen sustantivo de tributación aplicable, el interesado no está obligado a mantener la opción original con respecto a los criterios de imputación temporal de renta, sino que puede ejercer nuevamente esa opción con arreglo al nuevo régimen sustantivo aplicable, siempre que en el marco de las actuaciones inspectoras que han conducido al cambio de régimen se haya puesto de manifiesto la inexistencia de indicios de la comisión de infracciones tributarias»*.

Art. 119.4: Apartado introducido, con efectos desde el 12 de octubre de 2015, por el art. único.24 de la Ley 34/2015, de 21 de septiembre, de modificación parcial de la LGT (*BOE* n.º 227, de 22 de septiembre).

Art. 120.3: STS 442/2019, de 1 de abril de 2019. Rec. 5613/2017. Ponente: J. Cudero: Respuesta a la cuestión interpretativa planteada en el auto de admisión. (determinar si un obligado tributario puede, una vez iniciado un procedimiento de comprobación o investigación, rectificar los valores que se tuvieron en cuenta a la hora de practicar la correspondiente autoliquidación tributaria presentada, incluso en aquellos supuestos en que la referida rectificación responda a un mero cambio de voluntad del declarante por causas ajenas a un error, sea este de hecho o de derecho y dilucidar que la existencia de una disposición reglamentaria que impide interesar la rectificación en tales supuestos constituye una vulneración del principio de reserva legal en materia tributaria y, consecuentemente, de los derechos del contribuyente). 2. La respuesta que hemos de ofrecer, en atención a la normativa aplicable, es la siguiente: ***2.1 La solicitud de rectificación de una autoliquidación solicitada por el contribuyente una vez iniciado un procedimiento inspector (del que tiene cumplida noticia y cuya incoación le fue notificada) debe ser tenida en cuenta por la Administración, que deberá dar respuesta motivada a la procedencia o no de la misma antes de adoptar la decisión correspondiente en el seno de tal procedimiento de comprobación e inspección***. **2.2** Tal petición no implica, sin embargo, que la Administración deba estar indefectiblemente a los datos "rectificados" por el contribuyente, ni que, por tanto, deba descartar los valores que se tuvieron en cuenta al presentar la correspondiente autoliquidación y sustituirlos por los derivados de la solicitud de rectificación, pues ***la actividad exigible a la Administración en este caso es responder a la procedencia de la rectificación a tenor de las alegaciones formuladas por el interesado. 2.3 No resulta obligado, en el caso de que la rectificación se refiera al valor de los bienes afectados por el tributo, que la Administración inicie un específico procedimiento de comprobación de valores, aunque sí deberá analizar si era procedente o no, en cuanto al fondo, aquella rectificación***, a cuyo efecto deberá razonar sobre la concurrencia o no de los presupuestos de la misma (esto es, sobre se ha constatado en el supuesto de hecho la existencia de un error de hecho o de derecho). 2.4 La previsión contenida en el artículo 126.2, párrafo segundo, del Real Decreto 1065/2007, de 27 de julio, por el que se aprueba el Reglamento General de las actuaciones y los procedimientos de gestión e inspección tributaria y de desarrollo de las normas comunes de los procedimientos de aplicación de los tributos, al impedir interesar el inicio del procedimiento de rectificación una vez iniciadas actuaciones de comprobación, no vulnera el principio de reserva legal en materia tributaria, ni cercena los derechos del contribuyente en la medida en que las alegaciones contenidas en el escrito interesando la rectificación deben ser tenidas en cuenta por la Administración, que deberá dar respuesta motivada a su alcance, procedencia y significación en relación con el tributo correspondiente —y la consiguiente devolución de ingresos—. **De conformidad con las SSTS de 12 de julio de 2021, rec. 4066/2020 y 4087/2020. Ponente: J.A. Montero,** ***la rectificación de una autoliquidación sí es cauce adecuado para cuestionar la autoliquidación***

butarios, además de comunicar a la Administración los datos necesarios para la liquidación del tributo y otros de contenido informativo, realizan por sí mismos las operaciones de calificación y cuantificación necesarias para determinar e ingresar el importe de la deuda tributaria o, en su caso, determinar la cantidad que resulte a devolver o a compensar.

2. Las autoliquidaciones presentadas por los obligados tributarios podrán ser objeto de verificación y comprobación por la Administración, que practicará, en su caso, la liquidación que proceda.

3. Cuando un obligado tributario considere que una autoliquidación ha perjudicado de cualquier modo sus intereses legítimos, podrá instar la rectificación de dicha autoliquidación de acuerdo con el procedimiento que se regule reglamentariamente.

Cuando la rectificación de una autoliquidación origine una devolución derivada de la normativa del tributo y hubieran transcurrido seis meses sin que se hubiera ordenado el pago por causa imputable a la Administración tributaria, ésta abonará el interés de demora del artículo 26 de esta ley sobre el importe de la devolución que proceda, sin necesidad de que el obligado lo solicite. A estos efectos, el plazo de seis meses comenzará a contarse a partir de la finalización del plazo para la presentación de la autoliquidación o, si éste hubiese concluido, a partir de la presentación de la solicitud de rectificación.

Cuando la rectificación de una autoliquidación origine la devolución de un ingreso indebido, la Administración tributaria abonará el interés de demora en los términos señalados en el apartado 2 del artículo 32 de esta ley.

Art. 121. *Comunicación de datos.*— Se considera comunicación de datos la declaración presentada por el obligado tributario ante la Administración para que ésta determine la cantidad que, en su caso, resulte a devolver. Se entenderá solicitada la devolución mediante la presentación de la citada comunicación.

Art. 122. *Declaraciones, autoliquidaciones y comunicaciones complementarias o sustitutivas.*—1. Los obligados tributarios podrán presentar autoliquidaciones complementarias, o declaraciones o comunicaciones complementarias o sustitutivas, dentro del

---

practicada por un contribuyente cuando entienda indebido el ingreso tributario al considerarlo contrario a la Constitución o al Derecho de la UE.

En esta sentencia el Tribunal resuelve el recurso planteado referido al **Impuesto catalán sobre la emisión de óxidos de nitrógeno a la atmósfera producida por la aviación comercial**. Este fallo se reitera en otras resoluciones en las que se cuestiona el Impuesto catalán sobre viviendas vacías.En la misma línea, STS 100/2022, de 31 de enero de 2022 (rec. 3892/2020. Ponente: F.J. Navarro Sanchis) que subraya que el art. 120.3 LGT no contiene una limitación de motivos para solicitar la rectificación de la autoliquidación. Vid. art. 221.4 LGT (§ I). El procedimiento para rectificación de autoliquidaciones está regulado en los arts. 126 a 128 RGIT.

Las especialidades en el procedimiento de rectificación de autoliquidaciones relativas a retenciones, ingresos a cuenta o cuotas soportadas se regulan en el art. 129 del propio RGIT.

En una **relevante Sentencia del Tribunal Supremo, de 31 de enero de 2022 (Rec. 3892/2020. Ponente: F. J. Navarro Sanchis),** se fijó **doctrina casacional** en los siguientes términos: «***la rectificación de una autoliquidación —y la consiguiente devolución de ingresos indebidos— sí es cauce adecuado para cuestionar la autoliquidación practicada por un contribuyente —que ha procedido a ingresar en plazo las cuantías por él calculadas en cumplimiento de sus obligaciones tributarias, a fin de no ser sancionado por dejar autoliquidar e ingresar en plazo—, cuando entienda indebido el ingreso tributario derivado de tal autoliquidación al considerarlo contrario a la Constitución o al Derecho de la Unión Europea***. El recurso de casación debe, por tanto, ser estimado, al ser la tesis contenida en la sentencia impugnada contraria a la correcta interpretación de los arts. 120 y ss. de la LGT y 126 a 129 del Real Decreto 1065/2007» (FD 3.º).

Art. 122: Vid. arts. 127 LGT (§ I) y 117 a 121 RGIT.

plazo establecido para su presentación o con posterioridad a la finalización de dicho plazo, siempre que no haya prescrito el derecho de la Administración para determinar la deuda tributaria. En este último caso tendrán el carácter de extemporáneas.

2. Las autoliquidaciones complementarias tendrán como finalidad completar o modificar las presentadas con anterioridad y se podrán presentar cuando de ellas resulte un importe a ingresar superior al de la autoliquidación anterior o una cantidad a devolver o a compensar inferior a la anteriormente autoliquidada. En los demás casos, se estará a lo dispuesto en el apartado 3 del artículo 120 de esta ley.

No obstante lo dispuesto en el párrafo anterior y salvo que específicamente se establezca otra cosa, cuando con posterioridad a la aplicación de una exención, deducción o incentivo fiscal se produzca la pérdida del derecho a su aplicación por incumplimiento de los requisitos a que estuviese condicionado, el obligado tributario deberá incluir en la autoliquidación correspondiente al período impositivo en que se hubiera producido el incumplimiento la cuota o cantidad derivada de la exención, deducción o incentivo fiscal aplicado de forma indebida en los períodos impositivos anteriores junto con los intereses de demora.

3. Los obligados tributarios podrán presentar declaraciones o comunicaciones de datos complementarias o sustitutivas, haciendo constar si se trata de una u otra modalidad, con la finalidad de completar o reemplazar las presentadas con anterioridad.

SECCIÓN 2.ª

Procedimientos de gestión tributaria

Art. 123. *Procedimientos de gestión tributaria.*—1. Son procedimientos de gestión tributaria, entre otros, los siguientes:

a) El procedimiento de devolución iniciado mediante autoliquidación, solicitud o comunicación de datos.

b) El procedimiento iniciado mediante declaración.

c) El procedimiento de verificación de datos.

d) El procedimiento de comprobación de valores.

e) El procedimiento de comprobación limitada.

2. Reglamentariamente se podrán regular otros procedimientos de gestión tributaria a los que serán de aplicación, en todo caso, las normas establecidas en el capítulo II de este título.

Subsección 1.ª

*Procedimiento de devolución iniciado mediante autoliquidación solicitud o comunicación de datos**

Art. 124. *Iniciación del procedimiento de devolución.*—Según se establezca en la normativa reguladora de cada tributo, el procedimiento de devolución se iniciará mediante la presentación de una autoliquidación de la que resulte cantidad a devolver, mediante la presentación de una solicitud de devolución o mediante la presentación de una comunicación de datos.

Art. 122, párr. 2.º: Vid. arts. 26.1, párr. 2.º, LGT (§ I) y 137.3 RGIT.

* A partir del 1 de enero de 2008, los **arts. 116 a 132 del referido RD 1.065/2007 regulan el procedimiento para la devolución de ingresos indebidos.** Vid. también Disp. Adic. 8.ª RGIT.

Art. 124: Vid. arts. 122 a 125 RGIT.

Art. 125. *Devoluciones derivadas de la presentación de autoliquidaciones.*—1. Cuando de la presentación de una autoliquidación resulte cantidad a devolver, la Administración tributaria deberá efectuar la devolución que proceda de acuerdo con lo establecido en el artículo 31 de esta ley.

2. El plazo establecido para efectuar la devolución comenzará a contarse desde la finalización del plazo previsto para la presentación de la autoliquidación.

En los supuestos de presentación fuera de plazo de autoliquidaciones de las que resulte una cantidad a devolver, el plazo al que se refiere el artículo 31 de esta ley para devolver se contará a partir de la presentación de la autoliquidación extemporánea.

Art. 126. *Devoluciones derivadas de la presentación de solicitudes o comunicaciones de datos.*—1. Cuando así lo señale la normativa tributaria, el procedimiento de devolución se iniciará mediante la presentación de una solicitud ante la Administración tributaria o, en el caso de obligados tributarios que no tengan obligación de presentar autoliquidación, mediante la presentación de una comunicación de datos.

2. El plazo para practicar la devolución de acuerdo con lo dispuesto en el artículo 31 de esta ley comenzará a contarse desde la presentación de la solicitud o desde la finalización del plazo previsto para la presentación de la comunicación de datos.

3. El procedimiento se regulará por las normas propias de cada tributo.

Art. 127. *Terminación del procedimiento de devolución.*—El procedimiento de devolución terminará por el acuerdo en el que se reconozca la devolución solicitada, por caducidad en los términos del apartado 3 del artículo 104 de esta ley o por el inicio de un procedimiento de verificación de datos, de comprobación limitada o de inspección.

En todo caso se mantendrá la obligación de satisfacer el interés de demora sobre la devolución que finalmente se pueda practicar, de acuerdo con lo dispuesto en el artículo 31 de esta ley.

Subsección 2.ª

Procedimiento iniciado mediante declaración

Art. 128. *Iniciación del procedimiento de gestión tributaria mediante declaración.*—1. Cuando la normativa del tributo así lo establezca, la gestión del mismo se iniciará mediante la presentación de una declaración por el obligado tributario en la que manifieste la realización del hecho imponible y comunique los datos necesarios para que la Administración cuantifique la obligación tributaria mediante la práctica de una liquidación provisional.

2. La Administración tributaria podrá iniciar de nuevo este procedimiento para la liquidación del tributo dentro del plazo de prescripción cuando el procedimiento iniciado mediante declaración hubiera terminado por caducidad.

Art. 129. *Tramitación del procedimiento iniciado mediante declaración.*—1. La Administración tributaria deberá notificar la liquidación en un plazo de

---

Art. 127: Vid. arts. 131 y 132 RGIT.
Art. 128: Vid. arts. 119 LGT (§ I) y 118.2, 130 y 133 a 135 RGIT.
Art. 128.2: Vid. arts. 118.2 y 135 RGIT.
Art. 129.1: Vid. arts. 104 LGT (§ I) y 133 RGIT.

seis meses desde el día siguiente a la finalización del plazo para presentar la declaración o desde el siguiente a la comunicación de la Administración por la que se inicie el procedimiento en el supuesto al que se refiere el apartado 2 del artículo anterior.

En el supuesto de presentación de declaraciones extemporáneas, el plazo de seis meses para notificar la liquidación comenzará a contarse desde el día siguiente a la presentación de la declaración.

La normativa de cada tributo podrá señalar plazos diferentes para notificar la liquidación.

2. A efectos de lo previsto en el apartado anterior, la Administración tributaria podrá utilizar los datos consignados por el obligado tributario en su declaración o cualquier otro que obre en su poder, podrá requerir al obligado para que aclare los datos consignados en su declaración o presente justificante de los mismos y podrá realizar actuaciones de comprobación de valores.

3. Realizadas las actuaciones de calificación y cuantificación oportunas, la Administración tributaria notificará, sin más trámite, la liquidación que proceda, salvo lo dispuesto en el párrafo siguiente.

Cuando se hayan realizado actuaciones de acuerdo con lo dispuesto en el apartado 2 de este artículo y los datos o valores tenidos en cuenta por la Administración tributaria no se correspondan con los consignados por el obligado en su declaración, deberá hacerse mención expresa de esta circunstancia en la propuesta de liquidación, que deberá notificarse, con una referencia sucinta a los hechos y fundamentos de derecho que la motiven, para que el obligado tributario alegue lo que convenga a su derecho.

En las liquidaciones que se dicten en este procedimiento no se exigirán intereses de demora desde la presentación de la declaración hasta la finalización del plazo para el pago en período voluntario, sin perjuicio de la sanción que pueda proceder de acuerdo con lo dispuesto en el artículo 192 de esta ley.

Art. 130. *Terminación del procedimiento iniciado mediante declaración.*— El procedimiento iniciado mediante declaración presentada por el obligado tributario terminará por alguna de las siguientes causas:

a) Por liquidación provisional practicada por la Administración tributaria.

b) Por caducidad, una vez transcurrido el plazo previsto en el apartado 1 del artículo anterior sin haberse notificado la liquidación, sin perjuicio de que la Administración tributaria pueda iniciar de nuevo este procedimiento dentro del plazo de prescripción.

c) Por el inicio de un procedimiento de comprobación limitada o de inspección que incluya el objeto del procedimiento iniciado mediante declaración o algún elemento de dicho objeto, en los tributos que se liquiden por las importaciones de bienes en la forma prevista por la legislación aduanera para los derechos de importación.

Art. 129.2: Vid. art. 133 RGIT.
Art. 130: Vid. arts. 103 y 104 LGT (§ I).
Art. 130.b): Vid. art. 135 RGIT.
Art. 130.c): Apartado introducido por art. 13.11 de la Ley 11/2021, de 9 de julio.

Subsección 3.ª

*Procedimiento de verificación de datos**

Art. 131. *Procedimiento de verificación de datos.*—La Administración tributaria podrá iniciar el procedimiento de verificación de datos en los siguientes supuestos:

a) Cuando la declaración o autoliquidación del obligado tributario adolezca de defectos formales o incurra en errores aritméticos.

b) Cuando los datos declarados no coincidan con los contenidos en otras declaraciones presentadas por el mismo obligado o con los que obren en poder de la Administración tributaria.

c) Cuando se aprecie una aplicación indebida de la normativa que resulte patente de la propia declaración o autoliquidación presentada o de los justificantes aportados con la misma.

d) Cuando se requiera la aclaración o justificación de algún dato relativo a la declaración o autoliquidación presentada, siempre que no se refiera al desarrollo de actividades económicas.

Art. 132. *Iniciación y tramitación del procedimiento de verificación de datos.*—1. El procedimiento de verificación de datos se podrá iniciar mediante requerimiento de la Administración para que el obligado tributario aclare o justifique la discrepancia observada o los datos relativos a su declaración o autoliquidación, o mediante la notificación de la propuesta de liquidación cuando la Administración tributaria cuente con datos suficientes para formularla.

2. Cuando el obligado tributario manifieste su disconformidad con los datos que obren en poder de la Administración, se aplicará lo dispuesto en el apartado 4 del artículo 108 de esta ley.

3. Con carácter previo a la práctica de la liquidación provisional, la Administración deberá comunicar al obligado tributario la propuesta de liquidación para que alegue lo que convenga a su derecho.

4. La propuesta de liquidación provisional deberá ser en todo caso motivada con una referencia sucinta a los hechos y fundamentos de derecho que hayan sido tenidos en cuenta en la misma.

Art. 133. *Terminación del procedimiento de verificación de datos.*—1. El procedimiento de verificación de datos terminará de alguna de las siguientes formas:

---

* Vid. arts. 136 y 141 LGT (§ I), 123.1 LGT/1963 y 155 y 156 RGIT.

Art. 131: STS de 2 de julio de 2018. (Rec. 696/2017. Ponente: J. Díaz Delgado) ***«la utilización de un procedimiento de verificación de datos, cuando debió serlo de uno de comprobación limitada, constituye un supuesto de nulidad de pleno derecho».*** En el mismo sentido, **SSTS de 19 de febrero de 2020 (rec. 4487/2018. Ponente: J. Díaz Delgado)** y **de 3 de junio de 2020. Rec. 6358/2017. Ponente: A. Aguallo.**

La **Resolución del TEAC de 5 de julio de 2016**, en recurso extraordinario de alzada para la unificación de criterio, concluye: ***a*) el procedimiento de verificación de datos sólo incurre en nulidad cuando: 1)** se inicia sin que exista previa declaración o autoliquidación; **2)** se extiende a comprobaciones de valor, y **3)** exige aclaraciones o justificaciones de datos referidos al desarrollo de actividades económicas. En los demás casos el procedimiento, aunque se haya iniciado indebidamente, sólo será anulable, no nulo; ***b*)** es contrario al principio de conservación de actos y trámites y a la interpretación que del mismo hace la jurisprudencia del TS de no permitir la incorporación de datos y documentos obtenidos en un procedimiento de verificación de datos al procedimiento posterior de comprobación limitada o de inspección, aunque aquél hubiera sido declarado nulo, y *c*) las actuaciones que la Administración desarrolle en el nuevo procedimiento —comprobación o inspección limitada— no pueden ser calificadas como mera reiteración de las realizadas en el seno del procedimiento de verificación de datos anulado o declarado nulo, sin perjuicio de que, si el vicio en que incurrió la primera liquidación fue determinante de la nulidad radical o de pleno derecho, tanto las actuaciones realizadas en ese procedimiento como los recursos o reclamaciones que se hayan interpuesto para obtener la declaración de nulidad no tendrán eficacia interruptiva de la prescripción.

Art. 133: Vid. art. 130 RGIT. Caducidad: Res. TEAC de 23 de marzo de 2011 (Vocalía 9.ª).

a) Por resolución en la que se indique que no procede practicar liquidación provisional o en la que se corrijan los defectos advertidos.

b) Por liquidación provisional, que deberá ser en todo caso motivada con una referencia sucinta a los hechos y fundamentos de derecho que se hayan tenido en cuenta en la misma.

c) Por la subsanación, aclaración o justificación de la discrepancia o del dato objeto del requerimiento por parte del obligado tributario.

d) Por caducidad, una vez transcurrido el plazo regulado en el artículo 104 de esta ley sin haberse notificado liquidación provisional, sin perjuicio de que la Administración también pueda iniciar de nuevo este procedimiento dentro del plazo de prescripción.

e) Por el inicio de un procedimiento de comprobación limitada o de inspección que incluya el objeto del procedimiento de verificación de datos.

2. La verificación de datos no impedirá la posterior comprobación del objeto de la misma.

Subsección 4.ª

*Procedimiento de comprobación de valores**

Art. 134. *Práctica de la comprobación de valores.*—1. La Administración tributaria podrá proceder a la comprobación de valores de acuerdo con los medios previstos en el artículo 57 de esta ley, salvo que el obligado tributario hubiera declarado utilizando los valores publicados por la propia Administración actuante en aplicación de alguno de los citados medios.

El procedimiento se podrá iniciar mediante una comunicación de la Administración actuante o, cuando se cuente con datos suficientes, mediante la notificación conjunta de las propuestas de liquidación y valoración a que se refiere el apartado 3 de este artículo.

El plazo máximo para notificar la valoración y en su caso la liquidación prevista en este artículo será el regulado en el artículo 104 de esta ley.

2. La Administración tributaria deberá notificar a los obligados tributarios las actuaciones que precisen de su colaboración. En estos supuestos, los obligados deberán facilitar a la Administración tributaria la práctica de dichas actuaciones.

3. Si el valor determinado por la Administración tributaria es distinto al declarado por el obligado tributario, aquélla, al tiempo de notificar la propuesta de regularización, comunicará la propuesta de valoración debidamente motivada, con expresión de los medios y criterios empleados.

Transcurrido el plazo de alegaciones abierto con la propuesta de regularización, la Administración tributaria notificará la regularización que proceda a la que deberá acompañarse la valoración realizada.

Los obligados tributarios no podrán interponer recurso o reclamación independiente contra la valoración, pero podrán promover la tasación pericial contradictoria o plantear cualquier cuestión relativa a la valoración con ocasión de los recursos

---

* Vid. arts. 57 (y sus notas) y 141 LGT (§ I), y 157 a 160 RGIT.

STS de 15 de enero de 2015 (Rec. 1370/2013; ponente: J. A. Montero Fernández): Sobre el **problema de la distinta valoración de un bien a efectos de distintos tributos**, señala el TS que: «[...] no está de más recordar que respecto de la vinculación de los actos de valoración de un mismo bien respecto de distintos tributos, matizando la doctrina de la unicidad, hemos dicho, por ejemplo, en la sentencia de 9 de diciembre de 2013 (rec. cas. 5712/2011), que: *"**Parece, pues, razonable y coherente que la valoración previa de un bien realizada por una Administración tributaria, vincule a todos los efectos respecto a estos dos tributos a las demás Administraciones competentes, más si se trata de impuestos estatales, si bien el segundo cedido a las Comunidades Autónomas.***

o reclamaciones que, en su caso, interpongan contra el acto de regularización.

4. En los supuestos en los que la ley establezca que el valor comprobado debe producir efectos respecto a otros obligados tributarios, la Administración tributaria actuante quedará vinculada por dicho valor en relación con los demás interesados. La ley de cada tributo podrá establecer la obligación de

---

»Así pues, y en lo que toca al presente litigio, debe admitirse que la valoración practicada por la Administración Tributaria de una Comunidad Autónoma, la de Andalucía, en un Impuesto del Estado (el ITP y AJD), cuya gestión se le ha cedido, pueda trascender y vincular a efectos de un Impuesto estatal (el Impuesto sobre Sociedades), gestionado por la AEAT, dado que la Comunidad Autónoma actúa como delegada para la gestión, inspección y valoración del tributo cedido, de modo que el criterio de personalidad jurídica única, utilizado frecuentemente para defender el principio de unicidad, puede ser sustituido por el de delegación legal de funciones, con todas sus consecuencias."

»Está presente en la sentencia transcrita parcialmente el principio del *venire contra factum proprium non valet*, concreción de varios principios jurídicos esenciales, como los de buena fe, seguridad jurídica y respeto *a la confianza legítima. Una misma y única realidad no puede dar lugar, o no debería de dar, a respuestas contradictorias* […].

»Así lo hemos recordado recientemente en la sentencia de 22 de enero de 2013 (rec. cas. 470/11, FJ 7.º). Si la Administración, en este caso, determinó el "importe real" de la enajenación en una determinada compraventa, viene vinculada cuando en las mismas circunstancias ha de determinar el "importe real" de la adquisición de la misma compraventa; y ése y no otro ha de ser el importe real de la adquisición a los efectos de calcular el incremento patrimonial de una segunda operación que parte ineludiblemente de un hecho determinante previamente delimitado y acogido por la propia Administración.» Vid. notas al art. 239.3 LGT (§ I).

Art. 134.1: Vid. **SSTS de 21 de mayo de 2018 (Rec. 997/2017;** ponente: J. Huelin) y 23 de mayo de 2018 (Rec. 4202/2017; ponente: F. J. Navarro Sanchís), transcrita en nota al art. 57.1.*b*) LGT (§ I).

STS de 17 de marzo de 2021. Rec. 4132/2019. Ponente: J. A. Montero Fernández: ... suspendido el procedimiento principal por la promoción de la tasación pericial contradictoria, pasado seis meses sin la finalización de este, volverá a correr el plazo para finalizar el procedimiento principal, de suerte que si el tiempo de exceso de los seis meses previstos para finalizar el procedimiento de tasación pericial contradictoria, acumulado al ya trascurrido antes de la suspensión del procedimiento principal agota el plazo dispuesto para su finalización, se producirá la caducidad del mismo con las consecuencias asociadas legalmente.

Art. 134.3: STS de 25 de marzo de 2004 (rec. cas. n.º 79/1999): recoge la doctrina jurisprudencial sobre los requisitos de forma y motivación que han de reunir **los *informes periciales*** que sirven de base a la ***comprobación de valores***. Con base en ella, la **STS de 29 de marzo de 2012** (Rec. 34/2010; ponente: Sr. Aguallo) destaca la necesidad, elemental, de practicar una visita al inmueble. Además, pone de relieve la negativa consecuencia que deriva de la deficiente motivación de los dictámenes periciales, en tanto que abocan al particular a solicitar la tasación pericial contradictoria «de costoso e incierto resultado, para discutir la comprobación de valores, cuando ni siquiera se conocen las razones de la valoración propuesta por la Hacienda, colocaría a los ciudadanos en una evidente situación de indefensión frente a posibles arbitrariedades o errores de los peritos de la Administración, a cuyas tasaciones no alcanza la presunción de legalidad de los actos administrativos, porque las peritaciones, aunque las practique un funcionario, son dictámenes y la tasación pericial contradictoria es un último derecho del contribuyente y no la única manera de combatir la tasación realizada por la Administración, que antes ha de cumplir con su obligación de fundar suficientemente los valores a los que ha llegado, sin que el sujeto tributario venga obligado, por su parte, a acreditar el error o la desviación posible de la Hacienda Pública cuando no conoce una justificación bastante de aquellos nuevos valores. Sobre esta materia, hemos declarado que la carga de la prueba del artículo 114 LGT [de 1963] rige igualmente tanto para los contribuyentes como para la Administración, tanto en vía administrativa como jurisdiccional». Vid. nota al art. 153 LGT (§ I) sobre la posibilidad de impugnar la comprobación de valores incluida en un acta de inspección. **STS de 12 de noviembre de 2015** (Rec. 149/2014; ponente: J. G. Martínez Micó): «***no puede, ciertamente, sostenerse la posibilidad de que la Administración pueda reproducir una valoración después de haber sido anulada dos veces ya por causa a ella sólo imputable***. Tanto en los casos en que esa anulación se haya acordado en la vía económico-administrativa como en la vía jurisdiccional, la retroacción de actuaciones que pueda haberse pronunciado por el órgano revisor correspondiente no puede reiterarse poco menos que hasta que la Administración acierte o actúe correctamente» (FD 4.º). **STS de 16 de noviembre de 2015 (Rec. 434/2014;** ponente: J. A. Montero): según la doctrina jurisprudencial de la Sala 3.ª, el principio de seguridad jurídica impide admitir que la Administración cometa la misma infracción formal, y en concreto de falta de motivación, en un procedimiento de comprobación de valores, mediante el cual se llega a la determinación de la base del Impuesto (FD 3.º). Vid. nota al art. 57.4 LGT (§ I). Vid. **SSTS de 31 de octubre de 2017 (Rec. 572/2017;** ponente: J. Huelin) **y de 23 de mayo de 2018 (Rec. 666/2017**; ponente: A. Aguallo).

notificar a dichos interesados el valor comprobado para que puedan promover su impugnación o la tasación pericial contradictoria.

Cuando en un procedimiento posterior el valor comprobado se aplique a otros obligados tributarios, éstos podrán promover su impugnación o la tasación pericial contradictoria.

5. Si de la impugnación o de la tasación pericial contradictoria promovida por un obligado tributario resultase un valor distinto, dicho valor será aplicable a los restantes obligados tributarios a los que fuese de aplicación dicho valor en relación con la Administración tributaria actuante, teniendo en consideración lo dispuesto en el segundo párrafo del apartado anterior.

Art. 135. *Tasación pericial contradictoria.*—1. Los interesados podrán promover la tasación pericial contradictoria, en corrección de los medios de comprobación fiscal de valores señalados en el artículo 57 de esta ley, dentro del plazo del primer recurso o reclamación que proceda contra la liquidación efectuada de acuerdo con los valores comprobados administrativamente o, cuando la normativa tributaria así lo prevea, contra el acto de comprobación de valores debidamente notificado.

Art. 135: Vid. art. 57 LGT (§ I) y notas al mismo, así como arts. 161 y 162 RGIT. En **STS de 22 de mayo de 2018 (Rec. 38/2017;** ponente: N. A. Maurandi) se concluye que **la *tasación pericial contradictoria***: *a*) «ha de considerarse ***procedente para combatir tanto la comprobación de valores que haya servido de base a una liquidación tributaria, como aquella otra que haya dado sustento y contenido a un acto de declaración de responsabilidad tributaria por los cauces procedimentales que regulan 174 a 176 LGT de 2003»*** y *b*) ***«es necesario informar en la notificación del acto declarativo de la responsabilidad solidaria (o de la liquidación) que haya estado precedido de una comprobación de valores de la posibilidad impugnatoria que comporta la TPC, con carácter previo al recurso o reclamación económico administrativa».*** Vid. **STS de 23 de mayo de 2018 (Rec. 4202/2017;** ponente: F. J. Navarro Sanchís), transcrita en nota al art. 57.1.*b*) LGT (§ I).

Art. 135.1: Nueva redacción, con efectos desde el 12 de octubre de 2015, por el art. único.25 de la Ley 34/2015, de 21 de septiembre, de modificación parcial de la LGT (*BOE* n.º 227, de 22 de septiembre), cuya Disp. Trans. única.5 establece que será aplicable a las solicitudes de tasación pericial contradictoria que se presenten a partir de la fecha de entrada en vigor de la ley modificadora. Su **redacción anterior** era la siguiente:

> 1. Los interesados podrán promover la tasación pericial contradictoria, en corrección de los medios de comprobación fiscal de valores señalados en el artículo 57 de esta ley, dentro del plazo del primer recurso o reclamación que proceda contra la liquidación efectuada de acuerdo con los valores comprobados administrativamente o, cuando la normativa tributaria así lo prevea, contra el acto de comprobación de valores debidamente notificado.
>
> En los casos en que la normativa propia del tributo así lo prevea, el interesado podrá reservarse el derecho a promover la tasación pericial contradictoria cuando estime que la notificación no contiene expresión suficiente de los datos y motivos tenidos en cuenta para elevar los valores declarados y denuncie dicha omisión en un recurso de reposición o en una reclamación económico-administrativa. En este caso, el plazo a que se refiere el párrafo anterior se contará desde la fecha de firmeza en vía administrativa del acuerdo que resuelva el recurso o la reclamación interpuesta.
>
> La presentación de la solicitud de tasación pericial contradictoria, o la reserva del derecho a promoverla a que se refiere el párrafo anterior, determinará la suspensión de la ejecución de la liquidación y del plazo para interponer recurso o reclamación contra la misma.

STS de 9 de julio de 2020. Rec. 2287/2018. Ponente: J. A. Montero: Conforme a lo dispuesto en el ap. 1 del art. 135 LGT y en el ap. 1 del art. 120 del RITPyAJD el plazo se inicia en el momento de dictarse el acto administrativo (resolución del recurso) que pone fin a la vía administrativa. Vid. **SSTS de 17 de marzo de 2021. Recursos 3673/2019 y 4132/2019.** Ponente: J. A. Montero. La ***STS de 4 de abril de 2006*** refrenda la doctrina sostenida por el TSJ de Valencia en favor de la plena aplicabilidad al procedimiento de comprobación abreviada previsto por el art. 123 LGT/1963, tras su reforma por Ley 25/1995, de los efectos previstos por el art. 31.4 RGIT para la interrupción injustificada del procedimiento de inspección por más de seis meses. Cuestión que, como destaca el TS, ha venido a solventar el art. 104 LGT (§ I), como ya hiciera su precedente, el art. 23 LDGC, y que, con antelación a éste, provocaba un importante vacío legal.

En los casos en que la normativa propia del tributo así lo prevea, el interesado podrá reservarse el derecho a promover la tasación pericial contradictoria cuando estime que la notificación no contiene expresión suficiente de los datos y motivos tenidos en cuenta para elevar los valores declarados y denuncie dicha omisión en un recurso de reposición o en una reclamación económico-administrativa. En este caso, el plazo a que se refiere el párrafo anterior se contará desde la fecha de firmeza en vía administrativa del acuerdo que resuelva el recurso o la reclamación interpuesta.

La presentación de la solicitud de tasación pericial contradictoria, o la reserva del derecho a promoverla a que se refiere el párrafo anterior, determinará la suspensión de la ejecución de la liquidación y del plazo para interponer recurso o reclamación contra la misma. Asimismo, la presentación de la solicitud de tasación pericial contradictoria suspenderá el plazo para iniciar el procedimiento sancionador que, en su caso, derive de la liquidación o, si éste se hubiera iniciado, el plazo máximo para la terminación del procedimiento sancionador. Tras la terminación del procedimiento de tasación pericial contradictoria la notificación de la liquidación que proceda determinará que el plazo previsto en el apartado 2 del artículo 209 de esta ley se compute de nuevo desde dicha notificación o, si el procedimiento se hubiera iniciado, que se reanude el cómputo del plazo restante para la terminación.

En el caso de que en el momento de solicitar la tasación pericial contradictoria contra la liquidación ya se hubiera impuesto la correspondiente sanción y como consecuencia de aquélla se dictara una nueva liquidación, se procederá a anular la sanción y a imponer otra teniendo en cuenta la cuantificación de la nueva liquidación.

2. Será necesaria la valoración realizada por un perito de la Administración cuando la cuantificación del valor comprobado no se haya realizado mediante dictamen de peritos de aquélla. Si la diferencia entre el valor determinado por el perito de la Administración y la tasación practicada por el perito designado por el obligado tributario, considerada en valores absolutos, es igual o inferior a 120.000 euros y al 10 por 100 de dicha tasación, esta última servirá de base para la liquidación. Si la diferencia es superior, deberá designarse un perito tercero de acuerdo con lo dispuesto en el apartado siguiente.

3. Cada Administración tributaria competente solicitará en el mes de enero de cada año a los distintos colegios, asociaciones o corporaciones profesionales legalmente reconocidos el envío de una lista de colegiados o asociados dispuestos a actuar como peritos terceros. Elegido por sorteo público uno de cada lista, las designaciones se efectuarán por orden correlativo, teniendo en cuenta la naturaleza de los bienes o derechos a valorar.

Cuando no exista colegio, asociación o corporación profesional competente por la naturaleza de los bienes o derechos a valorar o profesionales dispuestos a actuar como peritos terceros, se solicitará al Banco de España la designación de una sociedad de tasación inscrita en el correspondiente registro oficial.

Los honorarios del perito del obligado tributario serán satisfechos por éste. Cuando la diferencia entre la tasación practicada por el perito tercero y el valor declarado, considerada en valores absolutos, supere el 20 por 100 del valor declarado, los gastos del tercer perito serán abonados por el obligado tributario y, en caso contrario, correrán a cargo de la Administración. En este supuesto, aquél tendrá derecho a ser reintegrado de los gastos ocasionados por el depósito al que se refiere el párrafo siguiente.

El perito tercero podrá exigir que, previamente al desempeño de su cometido, se haga provisión del importe de sus honorarios mediante depósito en el Banco de España o en el organismo público que determine cada Administración tributaria, en el plazo de diez días. La falta de depósito por cualquiera de las partes supondrá la aceptación de la valoración realizada por el perito de la otra, cualquiera que fuera la diferencia entre ambas valoraciones.

Entregada en la Administración tributaria competente la valoración por el perito tercero, se comunicará al obligado tributario y se le concederá un plazo de quince días para justificar el pago de los honorarios a su cargo. En su caso, se autorizará la disposición de la provisión de los honorarios depositados.

4. La valoración del perito tercero servirá de base a la liquidación que proceda con los límites del valor declarado y el valor comprobado inicialmente por la Administración tributaria.

Subsección 5.ª

Procedimiento de comprobación limitada

Art. 136. *La comprobación limitada.*—1. En el procedimiento de comprobación limitada la Administración tributaria podrá comprobar los hechos, actos, elementos, actividades, explotaciones y demás circunstancias determinantes de la obligación tributaria.

2. En este procedimiento, la Administración tributaria podrá realizar únicamente las siguientes actuaciones:

a) Examen de los datos consignados por los obligados tributarios en sus declaraciones y de los justificantes presentados o que se requieran al efecto.

b) Examen de los datos y antecedentes en poder de la Administración tributaria que pongan de manifiesto la realización del hecho imponible o del presupuesto de una obligación tributaria, o la existencia de elementos determinantes de la misma no declarados o distintos a los declarados por el obligado tributario.

c) Examen de los registros y demás documentos exigidos por la normativa tributaria y de cualquier otro libro, registro o documento de carácter oficial con excepción de la contabilidad mercantil, así como el examen de las facturas o documentos que sirvan de justificante de las operaciones incluidas en dichos libros, registros o documentos.

Art. 136: Vid. arts. 93 y 141.*h*) LGT (§ I) y 163 a 165 RGIT.

Art. 136.2: Nueva redacción, con efectos desde el 12 de octubre de 2015, por el art. único.26 de la Ley 34/2015, de 21 de septiembre, de modificación parcial de la LGT (*BOE* n.º 227, de 22 de septiembre). Su **redacción anterior** era la siguiente:

> 2. En este procedimiento, la Administración tributaria podrá realizar únicamente las siguientes actuaciones:
>
> *a*) Examen de los datos consignados por los obligados tributarios en sus declaraciones y de los justificantes presentados o que se requieran al efecto.
>
> *b*) Examen de los datos y antecedentes en poder de la Administración tributaria que pongan de manifiesto la realización del hecho imponible o del presupuesto de una obligación tributaria, o la existencia de elementos determinantes de la misma no declarados o distintos a los declarados por el obligado tributario.
>
> *c*) Examen de los registros y demás documentos exigidos por la normativa tributaria y de cualquier otro libro, registro o documento de carácter oficial con excepción de la contabilidad mercantil, así como el examen de las facturas o documentos que sirvan de justificante de las operaciones incluidas en dichos libros, registros o documentos.
>
> *d*) Requerimientos a terceros para que aporten la información que se encuentren obligados a suministrar con carácter general o para que la ratifiquen mediante la presentación de los correspondientes justificantes.

Vid. **art. 154.1 RGIT. SAN de 25 de marzo de 2010 (Rec. 34/2007;** ponente: Navarro Sanchís).

Art. 136.2.c): Vid. **Reglamento por el que se regulan las obligaciones de facturación, aprobado por RD 1.619/2012, de 30 de noviembre, modificado por RD 596/2016, de 2 de diciembre** (*BOE* de 6 de diciembre) **y por el RD 1.072/2017, de 29 de diciembre** (*BOE* de 30 de diciembre).

No obstante lo previsto en el párrafo anterior, cuando en el curso del procedimiento el obligado tributario aporte, sin mediar requerimiento previo al efecto, la documentación contable que entienda pertinente al objeto de acreditar la contabilización de determinadas operaciones, la Administración podrá examinar dicha documentación a los solos efectos de constatar la coincidencia entre lo que figure en la documentación contable y la información de la que disponga la Administración tributaria.

El examen de la documentación a que se refiere el párrafo anterior no impedirá ni limitará la ulterior comprobación de las operaciones a que la misma se refiere en un procedimiento de inspección.

d) Requerimientos a terceros para que aporten la información que se encuentren obligados a suministrar con carácter general o para que la ratifiquen mediante la presentación de los correspondientes justificantes.

3. En ningún caso se podrá requerir a terceros información sobre movimientos financieros, pero podrá solicitarse al obligado tributario la justificación documental de operaciones financieras que tengan incidencia en la base o en la cuota de una obligación tributaria.

4. Las actuaciones de comprobación limitada no podrán realizarse fuera de las oficinas de la Administración tributaria, salvo las que procedan según la normativa aduanera o en los supuestos previstos reglamentariamente al objeto de realizar comprobaciones censales o relativas a la aplicación de métodos objetivos de tributación, en cuyo caso los funcionarios que desarrollen dichas actuaciones tendrán las facultades reconocidas en los apartados 2 y 4 del artículo 142 de esta ley.

Art. 137. *Iniciación del procedimiento de comprobación limitada.*— 1. Las actuaciones de comprobación limitada se iniciarán de oficio por acuerdo del órgano competente.

2. El inicio de las actuaciones de comprobación limitada deberá notificarse a los obligados tributarios mediante comunicación que deberá expresar la naturaleza y alcance de las mismas e informará sobre sus derechos y obligaciones en el curso de tales actuaciones.

Cuando los datos en poder de la Administración tributaria sean suficientes para formular la propuesta de liquidación, el procedimiento podrá iniciarse mediante la notificación de dicha propuesta.

Art. 138. *Tramitación del procedimiento de comprobación limitada.*— 1. Las actuaciones del procedimiento de comprobación limitada se documentarán en las comunicaciones y diligencias a las que se refiere el apartado 7 del artículo 99 de esta ley.

2. Los obligados tributarios deberán atender a la Administración tributaria y le prestarán la debida colaboración en el desarrollo de sus funciones.

El obligado tributario que hubiera sido requerido deberá personarse en el lugar, día y hora señalados para la práctica de las actuaciones, y deberá aportar la documentación y demás elementos solicitados.

Art. 136.4: En relación con el ámbito aduanero, vid. **SSTS de 24 de noviembre de 2015 (Rec. 442 y 443)**, que desestiman los recursos interpuestos contra el RD 285/2014, de 25 de abril, que modificó el RD 335/2010, de 19 de marzo, que regula el derecho a efectuar declaraciones en aduana y la figura del representante aduanero.

Art. 137: STS 509/2022, de 3 de mayo de 2022 (Rec. 5101/2020. Ponente: F. J. Navarro Sanchis). ***En garantía de los derechos del contribuyente reconocidos en los artículos 34.1.ñ) y 137 LGT, y al margen de toda otra consideración, la Administración tributaria solo podría ampliar el alcance de sus actuaciones de comprobación limitada, con motivación singularizada al caso, en el caso de que lo comunicara con carácter previo —no simultáneo, ni posterior— a la apertura del plazo de alegaciones, siendo nulo, por lo tanto, el acto final del procedimiento de gestión de tal clase en que se haya acordado esa ampliación en momento simultáneo, o posterior, a la comunicación al comprobado de la concesión del plazo para puesta de manifiesto y para efectuar alegaciones a la propuesta de liquidación.***

3. Con carácter previo a la práctica de la liquidación provisional, la Administración tributaria deberá comunicar al obligado tributario la propuesta de liquidación para que alegue lo que convenga a su derecho.

Art. 139. *Terminación del procedimiento de comprobación limitada.*—1. El procedimiento de comprobación limitada terminará de alguna de las siguientes formas:

a) Por resolución expresa de la Administración tributaria, con el contenido al que se refiere el apartado siguiente.

b) Por caducidad, una vez transcurrido el plazo regulado en el artículo 104 de esta ley sin que se haya notificado resolución expresa, sin que ello impida que la Administración tributaria pueda iniciar de nuevo este procedimiento dentro del plazo de prescripción.

c) Por el inicio de un procedimiento inspector que incluya el objeto de la comprobación limitada.

2. La resolución administrativa que ponga fin al procedimiento de comprobación limitada deberá incluir, al menos, el siguiente contenido:

a) Obligación tributaria o elementos de la misma y ámbito temporal objeto de la comprobación.

b) Especificación de las actuaciones concretas realizadas.

c) Relación de hechos y fundamentos de derecho que motiven la resolución.

d) Liquidación provisional o, en su caso, manifestación expresa de que no procede regularizar la situación tributaria como consecuencia de la comprobación realizada.

Art. 140. *Efectos de la regularización practicada en el procedimiento de comprobación limitada.*—1. Dictada resolución en un procedimiento de comprobación limitada, la Administración tributaria no podrá efectuar una nueva regularización en relación con el objeto comprobado al que se refiere el párrafo *a*) del apartado 2 del artículo anterior salvo que en un procedimiento de comprobación limitada o inspección posterior se descubran nuevos hechos o circunstancias que resulten de actuaciones distintas de las realizadas y especificadas en dicha resolución.

2. Los hechos y los elementos determinantes de la deuda tributaria respecto de los que el obligado tributario o su representante haya prestado conformidad expresa no podrán ser impugnados salvo que pruebe que incurrió en error de hecho.

Art. 140: Vid. **STS de 3 de diciembre de 2020. Rec. 8332/2019.** Ponente: W.F. Olea Godoy: «... al no haberse declarado la caducidad del procedimiento inicialmente incoado, la única solución admisible es que dicha caducidad no se ha producido» (FD 4.º). **SAN (Secc. 2.ª) de 5 de noviembre de 2012** (Rec. 72/2010) **y SSTS de 22 de septiembre de 2014** (Rec. 4336/2012) **y 30 de octubre de 2014** (Rec. 2567/2013),reiteran la imposibilidad de comprobar datos que ya habían sido objeto de regularización en un procedimiento de comprobación limitada, subrayando el **efecto preclusivo derivado de las actuaciones de comprobación limitada**. En la misma línea, vid. **SSTS, Sala 3.ª, de 30 de octubre de 2014 (Rec. 2567 y 2568/2013;** ponente: E. Frías) **y 3 de febrero de 2016 (Rec. 4140/2014;** ponente: M. Garzón): ***imposibilidad de que pueda revisarse una liquidación provisional a través de una liquidación posterior definitiva, basada en los mismos hechos y fundamentos de Derecho, salvo que se acuda a un procedimiento especial de revisión.*** **En el mismo sentido, la STS 1103/2020, de 23 de julio (rec. 158/2018.** Ponente: I. Merino Jara) reitera que no cabe comprobar en fase de inspección tributaria una liquidación provisional si no se prueba que hayan aparecido nuevos hechos o circunstancias distintas de las ya comprobadas por el órgano de gestión. STS 1341/2020, de 16 de octubre (rec. 3895/2018. Ponente: E. Córdoba Castroverde) En el mismo **sentido STS de 4 de marzo de 2021 (rec. 3906/2019. Ponente: J. Díaz)**: ***«los efectos preclusivos de una resolución que pone fin a un procedimiento de comprobación limitada se extienden no sólo a aquellos elementos tributarios sobre los que se haya pronunciado expresamente la Administración Tributaria, sino también a cualquier otro elemento tributario, comprobado tras el requerimiento de la oportuna documentación justificativa, pero no regularizado de forma expresa».***

CAPÍTULO IV

ACTUACIONES Y PROCEDIMIENTO DE INSPECCIÓN*

SECCIÓN 1.ª

Disposiciones generales

Subsección 1.ª

Funciones y facultades

Art. 141. *La inspección tributaria.*— La inspección tributaria consiste en el ejercicio de las funciones administrativas dirigidas a:

a) La investigación de los supuestos de hecho de las obligaciones tributarias para el descubrimiento de los que sean ignorados por la Administración.

b) La comprobación de la veracidad y exactitud de las declaraciones presentadas por los obligados tributarios.

c) La realización de actuaciones de obtención de información relacionadas con la aplicación de los tributos, de acuerdo con lo establecido en los artículos 93 y 94 de esta ley.

d) La comprobación del valor de derechos, rentas, productos, bienes, patrimonios, empresas y demás elementos, cuando sea necesaria para la determinación de las obligaciones tributarias, siendo de aplicación lo dispuesto en los artículos 134 y 135 de esta ley.

e) La comprobación del cumplimiento de los requisitos exigidos para la obtención de beneficios o incentivos fiscales y devoluciones tributarias, así como para la aplicación de regímenes tributarios especiales.

f) La información a los obligados tributarios con motivo de las actuaciones inspectoras sobre sus derechos y obligaciones tributarias y la forma en que deben cumplir estas últimas.

---

* Vid. arts. 115 y 142 LGT (§ I). **Con efectos 1 de enero de 2008 entró en vigor el nuevo Reglamento General de las actuaciones y los procedimientos de gestión e inspección tributaria y de desarrollo de las normas comunes de los procedimientos de aplicación de los tributos, aprobado por RD 1.065/2007, de 27 de julio** (*BOE* de 5 de septiembre). Vid., sobre las funciones de la Inspección de los Tributos, arts. 166 a 169 y 197, así como arts. 59 a 61 y Disps. Adics. 1.ª, 2.ª, 3.ª y 9.ª de dicho Reglamento.

Sobre la **estructura orgánica del Ministerio de Hacienda y los distintos Departamentos en que se estructura la AEAT, vid. nota al art. 5.º LGT** (§ I).

Art. 141: Véase nota al art. 5.º LGT (§ I).

Art. 141.c) : STS de 30 de septiembre de 2019. Rec. 4204/2017. Ponente: J. Cudero. Las actuaciones para recabar información del obligado tributario relativas al cumplimiento de sus propias obligaciones tributarias no suponen el inicio de un procedimiento inspector, ni se integran en éste, aunque se tenga en cuenta su resultado para acordar el inicio del posterior procedimiento de investigación o comprobación, ya que se está, por regla general, en presencia de actuaciones distintas y separadas. En consecuencia, los plazos de duración del procedimiento inspector operan de modo autónomo e independiente de la fecha en que se hubiera cursado el requerimiento de información.

Art. 141.e): STS de 23 de marzo de 2021. Rec. 3688/2019. Ponente: F.J. Navarro Sanchis: «conforme a una interpretación gramatical y sistemática del artículo 141.e) LGT, las actuaciones que se sigan para comprobar el cumplimiento de los requisitos exigidos para la aplicación de regímenes tributarios especiales, como es el que se prevé, en el caso enjuiciado, para los colegios profesionales, en su carácter de entidades parcialmente exentas —y, por ende, a las que se asigna un régimen fiscal especial—, han de ser actuaciones inspectoras y seguirse, necesariamente, por los órganos competentes, a través del procedimiento inspector. A ello debe añadirse que, conforme a la muy reiterada doctrina de esta Sala Tercera, precisamente acuñada en relación con la aplicación indebida del procedimiento de comprobación limitada, ***la selección por la Administración, para el ejercicio de sus facultades, de un procedimiento distinto al legalmente debido, conduce a la nulidad de pleno derecho de los actos administrativos —en este caso de liquidación— que les pongan fin, por razón de lo estatuido en el artículo 217.1.e) de la LGT, en relación con sus concordantes de la legislación administrativa general***. Es de aclarar, además, que la vigente LIS de 2014 regula en idénticos términos las entidades parcialmente exentas, incluyendo entre ellas los colegios profesionales (art. 9.3) y regulando para ellas, en los artículos 109 a 111 LIS, el régimen de la exención, su alcance objetivo y su exclusión, en iguales términos que en el TRLIS de 2004» (FD cuarto).

g) La práctica de las liquidaciones tributarias resultantes de sus actuaciones de comprobación e investigación.

h) La realización de actuaciones de comprobación limitada, conforme a lo establecido en los artículos 136 a 140 de esta ley.

i) El asesoramiento e informe a órganos de la Administración pública.

j) La realización de las intervenciones tributarias de carácter permanente o no permanente, que se regirán por lo dispuesto en su normativa específica y, en defecto de regulación expresa, por las normas de este capítulo con exclusión del artículo 149.

k) Las demás que se establezcan en otras disposiciones o se le encomienden por las autoridades competentes.

Art. 142. *Facultades de la inspección de los tributos.*—1. Las actuaciones inspectoras se realizarán mediante el examen de documentos, libros, contabilidad principal y auxiliar, ficheros, facturas, justificantes, correspondencia con trascendencia tributaria, bases de datos informatizadas, programas, registros y archivos informáticos relativos a actividades económicas, así como mediante la inspección de bienes, elementos, explotaciones y cualquier otro antecedente o información que deba de

---

Art. 141.g): La **Asociación Profesional de Subinspectores de Tributos impugnó la Resolución de 24 de marzo de 1998 de la AEAT**, por la que se modificó la de 24 de marzo de 1992, sobre organización y atribución de funciones a la Inspección de los tributos en el ámbito de la competencia del Departamento de Inspección Financiera y Tributaria. En *Sentencias de la Audiencia Nacional —de 22 de noviembre de 1999— y del Tribunal Supremo —de 20 de mayo de 2006—* se declaró no haber lugar al recurso, desestimándose. Vid. el *voto particular* formulado a esta última por el Magistrado M. V. Garzón Herrero. La **Sentencia del Tribunal Supremo de 27 de septiembre de 2007**, Sala 3.ª, Sección 7.ª **(Rec. 5850/2002;** ponente Sr. Díaz Delgado), conociendo de un recurso interpuesto por Unión Sindical Obrera contra la Resolución del Presidente de la AEAT, de 16 de abril de 1999 —por la que se modificaba la de 24 de marzo de 1992—, sobre organización y atribución de funciones a la Inspección de los Tributos en el ámbito de la competencia del Departamento de Inspección Financiera y Tributaria, anuló la referida Resolución de 16 de abril de 1999, por haberse dictado con omisión de la consulta a los sindicatos más representativos.

En **STS de 18 de octubre de 2007 (Rec. 254/03;** ponente: E. Frías Ponce), en recurso de casación para unificación de doctrina, **reitera el TS la necesidad de separación de funciones entre actuaciones inspectoras y liquidación tributaria** —ya señalada en la importante **STS de 24 de abril de 1984**—, anulando la liquidación derivada de un acta de disconformidad, atendido que la propuesta de liquidación había sido aprobada por el mismo Inspector-Jefe que aparecía en las Actas como actuario, siendo también éste quien firma los informes ampliatorio y justificativo del régimen de estimación indirecta de bases.

Art. 142: Vid. arts. 99 y 113 LGT (§ I) y 4.º, 19 y 21 TRLCI. Acerca de la **entrada en el domicilio por parte de la inspección de Tributos**, vid. notas al art. 113.

Art. 142.1: Vid. art. 171 RGIT. Vid. **Reglamento por el que se regulan las obligaciones de facturación, aprobado por RD 1.619/2012, de 30 de noviembre, modificado por RD 596/2016, de 2 de diciembre (BOE de 6 de diciembre) y por el RD 1.072/2017, de 29 de diciembre (BOE de 30 de diciembre). STS de 20 de marzo de 2012 (Rec. 6208/2008;** ponente: J. Huelin): «***La aparente rigidez y el formalismo que la Administración ha reservado a la constatación de la realización del hecho imponible en la factura ha sido matizada por la jurisprudencia de esta Sala.*** Decíamos, entre otras, en nuestra Sentencia de 23 de noviembre de 2011 (cas. 2205/07, FJ 8.º) que, al no ser un elemento constitutivo del derecho a la deducción sino un mero y simple requisito para poder ejercerlo, la factura puede ser sustituida "por otros documentos, tales como la escritura pública en el caso de adquisición de un bien inmueble o la existencia de medios de prueba suficientes de la realidad de las operaciones, Sentencias entre otras, de 11 de julio de 2011, y del propio Tribunal TJCE de 5 de diciembre de 1996 y 21 de abril de 2005; naturalmente el documento que sustituye a la factura debe contener todos los datos necesarios que permitan acreditar de modo fehaciente que el sujeto pasivo tiene derecho a la deducción de las cuotas de IVA soportadas con la consiguiente identificación de la operación de que se trate, facturas e IVA".

»No obstante, también hemos afirmado, en las **Sentencias de 19 de enero de 2011 (rec. 1305/09, FJ 2.º) y 5 de diciembre de 2011 (rec. 3954/09,** FJ 2.º), que ***la expedición de la factura, más que un medio de prueba, es un requisito imprescindible para que pueda efectuarse la repercusión del IVA, de suerte que su falta impide efectuarla.» (FD 3.º).***

facilitarse a la Administración o que sea necesario para la exigencia de las obligaciones tributarias.

2. Cuando las actuaciones inspectoras lo requieran, los funcionarios que desarrollen funciones de inspección de los tributos podrán entrar, en las condiciones que reglamentariamente se determinen, en las fincas, locales de negocio y demás establecimientos o lugares en que se desarrollen actividades o explotaciones sometidas a gravamen, existan bienes sujetos a tributación, se produzcan hechos imponibles o supuestos de hecho de las obligaciones tributarias o exista alguna prueba de los mismos.

Para el acceso a los lugares mencionados en el párrafo anterior de los funcionarios de la inspección de los tributos, se precisará de un acuerdo de entrada de la autoridad administrativa que reglamentariamente se determine, salvo que el obligado tributario o la persona bajo cuya custodia se encontraren otorguen su consentimiento para ello.

Cuando para el ejercicio de las actuaciones inspectoras sea necesario entrar en el domicilio constitucionalmente protegido del obligado tributario, se aplicará lo dispuesto en el artículo 113 de esta Ley. La solicitud de autorización judicial requerirá incorporar el acuerdo de entrada a que se refiere el mencionado artículo, suscrito por la autoridad administrativa que reglamentariamente se determine.

3. Los obligados tributarios deberán atender a la inspección y le prestarán la debida colaboración en el desarrollo de sus funciones.

El obligado tributario que hubiera sido requerido por la inspección deberá personarse, por sí o por medio de representante, en el lugar, día y hora señalados para la práctica de las actuaciones, y deberá aportar o tener a disposición de la inspección la documentación y demás elementos solicitados.

Excepcionalmente, y de forma motivada, la inspección podrá requerir la comparecencia personal del obligado tributario cuando la naturaleza de las actuaciones a realizar así lo exija.

4. Los funcionarios que desempeñen funciones de inspección serán considerados agentes de la autoridad y deberán acreditar su condición, si son requeridos para ello, fuera de las oficinas públicas.

Las autoridades públicas prestarán la protección y el auxilio necesario a los funcionarios para el ejercicio de las funciones de inspección.

Subsección 2.ª

Documentación de las actuaciones de la inspección

Art. 143. *Documentación de las actuaciones de la inspección.*—1. Las actuaciones de la inspección de los tributos se documentarán en comunicaciones, diligencias, informes y actas.

2. Las actas son los documentos públicos que extiende la inspección de los

---

Art. 142.2: Redactado por art. 13.2 de la Ley 11/2021, de 11 de julio. Vid. arts. 151.2 LGT (§ I) y 172 RGIT.

Art. 142.3: Vid. arts. 203 LGT (§ I) y 173 RGIT.

Véase la jurisprudencia recogida en nota al art. 150 LGT (§ I).

Art. 143: Vid. arts. 107 LGT (§ I), 175 y 176 RGIT y 4.º y 20 TRLCI.

SSAN de 7 y 28 de abril de 2005: las deficiencias de las diligencias sólo provocan la nulidad cuando dan lugar a indefensión.

STS de 15 de febrero de 2003 (Rec. 1334/1998; ponente: J. Mateo Díaz) (FJ 3.º): «[...] ***los actos de la Inspección, en tanto se llegue a la liquidación practicada por el Jefe de la Dependencia, son meros actos de trámite*** [...]», no encuadrables entre los que se recogían en la antigua LJCA y los del vigente art. 25 LJCA de 1998.

Art. 143.2: Vid. art. 176 RGIT.

SSTS de 14 de julio de 2021 (Rec. 3895/2020. Ponente: F. J. Navarro Sanchis); **16 de julio de 2021 (Rec. 2190/2020.** Ponente: E. Córdoba Castroverde) y 16 de julio de 2021 (Rec. 2778/2020. Ponente: E. Córdoba

tributos con el fin de recoger el resultado de las actuaciones inspectoras de comprobación e investigación, proponiendo la regularización que estime procedente de la situación tributaria del obligado o declarando correcta la misma.

Art. 144. *Valor probatorio de las actas.*—1. Las actas extendidas por la inspección de los tributos tienen naturaleza de documentos públicos y hacen prueba de los hechos que motiven su formalización, salvo que se acredite lo contrario.

2. Los hechos aceptados por los obligados tributarios en las actas de inspección se presumen ciertos y sólo podrán rectificarse mediante prueba de haber incurrido en error de hecho.

Castroverde): «1) La Administración tributaria no puede realizar válidamente comprobaciones, determinar liquidaciones o imponer sanciones a un obligado tributario tomando como fundamento fáctico de la obligación fiscal supuestamente incumplida los documentos o pruebas incautados como consecuencia de un registro practicado en el domicilio de terceros (aunque se haya autorizado la entrada y registro por el juez de esta jurisdicción), cuando tales documentos fueron considerados nulos en sentencia penal firme, por estar incursos en vulneración de derechos fundamentales en su obtención. Aun cuando tal declaración penal no se hubiera llevado a cabo formalmente, la nulidad procedería de lo establecido en el art. 11 LOPJ, conforme al cual "no surtirán efecto las pruebas obtenidas, directa o indirectamente, violentando los derechos o libertades fundamentales".

2) El ***exceso de los funcionarios de la Administración tributaria sobre lo autorizado en el auto judicial*** es contrario a derecho y deber ser controlado, *a posteriori*, por el propio juez autorizando, a través del mecanismo de dación de cuenta que la Administración está obligada a realizar, art. 172 RGAT, sin que la infracción de dicho trámite deba perjudicar al afectado por él.

3) Se consideran ***hallazgos casuales*** los documentos referidos a otros sujetos y relativos a otros impuestos y ejercicios distintos a aquéllos para los que se obtuvo la autorización judicial de entrada y registro y, por tanto, supeditados en su validez como prueba y en su idoneidad para servir de base a las actuaciones inspectoras y sancionadoras a la licitud y regularidad del registro de que se trate, lo que afecta tanto a su adopción y autorización como al modo de efectuarse su práctica.

4) La acreditación, por la Administración tributaria, de que la prueba obtenida, como hallazgo casual, en el registro de un tercero, con finalidad de determinar otros tributos, no es la misma utilizada en la ulterior regularización y sanción, a efectos de determinar el alcance y extensión de la prueba nula, es carga que corresponde a la Administración, dado su deber de identificar y custodiar pertinentemente la prueba obtenida en un registro, máxime si pertenece o afecte a terceros».

Art. 144: Una **consolidada doctrina jurisprudencial** concluye, en relación con las denominadas «acta**s de conformidad»**, que: 1) el contribuyente no puede rechazar los hechos recogidos en un acta de conformidad, salvo que pruebe que incurrió en notorio error de hecho al aceptarlos; 2) en virtud del derecho a la tutela judicial efectiva, sí son impugnables las interpretaciones y calificaciones jurídicas que se contienen en tales actas.

Pese a que se otorgue conformidad a una determinada acta, ésta es impugnable y debe ser anulada cuando en la misma no se motivan razonablemente sus elementos esenciales. El *Tribunal Supremo* ha señalado que la falta de explicación objetiva, que permita formular, en su caso, oposición con cabal conocimiento de sus posibilidades impugnatorias, constituye una práctica indefensión, susceptible de acarrear la nulidad del acta. Véanse **las Sentencias de 14 de marzo de 1995** (RJ 2473/1995) y **27 de abril de 1998 (RJ 3932/1998)**. Vid. notas al art. 156 LGT (§ I).

En STS de 12 de mayo de 2022, la Sala de lo Contencioso del TS ordena a la Administración la devolución de todo lo incautado en un registro domiciliario cuya autorización fue anulada judicialmente (Sentencia 568/2022, 12 de mayo. Rec. 6453/2020).

El Supremo se pronuncia sobre el alcance de los efectos de la declaración de nulidad de la autorización judicial de entrada y registro en domicilio en cuanto al alcance de la obligación de la Administración de devolver todo lo incautado y no solo la «documentación».

El deber de devolución abarca no sólo los documentos en sentido propio, sino también aquel otro material (soportes informáticos, ordenadores, etc.) que haya sido objeto de incautación; y abarca, asimismo, las copias que la Administración haya podido realizar de la documentación y del material incautados.

Precisa el Supremo que **como la información, en sí misma considerada, es algo inmaterial**, está en la mente de las personas, y pueden almacenarla por los medios más diversos, no puede entrar a resolver sobre qué uso cabría legítimamente dar a la información, una vez independizada de la documentación —u otro material— donde fue hallada, y que la cuestión deberá resolverse en el procedimiento administrativo o jurisdiccional en que, llegado el caso, se pretendiera utilizar la información.

SECCIÓN 2.ª

Procedimiento de inspección

Subsección 1.ª

Normas generales

Art. 145. *Objeto del procedimiento de inspección.*—1. El procedimiento de inspección tendrá por objeto comprobar e investigar el adecuado cumplimiento de las obligaciones tributarias y en el mismo se procederá, en su caso, a la regularización de la situación tributaria del obligado mediante la práctica de una o varias liquidaciones.

2. La comprobación tendrá por objeto los actos, elementos y valoraciones consignados por los obligados tributarios en sus declaraciones.

3. La investigación tendrá por objeto descubrir la existencia, en su caso, de hechos con relevancia tributaria no declarados o declarados incorrectamente por los obligados tributarios.

Art. 146. *Medidas cautelares en el procedimiento de inspección.*—1. En el procedimiento de inspección se podrán adoptar medidas cautelares debidamente motivadas para impedir que desaparezcan, se destruyan o alteren las pruebas determinantes de la existencia o cumplimiento de obligaciones tributarias o que se niegue posteriormente su existencia o exhibición.

Las medidas podrán consistir, en su caso, en el precinto, depósito o incautación de las mercancías o productos sometidos a gravamen, así como de libros, registros, documentos, archivos, locales o equipos electrónicos de tratamiento de datos que puedan contener la información de que se trate.

2. Las medidas cautelares serán proporcionadas y limitadas temporalmente a los fines anteriores sin que puedan adoptarse aquellas que puedan producir un perjuicio de difícil o imposible reparación.

3. Las medidas adoptadas deberán ser ratificadas por el órgano competente para liquidar en el plazo de quince días desde su adopción y se levantarán si desaparecen las circunstancias que las motivaron.

Art. 145: STS de 15 de diciembre de 2020. Rec. 342/2018. Ponente: J. Cudero: «El **auto de admisión** del presente recurso de casación nos pregunta lo siguiente: "Si la Inspección puede iniciar de oficio un nuevo procedimiento de inspección tributaria cerca de los mismos obligados tributarios cuando todavía no se pueda considerar finalizado el procedimiento de inspección en curso, para desarrollar actuaciones de comprobación e investigación con el mismo alcance general por idéntico concepto impositivo pero referidas a períodos distintos". 2. Como sucede en tantas ocasiones, la respuesta no va a poder ser tan contundente como el auto nos reclama, pues —como inmediatamente veremos— debera estar muy apegada a las circunstancias del caso. Por el momento, sí podemos anticipar que, a tenor de nuestra jurisprudencia (representada, entre otras por la citada sentencia de 23 de junio de 2016, dictada en el recurso de casación núm. 2309/2017), ***la Administración podrá, efectivamente, iniciar ese nuevo procedimiento, pero en ningún caso podrá eludir con tal proceder las consecuencias que la ley anuda al incumplimiento del plazo de duración del procedimiento inspector***. En otras palabras, ***el nuevo procedimiento no tendrá eficacia a esos efectos (y habrá de entenderse inserto en el ya incoado anteriormente, que sería en tal caso el único procedimiento) cuando la Administración no justifique de manera suficiente (i) que materialmente no existía conexión entre los conceptos, tributos o ejercicios objeto de regularización que impedían la comprobación unitaria o (ii) que los datos que reclamaron la comprobación de esos nuevos conceptos, tributos o ejercicios no surgieron en el seno del procedimiento inspector ya iniciado, sin la concurrencia de conexión material alguna entre los aspectos o extremos necesitados de comprobación. En definitiva, no procederá esa nueva incoación si, dada la conexión entre el procedimiento en curso y los conceptos tributarios incluidos en las nuevas actuaciones, lo razonable, desde el punto de vista material, hubiera sido mantener las actuaciones en curso para comprobar en su seno esos conceptos o cuestiones con trascendencia tributaria conexas. De no ser así, esto es, de tramitarse separadamente las actuaciones cuando no procedía iniciarse un nuevo procedimiento, el primero de los incoados será el único relevante a efectos de la aplicación del artículo 150.2 de la Ley General Tributaria, dado el carácter único del procedimiento inspector en los términos expuestos***» (FD 4.º).

Art. 146: Véase la nota al art. 81 LGT (§ I), así como los arts. 162.1 y 210.3 LGT (§ I) y 172.5 y 181 RGIT.

Subsección 2.ª

Iniciación y desarrollo

Art. 147. *Iniciación del procedimiento de inspección.*—1. El procedimiento de inspección se iniciará:

a) De oficio.

b) A petición del obligado tributario, en los términos establecidos en el artículo 149 de esta ley.

2. Los obligados tributarios deben ser informados al inicio de las actuaciones del procedimiento de inspección

---

Art. 147.1: Vid. arts. 151.2 LGT (§ I) y 177 a 179 RGIT.

Acuerdo de inicio de las actuaciones inspectoras: SSTS de 13 de enero de 2011 (Rec. 1973/2006) **y 21 de febrero de 2011** (Rec. 1023/2006) [reiterada en dos SSTS de 5 de mayo de 2011 (Rec. 6282/2008 y 322/2009)]: La **Sentencia de 3 de abril de 2008** (Rec. 7874/2002) señaló que **cuando la selección de los contribuyentes se realiza en aplicación de un plan, la referencia del mismo sirve de motivación al acto de inicio del procedimiento; porque el contribuyente tiene derecho a conocer los motivos del inicio de la inspección. Pero el derecho expresado no supone que la simple omisión de la documentación relativa al inicio del procedimiento inspector comporte consecuencias invalidantes, salvo que se alegue y se pruebe que la selección de un determinado contribuyente se realizó al margen de la normativa establecida.** Así se ha ratificado en la de 29 de septiembre de 2008. **En el mismo sentido**, las posteriores **SSTS de 8 de octubre de 2009 (cas. 8966/03), 1 de julio de 2010 (cas. 424/05) y 28 de octubre de 2010 (cas. 2359/08).**

Al hilo de lo anterior, y *respecto a* ***la alegación en torno a la falta de constancia en el expediente administrativo de la orden motivada del Inspector Jefe***, la **STS de 29 de octubre de 2009** (Rec. 7790/2003) recuerda que, como se ha dicho en la Sentencia de esta Sala de 29 de septiembre de 2009, «[...] *no cabe mantener que la simple falta de la orden del inspector en un expediente concreto pueda determinar sin más la nulidad del procedimiento* [...]. A lo anteriormente expuesto, ha de añadirse que ***la nulidad de actuaciones que se solicita tendría que tener por base una real indefensión del contribuyente***».

Este criterio contrasta con el sustentado anteriormente en la STS de 15 de febrero de 2003, en la que se afirmaba: «Si la actuación inspectora se inicia como consecuencia de una inclusión en un plan específico del funcionario o unidad, deberá certificarse, al inicio de las actuaciones, que el sujeto y el objeto de las actuaciones se corresponden con el contenido del plan. En otro caso, para que exista validez en las actuaciones no contenidas en el plan específico, requieren que la inclusión del contribuyente en la actuación inspectora se motive, con orden escrita del Inspector Jefe. Al no producirse, o no haberse acreditado ninguna de las dos circunstancias, el inicio del procedimiento adolece de un vicio de nulidad que afecta a todo el resto de las actuaciones practicadas y ello conduce a la necesaria estimación del recurso.» Doctrina que, como se desprende de las Sentencias citadas al principio, se ha visto notablemente alterada.

Por lo demás, debe recordarse que el **Tribunal Supremo sostiene que** ***no cabe la impugnación autónoma del acuerdo de inicio de actuaciones con base en su naturaleza de acto de trámite, que comparte con el resto de actos de la Inspección*****, a salvo de la liquidación que se practique, en su caso**. Vid. STS de 15 de febrero de 2003 (Rec. 1334/1998), citada en nota al art. 143 LGT (§ I).

La STS de 15 de octubre de 2012 (Rec. 4806/2011) abunda en lo anterior, reproduciendo, a su vez, la **STS de 9 de febrero de 2012 (Rec. 3003/2008)**: *en el momento en que se ha comenzado la actuación individualizada de que se trate, ya no queda afectada la finalidad que justifica el carácter reservado de la inclusión en un plan. Por tanto,* ***si la actuación inspectora se inicia como consecuencia de una inclusión en el plan específico del funcionario o unidad, deberá certificarse, al inicio de las actuaciones, que el sujeto y el objeto de las actuaciones se corresponden con el contenido del plan.*** En otro caso, para que exista corrección reglamentaria en las actuaciones no contenidas en el plan específico, se requiere que la inclusión del contribuyente en la actuación inspectora se motive, con orden escrita del Inspector-Jefe.

»Cuestión distinta es el caso de que, si bien existiese y se acreditase la existencia de una orden del Inspector-Jefe, la misma no apareciese convenientemente motivada, en cuyo caso nos encontraríamos ante un vicio del acto administrativo cuyo carácter o naturaleza invalidante se encontraría en función de que tal irregularidad tuviese efectiva trascendencia material, de manera que, en la hipótesis que ahora se baraja, el éxito del motivo impugnatorio pasaría porque el recurrente alegase (y aportase —cuando menos— un principio de prueba) que la actuación inspectora obedece a una desviación de poder, un móvil discriminatorio u otro de naturaleza espuria.»

STS 914/2020, de 2 de julio de 2020 (rec. 3326/2017. Ponente: E. Córdoba Castroverde, con cita STS de 27 de noviembre de 2017, rec. 2998/2016): ***el incumplimiento del plazo previsto en el artículo 170.5 del Reglamento General de gestión e inspección tributaria*** (R. D. 1065/2007) para iniciar las actuaciones inspectoras con los obligados tributarios seleccionados, conforme a la planificación, no produce consecuencias jurídicas en las actuaciones inspectoras iniciadas posteriormente con dichos obligados tributarios, dado que ***está dirigido a ordenar la actividad propia de la Administración, siendo, por tanto, una norma interna de carácter organizativo. En todo caso, al no tratarse de un plazo esencial, su incumplimiento sólo determinaría una irregularidad no invalidante***.

sobre la naturaleza y alcance de las mismas, así como de sus derechos y obligaciones en el curso de tales actuaciones.

Art. 148. *Alcance de las actuaciones del procedimiento de inspección.*—1. Las actuaciones del procedimiento de inspección podrán tener carácter general o parcial.

2. Las actuaciones inspectoras tendrán carácter parcial cuando no afecten a la totalidad de los elementos de la obligación tributaria en el período objeto de la comprobación y en todos aquellos supuestos que se señalen reglamentariamente. En otro caso, las actuaciones del procedimiento de inspección tendrán carácter general en relación con la obligación tributaria y período comprobado.

3. Cuando las actuaciones del procedimiento de inspección hubieran terminado con una liquidación provisional, el objeto de las mismas no podrá regularizarse nuevamente en un procedimiento de inspección que se inicie con posterioridad salvo que concurra alguna de las circunstancias a que se refiere el párrafo *a*) del apartado 4 del artículo 101 de esta ley y exclusivamente en relación con los elementos de la obligación tributaria afectados por dichas circunstancias.

Art. 149. *Solicitud del obligado tributario de una inspección de carácter general.*—1. Todo obligado tributario que esté siendo objeto de unas actuaciones de inspección de carácter parcial podrá solicitar a la Administración tributaria que las mismas tengan carácter general respecto al tributo y, en su caso, períodos afectados, sin que tal solicitud interrumpa las actuaciones en curso.

2. El obligado tributario deberá formular la solicitud en el plazo de quince días desde la notificación del inicio de las actuaciones inspectoras de carácter parcial.

3. La Administración tributaria deberá ampliar el alcance de las actuaciones o iniciar la inspección de carácter general en el plazo de seis meses desde la solicitud. El incumplimiento de este plazo determinará que las actuaciones inspectoras de carácter parcial no interrumpan el plazo de prescripción para comprobar e investigar el mismo tributo y período con carácter general.

Art. 150. *Plazo de las actuaciones inspectoras.*—1. Las actuaciones del procedimiento de inspección deberán concluir en el plazo de:

a) Dieciocho meses, con carácter general.

Art. 148: Vid. arts. 66 a 70 —especialmente art. 66 bis , 106.4 y 115 LGT (§ I) y 166 a 169 y 178 RGIT. **STS de 23 de julio de 2020. Rec. 2188/2018.** Ponente: I. Merino Jara: «... el programa que motiva la selección de los obligados tributarios a inspeccionar y que figura en la orden de carga en el plan de inspección no predetermina cual haya de ser el alcance de las actuaciones inspectoras, cuya determinación corresponde a los órganos competentes de la Administración tributaria y se hará constar en la comunicación de inicio de las actuaciones inspectoras». No se trata de un programa determinante, ni provoca la nulidad de actuaciones que excedan la extensión determinada en el programa.

Art. 148.3: Cfr. **STS de 24 de mayo de 2012 (Rec. 2324/2009;** ponente: Sr. Aguallo), recogida en nota al art. 101.3 LGT (§ I).

Art. 149: Vid. art. 179 RGIT.

Art. 150: Nueva redacción, con efectos desde el 12 de octubre de 2015, por el art. único.27 de la Ley 34/2015, de 21 de septiembre, de modificación parcial de la LGT (*BOE* n.º 227, de 22 de septiembre), cuya Disp. Trans. única.6 establece que la nueva redacción de los apartados 1 a 6 será aplicable a todos los procedimientos de inspección que se inicien a partir de la fecha de entrada en vigor de la ley modificadora, mientras que la del apartado 7 será aplicable a todas las actuaciones inspectoras en las que la recepción del expediente por el órgano competente para la ejecución de la resolución, como consecuencia de la retroacción que se haya ordenado, se produzca a partir de la entrada en vigor de dicha ley. Su **redacción anterior** era la siguiente:

Art. 150. Plazo de las actuaciones inspectoras.—1. Las actuaciones del procedimiento de inspección deberán concluir en el plazo de doce meses contado desde la fecha de notificación al obligado tributario del inicio del mismo. Se entenderá que las actuaciones finalizan en la fecha en que se notifique o se entienda notificado el acto administrativo resultante de las mismas. A efectos de entender cumplida la obligación de notificar y de computar el plazo de resolución serán aplicables las reglas contenidas en el apartado 2 del artículo 104 de esta ley.

No obstante, podrá ampliarse dicho plazo, con el alcance y requisitos que reglamentariamente se determinen, por otro período que no podrá exceder de doce meses, cuando en las actuaciones concurra alguna de las siguientes circunstancias:

a) Cuando revistan especial complejidad. Se entenderá que concurre esta circunstancia atendiendo al volumen de operaciones de la persona o entidad, la dispersión geográfica de sus actividades, su tributación en régimen de consolidación fiscal o en régimen de transparencia fiscal internacional y en aquellos otros supuestos establecidos reglamentariamente.

b) Cuando en el transcurso de las mismas se descubra que el obligado tributario ha ocultado a la Administración tributaria alguna de las actividades empresariales o profesionales que realice.

Contrástese con los arts. 25 y 95 LPACAP. Vid. art. 184 RGIT, así como **STS de 25 de enero de 2005**, recogida en nota al art. 104 LGT (§ I). La **STS de 4 de abril de 2006** (*BOE* de 3 de julio) fija la siguiente **doctrina legal (reiterada en la posterior STS de 10 de enero de 2007)**: «A los procedimientos de inspección tributaria iniciados antes de la entrada en vigor de la Ley 1/1998, de 26 de febrero, de Derechos y Garantías de los Contribuyentes, no les es aplicable el plazo máximo de duración de doce meses, establecido en el artículo 29.1, párrafo primero, de aquella Ley, aunque pudiera transcurrir tal espacio de tiempo con posteridad a la entrada en vigor de la misma Ley, sin que hubiesen concluido las actuaciones.»

STS de 5 de octubre de 2017 (Rec. 3043/2016; ponente: J. Cudero): ***«[…] la ausencia de alegaciones —por el interesado— en el trámite concedido por la Administración sobre la procedencia de ampliar el plazo de las actuaciones inspectoras cuando en dicho trámite no se señala, ni manifiesta o indica cuál es la circunstancia o circunstancias concurrentes en tales actuaciones que justifican dicha ampliación y cuando, además, tampoco en el acuerdo de extensión del plazo que finalmente se adopta se contiene indicación alguna sobre aquella circunstancia, no impide al sujeto pasivo cuestionar la legalidad de la liquidación que pone fin al procedimiento por la invalidez —derivada de su falta de motivación— del acuerdo que decidió ampliar el plazo de las actuaciones inspectoras»*** (FD 5.º).

STS de 31 de octubre de 2017 (Rec. 1885/2016; ponente: F. J. Navarro Sanchís): ***la falta de precisión del requerimiento formulado por la Administración impide apreciar mala fe en el contribuyente*** que, en una interpretación razonable, entendió que había cumplido correctamente con el requerimiento. La existencia o no de buena fe es problema inaccesible al control casacional, al pertenecer a un terreno vedado en dicha instancia: el de la valoración de la prueba.

STS de 8 de octubre de 2012 (recurso de casación para unificación de doctrina n.º 5114/2001), reproducida literalmente por la posterior **STS 5388/2013, de 4 de noviembre, contiene un exhaustivo repaso de la doctrina sobre las «dilaciones» imputables a los obligados, a la luz de un elemento esencial cual es la fijación de un plazo concreto para el cumplimiento por parte de los mismos.** Dice el TS: «La sentencia de fecha 24 de enero de 2011 (Rec. 485/20) **recoge una serie de criterios interpretativos que se basan en el principio general de que el artículo 29 de la Ley 1/1998 es un principio esencial del sistema tributario enderezado a mejorar la posición jurídica del contribuyente para alcanzar el anhelado equilibrio en sus relaciones con la administración. Dichos criterios son:**

»— Dentro del concepto de "dilación" se incluyen tanto demoras expresamente solicitadas como pérdidas materiales de tiempo provocadas por la tardanza en aportar datos y elementos de juicio imprescindibles.

»— "Dilación" es una idea objetiva desvinculada de todo juicio o reproche sobre la conducta del inspeccionado.

»— Al mero transcurso del tiempo debe añadirse un elemento teleológico y ello pues es necesario que impida a la inspección continuar con normalidad el desarrollo de su tarea.

»— Hay que huir de criterios automáticos pues no todo retraso constituye una "dilación" imputable al sujeto inspeccionado.

»Estos mismos criterios son asumidos, y transcritos literalmente, por la **Sentencia de 21 de septiembre de 2012 (Rec. 3077/2009)**, que realiza en su FJ 2.º un recordatorio general de la doctrina sobre las dilaciones imputables al contribuyente.

»—Según **Sentencias del Tribunal Supremo de 28 de enero de 2011 (Rec. 5006/2005), 19 de julio de 2017 (Rec. 1559/2016), 31 de octubre de 2017 (Rec. 1885/2016) y 9 de enero de 2018 (Rec. 2854/2016)**, la falta de cumplimiento de la documentación exigida no es dilación si no impide continuar con normalidad el desarrollo de la actividad inspectora.

»— Las Sentencias dictadas en los recursos 541/2011 y 6555/2009 afirman que retrasarse es diferir o suspender la ejecución de algo y dicho efecto sólo puede ser computado a partir del señalamiento de un momento determinado para llevar a cabo dicha ejecución.

»La concesión de un plazo ha sido considerado como requisito esencial por la jurisprudencia de esta Sala desde la Sentencia de 24 de noviembre de 2011 (Rec. 791/2009) [...]». Esta doctrina aparece reiterada en las Sentencias de 21 de septiembre de 2012 (cas. 3077/2009), 8 de octubre de 2012 (cas. 5114/2011), 420/2014, de 13 de febrero y 19 de julio de 2017 (Rec. 2650/2016; ponente: J. Díaz Delgado).

STSS de 15 de diciembre de 2011 (Recs. 3784/2008 y 5643/2009): Aplicando la regla prevista sobre el instituto de la prescripción, considera que no se pueden imputar a la sociedad dominante las dilaciones provocadas por las sociedades dominadas sin que aquélla tuviera conocimiento de las mismas.

b) Veintisiete meses, cuando concurra alguna de las siguientes circunstancias en cualquiera de las obligaciones tributarias o períodos objeto de comprobación:

1.º Que la Cifra Anual de Negocios del obligado tributario sea igual o superior al requerido para auditar sus cuentas.

2.º Que el obligado tributario esté integrado en un grupo sometido al régimen de consolidación fiscal o al régimen especial de grupo de entidades que esté siendo objeto de comprobación inspectora.

Cuando se realicen actuaciones inspectoras con diversas personas o entidades vinculadas de acuerdo con lo establecido en el artículo 18 de la Ley 27/2014, de 27 de noviembre, del Impuesto sobre Sociedades, la concurrencia de las circunstancias previstas en esta letra en cualquiera de ellos determinará la aplicación de este plazo a los procedimientos de inspección seguidos con todos ellos.

El plazo de duración del procedimiento al que se refiere este apartado podrá extenderse en los términos señalados en los apartados 4 y 5.

2. El plazo del procedimiento inspector se contará desde la fecha de notificación al obligado tributario de su inicio hasta que se notifique o se entienda notificado el acto administrativo resultante del mismo. A efectos de entender cumplida la obligación de notificar y de computar el plazo de resolución será suficiente acreditar que se ha realizado un intento de notificación que contenga el texto íntegro de la resolución.

STS, Sala 3.ª, Sección 2.ª, de 16 de marzo de 2016, casación para unificación de doctrina (Rec. 2243/2014; ponente: J. G. Martínez Micó): «El art. 31 bis.2 del RD 939/1986, de 25 de abril, por el que se aprueba el Reglamento General de la Inspección de los Tributos, debe interpretarse en el sentido de que **no existe dilación imputable al contribuyente desde que el contribuyente manifiesta a la Inspección que no dispone de la documentación requerida y que dicha documentación ha sido solicitada a la entidad financiera, a quien la Inspección puede dirigirse directamente para obtener la documentación»**. De acuerdo con la **STS, Sala 3.ª, de 2 de marzo de 2016 (Rec. 2130/2014;** ponente: M. Martín Timón), no hay dilación imputable al contribuyente cuando, pese al reiterado incumplimiento por parte del mismo de lo requerido por la Administración, ésta alarga injustificadamente el procedimiento inspector, incumpliendo su obligación de volver a citar al contribuyente.

Vid. Disp. Trans. 3.ª y notas a los arts. 68.1.*a*) LGT (§ I) y 184.2 RGIT.

STS de 7 de julio de 2020. Rec. 641/2018. Ponente: J.A. Montero. ***En los supuestos en los que se solicita autorización judicial para la entrada en domicilio, las actuaciones realizadas con carácter previo al inicio de un procedimiento de inspección tributaria, que se produce mediante su comunicación formal al obligado tributario, no deben considerase actuaciones inspectoras a efectos del cómputo del plazo de duración máxima regulado en el artículo 150 LGT.***

Art. 150.1.b): Vid. art. 184.2 RGIT. **Ampliación del plazo de las actuaciones inspectoras: STS de 7 de abril de 2011** (Rec. 872/2006): La conclusión que se extrae de la normativa aplicable —en referencia al art. 29 LDGC y el RGIT (1986) tras la reforma del RD 136/2000— es que se trata de un supuesto «excepcional» y, por ello, no basta con la mera concurrencia de cualesquiera de las circunstancias descritas legal o reglamentariamente, sino que tanto la propuesta como el acuerdo de ampliación deben ser motivados, con referencia a la concreta situación del contribuyente cuya situación tributaria se está comprobando. Sin que a tal fin resulte suficiente la mera cita del precepto y la apodíctica afirmación de que concurren los requisitos que el precepto legal menciona. **Necesidad de motivación** que ha sido ampliamente reiterada en **Sentencias de 19 de noviembre de 2008 (cas. 2224/06, FJ 3.º), 18 de febrero de 2009 (cas. 1932/06, FJ 4.º), 18 de febrero de 2009 (cas. 1934/06, FJ 4.º), 31 de mayo de 2010 (Rec. 2259/2005) y 25 de marzo de 2011 (Rec. 57/2007).**

En atención a la claridad de la más reciente jurisprudencia contenida en las SSTS de 6 de junio de 2013 (Rec. 3383/2010), 14 de octubre de 2013 (Rec. 1342/2013), 18 de octubre de 2013 (Rec. 796/2012), 29 de enero de 2014 (Rec. 4649/2011) y 7 de febrero de 2014 (Rec. 4368/2010), la Resolución del TEAC de 5 de marzo de 2014 (Res. 3467/2013) cambia su criterio anterior —mantenido hasta ahora por este TEAC (RG 5449/2010 de 27 de junio de 2013)— **por el siguiente: *«Para computar si el acuerdo de ampliación de la duración del procedimiento inspector se ha adoptado dentro del plazo máximo inicial de doce meses no han de tomarse en consideración (no deben descontarse) ni eventuales interrupciones justificadas ni dilaciones imputables al contribuyente»*.**

STS, Sala 3.ª, de 23 de junio de 2016 (Rec. 2309/2015): dado el carácter unitario del procedimiento inspector, el acuerdo de ampliación de actuaciones inspectoras debe motivar la causa por la que no se han iniciado actuaciones respecto de un determinado impuesto. Lo contrario supone un automatismo inaceptable en la ampliación del plazo.

En la comunicación de inicio del procedimiento inspector se informará al obligado tributario del plazo que le resulte aplicable.

En el caso de que las circunstancias a las que se refiere la letra *b*) del apartado anterior se aprecien durante el desarrollo de las actuaciones inspectoras el plazo será de veintisiete meses, contados desde la notificación de la comunicación de inicio, lo que se pondrá en conocimiento del obligado tributario.

El plazo será único para todas las obligaciones tributarias y períodos que constituyan el objeto del procedimiento inspector, aunque las circunstancias para la determinación del plazo sólo afecten a algunas de las obligaciones o períodos incluidos en el mismo, salvo el supuesto de desagregación previsto en el apartado 3.

A efectos del cómputo del plazo del procedimiento inspector no será de aplicación lo dispuesto en el apartado 2 del artículo 104 de esta ley respecto de los períodos de interrupción justificada ni de las dilaciones en el procedimiento por causa no imputable a la Administración.

3. El cómputo del plazo del procedimiento inspector se suspenderá desde el momento en que concurra alguna de las siguientes circunstancias:

a) La remisión del expediente al Ministerio Fiscal o a la jurisdicción competente sin practicar la liquidación de acuerdo con lo señalado en el artículo 251 de esta Ley.

b) La recepción de una comunicación de un órgano jurisdiccional en la que se ordene la suspensión o paralización respecto de determinadas obligaciones tributarias o elementos de las mismas de un procedimiento inspector en curso.

c) El planteamiento por la Administración Tributaria que esté desarrollando el procedimiento de inspección de un conflicto ante las Juntas Arbitrales previstas en la normativa relativa a las Comunidades Autónomas, en la Ley 28/1990, de 26 de diciembre, del Convenio Económico entre el Estado y la Comunidad Foral de Navarra, y en la Ley 12/2002, de 23 de mayo, del Concierto Económico con la Comunidad Autónoma del País Vasco, o la recepción de la comunicación del mismo.

d) La notificación al interesado de la remisión del expediente de conflicto en la aplicación de la norma tributaria a la Comisión consultiva.

e) El intento de notificación al obligado tributario de la propuesta de resolución o de liquidación o del acuerdo por el que se ordena completar actuaciones a que se refiere el artículo 156.3.b) de esta Ley.

f) La comunicación a las Administraciones afectadas de los elementos de hecho y los fundamentos de derecho de la regularización en los supuestos a los que se refiere el artículo 47 ter del Concierto Económico con la Comunidad Autónoma del País Vasco, aprobado por la Ley 12/2002, de 23 de mayo, y aquellos supuestos de carácter análogo establecidos en el Convenio Económico entre el Estado y la Comunidad Foral de Navarra, aprobado por la Ley 28/1990, de 26 de diciembre.

g) La concurrencia de una causa de fuerza mayor que obligue a suspender las actuaciones.

Salvo que concurra la circunstancia prevista en la letra *e*) de este apartado,

---

Art. 150.3: redactado por art. 13.13 de la Ley 11/2021, de 9 de julio.

Art. 150.3.a): Vid. arts. 15, 150.3 y 251 LGT (§ I).

STS de 18 de octubre de 2016 (rec. cas. para unificación de doctrina 1287/2015; ponente: J. Díaz Delgado): «[...] estando probado que la Administración Tributaria tuvo conocimiento de que se estaba desarrollando un proceso penal sobre los mismos hechos y períodos, si bien referido a un concepto impositivo distinto, debió paralizar sus actuaciones por preferencia ***del orden jurisdiccional penal, en evitación de soluciones contradictorias sobre los mismos hechos, y debió abstenerse de liquidar y de sancionar en tanto en cuanto no hubiera recaído sentencia en el proceso penal relativo a los mismos hechos»*. En coherencia con esta Sentencia cambió su criterio el TEAC en Resolución de 16 de marzo de 2017 (Vocalía 5.ª; Rec. 198/2014).**

la inspección no podrá realizar ninguna actuación en relación con el procedimiento suspendido por las causas anteriores, sin perjuicio de que las solicitudes previamente efectuadas al obligado tributario o a terceros deban ser contestadas. No obstante, si la Administración Tributaria aprecia que algún periodo, obligación tributaria o elemento de esta no se encuentran afectados por las causas de suspensión, continuará el procedimiento inspector respecto de los mismos, pudiendo, en su caso, practicarse por ellos la correspondiente liquidación. A los solos efectos del cómputo del periodo máximo de duración, en estos casos, desde el momento en el que concurre la circunstancia de la suspensión, se desagregarán los plazos distinguiendo entre la parte del procedimiento que continúa y la que queda suspendida. A partir de dicha desagregación, cada parte del procedimiento se regirá por sus propios motivos de suspensión y extensión del plazo.

La suspensión del cómputo del plazo tendrá efectos desde que concurran las circunstancias anteriormente señaladas, lo que se comunicará al obligado tributario a efectos informativos, salvo que con esta comunicación pudiera perjudicarse la realización de investigaciones judiciales, circunstancia que deberá quedar suficientemente motivada en el expediente. En esta comunicación, se detallarán los periodos, obligaciones tributarias o elementos de estas que se encuentran suspendidos y aquellos otros respecto de los que se continúa el procedimiento por no verse afectados por dichas causas de suspensión.

La suspensión finalizará cuando tenga entrada en el registro de la correspondiente Administración Tributaria el documento del que se derive que ha cesado la causa de suspensión, se consiga efectuar la notificación, o se constate la desaparición de las circunstancias determinantes de la fuerza mayor. No obstante, en el caso contemplado en la letra *d*), el plazo de suspensión no podrá exceder del plazo máximo para la emisión del informe.

En el caso contemplado en la letra *f*), la suspensión finalizará cuando transcurra el plazo previsto en el párrafo segundo del apartado tres del artículo 47 ter del Concierto Económico sin que se hubiesen formulado observaciones por las Administraciones afectadas, cuando se hubiese llegado a un acuerdo sobre las observaciones planteadas en el seno de la Comisión de Coordinación y Evaluación Normativa o cuando se puedan continuar las actuaciones de acuerdo con lo previsto en el apartado cuatro del citado artículo. Las referencias al artículo 47 ter del Concierto Económico deberán entenderse también realizadas al artículo equivalente del Convenio Económico entre el Estado y la Comunidad Foral de Navarra.

Una vez finalizada la suspensión, el procedimiento continuará por el plazo que reste.

4. El obligado tributario podrá solicitar antes de la apertura del trámite de audiencia, en los términos que reglamentariamente se establezcan, uno o varios períodos en los que la inspección no podrá efectuar actuaciones con el obligado tributario y quedará suspendido el plazo para atender los requerimientos efectuados al mismo. Dichos períodos no podrán exceder en su conjunto de sesenta días naturales para todo el procedimiento y supondrán una extensión del plazo máximo de duración del mismo.

El órgano actuante podrá denegar la solicitud si no se encuentra suficientemente justificada o si se aprecia que puede perjudicar el desarrollo de las

Art. 150.4: STS de 9 de marzo de 2017 (Rec. 897/2016; ponente: R. Fernández Montalvo): La utilización parcial de un plazo prorrogado no puede perjudicar a la Administración. El período temporal de ampliación derivado de la petición de prórroga del plazo de alegaciones en el procedimiento inspector ha de computarse a cuenta del administrado.

actuaciones. La denegación no podrá ser objeto de recurso o reclamación económico-administrativa.

5. Cuando durante el desarrollo del procedimiento inspector el obligado tributario manifieste que no tiene o no va a aportar la información o documentación solicitada o no la aporta íntegramente en el plazo concedido en el tercer requerimiento, su aportación posterior determinará la extensión del plazo máximo de duración del procedimiento inspector por un período de tres meses, siempre que dicha aportación se produzca una vez transcurrido al menos nueve meses desde su inicio. No obstante, la extensión será de seis meses cuando la aportación se efectúe tras la formalización del acta y determine que el órgano competente para liquidar acuerde la práctica de actuaciones complementarias.

Asimismo, el plazo máximo de duración del procedimiento inspector se extenderá por un período de seis meses cuando tras dejar constancia de la apreciación de las circunstancias determinantes de la aplicación del método de estimación indirecta, se aporten datos, documentos o pruebas relacionados con dichas circunstancias.

6. El incumplimiento del plazo de duración del procedimiento al que se refiere el apartado 1 de este artículo no determinará la caducidad del procedimiento, que continuará hasta su terminación, pero producirá los siguientes efectos respecto a las obligaciones tributarias pendientes de liquidar:

a) No se considerará interrumpida la prescripción como consecuencia de

---

Art. 150.5: Vid. arts. 104.2 y 211.2 LGT (§ I, **STS 4115/2019, de 18 de diciembre de 2019. Rec. 4442/2018. Ponente: R. Toledano**.

Fijación de la doctrina de interés casacional y resolución de las pretensiones.«Procede reiterar como doctrina de interés casacional la que declaramos en nuestra **Sentencia de 5 de diciembre de 2017**, cit., reafirmando que ***del derecho a una buena Administración pública derivan una serie de derechos de los ciudadanos con plasmación efectiva. No se trata, por tanto, de una mera fórmula vacía de contenido, sino que se impone a las Administraciones públicas de suerte que a dichos derechos sigue un correlativo elenco de deberes a estas exigibles, entre los que se encuentran, desde luego, el derecho a la tutela administrativa efectiva y, en lo que ahora interesa sobre todo, a una resolución administrativa en plazo razonable»***. (FD 9.º).

SSTS de 17 de marzo de 2016 (Rec. 1988/2014; ponente: M. Garzón Herrero) y **24 de febrero de 2016 (Rec. 781/2014;** ponente: J. A. Montero).

Art. 150.6.a): La **STS de 23 de marzo de 2018** (Rec. 176/2017; ponente: J. Díaz Delgado): reiterando doctrina acuñada en relación con el art. 150.2 anterior concluye que «[…] una vez excedido el plazo del procedimiento inspector, ***no "cualquier actuación enderezada a la regularización tributaria del contribuyente" interrumpe la prescripción, sino sólo aquellas que pongan de manifiesto una clara voluntad de reanudar el procedimiento y que informen al contribuyente, de manera clara, precisa y completa de los conceptos y períodos a los que van a alcanzar las actuaciones que van a realizarse después de tal actuación.»*** (FD 1.º).

La **STS de 20 de febrero de 2018 (Rec. 2858/2016;** ponente: J. Díaz Delgado): reitera la doctrina jurisprudencial sobre la ***única consecuencia que se produce, de no haber respetado los referidos plazos, y es que «no se considera interrumpida la prescripción como consecuencia de tales actuaciones, y la obligación de la Administración de resolver el procedimiento, y si la notificación de la liquidación se produce dentro del plazo de prescripción de cuatro años, el procedimiento y la liquidación son plenamente válidos»*** (FD 4.º).

Sobre la ***inaplicabilidad del instituto de la caducidad en este ámbito***, y la evolución legislativa acontecida, en general, en torno a esta cuestión, hasta la culminación en el vigente art. 104 LGT (§ I), puede verse la extensa argumentación de la **STS de 27 de febrero de 2008** (Rec. 4314/2002; ponente: Sr. Martínez Micó), FJ 3.º En este mismo sentido, la posterior **STS de 7 de febrero de 2011 (recurso de casación para unificación de doctrina n.º 384/2007;** ponente: R. Fernández Montalvo) (FJ 3.º).

STS, de 21 de junio de 2016 (Rec. 1591/2015; ponente: J. Huelin): De acuerdo con el art. 150.2.*a*), párr. 2.º, LGT anterior a la reforma de 2015 [art. 150.6.*a*) LGT vigente], ***la reanudación de las actuaciones, con conocimiento formal del interesado, después de expirado el plazo para su ultimación, interrumpe la prescripción***. «Ahora bien, esta previsión legislativa debe entenderse en sus estrictos términos; *no se trata de que una mera actuación ulterior sin más "reviva" un procedimiento ya fenecido*, [...] sino de una decidida actuación administrativa de llevar a cabo la tarea que inicialmente no realizó en el tiempo legalmente requerido. Por ello el precepto matiza en su segunda parte que "el obligado tributario tendrá derecho a ser

las actuaciones inspectoras desarrolladas durante el plazo señalado en el apartado 1.

La prescripción se entenderá interrumpida por la realización de actuaciones con posterioridad a la finalización del plazo al que se refiere el apartado 1. El obligado tributario tendrá derecho a ser informado sobre los conceptos y períodos a que alcanzan las actuaciones que vayan a realizarse.

b) Los ingresos realizados desde el inicio del procedimiento hasta la primera actuación practicada con

---

informado sobre los conceptos y períodos a que alcanzan las actuaciones que vayan a realizarse". No se trata, por tanto, de cualquier diligencia, sino de una reanudación formal de las actuaciones inspectoras. Así lo hemos afirmado en la Sentencia de 18 de diciembre de 2013 (cas. 4532/2011, FJ 4.º***): la mera continuación de las actuaciones realizadas con posterioridad a la superación del plazo máximo de duración del procedimiento inspector no tiene la capacidad interruptiva que defiende la representación estatal***. Ha de mediar una actuación formal de la Inspección de los Tributos poniendo en conocimiento del obligado tributario la reanudación de las actuaciones. En el mismo sentido, pueden consultarse las **SSTS de 6 de marzo de 2014 (cas. 6287/2011, FJ 4.º), 13 de junio de 2014 (cas. 848/2012, FJ 4.º), 12 de marzo de 2015 (cas. 4074/2013, FJ 5.º), 23 de mayo de 2016 (cas. 789/2014, FJ 3.º)» y 1 de septiembre de 2017 (Rec. 1486/2016).** La *STS de 4 de enero de 2018* (Rec. 3234/2016; ponente: A. Aguallo): «[…] hay que diferenciar entre las actuaciones susceptibles de evitar la interrupción injustificada del procedimiento y aquellas otras que resultan eficaces para interrumpir la prescripción […]» (FD 7.º).

STS 1700/2011, de 10 de marzo (Rec. 2372/2006): «Recientemente, en Sentencia de 27 de enero de 2011, hemos recordado la jurisprudencia consistente en la idea de que solamente tienen eficacia interruptiva de la prescripción los actos tendencialmente ordenados a iniciar o proseguir los respectivos procedimientos administrativos o que, sin responder meramente a la finalidad de interrumpir la prescripción, contribuyen efectivamente a la liquidación, recaudación o imposición de sanción en el marco del impuesto controvertido (Sentencias de 17 de marzo, 28 de abril y de 23 de junio de 2008), pero también añadíamos en aquella sentencia a este requisito la obviedad —que calificábamos de evidencia jurídica— de que la *eficacia de dichas actuaciones desde el punto de vista del sujeto pasivo del impuesto viene condicionada por su efectiva notificación.*

»Aplicada la doctrina que reseñamos al ***acto de remisión al Fiscal de las actuaciones inspectoras***, no cabe duda de que el mismo ***cumple la primera de las condiciones exigidas para que se entienda interrumpida la prescripción,*** en cuanto que tiene por fin ubicar ante la autoridad competente el supuesto tributario de que se trate, con la finalidad de que por ésta se examine la eventual procedencia de una sanción de naturaleza penal.

»Pero no podemos decir lo mismo respecto a la segunda condición: ***la falta de notificación del acto de remisión priva a éste de cualquier efecto prejudicial* [*sic*] *para el sujeto pasivo en cuanto al cómputo de la prescripción***, sin que sea de recibo la tesis de la sentencia de que los arts. 10.3 del RD 2.631/1985 y 66 del RD 939/1986 no imponen tal notificación, que sólo sería exigible desde el RD 1.930/1998. La tesis no es de recibo porque no es necesario y ni siquiera frecuente que a cualquier previsión de actuaciones administrativas se le agregue explícitamente por el legislador el requisito de que sea debidamente notificada a los gravados por su contenido: es ésta, por el contrario, una exigencia de carácter no solamente general, sino también esencial, ligada a conceptos tan sustanciales en Derecho como los de seguridad jurídica y responsabilidad de los administrados y que no tiene razón alguna, ni legal ni constitucional, para ser excepcionada en el caso de los procedimientos de liquidación tributaria que son derivados en su examen al ámbito de la jurisdicción penal, que aunque supone un cambio cualitativo en la visión y valoración jurídica del comportamiento fiscal sometido a escrutinio de los poderes públicos, no por eso deja de tener por base un acto de la Administración, como tal sometido a las reglas ordinarias de exigencia de notificación para que despliegue sus efectos negativos sobre la situación del administrado afectado.»

Art. 150.6.b): STS 2576/2011, de 20 de abril (Rec. 371/2066) (FJ 2.º): En suma, de una manera implícita en la vieja LGT y, con total claridad en la actualmente vigente, ***se exige que la decisión de librar el tanto de culpa, con remisión de lo actuado en el expediente, sea puesta en conocimiento del interesado***, que encuentra en esa previsión una doble finalidad: la propia defensa penal (*sic*) y, de otro lado, el conocimiento formal de que el procedimiento de comprobación ha quedado legalmente interrumpido. No obstante la falta de previsión específica en la antigua LGT, *la alusión en el art. 113* a la necesidad de formular «una relación circunstanciada de los hechos que se estimen constitutivos de delito», que es lo que se envía a la jurisdicción competente, presupone un acto administrativo motivado, de conocimiento o constancia, que no se puede sustraer al conocimiento del sujeto pasivo, aunque sólo lo fuera, únicamente, por seguirse el régimen general de todos los actos que integran el procedimiento de comprobación y que deben darse a conocer al interesado.

STS de 15 de marzo de 2012: ***No puede adoptarse el acuerdo de ampliación de plazo de las actuaciones inspectoras una vez pasado el tanto de culpa al Ministerio Fiscal y abierto proceso penal por presunto delito fiscal.***

posterioridad al incumplimiento del plazo de duración del procedimiento previsto en el apartado 1 y que hayan sido imputados por el obligado tributario al tributo y período objeto de las actuaciones inspectoras tendrán el carácter de espontáneos a los efectos del artículo 27 de esta ley.

c) No se exigirán intereses de demora desde que se produzca dicho incumplimiento hasta la finalización del procedimiento.

7. Cuando una resolución judicial o económico-administrativa aprecie defectos formales y ordene la retroacción de las actuaciones inspectoras, éstas

---

Art. 150.6.c): Vid. art. 159.3 LGT (§ I).

Art. 150.7: STS de 23 de julio de 2020. Rec. 7483/2018. Ponente: E. Córdoba Castroverde: alcance del **principio de buena administración** inferido de los arts. 9.3 y 103 de la Constitución. La **STS 3132/2013, de 12 de junio (Rec. 1921/2012)**: «En cuanto a la naturaleza de los actos de ejecución, antes de la Ley 58/2003, General Tributaria, surgió la duda sobre si éstos formaban o no parte del procedimiento de inspección, lo que tenía trascendencia en los casos de interrupción injustificada de las actuaciones inspectoras por más de seis meses, ante la regla de la anulación de los efectos interruptivos de la prescripción prevista en el art. 31.4 del Reglamento General de la Inspección.

»Pues bien, esta Sala mantuvo la tesis de que cuando los órganos competentes de la Inspección de los Tributos ejecutaban una resolución de un Tribunal Económico Administrativo, o una sentencia de un Tribunal Contencioso Administrativo no estaban propiamente ejerciendo una actividad inspectora (Sentencias de 6 de junio de 2003 y 30 de junio de 2004, entre otras), por lo que no resultaba aplicable en esta fase la regla del art. 31.4 del Reglamento General de la Inspección, sino las normas específicas sobre ejecución. Sin embargo, la situación cambió con la Ley 58/2003», al incluir el ***art. 150.5 «[...] ahora, este precepto obliga a entender, en relación con el alcance de las actuaciones inspectoras en fase de ejecución, que cuando una resolución judicial o económico administrativa ordena la retroacción de las actuaciones inspectoras, las de su ejecución han de calificarse como actuaciones inspectoras y no como meras actuaciones dictadas en ejecución, estando sujetas al plazo de conclusión fijado expresamente y cuyo incumplimiento determina las consecuencias que se indican. Incluso, aunque sólo se tratase de sustituir la liquidación anulada por otra distinta, como tal sustitución supone ya por sí misma una retroacción de actuaciones, hay que entender aplicable la misma regla».***

SSTS: **Sentencias de 4 de marzo de 2015 (cas. 1295/2013), 14 de mayo de 2015 (cas. 2443/2013), 18 de junio de 2015** (cas. 3533/2014**), 2 de diciembre de 2015** (cas. 3811/2013) **y 26 de noviembre de 2015** (cas. 4031/2013) sobre el art. 150.5 LGT: «[...] en cuanto a la aplicación del art. 150.5 LGT por razones sustantivas, hemos de significar que *la Sentencia de 30 de enero de 2015* (cas.1198/ 2013) *resolvió de forma definitiva el problema del alcance del apartado 5 del art. 150* al señalar: «***Aunque el plazo máximo que señala el art. 150.5 sólo ha sido previsto para los casos de anulación por razones formales que determinen la retroacción de las actuaciones hay que reconocer que el legislador ha guardado el más absoluto silencio sobre el plazo que se ha de respetar cuando la anulación lo sea por razones sustantivas o de fondo. En estos casos, ninguna disposición de la LGT obliga a la Inspección de los Tributos a practicar la liquidación en un plazo máximo, por lo que nos encontramos con una laguna legal que este Tribunal está llamado a integrar mediante una interpretación analógica del art. 150.5 LGT, tarea que no viene impedida por el art. 14 de la misma***, donde la prohibición de la analogía sólo impide extender más allá de sus estrictos términos el hecho imponible, las exenciones y los demás incentivos o beneficios fiscales. **Los supuestos de anulación por razones de fondo o sustantivas no son técnicamente de retroacción de actuaciones, pero no existen motivos suficientes para no tratarlos como si lo fueran a los efectos que nos ocupan. Resultaría ilógico que, cuando se produce una estimación por razones de fondo, supuesto en el que la Inspección de los Tributos debe limitarse a liquidar de nuevo sin practicar ninguna diligencia, se entienda que está habilitada para hacerlo en el plazo de prescripción, mientras que cuando el éxito de la impugnación lo es por razones de forma generadoras de indefensión, caso en el que debe practicar nuevas actuaciones, está legalmente obligada a completarlas y aprobar la nueva liquidación en un plazo netamente inferior.**

»Por ello, y sentado el criterio de que sólo estamos ante una efectiva retroacción de actuaciones cuando la anulación ha tenido lugar por motivos de forma, se ha de entender que en las Sentencias de 4 de abril de 2013, 12 de junio de 2013 y 18 de octubre de 2013, antes referidas, al hablar de "retroacción" o de "retroacción material" lo hacíamos a los únicos efectos de aplicar también el límite temporal y las consecuencias del art. 150.5 a los casos de anulación de las liquidaciones por razones *de fondo.*

»*Finalmente, frente a lo anterior, no cabe invocar tampoco el apartado 2 del art. 66 del Reglamento General de revisión en vía administrativa, aprobado por el RD 520/2005*, de 13 de mayo, que establece que los actos de ejecución de las resoluciones dictadas en vía de revisión administrativa no forman parte del procedimiento en el que haya tenido su origen el acto objeto de impugnación, pues aunque se considerara que consagra el principio de autonomía procedimental de los actos de ejecución, en toda clase de procedimientos, siguiendo de este modo la doctrina sentada por el Tribunal Supremo, con carácter general, en la Sentencia de 30 de junio de 2004, tomando como base normativa la anterior LGT y el anterior Reglamento General de Inspección, tras la entrada en vigor de la nueva Ley Tributaria hay que estar al plazo especial máximo de ejecución que contempla el art. 150.5 cuando se anula una liquidación tributaria resolutoria de un procedimiento de inspección.»

En la **STS de 19 de enero de 2018** (Rec. 1094/2017; ponente: J. Huelin) concluye el Tribunal, reiterando el contenido de la STS de 31 de octubre de 2017, que: «el artículo 150.5 LGT constituye un precepto específico para los procedimientos de inspección, que excepciona para esa clase de procedimientos la normativa común prevista para todos los procedimientos y actuaciones tributarias en el artículo 104.1 LGT. Hemos indicado que sería forzar la voluntad del legislador, yendo más allá de lo que permite la analogía como técnica de integración normativa, extender al régimen general de duración de las actuaciones tributarias (art. 104.1 LGT) una norma especial (el artículo 150.5 LGT) prevista para un tipo singular de procedimiento que el propio legislador ha querido sustraer del mismo [vid. FJ 3.º.A).7] [...] De acuerdo con ello, hemos concluido que, anulada una resolución por defectos formales, el tiempo en el que debe ser dictada la nueva resolución, una vez retrotraídas las actuaciones, se rige por el artículo 104.1 LGT y no por el artículo 150.5 LGT (actual artículo 150.7) [vid. FJ 4.º.2º)]. 4. Por las mismas razones entonces expresadas se ha de afirmar ahora que el artículo 150.5 LGT tampoco se aplica para la adopción de una nueva resolución en sustitución de la que, poniendo fin a un procedimiento de gestión tributaria, fue anulada por un órgano de revisión económico-administrativa debido a sus defectos sustantivos, materiales de fondo.» (FD 1.º).

Y añade: «En la repetida sentencia de 31 de octubre de 2017, hemos concluido que de su contenido se obtiene que, en el caso de resoluciones que anulen por defectos de forma con retroacción de actuaciones, son actos de ejecución la decisión de retrotraer las actuaciones y de anular los actos posteriores que traigan causa del anulado por razones de forma. Conforme a lo dispuesto en el artículo 66.2 RRVA, estas providencias de ejecución han de dictarse en el plazo de un mes desde que la resolución tenga entrada en el registro del órgano competente para adoptarlas, sin que formen parte del procedimiento en el que fue dictado el acto anulado en la resolución que se trata de ejecutar. Sin embargo, no son de estricta ejecución en el sentido del artículo 66 RGRVA los actos procedimentales producidos tras la retroacción ni la resolución que dicte la Administración tributaria después de recorrer de nuevo el curso procedimental para restañar la indefensión provocada por el incumplimiento formal que determinó la anulación del primer acto y la vuelta atrás en el procedimiento.

»6. De ese mismo pronunciamiento jurisdiccional se obtiene (FJ Segundo.8) que, cuando se anula en la vía económico-administrativa por razones de fondo, sustantivas o materiales una resolución tributaria (en el caso, la que pone fin a un procedimiento de gestión, en concreto, de comprobación limitada), la adopción de una nueva decisión ajustada a los términos indicados en la resolución anulatoria constituye un acto de ejecución, que debe adoptarse con arreglo a las formas y plazo previstos en el artículo 66 RRVA, apartados 2 y 3 [actualmente, artículo 239.3 LGT, en la redacción del artículo único. 48 de la Ley 34/2015, de 21 de septiembre (*BOE* de 22 de septiembre)]. Es decir, son de ejecución los actos dictados en sustitución del anulado sin necesidad de tramitar diligencia nueva alguna, situaciones en las que la Administración debe limitarse a pronunciar una nueva decisión correcta, conforme a los criterios señalados en la resolución económico- administrativa anulatoria. No hay, pues, en tales situaciones retroacción de actuaciones en sentido técnico, ni, por ello, resulta menester tramitar de nuevo (en todo o en parte) el procedimiento de gestión tributaria, en este caso de comprobación limitada; sólo es necesario dictar una nueva liquidación que sustituya a la anulada. En otras palabras, no opera el artículo 104 (con carácter general para los procedimientos de gestión tributaria) ni el artículo 139 (en particular, para el procedimiento de comprobación limitada), ambos de la LGT.» (FD 2.º).

En consecuencia: «1.º) El artículo 150.5 LGT (en la actualidad, artículo 150.7) no se aplica para la adopción de una nueva resolución en sustitución de la que, poniendo fin a un procedimiento de gestión tributaria, fue anulada por un órgano de revisión económico-administrativa debido a sus defectos sustantivos, materiales o de fondo. 2.º) Anulada una resolución tributaria en la vía económico-administrativa por motivos sustantivos, materiales o de fondo, la adopción de una nueva decisión ajustada a los términos indicados en la resolución anulatoria constituye un acto de ejecución, que debe adoptarse con arreglo a las formas y plazo previstos en el artículo 66 RRVA, apartados 2 y 3 [actualmente, artículo 239.3 LGT].» (FD 3.º). Vid. SSTS de 31 de octubre de 2017 (Rec. 572/2017; ponente: J. Huelin), de 23 de mayo de 2018 (Rec. 666/2017; ponente: A. Aguallo), de 22 de mayo de 2018 (Rec. 315/2017; ponente: F. J. Navarro Sanchís).

Sobre la **retroacción de actuaciones**, vid. nota al art. 239.3 LGT (§ I). En ***STS de 2 de diciembre de 2015 (Rec. 3811/2013;*** ponente: J. G. Martínez Micó), el TS reitera el criterio mantenido en relación con el apartado 5 del art. 150 anterior a la reforma de 2015, que ahora figura en el apartado 7 del art. 150: «[...] El precepto alude a la "recepción de la resolución o del expediente [...]", lo que sólo puede tener lugar mediante una remisión de lo que constituye la "resolución" expedida por el órgano que la dictó, o del "expediente remitido por el órgano que lo tenía en su poder". Lo que parece evidente es que el texto legal no puede ser sustituido por una comunicación de documentos hecha por quien interviene en el procedimiento». Entiende el TS que no basta que el interesado comunique a la Administración el fallo que ha tenido lugar «[...] por la elemental consideración de que su ejecución puede exigir, y con frecuencia exigirá, la consulta de documentos y antecedentes que obran en el expediente y que no pueden

deberán finalizar en el período que reste desde el momento al que se retrotraigan las actuaciones hasta la conclusión del plazo previsto en el apartado 1 o en seis meses, si este último fuera superior. El citado plazo se computará desde la recepción del expediente por el órgano competente para ejecutar la resolución.

Se exigirán intereses de demora por la nueva liquidación que ponga fin al procedimiento. La fecha de inicio del cómputo del interés de demora será la misma que, de acuerdo con lo establecido en el apartado 2 del artículo 26, hubiera correspondido a la liquidación anulada y el interés se devengará hasta el momento en que se haya dictado la nueva liquidación.

Art. 151. *Lugar de las actuaciones inspectoras.*—1. Las actuaciones inspectoras podrán desarrollarse indistintamente, según determine la inspección:

a) En el lugar donde el obligado tributario tenga su domicilio fiscal, o en aquel donde su representante tenga su domicilio, despacho u oficina.

b) En el lugar donde se realicen total o parcialmente las actividades gravadas.

c) En el lugar donde exista alguna prueba, al menos parcial, del hecho imponible o del presupuesto de hecho de la obligación tributaria.

d) En las oficinas de la Administración tributaria, cuando los elementos sobre los que hayan de realizarse las actuaciones puedan ser examinados en ellas.

e) En los lugares señalados en las letras anteriores o en otro lugar, cuando dichas actuaciones se realicen a través de los sistemas digitales previstos en el artículo 99.9 de esta Ley. La utilización de dichos sistemas requerirá la conformidad del obligado tributario.

---

ser sustituidos por comunicaciones de "interesados" en el procedimiento cuyos datos pueden ser insuficientes para la realización de los actos de ejecución necesarios» (FD 5.º). Vid. **STS de 27 de marzo de 2017 (Rec. 3570/2015;** ponente: J. Díaz Delgado, con el importante voto particular de J. Díaz Delgado).

STS de 22 de diciembre de 2020. Rec. 5653/2019. Ponente: J. Cudero: «Conviene sintetizar con brevedad esa doctrina, muy apegada al principio de buena administración: 2.1. El obligado tributario tiene el derecho a que, ordenada por resolución judicial o económico-administrativa la retroacción, las actuaciones se lleven a cabo en el período fijado en el artículo 150 de la Ley General Tributaria, sin que sea facultad de la Administración ampliar los plazos mediante dilaciones voluntarias, ni sobrepasarlos cuando materialmente ha llevado a cabo actuaciones antes de recibir el expediente. 2.2. En aquellos supuestos en los que la Administración haya realizado o podido realizar actuaciones tendentes a dicho fin, aún cuando no haya recibido el expediente, no podrá exceder el citado plazo, puesto que el deber impuesto de atenerse a un plazo legalmente fijado es un deber material y no formal, de carácter objetivo y al margen de la voluntad de los interesados, pues a la Administración le es exigible una conducta lo suficientemente diligente como para evitar definitivamente las posibles disfunciones derivadas de su actuación, por así exigirlo el principio de buena administración que no se detiene en la mera observancia estricta de procedimientos y trámites, sino que reclama la plena efectividad de garantías y derechos reconocidos legal y constitucionalmente al contribuyente. 2.3. Los desfases temporales relevantes e injustificados no pueden resultar jurídicamente indiferentes: fijado legalmente un plazo para llevar a efecto la ejecución de la resolución estimatoria por motivos formales con retroacción de actuaciones, bastaría para burlar su finalidad el que el inicio del plazo para tramitar el procedimiento quedara a la sola voluntad de la Administración acudiendo al expediente de que son funciones diferenciadas las de resolver las reclamaciones y las de ejecutarlas, pues no puede olvidarse que si bien a los órganos implicados se le atribuyen competencias diversas, en el diseño procedimental establecido por el legislador en el sistema general de aplicación de los tributos actúan dentro del ámbito unitario e identificable de una misma Administración Pública. 2.4. No es aceptable que los órganos económico administrativos queden sólo sometidos al plazo prescriptorio para remitir el expediente al órgano ejecutor, de manera que el derecho a una resolución administrativa en plazo razonable implica —en atención a las circunstancias de cada caso— que la dilación no justificada y desproporcionada en aquella remisión no pueda ni deba resultar jurídicamente neutral, sino que de la misma deberán extraerse las consecuencias jurídicas correspondientes que, desde luego, no pueden favorecer al infractor» (FD 3.º).

Art. 151: Vid. art. 174 RGIT.

Art. 151.1.e): Añadido por el apartado 1 por la disposición final 1.2 del Real Decreto-ley 22/2020, de 16 de junio.

2. La inspección podrá personarse sin previa comunicación en las empresas, oficinas, dependencias, instalaciones o almacenes del obligado tributario, entendiéndose las actuaciones con éste o con el encargado o responsable de los locales.

3. Los libros y demás documentación a los que se refiere el apartado 1 del artículo 142 de esta ley deberán ser examinados en el domicilio, local, despacho u oficina del obligado tributario, en presencia del mismo o de la persona que designe, salvo que el obligado tributario consienta su examen en las oficinas públicas. No obstante, la inspección podrá analizar en sus oficinas las copias en cualquier soporte de los mencionados libros y documentos.

4. Tratándose de los registros y documentos establecidos por normas de carácter tributario o de los justificantes exigidos por éstas a los que se refiere el párrafo *c*) del apartado 2 del artículo 136 de esta ley, podrá requerirse su presentación en las oficinas de la Administración tributaria para su examen.

5. Reglamentariamente se podrán establecer criterios para determinar el lugar de realización de determinadas actuaciones de inspección.

6. Cuando el obligado tributario fuese una persona con discapacidad o con movilidad reducida, la inspección se desarrollará en el lugar que resulte más apropiado a la misma, de entre los descritos en el apartado 1 de este artículo.

Art. 152. *Horario de las actuaciones inspectoras.*—1. Las actuaciones que se desarrollen en oficinas públicas se realizarán dentro del horario oficialde apertura al público de las mismas y, en todo caso, dentro de la jornada de trabajo vigente.

2. Si las actuaciones se desarrollan en los locales del interesado se respetará la jornada laboral de oficina o de la actividad que se realice en los mismos, con la posibilidad de que pueda actuarse de común acuerdo en otras horas o días.

3. Cuando las circunstancias de las actuaciones lo exijan, se podrá actuar fuera de los días y horas a los que se refieren los apartados anteriores en los términos que se establezcan reglamentariamente.

Subsección 3.ª

Terminación de las actuaciones inspectoras

Art. 153. *Contenido de las actas.*—Las actas que documenten el resultado de las actuaciones inspectoras deberán contener, al menos, las siguientes menciones:

a) El lugar y fecha de su formalización.

Art. 151.2: Vid. art. 142 LGT (§ I).

Art. 151.4: Vid. Reglamento por el que se regulan las obligaciones de facturación, aprobado por RD 1.619/2012, de 30 de noviembre, modificado por RD 596/2016, de 2 de diciembre (*BOE* de 6 de diciembre) y por el RD 1.072/2017, de 29 de diciembre (*BOE* de 30 de diciembre).

Art. 153: Vid. arts. 185 y 189 a 192 RGIT. **STS de 14 de julio 2021, Rec. 3895/2020. Ponente: F.J. Navarro Sanchis:** «...fijación de doctrina jurisprudencial: 1***) La Administración tributaria no puede realizar válidamente comprobaciones, determinar liquidaciones o imponer sanciones a un obligado tributario tomando como fundamento fáctico de la obligación fiscal supuestamente incumplida los documentos o pruebas incautados como consecuencia de un registro practicado en el domicilio de terceros (aunque se haya autorizado la entrada y registro por el juez de esta jurisdicción), cuando tales documentos fueron considerados nulos en sentencia penal firme, por estar incursos en vulneración de derechos fundamentales en su obtención***. Aun cuando tal declaración penal no se hubiera llevado a cabo formalmente, la nulidad procedería de lo establecido en el art. 11 LOPJ, conforme al cual "no surtirán efecto las pruebas obtenidas, directa o indirectamente, violentando los derechos o libertades fundamentales". 2) ***El exceso de los funcionarios de la Administración tributaria sobre lo autorizado en el auto judicial es contrario a derecho y deber ser controlado, a posteriori, por el propio juez autorizando, a través del mecanismo de dación de cuenta que la Administración***

está obligada a realizar, art. 172 RGAT, sin que la infracción de dicho trámite deba perjudicar al afectado por él. 3) Se consideran ***hallazgos casuales*** los documentos referidos a otros sujetos y relativos a otros impuestos y ejercicios distintos a aquéllos para los que se obtuvo la autorización judicial de entrada y registro y, por tanto, supeditados en su validez como prueba y en su idoneidad para servir de base a las actuaciones inspectoras y sancionadoras a la licitud y regularidad del registro de que se trate, ***lo que afecta tanto a su adopción y autorización como al modo de efectuarse su práctica. 4) La acreditación, por la Administración tributaria, de que la prueba obtenida, como hallazgo casual, en el registro de un tercero, con finalidad de determinar otros tributos, no es la misma utilizada en la ulterior regularización y sanción, a efectos de determinar el alcance y extensión de la prueba nula, es carga que corresponde a la Administración***, dado su deber de identificar y custodiar pertinentemente la prueba obtenida en un registro, máxime si pertenece o afecte a terceros» (FD 5.º).

La **STS de 10 de enero de 2008** (Rec. 4583/2002; ponente: Sr. Martínez Micó) **recapitula la doctrina vertida en torno a las Actas**: «Esta Sala [por todas, la Sentencia de 27 de noviembre de 1999 —Rec. 1749/1995 (RJ 1999, 9265)—] tiene declarado, en consolidado criterio jurisprudencial: *a*) que la declaración de conocimiento del Inspector que contienen las actas goza de la presunción de veracidad configurada en el artículo 1.218 del Código Civil —presunción *iuris tantum* y no *iuris et de iure*— por tratarse de un documento emanado de un "empleado público competente" en el ejercicio de su función y con las solemnidades requeridas legalmente —art. 1.216 del mismo Cuerpo Legal—; *b*) que, por eso mismo, en lo concerniente a "hechos recogidos en un acta de conformidad", el contribuyente no puede rechazarlos, porque hacerlo sería tanto como ir contra sus propios actos, a no ser que pruebe que, al prestar esa conformidad, incurrió en error de hecho —arts. 116, 117.1 y 145.3 de la Ley General Tributaria (1963), y artículo 62 del Reglamento General de la Inspección Tributaria (1986)—; *c*) que, también por lo dicho, un "acta de conformidad" es atacable por el contribuyente en todo lo relativo a la interpretación y aplicación de normas jurídicas —la STC 76/1990, de 26 de abril (RTC 1990, 76), declaró, al respecto, que el valor probatorio de las actas "sólo puede referirse a los hechos comprobados directamente [...] quedando fuera de su alcance las calificaciones jurídicas, los juicios de valor o las simples opiniones [...]» que en ellas se consignen"—, porque para nada se extienden a ello las presunciones antes dichas y es ésta una materia que, en virtud del derecho constitucional a la tutela judicial efectiva (art. 24 CE), corresponde en última instancia decidir a los Tribunales de Justicia, según declaró esta Sala en la Sentencia precitada de 22 de enero de 1993 y reprodujeron las aportadas como contradictorias; *d*) que entender o no cumplida en las actas la exigencia del artículo 145.1.*b*) de la LGT (1963), es decir, "los elementos esenciales del hecho imponible y de su atribución al sujeto pasivo", y también la del artículo 49.2.*d*) del Reglamento de la Inspección (1986) —esos mismos elementos "con expresión de los hechos y circunstancias con trascendencia tributaria que hayan resultado de las actuaciones inspectoras o referencia a las diligencias donde se hayan hecho constar"— es una cuestión puramente de derecho y, por lo mismo y en virtud de lo antes dicho, susceptible de ser revisada aunque el acta sea de conformidad; *e*) que los elementos esenciales del hecho imponible —por contraposición a los naturales y accidentales, que serían, respectivamente, aquellos que cada hecho imponible lleva normalmente consigo, salvo exclusión específica, o que sólo existen cuando se produce su expresa agregación al mismo— son, a la vista del concepto recogido en el artículo 28 de la LGT (1963), la obtención de rentas, su origen (dentro de las cuatro modalidades que contempla el precepto últimamente citado) y cuantía, el sujeto pasivo u obligado tributario, la determinación del período impositivo y, en relación con los elementos de obtención y origen de las rentas por último, la expresión de los hechos y circunstancias con trascendencia tributaria que hayan resultado de las actuaciones inspectoras, o referencia a las diligencias donde se hayan hecho constar, como se ha visto dispone el mencionado artículo 49.2.*d*) del Reglamento de la Inspección (1986); y *f*) que la circunstancia de que pueda preverse "la conformidad del contribuyente al iniciar la redacción del acta no exonera del cumplimiento de los referidos requisitos, en la parte correspondiente del contenido de aquélla, porque constituye una garantía tributaria de ineludible cumplimiento [...]".

En la misma línea, Sentencias de 18 de febrero y 10 y 23 de diciembre de 2000 [Rec. 3537/95 (RJ 2000, 2792), 5760/95 y 2655/95 (RJ 2001, 2372)]».

Además, en cuanto a la **necesidad de motivación de las actas**, recuerda que la doctrina del Tribunal Supremo sobre los arts. 121.2 y 124 LGT/1963 se recoge con claridad en la *Sentencia del Tribunal Supremo de 10 de mayo de 2000*, Sala 3.ª, Sección 2.ª [Rec. 5760/1995 (RJ 2000, 4491; ponente: A. Gota Losada), al establecer que: «[...] tanto en las actas de conformidad como en las de disconformidad, e incluso en las diligencias extendidas para hacer constar hechos o circunstancias, es obligado exponer de modo pormenorizado y concreto los elementos del hecho imponible, debidamente circunstanciado, que determinan los aumentos de la base imponible, o las modificaciones de las deducciones, reducciones, bonificaciones, etc., de modo que el contribuyente conozca debidamente los hechos que acepta en las actas de conformidad o que niega en las de disconformidad». Esto es, «para que el interesado conozca las causas o motivos en que se funda la actividad de la Administración, [...] las Actas deben contener, en todo caso, los datos necesarios para evitar que el contribuyente quede indefenso. Sólo con conocimiento de los antecedentes que permitan la identificación y comprensión de los hechos que se aceptan, relatados con cierta gene-

b) El nombre y apellidos o razón social completa, el número de identificación fiscal y el domicilio fiscal del obligado tributario, así como el nombre, apellidos y número de identificación fiscal de la persona con la que se entienden las actuaciones y el carácter o representación con que interviene en las mismas.

c) Los elementos esenciales del hecho imponible o presupuesto de hecho de la obligación tributaria y de su atribución al obligado tributario, así como los fundamentos de Derecho en que se base la regularización.

d) En su caso, la regularización de la situación tributaria del obligado y la propuesta de liquidación que proceda.

e) La conformidad o disconformidad del obligado tributario con la regularización y con la propuesta de liquidación.

f) Los trámites del procedimiento posteriores al acta y, cuando ésta sea con acuerdo o de conformidad, los recursos que procedan contra el acto de liquidación derivado del acta, órgano ante el que hubieran de presentarse y plazo para interponerlos.

g) La existencia o inexistencia, en opinión del actuario, de indicios de la comisión de infracciones tributarias.

h) Las demás que se establezcan reglamentariamente.

Art. 154. *Clases de actas según su tramitación.*—1. A efectos de su tramitación, las actas de inspección pueden ser con acuerdo, de conformidad o de disconformidad.

2. Cuando el obligado tributario o su representante se niegue a recibir o

---

ralidad [Sentencia de 27 de octubre de 2001 (Rec. cas. 796/96)], podrá decirse que la conformidad a los hechos consignados en el Acta se ha prestado con conocimiento de causa. Si bien, dada su consideración como motivo formal, recuerda que el criterio general sentado por la doctrina jurisprudencial es el de que la falta de motivación, como defecto formal, sólo determina la anulabilidad del acto recurrido cuando carece de los requisitos formales indispensables para alcanzar su fin o dé lugar a la indefensión de los interesados, tal como preveía el artículo 48.2 de la Ley de Procedimiento Administrativo (1958), y ahora el artículo 63.2 de la Ley 30/1992, de 26 de noviembre, LRJAPAC, en cuanto la motivación de los actos administrativos constituye una garantía para los administrados que les permite conocer las argumentaciones en las que se apoya la Administración, facilitando así la posibilidad de criticarlas o impugnarlas así como su control jurisdiccional mediante la actividad revisora de los Tribunales de esta Jurisdicción; por ello, la falta de motivación puede constituir un vicio que determine la anulabilidad del acto administrativo o una mera irregularidad, según provoque o no la indefensión del interesado por desconocer las causas o motivos en que se fundó la actividad de la Administración».

Art. 153.g): Vid. nota al art. 209.2 LGT (§ I).

Art. 154: Vid. art. 185 RGIT. Vid. Resolución de la Dirección General de la AEAT de 29 de noviembre de 2007, por la que se aprueban los **modelos de Actas de la Inspección de los Tributos** (*BOE* de 8 de diciembre), modificada por Resoluciones de la Dirección General de la AEAT de 31 de julio de 2015 (*BOE* de 14 de agosto), 21 de octubre de 2015 (*BOE* de 31 de octubre) y 12 de abril de 2016 (*BOE* de 23 de abril).

SAN de 30 de marzo de 2006: En un supuesto en que las actuaciones inspectoras tenían por objeto una comprobación general del hecho imponible del IRPF e IP, y no una cuestión específica del hecho imponible desagregado, constituida por un incremento de patrimonio en el IRPF, las actas no pueden tener el carácter de previas, sino que, en virtud del principio de seguridad jurídica, deben considerarse definitivas. De conformidad con el art. 50 LPACAP, dichas actas no son nulas, sino que, al tener los elementos de las definitivas y en virtud de la conversión del acto administrativo, producen los efectos propios de éstas.

La **STS de 16 de julio de 2008** (Sección 2.ª de la Sala 3.ª; ponente: Sr. Martínez Micó) califica **las desaparecidas *Actas Previas*** como «un documento resumen de actuaciones inspectoras que recoge comprobaciones e investigaciones de una parte de los hechos imponibles atribuibles a un obligado tributario, articulando sobre su base un acto administrativo de propuesta de liquidación parcial, provisional y a cuenta. El efecto necesario del acta previa es el carácter definitivo de la liquidación parcial, es decir, de la parte comprobada. El destino del acta previa es su integración en una valoración completa, total e íntegra que se realice posteriormente con carácter definitivo». Cfr. art. 190.5 y 6 RGIT. Sobre liquidaciones provisionales derivadas de las Actas, vid. arts. 148.3 y 101.4 LGT (§ I) y 190 RGIT.

Art. 154.2: Vid. art. 157 LGT (§ I).

Resolución del TEAC de 20 de abril de 2006 (Vocalía 1.ª) (recurso extraordinario de alzada para la unificación de criterio): ***en los supuestos en los que el interesado no se encuentre personado en el procedimiento***

suscribir el acta, ésta se tramitará como de disconformidad.

Art. 155. *Actas con acuerdo.*— 1. Cuando para la elaboración de la propuesta de regularización deba concretarse la aplicación de conceptos jurídicos indeterminados, cuando resulte necesaria la apreciación de los hechos determinantes para la correcta aplicación de la norma al caso concreto, o cuando sea preciso realizar estimaciones, valoraciones o mediciones de datos, elementos o características relevantes para la obligación tributaria que no puedan cuantificarse de forma cierta, la Administración tributaria, con carácter previo a la liquidación de la deuda tributaria, podrá concretar dicha aplicación, la apreciación de aquellos hechos o la estimación, valoración o medición mediante un acuerdo con el obligado tributario en los términos previstos en este artículo.

2. Además de lo dispuesto en el artículo 153 de esta ley, el acta con acuerdo incluirá necesariamente el siguiente contenido:

a) El fundamento de la aplicación, estimación, valoración o medición realizada.

b) Los elementos de hecho, fundamentos jurídicos y cuantificación de la propuesta de regularización.

c) Los elementos de hecho, fundamentos jurídicos y cuantificación de la propuesta de sanción que en su caso proceda, a la que será de aplicación la reducción prevista en el apartado 1 del artículo 188 de esta ley, así como la renuncia a la tramitación separada del procedimiento sancionador.

d) Manifestación expresa de la conformidad del obligado tributario con la totalidad del contenido a que se refieren los párrafos anteriores.

3. Para la suscripción del acta con acuerdo será necesaria la concurrencia de los siguientes requisitos:

a) Autorización del órgano competente para liquidar, que podrá ser previa o simultánea a la suscripción del acta con acuerdo.

b) La constitución de un depósito, aval de carácter solidario de entidad de crédito o sociedad de garantía recíproca o certificado de seguro de caución, de cuantía suficiente para garantizar el cobro de las cantidades que puedan derivarse del acta.

4. El acuerdo se perfeccionará mediante la suscripción del acta por el obligado tributario o su representante y la inspección de los tributos.

5. Se entenderá producida y notificada la liquidación y, en su caso, impuesta y notificada la sanción, en los términos de las propuestas formuladas, si transcurridos diez días, contados desde el siguiente a la fecha del acta, no se hubiera notificado al interesado acuerdo del órgano competente para liquidar rectificando los errores materiales que pudiera contener el acta con acuerdo.

Confirmadas las propuestas, el depósito realizado se aplicará al pago

---

inspector, resulta procedente que las actas que se incoen por la Inspección de los Tributos sean de disconformidad, haciéndose constar la ausencia del interesado y notificándolas de forma reglamentaria.

Art. 155: Vid. arts. 99.8, 212.2 y 217 LGT (§ I) y 186 RGIT. **STS 218/2020,** de 17 de febrero (Rec. 878/2018): ***Las actas inspectoras sobre tributos pueden ser elementos probatorios en procedimientos tramitados por una Administración distinta de la que las suscribió.***

Las ***actas con acuerdo*** podrán ser utilizadas no como prueba autónoma en sí mismas, sino como elemento para confirmar o fortalecer la verosimilitud de las pruebas directas presentadas por el contribuyente para fijar la base imponible de otro tributo. El alcance probatorio no será automático sino que deberá valorarse caso por caso, conforme a las reglas generales de valoración probatoria.

Art. 155.2: Vid. art. 176.1.*e*) RGIT.

Art. 155.5: Redactado por la Ley 36/2006, de 29 de noviembre, de medidas para la prevención del fraude fiscal, con efectos desde el 1 de diciembre de 2006.

Vid. nuevo art. 188.2.*a*) LGT (§ I).

de dichas cantidades. Si se hubiera presentado aval o certificado de seguro de caución, el ingreso deberá realizarse en el plazo al que se refiere el apartado 2 del artículo 62 de esta ley, o en el plazo o plazos fijados en el acuerdo de aplazamiento o fraccionamiento que la Administración tributaria hubiera concedido con dichas garantías y que el obligado al pago hubiera solicitado con anterioridad a la finalización del plazo del apartado 2 del artículo 62 de esta ley.

6. El contenido del acta con acuerdo se entenderá íntegramente aceptado por el obligado y por la Administración tributaria. La liquidación y la sanción derivadas del acuerdo sólo podrán ser objeto de impugnación o revisión en vía administrativa por el procedimiento de declaración de nulidad de pleno derecho previsto en el artículo 217 de esta ley, y sin perjuicio del recurso que pueda proceder en vía contencioso-administrativa por la existencia de vicios en el consentimiento.

7. La falta de suscripción de un acta con acuerdo en un procedimiento inspector no podrá ser motivo de recurso o reclamación contra las liquidaciones derivadas de actas de conformidad o disconformidad.

Art. 156. *Actas de conformidad.*— 1. Con carácter previo a la firma del acta de conformidad se concederá trámite de audiencia al interesado para que alegue lo que convenga a su derecho.

2. Cuando el obligado tributario o su representante manifieste su conformidad con la propuesta de regularización que formule la inspección de los tributos, se hará constar expresamente esta circunstancia en el acta.

3. Se entenderá producida y notificada la liquidación tributaria de acuerdo con la propuesta formulada en el acta si, en el plazo de un mes contado desde el día siguiente a la fecha del acta, no se hubiera notificado al interesado acuerdo del órgano competente para liquidar, con alguno de los siguientes contenidos:

a) Rectificando errores materiales.

b) Ordenando completar el expediente mediante la realización de las actuaciones que procedan.

Art. 155.6: Vid. nota al art. 188.3 LGT (§ I).

Art. 156: Vid. arts. 146 LGT (§ I) y 187 RGIT.
Vid., además, nota al art. 144 LGT (§ I).

Art. 156.1: Vid. Resolución del TEAC de 29 de octubre de 2005.

Art. 156.2: Vid. **STS de 10 de junio de 2005,** que se refiere a los **requisitos de la representación para la firma de actas en conformidad.** La doctrina contenida en ella ha sido precisada por las **SSTS de 7 de febrero de 2011 (recurso de casación para unificación de doctrina n.º 22/2007;** ponente: R. Fernández Montalvo) **y 19 de junio de 2009 (rec. cas. 4763/2006;** ponente: Frías Ponce), citadas en nota al art. 46.2 LGT (§ I). Vid. *STS de 11 de febrero de 2008* (Rec. 5360/2002; ponente: R. Fernández Montalvo) y, en el mismo sentido, las anteriores *SSTS de 12 de abril de 2007* (Rec. casación 3467/2002) *y 16 de abril de 2007*, dos (Rec. 4131/2002 y 3897/ 2002), citadas en nota al art. 68.1.*a*) LGT (§ I). Cfr. art. 187.2 RGIT.

Art. 156.3.b): STS de 10 de julio de 2019, rec. 1032/2019: **El Tribunal Supremo anula el apartado 4 del artículo 25 del Reglamento General del Régimen Sancionador Tributario,** introducido por el Real Decreto 1072/2017), **que preveía la suspensión del procedimiento sancionador cuando el órgano competente para liquidar ordenase completar el expediente mediante la realización de actuaciones complementarias.** Establecía este precepto que «en caso de retraso producido en el procedimiento sancionador como consecuencia de la orden de completar el expediente del procedimiento inspector a la que se refieren los **artículos 156.3.b)** y 157.4 de la **LGT**), se computará una interrupción justificada en el procedimiento sancionador derivado del procedimiento inspector que se hubiera iniciado, desde el día siguiente a aquel en el que se dicte la orden de completar hasta que se notifique la nueva acta que sustituya a la anteriormente formalizada o se le dé trámite de audiencia en caso de que no sea necesario incoar una nueva acta». Así trataba de evitarse la caducidad del procedimiento sancionador cuando, en el seno del procedimiento inspector del que se deriva un procedimiento sancionador ya iniciado, el órgano competente para liquidar ordenase completar el expediente mediante la realización de actuaciones complementarias.

c) Confirmando la liquidación propuesta en el acta.

d) Estimando que en la propuesta de liquidación ha existido error en la apreciación de los hechos o indebida aplicación de las normas jurídicas y concediendo al interesado plazo de audiencia previo a la liquidación que se practique.

4. Para la imposición de las sanciones que puedan proceder como consecuencia de estas liquidaciones será de aplicación la reducción prevista en el apartado 1 del artículo 188 de esta ley.

5. A los hechos y elementos determinantes de la deuda tributaria respecto de los que el obligado tributario o su representante prestó su conformidad les será de aplicación lo dispuesto en el apartado 2 del artículo 144 de esta ley.

Art. 157. *Actas de disconformidad.*— 1. Con carácter previo a la firma del acta de disconformidad se concederá trámite de audiencia al interesado para que alegue lo que convenga a su derecho.

2. Cuando el obligado tributario o su representante no suscriba el acta o manifieste su disconformidad con la propuesta de regularización que formule la inspección de los tributos, se hará constar expresamente esta circunstancia en el acta. Se podrá acompañar un informe del actuario cuando sea preciso completar la información recogida en el acta.

3. En el plazo de quince días desde la fecha en que se haya extendido el acta o desde la notificación de la misma, el obligado tributario podrá formular alegaciones ante el órgano competente para liquidar.

4. Antes de dictar el acto de liquidación, el órgano competente podrá acordar la práctica de actuaciones complementarias en los términos que se fijen reglamentariamente.

Art. 156.3.c): STS de 23 de febrero de 2011 (Rec. 5911/2006): ***El acuerdo del Inspector Jefe que ordena la práctica de actuaciones inspectoras complementarias es un acto de trámite*** que no lesiona ningún derecho subjetivo del sujeto pasivo, ni decide directa o indirectamente sobre el fondo del asunto. Pues el sujeto cuenta con un nuevo plazo de alegaciones antes de la liquidación, y, realizadas o no, puede impugnar este último.

Art. 156.5: ***STS de 9 de diciembre de 2010*** **(recurso de casación para unificación de doctrina n.º 43/2006),** FJ 3.º: «[...] Como mantiene la recurrente, *la elevación al íntegro era una cuestión de aplicación de la normativa del Impuesto vigente* en cada uno de los ejercicios a los hechos reconocidos en las actas *y, por tanto, estrictamente jurídica, por lo que debe estarse a la reiterada doctrina jurisprudencial que permite la impugnación de las liquidaciones derivadas de actas de conformidad en lo que se refiere a la aplicación del derecho*».

Art. 157: Vid. art. 188 RGIT.

En **STS de 18 de octubre de 2007** (Rec. 254/03; ponente: E. Frías Ponce), en recurso de casación para unificación de doctrina, reitera el TS la ***necesidad de separación de funciones entre actuaciones inspectoras y liquidación tributaria*** —ya señalada en la importante *STS de 24 de abril de 1984*—, anulando la liquidación derivada de un acta de disconformidad, atendiendo que la propuesta de liquidación había sido aprobada por el mismo Inspector-Jefe que aparecía en las Actas como Actuario, siendo también éste quien firma los informes ampliatorio y justificativo del régimen de estimación indirecta de bases.

La *Resolución TEAC de 15 de septiembre de 2010* (RG 46/2010) interpreta el art. 191 RGIT en cuanto al cálculo de los intereses de demora en las Actas de disconformidad.

Art. 157.1: Vid. Resolución del TEAC de 29 de octubre de 2005. Atendido el art. 99.4 3 LGT (§ I), no parece lógica la denegación del derecho del interesado a pedir una copia del expediente con carácter previo a la formalización de las actas, tal y como concluye la Resolución del TEAC de 18 de mayo de 2006 (Vocalía 1.ª).

Art. 157.2: Redactado por art. 13.14 de la Ley 11/2021, de 9 de julio. El hecho de que el **informe ampliatorio** no goce de presunción alguna no significa que no pueda ser tenido en cuenta como un medio de prueba más, puesto en conexión con el Acta y en relación con los hechos que describe. Considerándose por el Tribunal sin valor cualificado alguno, es decir, como el resto de medios de prueba [*STS de 18 de septiembre de 2008* (Rec. de casación para la unificación de doctrina 317/2004). En el mismo sentido, SSTS de 27 de noviembre de 2008 (Rec. 5734/2005), 15 de enero de 2009 (Rec. 10237/2004 y 4744/2004) y 25 de junio de 2009 (Rec. 9180/2003). Véase nota al art. 179.1 LGT (§ I).

Art. 157.4: Vid. nota al art. 156.3.b). El art. único, ap. nueve del RD 1.072/2017, de 29 de diciembre (*BOE* de 30 de diciembre), ha introducido un **nuevo apartado 4 en el art. 25 del RST**, de acuerdo con el cual «En caso de retraso producido en el procedimiento sancionador como consecuencia de la orden de completar el expediente del procedimiento inspector a la que se refieren los artículos 156.3.*b*) y 157.4 de la Ley 58/2003, de 17 de diciembre, General Tributaria, se computará una interrupción justificada en el procedimiento

5. Recibidas las alegaciones, el órgano competente dictará la liquidación que proceda, que será notificada al interesado.

Subsección 4.ª

Disposiciones especiales

Art. 158. *Aplicación del método de estimación indirecta.*—1. Cuando resulte aplicable el método de estimación indirecta, la inspección de los tributos acompañará a las actas incoadas para regularizar la situación tributaria de los obligados tributarios un informe razonado sobre:

a) Las causas determinantes de la aplicación del método de estimación indirecta.

b) La situación de la contabilidad y registros obligatorios del obligado tributario.

---

sancionador derivado del procedimiento inspector que se hubiera iniciado, desde el día siguiente a aquel en el que se dicte la orden de completar hasta que se notifique la nueva acta que sustituya a la anteriormente formalizada o se le dé trámite de audiencia en caso de que no sea necesario incoar una nueva acta».

Art. 157.5: STS de 13 de diciembre de 2017. Rec. 2848/2016. Ponente: J. Cudero: 1. El ordenamiento jurídico tributario otorga al sometido a inspección no solo el derecho a efectuar alegaciones al acta de disconformidad, sino el derecho a que esas alegaciones sean tenidas en cuenta —sea para acogerlas, sea para rechazarlas— en la liquidación tributaria correspondiente.

2. Esa liquidación constituye el acto resolutorio por el que la Inspección realiza las operaciones de cuantificación necesarias y determina el importe de la deuda tributaria (art. 101.2 de la Ley General Tributaria).

3. Para que esa resolución sea completa y responda eficazmente al deber de la Administración de ajustarse al ordenamiento es menester que cuente con todos los elementos necesarios para su adopción; y entre esos elementos esenciales está, sin duda, la opinión del interesado en el procedimiento sobre las vicisitudes del mismo y sobre la resolución que, a su juicio, será la que resulte conforme a Derecho.

4. De aceptarse la tesis del recurrente en casación (según la cual solo hay en nuestro caso una liquidación y ésta es la que se dictó sin tener en cuenta las alegaciones en plazo del contribuyente) estaríamos convirtiendo a ese trámite —esencial, como vimos— en algo puramente superfluo, prescindible, inane a los efectos del procedimiento. Y eso no es, a nuestro juicio, lo que ha querido el legislador al afirmar en el artículo 157.5 de la aquí aplicable Ley General Tributaria de 2003 que «recibidas las alegaciones, el órgano competente dictará la liquidación que proceda, que será notificada al interesado».

5. Es cierto que podría suceder lo que apuntamos más arriba (la Administración da la callada por respuesta y consigue que el acuerdo final sea el primero, dictado en plazo), pero ello no debe llevarnos a la creencia de que la actuación contraria (dictar un segundo acuerdo a tenor de los alegaciones) sea especialmente meritoria o encomiable: es, simplemente, la única que se atempera debidamente al deber de la Administración de servir con objetividad y buena fe a los intereses generales y ajustarse a la ley y al derecho en su toma de decisiones. En otras palabras, si la Administración –conociéndolas– omite toda referencia a las alegaciones del contribuyente y lo hace, además, para evitar el transcurso de un plazo del procedimiento estaría quebrantando la buena fe que debe presidir las relaciones con los administrados, especialmente en aquellos supuestos en los que puede producirse efectos gravosos para éstos.

Art. 158: Vid. art. 53 y la jurisprudencia citada en nota al mismo; igualmente, vid. nota al art. 184.3 LGT (§ I), así como el art. 193 RGIT. La aptitud del ***método de estimación indirecta como base de la acusación penal*** requiere, no obstante, el escrupuloso respeto a las **exigencias del proceso penal**. En este sentido, la **STS de 21 de marzo de 2003** recuerda que «es preciso tener en cuenta que, frente a la pretensión de probar el delito fiscal mediante estimaciones indirectas, las precauciones que se deben observar en el proceso penal son extremas, dado que el ***derecho a la presunción de inocencia***, que rige estrictamente en materia penal, requiere que toda condena penal se base en una prueba real de los hechos que son el fundamento de la culpabilidad jurídico-penal. Esta culpabilidad no es equivalente a la existencia de una deuda tributaria, que, como tal, puede ser establecida mediante criterios de presunciones previstas en el Derecho Fiscal, pero que no son automáticamente trasladables al Derecho Penal, donde el **principio *in dubio pro reo*** rige sin limitaciones y con frecuencia no puede ser satisfecho por medios de prueba puramente estadísticos. Culpabilidad jurídico-penal y deuda tributaria son conceptos diversos y esta diversidad repercute de manera notoria en el ámbito de la prueba de los hechos». En la misma línea, la **STS de 15 de febrero de 2017 (Sala 2.ª Rec. 1034/2016;** ponente: A. Martínez Arrieta) admite el método de estimación indirecta para la determinación de la cuota defraudada en el orden penal, si bien es preciso informarlo de las exigencias derivadas del proceso penal resultantes de la prueba indiciaria.

c) La justificación de los medios elegidos para la determinación de las bases, rendimientos o cuotas.

d) Los cálculos y estimaciones efectuados en virtud de los medios elegidos.

2. La aplicación del método de estimación indirecta no requerirá acto administrativo previo que lo declare, pero en los recursos y reclamaciones que procedan contra los actos y liquidaciones resultantes podrá plantearse la procedencia de la aplicación de dicho método.

3. Los datos y antecedentes utilizados para la aplicación del método de estimación indirecta podrán proceder de cualquiera de las siguientes fuentes:

a) Los signos, índices y módulos establecidos para el método de estimación objetiva, que se utilizarán preferentemente tratándose de obligados tributarios que hayan renunciado a dicho método. No obstante, si la Inspección acredita la existencia de rendimientos o cuotas procedentes de la actividad económica por un importe superior, será este último el que se considere a efectos de la regularización.

b) Los datos económicos y del proceso productivo obtenidos del propio obligado tributario.

Podrán utilizarse datos de ejercicios anteriores o posteriores al regularizado en los que disponga de información que se considere suficiente y fiable. En especial, podrá utilizarse información correspondiente al momento de desarrollo de la actuación inspectora, que podrá considerarse aplicable a los ejercicios anteriores, salvo que se justifique y cuantifique, por la Inspección o por el obligado tributario, que procede efectuar ajustes en dichos datos.

Cuando este método se aplique a la cuantificación de operaciones de características homogéneas del obligado tributario y éste no aporte información al respecto, aporte información incorrecta o insuficiente o se descubra la existencia de incorrecciones reiteradas en una muestra de dichas operaciones, la inspección de los tributos podrá regularizarlas por muestreo. En estos casos, podrá aplicarse el promedio que resulta de la muestra a la totalidad de las operaciones del período comprobado, salvo que el obligado tributario acredite la existencia de causas específicas que justifiquen la improcedencia de dicha proporción.

c) Los datos procedentes de estudios del sector efectuados por organismos públicos o por organizaciones privadas de acuerdo con técnicas estadísticas adecuadas, y que se refieran al período objeto de regularización. En este caso se identificará la fuente de los estudios, a efectos de que el obligado tributario pueda argumentar lo que considere adecuado a su derecho en relación con los mismos.

d) Los datos de una muestra obtenida por los órganos de la Inspección sobre empresas, actividades o productos con características relevantes que sean análogas o similares a las del obligado tributario, y se refieran al mismo año. En este caso, la Inspección deberá iden-

---

Art. 158.3: Nueva redacción, con efectos desde el 12 de octubre de 2015, por el art. único.28 de la Ley 34/2015, de 21 de septiembre, de modificación parcial de la LGT (*BOE* n.º 227, de 22 de septiembre). Su **redacción anterior** era la siguiente:

3. Los datos, documentos o pruebas relacionados con las circunstancias que motivaron la aplicación del método de estimación indirecta únicamente podrán ser tenidos en cuenta en la regularización o en la resolución de los recursos o reclamaciones que se interpongan contra la misma en los siguientes supuestos:

a) Cuando se aporten con anterioridad a la propuesta de regularización. En este caso, el período transcurrido desde la apreciación de dichas circunstancias hasta la aportación de los datos, documentos o pruebas no se incluirá en el cómputo del plazo al que se refiere el artículo 150 de esta ley.

b) Cuando el obligado tributario demuestre que los datos, documentos o pruebas presentados con posterioridad a la propuesta de regularización fueron de imposible aportación en el procedimiento. En este caso, se ordenará la retroacción de las actuaciones al momento en que se apreciaron las mencionadas circunstancias.

tificar la muestra elegida, de forma que se garantice su adecuación a las características del obligado tributario, y señalar el Registro Público o fuente de la que se obtuvieron los datos. En caso de que los datos utilizados procedan de la propia Administración tributaria, la muestra se realizará de conformidad con lo dispuesto reglamentariamente.

4. En caso de imposición directa, se podrá determinar por el método de estimación indirecta las ventas y prestaciones, las compras y gastos o el rendimiento neto de la actividad. La estimación indirecta puede referirse únicamente a las ventas y prestaciones, si las compras y gastos que figuran en la contabilidad o en los registros fiscales se consideran suficientemente acreditados. Asimismo, puede referirse únicamente a las compras y gastos cuando las ventas y prestaciones resulten suficientemente acreditadas.

En caso de imposición sobre el consumo, se podrá determinar por el método de estimación indirecta la base y la cuota repercutida, la cuota que se estima soportada y deducible o ambos importes. La cuota que se estima soportada y deducible se calculará estimando las cuotas que corresponderían a los bienes y servicios que serían normalmente necesarios para la obtención de las ventas o prestaciones correspondientes, pero sólo en la cuantía en la que se aprecie que se ha repercutido el impuesto y que éste ha sido soportado efectivamente por el obligado tributario. Si la Administración tributaria no dispone de información que le permita apreciar la repercusión de las cuotas, corresponderá al obligado tributario aportar la información que permita identificar a las personas o entidades que le repercutieron el impuesto y calcular su importe.

Ningún gasto o cuota soportada correspondiente a un ejercicio regularizado por medio de estimación indirecta podrá ser objeto de deducción en un ejercicio distinto.

5. En el caso de tributos con períodos de liquidación inferior al año, la cuota estimada por la Inspección de forma anual se repartirá linealmente entre los períodos de liquidación correspondientes, salvo que el obligado tributario justifique que procede un reparto temporal diferente.

Art. 159. *Informe preceptivo para la declaración del conflicto en la aplicación de la norma tributaria.*—1. De acuerdo con lo establecido en el artículo 15 de esta ley, para que la ins-

---

Art. 158.4 y 5: Apartados introducidos, con efectos desde el 12 de octubre de 2015, por el art. único.28 de la Ley 34/2015, de 21 de septiembre, de modificación parcial de LGT (*BOE* n.º 227, de 22 de septiembre).

Art. 159: Vid. arts. 15, 27, 86, 87, 150.3, 179.2.*d*), 206 bis y 251 y Disp. Trans. 3.ª3 LGT (§ I).

STS de 13 de enero de 2011 (Rec. 1973/2006; ponente: M. Martín Timón): La ***declaración de fraude de ley*** en procedimiento especial seguido al efecto *sí dispone de la cualidad de ejecutivo, siguiendo la regla general que para los actos administrativos establece el art. 57 de la Ley 30/1992* (hoy art. 39 LPACAP). En todo caso, debe ponerse de relieve que esta Sala, tiene declarado, en **diversas Sentencias** (valga por todas la **de 23 de mayo de 2007**) lo siguiente: «El acto de declaración de fraude de Ley, no obstante su peculiar naturaleza, una vez derogado el procedimiento especial del RD 1.919/1979, de 29 de junio, por el RD 803/1993, de 28 de mayo, aparece como todos los actos administrativos revestido de una apariencia jurídica de legalidad *iuris tantum* que determina su ejecutividad y traslada la carga de la prueba de la procedencia de la medida cautelar a quien la solicita. Por tanto, la Administración está obligada, salvo precepto legal o decisión judicial en contrario, a ejecutar el mismo.

»En este caso, la inejecutividad que se pretende hasta su confirmación por los Tribunales, no venía apoyada en precepto legal alguno, por lo que no existía base para apartar este tipo de actos del régimen general de los demás, aunque la resolución declarativa de haberse actuado en fraude de ley, fuera susceptible de ser impugnada autónomamente, lo que no ocurre en la actualidad, según la nueva Ley General Tributaria, art. 159, al establecer que el informe de la Comisión Consultiva y los demás actos del procedimiento no son susceptibles de recurso, sin perjuicio de la posibilidad de discutir la procedencia de la declaración de fraude con ocasión de los recursos interpuestos contra los actos y liquidaciones resultantes de la comprobación.»

pección de los tributos pueda declarar el conflicto en la aplicación de la norma tributaria deberá emitirse previamente un informe favorable de la Comisión consultiva que se constituya, en los términos establecidos reglamentariamente, por dos representantes del órgano competente para contestar las consultas tributarias escritas, actuando uno de ellos como Presidente, y por dos representantes de la Administración tributaria actuante.

2. Cuando el órgano actuante estime que pueden concurrir las circunstancias previstas en el apartado 1 del artículo 15 de esta ley lo comunicará al interesado, y le concederá un plazo de quince días para presentar alegaciones y aportar o proponer las pruebas que estime procedentes.

Recibidas las alegaciones y practicadas, en su caso, las pruebas procedentes, el órgano actuante remitirá el expediente completo a la Comisión consultiva.

3. A efectos del cómputo del plazo del procedimiento inspector se tendrá en cuenta lo dispuesto en el apartado 3 del artículo 150 de esta ley.

4. El plazo máximo para emitir el informe será de tres meses desde la remisión del expediente a la Comisión consultiva. Dicho plazo podrá ser ampliado mediante acuerdo motivado de la comisión consultiva, sin que dicha ampliación pueda exceder de un mes.

5. Transcurrido el plazo al que se refiere el apartado anterior sin que la Comisión consultiva haya emitido el informe, se reanudará el cómputo del plazo de duración de las actuaciones inspectoras, manteniéndose la obligación de emitir dicho informe, aunque se podrán continuar las actuaciones y, en su caso, dictar liquidación provisional respecto a los demás elementos de la obligación tributaria no relacionados con las operaciones analizadas por la Comisión consultiva.

6. El informe de la Comisión consultiva vinculará al órgano de inspección sobre la declaración del conflicto en la aplicación de la norma.

7. El informe y los demás actos dictados en aplicación de lo dispuesto en este artículo no serán susceptibles de recurso o reclamación, pero en los que se interpongan contra los actos y liquidaciones resultantes de la comprobación podrá plantearse la procedencia de la declaración del conflicto en la aplicación de la norma tributaria.

CAPÍTULO V

Actuaciones y procedimiento de recaudación

SECCIÓN 1.ª

Disposiciones generales

Art. 160. *La recaudación tributaria.*—1. La recaudación tributaria consiste en el ejercicio de las funciones administrativas conducentes al cobro de las deudas tributarias.

2. La recaudación de las deudas tributarias podrá realizarse:

Art. 159.3: Nueva redacción, con efectos desde el 12 de octubre de 2015, por el art. único.29 de la Ley 34/2015, de 21 de septiembre, de modificación parcial de la LGT (*BOE* n.º 227, de 22 de septiembre). Su redacción anterior era la siguiente:

3. El tiempo transcurrido desde que se comunique al interesado la procedencia de solicitar el informe preceptivo hasta la recepción de dicho informe por el órgano de inspección será considerado como una interrupción justificada del cómputo del plazo de las actuaciones inspectoras previsto en el artículo 150 de esta ley.

Vid. art. 150.3 LGT (§ I).

Art. 160: Desde el 1 de enero de 2006, se halla en vigor el nuevo Reglamento General de Recaudación (RGR) que fue aprobado por RD 939/2005, de 29 de julio (*BOE* de 2 de septiembre).

a) En período voluntario, mediante el pago o cumplimiento del obligado tributario en los plazos previstos en el artículo 62 de esta ley.

b) En período ejecutivo, mediante el pago o cumplimiento espontáneo del obligado tributario o, en su defecto, a través del procedimiento administrativo de apremio.

Art. 160.2.a): STS de 22 de octubre de 2009 y SAN de 21 de enero de 2010: ***Validez de las órdenes de pago efectuadas tardíamente por la entidad colaboradora pero con fondos suficientes. La negligencia en la actuación de la entidad al realizar tardíamente el pago pese a que había fondos para ello no puede trasladarse al contribuyente.***

Art. 160.2.b): Procedimiento de apremio para el cobro de deudas tributarias de los Ayuntamientos contra otras Administraciones Públicas e inembargabilidad: vid. **Disp. Adic. 4.ª LGT y arts. 9.º, 10 y 12 TRLHL y 106 LBRL,** así como las **SSTS de 29 de enero de 1999 y 9 y 18 de febrero de 2005**. La **STS de 29 de enero de 1999 fija doctrina legal** que sirve de base a los dos pronunciamientos posteriores, dado su carácter general, pese a los términos concretos en que se expresa: «en el sentido de reconocer que **las Entidades Locales, para la cobranza de tributos liquidados a organismos autónomos de carácter comercial de la *Generalitat de Catalunya* y sin perjuicio de las exenciones que puedan serles aplicables, pueden utilizar el procedimiento de apremio y, dentro de él, decretar y practicar las diligencias de embargo que resulten pertinentes»; y, asimismo, reconoce también «la procedencia de la ejecución forzosa sobre los bienes patrimoniales de tales organismos que no estuvieren afectos a uso o servicio público, una vez cumplidas las prevenciones establecidas en la ley en punto a requerimiento de pago y notificaciones y con sujeción al procedimiento legalmente establecido».** En síntesis, el Tribunal Supremo argumenta en torno a la idoneidad del art. 2.º2 TRLHL para la solución de estos supuestos (en un caso frente a la Comunidad Autónoma y en otro frente al Estado) y rechaza el recurso a los órganos jurisdiccionales en busca de un título ejecutivo que permita el cobro de las deudas. La **STS de 18 de febrero de 2005 sintetiza la doctrina del Alto Tribunal en los siguientes términos: «**[...] **resulta sorprendente que una Administración Municipal acuda a los Tribunales para la exacción de sus tributos con el fin de obtener un título ejecutivo** [...]. Se alega que así se hizo ante la imposibilidad de exigir por la vía de apremio el cobro de sus deudas tributarias. [...] Sin embargo, al proceder de esta forma, no se tuvo en cuenta el artículo 2.º2 de la Ley 39/1988, de 28 de diciembre, de Haciendas Locales. [...] Hemos rechazado en la Sentencia de 29 de enero de 1999 (recurso de casación en interés de la Ley n.º 7.747/1998) que el artículo 2.º2 de la Ley 39/1988 sólo había reproducido para las Haciendas Locales lo establecido para la Hacienda Estatal en la Ley General Presupuestaria —arts. 31 y 32— y que, por ende, sólo se podía referir a los derechos de prelación, preferencia, afección y retención y no al de utilización del procedimiento de apremio y de las medidas ejecutivas que el apremio conlleva. Y rechazamos tal criterio con la sola consideración de que el Texto Refundido de la Ley General Presupuestaria —el aprobado por el Real Decreto Legislativo 1.091/1988, de 23 de septiembre— en su artículo 32 no sólo se refería a las prerrogativas de la Hacienda Estatal reguladas en los artículos 71, 73, 74 y 75 LGT, sino también a las recogidas en los artículos 11, 112 y 126 de la misma, según la ampliación introducida en el precepto por la Ley 8/1989, de 13 de abril, de Tasas y Precios Públicos, y en el último de los citados artículos —el 126 de la LGT/1963, en la redacción del precepto anterior a la Ley 25/1995, de 20 de julio— estaba expresamente prevista la recaudación de tributos por vía de apremio; y lo estaba implícitamente en la redacción del precepto posterior a la Ley 25/1995, como parte del período ejecutivo y en relación con los artículos 91 y siguientes del RGR de 20 de diciembre de 1990 [...]. La idea de la inembargabilidad de los bienes, derechos, valores y fondos públicos (salvando el art. 132.1 de la Constitución) como obstáculo al reconocimiento de la posibilidad de utilización del procedimiento de apremio para la cobranza de los impuestos municipales fue considerada errónea por la citada Sentencia de 29 de enero de 1999 al tener en cuenta que, con arreglo a reiterada doctrina constitucional, el privilegio de la inembargabilidad sólo alcanza a los bienes que estén destinados a la realización de actos *iure imperii*, pero no a aquellos destinados a la realización de actividades *iure gestionis*, porque una interpretación de las normas que condujera a mantener la imposibilidad absoluta de ejecución de las Administraciones públicas debía considerarse vulneradora del artículo 24.1 de la Constitución —STC 107/1992, de 1 de julio— y más aún cuando la Constitución sólo refiere la inembargabilidad en su artículo 132.1 a los bienes de dominio público y a los comunales. En las Sentencias 166/1998 y 211/1998 el Tribunal Constitucional ha admitido la susceptibilidad de embargo de «bienes patrimoniales no afectados a un uso o servicio público» hasta el extremo de considerar inconstitucional en la Sentencia 166/1998 el último inciso, «bienes en general», del apartado 2 del artículo 154 de la Ley de Haciendas Locales, precisamente por la amplitud y generalidad de esta expresión y por no incluir el excepcional principio de inembargabilidad que dichos bienes en las expresadas condiciones significaban. [...] ***En definitiva, que no se puede privar a las Entidades Locales de la posibilidad de utilizar, cumpliendo las prevenciones legales, los procedimientos de apremio y de practicar en ellos las diligencias de ejecución precisas para la recaudación de sus créditos tributarios cuando el sujeto obligado sea una Administración, después de haberse observado las garantías, requerimientos de pago y notificaciones legalmente establecidas; lo contrario será limitar de modo considerable la capacidad de financiación de las Entidades Locales***

Art. 161. *Recaudación en período ejecutivo.*—1. El período ejecutivo se inicia:

a) En el caso de deudas liquidadas por la Administración tributaria, el día siguiente al del vencimiento del plazo establecido para su ingreso en el artículo 62 de esta ley.

b) En el caso de deudas a ingresar mediante autoliquidación presentada sin realizar el ingreso, al día siguiente de la finalización del plazo que establezca la normativa de cada tributo para dicho ingreso o, si éste ya hubiere concluido, el día siguiente a la presentación de la autoliquidación.

2. La presentación de una solicitud de aplazamiento, fraccionamiento o compensación en período voluntario impedirá el inicio del período ejecutivo durante la tramitación de dichos expedientes.

No obstante lo anterior, las solicitudes a las que se refiere el párrafo anterior así como las solicitudes de suspensión y pago en especie no impedirán el inicio del periodo ejecutivo cuando anteriormente se hubiera denegado, respecto de la misma deuda tributaria, otra solicitud previa de aplazamiento, fraccionamiento, compensación, suspensión o pago en especie en periodo voluntario habiéndose abierto otro plazo de ingreso sin que se hubiera producido el mismo.

La interposición de un recurso o reclamación en tiempo y forma contra una sanción impedirá el inicio del período ejecutivo hasta que la sanción sea firme en vía administrativa y haya finalizado el plazo para el ingreso voluntario del pago.

La declaración de concurso no suspenderá el plazo voluntario de pago de las deudas que tengan la calificación de concursal de acuerdo con el texto refundido de la Ley Concursal aprobado por el Real Decreto Legislativo 1/2020, de 5 de mayo, sin perjuicio de que las actuaciones del periodo ejecutivo se rijan por lo dispuesto en dicho texto refundido.

3. Iniciado el período ejecutivo, la Administración tributaria efectuará la recaudación de las deudas liquidadas o autoliquidadas a las que se refiere el apartado 1 de este artículo por el procedimiento de apremio sobre el patrimonio del obligado al pago.

4. El inicio del período ejecutivo determinará la exigencia de los intereses de demora y de los recargos del período ejecutivo en los términos de los artículos 26 y 28 de esta ley y, en su caso, de las costas del procedimiento de apremio.

Art. 162. *Facultades de la recaudación tributaria.*—1. Para asegurar o

---

y desconocer la doctrina del Tribunal Constitucional en punto a la posibilidad de embargo de bienes patrimoniales de las Administraciones Públicas en los procedimientos de apremio abiertos para el pago de las obligaciones por ellas contraídas y, singularmente, de deudas tributarias y otras obligaciones de Derecho Público».

Art. 161: Vid. arts. 28 LGT (§ I) y 69 RGR.

Art. 161.2, párr. 1.º: Vid. art. 65 LGT (§ I).STS 3279/2020, de 15 de octubre de 2020. Rec. 1652/2019. Ponente: J. Cudero.: el ***principio de buena administración*** impide que la Administración tributaria dicte providencia de apremio respecto de deudas tributarias, sin contestar previamente las solicitudes de aplazamiento o fraccionamiento de dichas deudas formuladas por el contribuyente, incluso cuando tales solicitudes han sido efectuadas en período ejecutivo de cobro. **STS de 28 de octubre de 2021**. Antes de la reforma del art. 161.2) por la Ley 11/2021, de 9 de julio, la solicitud reiterada de aplazamiento o fraccionamiento de pago en período voluntario impedía el inicio del período ejecutivo hasta que la Administración resolviese sobre la solicitud presentada. Aun con referencia a legislación derogada es interesante ver la *STS de 10 de mayo de 2007* (**Sala 3.ª; ponente: E. Frías Ponce**), en la que se hace un documentado examen de las vicisitudes normativas que afectan al precepto.

Art. 161.2, párr. 2.º: Vid. art. 212.3 LGT (§ I).

Art. 161.4: Vid. Disps. Trans. 1.ª1 y 3.ª2 LGT (§ I) y art. 72 RGR.

Art. 162: Véanse notas al art. 81 LGT (§ I), así como art. 10 y Disp. Trans. 2.ª RGR.

Para la **STS de 14 de noviembre de 2011 (Rec. 5782/2009;** ponente: Sr. Huelin), además de motivado y estar suficientemente individualizado, el requerimiento ha de ser ajustado a derecho, esto es, ha de prac-

efectuar el cobro de la deuda tributaria, los funcionarios que desarrollen funciones de recaudación podrán comprobar e investigar la existencia y situación de los bienes o derechos de los obligados tributarios, tendrán las facultades que se reconocen a la Administración tributaria en el artículo 142 de esta ley, con los requisitos allí establecidos, y podrán adoptar medidas cautelares en los términos previstos en el artículo 146 de esta ley.

Todo obligado tributario deberá poner en conocimiento de la Administración, cuando ésta así lo requiera, una relación de bienes y derechos integrantes de su patrimonio en cuantía suficiente para cubrir el importe de la deuda tributaria, de acuerdo con lo previsto en el apartado 2 del artículo 169 de esta ley.

2. Los funcionarios que desempeñen funciones de recaudación desarrollarán las actuaciones materiales que sean necesarias en el curso del procedimiento de apremio. Los obligados tributarios deberán atenderles en sus actuaciones y les prestarán la debida colaboración en el desarrollo de sus funciones.

Si el obligado tributario no cumpliera las resoluciones o requerimientos que al efecto se hubiesen dictado, se podrá acordar, previo apercibimiento, la ejecución subsidiaria de dichas resoluciones o requerimientos, mediante acuerdo del órgano competente.

SECCIÓN 2.ª

PROCEDIMIENTO DE APREMIO

Subsección 1.ª

Normas generales

Art. 163. *Carácter del procedimiento de apremio.*—1. El procedimiento de apremio es exclusivamente administrativo. La competencia para entender del mismo y resolver todas sus incidencias corresponde únicamente a la Administración tributaria.

2. El procedimiento administrativo de apremio no será acumulable a los judiciales ni a otros procedimientos de ejecución. Su iniciación o tramitación no se suspenderá por la iniciación de aquéllos, salvo cuando proceda de acuerdo con lo establecido en la Ley Orgánica 2/1987, de 18 de mayo, de Conflictos Jurisdiccionales, o con las normas del artículo siguiente.

La Administración tributaria velará por el ámbito de potestades que en esta materia le atribuye la Ley de conformidad con lo previsto en la legislación de conflictos jurisdiccionales.

3. El procedimiento de apremio se iniciará e impulsará de oficio en todos sus trámites y, una vez iniciado, sólo se suspenderá en los casos y en la forma prevista en la normativa tributaria.

---

ticarse cumpliendo todos los requisitos legales. Entre ellos se encuentra el de la competencia del órgano del que emana. Dice el TS que «***por definición un órgano de recaudación no puede practicar requerimientos genéricos de información.*** Mientras que, en principio, todo sujeto pasivo de no importa qué tributos está sujeto a la potestad de comprobación e inspección de la Administración tributaria, justificándose así la existencia de requerimientos generales de información, siempre que aparezcan suficientemente motivados y se adopten siguiendo los cauces previstos en la norma, sólo quedan sometidos al ámbito competencial de los órganos de recaudación quienes aparezcan como deudores de la Hacienda Pública, no cabiendo, por ello, practicar requerimientos generales en este ámbito. En suma, ***tratándose de la recaudación y, por lo tanto, de los órganos administrativos que la tienen encomendada, no cabe practicar requerimientos desvinculados del cobro o de la exacción de créditos concretos y específicos***».

El TEAC, en Resolución de 21 de junio de 2001, señaló que ***los requerimientos de información dirigidos al deudor, en un procedimiento de apremio, son impugnables en vía contencioso-administrativa, al no tratarse de un acto de mero trámite.***

Vid. Disp. Adic. 19.ª LGT (§ I).

Art. 163.3: Vid. art. 165 LGT (§ I).

Art. 164. *Concurrencia de procedimientos.*—1. Sin perjuicio del respeto al orden de prelación que para el cobro de los créditos viene establecido por la ley en atención a su naturaleza, en caso de concurrencia del procedimiento de apremio para la recaudación de los tributos con otros procedimientos de ejecución, ya sean singulares o universales, judiciales o no judiciales, la preferencia para la ejecución de los bienes trabados en el procedimiento vendrá determinada con arreglo a las siguientes reglas:

1.º Cuando concurra con otros procesos o procedimientos singulares de ejecución, el procedimiento de apremio será preferente si el embargo efectuado en el curso del procedimiento de apremio fuera el más antiguo.

2.º Cuando concurra con otros procesos o procedimientos concursales o universales de ejecución, el procedimiento de apremio será preferente para la ejecución de los bienes o derechos embargados en el mismo, siempre que el embargo acordado en el mismo se hubiera efectuado con anterioridad a la fecha de declaración del concurso.

Para ambos casos, se estará a la fecha de la diligencia de embargo del bien o derecho.

2. En caso de concurso de acreedores se aplicará lo dispuesto en la Ley 22/2003, de 9 de julio, Concursal, y,

---

Art. 164: Vid. Disp. Adic. 8.ª LGT (§ I).

Art. 164.2: De acuerdo con la **STS de 12 de diciembre de 2014 (Sala 1.ª**, Civil; ponente: I. Sancho; Rec. 2500/2013), ***una vez declarado el concurso de acreedores y abierta la fase de liquidación no cabe abrir procedimientos de apremio administrativo o ejecuciones separadas, puesto que tiene que haber una única fase de ejecución universal de todo el patrimonio del deudor***. La Sentencia niega a la Seguridad Social la ejecución administrativa separada e independiente del concurso de acreedores, sin necesidad de intervención del juez del concurso, y sin sometimiento al plan de liquidación aprobado judicialmente, debiéndose respetar los principios básicos que conforman el concurso de acreedores: la *par condicio creditorum*, la unidad y universalidad del proceso concursal, la afectación de todos los activos de la concursada al plan de liquidación y la vinculación de todos los acreedores al concurso y al orden de pagos legalmente establecido y determinado por la administración concursal.

«[...] Las únicas excepciones serán las ejecuciones administrativas o laborales que sobre bienes embargados antes de la declaración de concurso no se hayan visto afectadas por la paralización prevista en el art. 55 LC, y las ejecuciones de garantías y las acciones de recuperación asimiladas que se hubieran iniciado antes del concurso o antes de la liquidación (caso de haberse visto afectadas por la suspensión o la paralización)».

«Lo que resulta claro es que una vez abierta la fase de liquidación no cabe abrir apremios administrativos o ejecuciones separadas.

»La prohibición de ejecuciones prevista en el art. 55 LC opera tanto sobre créditos concursales como sobre los créditos contra la masa, y cesa con la aprobación del convenio, conforme a lo regulado en el art. 133.2 LC».

«En otras resoluciones anteriores (desde la Sentencia 237/2013, de 9 de abril), con ocasión de reconocer que el crédito por cuotas de la Seguridad Social posteriores a la declaración de concurso, en cuanto crédito contra la masa, es exigible conforme a lo previsto en el art. 84.3 LC, y por ello puede devengar recargos, que también gozan de la consideración de crédito contra la masa, ya advertíamos que el crédito contra la masa "no podrá justificar una ejecución al margen del concurso, salvo que nos hallemos en la fase de cumplimiento del convenio (art. 133.2 LC)".

»En realidad, el único escenario en que podría admitirse una ejecución de créditos contra la masa es el que se abre con la aprobación del convenio, en que se levantan los efectos de la declaración de concurso (art. 133.2 LC). Así como el impago de los créditos concursales provocaría la rescisión del convenio y la apertura de la liquidación (art. 140 LC), el impago de los créditos contra la masa daría lugar a su reclamación de pago y, si fuera necesario, la preceptiva ejecución. Sin perjuicio de que también pudiera justificar una acción de incumplimiento del convenio y de apertura de la liquidación.

»Sin embargo, una vez abierta la fase de liquidación, y con ella el efecto de la prohibición y paralización de ejecuciones del art. 55 LC, no tiene sentido iniciar una ejecución separada contra la masa, pues contradice el carácter universal que supone la liquidación concursal, cuyas únicas excepciones lógicas vienen determinadas por las ejecuciones de garantías reales, que, por otra parte, si no se iniciaron antes de la apertura de la fase de liquidación ya no podrá hacerse al margen de la liquidación concursal. Los acreedores de créditos contra la masa lo que deberán hacer es instar su pago dentro de la liquidación, de

en su caso, en la Ley 47/2003, de 26 de noviembre, General Presupuestaria, sin que ello impida que se dicte la correspondiente providencia de apremio y se devenguen los recargos del período ejecutivo si se dieran las condiciones para ello con anterioridad a la fecha de declaración del concurso o bien se trate de créditos contra la masa.

3. Los jueces y tribunales colaborarán con la Administración tributaria facilitando a los órganos de recaudación los datos relativos a procesos concursales o universales de ejecución que precisen para el ejercicio de sus funciones.

Asimismo tendrán este deber de colaboración, respecto de sus procedimientos, cualesquiera órganos administrativos con competencia para tramitar procedimientos de ejecución.

4. El carácter privilegiado de los créditos tributarios otorga a la Hacienda Pública el derecho de abstención en los procesos concursales. No obstante, la Hacienda Pública podrá suscribir en el curso de estos procesos los acuerdos o convenios previstos en la legislación concursal, así como acordar, de conformidad con el deudor y con las garantías que se estimen oportunas, unas condiciones singulares de pago, que no pueden ser más favorables para el deudor que las recogidas en el convenio o acuerdo que ponga fin al proceso judicial. Este privilegio podrá ejercerse en los términos previstos en la legislación concursal. Igualmente podrá acordar la compensación de dichos créditos en los términos previstos en la normativa tributaria.

Para la suscripción y celebración de los acuerdos y convenios a que se refiere el párrafo anterior se requerirá únicamente la autorización del órgano competente de la Administración tributaria.

Art. 165. *Suspensión del procedimiento de apremio.*—1. El procedimiento de apremio se suspenderá en la forma y con los requisitos previstos en las disposiciones reguladoras de los recursos y reclamaciones económico-administrativas, y en los restantes supuestos previstos en la normativa tributaria.

2. El procedimiento de apremio se suspenderá de forma automática por los órganos de recaudación, sin necesidad de prestar garantía, cuando el interesado demuestre que se ha producido en su perjuicio error material, aritmético o de hecho en la determinación de la deuda, que la misma ha sido ingresada, condonada, compensada, aplazada o suspendida o que ha prescrito el derecho a exigir el pago.

3. Cuando un tercero pretenda el levantamiento del embargo por entender

---

acuerdo con las reglas del art. 154 LC, y sin necesidad de instar otra ejecución dentro de la ejecución universal ni acudir al apremio administrativo, en el caso de la TGSS».

Art. 164.3: Vid. art. 94.3 LGT (§ I).

Art. 164.4: Vid. art. 39 TRLGP, vigente desde el 1 de septiembre de 2004, redactado por la Ley 22/2003, de 9 de julio, Concursal. Desde el 1 de enero de 2005, art. 10.2 LGP.

Art. 165.1: Este precepto tiene como precedentes inmediatos el art. 135.1 LGT/1963, redactado por Ley 25/1995, y, con posterioridad, el derogado art. 30 LDGC. Véanse arts. 130 LJCA, 224 y 233 LGT (§ I), 25 y 39 a 47 RR y 29.2 RST (RD 2.063/2004, de 15 de octubre). El procedimiento previsto por el art. 33 LGT (§ I), sobre **reembolso del coste de garantías**, se desarrolla actualmente por los arts. 72 a 79 RR. Véanse arts. 25.10 y 46.2 RR. Vid., además, las SSTS de 16 de marzo de 2006, citada en nota al art. 167 (§ I) y 23 de enero de 1995, citada en nota al art. 167.1 LGT (§ I).

STS de 28 de septiembre de 2002: ***Interpuesta reclamación económico-administrativa contra una liquidación tributaria e instada la suspensión, aunque sin aportación de garantía, cuando con posterioridad se aporta ésta, en un momento anterior a la denegación de la suspensión por el TEAR, no resulta procedente la vía de apremio ni el subsiguiente embargo, siendo nulos tanto la providencia de apremio como el embargo.***

Art. 165.2: Vid. **art. 73.2 RGR, así como el art. 12.3 LGP, con vigencia a partir del 1 de enero de 2005.**

Art. 165.3, 4 y 5: Vid. arts. 117 a 122 RGR.

que le pertenece el dominio o titularidad de los bienes o derechos embargados o cuando considere que tiene derecho a ser reintegrado de su crédito con preferencia a la Hacienda Pública, formulará reclamación de tercería ante el órgano administrativo competente.

4. Si se interpone tercería de dominio se suspenderá el procedimiento de apremio en lo que se refiere a los bienes y derechos controvertidos, una vez que se hayan adoptado las medidas de aseguramiento que procedan.

5. Si la tercería fuera de mejor derecho proseguirá el procedimiento hasta la realización de los bienes y el producto obtenido se consignará en depósito a resultas de la resolución de la tercería.

Art. 166. *Conservación de actuaciones.*—1. Cuando se declare la nulidad de determinadas actuaciones del procedimiento de apremio se dispondrá la conservación de las no afectadas por la causa de la nulidad.

2. La anulación de los recargos u otros componentes de la deuda tributaria distintos de la cuota o de las sanciones no afectará a la validez de las actuaciones realizadas en el curso del procedimiento de apremio respecto a los componentes de la deuda tributaria o sanciones no anulados.

Subsección 2.ª

Iniciación y desarrollo del procedimiento de apremio

Art. 167. *Iniciación del procedimiento de apremio.*—1. El procedi-

---

Art. 166: STS 1.978/2014, de 19 de mayo (ponente: Fernández Montalvo) (FJ 3.º): «La nulidad del Acuerdo de derivación del que trae causa la Providencia de apremio objeto del proceso en la instancia, ha de conllevar a su vez la anulación de la Providencia de apremio impugnada en la parte admitida en el presente recurso de casación [...]. En efecto, únicamente están amparados por el ***principio de conservación de los actos administrativos, en particular, los tributarios aquellos que sean independientes del anulado, es decir, los actos o las partes del acto que "se hubieran mantenido igual de no haberse cometido la infracción"*** (art. 66 de la citada Ley 30/1992) (FD 3.º).»

Art. 167: STS 1737/2014, de 28 de abril (Rec. 4900/2011): «Nuestra jurisprudencia [...] sostiene que la Administración no puede iniciar la vía ejecutiva en tanto la decisión sobre la suspensión penda de los órganos económico-administrativos. Lo mismo cabe decir en los supuestos en que la solicitud de suspensión se produzca en vía judicial. La posibilidad de que la Administración tributaria dicte providencia de apremio sobre una liquidación impugnada en la vía económico-administrativa (y con mayor motivo si lo ha sido en la jurisdiccional), y respecto de la cual se ha solicitado la suspensión de la ejecución, sin haber resuelto sobre esa suspensión conculca los arts. 9.º, 24.1 y 106.1 de la Constitución, contraviniendo la seguridad jurídica, el derecho a la tutela judicial efectiva y la prohibición de indefensión, así como el sometimiento de la actividad administrativa al control de legalidad. Tal vez por ello, el art. 167.3 LGT de 2003 contempla, en la letra *b*), como uno de los motivos tasados de oposición a la providencia de apremio la solicitud de aplazamiento, fraccionamiento o compensación en período voluntario y "otras causas de suspensión del procedimiento de recaudación". [...] ***El control judicial de la actividad administrativa que proclama el art. 106.1 de la Constitución y la tutela cautelar, que se integra en la garantía para obtener la protección jurisdiccional de los derechos e intereses legítimos, consagrada en el art. 24.1 del texto fundamental, resultarían burlados si la Administración pudiera adoptar acuerdos de ejecución de un acto cuya suspensión cautelar ha sido interesada sin antes pronunciarse sobre la misma.***»

STS de 19 de junio de 2008 (Rec. 265/2004. Ponente: G. Martínez Micó): ***Incidencia de la suspensión de la ejecutividad del acto administrativo en la interrupción de la prescripción*** [vid., además, la jurisprudencia citada en nota al art. 67.1 (§ I)]:

«*No se trata de que una vez concedida la suspensión los efectos de ésta se retrotraigan al momento en que se presentó la correspondencia solicitud, sino de que la ejecución no puede iniciarse si hay pendiente una solicitud de suspensión, con o sin garantía. Es más, incluso denegada expresamente la suspensión en vía económico-administrativa, la ejecución debe continuar suspendida si se recurre tal denegación en vía contenciosa*, pues vulnera la tutela judicial efectiva que la Administración imponga de hecho su criterio sin haber dado ocasión al pronunciamiento previo de un órgano jurisdiccional propiamente dicho.

»La *Sentencia del Tribunal Constitucional 78/1996, de 20 de mayo*, si bien no se refiere directamente a la materia tributaria (sino a la ejecución de la sanción impuesta a determinado médico por el director del hospital), reitera la conocida doctrina según la cual el privilegio de autotutela reconocido a la Administración engarza con el principio de eficacia reconocido en el art. 103 de la Constitución (STC 22/1984), por lo que la ejecutividad de los actos administrativos no vulnera necesariamente la tutela judicial efectiva (STC 66/1984 y AATC 458, 930 y 1095/1988), pero este último derecho fundamental exige que el órgano jurisdiccional tenga la posibilidad de acordar medidas adecuadas para asegurar la eficacia del pronunciamiento futuro que recaiga en el proceso (STC 14/1992), ya que la fiscalización plena, sin inmunidades de poder, de la actuación administrativa impuesta por el art. 106.1 de la Constitución comporta que el control judicial se extiende también al carácter inmediatamente ejecutivo de los actos administrativos (STC 238/1992).

»Ello permite concluir que la ejecución inmediata de un acto administrativo es relevante desde la perspectiva del art. 24.1 de la Constitución, ya que si tiene lugar antes del acceso a la tutela judicial puede suponer la desaparición o pérdida irremediable de los intereses cuya protección se pretende: "En consecuencia, el derecho a la tutela se extiende a la pretensión de suspensión de la ejecución de los actos administrativos que, si es formulada en el procedimiento administrativo, debe permitir la impugnación jurisdiccional de su denegación, y si se ejercitó en el proceso debe dar lugar en el mismo a la correspondiente revisión específica. El derecho a la tutela se satisface, pues, facilitando que la ejecutividad pueda ser sometida a la decisión de un tribunal y que éste, con la información y contradicción que resulte menester, resuelva sobre la suspensión (STC 66/1984). Si, pues, hemos declarado que la tutela se satisface así, es lógico entender que mientras se toma aquella decisión no pueda impedirse ejecutando el acto, con lo cual la Administración se habría convertido en juez." (FJ 3.º de la STC 78/1996).

[...] En consecuencia, ***la petición de suspensión, en tanto no sea resuelta, enerva cualquier actuación que pudiera significar ejecución del acto reclamado. Resulta claro, pues, que la petición de suspensión interrumpe el plazo de prescripción para la acción de cobro.*****Auto del Tribunal Supremo 1294/2017, de 22 de febrero (Rec. 170/2015; ponente: J. Huelin): la Administración no puede iniciar la vía de apremio en tanto la petición de suspensión de la liquidación está pendiente de decisión, pues caso de hacerlo se vacía de contenido el derecho a la tutela cautelar. Vid. también STS de 28 de abril de 2014 (Rec. 4900/2011; ponente: J. Huelin). En la misma línea STS de 27 de febrero de 2018.** Rec. 170/2016. Ponente: F.J. Navarro Sanchis. **STS 1421/2020, de 28 de mayo de 2020.** Rec. 5751/2017. Ponente: **F. J. Navarro Sanchis:** de la recta configuración legal del principio de ejecutividad y de sus límites, así como del régimen del silencio administrativo —lo que nos lleva a extender el elenco de preceptos interpretados a otros como los artículos 21 a 24 de la LPAC y sus concordantes; de los artículos 9.1, 9.3, 103 y 106 LJCA; así como el principio de buena administración —que cursa más bien como una especie de metaprincipio jurídico inspirador de otros—, puede concluirse la siguiente interpretación:

1) ***La Administración, cuando pende ante ella un recurso o impugnación administrativa, potestativo u obligatorio, no puede dictar providencia de apremio sin resolver antes ese recurso de forma expresa, como es su deber, pues el silencio administrativo no es sino una mera ficción de acto a efectos de abrir frente a esa omisión las vías impugnatorias pertinentes en cada caso.***

2) Además, no puede descartarse *a priori* la posibilidad de que, examinado tal recurso, que conlleva *per se* una pretensión de anulación del acto, fuera atendible lo que él se pide. De esa suerte, *la Administración no puede ser premiada o favorecida cuando no contesta tempestivamente las reclamaciones o recursos, toda vez que la ejecutividad no es un valor absoluto, y uno de sus elementos de relativización es la existencia de acciones impugnatorias de las que la Administración no puede desentenderse.* **STS 3279 de 15 de octubre de 2020. Rec. 1652/2019. Ponente: J. Cudero.**

3) El criterio de la Sala: ***el principio de buena administración impide que la Administración tributaria dicte providencia de apremio respecto de deudas tributarias sin contestar previamente las solicitudes de aplazamiento o fraccionamiento de dichas deudas formuladas por el contribuyente, incluso cuando tales solicitudes han sido efectuadas en período ejecutivo de cobro.***

Art. 167.1: Vid. arts. 26.2.*d*), 28.5 y 161.1 LGR (§ I) y 70.2 RGR. El **Tribunal Supremo**, en ***Sentencia de 23 de enero de 1995*, consideró como *causa de nulidad, por producir indefensión al contribuyente, la falta de consignación en la notificación de la providencia de apremio de la cuantificación de los intereses de demora y costas del procedimiento, así como la omisión de la indicación de que cabe solicitar aplazamiento y no suspensión del procedimiento, excepto en los supuestos del art. 101 del anterior RGR.*** También entiende el Tribunal que la mera solicitud de suspensión del procedimiento, con independencia de que ésta proceda o no, supone que éste no pueda continuarse hasta que se resuelva expresamente sobre dicha suspensión. En **STS de 28 abril de 2014 (Rec. 4900/2011;** ponente: J. Huelin) ya señaló el Tribunal que «[…] según ya hemos indicado y como razona la Audiencia Nacional, a la luz de los artículos 167.1 y 62.5 de la Ley General Tributaria de 2003 la vía de apremio no se entiende abierta hasta que no se notifique al obligado tributario la providencia que la inicia […] adoptando la providencia en cuestión antes de notificarse la decisión de inadmisión a trámite de la suspensión interesada se está ejercitando una potestad de la que en ese momento se carece, dejando vacío de contenido el derecho a la tutela cautelar y dando lugar a un acto administrativo aquejado de un vicio que determina su nulidad, conforme a lo dispuesto en los artículos 62.1, letras *a*) y *e*), de la Ley 30/1992, y 217.1, letras *a*) y *e*), de la

miento de apremio se iniciará mediante providencia notificada al obligado tributario en la que se identificará la deuda pendiente, se liquidarán los recargos a los que se refiere el artículo 28 de esta ley y se le requerirá para que efectúe el pago.

2. La providencia de apremio será título suficiente para iniciar el procedimiento de apremio y tendrá la misma fuerza ejecutiva que la sentencia judicial para proceder contra los bienes y derechos de los obligados tributarios.

3. Contra la providencia de apremio sólo serán admisibles los siguientes motivos de oposición:

a) Extinción total de la deuda o prescripción del derecho a exigir el pago.

Ley General Tributaria de 2003. De ahí que el citado artículo 46.4, párrafo tercero, del Reglamento General de revisión en vía administrativa prevea la obligación de comunicar al órgano de recaudación competente la resolución de inadmisión a trámite de la suspensión, con indicación de la fecha de notificación al interesado.» (FD 2.º).

Vid. **STS de 27 de febrero de 2018 (Rec. 170/2016;** ponente: F. J. Navarro Sanchís): ***interesada por el obligado tributario la suspensión de la ejecución de la deuda que se le reclama, ya en la vía administrativa o económico-administrativa, ya en la jurisdiccional, no puede la Administración emitir una providencia de apremio, sin que antes se haya adoptado una resolución, debidamente notificada, sobre la solicitud de suspensión*. La jurisprudencia del Tribunal Supremo ha reiterado hasta la saciedad que no es posible.**

«La ya citada *sentencia del Tribunal Supremo de 28 de abril de 2014* (Rec. de cas. 4900/2011), con cita de otras anteriores, teniendo a la vista los arts. 167 LGT y 40 y 46 RRVA, y a la luz de los arts. 9, 24.1 y 106.1 CE, afirma que «la Administración no puede iniciar la vía ejecutiva en tanto la decisión sobre la suspensión penda de los órganos económico-administrativos. ***Lo mismo cabe decir en los supuestos en que la solicitud de suspensión se produzca en vía judicial»*** (FJ 2.º, párrafo 1.º). ***Doctrina también aplicable, lógicamente, cuando se ha instado un recurso de reposición***: «Cuando en vía de reposición se pretende una medida cautelar, como la suspensión, ajustada o no al elenco de garantías previstas en el artículo 224 LGT, su archivo —que ha de ser inmediato y debidamente notificado— es el que permite abrir la vía de apremio, esto es, el que sustenta el efecto de que la solicitud se tenga por no presentada, pero tal consecuencia carece de razón de ser si se confunde el momento de resolver el recurso de reposición con el de proveer acerca de la solicitud cautelar, que es instrumental de la anterior, sobre el que ya no tendría sentido pronunciarse.» (FD 3.º) [...] lo razonado nos conduce a la necesaria conclusión de que tal doctrina jurisprudencial debe ser ratificada y mantenida, extendiendo sus declaraciones al ámbito del recurso de reposición, necesitado por tanto de notificación al interesado para que pueda quedar, en su caso, franqueada la posibilidad de iniciar el apremio. Además, debe entenderse que la formulación en la vía económico-administrativa de una nueva petición de suspensión de la deuda, aun cuando se formule después de haberse dictado una providencia de apremio, impide el progreso y eficacia de ésta, condicionado a su notificación, hasta que tal solicitud se resuelva por el órgano revisor.» (FD 4.º). ***La providencia de apremio es nula de pleno derecho: «adoptada sin haber esperado a la resolución del recurso de reposición interpuesto y, además, haber sido notificada aun conociendo que estaba pendiente de decisión una solicitud de suspensión cautelar ante el TEAC. Tal nulidad debe ser de pleno derecho,*** en armonía con lo declarado, para un supuesto idéntico, por esta Sala, en la ya reiterada sentencia de 28 de abril de 2014, pronunciada en el recurso de casación n.º 4900/2011, a tenor de lo establecido en los artículos 62.1, letras *a*) y *e*), de la Ley 30/1992, y 217.1, letras *a*) y *e*), de la Ley General Tributaria de 2003.» (FD 5.º).

Art. 167.2: Vid. arts. 70 y 71 RGR. La providencia de apremio debe notificarse personalmente, cuando ello sea posible. La notificación edictal no puede considerarse bastante a efectos de garantizar el derecho de defensa (*STC 291/2000, de 30 de noviembre*).

STS de 14 de enero de 2004: ***no es ajustada a Derecho la providencia de apremio dictada tras la denegación de la solicitud de aplazamiento de la deuda cuando, frente a ésta, ya se había interpuesto el correspondiente recurso de reposición, en el que, además, se solicitaba la suspensión provisional de la citada resolución denegatoria***.

Art. 167.3: Resolución TEAC de 1 de febrero de 2006: Impugnación de **providencia de apremio** dictada en virtud de **las normas de asistencia mutua en materia de recaudación en la Unión Europea** [vid. nota al art. 160 LGT (§ I)]: la normativa propia de esta materia prevé que, ante el título ejecutivo expedido por la autoridad competente del Estado miembro que cursa la petición de cobro, y una vez homologado éste, los órganos de recaudación españoles deberán seguir el procedimiento previsto en la normativa española, sin que quepa entonces impugnación alguna frente al crédito o al citado título.

Art. 167.3.a): Vid. STS 1.978/2014, de 19 de mayo (ponente: Fernández Montalvo) (FJ 3.º), citada en nota al art. 166 LGT (§ I).

b) Solicitud de aplazamiento, fraccionamiento o compensación en período voluntario y otras causas de suspensión del procedimiento de recaudación.

c) Falta de notificación de la liquidación.

d) Anulación de la liquidación.

e) Error u omisión en el contenido de la providencia de apremio que impida la identificación del deudor o de la deuda apremiada.

4. Si el obligado tributario no efectuara el pago dentro del plazo al que se refiere el apartado 5 del artículo 62 de esta ley, se procederá al embargo de sus bienes, advirtiéndose así en la providencia de apremio.

Art. 168. *Ejecución de garantías.*— Si la deuda tributaria estuviera garantizada se procederá en primer lugar a ejecutar la garantía a través del procedimiento administrativo de apremio.

No obstante, la Administración tributaria podrá optar por el embargo y enajenación de otros bienes o derechos con anterioridad a la ejecución de la garantía cuando ésta no sea proporcionada a la deuda garantizada o cuando el obligado lo solicite, señalando bienes suficientes al efecto. En estos casos, la garantía prestada quedará sin efecto en la parte asegurada por los embargos.

Art. 169. *Práctica del embargo de bienes y derechos.*—1. Con respeto siempre al principio de proporcionalidad, se procederá al embargo de los bienes y derechos del obligado tributario en cuantía suficiente para cubrir:

a) El importe de la deuda no ingresada.

b) Los intereses que se hayan devengado o se devenguen hasta la fecha del ingreso en el Tesoro.

c) Los recargos del período ejecutivo.

d) Las costas del procedimiento de apremio.

2. Si la Administración y el obligado tributario no hubieran acordado otro orden diferente en virtud de lo dispuesto en el apartado 4 de este artículo, se embargarán los bienes del obligado

---

Art. 167.3.b): Vid. arts. 65.5 y 161.2 LGT (§ I). ***Acertadamente la LGT configura la solicitud de aplazamiento como motivo de oposición a la providencia de apremio, recogiendo así la jurisprudencia mantenida en tal sentido por el TS durante la vigencia de la LGT de 1963***. Así, en la *STS de 28 de abril de 2004* (ponente: J. Rouanet Moscardo) señala que la petición de aplazamiento de pago con ofrecimiento de garantía impide dictar la providencia de apremio. En el mismo sentido, *SSTS de 2 de marzo de 2003* (ponente: J. G. Martínez Micó) y *10 de mayo de 2007* (ponente: E. Frías Ponce). STS de 24 de junio de 2015 (Rec. 1491/2013; ponente: M. V. Garzón Herrero). En consecuencia, como señala la **STS de 19 de julio de 2017** (Rec. 2731/2016: ponente: J. Díaz Delgado), ***es nula la providencia de apremio dictada cuando aún no se ha notificado la resolución sobre la petición de suspensión, aun cuando sea notificada con posterioridad. La suspensión de la deuda a favor de un deudor solidario beneficia al resto de deudores solidarios, que pueden aducir la existencia de suspensión como causa de oposición al apremio.***

STS de 15 de octubre de 2020. (Rec. 1445/2019. Ponente: J. Díaz Delgado): No procede el devengo de los intereses de demora liquidados por la Administración Tributaria cuando, antes de vencer el plazo de pago voluntario concedido con la resolución denegatoria de la suspensión solicitada, se insta una nueva solicitud de suspensión de la misma deuda liquidada, tras haber sido denegada la primera. No procede una liquidación autónoma de intereses de demora devengados por haberse denegado la suspensión cautelar solicitada dentro del periodo voluntario, aunque se conceda luego la suspensión como consecuencia de una nueva solicitud formulada antes del vencimiento del nuevo plazo de pago otorgado al efecto.

Art. 167.4: Vid. arts. 28.3 y 160.2.*b*) LGT (§ I) y 69.3 RGR.

Art. 168: Vid. art. 74 RGR. El párr. 2.º reproduce la previsión que introdujo en aquél la Ley 24/2001, con vigencia desde el 1 de enero de 2002.

Art. 169: Vid. arts. 10 y 76 a 93 RGR, 113 LGT (§ I), 9.º1 LOPJ y 8.º5 LJCA sobre la **competencia de los Juzgados de lo Contencioso-Administrativo para las autorizaciones de entrada en el domicilio.** Sobre el concepto constitucional de ***domicilio protegido*** **por el art. 18.2 CE, también respecto de las personas jurídicas, vid. jurisprudencia del TC recogida en nota al art. 113 LGT (§ I).**

Art. 169.1: Vid. art. 76 RGR.

teniendo en cuenta la mayor facilidad de su enajenación y la menor onerosidad de ésta para el obligado.

Si los criterios establecidos en el párrafo anterior fueran de imposible o muy difícil aplicación, los bienes se embargarán por el siguiente orden:

a) Dinero efectivo o en cuentas abiertas en entidades de crédito.

b) Créditos, efectos, valores y derechos realizables en el acto o a corto plazo.

c) Sueldos, salarios y pensiones.

d) Bienes inmuebles.

e) Intereses, rentas y frutos de toda especie.

f) Establecimientos mercantiles o industriales.

g) Metales preciosos, piedras finas, joyería, orfebrería y antigüedades.

h) Bienes muebles y semovientes.

i) Créditos, efectos, valores y derechos realizables a largo plazo.

3. A efectos de embargo se entiende que un crédito, efecto, valor o derecho es realizable a corto plazo cuando, en circunstancias normales y a juicio del órgano de recaudación, pueda ser realizado en un plazo no superior a seis meses. Los demás se entienden realizables a largo plazo.

4. Siguiendo el orden establecido según los criterios del apartado 2 de este artículo, se embargarán sucesivamente los bienes o derechos conocidos en ese momento por la Administración tributaria hasta que se presuma cubierta la deuda. En todo caso, se embargarán en último lugar aquellos para cuya traba sea necesaria la entrada en el domicilio del obligado tributario.

A solicitud del obligado tributario se podrá alterar el orden de embargo si los bienes que señale garantizan el cobro de la deuda con la misma eficacia y prontitud que los que preferentemente deban ser trabados y no se causa con ello perjuicio a terceros.

5. No se embargarán los bienes o derechos declarados inembargables por las leyes ni aquellos otros respecto de los que se presuma que el coste de su realización pudiera exceder del importe que normalmente podría obtenerse en su enajenación.

Art. 170. *Diligencia de embargo y anotación preventiva.*—1. Cada actuación de embargo se documentará en diligencia, que se notificará a la persona con la que se entienda dicha actuación.

Efectuado el embargo de los bienes o derechos, la diligencia se notificará al obligado tributario y, en su caso, al tercero titular, poseedor o depositario de los bienes si no se hubiesen llevado a cabo con ellos las actuaciones, así como al cónyuge del obligado tributario cuando los bienes embargados sean gananciales y a los condueños o cotitulares de los mismos.

2. Si los bienes embargados fueran inscribibles en un registro público,

---

Art. 169.2.a): Vid. arts. 171 LGT (§ I) y 78 y 79 RGR.
Art. 169.2.b): Vid. arts. 80 y 81 RGR.
Art. 169.2.c): Vid. arts. 171.3 LGT (§ I) y 82 RGR.
Art. 169.2.d): Vid. arts. 83 a 88 RGR.
Art. 169.2.e): Vid. art. 89 RGR.
Art. 169.2.f): Vid. art. 90 y Disp. Trans. 1.ª RGR y art. 170.5 LGT (§ I).
Art. 169.2.g): Vid. art. 91 RGR.
Art. 169.2.h): Vid. arts. 170.4 LGT (§ I) y 92 RGR.
Art. 169.2.i): Vid. art. 93 RGR.
Art. 169.5: Vid. art. 76.4 RGR sobre levantamiento del embargo.
Art. 170: Vid. art. 75 RGR. Sobre el *valor probatorio de las diligencias*, la previsión del derogado art. 133.5 LGT/1963 se contiene ahora en el art. 107 LGT (§ I).
Art. 170.1: Vid. art. 76.3 RGR.
Art. 170.2: Vid. arts. 84 a 88 RGR. Vid. STS **de 16 de marzo de 2011** por la que se establece la siguiente doctrina legal: «El titular del órgano recaudatorio de ***una entidad local es competente para dictar, en el seno***

la Administración tributaria tendrá derecho a que se practique anotación preventiva de embargo en el registro correspondiente. A tal efecto, el órgano competente expedirá mandamiento, con el mismo valor que si se tratara de mandamiento judicial de embargo, solicitándose, asimismo, que se emita certificación de las cargas que figuren en el registro. El registrador hará constar por nota al margen de la anotación de embargo la expedición de esta certificación, expresando su fecha y el procedimiento al que se refiera.

En ese caso, el embargo se notificará a los titulares de cargas posteriores a la anotación de embargo y anteriores a la nota marginal de expedición de la certificación.

La anotación preventiva así practicada no alterará la prelación que para el cobro de los créditos tributarios establece el artículo 77 de esta ley, siempre que se ejercite la tercería de mejor derecho. En caso contrario, prevalecerá el orden registral de las anotaciones de embargo.

3. Contra la diligencia de embargo sólo serán admisibles los siguientes motivos de oposición:

a) Extinción de la deuda o prescripción del derecho a exigir el pago.

b) Falta de notificación de la providencia de apremio.

c) Incumplimiento de las normas reguladoras del embargo contenidas en esta ley.

d) Suspensión del procedimiento de recaudación.

4. Cuando se embarguen bienes muebles, la Administración tributaria podrá disponer su depósito en la forma que se determine reglamentariamente.

5. Cuando se ordene el embargo de establecimiento mercantil o industrial o, en general, de los bienes y derechos integrantes de una empresa, si se aprecia que la continuidad de las personas que ejercen la dirección de la actividad pudiera perjudicar la solvencia del obligado tributario, el órgano competente, previa audiencia del titular del negocio u órgano de administración de la entidad, podrá acordar el nombramiento de un funcionario que ejerza de administrador o que intervenga en la gestión del negocio en la forma que reglamentariamente se establezca, fiscalizando previamente a su ejecución aquellos actos que se concreten en el acuerdo administrativo.

6. La Administración tributaria podrá acordar la prohibición de disponer sobre los bienes inmuebles de una sociedad, sin necesidad de que el procedimiento recaudatorio se dirija contra ella, cuando se hubieran embargado al obligado tributario acciones o participaciones de aquélla y éste ejerza el con-

del procedimiento ejecutivo de apremio, mandamiento de anotación preventiva de embargo de bien inmueble, respecto de inmuebles radicados fuera de su término municipal» (*BOE* de 6 de junio).

Art. 170.3: Vid. art. 76.5 RGR. Resolución del TEAC de 18 de mayo de 2005: la anulación parcial de las deudas apremiadas lleva consigo la modificación de la cuantía total de la deuda respecto de la diligencia de embargo que, no obstante, mantiene su validez y eficacia, aunque con referencia al nuevo importe.

Art. 170.4: Vid. arts. 94 a 96 RGR.

Art. 170.5: Vid. art. 90 RGR. **STS 914/2020, 2 de julio de 2020. Rec. 3326/2017. Ponente: E. Córdoba Castroverde: el incumplimiento del plazo previsto en el artículo 170.5 del Reglamento General de las actuaciones y los procedimientos de gestión e inspección tributaria y de desarrollo de las normas comunes de los procedimientos de aplicación de los tributos, aprobado por Real Decreto 1065/2007, de 27 de julio, para iniciar las actuaciones inspectoras con los obligados tributarios seleccionados, conforme a la planificación, no produce consecuencias jurídicas en las actuaciones inspectoras iniciadas posteriormente con dichos obligados tributarios, dado que está dirigido a ordenar la actividad propia de la Administración, siendo, por tanto, una norma interna de carácter organizativo. En todo caso, al no tratarse de un plazo esencial, su incumplimiento sólo determinaría una irregularidad no invalidante.**

Art. 170.6: Añadido por la Ley 7/2012, de 29 de octubre (*BOE* n.º 261, de 30 de octubre), con vigencia desde el 31 de octubre de 2012.

trol efectivo, total o parcial, directo o indirecto sobre la sociedad titular de los inmuebles en cuestión en los términos previstos en el artículo 42 del Código de Comercio y aunque no estuviere obligado a formular cuentas consolidadas. Podrá tomarse anotación preventiva de la prohibición de disponer en la hoja abierta a las fincas en el Registro de la Propiedad competente en virtud del correspondiente mandamiento en que se justificará la validez de la medida cautelar contra persona distinta del titular registral por referencia a la existencia de la correspondiente relación de control cuyo presupuesto de hecho se detallará en el propio mandamiento.

El recurso contra la medida de prohibición de disponer sólo podrá fundarse en la falta de alguno de los presupuestos de hecho que permiten su adopción.

La medida se alzará cuando por cualquier causa se extinga el embargo de las participaciones o acciones pertenecientes al obligado tributario. Asimismo, la Administración tributaria podrá acordar el levantamiento de la prohibición de disponer cuando su mantenimiento pudiera producir perjuicios de difícil o imposible reparación, debidamente acreditados por la sociedad.

Art. 171. *Embargo de bienes o derechos de entidades de crédito o de depósito.*—1. Cuando la Administración tributaria tenga conocimiento de la existencia de fondos, valores, títulos u otros bienes entregados o confiados a una determinada oficina de una entidad de crédito u otra persona o entidad depositaria, podrá disponer su embargo en la cuantía que proceda. En la diligencia de embargo deberá identificarse el bien o derecho conocido por la Administración actuante, pero el embargo podrá extenderse, sin necesidad de identificación previa, al resto de los bienes o derechos existentes en dicha persona o entidad, dentro del ámbito estatal, autonómico o local que corresponda a la jurisdicción respectiva de cada Administración tributaria ordenante del embargo.

Si de la información suministrada por la persona o entidad depositaria en el momento del embargo se deduce que los fondos, valores, títulos u otros bienes existentes no son homogéneos o que su valor excede del importe señalado en el apartado 1 del artículo 169, se concretarán por el órgano competente los que hayan de quedar trabados.

2. Cuando los fondos o valores se encuentren depositados en cuentas a nombre de varios titulares sólo se embargará la parte correspondiente al obligado tributario. A estos efectos, en el caso de cuentas de titularidad indistinta con solidaridad activa frente al depositario o de titularidad conjunta mancomunada, el saldo se presumirá dividido en partes iguales, salvo que se pruebe una titularidad material diferente.

3. Cuando en la cuenta afectada por el embargo se efectúe habitualmente el abono de sueldos, salarios o pensiones, deberán respetarse las limitaciones establecidas en la Ley 1/2000, de 7 de enero, de Enjuiciamiento Civil, mediante su aplicación sobre el importe que deba considerarse sueldo, salario o pensión del deudor. A estos efectos se considerará sueldo, salario o pensión el importe ingresado en dicha cuenta por ese concepto en el mes en que se prac-

---

Art. 171: Vid. art. 79 RGR, así como **Resolución de 16 de diciembre de 2011, de la Dirección General de la AEAT, por la que se establece el procedimiento para efectuar por medios telemáticos el embargo de dinero en cuentas a la vista abiertas en entidades de crédito (*BOE* de 27 de diciembre), modificada por Resolución de 29 de julio de 2015, de la Dirección General de la AEAT (*BOE* de 11 de agosto).**

Art. 171.1: Redactado por la Ley 7/2012, de 29 de octubre (*BOE* n.º 261, de 30 de octubre), con vigencia desde el 31 de octubre de 2012.

Art. 171.3: Vid. nota al art. 169.2.*c*) LGT (§ I).

tique el embargo o, en su defecto, en el mes anterior.

Art. 172. *Enajenación de los bienes embargados.*—1. La enajenación de los bienes embargados se realizará mediante subasta, concurso o adjudicación directa, en los casos y condiciones que se fijen reglamentariamente.

El acuerdo de enajenación únicamente podrá impugnarse si las diligencias de embargo se han tenido por notificadas de acuerdo con lo dispuesto en el apartado 3 del artículo 112 de esta ley. En ese caso, contra el acuerdo de enajenación sólo serán admisibles los motivos de impugnación contra las diligencias de embargo a los que se refiere el apartado 3 del artículo 170 de esta ley.

2. El procedimiento de apremio podrá concluir con la adjudicación de bienes a la Hacienda Pública cuando se trate de bienes inmuebles o de bienes muebles cuya adjudicación pueda interesar a la Hacienda Pública y no se hubieran adjudicado en el procedimiento de enajenación.

La adjudicación se acordará por el importe del débito perseguido, sin que, en ningún caso, pueda rebasar el 75 por 100 del tipo inicial fijado en el procedimiento de enajenación.

3. La Administración tributaria no podrá proceder a la enajenación de los bienes y derechos embargados en el curso del procedimiento de apremio hasta que el acto de liquidación de la deuda tributaria ejecutada sea firme, salvo en los supuestos de fuerza mayor, bienes perecederos, bienes en los que exista un riesgo de pérdida inminente de valor o cuando el obligado tributario solicite de forma expresa su enajenación.

4. En cualquier momento anterior a la adjudicación de bienes, la Administración tributaria liberará los bienes embargados si el obligado extingue la

---

Art. 172: Vid. arts. 97 a 107 RGR.

Art. 172.1, párr. 1.º: Vid. art. 100 RGR. Vid. **Resolución de 28 de marzo de 2017, conjunta de la Dirección General de la AEAT y de la Secretaría General del Tesoro y Política Financiera,** por la que se modifica la de 13 de octubre de 2016, por la que se establecen el **procedimiento y las condiciones para la participación por vía telemática en procedimientos de enajenación de bienes a través del portal de subastas de la Agencia Estatal *Boletín Oficial del Estado*** (*BOE* de 19 de abril de 2017). La **Resolución de 4 de junio de 2018, conjunta de la Dirección General de la Agencia Estatal de Administración Tributaria y la Secretaría General del Tesoro y Política Financiera, modifica también la de 13 de octubre de 2016** (*BOE* de 12 de junio de 2018).

Art. 172.1, párr. 2.º: Vid. art. 101 y Disp. Trans. 3.ª1, párr. 2.º, RGR. Competencias: vid. nota al art. 5.º LGT (§ I).

Art. 172.2: Vid. arts. 108 a 110 RGR.

Art. 172.3: Vid. art. 65.5 LGT (§ I). Precedente inmediato de este apartado es el derogado art. 31.2 LDGC. Repárese en que el límite fijado por el art. 172.3 LGT alude a la firmeza sin más; es decir, más allá de haber causado estado en la vía administrativa, el acto de liquidación debe ser irrecurrible en la vía judicial. En definitiva, se trata de firmeza en sentido estricto. El art. único, apartado doce, del RD 1.071/2017, de 29 de diciembre (*BOE* de 30 de diciembre) ha añadido un párrafo segundo al art. 74.1) del RGR, en virtud del cual «En ningún caso será de aplicación en la ejecución de garantías lo dispuesto en el artículo 172.3 de la Ley 58/2003, de 17 de diciembre, General Tributaria

Art. 172.4: Vid. arts. 113 a 115 RGR.

SSTS de 14 de julio 2021 (Rec. 3895/2020. Ponente: F. J. Navarro Sanchis); **16 de julio de 2021 (Rec. 2190/2020.** Ponente: E. Córdoba Castroverde) y 16 de julio de 2021 (Rec. 2778/2020. Ponente: E. Córdoba Castroverde): 1) La Administración tributaria no puede realizar válidamente comprobaciones, determinar liquidaciones o imponer sanciones a un obligado tributario tomando como fundamento fáctico de la obligación fiscal supuestamente incumplida los documentos o pruebas incautados como consecuencia de un registro practicado en el domicilio de terceros (aunque se haya autorizado la entrada y registro por el juez de esta jurisdicción), cuando tales documentos fueron considerados nulos en sentencia penal firme, por estar incursos en vulneración de derechos fundamentales en su obtención.

Aun cuando tal declaración penal no se hubiera llevado a cabo formalmente, la nulidad procedería de lo establecido en el art. 11 LOPJ, conforme al cual «no surtirán efecto las pruebas obtenidas, directa o indirectamente, violentando los derechos o libertades fundamentales».

deuda tributaria y las costas del procedimiento de apremio.

Subsección 3.ª

Terminación del procedimiento de apremio

Art. 173. *Terminación del procedimiento de apremio.*—1. El procedimiento de apremio termina:

a) Con el pago de la cantidad debida a que se refiere el apartado 1 del artículo 169 de esta ley.

b) Con el acuerdo que declare el crédito total o parcialmente incobrable, una vez declarados fallidos todos los obligados al pago.

c) Con el acuerdo de haber quedado extinguida la deuda por cualquier otra causa.

2. En los casos en que se haya declarado el crédito incobrable, el procedimiento de apremio se reanudará, dentro del plazo de prescripción, cuando se tenga conocimiento de la solvencia de algún obligado al pago.

SECCIÓN 3.ª

Procedimiento frente a responsables y sucesores

Subsección 1.ª

Procedimiento frente a los responsables

Art. 174. *Declaración de responsabilidad.*—1. La responsabilidad podrá ser declarada en cualquier momento posterior a la práctica de la liquidación o a la presentación de la autoliquidación, salvo que la ley disponga otra cosa.

2. En el supuesto de liquidaciones administrativas, si la declaración de responsabilidad se efectúa con anterioridad al vencimiento del período voluntario de pago, la competencia para dictar el acto administrativo de declaración de responsabilidad corresponde al órgano competente para dictar la liquidación. En los demás casos, dicha competencia corresponderá al órgano de recaudación.

---

2) El ***exceso de los funcionarios de la Administración tributaria sobre lo autorizado en el auto judicial*** es contrario a derecho y deber ser controlado, a posteriori, por el propio juez autorizando, a través del mecanismo de dación de cuenta que la Administración está obligada a realizar, art. 172 RGAT, sin que la infracción de dicho trámite deba perjudicar al afectado por él.

3) Se consideran ***hallazgos casuales*** los documentos referidos a otros sujetos y relativos a otros impuestos y ejercicios distintos a aquéllos para los que se obtuvo la autorización judicial de entrada y registro y, por tanto, supeditados en su validez como prueba y en su idoneidad para servir de base a las actuaciones inspectoras y sancionadoras a la licitud y regularidad del registro de que se trate, lo que afecta tanto a su adopción y autorización como al modo de efectuarse su práctica.

4) La acreditación, por la Administración tributaria, de que la prueba obtenida, como hallazgo casual, en el registro de un tercero, con finalidad de determinar otros tributos, no es la misma utilizada en la ulterior regularización y sanción, a efectos de determinar el alcance y extensión de la prueba nula, es carga que corresponde a la Administración, dado su deber de identificar y custodiar pertinentemente la prueba obtenida en un registro, máxime si pertenece o afecte a terceros.

Art. 173: Vid. arts. 76 y 104.1 LGT (§ I) y 61 a 63 y 116 RGR.

Art. 174: Vid. arts. 41 LGT (§ I) y 124 RGR. **STS 377/2021, de 17 de marzo. Rec. 5711/2019. Ponente: J. Díaz Delgado**: «... entre los requisitos formales que deben reunir los actos de derivación de responsabilidad tributaria, está el q***ue se detalle la imputación de pagos efectuada cuando existan varias deudas tributarias pendientes de pago***».

Art. 174.2: Criterios para determinar la competencia: el art. 174.2 LGT delimita entre órganos de gestión y órganos de recaudación. Vid. nota al art. 5.º LGT (§ I).

3. El trámite de audiencia previo a los responsables no excluirá el derecho que también les asiste a formular con anterioridad a dicho trámite las alegaciones que estimen pertinentes y a aportar la documentación que consideren necesaria.

4. El acto de declaración de responsabilidad será notificado a los responsables. El acto de notificación tendrá el siguiente contenido:

a) Texto íntegro del acuerdo de declaración de responsabilidad, con indicación del presupuesto de hecho habilitante y las liquidaciones a las que alcanza dicho presupuesto.

b) Medios de impugnación que pueden ser ejercitados contra dicho acto, órgano ante el que hubieran de presentarse y plazo para interponerlos.

c) Lugar, plazo y forma en que deba ser satisfecho el importe exigido al responsable.

5. En el recurso o reclamación contra el acuerdo de derivación de responsabilidad podrá impugnarse el presupuesto de hecho habilitante y las liquidaciones

---

Art. 174.5: Redactado por la Ley 7/2012, de 29 de octubre (*BOE* n.º 261, de 30 de octubre), con vigencia desde el 31 de octubre de 2012.

Siguiendo la senda abierta por la **STC 85/2006, de 27 de marzo**, en relación con la **derivación de sanciones a los responsables** —véase, en nota al art. 182.2 LGT (§ I)—, la *STC 140/2010, de 21 de diciembre* (*BOE* de 19 de enero) rechaza la limitación al derecho de alegar de los responsables frente a las liquidaciones originarias por deudas tributarias, en un supuesto de derivación de responsabilidad a los sucesores de la actividad mercantil. Para ello, precisa, en primer lugar, que «el hecho de que la mercantil recurrente en amparo sea sucesora empresarial de la mercantil no afecta en nada, como parece pretender el Abogado del Estado en sus alegaciones, a la concurrencia o no de la lesión alegada (art. 24.1 CE). Y ello *porque* ***"al responsable no se le deriva una liquidación firme y consentida por el obligado principal y, en consecuencia, inimpugnable al momento de la derivación, sino que lo que se le deriva es la responsabilidad de pago de una deuda, frente a la cual y desde el mismo instante en que se le traslada, se le abre la oportunidad, no sólo de efectuar el pago en período voluntario, sino también de reaccionar frente a la propia derivación de responsabilidad, así como frente a la deuda cuya responsabilidad de pago se le exige. [...]*** *No hay que olvidar que una conducta pasiva del deudor principal frente a las pretensiones liquidatorias o recaudatorias administrativas, haciendo dejación de su derecho a reaccionar en tiempo y forma contra los actos de liquidación, dejaría inerme al responsable solidario o subsidiario, al condicionar el ejercicio de su derecho fundamental de acceso a la jurisdicción en petición de nulidad de la deuda que se le deriva de la actitud procesal diligente del deudor principal que la deja impagada"* **(STC 39/2010, de 19 de julio, FJ 4.º).»**

En **STS de 17 de mayo de 2018** (Rec. 793/2018; ponente: J. Díaz Delgado), reiterando el criterio mantenido en **SSTS de 6 de junio de 2014 (Rec. 560/2012), 22 de diciembre de 2016 (Rec. 2629/2015), 3 de abril de 2018 (Rec. 427/2017) y 3 de mayo de 2018 (Rec. 3146/2016)**, concluye el TS que el artículo 174.5 LGT, «en la medida en que se refiere a un procedimiento autónomo, distinto del que dio lugar a los acuerdos relativos al deudor principal, sólo puede ser interpretado en el sentido de ***otorgar al responsable plenas facultades de impugnación respecto de aquel presupuesto y aquellas liquidaciones, sin que tales facultades queden excepcionadas o puedan limitarse por la circunstancia de ser el declarado responsable administrador de la sociedad cuando aquellas liquidaciones o acuerdos fueron adoptados***. Debe añadirse, además, que tal interpretación se extiende también a los supuestos en los que las liquidaciones o los acuerdos sancionadores hubieran ganado firmeza, supuesto en el que tales disposiciones sólo resultan intangibles para los obligados principales, pero no para quienes, como responsables, tienen a su alcance las plenas facultades impugnatorias mencionadas.» **En la misma línea STS 3597/2019, de 7 de noviembre de 2019. Rec. 4234/2017. Ponente: A. Aguallo. En la misma línea STS de 3 de junio de 2020. Rec. 5020/2017. Ponente: E. Córdoba Castroverde**, que precisa también que: «**En los supuestos de anulación de una declaración de derivación de responsabilidad subsidiaria por un tribunal económico administrativo, la Administración puede, en ejecución de dicha resolución, dictar un nuevo acto de declaración de responsabilidad en los términos legalmente procedentes, en tanto no haya prescrito su derecho a exigir el pago de la deuda y respetando el principio de "*reformatio in peius*". El órgano competente para la ejecución es el que hubiera dictado el acto de cuya ejecución se trate…**».

STS de 15 de marzo 2022 (Rec. 3723/2020. Ponente: F. J. Navarro Sanchis). El art. 174.5 LGT excluye la suspensión automática de las sanciones tributarias que se deriven en los supuestos de responsabilidad solidaria del art. 42.2 LGT. Por tanto, la suspensión automática de la ejecutividad de las sanciones, establecida en el art. 212.3 LGT no es aplicable a las sanciones objeto de una derivación de responsabilidad *ex* art. 42.2 LGT.

a las que alcanza dicho presupuesto, sin que como consecuencia de la resolución de estos recursos o reclamaciones puedan revisarse las liquidaciones que hubieran adquirido firmeza para otros obligados tributarios, sino únicamente el importe de la obligación del responsable que haya interpuesto el recurso o la reclamación.

No obstante, en los supuestos previstos en el apartado 2 del artículo 42 de esta ley no podrán impugnarse las liquidaciones a las que alcanza dicho presupuesto, sino el alcance global de la responsabilidad. Asimismo, en los supuestos previstos en el citado apartado no resultará de aplicación lo dispuesto en el artículo 212.3 de esta ley, tanto si el origen del importe derivado procede de deudas como de sanciones tributarias.

6. El plazo concedido al responsable para efectuar el pago en período voluntario será el establecido en el apartado 2 del artículo 62 de esta ley.

Si el responsable no realiza el pago en dicho plazo, la deuda le será exigida en vía de apremio, extendiéndose al recargo del período ejecutivo que proceda según el artículo 28 de esta ley.

Art. 175. *Procedimiento para exigir la responsabilidad solidaria.*—1. El procedimiento para exigir la responsabilidad solidaria, según los casos, será el siguiente:

a) Cuando la responsabilidad haya sido declarada y notificada al responsable en cualquier momento anterior al vencimiento del período voluntario de pago original de la deuda que se deriva, bastará con requerirle el pago una vez transcurrido dicho período.

b) En los demás casos, una vez transcurrido el período voluntario de pago original de la deuda que se deriva, el órgano competente dictará acto de declaración de responsabilidad que se notificará al responsable.

2. El que pretenda adquirir la titularidad de explotaciones y actividades económicas y al objeto de limitar la responsabilidad solidaria contemplada en el párrafo *c*) del apartado 1 del artículo 42 de esta ley, tendrá derecho, previa la conformidad del titular actual, a solicitar de la Administración certificación detallada de las deudas, sanciones y responsabilidades tributarias derivadas de su ejercicio. La Administración tributaria deberá expedir dicha certificación en el plazo de tres meses desde la solicitud. En tal caso quedará la responsabilidad del adquirente limitada a las deudas, sanciones y responsabilidades contenidas en la misma. Si la certificación se expidiera sin mencionar deudas, sanciones o responsabilidades o no se facilitara

---

Art. 175.1: Redactado por art. decimotercero, ap. dieciséis de la Ley 11/2021, de 9 de julio.

STS de 22 de mayo de 2018 (Rec. 38/2017). Ponente: N. A. Maurandi: «... la posibilidad de tasación pericial contradictoria [TPC] debe reconocerse por igual tanto en las liquidaciones como en los actos de derivación de responsabilidad, En lo que hace a la TPC establecida en el artículo 57.2 LGT de 2003, y cuya tramitación y alcance se regula en el artículo 135 del mismo texto legal, ha de considerarse procedente para combatir tanto la comprobación de valores que haya servido de base a una liquidación tributaria, como aquella otra que haya dado sustento y contenido a un acto de declaración de responsabilidad tributaria por los cauces procedimentales que regulan los arts. 174 a 176 LGT de 2003. Cuando se notifique el acto declarativo de la responsabilidad solidaria (o de la liquidación) —que haya estado precedido de una comprobación de valores— de la posibilidad impugnatoria que comporta la TPC, con carácter previo al recurso o reclamación económico administrativa. Debe aplicarse a esta cuestión el régimen previsto para las notificaciones irregulares: que estas no afectan a la validez del acto controvertido notificado, pero si determinan el "*dies a quo*" en el que debe a correr el plazo legalmente establecido para la impugnación (en este caso para solicitar la TPC); y tiene que recordarse a este respecto lo que sucesivamente han dispuesto sobre esta materia el artículo 58.3 de la Ley 30/1992 y el artículo 40.3 de la Ley 39/2015.»

Art. 175.2: Vid. art. 125 RGR.

en el plazo señalado, el solicitante quedará exento de la responsabilidad a la que se refiere dicho artículo.

Art. 176. *Procedimiento para exigir la responsabilidad subsidiaria.*—Una vez declarados fallidos el deudor principal y, en su caso, los responsables solidarios, la Administración tributaria dictará acto de declaración de responsabilidad, que se notificará al responsable subsidiario.

Subsección 2.ª

Procedimiento frente a los sucesores

Art. 177. *Procedimiento de recaudación frente a los sucesores.*—1. Fallecido cualquier obligado al pago de la deuda tributaria, el procedimiento de recaudación continuará con sus herederos y, en su caso, legatarios, sin más requisitos que la constancia del fallecimiento de aquél y la notificación a los sucesores, con requerimiento del pago de la deuda tributaria y costas pendientes del causante.

Cuando el heredero alegue haber hecho uso del derecho a deliberar, se suspenderá el procedimiento de recaudación hasta que transcurra el plazo concedido para ello, durante el cual podrá solicitar de la Administración tributaria la relación de las deudas tributarias pendientes del causante, con efectos meramente informativos.

Mientras la herencia se encuentre yacente, el procedimiento de recaudación de las deudas tributarias pendientes podrá continuar dirigiéndose contra sus bienes y derechos, a cuyo efecto se deberán entender las actuaciones con quien ostente su administración o representación.

2. Disuelta y liquidada una sociedad o entidad, el procedimiento de recaudación continuará con sus socios, partícipes o cotitulares, una vez constatada la extinción de la personalidad jurídica.

Disuelta y liquidada una fundación, el procedimiento de recaudación continuará con los destinatarios de sus bienes y derechos.

La Administración tributaria podrá dirigirse contra cualquiera de los socios, partícipes, cotitulares o destinatarios, o contra todos ellos simultánea o sucesivamente, para requerirles el pago de la deuda tributaria y costas pendientes.

Art. 176: Véanse notas a los arts. 41 y 43 LGT (§ I) arts. 61 a 63 RGR.

STS de 17 de octubre de 2007 (Rec. 4803/ 2002): El plazo de prescripción para que la Administración derive la **acción de responsabilidad frente al responsable subsidiario** empieza desde el momento en que se pueda derivar dicha responsabilidad —***actio nata***—, no desde la fecha en que se devenga el tributo frente al sujeto pasivo. En el mismo sentido, **STS de 9 de diciembre de 2010 (recurso de casación para unificación de doctrina n.º 322/2006).**

Art. 177: Vid. arts. 39 y 40 LGT y sus notas (§ I) y art. 127 RGR.

CAPÍTULO VI*

ASISTENCIA MUTUA

SECCIÓN 1.ª

Introducción

Art. 177 bis. *Actuaciones de asistencia mutua.*—1. La Administración tributaria podrá requerir y prestará asistencia mutua tendente al intercambio de información, a la recaudación de créditos o a otros fines previstos en la normativa reguladora de dicha asistencia.

2. De conformidad con lo establecido en el artículo 83.1, segundo párrafo, de esta ley, se considera aplicación de los tributos el ejercicio de las actividades y actuaciones a las que se refiere ese apartado realizadas en el ámbito de la normativa sobre asistencia mutua.

---

* **Nuevo capítulo introducido, con efectos desde el 1 de enero de 2012, por la Disp. Final 1.ªuno.16 del RD-ley 20/2011, de 30 de diciembre** (*BOE* n.º 315, de 31 de diciembre de 2011; corrección de errores en *BOE* n.º 8, de 10 de enero de 2012). En coherencia con ello, el RD 1.558/2012, de 15 de noviembre (*BOE* de 24 de noviembre), modifica parcialmente el RGR. Vid. el texto del Acuerdo multilateral entre Autoridades Competentes sobre intercambio automático de información de cuentas financieras, hecho en Berlín el 29 de octubre de 2014 (*BOE* de 13 de agosto de 2015).

Téngase en cuenta que, de acuerdo con el **art. 16.º de la Ley 11/2021, de 9 de julio, se ha modificado la Ley 36/2006, de 29 de noviembre, de medidas para la prevención del fraude fiscal. Modificaciones que, en síntesis, consisten en:**

a) Las referencias efectuadas en la normativa a ***paraísos fiscales,*** a ***países o territorios con los que no exista efectivo intercambio de información***, o de ***nula o baja tributación*** se entenderán efectuadas a la definición de ***jurisdicción no cooperativa***

b) Las referencias normativas efectuadas a **Estados con los que exista un efectivo intercambio de información tributaria o en materia tributaria,** se entenderán efectuadas a **Estados con los que exista normativa sobre asistencia mutua en materia de intercambio de información tributaria en los términos previstos en la LGT que sea de aplicación.**

c) Tendrán la consideración de ***jurisdicciones no cooperativas*** los países y territorios, así como los regímenes fiscales perjudiciales, ***que se determinen por la Ministra de Hacienda mediante Orden Ministerial***, de acuerdo con una serie de **criterios**, entre los que figura la ***existencia o no de normativa sobre asistencia mutua***, **el** cumplimiento de un ***efectivo intercambio de información tributaria con España***, el ***resultado de las evaluaciones «inter pares» realizadas por el Foro Global de Transparencia e Intercambio de Información con Fines Fiscales*** y el efectivo ***intercambio de información relativa al titular real***, definido en los términos de la normativa española en materia de prevención de blanqueo de capitales y financiación del terrorismo.

d) **La existencia de baja o nula tributación.**

Existe **baja tributación** cuando en el país o territorio de que se trate se aplique un nivel impositivo efectivo considerablemente inferior, incluido el tipo cero, al exigido en España en un impuesto idéntico o análogo al IRPF, al Impuesto sobre Sociedades o al Impuesto sobre la Renta de no Residentes.

Existe **nula tributación** cuando en el país o territorio de que se trate no se aplique un impuesto idéntico o análogo al IRPF, al Impuesto sobre Sociedades o al Impuesto sobre la Renta de no Residentes, según corresponda.

Tendrán la consideración de **impuesto idéntico o análogo** los tributos que tengan como finalidad la imposición de la renta, siquiera parcialmente, con independencia de que el objeto del mismo lo constituya la propia renta, los ingresos o cualquier otro elemento indiciario de esta.

e) La relación de regímenes fiscales perjudiciales que tienen la consideración de **jurisdicciones no cooperativas** se podrá **actualizar** atendiendo a los criterios del Código de Conducta en materia de Fiscalidad Empresarial de la Unión Europea o del Foro de Regímenes Fiscales Perjudiciales de la OCDE.

f) Respecto de aquellos ***países o territorios que tengan la consideración de jurisdicciones no cooperativas***, de conformidad con lo establecido en esta disposición, ***con los que el Reino de España tenga suscrito un convenio para evitar la doble imposición que se encuentre vigente,*** la normativa tributaria relacionada con las jurisdicciones no cooperativas resultará también de aplicación, en la medida en que no sea contraria a las disposiciones del citado convenio.

g*) *En tanto no se determinen por Orden Ministerial los países o territorios que tienen la consideración de jurisdicción no cooperativa, tendrán dicha consideración los países o territorios previstos en el Real Decreto 1080/1991, de 5 de julio, por el que se determinan los países o territorios a que se refieren los artículos 2, apartado 3, número 4, de la Ley 17/1991, de 27 de mayo, de Medidas Fiscales Urgentes, y 62 de la Ley 31/1990, de 27 de diciembre, de Presupuestos Generales del Estado para 1991.

3. A las actuaciones que la Administración tributaria realice como consecuencia de solicitudes de asistencia recibidas les será de aplicación lo establecido en los capítulos anteriores de este título, con las especialidades contenidas en este capítulo.

4. La asistencia que la Administración tributaria preste a otros Estados o a entidades internacionales o supranacionales en virtud de la normativa sobre asistencia mutua estará sometida a las limitaciones establecidas en esta última.

SECCIÓN 2.ª

Normas comunes

Art. 177 ter. *Intercambio de información.*—1. La Administración tributaria podrá facilitar a otros Estados o a entidades internacionales o supranacionales los datos, informes o antecedentes obtenidos en el desempeño de sus funciones, siempre que la cesión tenga por objeto la aplicación de tributos de titularidad de otros Estados o de entidades internacionales o supranacionales, en los términos y con los límites establecidos en la normativa sobre asistencia mutua, sin perjuicio de que el Estado o entidad receptora de la información pueda utilizarla para otros fines cuando así se establezca en dicha normativa.

A fin de proporcionar la citada información, la Administración tributaria realizará las actuaciones que se precisen para obtenerla, incluso cuando la información solicitada no sea precisa para la determinación de sus tributos internos. A tal efecto, la Administración podrá utilizar cualquiera de los mecanismos de obtención de información regulados en esta ley.

La Administración tributaria podrá oponerse o deberá autorizar expresamente, en los términos establecidos en la normativa sobre asistencia mutua, que la información facilitada conforme al apartado anterior sea transmitida a un tercer Estado o entidad internacional o supranacional.

2. La información suministrada a la Administración tributaria por otros Estados o por entidades internacionales o supranacionales en virtud de normas sobre asistencia mutua tendrá carácter reservado en los términos señalados en el artículo 95.1 de esta ley, salvo que la normativa sobre asistencia establezca otra cosa.

No obstante, la cesión a terceros establecida en los distintos párrafos del artículo 95.1 de esta ley será posible sólo si la normativa del Estado o entidad que ha facilitado la información permite su utilización para fines similares, salvo que la normativa sobre asistencia establezca otra cosa.

Art. 177 ter: Vid. art. 95.6 LGT (§ I).

TJUE. Gran Sala. Sentencia de 6 de octubre de 2020. C-245/2019. Cooperación entre Administraciones Tributarias. Procedimiento de intercambio de información. Requerimiento de comunicación de información a la autoridad competente de un Estado miembro, a raíz de una solicitud de intercambio de información de la autoridad competente de otro Estado miembro. Valoración de la pertinencia previsible de la información solicitada en el requerimiento. Alcance del control jurisdiccional y de la pertinencia de recurrir por parte de terceros con los que dicho contribuyente mantiene relaciones jurídicas, bancarias, financieras o, en un sentido más amplio, económicas, afectados por la información. ***El respeto del contenido esencial del derecho a la tutela judicial efectiva no exige que las terceras personas a las que concierne la información en cuestión, sin estar sometidas directamente a una obligación jurídica de comunicar esa información ni, por tanto, al riesgo de ser sancionadas en caso de incumplimiento de esa obligación, tengan la posibilidad de interponer un recurso directo contra la decisión de requerimiento de tal información***.

La **Sentencia del STJCE de 1 de octubre de 2015** (Sala 3.ª; procedimiento prejudicial 95/46/CE) concluye que ***no son admisibles las medidas nacionales que permiten a una Administración Pública de un Estado miembro transmitir datos personales a otra Administración Pública y el correspondiente tratamiento de tales datos sin que se haya comunicado a los interesados que tales datos han sido transmitidos y están siendo utilizados.***

El procedimiento de cesión de esta información a terceros se desarrollará reglamentariamente.

En su caso, la información a que se refiere este apartado podrá ser remitida a otros Estados o a otras entidades internacionales o supranacionales si así lo permite la normativa sobre asistencia mutua, y en las condiciones establecidas en la misma.

Art. 177 quáter. *Controles simultáneos.*—1. Son controles simultáneos las actuaciones realizadas de acuerdo con otro u otros Estados con el objeto de intercambiar la información obtenida en relación con personas o entidades que sean de interés común o complementario para los Estados intervinientes.

2. La Administración tributaria podrá participar, junto con las autoridades competentes de otros Estados, en controles simultáneos, en los términos establecidos en la normativa sobre asistencia mutua.

A los intercambios de información que sean necesarios para los controles simultáneos les será de aplicación lo dispuesto en el artículo anterior.

Art. 177 quinquies. *Presencia en las actuaciones de asistencia y en controles simultáneos.*—1. En el desarrollo de las actuaciones de asistencia a otros Estados, podrán estar presentes funcionarios designados por el Estado requirente, previa autorización de la autoridad competente española o previo acuerdo entre los Estados.

2. Asimismo, los funcionarios designados por la autoridad competente española podrán desplazarse a otros Estados en el marco de peticiones de asistencia efectuadas por la Agencia Estatal de Administración Tributaria, o como consecuencia de controles simultáneos.

Art. 177 sexies. *Asistencia en la notificación.*—1. En el marco de la asistencia mutua, los actos administrativos dictados en España por la Administración tributaria podrán ser notificados en el territorio de otro Estado mediante la asistencia de la autoridad competente de ese Estado.

Tales notificaciones producirán los mismos efectos que si se hubiesen realizado conforme a la normativa española, sin más requisito que la comunicación recibida de la autoridad requerida de que se ha efectuado la notificación solicitada.

En los casos en que se haya solicitado asistencia a otro Estado, si en el plazo de dos meses desde el envío de la solicitud de notificación no se ha podido realizar la notificación en el extranjero o la Administración tributaria no ha recibido respuesta de la autoridad requerida respecto a la fecha de notificación del documento al destinatario, la Administración podrá proceder a la notificación por comparecencia regulada en el artículo 112 de esta ley.

Si en estos supuestos se produjese una doble notificación del acto, se considerará como fecha de notificación la correspondiente a la efectuada en primer lugar.

2. Cuando, en el marco de la asistencia mutua, la Administración tributaria reciba una petición de notificación de documentos por parte de la autoridad competente de otro Estado o de entidades internacionales o supranacionales, será aplicable el régimen de notificación regulado en la sección 3.ª del capítulo II de este título.

La notificación podrá efectuarse, en su caso, además de en los lugares establecidos en el artículo 110 de esta ley, en el lugar que a estos efectos señale la autoridad extranjera.

En los supuestos en los que no sea posible la notificación al interesado por causas no imputables a la Administración tributaria e intentada bien en el domicilio fiscal o bien en el lugar señalado a estos efectos por la autoridad extranjera, será de aplicación lo dispuesto en el artículo 112 de esta ley.

Los documentos objeto de notificación serán remitidos al destinatario en la lengua en la que sean recibidos por la Administración tributaria, salvo que la normativa sobre asistencia mutua establezca otra cosa.

Art. 177 septies. *Medios de comunicación.*—Las comunicaciones que la Administración tributaria entable con otros Estados o con entidades internacionales o supranacionales en virtud de la normativa sobre asistencia mutua, se llevarán a cabo a través de los medios establecidos en la normativa que regule la asistencia en cada caso.

En defecto de regulación específica, para las comunicaciones se utilizarán preferentemente medios electrónicos, informáticos y telemáticos, en los términos establecidos en esta Ley y en su normativa de desarrollo.

SECCIÓN 3.ª

Asistencia en la recaudación

Art. 177 octies. *Procedimiento de recaudación en el ámbito de la asistencia mutua.*—La recaudación de deudas en el ámbito de la asistencia mutua se realizará mediante el pago o cumplimiento del obligado tributario en los términos previstos en los artículos 62.6 y 65.6 de esta ley, así como, en su caso, a través de la aplicación de las normas de la sección 2.ª del capítulo V del título III de esta ley, sin perjuicio de las especialidades contenidas en el presente capítulo.

Art. 177 nonies. *Instrumento de ejecución.*—1. Tendrá la consideración de instrumento de ejecución aquel que, en virtud de las normas de asistencia mutua, habilite para el ejercicio de las actuaciones recaudatorias a las que se refiere el capítulo V del título III de esta ley.

2. El instrumento de ejecución se asimila a la providencia de apremio. En particular, será considerado título suficiente para iniciar el procedimiento de recaudación y tendrá la misma fuerza ejecutiva que la providencia de apremio a la que se refiere el artículo 167.2 de esta ley para proceder contra los bienes y derechos de los obligados al pago.

3. Cuando el instrumento de ejecución vaya acompañado de otros documentos referentes al mismo y expedidos por el Estado o entidad internacional o supranacional requirente, dichos documentos serán remitidos al destinatario en la lengua en la que sean recibidos por la Administración tributaria, salvo que la normativa sobre asistencia mutua establezca otra cosa.

4. En ningún caso, ni el instrumento de ejecución ni los documentos que acompañen y se refieran al mismo, que hayan sido recibidos conforme a la normativa de asistencia mutua, estarán sujetos a acto alguno de reconocimiento, adición o sustitución por parte de la Administración tributaria española, salvo que dicha normativa establezca otra cosa.

Art. 177 decies. *Motivos de oposición contra los instrumentos de ejecución.*—Contra el instrumento de ejecución dictado al amparo de las normas de asistencia mutua no serán admisibles los motivos de oposición a los que se refiere el artículo 167.3 de esta ley, siendo de aplicación lo establecido en el artículo 177 duodecies.1 de esta ley.

Art. 177 undecies. *Motivos de oposición contra las diligencias de embargo y contra el resto de actuaciones derivadas de una solicitud de cobro recibida en el ámbito de la asistencia mutua.*—1. Contra las diligencias de embargo dictadas al amparo de la asistencia mutua sólo serán admisibles como motivos de oposición aquellos a los que se refiere el artículo 170.3 de esta ley.

En el caso de que el motivo de oposición se fundamente en medios de prueba obtenidos en actuaciones ante instancias administrativas o judiciales de otro Estado o entidad internacional o supranacional, se deberá solicitar por el órgano competente la debida acreditación de los mismos. La información remitida a estos efectos tendrá el valor probatorio que proceda en derecho de acuerdo con lo dispuesto en el artículo 106.2 de esta ley.

2. Contra el resto de las actuaciones de la Administración tributaria española derivadas de una solicitud de cobro recibida en el marco de la asistencia mutua serán oponibles los motivos que deriven de la presente ley y su normativa de desarrollo.

Art. 177 duodecies. *Competencia para la revisión de las actuaciones recaudatorias.*—1. La revisión del instrumento de ejecución al que se refiere el artículo 177 nonies de esta ley se llevará a cabo por el Estado o entidad internacional o supranacional requirente de la asistencia mutua, salvo que las normas reguladoras de la misma establezcan otra cosa.

2. La revisión de las diligencias de embargo y demás actuaciones de la Administración tributaria derivadas de una solicitud de cobro recibida, se llevará a cabo por los órganos revisores establecidos en la presente ley y en su normativa de desarrollo.

Art. 177 terdecies. *Suspensión del procedimiento de recaudación.*—1. Se acordará la suspensión de oficio del procedimiento de recaudación instado al amparo de las normas de asistencia mutua por la comunicación de la existencia de un litigio por el Estado o entidad internacional o supranacional requirente que pudiera afectar al crédito respecto del cual se hubiera solicitado asistencia. Dicha suspensión también tendrá lugar cuando el interesado en el procedimiento comunique y acredite fehacientemente la existencia del mismo.

No obstante lo anterior, dicha suspensión no se acordará o quedará sin efecto cuando dicho Estado o entidad internacional o supranacional manifieste su voluntad a favor de la ejecución.

2. Cuando el litigio se refiera sólo a una parte de la solicitud de asistencia, la suspensión referida en el apartado anterior se entenderá producida sólo respecto de la parte afectada por la impugnación, pudiéndose continuar con la ejecución de la parte no afectada.

3. Salvo que la normativa sobre asistencia mutua establezca otra cosa, también se suspenderá el procedimiento de recaudación cuando alguno de los Estados o entidades internacionales o supranacionales intervinientes en dicha asistencia hubieran iniciado un procedimiento amistoso y el resultado de dicho procedimiento pudiera afectar al crédito respecto del cual se hubiera solicitado asistencia. La suspensión surtirá efectos hasta que concluya dicho procedimiento, salvo que, entre otros supuestos, existan indicios racionales de que dicho cobro se verá frustrado o gravemente dificultado, en cuyo caso se continuará la ejecución. No obstante lo anterior, se podrán adoptar las medidas cautelares para garantizar el cobro del crédito conforme a lo dispuesto en el artículo 81.2 de esta ley.

Art. 177 quaterdecies. *Terminación de los procedimientos de recaudación tramitados al amparo de las normas de asistencia mutua.*—Los procedimientos de recaudación tramitados al amparo de la asistencia mutua podrán terminar, además de por las causas del artículo 173 de esta ley, por la modificación o retirada de la petición de cobro original efectuada por el Estado o entidad internacional o supranacional requirente de dicha asistencia.

TÍTULO IV

La potestad sancionadora

CAPÍTULO PRIMERO

PRINCIPIOS DE LA POTESTAD SANCIONADORA EN MATERIA TRIBUTARIA

Art. 178. *Principios de la potestad sancionadora.*—La potestad sancionadora en materia tributaria se ejercerá de acuerdo con los principios reguladores de la misma en materia administrativa con las especialidades establecidas en esta ley.

En particular serán aplicables los principios de legalidad, tipicidad, responsabilidad, proporcionalidad y no

---

Art. 178: Vid. arts. 25 CE y 10 y Disp. Trans. 4.ª LGT (§ I), así como nota al art. 180.1 LGT (§ I). El art. 1.º RST (cohonestado con la Disp. Adic. 1.ª) delimita el ámbito de aplicación del mismo. La atribución de competencias se recoge en el art. 20. Desde el 2 de octubre de 2016 los principios de la potestad sancionadora de la Administración Pública se encuentran recogidos en los arts. 25 a 31 LRJSP, mientras que la LPACAP recoge (arts. 63, 64, 85, 89 y 90) determinadas especialidades que concurren en la tramitación de los procedimientos sancionadores. Especialmente importante es en este punto la observancia del ***principio de reserva de ley*** **en materia de infracciones y sanciones**, de acuerdo con el **art. 25.1 CE**. El **Tribunal Constitucional** ha señalado reiteradamente que, aunque «en el contexto de las infracciones y sanciones administrativas, el alcance de la reserva de ley no puede ser tan riguroso como lo es por referencia a los tipos y sanciones penales en sentido estricto [...], en todo caso, el artículo 25.1 CE exige la necesaria cobertura de la potestad sancionadora de la Administración en una norma de rango legal [...] que no excluye la colaboración reglamentaria en la propia tarea de tipificación de las infracciones y atribución de las correspondientes sanciones, pero sí descarta que tales remisiones hicieran posible una regulación independiente y no claramente subordinada a la Ley [...]». Vid. **STC (Sala 1.ª) de 17 de marzo de 2004 (ponente: M. Jiménez de Parga). En idéntico sentido se pronuncia la STC 34/2013, de 14 de febrero** (FJ 19.º).

SSTS de 14 de septiembre y 7 de octubre de 2020: «Como regla general ***la tramitación de los procedimientos sancionadores incoados por las Administraciones Públicas han de ser tramitados por el personal al servicio de las Administraciones, sin que sea admisible que, con caracter general, de permanencia y manera continuada, puedan encomendarse funciones de auxilio material o de asistencia técnica a Entidades Públicas Empresariales***, sin perjuicio de poder recurrir ocasionalmente y cuando la Administración careciera de los medios para ello, al auxilio de Entidades Públicas empresariales, como medios propios de la Administración, a prestar dicho auxilio o asistencia.»

La **STS de 23 de septiembre de 2020 (Rec. 2839/2019**, Ponente: F. J. Navarro Sanchis) respondió a la cuestión admitida en casación —«Aclarar si, dada la exigencia legal de separacion de los procedimientos inspector y sancionador, una sanción tributaria puede ser impugnada y anulada con fundamento en que la liquidación tributaria, derivada de un procedimiento de inspección, se ha ejercido tras la prescripción extintiva de la potestad correspondiente, con el efecto de que habría prescrito también la potestad de imponer sanciones derivadas de esa deuda liquidada en caso de que se hubiera excedido el plazo legalmente previsto para este último procedimiento»— en los siguientes términos: «frente a un acuerdo sancionador pueden oponerse cualesquiera motivos determinantes de su nulidad, incluidos los que afectan al acto previo de liquidación, aunque haya quedado firme por no haber sido recurrida por el interesado».

Doctrina constitucional: STC 18/1981, de 8 de junio: ***«los principios inspiradores del orden penal son de aplicación, con ciertos matices, al Derecho administrativo sancionador».*** También las SSTC 77/1983, 76/1990, 246/1991 y 50/1995. *STC 32/2009, de 9 de febrero* (FJ 4.º): «[...] es indiscutida la aplicación, a los actos y resoluciones de Derecho administrativo sancionador, de los principios sustantivos derivados de dicho precepto constitucional. Así, partiendo del inicial reproche a la imposición de sanciones sin observar procedimiento alguno, se ha ido elaborando progresivamente una doctrina que asume la vigencia en el seno del procedimiento administrativo sancionador de un amplio abanico de garantías del art. 24.2 CE. Sin ánimo de exhaustividad, cabe citar el ***derecho a la defensa***, que proscribe cualquier indefensión; el ***derecho a la asistencia letrada***, trasladable con ciertas condiciones; el ***derecho a ser informado de la acusación***, con la ineludible consecuencia de la inalterabilidad de los hechos imputados; el ***derecho a la presunción de inocencia***, que implica que la carga de la prueba de los hechos constitutivos de la infracción recaiga sobre la Administración, con la prohibición de la utilización de pruebas obtenidas con vulneración de derechos fundamentales; **el *derecho a no declarar contra sí mismo***; y, en fin, el ***derecho a utilizar los medios de prueba adecuados para la defensa,*** del que se deriva que vulnera el art. 24.2 CE la denegación inmotivada de medios de prueba (por todas, SSTC 7/1998, de 13 de enero, FJ 5.º, y 272/2006, de 25 de septiembre, FJ 2.º)" (STC 70/2008, de 23 de junio, FJ 4.º)».

Como el **Magistrado F.J. Navarro Sanchis** señaló en un **voto particular a la STS de 17 de septiembre 2020. Rec. 325/2019**: «cuando se habla de que la sanción administrativa (sólo indirecta y oblicuamente reconocida en la CE) participa de la naturaleza del ius puniendi del Estado y, en su virtud, deben trasladarse, si bien con las matizaciones que, tal vez con excesiva prudencia e indefinición, propone el Tribunal Constitucional ***—aún no se han concretado con precisión y detalle aquellas garantías, pautas o reglas—, lo que se viene a postular es más bien su flexibilidad (en la exigencia de la reserva de ley, en la predeterminación normativa o tipicidad, en la dogmática de la culpabilidad, etc...), pero siempre en beneficio del expedientado. Carecería de sentido que esa equiparación ontológica, derivada de la unidad de sustancia, trajera consigo un empeoramiento de la situación que la ley tributaria define para sancionar las conductas que en ella se tipifican, esto es, que fuera peor tratado el sancionado que el condenado penalmente. Lo que sí parece indudable es que el designio de equiparar la naturaleza y sustancia de unas y otras sanciones —las penales y las administrativas— es el de dotar a estas últimas de un sistema de garantías, sustantivas y formales, de las que antes no disfrutaban —y, en mi opinión, siguen sin disfrutar por completo—***. En especial, es preciso poner el acento en las de orden procesal o procedimental" (ap. 3.3). **La vigencia de estos principios es determinante para distinguir la obligación tributaria de la sanción, tal y como expone la *STS 1332/2010, de 10 de febrero*** (Rec. 2437/2004; ponente: Garzón Herrero): **«[...]** ***la sanción*** *tributaria es estructural y cualitativamente distinta de la obligación tributaria*. Ello se explica porque lo cardinal de las sanciones tributarias, lo crucial, lo esencial no es el derecho infringido (tributario) sino la naturaleza del actuar, es decir, su carácter infractor, que acarrea como efecto la sanción. Hay que insistir en ello, lo decisivo cuando de sanciones tributarias se trata no es que sean "tributarias" sino que son sanciones. *Su regulación en la LGT, o en cualquier norma fiscal, es claramente secundaria, pues lo importante es que su regulación respete los principios del derecho sancionador*. (El campo del derecho tributario tiene su ámbito de actuación en la obligación tributaria.) ***[...] cuando una norma regula las sanciones es indudable que el bien jurídico protegido, en virtud de exigencias constitucionales insoslayables, art. 25 de la Constitución, es, tiene que ser algo distinto de lo que se protege cuando lo regulado es la "obligación tributaria". Ese distinto contenido no puede ser otra cosa que el "bien jurídico" especialmente protegido mediante la institución sancionadora, bien jurídico que ha de explicitar el legislador. Cuando el legislador no delimita de modo preciso el bien jurídico protegido por el sistema sancionador lo que sucede es que se dificulta la aplicabilidad del sistema sancionador.»***

Principio de legalidad: Véase *art. 25 LRJSP. STC 145/2013, de 11 de julio* (*BOE* de 1 de agosto). La **doctrina consolidada del TC sobre este principio** se recoge en el FJ 4.º en los siguientes términos: «El derecho a la legalidad penal (art. 25.1 CE) absorbe el derecho a la legalidad sancionadora administrativa y se articula a través de una doble garantía, material y formal. La primera es la exigencia de predeterminación normativa de las conductas infractoras y de las sanciones correspondientes con la mayor precisión posible, para que los ciudadanos puedan conocer de antemano el ámbito de lo proscrito y prever, de esta manera, las consecuencias de sus acciones [...]. Como señala la STC 104/2009, de 4 de mayo (FJ 2.º), "la ***garantía material*** implica que la norma punitiva permita predecir con suficiente grado de certeza las conductas que constituyen infracción y el tipo y grado de sanción del que puede hacerse merecedor quien la cometa, lo que conlleva que no quepa constitucionalmente admitir formulaciones tan abiertas por su amplitud, vaguedad o indefinición, que la efectividad dependa de una decisión prácticamente libre y arbitraria del intérprete y juzgador". [...] Desde esta perspectiva, según la última Sentencia citada, el principio de tipicidad, vinculado "indisolublemente con el principio de seguridad jurídica (art. 9.º3 CE)", se traduce, en particular, en "la necesidad de que la Administración en el ejercicio de su potestad sancionadora identifique el fundamento legal de la sanción impuesta en cada resolución sancionatoria".

»La ***garantía formal***, como señala la STC 166/2012, de 1 de octubre (FJ 5.º), hace referencia al rango necesario de las normas tipificadoras de esas conductas y sanciones, que ha de ser legal y no reglamentario, de conformidad con el término "legislación vigente" contenido en el art. 25.1 CE (por todas STC 77/2006, de 13 de marzo, FJ único, y jurisprudencia allí citada). La STC 242/2005, de 10 de octubre (FJ 2.º), con cita de otras Sentencias (SSTC 161/2003, de 15 de septiembre, FJ 2.º; 26/2005, de 14 de febrero, FJ 3.º), declare que "la garantía formal implica que la ley debe contener la determinación de los elementos esenciales de la conducta antijurídica y al reglamento sólo puede corresponder, en su caso, el desarrollo y precisión de los tipos de infracciones previamente establecidos por la ley". En definitiva, como ha señalado la STC 104/2009, de 4 de mayo (FJ 2.º), lo que el art. 25.1 CE prohíbe "es la remisión de la ley al reglamento sin una previa determinación de los elementos esenciales de la conducta antijurídica". [...]»

Principio de culpabilidad: Vid. notas a los arts. 179.1 y 183 LGT (§ I). Vid. art. 28 LRJSP.

Principio de proporcionalidad: Vid. art. 29 LRJSP. **STC 179/2009, de 21 de junio** (FJ 5.º): la **vulneración del principio de proporcionalidad** se produce «al constatarse un ***desequilibrio patente y excesivo entre el desvalor de la conducta y la sanción impuesta***». *STS de 13 de febrero de 2007* (Rec. 1846/2002): El principio de proporcionalidad no se cumple por el mero hecho de que la sanción impuesta se encuentre dentro de los límites que el precepto aplicado autorice. Por ello, la cuantía impuesta deberá justificarse dentro del amplio margen que el texto legal confiere a la autoridad sancionadora.

Como atinadamente ha señalado el TS —**STS de 11 de diciembre de 2014, Sala 3.ª, Sección 2.ª (Rec. 2742/2013**; ponente: A. Aguallo)—, la vigente LGT deja un escaso margen de maniobra para la ponderación por los Tribunales del **principio de proporcionalidad**. Señala el TS: «Este margen de maniobra que reconocíamos a los Tribunales como mecanismo de control del ejercicio de la potestad sancionadora de la Administración, empero —y es aquí donde queremos poner el acento—, ha quedado anulado por el legislador tributario con la redacción de la LGT de 2003, pues como señalábamos en nuestra Sentencia de 22 de septiembre de 2011 (rec. cas. 4289/2009), "en la medida en que la LGT de 2003 ha establecido para cada conducta ilícita una sanción específica, concreta, determinada" no ha dejado "a la hora de imponer la sanción, como hacía la anterior LGT de 1963, margen alguno para la apreciación del órgano competente para sancionar" [FD 5.ºD).*a*)]. [...]». Vid. Sentencia del Pleno del Tribunal Constitucional 74/2022, de 14 de junio, donde se contiene una peculiar interpretación del principio de proporcionalidad. Vid. nota al art. 203.6.*b*).1.º LGT (§ 1).

Sobre el **principio de proporcionalidad**, vid. nota al art. 203.6.*b*).1.º LGT (§ 1), en el que se cita la STC 74/2022, de 14 de junio, donde queda constancia de la posición que el Tribunal Constitucional español mantiene acerca del referido principio. **Principio de retroactividad de la norma más favorable** (retroactividad del plazo de prescripción en materia sancionadora)**:** Vid. **art. 26 LRJSP**. Ésta es la principal polémica surgida en torno a este principio, y queda perfectamente definida en la **STS de 14 de enero de 2010 (Rec. 4555/2004; ponente: Montero Fernández)** (FJ 9.º): «"Esta Sala, con base en el art. 25 de la Constitución, tiene declarado en su Sentencia de 20 de febrero de 2007 (Rec. 6422/2001) y repetido en las de 10 de mayo y 21 de junio de 2007 (Rec. 63/2002 y 5483/2002), 27 de junio de 2008 (recurso de casación para unificación de doctrina n.º 119/2004) y 22 de enero de 2009 (Rec. 7117/2004), que *el precepto aplicable a una infracción administrativa es la ley que está vigente en el momento de la comisión de infracción, habiéndose positivizado este criterio, para todas las infracciones administrativas en el nivel de la legislación ordinaria, por el art. 128.1 de la Ley 30/1992*, según el cual será de aplicación las disposiciones sancionadoras vigentes en el momento de producirse los hechos que constituyen infracción administrativa.

»"Por otra parte, la **jurisprudencia del Tribunal Constitucional**, razonando *a sensu contrario*, a partir de la prohibición de la retroactividad de las disposiciones sancionadoras no favorables, plasmada en el art. 9.3 de la Constitución, ha elaborado el *principio de la retroactividad de las leyes sancionadoras posteriores más favorables*, criterio hoy asumido, a nivel general, por el *art. 128.2 de la Ley 30/1992*, según el cual las disposiciones sancionadoras producirán efecto retroactivo en cuanto favorezcan al presunto infractor.

»"A su vez, el *art. 4.3 de la Ley 1/1998, de 26 de febrero, LDGC, reiterando en cierto modo el principio establecido en el citado 128.2 de la Ley Procedimental*, dispone que "las normas que regulan el régimen de infracciones y sanciones tributarias, así como el de los recargos, tendrán efectos retroactivos cuando su aplicación resulte más favorable para el afectado".

»La **cuestión clave** que ha de resolverse es la relativa a **si las normas que regulan la prescripción de la acción para imponer sanciones tributarias pueden o no entenderse incluidas entre aquellas que regulan el régimen de infracciones y sanciones tributarias**.

»*La respuesta viene condicionada por el carácter sustantivo o simplemente procedimental que se asigne a la prescripción*.

»Si tiene carácter sustantivo la aplicación de la retroactividad de la prescripción será preceptiva en aquellos casos en que resulte favorable.

»Por el contrario, si solo se le reconoce carácter procedimental regirá la norma de aplicación temporal del derecho, sin posibilidad alguna de retrotraer su eficacia a resoluciones adoptadas con anterioridad.

»Pues bien, ***tanto el Tribunal Constitucional como el Tribunal Supremo han afirmado la naturaleza material de la prescripción en la esfera de lo punitivo***. Así, el Tribunal Constitucional, en sus Sentencias 83/1989, de 10 de mayo; 157/1990, de 18 de octubre; 12/1991, de 28 de enero; 62/2001, de 17 de marzo, y 63/2005, de 14 de marzo, mantiene que la prescripción de los delitos y faltas por paralización del procedimiento puede ser considerada como institución de naturaleza sustantiva o material.

»También lo viene constantemente declarando así la jurisprudencia de la Sala Segunda del Tribunal Supremo en reiteradas sentencias, entre las que basta citar las de 10 de marzo de 1993, 12 de febrero de 2002, 19 de noviembre de 2003 y 30 de marzo de 2004.

»Por otra parte, esta Sala, en Sentencia de 22 de enero de 1991, de modo expreso declara que la aplicación del principio de retroactividad de la norma posterior más favorable al inculpado se refiere no sólo a la tipificación de la infracción y sanción sino también al nuevo plazo de prescripción, si resulta ser inferior.

»Ante esta valoración del alcance de la prescripción hay que concluir que *la retroactividad establecida* **en el art. 4.3 de la Ley 1/1998 es aplicable a la prescripción de la acción para imponer sanciones tributarias al integrarse en las normas sancionadoras sustantivas.»**

Otra consecuencia de este principio, distinta de la anterior, se refleja en el recurso resuelto por la **STS de 12 de julio de 2010 (Rec. 4466/2007; ponente: J. Huelin)**. En él, el TS avala la actuación de unos contribuyentes que no incluyeron como ganancia patrimonial en el IRPF un premio obtenido en la Lotería francesa, y ello pese a la omisión del art. 7.º*ñ*) de la Ley 40/1998. La postura favorable del TS se basa en que ***el principio que obliga a aplicar retroactivamente la norma sancionadora posterior más favorable determina la improcedencia de sanción basada en la interpretación razonable de la norma que ha quedado refrendada por un pronunciamiento posterior del TJCE***. Esta

concurrencia. El principio de irretroactividad se aplicará con carácter general, teniendo en consideración lo dispuesto en el apartado 2 del artículo 10 de esta ley.

Art. 179. *Principio de responsabilidad en materia de infracciones tributarias.*—1. Las personas físicas o jurídicas y las entidades mencionadas en el apartado 4 del artículo 35 de esta ley

---

conclusión se basa en que la doctrina contenida en esta sentencia del TJCE —se refiere a la **Sentencia del Tribunal de Justicia de las Comunidades Europeas de 13 de noviembre de 2003, *Lindman***—, añade un argumento más a lo ya señalado por la Audiencia Nacional, avalando no sólo la existencia de una interpretación razonable de la norma por parte de los obligados tributarios que excluye la posibilidad de sanción, sino también la propia inadecuación de la norma española al ordenamiento comunitario. «[...] Tal obligación únicamente queda excepcionada si, con carácter excepcional, el Tribunal de Justicia, en cumplimiento del principio general de seguridad jurídica inherente al ordenamiento jurídico comunitario, limita esa posibilidad (sentencia *Uudenkaupungin kaupunki,* apartado 55). Pilares básicos de nuestro sistema constitucional (véanse los arts. 9.º3 y 25.1 de la Constitución) quedarían en entredicho si los tribunales de justicia respaldásemos la imposición de una sanción a un sujeto pasivo que adaptó su comportamiento a una exégesis adecuada del ordenamiento jurídico, apartándose de una norma fiscal que se ha revelado contraria a dicho ordenamiento». En dos Sentencias de 4 y 6 de julio de 2022 —Rec. 6202/2019 y 6410/2019, siendo Ponente en ambas el **Magistrado R. Toledano Cantero**—, el Tribunal Supremo, de conformidad con la Sentencia del TJUE, de 27 de enero de 2022, declara el efecto retroactivo de la nulidad de las actuaciones sancionadoras por incumplir el deber de informar sobre bienes y derechos en el extranjero.

Art. 179.1: Vid. el derogado art. 33 LDGC, así como el art. 28 LRJSP.

Doctrina constitucional: STC 164/2005, de 20 de junio (*BOE* de 21 de julio) (FD 6.º): se aprecia la **vulneración del *derecho a la presunción de inocencia*** cuando «se impone la sanción por el mero hecho de no ingresar, pero sin acreditar la existencia de un mínimo de culpabilidad y de ánimo defraudatorio», en tanto que «no se puede por el mero resultado y mediante razonamientos apodícticos sancionar, siendo imprescindible una motivación específica en torno a la culpabilidad o negligencia y las pruebas de las que ésta se infiere», resultando, además, que la resolución cuestionada no tuvo en cuenta que se trataba de un supuesto «razonablemente problemático en su interpretación».

***El deber de motivación* de los actos administrativos** es un mandato derivado de normas que se mueven en el ámbito de la legalidad ordinaria —motivación de las Sentencias: Constitución (art. 120.3), Ley Orgánica del Poder Judicial (art. 248), Ley de Enjuiciamiento Civil (art. 218)— pero que *en procedimientos sancionadores alcanza una dimensión constitucional, que lo hace fiscalizable a través del recurso de amparo* (*STC 82/2009, de 23 de marzo*, FJ 2.º; en el mismo sentido, SSTC 7/1998, de 13 de febrero, FJ 6.º, y 236/2007, de 7 de noviembre, FJ 12).

En los procedimientos sancionadores la prueba de cargo recae sobre la Administración: STC 82/2009, de 23 de marzo: «[...] examinando la queja desde la genuina perspectiva del derecho a la *presunción de inocencia, que rige sin excepciones en el procedimiento administrativo sancionador* y que comporta la exigencia de un acervo probatorio suficiente, *recayendo sobre la Administración pública actuante la carga probatoria tanto de la comisión del ilícito como de la participación del interesado, sin que a éste pueda exigírsele una* probatio diabolica *de los hechos negativos* (por todas, SSTC 45/1997, de 11 de marzo, FJ 4.º, y 74/2004, de 24 de abril, FJ 4.º), [...] es igualmente doctrina reiterada de este Tribunal que *las actas de inspección o infracción* [...] *pueden ser consideradas por la Administración como medios de prueba capaces de destruir la presunción de inocencia, sin necesidad de que tenga que reiterarse en vía contencioso-administrativa la actividad probatoria de cargo practicada en el expediente administrativo*. Por otra parte, *en el proceso contencioso-administrativo*, tales actas, incorporadas al expediente sancionador, *son susceptibles de valorarse como prueba por el órgano judicial, pero no gozan de mayor relevancia que los demás medios de prueba admitidos en Derecho* y, por ello, ni han de prevalecer necesariamente frente a otras pruebas que conduzcan a conclusiones distintas, ni pueden impedir que el órgano judicial forme su convicción sobre la base de una valoración o apreciación razonada del conjunto de las pruebas practicadas (SSTC 76/1990, de 26 de abril, FJ 8.º; 14/1997, de 28 de enero, FJ 7.º, y 35/2006, de 13 de febrero, FJ 6.º)» (FJ 4.º).

El proceso contencioso-administrativo no puede servir para remediar las posibles lesiones de garantías constitucionales causadas por la Administración en el ejercicio de su potestad sancionadora (STC 82/2009, de 23 de marzo, FJ 3.º). En la misma línea, SSTC 125/1983, de 26 de diciembre, FJ 3.º; 89/1995, de 6 de junio, FJ 4.º; 7/1998, de 13 de enero, FJ 6.º; 59/2004, de 19 de abril, FJ 3.º; 243/2007, de 10 de diciembre, FJ 3.º, y 70/2008, de 23 de junio, FJ 7.º, por todas) (STC 82/2009, de 23 de marzo, FJ 3.º). A salvo, claro está, del procedimiento para la protección de los derechos fundamentales de la persona (arts. 114 a 122 LJ).

Con base en estos pronunciamientos, el TS ha ido desarrollando su doctrina en torno a los criterios que apunta el TC. Así, dice la **STS de 12 de julio de 2010** (Rec. 4466/2007) que ***no cabe sustentar la existencia de infracción en la pura referencia al desenlace de la regularización practicada por la Administración o en la simple constatación de la falta de un ingreso de la deuda tributaria, porque el mero dejar de ingresar no constituía en la Ley***

General Tributaria de 1963 —ni constituye ahora— infracción, y porque no es posible sancionar por la sola referencia al resultado, sin motivar específicamente de donde se colige la existencia de culpabilidad [Sentencias de 2 de noviembre de 2002 (cas. 9712/97, FJ 4.º), 18 de abril de 2007 (cas. 3267/02, FJ 8.º) y 6 de junio de 2008 (cas. 146/04, FJ 6.º)]. En los mismos términos, se pronuncia la STS de 4 de noviembre de 2010 (Rec. 2080/2007).

Tampoco basta, a decir de la *STS 7465/2009, de 18 de noviembre* (Rec. 4212/2003), *con la mera cita de los preceptos que tipifican la infracción y establecen la sanción, o con la sola afirmación de que no se aprecia la concurrencia de causas excluyentes de la responsabilidad, sino que es preciso justificar específicamente de qué comportamientos se infiere la existencia de culpabilidad precisa para sancionar*. «Así lo ha puesto de manifiesto en términos que no dejan lugar a dudas el Tribunal *Constitucional en la Sentencia 164/2005*, y la misma doctrina viene sentando la Sala en Sentencias, entre otras, de *10 de julio de 2007, 3 de abril de 2008, 6 de junio de 2008, 27 de noviembre de 2008 y 9 de julio de 2009*, entre otras, habiendo declarado también que *es insuficiente para satisfacer las exigencias de motivación de las sanciones aducir la claridad de la norma o la no concurrencia de alguno de los supuestos del art. 77.4 LGT, y es que, como ha señalado esta Sección, en la Sentencia de 27 de noviembre de 2008, "la claridad de la norma o la no concurrencia de alguno de lo supuestos del art. 77.4 LGT" es insuficiente para satisfacer las exigencias de motivación de las sanciones que derivan, no sólo de la Ley tributaria (en la actualidad, de los arts. 103.3, 210.4 y 211.3 de la Ley 58/2003, y del art. 24.1 del RD 2.063/2004, de 15 de octubre), sino también de las garantías constitucionales, entre las que hay que destacar el principio de presunción de inocencia reconocido en el art. 24.2 CE (véase, por todas, nuestra Sentencia de 6 de junio de 2008, cit., FD 4.º)*. Y es que, como ha señalado esta Sección, *"el principio de presunción de inocencia garantizado en el art. 24.2 CE no permite que la Administración tributaria razone la existencia de culpabilidad por exclusión o, dicho de manera más precisa, mediante la afirmación de que la actuación del obligado tributario es culpable porque no se aprecia la existencia de una discrepancia interpretativa razonable —como ha sucedido en el caso enjuiciado— o la concurrencia de cualquiera de las otras causas excluyentes de la responsabilidad de las recogidas en el art. 77.3 LGT (actual art. 179.2 de la Ley 58/2003), entre otras razones, porque dicho precepto no agota todas las hipótesis posibles de ausencia de culpabilidad"*. A este respecto, conviene recordar que el art. 77.3.*d*) LGT establecía que la interpretación razonable de la norma era, 'en particular' [el vigente art. 179.2.*d*) de la Ley 58/2003, dice 'entre otros supuestos'], uno de los casos en los que la Administración debía entender necesariamente que el obligado tributario había 'puesto la diligencia necesaria en el cumplimiento de las obligaciones y deberes tributarios'; de donde se infiere que la circunstancia de que la norma incumplida sea clara o que la interpretación mantenida de la misma no se entienda razonable no permite imponer automáticamente una sanción tributaria porque es posible que, no obstante, el contribuyente haya actuado diligentemente".» En el mismo sentido, STS de 1 de julio de 2010 (Rec. 2973/2005).

STS de 7 de febrero de 2014 (Rec. 4877/2011): *«[...]* ***cuando la Inspección ha procedido a regularizar la situación tributaria en base a los datos y conceptos declarados por el sujeto pasivo en su autodeclaración o en base a la contabilidad presentada, hay que excluir la culpabilidad»***.

Además, como ha puesto de relieve la **STS de 10 de septiembre de 2009** (Rec. 1002/2003), ***tampoco puede admitirse que la falta de oposición a la regularización suponga, sin más, la imposición de la sanción, en tanto que ello significa desterrar el elemento esencial de la culpabilidad, e incorporar el criterio objetivo proscrito tanto legal como jurisprudencialmente***. En este sentido, la *STS de 4 de noviembre de 2010* (Rec. 4693/2007) (FJ 3.º) rechaza «[...] la alegación del Abogado del Estado sobre que "*las Actas se firmaron en conformidad* con lo que la disparidad no se llevó a debate económico administrativo ni judicial, con lo que quizá no era tanta esa disparidad o no había motivos suficientes para ello" [...] porque, como ha señalado en alguna ocasión este Tribunal, *la "intencionalidad en la conducta de la apelante y aun su culpabilidad a título de negligencia, no cabe deducirlas de la conformidad prestada en las actas inspectoras"* [Sentencia de 9 de diciembre de 1997 (rec. cas. n.º 776/1992), FD 5.º], dado que la conformidad se presta únicamente respecto de los hechos, y la cuestión de la culpabilidad comporta la valoración de la conducta; además de que no puede descartarse que existan supuestos en los que los obligados tributarios acepten el criterio manifestado por la Administración con la única finalidad de evitar litigios ineficaces» [Sentencia de 6 de junio de 2008 (recurso de casación para unificación de doctrina n.º 146/2004), FD 6.º; en el mismo sentido, Sentencia de 22 de octubre de 2009 (rec. cas. n.º 2422/2003), FD 4.ºB)]». «Es verdad —dice la *STS de 29 de noviembre de 2010* (Rec. 5250/2007)— que la jurisprudencia viene afirmando de manera reiterada que la declaración de conocimiento del Inspector que contienen las actas goza de la presunción de veracidad configurada en el art. 1.218 del Código Civil y hace prueba del hecho al cual se refieren y a su fecha, por tratarse de un documento emanado de un empleado público competente en el ejercicio de sus funciones y con las solemnidades requeridas legalmente. También hemos indicado que el contribuyente no puede rechazar los hechos recogidos en un acta de conformidad, pues de otra manera incurriría en vulneración del principio que impide actuar en contra de los propios actos, salvo que justifique que incurrió en notorio error al aceptar tales hechos, lo que ni siquiera ha alegado [entre otras, Sentencia de 23 de septiembre de 2010 (cas. 5753/05, FJ 5.º)]. Ahora bien, *no cabe confundir los hechos, que no se discuten* [...], con sus consecuencias jurídicas.» En STS de 9 abril de 2013 (Sala 3.ª, Sección 2.ª; ponente: O. González González), el TS confirma una sanción, por indebida valoración de las existencias, pese a que los datos fueron aportados por la entidad, que prestó su conformidad a un acta de inspección, pero

podrán ser sancionadas por hechos constitutivos de infracción tributaria cuando resulten responsables de los mismos.

2. Las acciones u omisiones tipificadas en las leyes no darán lugar a responsabilidad por infracción tributaria en los siguientes supuestos:

a) Cuando se realicen por quienes carezcan de capacidad de obrar en el orden tributario.

---

no a la sanción. El Tribunal de instancia señaló que «*Es cierto que el incremento de la valoración de existencias se ha realizado a partir de los datos aportados por la entidad, pero esta colaboración en el curso del procedimiento a la que la entidad está obligada no se puede considerar como un eximente a la hora de valorar la procedencia de sanción.*» El TS confirmó la sanción por infracción grave.

Las **SSTS de 13 de abril de 2016 (Rec. 2071/2014) y 14 de diciembre de 2016 (Rec. 3942/2015)** insisten en la **necesaria motivación de los acuerdos por los que se imponen sanciones.** Insistiendo la STS de 28 de abril de 2016 (Rec. 894/2015) en que la carga de la prueba recae sobre la Administración. Existe una presunción de buena fe que debe ser desvirtuada (STS de 28 de abril de 2016, Rec. 894/2015).

El *TEAC*, en *Resolución de 18 de febrero de 2016*, resuelve, en recurso extraordinario de alzada para la unificación de criterio, que la utilización de la expresión «*analizadas las circunstancias concurrentes, la conducta del obligado tributario ha sido negligente sin que se aprecie ninguna causa de exoneración de la responsabilidad*» no supone motivar suficientemente el elemento subjetivo de la culpabilidad en una resolución sancionadora; bien al contrario, resulta una fórmula generalizada y estereotipada que no es motivación suficiente para apreciar la culpabilidad del presunto infractor. **La Administración ha de probar, además del elemento objetivo, el subjetivo, la culpabilidad, ya sea a título de dolo o de simple negligencia**.

Art. 179.2: Nueva redacción, con efectos desde el 12 de octubre de 2015, por el art. único.30 de la Ley 34/2015, de 21 de septiembre, de modificación parcial de la LGT (*BOE* n.º 227, de 22 de septiembre). Su **redacción anterior** era la siguiente:

> 2. Las acciones u omisiones tipificadas en las leyes no darán lugar a responsabilidad por infracción tributaria en los siguientes supuestos:
>
> *a*) Cuando se realicen por quienes carezcan de capacidad de obrar en el orden tributario.
>
> *b*) Cuando concurra fuerza mayor.
>
> *c*) Cuando deriven de una decisión colectiva, para quienes hubieran salvado su voto o no hubieran asistido a la reunión en que se adoptó la misma.
>
> *d*) Cuando se haya puesto la diligencia necesaria en el cumplimiento de las obligaciones tributarias. Entre otros supuestos, se entenderá que se ha puesto la diligencia necesaria cuando el obligado haya actuado amparándose en una interpretación razonable de la norma o cuando el obligado tributario haya ajustado su actuación a los criterios manifestados por la Administración tributaria competente en las publicaciones y comunicaciones escritas a las que se refieren los artículos 86 y 87 de esta ley. Tampoco se exigirá esta responsabilidad si el obligado tributario ajusta su actuación a los criterios manifestados por la Administración en la contestación a una consulta formulada por otro obligado, siempre que entre sus circunstancias y las mencionadas en la contestación a la consulta exista una igualdad sustancial que permita entender aplicables dichos criterios y éstos no hayan sido modificados.
>
> *e*) Cuando sean imputables a una deficiencia técnica de los programas informáticos de asistencia facilitados por la Administración tributaria para el cumplimiento de las obligaciones tributarias.

Vid. arts. 86 y 87 LGT (§ I).

El Tribunal Supremo ha reiterado que no son éstas las únicas causas excluyentes de responsabilidad. Así, en **STS de 26 de febrero de 2015 (Rec. 3263/2012**; ponente E. Frías) se señala: «[...] tenemos señalado también que la fundamentación de la culpabilidad por la no concurrencia de ninguna de las causas previstas en el art. 179.2 no puede aceptarse desde la perspectiva de los arts. 25.1 y 24.2 de la Constitución, sentencias, entre otras, de 10 de diciembre de 2009 y 15 de septiembre de 2011 [...]». *STS de 16 de julio de 2015* (rec. cas. 650/2014; ponente: J. A. Montero): «el principio de presunción de inocencia garantizado en el art. 24 CE no permite que la Administración tributaria razone la existencia de culpabilidad por exclusión [...]; sólo cuando la Administración ha razonado, en términos precisos y suficientes, en qué extremos basa la existencia de culpabilidad, procede exigir al acusado que pruebe la existencia de una causa excluyente de responsabilidad [...]; confirmar la sanción porque éste no ha explicado en qué interpretación alternativa y razonable ha fundado su comportamiento, equivale, simple y llanamente, a invertir la carga de la prueba, soslayándose de ese modo las exigencias del principio de presunción de inocencia [...]; la simple afirmación de que no se aprecian dudas interpretativas razonables basada en una especial complejidad de las normas aplicables no constituye suficiente motivación de la sanción, como tantas veces hemos indicado [...]; los déficits de motivación de las resoluciones sancionadoras no pueden ser suplidos ni por los Tribunales Económicos Administrativos, ni por el órgano judicial, porque la competencia para imponer las sanciones tributarias corresponde exclusivamente a la Administración tributaria» (FD 1.º).

b) Cuando concurra fuerza mayor.

c) Cuando deriven de una decisión colectiva, para quienes hubieran salvado su voto o no hubieran asistido a la reunión en que se adoptó la misma.

d) Cuando se haya puesto la diligencia necesaria en el cumplimiento

---

Art. 179.2.d): Véanse notas a los arts. 85 a 90 LGT (§ I). **La jurisprudencia reitera la improcedencia de sancionar conductas cuando la interpretación de la norma ofrece dificultades, por su complejidad, por su falta de desarrollo reglamentario, por la disparidad de criterios judiciales, etc.** Precisa, no obstante, la **STS de 10 de julio de 2007 (RJ 2007/7317)** que ***no toda discrepancia en la calificación jurídica de un hecho produce el efecto de excluir el elemento culpabilístico...*** Pero a lo que el ente sancionador está obligado es a explicar que, pese a la complejidad natural o buscada del hecho litigioso, la posición del eventual infractor no es razonable. **STS de 6 de junio de 2008 (Rec. de casación para unificación de doctrina 146/2006**; ponente: Sr. Aguallo) afirma que ***«el principio de presunción de inocencia garantizado en el artículo 24.2 CE no permite que la Administración tributaria razone la existencia de culpabilidad por exclusión o, dicho de manera más precisa, mediante la afirmación de que la actuación del obligado tributario es culpable porque no se aprecia la existencia de una discrepancia interpretativa razonable [...] o la concurrencia de cualquiera de las otras causas excluyentes de la responsabilidad de las recogidas en el artículo 77.3 LGT (actual art. 179.2 de la Ley 58/2003), entre otras razones, porque dicho precepto no agota todas las hipótesis posibles de ausencia de culpabilidad***. A este respecto, conviene recordar que el artículo 77.3.*d*) LGT establecía que la interpretación razonable de la norma era, «en particular» [el vigente art. 179.2.*d*) de la Ley 58/2003, dice «[e] ntre otros supuestos»], uno de los casos en los que la Administración debía entender necesariamente que el obligado tributario había «puesto la diligencia necesaria en el cumplimiento de las obligaciones y deberes tributarios»; de donde se infiere que la circunstancia de que la norma incumplida sea clara o que la interpretación mantenida de la misma no se entienda razonable no permite imponer automáticamente una sanción tributaria porque es posible que, no obstante, el contribuyente haya actuado diligentemente. Esta doctrina se ha reiterado en numerosísimas ocasiones; véanse, entre las más recientes, **SSTS de 18 de noviembre de 2010 (Rec. 261/2007) y 29 de noviembre de 2010 (Rec. 5250/2007).**

El Tribunal Supremo mantiene una doctrina constante: no hay culpabilidad del sujeto pasivo cuando su conducta se halla amparada por una interpretación jurídica razonable de las normas aplicables. Si, además, la declaración no ha omitido datos y se han respetado las normas contables, es jurídicamente inviable imputar la autoría de infracción alguna. Vid., entre otras muchas, las SSTS de 29 de junio, 16 de julio y 23 de septiembre de 2002. Así como la STS 7507/2009, de 30 de noviembre (Rec. 3582/2003). En este sentido, la *STS de 18 de junio de 2007* (Rec. de casación parala unificación de doctrina 127/2002) —con cita de las SSTS de 27 de septiembre y 29 de octubre de 1999 (RJ 7803 y 7906, respectivamente)— considera que «resulta muy duro» mantener que se ha cometido infracción tributaria en el caso de un contribuyente que aplicó un criterio contable, no previsto en la normativa fiscal, pero que resultó válido en su apreciación, produciendo incluso el resultado de ofrecer un reflejo más exacto de la situación patrimonial del que hubiera derivado de aplicarse el criterio mantenido por la Inspección —como así se acreditó en sede judicial a través de la prueba pericial—.

STS de 10 septiembre de 2009 (Rec. 1002/ 2003): Sí acepta la razonabilidad de la interpretación del sujeto cuando se trata de un concepto amparado en un régimen legal que, mientras ha permanecido vigente, ha suscitado numerosas dudas. Vid., por ejemplo, la **STS de 9 de junio de 2014 (Rec. 1419/2012)**, que confirma la improcedencia de imponer sanciones en el tratamiento fiscal de las primas de seguros de vida y pensiones —para comprobar si tienen la consideración de sistemas alternativos a los planes de pensiones, o al propio de las provisiones a planes de pensiones internos y para indemnizaciones—, sobre el que ha habido un amplio debate en la doctrina administrativa y en la jurisprudencia, provocado, fundamentalmente, por la falta de claridad de la regulación sobre la materia y por las sucesivas modificaciones normativas habidas al respecto. En las Sentencias de 25 de enero de 2010 (cas. 5821/04, FJ 6.º) y 11 de abril de 2011 (cas. 3768/08, FJ 1.º) el TS ya había afirmado la corrección de anular sanciones tributarias debido, precisamente, a las dudas existentes sobre el alcance y la exégesis correcta de dicha regulación, caracterizada, como señala la Sentencia de 18 de marzo de 2013 (cas. 4862/10, FJ 3.º), por la presencia de conceptos vidriosos, regulados por un bloque normativo complejo, que ha cambiado a lo largo de los años, con específicos regímenes transitorios y sobre los que no siempre ha existido un criterio jurisprudencial unánime.

SSTS de 1 de julio de 2010 (Rec. 2973/2005) y 4 de noviembre de 2010 (Rec. 4693/2007) «[...] como ya ha señalado esta Sala, entre otras, en *Sentencia de 18 de marzo de 2010* (rec. cas. n.º 1247/2004), ***es rechazable que "pueda negarse que la sociedad recurrente haya hecho una interpretación razonable por el simple hecho de que tenga " experiencia", disponga de "suficientes medios" y esté "asistida de profesionales jurídicos" (FD 11.º). Y es que, "no es factible, en ningún caso, presumir una conducta dolosa por el mero hecho de las especiales circunstancias que rodean al sujeto pasivo de la imposición (importancia económica, clase de asesoramiento que recibe, etc.***), sino que, en cada supuesto y con independencia de dichas circunstancias sub-

de las obligaciones tributarias. Entre otros supuestos, se entenderá que se ha puesto la diligencia necesaria cuando el obligado haya actuado amparándose en una interpretación razonable de la norma o cuando el obligado tributario haya ajustado su actuación a los criterios manifestados por la Administración tributaria competente en las publicaciones y comunicaciones escritas a las que se refieren los artículos 86 y 87 de esta ley. Tampoco se exigirá esta responsabilidad si el obligado tributario ajusta su actuación a los criterios manifestados por la Administración en la contestación a una consulta formulada por otro obligado, siempre que entre sus circunstancias y las mencionadas en la contestación a la consulta exista una igualdad sustancial que permita entender aplicables dichos criterios y éstos no hayan sido modificados.

A efectos de lo dispuesto en este apartado 2, en los supuestos a que se refiere el artículo 206 bis de esta ley, no podrá considerarse, salvo prueba en contrario, que existe concurrencia ni de la diligencia debida en el cumplimiento de las obligaciones tributarias ni de la interpretación razonable de la norma señaladas en el párrafo anterior.

e) Cuando sean imputables a una deficiencia técnica de los programas informáticos de asistencia facilitados por la Administración tributaria para el cumplimiento de las obligaciones tributarias.

---

jetivas, hay que ponderar si la discrepancia entre el sujeto pasivo y la Hacienda Pública se debe o no a la diversa, razonable y, en cierto modo, justificada interpretación que uno y otra mantienen sobre las normas aplicables" [Sentencias de 29 de junio de 2002 (rec. cas. n.º 4138/1997), FD 2.º; 26 de septiembre de 2008 (recurso de casación para unificación de doctrina n.º 11/2004), FD 4.º, y 18 de marzo de 2010 (rec. cas. n.º 1247/2004)]. En efecto, conforme a nuestra jurisprudencia, lo que "no cabe de ningún modo es concluir que la actuación del obligado tributario ha sido dolosa o culposa atendiendo exclusivamente a sus circunstancias personales; o dicho de manera más precisa, lo que no puede hacer el poder público, sin vulnerar el principio de culpabilidad que deriva del art. 25 CE [véase, por todas, la Sentencia de esta Sección de 6 de junio de 2008 (recurso de casación para unificación de doctrina n.º 146/2004), FD 4], es imponer una sanción a un obligado tributario (o confirmarla en fase administrativa o judicial de recurso) por sus circunstancias subjetivas —aunque se trate de una persona jurídica, tenga grandes medios económicos, reciba o pueda recibir el más competente de los asesoramientos y se dedique habitual o exclusivamente a la actividad gravada por la norma incumplida— si la interpretación que ha mantenido de la disposición controvertida, aunque errónea, puede entenderse como razonable" (Sentencia de 26 de septiembre de 2008, cit., FD 4.º).» En la misma línea, la Resolución del TEAC de 20 de julio de 2017 anula una sanción porque Hacienda había considerado culpable a la interesada únicamente por su habitualidad en la actividad gravada y la circunstancia de ser una persona jurídica con grandes medios económicos.

SAN de 4 de noviembre de 2010 (Rec. 178/2007; ponente: F. J. Navarro Sanchís): la potestad sancionadora es estrictamente reglada y no tolera, por tanto, discrecionalidad administrativa alguna a los efectos de determinar qué normas son claras y cuáles son confusas o susceptibles de varias interpretaciones, juicio de valor que no corresponde a la Administración medir, por no ser función propia suya la de dirimir cuándo una ley es clara y cuándo oscura, con lo que se desenfoca claramente el problema de la culpabilidad y, por ende, de su motivación suficiente, que no se limita a las posibilidades que ofrece el art. 77.4.*d*) LGT/1963 y su correlato posterior de la Ley 58/2003, sino que debe adentrarse en la individualización de la conducta del sujeto pasivo y justificar, de un modo objetivo y suficiente, por qué ha quedado desvanecida, en este concreto caso, la presunción de inocencia a que constitucionalmente tiene derecho. [En esta misma línea, véase SAN de 16 de septiembre de 2010 (Rec. 287/2007).]

STS de 19 de enero de 2016 (rec. cas. en unificación de doctrina 2966/2014; ponente: R. Fernández Montalvo): ***«La Administración no puede imponer una sanción como consecuencia de una regularización administrativa previa, realizada mediante un procedimiento de comprobación gestora, en la que la regularización deriva exclusivamente de los datos declarados por el propio contribuyente. La imposición de la sanción en tales circunstancias supone una vulneración del art. 179.2.d) […]», añadiendo que «no resulta ocioso recordar que la ausencia de ocultación de datos ha sido tenida en cuenta en muchas ocasiones por esta Sala y Sección para excluir la existencia de la simple negligencia que exigía el art. 77.1 LGT/1963 —y debe entenderse que reclama, asimismo, el actual art. 183.1 LGT— para poder imponer sanciones tributarias.»***

STS de 22 de octubre de 2020. Ponente: A. Aguallo: **Cuando se ha comprobado la existencia de una simulación no cabe invocar la existencia de interprretación razonable como causa de exclusión de responsabilidad.**

3. Los obligados tributarios que voluntariamente regularicen su situación tributaria o subsanen las declaraciones, autoliquidaciones, comunicaciones de datos o solicitudes presentadas con anterioridad de forma incorrecta no incurrirán en responsabilidad por las infracciones tributarias cometidas con ocasión de la presentación de aquéllas.

Lo dispuesto en el párrafo anterior se entenderá sin perjuicio de lo previsto en el artículo 27 de esta ley y de las posibles infracciones que puedan cometerse como consecuencia de la presentación tardía o incorrecta de las nuevas declaraciones, autoliquidaciones, comunicaciones de datos o solicitudes.

Art. 180. *Principio de no concurrencia de sanciones tributarias.*— 1. Una misma acción u omisión que deba aplicarse como criterio de gradua-

---

Art. 179.3: Vid. arts. 27, 122.2, 191.1, 192.1 y 198.2 LGT (§ I); 2.º y 15.5 y 6 RST, 305.4 CP (§ II) y 87.5 RGIT. De acuerdo con el **RD 1.072/2017, de 29 de diciembre y con efectos 1 de enero de 2018**, se ha introducido un **nuevo apartado 7 en el art. 15 del Reglamento Sancionador Tributario** con la siguiente redacción: «A efectos de lo dispuesto en el artículo 179.3 de la Ley 58/2003, de 17 de diciembre, General Tributaria, no se incurrirá en responsabilidad por la presentación de autoliquidaciones, declaraciones, documentos relacionados con las obligaciones aduaneras u otros documentos con trascendencia tributaria incumpliendo la obligación de utilizar medios electrónicos, informáticos o telemáticos, cuando posteriormente se produzca la presentación por dichos medios, sin requerimiento previo en el sentido del artículo 27.1 de la Ley 58/2003, de 17 de diciembre, General Tributaria, o inicio de procedimiento sancionador.» La **STS 1336/2002, de 15 de julio**, entiende que **la prescripción de la obligación tributaria no tiene encaje en la excusa absolutoria de regularización porque identifica esta última con el pago de la deuda**. Así, afirma que: «Regularizar es convertir en regular, poner en orden. Tratándose de una deuda, de una obligación incumplida, ***poner en orden significa pagar, cumplir***. En la regularización, el elemento diferencial respecto de la prescripción es la concurrencia de una conducta que, aunque tardía, guarda una relación de equivalencia práctica con el pago tempestivo.» **Esta identificación es llevada al extremo por la *STS 539/2003, de 30 de abril*, que exige el ingreso en efectivo de la deuda y rechaza un aval que pueda desplegar los efectos propios del pago. Doctrina que contrasta con la previsión de subsanación que se adjunta en el precepto a la conducta tendente a la regularización. Y también con la posición mantenida por el propio *TS* que, en *Sentencia de 10 de mayo de 2007*** (Sala 3.ª; ponente E. Frías Ponce), señala que: «***La Sala debe resaltar que el aplazamiento o fraccionamiento es una modalidad de pago,*** de manera que [...] el contribuyente que presentara [...] una declaración-autoliquidación, sin pagar en ese momento la deuda tributaria, pero solicitara simultáneamente su aplazamiento o fraccionamiento, estaría ofreciendo el pago de la misma, pero con condiciones distintas, y si la Administración Tributaria le aceptara éstos [aplazamiento o fraccionamiento] u otros diferentes, y los cumpliera, habría pagado su deuda» (FD 3.º). Vid. nota al art. 27.4 LGT (§ I) y STS de 15 de febrero de 2008 (Rec. 5696/2002), citada en nota al art. 150.2.*b*) LGT (§ I).

Además de este régimen general, puede verse un supuesto excepcional de regularización en la Disp. Adic. 1.ª del RD-ley 12/2012, de 30 de marzo, por el que se introdujeron diversas medidas tributarias y administrativas dirigidas a la reducción del déficit público (*BOE* de 31 de marzo (*BOE* de 31 de marzo), modificada parcialmente por la Disp. Final 3.ª del RD-ley 19/2012, de 25 de mayo (*BOE* de 26 de mayo). Su desarrollo se contiene en la Orden HAP/1.182/2012, de 31 de mayo (*BOE* de 4 de junio).

Art. 180: Nueva redacción, con efectos desde el 12 de octubre de 2015, por el art. único.31 de la LGT (*BOE* n.º 227, de 22 de septiembre). Vid. arts. 32 y 33 RST y 31 LRJSP.

Vid. notas al **art. 42.1.a).**

Su **redacción anterior** era la siguiente:

> **Art. 180.** ***Principio de no concurrencia de sanciones tributarias.***—1. Si la Administración tributaria estimase que la infracción pudiera ser constitutiva de delito contra la Hacienda Pública, pasará el tanto de culpa a la jurisdicción competente, o remitirá el expediente al Ministerio Fiscal y se abstendrá de seguir el procedimiento administrativo, que quedará suspendido mientras la autoridad judicial no dicte sentencia firme, tenga lugar el sobreseimiento o el archivo de las actuaciones o se produzca la devolución del expediente por el Ministerio Fiscal.
>
> La sentencia condenatoria de la autoridad judicial impedirá la imposición de sanción administrativa.
>
> De no haberse apreciado la existencia de delito, la Administración tributaria iniciará o continuará sus actuaciones de acuerdo con los hechos que los tribunales hubieran considerado probados, y se reanudará el cómputo del plazo de prescripción en el punto en el que estaba cuando se suspendió. Las actuaciones administrativas realizadas durante el período de suspensión se tendrán por inexistentes.

2. Si la Administración tributaria estimase que el obligado tributario, antes de que se le haya notificado el inicio de actuaciones de comprobación o investigación, ha regularizado su situación tributaria mediante el completo reconocimiento y pago de la deuda tributaria, la regularización practicada le exoneraría de su responsabilidad penal, aunque la infracción en su día cometida pudiera ser constitutiva de delito contra la Hacienda Pública, y la Administración podrá continuar con el procedimiento administrativo sin pasar el tanto de culpa a la autoridad judicial ni al Ministerio Fiscal.

Asimismo, los efectos de la regularización prevista en el párrafo anterior, resultarán aplicables cuando se satisfagan deudas tributarias una vez prescrito el derecho de la Administración a su determinación.

3. Una misma acción u omisión que deba aplicarse como criterio de graduación de una infracción o como circunstancia que determine la calificación de una infracción como grave o muy grave no podrá ser sancionada como infracción independiente.

4. La realización de varias acciones u omisiones constitutivas de varias infracciones posibilitará la imposición de las sanciones que procedan por todas ellas.

Entre otros supuestos, la sanción derivada de la comisión de la infracción prevista en el artículo 191 de esta ley será compatible con la que proceda, en su caso, por la aplicación de los artículos 194 y 195 de esta ley.

Asimismo, la sanción derivada de la comisión de la infracción prevista en el artículo 198 de esta ley será compatible con las que procedan, en su caso, por la aplicación de los artículos 199 y 203 de esta ley.

5. Las sanciones derivadas de la comisión de infracciones tributarias resultan compatibles con la exigencia del interés de demora y de los recargos del período ejecutivo.

La evolución de las reformas habidas en esta materia puede verse con precisión en la STS 1426/2017, de 25 de septiembre (Rec. 2994/2017. Ponente: R. Fernández Montalvo).

Aplicando **la legislación anterior a la reforma de 2015**, la **STS de 18 de octubre de 2016** (Rec. 1287/2015; ponente: J. Díaz Delgado) concluyó que se infringen los arts. 180 LGT y 32.1 RST porque «estando probado que la Administración tributaria tuvo conocimiento de que se estaba desarrollando un proceso penal sobre los mismos hechos y períodos, si bien referido a un concepto impositivo distinto, debió paralizar sus actuaciones por preferencia del orden jurisdiccional penal, en evitación de soluciones contradictorias sobre los mismos hechos, y debió abstenerse de liquidar y de sancionar en tanto en cuanto no hubiera recaído sentencia en el proceso penal relativo a los mismos hechos» (FD 5.º).

Recogía este precepto el tradicional principio ***non bis in idem***, en virtud del cual se impide sancionar dos veces, en vía administrativa y en vía penal, unos mismos hechos, a unos mismos sujetos y por el mismo fundamento. **El *Tribunal Constitucional*, en su *Sentencia 2/2003, de 16 de enero*, dictada por el Pleno, revisó sustancialmente el contenido que venía atribuyendo a dicho principio**, permitiendo que se sancione en vía penal a pesar de haberse sancionado previamente en vía administrativa, siempre que la pena descuente la sanción impuesta ya en vía administrativa y el previo procedimiento administrativo sancionador no haya reconocido todas las cautelas y garantías propias del procedimiento penal.

Doctrina del Tribunal Supremo: **STS de 20 de enero de 2006**: «El ***principio non bis in idem*** ha sido reconocido como una garantía básica del Estado de Derecho, aunque no haya sido mencionado en la Constitución. [...] Actualmente la persecución del delito fiscal no depende del impulso procesal de la Administración [...]. Por lo tanto, *la jurisdicción penal no está limitada por un presupuesto procesal consistente en la desaprobación administrativa de la liquidación practicada por el contribuyente acusado de delito fiscal.* Es de una evidencia incontrovertible que, si el principio *non bis in idem* no impide que la jurisdicción penal pueda sancionar un hecho que ha sido ya objeto de sanción administrativa, tampoco puede impedir que corrija el juicio de antijuridicidad de la Administración Tributaria respecto de un mismo hecho, cuando éste es subsumible bajo el tipo penal del delito fiscal.» **STS de 3 de diciembre de 2009 (Rec. 5170/2004**; ponente: A. Aguallo Avilés) (FJ 9.º): «[...] conforme a reiterada doctrina del Tribunal Constitucional, *la* **vertiente formal o procesal de la prohibición de bis in idem** *"se concreta en la regla de la preferencia o precedencia de la autoridad judicial penal sobre la Administración respecto de su actuación en materia sancionadora en aquellos casos en los que los hechos a sancionar puedan ser, no sólo constitutivos de infracción administrativa, sino también de delito o falta según el Código Penal"* [STC 2/2003, de 16 de enero, FJ 3.º*c*); en el mismo sentido, STC 77/1983, de 3 de octubre, FJ 4.º)]. La "subordinación de los actos de la Administración de imposición de sanciones a la Autoridad judicial —ha señalado el máximo intérprete de la Constitución— **exige que *la colisión entre una actuación jurisdiccional y una actuación administrativa haya de resolverse en favor de la primera" (STC 77/1983,***

ción de una infracción o como circunstancia que determine la calificación de una infracción como grave o muy grave no podrá ser sancionada como infracción independiente.

2. La realización de varias acciones u omisiones constitutivas de varias infracciones posibilitará la imposición de las sanciones que procedan por todas ellas.

---

de 3 de octubre, FJ 3.º). Premisa ésta de la que se derivan *tres consecuencias*: *a*) "el necesario control *a posteriori* por la Autoridad judicial de los actos administrativos mediante el oportuno recurso"; *b*) "la imposibilidad de que los órganos de la Administración lleven a cabo actuaciones o procedimientos sancionadores, en aquellos casos en que los hechos puedan ser constitutivos de delito o falta según el Código Penal o las leyes penales especiales, mientras la Autoridad judicial no se haya pronunciado sobre ellos", y *c*) "la necesidad de respetar la cosa juzgada" [SSTC 77/1983, de 3 de octubre, FJ 3.º, y 2/2003, de 16 de enero, FJ 3.º*c*)].

»[...] **De acuerdo con la doctrina sentada reiteradamente por el Tribunal Constitucional, *la triple identidad de sujetos, hechos y fundamentos constituye "el presupuesto de aplicación de la interdicción constitucional de incurrir en* bis in idem, *sea éste sustantivo o procesal"*** (SSTC 2/2003, de 16 de enero, FJ 5.º; 229/2003, de 18 de diciembre, FJ 3.º), y "delimita el contenido de los derechos fundamentales reconocidos en el art. 25.1 CE, ya que éstos no impiden la concurrencia de cualesquiera sanciones y procedimientos sancionadores, ni siquiera si éstos tienen por objeto los mismos hechos, sino que estos derechos fundamentales consisten precisamente en no padecer una doble sanción y en no ser sometido a un procedimiento punitivo, por los mismos hechos y con el mismo fundamento" (SSTC 2/2003, de 16 de enero, FJ 5.º; 229/2003, de 18 de diciembre, FJ 3.º).»

SSTS de 24 de febrero de 2016 (Rec. 4044/2014; ponente: M. Martín Timón) **y 27 de noviembre de 2015** (Rec. 3346/2014; ponente: R. Fernández Montalvo): «[...] el ***non bis in idem* procesal** sólo prohíbe que exista un procedimiento administrativo sancionador posterior al proceso penal absolutorio por el mismo ilícito cuando aquél pueda equipararse por su complejidad y gravedad a un proceso penal [...]. De acuerdo con la referida regla de prioridad del procedimiento penal, el ejercicio de la potestad sancionadora de la Administración ha de esperar el resultado de la sentencia penal y, si es condenatoria con la concurrencia de la triple identidad subjetiva, objetiva y de fundamento sancionador, la Administración resulta plenamente vinculada al pronunciamiento deviniendo improcedente la sanción administrativa como consecuencia material y positiva del principio de prohibición que incorpora el principio *non bis in idem*».

STS de 13 de marzo de 2017 (Rec. 347/2016; ponente: J. Díaz Delgado): **en los procedimientos tributarios la Administración está vinculada a las sentencias penales sobre los mismos hechos, de forma que la Administración Tributaria no puede practicar una liquidación dando por probados unos indicios que la sentencia penal había considerado no probados** (FD 5.º). En la misma línea, STS de 27 de febrero de 2017 (Rec. 394/2016; ponente: J. Díaz Delgado). Vid. también SSTS de 7 de julio y 28 de noviembre de 2011, 29 de octubre de 2012 (Rec. 3781/2009) y 20 de noviembre de 2014 (Rec. 3850/2012; ponente: J. A. Montero Fernández, con votos particulares).

STSJ de la Comunidad Valenciana de 12 de febrero de 2016 (Rec. 1501/2012): «[...] Expuesta la doctrina interpretativa del principio *non bis in idem*, el presente litigio *no nos permite su aplicación de una manera plena y clara, aunque sí suficiente*, pues, siendo cierto que estamos ante una nueva sanción al mismo contribuyente por los mismos hechos y fundamentos, su causa deviene de la anulación de la sanción inicial por el TEARCV por insuficiente apoderamiento del representante de la actora, lo que pone un vicio formal que causa la anulación de la sanción sin entrar a valorarla, sin un juicio de procedencia. ***La consecuencia de la anulación es la retroacción del procedimiento sancionador para corregir el error formal y volver a sancionar, lo que implica una segunda sanción en el mismo procedimiento, dando con ello pie a la aplicación de la doctrina expuesta: estamos ante una doble imposición de sanción y, al existir identidad de sujeto, hecho y fundamento, se vulnera el principio non bis in idem en su vertiente procedimental, lo que debe suponer la anulación de la sanción.»***

Cfr. **art. 305.5 CP (§ II), redactado por la LO 7/2012, de 27 de diciembre (BOE n.º 312, de 28 de diciembre).**

En **Sentencia del Tribunal de Justicia de la Unión Europea de 20 de marzo de 2018** (Gran Sala, Asunto C-524/15; Luca Menci) concluye que, **de conformidad con el Convenio Europeo de Derechos Humanos y el propio ordenamiento comunitario, es posible imponer una sanción administrativa y una sanción penal a una misma persona y por los mismos hechos —liquidación por IVA—, sin que ello suponga vulnerar el contenido del principio *non bis in ídem*. Ello es posible siempre que se atienda a tres criterios: calificación jurídica de la sanción en el Derecho interno, naturaleza de la infracción y gravedad de la sanción.**

Entre otros supuestos, la sanción derivada de la comisión de la infracción prevista en el artículo 191 de esta ley será compatible con la que proceda, en su caso, por la aplicación de los artículos 194 y 195 de esta ley.

Asimismo, la sanción derivada de la comisión de la infracción prevista en el artículo 198 de esta ley será compatible con las que procedan, en su caso, por la aplicación de los artículos 199 y 203 de esta ley.

3. Las sanciones derivadas de la comisión de infracciones tributarias resultan compatibles con la exigencia del interés de demora y de los recargos del período ejecutivo.

CAPÍTULO II

DISPOSICIONES GENERALES SOBRE INFRACCIONES Y SANCIONES TRIBUTARIAS*

SECCIÓN 1.ª

Sujetos responsables de las infracciones y sanciones tributarias

Art. 181. *Sujetos infractores.*— 1. Serán sujetos infractores las personas físicas o jurídicas y las entidades mencionadas en el apartado 4 del artículo 35 de esta ley que realicen las acciones u omisiones tipificadas como infracciones en las leyes.

Entre otros, serán sujetos infractores los siguientes:

a) Los contribuyentes y los sustitutos de los contribuyentes.

b) Los retenedores y los obligados a practicar ingresos a cuenta.

c) Los obligados al cumplimiento de obligaciones tributarias formales.

d) La entidad representante del grupo fiscal en el régimen de consolidación fiscal.

e) Las entidades que estén obligadas a imputar o atribuir rentas a sus socios o miembros.

f) El representante legal de los sujetos obligados que carezcan de capacidad de obrar en el orden tributario.

g) Los obligados tributarios conforme a la normativa sobre asistencia mutua.

h) La entidad dominante en el régimen especial del grupo de entidades del Impuesto sobre el Valor Añadido.

2. El sujeto infractor tendrá la consideración de deudor principal a efectos de lo dispuesto en el apartado 1 del artículo 41 de esta ley en relación con la declaración de responsabilidad.

3. La concurrencia de varios sujetos infractores en la realización de una infracción tributaria determinará que queden solidariamente obligados frente a la Administración al pago de la sanción.

Art. 180.3: Vid. arts. 26 y 28 LGT (§ I).

* La Disp. Adic. 15.ª1 LGT (§ I) excluye de este régimen las infracciones y sanciones en materia catastral: arts. 70 y 71 TRLCI.

Art. 181: Vid. arts. 35 a 43 LGT (§ I). Recuérdese la vigencia en este ámbito del principio de legalidad: art. 8.º*g*) LGT (§ I).

Art. 181.1.c): Vid. arts. 29 LGT (§ I) y 3.º2, párr. último, RST.

Art. 181.1.d): Nueva redacción, con efectos desde el 12 de octubre de 2015, por el art. único.32 de la Ley 34/2015, de 21 de septiembre, de modificación parcial de la LGT (*BOE* n.º 227, de 22 de septiembre). Su **redacción anterior** era la siguiente:

> *d*) La sociedad dominante en el régimen de consolidación fiscal.

Art. 181.1.g): Nueva letra introducida, con efectos desde el 1 de enero de 2012, por la Disp. Final 1.ªuno.17 del RD-ley 20/2011, de 30 de diciembre (*BOE* n.º 315, de 31 de diciembre de 2011; corrección de errores en *BOE* n.º 8, de 10 de enero de 2012).

Art. 181.1.h): Nueva letra introducida por art. 13.17 de la Ley 11/2021, de 9 de julio.

Art. 182. *Responsables y sucesores de las sanciones tributarias.*—1. Responderán solidariamente del pago de las sanciones tributarias, derivadas o no de una deuda tributaria, las personas o entidades que se encuentren en los supuestos de los párrafos *a*) y *c*) del apartado 1 y en los del apartado 2 del artículo 42 de esta ley, en los términos establecidos en dicho artículo.

El procedimiento para declarar y exigir la responsabilidad solidaria será el previsto en el artículo 175 de esta ley.

2. Responderán subsidiariamente del pago de las sanciones tributarias las personas o entidades que se encuentren en los supuestos de los párrafos *a*), *g*) y *h*) del apartado 1 del artículo 43 de esta ley, en los términos establecidos en dicho artículo.

El procedimiento para declarar y exigir la responsabilidad subsidiaria será el previsto en el artículo 176 de esta ley.

3. Las sanciones tributarias no se transmitirán a los herederos y legatarios de las personas físicas infractoras.

Las sanciones tributarias por infracciones cometidas por las sociedades y entidades disueltas se transmitirán a los sucesores de las mismas en los términos previstos en el artículo 40 de esta ley.

Art. 182: STC de 12 de mayo de 1994: El **principio de personalidad de la pena o sanción (art. 25.1 CE)** impide exigir sanciones a los miembros de la unidad familiar que no cometieron infracciones ni colaboraron en su realización. Con idéntica orientación, la STC 36/2000, de 14 de febrero.

Art. 182.1 y 2: Apartados redactados por la Ley 36/2006, de 29 de noviembre, de medidas para la prevención del fraude fiscal, con efectos desde el 1 de diciembre de 2006.

Para su aplicación deberá tenerse en cuenta, además, el art. 174 LGT (§ I), cuyo apartado 5 ha sido modificado en relación con el art. 42.2 LGT (§ I).

Art. 182.1: STS de 10 de diciembre de 2008 (Rec. 3941/2006): En relación con el supuesto del **art. 38.1 LGT/1963**, redactado por Ley 10/1985 —actualmente recogido en el **art. 42.1.*a*) LGT/2003** (§ I)—, y **a efectos del régimen de suspensión, prima la naturaleza sancionadora de la responsabilidad exigida, de manera que todo el acto de derivación, cuota y sanción, debe seguir el régimen de suspensión automática de esta última. El razonamiento del TS parte de la naturaleza sancionadora del supuesto, derivada de la relación que el propio TC, en su STC 76/1990, de 26 de abril, estableció entre los arts. 38.1 y 77 LGT/1963, redactados por Ley 10/1985.**

Art. 182.2: La **STC 85/2006, de 27 de marzo** (*FD 3.º*), se sirve de este precepto (en su redacción anterior a la Ley 36/2006) para concluir que, en un supuesto de derivación de responsabilidad a los administradores de una sociedad, en que únicamente se les exige el pago de sanciones y no del resto de componentes de la deuda tributaria —en los términos de la anterior LGT—, y habida cuenta de su función represora o de castigo (STC 276/2000), las cantidades reclamadas a dichos sujetos por la Administración «tienen naturaleza claramente punitiva, y en consecuencia la responsabilidad exigida en este caso es materialmente sancionadora». Así ***se aplican las garantías constitucionales previstas en los arts. 25.1 y 24 CE (FJ 2.º). Por ello, el TC establece que la defensa debe extenderse, más allá de la derivación de responsabilidad, a un estadio previo, es decir, a la comisión o no de las infracciones por la sociedad, así como a discutir la sanción que les correspondiera.***

STS de 2 de diciembre de 2010 (Rec. 326/2006; ponente: Martín Timón; FJ 5.º): «En la nueva LGT/2003 el art. 41.4 excluye, con carácter general, la posibilidad de que se reclame al responsable el pago de las sanciones impuestas al deudor principal, pero deja a salvo las excepciones previstas en la propia LGT/2003 o en otra Ley. Y así, evitando equívocos, se establece expresamente la responsabilidad por sanciones en los supuestos de participación en la comisión de infracciones [art. 42.1.*a*)LGT/2003]y de los administradores que con su actuación permitan el incumplimiento de las obligaciones tributarias de las personas jurídicas [art. 43.1.*a*) LGT/2003].

»[…] Con la misma doctrina, entre otras, Sentencias de 19 de mayo de 2010 (recurso de casación para unificación de doctrina n.º 10/2005) y 6 de octubre de 2010 (recurso de casación n.º 4442/05).»

Art. 182.3: Véase art. 40.5 LGT (§ I).

En relación con el **régimen legal anterior**, puede verse la **STS de 1 de diciembre de 2010 (Rec. 270/2006**; ponente: Sr. Garzón Herrero), recogida en nota al art. 40.5 LGT (§ I).

SECCIÓN 2.ª

Concepto y clases de infracciones y sanciones tributarias

Art. 183. *Concepto y clases de infracciones tributarias.*—1. Son infracciones tributarias las acciones u omisiones dolosas o culposas con cualquier grado de negligencia que estén tipificadas y sancionadas como tales en esta u otra ley.

2. Las infracciones tributarias se clasifican en leves, graves y muy graves.

Art. 183: STC 76/1990, de 26 de abril: en el sistema de responsabilidad de infracciones en materia tributaria rige el principio de culpabilidad, principio que excluye la imposición de sanciones por el mero resultado y sin atender a la conducta del contribuyente. Vid. la jurisprudencia recogida en notas al art. 179 LGT (§ I).

Por ello constituye un supuesto claro de incuria técnica calificar [art. 179.2.*d*) LGT] como causa excluyente de responsabilidad aquellos supuestos en que se ha puesto la diligencia necesaria en el cumplimiento de las obligaciones tributarias. No es causa de exclusión de responsabilidad, sino causa de exclusión del ilícito, que es sustancialmente distinto.

Ello es así especialmente en un sistema, como el nuestro, en el que es el propio contribuyente quien, a modo de vicario, se ve obligado a cumplimentar, según su leal saber y entender, los impresos y las tareas que antaño correspondieron a la Administración Pública.

La **doctrina del TS rechaza la imposición automática de sanciones, por las razones expuestas extensamente en la STS 1332/2010, de 10 de febrero (Rec. 2437/2004**; ponente: Garzón Herrero).

Sentencia de 10 de julio de 2007 (Rec. de casación para unificación de doctrina 306/2002; ponente: Sr. Garzón Herrero): «en el enjuiciamiento de las infracciones ***es al órgano sancionador a quien corresponde acreditar la concurrencia de los elementos constitutivos de la infracción, en este caso de la culpabilidad***. Queremos decir, con ello, que no es la recurrente quien ha de acreditar la razonabilidad de su posición, sino que es el órgano sancionador quien debe expresar las motivaciones por las cuales la tesis del infractor es "claramente" rechazable» (FD 2.º). Véase, en este sentido, *SSTS de 14 de enero de 2010* (Rec. 3565/2004) y *1 de julio de 2010* (Rec. 2973/2005; ponente: A. Aguallo Avilés), recogidas en nota al art. 211.3 LGT (§ I), y *STS de 4 de noviembre de 2010* (Rec. 2080/2007). En aplicación de ello, la posterior STS de 27 de **junio de 2008 (Rec. para la unificación de doctrina 324/2004)».**

En la misma línea, *otra* **Sentencia, también de 10 de julio de 2007 (misma Sala, Sección y ponente), dictada asimismo en recurso de casación para unificación de doctrina (Rec. 216/2002).**

Posteriormente, la **STS de 6 de junio de 2008 (Rec. de casación para unificación de doctrina 146/2006**; ponente: Sr. Aguallo Avilés) ha rechazado la práctica habitual según la cual «la resolución sancionadora, del mismo modo que el acta de inspección, se limita a explicitar la regularización practicada por la Administración tributaria, sin hacer referencia alguna a las razones por las cuales se considera que las irregularidades detectadas constituyen una infracción tributaria grave [...] ni especificar los hechos o circunstancias de los que se infiere que la obligada tributaria inspeccionada ha actuado culpablemente, por dolo o negligencia, esto es, al menos por la "simple negligencia" o negligencia leve a la que aludía el artículo 77.1 LGT/1963». **STS de 27 de junio de 2008 (rec. cas. para la unificación de doctrina 324/2004**; ponente: E. Frías Ponce) y **STS de 29 de septiembre de 2008 (Rec. de casación para unificación de doctrina 264/2004**; ponente: E. Frías Ponce), concluyendo que no es posible asumir que un mismo órgano jurisdiccional en un proceso niegue las dudas interpretativas razonables de una norma que ha reconocido en otro proceso anterior, cuando aquéllas se han planteado en los mismos términos, y todo ello sin añadir explicación alguna justificativa del diferente tratamiento.

STS de 23 de septiembre de 2020. Rec. 2839/2019. Ponente: F. J. Navarro Sanchis. «... frente a un acuerdo sancionador pueden oponerse, administrativa y judicialmente, cualesquiera motivos jurídicos determinantes de su nulidad, no sólo los directamente imputables a tal acto, sino incluidos aquellos que forman parte del presupuesto de hecho de otros actos anteriores, como el de liquidación, que han quedado firmes por no haber sido recurridos por el interesado. Ese derecho del impugnante, con directo amparo en el artículo 24.1 de la CE —tutela judicial efectiva sin indefensión— comporta el correlativo deber de los tribunales de examinar tales motivos para verificar si concurren o no, sin que puedan abstenerse de hacerlo bajo el pretexto, que hemos desacreditado, de que el acto originario o determinante ha ganado firmeza, pues ya hemos dejado sentado los limitados efectos de ésta.» (FD 5.º).

Art. 183.2: ***La LGT incorporó el criterio de clasificación de las infracciones establecido por el art. 129.1 de la Ley 30/1992, si bien, a diferencia de ésta, establece un único plazo de prescripción de cuatro años, con independencia de su mayor o menor gravedad. Vid. art. 30 LPACAP.***

3. Las infracciones y sanciones en materia de contrabando se regirán por su normativa específica.

Art. 184. *Calificación de las infracciones tributarias.*—1. Las infracciones tributarias se calificarán como leves, graves o muy graves de acuerdo con lo dispuesto en cada caso en los artículos 191 a 206 de esta ley.

Cada infracción tributaria se calificará de forma unitaria como leve, grave o muy grave y, en el caso de multas proporcionales, la sanción que proceda se aplicará sobre la totalidad de la base de la sanción que en cada caso corresponda, salvo en el supuesto del apartado 6 del artículo 191 de esta ley.

2. A efectos de lo establecido en este título, se entenderá que existe ocultación de datos a la Administración tributaria cuando no se presenten declaraciones o se presenten declaraciones en las que se incluyan hechos u operaciones inexistentes o con importes falsos, o en las que se omitan total o parcialmente operaciones, ingresos, rentas, productos, bienes o cualquier otro dato que incida en la determinación de la deuda tributaria, siempre que la incidencia de la deuda derivada de la ocultación en relación con la base de la sanción sea superior al 10 por 100.

3. A efectos de lo establecido en este título, se consideran medios fraudulentos:

Art. 183.3: Vid. **Ley 12/1995, de 12 de diciembre, de Represión del Contrabando** (§ III), parcialmente modificada por la LO 6/2011, de 30 de junio (*BOE* de 1 de julio), y por la Disp. Final 1.ª de la LO 10/2015, de 10 de septiembre, por la que se regula el acceso y publicidad de determinada información contenida en las sentencias dictadas en materia de fraude fiscal (*BOE* de 11 de septiembre), con entrada en vigor el 11 de noviembre de 2015 y por Ley 1/2021, de 9 de julio, con entrada en vigor el 10 de julio, que modifica el art. 11 regulador de las infracciones de contrabado. El RD 1.649/1998, de 24 de julio, desarrolla el Título II de dicha Ley.

Art. 184: Vid. art. 9.º RST. **Doctrina constitucional: STC 76/ 1990, de 26 de abril:** ***«el criterio de la capacidad económica no juega sólo y en todo caso, como parece creerse, en perjuicio del contribuyente, sino también en su beneficio, efecto este último que resulta obligado por imperativo del artículo 3.2 CC, que manda ponderar la equidad en la aplicación de las normas»***.

La misma Sentencia se pronuncia sobre la ***graduación de las sanciones en función de la capacidad económica del infractor***, que es «no sólo compatible con el artículo 14 CE, sino también justificado o exigido por el artículo 31.1, en relación con el artículo 9.2 del propio texto constitucional».

Art. 184.1: Vid. arts. 3.º1 y 9.º RST.

Art. 184.2: El art. 4.º1 RST, al precisar la conducta subjetiva de **ocultación de datos a la Administración Tributaria** por el eventual infractor, matiza que ésta igualmente concurre pese al conocimiento de la Administración a través de diversos medios. Vid. art. 10 RST. La **STS de 22 de junio de 2004** destaca que la no ocultación es capital en nuestra jurisprudencia a la hora de valorar la conducta del sujeto.

SSTS de 6 de febrero y 29 de abril de 2004: ***no hay ocultación si los datos están contabilizados.***

SSTS de 10 de septiembre de 2009 (Rec. 3529/2003) y 4 de noviembre de 2010 (Rec. 2080/2007): tanto la utilización de medios fraudulentos por la existencia de anomalías sustanciales en la contabilidad, como la falta de presentación en el ejercicio 1991 del modelo 190, no son autónomas, esto es, *no resultan aplicables automáticamente en cualquier supuesto en que, sin mayores precisiones, puedan apreciarse.* ***Sólo podrán tener el carácter de agravante de la sanción las anomalías contables, que deben detallarse, y que sean especialmente buscadas con el propósito probado de eludir el pago de los impuestos a sabiendas de su falsedad, ilegalidad o de su significación engañosa.*** En definitiva, se requiere que la Administración razone el porqué de la aplicación de la circunstancia de la falta de presentación de la liquidación, que agrava la sanción mínima que ha querido establecer el legislador, pues en caso contrario se llega al resultado de imponer con criterios de generalidad la sanción agravada.

STS de 4 de noviembre de 2010 (rec. n.º 4693/2007; ponente: A. Aguallo Avilés): «la Sentencia de instancia [...] alude a la *ausencia de ocultación de datos* y, a estos efectos, ha de recordarse que tal ausencia ha sido tenida en cuenta en muchas ocasiones por esta Sala y Sección para excluir la existencia de la simple negligencia que exigía el art. 77.1 LGT —y debe entenderse que reclama, asimismo, el actual art. 183.1 de la Ley 58/2003, de 17 de diciembre, General Tributaria—».

Art. 184.3: La *STS de 17 de abril de 2003*, reiterando otras anteriores, concluye, respecto a la redacción de los arts. 82 y 87 LGT/1963 dada por la Ley 25/1995, de 20 de julio, que la «existencia de **anomalías sustanciales en la contabilidad»**, que estos artículos consideran como circunstancia agravatoria, «no es autónoma, es decir, no resulta aplicable automáticamente en cualquier supuesto en que, sin mayores

a) Las anomalías sustanciales en la contabilidad y en los libros o registros establecidos por la normativa tributaria.

Se consideran anomalías sustanciales:

1.º El incumplimiento absoluto de la obligación de llevanza de la contabilidad o de los libros o registros establecidos por la normativa tributaria.

2.º La llevanza de contabilidades distintas que, referidas a una misma actividad y ejercicio económico, no permitan conocer la verdadera situación de la empresa.

3.º La llevanza incorrecta de los libros de contabilidad o de los libros o registros establecidos por la normativa tributaria, mediante la falsedad de asientos, registros o importes, la omisión de operaciones realizadas o la contabilización en cuentas incorrectas de forma que se altere su consideración fiscal. La apreciación de esta circunstancia requerirá que la incidencia de la llevanza incorrecta de los libros o registros represente un porcentaje superior al 50 por 100 del importe de la base de la sanción.

b) El empleo de facturas, justificantes u otros documentos falsos o falseados, siempre que la incidencia de los documentos o soportes falsos o falseados represente un porcentaje superior al 10 por 100 de la base de la sanción.

c) La utilización de personas o entidades interpuestas cuando el sujeto infractor, con la finalidad de ocultar su identidad, haya hecho figurar a nombre de un tercero, con o sin su consentimiento, la titularidad de los bienes o derechos, la obtención de las rentas o ganancias patrimoniales o la realización de las operaciones con trascendencia tributaria de las que se deriva la obligación tributaria cuyo incumplimiento constituye la infracción que se sanciona.

Art. 185. *Clases de sanciones tributarias.*—1. Las infracciones tributarias se sancionarán mediante la imposición de sanciones pecuniarias y, cuando proceda, de sanciones no pecuniarias de carácter accesorio.

2. Las sanciones pecuniarias podrán consistir en multa fija o proporcional.

Art. 186. *Sanciones no pecuniarias por infracciones graves o muy graves.*— 1. Cuando la multa pecuniaria impuesta por infracción grave o muy grave sea de importe igual o superior a 30.000 euros y se hubiera utilizado el criterio de graduación de comisión repetida de infracciones tributarias, se podrán imponer, además, las siguientes sanciones accesorias:

a) Pérdida de la posibilidad de obtener subvenciones o ayudas públicas y del derecho a aplicar beneficios e incentivos fiscales de carácter rogado durante un plazo de un año si la infracción come-

---

precisiones, puede apreciarse, sino que las expresadas anomalías han de responder al concepto general de "utilización de medios fraudulentos en la comisión de la infracción", y, por consiguiente, [...] sólo las anomalías contables especialmente buscadas con el propósito de eludir el pago de los impuestos debidos a sabiendas de su falsedad, de su ilegalidad o de su significación engañosa o falaz, podrán tener el aludido carácter de circunstancia de agravación [...]. Además, de no aceptarse la anterior interpretación, se consagraría en la práctica una total asimilación entre los conceptos de «incumplimiento sustancial de las obligaciones contables», determinante [...] de la aplicación del régimen de estimación indirecta de las bases tributarias, inclusive con el alcance con que lo entiende el artículo 64.2 RGIT, y el de utilización, en la comisión de la infracción, del medio fraudulento consistente en la existencia de «anomalías sustanciales en la contabilidad», con el resultado inaceptable de que, siempre que fuera de aplicación dicho régimen, habrían de agravarse, poco menos que automáticamente, las sanciones en su caso procedentes». Vid. art. 53 LGT (§ I).

Art. 184.3.a).3.º: El art. 4.º2 RST completa los conceptos legales de existencia de asientos, registros e importes falsos, la omisión de operaciones y contabilización de cuentas incorrectas. Véase, además, el art. 11 RST.

Art. 184.3.b): Vid. arts. 4.º3.*b*) y 12 RST.

Art. 186: Vid. arts. 30 y 31 RST.

tida hubiera sido grave o de dos años si hubiera sido muy grave.

b) Prohibición para contratar con la Administración pública que hubiera impuesto la sanción durante un plazo de un año si la infracción cometida hubiera sido grave o de dos años si hubiera sido muy grave.

2. Cuando la multa pecuniaria impuesta por infracción muy grave sea de importe igual o superior a 60.000 euros y se haya utilizado el criterio de graduación de comisión repetida de infracciones tributarias, se podrán imponer, además, las siguientes sanciones accesorias:

a) Pérdida de la posibilidad de obtener subvenciones o ayudas públicas y del derecho a aplicar beneficios e incentivos fiscales de carácter rogado durante un plazo de tres, cuatro o cinco años, cuando el importe de la sanción impuesta hubiera sido igual o superior a 60.000, 150.000 ó 300.000 euros, respectivamente.

b) Prohibición para contratar con la Administración pública que hubiera impuesto la sanción durante un plazo de tres, cuatro o cinco años, cuando el importe de la sanción impuesta hubiera sido igual o superior a 60.000, 150.000 ó 300.000 euros, respectivamente.

3. Cuando las autoridades o las personas que ejerzan profesiones oficiales cometan infracciones derivadas de la vulneración de los deberes de colaboración de los artículos 93 y 94 de esta ley y siempre que, en relación con dicho deber, hayan desatendido tres requerimientos según lo previsto en el artículo 203 de esta ley, además de la multa pecuniaria que proceda, podrá imponerse como sanción accesoria la suspensión del ejercicio de profesiones oficiales, empleo o cargo público por un plazo de tres meses.

La suspensión será por un plazo de doce meses si se hubiera sancionado al sujeto infractor con la sanción accesoria a la que se refiere el párrafo anterior en virtud de resolución firme en vía administrativa dentro de los cuatro años anteriores a la comisión de la infracción.

A efectos de lo dispuesto en este apartado, se considerarán profesiones oficiales las desempeñadas por registradores de la propiedad y mercantiles, notarios y todos aquellos que, ejerciendo funciones públicas, no perciban directamente haberes del Estado, Comunidades Autónomas, entidades locales u otras entidades de Derecho público.

4. Cuando se imponga la sanción prevista en el artículo 202.3 de esta ley se podrán imponer, además, las sanciones accesorias previstas en el apartado 1 de este artículo.

Art. 186.3: *Doctrina constitucional*: El TC, en **Sentencia 76/1990, de 26 de abril**: «es claro que **la suspensión de funcionarios o profesionales oficiales** es una sanción que se añade o acumula a la de multa, pero se comprende fácilmente que ello no supone una discriminación injustificada en el trato que el legislador dispensa a estas personas con relación al que reciben los ciudadanos en general, pues no es igual la situación en que unos y otros se encuentran respecto de la Administración tributaria». Y añade que «si la sanción está prevista legalmente y si en su aplicación se han observado todos los requisitos necesarios, la limitación derivada de esa relación con el ejercicio de los derechos a que afecte no será contraria a la Constitución».

La previsión de este precepto es independiente del **régimen disciplinario** de los Notarios del art. 346 del Reglamento de la Organización y Régimen del Notariado, aprobado por Decreto de 2 de junio de 1944, de nueva redacción por el RD 1.804/2008, de 3 de noviembre, por el que se desarrolla la Ley 36/2006, de 29 de noviembre, de medidas para la prevención del fraude fiscal (*BOE* de 18 de noviembre).

Art. 186.4: Apartado añadido por la Ley 36/2006, de 29 de noviembre, de medidas para la prevención del fraude fiscal.

SECCIÓN 3.ª

Cuantificación de las sanciones tributarias pecuniarias

Art. 187. *Criterios de graduación de las sanciones tributarias.*—1. Las sanciones tributarias se graduarán exclusivamente conforme a los siguientes criterios, en la medida en que resulten aplicables:

a) Comisión repetida de infracciones tributarias.

Se entenderá producida esta circunstancia cuando el sujeto infractor hubiera sido sancionado por una infracción de la misma naturaleza, ya sea leve, grave o muy grave, en virtud de resolución firme en vía administrativa dentro de los cuatro años anteriores a la comisión de la infracción.

A estos efectos se considerarán de la misma naturaleza las infracciones previstas en un mismo artículo del capítulo III de este título. No obstante, las infracciones previstas en los artículos 191, 192 y 193 de esta ley se considerarán todas ellas de la misma naturaleza.

Cuando concurra esta circunstancia, la sanción mínima se incrementará en los siguientes porcentajes, salvo que se establezca expresamente otra cosa:

Cuando el sujeto infractor hubiera sido sancionado por una infracción leve, el incremento será de cinco puntos porcentuales.

Cuando el sujeto infractor hubiera sido sancionado por una infracción grave, el incremento será de 15 puntos porcentuales.

Cuando el sujeto infractor hubiera sido sancionado por una infracción muy grave, el incremento será de 25 puntos porcentuales.

b) Perjuicio económico para la Hacienda Pública.

El perjuicio económico se determinará por el porcentaje resultante de la relación existente entre:

1.º La base de la sanción; y

2.º La cuantía total que hubiera debido ingresarse en la autoliquidación o por la adecuada declaración del tributo o el importe de la devolución inicialmente obtenida.

Cuando concurra esta circunstancia, la sanción mínima se incrementará en los siguientes porcentajes:

Cuando el perjuicio económico sea superior al 10 por 100 e inferior o igual al 25 por 100, el incremento será de 10 puntos porcentuales.

Cuando el perjuicio económico sea superior al 25 por 100 e inferior o igual al 50 por 100, el incremento será de 15 puntos porcentuales.

Cuando el perjuicio económico sea superior al 50 por 100 e inferior o igual al 75 por 100, el incremento será de 20 puntos porcentuales.

Cuando el perjuicio económico sea superior al 75 por 100, el incremento será de 25 puntos porcentuales.

Art. 187: Vid. nota al art. 184 LGT (§ I).

SAN de 23 de enero de 2001: «Sobre las **circunstancias que permiten graduar la sanción**, especialmente en el sentido de elevar su importe, ha de proyectarse también el principio de culpabilidad, a fin de eliminar cualquier atisbo de responsabilidad objetiva, razonando la Administración el porqué de la aplicación de esta circunstancia que agrava la sanción mínima que ha querido establecer en cincuenta puntos el legislador, pues en caso contrario se llega al resultado de incrementar con criterios de generalidad aquella sanción mínima en diez puntos sobre la base de que la declaración presentada es inexacta, incremento automático que es contrario al referido principio de culpabilidad [...].»

Vid. art. 28 LPACAP.

Art. 187.1.a): Vid. art. 5.º RST y Disp. Trans. 2.ª del RD 2.063/2004, de 15 de octubre, por el que se aprueba el RST.

c) Incumplimiento sustancial de la obligación de facturación o documentación.

Se entenderá producida esta circunstancia cuando dicho incumplimiento afecte a más del 20 por 100 del importe de las operaciones sujetas al deber de facturación en relación con el tributo u obligación tributaria y período objeto de la comprobación o investigación o cuando, como consecuencia de dicho incumplimiento, la Administración tributaria no pueda conocer el importe de las operaciones sujetas al deber de facturación.

En el supuesto previsto en el apartado 4 del artículo 201 de esta ley, se entenderá producida esta circunstancia cuando el incumplimiento afecte a más del 20 por 100 de los documentos de circulación expedidos o utilizados en el período objeto de comprobación o investigación.

d) Acuerdo o conformidad del interesado.

En los procedimientos de verificación de datos y comprobación limitada, salvo que se requiera la conformidad expresa, se entenderá producida la conformidad siempre que la liquidación resultante no sea objeto de recurso o reclamación económico-administrativa.

En el procedimiento de inspección se aplicará este criterio de graduación cuando el obligado tributario suscriba un acta con acuerdo o un acta de conformidad.

Cuando concurra esta circunstancia, la sanción que resulte de la aplicación de los criterios previstos en los párrafos anteriores de este apartado se reducirá de acuerdo con lo dispuesto en el artículo siguiente.

2. Los criterios de graduación son aplicables simultáneamente.

Art. 187.1.c): Vid. art. 6.º RST. Vid. **Reglamento por el que se regulan las obligaciones de facturación, aprobado por RD 1.619/2012, de 30 de noviembre, modificado por RD 596/2016, de 2 de diciembre** (*BOE* de 6 de diciembre de 2016) y **por el RD 1.072/2017, de 29 de diciembre** (*BOE* de 30 de diciembre)**. STS de 20 de marzo de 2012 (Rec. 6208/2008**; ponente: J. Huelin): «La aparente rigidez y el formalismo que la Administración ha reservado a la constatación de la realización del hecho imponible en la factura ha sido matizada por la jurisprudencia de esta Sala. Decíamos, entre otras, en nuestra Sentencia de 23 de noviembre de 2011 (cas. 2205/07, FJ 8.º) que, **al no ser un elemento constitutivo del derecho a la deducción sino un mero y simple requisito para poder ejercerlo, la factura puede ser sustituida "por otros documentos, tales como la escritura pública en el caso de adquisición de un bien inmueble o la existencia de medios de prueba suficientes de la realidad de las operaciones, Sentencias, entre otras, de 11 de julio de 2011, y del propio TJCE de 5 de diciembre de 1996 y 21 de abril de 2005; naturalmente el documento que sustituye a la factura debe contener todos los datos necesarios que permitan acreditar de modo fehaciente que el sujeto pasivo tiene derecho a la deducción de las cuotas de IVA soportadas con la consiguiente identificación de la operación de que se trate, facturas e IVA"**.

»No obstante, también hemos afirmado, en las Sentencias de 19 de enero de 2011 (cas. 1305/09, FJ 2.º) y 5 de diciembre de 2011 (cas. 3954/09, FJ 2.º), que la expedición de la factura, más que un medio de prueba, es un requisito imprescindible para que pueda efectuarse la repercusión del impuesto sobre el valor añadido, de suerte que su falta impide efectuarla. Con ello no hemos hecho otra cosa que ratificar el tenor literal del art. 88, apartados 2 y 3, de la Ley 37/1992. Tampoco está de más recordar que el propio Reglamento ha relajado el rigor de la documentación del impuesto al reconocer la validez de otros documentos sustitutivos en el art. 7.º o al liberar al sujeto pasivo en el art. 6.º7 del deber de incluir determinadas menciones en la factura, mediando autorización del Departamento de Gestión Tributaria de la AEAT, cuando se aprecie que las prácticas comerciales o administrativas del sector de actividad de que se trate o las condiciones técnicas de expedición de las facturas dificulten la consignación de las menciones a que se refiere el apartado 1 del precepto, y siempre que las operaciones que se documenten sean entregas de bienes o prestaciones de servicios que se entiendan realizadas en el territorio de aplicación del Impuesto, con excepción de las que se encuentren exentas conforme al art. 25 de la Ley 37/1992» (FD 3.º).

Art. 187.1.d): Vid. art. 7.º RST.

Art. 188. *Reducción de las sanciones.*—1. La cuantía de las sanciones pecuniarias impuestas según los artículos 191 a 197 de esta Ley se reducirá en los siguientes porcentajes:

a) Un 65 por 100 en los supuestos de actas con acuerdo previstos en el artículo 155 de esta Ley.

b) Un 30 por 100 en los supuestos de conformidad.

2. El importe de la reducción practicada conforme a lo dispuesto en el apartado anterior se exigirá sin más requisito que la notificación al interesado, cuando concurra alguna de las siguientes circunstancias:

a) En los supuestos previstos en el párrafo *a*) del apartado anterior, cuando se haya interpuesto contra la regularización o la sanción el correspondiente recurso contencioso-administrativo o, en el supuesto de haberse presentado aval o certificado de seguro de caución en sustitución del depósito, cuando no se ingresen las cantidades derivadas del acta con acuerdo en el plazo del apartado 2 del artículo 62 de esta ley o en los plazos fijados en el acuerdo de aplazamiento o fraccionamiento que se hubiera concedido por la Administración tributaria con garantía de aval o certificado de seguro de caución.

b) En los supuestos de conformidad, cuando se haya interpuesto recurso o reclamación contra la regularización.

3. El importe de la sanción que deba ingresarse por la comisión de cualquier infracción, una vez aplicada, en su caso, la reducción por conformidad a la que se refiere la letra b) del apartado 1 de este artículo, se reducirá en el 40 por 100 si concurren las siguientes circunstancias:

a) Que se realice el ingreso total del importe restante de dicha sanción en el plazo del apartado 2 del artículo 62 de

---

Art. 188: Vid. art. 7.º RST y Disp. Trans. 1.ª2 del RD 2.063/2004, de 15 de octubre, por el que se aprueba el **RST**. Téngase en cuenta la modificación introducida en el ap. 2 del art. 8 del RST por el **RD 1.072/2017, de 29 de diciembre (BOE de 30 de diciembre), con efectos a partir de 1 de enero de 2018**, que queda redactado de la siguiente forma: «Cuando de la **regularización practicada** resulten cantidades sancionables y no sancionables, la base de la sanción será el resultado de multiplicar la cantidad a ingresar por el coeficiente regulado en el apartado 3. A estos efectos, no se incluirán en dicho coeficiente los incrementos regularizados derivados de las ganancias patrimoniales no justificadas y rentas no declaradas que resulten de lo dispuesto en la disposición adicional primera de la Ley 7/2012, de 29 de octubre, de modificación de la normativa tributaria y presupuestaria y de adecuación de la normativa financiera para la intensificación de las actuaciones en la prevención y lucha contra el fraude.» Vid. también, arts. 10, ap. 1), 11.1) y 12.1) RST, también modificados por RD 1.072/2017.

Art. 188.1: Redactado por art. 13.18 de la Ley 11/2021, de 9 de julio.

Art. 188.2.a): Párrafo redactado por la Ley 36/2006, de 29 de noviembre, de medidas para la prevención del fraude fiscal, con efectos desde el 1 de diciembre de 2006 en consonancia con la posibilidad de aplazamiento y/o fraccionamiento de la deuda que prevé el nuevo art. 155.5 LGT (§ I).

Art. 188.3: Redactado por art. 13.18 de la Ley 11/2021, de 9 de julio. Vid. Disp. Trans. 3.ª del RD 2.063/2004, de 15 de octubre, por el que se aprueba el RST. **Doctrina constitucional: STC 76/1990, de 26 de abril: la renuncia expresa a toda acción de impugnación «no supone una renuncia al derecho a la tutela judicial efectiva, lo que sería en sí mismo inconstitucional, dado el carácter irrenunciable e indisponible de este derecho fundamental, sino simplemente al uso de tal derecho y de las acciones en que se manifiesta por un período de tiempo y en relación con un acto administrativo concreto».**

Art. 188.3.a): Párrafo redactado por la Ley 36/2006, de 29 de noviembre, de medidas para la prevención del fraude fiscal, con efectos desde el 1 de diciembre de 2006, ampliándose este beneficio al caso de aplazamiento y/o fraccionamiento de la deuda.

La **Resolución TEAC de 29 de noviembre de 2012 (Rec. 00/5502/2012; Vocalía Duodécima-Coordinadora)**, dictada en unificación de criterio, estima necesario superar la interpretación literalista del art. 188.3.*a*) LGT, lo que nos lleva a considerar que, de conformidad con este último precepto, procederá el mantenimiento de la reducción del 25 por 100 practicada en las sanciones impuestas, cuando los interesados soliciten y obtengan el aplazamiento o fraccionamiento de su pago, en aquellos casos en que tales aplazamientos o fraccionamientos, por razón de la cuantía, están por expresa disposición legal dispensados de la obligación de constitución de garantía. En **STS de 10 de diciembre de 2020 (Rec. 2189/2018**. Ponente: J. A. Montero): estimó procedente que la reducción del 25 por 100 (hoy 40 por 100) se aplicase en caso de aplazamiento o fraccionamiento, bastando para ello la constitución, como garantía, de una hipoteca inmo-

esta Ley o en el plazo o plazos fijados en el acuerdo de aplazamiento o fraccionamiento que la Administración Tributaria hubiera concedido con garantía de aval o certificado de seguro de caución y que el obligado al pago hubiera solicitado con anterioridad a la finalización del plazo del apartado 2 del artículo 62 de esta Ley.

b) Que no se interponga recurso o reclamación contra la liquidación o sanción.

El importe de la reducción practicada conforme a lo dispuesto en este apartado se exigirá sin más requisito que la notificación al interesado, cuando se haya interpuesto recurso o reclamación en plazo contra la liquidación o la sanción.

La reducción prevista en este apartado no será aplicable a las sanciones que procedan en los supuestos de actas con acuerdo.

4. Cuando según lo dispuesto en los apartados 2 y 3 de este artículo se exija el importe de la reducción practicada, no será necesario interponer recurso independiente contra dicho acto si previamente se hubiera interpuesto recurso o reclamación contra la sanción reducida.

Si se hubiera interpuesto recurso contra la sanción reducida se entenderá que la cuantía a la que se refiere dicho recurso será el importe total de la sanción, y se extenderán los efectos suspensivos derivados del recurso a la reducción practicada que se exija.

---

biliaria unilateral. La Orden HAP/2.178/2015, de 9 de octubre (*BOE* de 20 de octubre), con efectos a partir del 21 de octubre de 2015, elevó a 30.000 euros el límite exento de la obligación de aportar garantías en las solicitudes de aplazamiento o fraccionamiento de pago.

Resolución TEAC de 25 de junio de 2014 (Rec. 05853/2013/00/01), Vocalía 12.ª: «***Procede el mantenimiento de la reducción de la sanción del 25 por 100 en el caso de que el sujeto infractor solicite aplazamiento o fraccionamiento del pago de la sanción con ofrecimiento de garantía de aval o certificado de seguro de caución y con posterioridad, y dentro del plazo otorgado en el requerimiento correspondiente para subsanar los defectos de la solicitud de aplazamiento/fraccionamiento, se proceda al ingreso total de la sanción reducida***.

»Este mismo criterio sería aplicable a los desistimientos de solicitudes de aplazamiento o fraccionamiento formuladas con ofrecimiento de otras garantías, cuando el ingreso de la totalidad de la deuda se efectúe antes de la concesión del aplazamiento o fraccionamiento. En este mismo sentido, Sentencia de la Audiencia Nacional de 7 de marzo de 2013 (Rec. 675/2012).

STS de 14 de diciembre de 2020 (Rec. 498/2019. Ponente. I. Merino Jara): **Se puede aplicar la reducción de sanción siempre que, en caso de aplazarse o fraccionarse el pago de la misma, se garantice el pago de la deuda con garantía de aval o certificado de seguro de caución, lo que en el presente caso no ha sucedido. Es evidente, por otro lado, que existe una diferencia entre las garantías señaladas por el artículo 188 de la LGT y la ofrecida por el reclamante, en lo que se refiere a la liquidez y ejecución de la garantía, pues la ejecución de la hipoteca inmobiliaria unilateral no garantiza con la misma facilidad el cobro en efectivo de la deuda y, además, exige seguir el procedimiento de enajenación de bienes.**

Régimen transitorio de la reducción de las sanciones acordadas por la Ley 11/2021, de 9 de julio, al dar nueva redacción a los apartados 1 y 3 del art. 188 LGT. El ap. 2 de la **Disp. Transit. 1.ª de la Ley 11/2021** dispone:

«2. **Régimen transitorio de la reducción de las sanciones**.

La nueva redacción de los apartados 1 y 3 del artículo 188 de la Ley 58/2003, de 17 de diciembre, General Tributaria, se aplicará a las sanciones acordadas con anterioridad a su entrada en vigor, siempre que no hayan sido recurridas y no hayan adquirido firmeza. A estos efectos, la Administración Tributaria competente rectificará dichas sanciones.

También se aplicará la nueva redacción del apartado 3 del artículo 188 de la Ley 58/2003, de 17 de diciembre, General Tributaria, si concurren las siguientes circunstancias:

a) Que, desde su entrada en vigor y antes del 1 de enero de 2022, el interesado acredite ante la Administración Tributaria competente el desistimiento del recurso o reclamación interpuesto contra la sanción y, en su caso, del recurso o reclamación interpuesto contra la liquidación de la que derive la sanción. Dicha acreditación se efectuará con el documento de desistimiento que se hubiera presentado ante el órgano competente para conocer del recurso o reclamación.

b) Que en el plazo del apartado 2 del artículo 62 de la Ley 58/2003, de 17 de diciembre, General Tributaria, abierto con la notificación que a tal efecto realice la Administración Tributaria tras la acreditación de dicho desistimiento, se efectúe el ingreso del importe restante de la sanción.”

SECCIÓN 4.ª

Extinción de la responsabilidad derivada de las infracciones y de las sanciones tributarias

Art. 189. *Extinción de la responsabilidad derivada de las infracciones tributarias.*—1. La responsabilidad derivada de las infracciones tributarias se extinguirá por el fallecimiento del sujeto infractor y por el transcurso del plazo de prescripción para imponer las correspondientes sanciones.

2. El plazo de prescripción para imponer sanciones tributarias será de cuatro años y comenzará a contarse desde el momento en que se cometieron las correspondientes infracciones.

3. El plazo de prescripción para imponer sanciones tributarias se interrumpirá:

a) Por cualquier acción de la Administración tributaria, realizada con

---

Art. 189.1: Prescripción: Vid. art. 30 LRJSP. **STS de 9 de marzo de 2017 (Rec. 834/2016**; ponente: E. Frías): no cabe exigir al heredero los intereses suspensivos de una sanción impuesta al causante.

Art. 189.3: Retroactividad: Vid. jurisprudencia citada en nota al art. 178 LGT (§ I).

STS de 14 de enero de 2010 (Rec. 4555/2004; ponente: Montero Fernández) (FJ 8.º).

Art. 189.3.a): ***El párr. 2.º del art. 189.3.a) ha venido a quebrar la sólida línea jurisprudencial que venían manteniendo los Tribunales, de conformidad con lo dispuesto en el art. 34 LDGC.***

STS de 13 de julio de 2005 (FJ 1.º): «El artículo 34 LDGC proclama la ***absoluta separación de los expedientes sancionadores de los de comprobación e investigación***, de modo que resultaría insólito que unas actuaciones ajenas al expediente sancionador (que no tiene por qué iniciarse necesariamente) vinieran a interrumpir la prescripción de unas ulteriores sanciones. Ello supondría la quiebra del principio de separación de tramitación de los expedientes sancionadores [...], así como neutralizar el principio de presunción de inocencia. Además, de no ser así [...] carecería de sentido la reforma traída al artículo 66.1.*a*) LGT (de 1963) por el artículo 20.2 de la Ley 14/2000, de 28 de diciembre, cuando establece expresamente que los plazos de prescripción de las sanciones se interrumpen por la comunicación de inicio del expediente sancionador (como no podría ser de otra forma) y además por las actuaciones señaladas en el párrafo anterior (cualquier acción administrativa realizada con conocimiento formal del sujeto pasivo). Apostilla ésta que, de no ser necesaria, no se hubiese introducido.» En el mismo sentido, *SSTS de 15 de junio de 2005 y 1 de febrero de 2012* (Rec. 2/2010).

De la evolución habida en toda esta cuestión da cumplida cuenta la STS de 3 de diciembre de 2009 (Rec. 5170/2004; ponente: A. Aguallo Avilés), que recoge la doctrina que se acaba de citar. La reforma de la LGT realizada en 2003 y la nueva redacción del art. 189.3.*a*) han terminado con los efectos de la separación de procedimientos y han permitido que la iniciación del procedimiento de inspección interrumpa la prescripción de la infracción tributaria, a diferencia de lo que sucede con el resto de infracciones administrativas. El TS ya se ha hecho eco, lógicamente, de esa situación. Vid. SSTS de 17 de enero y 5 de marzo de 2013.

STS de 10 de junio de 2020. Recurso: 6622/2017. Ponente: J.A. Montero Fernández: Interpretación del art. 189.3.a) de la LGT. Las acciones administrativas conducentes a la regularización de la situación tributaria del obligado interrumpirán el plazo de prescripción para imponer las sanciones tributarias que puedan derivarse de dicha regularización siempre que las mismas posean virtualidad para producir el efecto de la interrupción de la prescripción.La liquidación firme por haber sido impugnada extemporáneamente no empece a que se analice si el procedimiento seguido para liquidar se finalizó en plazo. Al haber finalizado fuera de plazo, las actuaciones carecen de virtualidad para interrumpir el plazo de prescripción.

STS 3059/2020, de 23 de septiembre de 2020 (Rec. 2839/2019. Ponente: F.J. Navarro Sanchis): ***el acuerdo de liquidación dictado en un procedimiento concluido dentro del plazo legalmente instituido al efecto o de haberse finalizado excediéndose del plazo para su finalización, pero dentro del período de prescripción, sí posee virtualidad para interrumpir el plazo de prescripción; sin embargo, el acuerdo de liquidación dictado fuera de plazo legalmente dispuesto para la finalización del procedimiento y una vez transcurrido el plazo de prescripción no posee virtualidad para interrumpir el plazo de prescripción...*** pese a la invocación del artículo 189.3 LGT, tampoco estamos en presencia de una cuestión atinente a la prescripción de la potestad para sancionar y los efectos que en ésta provoque la de la potestad de determinar la deuda tributaria y sus interrupciones, sino ante la nulidad de la sanción —esgrimida por el sancionado y de obligado examen judicial— con fundamento, entre otros motivos, en que el hecho sancionado no es típico, es decir, no observa el presupuesto de la norma, pues no se ha incumplido el deber de ingresar el tributo en los casos en que, por prescripción de la potestad y consiguiente extinción de la deuda (efecto explícito *ipso iure* de la LGT, art. 69.3), no hay tal deuda y, por tanto, base fáctica ni habilitación para sancionar. Esta es la

conocimiento formal del interesado, conducente a la imposición de la sanción tributaria.

Las acciones administrativas conducentes a la regularización de la situación tributaria del obligado interrumpirán el plazo de prescripción para imponer las sanciones tributarias que puedan derivarse de dicha regularización.

b) Por la interposición de reclamaciones o recursos de cualquier clase, por la remisión del tanto de culpa a la jurisdicción penal, así como por las actuaciones realizadas con conocimiento formal del obligado en el curso de dichos procedimientos.

4. La prescripción se aplicará de oficio por la Administración tributaria, sin necesidad de que la invoque el interesado.

Art. 190. *Extinción de las sanciones tributarias.*—1. Las sanciones tributarias se extinguen por el pago o cumplimiento, por prescripción del derecho para exigir su pago, por compensación, por condonación y por el fallecimiento de todos los obligados a satisfacerlas.

2. Será de aplicación a las sanciones tributarias lo dispuesto en el capítulo IV del título II de esta ley.

En particular, la prescripción del derecho para exigir el pago de las sanciones tributarias se regulará por las normas establecidas en la sección tercera del capítulo y título citados relativas a la prescripción del derecho de la Administración para exigir el pago de las deudas tributarias liquidadas y autoliquidadas.

3. La recaudación de las sanciones se regulará por las normas incluidas en el capítulo V del título III de esta ley.

4. Las sanciones tributarias ingresadas indebidamente tendrán la consideración de ingresos indebidos a los efectos de esta ley.

CAPÍTULO III

Clasificacion de las infracciones y sanciones tributarias

Art. 191. *Infracción tributaria por dejar de ingresar la deuda tributaria que debiera resultar de una autoliqui-*

---

razón por la que ***resulta necesario, y así se declara formalmente, con valor de doctrina, que frente a un acuerdo sancionador pueden oponerse, administrativa y judicialmente, cualesquiera motivos jurídicos determinantes de su nulidad, no sólo los directamente imputables a tal acto, sino incluidos aquellos que forman parte del presupuesto de hecho de otros actos anteriores, como el de liquidación, que han quedado firmes por no haber sido recurridos por el interesado. Ese derecho del impugnante, con directo amparo en el artículo 24.1 de la CE —tutela judicial efectiva sin indefensión— comporta el correlativo deber de los tribunales de examinar tales motivos para verificar si concurren o no, sin que puedan abstenerse de hacerlo bajo el pretexto, que hemos desacreditado, de que el acto originario o determinante ha ganado firmeza, pues ya hemos dejado sentado los limitados efectos de ésta…"*** (FD quinto).

Art. 189.3.b): Vid. arts. 68.6 LGT (§ I) y 32 y 33 RST. Véanse SSTS 1700/2011, de 10 de marzo (Rec. 2372/2006), y 2576/2011, de 20 de abril (Rec. 371/2006).

Art. 190: Vid. **arts. 8 a 10 del RST, con las modificaciones introducidas en los mismos por el RD 1.072/2017, de 29 de diciembre (*BOE* de 30 de diciembre), con efectos 1 de enero de 2018**.

Art. 190.1: STS de 3 junio 2020. Rec. 5791/2017. Ponente: E. Córdoba Castroverde.: Producido el fallecimiento del sujeto infractor después de la imposición de la sanción, pero antes de su firmeza, se ha extinguido la sanción por ministerio de la Ley.

Art. 190.3: Vid. arts. 58.3 y 212.3 LGT (§ I).

Art. 190.4: Vid. art. 221 LGT (§ I).

Art. 191: Vid. arts. 180, 194, 195, 198, 199 y 203 LGT (§ I) y 8.º a 10 RST, con las modificaciones introducidas en los mismos por el RD 1.072/2017, de 29 de diciembre (*BOE* de 30 de diciembre), con efectos 1 de enero de 2018. Vid. STS 1504/2018, de 15 de octubre , rec. 4561/2017. Ponente: A. Aguallo.

SSTS de 12 de julio de 2021 (Recs. 4066/2020 y 4087/2020. Ponente: J. A. Montero Fernández): **La rectificación de una autoliquidación —y la consiguiente devolución de ingresos indebidos— sí es cauce adecuado para cuestionar la autoliquidación practicada por un contribuyente —que ha procedido a ingresar en plazo las cuantías por él calculadas en cumplimiento de sus obligaciones tributarias, a fin de no ser sancionado**

dación.—1. Constituye infracción tributaria dejar de ingresar dentro del plazo establecido en la normativa de cada tributo la totalidad o parte de la deuda tributaria que debiera resultar de la correcta autoliquidación del tributo, salvo que se regularice con arreglo al artículo 27 o proceda la aplicación del párrafo *b*) del apartado 1 del artículo 161, ambos de esta ley.

También constituye infracción tributaria la falta de ingreso total o parcial de la deuda tributaria de los socios, herederos, comuneros o partícipes derivada de las cantidades no atribuidas o atribuidas incorrectamente por las entidades en atribución de rentas.

La infracción tributaria prevista en este artículo será leve, grave o muy grave de acuerdo con lo dispuesto en los apartados siguientes.

La base de la sanción será la cuantía no ingresada en la autoliquidación como consecuencia de la comisión de la infracción.

2. La infracción tributaria será leve cuando la base de la sanción sea inferior o igual a 3.000 euros o, siendo superior, no exista ocultación.

La infracción no será leve, cualquiera que sea la cuantía de la base de la sanción, en los siguientes supuestos:

a) Cuando se hayan utilizado facturas, justificantes o documentos falsos o falseados, aunque ello no sea constitutivo de medio fraudulento.

b) Cuando la incidencia de la llevanza incorrecta de los libros o registros represente un porcentaje superior al 10 por 100 de la base de la sanción.

c) Cuando se hayan dejado de ingresar cantidades retenidas o que se hubieran debido retener o ingresos a cuenta.

La sanción por infracción leve consistirá en multa pecuniaria proporcional del 50 por 100.

3. La infracción será grave cuando la base de la sanción sea superior a 3.000 euros y exista ocultación.

La infracción también será grave, cualquiera que sea la cuantía de la base de la sanción, en los siguientes supuestos:

a) Cuando se hayan utilizado facturas, justificantes o documentos falsos o falseados, sin que ello sea constitutivo de medio fraudulento.

b) Cuando la incidencia de la llevanza incorrecta de los libros o registros represente un porcentaje superior al 10 por 100 e inferior o igual al 50 por 100 de la base de la sanción.

c) Cuando se hayan dejado de ingresar cantidades retenidas o que se hubieran debido retener o ingresos a cuenta, siempre que las retenciones practicadas y no ingresadas, y los ingresos a cuenta repercutidos y no ingresados, representen un porcentaje inferior o igual al 50 por 100 del importe de la base de la sanción.

La utilización de medios fraudulentos determinará que la infracción sea calificada en todo caso como muy grave.

La sanción por infracción grave consistirá en multa pecuniaria proporcional del 50 al 100 por 100 y se graduará incrementando el porcentaje mínimo conforme a los criterios de comisión repetida de infracciones tributarias y de perjuicio económico para la Hacienda Pública, con los incrementos porcentuales previstos para cada caso en los párrafos *a*) y *b*) del apartado 1 del artículo 187 de esta ley.

4. La infracción será muy grave cuando se hubieran utilizado medios fraudulentos.

La infracción también será muy grave, aunque no se hubieran utilizado medios fraudulentos, cuando se hubieran dejado de ingresar cantidades retenidas o que se hubieran debido retener o ingresos a cuenta, siempre que las retenciones practicadas y no ingresadas,

---

por dejar autoliquidar e ingresar en plazo—, cuando entienda indebido el ingreso tributario derivado de tal auto liquidación al considerarlo contrario a la Constitución o al Derecho de la Unión Europea.

y los ingresos a cuenta repercutidos y no ingresados, representen un porcentaje superior al 50 por 100 del importe de la base de la sanción.

La sanción por infracción muy grave consistirá en multa pecuniaria proporcional del 100 al 150 por 100 y se graduará incrementando el porcentaje mínimo conforme a los criterios de comisión repetida de infracciones tributarias y de perjuicio económico para la Hacienda Pública, con los incrementos porcentuales previstos para cada caso en los párrafos *a*) y *b*) del apartado 1 del artículo 187 de esta ley.

5. Cuando el obligado tributario hubiera obtenido indebidamente una devolución y como consecuencia de la regularización practicada procediera la imposición de una sanción de las reguladas en este artículo, se entenderá que la cuantía no ingresada es el resultado de adicionar al importe de la devolución obtenida indebidamente la cuantía total que hubiera debido ingresarse en la autoliquidación y que el perjuicio económico es del 100 por 100.

En estos supuestos, no será sancionable la infracción a la que se refiere el artículo 193 de esta ley, consistente en obtener indebidamente una devolución.

6. No obstante lo dispuesto en los apartados anteriores, siempre constituirá infracción leve la falta de ingreso en plazo de tributos o pagos a cuenta que hubieran sido incluidos o regularizados por el mismo obligado tributario en una autoliquidación presentada con posterioridad sin cumplir los requisitos establecidos en el apartado 4 del artículo 27 de esta ley para la aplicación de los recargos por declaración extemporánea sin requerimiento previo.

Lo previsto en este apartado no será aplicable cuando la autoliquidación presentada incluya ingresos correspondientes a conceptos y períodos impositivos respecto a los que se hubiera notificado previamente un requerimiento de la Administración tributaria.

Art. 192. *Infracción tributaria por incumplir la obligación de presentar de forma completa y correcta declaraciones o documentos necesarios para practicar liquidaciones.*—1. Constituye infracción tributaria incumplir la obligación de presentar de forma completa y correcta las declaraciones o documentos necesarios, incluidos los relacionados con las obligaciones aduaneras, para que la Administración tributaria pueda practicar la adecuada liquidación de aquellos tributos que no se exigen por el procedimiento de autoliquidación, salvo que se regularice con arreglo al artículo 27 de esta ley.

Art. 191.6: Vid. art. 3.º1 RST. Vid. **SSTS de 27 de septiembre de 2010 (recurso de casación para unificación de doctrina n.º 308/2008) y 11 de noviembre de 2011 (Rec. 4663/2007)**.

Art. 192: Vid. arts. 8.º a 10 RST, con las modificaciones introducidas en los mismos por el RD 1.072/2017, de 29 de diciembre (*BOE* de 30 de diciembre), con efectos 1 de enero de 2018. STS de 20 de enero de 2006 (FJ 9.º): ***«El concepto de engaño en el delito fiscal no difiere del engaño del delito de estafa***. Es evidente que tanto el Código de 1973 como el actual consideran que la estafa es una forma de defraudación y que históricamente el delito fiscal proviene del tipo de la estafa. En el elemento típico engaño, por lo tanto, no deben existir diferencias. La jurisprudencia de esta Sala ha definido repetidamente el *concepto de engaño* como *la afirmación de lo falso como si fuera verdadero o el ocultamiento de lo verdadero*. En diversos precedentes se ha admitido también la comisión del engaño por omisión (de informar sobre circunstancias respecto de las cuales el sujeto activo era garante). En el caso del delito fiscal este concepto de engaño se ha trasladado de tal manera que las declaraciones incompletas, incorrectas o falsas resultan típicas, pues en ellas se afirma como correcto lo que en realidad no es así... A mayor abundamiento es de indicar que este entendimiento del tipo del delito fiscal tiene un apoyo legal expreso, dado que la LGT lo pone de manifiesto en los artículos 192 y siguientes que no son sino desarrollo de la misma idea básica. El delito fiscal y las infracciones administrativas fiscales no se diferencian, en principio, en la acción del infractor, sino a través de una condición de punibilidad que atiende a la magnitud del resultado de la infracción. Por otra parte, tal entendimiento tiene una difundida aceptación en el Derecho europeo [...].» Vid., además, la **STS de 25 de noviembre de 2005**.

La infracción tributaria prevista en este artículo será leve, grave o muy grave de acuerdo con lo dispuesto en los apartados siguientes.

La base de la sanción será la cuantía de la liquidación cuando no se hubiera presentado declaración, o la diferencia entre la cuantía que resulte de la adecuada liquidación del tributo y la que hubiera procedido de acuerdo con los datos declarados.

2. La infracción tributaria será leve cuando la base de la sanción sea inferior o igual a 3.000 euros o, siendo superior, no exista ocultación.

La infracción no será leve, cualquiera que sea la cuantía de la base de la sanción, en los siguientes supuestos:

a) Cuando se hayan utilizado facturas, justificantes o documentos falsos o falseados, aunque ello no sea constitutivo de medio fraudulento.

b) Cuando la incidencia de la llevanza incorrecta de los libros o registros represente un porcentaje superior al 10 por 100 de la base de la sanción.

La sanción por infracción leve consistirá en multa pecuniaria proporcional del 50 por 100.

3. La infracción será grave cuando la base de la sanción sea superior a 3.000 euros y exista ocultación.

La infracción también será grave, cualquiera que sea la cuantía de la base de la sanción, en los siguientes supuestos:

a) Cuando se hayan utilizado facturas, justificantes o documentos falsos o falseados, sin que ello sea constitutivo de medio fraudulento.

b) Cuando la incidencia de la llevanza incorrecta de los libros o registros represente un porcentaje superior al 10 por 100 e inferior o igual al 50 por 100 de la base de la sanción.

La utilización de medios fraudulentos determinará que la infracción sea calificada en todo caso como muy grave.

La sanción por infracción grave consistirá en multa pecuniaria proporcional del 50 al 100 por 100 y se graduará incrementando el porcentaje mínimo conforme a los criterios de comisión repetida de infracciones tributarias y de perjuicio económico para la Hacienda Pública, con los incrementos porcentuales previstos para cada caso en los párrafos *a*) y *b*) del apartado 1 del artículo 187 de esta ley.

4. La infracción será muy grave cuando se hubieran utilizado medios fraudulentos.

La sanción por infracción muy grave consistirá en multa pecuniaria proporcional del 100 al 150 por 100 y se graduará incrementando el porcentaje mínimo conforme a los criterios de comisión repetida de infracciones tributarias y de perjuicio económico para la Hacienda Pública, con los incrementos porcentuales previstos para cada caso en los párrafos *a*) y *b*) del apartado 1 del artículo 187 de esta ley.

Art. 193. *Infracción tributaria por obtener indebidamente devoluciones.*— 1. Constituye infracción tributaria obtener indebidamente devoluciones derivadas de la normativa de cada tributo.

La infracción tributaria prevista en este artículo será leve, grave o muy grave de acuerdo con lo dispuesto en los apartados siguientes.

La base de la sanción será la cantidad devuelta indebidamente como consecuencia de la comisión de la infracción.

2. La infracción tributaria será leve cuando la base de la sanción sea inferior o igual a 3.000 euros o, siendo superior, no exista ocultación.

Art. 193: Vid. arts. 8.º a 10 RST.

La infracción no será leve, cualquiera que sea la cuantía de la base de la sanción, en los siguientes supuestos:

a) Cuando se hayan utilizado facturas, justificantes o documentos falsos o falseados, aunque ello no sea constitutivo de medio fraudulento.

b) Cuando la incidencia de la llevanza incorrecta de los libros o registros represente un porcentaje superior al 10 por 100 de la base de la sanción.

La sanción por infracción leve consistirá en multa pecuniaria proporcional del 50 por 100.

3. La infracción será grave cuando la base de la sanción sea superior a 3.000 euros y exista ocultación.

La infracción también será grave, cualquiera que sea la cuantía de la base de la sanción, en los siguientes supuestos:

a) Cuando se hayan utilizado facturas, justificantes o documentos falsos o falseados, sin que ello sea constitutivo de medio fraudulento.

b) Cuando la incidencia de la llevanza incorrecta de los libros o registros represente un porcentaje superior al 10 por 100 e inferior o igual al 50 por 100 de la base de la sanción.

La utilización de medios fraudulentos determinará que la infracción sea calificada en todo caso como muy grave.

La sanción por infracción grave consistirá en multa pecuniaria proporcional del 50 al 100 por 100 y se graduará incrementando el porcentaje mínimo conforme a los criterios de comisión repetida de infracciones tributarias y de perjuicio económico para la Hacienda Pública, con los incrementos porcentuales previstos para cada caso en los párrafos *a*) y *b*) del apartado 1 del artículo 187 de esta ley.

4. La infracción será muy grave cuando se hubieran utilizado medios fraudulentos.

La sanción por infracción muy grave consistirá en multa pecuniaria proporcional del 100 al 150 por 100 y se graduará incrementando el porcentaje mínimo conforme a los criterios de comisión repetida de infracciones tributarias y de perjuicio económico para la Hacienda Pública, con los incrementos porcentuales previstos para cada caso en los párrafos *a*) y *b*) del apartado 1 del artículo 187 de esta ley.

Art. 194. *Infracción tributaria por solicitar indebidamente devoluciones, beneficios o incentivos fiscales.*— 1. Constituye infracción tributaria solicitar indebidamente devoluciones derivadas de la normativa de cada tributo mediante la omisión de datos relevantes o la inclusión de datos falsos en autoliquidaciones, comunicaciones de datos o solicitudes, sin que las devoluciones se hayan obtenido.

La infracción tributaria prevista en este apartado será grave.

La base de la sanción será la cantidad indebidamente solicitada.

La sanción consistirá en multa pecuniaria proporcional del 15 por 100.

2. Asimismo, constituye infracción tributaria solicitar indebidamente beneficios o incentivos fiscales mediante la omisión de datos relevantes o la inclusión de datos falsos siempre que, como consecuencia de dicha conducta, no proceda imponer al mismo sujeto sanción por alguna de las infracciones previstas en los artículos 191, 192 ó 195 de esta ley, o en el primer apartado de este artículo.

La infracción tributaria prevista en este apartado será grave y se sancionará con multa pecuniaria fija de 300 euros.

Art. 195. *Infracción tributaria por determinar o acreditar improcedente-*

Art. 195: La **Resolución TEAC de 19 de octubre de 2012** fija el siguiente criterio legal: «La infracción tributaria consistente en determinar o acreditar improcedentemente créditos tributarios a compensar en

mente partidas positivas o negativas o créditos tributarios aparentes.—1. Constituye infracción tributaria determinar o acreditar improcedentemente partidas positivas o negativas o créditos tributarios a compensar o deducir en la base o en la cuota de declaraciones futuras, propias o de terceros.

También se incurre en esta infracción cuando se declare incorrectamente la renta neta, las cuotas repercutidas, las cantidades o cuotas a deducir o los incentivos fiscales de un período impositivo sin que se produzca falta de ingreso u obtención indebida de devoluciones por haberse compensado en un procedimiento de comprobación o investigación cantidades pendientes de compensación, deducción o aplicación.

La infracción tributaria prevista en este artículo será grave.

La base de la sanción será el importe de las cantidades indebidamente determinadas o acreditadas. En el supuesto previsto en el segundo párrafo de este apartado, se entenderá que la cantidad indebidamente determinada o acreditada es el incremento de la renta neta de las cuotas repercutidas, o la minoración de las cantidades o cuotas a deducir o de los incentivos fiscales, del período impositivo.

2. La sanción consistirá en multa pecuniaria proporcional del 15 por 100 si se trata de partidas a compensar o deducir en la base imponible, o del 50 por 100 si se trata de partidas a deducir en la cuota o de créditos tributarios aparentes.

3. Las sanciones impuestas conforme a lo previsto en este artículo serán deducibles en la parte proporcional correspondiente de las que pudieran proceder por las infracciones cometidas ulteriormente por el mismo sujeto infractor como consecuencia de la compensación o deducción de los conceptos aludidos, sin que el importe a deducir pueda exceder de la sanción correspondiente a dichas infracciones.

Art. 196. *Infracción tributaria por imputar incorrectamente o no imputar bases imponibles, rentas o resultados por las entidades sometidas a un régimen de imputación de rentas.*—1. Constituye infracción tributaria imputar incorrectamente o no imputar bases imponibles o resultados a los socios o miembros por las entidades sometidas a un régimen de imputación de rentas. Esta acción u omisión no constituirá infracción por la parte de las bases o resultados que hubiese dado lugar a la imposición de una sanción a la entidad sometida al régimen de imputación de rentas por la comisión de las infracciones de los artículos 191, 192 ó 193 de esta ley.

La infracción prevista en este artículo será grave.

La base de la sanción será el importe de las cantidades no imputadas. En el supuesto de cantidades imputadas incorrectamente, la base de la sanción será el importe que resulte de sumar las diferencias con signo positivo, sin compensación con las diferencias negativas, entre las cantidades que debieron imputarse a cada socio o miembro y las que se imputaron a cada uno de ellos.

2. La sanción consistirá en multa pecuniaria proporcional del 40 por 100.

Art. 197. *Infracción tributaria por imputar incorrectamente deducciones, bonificaciones y pagos a cuenta por las entidades sometidas a un régimen de imputación de rentas.*—1. Constituye

la cuota de declaraciones futuras propias, tipificada en el **art. 195.1 LGT**, se consuma por el mero hecho de la improcedente acreditación, aunque no se hubiera realizado una posterior compensación de las cuotas indebidamente acreditadas. Se trata de una infracción independiente de la consistente en dejar de ingresar u obtener indebidamente devoluciones, sin perjuicio del carácter deducible de la primera del importe de la sanción que se imponga como consecuencia de la efectiva compensación.»

infracción tributaria imputar incorrectamente deducciones, bonificaciones y pagos a cuenta a los socios o miembros por las entidades sometidas al régimen de imputación de rentas. Esta acción no constituirá infracción por la parte de las cantidades incorrectamente imputadas a los socios o partícipes que hubiese dado lugar a la imposición de una sanción a la entidad sometida a un régimen de imputación de rentas por la comisión de las infracciones de los artículos 191, 192 o 193 de esta ley.

La infracción prevista en este artículo será grave.

La base de la sanción será el importe que resulte de sumar las diferencias con signo positivo, sin compensación con las diferencias negativas, entre las cantidades que debieron imputarse a cada socio o miembro y las que se imputaron a cada uno de ellos.

2. La sanción consistirá en multa pecuniaria proporcional del 75 por 100.

Art. 198. *Infracción tributaria por no presentar en plazo autoliquidaciones o declaraciones sin que se produzca perjuicio económico, por incumplir la obligación de comunicar el domicilio fiscal o por incumplir las condiciones de determinadas autorizaciones.*—1. Constituye infracción tributaria no presentar en plazo autoliquidaciones o declaraciones, así como los documentos relacionados con las obligaciones aduaneras, siempre que no se haya producido o no se pueda producir perjuicio económico a la Hacienda Pública.

La infracción prevista en este apartado será leve.

La sanción consistirá en multa pecuniaria fija de 200 euros o, si se trata de declaraciones censales o la relativa a la comunicación de la designación del representante de personas o entidades cuando así lo establezca la normativa, de 400 euros.

Si se trata de declaraciones exigidas con carácter general en cumplimiento de la obligación de suministro de información recogida en los artículos 93 y 94 de esta ley, la sanción consistirá en multa pecuniaria fija de 20 euros por cada dato o conjunto de datos referidos a una misma persona o entidad que hubiera debido incluirse en la declaración con un mínimo de 300 euros y un máximo de 20.000 euros.

2. No obstante lo dispuesto en el apartado anterior, si las autoliquidaciones o declaraciones se presentan fuera de plazo sin requerimiento previo de la Administración tributaria, la sanción y los límites mínimo y máximo serán la mitad de los previstos en el apartado anterior.

Si se hubieran presentado en plazo autoliquidaciones o declaraciones incompletas, inexactas o con datos falsos y posteriormente se presentara fuera de plazo sin requerimiento previo una autoliquidación o declaración complementaria o sustitutiva de las anteriores, no se producirá la infracción a que se refiere el artículo 194 ó 199 de esta ley en relación con las autoliquidaciones o declaraciones presentadas en plazo y se impondrá la sanción que resulte de la

---

Art. 198.2: Vid. art. 14 RST.

Res. TEAC 21-09-2017, dictada en criterio. Correcta declaración fuera de plazo de un dato o elemento previamente omitido o consignado en una declaración previa presentada en plazo. *La correcta interpretación del* ***artículo 198.2 de la LGT*** en relación con lo establecido en el *artículo 179.3 LGT* es que cuando se ha presentado una declaración incompleta o inexacta en plazo y posteriormente, fuera de plazo y sin requerimiento previo, se presenta una declaración sustitutiva de la anterior, no se produce la infracción tipificada en el **199 LGT**, en relación con la declaración que se presentó en plazo; pero sí procederá la sanción que resulte de la aplicación de este apartado 2 del artículo 198. La sanción sólo procederá por los datos corregidos, es decir, por el diferencial presentado fuera de plazo.

aplicación de este apartado respecto de lo declarado fuera de plazo.

3. Si se hubieran realizado requerimientos, la sanción prevista en el apartado 1 de este artículo será compatible con la establecida para la resistencia, obstrucción, excusa o negativa a las actuaciones de la Administración tributaria en el artículo 203 de esta ley por la desatención de los requerimientos realizados.

4. No obstante lo dispuesto en los apartados 1 y 2 de este artículo, la sanción por no presentar en plazo declaraciones y documentos relacionados con las formalidades aduaneras, cuando no determinen el nacimiento de una deuda aduanera, consistirá en multa pecuniaria proporcional del uno por 1.000 del valor de las mercancías a las que las declaraciones y documentos se refieran, con un mínimo de 100 euros y un máximo de 6.000 euros.

El importe mínimo de la sanción que se menciona en el párrafo anterior se elevará a 600 euros cuando la falta de presentación en plazo se refiera a la declaración sumaria de entrada a la que alude el artículo 127 del Reglamento (UE) n.º 952/2013 del Parlamento Europeo y del Consejo, de 9 de octubre de 2013, por el que se establece el código aduanero de la Unión.

5. También constituye infracción tributaria incumplir la obligación de comunicar el domicilio fiscal o el cambio del mismo por las personas físicas que no realicen actividades económicas.

La infracción prevista en este apartado será leve.

La sanción consistirá en multa pecuniaria fija de 100 euros.

6. Constituye infracción tributaria el incumplimiento de las condiciones establecidas en las autorizaciones que pueda conceder una autoridad aduanera o de las condiciones a que quedan sujetas las mercancías por aplicación de la normativa aduanera, cuando dicho incumplimiento no constituya otra infracción prevista en este capítulo.

La infracción prevista en este apartado será leve.

La sanción consistirá en multa pecuniaria fija de 200 euros.

Art. 199. *Infracción tributaria por presentar incorrectamente autoliquidaciones o declaraciones sin que se produzca perjuicio económico o contestaciones a requerimientos individualizados de información.*—1. Constituye infracción tributaria presentar de forma incompleta, inexacta o con datos falsos autoliquidaciones o declaraciones, así como los documentos relacionados con las obligaciones aduaneras, siempre que no se haya producido o no se pueda producir perjuicio económico a la Hacienda Pública, o contestaciones

---

Art. 198.4: Redactado por art. decimotercero, ap. diecinueve de la Ley 11/2021, de 9 de julio.

Art. 199.1 y 2: Nueva redacción, con efectos desde el 12 de octubre de 2015, por el art. único.33 de la Ley 34/2015, de 21 de septiembre, de modificación parcial de la LGT (*BOE* n.º 227, de 22 de septiembre). Vid. art. 15 RST y arts. 42 bis, 42 ter y 54 bis del RGIT. Su **redacción anterior** era la siguiente:

> 1. Constituye infracción tributaria presentar de forma incompleta, inexacta o con datos falsos autoliquidaciones o declaraciones, así como los documentos relacionados con las obligaciones aduaneras, siempre que no se haya producido o no se pueda producir perjuicio económico a la Hacienda Pública, o contestaciones a requerimientos individualizados de información.
>
> Las infracciones previstas en este artículo serán graves y se sancionarán de acuerdo con lo dispuesto en los apartados siguientes.
>
> 2. Si se presentan de forma incompleta, inexacta o con datos falsos autoliquidaciones, declaraciones o documentos relacionados con las obligaciones aduaneras, la sanción consistirá en multa pecuniaria fija de 150 euros.
>
> Si se presentan por medios distintos a los electrónicos, informáticos y telemáticos cuando exista obligación de hacerlo por dichos medios, la sanción consistirá en multa pecuniaria fija de 1.500 euros.

a requerimientos individualizados de información.

También constituirá infracción tributaria presentar las autoliquidaciones, las declaraciones, los documentos relacionados con las obligaciones aduaneras u otros documentos con trascendencia tributaria por medios distintos a los electrónicos, informáticos y telemáticos en aquellos supuestos en que hubiera obligación de hacerlo por dichos medios.

Las infracciones previstas en este artículo serán graves y se sancionarán de acuerdo con lo dispuesto en los apartados siguientes.

2. Si se presentan de forma incompleta, inexacta o con datos falsos autoliquidaciones o declaraciones, la sanción consistirá en multa pecuniaria fija de 150 euros.

Si se presentan autoliquidaciones, declaraciones u otros documentos con trascendencia tributaria por medios distintos a los electrónicos, informáticos y telemáticos cuando exista obligación de hacerlo por dichos medios, la sanción consistirá en multa pecuniaria fija de 250 euros.

3. Si se presentan declaraciones censales incompletas, inexactas o con datos falsos, la sanción consistirá en multa pecuniaria fija de 250 euros.

4. Tratándose de requerimientos individualizados o de declaraciones exigidas con carácter general en cumplimiento de la obligación de suministro de información recogida en los artículos 93 y 94 de esta ley, que no tengan por objeto datos expresados en magnitudes monetarias y hayan sido contestados o presentadas de forma incompleta, inexacta, o con datos falsos, la sanción consistirá en multa pecuniaria fija de 200 euros por cada dato o conjunto de datos referidos a una misma persona o entidad omitido, inexacto o falso.

La sanción será de 100 euros por cada dato o conjunto de datos referidos a una misma persona o entidad cuando la declaración haya sido presentada por

---

Art. 199.4 y 5: Nueva redacción, con efectos desde el 12 de octubre de 2015, por el art. único.33 de la Ley 34/2015, de 21 de septiembre, de modificación parcial de la LGT (*BOE* n.º 227, de 22 de septiembre). Su **redacción anterior** era la siguiente:

4. Tratándose de requerimientos individualizados o de declaraciones exigidas con carácter general en cumplimiento de la obligación de suministro de información recogida en los artículos 93 y 94 de esta Ley, que no tengan por objeto datos expresados en magnitudes monetarias y hayan sido contestados o presentadas de forma incompleta, inexacta, o con datos falsos, la sanción consistirá en multa pecuniaria fija de 200 euros por cada dato o conjunto de datos referidos a una misma persona o entidad omitido, inexacto o falso.

La sanción será de 100 euros por cada dato o conjunto de datos referidos a una misma persona o entidad cuando la declaración haya sido presentada por medios distintos a los electrónicos, informáticos y telemáticos y exista obligación de hacerlo por dichos medios, con un mínimo de 1.500 euros.

5. Tratándose de requerimientos individualizados o de declaraciones exigidas con carácter general en cumplimiento de debieron declararse, la sanción consistirá en multa pecuniaria proporcional del 0,5, 1, 1,5 la obligación de suministro de información recogida en los artículos 93 y 94 de esta Ley, que tengan por objeto datos expresados en magnitudes monetarias y hayan sido contestados o presentadas de forma incompleta, inexacta, o con datos falsos, la sanción consistirá en multa pecuniaria proporcional de hasta el 2 por 100 del importe de las operaciones no declaradas o declaradas incorrectamente, con un mínimo de 500 euros.

Si el importe de las operaciones no declaradas o declaradas incorrectamente representa un porcentaje superior al 10, 25, 50 ó 75 por 100 del importe de las operaciones que ó 2 por 100 del importe de las operaciones no declaradas o declaradas incorrectamente, respectivamente. En caso de que el porcentaje sea inferior al 10 por 100, se impondrá multa pecuniaria fija de 500 euros.

La sanción será del 1 por 100 del importe de las operaciones declaradas por medios distintos a los electrónicos, informáticos y telemáticos cuando exista obligación de hacerlo por dichos medios, con un mínimo de 1.500 euros.

Vid. art. 15 RST.

medios distintos a los electrónicos, informáticos y telemáticos y exista obligación de hacerlo por dichos medios, con un mínimo de 250 euros.

5. Tratándose de requerimientos individualizados o de declaraciones exigidas con carácter general en cumplimiento de la obligación de suministro de información recogida en los artículos 93 y 94 de esta ley, que tengan por objeto datos expresados en magnitudes monetarias y hayan sido contestados o presentadas de forma incompleta, inexacta, o con datos falsos, la sanción consistirá en multa pecuniaria proporcional de hasta el 2 por 100 del importe de las operaciones no declaradas o declaradas incorrectamente, con un mínimo de 500 euros.

Si el importe de las operaciones no declaradas o declaradas incorrectamente representa un porcentaje superior al 10, 25, 50 o 75 por 100 del importe de las operaciones que debieron declararse, la sanción consistirá en multa pecuniaria proporcional del 0,5, 1, 1,5 o 2 por 100 del importe de las operaciones no declaradas o declaradas incorrectamente, respectivamente. En caso de que el porcentaje sea inferior al 10 por 100, se impondrá multa pecuniaria fija de 500 euros.

La sanción será del 1 por 100 del importe de las operaciones declaradas por medios distintos a los electrónicos, informáticos y telemáticos cuando exista obligación de hacerlo por dichos medios, con un mínimo de 250 euros.

6. La sanción a la que se refieren los apartados 4 y 5 de este artículo se graduará incrementando la cuantía resultante en un 100 por 100 en el caso de comisión repetida de infracciones tributarias.

7. Tratándose de declaraciones y documentos relacionados con las formalidades aduaneras presentados de forma incompleta, inexacta o con datos falsos, cuando no determinen el nacimiento de una deuda aduanera, la sanción consistirá en multa pecuniaria proporcional del uno por 1.000 del valor de las mercancías a las que las declaraciones y documentos se refieran, con un mínimo de 100 euros y un máximo de 6.000 euros.

No obstante, el importe mínimo de la sanción que se menciona en el párrafo anterior se elevará a 600 euros cuando la presentación incompleta, inexacta o con datos falsos se refiera a la declaración sumaria de entrada a la que alude el artículo 127 del Reglamento (UE) n.º 952/2013 del Parlamento Europeo y del Consejo, de 9 de octubre de 2013, por el que se establece el código aduanero de la Unión.

Si las declaraciones y documentos relacionados con las formalidades aduaneras se presentan por medios distintos a los electrónicos, informáticos y telemáticos cuando exista obligación de hacerlo por dichos medios, la sanción consistirá en multa pecuniaria fija de 250 euros.

Art. 199.7: Nueva redacción por Ley 11/2021, de 9 de julio. La redacción anterior le había sido dada por el art. único.33 de la Ley 34/2015, de 21 de septiembre, de modificación parcial de la LGT. Su **redacción anterior** era la siguiente:

> 7. Tratándose de declaraciones y documentos relacionados con las formalidades aduaneras presentados de forma incompleta, inexacta o con datos falsos, cuando no dterminen el nacimiento de una deuda aduanera, la sanción consistirá en multa pecuniaria proporcional del uno por 1.000 del valor de las mercancías a las que las declaraciones y documentos se refieran, con un mínimo de 100 euros y un máximo de 6.000 euros.

Vid. arts. 14 RST. En relación con el **ámbito aduanero**, vid. **SSTS de 24 de noviembre de 2015 (Rec. 442 y 443)**, por las que se desestiman los recursos interpuestos contra el RD 285/ 2014, de 25 de abril, por el que se modifica el RD 335/2010, de 19 de marzo, que regula el derecho a efectuar declaraciones en aduana y la figura del representante aduanero.

Art. 200. *Infracción tributaria por incumplir obligaciones contables y registrales.*—1. Constituye infracción tributaria el incumplimiento de obligaciones contables y registrales, entre otras:

a) La inexactitud u omisión de operaciones en la contabilidad o en los libros y registros exigidos por las normas tributarias.

b) La utilización de cuentas con significado distinto del que les corresponda, según su naturaleza, que dificulte la comprobación de la situación tributaria del obligado.

c) El incumplimiento de la obligación de llevar o conservar la contabilidad, los libros y registros establecidos por las normas tributarias, los programas y archivos informáticos que les sirvan de soporte y los sistemas de codificación utilizados.

d) La llevanza de contabilidades distintas referidas a una misma actividad y ejercicio económico que dificulten el conocimiento de la verdadera situación del obligado tributario.

e) El retraso en más de cuatro meses en la llevanza de la contabilidad o de los libros y registros establecidos por las normas tributarias.

Art. 200: Nueva redacción, con efectos desde el 1 de enero de 2017, por el art. único.34 de la Ley 34/2015, de 21 de septiembre, de modificación parcial de la LGT (*BOE* n.º 227, de 22 de septiembre). Su **redacción anterior** era la siguiente:

> *Art. 200.* ***Infracción tributaria por incumplir obligaciones contables y registrales.***—1. Constituye infracción tributaria el incumplimiento de obligaciones contables y registrales, entre otras:
>
> *a*) La inexactitud u omisión de operaciones en la contabilidad o en los libros y registros exigidos por las normas tributarias.
>
> *b*) La utilización de cuentas con significado distinto del que les corresponda, según su naturaleza, que dificulte la comprobación de la situación tributaria del obligado.
>
> *c*) El incumplimiento de la obligación de llevar o conservar la contabilidad, los libros y registros establecidos por las normas tributarias, los programas y archivos informáticos que les sirvan de soporte y los sistemas de codificación utilizados.
>
> *d*) La llevanza de contabilidades distintas referidas a una misma actividad y ejercicio económico que dificulten el conocimiento de la verdadera situación del obligado tributario.
>
> *e*) El retraso en más de cuatro meses en la llevanza de la contabilidad o de los libros y registros establecidos por las normas tributarias.
>
> *f*) La autorización de libros y registros sin haber sido diligenciados o habilitados por la Administración cuando la normativa tributaria o aduanera exija dicho requisito.
>
> 2. La infracción prevista en este artículo será grave.
>
> 3. La sanción consistirá en multa pecuniaria fija de 150 euros, salvo que sea de aplicación lo dispuesto en los párrafos siguientes.
>
> La inexactitud u omisión de operaciones o la utilización de cuentas con significado distinto del que les corresponda se sancionará con multa pecuniaria proporcional del 1 por 100 de los cargos, abonos o anotaciones omitidos, inexactos, falseados o recogidos en cuentas con significado distinto del que les corresponda, con un mínimo de 150 y un máximo de 6.000 euros.
>
> La no llevanza o conservación de la contabilidad, los libros y los registros exigidos por las normas tributarias, los programas y archivos informáticos que les sirvan de soporte y los sistemas de codificación utilizados se sancionará con multa pecuniaria proporcional del 1 por 100 de la cifra de negocios del sujeto infractor en el ejercicio al que se refiere la infracción, con un mínimo de 600 euros.
>
> La llevanza de contabilidades distintas referidas a una misma actividad y ejercicio económico que dificulten el conocimiento de la verdadera situación del obligado tributario se sancionará con multa pecuniaria fija de 600 euros por cada uno de los ejercicios económicos a los que alcance dicha llevanza.
>
> El retraso en más de cuatro meses en la llevanza de la contabilidad o libros y registros exigidos por las normas tributarias se sancionará con multa pecuniaria fija de 300 euros.
>
> La utilización de libros y registros sin haber sido diligenciados o habilitados por la Administración cuando la normativa tributaria o aduanera lo exija se sancionará con multa pecuniaria fija de 300 euros.

Vid. art. 16 y 18 RST, tal como han sido redactados por el RD 1.072/2017, de 29 de diciembre (*BOE* de 30 de diciembre).

Art. 200.1: ***La expresión «entre otras» que este precepto emplea choca con las exigencias del principio de legalidad penal [art. 8.º*g*) LGT*** (§ I)].

f) La autorización de libros y registros sin haber sido diligenciados o habilitados por la Administración cuando la normativa tributaria o aduanera exija dicho requisito.

g) El retraso en la obligación de llevar los Libros Registro a través de la Sede electrónica de la Agencia Estatal de Administración tributaria mediante el suministro de los registros de facturación en los términos establecidos reglamentariamente.

2. La infracción prevista en este artículo será grave.

3. La sanción consistirá en multa pecuniaria fija de 150 euros, salvo que sea de aplicación lo dispuesto en los párrafos siguientes.

La inexactitud u omisión de operaciones o la utilización de cuentas con significado distinto del que les corresponda se sancionará con multa pecuniaria proporcional del 1 por 100 de los cargos, abonos o anotaciones omitidos, inexactos, falseados o recogidos en cuentas con significado distinto del que les corresponda, con un mínimo de 150 y un máximo de 6.000 euros.

La no llevanza o conservación de la contabilidad, los libros y los registros exigidos por las normas tributarias, los programas y archivos informáticos que les sirvan de soporte y los sistemas de codificación utilizados se sancionará con multa pecuniaria proporcional del 1 por 100 de la cifra de negocios del sujeto infractor en el ejercicio al que se refiere la infracción, con un mínimo de 600 euros.

La llevanza de contabilidades distintas referidas a una misma actividad y ejercicio económico que dificulten el conocimiento de la verdadera situación del obligado tributario se sancionará con multa pecuniaria fija de 600 euros por cada uno de los ejercicios económicos a los que alcance dicha llevanza.

El retraso en más de cuatro meses en la llevanza de la contabilidad o libros y registros exigidos por las normas tributarias se sancionará con multa pecuniaria fija de 300 euros.

El retraso en la obligación de llevar los Libros Registro a través de la Sede electrónica de la Agencia Estatal de Administración tributaria mediante el suministro de los registros de facturación en los términos establecidos reglamentariamente, se sancionará con multa pecuniaria proporcional de un 0,5 por 100 del importe de la factura objeto del registro, con un mínimo trimestral de 300 euros y un máximo de 6.000 euros.

La utilización de libros y registros sin haber sido diligenciados o habilitados por la Administración cuando la normativa tributaria o aduanera lo exija se sancionará con multa pecuniaria fija de 300 euros.

Art. 201. *Infracción tributaria por incumplir obligaciones de facturación o documentación.*—1. Constituye infracción tributaria el incumplimiento de las

---

Art. 201.1: Vid. art. 17 RST. Las exigencias del **principio de legalidad penal** [art. 8.º*g*) LGT (§ I) chocan frontalmente con el empleo de la expresión «entre otras».

El principio de legalidad sancionadora tiene un hondo significado como garantía de la separación de poderes, contribuyendo a delimitar con precisión las competencias del poder legislativo frente a las de los poderes ejecutivo y judicial.

Esa importante función fue la que se puso de manifiesto en el **voto particular formulado por Adela Asúa, al que se adhiere A. Olleros, a la *STC 146/2015, de 25 de junio*,** voto en el que se defendió el otorgamiento del amparo **por entender vulnerado el principio de legalidad sancionadora del art. 25.1 CE**, al aceptarse la imposición de una sanción prevista para empresarios a quien no tenía tal consideración y no estando sujeto, por tanto, a obligaciones de facturación, emite facturas falsas simulando la realización de una actividad económica que no realiza. Como se señala en el referido voto, «cualquier consideración de justicia material, preferencias en la modalidad de sanción, o espacios de discrecionalidad queda estrictamente excluida o, en su caso, restringida a lo que permita el marco de la ley aplicable» (en el mismo sentido, STC

obligaciones de facturación, entre otras, la de expedición, remisión, rectificación y conservación de facturas, justificantes o documentos sustitutivos.

2. La infracción prevista en el apartado 1 de este artículo será grave en los siguientes supuestos:

a) Cuando se incumplan los requisitos exigidos por la normativa reguladora de la obligación de facturación, salvo lo dispuesto en la letra siguiente de este apartado y en el apartado 3 de este artículo. Entre otros, se considerarán incluidos en esta letra los incumplimientos relativos a la expedición, remisión, rectificación y conservación de facturas o documentos sustitutivos.

La sanción consistirá en multa pecuniaria proporcional del 1 por 100 del importe del conjunto de las operaciones que hayan originado la infracción.

b) Cuando el incumplimiento consista en la falta de expedición o en la falta de conservación de facturas, justificantes o documentos sustitutivos.

La sanción consistirá en multa pecuniaria proporcional del 2 por 100 del importe del conjunto de las operaciones que hayan originado la infracción. Cuando no sea posible conocer el importe de las operaciones a que se refiere la infracción, la sanción será de 300 euros por cada operación respecto de la que no se haya emitido o conservado la correspondiente factura o documento.

3. La infracción prevista en el apartado 1 de este artículo será muy grave cuando el incumplimiento consista en la expedición de facturas o documentos sustitutivos con datos falsos o falseados.

La sanción consistirá en multa pecuniaria proporcional del 75 por 100 del importe del conjunto de las operaciones que hayan originado la infracción.

4. También constituye infracción el incumplimiento de las obligaciones relativas a la correcta expedición o utilización de los documentos de circulación exigidos por la normativa de los impuestos especiales, salvo que constituya infracción tipificada en la ley reguladora de dichos impuestos.

La infracción prevista en este apartado será leve.

La sanción consistirá en multa pecuniaria fija de 150 euros por cada documento incorrectamente expedido o utilizado.

150/2015, de 6 de julio). ***El TEAC—Resolución de 20 de Julio 2017. Sección Cuarta— ha seguido la doctrina acuñada por el TC***.

STS de 20 de marzo de 2012 (Rec. 6208/2008; ponente: J. Huelin): «La aparente rigidez y el formalismo que la Administración ha reservado a la constatación de la realización del hecho imponible en la factura ha sido matizada por la jurisprudencia de esta Sala. Decíamos, entre otras, en nuestra **Sentencia de 23 de noviembre de 2011 (cas. 2205/07, FJ 8.º)** que, al no ser un elemento constitutivo del derecho a la deducción sino un mero y simple requisito para poder ejercerlo, la factura puede ser sustituida "por otros documentos, tales como la escritura pública en el caso de adquisición de un bien inmueble o la existencia de medios de prueba suficientes de la realidad de las operaciones, **Sentencias entre otras, de 11 de julio de 2011, y del propio TJCE de 5 de diciembre de 1996 y 21 de abril de 2005**, naturalmente el documento que sustituye a la factura debe contener todos los datos necesarios que permitan acreditar de modo fehaciente que el sujeto pasivo tiene derecho a la deducción de las cuotas de IVA soportadas con la consiguiente identificación de la operación de que se trate, facturas e IVA".

»No obstante, también hemos afirmado, en las Sentencias de 19 de enero de 2011 (cas. 1305/09, FJ 2.º) y 5 de diciembre de 2011 (cas. 3954/09, FJ 2.º), que la expedición de la factura, más que un medio de prueba, es un requisito imprescindible para que pueda efectuarse la repercusión del impuesto sobre el valor añadido, de suerte que su falta impide efectuarla. (FD 3.º).

STS 34/2022 de 19 de enero. Rec. 7905/2020. Ponente: J.A. Montero Fernández: en los supuestos del art. 201 para determinar la cuantía de las reclamaciones económico-administrativas , a los efectos de interponer el recurso de alzada ordinario, debe estarse a los distintos períodos de liquidación del impuesto, respecto de los que se aprecia la conducta sancionada.

Art. 201.2.a): Vid. Reglamento por el que se regulan las obligaciones de facturación, aprobado por RD 1.619/2012, de 30 de noviembre, modificado por RD 596/2016, de 2 de diciembre (*BOE* de 6 de diciembre).

5. Las sanciones impuestas de acuerdo con lo dispuesto en este artículo se graduarán incrementando la cuantía resultante en un 100 por 100 si se produce el incumplimiento sustancial de las obligaciones anteriores.

Art. 201 bis. *Infracción tributaria por fabricación, producción, comercialización y tenencia de sistemas informáticos que no cumplan las especificaciones exigidas por la normativa aplicable.*—1. Constituye infracción tributaria la fabricación, producción y comercialización de sistemas y programas informáticos o electrónicos que soporten los procesos contables, de facturación o de gestión por parte de las personas o entidades que desarrollen actividades económicas, cuando concurra cualquiera de las siguientes circunstancias:

a) permitan llevar contabilidades distintas en los términos del artículo 200.1.*d*) de esta Ley;

b) permitan no reflejar, total o parcialmente, la anotación de transacciones realizadas;

c) permitan registrar transacciones distintas a las anotaciones realizadas;

d) permitan alterar transacciones ya registradas incumpliendo la normativa aplicable;

e) no cumplan con las especificaciones técnicas que garanticen la integridad, conservación, accesibilidad, legibilidad, trazabilidad e inalterabilidad de los registros, así como su legibilidad por parte de los órganos competentes de la Administración Tributaria, en los términos del artículo 29.2.*j*) de esta Ley;

f) no se certifiquen, estando obligado a ello por disposición reglamentaria, los sistemas fabricados, producidos o comercializados.

2. Constituye infracción tributaria la tenencia de los sistemas o programas informáticos o electrónicos que no se ajusten a lo establecido en el artículo 29.2.*j*) de esta Ley, cuando los mismos no estén debidamente certificados teniendo que estarlo por disposición reglamentaria o cuando se hayan alterado o modificado los dispositivos certificados.

La misma persona o entidad que haya sido sancionada conforme al apartado anterior no podrá ser sancionada por lo dispuesto en este apartado.

3. Las infracciones previstas en este artículo serán graves.

4. La infracción señalada en el apartado 1 anterior se sancionará con multa pecuniaria fija de 150.000 euros, por cada ejercicio económico en el que se hayan producido ventas y por cada tipo distinto de sistema o programa informático o electrónico que sea objeto de la infracción. No obstante, las infracciones de la letra f) del apartado 1 de este artículo se sancionarán con multa pecuniaria fija de 1.000 euros por cada sistema o programa comercializado en el que se produzca la falta del certificado.

La infracción señalada en el apartado 2 anterior, se sancionará con multa pecuniaria fija de 50.000 euros por cada ejercicio, cuando se trate de la infracción por la tenencia de sistemas o programas informáticos o electrónicos que no estén debidamente certificados, teniendo que estarlo por disposición reglamentaria, o se hayan alterado o modificado los dispositivos certificados.

Art. 202. *Infracción tributaria por incumplir las obligaciones relativas a la utilización y a la solicitud del número de identificación fiscal o de otros números*

Art. 201.5: Vid. art. 17 RST.

Art. 201 bis. Art. introducido por el art. 13.21 de la Ley 11/2021, de 9 de julio.

Art. 202: Redactado por la Ley 36/ 2006, de 29 de noviembre, de medidas para la prevención del fraude fiscal, con efectos desde el 1 de diciembre de 2006.

o códigos.—1. Constituye infracción tributaria el incumplimiento de las obligaciones relativas a la utilización del número de identificación fiscal y de otros números o códigos establecidos por la normativa tributaria o aduanera.

La infracción prevista en este apartado será leve, salvo que constituya infracción grave de acuerdo con lo dispuesto en el apartado siguiente.

La sanción consistirá en multa pecuniaria fija de 150 euros.

2. La infracción prevista en el apartado 1 será grave cuando se trate del incumplimiento de los deberes que específicamente incumben a las entidades de crédito en relación con la utilización del número de identificación fiscal en las cuentas u operaciones o en el libramiento o abono de los cheques al portador.

La sanción consistirá en multa pecuniaria proporcional del 5 por 100 de las cantidades indebidamente abonadas o cargadas, o del importe de la operación o depósito que debería haberse cancelado, con un mínimo de 1.000 euros.

El incumplimiento de los deberes relativos a la utilización del número de identificación fiscal en el libramiento o abono de los cheques al portador será sancionado con multa pecuniaria proporcional del 5 por 100 del valor facial del efecto, con un mínimo de 1.000 euros.

3. También constituye infracción tributaria comunicar datos falsos o falseados en las solicitudes de número de identificación fiscal provisional o definitivo.

La infracción prevista en este apartado será muy grave.

La sanción consistirá en multa pecuniaria fija de 30.000 euros.

Art. 203. *Infracción tributaria por resistencia, obstrucción, excusa o negativa a las actuaciones de la Administración tributaria.*—1. Constituye infracción tributaria la resistencia, obstrucción, excusa o negativa a las actuaciones de la Administración tributaria.

Se entiende producida esta circunstancia cuando el sujeto infractor, debidamente notificado al efecto, haya realizado actuaciones tendentes a dilatar, entorpecer o impedir las actuaciones de la Administración tributaria en relación con el cumplimiento de sus obligaciones.

Entre otras, constituyen resistencia, obstrucción, excusa o negativa a las actuaciones de la Administración tributaria las siguientes conductas:

a) No facilitar el examen de documentos, informes, antecedentes, libros, registros, ficheros, facturas, justificantes y asientos de contabilidad principal o auxiliar, programas y archivos informáticos, sistemas operativos y de control y cualquier otro dato con trascendencia tributaria.

b) No atender algún requerimiento debidamente notificado.

c) La incomparecencia, salvo causa justificada, en el lugar y tiempo que se hubiera señalado.

d) Negar o impedir indebidamente la entrada o permanencia en fincas o locales a los funcionarios de la Administración tributaria o el reconocimiento de locales, máquinas, instalaciones y explotaciones relacionados con las obligaciones tributarias.

Art. 203: Vid. arts. 16 y 18 RST, redactados por el RD 1.072/2017, de 29 de diciembre (*BOE* de 30 de diciembre).

Art. 203.1.a): ***Doctrina constitucional***: El *TC, en* **Sentencia 76/1990, de 26 de abril**, declaró que los **documentos contables son elementos acreditativos de la situación económica y financiera del contribuyente**, situación que es preciso exhibir para hacer posible el cumplimiento de la obligación tributaria y su posterior inspección, sin que pueda considerarse la aportación o exhibición de esos documentos contables como una colaboración equiparable a la «declaración» comprendida en el ámbito de los derechos proclamados en los arts. 17.3 y 24.2 CE.

e) Las coacciones a los funcionarios de la Administración tributaria.

2. La infracción prevista en este artículo será grave.

3. La sanción consistirá en multa pecuniaria fija de 150 euros salvo que sea de aplicación lo dispuesto en los apartados siguientes de este artículo.

4. Cuando la resistencia, obstrucción, excusa o negativa a la actuación de la Administración tributaria consista en desatender en el plazo concedido requerimientos distintos a los previstos en el apartado siguiente, la sanción consistirá en multa pecuniaria fija de:

a) 150 euros, si se ha incumplido por primera vez un requerimiento.

b) 300 euros, si se ha incumplido por segunda vez el requerimiento.

c) 600 euros, si se ha incumplido por tercera vez el requerimiento.

5. Cuando la resistencia, obstrucción, excusa o negativa a la actuación de la Administración tributaria se refiera a la aportación o al examen de documentos, libros, ficheros, facturas, justificantes y asientos de contabilidad principal o auxiliar, programas, sistemas operativos y de control o consista en el incumplimiento por personas o entidades que realicen actividades económicas del deber de comparecer, de facilitar la entrada o permanencia en fincas y locales o el reconocimiento de elementos o instalaciones, o del deber de aportar datos, informes o antecedentes con trascendencia tributaria de acuerdo con lo dispuesto en los artículos 93 y 94 de esta ley, la sanción consistirá en:

a) Multa pecuniaria fija de 300 euros, si no se comparece o no se facilita la actuación administrativa o la información exigida en el plazo concedido en el primer requerimiento notificado al efecto.

b) Multa pecuniaria fija de 1.500 euros, si no se comparece o no se facilita la actuación administrativa o la información exigida en el plazo concedido en el segundo requerimiento notificado al efecto.

c) Multa pecuniaria proporcional de hasta el 2 por 100 de la cifra de negocios del sujeto infractor en el año natural anterior a aquel en que se produjo la infracción, con un mínimo de 10.000 euros y un máximo de 400.000 euros, cuando no se haya comparecido o no se haya facilitado la actuación administrativa o la información exigida en el plazo concedido en el tercer requerimiento notificado al efecto. Si el importe de las

---

Art. 203.5.c): STS 287/2022, de 8 de marzo. Rec. 873/2019. Ponente: F.J. Navarro Sanchis:

«1) El artículo 203.5.c) de la LGT no nos suscita dudas sobre su inconstitucionalidad, interpretado en el sentido de que habilita a la Administración sancionadora y a los Tribunales de Justicia a utilizar un margen de apreciación entre 10.000 y 400.000 euros, en que no solo se tome en consideración la cifra de negocios del sujeto incumplidor —ajeno, aquí, al titular de la información con relevancia fiscal—, sino también la gravedad intrínseca de la conducta y la individualización del elemento subjetivo y su intensidad, sea por dolo o culpa.

2) La ausencia de motivación específica sobre la gravedad de la conducta o la especial culpabilidad concurrente obliga a la Administración, caso de concurrencia de los demás elementos del tipo y la culpabilidad —referida a la mera conducta— a imponer la sanción en su grado mínimo.

3) La cifra de negocios del infractor —titular de los datos de transcendencia fiscal o un tercero ajeno a ellos—, no es el único elemento determinante del quántum de la sanción por la comisión de la infracción tipificada en el antedicho precepto sino, a lo sumo, un factor más de graduación, que ha de ser vinculado al tipo objetivo —la conducta tipificada— y al tipo subjetivo —la culpabilidad, sea por dolo o culpa y, aun dentro de ellas, la intensidad con que concurren—. De ahí que el recurso de casación haya de ser desestimado, dada la corrección de la sentencia de instancia, que redujo a 10.000 euros el importe de la multa por la comisión, por parte de CAIXABANK, por falta de acreditación de razones explicitadas para imponer la multa en su límite máximo, por el solo dato de la cifra de negocios. De ser así, conductas levísimas en su realidad o en la culpabilidad se verían castigadas con penas desproporcionadas, siempre las mismas, con el único elemento determinante de la cifra de negocios, enervando así la virtualidad de principios esenciales en materia sancionadora.» (FD Quinto)

operaciones a que se refiere el requerimiento no atendido representa un porcentaje superior al 10, 25, 50 ó 75 por 100 del importe de las operaciones que debieron declararse, la sanción consistirá en multa pecuniaria proporcional del 0,5, 1, 1,5 y 2 por 100 del importe de la cifra de negocios, respectivamente.

Si los requerimientos se refieren a la información que deben contener las declaraciones exigidas con carácter general en cumplimiento de la obligación de suministro de información recogida en los artículos 93 y 94 de esta ley, la sanción consistirá en multa pecuniaria proporcional de hasta el 3 por 100 de la cifra de negocios del sujeto infractor en el año natural a aquel en el que se produjo la infracción, con un mínimo de 15.000 euros y un máximo de 600.000 euros. Si el importe de las operaciones a que se refiere el requerimiento no atendido representa un porcentaje superior al 10, 25, 50 ó 75 por 100 del importe de las operaciones que debieron declararse, la sanción consistirá en multa pecuniaria proporcional del 1, 1,5, 2 y 3 por 100 del importe de la cifra de negocios, respectivamente.

En caso de que no se conozca el importe de las operaciones o el requerimiento no se refiera a magnitudes monetarias, se impondrá el mínimo establecido en los párrafos anteriores.

No obstante, cuando con anterioridad a la terminación del procedimiento sancionador se diese total cumplimiento al requerimiento administrativo, la sanción será de 6.000 euros.

6. En el caso de que el obligado tributario que cometa las infracciones a que se refieren las letras *a*), *b*), *c*) y *d*) del apartado 1 esté siendo objeto de un procedimiento de inspección, se le sancionará de la siguiente forma:

a) Cuando el incumplimiento lo realicen personas o entidades que no desarrollen actividades económicas, se sancionará de la siguiente forma:

1.º Multa pecuniaria fija de 1.000 euros, si no comparece o no se facilita la actuación administrativa o la información exigida en el plazo concedido en el primer requerimiento notificado al efecto.

2.º Multa pecuniaria fija de 5.000 euros, si no comparece o no se facilita la actuación administrativa o la información exigida en el plazo concedido en el segundo requerimiento notificado al efecto.

3.º Si no comparece o no se facilita la actuación administrativa o la información exigida en el plazo concedido en el tercer requerimiento notificado al efecto, la sanción consistirá:

— Si el incumplimiento se refiere a magnitudes monetarias conocidas, en multa pecuniaria proporcional de la mitad del importe de las operaciones requeridas y no contestadas, con un mínimo de 10.000 euros y un máximo de 100.000 euros.

— Si el incumplimiento no se refiere a magnitudes monetarias o no se conoce el importe de las operaciones requeridas, en multa pecuniaria proporcional del 0,5 por 100 del importe total de la base imponible del impuesto personal que grava la renta del sujeto infractor que corresponda al último ejercicio cuyo plazo de declaración hubiese finalizado en el momento de comisión de la infracción, con un mínimo de 10.000 euros y un máximo de 100.000 euros.

STS de 8 de octubre de 2012: Cuando se aplique la sanción prevista en el art. 203 LGT por resistencia, obstrucción, excusa o negativa a las actuaciones de la Administración Tributaria deducida por la no atención a requerimientos, sólo será posible imponer la sanción mínima si no se conoce el importe de las operaciones a que se refiere el requerimiento no atendido.

Art. 203.6: Añadido por la Ley 7/2012, de 29 de octubre, de modificación de la normativa tributaria y presupuestaria (*BOE* n.º 261, de 30 de octubre), con vigencia desde el 31 de octubre de 2012. Los anteriores apartados 6 y 7 han pasado a ser 7 y 8.

b) Cuando el incumplimiento lo realicen personas o entidades que desarrollen actividades económicas, se sancionará de la siguiente forma:

Art. 203.6.b).1.º: El Pleno del TC —STC 74/2022, de 14 de junio—, ha confirmado la constitucionalidad de la sanción prevista en el art. 203.6.*b*).1.º LGT. El Tribunal Constitucional por mayoría ha decidido desestimar la cuestión de inconstitucionalidad planteada por la Sección Segunda de la Sala de lo Contencioso-Administrativo del Tribunal Supremo respecto del art. 203.6.*b*).1.º de la Ley General Tributaria, en la redacción dada por la Ley 7/2012, de 29 de octubre. Han formulado voto particular Enrique Arnaldo y Concepción Espejel.

El **Tribunal Supremo** en un magnífico Auto —**ATS 2129/2021, de 25 de febrero, Ponente: F. J. Navarro Sanchís**—, había planteado la posible incompatibilidad del art. 203.6.*b*).1.º LGT con el principio de proporcionalidad de las sanciones inherente al principio de legalidad en materia sancionadora (art. 25.1 CE), debido tanto al carácter excesivamente aflictivo de la sanción como a su fijación taxativa en la propia ley. En conexión directa con ello se planteaba la posible vulneración del principio de culpabilidad o de responsabilidad subjetiva en materia sancionadora (art. 25.1 CE), de la interdicción de la arbitrariedad de los poderes públicos (art. 9.3 CE) y del valor superior justicia inherente a la cláusula de Estado de Derecho (art. 1.1 CE). Las concretas dudas de constitucionalidad y su fundamentación jurídica afectaban exclusivamente a la sanción única de 600.000 euros que resultaría de la aplicación de la norma a un supuesto con las características del proceso *a quo*, esto es, a casos en que el sujeto infractor presenta un volumen de negocios anual muy elevado. Así, no se cuestionaba la constitucionalidad del tipo infractor en sí mismo, ni tampoco el límite mínimo de la sanción, extremos ambos que quedan excluidos del enjuiciamiento del Tribunal Constitucional.

La **sentencia del TC** concluye que el precepto legal cuestionado no incurre en vulneración del principio de proporcionalidad de las sanciones, lo que conduce a desestimar también las tachas de inconstitucionalidad (planteadas en conexión con aquélla) relativas a la prohibición de la arbitrariedad de los poderes públicos y al valor superior justicia que subyace a la cláusula estructural de Estado de Derecho.

En cuanto a la **alegada ausencia de graduación de la sanción** en atención a las circunstancias del caso, el TC subraya que ***«en principio, no cabe deducir del art. 25.1 CE una exigencia de que el legislador reserve en todo caso márgenes de graduación de la sanción a los órganos encargados de aplicar las sanciones administrativas –ya sea la propia Administración o bien el juez de lo contencioso-administrativo que revisa su actuación–. La sentencia observa, por una parte, que el precepto cuestionado sí deja cierto margen al aplicador de la norma para adecuar la sanción —minorándola a la mitad— en función de la conducta del sujeto infractor. Y, de otro lado, concluye que en todo caso la norma «tiene suficientemente en cuenta… las circunstancias que el legislador —de un modo que no cabe tachar de irrazonable ni arbitrario— ha considerado relevantes para la cuantificación de la sanción, entre las que se encuentran la gravedad de la conducta infractora, el tipo de sujeto infractor, el contexto procedimental en que se verifica la infracción, su modalidad de comisión y su trascendencia para la correcta comprobación de las obligaciones tributarias».*** En este sentido, la sentencia resalta, entre otros elementos, el hecho de que la sanción es aplicable únicamente a los supuestos en que la información no facilitada por el infractor a la inspección tributaria se refiera a la contabilidad empresarial en sentido amplio, y no a informaciones o a datos contables concretos, que se tipifican en otros preceptos con una sanción inferior. Destaca también el hecho de que la conducta ha de ser realizada por un sujeto que realice actividades económicas y que, además, el mismo se encuentre sometido a un procedimiento de inspección tributaria.

Por lo que respecta al **alegado carácter excesivo de la sanción**, el TC entiende que el legislador ha atendido al desvalor de la conducta y al reproche que merece el infractor por el incumplimiento doloso o negligente de una obligación tributaria de naturaleza formal que afecta de manera relevante a bienes jurídicos de rango constitucional (el eficaz funcionamiento de la inspección tributaria, como instrumento para la aplicación correcta y justa del sistema tributario). ***La sentencia se hace eco de la doctrina contenida en la sentencia del Tribunal de Justicia de la Unión Europea de 27 de enero de 2022, en el asunto Comisión c. España (C–788/19), dictada durante la pendencia de la cuestión de inconstitucionalidad, pero descarta que en el art. 203.6.b).1.º LGT concurran tachas similares a las apreciadas por el Tribunal de Justicia respecto de la entonces vigente regulación de las sanciones asociadas al llamado «Modelo 720».*** Y ello, entre otros motivos, porque **en este caso no concurre diferencia de trato entre situaciones internas y transnacionales, porque el tipo multiplicador previsto para la sanción proporcional no es elevado, y porque la conducta incumplidora no se refiere a la falta de declaración de determinados activos por parte de cualquier sujeto y en cualquier contexto, sino a la obstrucción o resistencia a las actuaciones de la administración tributaria dirigidas a comprobar, en el marco de un procedimiento de inspección tributaria, la contabilidad global de quien realiza actividades económicas.**

Concluye el TC que «a pesar de la severidad de la sanción legalmente prevista, ***no se observa la concurrencia de un desequilibrio patente y excesivo o irrazonable entre la sanción y la finalidad de la norma, ni cabe apreciar tampoco incoherencia o exceso en relación con la sistemática de la propia LGT. La forma de cálculo de la sanción no puede calificarse como irrazonable y, además, se establecen determinados elementos correctores de la multa resultante, al fijarse un tope legal máximo a su cuantía y al permitir su minoración en caso de colaboración voluntaria del infractor antes de la culminación del procedimiento administrativo». De modo tal que «no cabe observar que la sanción prevista en el art. 203.6.b).1.º LGT suponga un patente***

1.º Si la infracción se refiere a la aportación o al examen de libros de contabilidad, registros fiscales, ficheros, programas, sistemas operativos y de control o consista en el incumplimiento del deber de facilitar la entrada o permanencia en fincas y locales o el reconocimiento de elementos o instalaciones, consistirá en multa pecuniaria proporcional del 2 por 100 de la cifra de negocios correspondiente al último ejercicio cuyo plazo de declaración hubiese finalizado en el momento de comisión de la infracción, con un mínimo de 20.000 euros y un máximo de 600.000 euros.

2.º Si la infracción se refiere a la falta de aportación de datos, informes, antecedentes, documentos, facturas u otros justificantes concretos:

a) Multa pecuniaria fija de 3.000 euros, si no comparece o no se facilita la información exigida en el plazo concedido en el primer requerimiento notificado al efecto.

b) Multa pecuniaria fija de 15.000 euros, si no comparece o no se facilita la información exigida en el plazo concedido en el segundo requerimiento notificado al efecto.

c) Si no comparece o no se facilita la información exigida en el plazo concedido en el tercer requerimiento notificado al efecto, la sanción consistirá:

— Si el incumplimiento se refiere a magnitudes monetarias conocidas, en multa pecuniaria proporcional de la mitad del importe de las operaciones requeridas y no contestadas, con un mínimo de 20.000 euros y un máximo de 600.000 euros.

— Si el incumplimiento no se refiere a magnitudes monetarias o no se conociera el importe de las operaciones requeridas, la sanción será del 1 por 100 de la cifra de negocios correspondiente al último ejercicio cuyo plazo de declaración hubiese finalizado en el momento de comisión de la infracción, con un mínimo de 20.000 euros y un máximo de 600.000 euros.

En cualquiera de los casos contemplados en este apartado, si el obligado tributario diese total cumplimiento al requerimiento administrativo antes de la finalización del procedimiento sancionador o, si es anterior, de la finalización del trámite de audiencia del procedimiento de inspección, el importe de la sanción será de la mitad de las cuantías anteriormente señaladas.

7. Lo dispuesto en los apartados anteriores será de aplicación cuando la resistencia, obstrucción, excusa o negativa se refiera a actuaciones en España de funcionarios extranjeros realizadas en el marco de la asistencia mutua.

8. Cuando la resistencia, obstrucción, excusa o negativa se refiera al quebrantamiento de las medidas cautelares adoptadas conforme a lo dispuesto en los artículos 146, 162 y 210 de esta ley, la sanción consistirá en multa pecuniaria proporcional del 2 por 100 de la cifra de negocios del sujeto infractor en el año natural anterior a aquel en el que se produjo la infracción, con un mínimo de 3.000 euros.

derroche inútil de coacción que socave los principios elementales de justicia inherentes a la dignidad de la persona y al Estado de Derecho».

La sentencia confirma también la compatibilidad del art. 203.6.*b*).1.º LGT con el principio de culpabilidad (art. 25.1 CE), en la medida en que el precepto cuestionado no excluye que la conducta sancionada deba responder al principio de responsabilidad subjetiva (art. 183.1 LGT) ni la aplicación del resto de normas del sistema sancionador vinculadas con el principio de culpabilidad, entre las que se encuentran las causas de exoneración de responsabilidad previstas en el art. 179 LGT.

El Tribunal resalta que el resultado excesivo de la aplicación indebida de una norma sancionadora no puede derivar en su inconstitucionalidad.

Art. 203.7 y 8: El apdo. 7 se introdujo, con efectos desde el 1 de enero de 2012, por la Disp. Final 1.ªuno.17 del RD-ley 20/2011, de 30 de diciembre, de medidas urgentes en materia presupuestaria, tributaria y financiera (*BOE* n.º 315, de 31 de diciembre de 2011; corrección de errores en *BOE* n.º 8, de 10 de enero de 2012). **El actual apdo. 8 era el n.º 6 originario.**

Art. 204. *Infracción tributaria por incumplir el deber de sigilo exigido a los retenedores y a los obligados a realizar ingresos a cuenta.*—1. Constituye infracción tributaria el incumplimiento del deber de sigilo que el artículo 95 de esta ley exige a retenedores y obligados a realizar ingresos a cuenta.

La infracción prevista en este artículo será grave.

2. La sanción consistirá en multa pecuniaria fija de 300 euros por cada dato o conjunto de datos referidos a una misma persona o entidad que hubiera sido comunicado indebidamente.

La sanción se graduará incrementando la cuantía anterior en el 100 por 100 si existe comisión repetida de la infracción.

Art. 205. *Infracción tributaria por incumplir la obligación de comunicar correctamente datos al pagador de rentas sometidas a retención o ingreso a cuenta.*—1. Constituye infracción tributaria no comunicar datos o comunicar datos falsos, incompletos o inexactos al pagador de rentas sometidas a retención o ingreso a cuenta, cuando se deriven de ello retenciones o ingresos a cuenta inferiores a los procedentes.

2. La infracción será leve cuando el obligado tributario tenga obligación de presentar autoliquidación que incluya las rentas sujetas a retención o ingreso a cuenta.

La base de la sanción será la diferencia entre la retención o ingreso a cuenta procedente y la efectivamente practicada durante el período de aplicación de los datos falsos, incompletos o inexactos.

La sanción consistirá en multa pecuniaria proporcional del 35 por 100.

3. La infracción será muy grave cuando el obligado tributario no tenga obligación de presentar autoliquidación que incluya las rentas sujetas a retención o ingreso a cuenta.

La base de la sanción será la diferencia entre la retención o ingreso a cuenta procedente y la efectivamente practicada durante el período de aplicación de los datos falsos, incompletos o inexactos.

La sanción consistirá en multa pecuniaria proporcional del 150 por 100.

Art. 206. *Infracción por incumplir la obligación de entregar el certificado de retenciones o ingresos a cuenta.*—1. Constituye infracción tributaria el incumplimiento de la obligación de entregar el certificado de retenciones o ingresos a cuenta practicados a los obligados tributarios perceptores de las rentas sujetas a retención o ingreso a cuenta.

La infracción prevista en este artículo será leve.

2. La sanción consistirá en multa pecuniaria fija de 150 euros.

Art. 206 bis. *Infracción en supuestos de conflicto en la aplicación de la norma tributaria.*—1. Constituye infracción tributaria el incumplimiento de las obligaciones tributarias mediante la realización de actos o negocios cuya regularización se hubiese efectuado mediante la aplicación de lo dispuesto en el artículo 15 de esta ley y en la que hubiese resultado acreditada cualquiera de las siguientes situaciones:

a) La falta de ingreso dentro del plazo establecido en la normativa de cada tributo de la totalidad o parte de la deuda tributaria.

b) La obtención indebida de una devolución derivada de la normativa de cada tributo.

c) La solicitud indebida de una devolución, beneficio o incentivo fiscal.

Art. 206: Vid. arts. 15 LGT (§ I) y 19 RST.

Art. 206 bis: Introducido, con efectos desde el 12 de octubre de 2015, por el art. único.35 de la Ley 34/2015, de 21 de septiembre, de modificación parcial de la LGT (*BOE* n.º 227, de 22 de septiembre).

d) La determinación o acreditación improcedente de partidas positivas o negativas o créditos tributarios a compensar o deducir en la base o en la cuota de declaraciones futuras, propias o de terceros.

2. El incumplimiento a que se refiere el apartado anterior constituirá infracción tributaria exclusivamente cuando se acredite la existencia de igualdad sustancial entre el caso objeto de regularización y aquel o aquellos otros supuestos en los que se hubiera establecido criterio administrativo y éste hubiese sido hecho público para general conocimiento antes del inicio del plazo para la presentación de la correspondiente declaración o autoliquidación.

A estos efectos se entenderá por criterio administrativo el establecido por aplicación de lo dispuesto en el apartado 2 del artículo 15 de esta ley.

Reglamentariamente se regulará la publicidad del criterio administrativo derivado de los informes establecidos en el apartado 2 del artículo 15 de esta ley.

3. La infracción tributaria prevista en este artículo será grave.

4. La sanción consistirá en:

a) Multa pecuniaria proporcional del 50 por 100 de la cuantía no ingresada en el supuesto del apartado 1.*a*).

b) Multa pecuniaria proporcional del 50 por 100 la cantidad devuelta indebidamente en el supuesto del apartado 1.*b*).

c) Multa pecuniaria proporcional del 15 por 100 de la cantidad indebidamente solicitada en el supuesto del apartado 1.*c*).

d) Multa pecuniaria proporcional del 15 por 100 del importe de las cantidades indebidamente determinadas o acreditadas, si se trata de partidas a compensar o deducir en la base imponible, o del 50 por 100 si se trata de partidas a deducir en la cuota o de créditos tributarios aparentes, en el supuesto del apartado 1.*d*).

5. Las infracciones y sanciones reguladas en este artículo serán incompatibles con las que corresponderían por las reguladas en los artículos 191, 193, 194 y 195 de esta ley.

6. En los supuestos regulados en este artículo resultará de aplicación lo dispuesto en el artículo 188 de esta ley.

CAPÍTULO IV

PROCEDIMIENTO SANCIONADOR EN MATERIA TRIBUTARIA

Art. 207. *Regulación del procedimiento sancionador en materia tributaria.*—El procedimiento sancionador en materia tributaria se regulará:

a) Por las normas especiales establecidas en este título y la normativa reglamentaria dictada en su desarrollo.

b) En su defecto, por las normas reguladoras del procedimiento sancionador en materia administrativa.

Art. 208. *Procedimiento para la imposición de sanciones tributarias.*—1. El procedimiento sancionador en

---

Art. 207: Vid. arts. 1.° RST y 127 a 138 LRJPAC. El RGIT, aprobado por el RD 1.065/2007, de 27 de julio, dispone en su art. 1.°3: «Este Reglamento se aplicará al procedimiento sancionador en materia tributaria en lo no previsto por sus normas específicas de desarrollo y por las normas reguladoras del procedimiento sancionador en materia administrativa.»

Art. 207.a): El RD 2.063/2004, de 15 de octubre, aprueba el Reglamento General del Régimen Sancionador Tributario (*BOE* de 28 de octubre), derogando el RD 1.930/1998, de 11 de septiembre.

Art. 207.b): A partir del 2 de octubre de 2016 los **principios de la potestad sancionadora de la Administración Pública se encuentran recogidos en los arts. 25 a 31 LRJSP, mientras que la LPACAP recoge (arts. 63, 64, 85, 89 y 90) determinadas especialidades que concurren en la tramitación de los procedimientos sancionadores**.

Art. 208.1: Vid. arts. 58.3 LGT (§ I) y 21 RST. Su **antecedente inmediato es el art. 34.1 LDGC**. **De la jurisprudencia del TEDH se desprende que la exigencia del procedimiento separado está fundada en la diferente naturaleza de la deuda tributaria y la sanción, y en el derecho del presunto infractor a no autoinculparse**. Nadie

materia tributaria se tramitará de forma separada a los de aplicación de los tributos regulados en el título III de esta ley, salvo renuncia del obligado tributario, en cuyo caso se tramitará conjuntamente.

2. En los supuestos de actas con acuerdo y en aquellos otros en que el

---

está obligado a declarar contra sí mismo, de donde se deriva que las declaraciones tributarias presentadas en cumplimiento de un mandato legal cuyo incumplimiento sea sancionable no pueden ser utilizadas como prueba de cargo en un procedimiento sancionador. Sin embargo, el Tribunal Constitucional español otorga preferencia al deber de declarar sobre el derecho a no autoinculparse [STC 76/1990, de 26 de abril (FJ 10)]. Véanse, en este sentido, SSTC 74/2004, de 22 de abril, y 174/2005, de 4 de julio, y, especialmente, el hilo discursivo de la STC 18/2005, de 1 de febrero (*BOE* de 3 de marzo), expresado en sus Fundamentos Jurídicos 2.º a 4.º Tampoco el Tribunal Supremo se muestra favorable a la aludida garantía cuando afirma en su *STS de 12 de abril de 2005* (FJ 5.º): «ha de rechazarse que **la separación del procedimiento sancionador respecto de los procedimientos de aplicación de los tributos, que fue una de las grandes novedades de la Ley 1/1998, de 26 de febrero, de Derechos y Garantías de los Contribuyentes, constituye una exigencia constitucional,** debiendo significarse que la nueva LGT de 2003 permite que la tramitación se realice de forma conjunta, en los supuestos de actas con acuerdo y en aquellos otros en que el obligado tributario haya renunciado a la tramitación separada del procedimiento sancionador (art. 208.2), por lo que el legislador puede optar por el sistema que estime conveniente, siempre que se respeten las debidas garantías».

STS de 23 de septiembre de 2020 (Rec. 2839/2019. Ponente: F. J. Navarro Sanchis). «**... frente a un acuerdo sancionador pueden oponerse, administrativa y judicialmente, cualesquiera motivos jurídicos determinantes de su nulidad, no sólo los directamente imputables a tal acto, sino incluidos aquellos que forman parte del presupuesto de hecho de otros actos anteriores, como el de liquidación, que han quedado firmes por no haber sido recurridos por el interesado. Ese derecho del impugnante, con directo amparo en el artículo 24.1 de la CE —tutela judicial efectiva sin indefensión— comporta el correlativo deber de los tribunales de examinar tales motivos para verificar si concurren o no, sin que puedan abstenerse de hacerlo bajo el pretexto, que hemos desacreditado, de que el acto originario o determinante ha ganado firmeza, pues ya hemos dejado sentado los limitados efectos de ésta.**» (FD 5.º).

Art. 208.2: La **renuncia a la tramitación separada del procedimiento sancionador** se regula en los arts. 26 y 27 RST, resultándole también de aplicación la Disp. Trans. única de dicho Reglamento sancionador. El **RD 1.072/2017, de 29 de diciembre (*BOE* de 30 de diciembre) ha modificado los apartados 1) de los arts. 26 y 27 del RST**, que quedan redactados de la siguiente forma:

«Art. 26.1: A efectos de lo establecido en el artículo 208 de la Ley 58/2003, de 17 de diciembre, General Tributaria, el interesado podrá renunciar a la tramitación separada del procedimiento sancionador mediante manifestación expresa que deberá formularse durante los dos primeros meses del procedimiento de aplicación de los tributos, salvo que antes de dicho plazo se produjese la notificación de la propuesta de resolución; en tal caso, la renuncia podrá formularse hasta la finalización del trámite de alegaciones posterior.

En el procedimiento de inspección, el interesado podrá renunciar a la tramitación separada del procedimiento sancionador durante los seis primeros meses, salvo que antes de dicho plazo se produjese la finalización del trámite de audiencia previo a la suscripción del acta; en este caso, la renuncia podrá formularse hasta dicho momento.

El cómputo de los plazos a que se refieren los apartados anteriores se realizará por meses, sin que a esos efectos se deduzcan del cómputo los períodos de interrupción justificada y las dilaciones no imputables a la Administración tributaria ni los periodos de suspensión o de extensión del plazo del procedimiento inspector. La renuncia regulada en este apartado se realizará por escrito.

»Art. 27.1: Cuando el interesado haya manifestado que renuncia a la tramitación separada del procedimiento sancionador, su inicio deberá notificarse y, a partir de ese momento, su tramitación se desarrollará de forma conjunta con el procedimiento de aplicación de los tributos, y será de aplicación para ambos procedimientos la regulación establecida en la Ley 58/2003, de 17 de diciembre, General Tributaria, y en su normativa de desarrollo para el correspondiente procedimiento de aplicación de los tributos, incluida la relativa a los plazos y a los efectos de su incumplimiento.

A efectos de lo dispuesto en el artículo 104.2 de la Ley 58/2003, de 17 de diciembre, General Tributaria, no se tendrá en cuenta en el cómputo del plazo del procedimiento de aplicación de los tributos el tiempo transcurrido desde la fecha del primer intento de notificación del inicio del procedimiento sancionador debidamente acreditado hasta la fecha en que dicha notificación se entienda producida.

Una vez notificado el inicio, las cuestiones relativas al procedimiento sancionador se analizarán conjuntamente con las del procedimiento de aplicación de los tributos, y la documentación y elementos de prueba obtenidos durante la tramitación conjunta se considerarán integrantes de ambos expedientes, debiéndose incorporar formalmente a éstos, con vistas a los recursos que pudieran interponerse contra la resolución dictada en cada procedimiento.»

obligado tributario haya renunciado a la tramitación separada del procedimiento sancionador, las cuestiones relativas a las infracciones se analizarán en el correspondiente procedimiento de aplicación de los tributos de acuerdo con la normativa reguladora del mismo, conforme se establezca reglamentariamente.

En las actas con acuerdo, la renuncia al procedimiento separado se hará constar expresamente en las mismas, y la propuesta de sanción debidamente motivada, con el contenido previsto en el apartado 4 del artículo 210 de esta ley, se incluirá en el acta con acuerdo.

Reglamentariamente se regulará la forma y plazo de ejercicio del derecho a la renuncia al procedimiento sancionador separado.

3. Los procedimientos sancionadores garantizarán a los afectados por ellos los siguientes derechos:

a) A ser notificado de los hechos que se le imputen, de las infracciones que tales hechos puedan constituir y de las sanciones que, en su caso, se le pudieran imponer, así como de la identidad del instructor, de la autoridad competente para imponer la sanción y de la norma que atribuya tal competencia.

b) A formular alegaciones y utilizar los medios de defensa admitidos por el ordenamiento jurídico que resulten procedentes.

c) Los demás derechos reconocidos por el artículo 34 de esta ley.

4. La práctica de notificaciones en el procedimiento sancionador en materia tributaria se efectuará de acuerdo con lo previsto en la sección 3.ª del capítulo II del título III de esta ley.

Art. 209. *Iniciación del procedimiento sancionador en materia tributaria.*— 1. El procedimiento sancionador en materia tributaria se iniciará siempre de oficio, mediante la notificación del acuerdo del órgano competente.

2. Los procedimientos sancionadores que se incoen como consecuencia

---

La imposición de sanciones en el caso de actas con acuerdo [art. 155 LGT (§ I)] se desarrolla en el art. 28 RST. El procedimiento para la imposición de sanciones tributarias no pecuniarias se desarrolla en los arts. 30 y 31 RST.

La **STS de 18 de febrero de 2004** fijó como **doctrina legal** que «**la exigencia de que para la imposición de sanciones tributarias se tramite un expediente distinto e independiente del instruido para la comprobación e investigación de la situación tributaria, únicamente es aplicable para actas de la inspección de los tributos que se extiendan a partir de la entrada en vigor de la Ley 1/1998, de 26 de febrero, de Derechos y Garantías de los Contribuyentes, sin que a estos efectos sea de aplicación la Ley 30/1992**». El ponente y autor de un interesante y sugestivo Voto Particular fue M. V. Garzón Herrero.

Art. 208.3: Añadido por la Ley 36/2006, de 29 de noviembre, de medidas para la prevención del fraude fiscal. Reproduce en el ámbito sancionador tributario el art. 135 LRJPAC. Vid. art. 20 RST sobre competencias en el procedimiento sancionador. Vid., además, art. 34.1, letras *f*) y *l*), LGT (§ I).

Art. 208.4: Vid. STS de 9 de marzo de 2016 (Rec. 2307/2014; ponente: J. A. Montero): la **notificación del inicio de un procedimiento sancionador se rige por lo dispuesto en los arts. 207 a 212 LGT** (§ I) —vid. art. 209—, **no por lo dispuesto en el art. 104, que sólo es aplicable para la notificación de la resolución del procedimiento sancionador.**

Art. 209: El plazo de tres meses es de caducidad. Recuérdese que el plazo de prescripción de la infracción es de cuatro años [art. 189 LGT (§ I)]. Vid. arts. 209.2 LGT (§ I) y 22 RST.

El **Tribunal Constitucional** viene entendiendo que ***«entre estas garantías [las propias del proceso penal] trasladables al procedimiento administrativo sancionador hemos incluido específicamente el derecho a ser informado de la acusación, esto es, el derecho a conocer los cargos que se formulan contra el expedientado y el consiguiente derecho a la inalterabilidad de los hechos esenciales objeto de acusación y de sanción»***.

Vid., por todas, STC (Sala 1.ª) de 1 de diciembre de 2003 (ponente: M.ª Emilia Casas). Véase, además, la STC 32/2009, de 9 de febrero, recogida en nota al art. 178 LGT (§ I).

Art. 209.2: Redactado por artículo decimotercero, ap. veintidós de la Ley 11/2021, de 9 de julio. Anteriormente fue redactado por la Ley 7/2012, de 29 de octubre (*BOE* n.º 261, de 30 de octubre), con vigencia desde el 31 de octubre de 2012.

STS de 23 de septiembre de 2020. Rec. 2839/2019. Ponente: F. J. Navarro Sanchis: «**... frente a un acuerdo sancionador pueden oponerse, administrativa y judicialmente, cualesquiera motivos jurídicos determinantes de su nulidad, no sólo los directamente imputables a tal acto, sino incluidos aquellos que forman parte del presupuesto de hecho de otros actos anteriores, como el de liquidación, que han quedado firmes por no haber sido recurridos por el interesado. Ese derecho del impugnante, con directo amparo en el artículo 24.1 de la CE —tutela judicial efectiva sin indefensión— comporta el correlativo deber de los tribunales de examinar tales motivos para verificar si concurren o no, sin que puedan abstenerse de hacerlo bajo el pretexto, que hemos desacreditado, de que el acto originario o determinante ha ganado firmeza, pues ya hemos dejado sentado los limitados efectos de ésta.**» (FD 5.º).

En **procedimientos sancionadores iniciados en el curso de un procedimiento inspector, vid. art. 25 RST**. Los apartados 1 y 3 del art. 25 RST fueron redactados por Disp. Final 1.ª del RD 1.065/2007, de 27 de julio, por el que se aprueba el RGIT. En procedimientos sancionadores iniciados en otros procedimientos, vid. art. 22.3 RST.

STS, Sala de lo Contencioso 1075/2020, de 23 de julio de 2020, Rec. 1993/2019. Ponente: A. Aguallo: Hacienda está legalmente facultada para iniciar procedimiento sancionador tributario, antes de haber dictado y notificado el acto administrativo de liquidación. Ni el artículo 209.2 LGT, ni ninguna otra norma legal o reglamentaria, establecen que el procedimiento sancionador deba iniciarse tras la notificación de la liquidación tributaria. La Sala afirma que puede aceptarse, en las infracciones que causan perjuicio para la recaudación, la máxima de que sin liquidación no hay sanción, pero no la de que sin liquidación no puede haber inicio del procedimiento tributario sancionador. En el mismo sentido, **STS de 5 de noviembre de 2020. Rec. 2004/2019**. Ponente: J. Cudero. En ambas hay voto particular de F. J. Navarro Sanchis.

STS de 9 de julio de 2020. Rec. 26/2018. Ponente: J. A. Montero: *«... el art. 209.2 de la LGT no rige con carácter general a todas las actuaciones de aplicación de los tributos y que su ámbito de aplicación queda acotado a los ámbitos subjetivos y objetivos que expresamente se recogen en su texto, respecto de este último, sólo es aplicable a los procedimientos sancionadores que se incoen como consecuencia de " un procedimiento iniciado mediante declaración o de un procedimiento de verificación de datos, comprobación o inspección" finalizados mediante liquidación o resolución —sobre el modo de finalización si cabría matizaciones, que no son del caso—.»*

El Tribunal Supremo ya se ha pronunciado [SSTS de 21 de septiembre de 2002 (Rec. 3433/2001) y 4 de julio de 2005 (Rec. 91/2003)] rechazando sendos recursos de casación en interés de ley en los que la Abogacía del Estado pretendía la limitación del ámbito del art. 49.2.j), párr. 2.º, del anterior RGIT —en relación con el art. 60 del mismo—, de modo que quedase excluido el supuesto en que no se hubiera hecho constar en el Acta la improcedencia de la sanción. O, en sentido contrario, que el plazo preclusivo previsto en la norma sólo se aplicara si en el Acta se hubiera hecho constar por el actuario la improcedencia de la apertura del procedimiento sancionador. **STS de 17 de noviembre de 2011 (Rec. 3979/2007)** (FJ 2.º): Este mismo asunto ha sido ya solventado, y en sentido desestimatorio, por esa Sala en numerosas Sentencias: de 24 de febrero de 2011 (rec. cas. n.º 3722/2011), FD 4.º; 10 de diciembre de 2010 (rec. cas. n.º 3369/ 2007), FD 4.º; 11 de noviembre de 2010 (rec. cas. n.º 3965/2006), FD 3.º; 27 de mayo de 2010 (rec. cas. para la unificación de doctrina n.º 247/2005), FD 5.º; 4 de marzo de 2010 (rec. cas. n.º 8640/2004), FD 4.º; 25 de febrero de 2010 (rec. cas. n.ºs 8398/2004 y 8981/2004), FFDD 4.º, y 16 de octubre de 2008 (rec. cas. n.º 8525/ 2004), FD 4.º Sentencias, todas ellas, en las que la Sala concluye que «la cuestión que plantea la representación pública ha sido resuelta por esta Sección en su Sentencia de 16 de octubre de 2008 (rec. cas. n.º 8525/2004) [...]. En dicha Sentencia, afirmamos que el art. 49.2.*j*) RGIT resultaba aplicable con independencia de que el actuario hubiera o no hecho constar en el acta la procedencia de la apertura de un procedimiento sancionador, declaramos la compatibilidad de dicho precepto con el instituto de la prescripción y con la previsión del art. 105.2 LGT, y, en fin, sostuvimos que, en la medida en que la orden a que se remite el referido art. 49.2.*j*) tiene una clara incidencia negativa en la posición jurídica del obligado tributario, debe ir seguida de la notificación a los sujetos afectados de la iniciación en plazo del expediente sancionador» [Sentencia de 27 de mayo de 2010, cit., FD 5.º]; *constituyendo la notificación dentro de dicho plazo un requisito inexcusable para la validez y eficacia del correspondiente acto administrativo de inicio*. La STS de 29 de septiembre de 2011 (Rec. 2346/2007; ponente: Martínez Micó) realiza en su FJ 12 una espléndida sistematización del devenir normativo y jurisprudencial de toda esta cuestión, poniendo de manifiesto cuál es su fundamento último, que no es otro que la separación de procedimientos de comprobación y sancionador.

En esta línea, la ***SAN de 26 de noviembre de 2009*** (Rec. 287/2006: ponente: Córdoba Castroverde) realiza, en su FD 2.º, una **magnífica exposición del *iter* legislativo de esta cuestión.** Para ello considera tanto el art. 49.2.*j*) RGIT (1986) como la posterior redacción del art. 81.6 LGT/1963, realizada por la Ley 53/2002, que —con eficacia a partir del 1 de enero de 2003— amplía el plazo a tres meses, y que constituye el precedente inmediato del precepto actualmente vigente. Igualmente, se destaca que la STS de 16 de octubre de 2008 (Rec. 8525/2004) refrendó el criterio de la AN en torno a la ineficacia de la autorización de inicio del expediente sancionador emitida por el

de un procedimiento iniciado mediante declaración o de un procedimiento de verificación de datos, comprobación o inspección no podrán iniciarse respecto a la persona o entidad que hubiera sido objeto del procedimiento una vez transcurrido el plazo de seis meses desde que se hubiese notificado o se entendiese notificada la correspondiente liquidación o resolución.

Los procedimientos sancionadores que se incoen para la imposición de las sanciones a que se refiere el artículo 186 de esta Ley deberán iniciarse en el plazo de seis meses desde que se hubiese notificado o se entendiese notificada la sanción pecuniaria a que se refiere dicho precepto.

Art. 210. *Instrucción del procedimiento sancionador en materia tributa-*

Inspector Jefe, en los términos que se han expuesto arriba. Por su parte, la *Resolución TEAC de 28 de enero de 2010 (Vocalía 5.ª)* (Rec. 4792/2008) asume expresamente lo anterior por aplicación de la doctrina contenida en la citada STS de 16 de octubre de 2008 (Rec. 8525/2004) y las posteriores Sentencias de 15 de enero de 2009 (Rec. 2159/2006) y 23 de marzo de 2009 (Rec. 1455/2006). Vid. art. 153.*g*) LGT (§ I).

Resolución TEAC de 19 de febrero de 2014 (RG 05704/2011/00/00), Vocalía 4.ª: «Si bien lo habitual es que, en el caso de infracciones tributarias que se deriven de la regularización, el expediente sancionador se inicie una vez notificado el acuerdo de liquidación del que trae causa, ello no es un requisito imprescindible, ni contrario a lo recogido en el art. 209.2 LGT [...]. Es decir, lo que la norma no permite es que, en el caso de expedientes sancionadores que se incoen como consecuencia de un procedimiento de comprobación e investigación, los mismos se inicien una vez transcurridos tres meses desde la notificación de la liquidación, pero **nada impide que el procedimiento sancionador se inicie antes de dicha notificación. Es decir, el expediente sancionador puede iniciase una vez que el Órgano de Inspección considere que existen indicios suficientes para motivar el acuerdo de inicio, que puede ser incluso antes de haber notificado el acuerdo de liquidación** [...]. Es más, el art. 22 del Real Decreto 2.063/2004, por el que se aprueba el Reglamento general del régimen sancionador tributario, señala en relación con el inicio del procedimiento sancionador en su apartado 4, lo siguiente:

»"*Se iniciarán tantos procedimientos sancionadores* como propuestas de liquidación se hayan dictado, *sin perjuicio de los que hayan de iniciarse por las conductas constitutivas de infracción puestas de manifiesto durante el procedimiento y que no impliquen liquidación.*"

»El tenor de este precepto es claro y, por un lado, hace referencia a propuestas de liquidación y no a liquidaciones, y por otro lado, se refiere a procedimientos sancionadores que hayan de iniciarse por las conductas constitutivas de infracción puestas de manifiesto durante el procedimiento y que no impliquen liquidación. Es decir, de dicho artículo se desprende la posibilidad de iniciar procedimientos sancionadores sin que se haya dictado liquidación, bien porque los indicios se ponen de manifiesto con anterioridad a la práctica de la liquidación, bien porque el expediente sancionador no deriva directamente de una regularización.»

Art. 210: Vid. arts. 23 y 31 RST. STS de 4 de noviembre de 2021. Rec. 8325/2019. Ponente: J.A. Montero: «... el ***régimen sancionador regulado en la LO 12/1995, de Represión del Contrabando, no prevé específicamente un trámite en el procedimiento, antes de la incoación***, para indagaciones o actuaciones previas al procedimiento mismo, formalmente abierto, ***tampoco se establece un plazo de caducidad, es vía reglamentaria la que prevé unas actuaciones preliminares o complementarias,*** por lo que sin perjuicio de haberse podido incurrir en un supuesto de ultra vires, en que no entramos, pone más en evidencia, si cabe, que ***la Administración no tenía derecho a la inactividad, en un plazo notoriamente superior al de duración que el propio reglamento establece, esto es, a infringir los plazos que ella misma crea, sin que dicha pasividad pueda tener amparo jurídico, más cuando estamos en presencia de un procedimiento sancionador que, en sus consecuencias sustantivas, debe regirse por el principio de legalidad***.

Dicho lo anterior, a la cuestión con interés casacional cabe responder en el sentido de ***que la fecha de inicio del cómputo del plazo máximo de resolución en el procedimiento sancionador en materia de contrabando a los efectos de apreciar la existencia o no de caducidad es la de la notificación de la comunicación de inicio del procedimiento y no desde la fecha de las actuaciones previas, excepto que estas se utilicen fraudulentamente para alargar el plazo de seis meses para concluir el procedimiento sancionador, debiéndose entender que la inactividad injustificada y desproporcionada de la Administración desde la finalización de las actuaciones previas al inicio del expediente sancionador, conculca el derecho del interesado a la buena administración en su manifestación de no sufrir dilaciones injustificadas y desproporcionadas, y vicia las posteriores actuaciones llevadas a cabo por conculcar el principio de buena administración» (FD 2.º).***

ria.—1. En la instrucción del procedimiento sancionador serán de aplicación las normas especiales sobre el desarrollo de las actuaciones y procedimientos tributarios a las que se refiere el artículo 99 de esta ley.

2. Los datos, pruebas o circunstancias que obren o hayan sido obtenidos en alguno de los procedimientos de aplicación de los tributos regulados en el título III de esta ley y vayan a ser tenidos en cuenta en el procedimiento sancionador deberán incorporarse formalmente al mismo antes de la propuesta de resolución.

3. En el curso del procedimiento sancionador se podrán adoptar medidas cautelares de acuerdo con lo dispuesto en el artículo 146 de esta ley.

4. Concluidas las actuaciones, se formulará propuesta de resolución en la que se recogerán de forma motivada los hechos, su calificación jurídica y la infracción que aquéllos puedan constituir o la declaración, en su caso, de inexistencia de infracción o responsabilidad.

En la propuesta de resolución se concretará asimismo la sanción propuesta con indicación de los criterios de graduación aplicados, con motivación adecuada de la procedencia de los mismos.

La propuesta de resolución será notificada al interesado, indicándole la puesta de manifiesto del expediente y concediéndole un plazo de quince días para que alegue cuanto considere conveniente y presente los documentos, justificantes y pruebas que estime oportunos.

5. Cuando al tiempo de iniciarse el expediente sancionador se encontrasen

---

Art. 210.2: Vid. art. 25 RST —redactado por la Disp. Final 1.ª del RD 1.065/ 2007, de 27 de julio, por el que se aprueba el RGIT, que entró en vigor el 1 de enero de 2008 (*BOE* de 5 de septiembre)— y el derogado art. 34.2 LDGC.

Art. 210.3: Vid. nota al art. 81 LGT (§ I).

Art. 210.4: STS 465/2020, de 18 de mayo. Rec. 5732/2017. Ponente: J. A. Montero Fernández: ***en el procedimiento sancionador las actuaciones concluyen con la notificación del acuerdo de imposición de sanción dictado prescindiendo de las alegaciones formuladas por el obligado tributario dentro del plazo legalmente conferido para ello y no con la notificación del posterior acto administrativo en el que se da respuesta a tales alegatos. Interpretación que aplicada al caso concreto conlleva la declaración de nulidad de las sanciones impuestas, en tanto que la resolución con la que finalizó el procedimiento sancionador era nula de pleno derecho por vulneración del derecho de defensa, arts. 24 y 25 de la CE***. En el procedimiento sancionador la **omisión del trámite de audiencia tiene relevancia constitucional** y su **omisión** determina la **nulidad de lo actuado**, ***al lesionar manifiestamente un derecho fundamental*** (arts. 24 y 25 CE).

Art. 210.5: El art. 23.6 RST califica estos supuestos como de «tramitación abreviada».

STS de 1 de octubre de 2020. Rec. 2935/2019. Ponente: A. Aguallo. Voto particular de F. J. Navarro Sanchis, al que se adhiere J. A. Montero: «La Administración está facultada para dictar un acuerdo de inicio de un procedimiento sancionador abreviado antes de dictarse la liquidación determinante de la infracción en que se establece la deuda tributaria y, además, sirve de base proporcional de la cuantía de la sanción. El artículo 210.5 LGT no contempla el inicio del procedimiento sancionador ni ninguna singularidad respecto de tal inicio, que viene regulado en el artículo 209.2 LGT. Y la circunstancia de que aquel precepto prevea para el procedimiento sancionador abreviado la incorporación de una propuesta de sanción en el acuerdo de inicio, no añade una peculiaridad que deba conducir a modificar o matizar el criterio establecido en nuestra sentencia de 23 de julio de 2020. Lo trascendente es que no se vulneren los derechos del acusado a ser informados de la acusación y de defensa (art. 208.3 LGT), y que no se imponga la sanción antes de haberse practicado la liquidación (no existiendo traba alguna ambas se notifiquen al mismo tiempo). Y el artículo 210.5 LGT, en primer lugar, respeta perfectamente el derecho a ser informado de la acusación, de manera, si cabe, más rigurosa, al exigir que en el acuerdo de iniciación del procedimiento sancionador abreviado se incorpore una (mera) propuesta de sanción. En segundo lugar, observa igualmente el derecho de defensa al otorgar al interesado un plazo de 15 días para que alegue cuanto considere conveniente y presente los documentos, justificantes y pruebas que estime oportunos. Y, en tercer lugar, dicho precepto no establece la imposición directa de la sanción sin haber procedido antes a aprobar la liquidación, sino únicamente la instrucción de un procedimiento punitivo, que puede acabar o no con una sanción.» (FD 4.º).

en poder del órgano competente todos los elementos que permitan formular la propuesta de imposición de sanción, ésta se incorporará al acuerdo de iniciación. Dicho acuerdo se notificará al interesado, indicándole la puesta de manifiesto del expediente y concediéndole un plazo de quince días para que alegue cuanto considere conveniente y presente los documentos, justificantes y pruebas que estime oportunos.

Art. 211. *Terminación del procedimiento sancionador en materia tributaria.*—1. El procedimiento sancionador en materia tributaria terminará mediante resolución o por caducidad.

Cuando en un procedimiento sancionador iniciado como consecuencia de un procedimiento de inspección el interesado preste su conformidad a la propuesta de resolución, se entenderá dictada y notificada la resolución por el órgano competente para imponer la sanción, de acuerdo con dicha propuesta, por el transcurso del plazo de un mes a contar desde la fecha en que dicha conformidad se manifestó, sin necesidad de nueva notificación expresa al efecto, salvo que en dicho plazo el órgano competente para imponer la sanción notifique al interesado acuerdo con alguno de los contenidos a los que se refieren los párrafos del apartado 3 del artículo 156 de esta ley.

2. El procedimiento sancionador en materia tributaria deberá concluir en el plazo máximo de seis meses con-

---

SAN de 4 de noviembre de 2010 (Rec. 178/ 2007; ponente: F. J. Navarro Sanchís) (FJ 5.º): «[...] *el hecho de que las actas se firmen con la conformidad del interesado no es un factor que pueda volverse en su contra a efectos sancionadores*, como esta Sala ha declarado constantemente, siguiendo con ello una también reiterada jurisprudencia del Tribunal Supremo, pues basta para desmentir esa errónea conclusión que ***la conformidad se presta a los hechos, pero no avala ni interpretaciones jurídicas de un signo a otro ni menos aún implica una aceptación de tales hechos a los efectos sancionadores***».

SAN de 19 de enero de 2012 (Rec. 81/2009; ponente: Navarro Sanchís): ***«La prueba de presunciones [art. 105 LGT (§ I)] es válida para determinar la deuda tributaria***, en tanto que se trata de un medio reconocido en Derecho para equiparar el indicio o la conjetura —siempre que se obtengan con el respeto a las garantías necesarias que eviten dar valor de prueba a simples sospechas u opiniones— a los hechos probados, ***pero dicha prueba no es suficiente, por sí sola, para ser equiparada al hecho probado que la Ley penal o sancionadora reconoce como presupuesto fáctico de la conducta típica, por la sencilla razón de que, si así fuera, quedaría desvirtuada la constitucional presunción de inocencia (art. 24.2 CE), que exige una prueba plena de los hechos que la*** **praesumptio hominis** ***no puede garantizar***. [...] En resumen, la prueba de presunciones no es admisible para dispensar a la Inspección de la carga de probar concluyentemente los elementos esenciales sobre los que se asienta la potestad sancionadora —en esencia, la tipicidad y la culpabilidad—, máxime cuando la ley prevé la existencia de un procedimiento sancionador que, cuando de presunciones probatorias se trate, como en este caso, exigiría una actividad probatoria complementaria, exclusivamente a cargo de la Administración, para convertir los indicios en hechos probados [...]».

Art. 211: Vid. art. 24 RST.

Art. 211.2: Nueva redacción, con efectos desde el 12 de octubre de 2015, por el art. único.36 de la Ley 34/2015, de 21 de septiembre, de modificación parcial de la LGT (*BOE* n.º 227, de 22 de septiembre). Su redacción anterior era la siguiente:

> 2. El procedimiento sancionador en materia tributaria deberá concluir en el plazo máximo de seis meses contados desde la notificación de la comunicación de inicio del procedimiento. Se entenderá que el procedimiento concluye en la fecha en que se notifique el acto administrativo de resolución del mismo. A efectos de entender cumplida la obligación de notificar y de computar el plazo de resolución serán aplicables las reglas contenidas en el apartado 2 del artículo 104 de esta ley.

Vid. arts. 104.2 y 150.5 LGT (§ I).

STS de 10 de julio de 2019, rec. 83/2018. Ponente: R. Toledano: «... no puede supeditarse el procedimiento sancionador al curso del procedimiento inspector. "Aunque existen supuestos de extensión o ampliación del plazo del procedimiento sancionador, lo cierto es que están expresamente regu-

tados desde la notificación de la comunicación de inicio del procedimiento. Se entenderá que el procedimiento concluye en la fecha en que se notifique el acto administrativo de resolución del mismo. A efectos de entender cumplida la obligación de notificar y de computar el plazo de resolución serán aplicables las reglas contenidas en el apartado 2 del artículo 104 de esta ley.

Cuando habiéndose iniciado el procedimiento sancionador concurra en el procedimiento inspector del que trae causa alguna de las circunstancias previstas en el apartado 5 del artículo 150 de esta ley, el plazo para concluir el procedimiento sancionador se extenderá por el mismo período que resulte procedente de acuerdo con lo dispuesto en dicho apartado.

---

ladas en el art. 211.2 párrafo segundo LGT , y esta regulación expresa apoya la idea de que el legislador no ha querido ninguna otra alteración temporal del procedimiento sancionador, menos aún la interrupción. En conclusión, ni existe habilitación legal para el reglamento en este campo, ya que la interpretación del art. 211 no permite atribuir esta finalidad a la remisión que hace al art. 104.2 LGT , ni, por otra parte, resuelta congruente la previsión reglamentaria impugnada a tenor de las características del procedimiento sancionador, tal y como está configurado, ya que supondría supeditar el procedimiento sancionador al curso de un procedimiento inspector cuando **la voluntad del legislador, y esto es indiscutible, fue la de hacer por completo independiente el sancionador respecto a otros procedimientos tributarios como el de inspección**. La solución legal para la eventualidad que trata de precaver la reforma que introduce el Real Decreto 1072/2017 es clara en la LGT, y radica en que el procedimiento sancionador no se inicie mecánicamente de forma simultanea o acompasada con el inspector. La indudable relevancia del procedimiento inspector en el ejercicio de la potestad sancionadora tiene perfecto acomodo en el esquema legal por la simple regla de no iniciarlo hasta la finalización del procedimiento inspector, conforme prevé el art. 209.2 LGT, que otorga un plazo máximo de tres meses para hacerlo, lo que parece más que suficiente" (FD 6.º). Por consiguiente, procede estimar el recurso en este punto y declarar la ***nulidad del apartado nueve del artículo único del Real Decreto 1072/2017 que introduce la nueva redacción del apartado 4 del artículo 25 del Reglamento general del régimen sancionador tributario, aprobado por el Real Decreto 2063/2004, de 15 de octubre»*** (FD 7.º).

El art. 24.4 RST prevé la suspensión del mismo en los términos del art. 180 LGT (§ I). Vid. el derogado art. 34.3 LDGC.

La **STS de 15 de diciembre de 2004** (*BOE* de 25 de abril de 2005), en un recurso de casación en interés de ley, establece la siguiente doctrina legal: ***«El límite para el ejercicio de la potestad sancionadora, y para la prescripción de las infracciones, concluye con la resolución sancionadora y su consiguiente notificación, sin poder extender la misma a la vía de recurso.»***

STS de 3 de diciembre de 2009 (Rec. 5170/ 2004; ponente: A. Aguallo Avilés) (FJ 14): «La Sentencia de 4 de marzo de 2004 de la Sala de lo Contencioso-Administrativo de laAudiencia Nacional rechaza implícitamente que se haya producido la prescripción de la acción para sancionar al considerar —ésta es toda la argumentación que se esgrime— que no se ha producido la caducidad del expediente sancionador alegada. [...]

»Olvida, sin embargo, la Sala de instancia que, iniciado ya el expediente sancionador, se produjo *la entrada en vigor del RD 1.930/1998 (el 13 de septiembre de 1998), norma que en su art. 36.1 aclaraba los efectos del transcurso de los seis meses establecidos en el citado art. 34.2 LDGC* al señalar que "[t]ranscurrido dicho plazo sin que la resolución haya sido dictada, se entenderá caducado el procedimiento y se procederá al archivo de las actuaciones, de oficio o a instancia del interesado, sin perjuicio de la posibilidad de iniciar de nuevo el procedimiento, en tanto no haya prescrito la acción de la Hacienda Pública para imponer la correspondiente sanción"; caducidad que, como es de sobra conocido y expresa el art. 92.3 LRJPAC, no produce "por sí sola la prescripción de las acciones" de la Administración, "pero los procedimientos caducados no interrumpirán el plazo de prescripción".» **El Supremo (Sentencia 837/2019, 17 Jun. Rec. 3269/2017**. **Ponente: R. Toledano**) fija **doctrina legal** sobre el **artículo 211. 2 de la LGT** definiendo la **duración máxima del procedimiento sancionador en materia tributaria:** «*el cómputo del plazo máximo de duración del procedimiento sancionador en materia tributaria, fijado en la actualidad en seis meses en el art. 211.2 LGT , se computa desde la notificación de la comunicación de inicio de dicho procedimiento, día de notificación que queda excluido del cómputo, y finaliza en el mismo día del mes final, o en el último día de dicho mes final si en éste no hubiera día equivalente al de la notificación de la comunicación de inicio.*» (FD 9.º).

3. La resolución expresa del procedimiento sancionador en materia tributaria contendrá la fijación de los hechos, la valoración de las pruebas practicadas, la determinación de la infracción cometida, la identificación de la persona o entidad infractora y la cuantificación de la sanción que se impone, con indicación de los criterios de graduación de la misma y de la reducción que proceda de acuerdo con lo previsto en el artículo 188 de esta ley. En su caso, contendrá la declaración de inexistencia de infracción o responsabilidad.

4. El vencimiento del plazo establecido en el apartado 2 de este artículo sin que se haya notificado resolución expresa producirá la caducidad del procedimiento.

La declaración de caducidad podrá dictarse de oficio o a instancia del interesado y ordenará el archivo de las actuaciones. Dicha caducidad impedirá la iniciación de un nuevo procedimiento sancionador.

5. Son órganos competentes para la imposición de sanciones:

a) El Consejo de Ministros, si consisten en la suspensión del ejercicio de

---

Art. 211.3: Como pone de manifiesto la **STS de 14 de enero de 2010** (Rec. 3565/2004; ponente: A. Aguallo Avilés), es doctrina reiterada del TS que **el** *órgano competente para sancionar* **es «la Administración tributaria, no el órgano judicial»**, **y es a aquella a quien incumbe la obligación de acreditar la existencia de culpabilidad**, y ha de hacerlo «en términos respetuosos con los principios de presunción de inocencia (art. 24.2 CE) y de culpabilidad (art. 25.1 CE)», señalando «de qué concretos hechos, comportamientos, actitudes, infiere la existencia de la culpa leve o simple negligencia que reclamaba el art. 77.1 LGT y debemos entender que exige también el actual art. 183.1 de la Ley 58/2003, de 17 de diciembre, General Tributaria». Así, la *STS de 1 de julio de 2010* (Rec. 2973/2005) recuerda que «[...] hemos declarado en la referida Sentencia de 6 de junio de 2008 que ***«en la medida en que la competencia para imponer las sanciones tributarias previstas en la LGT corresponde exclusivamente a la Administración tributaria, es evidente que los déficit de motivación de las resoluciones sancionadoras no pueden ser suplidos por los órganos de la jurisdicción ordinaria que, en este ámbito, sólo pueden llevar a cabo un mero control de la legalidad.*** **En este sentido se ha pronunciado también el *Tribunal Constitucional*** que, con fundamento en que no son los Tribunales Contencioso-Administrativos sino la Administración Pública quien, en uso de sus prerrogativas constitucionales, sanciona a los administrados, ha señalado que "una ulterior Sentencia que justificase la sanción en todos sus extremos nunca podría venir a sustituir o de alguna manera sanar la falta de motivación del acto administrativo" (STC 7/1998, de 13 de enero, FJ 6.º; en el mismo sentido, SSTC 161/2003, de 15 de septiembre, FJ 3.º, y 193/2003, de 27 de octubre, FJ 2.º, y AATC 250/2004, de 12 de julio, FJ 6.º; 251/2004, de 12 de julio, FJ 6.º; 317/2004, de 27 de julio, FJ 6.º; 324/2004, de 29 de julio, FJ 6.º, y 484/2004, de 30 de noviembre, FD 3.º)» (FD 6.º) (en idénticos términos, Sentencia de 15 de enero de 2009, cit., FD 13). En este sentido, puede afirmarse que, *del mismo modo que la sanción impuesta por la Administración tributaria sin motivar suficientemente la existencia de —al menos— simple negligencia en la conducta del obligado tributario debe ser anulada aunque posteriormente un órgano judicial lleve a cabo esa labor de motivación al resolver el recurso instado por aquél, cuando la existencia de culpabilidad aparece debidamente fundada en la resolución administrativa sancionadora, la sanción no puede ser considerada contraria a los arts. 24.2 y 25.1 CE por el mero hecho de que, en su labor de control, el Juez o Tribunal de lo contencioso-administrativo no indique en su Sentencia los motivos de los que se infiere la concurrencia de dolo, culpa grave o culpa leve en el incumplimiento de las obligaciones tributarias.*» En idéntico sentido, *STS de 4 de noviembre de 2010* (Rec. 2080/2007).

Art. 211.4: STS 3 de diciembre de 2009 (Rec. 5170/2004; ponente: A. Aguallo Avilés) (FJ 14): «[...] Uno de los puntos principales de esa regulación autónoma —del procedimiento sancionador— fue el establecimiento de un plazo máximo de seis meses de resolución del expediente sancionador, plazo que, como hemos señalado, el art. 36.1 del RD 1.930/1998 identificó como de caducidad, con los efectos que especificaba este último precepto, idénticos a los que se establecían en el art. 92.3 LRJPAC: el archivo de las actuaciones, *aunque con la posibilidad de iniciar de nuevo el procedimiento siempre que no haya prescrito*; efectos que la actual Ley 58/2003 ha modificado en beneficio de los obligados tributarios al señalar que la «caducidad impedirá la iniciación de un nuevo procedimiento sancionador» (art. 211.4, párr. 2.º).»

Art. 211.5: Vid. arts. 20 y 24 RST.

profesiones oficiales, empleo o cargo público.

b) El Ministro de Hacienda, el órgano equivalente de las Comunidades Autónomas, el órgano competente de las entidades locales u órganos en quienes deleguen, cuando consistan en la pérdida del derecho a aplicar beneficios o incentivos fiscales cuya concesión le corresponda o que sean de directa aplicación por los obligados tributarios, o de la posibilidad de obtener subvenciones o ayudas públicas o en la prohibición para contratar con la Administración pública correspondiente.

c) El órgano competente para el reconocimiento del beneficio o incentivo fiscal, cuando consistan en la pérdida del derecho a aplicar el mismo, salvo lo dispuesto en el párrafo anterior.

d) El órgano competente para liquidar o el órgano superior inmediato de la unidad administrativa que ha propuesto el inicio del procedimiento sancionador.

Art. 212. *Recursos contra sanciones.*—1. El acto de resolución del procedimiento sancionador podrá ser objeto de recurso o reclamación independiente. En el supuesto de que el contribuyente impugne también la deuda tributaria, se acumularán ambos recursos o reclamaciones, siendo competente el que conozca la impugnación contra la deuda.

Art. 212.1: Vid. el derogado art. 34.4 LDGC. **STS de 12 de abril de 2005**. ***Revisión de sanciones firmes***: «Ante el silencio del legislador sobre el cauce idóneo para revisar las sanciones tributarias firmes impuestas de acuerdo con una ley declarada inconstitucional, han surgido diversas posiciones, como la utilización de la vía del recurso extraordinario de revisión (forzando los términos de la norma, al considerar que se trata de un documento nuevo ignorado al dictarse la resolución o de imposible aportación entonces al expediente), o bien del procedimiento de revisión de los actos nulos, como se refiere en la Sentencia de este Tribunal de 15 de julio de 2000.» (Vid., en este sentido, la **STS de 26 de abril de 2005**, que admite esta vía para anular una sanción con base en la declaración de inconstitucionalidad del recargo del 50 por 100 del art. 61.2 LGT/1963 por la STC de 16 de noviembre de 2000.) Tratándose en este caso de la inconstitucionalidad del último inciso del art. 111.3 LGT por causa del vehículo formal empleado en su redacción —la Ley de Presupuestos Generales del Estado—, el TS rechaza la aplicación del art. 40.1 LOTC: «la revisión sólo es posible cuando es inconstitucional la norma que tipifica las conductas y establece la pena o sanción y cuando la inconstitucionalidad afecte a disposiciones legales que regulan el proceso conforme al cual se impuso la pena o sanción. Ahora bien, en este último caso debe atenderse al vicio de inconstitucionalidad, para aplicar la retroactividad cuando el vicio de inconstitucionalidad de la ley implique la nulidad de la condena, bien por afectar al principio de legalidad o por limitar los derechos fundamentales que rigen en el proceso, ya que no es igual que la norma sea declarada inconstitucional por vulnerar el derecho a la defensa o a un proceso con todas las garantías, que lo sea por motivos formales». Conviene recordar aquí el texto del **art. 40.1 LOTC: *«Las sentencias declaratorias de la inconstitucionalidad de las leyes, disposiciones o actos con fuerza de ley no permitirán revisar los procesos fenecidos mediante sentencia con fuerza de cosa juzgada en los que se haya hecho aplicación de las leyes, disposiciones o actos inconstitucionales, salvo en el caso de los procesos penales o contencioso-administrativos referentes a un procedimiento sancionador en que, como consecuencia de la nulidad de la norma aplicada, resulte una reducción de la pena o de la sanción, o una exclusión, exención o limitación de responsabilidad.»***

STS de 23 de septiembre 2020. Rec. 2839/2019. Ponente: F.J. Navarro Sanchis: «... resulta necesario, y así se declara formalmente, con **valor de doctrina**, que ***frente a un acuerdo sancionador pueden oponerse, administrativa y judicialmente, cualesquiera motivos jurídicos determinantes de su nulidad, no sólo los directamente imputables a tal acto, sino incluidos aquellos que forman parte del presupuesto de hecho de otros actos anteriores, como el de liquidación, que han quedado firmes por no haber sido recurridos por el interesado. Ese derecho del impugnante, con directo amparo en el artículo 24.1 de la CE —tutela judicial efectiva sin indefensión— comporta el correlativo deber de los tribunales de examinar tales motivos para verificar si concurren o no, sin que puedan abstenerse de hacerlo bajo el pretexto, que hemos desacreditado, de que el acto originario o determinante ha ganado firmeza, pues ya hemos dejado sentado los limitados efectos de ésta...»*** (FD 5.º).

2. Se podrá recurrir la sanción sin perder la reducción por conformidad prevista en el párrafo *b*) del apartado 1 del artículo 188 de esta ley siempre que no se impugne la regularización.

Las sanciones que deriven de actas con acuerdo no podrán ser impugnadas en vía administrativa. La impugnación de dicha sanción en vía contencioso-administrativa supondrá la exigencia del importe de la reducción practicada.

3. La interposición en tiempo y forma de un recurso o reclamación

---

Art. 212.2: Vid. art. 7.º RST y nota al art. 188.3 LGT (§ I).

Art. 212.3: Redactado por la Ley 7/2012, de 29 de octubre (BOE n.º 261, de 30 de octubre), con vigencia desde el 31 de octubre de 2012. Cfr. la novedad que supone la introducción del último párrafo y su coincidencia con el criterio expresado por la **Resolución TEAC de 6 de septiembre de 2012 (Rec. extr. de alzada para unificación de criterio n.º 4452/2011).**

Vid. arts. 58.3 LGT (§ I), 29 RST y 26.2.*c*), 161.2, 224.1 y 233.1 y Disp. Trans. 3.ª2 LGT (§ I). **La reducción del 30 por 100 de la sanción prevista para los casos en que se acepta la regularización [arts. 187.1.*d*) y 188.1.*b*) LGT (§ I)] no se pierde al recurrir la sanción, siempre que no se impugne la deuda regularizada. La reducción del 25 por 100 por la conformidad a la liquidación y sanción se pierde cuando se impugna una de ellas [art. 188.3 LGT (§ I)]. La reducción del 50 por 100 aplicable a las actas con acuerdo se pierde cuando se recurre la deuda o la sanción [art. 188.2.*a*) LGT** (§ I)]. Sobre la suspensión de la ejecución de la sanción, vid. arts. 26.2.*c*) y 233.8 LGT (§ I) y 29 RST.

El Tribunal Supremo, en *Sentencia de 18 de septiembre de 2001* resolviendo un recurso de casación en interés de Ley, señala que no cabe exigir intereses de demora por las sanciones en tanto éstas han estado «"suspendidas", esto es, no han alcanzado firmeza, [...] con la puntualización, a mayor abundamiento, de que [...] no es necesario hablar de "suspensión" propiamente dicha, porque hasta la resolución del oportuno recurso jurisdiccional, en el supuesto de que fuera desestimado, no podría decirse que la sanción había quedado firme en vía administrativa». Criterio sobre el concepto de firmeza ya contenido en las *Sentencias del propio Tribunal Supremo de 12 de junio de 2000 y 4 de febrero de 2002*. Téngase en cuenta que esta doctrina se desarrolla en el contexto de los arts. 35 LDGC, 37.3 del RD 1.930/1998, de 11 de septiembre, y 81.3 LGT/1963 en la redacción dada precisamente por la propia LDGC (Disp. Final 1.ª2), todos ellos derogados en la actualidad.

Art. 212.3.a): Vid. arts. 233.1, 2 y 8 LGT (§ I), 29 RST y 90.3 LPACAP. **En STS, del Pleno de la Sala 3.ª, de 6 de octubre de 1998, el Tribunal extendió al orden jurisdiccional los criterios que en materia de suspensión de actos administrativo tributarios había fijado el Legislador para la vía administrativa y económico-administrativa, de forma que, al igual que había hecho la Ley 1/1998 —las sanciones tributarias quedaban en suspenso cuando se impugnaban en vía administrativa—, también en el orden jurisdiccional debía mantenerse la suspensión hasta que hubiera sentencia firme.** De acuerdo con dicho criterio, el Tribunal consideró innecesario afianzar su importe, pues nada había que garantizar. En esta línea se pronunciaron las SSTS de 18 septiembre de 2001, 29 de enero de 2003 y 5 de febrero de 2004, entre otras muchas. El Tribunal Supremo, después (*Sentencia de 4 de febrero de 2002*), señaló que, como la suspensión sin garantía otorga al recurrente una posición más favorable, la inexigibilidad de garantía debía aplicarse con carácter retroactivo.

Ahora bien, **una sentencia posterior [*STS de 5 de octubre de 2004* (RJ 2004/6300; ponente: J. Rouanet Moscardó)] concluyó que la suspensión de la ejecución de la sanción en vía jurisdiccional se sujeta al régimen general de la suspensión, pues no hay ningún precepto de la Ley Jurisdiccional que, dentro del contenido del acto impugnado, atribuya al acto sancionador un régimen especial y distinto.** En un **Voto Particular, el magistrado V. Garzón Herrero señaló muy atinadamente, que esta Sentencia de 5 de octubre de 2004 no era una matización, sino un vuelco radical de la jurisprudencia anterior**. Señala que la expresión «firme en vía administrativa» [art. 212.3.*a*) LGT (§ I)] equivale a la «imposibilidad de que un acto sea objeto de recurso, ya sea administrativo o jurisdiccional. En este sentido, la afirmación de la sentencia mayoritaria asimilando dicha expresión a "causar estado en vía administrativa" me parece desacertada». Concluye el Voto Particular: «la cuestión controvertida [...] ha sido resuelta por esta sección habiendo dado lugar a una aceptación social y doctrinal del tipo de decisión adoptada. El cambio que ahora se inicia generará discusiones y tensiones que considero absolutamente innecesarias. De otra parte, los órganos jurisdiccionales veían facilitada su labor en mérito a la solución que al problema controvertido se venía dando. Contrariamente, la que ahora se proclama complica la controversia, con el consiguiente e innecesario plus de esfuerzo jurisdiccional, esfuerzo que sería conveniente aplicar en otros litigios».

En línea con la Sentencia de 5 de octubre de 2004, se pronunció la STS de 7 de marzo de 2005 (FJ 5.º) (Rec. 715/ 1999): Vid. los **Votos Particulares de los Magistrados Enríquez Sancho, Garzón Herrero y**

administrativa contra una sanción producirá los siguientes efectos:

a) La ejecución de las sanciones quedará automáticamente suspendida en período voluntario sin necesidad de aportar garantías hasta que sean firmes en vía administrativa.

b) No se exigirán intereses de demora por el tiempo que transcurra hasta la finalización del plazo de pago en período voluntario abierto por la notificación de la resolución que ponga fin a la vía administrativa, exigiéndose intereses de demora a partir del día siguiente a la finalización de dicho plazo.

Lo dispuesto en los párrafos *a*) y *b*) de este apartado se aplicará a los efectos de suspender las sanciones tributarias objeto de derivación de responsabilidad, tanto en el caso de que la sanción fuese recurrida por el sujeto infractor, como cuando en ejercicio de lo dispuesto en el artículo 174.5 de esta ley dicha sanción sea recurrida por el responsable. En ningún caso será objeto de suspensión automática por este precepto la deuda tributaria objeto de derivación.

Tampoco se suspenderán con arreglo a este precepto las responsabilidades por el pago de deudas previstas en el artículo 42.2 de esta ley.

Sánchez Bordona, que concluyen que esta doctrina supone un paso atrás respecto de la sentada por la STS de 6 de octubre de 1998.

Las **SSTS de 15 de diciembre de 2011 (Rec. 1273/2011), 14 de diciembre de 2011 (Rec. 6675/ 2010) y 22 de marzo de 2013 (Rec. 2183/2012) reafirman la jurisprudencia de esta Sala dictada a partir de la Sentencia del Pleno de 7 de marzo de 2005**.

STS, Sala 3.ª, de 20 de julio de 2016 (Rec. 3358/2015; ponente: E. Frías): cuando, en la pieza separada de medidas cautelares, el órgano judicial acuerda la suspensión de la ejecución de la sanción, concediendo plazo para constituir garantía, y transcurre el mismo sin que se constituya, la Administración no puede exigir el cobro, al ser necesario un pronunciamiento de la Sala denegando definitivamente la suspensión acordada.

En la **STS de 7 de noviembre de 2017** (Rec. 1291/2015; ponente: J. A. Montero), reitera el contenido de una anterior sentencia de la propia Sala y Sección de *29 de abril de 2008 (casación 6800/02)*: «En el fundamento tercero de aquella sentencia de casación indicamos que *la Administración no puede iniciar la vía ejecutiva en tanto la decisión sobre la suspensión penda de los órganos económico-administrativos.*

Lo mismo cabe decir en los supuestos en que la solicitud de suspensión se produzca en vía judicial. [...] La posibilidad de que la Administración tributaria dicte **providencia de apremio sobre una liquidación impugnada en vía económico-administrativa (y con mayor motivo si lo ha sido en vía jurisdiccional), y respecto de la cual se ha solicitado la suspensión de la ejecución, sin haber resuelto sobre esa suspensión,** ***como es el caso, conculca los artículos 9, 24.1 y 106.1 de la Constitución, contraviniendo la seguridad jurídica, el derecho a la tutela judicial efectiva y la prohibición de indefensión, así como el sometimiento de la actividad administrativa al control de legalidad.***» (FD 4.º).

Art. 212.3.b): Véase la jurisprudencia del Tribunal Supremo citada en nota al art. 212.3 (§ I**). STS 327/2022, de 15 de marzo 2022. Rec. 3723/2020. Ponente: F.J. Navarro Sanchis.** La suspensión automática de la ejecutividad de las sanciones, establecida en el **artículo 212.1 LGT** no es aplicable a las sanciones objeto de una derivación de responsabilidad ex **art. 42.2 LGT**, conforme a la excepción que prevé el apartado 3.b) del precepto. Para estos supuestos en los que se veta la posibilidad de suspensión, el Supremo señala que existe otra vía y es la de solicitar la suspensión frente al acuerdo de declaración de responsabilidad solidaria, en el caso del artículo 42.2 LGT, conforme a las reglas generales que disciplinan tal suspensión.

TÍTULO V

Revisión en vía administrativa*

CAPÍTULO PRIMERO

NORMAS COMUNES

Art. 213. *Medios de revisión.*—1. Los actos y actuaciones de aplicación de los tributos y los actos de imposición de sanciones tributarias podrán revisarse, conforme a lo establecido en los capítulos siguientes, mediante:

a) Los procedimientos especiales de revisión.

b) El recurso de reposición.

c) Las reclamaciones económico-administrativas.

2. Las resoluciones firmes de los órganos económico-administrativos, así como los actos de aplicación de los tributos y de imposición de sanciones sobre los que hubiera recaído resolución económico-administrativa, no podrán ser revisados en vía administrativa, cualquiera que sea la causa alegada, salvo en los supuestos de nulidad de pleno derecho previstos en el artículo 217, rectificación de errores del artículo 220 y recurso extraordinario de revisión regulado en el artículo 244 de esta ley.

Las resoluciones de los órganos económico-administrativos podrán ser declaradas lesivas conforme a lo previsto en el artículo 218 de esta ley.

3. Cuando hayan sido confirmados por sentencia judicial firme, no serán revisables en ningún caso los actos de aplicación de los tributos y de imposición de sanciones ni las resoluciones de las reclamaciones económico-administrativas.

Art. 214. *Capacidad y representación, prueba, notificaciones y plazos de resolución.*—1. En los procedimientos especiales de revisión, recursos y reclamaciones previstos en este título serán de aplicación las normas sobre capacidad y representación establecidas en la sección 4.ª del capítulo II del título II de esta ley, y las normas sobre prueba y notificaciones establecidas en las secciones 2.ª y 3.ª del capítulo II del título III de esta ley.

2. Lo dispuesto en los apartados anteriores se aplicará teniendo en consideración las especialidades reguladas en el capítulo IV de este título.

---

* El RD 520/2005, de 13 de mayo, aprueba el Reglamento General de desarrollo de la LGT, en materia de revisión en vía administrativa (*BOE* de 27 de mayo), cuya entrada en vigor tuvo lugar el 27 de junio de 2005. **STC 65/2020**: FJ 16 **«...el art. 213 LGT es directamente aplicable a las Comunidades Autónomas».**

«...el citado **art. 213 LGT**, al enumerar de forma cerrada los medios de revisión en vía administrativa en materia tributaria, establece una «norma general de procedimiento del sistema tributario español» de inexcusable competencia estatal, tanto si se considera procedimiento administrativo común (art. 149.1.18 CE) como si se considera norma procedimental incardinada en hacienda general (art. 149.1.14 CE), por lo que **la comunidad autónoma carece de competencia para implantar mecanismos alternativos de solución de conflictos, sustitutorios o complementarios, de los medios de revisión legalmente previstos por el Estado**.» (FJ 16).

Art. 213.2: Vid. art. 10.3, párr. 2.º, RR.

Art. 213.3: Véase nota al art. 221.3 LGT (§ I).

Art. 214: Vid. art. 3.º RR. La *STS de 29 de diciembre de 2003* reitera el criterio tradicional según el cual, reconocida la representación en vía de gestión, los Tribunales económico-administrativos están vinculados a la misma, siempre que sea suficiente para deducir recursos.

STS de 5 de mayo de 2021. Rec. 470/2020. Ponente: I. Merino Jara: ***El plazo para ejecutar las resoluciones de los tribunales económico administrativas, de conformidad con lo previsto en el artículo 66.2 del Reglamento general en materia de revisión en vía administrativa, es un mes; y que la consecuencia jurídica derivada del incumplimiento de dicho plazo, al tratarse de una irregularidad no invalidante sin efectos prescriptivos, es la no exigencia de intereses de demora desde que la Administración incumpla el referido plazo*** (FD 4.º).

3. A efectos del cómputo de los plazos de resolución previstos en este título será de aplicación lo dispuesto en el apartado 2 del artículo 104 de esta ley.

Art. 215. *Motivación de las resoluciones.*—1. Las resoluciones de los procedimientos especiales de revisión, recursos y reclamaciones regulados en este título deberán ser motivadas, con sucinta referencia a hechos y fundamentos de derecho.

2. También deberán motivarse los actos dictados en estos procedimientos relativos a las siguientes cuestiones:

a) La inadmisión de escritos de cualquier clase presentados por los interesados.

b) La suspensión de la ejecución de los actos impugnados, la denegación de la suspensión y la inadmisión a trámite de la solicitud de suspensión.

c) La abstención de oficio para conocer o seguir conociendo del asunto por razón de la materia.

d) La procedencia o improcedencia de la recusación, la denegación del recibimiento a prueba o de cualquier diligencia de ella y la caducidad de la instancia.

e) Las que limiten derechos subjetivos de los interesados en el procedimiento.

f) La suspensión del procedimiento o las causas que impidan la continuación del mismo.

CAPÍTULO II

PROCEDIMIENTOS ESPECIALES DE REVISIÓN

Art. 216. *Clases de procedimientos especiales de revisión.*—Son procedimientos especiales de revisión los de:

a) Revisión de actos nulos de pleno derecho.

b) Declaración de lesividad de actos anulables.

c) Revocación.

d) Rectificación de errores.

e) Devolución de ingresos indebidos.

SECCIÓN 1.ª

Procedimiento de revisión de actos nulos de pleno derecho

Art. 217. *Declaración de nulidad de pleno derecho.*—1. Podrá declararse la nulidad de pleno derecho de los actos dictados en materia tributaria, así como

---

Art. 216: Vid. arts. 106 a 110 LPACAP.

Art. 217: Vid. arts. 155.6 LGT (§ I) y 4.º a 6.º RR.

En la STS de 15 diciembre de 2021 (Rec. 4494/2019. Ponente: J. A. Montero Fernández), recogiendo la **doctrina ya acuñada en Sentencias de 18 de mayo de 2020 (Rec. 1068/2019, 1665/2019 y 2596/2019)** fijó la siguiente **doctrina casacional:** «*a*) En el ámbito del Impuesto sobre el Incremento del Valor de los Terrenos de Naturaleza Urbana, la solicitud de devolución de ingresos indebidos derivados de liquidaciones firmes como consecuencia de la declaración de inconstitucionalidad contenida en la sentencia del Tribunal Constitucional núm. 59/2017, de 11 de mayo, debe efectuarse por los cauces establecidos en el Capítulo II del Título V de la Ley General Tributaria. *b*) ***La declaración de inconstitucionalidad de los arts. 107.1 y 107.2.a) del texto refundido de la Ley de Haciendas Locales "en la medida en que (pueden) someter a tributación situaciones inexpresivas de capacidad económica" y del art. 110.4 del mismo texto legal no determina que las liquidaciones firmes del Impuesto sobre el Incremento del Valor de los Terrenos de Naturaleza Urbana giradas con anterioridad y que hayan ganado firmeza en vía administrativa incurran en los supuestos de nulidad de pleno derecho previstos en las letras a), e), f) y g) del art. 217.1 de la vigente Ley General Tributaria, pues aquellos actos tributarios: (i) no han lesionado derechos fundamentales susceptibles de amparo constitucional, toda vez que el art. 31.1 de la Constitución (capacidad económica) —único que ha sido tenido en cuenta por el juez a quo para estimar el recurso y que ha provocado el debate procesal en esta casación— no es un derecho fundamental de esa naturaleza; (ii) no han prescindido por completo del procedimiento legalmente establecido; (iii) no han provocado que el solicitante adquiera facultades o derechos careciendo de los requisitos esenciales para esa adquisición; y, (iv) no cabe identificar una norma con rango de***

ley que así establezca dicha nulidad radical y, desde luego, ésta no puede ser la aducida por la parte recurrente en su demanda (el art. 47.2 de la Ley 39/2015, referida a disposiciones generales y no a actos administrativos, como la liquidación firme que nos ocupa)» (FD 2.º).

STS 1137/2019 , de 18 julio 2019. Rec. 30/2018. Ponente: J. Cudero: hay que interpretar restrictivamente los motivos de revisión previstos en el artículo 102.1 de la Ley Jurisdiccional, cuya concurrencia resulta obligada para que proceda la revisión, pues en este procedimiento no cabe efectuar una nueva consideración del litigio, ni reabrir el debate producido en la instancia. Y mucho menos cuestionar la valoración de la prueba efectuada en la misma. Los documentos a los que se refiere la letra a) de aquel precepto han de haberse «recobrado» con posterioridad a la sentencia, ser anteriores a la misma y reputarse "decisivos" provisional o indiciariamente para resolver la controversia.

STS, Sala Tercera, de lo Contencioso-administrativo, Sección 2.ª, S 1016/2020, 16 Julio 2020, Rec. 810/2019. Ponente: F.J. Navarro Sanchis. Liquidación ***por Impuesto sobre Sucesiones firme por contraria a la doctrina de la Unión*** *Si bien la doctrina de la STJUE 3 sep. 2014, C-127/1 no constituye, por sí misma, motivo suficiente para declarar la nulidad de cualesquiera actos, sí obliga, incluso en presencia de actos firmes, a considerar la petición del reclamante sin que haya de invocarse para ello una causa de nulidad de pleno derecho, única posibilidad de satisfacer el principio de efectividad del Derecho Comunitario . Interpretación del artículo 217.1 LGT.* ***La nulidad de pleno derecho de una liquidación girada a un sujeto pasivo no residente en España, por el Impuesto citado en aplicación de una ley declarada no conforme al Derecho de la UE, que es firme por haber sido consentida por éste antes de haberse dictado aquella sentencia, lo es, en virtud de la causa prevista en la letra a) del mencionado precepto, referida a los actos «a) Que lesionen los derechos y libertades susceptibles de amparo constitucional».*** En la misma línea se pronunció la **Sala de lo Contencioso de la Audiencia Nacional** , en **sentencia de 22 de noviembre de 2018 —Rec. 514/2016— Ponente: Jesús Calderón —reconduciendo a un supuesto de nulidad de pleno derecho la no aplicación del Derecho de la Unión Europea—.**

STS 1620/2019, de 21 noviembre 2019. Rec. 86/2019. Ponente: C. Tolosa Tribiño: ***El TS condena al Estado a indemnizar al contribuyente por la plusvalía pagada en virtud de normas inconstitucionales.***

STS 1100/2020 , de 23 julio 2020. Rec. 7302/2018. Ponente: I. Merino Jara*:* ***la anulación por sentencia judicial firme del planeamiento urbanístico que clasificaba un sector como suelo urbanizable conlleva que los terrenos afectados por tal clasificación vuelvan a tener la clasificación de origen —otorgada por el planeamiento anterior— como suelo no urbanizable de especial protección y, en consecuencia, no puedan tener la consideración de suelo urbano a efectos catastrales, dando lugar a la consiguiente nulidad de la ponencia de valores.***

Órganos competentes para su tramitación: vid. Disp. Adic. 4.ª de la Orden de 11 de julio de 1997, añadida por el art. único de la Orden PRE/ 2.146/2006, de 3 de julio (*BOE* de 5 de julio).

Art. 217.1: Vid. art. 47 LPACAP. **STS de 19 de febrero de 2018 (Rec. 122/2016;** ponente: J. Huelin): cuando el órgano jurisdiccional revisa en vía contenciosa la **declaración de nulidad de pleno derecho de actos firmes en materia tributaria**, no puede declarar esa nulidad por razones distintas a las invocadas en vía administrativa y en la demanda, apoyándose en un sustrato fáctico diferente, por impedirlo los arts. 217 LGT y 33 LJCA. La omisión respecto de la declaración de nulidad de las disposiciones generales no impide su vigencia en el ámbito tributario al amparo de los arts. 47 y 110 LPACAP (SSTS de 14 de enero de 1999 y 28 de noviembre de 2001). Igualmente, la jurisprudencia del Tribunal Supremo admite en este ámbito el llamado **recurso** ***per saltum*** (v. gr., *SSTS de 20 de enero y 30 de septiembre de 2001*).

STS de 26 de abril de 2005: rechaza la pretensión de anulabilidad planteada al socaire del art. 154 LGT/1963, pero, reconduciéndola, al igual que hiciera en la *STS de 13 de marzo de 2004*, declara la nulidad de pleno derecho de un acto administrativo firme que había aplicado el recargo del 50 por 100 por ingresos espontáneos y extemporáneos sin requerimiento previo, fijado por la Ley 18/1991 y declarado inconstitucional por la STC de 16 de noviembre de 2000, que apreció su naturaleza sancionadora y por ello confiriéndole los efectos del art. 40.1 LOTC en su inciso final. En idéntico sentido, vid. la *STS de 11 de julio de 2005*.

La **STS de 19 de diciembre de 2011 (Rec. 2884/2010)** (FJ 3.º), al hilo de la anulación de preceptos de una ordenanza fiscal y en relación con los efectos de los arts. 73 LJCA y 19 TRLHL, afirma: «En el ámbito estrictamente tributario, la STS de 11 de junio de 2001 (rec. cas. 2810/1996) recuerda que "esta

Sala Tercera mantiene doctrina reiterada en numerosas sentencias, que excusan de su cita concreta, consistente en que ***la nulidad de las disposiciones generales no se traslada sin más a los actos singulares de aplicación, pues para que éstos sean nulos de pleno derecho es preciso que hayan incurrido en alguna de las causas previstas en el art. 153 de la Ley General Tributaria [LGT/ 1963, art. 217 LGT/2003] [...].*** En síntesis, según la doctrina de este Alto Tribunal, es necesario distinguir los siguientes supuestos:

»*a*) Las sentencias y actos administrativos que han adquirido firmeza antes de que la sentencia que declara la nulidad de la disposición que aplican alcance o tenga efectos generales resultan, como regla general, intangibles. El límite a partir del cual no puede invocarse dicha firmeza de los actos aplicativos de la norma anulada es la publicación del fallo anulatorio.

»*b*) Las sentencias y actos que no hayan adquirido tal firmeza, frente a los que puede hacerse valer la declaración de nulidad de la disposición que aplicaron.

»*c*) Las sanciones impuestas se ven, en todo caso, afectadas por la declaración de nulidad de la disposición con cuya base se aplicaron. En este supuesto, frente a la seguridad jurídica que fundamenta la regla general, prima la eficacia retroactiva o *ex tunc* de la anulación cuando ello suponga la exclusión o reducción de las sanciones impuestas, con el único límite de que se hayan ejecutado completamente.

»[…] El art. 19 LHL no altera, como regla general, el régimen expuesto de mantenimiento de los actos firmes o consentidos dictados al amparo de la ordenanza que posteriormente resulte anulada o modificada [...].»

La **STC 39/2011, de 31 de marzo, del Pleno del TC (BOE de 28 de abril) declara la inconstitucionalidad del recargo del 100 por 100 previsto en el párr. 2.º del art. 61.2 LGT/1963 en su redacción por Ley 18/1991, de 6 de junio.** Las razones esgrimidas para ello son las que ya apuntara en las Sentencias 276/2000, de 16 de noviembre, y 291/2000, de 30 de noviembre, esta última dictada en un recurso de amparo en relación con el mismo recargo y de la que dimana la Cuestión de Inconstitucionalidad que ahora se resuelve. Advirtiendo igualmente que dicha naturaleza es predicable de todo el recargo, es decir, su carácter es homogéneo, sin que pueda distinguirse en su seno el componente de indemnización representado hasta la cuantía de los intereses de demora, ni la porción correspondiente al recargo de apremio. Además de lo anterior, lo verdaderamente relevante del pronunciamiento estriba en el tratamiento de los *efectos* de dicha declaración.

SAN de 11 de marzo de 2010 (Rec. 7/2008): Pese a no recogerse expresamente en el precepto, ***sí cabe encuadrar como causa de nulidad la inexistencia de presupuesto de hecho del que nace el acto de que se trate.***

STS de 22 de junio 2020. Rec. 4692/2017. Ponente: I. Merino Jara. IBI.Devolución de liquidaciones firmes: ***los artículos 65 y 77.1 y 5 del Real Decreto Legislativo 2/2004 y el artículo 4 del Real Decreto Legislativo 1/2004, deben ser interpretados en el sentido de que los mismos no se oponen ni obstan a que, recurriéndose liquidaciones por IBI y para obtener su anulación, en supuestos en los que concurren circunstancias excepcionales sobrevenidas, análogas o similares a las descritas anteriormente (modificación por sentencia firme de la clasificación urbanística del suelo afectado), el sujeto pasivo pueda discutir la valoración catastral del inmueble, base imponible del impuesto, incluso en los casos en los que tal valoración catastral ha ganado firmeza en vía administrativa.*** Víd. también **STS misma fecha y Ponente, Rec. 3446/2017**.

STS de 14 de mayo 2019. Rec. 3457/2017. Ponente: J. Cudero: «En relación con la **revisión de los actos tributarios firmes y las potestades del órgano judicial para acordarla**, hemos sentado una ***doctrina reiterada*** que puede resumirse en los siguientes términos: «*a*) El procedimiento de revisión de actos nulos de pleno Derecho constituye un cauce extraordinario para, en determinados y tasados supuestos (los expresados en el apartado 1 del art. 217 LGT), expulsar del ordenamiento jurídico aquellas decisiones que, no obstante su firmeza, incurren en las más groseras infracciones del ordenamiento jurídico (Sentencia del Tribunal Supremo de 19 de febrero de 2018, dictada en el Recurso de casación núm. 122/2016). *b*) Tal procedimiento sacrifica la seguridad jurídica en beneficio de la legalidad cuando ésta es vulnerada de manera radical, lo que obliga a analizar la concurrencia de aquellos motivos tasados "con talante restrictivo" (Sentencia del Tribunal Supremo de 13 de mayo de 2013, dictada en el Recurso de casación núm. 6165/2011). *c*) La acción de nulidad no está concebida para canalizar cualquier infracción del ordenamiento jurídico que pueda imputarse a un acto tributario firme, sino solo aquellas que constituyan un supuesto tasado de nulidad plena, previsto en el art. 217 de la Ley General Tributaria, de manera que —dada la previa inacción del interesado, que no utilizó en su momento el cauce adecuado para atacar aquel acto con cuantos motivos de invalidez hubiera tenido por conveniente— "a revisión de oficio no es remedio para pretender la invalidez de actos anulables, sino solo para revisar actos nulos de pleno derecho" (Sentencia de 14 de abril de 2010, dictada en el Recurso de casación núm. 3533/2007)» (FD 5.º), y añade: «*a*) En el ámbito del Impuesto sobre Bienes Inmuebles, la revisión de liquidaciones firmes como consecuencia de la necesidad de que el suelo, para ser urbano, cuente con desarrollo urbanístico establecido por instrumento urbanístico apto (exigencia derivada de la jurisprudencia posterior a esas liquidaciones y de la modificación legal efectuada en su aplicación) debe efectuarse por los cauces establecidos en el Capítulo II del Título V de la Ley General Tributaria. ***b) La circunstancia sobrevenida expuesta (derivada, insistimos, de la nueva jurisprudencia y de la reforma legal) no determina que las liquidaciones firmes de IBI giradas con anterioridad incurran en los supuestos de nulidad de pleno derecho previstos en el artículo 217.1.a) y 217.1.e) de la Ley General Tributaria , pues aquellos actos tributarios —al atenerse a la valoración catastral vigente— no han lesionado derechos fundamentales susceptibles de amparo constitucional, ni han prescindido total y absolutamente del procedimiento legalmente previsto.*** 2. No es posible, en el presente recurso, contestar a la cuestión que nos suscita el auto de admisión (determinar si el ayuntamiento está obligado —como consecuencia de la ausencia de aprobación del instrumento urbanístico— a realizar una revisión retroactiva de las liquidaciones ya giradas del Impuesto sobre Bienes Inmuebles para así devolver las cantidades ingresadas por el contribuyente en consonancia con la anterior calificación catastral). Y ello por las siguientes razones: 2.1. La primera y fundamental, porque la única pretensión ejercitada por el contribuyente se amparó en el artículo 217.1 de la Ley General Tributaria , esto es, interesó la declaración de nulidad de pleno derecho de las liquidaciones de IBI firmes por entender que concurrían dos supuestos de los recogidos en aquel precepto. 2.2. La segunda razón deriva de la anterior: cualquier consideración ajena a esa pretensión (como lo sería la de determinar si existe una obligación del ayuntamiento de revisar retroactivamente sus liquidaciones firmes al constatarse el carácter rústico de los terrenos) resultaría completamente irre-

de las resoluciones de los órganos económico-administrativos, que hayan puesto fin a la vía administrativa o que no hayan sido recurridos en plazo, en los siguientes supuestos:

a) Que lesionen los derechos y libertades susceptibles de amparo constitucional.

b) Que hayan sido dictados por órgano manifiestamente incompetente por razón de la materia o del territorio.

c) Que tengan un contenido imposible.

d) Que sean constitutivos de infracción penal o se dicten como consecuencia de ésta.

e) Que hayan sido dictados prescindiendo total y absolutamente del procedimiento legalmente establecido para ello o de las normas que contienen las reglas esenciales para la formación de la voluntad en los órganos colegiados.

f) Los actos expresos o presuntos contrarios al ordenamiento jurídico por los que se adquieren facultades o derechos cuando se carezca de los requisitos esenciales para su adquisición.

---

levante para resolver el litigio, alteraría el debate procesal (que debe descansar ineluctablemente en la pretensión ejercitada) e incorporaría al litigio, indebidamente, aspectos que se desviarían del verdadero objeto del proceso . 2.3. Por más que el nuevo régimen del recurso de casación obligue a la Sala sentenciadora de este Tribunal Supremo a fijar la interpretación de las normas aplicables (artículo 93.1 de la Ley de esta Jurisdicción), esa labor hermenéutica no puede prescindir en modo alguno del objeto del litigio en los términos que derivan de la actuación administrativa recurrida y de las pretensiones ejercitadas por las partes.» (FD. 6.º).

STS de 4 de mayo de 2021. Rec. 2504/2019. Ponente: E. Córdoba Castroverde: ***«La anulación de una liquidación practicada como desenlace de un procedimiento iniciado mediante autoliquidación —arts. 119 a 121 y 125 a 126 de la NFGT de Guipúzcoa— y que la Sala de instancia considera semejante al de verificación de datos previsto en los artículos 131 a 133 de la LGT, cuando debió serlo en uno de comprobación limitada (arts. 130 a 134 de la NFGT y, en el ordenamiento común, en los arts. 136 a 140 de la LGT), integra un supuesto de nulidad de pleno derecho».*** Cuando el precepto autonómico (foral, en el caso) sea idéntico al estatal y éste haya sido interpretado por la jurisprudencia, cabe el recurso de casación ante el Tribunal Supremo por infracción de la jurisprudencia, pues en el actual sistema de casación derivado de la Ley Orgánica 7/2015, de 21 de julio, el recurso de casación podra ser admitido a trámite no solo cuando se invoca una concreta infracción del ordenamiento jurídico, tanto procesal como sustantiva, sino también de la Jurisprudencia (art. 88.1 LJCA).

Al respecto, es consolidada la doctrina de esta Sala —sentencia de esta misma Sección 2.ª, de 14 de enero de 2013, recurso de casación 1574/2010, o, muy recientemente, auto de la Sección 1.ª, de 1 de octubre de 2018, dictado en el recurso de queja núm. 67/2018— que señala lo siguiente:

Cabe el recurso de casación cuando el derecho autonómico (foral, en este caso) invocado como infringido reproduzca normativa estatal de carácter básico y cuando se haga valer la vulneración de la jurisprudencia recaída sobre un precepto de derecho estatal que, aunque no tenga carácter básico, su contenido sea idéntico al del derecho autonómico aplicado, puesto que el valor de complementar el ordenamiento jurídico que el artículo 1.6 del Código Civil otorga a la jurisprudencia no desaparece por la existencia del Derecho autonómico.

Art. 217.2.b): Vid. arts. 2.º y 4.º1 RR.

Art. 217.1.e): STS 23 de marzo de 2021. Rec. 5270/2019. Ponente: J. Cudero: Las actuaciones que se sigan para comprobar el cumplimiento de los requisitos exigidos para la aplicación de regímenes tributarios especiales, como es el que se prevé… para los colegios profesionales, en su carácter de entidades parcialmente exentas —y, por ende, a las que se asigna un régimen fiscal especial—, han de ser actuaciones inspectoras y seguirse, necesariamente, por los órganos competentes, a través del procedimiento inspector.

A ello debe añadirse que, conforme a la muy reiterada doctrina de esta Sala Tercera, precisamente acuñada en relación con la aplicación indebida del procedimiento de comprobación limitada, la selección por la Administración, para el ejercicio de sus facultades, de un procedimiento distinto al legalmente debido, conduce a la nulidad de pleno derecho de los actos administrativos –en este caso de liquidación– que les pongan fin, por razón de lo estatuido en el artículo 217.1.e) de la LGT, en relación con sus concordantes de la legislación administrativa general.

Es de aclarar, además, que la vigente LIS de 2014 regula en idénticos términos las entidades parcialmente exentas, incluyendo entre ellas los colegios profesionales (art. 9.3) y regulando para ellas, en los artículos 109 a 111 LIS, el régimen de la exención, su alcance objetivo y su exclusión, en iguales términos que en el TRLIS de 2004.

g) Cualquier otro que se establezca expresamente en una disposición de rango legal.

2. El procedimiento para declarar la nulidad a que se refiere este artículo podrá iniciarse:

a) Por acuerdo del órgano que dictó el acto o de su superior jerárquico.

b) A instancia del interesado.

3. Se podrá acordar motivadamente la inadmisión a trámite de las solicitudes formuladas por los interesados, sin necesidad de recabar dictamen del órgano consultivo, cuando el acto no sea firme en vía administrativa o la solicitud no se base en alguna de las causas de nulidad del apartado 1 de este artículo o carezca manifiestamente de fundamento, así como en el supuesto de que se hubieran desestimado en cuanto al fondo otras solicitudes sustancialmente iguales.

4. En el procedimiento se dará audiencia al interesado y serán oídos aquellos a quienes reconoció derechos el acto o cuyos intereses resultaron afectados por el mismo.

La declaración de nulidad requerirá dictamen favorable previo del Consejo de Estado u órgano equivalente de la respectiva Comunidad Autónoma, si lo hubiere.

5. En el ámbito de competencias del Estado, la resolución de este procedimiento corresponderá al Ministro de Hacienda.

6. El plazo máximo para notificar resolución expresa será de un año desde que se presente la solicitud por el interesado o desde que se le notifique el acuerdo de iniciación de oficio del procedimiento.

El transcurso del plazo previsto en el párrafo anterior sin que se hubiera notificado resolución expresa producirá los siguientes efectos:

a) La caducidad del procedimiento iniciado de oficio, sin que ello impida que pueda iniciarse de nuevo otro procedimiento con posterioridad.

b) La desestimación por silencio administrativo de la solicitud, si el procedimiento se hubiera iniciado a instancia del interesado.

7. La resolución expresa o presunta o el acuerdo de inadmisión a trámite de las solicitudes de los interesados pondrán fin a la vía administrativa.

SECCIÓN 2.ª

Declaración de lesividad de actos anulables

Art. 218. *Declaración de lesividad.*—1. Fuera de los casos previstos en el artículo 217 y 220 de esta ley, la Administración tributaria no podrá anular en perjuicio de los interesados sus propios actos y resoluciones.

Art. 217.4: Vid. art. 5.º3 RR.

Art. 217.5: Vid. art. 6.º3 RR, que prevé su posible delegación.

Art. 217.6: Vid. arts. 102.5 LRJPAC y 106 a 110 LPACAP.

Art. 218: Vid. arts. 7.º a 9.º RR.

Contrástese con el **art. 103 LRJPAC (art. 107 LPACAP), modificado en cuanto al plazo máximo de resolución, que se amplía a seis meses, por el art. 81 de la Ley 62/2003, de 30 de diciembre,** LMFAOS (*BOE* de 31 de diciembre).

***La STS de 22 septiembre de 2001* admitió la legitimación de las Comunidades Autónomas para recurrir en vía contenciosa las Resoluciones de los Tribunales Económico-Administrativos recaídas en relación con la gestión tributaria de los tributos cedidos**, posición que se reconoció con posterioridad por el art. 51.2 de la Ley 21/2001. Consecuencia de ello es el amparo otorgado por el Tribunal Constitucional cuando no se ha admitido dicha legitimación por los Tribunales Superiores de Justicia. Vid. SSTC 192/2000, de 13 de julio; 176/2002, de 9 de octubre; 201/2002, de 28 de octubre, y 10/2003, de 20 de enero. En la misma línea, la **STS, Sala 3.ª, de 17 de mayo de 2012 (Rec. 6558/2009;** ponente: A. Aguallo) reconoce la condición de interesado al Ayuntamiento de Madrid —y al Organismo Autónomo Agencia Tributaria Madrid— para impugnar en vía contenciosa Resoluciones del TEAR.

La Administración tributaria podrá declarar lesivos para el interés público sus actos y resoluciones favorables a los interesados que incurran en cualquier infracción del ordenamiento jurídico, a fin de proceder a su posterior impugnación en vía contencioso-administrativa.

2. La declaración de lesividad no podrá adoptarse una vez transcurridos cuatro años desde que se notificó el acto administrativo y exigirá la previa audiencia de cuantos aparezcan como interesados en el procedimiento.

3. Transcurrido el plazo de tres meses desde la iniciación del procedimiento sin que se hubiera declarado la lesividad se producirá la caducidad del mismo.

4. En el ámbito de la Administración General del Estado, la declaración de lesividad corresponderá al Ministro de Hacienda.

SECCIÓN 3.ª

Revocación

Art. 219. *Revocación de los actos de aplicación de los tributos y de imposición*

Art. 218.4: Vid. art. 9.º2 RR, que prevé su posible delegación.

Art. 219.1: Vid. arts. 10 a 12 RR y 109 LPACAP. El RD. 1073/2017, de 29 de diciembre (art. único. Dos) ha modificado el Reglamento de Revisión (RR), estableciendo en el art. 11.4): «Concluido el trámite de audiencia, el órgano competente para tramitar el procedimiento formulará la propuesta de resolución.

Formulada la propuesta, el órgano competente para tramitar deberá solicitar un informe del órgano con funciones de asesoramiento jurídico sobre la procedencia de la revocación.»

El fundamento de esta figura viene explicado en la STS de 25 de octubre de 2004. **STS 154/2022, de 9 de febrero 2022. Rec. 126/2019. Ponente: J.A.Montero. Jurisprudencia sobre la devolución de ingresos indebidos de liquidaciones firmes**. Todo lo cual resulta acorde con la jurisprudencia consolidada de este Tribunal Supremo recaída en supuestos en los que se solicitaba la devolución de ingresos indebidos en el ámbito del IIVTNU, derivados de liquidaciones firmes como consecuencia de la declaración de inconstitucionalidad de los arts. 107.1 y 107.2 a) del TRLHL, STC 59/17, en el que se apunta que debe efectuarse por los cauces establecidos en la LGT —procedimientos especiales de revisión—. Baste de ejemplo de lo que decimos, por citar entre las más recientes, las sentencias de 20 de mayo de 2021, rec. cas. 1268/2019; de 26 de mayo de 2021, rec. cas. 5490/2019, y de 331 de mayo de 2021, rec. cas. 4961/2019, todas ellas recaídas en asuntos en los que se pretendía la devolución directa de las liquidaciones firmes satisfechas por IIVTNU por concurrir alguno de los motivos que recoge el art. 217 de la LGT, sobre la base de la inconstitucionalidad parcial de los artículos anteriormente citados, en todas ellas se recuerda que debe solicitarse necesariamente a través de alguno de los procedimientos de revisión extraordinaria, afirmándose en general que no procedía la anulación de las liquidaciones firmes y consentidas practicadas con anterioridad a la publicación de la Sentencia del TC puesto que no concurren las causas de nulidad prevista en el artículo 217.1, letras a), e), f) y g).

Solicitada por el administrado la devolución de ingresos indebidos, siendo firme el acto de aplicación de los tributos del que deriva el ingreso, promovido por el interesado su revocación, la Administración tiene la obligación de resolver y el interesado, de serle la resolución desfavorable, el derecho a impugnar la misma por los cauces dispuestos legalmente, poseyendo acción al efecto. A través de la revocación no se puede canalizar cualquier infracción del ordenamiento jurídico que pueda imputarse a un acto tributario firme, sino solo aquellas que constituyan un supuesto tasado de revocación del art. 219.1 de la LGT, esto es, "cuando se estime que infringen manifiestamente la ley, cuando circunstancias sobrevenidas que afecten a una situación jurídica particular pongan de manifiesto la improcedencia del acto dictado, o cuando en la tramitación del procedimiento se haya producido indefensión a los interesados".

Con carácter general para que prospere el motivo de revocación de *infracción manifiesta de la Ley*, como una constante jurisprudencia enseña, no basta con que se aprecie la infracción determinante de su invalidación, sino además cumulativamente debe ser manifiesta, en razón de que "es una exigencia de la revocación para evitar que ésta se convierta en una segunda oportunidad impugnatoria, fuera de plazo, de los actos firmes. Esto es, en el ámbito de la tensión subyacente entre los valores de la seguridad jurídica y la justicia, ***la ley requiere un plus de exigencia —que la infracción sea manifiesta— para que ésta segunda orille el efecto perentorio o extintivo de la primera". Se reconoce la infracción manifiesta cuando esta es "ostentosa, palmaria, evidente, clara, indiscutible, que no exija razonamiento alguno, sino la simple exposición del precepto legal correspondiente y del acto de la Administración de que se trate"***.

de sanciones.—1. La Administración tributaria podrá revocar sus actos en beneficio de los interesados cuando se estime que infringen manifiestamente la ley, cuando circunstancias sobrevenidas que afecten a una situación jurídica particular pongan de manifiesto la improcedencia del acto dictado, o cuando en la tramitación del procedimiento se haya producido indefensión a los interesados.

La revocación no podrá constituir, en ningún caso, dispensa o exención no permitida por las normas tributarias, ni ser contraria al principio de igualdad, al interés público o al ordenamiento jurídico.

2. La revocación sólo será posible mientras no haya transcurrido el plazo de prescripción.

3. El procedimiento de revocación se iniciará siempre de oficio, y será compe-

---

Así las cosas hasta la STC de 11 de mayo de 2017, si algo ha caracterizado a la materia y a su regulación es la gran inseguridad jurídica creada, provocando un semillero de conflictos con desiguales respuestas tanto entre los propios contribuyentes y ayuntamientos como en el conjunto del ámbito judicial, al extremo que incluso después de la referida STC 59/17 no existía un criterio común y único en los Tribunales, al punto que se hicieron interpretaciones absolutamente alejadas; tal estado de cosas, sin ánimo de exhaustividad, hizo que durante un mismo espacio temporal la interpretación de la normativa de la plus valía municipal y su aplicación práctica, suscitara llamativas discrepancias y dispares soluciones, desde los que consideraban que la legislación era constitucional y debía aplicarse sin más girando todo el problema en la prueba y su valoración, a los que cuestionaron su constitucionalidad, o los que pusieron en cuestión el método de determinación de la base imponible. En fin, al tiempo en que se producen los hechos y recae la propia sentencia impugnada, lo que era evidente era la incertidumbre, la oscuridad de la normativa, sus posibles interpretaciones razonables y, en definitiva, un abanico de repuestas jurídicas y judiciales no ya diferentes sino incluso contradictorias; es evidente que la infracción está lejos de colmar los criterios que la jurisprudencia ha identificado para integrar le infracción de la Ley como manifiesta. Por lo que la conclusión se impone, no estamos ante el supuesto del art. 219.1 de revocación por infracción manifiesta de la Ley, y planteado en estos términos el debate no cabe entrar en otras consideraciones.

La **STS 154/2022, de 9 de febrero de 2022 (Rec. 126/2019. Ponente: J. A. Montero Fernández) pareció abrir un nuevo camino a la figura de la revocación** que, hasta esa Sentencia parecía ser un instrumento al exclusivo servicio de la Administración, que podía hacer del mismo el uso que quisiera. Con esta Sentencia el Tribunal Supremo concluyó que **la Administración tiene la obligación de iniciar, tramitar y resolver el procedimiento que insta el contribuyente con el fin de acceder a la revocación de una liquidación firme que, posteriormente, se ha visto afectada por Sentencia que ha concluido que la liquidación se dictó al amparo de una norma declarada inconstitucional o contraria al Derecho Comunitario. Si la Administración se negara a instruir el procedimiento podría dar lugar a una vulneración del derecho a la tutela judicial efectiva.** Es lo cierto, sin embargo, que **la necesidad de que concurra *infracción manifiesta de Ley* —tal, como además, viene siendo entendido dicho concepto— ha limitado sensiblemente el alcance que, al menos en mi opinión y sin necesidad de reforma legislativa alguna, podía haber desplegado esa abierta concepción de la revocación.**

STS de 4 de marzo de 2022 (Rec. 7052/2019. Ponente: R. Fernández Valverde): en aplicación de la doctrina mantenida en la STS de 9 de febrero de 2022, entiende el Tribunal ***que procede revocar una liquidación por ICIO que había devenido firme, toda vez que la Orden que sustentaba la liquidación había resultado ilegal por incurrir en ultra vires. La nulidad de la Orden, posterior y sobrevenida, constituye motivo adecuado para anular la liquidación firme.***

Art. 219.3: El art. 10 del Reglamento de revisión en vía administrativa —aprobado por RD 520/2005, de 13 de mayo— establece en su apartado 1 que: «El procedimiento de revocación se iniciará exclusivamente de oficio.» La Resolución del TEAC de 14 de marzo de 2007 aceptó implícitamente que la petición del particular sí es apta para poner en marcha el procedimiento, sea cual sea la decisión final que se adopte sobre el fondo del asunto.

La **STS de 19 de mayo de 2011** (Rec. 2411/2008; ponente: Martín Timón) concluye que «**el art. 219 LGT no reconoce legitimación a los particulares para iniciar el procedimiento,** atribuyéndoles únicamente la posibilidad de promover esa iniciación mediante la correspondiente solicitud, de la que la Administración acusará recibo, y sin perjuicio de la tramitación subsiguiente si se inicia el procedimiento. Esta regulación no difiere de la jurisprudencia de esta Sala en relación con el art. 154 de la LGT/1963, en el que se preveía la revisión de los actos en que, previo expediente, se acreditara que "infringen manifiestamente la ley" (Sentencias de 19 de diciembre de 2002, 28 de enero, 23 de septiembre, 4 y 7 de noviembre de 2003 y 16 de marzo de 2004)». Y, en cuanto a lo dispuesto en el párr. 2.°, afirma el TS: «la exigencia de audiencia de los interesados e informe del órgano con funciones de asesoramiento jurídico es aplicable una vez que

tente para declararla el órgano que se determine reglamentariamente, que deberá ser distinto del órgano que dictó el acto.

En el expediente se dará audiencia a los interesados y deberá incluirse un informe del órgano con funciones de asesoramiento jurídico sobre la procedencia de la revocación del acto.

4. El plazo máximo para notificar resolución expresa será de seis meses desde la notificación del acuerdo de iniciación del procedimiento.

---

se ha iniciado el procedimiento y no en el caso en el que la Administración manifiesta su voluntad en contrario».

STS 4.520/2014, de 19 de febrero (ponente: Frías Ponce): Según el parecer mayoritario de la Sala, **la resolución que pone fin a un procedimiento de revocación es recurrible** porque «no podría tener acogida aquella alegación que, bajo el simple argumento de ejercer una potestad discrecional, quisiera sustraer del ámbito de la revisión jurisdiccional y del control de legalidad, las actuaciones de las Administraciones públicas en que la misma se manifiesta, pues ello sería contrario a lo prevenido en el art. 106.1 de la Constitución y 1.1 de la LJCA. [...] Por otro lado, no se puede olvidar que el ejercicio de potestades discrecionales no está exento de elementos reglados. Entre ellos el de la motivación (art. 54 de la Ley 30/1992, de 26 de noviembre, 215.1 de la LGT), cuya existencia y corrección jurídica es revisable ante la jurisdicción contencioso administrativa.

»También el ejercicio de la potestad discrecional debe ser modulado para su sujeción a la legalidad y a los principios y finalidades que deben regir la actuación de la Administración. En particular y para el ámbito tributario, al principio de capacidad económica de las personas obligadas a satisfacer los tributos, de justicia, generalidad, igualdad, progresividad, equitativa distribución de la carga tributaria y no confiscatoriedad (arts. 9.º2 LGT y 14 y 31.1 CE).

»Es más, por lo que respecta al procedimiento de revocación de actos tributarios, no cabe tampoco desconocer que el art. 219 de la Ley General Tributaria en su apartado quinto señala que la resolución que ultima el procedimiento pondrá fin a la vía administrativa.

»La recurribilidad de la resolución que se dicta en el procedimiento de revocación tiene sentido no sólo por la existencia de los límites que la Ley establece a la facultad de revocación (apartados 1 y 2 del art. 219), sino además porque en la propia ley se establecen como supuestos de la revocación motivos de legalidad, tales como que el acto dictado infrinja de manera manifiesta la ley o que se haya producido en el procedimiento indefensión a los interesados, junto al supuesto relativo a la concurrencia de circunstancias sobrevenidas que afecten a una situación jurídica particular y que pongan de manifiesto la improcedencia del acto dictado.

»Estas circunstancias vienen a constituir elementos reglados del acto sujetos al control de los Tribunales, por lo que no puede cuestionarse la recurribilidad de la decisión final del procedimiento.»

En la misma línea, la STS, Sala 3.ª, 22 de noviembre de 2016 (Rec. 3756/2015; ponente: F. J. Navarro Sanchís) reitera: «Por lo que respecta a la ***revocación, ya ha dicho esta Sala con reiteración que no es una vía alternativa a la de los recursos administrativos y judiciales procedentes frente a los actos de gravamen o limitativos de derechos subjetivos.»*** Y añade: «no basta con que el acto de que se trata adolezca o pueda adolecer de vicios determinantes de su invalidación, sino que la ley exige algo más, que tal infracción sea manifiesta —al margen de los otros supuestos habilitantes de la revocación, que no hacen al caso—. Tal requisito reforzado es una exigencia de la revocación para evitar que ésta se convierta en una segunda oportunidad impugnatoria, fuera de plazo, de los actos firmes. Esto es, en el ámbito de la tensión subyacente entre los valores de la seguridad jurídica y la justicia, la ley requiere un plus de exigencia —que la infracción sea manifiesta— para que esta segunda orille el efecto perentorio o extintivo de la primera» (FD 6.º).

El **Voto Particular** formulado por los magistrados **Fernández Montalvo y Montero Fernández** considera que ***no es posible confundir la revocación de los actos tributarios con los recursos o con la acción de nulidad.***

Los contribuyentes pueden impugnar, en tiempo y forma, los actos de gravamen por la vía de los recursos, de reposición o reclamación económico-administrativa e, incluso, sin sujeción a plazo, pueden ejercitar la acción de nulidad de los actos nulos de pleno derecho, conforme al art. 217 LGT. Y pueden, incluso, instar la revocación de los actos de gravamen, al amparo del art. 219 LGT; pero si la Administración, que ostenta la facultad de revocación y de iniciación de oficio del correspondiente procedimiento, resuelve no iniciar el procedimiento, iniciar el procedimiento pero no resolver o decide que no concurren los requisitos del art. 219 LGT, no cabe apreciar conculcación de derecho alguno, ya que carecen de él los contribuyentes respecto del ejercicio de una revocación que es siempre ejercitable de oficio. **STS de 26 de septiembre de 2017 (Sala Tercera, Sección 2.ª, Rec. 2645/2016. Casación para unificación de doctrina.** Ponente: Maurandi Guillén, Nicolás Antonio): el informe previsto en el último párrafo del mencionado apdo. 3 del artículo 219 LGT únicamente opera una vez haya sido decidida la iniciación del correspondiente procedimiento, como premisa inexcusable para dictar la resolución que ponga fin a dicho procedimiento decidiendo la revocación.

Transcurrido el plazo establecido en el párrafo anterior sin que se hubiera notificado resolución expresa, se producirá la caducidad del procedimiento.

5. Las resoluciones que se dicten en este procedimiento pondrán fin a la vía administrativa.

SECCIÓN 4.ª

Rectificación de errores

Art. 220. *Rectificación de errores.*—1. El órgano u organismo que hubiera dictado el acto o la resolución de la reclamación rectificará en cualquier momento, de oficio o a instancia del interesado, los errores materiales, de hecho o aritméticos, siempre que no hubiera transcurrido el plazo de prescripción.

En particular, se rectificarán por este procedimiento los actos y las resoluciones de las reclamaciones económico-administrativas en los que se hubiera incurrido en error de hecho que resulte de los propios documentos incorporados al expediente.

La resolución corregirá el error en la cuantía o en cualquier otro elemento del acto o resolución que se rectifica.

2. El plazo máximo para notificar resolución expresa será de seis meses desde que se presente la solicitud por el interesado o desde que se le notifique el acuerdo de iniciación de oficio del procedimiento.

El transcurso del plazo previsto en el párrafo anterior sin que se hubiera notificado resolución expresa producirá los siguientes efectos:

a) La caducidad del procedimiento iniciado de oficio, sin que ello impida que pueda iniciarse de nuevo otro procedimiento con posterioridad.

b) La desestimación por silencio administrativo de la solicitud, si el procedimiento se hubiera iniciado a instancia del interesado.

3. Las resoluciones que se dicten en este procedimiento serán susceptibles de recurso de reposición y de reclamación económico-administrativa.

SECCIÓN 5.ª

Devolución de ingresos indebidos

Art. 221. *Procedimiento para la devolución de ingresos indebidos.*—1. El procedimiento para el reconocimiento del derecho a la devolución de ingresos

---

Art. 220: Vid. art. 13 RR.

Art. 221: Vid. arts. 30 a 33 y 124 a 127 LGT (§ I) y 14 a 20 RR. A partir del 1 de enero de 2008, los arts. 116 a 132 del RD 1.065/2007 regulan el procedimiento para la devolución de ingresos indebidos. Vid. también Disp. Adic. 8.ª RGIT. Véase la **STS de 15 de enero de 2013 (rec. cas. n.º 362/2008),** que, en su FJ 7.º, sistematiza los **posibles supuestos de ingresos indebidos,** estableciendo la correlación entre la normativa actual y la precedente.

STS de 9 de diciembre de 2010 (recurso de casación para unificación de doctrina n.º 60/2009; ponente: R. Fernández Montalvo): «Esta Sección Segunda de la Sala de lo Contencioso-Administrativo del Tribunal Supremo consideró, [...] que **el ingreso por el "gravamen complementario" declarado inconstitucional era indebido, desde que se produjo**, porque entendió que los efectos de la mencionada declaración de inconstitucionalidad no eran constitutivos del derecho a la devolución de lo indebidamente ingresado sino meramente declarativos del mismo, pues no se trata de un supuesto de devolución de ingresos indebidos "ordinario", ocasionado por una revisión en vía administrativa o judicial, sino de un supuesto de devolución de ingresos indebidos fruto de una declaración de inconstitucionalidad con eficacia *ex tunc*, que aboca a considerar inexistente en el ordenamiento jurídico el precepto legal declarado inconstitucional desde su entrada en vigor, *tamquam non esset*, como si no hubiese existido nunca.»

El ***Tribunal Constitucional***, en las **Sentencias de 11 de febrero y 15 de septiembre de 1997,** señala que **los intereses de demora** que se generan a favor del contribuyente en la devolución de ingresos indebidos es automática, sin necesidad de que se soliciten a la Administración, iniciándose el cómputo del período —excepto en los casos de devolución de oficio— el día del ingreso indebido, finalizando el día en que

indebidos se iniciará de oficio o a instancia del interesado, en los siguientes supuestos:

a) Cuando se haya producido una duplicidad en el pago de deudas tributarias o sanciones.

b) Cuando la cantidad pagada haya sido superior al importe a ingresar resultante de un acto administrativo o de una autoliquidación.

c) Cuando se hayan ingresado cantidades correspondientes a deudas o sanciones tributarias después de haber transcurrido los plazos de prescripción. En ningún caso se devolverán las cantidades satisfechas en la regularización voluntaria establecida en el artículo 252 de esta ley.

d) Cuando así lo establezca la normativa tributaria.

---

se hace efectiva la devolución. El mismo criterio sostiene la *STS de 9 de diciembre de 2010* respecto de los intereses abonados por la Administración en relación con las devoluciones por el gravamen complementario de la tasa fiscal sobre el juego.

La **STJCE de 17 de junio de 2004** abandona la jurisprudencia sostenida anteriormente y admite la compatibilidad con el ordenamiento comunitario de la previsión de un ordenamiento nacional que subordina el **derecho a la devolución de ingresos percibidos con infracción de las Directivas de armonización fiscal, a un plazo de caducidad de noventa días**, a contar desde la finalización del plazo voluntario de ingreso. *STJCE de 13 de marzo de 2007*: Los procedimientos administrativos que deben utilizarse para reclamar las cantidades pagadas por una sociedad que se encuentre afectada por una normativa estatal que haya sido considerada contraria al Derecho europeo deben ser establecidos por el propio Estado miembro. La cuantía de la indemnización correspondiente debe valorarla el Tribunal nacional, teniendo en cuenta también otros posibles costes que deben incluirse dentro del perjuicio indemnizable.

Art. 221.1: Nueva redacción, con efectos desde el 12 de octubre de 2015, por el art. único.37 de la Ley 34/2015, de 21 de septiembre, de modificación parcial de la LGT (*BOE* n.º 227, de 22 de septiembre). Su **redacción anterior** era la siguiente:

1. El procedimiento para el reconocimiento del derecho a la devolución de ingresos indebidos se iniciará de oficio o a instancia del interesado, en los siguientes supuestos:

a) Cuando se haya producido una duplicidad en el pago de deudas tributarias o sanciones.

b) Cuando la cantidad pagada haya sido superior al importe a ingresar resultante de un acto administrativo o de una autoliquidación.

c) Cuando se hayan ingresado cantidades correspondientes a deudas o sanciones tributarias después de haber transcurrido los plazos de prescripción. En ningún caso se de volverán las cantidades pagadas que hayan servido para obtener la exoneración de responsabilidad en los supuestos previstos en el apartado 2 del artículo 180 de esta Ley.

d) Cuando así lo establezca la normativa tributaria.

Reglamentariamente se desarrollará el procedimiento previsto en este apartado, al que será de aplicación lo dispuesto en el apartado 2 del artículo 220 de esta ley.

Vid. arts. 220.2 y 252 LGT (§ I).

Art. 221.1.c): La Disp. Final del RD-ley 12/2012, de 30 de marzo, dio nueva redacción al apartado 2 del art. 180 LGT a la sazón vigente, de forma que la deuda prescrita administrativamente —cuatro años— y no penalmente —cinco años— podrá ser pagada, aprovechándose de lo dispuesto en el art. 305.4 CP (§ II), sin que quepa pedir la devolución de ingresos indebidos amparándose en la prescripción del derecho a exigir el pago [art. 66 LGT (§ I)]. Vid. la redacción entonces vigente en nota al art. 180 LGT (§ I). **STS de 28 de noviembre 2017** *(Rec. 2829/2016; ponente: F. J. Navarro Sanchís)*: quien ha regularizado acogiéndose a la excusa absolutoria, no puede instar la devolución en concepto de ingreso indebido, cuando, al haber regularizado una vez prescrito el crédito tributario —por el transcurso de los cuatro años—, no ha transcurrido aun el plazo de prescripción del delito, al no haber transcurrido cinco años. Concluye el TS que «[…] la actuación del recurrente, pretendiendo la devolución, después del pronunciamiento de la jurisdicción penal, resultaría contraria a sus propios actos y hasta podría calificarse como fraude de ley, en cuanto realizó un ingreso para conseguir la exoneración de la responsabilidad penal, utilizando luego la literalidad del art. 221.1.*c*) de la LGT para burlar el pronunciamiento penal […].» **STS de 29 mayo 2018 (rec. 1528/2017):** ***"El artículo 221.1.c) LGT , en su redacción originaria, debe ser interpretado en el sentido de que: «No tiene derecho a la devolución de ingresos indebidos el sujeto pasivo que regulariza extemporáneamente y sin requerimiento previo de la Administración su situación tributaria cuando ya había prescrito el derecho de aquélla a determinar la deuda tributaria mediante la oportuna liquidación, si dicha regularización tuvo como designio eludir su responsabilidad penal por un eventual delito contra la Hacienda Pública ex artículo 305, apartados 1 y 4, del Código Penal».***

Reglamentariamente se desarrollará el procedimiento previsto en este apartado, al que será de aplicación lo dispuesto en el apartado 2 del artículo 220 de esta ley.

2. Cuando el derecho a la devolución se hubiera reconocido mediante el procedimiento previsto en el apartado 1 de este artículo o en virtud de un acto administrativo o una resolución económico-administrativa o judicial, se procederá a la ejecución de la devolución en los términos que reglamentariamente se establezcan.

3. Cuando el acto de aplicación de los tributos o de imposición de san-

---

Art. 221.2: Reconocido por el TEAC el **derecho a la devolución de ingresos indebidos**, cuando se insta su ejecución no resulta aplicable el plazo general de cuatro años para instar su devolución, sino que, al ser la devolución consecuencia de una resolución administrativa firme, **el plazo debe contarse a partir del momento en que la Administración, una vez notificada del fallo, debía haber empezado a ejecutar lo ordenado en el mismo** [STS, Sala 3.ª, de 7 de junio de 2016 (Rec. 193/2014; ponente: J. G. Martínez Micó)].

Art. 221.3: Vid. arts. 40 LOTC y 106 LPACAP y la doctrina del Tribunal Supremo sobre **responsabilidad patrimonial del Estado legislador** como consecuencia de la declaración de inconstitucionalidad de una norma, sentada, entre otras, en *SSTS de 19 de febrero, 13 de junio y 27 de diciembre de 2000*. Doctrina que ha sido reafirmada en la *STS del Pleno de 2 de junio de 2010* (Rec. 588/2008). Se exceptúa de ello, sin embargo, el caso de las tarifas portuarias, según establece la STS del Pleno de 5 de marzo de 2008 (Rec. 22/2007), seguida, por ejemplo, por la STS de 18 de enero de 2011 (Rec. 330/2007). Así como los casos en que la declaración de inconstitucionalidad conlleve el efecto de la llamada «doctrina prospectiva». Es el caso de la STC 289/2000, de 30 de noviembre, al que se refieren las SSTS de 27 de mayo y 25 de febrero de 2011 (Rec. 1472/2007 y 4367/2006, respectivamente). Provocándose con ello situaciones tan llamativas como la examinada en la STC 13/2012, de 30 de enero, recogida en nota al art. 167.3 LGT (§ I).

La **STS de 7 de julio de 2004** la aplica en un supuesto que deriva de la declaración de inconstitucionalidad del recargo del 50 por 100 (previsto por la Ley 18/1991), por ingresos espontáneos y extemporáneos, estableciendo la inoperancia de la doctrina prospectiva latente en el art. 40.1 LOTC, habida cuenta de la exclusión legal prevista, precisamente, para el caso de las sanciones.

Vid. **arts. 106 CE, 32 a 37 LRJSP y 53 a 105 LPACAP. La Disp. Trans. 5.ª de esta última Ley regula los procedimientos de responsabilidad patrimonial derivados de la declaración de inconstitucionalidad de una norma o su carácter contrario al Derecho de la Unión Europea**. Los arts. 292 a 297 de la Ley Orgánica 6/1985, del Poder Judicial, regulan la responsabilidad patrimonial del Estado por el funcionamiento de la Administración de Justicia.

Véase, además, **el art. 22 de la LO 37/1980, de 22 de abril, del Consejo de Estado,** redactado por el art. 4.º de la LO 4/2011, de 1 de marzo, complementaria de la Ley de Economía Sostenible (*BOE* de 12 de marzo).

El **art. 52 de la Ley 55/1999, de 29 de diciembre, atribuyó a la Agencia Tributaria la resolución de los procedimientos de responsabilidad patrimonial derivados de reclamaciones por los daños causados a los particulares como consecuencia del funcionamiento normal o anormal de sus servicios.**

La **STS de 17 de septiembre de 2010 (Rec. 153/2007;** ponente: Sr. Lesmes Serrano) —y las Sentencias de esa misma fecha dictadas en los Rec. 373/2006, 149/2007— ***ha extendido esta doctrina a los supuestos de responsabilidad patrimonial del Estado legislador por infracción del Derecho comunitario***. El TS rectifica así el criterio anterior, contenido en las SSTS de 29 de enero de 2004 y 24 de mayo de 2005, conforme al cual no se admitía en estos casos la procedencia de la acción de responsabilidad patrimonial si no se había agotado previamente los recursos administrativos y judiciales «ordinarios».

La razón del cambio de criterio del TS se expresa en su FJ 9.º: «La respuesta prejudicial de la Sentencia de 26 de enero de 2010 del TJCE —como consecuencia de la cuestión prejudicial planteada mediante Auto del TS de 1 de febrero de 2008— no ofrece duda: ***la doctrina de este Tribunal Supremo, resumida en el fundamento sexto, sobre la responsabilidad del Estado legislador en los casos de vulneración de la Constitución debe aplicarse, por el principio de equivalencia, a los casos de responsabilidad del Estado legislador por vulneración del Derecho Comunitario.»***

La ***STS de 2 de octubre de 2012 (Rec. 508/2011), aplicando el criterio de la anterior Sentencia de 18 de enero de 2012 (Rec. 588/2010), se refiere a dos cuestiones fundamentales en esta problemática: la primera, que «sigue siendo necesario, para que pueda prosperar una reclamación de responsabilidad patrimonial del Estado legislador por infracción del Derecho de la Unión, que ésta constituya o pueda ser calificada con el grado o entidad de "violación suficientemente caracterizada"». Y la segunda, que «no son intereses de demora propiamente dichos o en sentido estricto los que de modo reiterado reconoce nuestra jurisprudencia cuando estima reclamaciones de responsabilidad patrimonial. Más bien son un medio o instrumento para hacer efectivo el principio de plena reparación que es propio de ese instituto [...], lo que obliga no sólo al***

ciones en virtud del cual se realizó el ingreso indebido hubiera adquirido firmeza, únicamente se podrá solicitar la devolución del mismo instando o promoviendo la revisión del acto mediante alguno de los procedimientos especiales de revisión establecidos en los párrafos *a*), *c*) y *d*) del artículo 216 y mediante el recurso extraordinario de revisión regulado en el artículo 244 de esta ley.

4. Cuando un obligado tributario considere que la presentación de una autoliquidación ha dado lugar a un ingreso indebido, podrá instar la rectificación de la autoliquidación de acuerdo con lo dispuesto en el apartado 3 del artículo 120 de esta ley.

5. En la devolución de ingresos indebidos se liquidarán intereses de demora de acuerdo con lo dispuesto en el apartado 2 del artículo 32 de esta ley.

6. Las resoluciones que se dicten en este procedimiento serán susceptibles de recurso de reposición y de reclamación económico-administrativa.

---

abono de la cantidad indebidamente satisfecha a las arcas públicas sino también, en aras de ese principio de plena indemnidad, reconocido en la jurisprudencia de esta Sala (SSTS de 5 de febrero y 15 de julio de 2000, entre otras muchas) y en la propia Ley 30/1992 (art. 141.3), al abono de los intereses legales de la cantidad a devolver desde el día en que se efectuó la reclamación administrativa hasta la fecha de notificación de esta Sentencia, a partir de la cual se cuantificarán los intereses de acuerdo con lo establecido en el artículo 106, apartados 2 y 3, de la Ley Jurisdiccional».

STS de 11 de diciembre de 2009 (Rec. 572/ 2007): Si bien es cierto que la acción de nulidad puede ejercitarse en cualquier tiempo, de ello no puede colegirse sin más que el ejercicio de la acción de nulidad tenga la virtualidad de reabrir el plazo para el ejercicio de una acción de responsabilidad que ya ha expirado. La acción de nulidad sólo puede interrumpir el plazo de prescripción de una acción de diferente naturaleza, como es la de responsabilidad, cuando aquélla se ejercita antes de que haya expirado el plazo de un año desde que esta última puede ejercitarse, y la acción de responsabilidad, en el caso concreto, pudo ejercitarse en el plazo de un año desde la publicación en el *BOE* de la **STC 176/1996, de 31 de octubre.** Transcurrido dicho plazo, ya no cabe su ejercicio, sin que el de la acción de nulidad, que efectivamente puede intentarse en cualquier tiempo, pueda reabrir el plazo ya expirado.

STS de 22 de junio 2020. Rec. 4692/2017. Ponente: I. Merino Jara. IBI. Devolución de liquidaciones firmes: los artículos 65 y 77.1 y 5 del Real Decreto Legislativo 2/2004 y el artículo 4 del Real Decreto Legislativo 1/2004, deben ser interpretados en el sentido de que los mismos no se oponen ni obstan a que, recurriéndose liquidaciones por IBI y para obtener su anulación, en supuestos en los que concurren circunstancias excepcionales sobrevenidas, análogas o similares a las descritas anteriormente (modificación por sentencia firme de la clasificación urbanística del suelo afectado), el sujeto pasivo pueda discutir la valoración catastral del inmueble, base imponible del impuesto, incluso en los casos en los que tal valoración catastral ha ganado firmeza en vía administrativa. Vid. también **STS misma fecha y Ponente, Rec. 3446/2017.**

STS 154/2022, de 9 de febrero (Rec. 126/2019. Ponente: J. A. Montero): ***«Dado que no estamos en la órbita directa del art. 219 de la LGT, sino en el procedimiento de devolución de ingresos indebidos y en el supuesto contemplado en el art. 221.3 ha de convenirse que el interesado posee acción para solicitar el inicio del procedimiento, sin que pueda escudarse la Administración para no iniciar y resolver sobre la revocación del acto firme el corresponderle la competencia exclusiva para iniciar de oficio el procedimiento de revocación; la resolución expresa o por silencio derivada de la solicitud cursada por el interesado en aplicación del art. 221.3, conforme a los principios de plenitud jurisdicción y tutela judicial efectiva, es susceptible de impugnación y de poseer el órgano judicial los datos necesarios, tiene potestad para pronunciarse sobre el fondo, sin necesidad de ordenar la retroacción del procedimiento de revocación.» Añade la Sentencia que: «... a través de la revocación no se puede canalizar cualquier infracción del ordenamiento jurídico que pueda imputarse a un acto tributario firme, sino solo aquellas que constituyan un supuesto tasado de revocación del art. 219.1 de la LGT, esto es, "cuando se estime que infringen manifiestamente la ley, cuando circunstancias sobrevenidas que afecten a una situación jurídica particular pongan de manifiesto la improcedencia del acto dictado, o cuando en la tramitación del procedimiento se haya producido indefensión a los interesados".»***

Art. 221.4: Vid. arts. 122 a 135 RGIT.

Art. 221.5: En **Resolución de 22 de noviembre de 2002, el TEAC entendió que cuando se insta un procedimiento para la devolución de ingresos por indebidos, cuando la Administración no devuelve la cantidad tempestivamente, la exigencia de intereses sobre la cantidad que se debía haber devuelto —principal más intereses— debe realizarse por vía de responsabilidad patrimonial de la Administración, de acuerdo con lo dispuesto por el art. 139.1 LRJPAC —art. 32 LRJSP— no en vía económico-administrativa.**

CAPÍTULO III

Recurso de reposición*

Art. 222. *Objeto y naturaleza del recurso de reposición.*—1. Los actos dictados por la Administración tributaria susceptibles de reclamación económico-administrativa podrán ser objeto de recurso potestativo de reposición, con arreglo a lo dispuesto en este capítulo.

2. El recurso de reposición deberá interponerse, en su caso, con carácter previo a la reclamación económico-administrativa.

Si el interesado interpusiera el recurso de reposición no podrá promover la reclamación económico-administrativa hasta que el recurso se haya resuelto de forma expresa o hasta que pueda considerarlo desestimado por silencio administrativo.

Cuando en el plazo establecido para recurrir se hubieran interpuesto recurso de reposición y reclamación económico-administrativa que tuvieran como objeto el mismo acto, se tramitará el presentado en primer lugar y se declarará inadmisible el segundo.

Art. 223. *Iniciación y tramitación del recurso de reposición.*—1. El plazo para la interposición de este recurso será de un mes contado a partir del día siguiente al de la notificación del acto recurrible o del siguiente a aquel en que se produzcan los efectos del silencio administrativo.

Tratándose de deudas de vencimiento periódico y notificación colectiva, el plazo para la interposición se computará a partir del día siguiente al de finalización del período voluntario de pago.

2. Si el recurrente precisase del expediente para formular sus alegacio-

---

* Vid. arts. 21 a 27 RR.

Art. 222: El ***TEAC, en Resolución de 29 de noviembre de 2016 (Rec. 4968/2016), en recurso extraordinario de alzada para unificación de criterio, fija el siguiente criterio: «las comunicaciones que se hagan a los interesados por la AEAT en cumplimiento de resoluciones judiciales, en particular de las denegatorias de las medidas cautelares solicitadas, no son susceptibles ni de recurso de reposición ni de reclamación económico-administrativa. En caso de disconformidad con la resolución judicial, los interesados pueden plantear incidente de ejecución ante el mismo tribunal que ha dictado la resolución, de acuerdo con lo dispuesto en el art. 109 de la Ley 29/1998, de 13 de julio, reguladora de la jurisdicción contencioso-administrativa».***

Doctrina constitucional sobre el plazo del recurso: La **STC 6/1986, de 21 de enero,** declara que en caso de desestimación presunta del recurso de reposición, el aplicar los plazos para posteriores recursos como si se tratara de resolución expresa, vulnera el derecho a la tutela efectiva del art. 24 CE, pues la resolución presunta no puede equipararse a la expresa, con todos sus requisitos de notificación.

STC 188/2003, de 27 de octubre: ***el carácter potestativo del recurso de reposición no es óbice para la aplicación de la doctrina constitucional vertida en torno al silencio negativo, que garantiza el derecho fundamental de acceso a la jurisdicción y reprueba que la Administración pueda verse beneficiada por el incumplimiento de su obligación de resolver expresamente en plazo los recursos presentados, puesto que aquel carácter no hace variar la naturaleza del silencio negativo. No procede declarar la extemporaneidad de la reclamación por haberse producido más allá de los seis meses desde que debió entenderse desestimado el recurso de reposición.***

Art. 222.1: Vid. art. 227 LGT (§ I).

Art. 222.2: Vid. arts. 21 y 52.1 RR.

Art. 223: Vid. art. 102.3 y Disp. Trans. 3.ª2.*e*) LGT (§ I). Véase art. 22 RR sobre los efectos de la interposición del recurso.

El art. 30.7 LPACAP dispone que: «La Administración General del Estado y las Administraciones de las Comunidades Autónomas, con **sujeción al calendario laboral oficial, fijarán, en su respectivo ámbito, el calendario de días inhábiles a efectos de cómputos de plazos. El calendario aprobado por las Comunidades Autónomas comprenderá los días inhábiles de las Entidades Locales correspondientes a su ámbito territorial, a las que será de aplicación. Dicho calendario deberá publicarse antes del comienzo de cada año en el diario oficial que corresponda, así como en otros medios de difusión que garanticen su conocimiento generalizado.» Vid. Resolución de 24 de noviembre de 2021**, de la Secretaría de Estado de Función Pública, por la que se establece a efectos de cómputo de plazos, **el calendario de días inhábiles en el ámbito de la Administración General del Estado para el año 2022**.(BOE 1 diciembre 2021)

Art. 223.2: Vid. art. 24 RR.

nes, deberá comparecer durante el plazo de interposición del recurso para que se le ponga de manifiesto.

3. A los legitimados e interesados en el recurso de reposición les serán aplicables las normas establecidas al efecto para las reclamaciones económico-administrativas.

4. La reposición somete a conocimiento del órgano competente para su resolución todas las cuestiones de hecho o de derecho que ofrezca el expediente, hayan sido o no planteadas en el recurso, sin que en ningún caso se pueda empeorar la situación inicial del recurrente.

Si el órgano competente estima pertinente examinar y resolver cuestiones no planteadas por los interesados, las expondrá a los mismos para que puedan formular alegaciones.

Art. 223.3: Vid. arts. 26.1 RR y 232 LGT (§ I).

Art. 223.4: Vid. art. 26.2 RR.

Doctrina constitucional: La ***STC 84/1985, de 8 de julio,*** **calificó de principio general del ordenamiento (en el proceso penal), la prohibición de la *reformatio in peius* a que podrá dar pie la extensión de la revisión por el órgano que conoce del recurso**, afirmando la *STC 143/ 1988, de 12 de julio,* que la *reformatio in peius*, entendida como agravamiento de la situación del recurrente en virtud de su propio recurso, es modalidad de incongruencia procesal cuya prohibición se inserta en el derecho fundamental a la tutela judicial efectiva, a través de la interdicción de la arbitrariedad del art. 24.1 CE; e insistiendo en esta dimensión de violación del derecho fundamental la *STC 242/1988, de 19 de diciembre.*

Art. 224: Vid. art. 25 RR. **El RD 1.073/2017, de 29 de diciembre (BOE 30 de diciembre), ha modificado los apartados 1, 2 y 3 de este precepto, con efectos 1 de enero de 2018, que quedan redactados así:**

«1. La mera interposición del recurso de reposición no suspenderá la ejecución del acto impugnado.

No obstante, a solicitud del interesado se suspenderá la ejecución del acto impugnado en los siguientes supuestos:

»*a*) Cuando se aporte alguna de las garantías previstas en el artículo 224.2 de la Ley 58/2003, de 17 de diciembre, General Tributaria, en los términos previstos en este artículo.

»*b*) Sin necesidad de aportar garantía, cuando se aprecie que al dictarlo se ha podido incurrir en error aritmético, material o de hecho.

Asimismo, tratándose de sanciones que hayan sido objeto de recurso de reposición por los interesados, su ejecución quedará automáticamente suspendida en período voluntario sin necesidad de aportar garantías hasta que sean firmes en vía administrativa. No se suspenderán con arreglo a esta letra las responsabilidades por el pago de sanciones tributarias previstas en el artículo 42.2 de la Ley 58/2003, de 17 de diciembre, General Tributaria.

La suspensión no afectará a las actuaciones de recaudación que se hubieran producido hasta ese momento.»

«2. La solicitud de suspensión con aportación de las garantías que señala el artículo 224.2 de la Ley 58/2003, de 17 de diciembre, General Tributaria suspenderá el procedimiento de recaudación relativo al acto recurrido.

El recurrente podrá solicitar la suspensión cuyos efectos se limitarán al recurso de reposición.

Las garantías que se constituyan podrán extender su eficacia, en su caso, a la vía económico-administrativa posterior. En este caso, la garantía mantendrá sus efectos en el procedimiento económico-administrativo en todas sus instancias.

Asimismo, si el interesado lo considera conveniente, y sin perjuicio de la decisión que adopte el órgano judicial en la pieza de medidas cautelares, la suspensión podrá solicitarse con extensión de sus efectos a la vía contencioso-administrativa.

La garantía aportada, en el caso de las obligaciones conexas reguladas en el artículo 224.5 de la Ley 58/2003, de 17 de diciembre, General Tributaria, extenderá sus efectos a las cantidades que en su caso debieran reintegrarse, como consecuencia de la estimación total o parcial del recurso que hubiera llevado aparejada la correspondiente devolución conexa.»

«3. La garantía deberá cubrir el importe del acto impugnado, los intereses de demora que genere la suspensión y los recargos que procederían en caso de ejecución de la garantía.

Cuando la garantía consista en depósito de dinero o valores públicos, los intereses de demora serán los correspondientes a un mes si cubre sólo el recurso de reposición. Si extendiese sus efectos a la vía económico-administrativa, deberá cubrir además el plazo de seis meses si el procedimiento de la reclamación es el abreviado, de un año si el procedimiento de la reclamación es el general y de dos años si la resolución es susceptible de recurso de alzada ordinario.»

Art. 224. *Suspensión de la ejecución del acto recurrido en reposición.*— 1. La ejecución del acto impugnado quedará suspendida automáticamente a instancia del interesado si se garantiza el importe de dicho acto, los intereses de demora que genere la suspensión y los recargos que procederían en caso de ejecución de la garantía, en los términos que se establezcan reglamentariamente.

Si la impugnación afectase a una sanción tributaria, su ejecución quedará suspendida automáticamente sin necesidad de aportar garantías de acuerdo con lo dispuesto en el apartado 3 del artículo 212 de esta ley.

Si la impugnación afectase a un acto censal relativo a un tributo de gestión compartida, no se suspenderá en ningún caso, por este hecho, el procedimiento de cobro de la liquidación que pueda practicarse. Ello sin perjuicio de que, si la resolución que se dicte en materia censal afectase al resultado de la liquidación abonada, se realice la correspondiente devolución de ingresos.

2. Las garantías necesarias para obtener la suspensión automática a la que se refiere el apartado anterior serán exclusivamente las siguientes:

a) Depósito de dinero o valores públicos.

b) Aval o fianza de carácter solidario de entidad de crédito o sociedad de garantía recíproca o certificado de seguro de caución.

c) Fianza personal y solidaria de otros contribuyentes de reconocida solvencia para los supuestos que se establezcan en la normativa tributaria.

3. Podrá suspenderse la ejecución del acto recurrido sin necesidad de aportar garantía cuando se aprecie que al dictarlo se ha podido incurrir en error aritmético, material o de hecho.

4. Si el recurso no afecta a la totalidad de la deuda tributaria, la suspensión

---

Art. 224.1: Redactado por la Ley 7/2012, de 29 de octubre (*BOE* n.º 261, de 30 de octubre), con vigencia desde el 31 de enero de 2012. Vid. el criterio de la *Resolución TEAC de 30 de septiembre de 2014* (RG. 06981/2013; Vocalía 12.ª), sobre esta nueva redacción, en nota al art. 233.1 LGT (§ 1).

Art. 224.2: Vid. nota al art. 224. ***Vid.* STS de 27 de febrero de 2018 (Rec. 170/2016;** ponente: F. J. Navarro Sanchís): ***interesada por el obligado tributario la suspensión de la ejecución de la deuda que se le reclama, ya en la vía administrativa o económico-administrativa, ya en la jurisdiccional, no puede la Administración emitir una providencia de apremio, sin que antes se haya adoptado una resolución, debidamente notificada, sobre la solicitud de suspensión. La jurisprudencia del Tribunal Supremo ha reiterado hasta la saciedad que no es posible.*** Doctrina también aplicable, lógicamente, cuando se ha instado un ***recurso de reposición***: «Cuando en vía de reposición se pretende una medida cautelar, como la suspensión, *ajustada o no al elenco de garantías previstas en el artículo 224 LGT*, su archivo —que ha de ser inmediato y debidamente notificado— es el que permite abrir la vía de apremio, esto es, el que sustenta el efecto de que la solicitud se tenga por no presentada, pero tal consecuencia carece de razón de ser si se confunde el momento de resolver el recurso de reposición con el de proveer acerca de la solicitud cautelar, que es instrumental de la anterior, sobre el que ya no tendría sentido pronunciarse.» (FD 3.º) [...] lo razonado nos conduce a la necesaria conclusión de que *tal doctrina jurisprudencial debe ser ratificada y mantenida, extendiendo sus declaraciones al ámbito del recurso de reposición, necesitado por tanto de notificación al interesado para que pueda quedar, en su caso, franqueada la posibilidad de iniciar el apremio*. Además, debe entenderse que la formulación en la vía económico-administrativa de una nueva petición de suspensión de la deuda, aun cuando se formule después de haberse dictado una providencia de apremio, impide el progreso y eficacia de ésta, condicionado a su notificación, hasta que tal solicitud se resuelva por el órgano revisor. (FD 4.º). ***La providencia de apremio es nula de pleno derecho***: «adoptada sin haber esperado a la resolución del recurso de reposición interpuesto y, además, haber sido notificada aun conociendo que estaba pendiente de decisión una solicitud de suspensión cautelar ante el TEAC. *Tal nulidad debe ser de pleno derecho*, en armonía con lo declarado, para un supuesto idéntico, por esta Sala, en la ya reiterada sentencia de 28 de abril de 2014, pronunciada en el recurso de casación n.º 4900/2011, a tenor de lo establecido en el artículo 62.1, letras *a*) y *e*), de la Ley 30/1992 y 217.1, letras *a*) y *e*), de la Ley General Tributaria de 2003.» (FD 5.º).

Art. 224.2.b): Vid. Orden EHA/3.987/ 2005, de 15 de diciembre, por la que se desarrolla parcialmente el RR en materia de requisitos de suficiencia de determinadas garantías aportadas para obtener la suspensión de la ejecución de los actos impugnados (*BOE* de 21 de diciembre).

se referirá a la parte recurrida, quedando obligado el recurrente a ingresar la cantidad restante.

5. En los casos del artículo 68.9 de esta ley, si el recurso afecta a una deuda tributaria que, a su vez, ha determinado el reconocimiento de una devolución a favor del obligado tributario, las garantías aportadas para obtener la suspensión garantizarán asimismo las cantidades que, en su caso, deban reintegrarse como consecuencia de la estimación total o parcial del recurso.

6. Cuando deba ingresarse total o parcialmente el importe derivado del acto impugnado como consecuencia de la resolución del recurso, se liquidará interés de demora por todo el período de suspensión, sin perjuicio de lo previsto en el apartado 4 del artículo 26 y en el apartado 3 del artículo 212 de esta ley.

Art. 225. *Resolución del recurso de reposición.*—1. Será competente para conocer y resolver el recurso de reposición el órgano que dictó el acto recurrido.

Tratándose de actos dictados por delegación y salvo que en ésta se diga otra cosa, el recurso de reposición se resolverá por el órgano delegado.

2. El órgano competente para conocer del recurso de reposición no podrá abstenerse de resolver, sin que pueda alegarse duda racional o deficiencia de los preceptos legales.

La resolución contendrá una exposición sucinta de los hechos y los fundamentos jurídicos adecuadamente motivados que hayan servido para adoptar el acuerdo.

3. En ejecución de una resolución que estime total o parcialmente el recurso contra la liquidación de una obligación tributaria conexa a otra del mismo obligado tributario de acuerdo con el artículo 68.9 de esta ley, se regularizará la obligación conexa distinta de la recurrida en la que la Administración hubiese aplicado los criterios o elementos en que se fundamentó la liquidación de la obligación tributaria objeto de la reclamación.

Si de dicha regularización resultase la anulación de la liquidación de la obligación conexa distinta de la recurrida y la práctica de una nueva liquidación que se ajuste a lo resuelto en el recurso, será de aplicación lo dispuesto en el artículo 26.5 de esta ley.

4. El plazo máximo para notificar la resolución será de un mes contado desde el día siguiente al de presentación del recurso.

En el cómputo del plazo anterior no se incluirá el período concedido para efectuar alegaciones a los titulares de derechos afectados a los que se refiere al párrafo segundo del apartado 3 del artículo 232 de esta ley, ni el empleado por otros órganos de la Administración para remitir los datos o informes que se soliciten. Los períodos no incluidos en

---

Art. 224.5: Introducido, con efectos desde el 12 de octubre de 2015, por el art. único.38 de la Ley 34/2015, de 21 de septiembre, de modificación parcial de la LGT (*BOE* n.º 227, de 22 de septiembre). Vid. nota al art. 224 (§ I).

Vid. arts. 26.5, 68.9, 225.3, 233.7 y 239.7 LGT (§ I).

Art. 224.6: Antes apartado 5, ha sido renumerado como 6, con efectos desde el 12 de octubre de 2015, por el art. único.38 de la Ley 34/2015, de 21 de septiembre, de modificación parcial de la LGT (*BOE* n.º 227, de 22 de septiembre).

Art. 225.3: Introducido, con efectos desde el 12 de octubre de 2015, por el art. único.39 de la Ley 34/2015, de 21 de septiembre, de modificación parcial de la LGT (*BOE* n.º 227, de 22 de septiembre), que renumera como apartados 4, 5 y 6 los anteriores 3, 4 y 5.

Vid. arts. 26.5, 68.9, 224.5, 233.7 y 239.7 LGT (§ I).

Art. 225.4: Vid. arts. 214.3 LGT (§ I) y 27 RR. A efectos de entender practicada la notificación, téngase en cuenta lo dispuesto en el art. 104.2 LGT (§ I).

el cómputo del plazo por las circunstancias anteriores no podrán exceder de dos meses.

Transcurrido el plazo máximo para resolver sin haberse notificado resolución expresa, y siempre que se haya acordado la suspensión del acto recurrido, dejará de devengarse el interés de demora en los términos previstos en el apartado 4 del artículo 26 de esta ley.

5. Transcurrido el plazo de un mes desde la interposición, el interesado podrá considerar desestimado el recurso al objeto de interponer la reclamación procedente.

6. Contra la resolución de un recurso de reposición no puede interponerse de nuevo este recurso.

CAPÍTULO IV

Reclamaciones económico-administrativas

SECCIÓN 1.ª

*Disposiciones generales**

Subsección 1.ª

Ámbito de las reclamaciones económico-administrativas

Art. 226. *Ámbito de las reclamaciones económico-administrativas.*—Podrá reclamarse en vía económico-administrativa en relación con las siguientes materias:

* Vid. arts. 28 a 69 RR, así como Disp. Trans. 5.ª y Disps. Adics. 13.ª, 14.ª y 16.ª LGT (§ I). El art. 112.4 de la Ley 39/2015 (LPACAP) dispone que: «Las reclamaciones económico-administrativas se ajustarán a los procedimientos establecidos por su legislación específica.»

El art. 137 LRBRL, introducido por **la Ley 57/2003, de 16 de diciembre, de Medidas para la Modernización del Gobierno Local** (*BOE* de 17 de diciembre), prevé que en los **Municipios de Gran Población** exista un órgano para la resolución de las reclamaciones económico-administrativas contra los actos de gestión, liquidación, recaudación e inspección de tributos e **ingresos de Derecho público que sean de competencia municipal, cuya resolución «pone fin a la vía administrativa y contra ella sólo cabrá la interposición del recurso contencioso-administrativo».** Si bien se convierte en segunda instancia al preverse que previamente cabrá recurso «potestativo» del art. 14.2 TRLHL, que, para estos supuestos, ha sufrido una modificación implícita. El apartado 6 del precepto añade, no obstante, que esta reclamación se entiende «sin perjucio de los supuestos en que la Ley prevé la reclamación económico-administrativa ante los Tribunales Económico-administrativos del Estado. Vid. Disp. Adic. 4.ª LGT (§ I).

Legitimidad constitucional de la vía económico-administrativa:* SSTC 75/ 2008, de 23 de junio, y 25/2010, de 27 de abril: «[...] este requisito procesal, *en rigor carga procesal del demandante*, resulta compatible con el art. 24.1 CE pues, pese a tratarse de una *dificultad en el acceso a la jurisdicción ordinaria*, que además en ningún caso se ve impedida, *se justifica*, esencialmente, en razón de las especiales funciones y tareas que la Administración tiene encomendadas en el ordenamiento constitucional, *por la finalidad que persigue* ese presupuesto procesal, que permite poner en conocimiento de la propia Administración el contenido y fundamento de la pretensión, dándole la oportunidad de resolver directamente el litigio, *evitando así acceder a la vía judicial y descargando por ello al recurrente de los costes derivados de acudir al proceso para obtener la satisfacción de su pretensión*».

STS 1336/2021, de 16 de noviembre (Rec. 287/2020. Ponente: D. T. Berberoff Ayuda. ***«En los casos en los que, de conformidad con la normativa tributaria, la vía económico-administrativa resulte procedente, será necesario agotarla aun cuando la decisión sobre el fondo del asunto pueda depender, exclusivamente, de la interpretación del Derecho de la Unión Europea, al corresponder a los tribunales económico-administrativos, garantizar su correcta aplicación en los términos que se derivan de la jurisprudencia del Tribunal de Justicia.»***

Art. 226: Nueva redacción, con efectos desde el 1 de enero de 2010, por la Disp. Final 3.ª apartado dos, de la Ley 22/2009, de 18 de diciembre, por la que se regula el sistema de financiación de las Comunidades Autónomas (*BOE* de 19 de diciembre). Vid. arts. 28 a 79 del Reglamento de Revisión (RR), con las modificaciones introducidas por el RD 1.073/2017, de 29 de diciembre (*BOE* de 30 de diciembre).

a) La aplicación de los tributos del Estado o de los recargos establecidos sobre ellos y la imposición de sanciones tributarias que realicen la Administración General del Estado y las entidades de derecho público vinculadas o dependientes de la misma y las Administraciones tributarias de las Comunidades Autónomas y de las Ciudades con Estatuto de Autonomía.

b) Cualquier otra que se establezca por precepto legal del Estado expreso.

Art. 227. *Actos susceptibles de reclamación económico-administrativa.*— 1. La reclamación económico-administrativa será admisible, en relación con las materias a las que se refiere el artículo anterior, contra los actos siguientes:

a) Los que provisional o definitivamente reconozcan o denieguen un derecho o declaren una obligación o un deber.

b) Los de trámite que decidan, directa o indirectamente, el fondo del asunto o pongan término al procedimiento.

2. En materia de aplicación de los tributos, son reclamables:

a) Las liquidaciones provisionales o definitivas.

b) Las resoluciones expresas o presuntas derivadas de una solicitud de rectificación de una autoliquidación o de una comunicación de datos.

c) Las comprobaciones de valor de rentas, productos, bienes, derechos y gastos, así como los actos de fijación de valores, rendimientos y bases, cuando la normativa tributaria lo establezca.

d) Los actos que denieguen o reconozcan exenciones, beneficios o incentivos fiscales.

e) Los actos que aprueben o denieguen planes especiales de amortización.

f) Los actos que determinen el régimen tributario aplicable a un obligado tributario, en cuanto sean determinantes de futuras obligaciones, incluso formales, a su cargo.

g) Los actos dictados en el procedimiento de recaudación.

h) Los actos respecto a los que la normativa tributaria así lo establezca.

3. Asimismo, serán reclamables los actos que impongan sanciones.

4. Serán reclamables, igualmente, previo cumplimiento de los requisitos y en la forma que se determine reglamentariamente, las siguientes actuaciones u omisiones de los particulares en materia tributaria:

Art. 227: Vid. Disp. Adic. 11.ª LGT (§ I). El **TEAC, en Resolución de 29 de noviembre de 2016 (Rec. 4968/2016), en recurso extraordinario de alzada para unificación de criterio,** fija el siguiente criterio: ***«las comunicaciones que se hagan a los interesados por la AEAT en cumplimiento de resoluciones judiciales, en particular de las denegatorias de las medidas cautelares solicitadas, no son susceptibles ni de recurso de reposición ni de reclamación económico-administrativa. En caso de disconformidad con la resolución judicial, los interesados pueden plantear incidente de ejecución ante el mismo tribunal que ha dictado la resolución, de acuerdo con lo dispuesto en el art. 109 de la Ley 29/1998, de 13 de julio, reguladora de la jurisdicción contencioso-administrativa».***

Art. 227.1.a): STS de 22 de junio 2020. Rec. 298/2018. Ponente: J. Díaz Delgado: ***conforme a lo dispuesto en el apartado 3 del artículo 97 del Real Decreto 939/2005, de 29 de julio, por el que se aprueba el Reglamento General de Recaudación, en relación con los apartados 1.a) y 2.c) y g) del artículo 227 y la disposición adicional 11ª, todos ellos de la Ley 58/2003, de 17 de diciembre, General Tributaria, frente a los actos administrativos de valoración de bienes adoptados en el procedimiento de apremio cabe contra los mismos recurso de reposición o reclamación económico administrativa, porque tales valoraciones no son meros actos de trámite sino que declaran una obligación o un deber, o sea porque deciden —directa o indirectamente— sobre el fondo del asunto.***

Art. 227.1.b): Contrástese con los arts. 107.1 LRJPAC y 25.1 LJCA. La **STS de 26 de abril de 2005 recuerda el sentido que inspira la irrecurribilidad de los actos de trámite.**

Art. 227.2.c): Art. 27.4 TRLCI: «Las **ponencias de valores** serán recurribles en vía económico-administrativa, sin que la interposición de la reclamación suspenda la ejecutoriedad del acto.»

Art. 227.3: Vid. art. 212 LGT (§ I).

a) Las relativas a las obligaciones de repercutir y soportar la repercusión prevista legalmente.

b) Las relativas a las obligaciones de practicar y soportar retenciones o ingresos a cuenta.

c) Las relativas a la obligación de expedir, entregar y rectificar facturas que incumbe a los empresarios y profesionales.

d) Las derivadas de las relaciones entre el sustituto y el contribuyente.

5. No se admitirán reclamaciones económico-administrativas respecto de los siguientes actos:

a) Los que den lugar a reclamación en vía administrativa previa a la judicial, civil o laboral o pongan fin a dicha vía.

b) Los dictados en procedimientos en los que esté reservada al Ministro de Economía y Hacienda o al Secretario de Estado de Hacienda y Presupuestos la resolución que ultime la vía administrativa.

c) Los dictados en virtud de una ley del Estado que los excluya de reclamación económico-administrativa.

Subsección 2.ª

Organización y competencia

Art. 228. *Órganos económico-administrativos.*—1. El conocimiento de las reclamaciones económico-administrativas corresponderá con exclusividad a los órganos económico-administrativos, que actuarán con independencia funcional en el ejercicio de sus competencias.

2. En el ámbito de competencias del Estado, son órganos económico-administrativos:

a) El Tribunal Económico-Administrativo Central.

b) Los tribunales económico-administrativos regionales y locales.

3. También tendrá la consideración de órgano económico-administrativo la Sala Especial para la Unificación de Doctrina.

4. Corresponde a cada Comunidad Autónoma y cada Ciudad con Estatuto de Autonomía determinar su estructura administrativa para el ejercicio de la función revisora en el ámbito de las reclamaciones económico-administrativas, todo ello sin perjuicio de la labor unificadora del Estado que será ejercida por el Tribunal Económico-Administrativo Central y por la Sala Especial para la Unificación de Doctrina establecida en el apartado anterior.

5. La competencia de los órganos económico-administrativos será irrenunciable e improrrogable y no podrá ser alterada por la voluntad de los interesados.

Art. 229. *Competencias de los órganos económico-administrativos.*— 1. El

---

Art. 227.5: Nueva redacción, con efectos desde el 1 de enero de 2010, por la Disp. Final 3.ª, apartado tres, de la Ley 22/2009, de 18 de diciembre, por la que se regula el sistema de financiación de las Comunidades Autónomas (*BOE* de 19 de diciembre).

Art. 227.5.c): El **art. 54 TRLCI atribuye al Director General del Catastro la competencia para resolver el recurso de alzada previsto en los arts. 121 y 122 LPACAP que se interponga contra las reclamaciones dictadas al amparo del Título VI del TRLCI, relativo al acceso a la información catastral.**

Art. 228: Nueva redacción, con efectos desde el 1 de enero de 2010, por la Disp. Final 3.ª, apartado cuatro, de la Ley 22/2009, de 18 de diciembre, por la que se regula el sistema de financiación de las Comunidades Autónomas (*BOE* de 19 de diciembre). En realidad, la única novedad es lo dispuesto por el apartado 4 actual. El resto de normas permanece invariable habiendo pasado el anterior apartado 4 a ser el actual apartado 5.

Vid. Disp. Adic. 12.ª LGT (§ I) y arts. 28 a 34 RR.

Art. 229: Nueva redacción, con efectos desde el 12 de octubre de 2015, por el art. único.40 de la Ley 34/2015, de 21 de septiembre, de modificación parcial de la LGT (*BOE* n.º 227, de 22 de septiembre), cuya Disp. Trans.única.7.*a*) establece que el apartado 6 será de aplicación a las reclamaciones y recursos interpuestos desde su entrada en vigor. Su redacción anterior era la siguiente:

Art. 229. Competencias de los órganos económico-administrativos.—1. El Tribunal Económico-Administrativo Central conocerá:

a) En única instancia, de las reclamaciones económico-administrativas que se interpongan contra los actos administrativos dictados por los órganos centrales del Ministerio de Economía y Hacienda u otros departamentos ministeriales, de la Agencia Estatal de Administración tributaria y de las entidades de derecho público vinculadas o dependientes de la Administración General del Estado, así como, en su caso, contra los actos dictados por los órganos superiores de la Administración de las Comunidades Autónomas y de las Ciudades con Estatuto de Autonomía.

También conocerá en única instancia de las reclamaciones en las que deba oírse o se haya oído como trámite previo al Consejo de Estado.

b) En única instancia, de las reclamaciones económico-administrativas que se interpongan contra los actos administrativos dictados por los órganos periféricos de la Administración General del Estado, de la Agencia Estatal de Administración tributaria y de las entidades de derecho público vinculadas o dependientes de la Administración General del Estado o, en su caso, por los órganos de las Comunidades Autónomas y de las Ciudades con Estatuto de Autonomía no comprendidos en la letra anterior, así como contra las actuaciones de los particulares susceptibles de reclamación, cuando, aun pudiendo presentarse la reclamación en primera instancia ante el tribunal económico-administrativo regional o local correspondiente o, en su caso, ante el órgano económico administrativo de las Comunidades Autónomas y de las Ciudades con Estatuto de Autonomía, la reclamación se interponga directamente ante el Tribunal Económico-Administrativo Central, de acuerdo con lo dispuesto en el apartado 5 de este artículo.

c) En segunda instancia, de los recursos de alzada ordinarios que se interpongan contra las resoluciones dictadas en primera instancia por los tribunales económico-administrativos regionales y locales y, en su caso, como consecuencia de la labor unificadora de criterio que corresponde al Estado, contra las resoluciones dictadas por los órganos económico-administrativos de las Comunidades Autónomas y de las Ciudades con Estatuto de Autonomía.

d) De los recursos extraordinarios de revisión, salvo los supuestos a los que se refiere el artículo 59.1.*c*), último párrafo, de la Ley 22/2009, por la que se regula el sistema de financiación de las Comunidades Autónomas de régimen común y Ciudades con Estatuto de Autonomía, y de los extraordinarios de alzada para la unificación de criterio.

e) De la rectificación de errores en los que incurran sus propias resoluciones, de acuerdo con lo dispuesto en el artículo 220 de esta Ley.

2. Los tribunales económico-administrativos regionales y locales conocerán:

a) En única instancia, de las reclamaciones que se interpongan contra los actos administrativos dictados por los órganos periféricos de la Administración General del Estado, de la Agencia Estatal de Administración tributaria y de las entidades de derecho público vinculadas o dependientes de la Administración General del Estado y, en su caso, por los órganos de la Administración de las Comunidades Autónomas y de las Ciudades con Estatuto de Autonomía no comprendidos en el párrafo *a*) del apartado anterior, cuando la cuantía de la reclamación sea igual o inferior al importe que se determine reglamentariamente.

b) En primera instancia, de las reclamaciones que se interpongan contra los actos administrativos dictados por los órganos mencionados en el párrafo *a*) de este apartado, cuando la cuantía de la reclamación sea superior al importe que se determine reglamentariamente.

c) De la rectificación de errores en los que incurran sus propias resoluciones, de acuerdo con lo dispuesto en el artículo 220 de esta Ley.

3. Los órganos económico-administrativos de las Comunidades Autónomas y de las Ciudades con Estatuto de Autonomía conocerán, en su caso, y salvo lo dispuesto en el artículo 59.1.*c*), segundo párrafo, de la Ley 22/2009, por la que se regula el sistema de financiación de las Comunidades Autónomas de régimen común y Ciudades con Estatuto de Autonomía:

a) En única instancia, de las reclamaciones que se interpongan contra los actos administrativos dictados por los órganos de la Administración de las Comunidades Autónomas y de las Ciudades con Estatuto de Autonomía no comprendidos en el párrafo *a*) del apartado 1, cuando la cuantía de la reclamación sea igual o inferior al importe que se determine reglamentariamente.

b) En primera instancia, de las reclamaciones que se interpongan contra los actos administrativos dictados por los órganos mencionados en el párrafo *a*) de este apartado cuando la cuantía de la reclamación sea superior al importe que se determine reglamentariamente.

c) De la rectificación de errores en los que incurran sus propias resoluciones, de acuerdo con lo dispuesto en el artículo 220 de esta Ley.

4. Los tribunales económico-administrativos regionales y locales y, en su caso, los órganos económico-administrativos de las Comunidades Autónomas y de las Ciudades con Estatuto de Autonomía, conocerán asimismo de las reclamaciones que se interpongan contra actuaciones de los particulares en materia tributaria susceptibles de reclamación económico-administrativa, en primera o única instancia según que la cuantía de la reclamación exceda o no del importe que se determine reglamentariamente, salvo lo dispuesto en el artículo 59.1.*c*), segundo párrafo, de la Ley 22/2009, por la que se regula el sistema

Tribunal Económico-Administrativo Central conocerá:

a) En única instancia, de las reclamaciones económico-administrativas que se interpongan contra los actos administrativos dictados por los órganos centrales del Ministerio de Economía y Hacienda u otros departamentos ministeriales, de la Agencia Estatal de Administración tributaria y de las entidades de derecho público vinculadas o dependientes de la Administración General del Estado, así como, en su caso, contra los actos dictados por los órganos superiores de la Administración de las Comunidades Autónomas y de las Ciudades con Estatuto de Autonomía.

También conocerá en única instancia de las reclamaciones en las que deba oírse o se haya oído como trámite previo al Consejo de Estado.

b) En única instancia, de las reclamaciones económico-administrativas que se interpongan contra los actos administrativos dictados por los órganos periféricos de la Administración General del Estado, de la Agencia Estatal de Administración tributaria y de las entidades de derecho público vinculadas o dependientes de la Administración General del Estado o, en su caso, por los órganos de las Comunidades Autónomas y de las Ciudades con Estatuto de Autonomía no comprendidos en la letra anterior, así como contra las actuaciones de los particulares susceptibles de reclamación, cuando, aun pudiendo presentarse la reclamación en primera instancia ante el tribunal económico-administrativo regional o local correspondiente o, en su caso, ante el órgano económico administrativo de las Comunidades Autónomas y de las Ciudades con Estatuto de Autonomía, la reclamación se interponga directamente ante el Tribunal Económico-Administrativo Central, de acuerdo con lo dispuesto en el apartado 6 de este artículo.

---

de financiación de las Comunidades Autónomas de régimen común y Ciudades con Estatuto de Autonomía.

En estos casos, la competencia de los tribunales económico-administrativos regionales y locales y de los órganos económico-administrativos de las Comunidades Autónomas y de las Ciudades con Estatuto de Autonomía vendrá determinada por el domicilio fiscal de la persona o entidad que interponga la reclamación.

5. Cuando la resolución de las reclamaciones económico-administrativas sea susceptible de recurso de alzada ordinario ante el Tribunal Económico-Administrativo Central, la reclamación podrá interponerse directamente ante este órgano.

6. En cada Comunidad Autónoma existirá un tribunal económico-administrativo regional. En cada Ciudad con Estatuto de Autonomía existirá un tribunal económico-administrativo local.

El ámbito de los tribunales económico-administrativos regionales y locales coincidirá con el de la respectiva Comunidad Autónoma o Ciudad con Estatuto de Autonomía y su competencia territorial para conocer de las reclamaciones económico-administrativas se determinará conforme a la sede del órgano que hubiera dictado el acto objeto de la reclamación. En los tribunales económico-administrativos regionales podrán crearse salas desconcentradas con el ámbito territorial y las competencias que se fijen en la normativa tributaria.

La redacción anterior de este precepto respondía al nuevo sistema que habilita el art. 20 LOFCA y que concretan el art. 59 de la Ley 22/2009, de 18 de diciembre, y la nueva redacción de la Disp. Adic. 13.ª LGT (§ I), dada por la Disp. Final 3.ª, apartado diez, de la Ley 22/2009, de 18 de diciembre.

En desarrollo de esta previsión, establece el **art. 59 de la Ley 22/2009, de 18 de diciembre:**

«***Alcance de la delegación de competencias en relación con la revisión en vía administrativa.***—1. Las Comunidades Autónomas y las

Ciudades con Estatuto de Autonomía podrán asumir la competencia para la revisión de los actos por ellas dictados en relación con los Tributos e Impuestos a los que se refiere el art. 54.1 de esta Ley.

»Esta competencia se extiende a los siguientes procedimientos, recursos y reclamaciones:

»*a*) Procedimientos regulados en el Capítulo II del Título V de la Ley 58/2003, de 17 de diciembre, General Tributaria y normas de desarrollo.

»*b*) Recurso de reposición regulado en el Capítulo III del Título V de la Ley 58/2003, de 17 de diciembre, General Tributaria y normas de desarrollo.

c) En segunda instancia, de los recursos de alzada ordinarios que se interpongan contra las resoluciones dictadas en primera instancia por los tribunales económico-administrativos regionales y locales y, en su caso, como consecuencia de la labor unificadora de criterio que corresponde al Estado, contra las resoluciones dictadas por los órganos económico-administrativos de las Comunidades Autónomas y de las Ciudades con Estatuto de Autonomía.

d) Como consecuencia de su labor unificadora de criterio, de los recursos extraordinarios de alzada para unificación de criterio previstos en el artículo 242 de esta ley.

Asimismo y, como consecuencia de esta labor unificadora, cuando existan resoluciones de los Tribunales económico-administrativos Regionales o Locales que apliquen criterios distintos a los contenidos en resoluciones de otros Tribunales económico-administrativos, o que revistan especial trascendencia, el Presidente o la Vocalía Coordinadora del Tribunal Económico-Administrativo Central, por iniciativa propia o a propuesta de cualquiera de los Vocales del Tribunal Económico-Administrativo Central o de los Presidentes de los Tribunales Económico-Administrativos Regionales o Locales, podrán promover la adopción de una resolución en unificación de criterio por la Sala o por el Pleno del Tribunal Económico-Administrativo Central, que tendrá los mismos efectos que la resolución del recurso regulado en el artículo 242 de esta ley. Con carácter previo a la resolución de unificación de criterio, se dará trámite de alegaciones por plazo de un mes, contado desde que se les comunique el acuerdo de promoción de la resolución en unificación de criterio, a los Directores Generales del Ministerio de

»*c*) Reclamaciones económico-administrativas: procedimiento regulado en la Subsección 1.ª, de la Sección 2.ª y procedimiento regulado en la Sección 3.ª del Capítulo IV del Título V de la Ley 58/2003, de 17 de diciembre, General Tributaria y normas de desarrollo.

»No obstante, lo dispuesto en el párrafo anterior, las Comunidades Autónomas y Ciudades con Estatuto de Autonomía podrán optar por asumir la competencia para la resolución de las reclamaciones económico-administrativas en única instancia, a cuyo efecto serán de aplicación los procedimientos citados en el párrafo anterior.

»En los supuestos en los que se asuma la competencia en los términos expuestos en el párrafo anterior, el órgano competente de las Comunidades Autónomas y Ciudades con Estatuto de Autonomía, conocerá el recurso extraordinario de revisión contra actos firmes de su Administración tributaria y contra resoluciones firmes de sus propios órganos económico-administrativos.

»2. El ejercicio de la función revisora en vía administrativa delegada deberá ajustarse a lo dispuesto en el Título V de la Ley 58/2003, de 17 de diciembre, General Tributaria.

»3. Las Comunidades Autónomas y Ciudades con Estatuto de Autonomía que no asuman la competencia para la revisión de los actos por ellas dictados en relación con los Tributos e Impuestos a los que se refiere el art. 54.1 de esta Ley, o que la asuman conforme a lo dispuesto en el primer párrafo de la letra *c*) del apartado 1, gozarán, en su caso, de legitimación para recurrir en alzada ordinaria las resoluciones de los Tribunales Económico-Administrativos Regionales o locales o de sus órganos Económico-Administrativos, según corresponda, que tengan por objeto actos dictados por ellas.»

La Sentencia del TJUE (Gran Sala) de 21 de enero de 2020 declaró inadmisible una petición de decisión prejudicial planteada por el TEAC por entender que ***"no puede calificarse a dicho organismo de 'órgano jurisdiccional' a efectos del artículo 267 TFUE".***

STS de 16 de noviembre de 2021. Rec. 2871/2020. Ponente: D.T. Berberoff: ***"En los casos en los que, de conformidad con la normativa tributaria, la vía económico-administrativa resulte procedente, será necesario agotarla aun cuando la decisión sobre el fondo del asunto pueda depender, exclusivamente, de la interpretación del Derecho de la UniónEuropea, al corresponder a los tribunales económicoadministrativos, garantizar su correcta aplicación en los términosque se derivan de la jurisprudencia del Tribunal de Justicia."*** *En consecuencia, aunque la argumentación del auto recurrido difiera en algunos aspectos de la doctrina que se acaba de expresar, la decisión de la sala de instancia en orden a la inadmisibilidad del recurso contenciosoadministrativo fue correcta, a tenor del artículo 69 c) LJCA con relación al artículo 25.1 LJCA, procediendo, por tanto, la desestimación del recurso de casación."* (FD 6.º).

Hacienda y Administraciones Públicas, a los Directores de Departamento de la Agencia Estatal de Administración tributaria y a los órganos equivalentes o asimilados de las Comunidades Autónomas y de las Ciudades con Estatuto de Autonomía respecto a las materias de su competencia.

e) De los recursos extraordinarios de revisión, salvo los supuestos a los que se refiere el artículo 59.1.*c*), último párrafo, de la Ley 22/2009, por la que se regula el sistema de financiación de las Comunidades Autónomas de régimen común y Ciudades con Estatuto de Autonomía.

f) De la rectificación de errores en los que incurran sus propias resoluciones, de acuerdo con lo dispuesto en el artículo 220 de esta ley.

2. Los Tribunales Económico-Administrativos Regionales y Locales conocerán:

a) En única instancia, de las reclamaciones que se interpongan contra los actos administrativos dictados por los órganos periféricos de la Administración General del Estado, de la Agencia Estatal de Administración tributaria y de las entidades de derecho público vinculadas o dependientes de la Administración General del Estado y, en su caso, por los órganos de la Administración de las Comunidades Autónomas y de las Ciudades con Estatuto de Autonomía no comprendidos en el párrafo *a*) del apartado anterior, cuando la cuantía de la reclamación sea igual o inferior al importe que se determine reglamentariamente.

b) En primera instancia, de las reclamaciones que se interpongan contra los actos administrativos dictados por los órganos mencionados en el párrafo *a*) de este apartado, cuando la cuantía de la reclamación sea superior al importe que se determine reglamentariamente.

c) De la rectificación de errores en los que incurran sus propias resoluciones, de acuerdo con lo dispuesto en el artículo 220 de esta ley.

3. Cuando existan resoluciones de una Sala desconcentrada de un Tribunal Económico-Administrativo Regional que no se adecuen a los criterios del Tribunal o que sean contrarios a los de otra Sala desconcentrada del mismo Tribunal, o que revistan especial trascendencia, el Presidente del Tribunal Económico-Administrativo Regional podrá promover la adopción de una resolución de fijación de criterio por el Pleno del Tribunal Económico-Administrativo Regional o por una Sala convocada a tal fin, presidida por él, y formada por los miembros del Tribunal que decida el Presidente en atención a su especialización en las cuestiones a considerar. La resolución que se dicte no afectará a la situación jurídica particular derivada de las resoluciones previas. Los criterios así adoptados serán vinculantes para las Salas, y órganos unipersonales del correspondiente Tribunal. Contra las resoluciones que se dicten se podrá interponer el recurso extraordinario de alzada para unificación de criterio previsto en el artículo 242 de esta ley.

4. Los órganos económico-administrativos de las Comunidades Autónomas y de las Ciudades con Estatuto de Autonomía conocerán, en su caso, y salvo lo dispuesto en el artículo 59.1.*c*), segundo párrafo, de la Ley 22/2009, por la que se regula el sistema de financiación de las Comunidades Autónomas de régimen común y Ciudades con Estatuto de Autonomía:

a) En única instancia, de las reclamaciones que se interpongan contra los actos administrativos dictados por los órganos de la Administración de las Comunidades Autónomas y de las Ciu-

Art. 229.2: Vid. arts. 35 y 36 RR y Disp. Adic. 14.ª LGT (§ I).

dades con Estatuto de Autonomía no comprendidos en el párrafo *a*) del apartado 1, cuando la cuantía de la reclamación sea igual o inferior al importe que se determine reglamentariamente.

b) En primera instancia, de las reclamaciones que se interpongan contra los actos administrativos dictados por los órganos mencionados en el párrafo *a*) de este apartado cuando la cuantía de la reclamación sea superior al importe que se determine reglamentariamente.

c) De la rectificación de errores en los que incurran sus propias resoluciones, de acuerdo con lo dispuesto en el artículo 220 de esta ley.

5. Los tribunales económico-administrativos regionales y locales y, en su caso, los órganos económico-administrativos de las Comunidades Autónomas y de las Ciudades con Estatuto de Autonomía, conocerán asimismo de las reclamaciones que se interpongan contra actuaciones de los particulares en materia tributaria susceptibles de reclamación económico-administrativa, en primera o única instancia según que la cuantía de la reclamación exceda o no del importe que se determine reglamentariamente, salvo lo dispuesto en el artículo 59.1.*c*), segundo párrafo, de la Ley 22/2009, por la que se regula el sistema de financiación de las Comunidades Autónomas de régimen común y Ciudades con Estatuto de Autonomía.

En estos casos, la competencia de los tribunales económico-administrativos regionales y locales y de los órganos económico-administrativos de las Comunidades Autónomas y de las Ciudades con Estatuto de Autonomía vendrá determinada por el domicilio fiscal de la persona o entidad que interponga la reclamación. Si éste se hallara fuera de España, la competencia corresponderá al Tribunal Económico-Administrativo Central, cualquiera que sea su cuantía.

6. Cuando la resolución de la reclamación económico-administrativa sea susceptible de recurso de alzada ordinario ante el Tribunal Económico-Administrativo Central, la reclamación podrá interponerse directamente ante este órgano. En este caso, la tramitación corresponderá a la Secretaría del Tribunal Económico-Administrativo Regional o Local o del órgano económico-administrativo de la Comunidad Autónoma o de la Ciudad con Estatuto de Autonomía, sin perjuicio de las actuaciones complementarias de tramitación que decida llevar a cabo el Tribunal Económico-Administrativo Central y salvo que el interesado solicite que la puesta de manifiesto tenga lugar ante el Tribunal Económico Administrativo Central, en cuyo caso la tramitación seguirá en este órgano.

7. En cada Comunidad Autónoma existirá un tribunal económico-administrativo regional. En cada Ciudad con Estatuto de Autonomía existirá un tribunal económico-administrativo local.

El ámbito de los tribunales económico-administrativos regionales y locales coincidirá con el de la respectiva Comunidad Autónoma o Ciudad con Estatuto de Autonomía y su competencia territorial para conocer de las reclamaciones económico-administrativas se determinará conforme a la sede del órgano que hubiera dictado el acto objeto de la reclamación. En los tribunales económico-administrativos regionales podrán crearse salas desconcentradas con el ámbito territorial y las competencias que se fijen en la normativa tributaria.

Art. 229.6: STS de 14 de noviembre de 2011 (Rec. 3685/2009).

Art. 230. *Acumulación de reclamaciones económico-administrativas.*—1. Los recursos y las reclamaciones económico-administrativas se acumularán a efectos de su tramitación y resolución en los siguientes casos:

a) Las interpuestas por un mismo interesado relativas al mismo tributo, que deriven de un mismo procedimiento.

b) Las interpuestas por varios interesados relativas al mismo tributo siempre que deriven de un mismo expediente, planteen idénticas cuestiones y deban ser resueltas por el mismo órgano económico-administrativo.

c) Las que se hayan interpuesto por varios interesados contra un mismo acto administrativo o contra una misma actuación tributaria de los particulares.

d) La interpuesta contra una sanción si se hubiera presentado reclamación contra la deuda tributaria de la que derive.

2. Fuera de los casos establecidos en el número anterior, el Tribunal, de oficio o a instancia de parte, podrá acumular motivadamente aquellas reclamaciones que considere que deben ser objeto de resolución unitaria que afecten al mismo o a distintos tributos, siempre que exista conexión entre ellas. En el caso de que se trate de distintos reclamantes y no se haya solicitado por ellos mismos, deberá previamente concedérseles un plazo de cinco días para manifestar lo que estimen conveniente respecto de la procedencia de la acumulación.

Las acumulaciones a las que se refiere este apartado podrán quedar sin efecto cuando el tribunal considere conveniente la resolución separada de las reclamaciones.

3. Los acuerdos sobre acumulación o por los que se deja sin efecto una acumulación tendrán el carácter de actos de trámite y no serán recurribles.

4. La acumulación atenderá al ámbito territorial de cada Tribunal Económico-Administrativo o sala desconcentrada, sin que en ningún caso pueda alterar la competencia para resolver ni la vía de impugnación procedente, salvo en los casos previstos en los párrafos *a*), *c*) y *d*) del apartado 1 de este artículo. En estos casos, si el Tribunal Económico-Administrativo Central fuera competente para resolver una de las reclamaciones objeto de acumulación, lo será también para conocer de las acumuladas; en otro supuesto, la competencia corresponderá, en los casos contemplados en los párrafos *a*) y *c*) del apartado 1, al órgano competente para conocer de la reclamación que se hubiera

---

Art. 230: Nueva redacción, con efectos desde el 12 de octubre de 2015, por el art. único.41 de la Ley 34/2015, de 21 de septiembre, de modificación parcial de la LGT (*BOE* n.º 227, de 22 de septiembre), cuya Disp. Trans.única.7.*a*) establece que este artículo será de aplicación a las reclamaciones y recursos interpuestos desde su entrada en vigor. Su redacción anterior era la siguiente:

Art. 230. **Acumulación de reclamaciones económico-administrativas.**—1. Las reclamaciones económico-administrativas se acumularán a efectos de su tramitación y resolución en los siguientes casos:

a) Las interpuestas por un mismo interesado relativas al mismo tributo.

b) Las interpuestas por varios interesados relativas al mismo tributo siempre que deriven de un mismo expediente o planteen indénticas cuestiones.

ven de un mismo expediente o planteen idénticas cuestiones.

c) La interpuesta contra una sanción si se hubiera presentado reclamación contra la deuda tributaria de la que derive.

2. Los acuerdos sobre acumulación o desacumulación no serán recurribles.

3. La acumulación determinará, en su caso, la competencia del Tribunal Económico-Administrativo Central para resolver la reclamación o el recurso de alzada ordinario por razón de la cuantía. Se considerará como cuantía la que corresponda a la reclamación que la tuviese más elevada.

4. Lo dispuesto en los apartados anteriores será aplicable cuando se interponga una sola reclamación contra varios actos o actuaciones.

Vid. art. 37 RR.

Art. 230.4: Vid. Disp. Adic. 14.ª LGT (§ I).

interpuesto primero, y, en el establecido en el párrafo *d*), al órgano competente para conocer de la reclamación contra la deuda tributaria.

Art. 231. *Funcionamiento de los Tribunales Económico-Administrativos.*—1. Los Tribunales Económico-Administrativos funcionarán en Pleno, en Salas y de forma unipersonal.

2. El Pleno estará formado por el Presidente, los Vocales y el Secretario.

3. Las Salas estarán formadas por el Presidente, un Vocal al menos y el Secretario. Podrá nombrarse Presidente de Sala a alguno de los Vocales cuando se produzcan las circunstancias que se determinen reglamentariamente.

4. Los Tribunales Económico-Administrativos podrán actuar de forma unipersonal a través del Presidente, los Presidentes de Sala, cualquiera de los Vocales, el Secretario o a través de otros órganos unipersonales que se determinen reglamentariamente.

5. Reglamentariamente se regularán las cuestiones de composición, organización y funcionamiento de los Tribunales Económico-Administrativos no previstas en los apartados anteriores.

Subsección 3.ª

Interesados

Art. 232. *Legitimados e interesados en las reclamaciones económico-administrativas.*—1. Estarán legitimados para promover las reclamaciones económico-administrativas:

a) Los obligados tributarios y los sujetos infractores.

b) Cualquier otra persona cuyos intereses legítimos resulten afectados por el acto o la actuación tributaria.

2. No estarán legitimados:

a) Los funcionarios y empleados públicos, salvo en los casos en que inmediata y directamente se vulnere un derecho que en particular les esté reconocido o resulten afectados sus intereses legítimos.

b) Los particulares, cuando obren por delegación de la Administración o como agentes o mandatarios de ella.

c) Los denunciantes.

d) Los que asuman obligaciones tributarias en virtud de pacto o contrato.

e) Los organismos u órganos que hayan dictado el acto impugnado, así como cualquier otra entidad por el mero hecho de ser destinataria de los fondos gestionados mediante dicho acto.

3. En el procedimiento económico-administrativo ya iniciado podrán comparecer todos los que sean titulares de derechos o intereses legítimos que puedan resultar afectados por la resolución que hubiera de dictarse, sin que la tramitación haya de retrotraerse en ningún caso.

Si durante la tramitación del procedimiento se advierte la existencia de otros titulares de derechos o intereses legítimos que no hayan comparecido en el mismo, se les notificará la existencia de la reclamación para que formulen alegaciones, y será de aplicación lo dispuesto en el apartado 5 del artículo 239 de esta ley.

4. Cuando se actúe mediante representación, el documento que la acredite se acompañará al primer escrito que no aparezca firmado por el interesado, que no se cursará sin este requisito. No obstante, la falta o la insuficiencia del

Art. 232: Vid. art. 38 RR. Legitimación de las Comunidades Autónomas: vid. nota al art. 218 LGT (§ I).

Art. 232.2.c): Vid. art. 114 LGT (§ I).

Art. 232.4: Vid. art. 46 LGT (§ I).

poder no impedirá que se tenga por presentado el escrito siempre que el compareciente acompañe el poder, subsane los defectos de que adolezca el presentado o ratifique las actuaciones realizadas en su nombre y representación sin poder suficiente.

Subsección 4.ª

Suspensión

Art. 233. *Suspensión de la ejecución del acto impugnado en vía económico-administrativa.*—1. La ejecución del acto impugnado quedará suspendida automáticamente a instancia del interesado si se garantiza el importe de dicho acto, los intereses de demora que genere la suspensión y los recargos que procederían en caso de ejecución de la garantía, en los términos que se establezcan reglamentariamente.

Si la impugnación afectase a una sanción tributaria, la ejecución de la misma quedará suspendida automáticamente sin necesidad de aportar garantías de acuerdo con lo dispuesto en el apartado 3 del artículo 212 de esta ley.

2. Las garantías necesarias para obtener la suspensión automática a la que se refiere el apartado anterior serán exclusivamente las siguientes:

Art. 233: Vid. arts. 39 a 47 RR y 129 a 136 LJCA. Vid. notas al art. 224 (§ I). El art. 130 LJCA autoriza al Tribunal para acordar la suspensión cuando «la ejecución del acto o la aplicación de la disposición pudieran hacer perder su finalidad legítima al recurso». No se condiciona a la producción de daños de reparación imposible o difícil.

STS de 10 de octubre de 2011 (Rec. 3941/2009): «A diferencia de lo que ocurre en sede jurisdiccional, no hay un catálogo abierto de medidas cautelares susceptibles de adoptarse en las vías administrativa y económico-administrativa. Según establecen los arts. 233 de Ley General Tributaria de 2003 y 43 a 47 del Real Decreto 520/2005, la única medida cautelar posible frente a un acto tributario es la suspensión de su ejecutividad. No cabe, ni está legalmente previsto, otro tipo de medidas cautelares; mucho menos las de carácter positivo», como la que supone acceder a la suspensión de la resolución denegatoria del aplazamiento solicitado. Por lo demás, como destaca la *STS de 31 de octubre de 2011* (Rec. 3630/2009), la suspensión sólo puede predicarse de los actos administrativos, no de las actuaciones de los particulares aun cuando gocen de trascendencia tributaria —como es el caso de la repercusión en el IVA—, pues sólo respecto de aquéllos se predica la potestad de autotutela que determina su ejecutividad inmediata.

STS de 23 de julio 2020. Rec. 2944/2017. Ponente: I. Merino Jara: , solicitada en la vía económico-administrativa la suspensión de la ejecución del acto reclamado por una entidad local, está debe decretarse automáticamente una vez interesada, sin necesidad de analizar si de la ejecución pudieran derivarse perjuicios de difícil o imposible reparación.

Art. 233.1: Redactado por la Ley 7/2012, de 29 de octubre (*BOE* n.º 261, de 30 de octubre), con vigencia desde el 31 de octubre de 2012. Sobre esta reforma legal la *Resolución TEAC de 30 de septiembre de 2014* (RG 06981/2013; Vocalía 12.ª) fija el siguiente criterio: «La garantía otorgada para suspender la ejecución de los actos impugnados, de acuerdo con los arts. 224.1 y 233.1 LGT, ha de cubrir, además del importe del acto, los intereses de demora que genere la suspensión y los recargos que procederían en caso de ejecución de la garantía, siendo el momento a considerar en orden a la cuantificación del recargo a garantizar el determinado para la ejecución de las garantías por el art. 168 LGT, en relación con el apartado 1 del art. 74 del Reglamento General de Recaudación, lo que implica la necesidad de garantizar en todo caso y con independencia del momento de presentación de la solicitud de suspensión, tras la modificación operada por la Ley 7/2012 en la LGT, el recargo de apremio ordinario del 20 por 100.»

Vid. art. 43 RR.

La **STS de 18 de octubre de 2007 (Rec. de casación para la unificación de doctrina 215/2003) se acoge a la doctrina de la suspensión preventiva por la mera solicitud de suspensión** —y no por su admisión a trámite, según la STS de 11 de junio de 2008— y hasta que el órgano competente resuelva sobre su concesión o denegación, sentada por la *STS de 3 de julio de 1999* (RJ 1999/6371), y, en idéntico sentido, por las posteriores *SSTS de 22 de mayo de 2007* (RJ 2007/6875*) y 16 de marzo de 2006* (Rec. 7705/2000), por ser acorde con el principio de tutela judicial efectiva.

STS 3.803/2013, de 1 de julio (Rec. 180/2012): «Como hemos afirmado en nuestras Sentencias de 3 de marzo de 2006 (cas. 7705/00, FJ 4.º) y 20 de julio de 2010 (cas. 3012/05, FJ 5.º), ***la Administración no puede iniciar la vía de apremio y cobro de la deuda tributaria cuando pende la resolución de la suspensión instada, tanto ante un órgano de revisión administrativa como jurisdiccional.»***

a) Depósito de dinero o valores públicos.

b) Aval o fianza de carácter solidario de entidad de crédito o sociedad de garantía recíproca o certificado de seguro de caución.

c) Fianza personal y solidaria de otros contribuyentes de reconocida solvencia para los supuestos que se establezcan en la normativa tributaria.

3. Cuando el interesado no pueda aportar las garantías necesarias para obtener la suspensión a que se refiere el apartado anterior, se acordará la suspensión previa prestación de otras garantías que se estimen suficientes, y el órgano competente podrá modificar la resolución sobre la suspensión en los casos previstos en el segundo párrafo del apartado siguiente.

4. El tribunal podrá suspender la ejecución del acto con dispensa total o parcial de garantías cuando dicha ejecución pudiera causar perjuicios de difícil o imposible reparación.

En los supuestos a los que se refiere este apartado, el tribunal podrá modificar la resolución sobre la suspensión cuando aprecie que no se mantienen las condiciones que motivaron la misma, cuando las garantías aportadas hubieran perdido valor o efectividad, o cuando conozca de la existencia de otros bienes o derechos susceptibles de ser entregados en garantía que no hubieran sido conocidos en el momento de dictarse la resolución sobre la suspensión.

5. Se podrá suspender la ejecución del acto recurrido sin necesidad de aportar garantía cuando se aprecie que al dictarlo se ha podido incurrir en error aritmético, material o de hecho.

6. El tribunal económico-administrativo decidirá sobre la admisión a trámite de la solicitud de suspensión en los supuestos a los que se refieren los apartados 4 y 5 de este artículo, y la inadmitirá cuando no pueda deducirse de la documentación aportada en la solicitud de suspensión o existente en el expediente administrativo, la existencia de indicios de los perjuicios de difícil o imposible reparación o la existencia de error aritmético, material o de hecho.

7. Si la reclamación no afecta a la totalidad de la deuda tributaria, la suspensión se referirá a la parte reclamada, y quedará obligado el reclamante a ingresar la cantidad restante.

Art. 233.2.b): Vid. **Orden EHA/3.987/2005, de 15 de diciembre,** por la que se desarrolla parcialmente el RR en relación con los requisitos de suficiencia de determinadas garantías aportadas para obtener la suspensión de la ejecución de los actos impugnados (*BOE* de 21 de diciembre).

Art. 233.3: Vid. arts. 44 y 45 RR.

Art. 233.4: Vid. art. 46 RR. En la **STS de 21 de diciembre de 2017** (*Rec. 496/2017; ponente: J. Huelin*) concluye que **ante una solicitud de suspensión instada por el contribuyente en vía económico-administrativa, sin prestación de garantía, alegando perjuicios de imposible o difícil reparación, si el órgano competente considera insuficiente la acreditación de los daños no procede abrir un incidente de subsanación para solventar esa insuficiencia probatoria, sino admitir a trámite la solicitud y desestimarla en el fondo**.

Art. 233.6: Introducido por Ley 11/2021, de 9 de julio.

Art. 233.7: Introducido, con efectos desde el 12 de octubre de 2015, por el art. único.42 de la Ley 34/2015, de 21 de septiembre, de modificación parcial de la LGT (*BOE* n.º 227, de 22 de septiembre), que renumera los siguientes apartados. La Disp. Trans. única.7.*b*) de dicha Ley establece que este apartado será de aplicación a las solicitudes de suspensión que se formulen desde su entrada en vigor. Vid. arts. 26.5, 68.9, 104.2, 214.3, 219, 224.5 y 239.7 LGT (§ I) y 2.º y 52 RR.

STS de 5 de octubre de 2020 (Rec. 1445/2019. Ponente: J. Díaz Delgado). ***No procede el devengo de los intereses de demora liquidados por la Administración Tributaria cuando, antes de vencer el plazo de pago voluntario concedido con la resolución denegatoria de la suspensión solicitada, se insta una nueva solicitud de suspensión de la misma deuda liquidada, tras haber sido denegada la primera. No procede una liquidación autónoma de intereses de demora devengados por haberse denegado la suspensión cautelar solicitada dentro del periodo voluntario, aunque se conceda luego la suspensión como consecuencia de una nueva solicitud formulada antes del vencimiento del nuevo plazo de pago otorgado al efecto.***

8. En los casos del artículo 68.9 de esta ley, si la reclamación afecta a una deuda tributaria que, a su vez, ha determinado el reconocimiento de una devolución a favor del obligado tributario, las garantías aportadas para obtener la suspensión garantizarán asimismo las cantidades que deban reintegrarse como consecuencia de la estimación total o parcial de la reclamación.

9. Si la deuda se encontrara en periodo ejecutivo, la presentación de

---

Art. 233.8: Vid. notas al art. 224 (§ I). **STS de 20 de julio de 2016 (Rec. 3358/2015):** «[...] En definitiva, la petición de suspensión, en tanto no sea resuelta, o la concesión de la suspensión condicionada a la prestación de garantía, con plazo o sin plazo, en tanto no exista pronunciamiento expreso dejando sin efecto la suspensión por el incumplimiento apreciado y sea participada, impide a la Administración llevar a cabo cualquier actuación de ejecución del acto recurrido, por lo que ha de entenderse que el plazo de prescripción de la acción de cobro queda interrumpido con motivo de una solicitud de suspensión hasta la notificación a la Administración de la decisión final» (FD 7.º).

Art. 233.9:: Introducido por Ley 11/2021, de 9 de julio.: SSTS 1307/2020, de 15 de octubre (rec. 315/2018) y 124/2021, de 5 de enero (Rec. 4480/2019). «1. El artículo 233.8 LGT —en la actualidad **art. 233.9**— constituye una carga para el litigante que debe satisfacer para obtener la seguridad de que no se va a ejecutar el concreto acto administrativo ya impugnado ante los órganos de la jurisdicción contencioso-administrativa. 2. La carga que establece ese precepto tiene la finalidad de poner en conocimiento la existencia de un proceso judicial en que se ha pedido, en el primer escrito procesal, la suspensión del acto administrativo en él impugnado, con el objetivo de impedir que, entre tanto se sustancia y resuelve el incidente cautelar, pueda ejecutarse el acto antes de adoptarse la decisión judicial. 3. Por el contrario, la exigencia del artículo 233.8 LGT no constituye un requisito solemne, material o sustantivo sine qua non para paralizar la ejecución, de suerte que su omisión o su cumplimiento tardío conlleve la consecuencia automática de que la Administración recupere la posibilidad de ejecución y, en caso de deudas de contenido económico, su apremio. 4. Cuando la Administración conoce o puede conocer, a través de su representante procesal ... ambos datos, esto es, la existencia de un proceso y la petición en él de la suspensión del acto, no cabe pretextar ignorancia de tales circunstancias para anudar a la sola inobservancia del artículo 233.8 LGT la apertura del periodo voluntario, aun cuando se mantenga sub iudice la decisión cautelar sobre lo pedido. 5. Ese conocimiento de la Administración se presume cuando conste el conocimiento de las vicisitudes del proceso y la pieza cautelar, mediante actos de comunicación realizados en legal forma, bajo fe pública judicial, por parte del Abogado del Estado, como representante en juicio de aquélla. 6. En tales circunstancias, el periodo voluntario ... da comienzo con la notificación del auto judicial que pone término al incidente cautelar, siempre que el sentido de la decisión no impida tal ejecución. 7. La sanción tributaria —o cualquier otra clase de deuda— satisfecha dentro del periodo abierto a partir de ese momento procesal, impide la apertura del procedimiento de recaudación y, evidentemente, la providencia de apremio y la condigna imposición de un recargo. Ello es así, además, pues si uno de los motivos de impugnación tasada frente a tal providencia [art. 167.3.*a*) LGT] es la extinción total de la deuda o prescripción del derecho a exigir el pago, con más razón aún será improcedente dictarla cuando se conoce la realidad del pago efectuado por el obligado a ello».

Vid. art. 212 y nota al art. 233 LGT (§ I). El TS advirtió, en su **STS de 6 de junio de 2008 (Sala de lo Contencioso-administrativo, Sección 2.ª; Rec. 1999/2007),** que hasta el momento dicha Sección no había tenido oportunidad de pronunciarse sobre el régimen de suspensión de las liquidaciones tributarias tras la entrada en vigor de la LJCA de 1998, a diferencia de lo sucedido en relación con las sanciones tributarias (Sentencias de 5 de octubre de 2004 y 7 de marzo de 2005). La conclusión del TS es que el tratamiento de la suspensión en sede jurisdiccional de las liquidaciones tributarias debe ser necesariamente idéntico al fijado en la STS de 7 de marzo de 2005 —puede verse en nota al art. 212.3 LGT (§ I)— en relación con las sanciones tributarias. Es decir, el previsto con carácter general por los arts. 130 ss. LJCA, sin que sea trasvasable el régimen de la vía administrativa previa, de suspensión automática por prestación de garantías, tal y como venía admitiéndose con arreglo a la anterior LJCA de 1956. *STS de 4 de junio de 2012* (Rec. cas. para unificación de doctrina n.º 399/2010; FJ 4.º): «la más reciente jurisprudencia, superando la anterior doctrina —contenida en la STS de 6 de abril de 2000, que en este caso se aporta como Sentencia de contraste—, considera que sólo se mantiene la suspensión producida en vía administrativa cuando el interesado comunique a la Administración tributaria, en el plazo de interposición del recurso contencioso-administrativo, que ha interpuesto dicho recurso y ha solicitado la suspensión en el mismo. Si concurren dichos requisitos: interposición en plazo del recurso contencioso-administrativo, con petición de suspensión, y comunicación de esta circunstancia a la Administración tributaria, se mantiene o continúa la suspensión, siempre que la garantía que se hubiere aportado en vía administrativa conserve su vigencia y eficacia, hasta que el órgano judicial adopte la decisión que corresponda en relación con la suspensión solicitada. Y tratándose de sanciones la suspensión se mantiene, en los términos seña-

la solicitud de suspensión con otras garantías distintas de las necesarias para obtener la suspensión automática, o con dispensa total o parcial de garantías, o basada en la existencia de error aritmético, material o de hecho, no impedirá la continuación de las actuaciones de la Administración, sin perjuicio de que proceda la anulación de las efectuadas con posterioridad a la fecha de la solicitud si la suspensión fuese concedida finalmente.

10. La suspensión de la ejecución del acto se mantendrá durante la tramitación del procedimiento económico-administrativo en todas sus instancias.

La suspensión producida en el recurso de reposición se podrá mantener en la vía económico-administrativa en las condiciones que se determinen reglamentariamente.

11. Se mantendrá la suspensión producida en vía administrativa cuando el

---

lados, aunque sin necesidad de aportar garantía, hasta que se adopte la decisión judicial [cfr., *ad exemplum*, SSTS de 14 de abril de 2005 (Rec. cas. n.º 1829/2000) y 26 de noviembre de 2009 (Rec. cas. n.º 1316/2004)]». La *SAN de 27 de octubre de 2011* (Rec. 421/2008; ponente: Navarro Sanchís) rechazó la interpretación del TEAC que propugna que la comunicación establecida por este precepto realizada extemporáneamente, es decir, más allá del plazo de dos meses del art. 46 LJCA, permitiría la ejecución administrativa del acto, incluso aunque la Administración tuviera constancia de la interposición del recurso con solicitud de adopción de medida cautelar, como era el caso. Pues esa interpretación del precepto, dice la AN, «no sólo perjudica los intereses del contribuyente sino, lo que es cualitativamente más grave, priva a los Tribunales de justicia del ejercicio de sus potestades una vez superado ese plazo y por el solo hecho de su superación, convirtiendo en fatal e irreversible un plazo que no tiene ese carácter esencial si se tiene en cuenta la finalidad de la previsión legal, cual es la de evitar la ejecución administrativa de un acto ya sometido al régimen de tutela judicial cautelar, que por razones constitucionales y legales se impone necesariamente a aquélla (arts. 9.3, 103 y 106 CE y sus concordantes de la LOPJ y LJCA)». Como ya afirmara en la anterior SAN de 31 de marzo de 2011, dictada en el Rec. 184/2008, esta previsión legal «no sólo constituye una garantía dispensada por el ordenamiento jurídico en favor del interesado, sino que es una medida encaminada a la propia efectividad de la tutela judicial y, consiguientemente, a reforzar los poderes judiciales para evitar que sus proveídos quedasen frustrados por hechos consumados de la Administración decididos antes de que aquella resolución judicial pudiera adoptarse, aun a sabiendas de la interposición —incluso, eventualmente, de la admisión— del recurso jurisdiccional».

En la **STS de 10 de noviembre de 2008** (Rec. 5925/2004; ponente: Sr. Huelin) se **reconoce la responsabilidad patrimonial de la Administración Tributaria por los daños causados como consecuencia del funcionamiento anormal de los órganos tributarios que, a pesar de la suspensión, anticiparon (precipitándose, dice el TS) la ejecución en vía de apremio antes de concluir el plazo para la interposición del recurso contencioso-administrativo.** Lo más llamativo de esta Sentencia es que rechaza que el nexo causal se hubiera quebrado por la conducta del contribuyente, que no comunicó a la Administración la interposición del recurso. No puede admitirse, a decir del TS, que deba exigirse al administrado que anuncie que va a interponer el citado recurso, tratando así de evitar una actuación que de normal no cabe esperar: «Los ciudadanos deben confiar en que, habiendo sido suspendida la ejecución en la vía económico-administrativa, los órganos tributarios actuarán sujetándose a la legalidad y que, por consiguiente, no les van a exigir el pago ni abrirán la vía de apremio en tanto no se agote el plazo para interponer el recurso contencioso-administrativo.»

STS, Sala 3.ª, de 20 de julio de 2016 (Rec. 3358/2015; ponente: E. Frías): «**la petición de suspensión, en tanto no sea resuelta**, o la concesión de la suspensión condicionada a la prestación de garantía, con plazo o sin plazo, en tanto no exista pronunciamiento expreso dejando sin efecto la suspensión por el incumplimiento apreciado y sea participada, **impide a la Administración llevar a cabo cualquier actuación de ejecución del acto recurrido,** por lo que ha de entenderse que el plazo de prescripción de la acción de cobro queda interrumpido con motivo de una solicitud de suspensión hasta la notificación a la Administración de la decisión final» (FD 7.º). En la misma línea se pronunció la *STS, Sala 3.ª, de 20 de marzo de 2015* (Rec. 2426/2013).

STS de 22 de diciembre de 2016 (Rec. 3421/2015; ponente: J. Díaz Delgado): ***interpuesto recurso de amparo contra sentencia del TS que desestima recurso de casación, no procede suspensión de la ejecución, ex art. 56 LOPJ. Además de la naturaleza excepcional del recurso de amparo, el fondo del asunto ya ha sido analizado no sólo en primera instancia, sino también en vía casacional, con lo que se tiene por respetado el derecho a la tutela judicial efectiva.***

Art. 233.11: STS 1718/2011, de 24 de marzo (Rec. 3266/2010): ***Suspensión de requerimiento de información:*** «Ha de partirse que el Tribunal Constitucional ha dejado sentado que el conocimiento de los

interesado comunique a la Administración tributaria en el plazo de interposición del recurso contencioso-administrativo que ha interpuesto dicho recurso y ha solicitado la suspensión en el mismo. Dicha suspensión continuará, siempre que la garantía que se hubiese aportado en vía administrativa conserve su vigencia y eficacia, hasta que el órgano judicial adopte la decisión que corresponda en relación con la suspensión solicitada.

Tratándose de sanciones, la suspensión se mantendrá, en los términos previstos en el párrafo anterior y sin necesidad de prestar garantía, hasta que se adopte la decisión judicial.

12. Cuando deba ingresarse total o parcialmente el importe derivado del acto impugnado como consecuencia de la resolución de la reclamación, se liquidará interés de demora por todo el período de suspensión, teniendo en consideración lo dispuesto en el apartado 4 del artículo 26 y en el apartado 3 del artículo 212 de esta ley.

13. Cuando se trate de actos que no tengan por objeto una deuda tributaria o cantidad líquida, el tribunal podrá suspender su ejecución cuando así lo solicite el interesado y justifique que su ejecución pudiera causar perjuicios de imposible o difícil reparación.

14. La ejecución del acto o resolución impugnado mediante un recurso extraordinario de revisión no podrá suspenderse en ningún caso.

15. Reglamentariamente se regularán los requisitos, órganos competentes y procedimiento para la tramitación y resolución de las solicitudes de suspensión.

SECCIÓN 2.ª

*Procedimiento general económico-administrativo**

Art. 234. *Normas generales.*—1. Las reclamaciones económico-administrativas se tramitarán en única

---

datos de los contribuyentes por la Hacienda Pública no puede ser en sí mismo directamente constitutivo de daños o perjuicios de una entidad comparativamente contrastable. Además no puede desconocerse que el interés público demanda, en principio, la inmediata cumplimentación, por la entidad afectada del requerimiento de información, y ello en aplicación del deber constitucional establecido en el art. 31.1 de la Constitución, del que constituye una manifestación concreta y esencial la obligación que a determinadas entidades impone el art. 93 de la Ley General Tributaria. Desde esta perspectiva, cuando no sólo no existen otras razones mínimamente acreditadas, sino ni tan siquiera alegadas, por las que la ejecución del requerimiento informativo, pudiera afectar a la intimidad de las personas o a otros derechos fundamentales. En definitiva, ante un interés público que precisa de modo perentorio e inmediato el cumplimiento del acto, del cumplimiento de**l requerimiento, no cabe oponer unos pretendidos intereses económicos no definidos ni determinados, pues la mayor intensidad de aquéllos hace que deban prevalecer los mismos sobre los particulares concretados en los referidos.»**

En términos similares se pronuncia la *STS 234/2011, de 13 de enero* (Rec. 1149/2010).

* Vid. arts. 48 a 51 RR.

Art. 234: **Nueva redacción, con efectos desde el 12 de octubre de 2015, por el art. único.43 de la Ley 34/2015, de 21 de septiembre, de modificación parcial de la LGT** (*BOE* n.º 227, de 22 de septiembre), cuya Disp. Trans. única.7.a) establece que el apartado 2 será de aplicación a las reclamaciones y recursos interpuestos desde su entrada en vigor. Su redacción anterior era la siguiente:

Art. 234. Normas generales.—1. Las reclamaciones económico-administrativas se tramitarán en única o primera instancia con los recursos que esta ley establece.

2. El procedimiento se impulsará de oficio con sujeción a los plazos establecidos, que no serán susceptibles de prórroga ni precisarán que se declare su finalización.

3. Todos los actos y resoluciones que afecten a los interesados o pongan término en cualquier instancia a una reclamación económico-administrativa serán notificados a aquéllos en el domicilio señalado o, en su defecto, en la secretaría del tribunal correspondiente, mediante entrega o depósito de la copia íntegra de su texto.

La notificación deberá expresar si el acto o resolución es o no definitivo en vía económico-administrativa y, en su caso, los recursos que procedan, órgano ante el que hubieran de presentarse y plazo para

o primera instancia con los recursos que esta ley establece.

2. Se tendrá por acreditada la representación voluntaria, sin necesidad de aportar uno de los medios establecidos en el artículo 46.2 de esta ley, cuando la representación hubiera sido admitida por la Administración tributaria en el procedimiento en el que se dictó el acto impugnado.

3. El procedimiento se impulsará de oficio con sujeción a los plazos establecidos, que no serán susceptibles de prórroga ni precisarán que se declare su finalización.

4. Todos los actos y resoluciones que afecten a los interesados o pongan término en cualquier instancia a una reclamación económico-administrativa serán notificados a aquéllos,

---

interponerlos, sin que ello impida que los interesados puedan ejercitar cualquier otro recurso que estimen pertinente.

4. El procedimiento económico-administrativo será gratuito. No obstante, si la reclamación o el recurso resulta desestimado y el órgano económico-administrativo aprecia temeridad o mala fe, podrá exigirse al reclamante que sufrague las costas del procedimiento, según los criterios que se fijen reglamentariamente.

5. El procedimiento económico-administrativo se regulará de acuerdo con las disposiciones previstas en este capítulo y en las disposiciones reglamentarias que se dicten en su desarrollo.

Art. 234.3: Vid. art. 214.1 LGT (§ I). **Contraviniendo una praxis que encontraba amparo en el art. 33.*j*) LDGC y hoy lo podría encontrar en el art. 34.1.*k*) de la vigente LGT, en *Resolución del TEAC de 18 de abril de 2007* (Vocalía 11.ª) se concluye que no existe norma alguna que prevea la posibilidad de que la puesta de manifiesto del expediente para formular alegaciones se efectúe en lugar distinto de aquel en que tiene su sede el Tribunal al que compete la resolución del tema, sino que, por el contrario, «del contenido del artículo 236 de la Ley 58/2003 se deduce que la puesta de manifiesto deberá efectuarse en la sede en que radica el Tribunal que esté conociendo de la reclamación de que se trate». En consecuencia, la petición de formular alegaciones ante otro Tribunal no interrumpe plazo alguno, si bien el TEAC entiende —porque así lo ha interpretado el Tribunal Supremo— que la falta de presentación del escrito de alegaciones en el procedimiento económico-administrativo no determina por sí sola la caducidad del procedimiento, ni puede interpretarse como desistimiento tácito, por lo que debe entrar a analizar el fondo del problema.**

Art. 234.4: Sobre la extensión de **la responsabilidad patrimonial de la Administración** al abono de los **gastos causados por la intervención de abogado,** cuando se ha vencido en litigio a la Administración, vid. **STS de 14 de julio de 2008 (Rec. 289/2007),** desde el 12 de octubre de 2015, por el art. único.44 de la Ley 34/2015, de 21 de septiembre, de modificación parcial de la LGT (*BOE* n.º 227, de 22 de septiembre), cuya Disp. Trans. única.7.*a*) y *c*) establece que el apartado 1 será de aplicación a las resoluciones expresas que se dicten desde su entrada en vigor y el apartado 5 lo será a las reclamaciones y recursos interpuestos desde tal entrada en vigor. Su redacción anterior era la siguiente:

Art. 235. Iniciación.—1. La reclamación económico-administrativa en única o primera instancia se interpondrá en el plazo de un mes a contar desde el día siguiente al de la notificación del acto impugnado, desde el día siguiente a aquel en que se produzcan los efectos del silencio administrativo o desde el día siguiente a aquel en que quede constancia de la realización u omisión de la retención o ingreso a cuenta, de la repercusión motivo de la reclamación o de la sustitución derivada de las relaciones entre el sustituto y el contribuyente.

Tratándose de reclamaciones relativas a la obligación de expedir y entregar factura que incumbe a empresarios y profesionales, el plazo al que se refiere el párrafo anterior empezará a contarse transcurrido un mes desde que se haya requerido formalmente el cumplimiento de dicha obligación.

En el supuesto de deudas de vencimiento periódico y notificación colectiva, el plazo para la interposición se computará a partir del día siguiente al de finalización del período voluntario de pago.

2. El procedimiento deberá iniciarse mediante escrito que podrá limitarse a solicitar que se tenga por interpuesta, identificando al reclamante, el acto o actuación contra el que se reclama, el domicilio para notificaciones y el tribunal ante el que se interpone. Asimismo, el reclamante podrá acompañar las alegaciones en que base su derecho.

En los casos de reclamaciones relativas a retenciones, ingresos a cuenta, repercusiones, obligación de expedir y entregar factura y a las relaciones entre el sustituto y el contribuyente, el escrito deberá identificar también a la persona recurrida y su domicilio y adjuntar todos los antecedentes que obren a disposición del reclamante o en registros públicos.

3. El escrito de interposición se dirigirá al órgano administrativo que haya dictado el acto reclamable que lo remitirá al tribunal competente en el plazo de un mes junto con el expediente correspondiente, al que se podrá incorporar un informe si se considera conveniente.

bien por medios electrónicos, bien en el domicilio señalado o, en su defecto, de acuerdo con el artículo 112 de esta ley.

La notificación se hará de forma electrónica obligatoriamente para los interesados, y en los términos que reglamentariamente se establezcan, en los supuestos en que, de acuerdo con el artículo 235.5 de esta ley, sea obligatoria la interposición de la reclamación por esta vía.

La notificación deberá expresar si el acto o resolución es o no definitivo en vía económico-administrativa y, en su caso, los recursos que procedan, órgano ante el que hubieran de presentarse y plazo para interponerlos, sin que ello impida que los interesados puedan ejercitar cualquier otro recurso que estimen pertinente.

5. El procedimiento económico-administrativo será gratuito. No obstante, si la reclamación o el recurso resulta desestimado o inadmitido y el órgano económico-administrativo aprecia temeridad o mala fe, podrá exigirse a la persona a la que resulte imputable dicha temeridad o mala fe que sufrague las costas del procedimiento, según los criterios que se fijen reglamentariamente.

La condena en costas se impondrá en la resolución que se dicte, con mención expresa de los motivos por los que el órgano económico-administrativo ha apreciado la concurrencia de mala fe o temeridad, así como la cuantificación de la misma.

Cuando se hubiera interpuesto recurso de alzada ordinario, la eficacia de la condena en costas dictada en primera instancia quedara supeditada a la confirmación de la misma en la resolución que se dicte en dicho recurso de alzada ordinario.

6. El procedimiento económico-administrativo se regulará de acuerdo con las disposiciones previstas en este

---

No obstante, cuando el escrito de interposición incluyese alegaciones, el órgano administrativo que dictó el acto podrá anular total o parcialmente el acto impugnado antes de la remisión del expediente al tribunal dentro del plazo señalado en el párrafo anterior, siempre que no se hubiera presentado previamente recurso de reposición. En este caso, se remitirá al tribunal el nuevo acto dictado junto con el escrito de interposición.

Si el órgano administrativo no hubiese remitido al tribunal el escrito de interposición de la reclamación, bastará que el reclamante presente ante el tribunal la copia sellada de dicho escrito para que la reclamación se pueda tramitar y resolver.

4. En los casos de reclamaciones relativas a retenciones, ingresos a cuenta, repercusiones, a la obligación de expedir y entregar factura y relaciones entre el sustituto y el contribuyente, el escrito de interposición se dirigirá al tribunal competente para resolver la reclamación.

El art. 30.7 LPACAP dispone que: «La Administración General del Estado y las Administraciones de las Comunidades Autónomas, con sujeción al calendario laboral oficial, fijarán, en su respectivo ámbito, el calendario de días inhábiles a efectos de cómputos de plazos. El calendario aprobado por las Comunidades Autónomas comprenderá los días inhábiles de las Entidades Locales correspondientes a su ámbito territorial, a las que será de aplicación. Dicho calendario deberá publicarse antes del comienzo de cada año en el diario oficial que corresponda, así como en otros medios de difusión que garanticen su conocimiento generalizado.» Vid. Resolución de 24 de noviembre de 2021, de la Secretaría de Estado de Función Pública, por la que se establece a efectos de cómputo de plazos, el **calendario de días inhábiles en el ámbito de la Administración General del Estado para el año 2022** (*BOE* de 1 de diciembre de 2021).

STS 1641/2014, de 16 de mayo: **reafirma la doctrina legal fijada por este Tribunal en torno al cómputo de los plazos fijados por meses y la ubicación del *dies ad quem*, pese a que no la comparte el TC**. La cuestión se aborda en los siguientes términos: «"Es reiteradísima la doctrina de esta Sala sobre los plazos señalados por meses que se computan de fecha a fecha, iniciándose el cómputo del plazo al día siguiente de la notificación o publicación del acto, pero siendo la del vencimiento la del día correlativo mensual al de la notificación" [...]. Por todas citaremos la Sentencia de 8 de marzo de 2006 (Rec. 6767/2003), donde decimos: [...] acogiendo la doctrina de esta Sala de lo Contencioso-Administrativo del Tribunal Supremo contenida en la Sentencia de 15 de diciembre de 2005 (RC 592/2003), que expone cuál es la finalidad de la reforma del art. 48.2 LRJPAC, operada por la Ley 4/1999, de 13 de enero, y resume la jurisprudencia de esta Sala sobre la materia.

capítulo y en las disposiciones reglamentarias que se dicten en su desarrollo.

Subsección 1.ª

Procedimiento en única o primera instancia

Art. 235. *Iniciación.*—1. La reclamación económico-administrativa en única o primera instancia se interpondrá en el plazo de un mes a contar desde el día siguiente al de la notificación del acto impugnado, o desde el día siguiente a aquel en que quede constancia de la realización u omisión de la retención o ingreso a cuenta, de la repercusión motivo de la reclamación o de la sustitución derivada de las relaciones entre el sustituto y el contribuyente.

En los supuestos de silencio administrativo, podrá interponerse la reclamación desde el día siguiente a aquel en que produzcan sus efectos. Si con posterioridad a la interposición de la reclamación, y antes de su resolución, se dictara resolución expresa, se remitirá al Tribunal, una vez notificada al interesado.

En la notificación se advertirá que la resolución expresa, según su contenido, se considerará impugnada en vía económico administrativa, o causará la terminación del procedimiento por satisfacción extraprocesal que será declarada por el órgano económico administrativo que esté conociendo el procedimiento.

En todo caso, se concederá el plazo de un mes, a contar desde el día siguiente a la notificación, para que el interesado pueda formular ante el Tribunal las alegaciones que tenga por convenientes. En dichas alegaciones el interesado podrá pronunciarse sobre las consecuencias señaladas en el párrafo anterior. De no hacerlo se entenderá su conformidad con dichas consecuencias.

Tratándose de reclamaciones relativas a la obligación de expedir y entregar factura que incumbe a empresarios y

---

»Cierto que existen pronunciamientos del Tribunal Constitucional que difieren de la doctrina legal que al respecto ha dejado sentada este Tribunal Supremo, así en la STC del Pleno 148/1991, de 4 de julio, [...] o en la STC del Pleno 48/2003, de 12 de marzo. [...] Pero aun cuando el Tribunal Constitucional, como se desprende de estos pronunciamientos, no acepta la doctrina del Tribunal Supremo al respecto, en los términos que hemos visto, lo todo por el mismo defendida sólo posee virtualidad dentro de los procedimientos ante el Tribunal Constitucional, en tanto que dado el tenor de los preceptos aplicables cabe la interpretación realizada por el Tribunal Supremo, no tratándose, por ende, de un error patente, sin incidencia pues constitucional, en tanto no vulnera de forma manifiesta el art. 24 CE, tratándose de una cuestión de mera legalidad ordinaria, moviéndose el Tribunal Supremo dentro del ámbito que le es propio.»

En esta línea cabe apuntar la *STC 209/ 2013, de 16 de diciembre*, en la que el TC reconoce que «este Tribunal puede fijar la interpretación de sus reglas procesales, pero no puede imponérsela a la jurisdicción contencioso-administrativa, por ser una cuestión *prima facie* de legalidad ordinaria que no le corresponde. A su vez, [...] el principio *pro actione* no exige la forzosa selección de la interpretación más favorable a la admisión de entre todas las posibles. Pues bien, sobre si hay vulneración del indicado principio, este Tribunal ha tenido ya la oportunidad de descartarlo.»

STS 2.059/2014, de 26 de mayo: No puede apreciarse extemporaneidad de la reclamación cuando la notificación del acto impugnado resultó ineficaz al haberse dirigido a una persona fallecida, por lo que, respecto de su heredero, no pudo producir efectos sino desde el momento en que tuvo conocimiento del acto.

STS, Sala 3.ª, de 3 de noviembre de 2016 (Rec. 1975/2015; ponente: J. Díaz Delgado): «la falta de envío del expediente completo es imputable exclusivamente a la Administración demandada ante el TEAC, la Comunidad Autónoma de Aragón, y a tenor de lo dispuesto en el art. 110.3 de la Ley 30/1992 los vicios y defectos que hagan anulable un acto no podrán ser alegados por quienes los hubieren causado. En consecuencia, *la falta del envío de una carpeta con documentación al TEAC es imputable exclusivamente a la Administración autonómica, por lo que la resolución del TEAC, considerando que no existían los elementos fácticos que acreditaran el hecho imposible, es correcta y procede estimar el motivo de casación de la sentencia recurrida* [...]» (FD 4.º). En la misma línea, STSJCV de 17 de mayo de 2016 (Rec. 1800/2012).

profesionales, el plazo al que se refiere el primer párrafo empezará a contarse transcurrido un mes desde que se haya requerido formalmente el cumplimiento de dicha obligación.

En el supuesto de deudas de vencimiento periódico y notificación colectiva, el plazo para la interposición se computará a partir del día siguiente al de finalización del período voluntario de pago.

2. El procedimiento deberá iniciarse mediante escrito que podrá limitarse a solicitar que se tenga por interpuesta, identificando al reclamante, el acto o actuación contra el que se reclama, el domicilio para notificaciones y el tribunal ante el que se interpone. Asimismo, el reclamante podrá acompañar las alegaciones en que base su derecho.

En los casos de reclamaciones relativas a retenciones, ingresos a cuenta, repercusiones, obligación de expedir y entregar factura y a las relaciones entre el sustituto y el contribuyente, el escrito deberá identificar también a la persona recurrida y su domicilio y adjuntar todos los antecedentes que obren a disposición del reclamante o en registros públicos.

3. El escrito de interposición se dirigirá al órgano administrativo que haya dictado el acto reclamable, que lo remitirá al tribunal competente en el plazo de un mes junto con el expediente, en su caso electrónico, correspondiente al acto, al que se podrá incorporar un informe si se considera conveniente. En el supuesto previsto en el artículo 229.6 de esta ley, el escrito de interposición se remitirá al Tribunal Económico-Administrativo a quien corresponda la tramitación de la reclamación.

No obstante, cuando el escrito de interposición incluyese alegaciones, el órgano administrativo que dictó el acto podrá anular total o parcialmente el acto impugnado antes de la remisión del expediente al tribunal dentro del plazo señalado en el párrafo anterior, siempre que no se hubiera presentado previamente recurso de reposición. En este caso, se remitirá al tribunal el nuevo acto dictado junto con el escrito de interposición.

Si el órgano administrativo no hubiese remitido al tribunal el escrito de interposición de la reclamación, bastará que el reclamante presente ante el tribunal la copia sellada de dicho escrito para que la reclamación se pueda tramitar y resolver.

4. En los casos de reclamaciones relativas a retenciones, ingresos a cuenta, repercusiones, a la obligación de expedir y entregar factura y relaciones entre el sustituto y el contribuyente, el escrito de interposición se dirigirá al tribunal competente para resolver la reclamación.

5. La interposición de la reclamación se realizará obligatoriamente a través de la sede electrónica del órgano que haya dictado el acto reclamable cuando los reclamantes estén obligados a recibir por medios electrónicos las comunicaciones y notificaciones.

Art. 236. *Tramitación.*—1. El Tribunal, una vez recibido y, en su caso, completado el expediente, lo pondrá de

---

Art. 235.3: Vid. arts. 236.3 y 239.3 LGT (§ I), 52 y 53 RR y 70 y 115.3 LPACAP.

Art. 236: Vid. arts. 55 a 59 RR.

Art. 236.1: Nueva redacción, con efectos desde el 12 de octubre de 2015, por el art. único.45 de la Ley 34/2015, de 21 de septiembre, de modificación parcial de la LGT (*BOE* n.º 227, de 22 de septiembre), **STS 1362/2018, de 10 de septiembre de 2018. Rec. 1246/2017. Ponente: J. Cudero.** Con cita de otras sentencias, concluye: «***La doctrina del Tribunal Supremo en esta materia es clara:sí cabe en sede de revisión admitir documentación no aportada en sede de gestión***». (FD 2.º).

«... ***consideramos posible, en efecto, que quien deduce una reclamación económico-administrativa presente ante los tribunales económico administrativos aquellas pruebas que no aportó ante los órganos de gestión tributaria que sean relevantes para dar respuesta a la pretensión ejercitada, sin que el órgano de revisión***

manifiesto a los interesados que hubieran comparecido en la reclamación y no hubieran presentado alegaciones en la interposición o las hubiesen formulado pero con la solicitud expresa de este trámite, por plazo común de un mes en el que deberán presentar escrito de alegaciones con aportación de las pruebas oportunas. La puesta de manifiesto del expediente electrónico podrá tener lugar por medios electrónicos, informáticos o telemáticos, pudiendo presentarse por estos medios las alegaciones y pruebas. Los obligados a interponer la reclamación de forma electrónica, habrán de presentar las alegaciones, pruebas, y cualquier otro escrito, por esta misma vía. En caso de deficiencia técnica imputable a la Administración tributaria que imposibilite la realización del trámite por esta vía, el Tribunal adoptará las medidas oportunas para evitar perjuicios al interesado, pudiendo, entre otras, conceder un nuevo plazo, prorrogar el anteriormente concedido o autorizar que se realice por otros medios.

2. En los casos de reclamaciones relativas a retenciones, ingresos a cuenta, repercusiones, obligación de expedir y entregar factura o a las relaciones entre el sustituto y el contribuyente, el tribunal notificará la interposición de la reclamación a la persona recurrida para que comparezca, mediante escrito de mera personación, adjuntando todos los antecedentes que obren a su disposición o en registros públicos.

3. El tribunal podrá asimismo solicitar informe al órgano que dictó el acto impugnado, al objeto de aclarar las cuestiones que lo precisen. El tribunal deberá dar traslado del informe al reclamante para que pueda presentar alegaciones al mismo.

Reglamentariamente se podrán establecer supuestos en los que la solicitud de dicho informe tenga carácter preceptivo.

4. Las pruebas testificales, periciales y las consistentes en declaración de parte se realizarán mediante acta notarial o ante el secretario del tribunal o el funcionario en quien el mismo delegue que extenderá el acta correspondiente. No cabrá denegar la práctica de pruebas relativas a hechos relevantes, pero la resolución que concluya la reclamación no entrará a examinar las que no sean pertinentes para el conocimiento de las

---

pueda dejar de valorar —al adoptar su resolución— tales elementos probatorios. Todo ello, con una única excepción: que la actitud del interesado haya de reputarse abusiva o maliciosa y así se constate debida y justificadamente en el expediente.

Los límites expuestos (la buena fe y la proscripción del abuso del derecho) son consecuencia de la aplicación a todo tipo de procedimientos —y a las relaciones entre particulares y de éstos con la Administración— del principio general que impone que los derechos se ejerciten "conforme a las exigencias de la buena fe", sin que la ley ampare "el abuso del derecho" (art. 7 de nuestro Código Civil).

Ahora bien, en la medida en que tales límites constituyen una excepción al principio general de la plenitud de la cognición a efectos de dispensar debidamente la tutela pretendida, ***el comportamiento abusivo o malicioso debe constatarse debidamente en los procedimientos correspondientes y aparecer con una intensidad tal que justifique la sanción consistente en dejar de analizar el fondo de la pretensión que se ejercita»***. (FD 3.º).

SSTC 75/2008, de 23 de junio, y 25/2010, de 27 de abril: ***La falta de formulación de alegaciones en la vía económico-administrativa —aun cuando sí se argumentó en el recurso de reposición previo— no justifica que la resolución judicial posterior no entre en el fondo del asunto, lesionándose así el derecho a la tutela judicial efectiva de la recurrente.***

En idéntico sentido se pronuncia la *STC 155/2012, de 16 de julio*, que resume la construcción doctrinal que sustenta la anterior conclusión.

Resolución del TEAC de 19 de abril de 2006 (Vocalía 9.ª): ***la falta de presentación del escrito de alegaciones no determina por sí sola la caducidad del procedimiento ni puede interpretarse como desistimiento tácito, al poder hacer uso el Tribunal de las facultades del art. 237.1 LGT (§ I). Vid. nota al art. 234.2 LGT (§ I).***

Art. 236.4: Vid. art. 57 RR y nota al art. 105 LGT (§ I).

cuestiones debatidas, en cuyo caso bastará con que dicha resolución incluya una mera enumeración de las mismas, y decidirá sobre las no practicadas.

5. Cuando de las alegaciones formuladas en el escrito de interposición de la reclamación o de los documentos adjuntados por el interesado resulten acreditados todos los datos necesarios para resolver o éstos puedan tenerse por ciertos, o cuando de aquéllos resulte evidente un motivo de inadmisibilidad, se podrá prescindir de los trámites señalados en los anteriores apartados de este artículo y en el apartado 3 del artículo 235 de esta ley.

6. Podrán plantearse como cuestiones incidentales aquellas que se refieran a extremos que, sin constituir el fondo del asunto, estén relacionadas con el mismo o con la validez del procedimiento y cuya resolución sea requisito previo y necesario para la tramitación de la reclamación, no pudiendo aplazarse hasta que recaiga acuerdo sobre el fondo del asunto.

Para la resolución de las cuestiones incidentales el tribunal podrá actuar de forma unipersonal.

La resolución que ponga término al incidente no será susceptible de recurso. Al recibir la resolución de la reclamación, el interesado podrá discutir nuevamente el objeto de la cuestión incidental mediante el recurso que proceda contra la resolución.

Art. 237. *Extensión de la revisión en vía económico-administrativa.*— 1. Las reclamaciones y recursos económico-administrativos someten a conocimiento del órgano competente para su resolución todas las cuestiones de hecho y de derecho que ofrezca el expediente, hayan sido o no planteadas por los interesados, sin que en ningún caso pueda empeorar la situación inicial del reclamante.

2. Si el órgano competente estima pertinente examinar y resolver cuestiones no planteadas por los interesados las

---

Art. 237: *SAN de 26 de julio de 2005*: existe incongruencia omisiva cuando, ni la resolución del recurso de reposición ni la del recurso de alzada por el TEAC se pronuncian expresamente acerca de la pretensión formulada por la actora, siendo ello causa de indefensión.

Art. 237.1: Con base en estas facultades se concluye en la Resolución del TEAC de 19 de abril de 2006 (Vocalía 9.ª) que la falta de presentación del escrito de alegaciones no determina la caducidad del procedimiento ni cabe ser interpretada como desistimiento tácito.

Art. 237.2: STS de 15 de noviembre de 2017 (Rec. 3040/2017; ponente: J. Huelin): «El TEAC resolvió al margen del debate suscitado en la reclamación económico-administrativa. [...] Es decir, resolvió al margen de las cuestiones planteadas por los interesados, sin antes oírles, infringiendo con ello el artículo 237.2 LGT. Ante tal situación, el interesado podía en el recurso contencioso-administrativo (i) denunciar el exceso en que incurrió el TEAC y, al mismo tiempo, polemizar sobre los razonamientos de dicho organismo de revisión introducidos por él *ex novo* en su resolución, o, como finalmente hizo, (ii) quejarse de aquel exceso, discutir el extremo en el que discrepaba de la Inspección y que el TEAC ignoró (el traslado de las palmeras y la demolición de las instalaciones) y soslayar la razón de decidir ilegítimamente incorporada por este organismo revisor (la naturaleza de las actuaciones urbanísticas previas).

Si hubiera elegido la primera opción, el defecto producido al resolver la reclamación económico-administrativa hubiera carecido de trascendencia, pues, por decisión de la propia demandante, la posible indefensión que aquel comportamiento le hubiera producido habría quedado reparada. Esta es la solución adoptada en nuestra sentencia de 18 de junio de 2012, ya citada. Pero habiendo optado por la segunda, en la instancia no ha quedado sanada esa indefensión, pues no ha sido tratada en la sentencia recurrida la razón de decidir del TEAC. Podría argumentarse que en esta segunda situación la indefensión no ha quedado restañada por propia decisión de quien la sufrió, que decidió no discutir en la vía jurisdiccional el fondo del exceso decisorio del TEAC, limitándose a denunciar su extralimitación. Ahora bien, no cabe exigir a quien se ve sorprendido por un argumento inédito, añadido por el órgano decisor sin oírle como única razón de decidir, que, además de denunciar la extralimitación, lo discuta. El derecho de defensa garantiza que, en una situación como la analizada, el afectado elija su estrategia, sin quedar constreñido a polemizar sobre un extremo que nunca debió plantearse en los términos en que lo hizo en este caso el TEAC.

expondrá a los mismos para que puedan formular alegaciones.

3. Reglamentariamente se desarrollará el procedimiento para plantear cuestiones prejudiciales ante el Tribunal de Justicia de la Unión Europea. Cuando el planteamiento de la cuestión prejudicial no haya sido solicitado por los interesados en la reclamación o recurso económico-administrativo, con carácter previo a que el mismo se produzca se concederá un plazo de quince días a los interesados para que formulen alegaciones en relación exclusivamente con la oportunidad de dicho planteamiento.

En todo caso, el Tribunal antes de plantear la cuestión prejudicial concederá un plazo de quince días a la Administración tributaria autora del acto para que formule alegaciones.

Cuando se hubiese planteado una cuestión prejudicial ante el Tribunal de Justicia de la Unión Europea de acuerdo con lo previsto en los párrafos anteriores, se suspenderá el procedimiento económico-administrativo desde su planteamiento y hasta que se reciba la resolución que resuelva la cuestión prejudicial. Asimismo procederá la suspensión del curso de aquellos procedimientos económico-administrativos para cuya resolución sea preciso conocer el resultado de la cuestión prejudicial planteada. Dicha suspensión se comunicará a los interesados en el procedimiento económico-administrativo y la misma determinará la suspensión del cómputo del plazo de prescripción de los derechos a que se refiere el artículo 66 de esta ley, cómputo que continuará una vez se reciba en el órgano económico-administrativo competente la resolución de la cuestión planteada.

Art. 238. *Terminación.*—1. El procedimiento finalizará por renuncia al derecho en que la reclamación se fundamente, por desistimiento de la petición o instancia, por caducidad de ésta, por satisfacción extraprocesal y mediante resolución.

2. Cuando se produzca la renuncia o desistimiento del reclamante, la caducidad de la instancia o la satisfacción extraprocesal, el tribunal acordará motivadamente el archivo de las actuaciones. Este acuerdo podrá ser adoptado a través de órganos unipersonales.

El acuerdo de archivo de actuaciones podrá revisarse conforme a lo dispuesto en el artículo 241 bis de esta ley.

Art. 239. *Resolución.*—1. Los tribunales no podrán abstenerse de resolver ninguna reclamación sometida a su

---

Por todo ello, el primer motivo de casación debe ser acogido y anulada la sentencia de instancia en cuanto ratificó la resolución impugnada del TEAC, entendiendo que no había incurrido en infracción de los preceptos que se invocan por la sociedad recurrente; sí lo hizo.» (FD 3.º).

Art. 237.3: Apartado introducido, con efectos desde el 12 de octubre de 2015, por el art. único.46 de la Ley 34/2015, de 21 de septiembre, de modificación parcial de la LGT (*BOE* n.º 227, de 22 de septiembre).

Art. 238: Tras la terminación del procedimiento, sigue la fase de ejecución de la resolución regulada en los arts. 66 a 69 RR.

Art. 238.2: Nueva redacción, con efectos desde el 12 de octubre de 2015, por el art. único.47 de la Ley 34/2015, de 21 de septiembre, de modificación parcial de la LGT (*BOE* n.º 227, de 22 de septiembre). Su redacción anterior era la siguiente:

2. Cuando se produzca la renuncia o desistimiento del reclamante, la caducidad de la instancia o la satisfacción extraprocesal, el tribunal acordará motivadamente el archivo de las actuaciones. Este acuerdo podrá ser adoptado a través de órganos unipersonales.

El acuerdo de archivo de actuaciones podrá revisarse conforme a lo dispuesto en el apartado 6 del artículo 239 de esta ley.

Art. 239: Redactado por la Disp. Final 3.ª, apdo. 6, de la Ley 22/2009, de 18 de diciembre, con efectos desde el 1 de enero de 2010. Con efectos desde el 15 de octubre de 2015 ha sido modificado por el art. único.48 de la Ley 34/2015, de 21 de septiembre, de modificación parcial de la LGT, que modifica los apdos. 3, 5 y 6, añade un apdo. 7 y el apdo. 7 pasa a ser 8. Vid. al respecto la Disp. Trans. única.7.*e*) de la citada Ley.

conocimiento sin que pueda alegarse duda racional o deficiencia en los preceptos legales.

2. Las resoluciones dictadas deberán contener los antecedentes de hecho y los fundamentos de derecho en que se basen y decidirán todas las cuestiones que se susciten en el expediente, hayan sido o no planteadas por los interesados.

3. La resolución podrá ser estimatoria, desestimatoria o declarar la inad-

---

Art. 239.3: Nueva redacción, con efectos desde el 12 de octubre de 2015, por el art. único.48 de la Ley 34/2015, de 21 de septiembre, de modificación parcial de la LGT (*BOE* n.º 227, de 22 de septiembre). Su **redacción anterior** era la siguiente:

3. La resolución podrá ser estimatoria, desestimatoria o declarar la inadmisibilidad. La resolución estimatoria podrá anular total o parcialmente el acto impugnado por razones de derecho sustantivo o por defectos formales.

Cuando la resolución aprecie defectos formales que hayan disminuido las posibilidades de defensa del reclamante, se producirá la anulación del acto en la parte afectada y se ordenará la retroacción de las actuaciones al momento en que se produjo el defecto formal.

Vid. art. 66 RR sobre ejecución de las resoluciones administrativas.

Se plantea en este precepto la posible ***reiteración del ejercicio de potestades administrativas para, tras la anulación de un acto administrativo, dictar un nuevo acto sobre la misma situación de hecho.*** El problema se plantea con especial intensidad en el caso de **liquidaciones tributarias**. Corrigiendo la postura de algunos Tribunales Superiores de Justicia —especialmente reiterada en el de la Comunidad Valenciana, a partir de la Sentencia de 16 de octubre de 2010 (Rec. 3903/2008)— que mantenían la denominada ***doctrina del tiro único***, por mor de la cual, anulado un acto, no cabía volver a dictar otro sobre el mismo supuesto de hecho. Las razones por las que el ***TSJ de Valencia*** **rechazó la posibilidad de reiterar las actuaciones administrativas** son dos: *a*) tal posibilidad estaba contemplada en el ordenamiento administrativo —Ley 30/1992—, pero no en la LJCA, de forma que el ámbito de eficacia de aquélla no podía extenderse a la vía jurisdiccional, y *b*) las exigencias constitucionales de seguridad jurídica (art. 9.3 CE) y el principio de tutela judicial efectiva (art. 24.1 CE), en sus dos facetas: derecho a que las sentencias judiciales se ejecuten en sus propios términos y el derecho a la intangibilidad de las resoluciones judiciales firmes.

Frente a este planteamiento, **el *Tribunal Supremo* entiende que sí cabe la retroacción**, tanto cuando el acto se ha anulado en la vía económico-administrativa, como cuando ha sido anulado en vía judicial —SSTS de 26 de marzo de 2012 (Rec. 5827/2009, de 14 de junio de 2012 (Rec. 6219/2009 y 5043/2009 y de 19 de noviembre de 2012 (Rec. casación en interés de ley 1215/2011; ponente: E. Frías—. En esta última Sentencia señala el Tribunal: «En definitiva, al no impedir la Ley de la Jurisdicción la posibilidad de remediar los vicios que hayan dado lugar a la estimación del recurso, debe estarse a la regulación establecida en la Ley 30/1992 —arts. 66 y 67— y en la Ley General Tributaria art. 26.5 y arts. 66 y 70 del Reglamento de revisión en vía administrativa de 2005, normativa que permite la reiteración de los actos anulados, tanto en el caso de vicios de forma o de procedimiento, como en el de infracción sustantiva o error *iuris*.

En consecuencia, el Tribunal Supremo ha concluido que: *a*) cabe retrotraer actuaciones cuando el acto ha sido anulado por un defecto formal causante de indefensión; *b*) no cabe retrotraer actuaciones, pues la retroacción de actuaciones no constituye un expediente apto para corregir los defectos sustantivos de la decisión, dando a la Administración la oportunidad de ajustarla al ordenamiento jurídico, sin perjuicio de que la Administración pueda volver a dictar un acto si no ha prescrito su derecho a liquidar, teniendo en cuenta que se niegan efectos interruptivos de la prescripción a los actos nulos de pleno derecho; *c*) la reiteración no es admisible cuando se incide de nuevo en el error que originó la anulación del acto que ahora se reitera; *d*) los problemas que se susciten en relación con el nuevo acto de liquidación deben resolverse por la vía del incidente de ejecución de sentencias o de resolución de reclamaciones económico-administrativas (arts. 103 LJCA y 70 RR), línea en la que va el art. 241 ter LGT. Esta vía fue abierta por la STS de 15 de junio 2015 (Rec. 1551/2014; ponente: J. Huelin): *el control jurisdiccional de las nuevas decisiones administrativas que deban adoptarse en sustitución de los actos anulados debe hacerse en el mismo proceso en su fase de ejecución, sin que las cuestiones que se planteen respecto de esa nueva liquidación deban impugnarse en vía económico-administrativa.* Esta posibilidad ya se defendió por R. Fernández Montalvo y J. Huelin en los votos particulares a la STS de 15 de septiembre de 2014 (Rec. 3948/2012); y *e*) no cabe retrotraer actuaciones cuando el acto anulado es de contenido sancionador, por impedirlo el principio *non bis in idem* en su vertiente procesal. (Vid. SSTS de 11 de mayo de 2015, Rec. 2745/2013; ponente: J. A. Montero), de 31 de octubre de 2017 (Rec. 572/2017; ponente: J. Huelin) y de 23 de mayo de 2018 (Rec. 666/2017; ponente: A. Aguallo). En STS de 16 de diciembre de 2014 (Rec. 3611/2013; ponente: A. Aguallo) se concluye que: «[…] la Administración tributaria, del mismo modo que puede dictar la nueva liquidación ajustada a Derecho “sin tramitar otra vez el procedimiento y sin completar la instrucción pertinente” mientras su potestad no haya prescrito (por todas Sentencia de esta Sección de 26 de marzo de 2012. Rec. de cas. 5827/2009. FJ 4.º), puede asimismo dictar la nueva sanción limitándose a adaptar su cuantía a la cuota resultante de la nueva liquidación, cabiendo siempre a XXX, S. A., ante las vicisitudes que eventualmente pudiera plantear esa mera adaptación, plantear un incidente de ejecución contra la nueva sanción en virtud del art. 68 del RD 520/2005" (FD 5.º). Téngase en cuenta también la prohibición de la *reformatio in peius*: STS de 3 de junio de 2012 (Rec. 240/2010), dictada en unificación de doctrina.

La **STS de 19 de noviembre de 2012, que fijó la doctrina actualmente vigente, ha sido confirmada por otras sentencias posteriores**: SSTS de 29 de septiembre de 2014 (Rec. 1014/2013; ponente: J. Huelin), 12 de noviembre de 2015 (Rec. 139/2014; ponente: J. G. Martínez Micó), de 16 de noviembre de 2015 (Rec. 434/2014; ponente: J. A. Montero). La STS de 19 de noviembre de 2012 cuenta con tres votos particulares basados en diferentes razones: el del Magistrado Sr. Frías Ponce, que reitera la posición manifestada en la Sentencia de 26 de marzo de 2012, citada al principio, en pro de eliminar la diferencia entre actos nulos y anulables, y los efectos que acarrea sobre la prescripción, en coherencia con el criterio sostenido por la propia Sala en relación con las cuotas a la Seguridad Social; el del Magistrado Sr. Martínez Micó, que rechaza la aplicación de la normativa administrativa, debiendo regir en esta cuestión, a su juicio, el principio dispositivo que anida en la Ley 29/1998 por la que debe discurrir, y en la que no se recogen normas similares a los arts. 239.3 LGT y 66.4 RR; y, por último, el del Magistrado Sr. Garzón Herrero, que aprecia que la legislación aplicada al caso no era la procedente, y entiende, además, que el problema no estriba en la distinción entre actos nulos o anulables sino en la determinación del alcance de la interrupción de la prescripción.

En **la STS de 27 de marzo de 2017** (Rec. 3570/2015; ponente: J. Díaz Delgado) **se formula un voto particular concurrente por parte del Magistrado J. Díaz Delgado que expone con precisión y rigor el estado de la cuestión en torno a este importante problema.**

Vid. STS de 5 de mayo 2021. Rec. 470/2020. Ponente: I. Merino Jara, analizando plazo de ejecución de una resolución dictada en ejecución de una sanción tributaria, ordenando su sustitución.

SAN de 25 de marzo de 2010: Se aprecia *desviación* de poder en la actuación de la Inspección que en la ejecución de una resolución del TEAC dicta una nueva liquidación en la que se aparta del sentido de aquélla. Es decir, ha hecho uso de una facultad establecida en el ordenamiento jurídico, que es ejecutar en sus propios términos las resoluciones de los órganos de revisión, para perseguir un fin ilegítimo, que es liquidar de nuevo haciéndolo conforme a la conveniencia de la Administración. Y, dado que dicha actuación provocó innecesariamente un proceso, se acuerda la imposición de costas procesales.

STS de 19 de mayo de 2020. Rec. 6242/2017. Ponente: A. Aguallo: 1. Una resolución de un tribunal económico-administrativo parcialmente estimatoria de las reclamaciones formuladas contra los acuerdos de liquidación y/o sancionadores practicados por la Inspección tributaria, aunque anule las liquidaciones y sanciones cuestionadas, es susceptible de recurso contencioso-administrativo, que no ha perdido su objeto, pues perdura el interés legítimo de quien instó la reclamación en que por el órgano jurisdiccional se examinen y resuelvan las pretensiones y motivaciones sustanciales alegadas en las reclamaciones y rechazadas por el tribunal económico administrativo [art. 249 LGT; y arts. 19.1.*a*) y 25 de la LJCA]. La inadmisión de dicho recurso contencioso-administrativo o su desestimación por entender el órgano jurisdiccional que no procede pronunciarse acerca de las liquidaciones y/o sanciones parcialmente anuladas, supone desconocer el mandato del artículo 67.1 LJCA, y, por ende, una vulneración del derecho a obtener la tutela judicial efectiva garantizado en el artículo 24.1 CE en su vertiente de derecho de acceso a la jurisdicción.

2. Frente a las nuevas liquidaciones y sanciones que, en ejecución de la resolución del tribunal económico-administrativo parcialmente estimatoria, se practiquen en lugar de las anuladas, no cabe interponer recurso de reposición (art. 241 ter.7 LGT) ni reclamación económico-administrativa, sino el recurso contra la referida ejecución de la resolución regulado en los artículos 241 ter LGT y 68 RVA (arts. 241 ter.2 LGT y 68.1 RVA), recurso que, en ningún caso, podría fundarse en las pretensiones o alegaciones planteadas en la reclamación y ya rechazadas por la resolución del tribunal económico-administrativo que se ejecuta (arts. 241 ter.8 LGT y 68.2 RVA).

3. En principio, tampoco procedería interponer por quien formuló la reclamación económico-administrativa un recurso contencioso-administrativo contra las nuevas liquidaciones y sanciones que se apoyara en las pretensiones y los motivos alegados ante el tribunal económico-administrativo y desestimados por este, porque, en la parte de tales liquidaciones y sanciones confirmada por la resolución de dicho tribunal, serían actos consentidos y firmes, al no haberse acudido a la vía jurisdiccional para impugnar la resolución parcialmente desestimatoria (art. 28 LJCA).

STS 19 de noviembre de 2020. Rec. 4911/2018. Ponente: E. Córdoba Castroverde: «... el cómputo del plazo de un mes previsto en el artículo 66.2 del Reglamento general en materia de revisión en vía administrativa, en lo que respecta a la ejecución derivada de un procedimiento de gestión, debe realizarse (*dies a quo*) desde el momento en que la resolución del oportuno tribunal económico-administrativo tenga entrada en el registro de la Agencia Estatal de la Administración Tributaria; y que la consecuencia jurídica derivada del incumplimiento del plazo de un mes previsto en el referido precepto, al tratarse de

misibilidad. La resolución estimatoria podrá anular total o parcialmente el acto impugnado por razones de derecho sustantivo o por defectos formales.

Cuando la resolución aprecie defectos formales que hayan disminuido las posibilidades de defensa del reclamante, se producirá la anulación del acto en la parte afectada y se ordenará la retroacción de las actuaciones al momento en que se produjo el defecto formal.

Con excepción del supuesto al que se refiere el párrafo anterior, los actos de ejecución, incluida la práctica de liquidaciones que resulten de los pronunciamientos de los tribunales, no formarán parte del procedimiento en el que tuviese su origen el acto objeto de impugnación.

Salvo en los casos de retroacción, los actos resultantes de la ejecución de la resolución deberán ser notificados en el plazo de un mes desde que dicha resolución tenga entrada en el registro del órgano competente para su ejecución. No se exigirán intereses de demora desde que la Administración incumpla el plazo de un mes.

4. Se declarará la inadmisibilidad en los siguientes supuestos:

a) Cuando se impugnen actos o resoluciones no susceptibles de reclamación o recurso en vía económico-administrativa.

b) Cuando la reclamación se haya presentado fuera de plazo.

c) Cuando falte la identificación del acto o actuación contra el que se reclama.

d) Cuando la petición contenida en el escrito de interposición no guarde relación con el acto o actuación recurrido.

e) Cuando concurran defectos de legitimación o de representación.

f) Cuando exista un acto firme y consentido que sea el fundamento exclusivo del acto objeto de la reclamación, cuando se recurra contra actos que reproduzcan otros anteriores definitivos y firmes o contra actos que sean confirmatorios de otros consentidos, así como cuando exista cosa juzgada.

Para declarar la inadmisibilidad el tribunal podrá actuar de forma unipersonal.

5. La resolución que se dicte tendrá plena eficacia respecto de los interesados a quienes se hubiese notificado

---

una irregularidad no invalidante sin efectos prescriptivos, es la no exigencia de intereses de demora desde que la Administración incumpla el referido plazo» (FD 5.º).

En la STS de 8 de marzo de 2022 (rec. 2744/2020. Ponente: F. J. Navarro Sanchis), reiterando el contenido de las **SSTS de 23 de junio de 2021 (rec. 2435/2020) y de 20 de julio de 2021 (rec. 1182/2020),** concluye que **la Administración, en ejecución de una resolución económico-administrativa tras anular la liquidación por falta de motivación de las valoraciones —ordenándose además la retroacción de actuaciones— no puede**, antes de la reanudación del procedimiento para reparar el vicio formal, dictar una liquidación provisional a cuenta de la que finalmente resulte. Cuando practica esa liquidación incumple el principio de que nadie se puede beneficiar de sus propias torpezas (*allegans turpitudinem propriam non auditur*), pues la liquidación provisional surge directamente del incumplimiento, toda vez que lo que en el fondo propicia esa liquidación provisional «a cuenta» es un patente incumplimiento del deber de motivar. Motivación cuya ausencia no es un mero defecto formal, ya que esa falta de motivación, como reiteradamente ha señalado el Tribunal Supremo, denota la ausencia de razones que puedan ser dadas a conocer al destinatario y al órgano judicial llamado a su control, dejando así una puerta abierta a la arbitrariedad. Además, operaría esta liquidación provisional, por la vía de la compensación, como una especie de medida cautelar informalmente establecida y sin audiencia al interesado.

Art. 239.4.e): La **Res. TEAC de 18 de mayo de 2011 (Vocalía 3.ª) rechaza la declaración de inadmisibilidad de la instancia con base en una interpretación antiformalista de este motivo**. Y considera válida la subsanación de la falta de representación efectuada ante el mismo Tribunal regional, pese a que fue realizada fuera del plazo concedido para ello, y a efectos de otra reclamación distinta.

Art. 239.5: Nueva redacción, con efectos desde el 12 de octubre de 2015, por el art. único.48 de la Ley 34/2015, de 21 de septiembre, de modificación parcial de la LGT (*BOE* n.º 227, de 22 de septiembre). Su **redacción anterior** era la siguiente:

la existencia de la reclamación. Las resoluciones de los Tribunales Económico-Administrativos dictadas en las reclamaciones relativas a actuaciones u omisiones de los particulares, a que se refiere el artículo 227.4 de esta ley, una vez hayan adquirido firmeza, vincularán a la Administración tributaria en cuanto a la calificación jurídica de los hechos tenidos en cuenta para resolver, sin perjuicio de sus potestades de comprobación e investigación. A tal efecto, estas resoluciones serán comunicadas a la Administración competente.

6. Cuando no se cumpla, en el plazo legalmente establecido, la resolución del Tribunal que imponga la obligación de expedir factura, el reclamante podrá, en nombre y por cuenta del reclamado, expedir la factura en la que se documente la operación, conforme a las siguientes reglas:

1.ª El ejercicio de esta facultad deberá ser comunicado por escrito al Tribunal Económico-Administrativo que haya conocido del respectivo procedimiento, indicándose que el fallo no se ha cumplido y que se va a emitir la factura correspondiente. Igualmente deberá comunicar al reclamado por cualquier medio que deje constancia de su recepción, que va a ejercitar esta facultad.

2.ª La factura en la que se documente la operación será confeccionada por el reclamante, que constará como destinatario de la operación, figurando como expedidor el que ha incumplido dicha obligación.

3.ª El reclamante remitirá copia de la factura al reclamado, debiendo quedar en su poder el original de la misma. Igualmente deberá enviar a la Agencia Estatal de la Administración tributaria copia de dicha factura y del escrito presentado ante el Tribunal Económico-Administrativo en el que comunicaba el incumplimiento de la resolución dictada.

---

5. La resolución que se dicte tendrá plena eficacia respecto de los interesados a quienes se hubiese notificado la existencia de la reclamación.

El art. 69 RR prevé la posible extensión de efectos de las resoluciones económico-administrativas, sometiéndola, sin embargo, a mayores restricciones que las que pesan sobre idéntica figura prevista en sede jurisdiccional y regulada en el art. 110 LJCA. Dictada Resolución por un TEAR, cabe plantear incidente de ejecución contra el acto administrativo de ejecución, alegando que dicho acto no se ajusta a la Resolución. Si el acto de ejecución abre una cuestión nueva, podrá interponerse nueva reclamación económico-administrativa, pero sin que se impugne la cuestión ya resuelta, dado que es cosa juzgada administrativa (vid. *STS de 11 de octubre de 2004*). La ejecución en sus propios términos de las resoluciones no impide que deban tenerse en cuenta las eventuales modificaciones del ordenamiento acaecidas durante la sustanciación de la reclamación, como es el caso de anulación de la norma que amparaba el acto, por lo que la impugnación contra las cuestiones nuevas del acto de ejecución no puede declararse inadmisible por ser mera ejecución de la resolución (*STS de 22 de enero de 2004*).

Art. 239.6: Nueva redacción, con efectos desde el 12 de octubre de 2015, por el art. único.48 de la Ley 34/2015, de 21 de septiembre, de modificación parcial de la LGT (*BOE* n.º 227, de 22 de septiembre), cuya Disp. Trans. única.7.*e*) establece que este apartado será de aplicación a las resoluciones que se dicten desde su entrada en vigor. Su **redacción anterior** era la siguiente:

6. Con carácter previo, en su caso, al recurso de alzada ordinario, podrá interponerse ante el tribunal recurso de anulación en el plazo de quince días exclusivamente en los siguientes casos:

a) Cuando se haya declarado incorrectamente la inadmisibilidad de la reclamación.

b) Cuando se hayan declarado inexistentes las alegaciones o pruebas oportunamente presentadas.

c) Cuando se alegue la existencia de incongruencia completa y manifiesta de la resolución.

También podrá interponerse recurso de anulación contra el acuerdo de archivo de actuaciones al que se refiere el artículo anterior.

El escrito de interposición incluirá las alegaciones y adjuntará las pruebas pertinentes. El tribunal resolverá sin más trámite en el plazo de un mes; se entenderá desestimado el recurso en caso contrario.

7. En ejecución de una resolución que estime total o parcialmente la reclamación contra la liquidación de una obligación tributaria conexa a otra del mismo obligado tributario de acuerdo con el artículo 68.9 de esta ley, se regularizará la obligación conexa distinta de la recurrida en la que la Administración hubiese aplicado los criterios o elementos en que se fundamentó la liquidación de la obligación tributaria objeto de la reclamación.

Si de dicha regularización resultase la anulación de la liquidación de la obligación conexa distinta de la recurrida y la práctica de una nueva liquidación que se ajuste a lo resuelto por el Tribunal, será de aplicación lo dispuesto en el artículo 26.5 de esta ley.

8. La doctrina que de modo reiterado establezca el Tribunal Económico-Administrativo Central vinculará a los tribunales económico-administrativos regionales y locales y a los órganos económico-administrativos de las Comunidades Autónomas y de las Ciudades con Estatuto de Autonomía y al resto de la Administración tributaria del Estado y de las Comunidades Autónomas y de las Ciudades con Estatuto de Autonomía. El Tribunal Económico-Administrativo Central recogerá de forma expresa en sus resoluciones y acuerdos que se trata de doctrina reiterada y procederá a publicarlas según lo dispuesto en el apartado 2 del artículo 86 de esta ley. En cada Tribunal Económico-Administrativo, el criterio sentado por su Pleno vinculará a las Salas y el de ambos a los órganos unipersonales. Las resoluciones y los actos de la Administración tributaria que se fundamenten en la doctrina establecida conforme a este precepto lo harán constar expresamente.

Art. 240. *Plazo de resolución.*— 1. La duración del procedimiento en cualquiera de sus instancias será de un año contado desde la interposición de la reclamación. Transcurrido ese plazo el interesado podrá entender desestimada la reclamación al objeto de interponer el recurso procedente.

Art. 239.7: Introducido, con efectos desde el 12 de octubre de 2015, por el art. único.48 de la Ley 34/2015, de 21 de septiembre, de modificación parcial de la LGT (*BOE* n.º 227, de 22 de septiembre).

Vid. arts. 26.5, 68.9, 224.5 y 233.7 LGT (§ I).

Art. 239.8: Antes apartado 7, ha sido renumerado, con efectos desde el 12 de octubre de 2015, por el art. único.48 de la Ley 34/2015, de 21 de septiembre, de modificación parcial de la LGT (*BOE* n.º 227, de 22 de septiembre).

Art. 240: Vid. art. 104.2 LGT (§ I) y la jurisprudencia anotada en el recurso de reposición en torno a la falta de resolución expresa y el cómputo de los plazos de recurso. Conforme a la **STS de 17 de noviembre de 2011 (Rec. 891/2007)**, «pese a la literalidad del art. 240 de la Ley 58/2003, de 17 de diciembre, el transcurso de un año sin resolución expresa, y el de un mes posterior a dicho plazo, no autoriza la declaración de extemporaneidad del recurso de alzada, dada la doctrina que acerca del silencio han elaborado tanto el Tribunal Constitucional como este Tribunal Supremo», perfectamente detallada en esta Sentencia. **STS de 25 de junio de 1998:** «La resolución administrativa que se dicte tras la paralización no interruptiva del recurso o reclamación durante más de cinco años [ahora cuatro] por causa imputable a la Administración será ineficaz porque, frente a ella, podrá oponerse la prescripción de la acción para exigir el pago de la deuda tributaria.» En el mismo sentido, *Sentencia de la Audiencia Nacional de 7 de junio de 2007.*

Vid. STS de 14 de noviembre de 2011 (Rec. 6220/2009) en relación con los problemas surgidos en el régimen transitorio previsto por la Disp. Trans. 5.ª3 LGT (§ I).

Art. 240.1: Nueva redacción, con efectos desde el 12 de octubre de 2015, por el art. único.49 de la Ley 34/2015, de 21 de septiembre, de modificación parcial de la LGT (*BOE* n.º 227, de 22 de septiembre). Su **redacción anterior** era la siguiente:

1. La duración del procedimiento en cualquiera de sus instancias será de un año contado desde la interposición de la reclamación. Transcurrido este plazo, el interesado podrá considerar desestimada la reclamación al objeto de interponer el recurso procedente, cuyo plazo se contará a partir del día siguiente de la finalización del plazo de un año a que se refiere este apartado.

El tribunal deberá resolver expresamente en todo caso. Los plazos para la interposición de los correspondientes recursos comenzarán a contarse desde el día siguiente al de la notificación de la resolución expresa.

El tribunal deberá resolver expresamente en todo caso. Los plazos para la interposición de los correspondientes recursos comenzarán a contarse desde el día siguiente al de la notificación de la resolución expresa.

2. Transcurrido un año desde la iniciación de la instancia correspondiente sin haberse notificado resolución expresa y siempre que se haya acordado la suspensión del acto reclamado, dejará de devengarse el interés de demora en los términos previstos en el apartado 4 del artículo 26 de esta ley.

Subsección 2.ª

*Recursos en vía económicoadministrativa**

Art. 241. *Recurso de alzada ordinario.*—1. Contra las resoluciones dictadas en primera instancia por los tribunales económico-administrativos regionales y locales y por los órganos económico-administrativos de las Comunidades Autónomas y de las Ciudades con Estatuto de Autonomía podrá interponerse recurso de alzada ordinario ante el Tribunal Económico-Administrativo Central en el plazo de un mes contado desde el día siguiente al de la notificación de las resoluciones.

2. Cuando el recurrente hubiera estado personado en el procedimiento en primera instancia, el escrito de interposición deberá contener las alegaciones y adjuntará las pruebas oportunas, resultando admisibles únicamente las pruebas que no hayan podido aportarse en primera instancia.

3. Estarán legitimados para interponer este recurso los interesados, los Directores Generales del Ministerio de Economía y Hacienda y los Directores

---

Art. 240.2: Vid. art. 26.4 y Disp. Trans. 5.ª3 LGT (§ I).

* Vid. arts. 61 a 63 RR.

Art. 241: Nueva redacción, con efectos desde el 1 de enero de 2010, por la Disp. Final 3.ª, apartado siete, de la Ley 22/2009, de 18 de diciembre, por la que se regula el sistema de financiación de las Comunidades Autónomas (*BOE* de 19 de diciembre).

Art. 241.1: Resoluciones del TEAC de 16 de marzo y de 26 de octubre de 2005: apoyándose en la jurisprudencia del TS —Sentencias de 3 de octubre de 1990, 18 de diciembre de 2002, 27 de enero y 2 de diciembre de 2003 y 28 de abril de 2004—, concluyen que el plazo de un mes señalado en el precepto terminara el último día del mes siguiente si no existe el día equivalente. *STS de 4 de octubre de 2012* (Rec. 5257/2010; ponente. Sr. Trillo): resultan inaplicables en este ámbito los arts. 130 LEC y 183 LOPJ, puesto que se refieren a actuaciones judiciales.

Art. 241.3: Nueva redacción, con efectos desde el 12 de octubre de 2015, por el art. único.50 de la Ley 34/2015, de 21 de septiembre, de modificación parcial de la LGT (*BOE* n.º 227, de 22 de septiembre), cuya Disp. Trans. única.7.*b*) establece que este apartado será de aplicación a las solicitudes de suspensión que se formulen desde su entrada en vigor. Su **redacción anterior** era la siguiente:

3. Estarán legitimados para interponer este recurso los interesados, los Directores Generales del Ministerio de Economía y Hacienda y los Directores de Departamento de la Agencia Estatal de Administración tributaria en las materias de su competencia, así como los órganos equivalentes o asimilados de las Comunidades Autónomas y de las Ciudades con Estatuto de Autonomía en materia de su competencia.

Reaccionando, por fin, frente a la tradicional complacencia con que tanto el TEAC como la Audiencia Nacional y el Tribunal Supremo venían admitiendo que los recursos de alzada de los Directores de los Departamentos de la AEAT se habían interpuesto en plazo, pese a no figurar el momento en que había tenido lugar la notificación de la resolución contra la que recurrían, el **Tribunal Supremo, a partir de la *Sentencia de 21 de enero de 2002*** —y *SSTS de 26 de enero y 26 de abril de 2004*—, **ha entendido que el TEAC «debió tratar al Departamento de la AEAT que promueve el recurso de alzada como una parte recurrente sin privilegi procedimental alguno, al igual que si se tratara de un recurso de alzada de un contribuyente, exigiéndole que presentara, juntamente con el escrito de interposición del recurso, el certificado de la fecha en que hubiera recibido la comunicación de la resolución estimatoria remitida por el TEAR, única manera de que los interesados en la instancia y el propio TEAC puedan apreciar la temporaneidad** o no del recurso de alzada, sin limitarse a aceptar sin más lo que sobre este hecho manifieste el Departamento de Recaudación. Este certificado se incluye dentro de los documentos pertinentes que podrían acompañar

de Departamento de la Agencia Estatal de Administración tributaria en las materias de su competencia, así como los órganos equivalentes o asimilados de las Comunidades Autónomas y de las Ciudades con Estatuto de Autonomía en materia de su competencia.

En los términos que se fijen reglamentariamente, al escrito de interposición podrá acompañarse la solicitud de suspensión de la ejecución de la resolución impugnada por los órganos de la Administración. Dicha solicitud suspenderá cautelarmente la ejecución de la resolución recurrida mientras el Tribunal Económico-Administrativo Central decida sobre la procedencia o no de la petición de suspensión. La decisión del Tribunal sobre la procedencia de la suspensión pondrá fin a la vía administrativa.

Dicha suspensión se fundamentará en que existen indicios racionales de que el cobro de la deuda que finalmente pudiese resultar exigible se podría ver frustrado o gravemente dificultado, no siendo necesaria la aportación de garantía. En la solicitud de suspensión deberá motivarse de forma suficiente la concurrencia de tales situaciones.

La resolución sobre la petición de suspensión se notificará por el Tribunal Económico-Administrativo Central al recurrente y a los demás interesados en el procedimiento.

La suspensión, cautelar o definitiva, impedirá que se devuelvan las cantidades que se hubieran ingresado y que se liberen las garantías que se hubieran constituido por el interesado en la reclamación económico-administrativa en primera instancia para obtener la suspensión del acto recurrido. Asimismo, quedarán subsistentes y mantendrán su eficacia los actos del procedimiento recaudatorio que se hubiesen dictado para garantizar el pago de la deuda tributaria.

No obstante lo dispuesto en los párrafos anteriores, cuando la ejecución de la resolución impugnada pudiese determinar el reconocimiento del derecho a una devolución tributaria, procederá dicha ejecución previa prestación por parte del obligado tributario de alguna de las garantías reguladas en el artículo 224.2 de esta ley.

---

el escrito de interposición. Y en el caso de autos no se cumplió este requisito» (*STS de 19 de octubre de 2007*). Citando expresamente la STS de 21 de enero de 2002, sobre la improcedencia de un trato privilegiado a los Directores Generales —pues el cumplimiento de los plazos y formalidades obligan por igual a todos los intervinientes—, la *STS de 6 de marzo de 2008* (Rec. de casación para unificación de doctrina 316/2004), con cita de la anterior *STS de 30 de enero de 2008* (Rec. de casación para unificación de doctrina 92/2003), concluye que debió inadmitirse el recurso de alzada interpuesto por el Director General del Departamento de Inspección Financiera y Tributaria de la AEAT mediante un simple escrito sin que éste contuviera las alegaciones correspondientes y los documentos que le acompañan. Vid., en el mismo sentido, *STS de 29 de septiembre de 2008* (Rec. de casación para unificación de doctrina 480/2004). Y más recientemente, entre otras muchas, *STS de 28 de octubre de 2010* (Rec. 2247/2008; ponente: Sr. Martín Timón). *STS de 23 de abril de 2012* (Rec. 5017/2009; ponente: Sr. Huelin). Esta doctrina parte de la premisa de que se trata de una comunicación entre órganos de la misma Administración General del Estado, por ello no resulta aplicable a los recursos de alzada interpuestos por los Directores Generales de Tributos de las Comunidades Autónomas, ya que en tal caso se trata de una notificación practicada a una persona jurídica distinta. En conclusión, en estos supuestos basta con la mera alegación del órgano recurrente de la fecha en que se le notificó la resolución que impugna, sin necesidad de su acreditación.

STS 885/2021, de 21 de junio (Rec. 6194/2019. Ponente: E. Córdoba Castroverde). *«El* ***principio de buena administración*** *inferido de los artículos 9.3 y 103 de la Constitución, a efectos de verificar que el recurso de alzada ordinario se ha interpuesto dentro de plazo, exige que exista en el expediente administrativo constancia documental o informática de la fecha de la notificación de la resolución a los llamados órganos legitimados para interponerlo, aunque ello únicamente rige en el caso de que no haya un conocimiento previo acreditado, por otros órganos de la misma Administración, del acto revisorio que se pretende impugnar, en cuyo caso es indiferente el momento posterior en que tal resolución llegue a conocimiento interno del órgano que debe interponer el recurso, que puede ser ya tardío en caso de haberse superado el plazo máximo de interposición, a contar desde aquel conocimiento […].»*

4. En la resolución del recurso de alzada ordinario será de aplicación lo dispuesto en el artículo 240 de esta Ley.

Art. 241 bis. Recurso de anulación.— 1. Contra las resoluciones de las reclamaciones económico-adminis-

Art. 241 bis: Introducido, con efectos desde el 12 de octubre de 2015, por el art. único.51 de la Ley 34/2015, de 21 de septiembre, de modificación parcial de la LGT (*BOE* n.º 227, de 22 de septiembre).

Vid. art. 60 RR. La STC 23/2011, *de 14 de marzo* (*BOE* de 11 de abril), aclara tres aspectos fundamentales del ***recurso de anulación del art. 239.6 LGT/2003***. El primero, que no hay duda de que éste es viable tanto si cabe recurso de alzada posterior como si no, por razón de la cuantía. En segundo lugar, y en relación con los supuestos en que no cabe recurso de alzada, permite deducir, implícitamente, que el plazo para la interposición del recurso contencioso-administrativo empieza a contar desde que se produce la notificación de la resolución expresa del recurso de anulación o bien desde que se entiende desestimado por silencio. Y, en tercer lugar, y es el núcleo de la Sentencia, determina cuál es su naturaleza jurídica y finalidad, que incide precisamente en la ulterior vía contencioso-administrativa.

En el supuesto de hecho considerado en la Sentencia, el recurrente articuló su recurso contencioso-administrativo directamente contra la Resolución del TEAR que declaró inadmisible el recurso de anulación, deducido contra una primera Resolución que desestimó la reclamación interpuesta contra una liquidación provisional respecto del ITP-AJD. Pero lo hizo solicitando la anulación de todas las resoluciones administrativas que se acaban de citar. El problema surge porque la sentencia de instancia recurrida en amparo delimitó el objeto del recurso contencioso-administrativo ciñéndolo únicamente al examen de la adecuación a Derecho de la resolución del TEAR de inadmisión del recurso de anulación, excluyendo así el pronunciamiento sobre las cuestiones de fondo, pues no accedió a analizar la primera de las Resoluciones del TEAR y la liquidación de la que traía causa.

La respuesta del TC es contundente a la luz de su doctrina sobre el **principio *pro actione***. Dice así: «3. La Sentencia impugnada contiene expresamente una decisión de no pronunciamiento sobre el fondo y es doctrina reiterada de este Tribunal, como hemos señalado, entre otras muchas, en la STC 25/2010, de 27 de abril, FJ 3.º, que "el control constitucional de las decisiones de inadmisión o de no pronunciamiento sobre el fondo ha de verificarse de forma especialmente intensa, dada la vigencia aquí del principio *pro actione*, principio de obligada observancia por los Jueces y Tribunales que impide que determinadas interpretaciones y aplicaciones de los requisitos establecidos legalmente para acceder al proceso eliminen u obstaculicen injustificadamente el derecho a que un órgano judicial conozca y resuelva en Derecho sobre la pretensión a él sometida".

»Ciertamente, "el principio *pro actione* no debe entenderse como la forzosa selección de la interpretación más favorable a la admisión o a la resolución del problema de fondo de entre todas las posibles de las normas que la regulan, ya que esta exigencia llevaría al Tribunal Constitucional a entrar en cuestiones de legalidad procesal que corresponden a los Tribunales ordinarios (SSTC 207/1998, de 26 de octubre, FJ 2.º; 78/1999, de 26 de abril, FJ 3.º; 64/2005, de 14 de marzo, FJ 2.º, por todas)", y es que "lo que en realidad implica este principio es la interdicción de aquellas decisiones de inadmisión —o de no pronunciamiento— que por su rigorismo, por su formalismo excesivo o por cualquier otra razón revelen una clara desproporción entre los fines que aquellas causas de inadmisión —o no pronunciamiento sobre el fondo— preservan y los intereses que sacrifican [...]" (STC 25/2010, de 27 de abril, FJ 3.º).»

A la vista de lo anterior, y tras considerar el contenido del precepto legal, afirma:

«4. [...] la pregunta a contestar es la de si la interposición de un "recurso de anulación" previo, facultativo y con motivos tasados —concretados por razones de gravedad, por un lado, y de una cierta sencillez que facilita su apreciación, por otro— traslada al ulterior recurso, en este caso jurisdiccional, la limitación de la *cognitio* que es propia del señalado cauce previo.

»El recurso de anulación establecido en el art. 239.6 LGT, de motivos tasados, *es un remedio que, en su "espíritu y finalidad" —art. 3.1, Título Preliminar del Código civil— aspira a hacer innecesario el planteamiento de un ulterior recurso, éste de plena* cognitio. *Así las cosas, carecería de sentido que un remedio, basado en motivos tasados y que tiene como finalidad evitar un recurso posterior, en caso de quedar frustrada tal finalidad, provocara para éste, que no ha podido evitarse, la misma limitación de la* cognitio *que es propia del remedio. Éste no sólo habría fracasado sino que, además, habría cercenado el contenido natural del recurso posterior que no había conseguido hacer innecesario.*

»Si alguna duda hubiera respecto del sentido del art. 239.6 LGT, quedaría aclarada por el art. 60 del Reglamento General en materia de revisión en vía administrativa, aprobado por RD 520/2005, de 13 de mayo, en sus apartados 2 —el plazo para la alzada sólo empieza a correr con la resolución expresa o presunta del recurso de anulación— y 4: "la resolución que se dicte como consecuencia del recurso de anulación sólo podrá ser impugnada en el mismo recurso que pudiera proceder contra el acuerdo o la resolución de la reclamación", lo que implica que el recurso de anulación no sólo no influye, recortándolo, en el ámbito objetivo de la *cognitio* del ulterior recurso, sino que, al contrario, es la resolución del recurso

trativas, las personas a que se refiere el artículo 241.3 de esta ley podrán interponer recurso de anulación en el plazo de quince días ante el tribunal que hubiera dictado la resolución que se impugna, exclusivamente en los siguientes casos:

a) Cuando se haya declarado incorrectamente la inadmisibilidad de la reclamación.

b) Cuando se hayan declarado inexistentes las alegaciones o pruebas oportunamente presentadas en la vía económico-administrativa.

c) Cuando se alegue la existencia de incongruencia completa y manifiesta de la resolución.

2. También podrá interponerse recurso de anulación contra el acuerdo de archivo de actuaciones al que se refiere el artículo 238 de esta ley.

3. No podrá deducirse nuevamente este recurso frente a su resolución. El recurso de anulación no procederá frente a la resolución del recurso extraordinario de revisión.

4. El escrito de interposición incluirá las alegaciones y adjuntará las pruebas pertinentes. El tribunal resolverá sin más trámite en el plazo de un mes, entendiéndose desestimado en caso contrario.

5. La interposición del recurso de anulación suspenderá el plazo para la interposición del recurso ordinario de alzada que, en su caso, proceda contra la resolución impugnada, cuyo cómputo se iniciará de nuevo el día siguiente al de la notificación de la resolución desestimatoria del recurso de anulación o el día siguiente a aquel en que se entienda desestimado por silencio administrativo.

Si la resolución del recurso de anulación fuese estimatoria, el recurso ordinario de alzada que, en su caso, proceda se interpondrá contra la citada resolución, iniciándose el cómputo del plazo para interponerlo el día siguiente al de la notificación de la resolución estimatoria.

6. Si la resolución del recurso de anulación desestimase el mismo, el recurso que se interponga tras la reso-

---

de anulación la que pierde su sustantividad, pues se engloba, para su impugnación, dentro del contenido más amplio de ese recurso posterior.

»5. La Sentencia aquí impugnada no lo ha entendido así [...]. Con ello traslada la limitación de la *cognitio* del recurso de anulación al posterior recurso contencioso-administrativo que aquél no consiguió evitar.

»Tal solución es fruto de una interpretación del art. 239.6 LGT claramente desproporcionada, habida cuenta de que *la finalidad perseguida por el recurso de anulación, que es la de evitar la interposición de un ulterior recurso*, para nada exige que éste quede sometido a la misma limitación de la *cognitio* que afecta a aquél, con lo que ha venido a crearse una causa de no pronunciamiento sobre el fondo del asunto desprovista de base legal.

»Por todo ello, debemos concluir que el órgano judicial, al limitar su enjuiciamiento a la resolución por la que se inadmitió el recurso de anulación y no llegar a pronunciamiento alguno sobre el contenido de los motivos de fondo suscitados en el recurso contencioso-administrativo, ha dejado de dar respuesta a todas las cuestiones controvertidas en el proceso, como establece el art. 67.1 de la Ley reguladora de la Jurisdicción Contencioso-administrativa, sin que exista una causa legal que fundamente su decisión de no pronunciamiento, vulnerando de este modo el derecho del recurrente a la tutela judicial efectiva en su vertiente de derecho de acceso a la jurisdicción.»

Art. 241 bis.6: STS de 3 de mayo de 2022. Rec. 4707/2020. Pte. J. A. Montero: Cuestión de interés casacional: «Determinar si, con ocasión de la impugnación de una resolución económico-administrativa que desestima un recurso de anulación del artículo 241 bis de la LGT, la sentencia puede analizar, en todo caso, la primigenia resolución dictada por el tribunal económico-administrativo que fue objeto del recurso de anulación o únicamente cuando aprecie que el recurso de anulación debió haber sido estimado al entender que existía una causa de anulación de las contempladas en el expresado precepto.» Sobre la cuestión que nos ocupa puede señalarse el Acuerdo no jurisdiccional del Pleno de la Sala Tercera del Tribunal Supremo celebrado en fecha 3 de noviembre de 2021, en el que se dejó dicho que: «La sentencia de casación debe limitar su examen a las infracciones jurídicas planteadas en el escrito de interposición sobre lasque previamente se ha apreciado el interés casacional en el auto de admisión, pero puede extenderse a otras infracciones jurídicas asimismo planteadas en el escrito de interposición (y antes anunciadas en el de

lución del recurso de anulación servirá para impugnar tanto esta resolución como la dictada antes por el tribunal económico-administrativo objeto del recurso de anulación, pudiendo plantearse en ese recurso tanto las cuestiones relativas a los motivos del recurso de anulación como cualesquiera otras relativas al fondo del asunto y al acto administrativo inicialmente impugnado.

Art. 241 ter. *Recurso contra la ejecución.*—1. Los actos de ejecución de las resoluciones económico-administrativas se ajustarán exactamente a los pronunciamientos de aquéllas.

2. Si el interesado está disconforme con los actos dictados como consecuencia de la ejecución de una resolución económico-administrativa, podrá presentar este recurso.

3. Será competente para conocer de este recurso el órgano del Tribunal que hubiera dictado la resolución que se ejecuta. La resolución dictada podrá establecer los términos concretos en que haya de procederse para dar debido cumplimiento al fallo.

4. El plazo de interposición de este recurso será de un mes a contar desde el día siguiente al de la notificación del acto impugnado.

5. La tramitación de este recurso se efectuará a través del procedimiento abreviado, salvo en el supuesto específico en que la resolución económico-administrativa hubiera ordenado la retroacción de actuaciones, en cuyo caso se seguirá por el procedimiento abreviado o general que proceda según la cuantía de la reclamación inicial. El procedimiento aplicable determinará el plazo en el que haya de ser resuelto el recurso.

6. En ningún caso se admitirá la suspensión del acto recurrido cuando no se planteen cuestiones nuevas respecto a la resolución económico-administrativa que se ejecuta.

7. No cabrá la interposición de recurso de reposición con carácter previo al recurso contra la ejecución.

8. El Tribunal declarará la inadmisibilidad del recurso contra la ejecución respecto de aquellas cuestiones que se planteen sobre temas ya decididos por la resolución que se ejecuta, sobre temas que hubieran podido ser planteados en la reclamación cuya resolución se ejecuta o cuando concurra alguno de los supuestos a que se refiere el artículo 239.4 de esta ley.

---

preparación) siempre y cuando guarden relación de conexidad lóqico-jurídica con las identificadas en el auto de admisión como dotadas de interés casacional. Del mismo modo, la Sala entiende que, aún habiéndose interpretado la cuestión dotada de interés casacional en el sentido propugnado por la parte recurrente, puede ser pertinente la retroacción de las actuaciones para que la Sala de instancia vuelva a resolver sobre el fondo, si las actuaciones practicadas en la instancia adolecen de insuficiencias que impiden al Tribunal Supremo formar un juicio con las debidas garantías sobre el tema litigioso». Dado que la cuestión de fondo, sobre la base de los motivos opuestos en demanda en la instancia, ha quedado imprejuzgada, procede, conforme dispone el art. 93.1 de la LJCA, «Podrá asimismo, cuando justifique su necesidad, ordenar la retroacción de actuaciones a un momento determinado del procedimiento de instancia para que siga el curso ordenado por la ley hasta su culminación, la retroacción para que la Sala de instancia resuelva sobre el fondo en los términos en que se planteó la controversia y pretensiones de las partes» (FD 3.º).

Art. 241 ter: Introducido, con efectos desde el 12 de octubre de 2015, por el art. único.52 de la Ley 34/2015, de 21 de septiembre, de modificación parcial de la LGT (*BOE* n.º 227, de 22 de septiembre), cuya Disp. Trans. única.7.*a*) establece que este artículo será de aplicación a las reclamaciones y recursos interpuestos desde su entrada en vigor. Vid. nota al art. 239.3 LGT (§ I). **STS de 19 de mayo 2020. Rec. 5693/2017. Ponente: E. Córdoba Castroverde**: «las cuestiones que se susciten en relación con la nueva liquidación dictada por la Administración tributaria en cumplimiento de la resolución de un órgano económico-administrativo deben enmarcarse en el ámbito propio de la ejecución de esta clase de resoluciones». (FD 4.º).

Art. 242. *Recurso extraordinario de alzada para la unificación de criterio.*— 1. Las resoluciones dictadas por los tribunales económico-administrativos regionales y locales y por los órganos económico-administrativos de las Comunidades Autónomas y de las Ciudades con Estatuto de Autonomía que no sean susceptibles de recurso de alzada ordinario y, en su caso, las dictadas por los órganos económico-administrativos de las Comunidades Autónomas y de las Ciudades con Estatuto de Autonomía en única instancia, podrán ser impugnadas, mediante el recurso extraordinario de alzada para la unificación de criterio, por los Directores Generales del Ministerio de Economía y Hacienda y por los Directores de Departamento de la Agencia Estatal de Administración tributaria y por los órganos equivalentes o asimilados de las Comunidades Autónomas y de las Ciudades con Estatuto de Autonomía respecto a las materias de su competencia, cuando estimen gravemente dañosas y erróneas dichas resoluciones, o cuando apliquen criterios distintos a los contenidos en resoluciones de otros Tribunales Económico-Administrativos del Estado o de los órganos económico-administrativos de las Comunidades Autónomas y de las Ciudades con Estatuto de Autonomía.

Cuando los tribunales económico-administrativos regionales o locales o los órganos económico-administrativos de las Comunidades Autónomas y de las Ciudades con Estatuto de Autonomía dicten resoluciones adoptando un criterio distinto al seguido con anterioridad, deberán hacerlo constar expresamente en las resoluciones.

2. El plazo para interponer el recurso extraordinario de alzada para la unificación de criterio será de tres meses contados desde el día siguiente al de la notificación de la resolución.

Si la resolución no ha sido notificada al órgano legitimado para recurrir, el plazo de tres meses para interponer el

---

Art. 242: Nueva redacción, con efectos desde el 1 de enero de 2010, por la Disp. Final 3.ª, apartado ocho, de la Ley 22/2009, de 18 de diciembre, por la que se regula el sistema de financiación de las Comunidades Autónomas (*BOE* de 19 de diciembre).

Art. 242.1: Nueva redacción, con efectos desde el 12 de octubre de 2015, por el art. único.53 de la Ley 34/2015, de 21 de septiembre, de modificación parcial de la LGT (*BOE* n.º 227, de 22 de septiembre), cuya Disp. Trans. única.7.*a*) establece que este apartado será de aplicación a las reclamaciones y recursos interpuestos desde su entrada en vigor. Su **redacción anterior** era la siguiente:

1. Las resoluciones dictadas por los tribunales económico-administrativos regionales y locales y por los órganos económico-administrativos de las Comunidades Autónomas y de las Ciudades con Estatuto de Autonomía que no sean susceptibles de recurso de alzada ordinario y, en su caso, las dictadas por los órganos económico-administrativos de las Comunidades Autónomas y de las Ciudades con Estatuto de Autonomía en única instancia, podrán ser impugnadas, mediante el recurso extraordinario de alzada para la unificación de criterio, por los Directores Generales del Ministerio de Economía y Hacienda y por los Directores de Departamento de la Agencia Estatal de Administración tributaria y por los órganos equivalentes o asimilados de las Comunidades Autónomas y de las Ciudades con Estatuto de Autonomía respecto a las materias de su competencia, cuando estimen gravemente dañosas y erróneas dichas resoluciones, cuando no se adecuen a la doctrina del Tribunal Económico-Administrativo Central o cuando apliquen criterios distintos a los empleados por otros tribunales económico-administrativos regionales o locales o por los órganos económico-administrativos de las Comunidades Autónomas y de las Ciudades con Estatuto de Autonomía.

Cuando los tribunales económico-administrativos regionales o locales o los órganos económico-administrativos de las Comunidades Autónomas y de las Ciudades con Estatuto de Autonomía dicten resoluciones adoptando un criterio distinto al seguido con anterioridad, deberán hacerlo constar expresamente en las resoluciones.

Resolución TEAC de 5 de julio de 2016: ***La Administración Tributaria está vinculada por los criterios que fija el TEAC, con carácter reiterado, en recursos extraordinarios de alzada para la unificación de criterios.***

Art. 242.2: Vid. jurisprudencia citada en nota al art. 241.3 LGT (§ I).

recurso se contará desde el momento en que dicho órgano tenga conocimiento del contenido esencial de la misma por cualquier medio.

El documento acreditativo de la notificación recibida o, en su caso, del conocimiento del contenido esencial de la resolución, deberá acompañarse al escrito de interposición del recurso.

3. La resolución deberá dictarse en el plazo de tres meses y respetará la situación jurídica particular derivada de la resolución recurrida, fijando la doctrina aplicable.

4. Los criterios establecidos en las resoluciones de estos recursos serán vinculantes para los tribunales económico-administrativos, para los órganos económico-administrativos de las Comunidades Autónomas y de las Ciudades con Estatuto de Autonomía y para el resto de la Administración tributaria del Estado y de las Comunidades Autónomas y Ciudades con Estatuto de Autonomía.

Art. 243. *Recurso extraordinario para la unificación de doctrina.*— 1. Contra las resoluciones en materia tributaria dictadas por el Tribunal Económico-Administrativo Central podrá interponerse recurso extraordinario para la unificación de doctrina por el Director General de Tributos del Ministerio de Economía y Hacienda, cuando esté en desacuerdo con el contenido de dichas resoluciones.

Dicho recurso extraordinario también podrá ser interpuesto por los Directores Generales de Tributos de las Comunidades Autónomas y Ciudades con Estatuto de Autonomía, u órganos equivalentes, cuando el recurso tenga su origen en una resolución de un órgano dependiente de la respectiva Comunidad Autónoma o Ciudad con Estatuto de Autonomía.

2. Será competente para resolver este recurso la Sala Especial para la Unificación de Doctrina, que estará compuesta por el Presidente del Tribunal Económico-Administrativo Central, que la presidirá, tres vocales de dicho Tribunal, el Director General de Tributos del Ministerio de Economía y Hacienda, el Director General de la Agencia Estatal de Administración Tributaria, el Director General o el Director del Departamento de la Agencia Estatal de Administración Tributaria del que dependa funcionalmente el órgano que hubiera dictado el acto a que se refiere la resolución objeto del recurso y el Presidente del Consejo para la Defensa del Contribuyente.

Cuando el recurso tenga su origen en una resolución de un órgano dependiente de una Comunidad Autónoma o Ciudad con Estatuto de Autonomía, las referencias al Director de la Agencia Estatal de Administración Tributaria y al Director General o Director del Departamento de la Agencia Estatal de Administración Tributaria se entenderán realizadas a los órganos equivalentes o asimilados de dicha Comunidad Autónoma o Ciudad con Estatuto de Autonomía.

3. La resolución que se dicte se adoptará por decisión mayoritaria de los

---

Art. 242.3: Nueva redacción, con efectos desde el 12 de octubre de 2015, por el art. único.53 de la Ley 34/2015, de 21 de septiembre, de modificación parcial de la LGT (*BOE* n.º 227, de 22 de septiembre), cuya Disp. Trans. única.7.*a*) establece que este apartado será de aplicación a las reclamaciones y recursos interpuestos desde su entrada en vigor. Su **redacción anterior** era la siguiente:

3. La resolución deberá dictarse en el plazo de seis meses y respetará la situación jurídica particular derivada de la resolución recurrida, unificando el criterio aplicable.

Art. 243: Nueva redacción, con efectos desde el 1 de enero de 2010, por la Disp. Final 3.ª, apartado nueve, de la Ley 22/2009, de 18 de diciembre (*BOE* de 19 de diciembre).

Vid. art. 61.4 RR.

Resolución TEAC 5 de julio de 2016: ***La Administración Tributaria está vinculada por los criterios que fija el TEAC, con carácter reiterado, en recursos extraordinarios para la unificación de doctrina.***

integrantes de la Sala Especial. En caso de empate, el Presidente tendrá siempre voto de calidad.

4. La resolución deberá dictarse en el plazo de seis meses y respetará la situación jurídica particular derivada de la resolución recurrida, estableciendo la doctrina aplicable.

5. La doctrina establecida en las resoluciones de estos recursos será vinculante para los tribunales económicoadministrativos, para los órganos económico-administrativos de las Comunidades Autónomas y de las Ciudades con Estatuto de Autonomía y para el resto de la Administración tributaria del Estado y de las Comunidades Autónomas y Ciudades con Estatuto de Autonomía.

Art. 244. *Recurso extraordinario de revisión.*—1. El recurso extraordinario de revisión podrá interponerse por los interesados contra los actos firmes de la Administración tributaria y contra las resoluciones firmes de los órganos económico-administrativos cuando concurra alguna de las siguientes circunstancias:

a) Que aparezcan documentos de valor esencial para la decisión del asunto que fueran posteriores al acto o resolución recurridos o de imposible aportación al tiempo de dictarse los mismos y que evidencien el error cometido.

b) Que al dictar el acto o la resolución hayan influido esencialmente documentos o testimonios declarados falsos por sentencia judicial firme anterior o posterior a aquella resolución.

c) Que el acto o la resolución se hubiese dictado como consecuencia de prevaricación, cohecho, violencia, maquinación fraudulenta u otra conducta punible y se haya declarado así en virtud de sentencia judicial firme.

2. La legitimación para interponer este recurso será la prevista en el apartado 3 del artículo 241.

3. Se declarará la inadmisibilidad del recurso cuando se aleguen circuns-

---

Art. 244: Vid. art. 62 RR. En la **Resolución de 2 de febrero de 2017,** el **TEAC** concluye que es **improcedente interponer recurso extraordinario de revisión una vez interpuesto recurso contencioso-administrativo, toda vez que el artículo 244 Ley 58/2003, LGT lo circunscribe a los actos y resoluciones firmes, a diferencia del artículo 118 de la Ley 30/1992 —hoy art. 125 LPACAP—, que atiende a los actos firmes en vía administrativa.** La firmeza contemplada en el artículo 244 LGT exige el agotamiento de todas las vías ordinarias de revisión, tanto administrativas como jurisdiccionales. Por otra parte, una vez interpuesto recurso contencioso-administrativo, cuando recae sentencia y ésta adquiere firmeza, tampoco cabe recurso extraordinario de revisión en aplicación de lo dispuesto en el artículo 213.3 LGT.

Art. 244.1.a): Vid. arts. 125 y 126 LPACAP y Resolución del TEAC de 2 de marzo de 2005. **En STS 513/2020, de 19 de mayo (rec. 1571/2018. Ponente: J. Díaz Delgado.**) se establece que ***a efectos de revisión es documento esencial una sentencia civil firme en virtud de la cual desaparece el presupuesto determinante de la liquidación tributaria girada.*** En *Resolución del TEAC de 19 de enero de 2007*, se considera que una resolución de un órgano gestor de la AEAT que reconoce la existencia de un error y ordena la devolución de ingresos, por indebidos, constituye un documento de valor esencial que permite la interposición de un recurso extraordinario de revisión. Por el contrario, «según criterio reiteradamente mantenido por este Tribunal Central, no puede comprenderse en este concepto la aportación o cita de doctrina legal, constituida por Sentencias de los Tribunales, o de los criterios interpretativos de las normas utilizados para fundamentar las resoluciones de los Tribunales económico-administrativos, o por Resoluciones de la Dirección General de Tributos, ya que la aportación de este tipo de documentos estaría dirigida a revisar la normativa o doctrina que debe o ha debido aplicarse, función ésta atribuida a los recursos ordinarios y no al que plantea la interesada, que tiene carácter de extraordinario, por lo que no puede prosperar. En definitiva, entiende el TEAC que la expresión legal «*documentos de valor esencial para la decisión del asunto*» «hace referencia a un determinado medio de prueba, en el sentido de examen y comprobación del elemento fáctico sobre el que recayó el acto administrativo o la resolución impugnada, completándolo con los hechos que se reflejan en el documento ignorado que no se ha tenido en cuenta al dictarse el acuerdo impugnado y que, dado su "valor esencial", podría constituir un sólido fundamento para aprobar una resolución diferente» (vid. *Resolución del TEAC de 19 de abril de 2007*).

tancias distintas a las previstas en el apartado anterior.

4. Será competente para resolver el recurso extraordinario de revisión el Tribunal Económico-Administrativo Central.

Para declarar la inadmisibilidad el tribunal podrá actuar de forma unipersonal.

5. El recurso se interpondrá en el plazo de tres meses a contar desde el conocimiento de los documentos o desde que quedó firme la sentencia judicial.

6. La resolución del recurso extraordinario de revisión se dictará en el plazo de seis meses. Transcurrido ese plazo sin haberse notificado resolución expresa, el interesado podrá entender desestimado el recurso.

SECCIÓN 3.ª

*Procedimiento abreviado**

Art. 245. *Ámbito de aplicación.*— 1. Las reclamaciones económico-administrativas se tramitarán por el procedimiento previsto en esta sección cuando sean de cuantía inferior a la que se determine reglamentariamente.

2. Las reclamaciones económico-administrativas tramitadas por este procedimiento se resolverán en única instancia por los tribunales económico-administrativos. Para resolver, los tribunales económico-administrativos podrán actuar de forma unipersonal.

3. El procedimiento abreviado se regulará por lo dispuesto en esta sección,

---

Art. 244.6: Nueva redacción, con efectos desde el 12 de octubre de 2015, por el art. único.54 de la Ley 34/2015, de 21 de septiembre, de modificación parcial de la LGT (*BOE* n.º 227, de 22 de septiembre). Su **redacción anterior** era la siguiente:

6. En la resolución del recurso extraordinario de revisión será de aplicación lo dispuesto en el apartado 1 del artículo 240 de esta ley.

* **Nueva redacción de esta rúbrica, con efectos desde el 12 de octubre de 2015, por el art. único.55 de la Ley 34/2015, de 21 de septiembre, de modificación parcial de la LGT** (*BOE* n.º 227, de 22 de septiembre). Su **redacción anterior** era la siguiente:

Procedimiento abreviado ante órganos unipersonales.

Vid. Disp. Trans. 5.ª3 LGT (§ I) y arts. 32, 64 y 65 RR.

Art. 245: Nueva redacción, con efectos desde el 12 de octubre de 2015, por el art. único.56 de la Ley 34/2015, de 21 de septiembre, de modificación parcial de la LGT (*BOE* n.º 227, de 22 de septiembre), cuya Disp. Trans. única.1.*a)* establece que este artículo será de aplicación a las reclamaciones y recursos interpuestos desde su entrada en vigor. Su **redacción anterior** era la siguiente:

Art. 245. Ámbito de aplicación.—1. Las reclamaciones económico-administrativas se tramitarán por el procedimiento previsto en esta sección:

a) Cuando sean de cuantía inferior a la que reglamentariamente se determine.

b) Cuando se alegue exclusivamente la inconstitucionalidad o ilegalidad de normas.

c) Cuando se alegue exclusivamente falta o defecto de notificación.

d) Cuando se alegue exclusivamente insuficiencia de motivación o incongruencia del acto impugnado.

e) Cuando se aleguen exclusivamente cuestiones relacionadas con la comprobación de valores.

f) Cuando concurran otras circunstancias previstas reglamentariamente.

2. Las reclamaciones económico-administrativas tramitadas por este procedimiento se resolverán en única instancia por los tribunales económico-administrativos mediante los órganos unipersonales que se determinen reglamentariamente.

3. El procedimiento abreviado ante órganos unipersonales se regulará por lo dispuesto en esta sección, por las normas reglamentarias que se dicten en su desarrollo y, en defecto de norma expresa, por lo dispuesto en este capítulo.

Art. 245.1: Vid. art. 64 RR.

Art. 245.3: STS de 3 de junio de 2019 (Rec. 84/2018. Ponente: J.A. Montero): «...la modificación del art. 51.2 del Real Decreto 520/2005 , introducida por el Real Decreto 1073/2017, en tanto cuantifica el importe de forma general y abstracta desvinculándolo del concreto procedimiento en el que se produce los gastos a sufragar y prescindiendo de estos, en tanto que se desconecta de los costes del concreto procedimiento, le hace perder su verdadera naturaleza, pues ya no podemos estar hablando de costas del procedimiento, sino, dependiendo de la perspectiva desde la que

por las normas reglamentarias que se dicten en su desarrollo y, en defecto de norma expresa, por lo dispuesto en este capítulo.

Art. 246. *Iniciación.*—1. La reclamación se iniciará mediante escrito que deberá incluir el siguiente contenido:

a) Identificación del reclamante y del acto o actuación contra el que se reclama, el domicilio para notificaciones y el tribunal ante el que se interpone.

En los casos de reclamaciones relativas a retenciones, ingresos a cuenta, repercusiones, obligación de expedir y entregar factura o relaciones entre el sustituto y el contribuyente, el escrito deberá identificar también a la persona recurrida y su domicilio.

b) Alegaciones que, en su caso, se formulen.

Si el reclamante precisase del expediente para formular sus alegaciones, deberá comparecer ante el órgano que dictó el acto impugnado durante el plazo de interposición de la reclamación, para que se le ponga de manifiesto, lo que se hará constar en el expediente.

Al escrito de interposición se adjuntará copia del acto que se impugna, así como las pruebas que se estimen pertinentes.

2. La reclamación se dirigirá al órgano al que se refieren los apartados 3 y 5 del artículo 235 de esta ley, y será de aplicación lo dispuesto en dichos apartados.

Art. 247. *Tramitación y resolución.*—1. El órgano económico-

---

nos aproximemos, tal y como hacen las partes al examinar el art. 51.2, cabe identificarlas como tasa, como medida sancionadora o como prestación patrimonial de carácter público no tributario, y de ser alguna de estas figuras lo que es evidente es que no pueden ser costas del procedimiento. Es la propia parte recurrida la que en definitiva viene a negar a las costas del procedimiento su condición de tal, y aboga porque se considere que los arts. 245 de la Ley y 51.2 del Reglamento establecen una prestación patrimonial de carácter público no tributario. Lo cual debe llevarnos estimar la pretensión de la parte recurrente en este punto y declarar la nulidad del art. 51.2 del Real Decreto 520/2005, modificado por Real Decreto 1073/2017».

Art. 246: Nueva redacción, con efectos desde el 12 de octubre de 2015, por el art. único.57 de la Ley 34/2015, de 21 de septiembre, de modificación parcial de la LGT (*BOE* n.º 227, de 22 de septiembre), cuya Disp. Trans. única.7.*a*) establece que este artículo será de aplicación a las reclamaciones y recursos interpuestos desde su entrada en vigor. Su redacción anterior era la siguiente:

Art. 246. Iniciación.—1. La reclamación deberá iniciarse mediante escrito que necesariamente deberá incluir el siguiente contenido:

a) Identificación del reclamante y del acto o actuación contra el que se reclama, el domicilio para notificaciones y el tribunal ante el que se interpone.

En los casos de reclamaciones relativas a retenciones, ingresos a cuenta, repercusiones, obligación de expedir y entregar factura o relaciones entre el sustituto y el contribuyente, el escrito deberá identificar también a la persona recurrida y su domicilio.

b) Alegaciones que se formulan.

Al escrito de interposición se adjuntará copia del acto que se impugna, así como las pruebas que se estimen pertinentes.

2. La reclamación se dirigirá al órgano al que se refiere el apartado 3 del artículo 235 de esta ley, y será de aplicación lo dispuesto en dicho apartado.

Art. 246.1.b): *Resolución del TEAC de 27 de octubre de 2005*: la falta de presentación de alegaciones en el escrito de interposición por este procedimiento abreviado, aun cuando no es subsanable, no provoca la caducidad del procedimiento ni puede interpretarse como desistimiento tácito, lo que obliga a entrar en el examen del expediente, conforme a las facultades previstas en el art. 237 LGT (§ I). Vid. STC 75/2008, de 23 de junio, y STC 25/2010, de 27 de abril, en nota al art. 236.1 LGT (§ I).

Art. 247: Nueva redacción, con efectos desde el 12 de octubre de 2015, por el art. único.58 de la Ley 34/2015, de 21 de septiembre, de modificación parcial de la LGT (*BOE* n.º 227, de 22 de septiembre), cuya Disp. Trans. única.7.*a*) establece que este artículo será de aplicación a las reclamaciones y recursos interpuestos desde su entrada en vigor. Su **redacción anterior** era la siguiente:

administrativo podrá dictar resolución, incluso con anterioridad a recibir el expediente, siempre que de la documentación presentada por el reclamante resulten acreditados todos los datos necesarios para resolver.

2. El plazo máximo para notificar la resolución será de seis meses contados desde la interposición de la reclamación. Transcurrido dicho plazo sin que se haya notificado la resolución expresa, el interesado podrá considerar desestimada la reclamación al objeto de interponer el recurso procedente.

El órgano económico-administrativo deberá resolver expresamente en todo caso. El plazo para la interposición del recurso que proceda empezará a contarse desde el día siguiente a la notificación de la resolución ex-presa.

3. Transcurrido el plazo señalado en el apartado anterior desde la interposición de la reclamación sin haberse notificado resolución expresa y siempre que se haya acordado la suspensión del acto reclamado, dejará de devengarse el interés de demora en los términos previstos en el apartado 4 del artículo 26 de esta ley.

Art. 248. *Recursos.*—Contra las resoluciones que se dicten en el procedimiento previsto en esta sección no podrá interponerse recurso de alzada ordinario, pero podrán proceder, en su caso, los demás recursos regulados en la sección anterior.

SECCIÓN 4.ª

Recurso contencioso administrativo

Art. 249. *Recurso contencioso-administrativo.*—Las resoluciones que

---

Art. 247. Tramitación y resolución.—1. Cuando el órgano económico-administrativo lo estime necesario, de oficio o a instancia del interesado, convocará la celebración de una vista oral comunicando al interesado el día y la hora en que debe personarse al objeto de fundamentar sus alegaciones.

2. El órgano económico-administrativo podrá dictar resolución, incluso con anterioridad a recibir el expediente, siempre que de la documentación presentada por el reclamante resulten acreditados todos los datos necesarios para resolver.

3. El plazo máximo para notificar la resolución será de seis meses contados desde la interposición de la reclamación. Transcurrido dicho plazo sin que se haya notificado la resolución expresa, el interesado podrá considerar desestimada la reclamación al objeto de interponer el recurso procedente, cuyo plazo se contará a partir del día siguiente de la finalización del plazo de seis meses a que se refiere este apartado.

El órgano económico-administrativo deberá resolver expresamente en todo caso. El plazo para la interposición del recurso que proceda empezará a contarse desde el día siguiente a la notificación de la resolución expresa.

4. Transcurridos seis meses desde la interposición de la reclamación sin haberse notificado resolución expresa y siempre que se haya acordado la suspensión del acto reclamado, dejará de devengarse el interés de demora en los términos previstos en el apartado 4 del artículo 26 de esta ley.

Vid. arts. 26 LGT (§ I) y 65 RR.

Art. 247.2: Vid. art. 104.2 LGT (§ I).

Art. 249: STS de 21 de mayo de 2018. Rec. 113/2017. Ponente: J. Huelin. Cuando se discute exclusivamente la inconstitucionalidad de las disposiciones legales que dan cobertura a los actos de aplicación de los tributos y restantes ingresos de Derecho Público de las entidades locales, cuestión respecto de la que éstas carecen de competencia para pronunciarse o para proponerla a quien tiene competencia para ello, quedando constreñidas a aplicar la norma legal de que se trate, no resulta obligatorio interponer, como presupuesto de procedibilidad del ulterior recurso contencioso-administrativo, el correspondiente recurso administrativo previsto como preceptivo.

STS de 19 de mayo de 2020. Rec. 6242/2017. Ponente: A. Aguallo: 1. Una resolución de un tribunal económico-administrativo parcialmente estimatoria de las reclamaciones formuladas contra los acuerdos de liquidación y/o sancionadores practicados por la Inspección tributaria, aunque anule las liquidaciones y sanciones cuestionadas, es susceptible de recurso contencioso-administrativo, que no ha perdido su objeto, pues perdura el interés legítimo de quien instó la reclamación en que por el órgano jurisdiccional se examinen y resuelvan las pretensiones y motivaciones sustanciales alegadas en las reclamaciones y rechazadas por el tribunal económico-administrativo [art. 249 LGT; y arts. 19.1.a) y 25 de la LJCA]. La inadmisión de dicho recurso contencioso-administrativo o su desestimación por entender el órgano jurisdiccional que no procede pronunciarse acerca de las liquidaciones y/o sanciones parcialmente anuladas, supone desconocer el mandato del artículo 67.1 LJCA, y, por ende, una vulneración del derecho a obtener la tutela judicial efectiva garantizado en el artículo 24.1 CE en su vertiente de derecho de acceso a la jurisdicción.

2. Frente a las nuevas liquidaciones y sanciones que, en ejecución de la resolución del tribunal económico-administrativo parcialmente estimatoria, se practiquen en lugar de las anuladas, no cabe interponer recurso de reposición (art. 241 ter.7 LGT) ni reclamación económico-administrativa, sino el recurso contra la referida ejecución de la resolución regulado en los artículos 241 ter LGT y 68 RVA (arts. 241 ter.2 LGT y 68.1 RVA), recurso que, en ningún caso, podría fundarse en las pretensiones o alegaciones planteadas en la reclamación y ya rechazadas por la resolución del tribunal económico-administrativo que se ejecuta (arts. 241 ter.8 LGT y 68.2 RVA).

3. En principio, tampoco procedería interponer por quien formuló la reclamación económico-administrativa un recurso contencioso-administrativo contra las nuevas liquidaciones y sanciones que se apoyara en las pretensiones y los motivos alegados ante el tribunal económico-administrativo y desestimados por este, porque, en la parte de tales liquidaciones y sanciones confirmada por la resolución de dicho tribunal, serían actos consentidos y firmes, al no haberse acudido a la vía jurisdiccional para impugnar la resolución parcialmente desestimatoria (art. 28 LJCA). Véase la **STS de 26 de enero de 2012** (Rec. 4318/2008; ponente: A. Aguallo), citada en nota al art. 1.°1 LGT (§ I), que, partiendo del **carácter básico de la LGT en el sistema de recursos**, concluye en la **nulidad de una norma foral que permite que la vía económico-administrativa sea opcional, dejando en manos del interesado la posibilidad de acudir directamente a la jurisdicción contencioso-administrativa, sin necesidad de agotar la vía económico-administrativa.**

Doctrina constitucional sobre la tasa jurisdiccional en el orden civil: SSTC 20/2012, de 16 de febrero (*BOE* de 12 de marzo); 79/2012, de 17 de abril, y 85/2012, de 18 de abril (ambas de *BOE* de 16 de mayo) [vid. nota al art. 2.°2 LGT (§ I)]. Véanse, además, SSTC 141/1988, de 12 de julio (*BOE* de 8 de agosto), y 133/2004, de 22 de julio (*BOE* de 18 de agosto). Vid. Sentencia del Pleno del TC 140/2016, de 21 de julio.

Vid. art. 70 RR, sobre ejecución de resoluciones judiciales.

Vid., además, arts. 117 y 118 CE y 103 a 113 LJCA.

Plazo para la interposición del recurso: vid. arts. 46 y 128 LJCE. La *STC 52/2014, de 10 de abril* (*BOE* de 7 de mayo), se enfrenta, por primera vez, a la polémica surgida respecto del art. 46.1 LJCA en los casos de inactividad de la Administración en una cuestión de inconstitucionalidad y concluye: «[...] se puede entender que, a la luz de la reforma de 1999 de la Ley 30/1992, la impugnación jurisdiccional de las desestimaciones por silencio no está sujeta al plazo de caducidad previsto en el art. 46.1 LJCA.

»Así entendido, es manifiesto que el inciso legal cuestionado no impide u obstaculiza en forma alguna el acceso a la jurisdicción de los solicitantes o los terceros interesados afectados por una desestimación por silencio. Por todo ello, procede declarar que el inciso legal cuestionado no vulnera el art. 24.1 CE.

»Conclusión en parte coincidente con la que mantiene el Tribunal Supremo (SSTS 269/ 2004, de 23 de enero; 2024/2006, de 21 de marzo; 4384/2007, de 30 de mayo; 1600/2009, de 31 de marzo, y 1978/2013, de 17 de abril) en la interpretación de este precepto tras la reforma de la Ley 30/1992 operada por la referida Ley 4/1999, cuando se trata de supuestos en los que, como el que ha dado lugar al planteamiento de la presente cuestión, se reacciona frente a la desestimación por silencio.» La Sentencia cuenta con un Voto Particular formulado por la Magistrada Asúa Batarrita. Vid., además, la jurisprudencia recogida en el art. 222 LGT (§ I). Precisamente, el art. 4.° de la Ley 10/2012, de 20 de noviembre, por la que se regulan determinadas tasas en el ámbito de la Administración de Justicia y del Instituto Nacional de Toxicología y Ciencias Forenses (*BOE* de 21 de noviembre), contempla entre los supuestos de exención objetiva los casos de recurso contra el silencio negativo o la inactividad de la Administración. Vid. SSTS de 8 de noviembre de 2000, 9 de marzo de 2001 y 26 de abril de 2005 sobre el mes de agosto como período inhábil. Sobre tasas judiciales, vid. Sentencia del Pleno del TC 140/2016, de 21 de julio.

La Ley 37/2011, de 10 de octubre, de medidas de agilización procesal (*BOE* de 11 de octubre), introdujo sustanciales modificaciones en la LJCA. Debiendo destacarse, especialmente, las referentes al procedimiento abreviado (art. 78); a la elevación de las cuantías en los recursos de apelación (art. 81), casación [art. 86.2.*b*)] y casación para la unificación de doctrina (art. 96 y 99); a la ejecución de sentencias (art. 104); a las medidas cautelares (art. 135) y al régimen legal de las costas (art. 139.1). **STS 810/2020, de 18 de junio de 2020. Rec. 7369/2018. Ponente: N.A. Maurandi Guillén:** la **extensión de efectos del fallo**

de una sentencia firme en materia tributaria no requiere que el interesado, con carácter previo al escrito razonado que ha de dirigir al órgano jurisdiccional que ha dictado la sentencia cuya extensión de efectos se pretende, presente una solicitud de rectificación de la autoliquidación del tributo en cuestión ante la Administración tributaria.

STS de 23 de julio de 2020. Rec. 7678/2018. Ponente: F.J.Navarro Sanchis. Extensión de los efectos de una sentencia firme (artículo 110 LJCA) en materia tributaria. La solicitud de extensión de efectos, cuando lo pretendido por el interesado es obtener un derecho en contra de lo que había sido manifestado en una autoliquidación anterior, no exige que con anterioridad se haya pedido la rectificación de esa autoliquidación. Carece de sentido propio que se obligue al interesado a promover dicha solicitud ante la Administración cuando el asunto de fondo ya ha sido conocido en vía judicial. Improcedencia de comparar el acto firme y consentido, como impedimento de la extensión de efectos, con la situación en que se encuentra quien, estando abierto el plazo de prescripción del artículo 66.c) LJCA, no ha promovido aún la devolución. No hay aquí acto administrativo ni, consiguientemente, ni consentimiento ni firmeza.

STS 3488/2019, de 30.X.2019. Rec. 3738/2018. Ponente: R. Toledano: Se debe reconocer legitimación para recurrir en la vía contencioso-administrativa por ostentar un interés legítimo a quienes, sin ser los sujetos pasivos, asuman en virtud de pacto o contrato la obligación tributaria principal de pago de un tributo local —como el impuesto sobre incremento de valor de los terrenos de naturaleza urbana—, al estar legitimados para interponer el recurso de reposición tributario local en aquellos casos, como el presente, en que dicho recurso agota la vía administrativa local.

STS de 22 de julio de 2021. Rec. 499/2020. Ponente: E. Córdoba Castroverde: la resolución de un Tribunal económico-administrativo que anula los actos tributarios, ordenando la retroacción de actuaciones con la finalidad de que la Administración proceda a la correcta calificación de unas determinadas rentas, cuando dicha retroacción no fue solicitada ni directa ni indirectamente por el reclamente es susceptible de ser objeto de recurso contencioso-administrativo. **STS de 23 de junio de 2020. Rec. 5086/2017. Ponente: J.A. Montero.** Ejecución de sentencias firmes en el ámbito tributario. Doctrina general. La sentencia debe ejecutarse por los cauces de los artículos 103 y siguientes de la Ley 29/1998, de 13 de julio, reguladora de la Jurisdicción Contencioso-Administrativa.

STS de 2 de julio de 2020. Rec. 3780/2019. Ponente: A. Huet: cuando la notificación del acto recurrido se produce durante el mes de agosto, el día inicial del cómputo debe trasladarse al 1 de septiembre y, a partir de ahí, computar los dos meses de fecha a fecha. Esta es la única forma de respetar el mandato expreso e inequívoco del legislador, recogido en el art. 128.2 LJCA y que no corra el plazo durante el mes de agosto. En definitiva, salvo para el procedimiento para la protección de los derechos fundamentales, durante el mes de agosto no corre el plazo para interponer el recurso contencioso-administrativo.

STS de 27 de julio de 2021. Rec. 6012/2019. Ponente: R. Fernández Valverde: «... la doctrina del Tribunal Supremo en esta materia es clara. sí cabe en sede de revisión admitir documentación no aportada en sede de gestión. El **art. 34.1.r) de la LGT 58/2003** establece que constituye uno de los derechos de los obligados tributarios el *"presentar ante la Administración tributaria la documentaciónque estimen conveniente y que pueda ser relevante para la resolución del procedimiento tributario que se esté desarrollando*.". Por lo tanto, en línea de principio, ha de reconocerseque el contribuyente, en particular, y el obligado tributario, en general, pueden hacer aportaciones de documentos al expediente tributario en que se halle interesado. (...) Corolario de todo lo expuesto es que **resulta procedente la aportación de elementos de prueba en vía contenciosa cuando previamente no se había aportado documentación en sede del procedimiento administrativo de gestión**».

STS 1376/2021, de 25 de noviembre. Rec. 8158/2020. Ponente: W.F. Olea Godoy: «...*la exigencia de revisión por un tribunal superior de la sentencia confirmatoria de una resolución administrativa por la que se impone una sanción de naturaleza penal, a que se refiere el artículo 2 del Protocolo nº 7 del CEDH, en la interpretación dada por la sentencia del TEDH, de 30 de junio de 2020, en el asunto Saquetti c. España, puede hacerse efectiva mediante la interposición de recurso de casación, para cuya admisión habrá de valorarse si en el escrito de preparación se justifica la naturaleza penal de la infracción que ha sido objeto de sanción en los términos establecidos por el TEDH y el fundamento de las infracciones imputadas a la sentencia recurrida al confirmar la resolución administrativa sancionadora» (FD 7.º)*.

STS de 16 de noviembre de 2021. Rec. 2871/2020. Ponente: D.T. Berberoff: "*En los casos en los que, de conformidad con la normativa tributaria, la vía económico-administrativa resulte procedente, será necesario agotarla aun cuando la decisión sobre el fondo del asunto pueda depender, exclusivamente, de la interpretación del Derecho de la Unión Europea, al corresponder a los tribunales económicoadministrativos, garantizar su correcta aplicación en los términosque se derivan de la jurisprudencia del Tribunal de Justicia." En consecuencia, aunque la argumentación del auto recurrido difiera en algunos aspectos de la doctrina que se acaba*

pongan fin a la vía económico-admnistrativa serán susceptibles de recurso contencioso-administrativo ante el órgano jurisdiccional competente.

TÍTULO VI*

Actuaciones y procedimientos de aplicación de los tributos en supuestos de delito contra la Hacienda Pública

Art. 250. *Práctica de liquidaciones en caso de existencia de indicios de delitos contra la Hacienda Pública.*—1. Cuando la Administra-

---

de expresar, la decisión de la sala de instancia en orden a la inadmisibilidad del recurso contenciosoadministrativo fue correcta, a tenor del artículo 69 c) LJCA con relación al artículo 25.1 LJCA, procediendo, por tanto, la desestimación del recurso de casación." (FD sexto).

STS de 4 de mayo de 2021. Rec. 2504/2019. Ponente: E. Córdoba Castroverde: «... la anulación de una liquidación practicada como desenlace de un procedimiento iniciado mediante autoliquidación —arts. 119 a 121 y 125 a 126 de la NFGT de Guipúzcoa— y que la Sala de instancia considera semejante al de verificación de datos previsto en los artículos 131 a 133 de la LGT, cuando debió serlo en uno de comprobación limitada (arts. 130 a 134 de la NFGT y, en el ordenamiento común, en los arts. 136 a 140 de la LGT), integra un supuesto de nulidad de pleno derecho».

Cuando el precepto autonómico (foral, en el caso) sea idéntico al estatal y éste haya sido interpretado por la jurisprudencia, cabe el recurso de casación ante el Tribunal Supremo por infracción de la jurisprudencia, pues en el actual sistema de casación derivado de la Ley Orgánica 7/2015, de 21 de julio, el recurso de casación podrá ser admitido a trámite no solo cuando se invoca una concreta infracción del ordenamiento jurídico, tanto procesal como sustantiva, sino también de la Jurisprudencia (art. 88.1 LJCA).

Al respecto, es consolidada la doctrina de esta Sala —sentencia de esta misma Sección 2.ª de 14 de enero de 2013, recurso de casación 1574/2010, o, muy recientemente, auto de la Sección Primera de 1 de octubre de 2018, dictado en el recurso de queja núm. 67/2018— que señala lo siguiente: Cabe el recurso de casación cuando el derecho autonómico (foral, en este caso) invocado como infringido reproduzca normativa estatal de carácter básico y cuando se haga valer la vulneración de la jurisprudencia recaída sobre un precepto de derecho estatal que, aunque no tenga carácter básico, su contenido sea idéntico al del derecho autonómico aplicado, puesto que el valor de complementar el ordenamiento jurídico que el artículo 1.6 del Código Civil otorga a la jurisprudencia no desaparece por la existencia del Derecho autonómico.

* **Título VI añadido, con sus arts. 250 a 259 y efectos desde el 12 de octubre de 2015, por el art. único.59 de la Ley 34/2015, de 21 de septiembre, de modificación parcial de la LGT (*BOE* n.º 227, de 22 de septiembre), cuya Disp. Trans. única.8 establece que lo dispuesto en este título VI resultará de aplicación en los procedimientos iniciados con anterioridad a la fecha de su entrada en vigor en los que, concurriendo los indicios a los que se refiere el art. 250.1 LGT (§ I), a dicha fecha aún no se hubiese producido el pase del tanto de culpa a la jurisdicción competente o la remisión del expediente al Ministerio Fiscal.**

Vid. arts. 305 a 310 CP (§ II), 251 a 259 y Disps. Adics. 10.ª y 19.ª LGT (§ I), así como las modificaciones introducidas por las Leyes 34/2015, de 21 de septiembre, y 11/2021, de 9 de julio, en la Ley de Enjuiciamiento Criminal (§ V) y en la Ley reguladora de la Jurisdicción Contencioso-Administrativa (§ VI).

Art. 250.1: Sentencia del Tribunal Supremo núm. 1246/2019, de 25 de septiembre, rec. 85/2018. El Supremo rechaza la posibilidad de denunciar un delito fiscal ya sancionado o liquidado introducida por reforma de 2017 en el Reglamento de Inspección tributaria: La posibilidad de que la Administración, cuando aprecie indicios de la existencia de delito contra la Hacienda Pública, eleve el tanto de culpa a la jurisdicción penal o remita al Fiscal las actuaciones «en cualquier momento, con independencia de que hubiere dictado liquidación administrativa o, incluso, impuesto sanción» resulta contraria a la ley, lo que obliga a anular el número 2 del artículo **197.bis** del **Real Decreto 1065/2007, de 27 de julio**, en la redacción derivada del Real Decreto 1070/207, de 29 de diciembre.

Vid. arts. 305 —especialmente apdo. 5— y 305 bis CP (§ II) y arts. 251 y 254.3 LGT (§ I). Vid. arts. 32 y 33 del RST, tal y como han sido redactados por el RD 1.072/2017, de 29 de diciembre (*BOE* de 30 de diciembre).

El art. 3.º del **RD 1.804/2008, de 3 de noviembre**, por el que se desarrolla la Ley 36/2006, de 29 de noviembre, ha modificado los apdos. 3 y 4 del art. 32 RST, suprimiendo todo lo relativo al trámite

ción tributaria aprecie indicios de delito contra la Hacienda Pública, se continuará la tramitación del procedimiento con arreglo a las normas generales que resulten de aplicación, sin perjuicio de que se pase el tanto de culpa a la jurisdicción competente o se remita el expediente al Ministerio Fiscal, y con sujeción a las reglas que se establecen en el presente título.

Salvo en los casos a que se refiere el artículo siguiente, procederá dictar liquidación de los elementos de la obligación tributaria objeto de comprobación, separando en liquidaciones diferentes aquellos que se encuentren vinculados con el posible delito contra la Hacienda Pública y aquellos que no se encuentren vinculados con el posible delito contra la Hacienda Pública.

2. La liquidación que en su caso se dicte, referida a aquellos elementos de la obligación tributaria que se encuentren vinculados con el posible delito contra la

---

de audiencia al interesado, en coherencia con la redacción vigente tras la Ley 36/2006, de 29 de noviembre, y añadiendo la ***exigencia de que la decisión del Delegado o Director del Departamento competente —sobre remisión o devolución del expediente— se someta al informe previo del órgano con funciones de asesoramiento jurídico.***

De acuerdo con el **art. 62 de la Ley 22/2009, de 18 de diciembre** (*BOE* de 19 de diciembre), en los tributos cedidos, excepto el IRPF, ***será la autoridad competente de la Comunidad Autónoma respectiva la que pondrá en conocimiento del Ministerio Fiscal los hechos que estime constitutivos de delitos contra la Hacienda Pública con arreglo al Código Penal.*** Dicho precepto dispone también que la Administración del Estado y las de las Comunidades Autónomas se comunicarán a los efectos oportunos los hechos con trascendencia para su tipificación como posible delito contra la Hacienda Pública, y de los que tengan conocimiento como consecuencia del ejercicio de sus respectivas competencias en materia tributaria.

Vid. art. 81.6.*a*) y 8 LGT (§ I) sobre medidas cautelares. El art. 189.3 LGT (§ I) configura la «remisión del tanto de culpa a la jurisdicción penal» como una de las causas de interrupción del plazo de prescripción para imponer sanciones tributarias.

Vid., especialmente, **SSTS 1700/2011, de 10 de marzo (Rec. 2372/2006), y 2576/2011, de 20 de abril (Rec. 371/2006), citadas en nota al art. 150.4 LGT** (§ I).

Pese a la trascendencia de la novedad que comportaba la redacción ahora derogada, la aplicación práctica de esta garantía se estaba viendo enturbiada por el criterio administrativo que, con base en una discutible interpretación de la Disp. Trans. 4.ª de la propia LGT (§ I), lo excluía respecto de los expedientes anteriores a su entrada en vigor (el 1 de julio de 2004). Pero es que, además, la doctrina sentada por la STC 18/2005, de 1 de febrero, le añadió otra dificultad, en tanto parece atribuirle relevancia a este trámite de audiencia al interesado únicamente en el proceso penal, de manera que cualquier vulneración en el procedimiento administrativo previo se subsana si en aquél se observan todas las garantías. Desconociéndose así que dicho trámite puede cumplir igualmente en el procedimiento administrativo previo la función que le atribuye la STC 204/2004, de 18 de noviembre, de «poner a disposición del Juez un medio que le permita conocer la opinión de los sujetos interesados con el fin de facilitar su reflexión sobre la conveniencia o no de proceder a la apertura de dicho proceso» (en referencia al planteamiento de una cuestión de inconstitucionalidad).

El Tribunal Supremo en Sentencia de 9 de junio de 2014 (Rec. 1419/2012; ponente: J. Huelin) y la Audiencia Nacional en Sentencia de 1 de marzo de 2012 (Rec. 157/2009) admitieron expresamente la posibilidad de desagregar los distintos elementos del hecho imponible, de forma que se dicte una liquidación provisional referida a la parte en la que no concurren los elementos del tipo penal.

Sentencia que dio pie a que el TEAC, en resolución de 4 de diciembre de 2014, dictada en unificación de criterio, reconociera expresamente la posibilidad de desagregar los distintos elementos del hecho imponible, de forma que se dicte una liquidación provisional referida a la parte en la que no concurren los elementos del tipo penal.

STS de 6 de julio de 2015 (Rec. 3418/2013; ponente: J. Huelin): ***Sancionada una empresa como autora de una infracción muy grave, al utilizar una factura falsa que le permite minorar su deuda tributaria, la misma empresa no puede ser declarada responsable solidaria por la sanción impuesta al emisor de la citada factura falsa. Ello contraría el principio de non bis in idem.***

Art. 250.2: Vid. arts. 101.4.*c*) y 251 a 259 y Disps. Adics. 10.ª y 19.ª LGT (§ I). Vid. **arts. 32 y 33 del RST**, tal como ha sido redactado por RD 1.072/2017, de 29 de diciembre (*BOE* de 30 de diciembre):

«Art. 32: Actuaciones en supuestos de los delitos previstos en los artículos 305 y 305 bis del Código Penal.

Hacienda Pública se ajustará a lo establecido en este título.

En los supuestos a los que se refiere este apartado, la Administración se

»1. En el supuesto de que la Administración tributaria considere que la conducta del obligado tributario pudiera ser constitutiva del delito tipificado en los artículos 305 o 305 bis del Código Penal, el pase del tanto de culpa a la jurisdicción competente o la remisión del expediente al Ministerio Fiscal producirá las siguientes consecuencias:

»*a*) En caso de no haberse iniciado un procedimiento sancionador por los mismos hechos, la Administración tributaria se abstendrá de iniciar el mismo.

»*b*) En caso de que dicho procedimiento ya se hubiera iniciado, la Administración tributaria se abstendrá de continuar su tramitación, entendiéndose concluido.

»*c*) En caso de haberse impuesto sanción tributaria por los mismos hechos, se suspenderá su ejecución.

Estas mismas consecuencias se producirán, cuando la Administración tributaria tenga conocimiento de que se está desarrollando un proceso penal sobre los mismos hechos.

Lo dispuesto en este apartado se entenderá sin perjuicio de la posibilidad de iniciar un nuevo procedimiento sancionador o, en su caso, de reanudar la ejecución de la sanción administrativa previamente suspendida, en los casos en que no se hubiera apreciado la existencia de delito, de acuerdo con los hechos que los tribunales hubieran considerado probados.

»2. La sentencia condenatoria de la autoridad judicial impedirá la imposición de sanción administrativa por los mismos hechos.»

«Art. 33: Actuaciones en supuestos de otros delitos contra la Hacienda pública.

»1. En los supuestos en que la Administración tributaria estime que la infracción cometida pudiera ser constitutiva del delito previsto en el artículo 310 del Código Penal, se procederá conforme a lo dispuesto en el artículo anterior, sin que sea posible iniciar o continuar el procedimiento para la imposición de sanciones por los mismos hechos y sin que éstos puedan ser tenidos en cuenta para la calificación de las infracciones tributarias cometidas.

En los supuestos previstos en este apartado, de no haberse apreciado la existencia de delito, la Administración tributaria podrá iniciar el procedimiento sancionador de acuerdo con los hechos que los tribunales hubieran considerado probados.

»2. En los supuestos en que la Administración tributaria estime que en los hechos descubiertos pudieran existir indicios de haberse cometido alguno de los delitos previstos en los artículos 306 a 308 del Código Penal, hará constar en diligencia los hechos y circunstancias concurrentes e informará de ello al órgano administrativo competente para efectuar la correspondiente comprobación. No obstante, cuando se trate de subvenciones cuya comprobación corresponda a la Agencia Estatal de Administración Tributaria, se procederá conforme a lo dispuesto en el artículo anterior.»

***Non bis in idem* procesal en materia sancionadora: SSTS de 24 de febrero de 2016 (Rec. 4044/2014;** ponente: M. Martín Timón) *y* **27 de noviembre de 2015 (Rec. 3346/2014;** ponente: R. Fernández Montalvo): «[...] el *non bis in idem* procesal sólo prohíbe que exista un procedimiento administrativo sancionador posterior al proceso penal absolutorio por el mismo ilícito cuando aquél pueda equipararse por su complejidad y gravedad a un proceso penal [...]. De acuerdo con la referida regla de prioridad del procedimiento penal, el ejercicio de la potestad sancionadora de la Administración ha de esperar el resultado de la sentencia penal y, si es condenatoria con la concurrencia de la triple identidad subjetiva, objetiva y de fundamento sancionador, la Administración resulta plenamente vinculada al pronunciamiento deviniendo improcedente la sanción administrativa como consecuencia material y positiva del principio de prohibición que incorpora el principio *non bis in idem*». *STJUE del 5 de abril de 2017*. As. Acum. C-217/15 y C-350/15: no se vulnera si por los mismos hechos la sanción administrativa y la penal se imponen a personas distintas. En Sentencia del Tribunal de Justicia de la Unión Europea de 20 de marzo de 2018 (Gran Sala, Asunto C-524/15; Luca Menci) concluye que, de conformidad con el Convenio Europeo de Derechos Humanos y el propio ordenamiento comunitario, es posible imponer una sanción administrativa y una sanción penal a una misma persona y por los mismos hechos —liquidación por IVA—, sin que ello suponga vulnerar el contenido del principio *non bis in idem*. Ello es posible siempre que se atienda a tres criterios: calificación jurídica de la sanción en el Derecho interno, naturaleza de la infracción y gravedad de la sanción.

STS de 18 de octubre de 2016 (rec. cas. para unificación de doctrina 1287/2015; ponente: J. Díaz Delgado): «[...] **estando probado que la Administración Tributaria tuvo conocimiento de que se estaba desarrollando un proceso penal sobre los mismos hechos y períodos, si bien referido a un concepto impositivo distinto, debió paralizar sus actuaciones por preferencia del orden jurisdiccional penal, en evitación de soluciones contradictorias sobre los mismos hechos, y debió abstenerse de liquidar y de sancionar en tanto en cuanto no hubiera recaído sentencia en el proceso penal relativo a los mismos hechos». En coherencia con esta Sentencia cambió su criterio el TEAC en Resolución de 16 de marzo de 2017 (Vocalía 5.ª; Rec. 198/2014).**

abstendrá de iniciar o, en su caso, continuar, el procedimiento sancionador correspondiente a estos mismos hechos. En caso de haberse iniciado un procedimiento sancionador, de no haber concluido éste con anterioridad, dicha conclusión se entenderá producida, en todo caso, en el momento en que se pase el tanto de culpa a la jurisdicción competente o se remita el expediente al Ministerio Fiscal, sin perjuicio de la posibilidad de iniciar un nuevo procedimiento sancionador en los casos a que se refiere el último párrafo de este apartado.

La sentencia condenatoria de la autoridad judicial impedirá la imposición de sanción administrativa por los mismos hechos.

De no haberse apreciado la existencia de delito, la Administración tributaria iniciará, cuando proceda, el procedimiento sancionador administrativo de acuerdo con los hechos que los tribunales hubieran considerado probados.

3. La liquidación que se dicte en relación con conceptos tributarios que no se encuentren vinculados con el posible delito contra la Hacienda Pública se ajustará en su tramitación al procedimiento ordinario que corresponda según lo dispuesto en el capítulo IV del título III de esta ley y se sujetará al régimen de revisión establecido en su título V.

Art. 251. *Excepciones a la práctica de liquidaciones en caso de existencia de indicios de delito contra la Hacienda Pública.*—1. Cuando la Administración tributaria aprecie indicios de delito contra la Hacienda Pública, pasará el tanto de culpa a la jurisdicción competente o remitirá el expediente al Ministerio Fiscal, absteniéndose de practicar la liquidación a que se refiere el artículo 250.2 de esta ley, en los siguientes supuestos:

a) Cuando la tramitación de la liquidación administrativa pueda ocasionar la prescripción del delito con arreglo a los plazos previstos en el artículo 131 del Código Penal.

b) Cuando de resultas de la investigación o comprobación, no pudiese determinarse con exactitud el importe de la liquidación o no hubiera sido posible atribuirla a un obligado tributario concreto.

c) Cuando la liquidación administrativa pudiese perjudicar de cualquier forma la investigación o comprobación de la defraudación.

En los casos anteriormente señalados, junto al escrito de denuncia o de querella presentado por la Administración tributaria, se trasladará también el acuerdo motivado en el que se justifique la concurrencia de alguna de las circunstancias determinantes de la decisión administrativa de no proceder a dictar liquidación.

En estos casos no se concederá trámite de audiencia o alegaciones al obligado tributario.

Art. 250.3: Vid. arts. 251.3, 253.3 y 254.2 LGT (§ I). El **TEAC, en recurso extraordinario de alzada para la unificación de criterio (Resolución de 10 de septiembre de 2015),** concluye que la **paralización del procedimiento administrativo como consecuencia de la vía penal** debe limitarse en principio a los conceptos y ejercicios incluidos en la querella y que sean admitidos en el auto de incoación, pero no con carácter general a otros conceptos o ejercicios anteriores o posteriores no incluidos en la causa penal, debiendo continuarse las actuaciones en relación a éstos ya que lo contrario podría ocasionar la prescripción del derecho de la Administración Tributaria a dictar la correspondiente liquidación. Incluso si cuando para un mismo período y concepto impositivo objeto de un procedimiento inspector existen motivos de regularización en la que se aprecian indicios de delito contra la Hacienda Pública junto con irregularidades meramente administrativas por hechos distintos y sin conexión con los hechos presuntamente delictivos, es posible su desagregación, dictando la correspondiente liquidación provisional en la parte en la que no concurren los elementos característicos del tipo penal.

Art. 251.1: Vid. arts. 250.1 y 2 LGT (§ I) y 131 y 305.5 CP (§ II).

2. En los supuestos señalados en el apartado anterior, la Administración se abstendrá de iniciar o, en su caso, continuar el procedimiento administrativo, que quedará suspendido mientras la autoridad judicial no dicte sentencia firme, tenga lugar el sobreseimiento o el archivo de las actuaciones o se produzca la devolución del expediente por el Ministerio Fiscal.

No obstante, en caso de que se hubiera iniciado un procedimiento sancionador, éste se entenderá concluido, en todo caso, en el momento en que se pase el tanto de culpa a la jurisdicción competente o se remita el expediente al Ministerio Fiscal. Todo ello, sin perjuicio de la posibilidad de iniciar un nuevo procedimiento sancionador si finalmente no se apreciara delito y de acuerdo con los hechos que, en su caso, los tribunales hubieran considerado probados.

El pase del tanto de culpa o la remisión del expediente interrumpirá los plazos de prescripción del derecho a determinar la deuda tributaria y a imponer la sanción, de acuerdo con lo previsto en los artículos 68.1 y 189.3 de esta ley.

La sentencia condenatoria de la autoridad judicial impedirá la imposición de sanción administrativa por los mismos hechos.

Las actuaciones del procedimiento de comprobación e investigación realizadas durante el período de suspensión respecto de los hechos denunciados se tendrán por inexistentes.

3. En los supuestos anteriores, de no haberse apreciado la existencia de delito, la Administración tributaria iniciará o continuará sus actuaciones de acuerdo con los hechos que los órganos jurisdiccionales hubieran considerado probados en el período que reste hasta la conclusión del plazo a que se refiere el artículo 150.1 de esta ley o en el plazo de seis meses si este último fuese superior, a computar desde la recepción de la resolución judicial o del expediente devuelto por el Ministerio Fiscal por el órgano competente que deba continuar el procedimiento.

El cómputo de los plazos de prescripción se iniciará de nuevo desde la entrada de la resolución judicial en el registro de la Administración tributaria competente.

Art. 252. *Regularización voluntaria.*—La Administración tributaria no pasará el tanto de culpa a la jurisdicción competente ni remitirá el expediente al Ministerio Fiscal salvo que conste que el obligado tributario no ha regularizado su situación tributaria mediante el completo reconocimiento y pago de la deuda tributaria antes de que se le hubiera notificado el inicio de actuaciones de comprobación o investigación tendentes a la determinación de la deuda tributaria objeto de la regularización o, en el caso de que tales actuaciones no se hubieran producido, antes de que el Ministerio Fiscal, el Abogado del Estado o el representante procesal de la Administración autonómica, foral o local de que se trate, interponga querella o denuncia contra aquél dirigida, o antes de que el Ministerio Fiscal o el Juez de Instrucción realicen actuaciones que le permitan tener conocimiento formal de la iniciación de diligencias.

La deuda tributaria se entiende integrada por los elementos a los que se

---

Art. 251.2: Vid. arts. 68.1 y 189.3 LGT (§ I).

Art. 251.3: Vid. arts. 253.3 y 254.2 LGT (§ I).

Art. 252: Vid. art. 66.*a*) LGT (§ I). La **Disp. Final 10.ª de la Ley 34/2015, de 21 de septiembre, de reforma de la LGT**, establece que: «Por Orden del Ministro de Hacienda y Administraciones Públicas se aprobarán los modelos para la regularización voluntaria de la deuda tributaria a que se refiere el artículo 252 de la Ley 58/2003, de 17 de diciembre, General Tributaria.»

Vid. art. 305.4 y 6 y Disp. Final 5.ª CP (§ II).

refiere el artículo 58 de esta ley, debiendo proceder el obligado tributario a la autoliquidación e ingreso simultáneo tanto de la cuota como de los intereses de demora y de los recargos legalmente devengados a la fecha del ingreso. No obstante, cuando los tributos regularizados voluntariamente no se exijan por el procedimiento de autoliquidación, el obligado tributario deberá presentar la declaración correspondiente, procediendo al ingreso de la totalidad de la deuda tributaria liquidada por la Administración en el plazo para el pago establecido en la normativa tributaria.

Lo dispuesto en este artículo resultará también de aplicación cuando la regularización se hubiese producido una vez prescrito el derecho de la Administración para determinar la deuda tributaria.

Para determinar la existencia del completo reconocimiento y pago a que se refiere el primer párrafo de este artículo, la Administración tributaria podrá desarrollar las actuaciones de comprobación o investigación que resulten procedentes, aún en el caso de que las mismas afecten a períodos y conceptos tributarios respecto de los que se hubiese producido la prescripción regulada en el artículo 66.*a*) de esta ley.

Art. 253. *Tramitación del procedimiento de inspección en caso de que proceda practicar liquidación.*—1. Cuando la Administración tributaria aprecie indicios de delito contra la Hacienda Pública y no concurran las circunstancias que impiden dictar liquidación de acuerdo con el artículo 251.1 de esta ley, procederá formalizar una propuesta de liquidación vinculada a delito, en la que se expresarán los hechos y fundamentos de derecho en los que se basa la misma.

Dicha propuesta se notificará al obligado tributario concediéndole el trámite de audiencia para que alegue lo que convenga a su derecho en el plazo de quince días naturales, contados a partir del siguiente al de notificación de la propuesta.

En ningún caso los defectos procedimentales en que se hubiese podido incurrir durante la tramitación administrativa, producirán los efectos de extinguir total o parcialmente la obligación tributaria vinculada a delito ni los previstos en las letras *a*) y *b*) del artículo 150.6 de esta ley en relación con las actuaciones desarrolladas por la Administración tributaria tendentes a la liquidación de la deuda tributaria, sin perjuicio de los que de aquéllos pudiesen derivarse en caso de devolución del expediente por el Ministerio Fiscal o en caso de resolución judicial firme que obligue a practicar el ajuste previsto por el artículo 257.2.*c*) de esta ley por no apreciar la existencia de delito contra la Hacienda Pública.

Transcurrido el plazo previsto para el trámite de audiencia y examinadas las alegaciones presentadas en su caso, el órgano competente dictará una liquidación administrativa, con la autorización previa o simultánea del órgano de la Administración tributaria competente para interponer la denuncia o querella, cuando considere que la regularización procedente pone de manifiesto la existencia de un posible delito contra la Hacienda Pública.

Una vez dictada la liquidación administrativa, la Administración tributaria pasará el tanto de culpa a la jurisdicción competente o remitirá el expediente al Ministerio Fiscal y el procedimiento de comprobación finalizará, respecto de los elementos de la obligación tributaria regularizados mediante dicha liquidación, con la notificación al obligado tributario de la misma, en la que se advertirá de que el período voluntario de ingreso sólo comenzará a computarse una vez que sea notificada la admisión a

Art. 253.1: Vid. arts. 68.1, 150.6.*a*) y *b*), 189.3, 250.2 y 251.1 LGT (§ I).

trámite de la denuncia o querella correspondiente, en los términos establecidos en el artículo 255 de esta ley.

El pase del tanto de culpa o la remisión del expediente interrumpirá los plazos de prescripción del derecho a determinar la deuda tributaria y a imponer la sanción, de acuerdo con lo previsto en los artículos 68.1 y 189.3 de esta ley.

2. La inadmisión de la denuncia o querella determinará la retroacción de las actuaciones inspectoras al momento anterior a aquel en que se dictó la propuesta de liquidación vinculada a delito, procediendo en ese caso la formalización del acta que corresponda, que se tramitará de acuerdo con lo establecido en esta ley y su normativa de desarrollo.

La terminación de las actuaciones inspectoras seguirá lo dispuesto en la subsección 3.ª de la sección 2.ª del capítulo IV del título III.

El procedimiento deberá finalizar en el período que reste desde el momento al que se retrotraigan las actuaciones hasta la conclusión del plazo al que se refiere el apartado 1 del artículo 150 de esta ley o en seis meses, si este último fuera superior. El citado plazo se computará desde la recepción de la resolución judicial o del expediente devuelto por el Ministerio Fiscal por el órgano competente que deba continuar el procedimiento.

Se exigirán intereses de demora por la nueva liquidación que ponga fin al procedimiento. La fecha de inicio del cómputo del interés de demora será la misma que, de acuerdo con lo establecido en el apartado 2 del artículo 26, hubiera correspondido a la liquidación anulada y el interés se devengará hasta el momento en que se haya dictado la nueva liquidación.

En estos casos se iniciará el cómputo de los plazos de prescripción del derecho a determinar la deuda y a imponer la sanción de acuerdo con lo indicado en el artículo 68.7 de esta ley.

3. En los casos en los que, por un mismo concepto impositivo y período, quepa distinguir elementos en los que se aprecia una conducta dolosa que pueda ser determinante de un delito contra la Hacienda Pública, junto con otros elementos y cuantías a regularizar respecto de los que no se aprecia esa conducta dolosa, se efectuarán dos liquidaciones de forma separada.

A efectos de la cuantificación de ambas liquidaciones, se formalizará una propuesta de liquidación vinculada al delito y un acta de inspección, de acuerdo con las siguientes reglas:

a) La propuesta de liquidación vinculada a delito comprenderá los elementos que hayan sido objeto de declaración, en su caso, a los que se sumarán todos aquellos elementos en los que se aprecie dolo, y se restarán los ajustes a favor del obligado tributario a los que éste pudiera tener derecho, así como las partidas a compensar o deducir en la base o en la cuota que le correspondan adicionalmente. Si la declaración presentada hubiera determinado una cuota a ingresar, ésta se descontará para el cálculo de esta propuesta de liquidación.

b) La propuesta de liquidación contenida en el acta comprenderá la totalidad de los elementos comprobados, con independencia de que estén o no vinculados con el posible delito, y se deducirá la cantidad resultante de la propuesta de liquidación a que se refiere el párrafo anterior.

No obstante, el obligado tributario podrá optar por la aplicación de un sistema de cálculo de ambas cuotas basado en la aplicación proporcional de las partidas a compensar o deducir

Art. 253.2: Vid. arts. 26.2, 68.7, 150.1, 153 a 157 y 257.2.*c*) LGT (§ I).
Art. 253.3: Vid. arts. 250.2 y 254.3 LGT (§ I) y 305 —especialmente apdo. 5— y 305 bis CP (§ II).

en la base o en la cuota, en los términos que se determinen reglamentariamente. Esta opción deberá comunicarse a la Administración en el plazo de alegaciones posterior a la notificación de la propuesta de liquidación vinculada al delito.

Art. 254. *Impugnación de las liquidaciones.*—1. Frente a la liquidación administrativa dictada como consecuencia de lo dispuesto en el artículo 250.2 de esta ley, no procederá recurso o reclamación en vía administrativa, sin perjuicio del ajuste que proceda con arreglo a lo que se determine en el proceso penal, de acuerdo con lo dispuesto en el artículo 305 del Código Penal y en el 257 de esta ley, correspondiendo al Juez penal determinar en sentencia la cuota defraudada vinculada a los delitos contra la Hacienda Pública que hubiese sido liquidada al amparo de lo previsto en el apartado 5 del artículo 305 del Código Penal y en el título VI de esta ley.

En ningún caso los defectos procedimentales en que se hubiese podido incurrir durante la tramitación administrativa, producirán los efectos de extinguir total o parcialmente la obligación tributaria vinculada a delito ni los previstos en las letras *a*) y *b*) del artículo 150.6 de esta ley en relación con las actuaciones desarrolladas por la Administración tributaria tendentes a la liquidación de la deuda tributaria.

2. Frente a la liquidación que resulte de la regularización de los elementos y cuantías que no se encuentren vinculados con el posible delito, cabrá interponer los recursos y reclamaciones previstos en el título V de esta ley.

Art. 255. *Recaudación de la deuda liquidada en caso de existencia de indicios de delito contra la Hacienda Pública.*— En los supuestos a que se refiere el artículo 250.2 de esta ley, la existencia del procedimiento penal por delito contra la Hacienda Pública no paralizará las actuaciones administrativas dirigidas al cobro de la deuda tributaria liquidada, salvo que el Juez hubiere acordado la suspensión de las actuaciones de ejecución.

Las actuaciones administrativas dirigidas al cobro a las que se refiere el párrafo anterior se regirán por las normas generales establecidas en el capítulo V del título III de esta ley, salvo las especialidades establecidas en el presente título.

Una vez que conste admitida la denuncia o querella por delito contra la Hacienda Pública, la Administración tributaria procederá a notificar al obligado tributario el inicio del período voluntario de pago requiriéndole para que realice el ingreso de la deuda tributaria liquidada en los plazos a que se refiere el artículo 62.2 de esta ley.

Art. 254.1: Vid. arts. 150.6.*a*) y *b*), 250.2 y 257 LGT (§ I) y 305.5 CP (§ II).

La Disp. Final 3.ª, ap. 2 de la Ley 34/2015, introdujo una **Disp. Adic. 10.ª en la Ley 29/1998, de 13 de julio, reguladora de la Jurisdicción Contencioso-administrativa, del siguiente tenor:**

«Disposición adicional 10.ª. Delitos contra la Hacienda pública.

De conformidad con lo dispuesto en el artículo 3.*a*) de esta Ley, ***no corresponde al orden jurisdiccional contencioso-administrativo conocer de las pretensiones que se deduzcan respecto de las actuaciones tributarias vinculadas a delitos contra la Hacienda Pública que se dicten al amparo del Título VI de la Ley 58/2003, de 17 de diciembre, General Tributaria, salvo lo previsto en los artículos 256 y 258.3 de la misma.***

Una vez iniciado el correspondiente proceso penal por delito contra la Hacienda Pública, tampoco corresponderá al orden jurisdiccional contencioso-administrativo conocer de las pretensiones que se deduzcan respecto de las medidas cautelares adoptadas al amparo del artículo 81 de la Ley 58/2003, de 17 de diciembre, General Tributaria.»

Art. 255: Vid. arts. 62.2 y 250.2 LGT (§ I).

Art. 256. *Causas de oposición frente a las actuaciones de recaudación.*—Frente a los actos del procedimiento de recaudación desarrollados para el cobro de la deuda tributaria liquidada conforme a lo dispuesto en el artículo 250.2 de esta ley, sólo serán oponibles los motivos previstos en los artículos 167.3, 170.3 y 172.1, segundo párrafo, de esta ley y su revisión se realizará conforme a lo dispuesto en el título V de esta ley.

Art. 257. *Efectos de la resolución judicial sobre la liquidación tributaria.*—1. La liquidación dictada por la Administración tributaria en los supuestos a los que se refiere el artículo 250.2 de esta ley, se ajustará a lo que se determine finalmente en el proceso penal en relación con la existencia y la cuantía de la defraudación.

2. El ajuste se realizará de la siguiente forma:

a) Si en el proceso penal se dictara sentencia condenatoria por delito contra la Hacienda Pública y en dicho proceso se determinara una cuota defraudada idéntica a la liquidada en vía administrativa, no será necesario modificar la liquidación realizada, sin perjuicio de la liquidación de los intereses de demora y recargos que correspondan.

Si la cuantía defraudada que se determinara en el proceso penal difiriera, en más o en menos, de la fijada en vía administrativa, la liquidación dictada al amparo del artículo 250.2 de esta ley deberá modificarse. En este caso, subsistirá el acto inicial, que será rectificado de acuerdo con el contenido de la sentencia para ajustarse a la cuantía fijada en el proceso penal como cuota defraudada.

Dicha modificación, practicada por la Administración tributaria al amparo de lo dispuesto en el párrafo anterior, no afectará a la validez de las actuaciones recaudatorias realizadas, respecto de la cuantía confirmada en el proceso penal.

El acuerdo de modificación se trasladará al Tribunal competente para la ejecución, al obligado al pago y a las demás partes personadas en el procedimiento penal.

Si la cuantía defraudada que se determinara en el proceso penal fuese inferior a la fijada en vía administrativa, serán de aplicación las normas generales establecidas al efecto en la normativa tributaria en relación con las devoluciones de ingresos y el reembolso del coste de las garantías.

b) Si en el proceso penal no se apreciara finalmente la existencia de delito por inexistencia de la obligación tributaria, la liquidación administrativa será anulada siendo de aplicación las normas generales establecidas al efecto en la normativa tributaria en relación con las devoluciones de ingresos y el reembolso del coste de las garantías.

c) Si en el proceso penal se dictara resolución firme, no apreciándose delito por motivo diferente a la inexistencia de la obligación tributaria, procederá la retroacción de las actuaciones inspectoras al momento anterior en el que se dictó la propuesta de liquidación vinculada a delito prevista en el artículo 253.1 de esta ley, teniendo en cuenta los hechos que el órgano judicial hubiese considerado probados, procediendo la formalización del acta, que se tramitará de acuerdo con lo establecido en esta ley y su normativa de desarrollo.

La terminación de las actuaciones inspectoras seguirá lo dispuesto en la subsección 3.ª de la sección 2.ª del capítulo IV del título III de esta ley.

El procedimiento deberá finalizar en el período que reste desde el momento al

---

Art. 256: Vid. arts. 167.3, 170.3, 172.1 y 250.2 LGT (§ I).
Art. 257: Vid. arts. 26.2, 68.7, 250.2 y 253.1 LGT (§ I) y 999 LECrim. (§ V).

que se retrotraigan las actuaciones hasta la conclusión del plazo al que se refiere el apartado 1 del artículo 150 de esta ley o en seis meses, si este último fuera superior. El citado plazo se computará desde la recepción del expediente por el órgano competente para la reanudación de las actuaciones.

Se exigirán intereses de demora por la nueva liquidación que ponga fin al procedimiento. La fecha de inicio del cómputo del interés de demora será la misma que, de acuerdo con lo establecido en el apartado 2 del artículo 26, hubiera correspondido a la liquidación anulada y el interés se devengará hasta el momento en que se haya dictado la nueva liquidación.

Esta liquidación se sujetará al régimen de revisión y recursos propios de toda liquidación tributaria regulado en el título V de esta ley, pero no podrán impugnarse los hechos considerados probados en la sentencia judicial.

En estos casos se iniciará el cómputo del plazo de prescripción del derecho a determinar la deuda y a imponer la sanción de acuerdo con lo indicado en el artículo 68.7 de esta ley.

Art. 258. *Responsables.*— 1. Serán responsables solidarios de la deuda tributaria liquidada conforme a lo preceptuado en el artículo 250.2 de esta ley quienes hubieran sido causantes o hubiesen colaborado activamente en la realización de los actos que den lugar a dicha liquidación y se encuentren imputados en el proceso penal iniciado por el delito denunciado o hubieran sido condenados como consecuencia del citado proceso.

Los datos, pruebas o circunstancias que obren o hayan sido obtenidos en el procedimiento de liquidación y que vayan a ser tenidos en cuenta en el procedimiento para exigir la responsabilidad establecida en este artículo, deberán incorporarse formalmente al mismo antes de la propuesta de resolución.

2. En relación con las liquidaciones a que se refiere el artículo 250.2 de esta ley, también resultarán de aplicación los supuestos de responsabilidad regulados en el artículo 42.2 de esta ley.

3. En el recurso o reclamación contra el acuerdo que declare la responsabilidad prevista en el apartado 1 anterior sólo podrá impugnarse el alcance global de la citada responsabilidad.

4 Si en el proceso penal se acordara el sobreseimiento o absolución respecto de cualquiera de los responsables a que se refiere el apartado 1, la declaración de su responsabilidad será anulada, siendo de aplicación las normas generales establecidas en la normativa tributaria en relación con las devoluciones y reembolso del coste de garantías.

5. Sin perjuicio de lo dispuesto en el artículo 68.8 de esta ley, en los supuestos de responsabilidad a que se refiere el apartado 1, interrumpido el plazo de prescripción para un obligado tributario, dicho efecto se extiende a todos los demás obligados, incluidos los responsables.

6. La competencia para dictar los acuerdos de declaración de responsabilidad en los supuestos regulados en los

---

Art. 258: La **Disp. Trans. única.8 de la Ley 34/2015, de 21 de septiembre, de modificación parcial de la Ley 58/2003, de 17 de diciembre, General Tributaria** (*BOE* n.º 227, de 22 de septiembre), establece que la Administración Tributaria podrá declarar **responsables**, conforme a lo dispuesto en este artículo, a aquellas personas que, concurriendo los presupuestos regulados en dicho precepto, tuviesen la condición de causante o colaborador en la realización de una **infracción tributaria** cuya comisión no hubiese podido declararse formalmente con anterioridad a la entrada en vigor de dicha ley modificadora como consecuencia de la tramitación de un proceso penal por delito contra la Hacienda Pública. Vid. arts. 42.2, 68.8, 81.6.*e*) y 250.2 LGT (§ I).

apartados 1 y 2 corresponderá al órgano de recaudación.

7. El plazo del procedimiento de declaración de responsabilidad se entenderá suspendido durante el período de tiempo que transcurra desde la presentación de la denuncia o querella ante el Ministerio Fiscal o el órgano judicial hasta la imputación formal de los encausados.

A las medidas cautelares adoptadas durante la tramitación del procedimiento de declaración de responsabilidad previsto en este artículo les será de aplicación lo previsto en el artículo 81.6.*e*) de esta ley.

Art. 259. *Especialidades en la liquidación de la deuda aduanera en supuestos de delito contra la Hacienda Pública.*—1. La aplicación de lo establecido en el presente título VI respecto de los tributos que integran la deuda aduanera prevista en la normativa de la Unión Europea, se efectuará con las especialidades que se describen en los siguientes apartados de este artículo.

2. La Administración tributaria únicamente se abstendrá de practicar la liquidación a que se refiere el artículo 250.2 de esta ley en los casos contemplados en los párrafos *b*) y *c*) del artículo 251.1 de esta ley.

3. Cuando se pase el tanto de culpa a la jurisdicción competente o se remita el expediente al Ministerio Fiscal, el plazo para la liquidación y notificación de la deuda aduanera al deudor se regirá por las siguientes normas:

a) Cuando con arreglo a lo previsto en el apartado 2 de este artículo sea posible la liquidación de la deuda aduanera, se procederá a la práctica y notificación de la misma en los plazos de cinco o diez años previstos para la prescripción del delito contra la Hacienda de la Unión Europea, computados desde el nacimiento de la deuda.

b) Cuando con arreglo a lo previsto en el apartado 2 de este artículo no sea posible la liquidación de la deuda aduanera o bien la liquidación practicada deba ajustarse a la cuantía fijada en el proceso penal, el plazo para practicar la liquidación y notificar la deuda al deudor será de tres años y se computará desde el momento en que la autoridad judicial incoe la causa sin secreto para las partes personadas o, en su caso, desde el momento en que alcance firmeza la resolución judicial que ponga fin al procedimiento penal.

4. Lo dispuesto en los artículos 251 y 253 de esta ley en relación con la interrupción de plazos o procedimientos, no resultará de aplicación en los supuestos del apartado 3.*b*) de este artículo.

5. En la tramitación del procedimiento de inspección cuando proceda dictar la liquidación a que se refiere el artículo 250.2 de esta ley, la aplicación del artículo 253 se efectuará conforme a las siguientes reglas:

a) Cuando la tramitación de la liquidación administrativa pueda ocasionar la prescripción del delito con arreglo a los plazos previstos en el artículo 131 del Código Penal, la remisión del tanto de culpa a la jurisdicción competente o del expediente al Ministerio Fiscal podrá realizarse con carácter previo a la práctica de la liquidación administrativa.

b) En los casos en los que la Administración tributaria se haya abstenido de practicar liquidación con arreglo a lo dispuesto en la letra *c*) del apartado 1 del artículo 251 de esta ley, la tramitación del procedimiento administrativo se reanudará en el momento en que la autoridad judicial incoe la causa sin secreto para las partes personadas.

Art. 259: Vid. arts. 250.2, 251, 253 y 257.2.*c*) LGT (§ I) y 131 CP.

c) El período voluntario para el ingreso de la liquidación que se practique comenzará a computarse a partir de su notificación y se realizará en los plazos previstos en la normativa de la Unión Europea. El obligado tributario podrá solicitar la suspensión de la ejecución de la liquidación hasta la admisión de la denuncia o querella, prestando garantía o solicitando dispensa total o parcial de la misma cuando justifique la imposibilidad de aportarla y que la ejecución pudiera causar perjuicios de difícil o imposible reparación.

d) En los supuestos del artículo 253.2 de esta ley, la inadmisión de la denuncia o querella no implicará la anulación de la liquidación administrativa. La Administración tributaria concederá trámite de audiencia, en el que el interesado podrá solicitar la consideración de aquellas cuestiones afectadas por las limitaciones previstas en el apartado 1 del artículo 253 de esta ley. A la vista de las alegaciones, la Administración tributaria dictará resolución manteniendo inalterada la liquidación de la deuda aduanera que se haya practicado o rectificándola si procede, manteniéndose los actos de recaudación previamente realizados, sin perjuicio en su caso, de adaptar las cuantías de las trabas y embargos realizados. La revisión de dicha resolución se regirá por lo dispuesto en el título V de esta ley.

6. En los supuestos a los que se refiere el artículo 257.2.*c*) de esta ley, se aplicará lo dispuesto en el apartado 5.*d*) de este artículo.

TÍTULO VII*

Recuperación de ayudas de Estado que afecten al ámbito tributario

CAPÍTULO PRIMERO

DISPOSICIONES GENERALES

Art. 260. *Disposiciones generales.*—1. Corresponde a la Administración tributaria la realización de las actuaciones necesarias para la ejecución de las decisiones de recuperación de ayudas de Estado que afecten al ámbito tributario.

2. Se considera aplicación de los tributos el ejercicio de las actividades administrativas necesarias para la ejecución de las decisiones de recuperación de ayudas de Estado que afecten al ámbito tributario, así como las actuaciones de los obligados en el ejercicio de sus derechos o en cumplimiento de sus obligaciones tributarias derivados de dichas decisiones.

3. Además de en los supuestos a que se refieren los apartados anteriores de este artículo, lo dispuesto en este título resultará de aplicación en cualquier supuesto en que, en cumplimiento del Derecho de la Unión Europea, resulte procedente exigir el reintegro de cantidades percibidas en concepto de ayudas de Estado que afecten al ámbito tributario.

4. No podrán disfrutar de beneficios fiscales que constituyan ayudas estatales según el ordenamiento comunitario quienes hubieran percibido ayudas de Estado

*** Título VII añadido, con sus capítulos I a III y arts. 260 a 271 y efectos desde el 12 de octubre de 2015, por el art. único.60 de la Ley 34/2015, de 21 de septiembre, de modificación parcial de la LGT** (*BOE* n.º 227, de 22 de septiembre).

Art. 260: Vid. SSTS, Sala 3.ª, de 13 de mayo de 2013 (Rec. 6165/2011), 14 de octubre de 2013 (Rec. 361/2012) y 1 de octubre de 2014 (Rec. 1377/2012).

Art. 260.4: Introducido por Ley 11/2021, de 9 de julio.

declaradas ilegales e incompatibles con el mercado interior, con una orden de recuperación pendiente tras una decisión previa de la Comisión, hasta que tales ayudas no se hayan reembolsado.

Art. 261. *Procedimientos de ejecución de decisiones de recuperación de ayudas de Estado.*—1. Son procedimientos de ejecución de decisiones de recuperación de ayudas de Estado los siguientes:

a) Procedimiento de recuperación en supuestos de regularización de los elementos de la obligación tributaria afectados por la decisión.

b) Procedimiento de recuperación en otros supuestos.

2. La ejecución de las decisiones de recuperación de ayudas de Estado también se podrá llevar a cabo mediante el procedimiento de inspección regulado en la sección 2.ª del capítulo IV del título III cuando el alcance de dicho procedimiento exceda de lo dispuesto en el artículo 265.1 de esta ley.

En estos casos, procederá dictar liquidación de los elementos de la obligación tributaria objeto de comprobación, separando en liquidaciones diferentes aquellos a los que se refiera la decisión y aquellos que no estén vinculados a la misma.

Art. 262. *Prescripción.*—1. Prescribirá a los diez años el derecho de la Administración para determinar y exigir el pago de la deuda tributaria que, en su caso, resulte de la ejecución de la decisión de recuperación.

2. El plazo de prescripción empezará a contarse desde el día siguiente a

---

Art. 261: Vid. **STS de 26 de mayo de 2015 (Rec. 895/2013**; ponente: M. V. Garzón): «corresponde al legislador interno determinar los ***procedimientos para recobrar las ayudas*** [...]. Resulta así porque no existe un derecho "procedimental" de la Unión Europea para la ejecución de sus decisiones, que se lleva a cabo de manera descentralizada por las instancias públicas de los distintos Estados miembros, conforme a su propio ordenamiento jurídico y a los principios que lo informan [véanse las Sentencias del Tribunal de Justicia de la Unión Europea de 12 de diciembre de 2002, Comisión/Alemania (C-209/00, apdo. 32), y 7 de julio de 2009, Comisión/Grecia (C-369/07, apdo. 66)].

»Ahora bien, como recuerda el propio art. 3.º2 de la Decisión de la Comisión, aplicando, sin decirlo, el art. 14.3 del Reglamento (CE) n.º 659/1999 y siguiendo las directrices del considerando decimotercero del preámbulo del propio Reglamento, el procedimiento nacional para la recuperación no debe impedir la ejecución inmediata y efectiva de la Decisión de la Comisión, pues con ello se entorpecería el restablecimiento de la competencia que la ayuda declarada ilegal ha quebrado. Así lo recuerda también la Comunicación de la Comisión 2007/C 272/05 (apdo. 52). En otras palabras, el procedimiento que se elija en cada Estado miembro no puede menoscabar el alcance y la eficacia del derecho de la Unión [Sentencias del Tribunal de Justicia Comisión/Alemania, ya citada, apdo. 34; de 20 de mayo de 2010, Scott y Kimberly Clark (C-210/09, apdo. 21), y 22 de diciembre de 2010, Comisión/Eslovaquia (C-507/08, apdo. 51)]. Por consiguiente, ese ordenamiento jurídico transnacional impone la obligación de adoptar las medidas adecuadas para garantizar la ejecución de las decisiones de la Comisión que exigen la recuperación de una ayuda» (FD 2.º). En el mismo sentido, SSTS de 9 de octubre de 2014 (Rec. 1804/2012; ponente: J. A. Montero), 23 de marzo de 2015 (Rec. 898/2013; ponente: J. G. Martínez Micó), 14 de mayo de 2015 (Rec. 1072/2013; ponente: J. A. Montero), 8 de junio de 2015 (Rec. 3883/2013; ponente: J. A. Montero) y 25 de septiembre de 2015 (FD 6.º; Rec. 893/2013; ponente: E. Frías).

Art. 262: STS, Sala 3.ª, de 24 de abril de 2015 (Rec. 899/2013; ponente: E. Frías): «[...] en Sentencia de 9 de mayo de 2013 (cas. 6077/11) declaramos que, si los actos de recuperación de ayudas se sitúan en el ámbito de la ejecución de una decisión comunitaria firme e indiscutible, serán siempre de preferente aplicación los *plazos de prescripción* previstos en el Ordenamiento comunitario, en virtud de la primacía que ostenta el Derecho de la Unión Europea. Por otra parte, conviene recordar que si bien según el art. 15 del Reglamento (CE) 659/1999 del Consejo, de 22 de marzo, el plazo de prescripción se cuenta a partir de la fecha en que se haya concedido la ayuda ilegal al beneficiario, bien a título individual o como consecuencia de la aplicación de un régimen de ayudas, cualquier acción emprendida por la Comisión o por un Estado miembro a petición de la Comisión y que esté relacionada con la ayuda ilegal interrumpirá el plazo de prescripción, y que tras cada interrupción el plazo comienza a contarse desde el principio, señalando también que el plazo de prescripción deberá suspenderse durante el tiempo en que la decisión de la Comisión sea objeto de un procedimiento pendiente ante el Tribunal de Justicia de las Comunidades Europeas» (FD 3.º). En el mismo sentido, **SSTS de 9 de mayo de 2013 (Rec. 6077/2011) y 25 de septiembre de 2015 (FD 3.º; Rec. 893/2013;** ponente: E. Frías).

aquel en que la aplicación de la ayuda de Estado en cumplimiento de la obligación tributaria objeto de regularización hubiese surtido efectos jurídicos conforme a la normativa tributaria.

3. El plazo de prescripción se interrumpe:

a) Por cualquier actuación de la Comisión o de la Administración tributaria a petición de la Comisión que esté relacionada con la ayuda de Estado.

b) Por cualquier acción de la Administración tributaria, realizada con conocimiento formal del obligado tributario, conducente al reconocimiento, regularización, comprobación, inspección, aseguramiento y liquidación de la deuda tributaria derivada de aquellos elementos afectados por la decisión de recuperación, o a la exigencia de su pago.

c) Por cualquier actuación fehaciente del obligado tributario conducente a la liquidación o pago de la deuda tributaria o por la interposición de los recursos procedentes.

4. El plazo de prescripción se suspenderá durante el tiempo en que la decisión de recuperación sea objeto de un procedimiento ante el Tribunal de Justicia de la Unión Europea.

Art. 263. *Efectos de la ejecución de la decisión de recuperación.*—1. Cuando existiese una resolución o liquidación previa practicada por la Administración tributaria en relación con la obligación tributaria afectada por la decisión de recuperación de la ayuda de Estado, la ejecución de dicha decisión determinará la modificación de la resolución o liquidación, aunque sea firme.

2. Los intereses de demora se regirán por lo dispuesto en la normativa de la Unión Europea.

Art. 264. *Recursos contra el acto de ejecución.*—La resolución o liquidación derivada de la ejecución de la decisión de recuperación será susceptible de recurso de reposición y, en su caso, de reclamación económico-administrativa, en los términos previstos en esta ley.

Si la resolución o liquidación se somete a revisión de acuerdo con el apartado anterior, sólo será admisible la suspensión de la ejecución de los actos administrativos mediante la aportación de garantía consistente en depósito de dinero en la Caja General de Depósitos.

CAPÍTULO II

Procedimiento de recuperación en supuestos de regularización de los elementos de la obligación tributaria afectados por la decisión de recuperación

Art. 265. *Recuperación en supuestos de regularización de los elementos de la obligación tributaria afectados por la decisión de recuperación.*—1. En el procedimiento de recuperación en supuestos de regularización de los elementos de la obligación tributaria afectados por la decisión, la Administración tributaria se limitará a la comprobación de aquellos

---

Art. 263: STS de 23 de septiembre de 2020. Rec. 1967/2019. Ponente: J. A. Montero: El tipo de intereses de demora que se ha de aplicar en los procedimientos en los que se efectúa el reintegro por parte de la Administración de aquellas cantidades que le fueron devueltas por el beneficiario de una ayuda de Estado, cuando la resolución ordenando la restitución de la ayuda percibida es declarada nula de pleno derecho por sentencia judicial firme, es el previsto en la normativa comunitaria en caso de recuperación de ayudas de Estado, y no el interés previsto en las leyes tributarias para la devolución de ingresos indebidos.

Art. 264: Acerca de la necesidad de plantear **cuestiones prejudiciales ante el TJUE** sobre interpretación de preceptos tributarios del ordenamiento interno o sobre la posible vulneración del principio de confianza legítima al haber cambiado de criterio la AEAT española, vid. STS de 7 de abril de 2014 (FD 5.º; Rec. 3699/2012; ponente: J. Huelin).

elementos de la obligación a los que se refiere dicha decisión.

2. En este procedimiento, la Administración tributaria podrá realizar únicamente las siguientes actuaciones:

a) Examen de los datos consignados por los obligados tributarios en sus declaraciones y de los justificantes presentados o que se requieran al efecto.

b) Examen de los datos y antecedentes en poder de la Administración tributaria.

c) Examen de los registros y demás documentos exigidos por la normativa tributaria y de cualquier otro libro, registro o documento de carácter oficial, incluida la contabilidad mercantil, así como el examen de las facturas o documentos que sirvan de justificante de las operaciones incluidas en dichos libros, registros o documentos.

d) Requerimientos de información a terceros.

3. Las actuaciones del procedimiento podrán realizarse fuera de las oficinas de la Administración tributaria, a cuyo efecto serán de aplicación las reglas contenidas en los artículos 142.2 y 151 de esta ley.

4. El examen de los documentos y las actuaciones referidas en los apartados anteriores se entenderán efectuados a los solos efectos de determinar la procedencia de la recuperación de la ayuda de Estado, sin que impida ni limite la ulterior comprobación de los mismos hechos o documentos.

Art. 266. *Inicio.*—1. El procedimiento de recuperación en supuestos de regularización de los elementos de la obligación tributaria afectados por la decisión se iniciará de oficio por acuerdo del órgano competente, que se determinará en las normas de organización específica de la Administración tributaria.

2. El inicio de las actuaciones del procedimiento deberá notificarse a los obligados tributarios mediante comunicación que deberá expresar la naturaleza y alcance de las mismas e informará sobre sus derechos y obligaciones en el curso de tales actuaciones.

Cuando los datos en poder de la Administración tributaria sean suficientes para formular la propuesta de liquidación, el procedimiento podrá iniciarse mediante la notificación de dicha propuesta.

Art. 267. *Tramitación.*—1. Las actuaciones del procedimiento de recuperación en supuestos de regularización de los elementos de la obligación tributaria afectados por la decisión se documentarán en las comunicaciones y diligencias a las que se refiere el apartado 7 del artículo 99 de esta ley.

2. Los obligados tributarios deberán atender a la Administración tributaria y le prestarán la debida colaboración en el desarrollo de sus funciones.

El obligado tributario que hubiera sido requerido deberá personarse en el lugar, día y hora señalados para la práctica de las actuaciones, y deberá aportar o tener a disposición de la Administración la documentación y demás elementos solicitados.

3. Con carácter previo a la práctica de la liquidación provisional, la Administración tributaria deberá comunicar al obligado tributario la propuesta de liquidación para que, en un plazo de diez días, alegue lo que convenga a su derecho.

Art. 268. *Terminación.*—1. El procedimiento de recuperación en supuestos de regularización de los elementos de la obligación tributaria afectados por la decisión terminará de alguna de las siguientes formas:

a) Por resolución expresa de la Administración tributaria, que deberá incluir, al menos, el siguiente contenido:

1.º Elementos de la obligación tributaria afectados por la decisión de recuperación y ámbito temporal objeto de las actuaciones.

2.º Relación de hechos y fundamentos de derecho que motiven la resolución.

3.º Liquidación provisional o, en su caso, manifestación expresa de que no procede regularizar la situación tributaria como consecuencia de la decisión de recuperación.

b) Por el inicio de un procedimiento inspector que incluya el objeto del procedimiento de recuperación.

2. El incumplimiento del plazo de duración del procedimiento regulado en el artículo 104 de esta ley no determinará la caducidad del procedimiento, que continuará hasta su terminación. En este caso, no se considerará interrumpida la prescripción como consecuencia de las actuaciones administrativas desarrolladas durante dicho plazo.

En estos supuestos, se entenderá interrumpida la prescripción por la realización de actuaciones con conocimiento formal del interesado con posterioridad a la finalización del plazo al que se refiere el párrafo anterior.

3. Cuando una resolución judicial aprecie defectos formales y ordene la retroacción de las actuaciones administrativas, éstas deberán finalizar en el período que reste desde el momento al que se retrotraigan las actuaciones hasta la conclusión del plazo al que se refiere el artículo 104 de esta ley o en el plazo de tres meses, si este último fuera superior. El citado plazo se computará desde la recepción del expediente por el órgano competente para la reanudación del procedimiento de recuperación de ayudas de Estado.

CAPÍTULO III

PROCEDIMIENTO DE RECUPERACIÓN EN OTROS SUPUESTOS

Art. 269. *Procedimiento de recuperación en otros supuestos.*—1. Cuando la ejecución de la decisión de recuperación no implique la regularización de una obligación tributaria, el procedimiento a seguir será el regulado en este capítulo.

2. Para la ejecución de la decisión de recuperación el órgano competente tendrá las facultades que se reconocen a la Administración tributaria en el artículo 162 de esta ley, con los requisitos allí establecidos.

Art. 270. *Inicio.*—El procedimiento de recuperación se iniciará de oficio.

El inicio de las actuaciones del procedimiento deberá notificarse a los obligados tributarios mediante comunicación que deberá expresar la naturaleza de las mismas e informará de sus derechos y obligaciones en el curso de aquéllas.

La comunicación de inicio contendrá la propuesta de resolución, concediéndose un plazo de diez días al obligado tributario para que alegue lo que convenga a su derecho.

Art. 271. *Terminación.*—1. El procedimiento de recuperación terminará por resolución expresa de la Administración tributaria, que deberá notificarse en el plazo de cuatro meses desde la fecha de notificación al obligado tributario del inicio del procedimiento, salvo que la decisión de recuperación establezca un plazo distinto, siendo de aplicación lo dispuesto en el artículo 268.2 de esta ley.

2. La resolución que ponga fin al procedimiento deberá incluir, al menos, el siguiente contenido:

a) Acuerdo de modificación, en el sentido de la decisión de recuperación, de la resolución previamente dictada por la Administración o, en su caso, manifestación expresa de que no procede modificación alguna como consecuencia de la decisión de recuperación.

b) Relación de hechos y fundamentos de derecho que motiven la resolución.

c) Liquidación en el supuesto de que la ejecución de la decisión de recuperación determine la exigencia de deuda tributaria, en particular, procedente del devengo de intereses de demora conforme a lo establecido en el artículo 263.2 de esta ley.

3. Cuando una resolución judicial aprecie defectos formales y ordene la retroacción de las actuaciones administrativas, éstas deberán finalizar en el período que reste desde el momento al que se retrotraigan las actuaciones hasta la conclusión del plazo al que se refiere el apartado 1, o en el plazo de dos meses, si este último fuera superior. El citado plazo se computará desde la recepción del expediente por el órgano competente para la reanudación del procedimiento de recuperación de ayudas de Estado.

DISPOSICIONES ADICIONALES

1.ª *Prestaciones patrimoniales de carácter público.*—1. Son prestaciones patrimoniales de carácter público aquellas a las que se refiere el artículo 31.3 de la Constitución que se exigen con carácter coactivo.

2. Las prestaciones patrimoniales de carácter público citadas en el apartado anterior podrán tener carácter tributario o no tributario.

Tendrán la consideración de tributarias las prestaciones mencionadas en el apartado 1 que tengan la consideración de tasas, contribuciones especiales e impuestos a las que se refiere el artículo 2 de esta Ley.

Serán prestaciones patrimoniales de carácter público no tributario las demás prestaciones que exigidas coactivamente respondan a fines de interés general.

En particular, se considerarán prestaciones patrimoniales de carácter público no tributarias aquellas que teniendo tal consideración se exijan por prestación de un servicio gestionado de forma directa mediante personificación privada o mediante gestión indirecta.

En concreto, tendrán tal consideración aquellas exigidas por la explotación de obras o la prestación de servicios, en régimen de concesión o sociedades de economía mixta, entidades públicas empresariales, sociedades de capital íntegramente público y demás fórmulas de Derecho privado.

2.ª *Normativa aplicable a los recursos públicos de la Seguridad Social.*—Esta ley no será de aplicación a los recursos públicos que correspondan a la Tesorería General de la Seguridad Social, que se regirán por su normativa específica.

3.ª *Ciudades con Estatuto de Autonomía de Ceuta y Melilla.*—A efectos de lo previsto en esta ley, las referencias realizadas a las Comunidades Autónomas se entenderán aplicables a las Ciudades con Estatuto de Autonomía de Ceuta y Melilla, sin perjuicio de lo establecido en las leyes orgánicas que aprueban los Estatutos de Autonomía de dichas ciudades.

Disp. Adic. 1.ª: Redactada por Disp. Final 11.ª de la Ley 9/2017, de Contratos del Sector Público, con efectos desde 9 de marzo de 2018. La misma Ley 9/2017 modificó el TRLHL, aprobado por RDLeg. 2/2004, añadiendo un nuevo ap. 6 al art. 20 y la LTPP, añadiendo un ap. *c*) al art. 2. Vid. también Disp. Adic. 43.ª de la referida Ley 9/2017.

Disp. Adic. 2.ª: Vid. arts. 307, 307 bis, 307 ter y 310 bis y Disp. Final 5.ª CP (§ II).

Disp. Adic. 3.ª: Vid. Ley Orgánica 1/1995, de 13 de marzo, Estatuto de Autonomía de Ceuta (*BOE* de 15 de marzo), y Ley Orgánica 2/1995, de 13 de marzo, Estatuto de Autonomía de Melilla (*BOE* de 15 de marzo).

4.ª *Normas relativas a las Haciendas Locales.*—1. La normativa aplicable a los tributos y restantes ingresos de derecho público de las entidades locales en materia de recurso de reposición y reclamaciones económico-administrativas será la prevista en las disposiciones reguladoras de las Haciendas Locales.

2. Lo dispuesto en el apartado 3 del artículo 32 de esta ley será aplicable a la devolución de ingresos indebidos derivados de pagos fraccionados de deudas de notificación colectiva y periódica realizados a las entidades locales.

3. Las entidades locales, dentro del ámbito de sus competencias, podrán desarrollar lo dispuesto en esta ley mediante la aprobación de las correspondientes ordenanzas fiscales.

5.ª *Declaraciones censales.*—1. Las personas o entidades que desarrollen o vayan a desarrollar en territorio español actividades empresariales o profesionales o satisfagan rendimientos sujetos a retención deberán comunicar a la Administración tributaria a través de las correspondientes declaraciones censales su alta en el Censo de Empresarios, Profesionales y Retenedores, las modificaciones que se produzcan en su situación tributaria y la baja en dicho censo. El Censo de Empresarios, Profesionales y Retenedores formará parte del Censo de Obligados Tributarios. En este último figurarán la totalidad de personas físicas o jurídicas y entidades a que se refiere el artículo 35 de la Ley General Tributaria, identificadas a efectos fiscales en España.

Las declaraciones censales servirán, asimismo, para comunicar el inicio de las actividades económicas que desarrollen, las modificaciones que les afecten y el cese en las mismas. A efectos de lo dispuesto en este artículo, tendrán la consideración de empresarios o profesionales quienes tuvieran tal condición de acuerdo con las disposiciones propias del Impuesto sobre el Valor Añadido, incluso cuando desarrollen su actividad fuera del territorio de aplicación de este impuesto.

2. Reglamentariamente se regulará el contenido, la forma y los plazos para la presentación de estas declaraciones censales.

3. La declaración censal de alta en el Censo de Empresarios, Profesionales y Retenedores contendrá, al menos la siguiente información:

a) El nombre y apellidos o razón social del declarante.

b) El número de identificación fiscal si se trata de una persona física que lo tenga atribuido. Si se trata de personas jurídicas o entidades del apartado 4 del artículo 35 de la Ley General Tributaria, la declaración de alta servirá para solicitar este número, para lo cual debe-

---

Disp. Adic. 4.ª1: TRLHL: art. 14, revisión de actos en vía administrativa; en particular, recurso de reposición contra los actos de aplicación y efectividad de los tributos y demás ingresos de Derecho público (art. 14.2); dicho recurso tiene carácter potestativo tratándose de municipios del Título X LRBRL («municipios de gran población»), y previo a la interposición de reclamación económico-administrativa ante el órgano para la resolución de dichas reclamaciones, contemplado en el art. 137 LRBRL.

Para los ***impuestos locales de gestión compartida: IBI.***—Contra los actos de gestión catastral, recurso de reposición potestativo y reclamación económico-administrativa ante los Tribunales Económico-Administrativos del Estado: arts. 65 TRLHL y 12.4, 27, 29.4 y 5, y 30.3 TRLCI; IAE.—Contra los actos de gestión censal, ídem, art. 91.4.

Multas y sanciones económicas.—Repárese en que la naturaleza sancionadora del acto prima sobre la naturaleza de recurso de Derecho público, de tal manera que su régimen de impugnación es el propio de actos de naturaleza no tributaria, sin perjuicio de impugnar los actos de gestión recaudatoria de esas multas conforme al régimen contemplado en la LGT y el RGR.

Disp. Adic. 4.ª2: Vid. art. 32.3 LGT (§ I).

Disp. Adic. 4.ª3: Vid. arts. 22.2.*d*), 33.2.*b*), 49, 70.2, 106, 107 y 113 LRBRL y 55 a 59 TRLHL.

Disp. Adic. 5.ª: Vid. notas al art. 29 LGT (§ I).

rán aportar la documentación que se establezca reglamentariamente y completar el resto de la información que se relaciona en este apartado. De igual forma procederán las personas físicas sin número de identificación fiscal que resulten obligadas a la presentación de la declaración censal de alta, porque vayan a realizar actividades económicas o vayan a satisfacer rendimientos sujetos a retención.

c) El domicilio fiscal, y su domicilio social, cuando sea distinto de aquél.

d) La relación de establecimientos y locales en los que vaya a desarrollar actividades económicas, con identificación de la Comunidad Autónoma, provincia, municipio, y dirección completa de cada uno de ellos.

e) La clasificación de las actividades económicas que vaya a desarrollar según la codificación de actividades establecida a efectos del Impuesto sobre Actividades Económicas.

f) El ámbito territorial en el que vaya a desarrollar sus actividades económicas, distinguiendo si se trata de ámbito nacional, de la Unión Europea o internacional. A estos efectos, el contribuyente que vaya a operar en la Unión Europea solicitará su alta en el Registro de operadores intracomunitarios en los términos que se definan reglamentariamente.

g) La condición de persona o entidad residente o no residente. En este último caso, se especificará si cuenta o no con establecimientos permanentes, identificándose todos ellos, con independencia de que éstos deban darse de alta individualmente. Si se trata de un establecimiento permanente, en la declaración de alta se identificará la persona o entidad no residente de la que dependa, así como el resto de los establecimientos permanentes de dicha persona o entidad que se hayan dado de alta en el Censo de Empresarios, Profesionales y Retenedores.

h) El régimen de tributación en el Impuesto sobre Sociedades, en el Impuesto sobre la Renta de las Personas Físicas o en el Impuesto sobre la Renta de no Residentes, según corresponda, con mención expresa de los regímenes y modalidades de tributación que le resulten de aplicación y los pagos a cuenta que le incumban.

i) El régimen de tributación en el Impuesto sobre el Valor Añadido, con referencia a las obligaciones periódicas derivadas de dicho impuesto que le correspondan y el plazo previsto para el inicio de la actividad, distinguiendo el previsto para el inicio de las adquisiciones e importaciones de bienes y servicios del previsto para las entregas de bienes y prestaciones de servicios que constituyen el objeto de su actividad, en el caso de que uno y otro sean diferentes.

j) El régimen de tributación en los impuestos que se determinen reglamentariamente.

k) En el caso en que se trate de entidades en constitución, la declaración de alta contendrá, al menos, los datos identificativos y domicilio completo de las personas o entidades que promuevan su constitución.

4. La declaración censal de modificación contendrá cualquier variación que afecte a los datos consignados en la declaración de alta o en cualquier otra declaración de modificación anterior, en los términos que se establezcan reglamentariamente.

5. La declaración censal de baja se presentará cuando se produzca el cese efectivo en todas las actividades a que se refiere este artículo, de acuerdo con lo que se disponga reglamentariamente.

6. La Administración tributaria llevará conjuntamente con el Censo de Empresarios, Profesionales y Retenedores un Registro de operadores intracomunitarios en el que se darán de alta los sujetos pasivos del Impuesto sobre el Valor Añadido que realicen entregas y

adquisiciones intracomunitarias de bienes, así como determinadas prestaciones de servicios en los términos que se establezcan reglamentariamente.

7. Las personas o entidades a que se refiere el apartado uno de este artículo podrán resultar exoneradas reglamentariamente de presentar otras declaraciones de contenido o finalidad censal establecidas por las normas propias de cada tributo.

8. Las sociedades en constitución y los empresarios individuales que presenten el documento único electrónico para realizar telemáticamente sus trámites de constitución e inicio de actividad, de acuerdo con lo previsto en la Ley 14/2013, de Apoyo a los Emprendedores y su Internacionalización, quedarán exoneradas de la obligación de presentar la declaración censal de alta, pero quedarán obligadas a la presentación posterior de las declaraciones de modificación o de baja que correspondan en la medida en que varíe o deba ampliarse la información y circunstancias contenidas en dicho documento único electrónico en caso de que el emprendedor no realice estos trámites a través de dicho documento.

6.ª *Número de identificación fiscal.*—1. Toda persona física o jurídica, así como las entidades sin personalidad a que se refiere el apartado 4 del artículo 35 de esta ley, tendrán un número de identificación fiscal para sus relaciones de naturaleza o con trascendencia tributaria.

Este número de identificación fiscal será facilitado por la Administración General del Estado, de oficio o a instancia del interesado.

Reglamentariamente se regulará el procedimiento de asignación y revocación, la composición del número de identificación fiscal y la forma en que deberá utilizarse en las relaciones de naturaleza o con trascendencia tributaria.

2. En particular, quienes entreguen o confíen a entidades de crédito fondos, bienes o valores en forma de depósitos u otras análogas, recaben de aquéllas créditos o préstamos de cualquier naturaleza o realicen cualquier otra operación financiera con una entidad de crédito deberán comunicar previamente su número de identificación fiscal a dicha entidad.

La citada obligación será exigible aunque las operaciones activas o pasivas que se realicen con las entidades de crédito tengan un carácter transitorio.

Reglamentariamente se podrán establecer reglas especiales y excepciones a la citada obligación, así como las obligaciones de información que deberán cumplir las entidades de crédito en tales supuestos.

3. Las entidades de crédito no podrán librar cheques contra la entrega de efectivo, bienes, valores u otros cheques sin la comunicación del número de identificación fiscal del tomador, quedando constancia del libramiento y de la identificación del tomador. Se exceptúa de lo anterior los cheques librados contra una cuenta bancaria.

De igual manera, las entidades de crédito exigirán la comunicación del número de identificación fiscal a las personas o entidades que presenten al cobro, cuando el abono no se realice en una cuenta bancaria, cheques emitidos por una entidad de crédito. También lo

---

Disp. Adic. 5.ª8: Apartado redactado por la Disp. Final 3.ª de la Ley 14/2013, de 27 de septiembre, de apoyo a los emprendedores y su internacionalización (*BOE* de 28 de septiembre), con efectos desde el 29 de septiembre de 2013.

Disp. Adic. 6.ª: Vid. Disp. Derog. única.1.*h*) y nota al art. 29.2.*b*) LGT (§ I). Véase art. 11 del RD 1.553/2005, de 23 de diciembre, por el que se regula la expedición del DNI y sus certificados de firma electrónica (*BOE* de 24 de diciembre), modificado por Reales Decretos 1.586/2009, de 16 de octubre (*BOE* de 3 de noviembre); 869/2013, de 8 de noviembre (*BOE* de 23 de noviembre), y 414/2015, de 29 de mayo (*BOE* de 30 de mayo). Vid. arts. 27, 28 y 147.4 RGIT.

exigirán en caso de cheques librados por personas distintas por cuantía superior a 3.000 euros. En ambos casos deberá quedar constancia del pago del cheque así como de la identificación del tenedor que lo presente al cobro.

Reglamentariamente se establecerá la forma en que las entidades de crédito deberán dejar constancia y comunicar a la Administración tributaria los datos a que se refieren los párrafos anteriores.

4. La publicación de la revocación del número de identificación fiscal asignado en el «Boletín Oficial del Estado», determinará la pérdida de validez a efectos identificativos de dicho número en el ámbito fiscal.

Asimismo, la publicación anterior determinará que las entidades de crédito no realicen cargos o abonos en las cuentas o depósitos bancarios en que consten como titulares o autorizados los titulares de dichos números revocados, salvo que se rehabilite el número de identificación fiscal,

Cuando la revocación se refiera al número de identificación fiscal de una entidad, su publicación en el "Boletín Oficial del Estado" implicará la abstención del notario para autorizar cualquier instrumento público relativo a declaraciones de voluntad, actos jurídicos que impliquen prestación de consentimiento, contratos y negocios jurídicos de cualquier clase, así como la prohibición de acceso a cualquier registro público, incluidos los de carácter administrativo, salvo que se rehabilite el número de identificación fiscal. El registro público en el que esté inscrita la entidad a la que afecte la revocación, en función del tipo de entidad de que se trate, procederá a extender en la hoja abierta a dicha entidad una nota marginal en la que se hará constar que, en lo sucesivo, no podrá realizarse inscripción alguna que afecte a aquella, salvo que se rehabilite el número de identificación fiscal.

Excepcionalmente, se admitirá la realización de los trámites imprescindibles para la cancelación de la nota marginal a la que se refiere el párrafo anterior.

De igual modo, en todas las certificaciones registrales de la entidad titular del número revocado debe constar que el mismo está revocado.

Lo dispuesto en este apartado no impedirá a la Administración Tributaria exigir el cumplimiento de las obligaciones tributarias pendientes. No obstante, la admisión de las autoliquidaciones, declaraciones, comunicaciones o escritos en los que conste un número de identificación fiscal revocado quedará condicionada, en los términos reglamentariamente establecidos, a la rehabilitación del citado número de identificación fiscal.

7.ª *Responsabilidad solidaria de las Comunidades Autónomas y de las corporaciones locales.*—1. Las Comunidades Autónomas son responsables solidarias respecto del pago de las deudas tributarias contraídas por las entidades de derecho público de ellas dependientes, sociedades mercantiles cuyo capital social pertenezca íntegramente a la Comunidad Autónoma o instituciones asociativas voluntarias públicas en las que participen, en proporción a sus respectivas cuotas y sin perjuicio del derecho de repetir que les pueda asistir, en su caso.

2. Las corporaciones locales son responsables solidarias respecto del

Disp. Adic. 6.ª4: Redactado por Ley 11/2021, de 9 de julio. Fue introducido por la Ley 36/2006, de 29 de noviembre, de medidas para la prevención del fraude fiscal y redactado de nuevo, con efectos desde el 12 de octubre de 2015, por el art. único.61 de la Ley 34/2015, de 21 de septiembre, de modificación parcial de la LGT.

Vid. la Disp. Adic. 3.ª de la Ley 36/2006 en relación con la nueva redacción que otorga al art. 23 de la Ley del Notariado.

pago de las deudas tributarias contraídas por las entidades a que se refieren los párrafos *b*) y *c*) del apartado 3 del artículo 85 de la Ley 7/1985, de 2 de abril, Reguladora de las Bases de Régimen Local, así como de las que, en su caso, se contraigan por las mancomunidades, comarcas, áreas metropolitanas, entidades de ámbito inferior al municipio y por cualesquiera instituciones asociativas voluntarias públicas en las que aquéllas participen, en proporción a sus respectivas cuotas y sin perjuicio del derecho de repetir que les pueda asistir, en su caso.

8.ª *Procedimientos concursales.*—Lo dispuesto en esta ley se aplicará de acuerdo con lo establecido en la legislación concursal vigente en cada momento.

9.ª *Competencias en materia del deber de información.*—A efectos del apartado 1 del artículo 8 de la Ley Orgánica 1/1982, de 5 de mayo, de Protección Civil del Derecho al Honor, a la Intimidad Personal y Familiar y a la Propia Imagen, se considerará autoridad competente el Ministro de Hacienda, el órgano equivalente de las Comunidades Autónomas, el órgano de gobierno de las entidades locales, los Directores de Departamento de la Agencia Estatal de Administración Tributaria y sus Delegados territoriales.

10.ª *Exacción de la responsabilidad civil y multa por delito contra la Hacienda Pública.*—1. En los procedimientos por delito contra la Hacienda Pública, la responsabilidad civil, que comprenderá el importe de la deuda tributaria que la

---

Disp. Adic. 8.ª: Vid. Ley 22/2003, de 9 de julio, Concursal (*BOE* de 10 de julio), con las modificaciones introducidas por las Leyes 5, 9, 11, 20, 25 y 40/2015. Actual Texto Refundido de la Ley Concursal, aprobado por RDLegislativo 1/2020, de 5 de mayo (*BOE* de 7 de mayo). **STS, Sala 3, Sección 2.ª, de 11 de mayo de 2015** (Rec. 1570/2013; ponente: J. Huelin): «*el hecho de que la Administración Tributaria, una vez declarado el concurso, ejerza sus potestades de comprobación e inspección y practique liquidación por un crédito anterior a esa declaración en nada contradice en principio al art. 49.1 de la Ley Concursal* [...]. *En suma, si la liquidación girada como consecuencia de las facturas rectificativas recibidas afecta a un período liquidatorio distinto de aquel en que el sujeto pasivo ejercitó su derecho a la deducción de esas cuotas soportadas, como acontece en el presente caso, se vulneran la prohibición del art. 58 de la Ley Concursal y el principio concursal* par conditio creditorum, *desconociéndose de este modo por la Administración Tributaria el mandato de la Disp. Adic. 8.ª LGT. Como dijo el Tribunal de Conflictos de Jurisdicción en la repetida Sentencia 2/2013: "reconocida la competencia de la AEAT para liquidar en los términos que hemos referido, resulta indudable que la Administración tributaria no puede, una vez declarado el concurso, compensar el crédito tributario que haya reconocido a la concursada —sometido a las reglas del concurso y al principio* par conditio creditorum— *con las deudas tributarias que ostente frente a ella —crédito contra la masa de satisfacción inmediata—"*» (FJ 4.º). Vid. también **STS de 2 de marzo de 2015 (cas. 874/14, FFJJ 3.º y 4.º).**

Disp. Adic. 9.ª: El art. 8.º, apdo. uno, de la LO 1/1982 dispone: «No se reputará, con carácter general, intromisiones ilegítimas las actuaciones autorizadas o acordadas por la Autoridad competente de acuerdo con la ley, ni cuando predomine un interés histórico, científico o cultural relevante.»

Disp. Adic. 10.ª: Nueva redacción, con efectos desde el 12 de octubre de 2015, por el art. único.62 de la Ley 34/2015, de 21 de septiembre, de modificación parcial de la LGT (*BOE* n.º 227, de 22 de septiembre). Su **redacción anterior** era la siguiente:

10.ª **Exacción de la responsabilidad civil por delito contra la Hacienda Pública.**—1. En los procedimientos por delito contra la Hacienda Pública, la responsabilidad civil comprenderá la totalidad de la deuda tributaria no ingresada, incluidos sus intereses de demora, y se exigirá por el procedimiento administrativo de apremio.

2. Una vez que sea firme la sentencia, el juez o tribunal al que competa la ejecución remitirá testimonio a los órganos de la Administración tributaria, ordenando que se proceda a su exacción. En la misma forma se procederá cuando el juez o tribunal hubieran acordado la ejecución provisional de una sentencia recurrida.

3. Cuando se hubiera acordado el fraccionamiento de pago de la responsabilidad civil conforme al artículo 125 del Código Penal, el juez o tribunal lo comunicará a la Administración tributaria. En este caso, el procedimiento de apremio se iniciará si el responsable civil del delito incumpliera los términos del fraccionamiento.

Administración tributaria no haya liquidado por prescripción u otra causa legal en los términos previstos en esta ley, incluidos sus intereses de demora, junto a la pena de multa, se exigirá por el procedimiento administrativo de apremio.

2. Una vez que sea firme la sentencia, el juez o tribunal al que competa la ejecución remitirá testimonio a los órganos de la Administración tributaria, ordenando que se proceda a su exacción. En la misma forma se procederá cuando el juez o tribunal hubieran acordado la ejecución provisional de una sentencia recurrida.

3. Cuando se hubiera acordado el fraccionamiento de pago de la responsabilidad civil o de la multa conforme al artículo 125 del Código Penal, el juez o tribunal lo comunicará a la Administración tributaria. En este caso, el procedimiento de apremio se iniciará si se

---

4. La Administración tributaria informará al juez o tribunal sentenciador, a los efectos del artículo 117.3 de la Constitución Española, de la tramitación y, en su caso, de los incidentes relativos a la ejecución encomendada.

Vid. arts. 125 CP y 128 RGR, arts. 117.3 y 118 CE y 9.º y 985 LECrim. El art. 999 LECrim., introducido por la Disp. Final 1.ª3 de la Ley 34/2015, de 21 de septiembre, dispone:

«1. En la ejecución de sentencias por delitos contra la Hacienda Pública, la disconformidad del obligado al pago con las modificaciones que con arreglo a lo previsto en la Ley General Tributaria lleve a cabo la Administración Pública se pondrá de manifiesto al Tribunal competente para la ejecución, en el plazo de treinta días desde su notificación, que, previa audiencia de la Administración ejecutante y del Ministerio Fiscal por idéntico plazo, resolverá mediante auto si la modificación practicada es conforme a lo declarado en sentencia o si se ha apartado de la misma, en cuyo caso, indicará con claridad los términos en que haya de modificarse la liquidación.

»2. Contra el auto que resuelva este incidente cabrá recurso de apelación en un solo efecto o, en su caso, el correspondiente de súplica.»

La **STS, Sala 3.ª, Sección 2.ª, de 16 de junio de 2016 (Rec. 805/2015**; ponente: M. Martín Timón) se **pronunció por primera vez sobre esta Disp. Adic. 10.ª LGT**, señalando que, aunque «*no es todo lo completa que debiera ser y así lo demuestra que el Reglamento General de Recaudación, aprobado por RD 939/2005, de 20 de julio, haya dedicado a esta materia el art. 128*», sí puede entenderse que se ajusta a la Constitución, pues, aunque «[...] *es cierto que a partir de la entrada en vigor de la LGT la ejecución de la responsabilidad por delito contra la Hacienda Pública no se hace de forma directa por los órganos del orden jurisdiccional penal, como ocurría con anterioridad, pero ello no supone que se haya desapoderado a estos últimos de toda potestad en este orden. Antes bien, debe entenderse que lo que se ha establecido es una fórmula de colaboración de la AEAT con los Juzgados y Tribunales del orden jurisdiccional penal para el tipo de ejecución al que nos venimos refiriendo, lo que viene autorizado por el art. 118 CE*, siendo de resaltar la obligación de informar al juez o tribunal sentenciador que pesa sobre la Administración Tributaria, respecto de la tramitación de la ejecución y, en su caso, de los incidentes relativos a la ejecución encomendada (Disp. Adic. 10.ª4) [...]. *Así entendido el sistema, en el que la Administración presta el auxilio necesario para la debida ejecución de las sentencias, permite entender que no es contrario al artículo 117.3 de la Constitución* [...].» En consecuencia, a efectos de exigencia de la responsabilidad civil, «[...] *la oposición al embargo es una cuestión que la sociedad* [...] *deberá alegar, si así lo desea, en el procedimiento de apremio, en el cual los incidentes que se susciten, relativos a la ejecución, se deberán plantear en su seno, procedimiento que a tenor del art. 163.1 LGT es exclusivamente administrativo; y la competencia para entender del mismo y resolver consecuentemente todas sus incidencias corresponde únicamente a la Administración Tributaria, quedando a salvo la disposición contenida en el art. 118.3 CE con las previsiones plasmadas en el apartado 4.º de la Disp. Adic. 10.ª de la referida LGT, con el cumplimiento de la obligación que compete a la Administración Tributaria de informar al Juez o Tribunal sentenciador, de la tramitación del procedimiento administrativo y, en su caso, de todos los incidentes que se susciten en la ejecución encomendada*». Y concluye el TS: «En estas condiciones, en las que *la Administración ha actuado con autorización del Juzgado Central de Instrucción, sobre la base de entender que procedía la doctrina del levantamiento del velo, y por ello, con un título inicialmente suficiente, tocaba a la entidad hoy recurrente en casación acudir al régimen ordinario de recursos y en concreto a la vía económico administrativa, pero no a la del art. 217 LGT, ya que la misma está reservada para supuestos de interpretación estricta, aquí no concurrentes* [...]» (FD 5.º).

STS de 20 de enero de 2006 (FJ 12): «En la STS de 15 de diciembre de 2002 se estableció que, si bien el perjuicio fiscal determina cuantitativamente el daño producido por el delito fiscal, la responsabilidad civil derivada del delito no es el pago del tributo evadido, sino la reparación del daño ocasionado a la Hacienda Pública [...]. El art. 64 LGT (1963) rige sólo para la deuda fiscal, pero no es aplicable a la reparación del daño causado por el delito.» Vid. nota al art. 26 LGT (§ I), así como los apdos. 5 y 7 del art. 305 CP (§ II).

incumplieran los términos del fraccionamiento.

4. La Administración tributaria informará al juez o tribunal sentenciador, a los efectos del artículo 117.3 de la Constitución Española, de la tramitación y, en su caso, de los incidentes relativos a la ejecución encomendada.

11.ª *Reclamaciones económico-administrativas en otras materias.*— 1. Podrá interponerse reclamación económico-administrativa, previa interposición potestativa de recurso de reposición, contra las resoluciones y los actos de trámite que decidan, directa o indirectamente, el fondo del asunto relativo a las siguientes materias:

a) Los actos recaudatorios de la Agencia Estatal de Administración Tributaria relativos a ingresos de derecho público del Estado y de las entidades de derecho público vinculadas o dependientes de la Administración General del Estado o relativos a ingresos de derecho público, tributarios o no tributarios, de otra Administración pública.

b) El reconocimiento o la liquidación por autoridades u organismos de los Ministerios de Hacienda y de Economía de obligaciones del Tesoro Público y las cuestiones relacionadas con las operaciones de pago por dichos órganos con cargo al Tesoro.

2. No se admitirán reclamaciones económico-administrativas con respecto a los siguientes actos:

a) Los que den lugar a reclamación en vía administrativa previa a la judicial, civil o laboral o pongan fin a dicha vía.

b) Los dictados en procedimientos en los que esté reservada al ministro competente la resolución que ultime la vía administrativa.

c) Los dictados en virtud de una ley que los excluya de reclamación económico-administrativa.

3. Estará legitimado para interponer reclamación económico-administrativa contra los actos relativos a las materias a las que se refiere el apartado 1 cualquier persona cuyos intereses legítimos resulten afectados por el acto administrativo, así como el Interventor General de la Administración del Estado o sus delegados, en las materias a que se extienda la función fiscalizadora que le confieran las disposiciones vigentes.

4. No estarán legitimados para interponer reclamación económico-administrativa contra los actos relativos a las materias a las que se refiere el apartado 1:

a) Los funcionarios y empleados públicos salvo en los casos en que inmediata y directamente se vulnere un derecho que en particular les esté reconocido o resulten afectados sus intereses legítimos.

b) Los particulares cuando obren por delegación de la Administración o como agentes o mandatarios en ella.

c) Los denunciantes.

d) Los que asuman obligaciones en virtud de pacto o contrato.

e) Los organismos u órganos que hayan dictado el acto impugnado, así como cualquier otra entidad por el mero hecho de ser destinataria de los fondos gestionados mediante dicho acto.

Disp. Adic. 11.ª: *Recurso de reposición*: vid. arts. 222 a 225 LGT (§ I). *Reclamaciones económico-administrativas*: vid. arts. 226 a 248 LGT (§ I).

STS de 22 de junio de 2020. Rec. 298/2018. Ponente: J. Díaz Delgado: *conforme a lo dispuesto en el apartado 3 del artículo 97 del Real Decreto 939/2005, de 29 de julio, por el que se aprueba el Reglamento General de Recaudación, en relación con los apartados 1.a) y 2.c) y g) del artículo 227 y la disposición adicional 11.ª, todos ellos de la Ley 58/2003, de 17 de diciembre, General Tributaria,* ***frente a los actos administrativos de valoración de bienes adoptados en el procedimiento de apremio cabe contra los mismos recurso de reposición o reclamación económico administrativa, porque tales valoraciones no son meros actos de trámite sino que declaran una obligación o un deber, o sea porque deciden —directa o indirectamente— sobre el fondo del asunto.***

5. Podrán interponer el recurso de alzada ordinario las personas u órganos previstos en el apartado 3 de esta disposición adicional y los órganos directivos de los Ministerios de Hacienda y de Economía que se determinen reglamentariamente en materias de su competencia.

6. Podrán interponer el recurso extraordinario de alzada para la unificación de criterio los órganos directivos de los Ministerios de Hacienda y de Economía que se determinen reglamentariamente.

7. Podrán interponer el recurso extraordinario de revisión las personas u órganos previstos en el apartado 3 de esta disposición adicional, y los órganos directivos de los Ministerios de Hacienda y de Economía que se determinen reglamentariamente en materias de su competencia.

8. Salvo lo dispuesto en los apartados anteriores, en las reclamaciones económico-administrativas reguladas en la presente disposición adicional se aplicarán las normas reguladoras de las reclamaciones económico-administrativas en materia tributaria contenidas en esta ley.

12.ª *Composición de los tribunales económico-administrativos.*—El Presidente y los vocales de los tribunales económico-administrativos serán nombrados entre funcionarios del Estado y sus organismos autónomos, de las Comunidades Autónomas y entre funcionarios de Administración local con Habilitación de Carácter Nacional, que reúnan los requisitos y condiciones que reglamentariamente se determinen, actuando como Secretario un Abogado del Estado.

13.ª *Participación de las Comunidades Autónomas y de las Ciudades con Estatuto de Autonomía en los tribunales económico-administrativos.*—1. Las Comunidades Autónomas y las Ciudades con Estatuto de Autonomía que no asuman la función revisora en vía económico-administrativa de los actos dictados por ellas en relación con los tributos estatales, podrán participar en los tribunales económico-administrativos del Estado, en los términos que se establezcan reglamentariamente, de las siguientes maneras:

a) Mediante el nombramiento de funcionarios de las Comunidades Autónomas y de las Ciudades con Estatuto de Autonomía conforme a lo indicado en la disposición adicional duodécima de esta ley.

b) Mediante la creación en el seno del Tribunal Económico-Administrativo Regional y local, y en virtud de Convenio celebrado entre el Ministerio de Economía y Hacienda y el órgano superior competente de la Comunidad Autónoma y de la Ciudad con Estatuto de Autonomía de una Sala Especial para resolver las reclamaciones que versen sobre los actos dictados por las Comunidades Autónomas y las Ciudades con Estatuto de Autonomía en relación con los tributos estatales. Dicha Sala Especial tendrá el mismo número de miembros del Tribunal Regional y local y de la Administración tributaria de las Comunidades Autónomas y de las Ciudades con Estatuto de Autonomía y será presidida por el Presidente del Tribunal, que tendrá voto de calidad.

La Sala Especial resolverá todas las reclamaciones que versen sobre los actos dictados por las Comunidades Autó-

---

Disp. Adic. 11.ª5, 6 y 7: Vid. art. 63 RR.

Disp. Adic. 13.ª: Nueva redacción, con efectos desde el 1 de enero de 2010, por la Disp. Final 3.ª, apartado diez, de la Ley 22/2009, de 18 de diciembre, por la que se regula el sistema de financiación de las Comunidades Autónomas (*BOE* de 19 de diciembre).

Vid. nota al art. 229 LGT (§ I) y art. 31 RR.

nomas y las Ciudades con Estatuto de Autonomía en relación con los tributos estatales, salvo las que traten exclusivamente sobre actos dictados en el procedimiento de recaudación.

Las reclamaciones se tramitarán por el Secretario del Tribunal, que será también el Secretario y formará parte de la Sala Especial, por el procedimiento general regulado en la subsección 1.ª de la sección 2.ª del título V de esta ley, no siendo aplicable el procedimiento abreviado ante órganos unipersonales regulado en la sección 3.ª del mismo título.

2. A falta de convenio se procederá en la forma prevista en la letra *a*) del apartado anterior, según ése establezca reglamentariamente.

14.ª *Cuantía de las reclamaciones económico-administrativas.*—Con efectos para las reclamaciones económico-administrativas que se interpongan a partir de la entrada en vigor de esta ley las cuantías a las que se refieren los párrafos *a*) y *b*) del apartado 2 del artículo 10 del Real Decreto 391/1996, de 1 de marzo, por el que se aprueba el Reglamento de Procedimiento de las Reclamaciones Económico-administrativas quedarán fijadas en 150.000 y 1.800.000 euros, respectivamente, hasta que se apruebe un nuevo Reglamento de desarrollo en materia económica-administrativa.

15.ª *Normas relativas al Catastro Inmobiliario.*—1. Las infracciones y sanciones en materia catastral, se regirán por su normativa específica.

2. El artículo 27 de esta ley relativo a los recargos por declaración extemporánea sin requerimiento previo no será aplicable a las declaraciones catastrales.

3. En materia de notificación de valores catastrales, esta ley se aplicará supletoriamente respecto a lo dispuesto en la normativa específica catastral.

16.ª *Utilización de medios electrónicos, informáticos o telemáticos en las reclamaciones económico-administrativas.*—1. Podrán utilizarse medios electrónicos, informáticos o telemáticos para la interposición, tramitación y resolución de las reclamaciones económico-administrativas.

2. Podrán emplearse dichos medios para las notificaciones que deban realizarse cuando el interesado los haya señalado como preferentes o hubiera consentido expresamente su utilización.

3. Los documentos que integren un expediente correspondiente a una reclamación económico-administrativa podrán obtenerse mediante el empleo de los medios a que se refiere el apartado 1 de esta disposición.

4. El Ministro de Hacienda regulará los aspectos necesarios para la implantación de estas medidas y creará los registros telemáticos que procedan.

17.ª *Naturaleza jurídica de los créditos gestionados en el ámbito de la asistencia mutua.*—1. A efectos de la

---

Disp. Adic. 14.ª: Vid. art. 36 RR.

Disp. Adic. 15.ª: Vid. TRLCI, aprobado por RDLeg. 1/2004, de 5 de marzo, en la redacción dada por la Ley 36/2006, de 29 de noviembre, de medidas para la prevención del fraude fiscal. Y posteriormente por Ley 16/2012, de 27 de diciembre (*BOE* n.º 312, de 28 de diciembre). Por su parte, la Ley 15/2014, de 16 de septiembre (*BOE* de 17 de septiembre), modifica parcialmente el art. 29.4 TRLCI en relación con las notificaciones en los procedimientos de valoración colectiva de carácter general y parcial y se aplicará a las notificaciones que hayan de practicarse a partir del día 1 de junio de 2015, aunque los procedimientos de los que deriven se hubieren iniciado con anterioridad.

Disp. Adic. 16.ª: Vid. art. 96 y Disp. Final 10.ª LGT (§ I).

Disp. Adic. 17.ª: Introducida, con efectos desde el 1 de enero de 2012, por la Disp. Final 1.ªuno.19 del RD-ley 20/2011, de 30 de diciembre (*BOE* n.º 315, de 31 de diciembre de 2011; corrección de errores en *BOE* n.º 8, de 10 de enero de 2012).

asistencia mutua a la que se refiere el artículo 1.2 de esta ley y sin perjuicio de lo dispuesto en el artículo 80 bis de esta ley, tendrán la consideración de derechos de la Hacienda Pública de naturaleza pública todo crédito de otro Estado o entidad supranacional o internacional respecto del que se ejerzan las acciones de asistencia, colaboración, cooperación y otras de naturaleza análoga que preste el Estado español en ejercicio de dicha asistencia mutua.

2. A los efectos del ejercicio de dichas acciones de asistencia mutua tales derechos conservarán su naturaleza jurídica originaria conforme a la normativa española y les será de aplicación el régimen jurídico regulado en la Ley 47/2003, de 26 de noviembre, General Presupuestaria, y en la presente ley.

18.ª *Obligación de información sobre bienes y derechos situados en el extranjero.*—1. Los obligados tributarios

---

Vid. nota al art. 1.º2 LGT (§ I).

Disp. Adic. 18.ª: Añadida por la Ley 7/2012, de 29 de octubre (*BOE* n.º 261, de 30 de octubre), con vigencia desde el 31 de octubre de 2012. La redacción vigente desde el 11 de marzo de 2022 ha sido introducida por la Disp. Final 4ª de la Ley 5/2022, de 9 de marzo. Anteriormente, la Ley 11/2021, de 9 de julio dio nueva redacción a los apartados 1 y 2.

Vid. arts. 42 bis, 42 ter y 54 bis RGIT.

Vid. Disp. Adic. 1.ª del RD-ley 12/2002, de 30 de marzo (*BOE* de 31 de marzo), que estableció la denominada «amnistía fiscal», modificado por la Disp. Final 3.ª del RD-ley 19/2012, de 25 de mayo (*BOE* de 26 de mayo), y desarrollado por Órdenes HAP/1.182/2012, de 31 de mayo (*BOE* de 4 de junio), y HAP/72/2013, de 30 de enero (*BOE* de 31 de enero). La **STC 73/2017, de 8 de junio, declara la inconstitucionalidad** de la denominada **amnistía fiscal de 2012**, por entender que «ha **incidido directa y sustancialmente en la determinación de la carga tributaria que afecta a toda clase de personas y entidades**» *por lo que* «**ha afectado a la esencia misma del deber de contribuir al sostenimiento de los gastos públicos que enuncia el art. 31.1 CE, al haberse alterado el modo de reparto de la carga tributaria que debe levantar la generalidad de los contribuyentes, en unos términos que resultan prohibidos por el art. 86.1 CE.»**

Asociado a la amnistía se estableció el deber de declarar los bienes y derechos en el extranjero , de conformidad con el conocido Modelo 720. El incumplimiento del deber de informar sobre la existencia de tales bienes determinaba su imprescriptibilidad a efectos tributarios y su sujeción a muy fuertes sanciones en caso de incumplimiento o cumplimiento defectuoso del deber de declarar —ex Disp. Adicional 18.2) LGT—, impidiendo además —incomprensiblemente— la posibilidad de efectuar declaraciones complementarias. De otra parte, el **régimen sancionador** previsto en los casos del art. 39.2) —ex **Disp. Adicional 1.ª de la Ley 7/2012, de 29 de octubre**— era de una severidad extrema: su aplicación determinará la consideración de una infracción como muy grave y se sancionará con una multa pecuniaria proporcional del 150 por 100 del importe de la base de la sanción. La base de la sanción era la cuantía de la cuota íntegra resultante de la aplicación del precepto, sin que a efectos de determinación de la base de la sanción se tuvieran en cuenta las cantidades pendientes de compensación, deducción o aplicación procedentes de ejercicios anteriores o correspondientes al ejercicio objeto de comprobación, que pudieran minorar la base imponible o liquidable o la cuota íntegra.

Los bienes y derechos no declarados , en virtud del art. 39.2) de la Ley del IRPF tenían la consideración de ganancias de patrimonio no justificadas.

Disponía dicho precepto que:

«***En todo caso*** tendrán la consideración de **ganancias de patrimonio no justificadas** y se integrarán en la base liquidable general del periodo impositivo más antiguo entre los no prescritos susceptible de regularización, la tenencia, declaración o adquisición de bienes o derechos respecto de los que no se hubiera cumplido en el plazo establecido al efecto la obligación de información a que se refiere la *disposición adicional decimoctava* de la Ley 58/2003, de 17 de diciembre, General Tributaria.

No obstante, no resultará de aplicación lo previsto en este apartado cuando el contribuyente acredite que la titularidad de los bienes o derechos corresponde con rentas declaradas, o bien con rentas obtenidas en periodos impositivos respecto de los cuales no tuviese la condición de contribuyente por este Impuesto.»

Atendiendo a una **denuncia formulada ante la Unión Europea**, la Comisión Europea emplazó al Gobierno español a fin de que explicara y motivara, entre otros extremos, el porqué de este régimen, haciendo especial hincapié en la imprescriptibilidad, en la vulneración del principio de proporcionalidad en las sanciones aplicables, en la no toma en consideración del principio de igualdad —en relación con los mismos bienes no declarados radicados en España—, etc. Finalmente la **Comisión**

Europea denunció al Reino de España ante el **Tribunal de Justicia de la Unión Europea**, que se ha pronunciado , en **sentencia de 27 de enero de 2022, Sala Primera, declarando** , en relación con la normativa del Modelo 720, que:

• España ha vulnerado el **principio de libre circulación de capitales** al disponer que **el incumplimiento o el cumplimiento imperfecto o extemporáneo de la obligación informativa** relativa a los bienes y derechos situados en el extranjero tiene como **consecuencia la imposición de las rentas no declaradas correspondientes al valor de esos activos como «ganancias patrimoniales no justificadas», sin posibilidad de ampararse en la prescripción.**

• España también ha incumplido las obligaciones que le incumben en virtud de la **libre circulación de capitales al sancionar el incumplimiento o el cumplimiento imperfecto o extemporáneo** de la obligación informativa con una **multa proporcional del 150 por 100 del impuesto calculado sobre las cantidades correspondientes al valor de los bienes o derechos poseídos en el extranjero. Sanción acumulable con multas de cuantía fija que se aplican a cada dato o conjunto de datos omitidos, incompletos, inexactos o falsos que deban incluirse en el «Modelo 720».** El **deber de presentar el «Modelo 720» y las sanciones** derivadas del incumplimiento o del cumplimiento imperfecto o extemporáneo de dicha obligación, que no tienen equivalente en lo que respecta a los bienes o derechos situados en España, **establecen una diferencia de trato entre los residentes en España en función del lugar de localización de sus activos**.

• El legislador español incumplió también las obligaciones exigibles en virtud de la libre circulación de capitales **al sancionar el incumplimiento o el cumplimiento imperfecto o extemporáneo** de la obligación informativa relativa a los bienes y derechos situados en el extranjero **con multas de cuantía fija cuyo importe no guarda proporción alguna con las sanciones previstas para infracciones similares** en un contexto puramente nacional y cuyo importe total no está limitado.

Como consecuencia de esta Sentencia del TJUE , se ha promulgado la **Ley 5/2022, de 9 de marzo (*BOE* de 10 de marzo) que ha dado nueva redacción al art. 39 de la LIRPF**, modificando el régimen jurídico asociado a la obligación de declarar bienes y derechos situados en el extranjero (**Modelo 720**), con el fin de adecuarlo al Derecho Comunitario. La modificación ha consistido fundamentalmente en:

a) eliminar la imputación como ganancia patrimonial no justificada de aquellos bienes y derechos que, aflorados en el extranjero, deban considerarse ya prescritos.

b) altera sustancialmente el régimen sancionador aplicable a estas que se consideraban como ganancias patrimoniales no justificadas, régimen establecido en las Disps. Adicionales 1.ª y 2.ª Ley 7/2012 y en la Disp. Adicional 18.ª LGT. En consecuencia se suprime la multa del 150% y las multas fijas por incumplimiento o cumplimiento defectuoso de la obligación de declarar bienes y derechos en el extranjero, sujetando el incumplimiento de ese deber de declarar al régimen sancionador general.

En **Sentencias de 4 y 6 de julio de 2022** (Rec. 6410/2019 y 6202/2019, respectivamente, de las que fue Ponente en ambas, el **Magistrado R. Toledano Cantero) el Tribunal Supremo fijó la siguiente doctrina casacional:** «... debemos declarar como doctrina de interés casacional, ***de conformidad con lo resuelto por la STJU de 27 de enero de 2022 (Asunto C-788/19), que el régimen sancionador establecido en la DA 18.ª2 LGT, en su redacción por Ley 7/2012, de 29 de octubre, de una sanción consistente en una multa pecuniaria fija por cumplimiento tardío —sin requerimiento previo de la Administración— de la obligación de declarar bienes y derechos en el extranjero, vulnera las obligaciones que le incumben al Reino de España, en virtud de los arts. 63 TFUE y 40 del Acuerdo sobre el Espacio Económico Europeo, sobre libre circulación de capitales, dado que tales sanciones resultan desproporcionadas respecto a las sanciones previstas en un contexto puramente nacional***».

Debe destacarse que el TS reconoce el **efecto retroactivo** del pronunciamiento, concluyendo que: «Además de la naturaleza ejecutiva de las Sentencias dictadas en un procedimiento por incumplimiento, ***la jurisprudencia del Tribunal de Justicia de la Unión Europea ha confirmado el efecto ex tunc de dichas resoluciones***, sin perjuicio de la facultad del Tribunal de limitar temporalmente los efectos de sus Sentencias ex art. 231 del Tratado constitutivo de la Comunidad Europea (hoy art. 264 del Tratado de funcionamiento de la Unión Europea). ***Los derechos que corresponden a los particulares no derivan de la sentencia que declara el incumplimiento sino de las disposiciones mismas del Derecho comunitario que tienen efecto directo en el ordenamiento jurídico interno*** (Sentencias de 14 de diciembre de 1982, asunto Waterkeyn, antes citada, apartado 16, y de 5 de marzo de 1996, asuntos Brasserie du Pêcheur y Factortame, C-46/93 y C-48/93, Rec. pp. 1-1029, apartado 95).

En **sentencia del Tribunal de Justicia de la Unión Europea de 16 de julio de 2015** (Asunto C-255/14), el Tribunal concluyó en la vulneración, por parte de Hungría, del principio comunitario que exige la proporcionalidad de las sanciones, entendiendo que una multa del 60 por 100 por dejar de declarar las cantidades a la entrada o salida del país es una sanción que no guarda la debida proporcionalidad con el comportamiento infractor: El mismo **TJUE** ha concluido, resolviendo una cuestión prejudicial planteada por el TSJ de Madrid —**sentencia de 31 de mayo de 2018, Asunto C-190**— que la Ley española 10/2010, de 28 de abril, de prevención del blanqueo de capitales y de la financiación del terrorismo, no respeta tampoco el referido principio comunitario, del que se hace eco la Directiva 91/308/CEE del Consejo, de 10 de junio de

deberán suministrar a la Administración Tributaria, conforme a lo dispuesto en los artículos 29 y 93 de esta Ley y en los términos que reglamentariamente se establezcan, la siguiente información:

a) Información sobre las cuentas situadas en el extranjero abiertas en entidades que se dediquen al tráfico bancario o crediticio de las que sean titulares o beneficiarios o en las que figuren como autorizados o de alguna otra forma ostenten poder de disposición.

b) Información de cualesquiera títulos, activos, valores o derechos representativos del capital social, fondos propios o patrimonio de todo tipo de entidades, o de la cesión a terceros de capitales propios, de los que sean titulares y que se encuentren depositados o situados en el extranjero, así como de los seguros de vida o invalidez de los que sean tomadores y de las rentas vitalicias o temporales de las que sean beneficiarios como consecuencia de la entrega de un capital en dinero, bienes muebles o inmuebles, contratados con entidades establecidas en el extranjero.

c) Información sobre los bienes inmuebles y derechos sobre bienes inmuebles de su titularidad situados en el extranjero.

d) Información sobre las monedas virtuales situadas en el extranjero de las que se sea titular, o respecto de las cuales se tenga la condición de beneficiario o autorizado o de alguna otra forma se ostente poder de disposición, custodiadas por personas o entidades que proporcionan servicios para salvaguardar claves criptográficas privadas en nombre de terceros, para mantener, almacenar y transferir monedas virtuales.

Las obligaciones previstas en los párrafos anteriores se extenderán a quienes tengan la consideración de titulares reales de acuerdo con lo previsto en el apartado 2 del artículo 4 de la Ley 10/2010, de 28 de abril, de prevención del blanqueo de capitales y de la financiación del terrorismo.

19.ª *Competencias de investigación patrimonial en los procesos por delito contra la Hacienda Pública.*—En los procesos por delito contra la Hacienda Pública, y sin perjuicio de las facultades que corresponden a las unidades de la Policía Judicial, los órganos de recaudación de la Agencia Estatal de Administración Tributaria mantendrán la competencia para investigar, bajo la supervisión de la autoridad judicial, el

---

1991, relativa a la prevención de la utilización del sistema financiero para el blanqueo de capitales, y el Reglamento 1889/2005, que articuló un control de las transacciones efectuadas a través de entidades de crédito e instituciones financieras, así como de determinados tipos de profesiones.

En nota al art. 203.6.*b*).1.º LGT (§ 1), vid. referencia a la STC 74/2022, de 14 de junio, en la que se fija la posición del Tribunal Constitucional español sobre el **principio de proporcionalidad**.

Disp. Adic. 19.ª: Añadida por la Ley 7/2012, de 29 de octubre (*BOE* n.º 261, de 30 de octubre), con vigencia desde el 31 de octubre de 2012.

Vid. arts. 305 a 310 CP (§ II), 81, 6) y 8), 251 a 259 y Disp. Adic. 10.ª LGT (§ I). La Disp. Final 3.ª, ap. 2 de la Ley 34/2015, introdujo una **Disp. Adic. 10.ª en la Ley 29/1998, de 13 de julio, reguladora de la Jurisdicción Contencioso-administrativa**, del siguiente tenor:

«Disposición adicional décima. Delitos contra la Hacienda pública.

De conformidad con lo dispuesto en el artículo 3.*a*) de esta Ley, no corresponde al orden jurisdiccional contencioso-administrativo conocer de las pretensiones que se deduzcan respecto de las actuaciones tributarias vinculadas a delitos contra la Hacienda Pública que se dicten al amparo del Título VI de la Ley 58/2003, de 17 de diciembre, General Tributaria, salvo lo previsto en los artículos 256 y 258.3 de la misma.

Una vez iniciado el correspondiente proceso penal por delito contra la Hacienda Pública, tampoco corresponderá al orden jurisdiccional contencioso-administrativo conocer de las pretensiones que se deduzcan respecto de las medidas cautelares adoptadas al amparo del artículo 81 de la Ley 58/2003, de 17 de diciembre, General Tributaria.»

patrimonio que pueda resultar afecto al pago de las cuantías pecuniarias asociadas al delito.

A tales efectos, podrán ejercer las facultades previstas en los artículos 93, 94 y 162 de esta ley, realizar informes sobre la situación patrimonial de las personas relacionadas con el delito y adoptar las medidas cautelares previstas en el apartado 8 del artículo 81 de la misma.

De tales actuaciones, sus incidencias y resultados se dará cuenta inmediata al juez penal, que resolverá sobre la confirmación, modificación o levantamiento de las medidas adoptadas.

Las actuaciones desarrolladas se someterán a lo previsto en la presente ley y su normativa de desarrollo, sin perjuicio de la posibilidad de que el juez decida la realización de otras actuaciones al amparo de lo previsto en el artículo 989 de la Ley de Enjuiciamiento Criminal.

20.ª *Tributos integrantes de la deuda aduanera.*—1. Conforme a lo derivado del artículo 7.1, lo dispuesto en esta ley será de aplicación respecto de los tributos que integran la deuda aduanera prevista en la normativa de la Unión Europea, en tanto no se oponga a la misma. En particular, resultará de aplicación lo dispuesto en los párrafos siguientes:

a) Las liquidaciones de la deuda aduanera, cualquiera que fuese el procedimiento de aplicación de los tributos en que se hubieren practicado, tendrán carácter provisional mientras no transcurra el plazo máximo previsto en la normativa de la Unión Europea para su notificación al obligado tributario. El carácter provisional de dichas liquidaciones no impedirá en ningún caso la posible regularización posterior de la obligación tributaria cuando se den las condiciones previstas en la normativa de la Unión Europea.

b) En los procedimientos de aplicación de los tributos, los efectos del incumplimiento del plazo máximo para dictar resolución y de la falta de resolución serán los previstos en la normativa de la Unión Europea. En el supuesto de no preverse en ella el efecto del silencio administrativo, éste se considerará siempre negativo. Asimismo, no procederá declarar en ningún caso la caducidad del procedimiento, salvo que transcurra el plazo máximo previsto en la normativa de la Unión Europea para notificar la deuda al obligado tributario.

c) La comprobación de valores regulada en la subsección 4.ª de la sección 2.ª del capítulo III del título III de esta ley no será de aplicación cuando se trate de determinar el valor en aduana, resultando de aplicación lo dispuesto en la normativa de la Unión Europea.

d) No será de aplicación a las declaraciones aduaneras lo previsto en el artículo 27 de esta Ley.

2. La revisión de los actos de aplicación de los tributos que integran la deuda aduanera, en aquellos casos en los que la normativa de la Unión Europea reserve a la Comisión la emisión de una Decisión favorable en relación a la no contracción *a posteriori*, la condonación o la devolución de la deuda aduanera, se efectuará con las especialidades que se describen en los siguientes apartados:

a) Cuando el acto de aplicación de los tributos haya sido sometido a una Decisión de la Comisión, el órgano revisor nacional competente, desde el momento en que tenga conocimiento de dicha circunstancia, suspenderá el procedimiento de revisión hasta que haya

Disp. Adic. 20.ª: Añadida, con efectos desde el 12 de octubre de 2015, por el art. único.63 de la Ley 34/2015, de 21 de septiembre, de modificación parcial de la LGT (*BOE* n.º 227, de 22 de septiembre). La letra *d*) del ap. 1 ha sido añadida por Ley 11/2021, de 9 de julio.

Vid. arts. 305 a 310 CP (§ II), 251 a 259 y Disps. Adics. 10.ª y 19.ª LGT (§ I).

recaído la resolución de dicha Comisión y la misma haya adquirido firmeza.

b) Cuando el acto de aplicación de los tributos esté vinculado a una Decisión adoptada por la Comisión, la revisión no podrá extenderse al contenido de dicha Decisión.

c) Cuando el acto de aplicación de los tributos haya sido dictado sin someter la posible no contracción *a posteriori*, condonación o devolución de la deuda aduanera a la Decisión de la Comisión y el órgano revisor considere, conforme a lo dispuesto en la normativa de la Unión Europea, que procede tal sometimiento, suspenderá el procedimiento e instará a la Administración tributaria para que someta el asunto a la Comisión.

d) Lo anterior se entiende sin perjuicio del derecho de los interesados a la interposición de los recursos que procedan contra las Decisiones de la Comisión ante las instituciones competentes de la Unión Europea y del eventual planteamiento por los órganos nacionales revisores competentes de una cuestión prejudicial ante el Tribunal de Justicia de la Unión Europea.

21.ª *Suspensión en supuestos de tramitación de procedimientos amistosos.*— En caso de que, de conformidad con lo dispuesto en la disposición adicional primera.1 del texto refundido de la Ley del Impuesto sobre la Renta de No Residentes, aprobado por Real Decreto Legislativo 5/2004, de 5 de marzo, se simultanee un procedimiento amistoso en materia de imposición directa previsto en los convenios o tratados internacionales con un procedimiento de revisión de los regulados en el título V de esta ley, se suspenderá este último hasta que finalice el procedimiento amistoso.

22.ª *Obligaciones de información y de diligencia debida relativas a cuentas financieras en el ámbito de la asistencia mutua.*—1. Las instituciones financieras deberán identificar la residencia de las personas que ostenten la titularidad o el control de determinadas cuentas financieras, y suministrar información a la Administración tributaria respecto de tales cuentas, conforme a lo dispuesto en la Directiva 2011/16/UE del Consejo, de 15 de febrero de 2011, relativa a la cooperación administrativa en el ámbito de la fiscalidad, modificada por la Directiva 2014/107/UE del Consejo, de 9 de diciembre de 2014, por lo que se refiere a la obligatoriedad del intercambio automático de información en el ámbito de la fiscalidad, y a lo dispuesto en el Acuerdo Multilateral entre Autoridades Competentes sobre intercambio automático de información de cuentas financieras.

Asimismo, las personas que ostenten la titularidad o el control de las cuentas financieras estarán obligadas a identificar su residencia fiscal ante las instituciones financieras en las que se encuentren

---

Disp. Adic. 21.ª: Añadida, con efectos desde el 12 de octubre de 2015, por el art. único.64 de la Ley 34/2015, de 21 de septiembre, de modificación parcial de la LGT (*BOE* n.º 227, de 22 de septiembre).

Disp. Adic. 22.ª: Añadida, con efectos desde el 12 de octubre de 2015, por el art. único.65 de la Ley 34/2015, de 21 de septiembre, de modificación parcial de la LGT (*BOE* n.º 227, de 22 de septiembre).

El ap. 6 ha sido introducido por la Ley 11/2021, de 9 de julio.

Vid. **RD 1.021/2015, de 13 de noviembre, que establece la obligación de identificar la residencia fiscal de las personas que ostenten la titularidad o el control de determinadas cuentas financieras y de informar acerca de las mismas en el ámbito de la asistencia mutua** (*BOE* de 17 noviembre); Orden HAP/2.194/2013, de 22 de noviembre, que regula los procedimientos y las condiciones generales para la presentación de determinadas autoliquidaciones y declaraciones informativas de naturaleza tributaria, modificada por Orden HAP/2.762/2015, de 15 de diciembre (*BOE* de 21 de diciembre); y Orden HAP/2.835/2015, de 28 de diciembre, que aprueba el modelo 113 de comunicación de datos relativos a las ganancias patrimoniales por cambio de residencia cuando se produzca a otro Estado miembro de la Unión Europea o del Espacio Económico Europeo con efectivo intercambio de información tributaria, se establece la forma y plazo para su presentación (*BOE* de 30 de diciembre).

abiertas las citadas cuentas. Reglamentariamente se desarrollarán las obligaciones de identificación de residencia y suministro de información, así como las normas de diligencia debida que deberán aplicar las instituciones financieras respecto de las cuentas financieras abiertas en ellas para identificar la residencia fiscal de las personas que ostenten la titularidad o el control de aquéllas.

2. Las infracciones y sanciones derivadas del incumplimiento de la obligación de suministro de información prevista en el apartado 1 de esta disposición adicional se regularán por lo dispuesto en el título IV de esta ley.

3. Constituye infracción tributaria el incumplimiento de la obligación de identificar la residencia de las personas que ostenten la titularidad o el control de las cuentas financieras conforme a las normas de diligencia debida a que se refiere el apartado 1 de esta disposición adicional, siempre que tal incumplimiento no determine el incumplimiento de la obligación de suministro de información respecto de las citadas cuentas.

Constituye infracción tributaria comunicar a la institución financiera datos falsos, incompletos o inexactos en relación con las declaraciones que resulten exigibles a las personas que ostenten la titularidad o el control de las cuentas financieras en orden a la identificación de su residencia fiscal, cuando se derive de ello la incorrecta identificación de la residencia fiscal de las citadas personas.

4. La infracción tributaria señalada en el primer párrafo del apartado anterior se considerará como grave, y será sancionada con multa fija de 200 euros por cada persona respecto de la que se hubiera producido el incumplimiento.

La infracción tributaria señalada en el segundo párrafo del apartado anterior se considerará como grave, y será sancionada con multa fija de 300 euros.

5. En relación con las declaraciones que resulten exigibles a las personas que ostenten la titularidad o el control de las cuentas financieras abiertas a partir de 1 de enero de 2016 en orden a la identificación de su residencia fiscal a los efectos previstos en esta disposición adicional, su falta de aportación a la institución financiera en el plazo de noventa días desde que se hubiese solicitado la apertura de la cuenta determinará que ésta no realice cargos, abonos, ni cualesquiera otras operaciones en la misma hasta el momento de su aportación.

6. Las pruebas documentales, las declaraciones que resulten exigibles a las personas que ostenten la titularidad o el control de las cuentas financieras y demás información utilizada en cumplimiento de las obligaciones de información y de diligencia debida a que se refiere esta disposición adicional deberán estar a disposición de la Administración Tributaria hasta la finalización del quinto año siguiente a aquel en el que se deba suministrar la información respecto de las citadas cuentas.

7. Toda institución financiera obligada a comunicar información conforme a la Directiva 2011/16/UE deberá comunicar a cada persona física sujeta a comunicación de información, que la información sobre ella a que se refiere el apartado 3 bis del artículo 8 de la Directiva 2011/16/UE será comunicada a la Administración tributaria y transferida al Estado miembro que corresponda con arreglo a la citada Directiva. Dicha comunicación debe realizarse antes del 31 de enero del año natural siguiente al primer año en que la cuenta sea una cuenta sujeta a comunicación de información.

8. Lo dispuesto en los apartados 5 y 6 será igualmente de aplicación en relación con las obligaciones de información y de diligencia debida relativas a cuentas financieras conforme a lo dispuesto en el Acuerdo entre los Estados Unidos de América y el Reino de España para la mejora del cumplimiento fiscal interna-

cional y la implementación de la *Foreign Account Tax Compliance Act* - FATCA.

Asimismo, en el caso de cuentas abiertas durante el año 2015 respecto de las que a 1 de enero de 2016 no se hubiesen aportado las declaraciones a que se refiere el apartado 5, su falta de aportación a la institución financiera en el plazo de sesenta días desde dicha fecha determinará que ésta no realice cargos, abonos, ni cualesquiera otras operaciones en la misma hasta el momento de su aportación.

23.ª Obligación de información sobre mecanismos transfronterizos de planificación fiscal.

1. Las personas o entidades que tengan la consideración de intermediarios o de obligados tributarios interesados a los efectos de esta obligación, según el artículo 3, apartados 21 y 22, de la Directiva 2011/16/UE del Consejo, de 15 de febrero de 2011, relativa a la cooperación administrativa en el ámbito de la fiscalidad y por la que se deroga la Directiva 77/799/CEE, deberán suministrar a la Administración tributaria, conforme a lo dispuesto en los artículos 29, 29 bis y 93 de esta Ley y en los términos que reglamentariamente se establezcan, la siguiente información:

a) Información de mecanismos transfronterizos definidos en el artículo 3.18 de la Directiva 2011/16/UE del Consejo en los que intervengan o participen cuando concurran alguna de las señas distintivas determinadas en el Anexo IV de la citada Directiva.

b) Información de actualización de los mecanismos transfronterizos comercializables a los que se refiere el artículo 3.24 de la Directiva 2011/16/UE del Consejo.

c) Información de la utilización en España de los mecanismos transfronterizos de planificación fiscal a que se refieren las letras a) y b) anteriores.

A los efectos de esta obligación de información, no tendrán la consideración de mecanismo transfronterizo de planificación fiscal objeto de declaración aquellos acuerdos, negocios jurídicos, esquemas u operaciones transfronterizas basadas en regímenes fiscales comunicados y expresamente autorizados por una decisión de la Comisión Europea.

2. Estarán dispensados de la obligación de información por el deber de secreto profesional al que se refiere el apartado 5 del artículo 8 bis ter de la Directiva 2011/16/UE del Consejo, los que tuvieran la consideración de intermediarios conforme a dicha Directiva, con independencia de la actividad desarrollada, y hayan asesorado con respecto al diseño, comercialización, organización, puesta a disposición para su ejecución o gestión de la ejecución de un mecanismo transfronterizo de los definidos en la Directiva, con el único objeto de evaluar la adecuación de dicho mecanismo a la normativa aplicable y sin procurar ni facilitar la implantación del mismo.

El intermediario obligado por el deber de secreto profesional podrá quedar liberado del mismo mediante autorización comunicada de forma fehaciente por el obligado tributario interesado.

3. El cumplimiento por los intermediarios de la obligación de información de mecanismos de planificación fiscal a que se refiere la Directiva 2011/16/UE del Consejo, en los términos legalmente exigibles, no constituirá, conforme al régimen jurídico aplicable, violación de las restricciones sobre divulgación

---

Disp. Adic. 23.ª: Se añade por el art. único.1 de la Ley 10/2020, de 29 de diciembre. **Publicado el 30/12/2020. En vigor a partir del 31/12/2020. La Ley 10/2020 incorporó a nuestro ordenamiento la Directiva UE 2018/822, del Consejo, de 25 de mayo de 2018, que modifica la Directiva 2011/16/UE por lo que se refiere al intercambio automático y obligatorio de información en el ámbito de la fiscalidad en relación con los mecanismos transfronterizos sujetos a comunicación de información (*BOE* de 30 de diciembre de 2020).**

de información impuestas por vía contractual o normativa, no implicando para los sujetos obligados ningún tipo de responsabilidad respecto del obligado tributario interesado titular de dicha información.

4. Constituyen infracciones tributarias:

a) La falta de presentación en plazo de las declaraciones informativas a que se refiere esta disposición adicional.

La infracción será grave y la sanción consistirá en multa pecuniaria fija de 2.000 euros por cada dato o conjunto de datos referidos a un mismo mecanismo que hubiera debido incluirse en la declaración con un mínimo de 4.000 euros y un máximo equivalente al importe de los honorarios percibidos o a percibir por cada mecanismo o al valor del efecto fiscal derivado de cada mecanismo calculado en los términos reglamentariamente establecidos, dependiendo de que el infractor sea el intermediario o el obligado tributario interesado, respectivamente. El límite máximo no se aplicará cuando el mismo fuera inferior a 4.000 euros.

No obstante lo anterior, cuando un mecanismo transfronterizo carezca de valor en los términos establecidos reglamentariamente y el infractor lo sea en su condición de obligado tributario interesado se computará como límite máximo el equivalente a los honorarios percibidos o a percibir por el intermediario.

En caso de no existencia de honorarios, el límite se referirá al valor de mercado de la actividad cuya concurrencia hubiera dado lugar a la consideración de intermediario calculada de acuerdo con lo dispuesto en el artículo 18.1 de la Ley 27/2014, de 27 de noviembre, del Impuesto sobre Sociedades.

A efectos de la aplicación de los límites máximos anteriores, el sujeto infractor deberá acreditar la concurrencia y magnitud de los mismos.

La sanción y los límites mínimo y máximo previstos en este párrafo se reducirán a la mitad, cuando la información haya sido presentada fuera de plazo sin requerimiento previo de la Administración tributaria.

Si se hubieran presentado en plazo declaraciones incompletas, inexactas o con datos falsos y posteriormente se presentara fuera de plazo sin requerimiento previo una declaración complementaria o sustitutiva de las anteriores, no se producirá la infracción a que se refiere la letra b) de este apartado en relación con las declaraciones presentadas en plazo y se impondrá la sanción que resulte de la aplicación de este párrafo respecto de lo declarado fuera de plazo.

b) La presentación de forma incompleta, inexacta o con datos falsos de las declaraciones informativas a que se refiere esta disposición adicional.

La infracción será grave y la sanción consistirá en multa pecuniaria fija de 2.000 euros por cada dato o conjunto de datos omitido, inexacto o falso referidos a un mismo mecanismo que hubiera debido incluirse en la declaración con un mínimo de 4.000 euros y un máximo equivalente al importe de los honorarios percibidos o a percibir por cada mecanismo o al valor del efecto fiscal derivado de cada mecanismo calculado en los términos reglamentariamente establecidos, dependiendo de que el infractor sea el intermediario o el obligado tributario interesado, respectivamente. El límite máximo no se aplicará cuando el mismo fuera inferior a 4.000 euros.

No obstante lo anterior, cuando un mecanismo transfronterizo carezca de valor en los términos establecidos reglamentariamente y el infractor lo sea en su condición de obligado tributario interesado, se computará como límite máximo el equivalente a los honorarios percibidos o a percibir por el intermediario.

En caso de no existencia de honorarios, el límite se referirá al valor de mercado de la actividad cuya concurrencia hubiera dado lugar a la consideración de intermediario calculada de acuerdo con lo dispuesto en el artículo 18.1 de la Ley 27/2014, de 27 de noviembre, del Impuesto sobre Sociedades.

A efectos de la aplicación de los límites máximos anteriores, el sujeto infractor deberá acreditar la concurrencia y magnitud de los mismos.

c) La presentación de las declaraciones informativas a que se refiere esta disposición adicional por medios distintos a los electrónicos, informáticos y telemáticos en aquellos supuestos en que hubiera obligación de hacerlo por dichos medios.

La infracción será grave y la sanción consistirá en multa pecuniaria fija de 250 euros por dato o conjunto de datos referidos a un mismo mecanismo que hubiera debido incluirse en la declaración con un mínimo de 750 euros y un máximo de 1.500 euros.

d) Las infracciones y sanciones reguladas en esta disposición adicional serán incompatibles con las establecidas en los artículos 198 y 199 de esta Ley.

24.ª Obligaciones entre particulares derivadas de la obligación de información de los mecanismos transfronterizos de planificación fiscal.

1. Los intermediarios eximidos por el deber de secreto profesional de la presentación de la declaración de los mecanismos transfronterizos de planificación fiscal deberán comunicar fehacientemente dicha exención a los demás intermediarios y obligados tributarios interesados que participen en los citados mecanismos, sobre quienes recaerá la obligación de presentar la declaración, en los términos establecidos reglamentariamente.

2. Las personas o entidades que tuvieran la condición legal de obligados a declarar y que hubieran presentado la declaración, deberán comunicar fehacientemente su presentación, en los términos reglamentariamente establecidos, al resto de intermediarios o, en su caso, al resto de obligados tributarios interesados, quienes, en virtud de aquella, quedarán eximidos de la obligación de declarar.

3. Constituyen infracciones tributarias:

a) La falta de comunicación a la que se refiere el apartado 1 de esta disposición adicional en el plazo establecido o la realización de la comunicación omitiendo datos o incluyendo datos falsos, incompletos o inexactos.

La infracción será considerada leve y se sancionará con una multa pecuniaria fija de 600 euros.

Esta infracción tendrá la consideración de grave cuando la ausencia de comunicación en plazo concurra con la falta de declaración del correspondiente mecanismo transfronterizo de planificación fiscal a que se refiere la letra a) del apartado 1 de la disposición adicional vigésima tercera de esta Ley por otro intermediario o, en su caso, por el obligado tributario interesado que hubieran debido presentar la declaración si se hubiera realizado dicha comunicación. En estos casos, la sanción será la que hubiera correspondido a la infracción por la falta de presentación de la declaración mencionada, prevista en la letra a) del apartado 4 de la disposición adicional vigésima tercera de esta Ley.

b) La falta de comunicación a la que se refiere el apartado 2 de esta disposición adicional en el plazo establecido o la realización de la comunicación omitiendo datos o incluyendo datos falsos, incompletos o inexactos.

La infracción de este artículo será considerada leve y se sancionará con una multa pecuniaria fija de 600 euros.

Disp. Adic. 24.ª: Se añade por el art. único.2 de la Ley 10/2020, de 29 de diciembre. **Publicado el 30/12/2020. En vigor a partir del 31 de diciembre de 2020.**

DISPOSICIONES TRANSITORIAS

1.ª *Recargos del período ejecutivo, interés de demora e interés legal y responsabilidad en contratas y subcontratas.*—1. Lo dispuesto en el artículo 28 de esta ley se aplicará a las deudas tributarias cuyo período ejecutivo se inicie a partir de la entrada en vigor de la misma.

2. Lo dispuesto en los apartados 4 y 6 del artículo 26 y en el apartado 2 del artículo 33 en materia de interés de demora e interés legal será de aplicación a los procedimientos, escritos y solicitudes que se inicien o presenten a partir de la entrada en vigor de esta ley.

3. El supuesto de responsabilidad a que se refiere el párrafo *f*) del apartado 1 del artículo 43 de esta ley no se aplicará a las obras o prestaciones de servicios contratadas o subcontratadas y cuya ejecución o prestación se haya iniciado antes de la entrada en vigor de esta ley.

2.ª *Consultas tributarias escritas e información sobre el valor de bienes inmuebles.*—1. Lo dispuesto en los artículos 88 y 89 de esta ley se aplicará a las consultas tributarias escritas que se presenten a partir del 1 de julio de 2004. Las consultas presentadas antes de esa fecha se regirán por lo dispuesto en el artículo 107 de la Ley 230/1963, de 28 de diciembre, General Tributaria, y en el artículo 8 de la Ley 1/1998, de 26 de febrero, de Derechos y Garantías de los Contribuyentes.

2. Lo dispuesto en el artículo 90 de esta ley relativo a la información sobre el valor de bienes inmuebles será de aplicación a los procedimientos, escritos y solicitudes que se inicien o presenten a partir de la entrada en vigor de esta ley.

3.ª *Procedimientos tributarios.*—1. Los procedimientos tributarios iniciados antes de la fecha de entrada en vigor de esta ley se regirán por la normativa anterior a dicha fecha hasta su conclusión salvo lo dispuesto en el apartado siguiente.

2. Serán de aplicación a los procedimientos iniciados antes de la fecha de entrada en vigor de esta ley los siguientes artículos:

a) El apartado 2 del artículo 62 de esta ley, relativo a los plazos de pago en período voluntario, cuando la liquidación administrativa se notifique a partir de la entrada en vigor de esta ley.

b) El apartado 2 del artículo 112 de esta ley, relativo a la notificación por comparecencia, cuando las publicaciones se realicen a partir de la entrada en vigor de esta ley.

c) El apartado 3 del artículo 188 de esta ley, relativo a la reducción del 25 por 100 de la sanción, cuando el ingreso se realice a partir de la entrada en vigor de esta ley.

También se aplicará la reducción del 25 por 100 prevista en el apartado 3 del artículo 188 de esta ley cuando a partir de la entrada en vigor de esta ley se efectúe el ingreso de las sanciones recurridas con anterioridad y se desista, antes del 31 de diciembre de 2004, del recurso o reclamación interpuesto contra la sanción y, en su caso, del recurso o reclamación interpuesto contra la liquidación de la que derive la sanción.

d) El apartado 3 del artículo 212 de esta ley, relativo a los efectos de la interposición de recursos o reclamaciones contra sanciones.

e) El apartado 1 del artículo 223 de esta ley, relativo al plazo de interposi-

---

Disp. Trans. 1.ª: Vid. arts. 26, 27, 28, 161.4 y 180.3 LGT (§ I).

Disp. Trans. 3.ª2.c): Vid. Disp. Trans. 3.ª del RD 2.063/2004, de 15 de octubre, por el que se aprueba el RST.

ción del recurso de reposición, cuando el acto o resolución objeto del recurso se notifique a partir de la entrada en vigor de esta ley.

3. Los artículos 15 y 159 de esta ley, relativos a la declaración del conflicto en la aplicación de la norma tributaria, se aplicará cuando los actos o negocios objeto del informe se hayan realizado a partir de la entrada en vigor de esta ley. A los actos o negocios anteriores les será de aplicación, en su caso, lo dispuesto en el artículo 24 de la Ley 230/1963, de 28 de diciembre, General Tributaria.

4.ª *Infracciones y sanciones tributarias.*—1. Esta ley será de aplicación a las infracciones tributarias cometidas con anterioridad a su entrada en vigor, siempre que su aplicación resulte más favorable para el sujeto infractor y la sanción impuesta no haya adquirido firmeza.

La revisión de las sanciones no firmes y la aplicación de la nueva normativa se realizará por los órganos administrativos y jurisdiccionales que estén conociendo de las reclamaciones y recursos, previa audiencia al interesado.

2. Los procedimientos sancionadores en materia tributaria iniciados antes del 1 de julio de 2004 deberán concluir antes del 31 de diciembre de 2004, sin que les sea de aplicación el plazo máximo de resolución previsto en el apartado 3 del artículo 34 de la Ley 1/1998, de 26 de febrero, de Derechos y Garantías de los Contribuyentes, y en el artículo 36 del Real Decreto 1.930/1998, de 11 de septiembre, por el que se desarrolla el régimen sancionador tributario y se introducen las adecuaciones necesarias en el Real Decreto 939/1986, de 25 de abril, por el que se aprueba el Reglamento General de la Inspección de los Tributos.

5.ª *Reclamaciones económico-administrativas.*—1. Esta ley se aplicará a las reclamaciones o recursos que se interpongan a partir de la fecha de entrada en vigor de la misma. A las interpuestas con anterioridad se les aplicará la normativa anterior a dicha fecha hasta su conclusión.

2. El plazo al que se refiere el apartado 1 del artículo 235 de esta ley relativo a la interposición de las reclamaciones económico-administrativas se aplicará cuando el acto o resolución objeto de la reclamación se notifique a partir de la entrada en vigor de esta ley.

3. Lo dispuesto en el apartado 2 del artículo 240 de esta ley se aplicará a las reclamaciones económico-administrativas que se interpongan a partir de un año desde la entrada en vigor de esta ley.

4. El procedimiento abreviado regulado en la sección 3.ª del capítulo IV del título V de esta ley se aplicará a las reclamaciones económico-administrativas que se interpongan a partir de un año desde la entrada en vigor de esta ley.

DISPOSICIÓN DEROGATORIA

Única. *Derogación normativa.*—1. Salvo lo dispuesto en las disposiciones transitorias de esta ley, a la entrada en vigor de esta ley quedarán derogadas todas las disposiciones que se opongan a lo establecido en la misma y, entre otras, las siguientes normas:

Disp. Trans. 4.ª: Vid. art. 10.2, párr. último, LGT (§ I) y Disp. Trans. única RST, así como la Disp. Trans. 1.ª del RD 2.063/2004, de 15 de octubre, por el que se aprueba el RST. La Instrucción 9/2003, de 18 de diciembre, de la Dirección General de la AEAT, fija los criterios a seguir por sus órganos con competencia sancionadora en relación con el apdo. 2 de la Disp. Trans. 4.ª LGT (§ I).

Disp. Trans. 5.ª3: Vid. arts. 26.4 y 240.2 LGT (§ I).

a) La Ley 230/1963, de 28 de diciembre, General Tributaria.

b) La Ley 1/1998, de 26 de febrero, de Derechos y Garantías de los Contribuyentes.

c) La Ley 34/1980, de 21 de junio, de Reforma del Procedimiento Tributario.

d) La Ley 39/1980, de 5 de julio, de Bases sobre Procedimiento Económico-Administrativo.

e) El Real Decreto Legislativo 2.795/1980, de 12 de diciembre, por el que se articula la Ley 39/1980, de 5 de julio, de Bases sobre Procedimiento Económico-Administrativo.

f) La Ley 10/1985, de 26 de abril, de modificación parcial de la Ley 230/1963, de 28 de diciembre, General Tributaria.

g) La Ley 25/1995, de 20 de julio, de modificación parcial de la Ley General Tributaria.

h) De la Ley 33/1987, de 23 de diciembre, de Presupuestos Generales del Estado para 1988, el artículo 113 relativo al Número de Identificación Fiscal.

i) De la Ley 37/1988, de 28 de diciembre, de Presupuestos Generales del Estado para 1989, el artículo 107 relativo a las declaraciones censales.

j) De la Ley 21/2001, de 27 de diciembre, por la que se regulan las medidas fiscales y administrativas del nuevo sistema de financiación de las Comunidades Autónomas de régimen común y Ciudades con Estatuto de Autonomía, el párrafo *c*) del apartado 1 del artículo 51 relativa a la competencia para resolver los expedientes de fraude de ley.

2. Las normas reglamentarias dictadas en desarrollo de los textos derogados a los que se refiere el apartado anterior continuarán vigentes, en tanto no se opongan a lo previsto en esta ley, hasta la entrada en vigor de las distintas normas reglamentarias que puedan dictarse en desarrollo de esta ley.

3. Las referencias contenidas en normas vigentes a las disposiciones que se derogan expresamente deberán entenderse efectuadas a las disposiciones de esta ley que regulan la misma materia que aquéllas.

DISPOSICIONES FINALES

1.ª *Modificación de la Ley 8/1989, de 13 de abril, de Tasas y Precios Públicos.*—El artículo 6.º de la Ley 8/1989, de 13 de abril, de Tasas y Precios Públicos, quedará redactado de la siguiente forma:

«*Art. 6.º Concepto.*—Tasas son los tributos cuyo hecho imponible consiste en la utilización privativa o el aprovechamiento especial del dominio público, la prestación de servicios o la realización de actividades en régimen de derecho público que se refieran, afecten o beneficien de modo particular al obligado tributario, cuando los servicios o actividades no sean de solicitud o recepción voluntaria para los obligados tributarios o no se presten o realicen por el sector privado.»

2.ª *Modificación del Real Decreto Legislativo 1.091/1988, de 23 de septiembre, por el que se aprueba el texto refundido de la Ley General Presupuestaria.*—El apartado 1 del artículo 32 del Real Decreto Legislativo 1.091/1988, de 23 de septiembre, por el que se aprueba el texto refundido de la Ley General Presupuestaria, quedará redactado de la siguiente forma:

«1. A los fines previstos en el artículo anterior, la Hacienda del Estado ostentará, entre otras, las prerrogativas

Disp. Final 2.ª: Vid. Disp. Derog. y Disp. Final 5.ª de la Ley 47/2003, de 26 de noviembre, LGP.

reguladas en los artículos 77, 78, 79, 80, 93, 94, 109, 110, 111, 112, 160 y 161 de la Ley 58/2003, de 17 de diciembre, General Tributaria.»

3.ª *Modificación de la Ley 19/1991, de 6 de junio, del Impuesto sobre el Patrimonio.*—Los apartados uno y dos del artículo 6 de la Ley 19/1991, de 6 de junio, del Impuesto sobre el Patrimonio, quedarán redactados de la siguiente forma:

«Uno. Los sujetos pasivos no residentes en territorio español vendrán obligados a nombrar una persona física o jurídica con residencia en España para que les represente ante la Administración tributaria en relación con sus obligaciones por este impuesto, cuando operen por mediación de un establecimiento permanente o cuando por la cuantía y características del patrimonio del sujeto pasivo situado en territorio español, así lo requiera la Administración tributaria, y a comunicar dicho nombramiento, debidamente acreditado, antes del fin del plazo de declaración del impuesto.

Dos. El incumplimiento de la obligación a que se refiere el apartado uno constituirá una infracción tributaria grave y la sanción consistirá en multa pecuniaria fija de 1.000 euros.

La sanción impuesta conforme a los párrafos anteriores se graduará incrementando la cuantía resultante en un 100 por 100 si se produce la comisión repetida de infracciones tributarias.

La sanción impuesta de acuerdo con lo previsto en este apartado se reducirá conforme a lo dispuesto en el apartado 3 del artículo 188 de la Ley General Tributaria.»

4.ª *Modificación de la Ley 29/1987, de 18 de diciembre, del Impuesto sobre Sucesiones y Donaciones.*—Uno. El apartado 2 del artículo 18 de la Ley 29/1987, de 18 de diciembre, del Impuesto sobre Sucesiones y Donaciones, quedará redactado de la siguiente forma:

«2. Los interesados deberán consignar en la declaración que están obligados a presentar según el artículo 31 el valor real que atribuyen a cada uno de los bienes y derechos incluidos en la declaración del impuesto. Este valor prevalecerá sobre el comprobado si fuese superior.

Si el valor al que se refiere el párrafo anterior no hubiera sido comunicado, se les concederá un plazo de diez días para que subsanen la omisión.»

Dos. El artículo 40 de la Ley 29/1987, de 18 de diciembre, del Impuesto sobre Sucesiones y Donaciones, quedará redactado de la siguiente forma:

Disp. Final 3.ª: El **Impuesto sobre el Patrimonio** se suprimió, con efectos 1 de enero de 2008, por la Ley 4/2008, de 23 de diciembre (*BOE* de 25 de diciembre), que, al tiempo, introdujo modificaciones en la Ley del Impuesto. El RD-ley 13/2011, de 16 de septiembre (*BOE* de 17 de septiembre), restableció su vigencia para los años 2011 y 2012. La Ley 16/2012, de 27 de diciembre (*BOE* de 28 de diciembre), prorrogó su vigencia para el año 2013. La Ley 22/2013, de 23 de diciembre (*BOE* de 26 de diciembre), lo prorrogó para el año 2014. La Ley 36/2014, de 26 de diciembre (*BOE* de 30 de diciembre), prorrogó su vigencia para 2015. El art. 66 de la Ley 48/2015, de 29 de octubre (*BOE* de 30 de octubre), prorrogó su vigencia para 2016. El art. 4.º del RD-ley 3/2016, de 2 de diciembre (*BOE* de 3 de diciembre), prorroga su vigencia para 2017. Tras este toma y daca tan expresivo de la firme decisión de los regidores públicos, la **Ley 11/2020, de 30 de diciembre, de Presupuestos Generales del Estado para 2021 acordó el carácter permanente del Impuesto.**

La redacción del art. 6.º aquí modificado sigue siendo la misma, salvo un apdo. tres —redactado por el RD-ley 13/2011, de 16 de septiembre (*BOE* de 17 de septiembre), y posteriormente derogado, con efectos 1 de enero de 2017, por el art. 66 de la Ley 48/2015, de 29 de octubre (*BOE* de 30 de octubre)—, que dispone lo siguiente: «En todo caso, el depositario o gestor de los bienes o derechos de los no residentes responderá solidariamente del ingreso de la deuda tributaria correspondiente a este Impuesto por los bienes o derechos depositados o cuya gestión tenga encomendada, en los términos previstos en el artículo 42 de la Ley General Tributaria.»

«*Art. 40. Régimen sancionador.*—1. Las infracciones tributarias del impuesto regulado en esta ley serán calificadas y sancionadas con arreglo a lo dispuesto en la Ley General Tributaria, sin perjuicio de las especialidades previstas en esta ley.

2. El incumplimiento de la obligación a que se refiere el apartado 2 del artículo 18 de esta ley se considerará infracción grave y la sanción consistirá en multa pecuniaria fija de 500 euros.

La sanción se graduará incrementando la cuantía resultante en un 100 por 100 si se produce la comisión repetida de infracciones tributarias.

La sanción impuesta de acuerdo con lo previsto en este apartado se reducirá conforme a lo dispuesto en el apartado 3 del artículo 188 de la Ley General Tributaria.»

5.ª *Modificación de la Ley 37/1992, de 28 de diciembre, del Impuesto sobre el Valor Añadido.*—Uno. El artículo 170 quedará redactado de la siguiente forma:

«*Art. 170. Infracciones.*—Uno. Sin perjuicio de las disposiciones especiales previstas en este título, las infracciones tributarias en este Impuesto se calificarán y sancionarán conforme a lo establecido en la Ley General Tributaria y demás normas de general aplicación.

Dos. Constituirán infracciones tributarias:

1.º La adquisición de bienes por parte de sujetos pasivos acogidos al régimen especial del recargo de equivalencia sin que en las correspondientes facturas figure expresamente consignado el recargo de equivalencia, salvo los casos en que el adquirente hubiera dado cuenta de ello a la Administración en la forma que se determine reglamentariamente.

2.º La obtención, mediante acción u omisión culposa o dolosa, de una incorrecta repercusión del Impuesto, siempre y cuando el destinatario de la misma no tenga derecho a la deducción total de las cuotas soportadas.

Serán sujetos infractores las personas o entidades destinatarias de las referidas operaciones que sean responsables de la acción u omisión a que se refiere el párrafo anterior.

3.º La repercusión improcedente en factura, por personas que no sean sujetos pasivos del Impuesto, de cuotas impositivas sin que se haya procedido al ingreso de las mismas.

4.º La no consignación en la autoliquidación a presentar por el período correspondiente de las cantidades de las que sea sujeto pasivo el destinatario de las operaciones conforme a los números 2.º y 3.º del apartado uno del artículo 84 o del artículo 85 de esta ley.»

Dos. El artículo 171 quedará redactado de la siguiente forma:

«*Art. 171. Sanciones.*—Uno. Las infracciones contenidas en el apartado dos del artículo anterior serán graves y se sancionarán con arreglo a las normas siguientes:

1.º Las establecidas en el ordinal 1.º del apartado dos, con multa pecuniaria proporcional del 50 por 100 del importe del recargo de equivalencia que hubiera debido repercutirse, con un importe mínimo de 30 euros por cada una de las adquisiciones efectuadas sin la correspondiente repercusión del recargo de equivalencia.

2.º Las establecidas en el ordinal 2.º del apartado dos, con multa pecuniaria proporcional del 50 por 100 del beneficio indebidamente obtenido.

3.º Las establecidas en el ordinal 3.º del apartado dos, con multa pecuniaria proporcional del 100 por 100 de las cuotas indebidamente repercutidas, con un mínimo de 300 euros por cada factura o documento sustitutivo en que se produzca la infracción.

4.º Las establecidas en el ordinal 4.º del apartado dos, con multa pecuniaria proporcional del 10 por 100 de la cuota correspondiente a las operaciones no consignadas en la autoliquidación.

Dos. La sanción impuesta de acuerdo con lo previsto en la norma 4.ª del apartado uno de este artículo se reducirá conforme a lo dispuesto en el apartado 1 del artículo 188 de la Ley General Tributaria.

Tres. Las sanciones impuestas de acuerdo con lo previsto en el apartado uno de este artículo se reducirán conforme a lo dispuesto en el apartado 3 del artículo 188 de la Ley General Tributaria.

Cuatro. La sanción de pérdida del derecho a obtener beneficios fiscales no será de aplicación en relación con las exenciones establecidas en esta ley y demás normas reguladoras del Impuesto sobre el Valor Añadido.»

6.ª *Modificación de la Ley 38/1992, de 28 de diciembre, de Impuestos Especiales.*—Uno. Se modifica el artículo 19 que quedará redactado de la siguiente manera:

«*Art. 19. Infracciones y sanciones.*—1. El régimen de infracciones y sanciones en materia de impuestos especiales de fabricación se regirá por lo dispuesto en la Ley General Tributaria, en las normas específicas que para cada uno de estos impuestos se establecen en esta ley y en las contenidas en los siguientes apartados.

En particular, cuando las sanciones impuestas de acuerdo con lo previsto en esta ley se deriven de la previa regularización de la situación tributaria del obligado, serán aplicables las reducciones reguladas en el apartado 1 del artículo 188 de la Ley General Tributaria.

Las sanciones pecuniarias que se impongan de acuerdo con lo previsto en esta ley se reducirán conforme a lo dispuesto en el apartado 3 del artículo 188 de la Ley General Tributaria.

2. En todo caso, constituyen infracciones tributarias graves:

a) La fabricación e importación de productos objeto de los impuestos especiales de fabricación con incumplimiento de las condiciones y requisitos exigidos en esta ley y su reglamento.

b) La circulación y tenencia de productos objeto de los impuestos especiales de fabricación con fines comerciales cuando se realice sin cumplimiento de lo previsto en el apartado 7 del artículo 15.

3. Las infracciones a las que se refiere el apartado anterior se sancionarán con multa pecuniaria proporcional del 100 por 100 de las cuotas que corresponderían a las cantidades de los productos, calculadas aplicando el tipo vigente en la fecha de descubrimiento de la infracción.

Las sanciones se graduarán incrementando la sanción en un 25 por 100 cuando se produzca comisión repetida de infracciones tributarias. Esta circunstancia se apreciará cuando el infractor, dentro de los dos años anteriores a la comisión de la nueva infracción, hubiese sido sancionado por resolución firme en vía administrativa por infringir cualquiera de las prohibiciones establecidas en el apartado anterior.

Igualmente, las sanciones se graduarán incrementando la sanción en un 25 por 100 cuando la infracción se cometa mediante el quebrantamiento de las normas de control.

4. Por la comisión de infracciones tributarias graves podrán imponerse, además, las siguientes sanciones:

a) El cierre temporal de los establecimientos de los que sean titulares los infractores, por un período de seis meses, que será acordado, en su caso, por el Ministro de Hacienda, o el cierre definitivo de los mismos, que será acordado, en su caso, por el Consejo de Ministros. Podrá acordarse el cierre definitivo cuando el sujeto infractor hubiese sido sancionado por resolución firme en vía administrativa por la comisión de una infracción grave dentro de los dos años anteriores que hubiese dado lugar a la imposición de la sanción de cierre temporal del establecimiento.

b) El precintado por un período de seis meses o la incautación definitiva de los aparatos de venta automática, cuando las infracciones se cometan a través de los mismos. Podrá acordarse la incautación definitiva cuando el sujeto infractor hubiese sido sancionado por resolución firme en vía administrativa por la comisión, por medio del aparato de venta automática, de una infracción grave dentro de los dos años anteriores que hubiera dado lugar a la imposición de la sanción de precintado de dicho aparato.

A efectos de la imposición de las sanciones previstas en la presente letra, tendrán la consideración de sujetos infractores tanto el titular del aparato de venta automática como el titular del establecimiento donde se encuentra ubicado.

Salvo en los casos establecidos en el párrafo *c*) siguiente, la imposición de estas sanciones será acordada por el órgano competente para la imposición de la sanción principal.

c) No obstante, cuando la imposición de las sanciones previstas en el párrafo *b*) concurra con la imposición de las previstas en el párrafo *a*) anterior, procederá la incautación definitiva del aparato de venta automática siempre que se acuerde el cierre definitivo del establecimiento. En los casos en que se produzca esta concurrencia, la imposición de las sanciones será acordada por los órganos previstos en el párrafo *a*).

5. La circulación de productos objeto de los impuestos especiales de fabricación sin ir acompañados por los documentos que reglamentariamente se establezcan, cuando no constituya infracción tributaria grave, se sancionará, en concepto de infracción tributaria leve, con multa pecuniaria proporcional del 10 por 100 de la cuota que correspondería a los productos en circulación, con un mínimo de 600 euros.

6. La tenencia, con fines comerciales, de labores del tabaco que no ostenten marcas fiscales o de reconocimiento, cuando tal requisito sea exigible reglamentariamente, se sancionará:

a) Con multa de 75 euros por cada 1.000 cigarrillos que se tengan con fines comerciales sin ostentar tales marcas, con un importe mínimo de 600 euros por cada infracción cometida.

b) Con multa de 600 euros por cada infracción cometida respecto de las restantes labores del tabaco.

Las sanciones establecidas en los párrafos *a*) y *b*) anteriores se graduarán incrementando el importe de la multa en un 50 por 100 en caso de comisión repetida de estas infracciones. La comisión repetida se apreciará cuando el sujeto infractor, dentro de los dos años anteriores a la comisión de la nueva infracción, hubiese sido sancionado en virtud de resolución firme en vía administrativa por la comisión de las infracciones contempladas en este apartado.»

Dos. El artículo 35 quedará redactado de la siguiente manera:

«*Art. 35. Infracciones y sanciones.*—Constituyen infracciones tributarias graves:

a) La existencia de diferencias en más en relación con el grado alcohólico volumétrico adquirido del vino o las bebidas fermentadas en existencias en una fábrica de productos intermedios o utilizados en la misma.

La sanción consistirá en multa pecuniaria proporcional del 100 por 100 de la cuota que correspondería a la diferencia expresada en hectolitros de alcohol puro, aplicando el tipo impositivo establecido para el Impuesto sobre el Alcohol y Bebidas Derivadas.

b) La existencia de diferencias en menos en relación con el grado alcohólico volumétrico adquirido de los productos intermedios en proceso de fabricación, en existencias en fábrica o salidos de ella.

La sanción consistirá en multa pecuniaria proporcional del 100 por 100 de la cuota que correspondería a la diferencia expresada en hectolitros de alcohol puro, aplicando el tipo impositivo establecido para el Impuesto sobre el Alcohol y Bebidas Derivadas.

c) La existencia de diferencia en más en primeras materias, distintas del alcohol y las bebidas derivadas, en fábricas de productos intermedios, que excedan de los porcentajes autorizados reglamentariamente.

La sanción consistirá en multa pecuniaria proporcional del 100 por 100 de la cuota que correspondería a los productos intermedios a cuya fabricación fuesen a destinarse las primeras materias, presumiéndose que, salvo prueba en contrario, los productos intermedios a que iban a destinarse tendrían un grado alcohólico volumétrico adquirido superior al 15 por 100 vol.»

Tres. Los apartados 1 y 2 del artículo 45 quedarán redactados de la siguiente manera:

«1. En los supuestos que a continuación se indican, que tendrán el carácter de infracciones tributarias graves, se impondrán las sanciones especiales que para cada uno se detallan:

a) La puesta en funcionamiento de los aparatos productores de alcohol incumpliendo los trámites reglamentariamente establecidos o expirado el plazo de trabajo declarado, se sancionará con multa pecuniaria proporcional del 150 por 100 de la cuota que resultaría de aplicar el tipo impositivo vigente en el momento del descubrimiento de la infracción al volumen de producción, expresado en hectolitros de alcohol puro a la temperatura de 20 °C, que pudiera obtenerse en trabajo ininterrumpido desde que expiró la última declaración de trabajo, si la hubiera, hasta la fecha del descubrimiento, con un máximo de tres meses.

b) La rotura de precintos que posibilite el funcionamiento de los aparatos productores de alcohol o su extracción de depósitos precintados, se sancionará con multa pecuniaria proporcional del 100 por 100 de las cuotas calculadas según el apartado anterior o de la correspondiente a la capacidad total del depósito, respectivamente, salvo que de dicha rotura se haya dado conocimiento a la Administración con anterioridad a su descubrimiento por ésta.

c) Las diferencias en más en primeras materias en fábricas de alcohol que excedan de los porcentajes autorizados reglamentariamente, se sancionarán con multa pecuniaria proporcional del 100 por 100 de la cuota que correspondería al alcohol puro que se pudiera fabricar utilizando dichas primeras materias.

d) La falta de marcas fiscales o de reconocimiento, superior al 0,5 por 1.000 de las utilizadas, en los recuentos efectuados en los establecimientos autorizados para el embotellado de bebidas derivadas, se sancionará con multa pecuniaria proporcional del 150 por 100 de las cuotas que resultarían de aplicar el tipo impositivo vigente en el momento del descubrimiento de la infracción al volumen de alcohol puro correspondiente a la cantidad de bebidas derivadas cuya circulación pudiese haber sido amparada por dichas marcas, supuestas las bebidas con un grado alcohólico volumétrico adquirido de 40 por 100 vol. y embotelladas en los envases de mayor capacidad según tipo de marca.»

«2. La regeneración de alcoholes total o parcialmente desnaturalizados constituirá infracción tributaria grave que se sancionará, sin perjuicio de la exigencia de la cuota tributaria, con multa pecuniaria proporcional del triple de la cuantía resultante de aplicar al volumen de alcohol regenerado, expresado en hectolitros de alcohol puro, a la temperatura de 20 °C, el tipo impositivo vigente en el momento del descubrimiento de la infracción, pudiendo imponerse, además, la sanción del cierre del establecimiento en que se produjo dicha regeneración, de acuerdo con lo previsto en el apartado 4 del artículo 19 de esta ley. Se considerará que el alcohol total o parcialmente desnaturalizado ha sido regenerado cuando no se justifique su uso o destino.»

Cuatro. Los apartados 1, 4 y 5 del artículo 55 quedarán redactados de la siguiente manera:

«1. Constituirá infracción tributaria grave la inobservancia de las prohibiciones y limitaciones de uso que se establecen en el artículo 54 de esta ley. Dichas infracciones se sancionarán con arreglo a lo que se dispone en el presente artículo, con independencia de las sanciones que pudieran proceder, de acuerdo con lo dispuesto en el artículo 19 de esta ley, por la posible comisión de otras infracciones tributarias.»

«4. La sanción que se imponga al autor o a cada uno de los autores consistirá:

a) Cuando el motor del vehículo, artefacto o embarcación con el que se ha cometido la infracción tenga hasta 10 CV de potencia fiscal, en multa pecuniaria fija de 600 euros y sanción no pecuniaria de un mes de precintado e inmovilización del vehículo, artefacto o embarcación. Si del precintado e inmovilización se dedujera grave perjuicio para el interés público general, dicha sanción no se impondrá y la sanción consistirá en multa pecuniaria fija de 1.200 euros.

b) En motores de más de 10 hasta 25 CV de potencia fiscal, en multa pecuniaria fija de 1.800 euros y sanción no pecuniaria de dos meses de precintado e inmovilización del vehículo, artefacto o embarcación. Si del precintado e inmovilización se dedujera grave perjuicio para el interés público general, la sanción consistirá en multa pecuniaria fija de 3.600 euros.

c) En motores de más de 25 hasta 50 CV de potencia fiscal, en multa pecuniaria fija de 3.600 euros y sanción no pecuniaria de tres meses de precintado e inmovilización del vehículo, artefacto o embarcación. Si del precintado e inmovilización se dedujera grave perjuicio para el interés público general, la sanción consistirá en multa pecuniaria fija de 7.200 euros.

d) En motores de más de 50 CV de potencia fiscal, en multa pecuniaria fija de 6.000 euros y sanción no pecuniaria de cuatro meses de precintado e inmovilización del vehículo, artefacto o embarcación. Si del precintado e inmovilización se dedujera grave perjuicio para el interés público general, la sanción consistirá en multa pecuniaria fija de 12.000 euros.

e) En los supuestos contemplados en el párrafo *a*) del apartado 2 anterior, la sanción consistirá en multa pecuniaria fija de 600 euros.»

«5. En los casos de comisión repetida de esta clase de infracciones se duplicarán los importes y períodos establecidos en el apartado anterior.

Esta circunstancia se apreciará cuando el infractor, dentro de los dos años anteriores a la comisión de la nueva infracción, hubiera sido sancionado por resolución firme en vía administrativa por infringir cualquiera de las prohibiciones establecidas en el artículo anterior.»

7.ª *Modificación de la Ley 20/1990, de 19 de diciembre, sobre Régimen Fiscal de las Cooperativas.*—El apartado 3 del artículo 4 de la Ley 20/1990, de 19 de diciembre, sobre Régimen Fiscal de las Cooperativas, quedará redactado de la siguiente manera:

«3. El incumplimiento de las obligaciones contenidas en los dos apartados anteriores tiene la consideración de infracción tributaria leve y se sancionará de acuerdo con lo dispuesto en la Ley General Tributaria para las declaraciones censales.»

8.ª *Modificación de la Ley 20/1991, de 7 de junio, de modificación de los aspectos fiscales del Régimen Económico Fiscal de Canarias.*—El artículo 63 de la Ley 20/1991, de 7 de junio, de modificación de los aspectos fiscales del Régimen Económico Fiscal de Canarias, quedará redactado como sigue:

«*Art. 63. Infracciones y sanciones.*— 1. Las infracciones tributarias en este impuesto se calificarán y sancionarán conforme a lo establecido en la Ley General Tributaria y demás normas de general aplicación, sin perjuicio de las especialidades previstas en este título.

Las sanciones pecuniarias que se impongan de acuerdo con lo previsto en esta ley se reducirán conforme a lo dispuesto en el apartado 3 del artículo 188 de la Ley General Tributaria.

2. Constituye infracción tributaria la expedición de facturas por los sujetos pasivos incluidos en el régimen especial de comerciantes minoristas sin que en las correspondientes facturas figure expresamente consignada su condición de tales.

La infracción prevista en este apartado será grave.

La sanción consistirá en multa pecuniaria fija de 30 euros por cada una de las facturas emitidas sin hacer constar la condición de comerciante minorista.

3. Constituye infracción tributaria la obtención, mediante acción u omisión culposa o dolosa, de una incorrecta repercusión del impuesto, siempre y cuando el destinatario de la misma no tenga derecho a la deducción total de las cuotas soportadas.

Serán sujetos infractores las personas o entidades destinatarias de las referidas operaciones que sean responsables de la acción u omisión a que se refiere el párrafo anterior.

La infracción prevista en este apartado será grave.

La sanción consistirá en multa pecuniaria proporcional del 50 por 100 del beneficio indebidamente obtenido.

4. Constituye infracción tributaria la repercusión improcedente en factura por personas que no sean sujetos pasivos del impuesto, de cuotas impositivas sin que se haya procedido al ingreso de las mismas.

Igualmente constituye infracción tributaria la repercusión por parte de sujetos pasivos del impuesto de cuotas impositivas a un tipo superior al legalmente establecido y que no hayan sido devueltas a quienes las soportaron ni declaradas en los plazos de presentación de las declaraciones-liquidaciones del impuesto. La sanción derivada de la comisión de esta infracción será compatible con la que proceda por aplicación del artículo 191 de la Ley General Tributaria.

La infracción prevista en este apartado será grave.

La sanción consistirá en multa pecuniaria proporcional del 100 por 100 de las cuotas indebidamente repercutidas, con un mínimo de 300 euros por cada factura o documento sustitutivo en que se produzca la infracción. Cuando se trate de sujetos pasivos del impuesto, la base de la sanción consistirá en la diferencia entre la cuota derivada de la aplicación del tipo impositivo legalmente aplicable y el indebidamente repercutido.

5. Constituye infración tributaria la no consignación en la autoliquidación a presentar por el período correspondiente de las cuotas de las que sea sujeto pasivo el destinatario de las operaciones conforme al apartado 2.º del número 1 del artículo 19 de esta ley y el apartado 2 del artículo 25 de la Ley 19/1994.

La infracción prevista en este apartado será grave.

La sanción consistirá en multa pecuniaria proporcional del 75 por 100 de la cuota tributaria correspondiente a las operaciones no consignadas en la autoliquidación.

La sanción impuesta de acuerdo con lo previsto en este apartado se reducirá conforme a lo dispuesto en el apartado 1 del artículo 188 de la Ley General Tributaria.

6. Constituye infracción tributaria retirar los bienes importados sin que la Administración Tributaria Canaria haya autorizado previamente su levantamiento en los términos previstos reglamentariamente así como disponer de los bienes sin la preceptiva autorización antes de que, por los Servicios de la Administración Tributaria Canaria, se hubiese procedido a su reconocimiento físico o extracción de muestras, en el caso de que se hubiese comunicado por dichos servicios al importador o persona que actúe por su cuenta la intención de efectuar las referidas operaciones.

La infracción prevista en este apartado será grave.

La sanción consistirá en multa pecuniaria fija de 600 euros.

7. Constituye infracción tributaria desplazar del lugar en que se encuentren los bienes importados en relación a los cuales no se haya concedido su levante, o manipular los mismos sin la preceptiva autorización.

La infracción prevista en este apartado será grave.

La sanción consistirá en multa pecuniaria fija de 1.000 euros.

8. Constituye infracción tributaria el incumplimiento de los requisitos, condiciones y obligaciones, previstos para la autorización y el funcionamiento de los regímenes especiales, así como de los relativos a las zonas, depósitos francos u otros depósitos autorizados.

La infracción prevista en este apartado será grave.

La sanción consistirá en multa pecuniaria fija de 3.000 euros.»

9.ª *Habilitación normativa.*—El Gobierno dictará cuantas disposiciones sean necesarias para el desarrollo y aplicación de esta ley.

10.ª *Desarrollo normativo de actuaciones y procedimientos por medios electrónicos, informáticos y telemáticos y relativos a medios de autenticación.*—En el ámbito de competencias del Estado, el Ministro de Hacienda podrá dictar las correspondientes normas de desarrollo aplicables a las actuaciones y procedimientos tributarios que se realicen por medios electrónicos, informáticos o telemáticos y a las relacionadas con los medios de autenticación utilizados por la Administración tributaria.

11.ª *Entrada en vigor.*—La presente ley entrará en vigor el 1 de julio de 2004 salvo el apartado 2 de la disposición transitoria cuarta que entrará en vigor al día siguiente de la publicación de esta ley en el *Boletín Oficial del Estado.*

Disp. Final 9.ª: En uso de esta habilitación el Gobierno aprobó el **RD 2.063/2004, de 15 de octubre, por el que se aprueba el Reglamento general del régimen sancionador tributario; el RD 520/2005, de 13 de mayo, por el que se aprueba el Reglamento general de desarrollo de la LGT en materia de revisión en vía administrativa; el RD 939/2005, de 29 de julio, por el que se aprueba el Reglamento General de Recaudación, y este mismo RD 1.065/2007, de 27 de julio, por el que se aprueba el RGIT.**

Disp. Final 10.ª: Vid. notas al art. 96 y Disp. Adic. 16.ª LGT (§ I).

§ II. LEY ORGÁNICA 10/1995, DE 23 DE NOVIEMBRE, DEL CÓDIGO PENAL*

(*BOE* n.º 281, de 24 de noviembre de 1995)

....

LIBRO II

Delitos y sus penas

....

TÍTULO XII

Delitos contra las relaciones familiares

....

CAPÍTULO XIV

De la receptación y el blanqueo de capitales

Art. 298. 1. El que, con ánimo de lucro y con conocimiento de la comisión de un delito contra el patrimonio o el orden socioeconómico, en el que no haya intervenido ni como autor ni como cómplice, ayude a los responsables a aprovecharse de los efectos del mismo, o reciba, adquiera u oculte tales efectos, será castigado con la pena de prisión de seis meses a dos años.

Se impondrá una pena de uno a tres años de prisión en los siguientes supuestos:

a) Cuando se trate de cosas de valor artístico, histórico, cultural o científico.

b) Cuando se trate de cosas de primera necesidad, conducciones, cableado, equipos o componentes de infraestructuras de suministro eléctrico o de servicios de telecomunicaciones, o de otras cosas destinadas a la prestación de servicios de interés general, productos agrarios o ganaderos o de los instrumentos o medios que se utilizan para su obtención.

c) Cuando los hechos revistan especial gravedad, atendiendo al valor de los efectos receptados o a los perjuicios que previsiblemente hubiera causado su sustracción.

2. Estas penas se impondrán en su mitad superior a quien reciba, adquiera u oculte los efectos del delito para traficar con ellos. Si el tráfico se realizase utili-

---

*** La LO 10/1995 ha sido modificada por la LO 15/2003, de 23 de noviembre; por la LO 5/2010, de 22 de junio; por la LO 7/2012, de 27 de diciembre (*BOE* de 28 de diciembre); por la LO 1/2015, de 30 de marzo (*BOE* de 31 de marzo), y por Ley Orgánica 6/2021, de 28 de abril (*BOE* de 29 de abril).**

Art. 298: Redactado por LO 15/2003, de 25 de noviembre. Los apartados 1 y 2 han sido redactados por el art. único.161 de la Ley Orgánica 1/2015, de 30 de marzo.

zando un establecimiento o local comercial o industrial, se impondrá, además, la pena de multa de doce a veinticuatro meses. En estos casos los jueces o tribunales, atendiendo a la gravedad del hecho y a las circunstancias personales del delincuente, podrán imponer también a éste la pena de inhabilitación especial para el ejercicio de su profesión o industria, por tiempo de dos a cinco años y acordar la medida de clausura temporal o definitiva del establecimiento o local. Si la clausura fuese temporal, su duración no podrá exceder de cinco años.

3. En ningún caso podrá imponerse pena privativa de libertad que exceda de la señalada al delito encubierto. Si éste estuviese castigado con pena de otra naturaleza, la pena privativa de libertad será sustituida por la de multa de doce a veinticuatro meses, salvo que el delito encubierto tenga asignada pena igual o inferior a ésta; en tal caso, se impondrá al culpable la pena de aquel delito en su mitad inferior.

Art. 299. [...]

Art. 300. Las disposiciones de este capítulo se aplicarán aun cuando el autor o el cómplice del hecho de que provengan los efectos aprovechados fuera irresponsable o estuviera personalmente exento de pena.

Art. 301. 1. El que adquiera, posea, utilice, convierta, o transmita bienes, sabiendo que éstos tienen su origen en una actividad delictiva, cometida por él o por cualquiera tercera persona, o

---

Art. 299: Suprimido por LO 1/2015, de 30 de marzo, con entrada en vigor el 1 de julio de 2015.

Art. 301: Redactado por LO 15/2003, de 25 de noviembre. El apartado 1, redactado por LO 5/2010, de 22 de junio.

La **STS de 5 de diciembre de 2012** dejó claramente abierta la posibilidad de que el delito fiscal se considerara como uno de los delitos antecedentes del delito de blanqueo de capitales, de forma que siempre que se cometiera delito fiscal existiría también delito de blanqueo de capitales, castigándose ambos como un caso de concurso real. En posterior **Sentencia de 29 de abril de 2015 (Rec. 10496/2014**; ponente: C. Conde-Pumpido) se matiza sensiblemente, indicándose que la comisión del delito fiscal no tiene que llevar aparejada, necesariamente, la comisión del delito de blanqueo. En el delito de blanqueo «la esencia del tipo es, por tanto, la expresión "con la finalidad de ocultar o encubrir el origen ilícito". Finalidad u objeto de la conducta que debe encontrarse presente en todos los comportamientos descritos por el tipo» (FD 9.º).

«No nos encontramos, en consecuencia, ante dos grupos de conductas distintas, las de mera adquisición, posesión, utilización conversión o transmisión de bienes procedentes de una actividad delictiva, conociendo su procedencia, y las de realización de cualquier otro acto sobre dichos bienes con el objeto de ocultar o encubrir su origen ilícito, lo que conduciría a una interpretación excesivamente amplia de la conducta típica, y a la imposibilidad de eludir la vulneración del principio *non bis in idem* en los supuestos de autoblanqueo.

»Por el contrario, el art 301 CP sólo tipifica una modalidad de conducta que consiste en realizar actos encaminados en todo caso a ocultar o encubrir bienes de procedencia delictiva, o a ayudar al autor de esta actividad a eludir la sanción correspondiente. *Con esta interpretación, más restrictiva, evitamos excesos, como los de sancionar por autoblanqueo al responsable de la actividad delictiva antecedente, por el mero hecho de adquirir los bienes que son consecuencia necesaria e inmediata de la realización de su delito.* O la de considerar blanqueo la mera utilización del dinero correspondiente a la cuota impagada en un delito fiscal, para gastos ordinarios, sin que concurra finalidad alguna de ocultación ni se pretenda obtener un título jurídico aparentemente legal sobre bienes procedentes de una actividad delictiva previa, que es lo que constituye la esencia del comportamiento que se sanciona a través del delito de blanqueo.

»La finalidad de encubrir u ocultar la ilícita procedencia de los bienes o ayudar a los participantes del delito previo, constituye, en consecuencia, un elemento esencial integrante de todas las conductas previstas en el art. 301.1 CP.

»Esta conclusión se justifica porque el blanqueo pretende incorporar esos bienes al tráfico económico legal y la mera adquisición, posesión, utilización, conversión o transmisión constituye un acto neutro que no afecta por sí mismo al bien jurídico protegido» (FD 9.º).

«En el blanqueo lo que se trata de evitar es que los bienes de origen delictivo se integren en el sistema económico legal con apariencia de haber sido adquiridos de forma lícita, sin que se exija necesariamente ánimo de lucro en la operación específica de blanqueo» (FD 11).

realice cualquier otro acto para ocultar o encubrir su origen ilícito, o para ayudar a la persona que haya participado en la infracción o infracciones a eludir las consecuencias legales de sus actos, será castigado con la pena de prisión de seis meses a seis años y multa del tanto al triplo del valor de los bienes. En estos casos, los jueces o tribunales, atendiendo a la gravedad del hecho y a las circunstancias personales del delincuente, podrán imponer también a éste la pena de inhabilitación especial para el ejercicio de su profesión o industria por tiempo de uno a tres años, y acordar la medida de clausura temporal o definitiva del establecimiento o local. Si la clausura fuese temporal, su duración no podrá exceder de cinco años.

La pena se impondrá en su mitad superior cuando los bienes tengan su origen en alguno de los delitos relacionados con el tráfico de drogas tóxicas, estupefacientes o sustancias psicotrópicas descritos en los artículos 368 a 372 de este Código. En estos supuestos se aplicarán las disposiciones contenidas en el artículo 374 de este Código.

También se impondrá la pena en su mitad superior cuando los bienes tengan su origen en alguno de los delitos comprendidos en el título VII bis, el capítulo V del título VIII, la sección 4.ª del capítulo XI del título XIII, el título XV bis, el capítulo I del título XVI o los capítulos V, VI, VII, VIII, IX y X del título XIX.

2. Con las mismas penas se sancionará, según los casos, la ocultación o encubrimiento de la verdadera naturaleza, origen, ubicación, destino, movimiento o derechos sobre los bienes o propiedad de los mismos, a sabiendas de que proceden de alguno de los delitos expresados en el apartado anterior o de un acto de participación en ellos.

3. Si los hechos se realizasen por imprudencia grave, la pena será de prisión de seis meses a dos años y multa del tanto al triplo.

4. El culpable será igualmente castigado aunque el delito del que provinieren los bienes, o los actos penados en los apartados anteriores hubiesen sido cometidos, total o parcialmente, en el extranjero.

5. Si el culpable hubiera obtenido ganancias, serán decomisadas conforme a las reglas del artículo 127 de este Código.

Art. 302. 1. En los supuestos previstos en el artículo anterior se impondrán las penas privativas de libertad en su mitad superior a las personas que pertenezca a una organización dedicada a los fines señalados en los mismos, y la pena superior en grado a los jefes, administradores o encargados de las referidas organizaciones.

También se impondrá la pena en su mitad superior a quienes, siendo sujetos obligados conforme a la normativa de prevención del blanqueo de capitales y de la financiación del terrorismo, cometan cualquiera de las conductas descritas en el artículo 301 en el ejercicio de su actividad profesional.

2. En tales casos, cuando de acuerdo con lo establecido en el artículo 31 bis sea responsable una persona jurídica, se le impondrán las siguientes penas:

a) Multa de dos a cinco años, si el delito cometido por la persona física tiene prevista una pena de prisión de más de cinco años.

b) Multa de seis meses a dos años, en el resto de los casos.

Atendidas las reglas establecidas en el artículo 66 bis, los jueces y tribunales podrán asimismo imponer las penas recogidas en las letras *b*) a *g*) del apartado 7 del artículo 33.

Vid. también STS (Sala 2.ª, Sección 1.ª) de 27 de julio de 2015 (Rec. 189/2015; ponente: C. Conde-Pumpido).

Art. 301.1: Redactado último párrafo del apdo. 1.º por LO 6/2021, de 28 de abril.

Art. 302.1.2.º: Añadido 2.º párrafo del apdo. 1.º por LO 6/2021, de 28 de abril.

Art. 303. Si los hechos previstos en los artículos anteriores fueran realizados por empresario, intermediario en el sector financiero, facultativo, funcionario público, trabajador social, docente o educador, en el ejercicio de su cargo, profesión u oficio, se le impondrá, además de la pena correspondiente, la de inhabilitación especial para empleo o cargo público, profesión u oficio, industria o comercio, de tres a diez años. Se impondrá la pena de inhabilitación absoluta de diez a veinte años cuando los referidos hechos fueren realizados por autoridad o agente de la misma.

A tal efecto, se entiende que son facultativos los médicos, psicólogos, las personas en posesión de títulos sanitarios, los veterinarios, los farmacéuticos y sus dependientes.

Art. 304. La provocación, la conspiración y la proposición para cometer los delitos previstos en los artículos 301 a 303 se castigará, respectivamente, con la pena inferior en uno o dos grados.

TÍTULO XIV

De los delitos contra la Hacienda Pública y contra la Seguridad Social*

Art. 305. 1. El que, por acción u omisión, defraude a la Hacienda Pública estatal, autonómica, foral o local, eludiendo el pago de tributos, cantidades

* *Competencias*: Vid. **RD 2.063/2004, de 15 de octubre, por el que se aprueba el Reglamento General del Régimen Sancionador Tributario** (*BOE* de 28 de octubre). De acuerdo con el art. 62 de la Ley 22/2009, de 18 de diciembre, por la que se regula el sistema de financiación de las Comunidades Autónomas (*BOE* de 19 de diciembre), con efectos desde el 1 de enero de 2009:

«1. **Corresponderá a la autoridad competente de la Comunidad Autónoma respectiva poner en conocimiento del Ministerio Fiscal los hechos que estime constitutivos de delitos contra la Hacienda Pública** con arreglo al Código Penal respecto de los siguientes tributos:

»*a*) Impuesto sobre el Patrimonio.

»*b*) Impuesto sobre Sucesiones y Donaciones.

»*c*) Impuesto sobre Transmisiones Patrimoniales y Actos Jurídicos Documentados.

»*d*) Tributos sobre el Juego.

»*e*) Impuesto especial sobre Determinados Medios de Transporte.

»*f*) Impuesto sobre las Ventas Minoristas de Determinados Hidrocarburos.

»2. La Administración del Estado y las de las Comunidades Autónomas se comunicarán a los efectos oportunos los hechos con trascendencia para su tipificación como posible delito contra la Hacienda Pública, y de los que tengan conocimiento como consecuencia del ejercicio de sus respectivas competencias en materia tributaria.»

Antes, el art. 54 de la Ley 21/2001, de 27 de diciembre (*BOE* de 31 de diciembre de 2001; corrección de errores en *BOE* de 22 de mayo de 2002), se pronunciaba en idénticos términos.

Art. 305: Redactado por art. único.dos de la LO 7/2012, de 27 de diciembre (BOE n.º 312, de 28 de diciembre), con efectos desde el 17 de enero de 2013. Vid. arts. 180 y 189.3 y Disp. Adic. 10.ª LGT sobre exacción de responsabilidad civil por delito contra la Hacienda Pública (§ I) y 32 RST, así como notas a los arts. 66 y 69 LGT (§ I).

Prescripción del delito: El art. 24 de la Ley 1/1998, de 26 de febrero, de Derechos y Garantías de los Constribuyentes, hoy derogado, redujo a cuatro años el plazo de prescripción del derecho de la Administración a determinar la deuda tributaria mediante la oportuna liquidación, exigir el pago de las deudas tributarias ya liquidadas y ejercitar la acción para imponer sanciones tributarias. Vid. arts. 66 y 66 bis LGT (§ I). El Código Penal (art. 131) mantuvo en cinco años el plazo de prescripción de los delitos contra la Hacienda Pública. El Tribunal Supremo (Sala 2.ª) viene manteniendo, de forma reiterada, la independencia de ambos plazos. En ese sentido, vid. Sentencias del Tribunal Supremo de 26 de julio de 1999, 6 de noviembre de 2000, 10 y 30 de octubre de 2001, 15 de julio y 5 diciembre de 2002, 3 de abril de 2003 y 15 de julio de 2004. Ello no obstante, se produjeron algunos pronunciamientos que matizan la posición mantenida por el propio Tribunal Supremo. Así, la Sentencia de 10 de octubre de 2001 entendió que, si la Administración ha practicado la liquidación del tributo eludido dentro del plazo de prescripción tributaria —cuatro años—, cabe iniciar el proceso penal por delito fiscal en tanto no hayan transcurrido los cinco años. *A sensu contrario*, aun cuando no hayan transcurrido cinco años, si la Administración no ha practicado liquidación dentro del plazo de cuatro años, no cabe iniciar el proceso penal para perseguir el delito. Apenas transcurridos veinte días, la misma Sala 2.ª del Tribunal Supremo (Sentencia de 30 de octubre de 2001) entiende que la doctrina sentada en la anterior Sentencia de 10 de octubre de 2001 sólo se refiere a aquellos casos en que la AEAT tenía en su poder los elementos necesarios para determinar la cuantía del tributo evadido y el Fiscal se ha valido de las liquidaciones provisionales que le proporcionó la AEAT. Ahora bien, cuando la AEAT no tiene en su poder los elementos necesarios para practicar liquidación provisional y tales elementos sólo se han descubierto mediante investigación judicial, aun cuando hayan transcurrido cuatro años y no exista liquidación provisional, la autoridad penal podrá iniciar el proceso penal, siempre que no hayan transcurrido cinco años.

Doctrina constitucional sobre la prescripción del delito: STC 63/2005, de 14 de marzo (*BOE* de 19 de abril): *a) Alcance del control constitucional*: pese a ser una cuestión de legalidad que corresponde decidir a los Tribunales ordinarios, ésta no es absolutamente irrevisable a través del recurso de amparo. Esta afirmación, que supuso un cambio en la doctrina anterior, denota la «creciente sustantividad que el instituto de la prescripción ha cobrado en nuestra jurisprudencia en la línea marcada por [...]» las SSTC 83/1989, de 10 de mayo, y 157/1990, de 18 de octubre. Admitido así el control en sede constitucional, es el F. 3.º de la Sentencia el que se ocupa de su concreción, con base en la anterior STC 63/2001, de 17 de marzo. *b) Fundamento de la prescripción penal*: el TC establece —en los FF 4.º a 8.º— una doctrina interpretativa general —postura a la que se oponen los dos votos particulares que se le formulan—, sobre la esencia y fundamento de la prescripción penal, su caracterización como institución de carácter material y no puramente procesal y sobre la ***necesidad general de un acto de interposición judicial necesario para operar el efecto interruptivo de la prescripción más allá de la formulación de querella o denuncia***. El parecer mayoritario se decanta por afirmar la *necesidad de un acto de intermediación judicial*: «el establecimiento de un plazo de prescripción de los delitos y faltas no obedece a una voluntad de limitar temporalmente el ejercicio de la acción penal por denunciantes y querellantes (configuración procesal de la prescripción), sino a la voluntad inequívocamente expresada por el legislador penal de limitar temporalmente el ejercicio del *ius puniendi* por parte del Estado en atención a la consideración de que el simple transcurso del tiempo disminuye las necesidades de respuesta penal (configuración material de la prescripción), dado que la imposición de una pena carecería de sentido por haberse ya perdido el recuerdo del delito por parte de la colectividad e incluso por parte de su autor, probablemente transformado en otra persona». Criterio del Tribunal Constitucional que se reitera en Sentencias posteriores —*STC 29/2008, de 20 de febrero*, Sala 2.ª (ponente: Sr. Sala Sánchez)—. En el mismo sentido, STC 59/2010, de 4 de octubre. Hoy es doctrina consolidada.

En clara contraposición a la doctrina del TC, el TS entendió que, al ser el órgano supremo en la interpretación de la legalidad ordinaria, podía seguir manteniendo su posición —la presentación de la querella interrumpe la prescripción—, frente a la posición del TC —la interrupción precisa de un acto de intermediación judicial—. En dos reuniones plenarias de la Sala de lo Penal se acordó mantener dicha posición (Acuerdos del Pleno no jurisdiccional de la Sala de lo Penal de 12 de mayo de 2005 y 25 de abril de 2006).

Tras la publicación de la STC 29/2008, de 20 de febrero —en la que el TC consolida la doctrina mantenida en la STC 63/2005—, la Sala 2.ª del TS, en su Pleno no jurisdiccional de 26 de febrero de 2008, reiteró que consideraba invadido el espacio funcional que la propia Constitución reserva a la jurisdicción ordinaria, y en particular al Tribunal Supremo, como último intérprete de la legalidad penal a cuya naturaleza pertenece la determinación del alcance jurídico de la prescripción. Y, en posterior Sentencia de 25 de junio de 2008, de la propia Sala 2.ª (ponente: Sr. Soriano Soriano), reiteró su criterio.

Téngase en cuenta, por último, la ***nueva redacción del art. 132.2 CP,*** **tras la reforma de la LO 5/2010, de 22 de junio (BOE de 23 de junio), que entró en vigor el 22 de diciembre de 2010**.

El sentido de esta reforma constituye, según expone el Magistrado Aragón Reyes en su Voto Particular a la STC 133/2011, de 18 de julio, un argumento decisivo para que el TC aborde el cambio de su doctrina.

Naturaleza jurídica:

A) ***Tribunal Constitucional***:

a) Tipo penal: *STC 57/2010, de 4 de octubre* (*BOE* de 29 de octubre):

1) FJ 4.º: «[...] el delito de defraudación a la hacienda pública [...] se configura como un "*tipo penal en blanco*" (STC 62/1997, de 7 de abril, FJ 4.º) [...] (SSTC 127/1990, de 5 de julio, FJ 3.º, y 283/2006, de 9 de octubre, FJ 7.º), en la que los términos de la norma penal "se complement[a]n con lo dispuesto en leyes extrapenales" (SSTC 24/2004, de 24 de febrero, FJ 3.º, y 283/2006, de 9 de octubre, FJ 8.º). Y a tal fin "ha de tenerse en cuenta, también, que una subsunción del hecho en el delito contra la Hacienda pública respetuosa con el derecho a la legalidad penal (art. 25.1 CE) *requiere la estimación judicial razonablemente fundamentada* [...] *de la concurrencia de los elementos objetivos y subjetivos del delito*", de tal manera que, "*dado que el delito contra la Hacienda pública constituye una norma penal en blanco, cuyo supuesto de hecho se configura a partir de los elementos esenciales precisados en la norma penal y su complemento determinado*

en la normativa tributaria, el control de la garantía de legalidad penal se dirige también a éstos" (STC 87/2001, de 2 de abril, FJ 8.º).»

2) «[...] *Y tampoco los órganos judiciales gozan, en principio, de margen de elección en la determinación del régimen tributario que, por imperativo legal, integra el tipo penal del delito de defraudación a la hacienda pública y, menos aún, cuando se trata del ejercicio del* ius puniendi *del Estado en materia penal* [...] *o sancionadora* [...], *pues el principio de legalidad penal garantiza "el estricto sometimiento del Juez a la ley penal, vedando todo margen de arbitrio o de discrecionalidad"* [...]. *En efecto, el Juez penal, en la integración de un tipo penal en blanco como es el delito de defraudación contra la hacienda pública, no tiene la capacidad de elegir en un momento dado lo que es más conveniente para la defensa del bien jurídico protegido, so pretexto de una eventual impunidad de la conducta realizada, debiendo limitarse su intervención a constatar (cognoscitivamente, que no electivamente) la concurrencia o no de la situación prevista por la norma remitida para posteriormente proceder a ponderarla desde la estricta óptica penal, de acuerdo a los parámetros constitucionales.* Hay que insistir en que cuando estamos frente a decisiones judiciales restrictivas de la libertad, esta afectación del valor libertad exige que la decisión adoptada, "no sólo represente la aplicación no arbitraria de las normas adecuadas al caso, sino también que su adopción sea presidida, más allá de por la mera exteriorización de la concurrencia o no de los requisitos legales de ella, por la ponderación, de conformidad con los fines constitucionalmente fijados a las penas privativas de libertad, de los bienes y derechos en conflicto" (por todas, STC 222/ 2007, de 8 de octubre, FJ 4.º).»

b) Elemento subjetivo: *STC 57/2010, de 4 de octubre* (*BOE* de 29 de octubre) (FJ 9.º): «[...] en el delito de defraudación a la hacienda pública no basta con la existencia de un daño patrimonial, pues la acción típica exige necesariamente que en la realización de la conducta antijurídica concurra el *elemento subjetivo o intencional del engaño (el tipo es defraudar eludiendo —burlando, engañando, esquivando— el pago de tributos)*; resultado lesivo y engaño que deben atribuirse a una persona en concreto.

»Pero *no sólo es necesario que a la existencia de un resultado lesivo le acompañe el elemento intencional del engaño, sino que la concurrencia de ese específico elemento subjetivo debe quedar suficientemente acreditada, lo que sólo sucede si existe un enlace directo y preciso entre los hechos probados y la intención perseguida por el acusado con la acción, enlace que debe justificarse a través de una argumentación lógica, razonable y especificada motivadamente en la resolución judicial* [...].»

STC 147/2009, de 17 de junio: Validez de los Informes de la AEAT como prueba de cargo suficiente para enervar la presunción de inocencia (art. 24.2 CE).

B) ***Tribunal Supremo***:

La *STS de 20 de enero de 2006 (F. 5.º)* afirma que: «El concepto de engaño en el delito fiscal no difiere del engaño del delito de estafa.

Ánimo defraudador: El elemento subjetivo del tipo penal es la conciencia de tener obligación tributaria y la voluntad de eludirla (STS de 18 de septiembre de 2006).

Una firme línea jurisprudencial *niega la posibilidad* de *delito continuado* en los delitos de defraudación tributaria, cuando se refiere a distintos períodos impositivos, sobre la base del principio de estanqueidad impositiva. Así (SSTS 2.476/2001, de 26 de diciembre, y 2.115/2002, de 3 de enero), es lógico deducir del art. 305.2 CP que si las defraudaciones cometidas en distintos períodos y referidas al mismo impuesto no pueden sumarse para que la cuantía total de las mismas convierta en delito lo que, de otra forma, sería una pluralidad de infracciones administrativas, no puedan sumarse tampoco las cantidades defraudadas en delitos cometidos en distintos períodos para que la pluralidad de delitos sea castigada como uno solo continuado.

Incrementos no justificados de patrimonio y admisibilidad en vía penal de pruebas indiciarias: El Tribunal Supremo ha ido acotando algunos extremos relevantes en relación con este tipo. En STS de 21 de diciembre de 2001 (ponente: Conde-Pumpido) señala: «[...] en el proceso penal, a diferencia de lo que ocurre en el ámbito tributario, el contribuyente no necesita acreditar la procedencia de bienes o ingresos, sino simplemente aportar la explicación alternativa mínimamente razonable no desvirtuada por la acusación».

La STC 233/2005, de 26 de septiembre, afirma que pese a que el derecho a la presunción de inocencia no tolera que alguno de los elementos constitutivos del delito se presuma en contra del acusado, sea por una presunción *iuris tantum*, sea ésta *iuris et de iure*, ello no obsta a la *legitimidad constitucional de la prueba de indicios*, siempre que se cumplan unos requisitos ya reiterados por la jurisprudencia constitucional: uno, que parta de hechos plenamente probados y, dos, que los hechos constitutivos del delito se deduzcan de los indicios a través de un proceso mental razonado y acorde con las reglas del criterio humano detallado en la Sentencia condenatoria.

Principios generales del Derecho Penal:

1) ***Non bis in idem:*** *STS de 22 de septiembre de 2008* (Rec. 394/2006): Sólo habrá *bis in idem* cuando se produzca una duplicidad de sanciones y medie entre ellas la triple identidad de sujetos, hechos y fundamento. O cuando, dándose la identidad de sujeto y fundamento, se castigue administrativamente una conducta que una decisión judicial firme, a la vista de las pruebas presentadas, no haya dado por

probada. Con arreglo a lo anterior, si el fallo es absolutorio, puede reabrirse el procedimiento sancionador siempre que se respeten los hechos probados en el proceso penal. En Sentencia del Tribunal de Justicia de la Unión Europea de 20 de marzo de 2018 (Gran Sala, Asunto C-524/15; Luca Menci) concluye que, de conformidad con el Convenio Europeo de Derechos Humanos y el propio ordenamiento comunitario, es posible imponer una sanción administrativa y una sanción penal a una misma persona y por los mismos hechos —liquidación por IVA—, sin que ello suponga vulnerar el contenido del principio *non bis in idem*. Ello es posible siempre que se atienda a tres criterios: calificación jurídica de la sanción en el Derecho interno, naturaleza de la infracción y gravedad de la sanción.

2) ***Principio de legalidad penal**: STC 120/2005, de 10 de mayo* (*BOE* de 8 de junio) (FF 5.º y 6.º): Condena por delito fiscal basada en la existencia de fraude a la ley tributaria que sustituye a la inicial calificación de negocio simulado: «[…] Junto a este resultado perjudicial para los legítimos intereses recaudatorios del Estado había de darse el *elemento subjetivo característico de toda defraudación, esto es, un ánimo específico de ocasionar el perjuicio típico mediante una acción u omisión dolosa directamente encaminada a ello, elementos ambos que, si bien encajan perfectamente con la presencia de un negocio simulado dirigido a ocultar el hecho imponible, no se acompasan, sin embargo, con la figura del fraude de ley tributaria como medio comisivo del referido delito.* [...] La utilización de dicha figura para fundamentar la condena del demandante de amparo como autor responsable de un delito contra la Hacienda Pública ha de considerarse, en consecuencia —como ya afirmamos en la [...] STC 75/1984, de 27 de junio—, una *aplicación analógica* del tipo penal contemplado en el art. 349 del Código Penal de 1973 que, como tal, resulta *lesiva del derecho a la legalidad penal reconocido en el art. 25 CE* [...].» A mayor abundamiento cabe señalar que la configuración del fraude de ley tributaria como conducta punible a título de delito fiscal sería también lesiva del indicado derecho por aplicación del canon de examen utilizado por este Tribunal cuando se aducen vulneraciones del mismo por razón de las operaciones judiciales de subsunción de los hechos en las normas penales preexistentes. Recuérdese que el mencionado modelo de análisis nos ha conducido, en constante jurisprudencia, a apreciar lesionado el derecho a la legalidad penal cuando tales operaciones obedezcan a una aplicación de la norma punitiva tan carente de razonabilidad «que resulte imprevisible para sus destinatarios, sea por apartamiento del tenor literal del precepto, sea por la utilización de pautas valorativas extravagantes en relación con el ordenamiento constitucional, sea por el empleo de modelos de interpretación no aceptados por la comunidad jurídica, comprobado todo ello a partir de la motivación expresada en las resoluciones recurridas [...]» (STC 123/2001, de 4 de junio). A la vista del razonamiento empleado arriba sobre la improcedencia de acudir al fraude de ley para efectuar la extensión de los tipos penales a supuestos no específicamente previstos en ellos, «[…] cabe concluir que *la exigencia de previsibilidad de una condena a título de delito fiscal no queda satisfecha en aquellos supuestos en que dicha condena venga fundamentada exclusivamente en un comportamiento calificable como fraude de ley tributaria*».

3) ***Retroactividad penal:*** La retroactividad penal se extiende incluso a los casos en que haya sentencia firme y la condena se encuentre en fase de cumplimiento (art. 2.1.º CP), mientras que en el ámbito tributario sólo opera la retroactividad en el ámbito sancionador cuando los actos administrativos sancionadores no hayan adquirido firmeza (art. 10.2 y Disp. Trans. 4.ª LGT).

STS 1.622/2013, de 16 abril 2013 (Sala 2.ª, Sección 1.ª, Rec. 10333/2012; ponente: C. Conde-Pumpido), reiterando un criterio tradicional, recuerda que «*el principio de retroactividad de las disposiciones penales más favorables alcanza en nuestro ordenamiento penal a las sentencias ya firmes siempre que no estén totalmente ejecutadas* (art. 2.2.º del Código Penal)». Vid. también la STS 538/2012, de 25 de junio.

En *STS 266/2013, de 19 de marzo*, establece como doctrina que la revisión de sentencias firmes por aplicación retroactiva de la ley penal más favorable cuando la pena impuesta en la sentencia revisada también es imponible en el nuevo marco legal no debe dar lugar a un nuevo ejercicio de individualización caso por caso, ni tampoco a una mecánica adaptación de las penas anteriormente impuestas en proporción aritmética al nuevo marco punitivo, pero debe introducir las prevenciones necesarias para evitar que la aplicación literal de la disposición transitoria segunda de la LO 5/2010 provoque resultados contrarios al principio de proporcionalidad.

La supresión de un impuesto aconseja recordar la *doctrina del Tribunal Supremo* sobre posibles *delitos fiscales cometidos en relación con el impuesto suprimido*: «Partiendo, sólo por vía de hipótesis, de que con la regulación precedente el hecho fuera delito y hubiera dejado de serlo como consecuencia del cambio operado en la norma extrapenal integradora del contenido del tipo punitivo, también debe aplicarse la retroactividad. Los efectos han de ser idénticos tanto si el legislador destipifica o descriminaliza una acción directamente, derogando el correspondiente precepto penal o modificándolo en beneficio del reo, como si a esa consecuencia se llega a través de la modificación de la Ley Extrapenal que servía para dar contenido a la norma punitiva. Si el legislador en un determinado momento decide que un comportamiento se sitúe extramuros de la norma penal, cualquiera que sea el procedimiento utilizado, los efectos favorables tendrán carácter retroactivo de manera absoluta e incondicionada. En definitiva, hay que entender que se está en presencia de una Ley nueva que siendo favorable al reo dará lugar a la aplicación del artículo 24 del Código Penal, y en sentido inverso, que siendo perjudicial sólo será de aplicación a los hechos realizados después de su vigencia» (STS de 13 de junio de 1990).

«En el ámbito penal no existe la menor duda de que en el supuesto de hecho de las leyes penales en blanco (en blanco en sentido amplio o con elementos normativos, que se remiten expresa o tácitamente a otras normas jurídicas extrapenales [...]) estas normas se rigen por las reglas generales de los artículos 2.º1 y 2.º2 del Código Penal de 1995, lo que significa que cualquier norma extrapenal que limite el alcance del supuesto de hecho de la Ley remitente dará lugar a una nueva Ley penal más favorable que deberá aplicarse retroactivamente» (STS de 1 de diciembre de 2004).

En conclusión, la desaparición de un impuesto conlleva la destipificación de los incumplimientos producidos en relación con el mismo y la consiguiente imposibilidad de su penalización, extendiéndose tal consecuencia a los supuestos en que se esté cumpliendo condena.

4) ***Principio acusatorio:*** *Doctrina constitucional: STC 35/2004, de 8 de marzo, y 120/2005, de 10 de mayo* (FJ 8.º). *STC 46/2009, de 23 de febrero:* Es doctrina consolidada del TC (SSTC 167/2002, 28/2008, 64/2008 y 115/2008) que el respeto a los principios de publicidad, inmediación y contradicción, comprendidos en el derecho a un proceso con todas las garantías (art. 24.2 CE), obliga a que toda condena se fundamente en una actividad probatoria que el órgano judicial haya examinado directa y personalmente y en un debate público en el que se respete la posibilidad de contradicción. Por ello, cuando en vía de recurso se revisa una sentencia absolutoria y el motivo concreto de la apelación versa sobre cuestiones de hecho suscitadas por la valoración o ponderación de pruebas personales de las que depende la condena o absolución del acusado, es necesaria la celebración de vista pública en la segunda instancia, para que el órgano judicial de apelación pueda resolver tomando conocimiento directo e inmediato de dichas pruebas.

5) ***Presunción de inocencia:*** La *STC 46/2009, de 23 de febrero*, recuerda que es doctrina consolidada (por todas, STC 133/1994) que la apreciación de la concurrencia de circunstancias modificativas de la responsabilidad criminal, atenuantes o eximentes, es cuestión de estricta legalidad penal que no compromete el derecho a la presunción de inocencia, y que, por ello mismo, corresponde dilucidar a los órganos judiciales ordinarios (art. 117.3 CE), sin que el TC, que no es ninguna tercera instancia, ni órgano de casación penal, pueda revisar la valoración de las pruebas practicada por aquéllos.

STC 147/2009, de 17 de junio: «[...] no resulta admisible la pretensión de vincular los efectos de una eventual extinción de la responsabilidad criminal —por prescripción— al grado de colaboración de los culpables cuando, como es bien sabido, la Constitución española garantiza en su art. 24.2 el derecho "a no declarar contra sí mismo" y "a no confesarse culpables", como así hace también, por ejemplo, el Pacto internacional de derechos civiles y políticos de 16 de diciembre 1966, que al recoger las "garantías mínimas" de las personas acusadas de un delito en su art. 14.3 cita entre ellas el derecho "[a] no ser obligada a declarar contra sí misma ni a confesarse culpable" [letra *g*)]. Aunque es verdad que este derecho no viene consagrado en el Convenio Europeo de Derechos Humanos de 4 de noviembre de 1950, sin embargo, el Tribunal Europeo de Derechos Humanos ha reconocido el derecho de todo acusado en materia penal a guardar silencio y a no contribuir de ninguna manera a su propia incriminación como una garantía integrada en el "derecho a un proceso equitativo" a que hace referencia el art. 6.º1 CEDH (así, por ejemplo, STEDH de 25 de febrero de 1993, asunto *Funke c. Francia*). Admitirlo contrario supondría, en consecuencia, vulnerar el derecho de todo acusado a no autoincriminarse (así, por ejemplo, SSTEDH de 25 de febrero de 1993, asunto *Funke c. Francia*; 4 de octubre de 2005, asunto *Shannon c. Reino Unido*; 11 de julio de 2006, asunto *Jalloh c. Alemania*; 19 de junio de 2007, asunto *Macko y Kozuval c. Eslovaquia*, y 29 de junio de 2007, asunto *O'Halloran y Francis c. Reino Unido*), derecho éste que se encuentra estrechamente conectado con los derechos a la presunción de inocencia y a la defensa [entre otras, SSTC 197/1995, de 21 de diciembre, FJ 6.º; 161/1997, de 2 de octubre, FJ 5.º; 229/1999, de 13 de diciembre, FJ 3.º*b*); 127/2000, de 16 de mayo, FJ 4.º; 67/2001, de 17 de marzo, FJ 6.º; 18/2005, de 1 de febrero, FJ 2.º; 75/2007, de 16 de abril, FJ 6.º, y 76/2007, de 16 de abril, FJ 8.º] y que impiden que pueda hacerse recaer en el acusado la obligación de aportar elementos de prueba que supongan una autoincriminación (SSTC 161/1997, de 2 de octubre, FJ 5.º; 18/2005, de 1 de febrero, FJ 2.º; 75/2007, de 16 de abril, FJ 6.º, y 76/2007, de 16 de abril, FJ 8.º, entre otras). En suma, la colaboración del culpable podrá utilizarse como una circunstancia favorable a la modificación de la responsabilidad criminal (por ejemplo, art. 21 CP), pero es constitucionalmente inadmisible que su falta de colaboración puede tomarse, desde un punto de vista punitivo, como una circunstancia perjudicial a los efectos de determinar su posible responsabilidad penal, como sucedería si incidiera, negativamente para sus intereses, en el cómputo del plazo de prescripción del delito que se le imputa.»

6) ***Derecho a un proceso sin dilaciones indebidas:*** *STC 233/2005, de 26 de septiembre:* No es invocable con relación a las dilaciones que se hayan producido en los procedimientos administrativos como el de Inspección seguido antes de que se remitiera el expediente a la jurisdicción penal, sino únicamente en función de las dilaciones apreciables en la tramitación de los procedimientos judiciales (STC 26/1994, de 27 de febrero, y ATC 328/1986, de 16 de abril). Además, su apreciación requiere inexcusablemente que

retenidas o que se hubieran debido retener o ingresos a cuenta, obteniendo indebidamente devoluciones o disfrutando beneficios fiscales de la misma forma, siempre que la cuantía de la cuota defraudada, el importe no ingresado de las retenciones o ingresos a cuenta o de las devoluciones o beneficios fiscales indebidamente obtenidos o disfrutados exceda de ciento veinte mil euros será castigado con la pena de prisión de uno a cinco años y multa del tanto al séxtuplo de la citada cuantía, salvo que hubiere regularizado su situación tributaria en los términos del apartado 4 del presente artículo.

La mera presentación de declaraciones o autoliquidaciones no excluye la defraudación, cuando ésta se acredite por otros hechos.

Además de las penas señaladas, se impondrá al responsable la pérdida de la posibilidad de obtener subvenciones o ayudas públicas y del derecho a gozar de los beneficios o incentivos fiscales o de la Seguridad Social durante el período de tres a seis años.

2. A los efectos de determinar la cuantía mencionada en el apartado anterior:

a) Si se trata de tributos, retenciones, ingresos a cuenta o devoluciones, periódicos o de declaración periódica, se estará a lo defraudado en cada período impositivo o de declaración, y si éstos son inferiores a doce meses, el importe de lo defraudado se referirá al año natural. No obstante lo anterior, en los casos en los que la defraudación se lleve a cabo en el seno de una organización o grupo criminal, o por personas o entidades que actúen bajo la apariencia de una actividad económica real sin desarrollarla de forma efectiva, el delito será perseguible desde el mismo momento en que se alcance la cantidad fijada en el apartado 1.

b) En los demás supuestos, la cuantía se entenderá referida a cada uno de los distintos conceptos por los que un hecho imponible sea susceptible de liquidación.

3. Las mismas penas se impondrán a quien cometa las conductas descritas en el apartado 1 y a quien eluda el pago de cualquier cantidad que deba ingresar o disfrute de manera indebida de un beneficio obtenido legalmente, cuando los hechos se cometan contra la Hacienda de la Unión Europea, siempre que la cuantía defraudada excediera de cien mil euros en el plazo de un año natural. No obstante lo anterior, en los casos en los que la defraudación se lleve a cabo en el seno de una organización o grupo criminal, o por personas o entidades que actúen bajo la apariencia de una actividad económica real sin desarrollarla de forma efectiva, el delito será perseguible desde el mismo momento en que se alcance la cantidad fijada en este apartado.

Si la cuantía defraudada no superase los cien mil euros pero excediere de diez mil, se impondrá una pena de prisión de tres meses a un año o multa del tanto al triplo de la citada cuantía y la pérdida de la posibilidad de obtener subvenciones o ayudas públicas y del derecho a gozar de los beneficios o incentivos fiscales o de la Seguridad Social durante el período de seis meses a dos años.

4. Se considerará regularizada la situación tributaria cuando se haya

haya sido invocado en el proceso judicial previo mediante requerimiento expreso al órgano judicial supuestamente causante de tales dilaciones al objeto de que cese en las mismas.

Art. 305.3: Apdo. 3.º modificado por la Ley Orgánica 1/2019, de 20 de febrero.

Art. 305.4: Vid. nota al art. 179.3 LGT (§ I), y Disp. Final 5.ª CP. En **STS de 28 de noviembre de 2017 (Rec. 2829/2016**; ponente: F. J. Navarro Sanchís): quien ha regularizado acogiéndose a la excusa absolutoria, no puede instar la devolución en concepto de ingreso indebido, cuando, al haber regularizado una vez prescrito el crédito tributario —por el transcurso de los cuatro años—, no ha transcurrido aun el plazo

procedido por el obligado tributario al completo reconocimiento y pago de la deuda tributaria, antes de que por la Administración Tributaria se le haya notificado el inicio de actuaciones de comprobación o investigación tendentes a la determinación de las deudas tributarias objeto de la regularización o, en el caso de que tales actuaciones no se hubieran producido, antes de que el Ministerio Fiscal, el Abogado del Estado o el representante procesal de la Administración autonómica, foral o local de que se trate, interponga querella o denuncia contra aquél dirigida, o antes de que el Ministerio Fiscal o el Juez de Instrucción realicen actuaciones que le permitan tener conocimiento formal de la iniciación de diligencias.

Asimismo, los efectos de la regularización prevista en el párrafo anterior resultarán aplicables cuando se satisfagan deudas tributarias una vez prescrito el derecho de la Administración a su determinación en vía administrativa.

La regularización por el obligado tributario de su situación tributaria impedirá que se le persiga por las posibles irregularidades contables u otras falsedades instrumentales que, exclusivamente en relación a la deuda tributaria objeto de regularización, el mismo pudiera haber cometido con carácter previo a la regularización de su situación tributaria.

5. Cuando la Administración Tributaria apreciare indicios de haberse cometido un delito contra la Hacienda Pública, podrá liquidar de forma separada, por una parte los conceptos y cuantías que no se encuentren vinculados con el posible delito contra la Hacienda Pública, y por otra, los que se encuentren vinculados con el posible delito contra la Hacienda Pública.

La liquidación indicada en primer lugar en el párrafo anterior seguirá la tramitación ordinaria y se sujetará al régimen de recursos propios de toda liquidación tributaria. Y la liquidación que en su caso derive de aquellos conceptos y cuantías que se encuentren vinculados con el posible delito contra la Hacienda Pública seguirá la tramitación que al efecto establezca la normativa tributaria, sin perjuicio de que finalmente se ajuste a lo que se decida en el proceso penal.

La existencia del procedimiento penal por delito contra la Hacienda Pública no paralizará la acción de cobro de la deuda tributaria. Por parte de la Administración Tributaria podrán iniciarse las actuaciones dirigidas al cobro, salvo que el Juez, de oficio o a instancia de parte, hubiere acordado la suspensión de las actuaciones de ejecución, previa prestación de garantía. Si no se pudiese prestar garantía en todo o en parte, excepcionalmente el Juez podrá acordar la suspensión con dispensa total o parcial de garantías si apreciare que la ejecución pudiese ocasionar daños irreparables o de muy difícil reparación.

6. Los Jueces y Tribunales podrán imponer al obligado tributario o al autor del delito la pena inferior en uno o dos grados, siempre que, antes de que transcurran dos meses desde la citación judicial como imputado satisfaga la deuda tributaria y reconozca judicialmente los hechos. Lo anterior será igualmente aplicable respecto de otros partícipes en el delito distintos del obligado tributario o del autor del delito, cuando colaboren activamente

---

de prescripción del delito, al no haber transcurrido cinco años. Concluye el TS que «[…] la actuación del recurrente, pretendiendo la devolución, después del pronunciamiento de la jurisdicción penal, resultaría contraria a sus propios actos y hasta podría calificarse como fraude de ley, en cuanto realizó un ingreso para conseguir la exoneración de la responsabilidad penal, utilizando luego la literalidad del art. 221.1.*c*) de la LGT para burlar el pronunciamiento penal […]».

Art. 305.5: Vid. art. 251 y Disp. Adic. 19.ª LGT (§ I), añadida por la Ley 7/2012, de 29 de octubre.

para la obtención de pruebas decisivas para la identificación o captura de otros responsables, para el completo esclarecimiento de los hechos delictivos o para la averiguación del patrimonio del obligado tributario o de otros responsables del delito.

7. En los procedimientos por el delito contemplado en este artículo, para la ejecución de la pena de multa y la responsabilidad civil, que comprenderá el importe de la deuda tributaria que la Administración Tributaria no haya liquidado por prescripción u otra causa legal en los términos previstos en la Ley 58/2003, General Tributaria, de 17 de diciembre, incluidos sus intereses de demora, los Jueces y Tribunales recabarán el auxilio de los servicios de la Administración Tributaria que las exigirá por el procedimiento administrativo de apremio en los términos establecidos en la citada Ley.

Art. 305 bis. 1. El delito contra la Hacienda Pública será castigado con la pena de prisión de dos a seis años y multa del doble al séxtuplo de la cuota defraudada cuando la defraudación se cometiere concurriendo alguna de las circunstancias siguientes:

a) Que la cuantía de la cuota defraudada exceda de seiscientos mil euros.

b) Que la defraudación se haya cometido en el seno de una organización o de un grupo criminal.

c) Que la utilización de personas físicas o jurídicas o entes sin personalidad jurídica interpuestos, negocios o instrumentos fiduciarios o paraísos fiscales o territorios de nula tributación oculte o dificulte la determinación de la identidad del obligado tributario o del responsable del delito, la determinación de la cuantía defraudada o del patrimonio del obligado tributario o del responsable del delito.

2. A los supuestos descritos en el presente artículo les serán de aplicación todas las restantes previsiones contenidas en el artículo 305.

En estos casos, además de las penas señaladas, se impondrá al responsable la pérdida de la posibilidad de obtener subvenciones o ayudas públicas y del derecho a gozar de los beneficios o incentivos fiscales o de la Seguridad Social durante el período de cuatro a ocho años.

Art. 306. El que por acción u omisión defraude a los presupuestos generales de la Unión Europea u otros administrados por esta, en cuantía superior a cincuenta mil euros, eludiendo, fuera de los casos contemplados en el apartado 3 del artículo 305, el pago de cantidades que se deban ingresar o, dando, fuera de los casos contemplados en el artículo 308, a los fondos obtenidos una aplicación distinta de aquella a que estuvieren destinados u obteniendo indebidamente fondos falseando las condiciones requeridas para su concesión u ocultando las que la hubieran impedido, será castigado con la pena de prisión de uno a cinco años y multa del tanto al séxtuplo de la citada cuantía y la pérdida de la posibilidad de obtener subvenciones o ayudas públicas y del derecho a gozar de los beneficios o incentivos fiscales o de la Seguridad Social durante el período de tres a seis años.

Si la cuantía defraudada o aplicada indebidamente no superase los cincuenta mil euros, pero excediere de cuatro mil, se impondrá una pena de prisión de tres meses a un año o multa del tanto al triplo de la citada cuantía y la pérdida de

---

Art. 305.7: Vid. Disps. Adics. 10.ª y 19.ª LGT (§ I).

Art. 305 bis: Añadido por el art. único.tres de la LO 7/2012, de 27 de diciembre (*BOE* n.º 312, de 28 de diciembre), con efectos desde el 17 de enero de 2013.

Art. 306, párr. 1.º: Se modifica el párrafo primero por la Ley Orgánica 9/2021, de 1 de julio.

la posibilidad de obtener subvenciones o ayudas públicas y del derecho a gozar de los beneficios o incentivos fiscales o de la Seguridad Social durante el período de seis meses a dos años.

Art. 307. 1. El que, por acción u omisión, defraude a la Seguridad Social eludiendo el pago de las cuotas de ésta y conceptos de recaudación conjunta, obteniendo indebidamente devoluciones de las mismas o disfrutando de deducciones por cualquier concepto asimismo de forma indebida, siempre que la cuantía de las cuotas defraudadas o de las devoluciones o deducciones indebidas exceda de cincuenta mil euros será castigado con la pena de prisión de uno a cinco años y multa del tanto al séxtuplo de la citada cuantía salvo que hubiere regularizado su situación ante la Seguridad Social en los términos del apartado 3 del presente artículo.

La mera presentación de los documentos de cotización no excluye la defraudación, cuando ésta se acredite por otros hechos.

Además de las penas señaladas, se impondrá al responsable la pérdida de la posibilidad de obtener subvenciones o ayudas públicas y del derecho a gozar de los beneficios o incentivos fiscales o de la Seguridad Social durante el período de tres a seis años.

2. A los efectos de determinar la cuantía mencionada en el apartado anterior se estará al importe total defraudado durante cuatro años naturales.

3. Se considerará regularizada la situación ante la Seguridad Social cuando se haya procedido por el obligado frente a la Seguridad Social al completo reconocimiento y pago de la deuda antes de que se le haya notificado la iniciación de actuaciones inspectoras dirigidas a la determinación de dichas deudas o, en caso de que tales actuaciones no se hubieran producido, antes de que el Ministerio Fiscal o el Letrado de la Seguridad Social interponga querella o denuncia contra aquél dirigida o antes de que el Ministerio Fiscal o el Juez de Instrucción realicen actuaciones que le permitan tener conocimiento formal de la iniciación de diligencias.

Asimismo, los efectos de la regularización prevista en el párrafo anterior, resultarán aplicables cuando se satisfagan deudas ante la Seguridad Social una vez prescrito el derecho de la Administración a su determinación en vía administrativa.

La regularización de la situación ante la Seguridad Social impedirá que a dicho sujeto se le persiga por las posibles irregularidades contables u otras falsedades instrumentales que, exclusivamente en relación a la deuda objeto de regularización, el mismo pudiera haber cometido con carácter previo a la regularización de su situación.

4. La existencia de un procedimiento penal por delito contra la Seguridad Social no paralizará el procedimiento administrativo para la liquidación y cobro de la deuda contraída con la Seguridad Social, salvo que el Juez lo acuerde previa prestación de garantía. En el caso de que no se pudiese prestar garantía en todo o en parte, el Juez, con carácter excepcional, podrá acordar la suspensión con dispensa total o parcial de las garantías, en el caso de que apreciara que la ejecución pudiera ocasionar daños irreparables o de muy difícil reparación. La liquidación administrativa se ajustará finalmente a lo que se decida en el proceso penal.

Art. 307.4: ***A diferencia de lo que sucede en el caso de los delitos contra la Hacienda Pública —art. 305 CP (§ II) y Título VI LGT (§ I)—, en el caso de delitos contra la Seguridad Social no se produce bifurcación de la liquidación.***

5. Los Jueces y Tribunales podrán imponer al obligado frente a la Seguridad Social o al autor del delito la pena inferior en uno o dos grados, siempre que, antes de que transcurran dos meses desde la citación judicial como imputado, satisfaga la deuda con la Seguridad Social y reconozca judicialmente los hechos. Lo anterior será igualmente aplicable respecto de otros partícipes en el delito distintos del deudor a la Seguridad Social o del autor del delito, cuando colaboren activamente para la obtención de pruebas decisivas para la identificación o captura de otros responsables, para el completo esclarecimiento de los hechos delictivos o para la averiguación del patrimonio del obligado frente a la Seguridad Social o de otros responsables del delito.

6. En los procedimientos por el delito contemplado en este artículo, para la ejecución de la pena de multa y la responsabilidad civil, que comprenderá el importe de la deuda frente a la Seguridad Social que la Administración no haya liquidado por prescripción u otra causa legal, incluidos sus intereses de demora, los Jueces y Tribunales recabarán el auxilio de los servicios de la Administración de la Seguridad Social que las exigirá por el procedimiento administrativo de apremio.

Art. 307 bis. 1. El delito contra la Seguridad Social será castigado con la pena de prisión de dos a seis años y multa del doble al séxtuplo de la cuantía cuando en la comisión del delito concurriera alguna de las siguientes circunstancias:

a) Que la cuantía de las cuotas defraudadas o de las devoluciones o deducciones indebidas exceda de ciento veinte mil euros.

b) Que la defraudación se haya cometido en el seno de una organización o de un grupo criminal.

c) Que la utilización de personas físicas o jurídicas o entes sin personalidad jurídica interpuestos, negocios o instrumentos fiduciarios o paraísos fiscales o territorios de nula tributación oculte o dificulte la determinación de la identidad del obligado frente a la Seguridad Social o del responsable del delito, la determinación de la cuantía defraudada o del patrimonio del obligado frente a la Seguridad Social o del responsable del delito.

2. A los supuestos descritos en el presente artículo le serán de aplicación todas las restantes previsiones contenidas en el artículo 307.

3. En estos casos, además de las penas señaladas, se impondrá al responsable la pérdida de la posibilidad de obtener subvenciones o ayudas públicas y del derecho a gozar de los beneficios o incentivos fiscales o de la Seguridad Social durante el período de cuatro a ocho años.

Art. 307 ter. 1. Quien obtenga, para sí o para otro, el disfrute de prestaciones del Sistema de la Seguridad Social, la prolongación indebida del mismo, o facilite a otros su obtención, por medio del error provocado mediante la simulación o tergiversación de hechos, o la ocultación consciente de hechos de los que tenía el deber de informar, causando con ello un perjuicio a la Admi-

Art. 307: Nueva redacción por el art. único.cinco de la LO 7/2012, de 27 de diciembre (*BOE* n.º 312, de 28 de diciembre), con efectos desde el 17 de enero de 2013.

Vid. art. 33.2 RST.

Art. 307 bis: Añadido por el art. único.seis de la LO 7/2012, de 27 de diciembre (*BOE* n.º 312, de 28 de diciembre), con efectos desde el 17 de enero de 2013.

Art. 307 ter: Añadido por el art. único.siete de la LO 7/2012, de 27 de diciembre (*BOE* n.º 312, de 28 de diciembre), con efectos desde el 17 de enero de 2013.

nistración Pública, será castigado con la pena de seis meses a tres años de prisión.

Cuando los hechos, a la vista del importe defraudado, de los medios empleados y de las circunstancias personales del autor, no revistan especial gravedad, serán castigados con una pena de multa del tanto al séxtuplo.

Además de las penas señaladas, se impondrá al responsable la pérdida de la posibilidad de obtener subvenciones y del derecho a gozar de los beneficios o incentivos fiscales o de la Seguridad Social durante el período de tres a seis años.

2. Cuando el valor de las prestaciones fuera superior a cincuenta mil euros o hubiera concurrido cualquiera de las circunstancias a que se refieren las letras *b*) o *c*) del apartado 1 del artículo 307 bis, se impondrá una pena de prisión de dos a seis años y multa del tanto al séxtuplo.

En estos casos, además de las penas señaladas, se impondrá al responsable la pérdida de la posibilidad de obtener subvenciones y del derecho a gozar de los beneficios o incentivos fiscales o de la Seguridad Social durante el período de cuatro a ocho años.

3. Quedará exento de responsabilidad criminal en relación con las conductas descritas en los apartados anteriores el que reintegre una cantidad equivalente al valor de la prestación recibida incrementada en un interés anual equivalente al interés legal del dinero aumentado en dos puntos porcentuales, desde el momento en que las percibió, antes de que se le haya notificado la iniciación de actuaciones de inspección y control en relación con las mismas o, en el caso de que tales actuaciones no se hubieran producido, antes de que el Ministerio Fiscal, el Abogado del Estado, el Letrado de la Seguridad Social, o el representante de la Administración autonómica o local de que se trate, interponga querella o denuncia contra aquél dirigida o antes de que el Ministerio Fiscal o el Juez de Instrucción realicen actuaciones que le permitan tener conocimiento formal de la iniciación de diligencias.

La exención de responsabilidad penal contemplada en el párrafo anterior alcanzará igualmente a dicho sujeto por las posibles falsedades instrumentales que, exclusivamente en relación a las prestaciones defraudadas objeto de reintegro, el mismo pudiera haber cometido con carácter previo a la regularización de su situación.

4. La existencia de un procedimiento penal por alguno de los delitos de los apartados 1 y 2 de este artículo, no impedirá que la Administración competente exija el reintegro por vía administrativa de las prestaciones indebidamente obtenidas. El importe que deba ser reintegrado se entenderá fijado provisionalmente por la Administración, y se ajustará después a lo que finalmente se resuelva en el proceso penal.

El procedimiento penal tampoco paralizará la acción de cobro de la Administración competente, que podrá iniciar las actuaciones dirigidas al cobro salvo que el Juez, de oficio o a instancia de parte, hubiere acordado la suspensión de las actuaciones de ejecución previa prestación de garantía. Si no se pudiere prestar garantía en todo o en parte, excepcionalmente el Juez podrá acordar la suspensión con dispensa total o parcial de garantías si apreciare que la ejecución pudiese ocasionar daños irreparables o de muy difícil reparación.

5. En los procedimientos por el delito contemplado en este artículo, para la ejecución de la pena de multa y de la responsabilidad civil, los Jueces y Tribunales recabarán el auxilio de los servicios de la Administración de la Seguridad Social que las exigirá por el procedimiento administrativo de apremio.

6. Resultará aplicable a los supuestos regulados en este artículo lo dispuesto en el apartado 5 del artículo 307 del Código Penal.

Art. 308. 1. El que obtenga subvenciones o ayudas de las Administraciones Públicas, incluida la Unión Europea, en una cantidad o por un valor superior a cien mil euros falseando las condiciones requeridas para su concesión u ocultando las que la hubiesen impedido será castigado con la pena de prisión de uno a cinco años y multa del tanto al séxtuplo de su importe, salvo que lleve a cabo el reintegro a que se refiere el apartado 6.

2. Las mismas penas se impondrán al que, en el desarrollo de una actividad sufragada total o parcialmente con fondos de las Administraciones Públicas, incluida la Unión Europea, los aplique en una cantidad superior a cien mil euros a fines distintos de aquéllos para los que la subvención o ayuda fue concedida, salvo que lleve a cabo el reintegro a que se refiere el apartado 6.

3. Además de las penas señaladas, se impondrá al responsable la pérdida de la posibilidad de obtener subvenciones o ayudas públicas y del derecho a gozar de beneficios o incentivos fiscales o de la Seguridad Social durante un período de tres a seis años.

4. Si la cuantía obtenida, defraudada o aplicada indebidamente no superase los cien mil euros pero excediere de diez mil, se impondrá una pena de prisión de tres meses a un año o multa del tanto al triplo de la citada cuantía y la pérdida de la posibilidad de obtener subvenciones o ayudas públicas y del derecho a gozar de los beneficios o incentivos fiscales o de la Seguridad Social durante el período de seis meses a dos años, salvo que lleve a cabo el reintegro a que se refiere el apartado 6.

5. A los efectos de determinar la cuantía a que se refiere este artículo, se atenderá al total de lo obtenido, defraudado o indebidamente aplicado, con independencia de si procede de una o de varias Administraciones Públicas conjuntamente.

6. Se entenderá realizado el reintegro al que se refieren los apartados 1, 2 y 4 cuando por el perceptor de la subvención o ayuda se proceda a devolver las subvenciones o ayudas indebidamente percibidas o aplicadas, incrementadas en el interés de demora aplicable en materia de subvenciones desde el momento en que las percibió, y se lleve a cabo antes de que se haya notificado la iniciación de actuaciones de comprobación o control en relación con dichas subvenciones o ayudas o, en el caso de que tales actuaciones no se hubieran producido, antes de que el Ministerio Fiscal, el Abogado del Estado o el representante de la Administración autonómica o local de que se trate, interponga querella o denuncia contra aquél dirigida o antes de que el Ministerio Fiscal o el juez de instrucción realicen actuaciones que le permitan tener conocimiento formal de la iniciación de diligencias. El reintegro impedirá que a dicho sujeto se le persiga por las posibles falsedades instrumentales que, exclusivamente en relación a la deuda objeto de regularización, el mismo pudiera haber cometido con carácter previo a la regularización de su situación.

7. La existencia de un procedimiento penal por alguno de los delitos de los apartados 1, 2 y 4 de este artículo, no impedirá que la Administración competente exija el reintegro por vía administrativa de las subvenciones o ayudas indebidamente aplicadas. El importe que

---

Art. 308: Se modifica por la Ley Orgánica 1/2019, de 20 de febrero.
Vid. art. 33.2 RST.

deba ser reintegrado se entenderá fijado provisionalmente por la Administración, y se ajustará después a lo que finalmente se resuelva en el proceso penal.

El procedimiento penal tampoco paralizará la acción de cobro de la Administración, que podrá iniciar las actuaciones dirigidas al cobro salvo que el juez, de oficio o a instancia de parte, hubiere acordado la suspensión de las actuaciones de ejecución previa prestación de garantía. Si no se pudiere prestar garantía en todo o en parte, excepcionalmente el juez podrá acordar la suspensión con dispensa total o parcial de garantías si apreciare que la ejecución pudiese ocasionar daños irreparables o de muy difícil reparación.

8. Los jueces y tribunales podrán imponer al responsable de este delito la pena inferior en uno o dos grados, siempre que, antes de que transcurran dos meses desde la citación judicial como investigado, lleve a cabo el reintegro a que se refiere el apartado 6 y reconozca judicialmente los hechos. Lo anterior será igualmente aplicable respecto de otros partícipes en el delito distintos del obligado al reintegro o del autor del delito, cuando colaboren activamente para la obtención de pruebas decisivas para la identificación o captura de otros responsables, para el completo esclarecimiento de los hechos delictivos o para la averiguación del patrimonio del obligado o del responsable del delito.

Art. 308 bis. 1. La suspensión de la ejecución de las penas impuestas por alguno de los delitos regulados en este Título se regirá por las disposiciones contenidas en el Capítulo III del Título III del Libro I de este Código, completadas por las siguientes reglas:

1.ª La suspensión de la ejecución de la pena de prisión impuesta requerirá, además del cumplimiento de los requisitos regulados en el artículo 80, que el penado haya abonado la deuda tributaria o con la Seguridad Social, o que haya procedido al reintegro de las subvenciones o ayudas indebidamente recibidas o utilizadas.

Este requisito se entenderá cumplido cuando el penado asuma el compromiso de satisfacer la deuda tributaria, la deuda frente a la Seguridad Social o de proceder al reintegro de las subvenciones o ayudas indebidamente recibidas o utilizadas y las responsabilidades civiles de acuerdo a su capacidad económica y de facilitar el decomiso acordado, y sea razonable esperar que el mismo será cumplido. La suspensión no se concederá cuando conste que el penado ha facilitado información inexacta o insuficiente sobre su patrimonio.

La resolución por la que el juez o tribunal concedan la suspensión de la ejecución de la pena será comunicada a la representación procesal de la Hacienda Pública estatal, autonómica, local o foral, de la Seguridad Social o de la Administración que hubiera concedido la subvención o ayuda.

2.ª El juez o tribunal revocarán la suspensión y ordenarán la ejecución de la pena, además de en los supuestos del artículo 86, cuando el penado no dé cumplimiento al compromiso de pago de la deuda tributaria o con la Seguridad Social, al de reintegro de las subvenciones y ayudas indebidamente recibidas o utilizadas, o al de pago de las responsabilidades civiles, siempre que tuviera capacidad económica para ello, o facilite información inexacta o insuficiente sobre su patrimonio. En estos casos, el juez de vigilancia penitenciaria podrá

Art. 308 bis: Añadido, con efectos desde el 1 de julio de 2015, por el art. único.167 de la Ley Orgánica 1/2015, de 30 de marzo, por la que se modifica la Ley Orgánica 10/1995, de 23 de noviembre, del Código Penal (*BOE* n.º 77, de 31 de marzo; corrección de errores en *BOE* n.º 139, de 11 de junio).

denegar la concesión de la libertad condicional.

2. En el supuesto del artículo 125, el juez o tribunal oirán previamente a la representación procesal de la Hacienda Pública estatal, autonómica, local o foral, de la Seguridad Social o de la Administración que hubiera concedido la subvención o ayuda, al objeto de que aporte informe patrimonial de los responsables del delito en el que se analizará la capacidad económica y patrimonial real de los responsables y se podrá incluir una propuesta de fraccionamiento acorde con dicha capacidad y con la normativa tributaria, de la Seguridad Social o de subvenciones.

Art. 309. [...]

Art. 310. Será castigado con la pena de prisión de cinco a siete meses el que estando obligado por ley tributaria a llevar contabilidad mercantil, libros o registros fiscales:

a) Incumpla absolutamente dicha obligación en régimen de estimación directa de bases tributarias.

b) Lleve contabilidades distintas que, referidas a una misma actividad y ejercicio económico, oculten o simulen la verdadera situación de la empresa.

c) No hubiere anotado en los libros obligatorios negocios, actos, operaciones o, en general, transacciones económicas, o los hubiese anotado con cifras distintas a las verdaderas.

d) Hubiere practicado en los libros obligatorios anotaciones contables ficticias.

La consideración como delito de los supuestos de hecho, a que se refieren los párrafos *c*) y *d*) anteriores, requerirá que se hayan omitido las declaraciones tributarias o que las presentadas fueren reflejo de su falsa contabilidad y que la cuantía, en más o menos, de los cargos o abonos omitidos o falseados exceda, sin compensación aritmética entre ellos, de 240.000 euros por cada ejercicio económico.

Art. 310 bis. Cuando de acuerdo con lo establecido en el artículo 31 bis una persona jurídica sea responsable de los delitos recogidos en este Título, se le impondrán las siguientes penas:

a) Multa del tanto al doble de la cantidad defraudada o indebidamente obtenida, si el delito cometido por la persona física tiene prevista una pena de prisión de más de dos años.

b) Multa del doble al cuádruple de la cantidad defraudada o indebidamente obtenida, si el delito cometido por la persona física tiene prevista una pena de prisión de más de cinco años.

c) Multa de seis meses a un año, en los supuestos recogidos en el artículo 310.

Art. 309: Precepto derogado por la Disp. Derog. única.1 de la LO 7/2012, de 27 de diciembre (*BOE* n.º 312, de 28 de diciembre), con efectos desde el 17 de enero de 2013. Véase nueva redacción del art. 306 CP (§ II).

Art. 310: Redactado por el apdo. centésimo decimoquinto del art. único de la LO 15/2003, de 25 de noviembre.

Vid. **art. 33.1 RST**. Cuando el delito contra la Hacienda Pública tipificado en el art. 305 se comete con posterioridad a alguna de las conductas previstas en el art. 310, éstas se consumen bajo el más grave delito cometido, del que son actos preparatorios tipificados penalmente, pero que desaparecen como tales al ser la relación entre dichas conductas y el delito más grave un ejemplo claro de concurso de normas, no de delitos, de modo que las figuras tipificadas como delito contable sólo serán punibles en los casos en que no resulte aplicable el art. 305 (STS, Sala 2.ª, de 29 de junio de 2002).

Art. 310 bis: Nueva redacción por el art. único.nueve de la LO 7/2012, de 27 de diciembre (*BOE* n.º 312, de 28 de diciembre), con efectos desde el 17 de enero de 2013.

Vid. **Circular de la Fiscalía General del Estado 1/2016, sobre la responsabilidad penal de las personas jurídicas conforme a la reforma del Código Penal por Ley Orgánica 1/2015, y STS del Pleno de la Sala 2.ª de 1 de octubre de 2015 (Rec. 10011/2015**; ponente: J. M. Maza Martín).

Además de las señaladas, se impondrá a la persona jurídica responsable la pérdida de la posibilidad de obtener subvenciones o ayudas públicas y del derecho a gozar de los beneficios o incentivos fiscales o de la Seguridad Social durante el período de trcs a seis años. Podrá imponerse la prohibición para contratar con las Administraciones Públicas.

Atendidas las reglas establecidas en el artículo 66 bis, los Jueces y Tribunales podrán asimismo imponer las penas recogidas en las letras *b*), *c*), *d*), *e*) y *g*) del apartado 7 del artículo 33.

....

TÍTULO XIX

Delitos contra la Administración Pública

....

CAPÍTULO VIII

De los fraudes y exacciones ilegales

Art. 436. La autoridad o funcionario público que, interviniendo por razón de su cargo en cualesquiera de los actos de las modalidades de contratación pública o en liquidaciones de efectos o haberes públicos, se concertara con los interesados o usase de cualquier otro artificio para defraudar a cualquier ente público, incurrirá en las penas de prisión de dos a seis años e inhabilitación especial para empleo o cargo público y para el ejercicio del derecho de sufragio pasivo por tiempo de seis a diez años. Al particular que se haya concertado con la autoridad o funcionario público se le impondrá la misma pena de prisión que a éstos, así como la de inhabilitación para obtener subvenciones y ayudas públicas, para contratar con entes, organismos o entidades que formen parte del sector público y para gozar de beneficios o incentivos fiscales y de la Seguridad Social por un tiempo de dos a siete años.

Art. 437. La autoridad o funcionario público que exigiere, directa o indirectamente, derechos, tarifas por aranceles o minutas que no sean debidos o en cuantía mayor a la legalmente señalada, será castigado, sin perjuicio de los reintegros a que viniere obligado, con las penas de multa de seis a veinticuatro meses y de suspensión de empleo o cargo público por tiempo de seis meses a cuatro años.

Art. 438. La autoridad o funcionario público que, abusando de su cargo, cometiere algún delito de estafa o de fraude de prestaciones del Sistema de Seguridad Social del artículo 307 ter, incurrirá en las penas respectivamente señaladas a éstos, en su mitad superior, pudiéndose llegar hasta la superior en grado, e inhabilitación especial para empleo o cargo público y para el ejercicio del derecho de sufragio pasivo por tiempo de tres a nueve años, salvo que los hechos estén castigados con una pena más grave en algún otro precepto de este Código.

....

Art. 436: Redactado por LO 1/2015, de 30 de marzo, con entrada en vigor el 1 de julio de 2015.
Art. 438: Redactado por LO 1/2015, de 30 de marzo, con entrada en vigor el 1 de julio de 2015.

DISPOSICIONES FINALES

....

5.ª La disposición adicional segunda de la Ley Orgánica 6/1995, de 29 de junio, quedará modificada en los siguientes términos:

«La exención de responsabilidad penal contemplada en los párrafos segundos de los artículos 305, apartado 4; 307, apartado 3, y 308, apartado 4, resultará igualmente aplicable aunque las deudas objeto de regularización sean inferiores a las cuantías establecidas en los citados artículos.»

....

7.ª El presente Código entrará en vigor a los seis meses de su completa publicación en el *Boletín Oficial del Estado* y se aplicará a todos los hechos punibles que se cometan a partir de su vigencia.

No obstante lo anterior, queda exceptuada la entrada en vigor de su artículo 19 hasta tanto adquiera vigencia la ley que regule la responsabilidad penal del menor a que se refiere dicho precepto.

§ III. LEY ORGÁNICA 12/1995, DE 12 DE DICIEMBRE, DE REPRESIÓN DEL CONTRABANDO*

(*BOE* n.º 297, de 13 de diciembre de 1995)

....

TÍTULO PRELIMINAR

Disposiciones generales

Artículo 1.º *Definiciones.*—A los efectos de la presente Ley se entenderá por:

1. «Mercancía»: todo bien corporal susceptible de ser objeto de comercio.

A estos efectos, la moneda metálica, los billetes de banco y los cheques bancarios al portador denominados en moneda nacional o en cualquier otra moneda, y cualquier medio físico, incluidos los electrónicos, concebido para ser utilizado como medio de pago se considerarán como mercancías cuando se oculten bien entre otras mercancías presentadas ante la aduana o bien en los medios de transporte en los que se encuentren.

2. «Mercancías comunitarias»: las mercancías definidas como tales en el apartado 18 del artículo 4 del Reglamento (CE) número 450/2008, del Parlamento Europeo y del Consejo, de 23 de abril de 2008, por el que se establece el Código Aduanero Comunitario (Código Aduanero Modernizado).

3. «Mercancías no comunitarias»: las mercancías definidas como tales en el apartado 19 del artículo 4 del Reglamento (CE) número 450/2008, del Parlamento Europeo y del Consejo, de 23 de abril de 2008, por el que se establece el Código Aduanero Comunitario (Código Aduanero Modernizado).

4. «Recinto aduanero»: todo lugar habilitado por los órganos competentes del Ministerio de Economía y Hacienda para:

a) La presentación en aduana de las mercancías no comunitarias que hayan sido introducidas en el territorio español.

b) La presentación en aduana de las mercancías comunitarias que hayan sido introducidas en el territorio de las Ciudades Autónomas de Ceuta y Melilla.

c) El sometimiento a vigilancia aduanera de las mercancías comunitarias declaradas para el régimen de exportación, de perfeccionamiento pasivo, de

---

* Con las modificaciones introducidas por la LO 6/2011, de 30 de junio (*BOE* de 1 de julio). En su Disp. Trans. se establece:

«*Normativa de aplicación.*—Las referencias que en esta Ley Orgánica se realizan al Reglamento (CE) n.º 450/2008, del Parlamento Europeo y del Consejo, de 23 de abril de 2008, por el que se establece el Código Aduanero Comunitario (Código Aduanero Modernizado) se entenderán efectuadas al Reglamento (CEE) n.º 2913/92, del Consejo, de 12 de octubre, por el que se aprueba el Código Aduanero Comunitario, hasta tanto el Reglamento (CE) n.º 450/2008 no sea totalmente aplicable.»

Art. 1.º: Redactado por el art. 1.ºuno de la LO 6/2011, de 30 de junio (*BOE* de 1 de julio; entrada en vigor el 2 de julio de 2011).

tránsito o de depósito aduanero, desde el momento de la admisión de la correspondiente declaración en aduanas, de conformidad con lo dispuesto en el Reglamento (CE) número 450/2008, del Parlamento Europeo y del Consejo, de 23 de abril de 2008, por el que se establece el Código Aduanero Comunitario (Código Aduanero Modernizado), o de cualquier otra operación prevista en la normativa aduanera comunitaria.

5. «Autoridad aduanera»: el Departamento de Aduanas e Impuestos Especiales y los servicios de las Delegaciones Especiales y Delegaciones de la Agencia Estatal de Administración Tributaria encargados del control aduanero de conformidad con las normas de organización de la Agencia.

6. «Importación»: la entrada de mercancías no comunitarias en el territorio español comprendido en el territorio aduanero de la Unión Europea, así como en el ámbito territorial de Ceuta y Melilla. Se asimila a la importación la entrada de mercancías desde las áreas exentas.

7. «Introducción»: la entrada en el territorio español de mercancías comunitarias procedentes de otros Estados miembros de la Unión Europea.

8. «Exportación»: la salida de mercancías del territorio español. No se considerará exportación la salida de mercancías comunitarias del territorio español comprendido en el territorio aduanero de la Unión Europea con destino final al resto de dicho territorio aduanero.

Con respecto a productos y tecnologías de doble uso, el concepto de «exportación» será el definido al efecto en el Reglamento (CE) número 428/2009, del Consejo, de 5 de mayo de 2009, por el que se establece un régimen comunitario de control de las exportaciones, la transferencia, el corretaje y el tránsito de productos de doble uso.

9. «Expedición»: la salida de mercancías del territorio español con destino final a otros Estados miembros de la Unión Europea.

10. «Áreas exentas»: las zonas y depósitos francos y los depósitos aduaneros definidos en los artículos 148 y 153 del Reglamento (CE) número 450/2008, del Parlamento Europeo y del Consejo, de 23 de abril de 2008, por el que se establece el Código Aduanero Comunitario (Código Aduanero Modernizado), así como, en general, cualquier almacén, zona o ubicación en la que se depositen o almacenen mercancías no comunitarias en situación de depósito temporal a la espera de ser declaradas para un régimen aduanero.

11. «Géneros o efectos estancados»: los artículos, productos o sustancias cuya producción, adquisición, distribución o cualquiera otra actividad concerniente a los mismos sea atribuida por ley al Estado con carácter de monopolio, así como las labores del tabaco y todos aquellos a los que por ley se otorgue dicha condición.

12. «Géneros prohibidos»: todos aquellos cuya importación, exportación, circulación, tenencia, comercio o producción estén prohibidos expresamente por tratado o convenio suscrito por España, por disposición con rango de ley o por reglamento de la Unión Europea. El carácter de prohibido se limitará para cada género a la realización de la actividad o actividades que de modo expreso se determinen en la norma que establezca la prohibición y por el tiempo que la misma señale.

Art. 1.º6: Disp. Adic. 3.ª de la LO 6/2011, de 30 de junio (*BOE* de 1 de julio): «La no consideración como importación, a los efectos de la presente Ley, de la introducción en el ámbito territorial de Ceuta y Melilla de mercancías comunitarias, no exime de las obligaciones documentales y tributarias conforme a la normativa reguladora del Impuesto sobre la Producción, los Servicios y la Importación en las ciudades de Ceuta y Melilla.»

13. «Material de defensa»: los productos y tecnologías sometidos a autorización de conformidad con lo establecido en la Ley 53/2007, de 28 de diciembre, sobre el control del comercio exterior de material de defensa y de doble uso, y en las sucesivas disposiciones legales o reglamentos de la Unión Europea.

14. «Productos y tecnologías de doble uso»: los productos y tecnologías sometidos a autorización de conformidad con lo establecido en el Reglamento (CE) número 428/2009, del Consejo, de 5 de mayo de 2009, por el que se establece un régimen comunitario de control de las exportaciones, la transferencia, el corretaje y el tránsito de productos de doble uso, y en la Ley 53/2007, de 28 de diciembre, sobre el control del comercio exterior de material de defensa y de doble uso, y en las sucesivas disposiciones legales o reglamentos de la Unión Europea.

15. «Precursores de drogas»: las sustancias y productos susceptibles de ser utilizados en el cultivo, la producción o la fabricación de drogas tóxicas, estupefacientes o sustancias psicotrópicas enumeradas en los cuadros I y II de la Convención de Naciones Unidas, hecha en Viena el 20 de diciembre de 1988, sobre el tráfico ilícito de estupefacientes y sustancias psicotrópicas y cualesquiera otros productos adicionados al mismo Convenio, o en cualesquiera tratados o convenios internacionales sobre el mismo objeto suscritos por España.

16. «Sustancias químicas tóxicas y sus precursores»: las sustancias enumeradas en las listas 1, 2 y 3 de la Convención sobre la prohibición del Desarrollo, la Producción, el Almacenamiento y el Empleo de Armas Químicas y sobre su Destrucción, hecha en París el 13 de enero de 1993, definidas al efecto en su artículo II.

17. «Agentes biológicos o toxinas»: los incluidos en el artículo 1 de la Convención sobre la Prohibición del Desarrollo, la Producción y el Almacenamiento de Armas Bacteriológicas (Biológicas) y Toxínicas y sobre su Destrucción, de 10 de abril de 1972.

18. «Productos que pueden utilizarse para aplicar la pena de muerte o infligir tortura u otros tratos o penas crueles, inhumanos o degradantes»: los incluidos en los anexos II y III del Reglamento (CE) número 1236/2005, del Consejo, de 27 de junio de 2005, sobre el comercio de determinados productos que pueden utilizarse para aplicar la pena de muerte o infligir tortura u otros tratos o penas crueles, inhumanos o degradantes, y los sucesivos reglamentos que lo actualicen.

19. «Mercancías sujetas a medidas de política comercial»: cualquier mercancía distinta de las mencionadas anteriormente para la que, con ocasión de la importación o exportación, se exija el cumplimiento de cualquier requisito de naturaleza no tributaria, como, por ejemplo, autorizaciones, licencias, permisos, homologaciones u obligaciones de etiquetado o circulación, establecidos por normativa nacional o comunitaria.

20. «Deuda aduanera»: la obligación definida como tal en el apartado 13 del artículo 4 del Reglamento (CE) número 450/2008, del Parlamento Europeo y del Consejo, de 23 de abril de 2008, por el que se establece el Código Aduanero Comunitario (Código Aduanero Modernizado).

TÍTULO PRIMERO

Delito de contrabando

Art. 2.º *Tipificación del delito.*— 1. Cometen delito de contrabando, siempre que el valor de los bienes, mercancías, géneros o efectos sea igual o superior a 150.000 euros, los que realicen alguno de los siguientes hechos:

a) Importen o exporten mercancías de lícito comercio sin presentarlas para su despacho en las oficinas de aduanas o en los lugares habilitados por la Administración aduanera.

La ocultación o sustracción de cualquier clase de mercancías a la acción de la Administración aduanera dentro de los recintos o lugares habilitados equivaldrá a la no presentación.

b) Realicen operaciones de comercio, tenencia o circulación de mercancías no comunitarias de lícito comercio sin cumplir los requisitos legalmente establecidos para acreditar su lícita importación.

c) Destinen al consumo las mercancías en tránsito con incumplimiento de la normativa reguladora de este régimen aduanero, establecida en los artículos 62, 63, 103, 136, 140, 143, 144, 145, 146 y 147 del Reglamento (CE) número 450/2008, del Parlamento Europeo y del Consejo, de 23 de abril de 2008, por el que se establece el Código Aduanero Comunitario (Código Aduanero Modernizado), y sus disposiciones de aplicación, así como en el Convenio TIR de 14 de noviembre de 1975.

d) Importen o exporten, mercancías sujetas a medida de política comercial sin cumplir las disposiciones vigentes aplicables; o cuando la operación estuviera sujeta a una previa autorización administrativa y ésta fuese obtenida bien mediante su solicitud con datos o documentos falsos en relación con la naturaleza o el destino último de tales productos, o bien de cualquier otro modo ilícito.

e) Obtengan, o pretendan obtener, mediante alegación de causa falsa o de cualquier otro modo ilícito, el levante definido de conformidad con lo establecido en el artículo 123 del Reglamento (CE) número 450/2008, del Parlamento Europeo y del Consejo, de 23 de abril de 2008, por el que se establece el Código Aduanero Comunitario (Código Aduanero Modernizado), y sus disposiciones de aplicación o la autorización para los actos a que se refieren los apartados anteriores.

f) Conduzcan en buque de porte menor que el permitido por los reglamentos, salvo autorización para ello, mercancías no comunitarias en cualquier puerto o lugar de las costas no habilitado a efectos aduaneros, o en cualquier punto de las aguas interiores o del mar territorial español o zona contigua.

g) Alijen o transborden de un buque clandestinamente cualquier clase de mercancías, géneros o efectos dentro de las

---

Art. 2.º: Redactado por el art. 1.ºdos de la LO 6/2011, de 30 de junio (*BOE* de 1 de julio; entrada en vigor el 2 de julio de 2011).

Vid. STS 34/2005, de 17 de febrero. En aplicación de la doctrina sentada por el Pleno no jurisdiccional de la Sala de lo Penal del TS de 30 de enero de 2007, la STS 645/2007, de 16 de junio (Rec. 2407/2005), rechaza que se pueda apreciar la prescripción del delito de contrabando con base en la paralización que provocó el planteamiento de la cuestión de inconstitucionalidad que desembocó en la STC 34/2005, de 17 de febrero. Decisión frente a la que se formula un voto particular por el Magistrado Maza Martín. No obstante aquella argumentación, el TS sí aprecia, al analizar el largo período de tiempo transcurrido (quince años en total) que incluye la suspensión durante cinco años de tramitación de la cuestión de inconstitucionalidad, que se trata de dilaciones indebidas cuya consecuencia es la aplicación de la atenuante analógica del art. 21.6 CP.

aguas interiores o del mar territorial español o zona contigua, o en las circunstancias previstas por el artículo 111 de la Convención de Naciones Unidas sobre el Derecho del Mar, hecha en Montego Bay, Jamaica, el 10 de diciembre de 1982.

2. Cometen delito de contrabando, siempre que el valor de los bienes, mercancías, géneros o efectos sea igual o superior a 50.000 euros, los que realicen alguno de los siguientes hechos:

a) Exporten o expidan bienes que integren el Patrimonio Histórico Español sin la autorización de la Administración competente cuando ésta sea necesaria, o habiéndola obtenido bien mediante su solicitud con datos o documentos falsos en relación con la naturaleza o el destino último de tales productos o bien de cualquier otro modo ilícito.

b) Realicen operaciones de importación, exportación, comercio, tenencia, circulación de:

— Géneros estancados o prohibidos, incluyendo su producción o rehabilitación, sin cumplir los requisitos establecidos en las leyes.

— Especímenes de fauna y flora silvestres y sus partes y productos, de especies recogidas en el Convenio de Washington, de 3 de marzo de 1973, o en el Reglamento (CE) número 338/1997 del Consejo, de 9 de diciembre de 1996, sin cumplir los requisitos legalmente establecidos.

c) Importen, exporten, introduzcan, expidan o realicen cualquier otra operación sujeta al control previsto en la normativa correspondiente referido a las mercancías sometidas al mismo por alguna de las disposiciones siguientes:

1.º La normativa reguladora del comercio exterior de material de defensa, de otro material o de productos y tecnologías de doble uso sin la autorización a la que hace referencia el capítulo II de la Ley 53/2007, o habiéndola obtenido bien mediante su solicitud con datos o documentos falsos en relación con la naturaleza o el destino último de tales productos o bien de cualquier otro modo ilícito.

2.º El Reglamento (CE) número 1236/2005 del Consejo, de 27 de junio de 2005, sobre el comercio de determinados productos que pueden utilizarse para aplicar la pena de muerte o infligir tortura u otros tratos o penas crueles, inhumanos o degradantes con productos incluidos en el anexo III del citado Reglamento, sin la autorización a la que hace referencia el capítulo II de la Ley 53/2007, o habiéndola obtenido bien mediante su solicitud con datos o documentos falsos en relación con la naturaleza o el destino último de tales productos o bien de cualquier otro modo ilícito.

3.º La normativa reguladora del comercio exterior de precursores de drogas sin las autorizaciones a las que se refiere el Reglamento (CE) número 111/2005 del Consejo, de 22 de diciembre de 2004, por el que se establecen normas para la vigilancia del comercio de precursores de drogas entre la Comunidad y terceros países, o habiéndolas obtenido bien mediante su solicitud con datos o documentos falsos en relación con la naturaleza o el destino de tales productos o bien de cualquier otro modo ilícito.

d) Obtengan, o pretendan obtener, mediante alegación de causa falsa o de cualquier otro modo ilícito, el levante definido de conformidad con lo establecido en el artículo 123 del Reglamento (CE) número 450/2008, del Parlamento Europeo y del Consejo, de 23 de abril de 2008, por el que se establece el Código Aduanero Comunitario (Código Aduanero Modernizado), ysus disposiciones de aplicación.

3. Cometen, asimismo, delito de contrabando quienes realicen alguno de los hechos descritos en los apartados 1 y 2 de este artículo, si concurre alguna de las circunstancias siguientes:

a) Cuando el objeto del contrabando sean drogas tóxicas, estupefacientes, sustancias psicotrópicas, armas, explosivos, agentes biológicos o toxinas, sustancias químicas tóxicas y sus precursores, o cualesquiera otros bienes cuya tenencia constituya delito, o cuando el contrabando se realice a través de una organización, con independencia del valor de los bienes, mercancías o géneros.

b) Cuando se trate de labores de tabaco cuyo valor sea igual o superior a 15.000 euros.

4. También comete delito de contrabando quien, en ejecución de un plan preconcebido o aprovechando idéntica ocasión, realizare una pluralidad de acciones u omisiones previstas en los apartados 1 y 2 de este artículo en las que el valor de los bienes, mercancías, géneros o efectos aisladamente considerados no alcance los límites cuantitativos de 150.000, 50.000 ó 15.000 euros establecidos en los apartados anteriores de este artículo, pero cuyo valor acumulado sea igual o superior a dichos importes.

5. Las anteriores conductas serán igualmente punibles cuando se cometan por imprudencia grave.

6. Las personas jurídicas serán penalmente responsables en relación con los delitos tipificados en los apartados anteriores cuando en la acción u omisión en ellos descritas concurran las circunstancias previstas en el artículo 31 bis de la Ley Orgánica 10/1995, de 23 de diciembre, del Código Penal y en las condiciones en él establecidas.

7. Asimismo, cuando el delito se cometa en el seno, en colaboración, a través o por medio de empresas, organizaciones, grupos, entidades o agrupaciones carentes de personalidad jurídica, le será de aplicación lo previsto en el artículo 129 de la Ley Orgánica 10/1995, de 23 de diciembre, del Código Penal.

Art. 3.º *Penalidad.*—1. Los que cometieren el delito de contrabando serán castigados con las penas de prisión de uno a cinco años y multa del tanto al séxtuplo del valor de los bienes, mercancías, géneros o efectos.

En los casos previstos en las letras *a*), *b*) y *e*), salvo en esta última para los productos de la letra *d*), del artículo 2.1 las penas se impondrán en su mitad inferior.

En los demás casos previstos en el artículo 2 las penas se impondrán en su mitad superior.

En los casos de comisión imprudente se aplicará la pena inferior en un grado.

2. Se impondrá la pena superior en un grado cuando el delito se cometa por medio o en beneficio de personas, entidades u organizaciones de cuya naturaleza o actividad pudiera derivarse una facilidad especial para la comisión del mismo.

3. Cuando proceda la exigencia de responsabilidad penal de una persona jurídica de acuerdo con lo establecido en el artículo 2.6, y tras aplicar los criterios establecidos en los apartados 1 y 2 de este artículo, se impondrá la pena siguiente:

a) En todos los casos, multa proporcional del duplo al cuádruplo del valor de los bienes, mercancías, géneros o efectos objeto del contrabando, y prohibición de obtener subvenciones y ayudas públicas para contratar con las Administraciones públicas y para gozar de beneficios e incentivos fiscales o de la Seguridad Social por un plazo de entre uno y tres años.

b) Adicionalmente, en los supuestos previstos en el artículo 2.2, suspensión por un plazo de entre seis meses y dos años de las actividades de importación, exportación o comercio de la categoría de bienes, mercancías, géneros o efectos objeto del contrabando; en los supuestos

---

Art. 3.º: Redactado por el art. 1.º tres de la LO 6/2011, de 30 de junio (*BOE* de 1 de julio; entrada en vigor el 2 de julio de 2011).

previstos en el artículo 2.3, clausura de los locales o establecimientos en los que se realice el comercio de los mismos.

Art. 4.º *Responsabilidad civil.*—En los procedimientos por delito de contrabando la responsabilidad civil comprenderá la totalidad de la deuda tributaria no ingresada que la Administración Tributaria no haya podido liquidar por prescripción o por alguna de las causas previstas en el artículo 251.1 de la Ley 58/2003, de 17 de diciembre, General Tributaria, incluidos sus intereses de demora.

Cuando pudiera practicarse la liquidación de la deuda tributaria se observarán las reglas contenidas en la disposición adicional cuarta de esta Ley.

Respecto de la deuda aduanera se estará, asimismo, a lo previsto en la citada disposición adicional cuarta.

Art. 4.º bis. *Ejecución de la pena de multa y de la responsabilidad civil.*—Para la ejecución de la pena de multa y de la responsabilidad civil, los jueces y tribunales recabarán el auxilio de los servicios de la Administración Tributaria, que las exigirá por el procedimiento administrativo de apremio en los términos establecidos en la Ley General Tributaria.

Art. 5.º *Comiso.*—1. Toda pena que se impusiere por un delito de contrabando llevará consigo el comiso de los siguientes bienes, efectos e instrumentos:

a) Las mercancías que constituyan el objeto del delito.

b) Los materiales, instrumentos o maquinaria empleados en la fabricación, elaboración, transformación o comercio de los géneros estancados o prohibidos.

c) Los medios de transporte con los que se lleve a efecto la comisión del delito, salvo que pertenezcan a un tercero que no haya tenido participación en aquél y el Juez o el Tribunal competente estime que dicha pena accesoria resulta desproporcionada en atención al valor del medio de transporte objeto del comiso y al importe de las mercancías objeto del contrabando.

d) Las ganancias obtenidas del delito, cualesquiera que sean las transformaciones que hubieran podido experimentar.

e) Cuantos bienes y efectos, de la naturaleza que fueren, hayan servido de instrumento para la comisión del delito.

2. Si, por cualquier circunstancia, no fuera posible el comiso de los bienes, efectos o instrumentos señalados en el apartado anterior, se acordará el comiso por un valor equivalente de otros bienes que pertenezcan a los criminalmente responsables del delito.

3. No se procederá al comiso de los bienes, efectos e instrumentos del contrabando cuando éstos sean de lícito comercio y sean propiedad o hayan sido adquiridos por un tercero de buena fe.

4. El Juez o Tribunal deberá ampliar el comiso a los efectos, bienes, instrumentos y ganancias procedentes de actividades delictivas cometidas en el marco de una organización o grupo criminal. A estos efectos, se entenderá

Art. 4.º: Nueva redacción, con efectos desde el 12 de octubre de 2015, por la Disp. Final 2.ªuno de la Ley 34/2015, de 21 de septiembre, de modificación parcial de la LGT (*BOE* n.º 227, de 22 de septiembre). Su **redacción anterior** era la siguiente:

Art. 4.º Responsabilidad civil.—En los procedimientos por delito de contrabando la responsabilidad civil comprenderá la totalidad de la deuda tributaria y aduanera no ingresada, que la Administración Tributaria no haya podido liquidar por prescripción, caducidad o cualquier otra causa legal prevista en la Ley General Tributaria o en la normativa aduanera de la Unión Europea, incluidos sus intereses de demora.

Art. 4.º bis: Precepto introducido por el art. 1.ºcinco de la LO 6/2011, de 30 de junio (BOE de 1 de julio; entrada en vigor el 2 de julio de 2011).

Art. 5.º: Redactado por el art. 1.ºseis de la LO 6/2011, de 30 de junio (BOE de 1 de julio; entrada en vigor el 2 de julio de 2011).

que proviene de la actividad delictiva el patrimonio de todas y cada una de las personas condenadas por delitos cometidos en el seno de la organización o grupo criminal cuyo valor sea desproporcionado con respecto a los ingresos obtenidos legalmente por cada una de dichas personas.

5. El Juez o Tribunal podrá acordar el comiso previsto en los apartados anteriores de este artículo aun cuando no se imponga pena a alguna persona por estar exenta de responsabilidad criminal o por haberse ésta extinguido, en este último caso, siempre que quede demostrada la situación patrimonial ilícita.

6. Los bienes, efectos e instrumentos definitivamente decomisados por sentencia se adjudicarán al Estado. Los bienes de lícito comercio serán enajenados por la Agencia Estatal de Administración Tributaria, con excepción de los bienes de lícito comercio decomisados por delito de contrabando de drogas tóxicas, estupefacientes y sustancias psicotrópicas, o de precursores de las mismas, tipificados en el artículo 2.3.*a*) de esta Ley Orgánica, en cuyo caso, la enajenación o la determinación de cualquier otro destino de los mismos corresponderá a la Mesa de Coordinación de Adjudicaciones, conforme a lo dispuesto en el artículo 6.2.*a*) y *c*) de la Ley 17/2003, de 29 de mayo, por la que se regula el Fondo de bienes decomisados por tráfico ilícito de drogas y otros delitos relacionados, y en su normativa reglamentaria de desarrollo.

Art. 6.º *Intervención de bienes no monopolizados.*—1. El Juez o Tribunal acordarán la intervención de los bienes, efectos e instrumentos a que se refiere el artículo anterior, a resultas de lo que se decida en la resolución que ponga término al proceso.

2. La autoridad judicial, en atención a las circunstancias del hecho y a las de sus presuntos responsables, podrá designar a éstos como depositarios de los bienes, efectos e instrumentos intervenidos, con prestación, en su caso, de la garantía que se establezca.

3. La autoridad judicial podrá acordar, asimismo, que, mientras se sustancia el proceso, los bienes, efectos e instrumentos intervenidos se utilicen provisionalmente por las fuerzas o servicios encargados de la persecución del contrabando.

Art. 7.º *Enajenación anticipada.*—1. Los bienes, efectos e instrumentos intervenidos podrán ser enajenados, si éste fuere su destino final procedente, sin esperar al pronunciamiento o firmeza del fallo en los siguientes casos:

a) Cuando su propietario haga expreso abandono de ellos.

b) Cuando la autoridad judicial estime que su conservación pueda resultar peligrosa para la salud o seguridad pública o dar lugar a disminución importante de su valor. Se entenderán comprendidos en este apartado las mercancías, géneros o efectos que sin sufrir deterioro material se deprecian por el transcurso del tiempo.

2. La enajenación a la que se refiere este artículo será ordenada por la autoridad judicial. A tal efecto se procederá a la valoración de las mercancías, géneros o efectos, cuando ésta no estuviere practicada, en la forma prevista en esta Ley.

3. El importe de la enajenación, deducidos los gastos ocasionados, quedará en depósito a resultas del correspondiente proceso penal.

Art. 8.º *Adscripción de los bienes, efectos e instrumentos intervenidos.*—El uso de los bienes, efectos e instrumentos intervenidos que no sean enajenables quedarán adscritos a las fuerzas o servicios encargados de la persecución del contrabando de acuerdo con lo que prevea la legislación específica aplicable a esta materia.

Art. 9.º *Mercancías de monopolio.*—1. Cuando las mercancías aprehendidas sean de las comprendidas en los monopolios públicos, la autoridad judicial a cuya disposición se hayan colocado procederá en la forma que indiquen las disposiciones reguladoras de dichos monopolios.

2. La autoridad judicial podrá autorizar la realización de actos de disposición por parte de las compañías gestoras de los monopolios respecto a las mercancías o géneros que hayan sido aprehendidos a reserva de la pertinente indemnización, si hubiese lugar a ella, según el contenido de la sentencia firme.

Art. 10. *Valoración de los bienes.*—La fijación del valor de los bienes, mercancías, géneros o efectos objeto de contrabando se hará conforme a las siguientes reglas:

1. Si se trata de géneros estancados, por el precio máximo de venta al público. De no estar señalado dicho precio, se adoptará la valoración establecida para la clase más similar. Si no fuera posible la asimilación, el juez fijará la valoración previa tasación pericial.

2. Para la valoración de los bienes, géneros y efectos comprendidos en las letras *a*) y *b*) del artículo 2.2 así como para la de los delitos de ilícito comercio, el juez recabará de las Administraciones competentes el asesoramiento y los informes que estime necesarios.

3. Cuando los bienes, géneros o efectos sean objeto de importación o exportación y no se encuentren comprendidos en los apartados 1 y 2 anteriores, su valor será el precio medio declarado a las autoridades aduaneras de los productos semejantes clasificados en la subpartida a nivel de ocho dígitos y, en su defecto, a nivel de seis o cuatro dígitos de la nomenclatura prevista en el Reglamento (CEE) número 2658/1987 del Consejo, de 23 de julio de 1987, relativo a la nomenclatura arancelaria y estadística y al arancel aduanero común, y en función de su tipo de operación.

4. En el resto de los casos, su precio oficial o, en su defecto, el precio medio de mercado español de bienes semejantes o el valor de venta, siempre que fuese superior al de compra o al coste de producción incrementados, en su caso, con el índice general de precios al consumo desde la fecha de compra o producción, y siempre que entre ese momento y la realización del delito hubiese transcurrido más de un año natural. El índice aplicable será el correspondiente a cada uno de los años naturales. Se aplicará el valor de compra o el coste de producción con el incremento indicado cuando razonablemente no pueda determinarse el valor de venta.

5. El valor se determinará en relación con la fecha de realización del ilícito o, de no conocerse ésta, en relación con el descubrimiento del ilícito o aprehensión de los bienes, géneros o efectos. A efectos de la determinación del precio medio, se tomará el mes natural anterior a la fecha fijada en el párrafo anterior.

Art. 10: Redactado por el art. 1.ºsiete de la LO 6/2011, de 30 de junio (BOE de 1 de julio; entrada en vigor el 2 de julio de 2011).

TÍTULO II

Infracciones administrativas de contrabando*

Art. 11. *Tipificación de las infracciones.*—1. Incurrirán en infracción administrativa de contrabando las personas físicas o jurídicas y las entidades mencionadas en el artículo 35.4 de la Ley 58/2003, de 17 de diciembre, General Tributaria, que lleven a cabo las acciones u omisiones previstas en los apartados 1 y 2 del artículo 2 de la presente Ley, de forma dolosa o con cualquier grado de negligencia, cualquiera que sea el valor de los bienes, mercancías, géneros o efectos, cuando dichas conductas no constituyan delito.

En el supuesto previsto en el artículo 2.1.c) de esta Ley, se presumirá que las mercancías en tránsito se han destinado al consumo cuando no se presenten las mercancías intactas en la oficina de aduanas de destino o no se hayan respetado las medidas de identificación y control tomadas por las autoridades aduaneras, salvo prueba en contrario

2. Las infracciones administrativas de contrabando previstas en el apartado anterior de este artículo se clasifican en leves, graves y muy graves, según el valor de los bienes, mercancías, géneros

---

* Vid. RD 1.649/1998, de 24 de julio.

Art. 11.1: Nueva redacción por artículo 11 de la Ley 11/2021, de 9 de julio. El **art. 183.3 LGT** establece que las infracciones y sanciones en materia de contrabando se regirán por su normativa específica. Dicha normativa se contiene básicamente en los arts. 11 a 16 de la Ley Orgánica 12/1995, de 12 de diciembre, Ley que ha sido modificada por la Ley 66/1997, de 30 de diciembre, y posteriormente por la Ley Orgánica 6/2011, de 30 de junio, 34/2015, de 21 de septiembre y más recientemente por el art. 11 de la Ley 11/2021, de 9 de julio. Su desarrollo reglamentario se contiene en el RD 1.649/1998, de 24 de junio.

Con una claridad que no se corresponde con la confusión que introduce desde el punto de vista del principio de legalidad en materia tributaria, la Exposición de Motivos de la Ley 11/2021, señala: «Se introducen modificaciones en la **Ley Orgánica 12/1995, de 12 de diciembre, de Represión del Contrabando,** con el objeto de que, ***con independencia del valor de los bienes, géneros o efectos objeto de contrabando, cuando se realice una de las conductas tipificadas como contrabando y la misma no sea constitutiva de delito, dicha conducta sea tipificada como infracción administrativa***. Además, ***por motivos de seguridad jurídica***, se explicita que dichas infracciones se pueden apreciar cuando concurra una ***conducta culposa con cualquier grado de negligencia.***»

En **STS de 4 de noviembre 2021 (rec. 8325/2019**. Ponente: J.A. Montero) ha señalado el Tribunal Supremo que : «... *la fecha de inicio del cómputo del plazo máximo de resolución en el procedimiento sancionador en materia de contrabando a los efectos de apreciar la existencia o no de caducidad es la de la notificación de la comunicación de inicio del procedimiento y no desde la fecha de las actuaciones previas*, excepto que estas se utilicen fraudulentamente para alargar el plazo de seis meses para concluir el procedimiento sancionador, *debiéndose entender que la inactividad injustificada y desproporcionada de la Administración desde la finalización de las actuaciones previas al inicio del expediente sancionador, conculca el derecho del interesado a la buena administración en su manifestación de no sufrir dilaciones injustificadas y desproporcionadas, y vicia las posteriores actuaciones llevadas a cabo por conculcar el principio de buena administración.*»

Art. 11.2: Nueva redacción, con efectos desde el 22 de diciembre de 2015, por la Disp. Final 2.ªdos de la Ley 34/2015, de 21 de septiembre, de modificación parcial de la LGT (*BOE* n.º 227, de 22 de septiembre). Su **redacción anterior** era la siguiente:

2. Las infracciones administrativas de contrabando se clasifican en leves, graves y muy graves, según el valor de los bienes, mercancías, géneros o efectos objeto de las mismas, conforme a las cuantías siguientes:

Leves: inferior a 37.500 euros; o, si se trata de labores de tabaco o de operaciones comprendidas en el artículo 2.2 de la presente Ley, inferior a 1.000 euros.

Graves: desde 37.500 euros a 112.500 euros; si se trata de labores de tabaco, desde 1.000 euros a 7.200 euros o, si se trata de operaciones comprendidas en el artículo 2.2 de la presente Ley, desde 1.000 euros a 12.000 euros.

Muy graves: superior a 112.500 euros; si se trata de labores de tabaco, superior a 7.200 euros o, si se trata de operaciones comprendidas en el artículo 2.2 de la presente Ley, superior a 12.000 euros.

o efectos objeto de las mismas, conforme a las cuantías siguientes:

a) Leves: inferior a 37.500 euros; o, si se trata de supuestos previstos en el artículo 2.2 de la presente Ley, inferior a 6.000 euros, salvo cuando se trate de labores de tabaco que será inferior a 1.000 euros.

b) Graves: entre los importes, ambos incluidos, de 37.500 euros a 112.500 euros; o, si se trata de supuestos previstos en el artículo 2.2 de la presente Ley, de 6.000 euros a 18.000 euros, salvo cuando se trate de labores de tabaco que será de 1.000 euros a 6.000 euros.

c) Muy graves: superior a 112.500 euros; o, si se trata de supuestos previstos en el artículo 2.2 de la presente Ley, superior a 18.000 euros, salvo que se trate de labores de tabaco que será superior a 6.000 euros.

3. También incurrirán en infracción administrativa de contrabando las personas que procedan a:

a) La rotura del precinto de las máquinas expendedoras de tabaco cuando éstas hubiesen sido objeto de una medida de las previstas en el artículo 14 de la presente Ley.

b) La rotura de precintos en el caso de cierre de establecimientos o la realización de actividades en el establecimiento durante el tiempo acordado de cierre o el quebrantamiento de la suspensión del ejercicio de la actividad objeto del contrabando.

4. Tendrán la consideración de infracción administrativa de contrabando la resistencia, negativa u obstrucción prevista en el artículo 12 bis.1.*b*) cuando no se apliquen como criterio de graduación de la sanción de contrabando.

A estos efectos, constituye resistencia, obstrucción, excusa o negativa las siguientes conductas de la persona investigada, del presunto infractor o de la persona sancionada:

a) No facilitar el examen de la documentación justificativa de los bienes, mercancías, géneros o efectos y las actividades objeto de la investigación de contrabando o de la documentación necesaria para la tramitación del expediente sancionador de contrabando.

b) No atender algún requerimiento debidamente notificado.

c) La incomparecencia, salvo causa justificada, en el lugar y tiempo que se hubiera señalado.

d) Negar o impedir indebidamente la entrada o permanencia en fincas o locales a las autoridades, funcionarios o fuerzas o el reconocimiento de medios de transporte, locales, máquinas, instalaciones y explotaciones relacionados con la investigación del contrabando, la tramitación del expediente o la ejecución de la sanción de cierre de establecimiento o suspensión del ejercicio de la actividad.

e) Las coacciones a las autoridades, funcionarios y fuerzas en el ejercicio de las funciones previstas en esta Ley.

f) Cualquier otra actuación del presunto infractor o de la persona objeto de la investigación de contrabando tendente a dilatar, entorpecer o impedir las actuaciones.

5. Las infracciones previstas en los apartados 3 y 4 serán:

a) Infracciones muy graves, las conductas previstas en el apartado 3 de este artículo.

b) Infracciones graves, las conductas previstas en las letras *d*) y *e*) del apartado 4 de este artículo.

c) Infracciones leves, el resto de las conductas previstas en el apartado 4 de este artículo.

Art. 11.3, 4 y 5: Apartados añadidos, con efectos desde el 22 de diciembre de 2015, por la Disp. Final 2.ªdos de la Ley 34/2015, de 21 de septiembre, de modificación parcial de la LGT (*BOE* n.º 227, de 22 de septiembre).

Art. 12. *Sanciones.*—1. Los responsables de las infracciones administrativas de contrabando serán sancionados con multa pecuniaria proporcional al valor de los bienes, mercancías, géneros o efectos objeto de las mismas, sin perjuicio de lo establecido en los demás apartados del presente artículo.

Los porcentajes aplicables a cada clase de infracción estarán comprendidos entre los límites que se indican a continuación:

a) Leves: el 100 y el 150 por 100.

b) Graves: el 150 y el 250 por 100.

c) Muy graves: el 250 y el 350 por 100.

El importe mínimo de la multa será, en todo caso, de 500 euros.

2. Los responsables de las infracciones administrativas de contrabando relativas a los bienes incluidos en el artículo 2.2 de esta Ley serán sancionados del siguiente modo:

a) Con multa pecuniaria proporcional al valor de las mercancías.

Los porcentajes aplicables a cada clase de infracción estarán comprendidos entre los límites que se indican a continuación:

1.° Leves: el 200 y el 225 por 100, salvo que se tratase de labores de tabaco que los límites será el 200 y el 300 por 100.

2.° Graves: el 225 y el 275 por 100, salvo que se tratase de labores de tabaco que los límites será el 300 y el 450 por 100.

3.° Muy graves: el 275 y el 350 por 100, salvo que se tratase de labores de tabaco que los límites será el 450 y el 600 por 100.

El importe mínimo de la multa será de 1.000 euros, salvo en labores de tabaco que será de 2.000 euros.

b) Con el cierre del establecimiento o la suspensión del ejercicio de la actividad.

Cuando se trate de labores de tabaco se impondrá la sanción de cierre de los establecimientos de los que los infractores sean titulares. El cierre podrá ser temporal o, cuando se trate de infracciones muy graves y exista reiteración, defi-

---

Art. 12: Nueva redacción, con efectos desde el 22 de diciembre de 2015, por la Disp. Final 2.ªtres de la Ley 34/2015, de 21 de septiembre, de modificación parcial de la LGT (*BOE* n.° 227, de 22 de septiembre). Su **redacción anterior** era la siguiente:

Art. 12. Sanciones.—1. Los responsables de las infracciones administrativas de contrabando serán sancionados con multa pecuniaria proporcional al valor de los bienes, mercancías, géneros o efectos objeto de las mismas, sin perjuicio de lo establecido en el apartado 2.

Los porcentajes aplicables a cada clase de infracción estarán comprendidos entre los límites que se indican a continuación:

a) Leves: el 100 y el 150 por 100, ambos incluidos.

b) Graves: el 150 y el 250 por 100.

c) Muy graves: el 250 y el 350 por 100, ambos incluidos.

El importe mínimo de la multa será, en todo caso, de 500 euros.

2. Los responsables de las infracciones administrativas de contrabando relativas a los bienes incluidos en el artículo 2.2 de esta Ley serán sancionados del siguiente modo:

a) Con multa pecuniaria proporcional al valor de las mercancías.

Los porcentajes aplicables a cada clase de infracción estarán comprendidos entre los límites que se indican a continuación:

1.° Leves: el 200 y el 225 por 100, ambos incluidos.

2.° Graves: el 225 y el 275 por 100.

3.° Muy graves: el 275 y el 350 por 100, ambos incluidos.

El importe mínimo de la multa será, en todo caso, de 1.000 euros.

b) Con el cierre de los establecimientos de los que los infractores sean titulares. El cierre podrá ser temporal o, en el caso de infracciones reiteradas, definitivo.

Para cada clase de infracción el cierre temporal tendrá una duración comprendida entre los siguientes límites inferior y superior, respectivamente:

1.° Leves: cuatro días y tres meses.

2.° Graves: tres meses y un día, y nueve meses.

3.° Muy graves: nueve meses y un día, y doce meses.

nitivo. A estos efectos se considerará que existe reiteración cuando en el plazo de los cinco años anteriores a la comisión de una infracción calificada como muy grave, el sujeto infractor hubiese sido condenado por delito de contrabando o sancionado por infracción administrativa muy grave en materia de contrabando en, al menos, dos ocasiones, en virtud de sentencias o resoluciones administrativas firmes.

Cuando no se trate de labores de tabaco, la sanción podrá consistir en el cierre temporal del establecimiento o, si la actividades objeto del contrabando son las de importación o exportación, en la suspensión temporal del ejercicio de la actividad con los géneros objeto de contrabando. El cierre, en su caso, afectará al establecimiento en el que se desarrolla la actividad de almacenamiento, comercialización o fabricación de los géneros objeto de contrabando. Cuando exista separación entre lugares destinados al almacenamiento, la venta o fabricación de los bienes objeto de contrabando y los que corresponden al resto de bienes, el cierre se limitará a los espacios afectados.

Para cada clase de infracción, el cierre temporal o la suspensión del ejercicio de las actividades objeto de contrabando tendrá una duración comprendida entre los siguientes límites inferior y superior, respectivamente:

1.º Leves: cuando se trate de labores de tabaco entre siete días y seis meses.

2.º Graves: cuando se trate de labores de tabaco entre seis meses y un día, y doce meses; en el resto de los supuestos previstos en el artículo 2.2 de esta Ley, entre cuatro días y seis meses.

3.º Muy graves: cuando se trate de labores de tabaco entre doce meses y un día y veinticuatro meses; en el resto de los supuestos previstos en el artículo 2.2 de esta Ley, entre seis meses y un día y doce meses.

3. En el supuesto de la infracción prevista en el artículo 11.3 de esta Ley, los responsables de la infracción serán sancionados:

a) Con el doble del importe de la sanción pecuniaria acordada en el expediente sancionador en el que se decretaba el cierre del establecimiento o la suspensión del ejercicio de la actividad.

b) Con sanción adicional:

1.º Con cierre de establecimiento, cuando se trate de rotura de precinto sin prueba de que en éste se desarrolle actividad económica, por un período adicional igual al acordado en la sanción quebrantada. Cuando se pruebe el desarrollo de actividad económica en el establecimiento, el período adicional será igual al doble del acordado en la sanción quebrantada.

2.º En el supuesto de quebrantar la sanción de suspensión del ejercicio de la actividad objeto del contrabando, con una sanción de igual al doble del período temporal de la sanción quebrantada.

4. En el supuesto de la infracción de resistencia prevista en el artículo 11.4 de esta Ley, los responsables de la infracción serán sancionados con multa pecuniaria de:

a) Leves: 1.000 euros.

b) Graves: 3.000 euros, salvo en el supuesto previsto en el artículo 11.4.*e*) de esta Ley, que la sanción será de 5.000 euros, cuando no tenga la consideración de delito.

5. Cada sanción de cierre o suspensión del ejercicio de la actividad se cumplirá de forma ininterrumpida.

Art. 12 bis. *Graduación de las sanciones.*—1. Las sanciones por infracciones administrativas de contrabando

Art. 12 bis: Redactado por el art. 1.ºdiez de la LO 6/2011, de 30 de junio (*BOE* de 1 de julio; entrada en vigor el 2 de julio de 2011). Este precepto fue añadido por el art. 27 de la Ley 66/1997, de 30 de

se graduarán atendiendo en cada caso concreto a los siguientes criterios:

a) La reiteración. Se apreciará reiteración cuando el sujeto infractor haya sido sancionado por cualquier infracción administrativa de contrabando en resolución administrativa firme o condenado por delito de contrabando por sentencia judicial firme, en ambos casos, dentro de los cinco años anteriores a la fecha de la comisión de la infracción.

b) La resistencia, negativa u obstrucción a la acción investigadora de los órganos competentes para el descubrimiento y persecución de las infracciones administrativas de contrabando o de los órganos competentes para la iniciación del procedimiento sancionador por estas infracciones.

c) La utilización de medios fraudulentos en la comisión de la infracción o la comisión de ésta por medio de persona interpuesta.

Se considerarán principalmente medios fraudulentos a estos efectos los siguientes:

1.º La existencia de anomalías sustanciales en la contabilidad.

2.º El empleo de facturas, justificantes y otros documentos falsos o falseados.

3.º La utilización de medios, modos o formas que indiquen una planificación del contrabando.

4.º La declaración incorrecta de la clasificación arancelaria o, en el caso de operaciones de importación, de cualquier elemento determinante de la deuda aduanera en la declaración en aduanas que eluda el control informático de la misma.

d) La comisión de la infracción por medio o en beneficio de personas, entidades u organizaciones de cuya naturaleza o actividad pudiera derivarse una facilidad especial para la comisión de la infracción.

e) La utilización para la comisión de la infracción de los mecanismos establecidos en la normativa aduanera para la simplificación de formalidades y procedimientos de despacho aduanero.

f) La naturaleza de los bienes, mercancías, géneros o efectos objeto del contrabando.

2. Los criterios de graduación son aplicables simultáneamente.

El criterio establecido en la letra *f*) del apartado anterior operará como circunstancia atenuante en la graduación de la sanción, aplicable cuando los bienes, mercancías, géneros o efectos objeto del contrabando sean de lícito comercio y no se trate de géneros prohibidos, material de defensa, otro material o de productos y tecnologías de doble uso a los que se refiere el capítulo II de la Ley 53/2007; ni se trate de productos que pueden utilizarse para aplicar la pena de muerte o infligir tortura u otros tratos o penas crueles, inhumanos o degradantes; ni de agentes o toxinas biológicos o de sustancias químicas tóxicas; ni de bienes integrantes del Patrimonio Histórico Español; ni de especímenes de fauna y flora silvestres y sus partes y productos de especies recogidas en el Convenio de Washington, de 3 de marzo de 1973, y en el Reglamento Comunitario correspondiente; ni de labores de tabaco o de mercancías sujetas a medidas de política comercial.

3. Reglamentariamente se determinará la aplicación de cada uno de los criterios de graduación.

Art. 13. *Competencia, procedimiento y recursos.*—1. Serán competentes para conocer de las infracciones de contrabando los órganos de la Administración aduanera de la Agencia Estatal de Administración Tributaria, en la forma en que se disponga reglamentariamente.

---

diciembre, de Medidas Fiscales, Administrativas y de Orden Social (*BOE* de 31 de diciembre), con efectos desde el 1 de enero de 1998.

2. Las resoluciones de los órganos administrativos aludidos en el punto anterior que resuelvan o pongan fin al expediente administrativo de contrabando podrán ser objeto de impugnación ante la vía económico-administrativa y, posteriormente, ante la jurisdicción contencioso-administrativa.

Art. 14. *Medidas complementarias.*—1. Se aplicará a las infracciones administrativas de contrabando lo dispuesto en el artículo 5, artículo 6, números 1 y 2, y en los artículos 7, 8, 9 y 10 de la presente Ley.

2. Antes de iniciado el procedimiento sancionador por infracción administrativa de contrabando, las autoridades, los funcionarios y las fuerzas que, en el ejercicio de sus competencias, tengan conocimiento de conductas o hechos que puedan constituir infracción administrativa de contrabando, procederán a la aprehensión cautelar de los bienes, efectos e instrumentos que, de acuerdo con el artículo 5 de esta Ley, puedan resultar decomisados.

3. El control, inspección e intervención de medios de pago portados por personas físicas, o en sus equipajes o medios de transporte, se regirá por la legislación de prevención del blanqueo de capitales.

El acta de intervención, de la que se dará traslado inmediato al Servicio Ejecutivo de la Comisión de Prevención del Blanqueo de Capitales e Infracciones Monetarias, para la investigación de los hechos consignados, y a la Secretaría de la Comisión de Prevención del Blanqueo de Capitales e Infracciones Monetarias, para la incoación, en su caso, del correspondiente procedimiento sancionador, deberá indicar expresamente si los medios de pago intervenidos fueron hallados en lugar o situación que mostrase una clara intención de ocultarlos.

Art. 14 bis. *Principio de no concurrencia de sanciones.*—1. Si los órganos de la administración aduanera de la Agencia Estatal de Administración Tributaria, en el curso de un procedimiento administrativo, estimasen que una conducta pudiera ser constitutiva de delito de contrabando, pasarán el tanto de culpa a la jurisdicción competente o remitirán el expediente al Ministerio Fiscal, y se abstendrán de seguir el procedimiento administrativo sanciona-

---

Art. 14: Redactado por el art. 1.ºonce de la LO 6/2011, de 30 de junio (*BOE* de 1 de julio; entrada en vigor el 2 de julio de 2011). Hasta su entrada en vigor, la redacción del apdo. 1 se debió al art. 48.tres de la Ley 13/1996, de 30 de diciembre, LMFAOS (*BOE* de 31 de diciembre). Mientras que el apdo. 2 fue introducido, con efectos desde 1 de enero de 1999, por la Disp. Adic. 33.ª de la Ley 50/1998, de 30 de diciembre, LMFAOS (*BOE* de 31 de diciembre).

Art. 14 bis: Introducido por el art. 1.ºdoce de la LO 6/2011, de 30 de junio (BOE de 1 de julio; entrada en vigor el 2 de julio de 2011).

Art. 14 bis.1: Nueva redacción, con efectos desde el 12 de octubre de 2015, por la Disp. Final 2.ªcuatro de la Ley 34/2015, de 21 de septiembre, de modificación parcial de la LGT (*BOE* n.º 227, de 22 de septiembre). Su **redacción anterior** era la siguiente:

1. Si los órganos de la administración aduanera de la Agencia Estatal de Administración Tributaria, en el curso de un procedimiento administrativo, estimasen que una conducta pudiera ser constitutiva de delito de contrabando, pasarán el tanto de culpa a la jurisdicción competente o remitirán el expediente al Ministerio Fiscal, y se abstendrán de seguir el procedimiento administrativo, que quedará suspendido mientras la autoridad judicial no dicte sentencia firme, tenga lugar el sobreseimiento o el archivo de las actuaciones, o se produzca la devolución del expediente por el Ministerio Fiscal.

La sentencia condenatoria impedirá la imposición de sanción por infracción administrativa de contrabando.

De no haberse apreciado en la sentencia la existencia de delito, la administración aduanera continuará sus actuaciones sancionadoras de acuerdo con los hechos que los tribunales hubieran considerado probados y se reanudará el cómputo del plazo de prescripción en el punto en el que estaba cuando se suspendió. Las actuaciones administrativas realizadas durante el período de suspensión se tendrán por inexistentes.

dor, que quedará suspendido mientras la autoridad judicial no dicte sentencia firme, tenga lugar el sobreseimiento o el archivo de las actuaciones, o se produzca la devolución del expediente por el Ministerio Fiscal.

La sentencia condenatoria impedirá la imposición de sanción por infracción administrativa de contrabando.

De no haberse apreciado en la sentencia la existencia de delito, la administración aduanera continuará sus actuaciones sancionadoras de acuerdo con los hechos que los tribunales hubieran considerado probados y se reanudará el cómputo del plazo de prescripción en el punto en el que estaba cuando se suspendió. Las actuaciones administrativas sancionadoras realizadas durante el período de suspensión se tendrán por inexistentes.

2. Las sanciones derivadas de la comisión de infracciones administrativas de contrabando son compatibles con la exigencia de la deuda tributaria y aduanera y del interés de demora.

Art. 15. *Prescripción.*—1. Las infracciones administrativas de contrabando prescriben a los cuatro años a contar desde el día de su comisión.

2. Las sanciones impuestas por infracciones administrativas de contrabando prescriben a los cuatro años, a contar desde el día siguiente a aquel en que adquiera firmeza la resolución por la que se impone la sanción.

Art. 16. *Competencias en materia de reconocimiento y registro de los servicios de aduanas.*—1. En el ejercicio de sus funciones de control y vigilancia, los servicios de aduanas podrán efectuar el reconocimiento y registro de cualquier vehículo o medio de transporte, caravana, paquete o bulto.

2. Los funcionarios adscritos a la aduana de la que depende un recinto aduanero, en el ejercicio de sus funciones, tendrán acceso libre, directo e inmediato a todas las instalaciones del recinto donde pueda tener lugar la vigilancia y control aduanero o fiscal, previa identificación en su caso.

DISPOSICIONES ADICIONALES

1.ª *Organización funcional.*—1. Las autoridades, los funcionarios y fuerzas a quienes está encomendada la persecución y el descubrimiento del contrabando continuarán desempeñando sus cometidos, con los derechos y facultades que, para la investigación, persecución y represión de estas conductas, han venido ostentando desde su creación.

El Servicio de Vigilancia Aduanera, en la investigación, persecución y represión de los delitos de contrabando, actuará en coordinación con las Fuerzas y Cuerpos de Seguridad del Estado y tendrá, a todos los efectos legales, carácter colaborador de los mismos.

2. Los órganos de la Administración aduanera de la Agencia Estatal de Administración Tributaria, a requerimiento de los organismos y servicios encargados de la persecución del contrabando, podrán autorizar, sin interferencias obstativas, la salida de mercancías de los recintos o lugares habilitados por la Administración aduanera, a fin de facilitar las investigaciones encami-

---

Art. 15: La Ley 1/1998, de 26 de febrero (*BOE* de 27 de febrero), rebajó el plazo a cuatro años, con efectos desde el 1 de enero de 1999. Vid. Disps. Finales 6.ª y 7.ª, apdo. 2, de la Ley.

Art. 16: Redactado por el art. 1.ºtrece de la LO 6/2011, de 30 de junio (*BOE* de 1 de julio; entrada en vigor el 2 de julio de 2011).

nadas al descubrimiento del contrabando.

3. Con idéntico fin los organismos y servicios encargados de la persecución del contrabando podrán establecer contactos e intercambiar información con otros servicios homólogos nacionales o internacionales.

2.ª *Presupuestos de la Agencia Estatal de Administración Tributaria.*— 1. La Agencia Estatal de Administración Tributaria podrá consignar en sus presupuestos partidas específicamente destinadas a operaciones confidenciales relacionadas con la persecución de los delitos que tenga encomendada.

2. La fiscalización y control de estas partidas se llevará a cabo mediante el procedimiento que establezca la Intervención General de la Administración del Estado, en el que se regulará en todo caso la confidencialidad antes indicada.

Del resultado de la fiscalización y control referidos se dará traslado al Tribunal de Cuentas.

3.ª *Información que deben suministrar las compañías de transporte.*— 1. Con el fin de combatir el tráfico ilegal de mercancías y capitales así como para garantizar la seguridad de la cadena logística, las personas físicas o entidades que realicen operaciones de transporte estarán obligadas, en el momento de finalización del embarque y antes de la salida del medio de transporte, a remitir a las autoridades aduaneras españolas la información relativa a los pasajeros que vayan a ser embarcados en países o territorios que no formen parte del Territorio Aduanero Comunitario para ser trasladados, sea por vía aérea, marítima o terrestre, al territorio español, con independencia de que el transporte sea en tránsito o como destino final.

Cuando se trate de embarcaciones de recreo, incluidas las de la lista 6.ª del Registro de Matrícula previsto en el artículo 4 del Real Decreto 1.027/1989, de 28 de julio, sobre abanderamiento, matriculación de buques y registro marítimo, la información sobre los pasajeros y todas las personas que se encuentren a bordo de las mismas en el momento de arribar, incluidos los tripulantes, a que se refiere esta disposición deberá ser proporcionada, en todo caso, por los capitanes o comodoros de las citadas embarcaciones. En caso de incumplimiento de esta obligación y sin perjuicio de la exigencia de la responsabilidad que de ello pudiera derivarse, esta información será exigible a los directores o responsables de los puertos, marinas o clubes náuticos a los que dichas embarcaciones arriben.

2. La información será comprensiva del nombre y apellidos de cada pasajero, de su fecha de nacimiento, nacionalidad, número de pasaporte o del documento de viaje que acredite su identidad y tipo del mismo, forma de pago, importe del billete, fecha de compra, puntos o escalas intermedias y medio de contratación.

Disp. Adic. 2.ª: Redactada por el art. 1.ºcatorce de la LO 6/2011, de 30 de junio (*BOE* de 1 de julio; entrada en vigor el 2 de julio de 2011).

Disp. Adic. 3.ª: Introducida, con carácter de ley orgánica, por el art. 1.ºquince de la LO 6/2011, de 30 de junio (*BOE* de 1 de julio). Su entrada en vigor se demoró hasta el 1 de julio de 2012. Además, la Disp. Final 3.ª de la LO 6/2011, de 30 de junio (*BOE* de 1 de julio), establece:

«*Habilitación normativa.*—1. Mediante Orden del Ministerio de Economía y Hacienda se podrán determinar las rutas o trayectos respecto a los cuales no será necesario remitir a las autoridades aduaneras españolas con la antelación suficiente la información prevista en la Disposición adicional tercera de la Ley Orgánica 12/1995, de 12 de diciembre, de Represión del Contrabando, introducida por el apartado quince del artículo primero de la presente Ley.

La mencionada Orden establecerá la forma de presentación, que en todo caso deberá realizarse por vía electrónica, y el momento en que deberá ser suministrada la información.»

3. La información obtenida deberá ser eliminada de los archivos y registros por las autoridades aduaneras en un plazo no superior a noventa días, salvo que con anterioridad se hubiese iniciado algún procedimiento de investigación judicial o administrativa sobre determinados viajeros.

4. El incumplimiento de esta obligación de suministro de información será sancionado de conformidad con lo previsto en el título IV de la Ley 58/2003, de 17 de diciembre, General Tributaria, y, en particular, en su artículo 198.

4.ª *Liquidación de la deuda aduanera y tributaria en relación con los delitos de contrabando y medidas cautelares y competencias de investigación patrimonial en tales delitos.*—1. La liquidación de la deuda tributaria, cuando pueda practicarse por no concurrir causa que lo impida de conformidad con lo establecido en el artículo 4 de esta Ley, se sujetará a las reglas del procedimiento administrativo que se inicie o se hubiera iniciado para su práctica y podrá procederse a su ejecución por el procedimiento administrativo de apremio. La liquidación y los actos de gestión recaudatoria podrán impugnarse en vía administrativa y contencioso-administrativa conforme a las reglas generales.

La liquidación tendrá la consideración de provisional y la Administración procederá a su anulación cuando los hechos declarados en la resolución que ponga fin al procedimiento penal determinen la inexistencia del hecho imponible.

Cuando los hechos indicados en el párrafo anterior determinen la modificación de la liquidación practicada, subsistirá el acto inicial, que será rectificado de acuerdo con los mismos, sin que se vea afectada la validez de las actuaciones recaudatorias realizadas respecto de la cuantía no afectada por aquéllos.

2. El pase del tanto de culpa a la jurisdicción competente o la remisión del expediente al Ministerio Fiscal no impedirá que sc practique la liquidación de la deuda aduanera y que se lleve a efecto su recaudación por el procedimiento de apremio, con sujeción a las siguientes reglas:

a) La liquidación podrá practicarse y notificarse dentro del plazo de prescripción del delito de contrabando cuando la Administración proceda o haya procedido a denunciar los hechos y tenga a su disposición todos los elementos necesarios para la práctica de dicha liquidación.

b) Cuando la Administración no dispusiera de todos los elementos necesarios para practicar la liquidación, o ésta pudiese perjudicar de cualquier forma la investigación o comprobación de la defraudación, el plazo será de tres años contados desde que se hubiere notificado la resolución judicial firme que ponga fin al procedimiento penal, o desde el momento en que la autoridad judicial incoe la causa sin secreto para las partes.

c) Las liquidaciones y los actos de gestión recaudatoria se sujetarán a las normas del procedimiento administrativo aplicable y serán recurribles en vía administrativa y contencioso-administrativa conforme a lo previsto en dichas normas.

d) Las liquidaciones que se practiquen antes de que se hubiera dictado resolución firme en el procedimiento penal tendrán el carácter de provisionales y serán anuladas por la Administración cuando los hechos declarados probados sean determinantes de la inexistencia del hecho imponible.

Cuando los hechos indicados en el párrafo anterior determinen la modificación de la liquidación practicada, sub-

---

Disp. Adic. 4.ª: Introducida, con efectos desde el 12 de octubre de 2015, por la Disp. Final 2.ªcinco de la Ley 34/2015, de 21 de septiembre, de modificación parcial de la LGT (*BOE* n.º 227, de 22 de septiembre).

sistirá el acto inicial, que será rectificado de acuerdo con los mismos, sin que se vea afectada la validez de las actuaciones recaudatorias realizadas respecto de la cuantía no afectada por aquéllos.

3. Se aplicarán al delito de contrabando las previsiones contenidas en el artículo 81.8 y en la disposición adicional decimonovena de la Ley 58/2003, de 17 de noviembre, General Tributaria.

DISPOSICIÓN TRANSITORIA

Única. *Retroactividad.*—1. Los preceptos contenidos en la presente Ley tendrán efectos retroactivos, en cuanto favorezcan a los responsables de los actos constitutivos de contrabando a que la misma se refiere, en los términos establecidos en el Código Penal.

2. Igual eficacia retroactiva tendrán las disposiciones sancionadoras previstas en esta Ley, conforme a lo dispuesto en el artículo 128.2 de la Ley 30/1992, de 26 de noviembre, de Régimen Jurídico de las Administraciones Públicas y del Procedimiento Administrativo Común.

DISPOSICIÓN DEROGATORIA

Única. 1. Quedan derogados la Ley Orgánica 7/1982, de 13 de julio, que modifica la legislación vigente en materia de contrabando y regula los delitos e infracciones administrativas en la materia; el artículo 1.º de la Ley Orgánica 3/1992, de 30 de abril, que establece supuestos de contrabando en materia de exportación de material de defensa o de doble uso, y cuantas disposiciones de igual o inferior rango se opongan a lo establecido en esta Ley.

2. En tanto que por el Gobierno no se aprueben las disposiciones reglamentarias de desarrollo de la presente Ley, el Real Decreto 971/1983, de 16 de febrero, que desarrolla el Título II de la Ley Orgánica 7/1982, de 13 de julio, continuará en vigor en todo aquello que no se oponga a la presente Ley.

DISPOSICIONES FINALES

1.ª *Normativa supletoria.*— 1. En lo no previsto en el Título I de la presente Ley se aplicará supletoriamente el Código Penal.

2. En lo no previsto en el Título II de la presente Ley se aplicarán supletoriamente las disposiciones reguladoras del régimen tributario general y, en concreto, la Ley General Tributaria, así como subsidiariamente la Ley 30/1992, de 26 de noviembre, de Régimen Jurídico de las Administraciones Públicas y del Procedimiento Administrativo Común.

2.ª *Carácter de la Ley.*—El artículo 4 del Título I, los preceptos

Disp. Derog. única.2: El RD 1.649/1998, de 24 de julio, por el que se desarrolla el Título II de la Ley Orgánica 12/1995, de 12 de diciembre, de represión del contrabando, relativo a las infracciones administrativas de contrabando (*BOE* de 7 de septiembre), aprueba el desarrollo reglamentario de la Ley de Contrabando en materia de infracciones administrativas.

Disp. Final 2.ª: Redactada por la Disp. Final 1.ª de la LO 10/2015, de 10 de septiembre, por la que se regula el acceso y publicidad de determinada información contenida en las sentencias dictadas en materia

contenidos en el Título II, así como los apartados 2 y 3 de la disposición adicional primera, la disposición adicional cuarta, el apartado 2 de la disposición transitoria única y el apartado 2 de la disposición final primera de la presente Ley tienen el carácter de ley ordinaria.

3.ª *Entrada en vigor.*—La presente Ley entrará en vigor el día siguiente al de su publicación en el *Boletín Oficial del Estado.*

---

de fraude fiscal (§ IV). Esta modificación **entró en vigor el 11 de septiembre de 2015, según establece la Disp. Final 3.ª de dicha LO 10/2015**.

§ IV. LEY 34/2015, DE 21 DE SEPTIEMBRE, DE MODIFICACIÓN PARCIAL DE LA LEY 58/2003, DE 17 DE DICIEMBRE, GENERAL TRIBUTARIA*

(*BOE* n.º 227, de 22 de septiembre de 2015; corrección de errores en *BOE* n.º 231, de 26 de septiembre)

PREÁMBULO

I

Desde su entrada en vigor, la Ley 58/2003, de 17 de diciembre, General Tributaria, ha sido objeto de varias modificaciones si bien la que ahora se implementa es la de mayor calado, afectando a diversas partes del texto legal, que encuentran su justificación en motivos de diversa índole que más adelante se detallan, asegurando esta reforma, tanto en las materias que son objeto de modificación como en las de nueva incorporación, el mantenimiento del carácter codificador que de la Ley 58/2003, de 17 de diciembre, General Tributaria, se reconoce en su exposición de motivos.

Esta norma sigue el principio de adaptación continua de la norma tributaria a la evolución de la sociedad y, muy particularmente, a los mecanismos que, de diversa índole, conforman las relaciones jurídicas y económicas entre los ciudadanos, relaciones sobre las que gravita, en última instancia, la obligación tributaria, adaptación que, sin embargo, trata de respetar en todo momento un principio de estabilidad de la normativa que fortalezca la seguridad jurídica en beneficio de los operadores jurídicos que aplican el sistema tributario: los obligados tributarios, los colaboradores sociales y la propia Administración Tributaria.

En ese sentido, la presente Ley sigue las pautas marcadas por la Ley 36/2006, de 29 de noviembre, de medidas para la prevención del fraude fiscal, y la más reciente Ley 7/2012, de 29 de octubre, de modificación de la normativa tributaria y presupuestaria y de adecuación de la normativa financiera para la intensificación de las actuaciones en la prevención y lucha contra el fraude.

Las necesidades que tratan de ser cubiertas con el presente texto son de diversa índole, integrando modificaciones exclusivamente técnicas respecto de preceptos ya incorporados en la vigente Ley 58/2003, de 17 de diciembre, General Tributaria, e incorporando nuevas figuras sustantivas y procedimentales para cubrir vacíos legales actualmente existentes o adaptar la norma para superar situaciones de controversia interpretativa, administrativas y jurisdiccionales, puestas de manifiesto a lo largo de estos años.

Los objetivos esenciales que persiguen las modificaciones son los siguientes:

— El reforzamiento la seguridad jurídica tanto de los obligados tributarios como de la Administración Tributaria y reducir la litigiosidad en esta materia, para lo que es fundamental lograr una regulación más precisa, clara y sistemática de todos aquellos procedimientos a

*** Las modificaciones introducidas por esta Ley se han incorporado a los preceptos de la LGT (§ I).**

través de los cuales se aplica y gestiona el sistema tributario.

— Prevenir el fraude fiscal, incentivando el cumplimiento voluntario de las obligaciones tributarias.

— Incrementar la eficacia de la actuación administrativa en la aplicación de los tributos, logrando un mejor aprovechamiento de los recursos a disposición de la Administración.

Estos objetivos pueden sintetizarse en uno solo: mejorar, adaptar y completar la regulación del sistema tributario español, haciéndolo más justo y eficaz.

De forma pormenorizada, las medidas adoptadas a través del presente texto son las siguientes:

II

Se explicita en la norma la facultad de los órganos de la Administración Tributaria que tengan atribuida la iniciativa para la elaboración de disposiciones en el orden tributario, para dictar disposiciones interpretativas con carácter vinculante en la aplicación de los tributos, facultad ya contenida implícitamente en la función que la normativa vigente les atribuye y que ahora simplemente es objeto de reflejo expreso en la Ley.

La figura del conflicto en la aplicación de la norma se configuró en la Ley 58/2003, de 17 de diciembre, General Tributaria, como una evolución del anterior fraude de ley y con una configuración distinta de este último, constituyéndose como un instrumento para la lucha contra los mecanismos más sofisticados de fraude fiscal, materializado de ordinario, como la práctica demuestra, en la utilización de figuras negociales susceptibles de ser calificadas como abusivas.

Una vez transcurridos diez años desde la entrada en vigor de la Ley, la experiencia atesorada sobre dicho instituto aconseja la modificación de su régimen jurídico en el sentido de permitir su sancionabilidad, y ello con un doble fin.

Por un lado, adecuar dicho régimen a la doctrina jurisprudencial, que no excluye la voluntad defraudatoria en dicha figura, conclusión que es asimismo apoyada por un amplio sector de la doctrina científica y constituye la situación habitual en Derecho comparado, compatibilizando la norma la salvaguarda del principio de tipicidad en el Derecho sancionador, concretada en el Título IV de la Ley, con la flexibilidad necesaria en una cláusula antiabuso de carácter general.

A tal efecto se configura un nuevo tipo infractor en la Ley, en el que se integran los posibles resultados materiales de la conducta del obligado así como la desatención por parte del mismo de los criterios administrativos preexistentes que hubiesen determinado el carácter abusivo de actos o negocios sustantivamente iguales.

Por otro lado, facilitar el exacto cumplimiento del mandato del artículo 31 de la Constitución que consagra el deber general de contribuir, mediante la persecución de aquellos dispositivos complejos orientados a la defraudación tributaria.

A partir de la entrada en vigor del Real Decreto 335/2010, de 19 de marzo, por el que se regula el derecho a efectuar declaraciones en aduana y la figura del representante aduanero, todo representante aduanero, no sólo los agentes y comisionistas de aduanas, puede actuar como tal ante la Aduana en la modalidad de representación directa, lo que motiva que se amplíe la posibilidad de incurrir en responsabilidad subsidiaria a todos ellos.

La reforma incorpora una aclaración de carácter trascendente, explicitando en el texto positivo la interpretación del conjunto normativo que regula el derecho a comprobar e investigar por parte de la Administración, enfatizando el distingo conceptual que existe entre este derecho y el derecho a liquidar, con la finalidad de superar los problemas interpretativos que esta materia ha suscitado, focalizados, tradicionalmente, en el ámbito de la comprobación de la corrección de determinados créditos fiscales y en la legalidad de la compensación, deducción o aplicación de los mismos.

La Ley aclara, a tal efecto, que la prescripción del derecho a liquidar no trasciende, en ninguno de sus aspectos, al derecho a comprobar e investigar, derecho que sólo tendrá las limitaciones recogidas en la Ley en los supuestos en los que expresamente se señalan en el propio texto legal, específicamente el temporal máximo establecido para el inicio de comprobaciones de cuyo objeto formen parte determinados créditos fiscales, o las que, evidentemente, puedan establecerse en la ley propia de cada tributo.

Resulta fundamental, de nuevo para evitar dudas interpretativas, el reconocimiento explícito que se realiza respecto de las facultades de calificación que atribuidas a la Administración en relación con hechos, actos, actividades, explotaciones y negocios que, acontecidos, realizados, desarrollados o formalizados en períodos tributarios respecto de los que se hubiese producido la prescripción del derecho a liquidar, hubieran de surtir efectos fiscales en ejercicios o períodos en los que dicha prescripción no se hubiese producido.

Con estas modificaciones se posibilita no sólo garantizar el derecho de la Administración a realizar comprobaciones e investigaciones, sino que también se asegura el del obligado tributario a beneficiarse de los créditos fiscales citados más arriba, así como el correcto ejercicio de otros derechos, como por ejemplo, el de rectificación de sus autoliquidaciones cuando en la comprobación de la procedencia de la rectificación la Administración deba verificar aspectos vinculados a ejercicios respecto de los que se produjo la prescripción del derecho a liquidar.

Se introduce una modificación en el ámbito de las obligaciones tributarias formales, para especificar, en relación con los libros registro, la posibilidad de que a través de norma reglamentaria se regule la obligación de llevanza de los mismos a través de medios telemáticos.

En los tributos de cobro periódico por recibo, con posterioridad al alta en el respectivo registro, padrón o matrícula, no requieren la presentación de declaración ni autoliquidación, por lo que el comienzo del cómputo del plazo de prescripción se sitúa en el momento del devengo de dicho tributo, ya que es a partir de ese momento cuando la Administración gestora puede realizar las actuaciones dirigidas en última instancia a la liquidación del tributo. Se refleja esta especialidad en la Ley.

La existencia de obligaciones tributarias conexas plantea importantes problemas en materia de prescripción no resueltos actualmente en la Ley 58/2003, de 17 de diciembre, General Tributaria. Así, cuando la Administración Tributaria regulariza una obligación tributaria relacionada con otra del mismo obligado tributario, si la Administración, de oficio o en virtud de una solicitud de rectificación de autoliquidación presentada por el obligado tributario, pretende modificar la obligación tributaria conexa aplicando los criterios en los que se ha fundamentado la regularización de la primera obligación, es posible que no pueda hacerlo por encontrarse la deuda ya prescrita, dando lugar a situaciones en las que los obligados tributarios y el acreedor público pueden resultar gravemente perjudicados.

Así, pueden darse supuestos de doble imposición en perjuicio del obligado tributario. Pero también pueden producirse situaciones de nula tributación en detrimento de los intereses del erario público.

Para dar solución a los problemas expuestos, se regula el régimen de interrupción de la prescripción de obligaciones tributarias conexas de titularidad del mismo obligado.

Como complemento, se regula el cauce procedimental a través del cual la Administración ejercerá su derecho a liquidar, interrumpido conforme a lo anteriormente expuesto, se posibilita la compensación de oficio de posibles cantidades a ingresar y a devolver resultantes, y se garantiza el reintegro de aquellas devoluciones que estén vinculadas a liquidaciones que están siendo objeto de recurso o reclamación por el mismo obligado tributario.

Se efectúa una corrección técnica en el artículo 69.1 y otra en el 82.1 como consecuencia de la renumeración de los distintos apartados de los artículos 68 y 81 respectivamente por la disposición final primera del Real Decreto-ley 20/2011, de 30 de diciembre, de medidas urgentes en materia presupuestaria, tributaria y financiera para la corrección del déficit público.

Se profundiza en el reconocimiento de la labor desempeñada por los profesionales de la asesoría fiscal mediante la incorporación de una referencia a la necesidad de instrumentar nuevas líneas de colaboración para fomentar el cumplimiento cooperativo de las obligaciones tributarias.

En relación con la cesión de datos por parte de la Administración Tributaria, se permite la publicación de información cuando la misma derive de la normativa de la Unión Europea.

A su vez, es necesario un reforzamiento de los mecanismos de la Hacienda Pública de fomento del deber general de contribuir del artículo 31 de la Constitución y de lucha contra el fraude fiscal, no sólo mediante medidas dirigidas directa y exclusivamente a la mera represión del mismo. No cabe olvidar que la Constitución Española dispone en su preámbulo la voluntad de la Nación de establecer una sociedad democrática avanzada. El principio de transparencia y publicidad forma parte de los principios que deben regir la actuación de todos los poderes públicos para hacer efectivo ese objetivo.

En este sentido, la medida consistente en la publicación de listados de deudores que se incorpora en la Ley 58/2003, de 17 de diciembre, General Tributaria, hay que enmarcarla en la orientación de la lucha contra el fraude fiscal a través del fomento de todo tipo de instrumentos preventivos y educativos que coadyuven al cumplimiento voluntario de los deberes tributarios, en la promoción del desarrollo de una auténtica conciencia cívica tributaria así como en la publicidad activa derivada de la transparencia en la actividad pública en relación con la información cuyo conocimiento resulte relevante.

La medida es totalmente respetuosa con la reserva de datos tributarios y, por tanto, con los principios en los que ésta se fundamenta, no debiendo olvidar la influencia que en esta materia tiene el de protección del derecho a la intimidad y la necesidad de potenciar el de eficacia del sistema tributario, todos ellos conjugados en la medida en que sólo serán objeto de publicidad aquellas conductas tributarias socialmente reprobables desde una óptica cuantitativa relevante, permitiendo el legislador sólo la difusión de aquellas conductas que generan un mayor perjuicio económico para la Hacienda Pública que traen causa de la falta de pago en los plazos originarios de ingreso en período voluntario establecidos en la Ley en atención a la distinta tipología de las deudas.

En definitiva, si bien los principios de transparencia y publicidad pueden colisionar en ocasiones con otros derechos constitucionalmente protegidos, como son los de intimidad y protección de datos, deben ponderarse adecuadamente los distintos intereses que se pretenden salvaguardar, y ello teniendo en cuenta especialmente los principios de proporcionalidad, exactitud y conservación de los datos contenidos en el artículo 4.1 de la Ley Orgánica 15/1999, de 13 de diciembre, de Protección de Datos de Carácter Personal. Así se hace también en otros países de nuestro entorno donde se recogen distintos supuestos de excepción al principio general de confidencialidad de los datos tributarios, como Alemania o Finlandia.

En la búsqueda del equilibrio entre los derechos que se integran en la norma, el del cuerpo social a exigir el cumplimiento de las obligaciones tributarias y el de los obligados tributarios en cuanto a la preservación de su intimidad, se introducen reglas tasadas para formar los listados que habrán de hacerse públicos.

Así se ha hecho en otros ámbitos, introduciendo este principio de publicidad en distintos sectores de los que se predica una especial protección. Así sucede en el sector financiero, en materia de prevención de riesgos laborales y recientemente respecto de las sanciones de los altos cargos, ámbitos todos ellos donde se ha observado la eficacia de este tipo de medidas en relación con la finalidad perseguida. Habida cuenta de la novedad que supone el texto en este punto, y de la trascendencia de las consecuencias que del mismo se derivan, la norma opta por establecer el acceso, directo, a la jurisdicción contencioso-administrativa por parte de los interesados que consideren no ajustada a derecho la publicación.

Esta regulación se completa con la contenida en la Ley Orgánica 10/2015, de 10 de septiembre, por la que se regula el acceso y publicidad de determinada información contenida en las sentencias dictadas en materia de fraude fiscal, pues resultaría incoherente que se publicara la identidad de quienes han dejado de abonar sus obligaciones tributarias y sin embargo quedara oculta precisamente la de los grandes defraudadores, condenados en sentencia firme por delitos de esta naturaleza.

Por otro lado, se precisa cuál es el valor probatorio de las facturas en el sentido establecido en la doctrina del Tribunal Económico-Administrativo Central, esto es, negando que las facturas sean un medio de prueba privilegiado respecto de la realidad de las operaciones.

Teniendo en cuenta la doctrina del Tribunal Económico-Administrativo Central según la cual las liquidaciones del IVA sólo pueden referirse, según el caso, a períodos mensuales o trimestrales de liquidación, se permite distribuir linealmente entre dichos períodos las cuotas del impuesto descubiertas por la Administración en cómputo anual, cuando el obligado tributario no justifique que las cuotas corresponden a otro período de acuerdo con la normativa del impuesto.

Se señala expresamente la imposibilidad de que los contribuyentes que al inicio del procedimiento de comprobación o investigación hubieran ya aplicado o compensado las cantidades que tuvieran pendientes, mediante una declaración complementaria dejen sin efecto la compensación o aplicación realizadas en otro ejercicio y soliciten la compensación o aplicación de esas cantidades en el ejercicio comprobado, lo cual podría alterar la calificación de la infracción eventualmente cometida.

Se suspende el plazo para iniciar o terminar el procedimiento sancionador cuando se solicite tasación pericial contradictoria, dado que la regulación actual podría derivar en la imposibilidad de imponer una sanción cuando contra la liquidación se promoviera dicha tasación.

También podría suceder que la sanción hubiese sido impuesta ya en el momento en que se solicite la tasación pericial contradictoria. En ese caso, es necesario poder adaptar la sanción a la liquidación resultante tras la tasación sin que para ello sea necesario acudir a un procedimiento de revocación.

Se modifica el régimen jurídico de la comprobación limitada al objeto de facilitar la protección de los derechos del obligado tributario al permitirle que, voluntariamente y sin requerimiento previo, pueda aportar en el curso de un procedimiento de comprobación limitada su contabilidad mercantil para la simple constatación de determinados datos de que dispone la Administración, sin que dicha aportación voluntaria tenga efectos preclusivos.

Constatada la existencia de numerosas incidencias en la interpretación de la regulación de los plazos de las actuaciones inspectoras, se hace precisa una nueva regulación que, sin menoscabar los derechos y garantías de los obligados tributarios, permita reducir la conflictividad en esta materia.

Varios son los objetivos perseguidos con la nueva regulación de los plazos del procedimiento inspector:

a) Simplificar de manera importante la normativa vigente, al eliminarse un amplio y complejo sistema de supuestos de interrupciones justificadas, dilaciones no imputables a la Administración, y de ampliación del plazo. Asimismo, se suprime el supuesto de interrupción injustificada durante más de seis meses.

b) Una mayor seguridad jurídica en cuanto al cómputo de los plazos del procedimiento inspector, incorporando nuevas obligaciones para informar al obligado tributario de las vicisitudes de dicho plazo (duración y, en su caso, suspensión y extensión del mismo), de forma que el obligado pueda conocer claramente cuál es la fecha límite del procedimiento.

c) Reducir significativamente la conflictividad tributaria.

Es decir, la modificación de la regulación del plazo del procedimiento inspector permitirá que las actuaciones inspectoras tengan una fecha más previsible de finalización, conocida por el obligado tributario, sin merma de derecho alguno de éste, contribuyendo, a su vez, al buen fin de las liquidaciones tributarias y defensa de los intereses generales.

La reforma implica un incremento del plazo del procedimiento de inspección y, como contrapartida, a lo largo de la tramitación se van a producir determinadas vicisitudes que no van a alargar el plazo del que la Administración Tributaria dispone para finalizar el procedimiento, como los aplazamientos solicitados por el obligado tributario para cumplir trámites, o el período de espera de datos solicitados a otras Administraciones. No obstante, podrán descontarse determinados períodos de suspensión definidos de forma objetiva en la Ley en supuestos que impiden la continuación del procedimiento, pudiéndose extender la duración del procedimiento por los días de cortesía en los que el obligado solicita que no se lleven a cabo actuaciones con el mismo o cuando el obligado tributario aporte de forma tardía documentación que le ha sido previamente requerida o aporte documentación una vez apreciada la necesidad de aplicar el método de estimación indirecta.

Las consecuencias de la superación del plazo del procedimiento inspector serán las actualmente previstas.

Por otra parte, la regulación del método de estimación indirecta se ha mostrado insuficiente en algunos aspectos. Estos defectos e insuficiencias han sido en parte corregidos por la jurisprudencia. No obstante, los pronunciamientos de los Tribunales resultan dispersos y heterogéneos, lo que conlleva a cierta inseguridad jurídica en la aplicación de este régimen.

Por ello, se aclaran y precisan determinados aspectos de esta materia; así, se señalan las fuentes de las que pueden proceder los datos a utilizar en la estimación indirecta: de los signos, índices y módulos si el obligado pudo haberse aplicado el método de estimación objetiva, de la propia empresa, de estudios estadísticos o de una muestra efectuada por la Inspección.

Se precisa que la estimación indirecta puede aplicarse sólo a las ventas e ingresos, o sólo a las compras y gastos, o a ambos simultáneamente, atendiendo a los datos ocultados o inexistentes.

En relación con las cuotas soportadas del Impuesto sobre el Valor Añadido, se admite su deducibilidad en este sistema aunque no se disponga de las facturas o documentos que, con carácter general exige la normativa del Impuesto, siempre y cuando la Administración obtenga datos o indicios que demostraran que el obligado tributario ha soportado efectivamente el impuesto correspondiente.

Dado que la estimación de bases y cuotas se hace de forma anual, en tributos como el IVA, con períodos de liquidación inferiores al año, la cuota anual estimada se repartirá linealmente entre los períodos de liquidación correspondientes, salvo que el obligado justifique que procede un reparto temporal diferente.

En relación con el ámbito sancionador, para evitar que dos apartados distintos de un mismo precepto establezcan dos sanciones alternativas para una misma infracción, en concreto, para las infracciones consistentes en la presentación de documentos aduaneros de forma incompleta, inexacta o con datos falsos, cuando no determinen el nacimiento de una deuda aduanera, resulta necesario introducir modificaciones en el título correspondiente, que también se ve alterado como consecuencia de la nueva regulación del plazo del procedimiento inspector, ya que pueden darse supuestos de extensión de dicho plazo una vez iniciado el procedimiento sancionador, por lo que resulta preciso trasladar a este último la eventual extensión del primero.

Por otra parte, se adapta la calificación de sujeto infractor en el ámbito de los Grupos que tributan en el régimen de consolidación fiscal como consecuencia de la nueva configuración de dicho régimen realizada a través de la Ley 27/2014, de 27 de noviembre, del Impuesto sobre Sociedades.

En relación con los Libros Registro, se tipifica la infracción consistente en incurrir en retraso en la obligación de su llevanza y suministro a través de la Sede electrónica de la Agencia Estatal de Administración Tributaria.

III

La modificación del bloque normativo regulador de las reclamaciones económico-administrativas persigue dos objetivos básicos:

— La agilización de la actuación de los Tribunales y

— La reducción de la litigiosidad.

Para lograr tales objetivos, la reforma promueve una mayor y mejor utilización de medios electrónicos en todas las fases del procedimiento, agiliza los procedimientos y anticipa el sistema de establecimiento de la doctrina de los Tribunales y mejora técnicamente la normativa vigente, completando lagunas y clarificando algunos extremos que la práctica ha puesto de manifiesto como dudosos y, en cuanto tales, generadores de conflictos jurídicos.

En este sentido, se atribuye al Tribunal Económico-Administrativo Central la competencia para conocer de las reclamaciones respecto de actuaciones entre particulares, cuando el domicilio fiscal del reclamante se halle fuera de España.

Se amplía el sistema de unificación de doctrina, potenciando la seguridad jurídica, al atribuirse al Tribunal Económico Administrativo Central la competencia para dictar resoluciones en unificación de criterio y a los Tribunales Económico-Administrativos Regionales la posibilidad de dictar resoluciones de fijación de criterio respecto de las salas desconcentradas.

En materia de acumulación, se simplifican las reglas de acumulación obligatoria y se introduce la acumulación facultativa.

Por otra parte, se establece una presunción de representación voluntaria a favor de aquellos que la ostentaron en el procedimiento de aplicación de los tributos del que derive el acto impugnado, lo que sin duda supone la eliminación de costes indirectos a los obligados tributarios.

Se introduce la notificación electrónica para las reclamaciones que se interpongan obligatoriamente por esta vía.

Se produce una aclaración en materia de costas en el caso de inadmisión, precisándose el ámbito subjetivo de la condena en costas, vinculando la misma a cada instancia, y supeditando la dictada en primera instancia a su posterior confirmación.

Se suprime la regla especial de cómputo de plazo para recurrir en caso de silencio, de acuerdo con la reciente jurisprudencia del Tribunal Supremo y doctrina del Tribunal Económico Administrativo Central. Para salvaguardar el legítimo derecho de defensa de los obligados tributarios, si posteriormente a la interposición de la reclamación económico-administrativa se dicta resolución expresa, se notificará concediendo plazo de alegaciones ante los Tribunales Económico-Administrativos, teniéndola por impugnada, sin perjuicio de que la satisfacción extraprocesal ha de ser declarada por el órgano económico-administrativo que estuviera conociendo.

Se incorpora la referencia al expediente electrónico, la obligatoriedad de la interposición electrónica en caso de que el acto impugnando fuera de notificación obligatoria por esta vía y se aboga por la utilización de manera extensiva de tales medios electrónicos.

Se determina de forma expresa en norma con rango de ley el plazo del que dispone la Administración para ejecutar la resolución dictada por el Tribunal Económico-administrativo en supuestos distintos de la retroacción, es decir, en supuestos en los que se resuelva por razones sustantivas o de fondo.

Se completa la regulación en materia de reclamaciones entre particulares con el reconocimiento expreso de la eficacia de las resoluciones que se dicten ante la Administración Tributaria encargada de la aplicación de los tributos.

Se establece la posibilidad de suspensión de la resolución económico-administrativa en caso de presentación de recursos de alzada ordinarios por los Directores Generales si se dan determinadas circunstancias.

Se introducen mejoras en materia de recurso de anulación regulándose expresamente aquellos supuestos contra los que no procede dicho recurso.

Se crea un nuevo recurso, el de ejecución, llamado hasta ahora incidente de ejecución, contra actos dictados como consecuencia de una resolución estimatoria del Tribunal, clarificando el ámbito de aplicación objetivo, simplificando el procedimiento y estableciendo el carácter urgente en su tramitación.

Se reduce a seis meses el plazo de resolución del recurso extraordinario de revisión.

Por último, se sustituye el procedimiento ante los órganos unipersonales por el procedimiento abreviado para las reclamaciones de menor cuantía en el que el tribunal podrá actuar de forma unipersonal.

IV

Como consecuencia de la reforma de la regulación del delito contra la Hacienda Pública llevada a cabo por la Ley Orgánica 7/2012, de 27 de diciembre, se hacen precisas determinadas modificaciones en la Ley 58/2003, de 17 de diciembre, General Tributaria, para establecer un procedimiento administrativo que permita practicar liquidaciones tributarias y efectuar el cobro de las mismas aun en los supuestos en los que se inicie la tramitación de un procedimiento penal, al ser este uno de los cambios más significativos operados en la Ley Orgánica 10/1995, de 23 de noviembre, del Código Penal.

La trascendencia de la modificación orgánica referida justifica por sí sola la incorporación en la Ley 58/2003, de 17 de diciembre, General Tributaria, de un nuevo Título VI específicamente dedicado a las actuaciones a desarrollar en estos supuestos, ya que la línea directriz del legislador orgánico ha quedado patente: la regla general será la práctica de liquidación y el desarrollo de las actuaciones recaudatorias de la deuda tributaria cuantificada a través de la misma, sin perjuicio de que, en determinados casos explicitados en la norma tributaria, el legislador haya optado, en estricta sujeción al carácter potestativo fijado en la norma penal en este punto, por la paralización de las actuaciones, sin practicar liquidación, en tanto en cuanto no exista un pronunciamiento en sede jurisdiccional.

Esta modificación permitirá superar, en la mayoría de los supuestos, la situación hasta ahora existente, según la cual la obligada paralización de las actuaciones administrativas de liquidación de la deuda tributaria provocaba, entre otros efectos, la conversión de la deuda tributaria en una figura de naturaleza distinta, la responsabilidad civil derivada del delito, como fórmula de resarcimiento a la Hacienda Pública del daño generado.

Además de esa consecuencia, la nueva estructura de la norma permitirá superar también el diferente e injustificado trato de favor que la regulación preexistente dispensaba a quien se constituía en presunto autor de un delito contra la Hacienda Pública frente a quien se configuraba como mero infractor administrativo, en relación con la obligación que atañía a este último frente al primero de pagar o garantizar la suspensión de la ejecutividad del acto administrativo.

La nueva normativa tributaria integra, por tanto, reglas que resuelven las situaciones singulares derivadas de la coexistencia de las actuaciones administrativas de liquidación y cobro con el enjuiciamiento penal de la defraudación.

En la actual configuración del delito contra la Hacienda Pública se ha incorporado en norma positiva el concepto de regularización, definida ésta como el completo reconocimiento y pago de la deuda tributaria, configurándose como el verdadero reverso del delito, haciendo posible el pleno retorno a la legalidad y poniendo fin a la lesión provisional del bien jurídico protegido producida por la defraudación. A tal efecto la Ley recuerda qué elementos integran la deuda tributaria, según lo dispuesto en el artículo 58 de la Ley 58/2003, de 17 de diciembre, General Tributaria, confirmando la potestad de la Administración Tributaria de realizar las comprobaciones que se consideren precisas en orden a determinar la existencia, en su caso, del completo reconocimiento y pago de la deuda que exige dicha regularización.

La falta de certeza en cuanto a la existencia de dicha regularización determinará el pase del tanto de culpa a la jurisdicción competente o la remisión del expediente al Ministerio Fiscal.

La otra consecuencia será, con carácter general, como se indicó más arriba, la práctica de una liquidación administrativa, a cuyo efecto se regula un procedimiento específico que, manteniendo la estructura del procedimiento de inspección actualmente regulado en la Ley 58/2003, de 17 de diciembre, General Tributaria, en cuanto a su inicio y tramitación, incorpora significativas modificaciones en la fase de terminación del mismo respecto de la liquidación vinculada al delito, siendo precisa, para dictar dicha liquidación, la autorización previa del órgano competente para interponer la denuncia o querella.

A renglón seguido, se prevé la posibilidad del retorno del expediente a sede administrativa en el caso de inadmisión de la denuncia o querella citadas más arriba, retomando la Administración de forma plena sus actuaciones, a cuyo efecto se establecen los correspondientes plazos.

En el seno de la comprobación administrativa y una vez concretada la existencia de un presunto delito contra la Hacienda Pública puede ocurrir que, respecto de una misma obligación tributaria, concepto y período, existan elementos integrantes de la misma en relación con los cuales pueda predicarse la existencia de defraudación delictiva y otros que no se vean afectados por ésta. Para ese supuesto se regula un mecanismo de división, separando en dos liquidaciones distintas los elementos afectados por una y otra condición, tal y como predica la norma penal. Con una clara vocación garantista para el obligado tributario, inspirada en la aplicación del principio de mínima intervención de la norma penal, se fija una regla general según la cual todas las partidas a compensar o deducir en base o en cuota a favor del mismo se imputarán a la liquidación vinculada al delito, dándose al obligado, sin embargo, la posibilidad de optar por un sistema de distribución proporcional de tales partidas.

Desde el punto de vista de la tramitación de estos expedientes vinculados a la comisión de un delito contra la Hacienda Pública, debe partirse de la premisa consistente en que las normas pueden acotar un régimen jurídico diferente para las distintas deudas de derecho público en función de su particular naturaleza. Dentro del ámbito tributario, resulta necesario establecer normas sustantivas específicas para las deudas tributarias derivadas de la forma más grave de defraudación tributaria, como es el delito contra la Hacienda Pública que, por su singularidad, tienen también un tratamiento procedimental diferente que se inicia en el ámbito administrativo y concluye en el judicial. Ese régimen jurídico propio —que fundamentalmente excluye la extinción total o parcial de la deuda por la concurrencia de defectos o dilaciones en el procedimiento administrativo de comprobación— es, además, coherente con las pautas comunes de una correcta represión de los comportamientos delictivos que no se compadece con el hecho de que éstos pudiesen quedar impunes por meras cuestiones relacionadas con irregularidades en la tramitación estrictamente administrativa del expediente de comprobación que no afectan ni cuestionan la existencia o cuantía de la defraudación de naturaleza delictiva. La necesaria aplicación de esas normas sustantivas específicas exige que las liquidaciones vinculadas a delitos contra la Hacienda Pública se sujeten a una tramitación singular en la que, por coherencia con el régimen sustantivo aplicable, no serán objeto de análisis aquellas cuestiones que no guarden relación con la extinción total o parcial de la obligación tributaria como son, en esta clase de deudas, las dilaciones o defectos procedimentales. En este sentido, la imposibilidad de tratamiento de dichas irregularidades se ajusta a los reiterados pronunciamientos de la jurisdicción penal emitidos al amparo de la normativa preexistente rehuyendo el tratamiento de cuestiones procedimentales administrativas previas que no tienen incidencia en el enjuiciamiento de un hecho de naturaleza delictiva.

Es conveniente reiterar que son dos las autoridades del Estado que intervienen ante una defraudación tributaria de naturaleza delictiva, la administrativa y la judicial, actuando cada una de ellas en el ámbito que le es propio.

Señalado lo anterior, es importante significar la preferencia del orden penal en dos aspectos: por una parte, corresponde al juez penal la posibilidad de suspender las actuaciones administrativas de cobro, permitiendo de ese modo el acceso a una justicia cautelar frente a la ejecutividad de la liquidación tributaria; por otra, la preferencia del orden penal queda respetada con el obligado ajuste final de la liquidación tributaria a los hechos que el juez penal declare probados cuando juzgue y se pronuncie, a los efectos de la imposición de una pena, sobre la existencia y cuantía de la defraudación. Cuando el pronunciamiento judicial hubiese excluido la existencia de delito contra la Hacienda Pública siendo factible, sin embargo, la liquidación administrativa, la tutela judicial se desarrollará en la forma prevista para cualquier otra liquidación tributaria no vinculada a un delito contra la Hacienda Pública, en la misma forma en que viene ocurriendo en la actualidad.

Como más arriba se apuntó, la modificación penal ha determinado que, además de practicar la liquidación correspondiente, la Administración Tributaria pueda materializar las actuaciones de cobro de la deuda tributaria liquidada mediante la aplicación de los mecanismos recaudatorios regulados en la Ley 58/2003, de 17 de diciembre, General Tributaria, y en su normativa de desarrollo.

Como consecuencia de lo anterior se establece una norma específica en lo que al plazo de ingreso de la deuda tributaria liquidada se refiere, cuya apertura será posterior a la admisión de la denuncia o querella, recogiéndose en este caso la posibilidad de revisión de las actuaciones recaudatorias mediante los procedimientos administrativos tributarios ordinarios por las causas tasadas en la ley.

En el marco de esta reforma existe un ámbito que no puede ser omitido en este momento: el de los responsables tributarios.

La modificación orgánica ya referida más arriba trata de eliminar situaciones de privilegio y situar al presunto delincuente en la misma posición de cualquier otro deudor tributario. En coherencia con dicha finalidad se hace preciso establecer un nuevo supuesto de responsabilidad tributaria basado en la condición de causante o colaborador en la defraudación, cualificada, además, por la necesidad de la condición de imputado en el proceso penal.

La declaración de responsabilidad en estos supuestos posibilitará la actuación de la Administración Tributaria en orden al cobro de la deuda tributaria, liquidada en origen al obligado tributario sujeto pasivo, en sede de responsable, llevando a sus últimos efectos el mandato de la modificación penal en cuanto a la recaudación de la deuda tributaria liquidada vinculada al presunto delito.

Por último, la modificación integra determinadas especialidades, que han de ser tenidas en cuenta en el ámbito de la liquidación de la deuda aduanera directamente derivadas de la legislación comunitaria.

La modificación que se incorpora hace necesaria la introducción de una serie de cambios en otros artículos de la Ley 58/2003, de 17 de diciembre, General Tributaria. En concreto, por un lado, en tanto en cuanto las actuaciones administrativas a desarrollar en aplicación del nuevo título VI forman parte de la aplicación de los tributos, los órganos que las llevan a cabo forman parte de la Administración Tributaria. A su vez, las normas generales de representación serán de aplicación en el desarrollo de dichas actuaciones.

Por otro lado, se ven modificados los preceptos que regulan la adopción de medidas cautelares, así como el listado de las denominadas liquidaciones provisionales, en ambos casos como consecuencia de las nuevas liquidaciones que ahora se regulan en la norma, inexistentes hasta ahora.

Igualmente, se hace precisa la adaptación del precepto que establece la no devolución de las cantidades pagadas por las que se regulariza voluntariamente la situación tributaria y que, en virtud de la nueva regulación del delito contra la Hacienda Pública, determinan el pleno retorno a la legalidad.

V

Debido a la especial incidencia que en el ámbito de la fiscalidad tiene el Derecho de la Unión Europea, así como las sentencias del Tribunal de Justicia de la Unión Europea, se procede a la introducción de mecanismos y preceptos en la Ley 58/2003, de 17 de diciembre, General Tributaria, para incrementar el grado de integración legal y efectividad del Derecho de la Unión Europea.

En relación con la legitimación de los órganos económico-administrativos para promover cuestiones prejudiciales ante el Tribunal de Justicia de la Unión Europea, tal y como el mismo ha admitido, como mera manifestación de la primacía y efecto directo del Derecho de la Unión Europea, se establecen normas de procedimiento dirigidas a regular tal actividad, estableciéndose, además, que la interposición de tales cuestiones prejudiciales suspenderá el procedimiento económico-administrativo, así como el cómputo del plazo de prescripción.

Por otra parte se introduce un nuevo título en la Ley 58/2003, de 17 de diciembre, General Tributaria, a través del cual se adapta la misma a la normativa comunitaria en materia de ayudas de estado ilegales e incompatibles.

Las Decisiones de la Comisión Europea exigiendo la recuperación de ayudas de estado son obligatorias en todos sus términos para sus destinatarios, los Estados miembros, que deberán lograr restablecer la situación existente con anterioridad al disfrute de la ayuda sin dilación y con arreglo a los procedimientos del derecho interno del Estado miembro destinatario.

En el caso español, la normativa interna no prevé ningún procedimiento para la recuperación de ayudas de Estado en el ámbito tributario, carencia que el presente texto viene a solventar. Para ello, y como una manifestación adicional del carácter codificador de la Ley 58/2003, de 17 de diciembre, General Tributaria, se introduce un nuevo título en la misma regulador de los procedimientos a seguir para la ejecución de las Decisiones de recuperación en este ámbito.

En la recuperación de ayudas de Estado la Administración Tributaria actúa como ejecutor de una decisión que le viene impuesta por la Comisión Europea, debiendo ajustarse a la normativa comunitaria reguladora de la materia, en particular a los principios de ejecución inmediata y efectiva de la decisión establecidos en el artículo 14 del Reglamento (CE) n.º 659/1999 del Consejo, de 22 de marzo de 1999, por el que se establecen disposiciones de aplicación del artículo 93 del Tratado.

Dichos principios inspiran la regulación de la ejecución de las decisiones de recuperación y justifican sus principales peculiaridades:

— La posibilidad de modificar actos administrativos firmes, incluso con fuerza de cosa juzgada, tal y como ha establecido el Tribunal de Justicia de la Unión Europea.

— La consideración de las deudas tributarias resultantes como no susceptibles de aplazamiento o fraccionamiento.

Se incorporan, además, reglas especiales de prescripción impuestas por normativa comunitaria, no siendo por tanto aplicables los plazos de prescripción internos en relación con la deuda tributaria resultante exclusivamente de la ejecución de la decisión.

Se crean dos tipos de procedimiento de ejecución de decisiones de recuperación, aplicándose uno u otro en función de la naturaleza de los elementos de la obligación tributaria a los que se refiere la decisión. La aplicación de uno u otro dependerá de si la ejecución de la decisión influye o no en la cuantificación o liquidación de la deuda tributaria.

No obstante, también se podrán ejecutar las decisiones de recuperación a través del procedimiento de inspección ordinario cuando al obligado tributario se le comprueben también otras obligaciones u otros elementos de la obligación distintos de aquellos que constituyen el objeto de la decisión de recuperación.

En los artículos 5 y 46.2 se incorporan sendas referencias a este nuevo título puesto que, por un lado, es competencia de la Administración Tributaria la ejecución de las actuaciones en él reguladas, y, por otro, las normas generales de representación serán de aplicación en los procedimientos de recuperación.

VI

Se modifica la disposición adicional sexta relativa al Número de Identificación Fiscal con el propósito, por un lado, de explicitar los efectos derivados de la revocación en materia fiscal del número de identificación fiscal, y, por otro, de extender dichos efectos subjetivamente a los números asignados a las personas físicas.

Asimismo, se modifica la disposición adicional décima, relativa a la exacción de responsabilidad civil por delitos contra la Hacienda Pública, con el único propósito de adaptar la normativa tributaria a las últimas modificaciones del Código Penal, que han ampliado las competencias de la Administración Tributaria a la exacción de las penas de multa.

Se reconoce la existencia de normas específicas en materia aduanera derivadas directamente del Derecho de la Unión Europea, que primarán sobre lo establecido en la Ley 58/2003, de 17 de diciembre, General Tributaria, especificándose, por su especial relevancia, entre otras, las referidas al carácter de las liquidaciones y a los plazos de resolución, debiendo significarse, especialmente, las que atañen a determinadas especialidades en la revisión de los actos de aplicación de los tributos integrantes de la deuda aduanera como consecuencia de la distribución de competencias entre los órganos nacionales y la Comisión en materia aduanera.

Conforme a la normativa vigente, la iniciación de los procedimientos amistosos a los que hace referencia la disposición adicional primera del texto refundido de la Ley del Impuesto sobre la Renta de No Residentes, aprobado por Real Decreto Legislativo 5/2004, de 5 de marzo, es compatible con la tramitación de un recurso administrativo o contencioso-administrativo planteado sobre las mismas cuestiones sobre las que versa el procedimiento amistoso.

Ante la necesidad de evitar que se simultanee este mecanismo con una instancia estrictamente revisora, y sin afectar al principio de tutela judicial efectiva, se establece la suspensión de los procedimientos revisores, tanto en vía administrativa como judicial, que se hayan podido iniciar, hasta que se sustancie el procedimiento amistoso, por lo que se incluye una nueva disposición adicional en la Ley 58/2003, de 17 de diciembre, General Tributaria, y otra en la Ley 29/1998, de 13 de julio, reguladora de la Jurisdicción Contencioso-Administrativa.

En cumplimiento de la obligación de adoptar medidas para exigir que las instituciones financieras apliquen de forma efectiva las normas de comunicación de información y diligencia debida incluidas en la Directiva 2011/16/UE del Consejo, de 15 de febrero de 2011, modificada por la Directiva 2014/107/UE del Consejo, de 9 de diciembre de 2014, por lo que se refiere a la obligatoriedad del intercambio automático de información en el ámbito de la fiscalidad y las derivadas del Estándar común de comunicación de información elaborado por la OCDE aplicable en España como consecuencia de la firma del Acuerdo Multilateral entre Autoridades Competentes sobre Intercambio Automático de Información de Cuentas Financieras, se introduce una nueva disposición adicional vigésima segunda, en la que se regulan, entre otras medidas, dos nuevos tipos de infracción en relación con el incumplimiento de la obligación de identificar la residencia de las personas que ostenten la titularidad o control de las cuentas financieras.

Se establece la no aplicación a la materia tributaria de lo establecido en la disposición adicional única de la Ley 11/2011, de 20 de mayo, de reforma de la Ley 60/2003, de 23 de diciembre, de Arbitraje, y de regulación del arbitraje institucional en la Administración General del Estado, de forma que las controversias jurídicas que se susciten entre la Administración Tributaria y entes de derecho público se resolverán por los procedimientos establecidos en la normativa tributaria.

Como consecuencia del cambio de denominación del antiguo Ministerio de Economía y Hacienda, se adaptan las referencias al mismo que aparecen en la Ley 58/2003, de 17 de diciembre, General Tributaria, a su actual denominación.

Para evitar dudas sobre la entrada en vigor de determinados preceptos, se establece el régimen transitorio de aquellos artículos que lo precisan, y específicamente, el referido a la aplicación del nuevo procedimiento de liquidación de deudas tributarias vinculadas a delitos contra la Hacienda Pública, así como la aplicación de los nuevos supuestos de responsabilidad asociados a posibles delitos.

Como complemento a la regulación contenida en el nuevo título VI y en consonancia con la reforma del Código Penal que permite continuar el procedimiento administrativo de cobro de la deuda tributaria pese a la pendencia del proceso penal, se establece en la Ley de Enjuiciamiento Criminal que la mera presentación ante el juez penal de una solicitud de suspensión de la ejecutividad de la liquidación no producirá efectos salvo acuerdo judicial expreso con formalización de garantías.

En consecuencia, los órganos de recaudación podrán continuar con el procedimiento de apremio hasta la fecha del auto por el que se acuerde la suspensión. No obstante, una vez constituida la garantía, la suspensión surtirá efectos desde que se solicitó, regulando la Ley los efectos concretos del auto de concesión sobre los embargos realizados con anterioridad al mismo.

Se modifica la Ley 29/1998, de 13 de julio, reguladora de la Jurisdicción Contencioso-Administrativa, aclarándose en dicha Ley que, conforme a la actual regulación de dicho delito en el Código Penal, está excluido del orden contencioso-administrativo el conocimiento de las pretensiones que los obligados tributarios pudiesen plantear al socaire de la actuación administrativa.

Se modifican e incorporan determinados preceptos en la Ley Orgánica

12/1995, de 12 de diciembre, de Represión del Contrabando, que, conforme a la disposición final segunda de la propia Ley, tienen rango de ley ordinaria. En la misma senda abierta por el Código Penal y materializada en el nuevo título VI de la Ley 58/2003, de 17 de diciembre, General Tributaria, las modificaciones en el ámbito del contrabando van a permitir, con carácter general, la liquidación y recaudación de las deudas tributarias y aduaneras derivadas del contrabando, de forma que, de advertirse por la Administración Tributaria la posible existencia de delito de contrabando, las actuaciones administrativas continuarán, salvo, en su caso, el procedimiento sancionador que ya se hubiese iniciado, como consecuencia de la imposibilidad de concurrencia de sanciones.

Como consecuencia de múltiples factores que afectan en el momento presente a la actividad económica ligada a las labores de tabaco, en especial el incremento de precios de las mismas, la situación socioeconómica en determinadas partes de la geografía española y las limitaciones jurídicas en la regulación de las franquicias aduaneras y fiscales en relación con los regímenes de viajeros y pequeños envíos, se está produciendo un crecimiento sustancial de las acciones y omisiones tipificadas como infracciones de contrabando con este tipo de géneros.

Por otra parte, se aprecia un aumento de los comportamientos de los infractores tendentes a evitar la aplicación efectiva de la sanción de cierre del establecimiento, constatándose además una generalización de conductas de los presuntos infractores que suponen situaciones de resistencia, obstrucción, excusa o negativa ante la actuación de los funcionarios encargados de la investigación y de la tramitación de los expedientes sancionadores.

Para prevenir la extensión de tales prácticas y hacer frente al incremento de este tipo de irregularidades, se hace necesario revisar las sanciones administrativas aplicables a las infracciones para adecuarlas a la finalidad de toda sanción que no es otra que la de disuadir de la realización de los comportamientos antijurídicos que constituyen el objeto de las mismas.

Dada la distribución de competencias entre los órganos nacionales y la Comisión, y considerando la jurisprudencia del Tribunal de Justicia de la Unión Europea en materia de no contracción a posteriori, condonación o devolución de la deuda aduanera, en el mismo sentido que la Ley 58/2003, de 17 de diciembre, General Tributaria, se modifica también la Ley 29/1998, de 13 de julio, reguladora de la Jurisdicción Contencioso-Administrativa, con el objeto de que el procedimiento judicial se suspenda hasta que la Comisión adopte la decisión de su competencia.

En coherencia con la eliminación de los períodos de interrupción justificada del plazo del procedimiento inspector, y su sustitución por períodos de suspensión, se adapta la terminología en la disposición adicional tercera de la Ley 23/2005, de 18 de noviembre, de reformas en materia tributaria para el impulso a la productividad, para los supuestos en los que la Comisión Nacional del Mercado de Valores deba pronunciarse sobre la suspensión o revocación de la autorización concedida a una Institución de Inversión Colectiva.

La Ley 7/2012, de 29 de octubre, de modificación de la normativa tributaria y presupuestaria y de adecuación de la normativa financiera para la intensificación de las actuaciones en la prevención y lucha contra el fraude, estableció una limitación a los pagos en efectivo. Se trata de una norma de naturaleza financiera, aunque su finalidad es, como señala la exposición de motivos de la citada Ley, la lucha contra el fraude fiscal.

Se considera que debe establecerse la exclusión de la limitación respecto del cambio de moneda en efectivo por otra moneda en efectivo, que se realice por establecimientos de cambio de moneda, extendiéndose dicha exclusión también a las entidades de pago reguladas en la Ley 16/2009, de 13 de noviembre, de servicios de pago, en ambos casos supervisados por el Banco de España y sujetos a la normativa de blanqueo de capitales.

Asimismo, se produce una modificación en el régimen jurídico de las notificaciones en el seno de los procedimientos sancionadores a seguir en el caso de infracción de la limitación de pagos en efectivo regulada en la misma Ley, a fin de agilizar las notificaciones y armonizar su régimen con el que, con carácter general, se sigue por la Agencia Estatal de Administración Tributaria en los procedimientos tributarios.

La disposición final sexta recoge una serie de modificaciones de la normativa reguladora del Impuesto sobre Sociedades, entre las que cabe destacar la modificación de aquellos apartados que establecen unos plazos específicos de comprobación de créditos fiscales, ya sean bases imponibles negativas, deducciones por doble imposición o incentivos fiscales, con el objeto de adecuar su redacción a la contenida en la Ley General Tributaria, evitando dudas interpretativas en relación con la realización de las actuaciones de comprobación a desarrollar por los órganos de la Administración Tributaria.

En consonancia, se introducen las modificaciones necesarias en la Ley 20/1990, de 19 de diciembre, sobre Régimen Fiscal de las Cooperativas, con el objeto de adaptar el tratamiento fiscal de las cuotas negativas al previsto para las bases imponibles negativas en la Ley 27/2014.

Se establece la necesidad de aprobar, mediante Orden Ministerial, el modelo para llevar a cabo la regularización voluntaria de la deuda, determinante, en su caso, de la desaparición del reproche penal por el delito contra la Hacienda Pública.

Para finalizar, el texto se completa con los preceptos dedicados al establecimiento de la correspondiente disposición derogatoria, de una disposición relativa a la limitación de gastos derivados de la implementación de lo dispuesto en la norma, al título competencial, a la habilitación al Gobierno para dictar disposiciones de desarrollo y a la entrada en vigor.

....

DISPOSICIONES ADICIONALES

1.ª *Controversias de organismos públicos en materia tributaria.*—Lo establecido en la disposición adicional única de la Ley 11/2011, de 20 de mayo, de reforma de la Ley 60/2003, de 23 de diciembre, de Arbitraje y de regulación del arbitraje institucional en la Administración General del Estado, no resultará de aplicación a las controversias que tuviesen su origen en cuestiones relativas a la aplicación del sistema tributario o aduanero y las relativas a procedimientos cuya gestión estuviese encomendada a la Administración Tributaria.

2.ª *Referencias al Ministro de Economía y Hacienda o Ministerio de Economía y Hacienda.*—Las referencias contenidas en la Ley 58/2003, de 17 de diciembre, General Tributaria, al Ministro o Ministerio de Economía y Hacienda deberán entenderse realizadas al Ministro o Ministerio de Hacienda y

Disp. Adic. 2.ª: Vid. notas al art. 5.º LGT (§ I).

Administraciones Públicas o de Economía y Competitividad, según proceda en atención al ámbito competencial de que se trate.

....

DISPOSICIÓN TRANSITORIA

Única. *Régimen transitorio.*— 1. La nueva redacción del apartado 3 del artículo 15 de la Ley 58/2003, de 17 de diciembre, General Tributaria, será aplicable a los períodos impositivos cuyo período de liquidación finalice después de la fecha de entrada en vigor de esta Ley

2. Lo dispuesto en el artículo 66 bis, en los apartados 1 y 2 del artículo 115, y en el apartado 3 del artículo 70, en las redacciones dadas por esta Ley, resultará de aplicación en los procedimientos de comprobación e investigación ya iniciados a la entrada en vigor de la misma en los que, a dicha fecha, no se hubiese formalizado propuesta de liquidación.

3. La nueva redacción del apartado 9 del artículo 68 de la Ley 58/2003, de 17 de diciembre, General Tributaria, será aplicable a aquellos casos en los que la interrupción del plazo de prescripción del derecho al que se refiere el párrafo *a*) del artículo 66 de la Ley 58/2003, de 17 de diciembre, General Tributaria, se produzca a partir de la fecha de entrada en vigor de esta Ley.

4. La determinación de la concurrencia de los requisitos necesarios para la inclusión en el primer listado que se elabore en aplicación del artículo 95 bis de la Ley 58/2003, de 17 de diciembre, General Tributaria, tomará como fecha de referencia el 31 de julio de 2015. Este primer listado se publicará durante el último trimestre del año 2015.

5. La nueva redacción del apartado 1 del artículo 135 de la Ley 58/2003, de 17 de diciembre, General Tributaria, será aplicable a las solicitudes de tasación pericial contradictoria que se presenten a partir de la fecha de entrada en vigor de esta Ley.

6. La nueva redacción de los apartados 1 a 6 del artículo 150 de la Ley 58/2003, de 17 de diciembre, General Tributaria, será aplicable a todos los procedimientos de inspección que se inicien a partir de la fecha de entrada en vigor de esta Ley.

No obstante, la nueva redacción del apartado 7 del artículo 150 de la Ley 58/2003, de 17 de diciembre, General Tributaria, será aplicable a todas las actuaciones inspectoras en las que la recepción del expediente por el órgano competente para la ejecución de la resolución como consecuencia de la retroacción que se haya ordenado se produzca a partir de la entrada en vigor de esta Ley.

7. Las modificaciones operadas por esta Ley en el capítulo IV del título V de la Ley 58/2003, de 17 de diciembre, General Tributaria, serán de aplicación del siguiente modo:

a) La nueva redacción de los artículos 229.6, 230, 234.2, 235.5, 241 ter, 242 y 245 a 247 será de aplicación a las reclamaciones y recursos interpuestos desde su entrada en vigor.

b) La nueva redacción de los artículos 233.7 y 241.3 será de aplicación a las solicitudes de suspensión que se formulen desde su entrada en vigor.

c) La nueva redacción del artículo 235.1 será de aplicación a las resoluciones expresas que se dicten desde su entrada en vigor.

d) La puesta de manifiesto electrónica prevista en el artículo 236.1 entrará en vigor cuando así se disponga en Orden Ministerial, que será objeto de

---

Disp. Trans. Única 4.ª: Vid. arts. 95 y 95 bis LGT (§ I).

publicación en la sede electrónica de los Tribunales Económico-Administrativos.

e) La nueva redacción del artículo 239.6 será de aplicación a las resoluciones que se dicten desde su entrada en vigor.

8. Lo dispuesto en el título VI de la Ley 58/2003, de 17 de diciembre, General Tributaria resultará de aplicación en los procedimientos iniciados con anterioridad a la fecha de entrada en vigor de esta Ley en los que, concurriendo los indicios a los que se refiere el artículo 250.1 de la Ley 58/2003, de 17 de diciembre, General Tributaria, a dicha fecha aún no se hubiese producido el pase del tanto de culpa a la jurisdicción competente o la remisión del expediente al Ministerio Fiscal.

9. La Administración Tributaria podrá declarar responsables conforme a lo dispuesto en el artículo 258 de la Ley 58/2003, de 17 diciembre, General Tributaria, a aquellas personas que, concurriendo los presupuestos regulados en dicho precepto, tuviesen la condición de causante o colaborador en la realización de una infracción tributaria cuya comisión no hubiese podido declararse formalmente con anterioridad a la entrada en vigor de esta Ley como consecuencia de la tramitación de un proceso penal por delito contra la Hacienda Pública.

....

DISPOSICIONES FINALES

....

4.ª *Modificación de la Ley 23/2005, de 18 de noviembre, de reformas en materia tributaria para el impulso a la productividad.*—Se modifica el apartado 5 de la disposición adicional tercera de la Ley 23/2005, de 18 de noviembre, de reformas en materia tributaria para el impulso a la productividad, que queda redactado de la siguiente forma:

«5. Se considerará período de suspensión del cómputo del plazo del procedimiento inspector, a efectos de lo dispuesto en el apartado 2 del artículo 104 de la Ley General Tributaria, el tiempo que transcurra entre la comunicación efectuada por la Administración Tributaria y la recepción por ésta del pronunciamiento o acuerdo de la Comisión, o el plazo de seis meses a que alude el apartado 3 anterior de no recibirse aquéllos en ese término. Si la ejecución del acuerdo de la Comisión resultara suspendida, el período de suspensión del cómputo del plazo del procedimiento inspector abarcará hasta la finalización de la suspensión del acuerdo.»

5.ª *Modificación de la Ley 7/2012, de 29 de octubre, de modificación de la normativa tributaria y presupuestaria y de adecuación de la normativa financiera*

Disp. Final 5.ª: La Ley 7/2012 limitaba los pagos en efectivo, cuando alguna de las partes era empresario o profesional, de forma que no podían superar la cantidad de 2.500 euros o su contravalor en moneda extranjera, importe que se elevaba a 15.000 euros cuando el pagador fuera una persona física que justificara que no tenía su domicilio fiscal en España y no actuara en calidad de empresario o profesional. La norma no era aplicable a los pagos realizados en entidades de crédito.

Con la modificación introducida en la Disp. Final 5.ª se amplía la exención, quedando también exceptuadas las operaciones de cambio de moneda en efectivo realizadas por determinados establecimientos de cambio y las operaciones efectadas a través de entidades de pago de la Ley de Servicios de Pago.

Además, la modificación del texto del art. 7.º5 de la Ley de prevención y lucha contra el fraude elimina la incoherencia legal con la

Ley 10/2010 respecto de los sujetos obligados que comercien profesionalmente con bienes en que se efectúen pagos mediante medios de pago y por importe superior a 15.000 euros. También se incluye una modificación que afecta a los procedimientos sancionadores incoados en la materia, en los que las notificaciones deberán regirse por lo dispuesto en la LGT.

La Ley 16/2009, de 13 de noviembre, de servicios de pago, fue modificada por el RD-ley 11/2015, de 2 de octubre, que regula las comisiones por la retirada de efectivo en los cajeros automáticos.

para la intensificación de las actuaciones en la prevención y lucha contra el fraude.—Se introducen las siguientes modificaciones en la Ley 7/2012, de 29 de octubre, de modificación de la normativa tributaria y presupuestaria y de adecuación de la normativa financiera para la intensificación de las actuaciones en la prevención y lucha contra el fraude:

Uno. Se modifica el apartado uno.5 del artículo 7, que queda redactado de la siguiente forma:

«5. Esta limitación no resultará aplicable a los pagos e ingresos realizados en entidades de crédito ni, cuando estén sujetos a la supervisión del Banco de España y a la normativa de blanqueo de capitales, a las operaciones de cambio de moneda en efectivo realizadas por los establecimientos de cambio de moneda a los que se refiere el Real Decreto 2.660/1998, de 14 de diciembre, sobre el cambio de moneda extranjera en establecimientos abiertos al público distintos de las entidades de crédito y a las operaciones a que se refiere éste artículo realizadas a través de las entidades de pago reguladas en la Ley 16/2009, de 13 de noviembre, de servicios de pago.»

Dos. Se modifica el apartado tres.1 del artículo 7, que queda redactado de la siguiente forma:

«1. El procedimiento sancionador se regirá por lo dispuesto en el Título IX de la Ley 30/1992, de 26 de noviembre, de Régimen Jurídico de las Administraciones Públicas y del Procedimiento Administrativo Común, y en el Reglamento del procedimiento para el ejercicio de la potestad sancionadora, aprobado por el Real Decreto 1.398/1993, de 4 de agosto.

No obstante lo anterior, el régimen de las notificaciones en dichos procedimientos será el previsto en la Sección 3.ª del Capítulo II del Título III de la Ley 58/2003, de la Ley 58/2003, de 17 de diciembre, General Tributaria.»

6.ª *Modificaciones en la Ley 27/2014, de 27 de noviembre, del Impuesto sobre Sociedades.*—Con efectos para los períodos impositivos iniciados a partir de 1 de enero de 2015, se introducen las siguientes modificaciones en la Ley 27/2014, de 27 de noviembre, del Impuesto sobre Sociedades:

Uno. Se deroga la letra *f)* del apartado 2 del artículo 18, pasando las letras *g)*, *h)* e *i)* a denominarse respectivamente *f)*, *g)* y *h)*.

Dos. Se modifica el apartado 5 del artículo 26, que queda redactado de la siguiente forma:

«5. El derecho de la Administración para iniciar el procedimiento de comprobación de las bases imponibles negativas compensadas o pendientes de compensación prescribirá a los diez años a contar desde el día siguiente a aquel en que finalice el plazo establecido para presentar

---

La Ley 11/2021, de 9 de julio, redujo con carácter general de **2.500 a 1.000 €**, manteniéndose los demás aspectos sustantivos de la regulación, esto es, que la limitación se aplicará de forma exclusiva a aquellos pagos o cobros en los cuales una, al menos, de las partes intervinientes actué como empresario o profesional. Asimismo, para el régimen específico de los pagos efectuados por una persona física que justifique que no tiene su domicilio fiscal en España y no actúa en calidad de empresario o profesional, el límite, que antes estaba en **15.000 €, pasa a 10.000 €**.

Por lo que se refiere a las modificaciones en el **procedimiento**, se introducen una serie de cambios para agilizar el procedimiento y fomentar el ingreso voluntario de las sanciones y eliminar la litigiosidad respecto de las mismas. Se incorpora una **reducción del 50 por 100** del importe de la sanción siempre que se satisfaga el importe de la misma en el período anterior a la notificación de la sanción. En este punto, la medida incorpora un necesario quid pro quo respecto del sancionado. Así, el interesado que efectúa dicho pago se entenderá que renuncia a formular alegaciones y a interponer recursos administrativos, agotándose la vía administrativa. Eso sí, en todo caso, para garantizar el derecho a la tutela judicial efectiva podrá interponer, en todo caso, el correspondiente recurso contencioso-administrativo perdiendo, en consecuencia, la reducción del 50 por 100 de la sanción.

la declaración o autoliquidación correspondiente al período impositivo en que se generó el derecho a su compensación.

Transcurrido dicho plazo, el contribuyente deberá acreditar las bases imponibles negativas cuya compensación pretenda mediante la exhibición de la liquidación o autoliquidación y la contabilidad, con acreditación de su depósito durante el citado plazo en el Registro Mercantil.»

Tres. Se modifica el apartado 7 del artículo 31, que queda redactado de la siguiente forma:

«7. El derecho de la Administración para iniciar el procedimiento de comprobación de las deducciones por doble imposición aplicadas o pendientes de aplicar prescribirá a los diez años a contar desde el día siguiente a aquel en que finalice el plazo establecido para presentar la declaración o autoliquidación correspondiente al período impositivo en que se generó el derecho a su aplicación.

Transcurrido dicho plazo, el contribuyente deberá acreditar las deducciones cuya aplicación pretenda, mediante la exhibición de la liquidación o autoliquidación y la contabilidad, con acreditación de su depósito durante el citado plazo en el Registro Mercantil.»

Cuatro. Se modifica el apartado 8 del artículo 32, que queda redactado de la siguiente forma:

«8. El derecho de la Administración para iniciar el procedimiento de comprobación de las deducciones por doble imposición aplicadas o pendientes de aplicar prescribirá a los diez años a contar desde el día siguiente a aquel en que finalice el plazo establecido para presentar la declaración o autoliquidación correspondiente al período impositivo en que se generó el derecho a su aplicación.

Transcurrido dicho plazo, el contribuyente deberá acreditar las deducciones cuya aplicación pretenda, mediante la exhibición de la liquidación o autoliquidación y la contabilidad, con acreditación de su depósito durante el citado plazo en el Registro Mercantil.»

Cinco. Se modifica el apartado 6 del artículo 39, que queda redactado de la siguiente forma:

«6. El derecho de la Administración para iniciar el procedimiento de comprobación de las deducciones previstas en este Capítulo aplicadas o pendientes de aplicar prescribirá a los diez años a contar desde el día siguiente a aquel en que finalice el plazo establecido para presentar la declaración o autoliquidación correspondiente al período impositivo en que se generó el derecho a su aplicación.

Transcurrido dicho plazo, el contribuyente deberá acreditar las deducciones cuya aplicación pretenda, mediante la exhibición de la liquidación o autoliquidación y la contabilidad, con acreditación de su depósito durante el citado plazo en el Registro Mercantil.»

Seis. Se modifican los apartados 1 y 2 del artículo 50, que quedan redactados de la siguiente forma:

«1. Las entidades de capital-riesgo, reguladas en la Ley 22/2014, de 12 de noviembre, por la que se regulan las entidades de capital-riesgo, otras entidades de inversión colectiva de tipo cerrado y las sociedades gestoras de entidades de inversión colectiva de tipo cerrado, y por la que se modifica la Ley 35/2003, de 4 de noviembre, de Instituciones de Inversión Colectiva, estarán exentas en el 99 por 100 de las rentas positivas que obtengan en la transmisión de valores representativos de la participación en el capital o en fondos propios de las entidades de capital-riesgo a que se refiere el artículo 3 de la Ley 22/2014, en relación con aquellas rentas que no cumplan los requisitos establecidos en el artículo 21 de esta Ley, siempre que la transmisión se produzca a partir del inicio del segundo año de tenencia computado desde el momento de adquisición o de la exclusión de cotización y hasta el decimoquinto, inclusive.

Excepcionalmente, podrá admitirse una ampliación de este último plazo, hasta el vigésimo año, inclusive. Reglamentariamente se determinarán los supuestos, condiciones y requisitos que habilitan para dicha ampliación.

Con excepción del supuesto previsto en el párrafo anterior, no se aplicará la exención en el primer año y a partir del decimoquinto.

No obstante, tratándose de rentas que se obtengan en la transmisión de valores representativos de la participación en el capital o en fondos propios de las empresas a que se refiere la letra *a*) del apartado 2 del artículo 9 de la Ley 22/2014 que no cumplan los requisitos establecidos en el artículo 21 de esta Ley, la aplicación de la exención quedará condicionada a que, al menos, los inmuebles que representen el 85 por 100 del valor contable total de los inmuebles de la entidad participada estén afectos, ininterrumpidamente durante el tiempo de tenencia de los valores, al desarrollo de una actividad económica en los términos previstos en el Impuesto sobre la Renta de las Personas Físicas, distinta de la financiera, tal y como se define en la Ley 22/2014.

En el caso de que la entidad participada acceda a la cotización en un mercado de valores regulado, la aplicación de la exención prevista en los párrafos anteriores quedará condicionada a que la entidad de capital-riesgo proceda a transmitir su participación en el capital de la empresa participada en un plazo no superior a tres años, contados desde la fecha en que se hubiera producido la admisión a cotización de esta última.

2. Las entidades de capital-riesgo, reguladas en la Ley 22/2014, podrán aplicar la exención prevista en el artículo 21.1 de esta Ley a los dividendos y participaciones en beneficios procedentes de las sociedades o entidades que promuevan o fomenten, cualquiera que sea el porcentaje de participación y el tiempo de tenencia de las acciones o participaciones.»

Siete. Se modifican los apartados uno y dos del apartado tercero de la disposición final cuarta, que quedan redactados de la siguiente forma:

«Uno. Se modifica el artículo 24, que queda redactado de la siguiente forma:

"*Art. 24. Compensación de cuotas negativas.*—1. Si la suma algebraica a que se refiere el artículo anterior resultase negativa, su importe podrá compensarse por la cooperativa con las cuotas íntegras positivas de los períodos impositivos siguientes, con el límite del 70 por 100 de la cuota íntegra previa a su compensación. En todo caso, serán compensables en el período impositivo cuotas íntegras por el importe que resulte de multiplicar un millón de euros al tipo medio de gravamen de la entidad.

El derecho de la Administración para iniciar el procedimiento de comprobación de las cuotas negativas compensadas o pendientes de compensación prescribirá a los diez años a contar desde el día siguiente a aquel en que finalice el plazo establecido para presentar la declaración o autoliquidación correspondiente al período impositivo en que se generó el derecho a su aplicación.

Transcurrido dicho plazo, el contribuyente deberá acreditar las cuotas negativas cuya compensación pretenda, mediante la exhibición de la liquidación o autoliquidación y la contabilidad, con acreditación de su depósito durante el citado plazo en el Registro Mercantil.

2. Este procedimiento sustituye a la compensación de bases imponibles negativas prevista en el artículo 26 de la Ley 27/2014, de 27 de noviembre, del Impuesto sobre Sociedades que, en consecuencia, no será aplicable a las cooperativas."»

«Dos. Se añade la disposición transitoria octava, que queda redactada de la siguiente forma:

"*Disposición transitoria octava. Compensación de cuotas negativas en los años 2015 y 2016.*—1. El límite a que se refiere el apartado 1 del artículo 24 de esta Ley no resultará de aplicación en los períodos impositivos que se inicien en el año 2015.

No obstante, la compensación de cuotas negativas de ejercicios anteriores, para los contribuyentes cuyo volumen de operaciones, calculado conforme a lo dispuesto en el artículo 121 de la Ley 37/1992, de 28 de diciembre, del Impuesto sobre el Valor Añadido, haya superado la cantidad de 6.010.121,04 euros durante los doce meses anteriores a la fecha en que se inicien los períodos impositivos dentro del año 2015, tendrá los siguientes límites:

— La compensación de cuotas negativas está limitada al 50 por 100 de la cuota íntegra previa a dicha compensación, cuando en esos doce meses el importe neto de la cifra de negocios sea al menos de 20 millones de euros pero inferior a 60 millones de euros.

— La compensación de cuotas negativas está limitada al 25 por 100 de la cuota íntegra previa a dicha compensación, cuando en esos doce meses el importe neto de la cifra de negocios sea al menos de 60 millones de euros.

La limitación a la compensación de cuotas negativas no resultará de aplicación en el importe de las rentas correspondientes a quitas y esperas consecuencias de un acuerdo con los acreedores no vinculados con el contribuyente.

2. El limite a que se refiere el apartado 1 del artículo 24 de esta Ley será del 60 por 100 para los períodos impositivos que se inicien en el año 2016."»

7.ª *Creación de la tasa estatal por la prestación de servicios de respuesta por la Guardia Civil, en el interior de las Centrales nucleares u otras instalaciones nucleares.*—1. Se crea la tasa estatal por la prestación de servicios de respuesta por la Guardia Civil, en el interior de las Centrales nucleares u otras instalaciones nucleares que se determinen por Ley. Esta tasa se regirá por esta norma, por lo dispuesto en la Ley 8/1989, de 13 de abril, de Tasas y Precios Públicos, y en la Ley General Tributaria. Esta tasa se aplicará en todo el territorio nacional a las centrales nucleares y a las instalaciones nucleares que así se establezca.

2. Hecho imponible.

Constituye el hecho imponible de la tasa la prestación de servicios de seguridad permanentes por la Guardia Civil, en el interior de las Centrales nucleares u otras instalaciones que se determinen, mediante el establecimiento de una Unidad de la Guardia Civil, ubicada con carácter permanente en su interior.

3. Devengo.

La tasa se devengará anualmente el primero de enero de cada año o cuando se inicie la prestación del servicio por el período del año que abarque.

4. Sujeto pasivo.

1. Son sujetos pasivos las personas físicas o jurídicas y las entidades a que se refiere el artículo 35.4 de la Ley 58/2003, de 17 de diciembre, General Tributaria, titulares de las instalaciones obligadas a disponer de las Unidades de Respuesta de la Guardia Civil.

2. Serán responsables solidarios de la deuda tributaria de la tasa los propietarios de las instalaciones nucleares que generen el hecho imponible cuando no coincidan con quienes las exploten.

5. Base imponible, tipo de gravamen y cuota tributaria.

La base imponible, se determinará atendiendo al número de agentes asignados a cada Central o Instalación. Se aplicará un tipo de gravamen fijo para obtener la cuota tributaria, de acuerdo con la siguiente tarifa:

Por cada agente asignado para el período de un año: 61.053 euros.

En el caso de que el período de prestación del servicio fuese menor a un año, se calculará la cuota de modo proporcional para los meses que correspondan. Estas cuantías podrán ser modificadas y actualizadas por Orden del Ministerio de Interior previo informe favorable de la Comisión Delegada del Gobierno para Asuntos Económicos, del Ministerio de Industria, Energía y Turismo y del Ministerio de Hacienda y Administraciones Públicas.

En todo caso, trascurrido el período de implantación de las Unidades de Respuesta, las cuantías deberán ser revisadas al objeto de hacer frente exclusivamente a los gastos de mantenimiento de las citadas Unidades.

6. Gestión y liquidación.

La gestión de la tasa corresponderá al Ministerio del Interior.

El procedimiento para la liquidación, los modelos de declaración, los plazos y las formas de pago de la tasa se establecerán por el Ministerio del Interior mediante orden ministerial.

Se establece la obligación de autoliquidar esta tasa por parte de los sujetos pasivos de la misma, que deberán rellenar los datos del modelo de declaración liquidación que se apruebe por orden ministerial. El pago deberá efectuarse en el primer trimestre de cada año. En el caso de ser el primer ejercicio de exigencia de la tasa, durante los tres meses siguientes al devengo de la tasa.

8.ª *Limitación del gasto en la Administración General del Estado.*—Las medidas incorporadas en esta Ley se implementarán sin incremento de dotaciones, ni de retribuciones ni de otros gastos de personal.

9.ª *Título competencial.*—Esta Ley se dicta al amparo de las competencias del Estado establecidas en el artículo 149.1.1.ª, 3.ª, 8.ª, 10.ª, 14.ª y 18.ª de la Constitución.

Las Disposiciones finales primera y tercera se dictan al amparo de las competencias del Estado establecidas en el artículo 149.1.6.ª de la Constitución.

10.ª *Modelo para la regularización voluntaria de deudas vinculadas a posibles delitos contra la Hacienda Pública.*—Por Orden del Ministro de Hacienda y Administraciones Públicas se aprobarán los modelos para la regularización voluntaria de la deuda tributaria a la que se refiere el artículo 252 de la Ley 58/2003, de 17 de diciembre, General Tributaria.

11.ª *Habilitación normativa.*—El Gobierno dictará cuantas disposiciones sean necesarias para el desarrollo y aplicación de esta Ley.

12.ª *Entrada en vigor.*—Esta Ley entrará en vigor a los veinte días de su publicación en el *Boletín Oficial del Estado*.

No obstante lo anterior, se establecen las siguientes normas específicas de entrada en vigor:

1. Las modificaciones introducidas en el artículo 29 y en el artículo 200 de la Ley 58/2003, de 17 de diciembre, General Tributaria, entrarán en vigor el 1 de enero de 2017.

2. Los apartados dos y tres de la disposición final segunda entrarán en vigor a los tres meses de la publicación en el *Boletín Oficial del Estado*.

§ V. LEY DE ENJUICIAMIENTO CRIMINAL, APROBADA POR REAL DECRETO DE 14 DE SEPTIEMBRE DE 1882

(*Gaceta de Madrid* n.º 260, de 17 de septiembre de 1882)

....

TÍTULO IX

De las fianzas y embargos

....

Art. 614 bis. Una vez iniciado el proceso penal por delito contra la Hacienda Pública, el juez de lo penal decidirá acerca de las pretensiones referidas a las medidas cautelares adoptadas al amparo del artículo 81 de la Ley General Tributaria.

....

TÍTULO X BIS*

De las especialidades en los delitos contra la Hacienda Pública

Art. 621 bis. 1. En los delitos contra la Hacienda Pública, cuando la Administración Tributaria hubiera dictado un acto de liquidación, la existencia del procedimiento penal no paralizará la actuación administrativa y podrán iniciarse las actuaciones dirigidas al cobro salvo que el Juez, de oficio o a instancia de parte, hubiere acordado la suspensión de las actuaciones de ejecución conforme a lo dispuesto en el artículo 305.5 del Código Penal.

2. Solicitada la suspensión de la ejecución del acto de liquidación, el Juez o Tribunal, previa audiencia por el plazo de diez días al Ministerio Fiscal y a la Administración perjudicada, resolverá mediante auto, en el plazo de diez días, si accede a la suspensión solicitada, en cuyo caso habrá de fijar el alcance de la garan-

---

Art. 614 bis: Añadido, con efectos desde el 12 de octubre de 2015, por la Disp. Final 1.ªuno de la Ley 34/2015, de 21 de septiembre, de modificación parcial de la LGT (*BOE* n.º 227, de 22 de septiembre).

Vid. arts. 621 bis y 621 ter LECrim. (§ V), 81.6.*e*) y 8.º y Disp. Adic. 19.ª LGT (§ I), tras su reforma por Ley 34/2015. Vid. Disp. Adic. 10.ª LJCA (§ VI).

*** Título X bis añadido, con sus arts. 621 bis y 621 ter y con efectos desde el 12 de octubre de 2015, por la Disp. Final 1.ªdos de la Ley 34/2015, de 21 de septiembre, de modificación parcial de la LGT** (*BOE* n.º 227, de 22 de septiembre). Incorpora a la LECrim. el contenido del art. 305 CP y lo armoniza con lo previsto específicamente, **y en relación con las medidas cautelares, en el art. 81.6.e) y 8 LGT y Disp. Adic. 19.ª LGT (§ I), tras su reforma por Ley 34/2015. Vid. Disp. Adic. 10.ª LJCA (§ VI).**

Art. 621 bis: Vid. arts. 614 bis y 621 ter LECrim. (§ V), Disp. Adic. 10.ª LJCA (§ VI) y art. 81.6 y Disp. Adic. 19.ª LGT (§ I).

tía que haya de prestarse y el plazo para hacerlo, que en ningún caso excederá de dos meses, salvo que concurran las circunstancias señaladas en el apartado 6.

3. La garantía así prestada deberá cubrir suficientemente el importe resultante de la liquidación administrativa practicada, los intereses de demora que genere la suspensión y los recargos que procederían en caso de ejecución de la misma.

4. El auto de concesión de la suspensión quedará sin efecto de forma automática y sin necesidad de pronunciamiento judicial ulterior, si transcurrido el plazo señalado en el apartado 2 para la formalización de la garantía, ésta no hubiese tenido lugar.

5. La suspensión sólo afectará al procedimiento seguido frente al encausado respecto del que se haya acordado y las actuaciones de cobro dirigidas frente al resto de encausados no se paralizarán hasta que la deuda resulte pagada o garantizada en su totalidad por el obligado tributario.

6. Si no se pudiese prestar garantía en todo o en parte, excepcionalmente el Juez podrá acordar la suspensión con dispensa total o parcial de garantías si apreciare que la ejecución pudiese ocasionar daños irreparables o de muy difícil reparación.

7. Contra los autos que resuelvan la solicitud de suspensión del acto de liquidación cabrá recurso de apelación, en un solo efecto.

Art. 621 ter. 1. La suspensión producirá efectos desde que, dictado el auto a que se refiere el artículo anterior, resulte constituida debidamente la garantía correspondiente conforme a lo dispuesto en el artículo anterior, en cuyo caso se entenderán retrotraídos sus efectos al momento de su solicitud, sin perjuicio de lo dispuesto en los apartados siguientes de este artículo.

2. Si, como consecuencia de las actuaciones desarrolladas por la Administración, hubiesen resultado embargados, bienes o derechos del encausado con anterioridad a la fecha del auto por el que se acuerde la suspensión, dichos embargos mantendrán su eficacia durante el plazo concedido a dicho encausado para formalizar la garantía que cubra las cantidades a que se refiere el apartado 3 del artículo anterior o, en su caso, las que le resulten exigibles al mismo.

En todo caso el Ministerio Fiscal o la Administración perjudicada podrán solicitar al Tribunal que se constituyan como garantía a efectos de la suspensión, los embargos ya realizados o derechos reales que puedan constituirse sobre los bienes afectados por los mismos, de considerarse que dichos bienes garantizan de forma más adecuada el cobro que las garantías ofrecidas por el encausado. Particularmente, podrá hacerse tal solicitud cuando la suspensión se hubiese solicitado con dispensa total o parcial de garantías.

En el supuesto en que se hubiese acordado la suspensión con dispensa total o parcial de garantías, mantendrán su eficacia los ingresos realizados que hubiesen minorado las cuantías adeudadas, sin que los mismos resulten afectados por la retroacción a que se refiere el apartado 1 del presente artículo.

3. La Administración no podrá proceder a la enajenación de los bienes y derechos embargados en el curso del procedimiento de apremio hasta que la sentencia condenatoria que confirme total o parcialmente la liquidación, sea firme, salvo en los supuestos que a continuación se indican, en los que la enajenación deberá autorizarse por el Tribunal.

Art. 621 ter: Vid. arts. 614 bis y 621 bis LECrim. (§ V), 81.6.*e*) y 8 y Disp. Adic. 19.ª LGT (§ I), tras su reforma por Ley 34/2015. Vid. Disp. Adic. 10.ª LJCA (§ VI).

a) Cuando sean perecederos.

b) Si su propietario hiciera abandono de ellos o, debidamente requerido sobre el destino del efecto judicial, no haga manifestación alguna.

c) De ser los gastos de conservación y depósito superiores al valor del objeto en sí.

d) Cuando su conservación pueda resultar peligrosa para la salud o seguridad pública.

e) Si se depreciaren por el transcurso del tiempo, aun cuando no sufran deterioro.

No serán susceptibles de enajenación los efectos que tengan el carácter de piezas de convicción y los que deban quedar a expensas del procedimiento, salvo que encuentren comprendidos en los supuestos *a*) y *c*) anteriores.

4. Una vez acordada la suspensión, con o sin garantía, podrá ser modificada o revocada durante el curso del proceso si cambiaran las circunstancias en virtud de las cuales se hubiera adoptado.

....

LIBRO VII

De la ejecución de las sentencias

....

Art. 999. 1. En la ejecución de sentencias por delitos contra la Hacienda Pública, la disconformidad del obligado al pago con las modificaciones que con arreglo a lo previsto en la Ley General Tributaria lleve a cabo la Administración Pública se pondrá de manifiesto al Tribunal competente para la ejecución, en el plazo de 30 días desde su notificación, que, previa audiencia de la Administración ejecutante y del Ministerio Fiscal por idéntico plazo, resolverá mediante auto si la modificación practicada es conforme a lo declarado en sentencia o si se ha apartado de la misma, en cuyo caso, indicará con claridad los términos en que haya de modificarse la liquidación.

2. Contra el auto que resuelva este incidente cabrá recurso de apelación en un solo efecto o, en su caso, el correspondiente de súplica.

....

Art. 999: Añadido, con efectos desde el 12 de octubre de 2015, por la Disp. Final 1.ªuno de la Ley 34/2015, de 21 de septiembre, de modificación parcial de la LGT (*BOE* n.º 227, de 22 de septiembre).

Vid. arts. 305.5, párr. 2.º, CP (§ II) y 257 LGT (§ I).

§ VI. LEY 29/1998, DE 13 DE JULIO, REGULADORA DE LA JURISDICCIÓN CONTENCIOSO-ADMINISTRATIVA

(*BOE* n.º 167, de 14 de julio de 1998)

Art. 6. *Apartado 8*: «6. Conocerán también los Juzgados de lo Contencioso-administrativo de las autorizaciones para la entrada en domicilios y restantes lugares cuyo acceso requiera el consentimiento de su titular, siempre que ello proceda para la ejecución forzosa de actos de la administración pública, salvo que se trate de la ejecución de medidas de protección de menores acordadas por la Entidad Pública competente en la materia.

Asimismo, corresponderá a los Juzgados de lo Contencioso-administrativo la autorización o ratificación judicial de las medidas adoptadas con arreglo a la legislación sanitaria que las autoridades sanitarias consideren urgentes y necesarias para la salud pública e impliquen limitación o restricción de derechos fundamentales cuando dichas medidas estén plasmadas en actos administrativos singulares que afecten únicamente a uno o varios particulares concretos e identificados de manera individualizada.

Además, los Juzgados de lo Contencioso-administrativo conocerán de las autorizaciones para la entrada e inspección de domicilios, locales, terrenos y medios de transporte que haya sido acordada por la Comisión Nacional de los Mercados y la Competencia, cuando, requiriendo dicho acceso e inspección el consentimiento de su titular, este se oponga a ello o exista riesgo de tal oposición.

Los Juzgados de lo Contencioso-administrativo conocerán también de las autorizaciones para la entrada en domicilios y otros lugares constitucionalmente protegidos, que haya sido acordada por la Administración Tributaria en el marco de una actuación o procedimiento de aplicación de los tributos aún con carácter previo a su inicio formal cuando, requiriendo dicho acceso el consentimiento de su titular, este se oponga a ello o exista riesgo de tal oposición.»

DISPOSICIONES ADICIONALES

9.ª *Incidencia de las competencias de la Unión Europea en el proceso contencioso-administrativo tributario.*—1. De conformidad con lo dispuesto en el artículo 1 de esta Ley, cuando el recurso contencioso-administrativo tenga por objeto un acto administrativo que, relativo a una deuda aduanera, esté vinculado a una decisión adoptada por las instituciones de la Unión Europea, la revisión no podrá extenderse al contenido de dicha decisión.

Art. 6. ap. 8 : Modificado por el artículo duodécimo de la Ley 11/2021, de 9 de julio (*BOE* de 10 de julio).

Disp. Adic. 9.ª: Añadida, con efectos desde el 12 de octubre de 2015, por la Disp. Final 3.ªuno de la Ley 34/2015, de 21 de septiembre, de modificación parcial de la LGT (*BOE* n.º 227, de 22 de septiembre).

Vid. Disp. Adic. 20.ª, apdo. 2, LGT (§ I).

De no proceder la anulación del acto administrativo recurrido en base al resto de alegaciones del demandante, en el supuesto de que la normativa de la Unión Europea haga depender la no contracción *a posteriori*, la condonación o la devolución de la deuda aduanera de una Decisión de la Comisión Europea, y el acto objeto de recurso haya sido dictado sin someter dicha cuestión a la Comisión, el órgano jurisdiccional deberá pronunciarse sobre si, conforme a lo dispuesto en la normativa de la Unión Europea, procede tal sometimiento. Si el órgano jurisdiccional entiende que dicho sometimiento es procedente, suspenderá el procedimiento e instará a la Administración Tributaria para que someta el asunto a la Comisión en el plazo máximo de dos meses.

2. Cuando el acto relativo a la liquidación de una deuda aduanera objeto de recurso, haya sido sometido a una decisión de las instituciones de la Unión Europea que haya de pronunciarse sobre la no contracción *a posteriori*, la devolución o la condonación de dicha deuda, se suspenderá el curso de los autos desde que esa circunstancia se ponga en conocimiento del órgano jurisdiccional y hasta que sea firme la resolución adoptada por dichas instituciones.

Igualmente procederá la suspensión del curso de los autos desde que se inicie el procedimiento amistoso en materia de imposición directa a que se refiere la disposición adicional primera del texto refundido de la Ley del Impuesto sobre la Renta de No Residentes, aprobado por Real Decreto Legislativo 5/2004, de 5 de marzo, hasta que finalice dicho procedimiento amistoso.

10.ª *Delitos contra la Hacienda pública.*—De conformidad con lo dispuesto en el artículo 3.*a*) de esta Ley, no corresponde al orden jurisdiccional contencioso-administrativo conocer de las pretensiones que se deduzcan respecto de las actuaciones tributarias vinculadas a delitos contra la Hacienda Pública que se dicten al amparo del Título VI de la Ley 58/2003, de 17 de diciembre, General Tributaria, salvo lo previsto en los artículos 256 y 258.3 de la misma.

Una vez iniciado el correspondiente proceso penal por delito contra la Hacienda Pública, tampoco corresponderá al orden jurisdiccional contencioso-administrativo conocer de las pretensiones que se deduzcan respecto de las medidas cautelares adoptadas al amparo del artículo 81 de la Ley 58/2003, de 17 de diciembre, General Tributaria.

....

Disp. Adic. 10.ª: Añadida, con efectos desde el 12 de octubre de 2015, por la Disp. Final 3.ªdos de la Ley 34/2015, de 21 de septiembre, de modificación parcial de la LGT (*BOE* n.º 227, de 22 de septiembre).

Vid. arts. 305.5 CP (§ II); 614 bis, 621 bis y 621 ter LECrim. (§ V), 81.6.*e*) y 8, 254.1 y Disp. Adic. 19.ª LGT (§ I).

ÍNDICE ANALÍTICO DE LA LEY GENERAL TRIBUTARIA (§ I)

A

B

C

E

F

G

H

I

J

L

M

N

O

P

Q

R

S

T

V

NOTAS

NOTAS

NOTAS

NOTAS